FACETTEN

Lese- und Arbeitsbuch Deutsch für die Oberstufe

Erarbeitet von
Brigitte Bialkowski
Günther Einecke
Jörg Ulrich Meyer-Bothling
Doris Post
Eike Thürmann
Christoph Walther

unter Mitarbeit von

Horst Klösel
Reinhold Lüthen

Ernst Klett Schulbuchverlag Leipzig
Leipzig Stuttgart Düsseldorf

Im Textteil mit * gekennzeichnete Überschriften stammen nicht von den Autorinnen und Autoren, sondern wurden von der Redaktion hinzugefügt.

Informationen und Materialien zum Buch finden Sie im Internet unter
http://www.klett-verlag.de/facetten

1. Auflage 1 5 4 3 | 2006 2005

Dieses Werk folgt der reformierten Rechtschreibung und Zeichensetzung. Ausnahmen bilden Texte, bei denen künstlerische, philologische oder lizenzrechtliche oder andere Gründe einer Änderung entgegenstehen. Verfasser, deren Texte in einer anderen als der reformierten Schreibung wiedergegeben werden, sind im Inhaltsverzeichnis mit * gekennzeichnet.
Alle Drucke dieser Auflage können im Unterricht nebeneinander benutzt werden, sie sind untereinander unverändert. Die letzte Zahl bezeichnet das Jahr dieses Druckes.

Ernst Klett Schulbuchverlag Leipzig GmbH, Leipzig 2002

Internetadresse: http://www.klett-verlag.de

Redaktion: Sabine Grunow, Jens Kapitzky
Layout und Satz: Artbox Grafik & Satz GmbH, Bremen
Umschlag: Artbox Grafik & Satz GmbH, Bremen,
unter Verwendung von zwei Arbeiten von Bill Viola:
„Slowly Turning Narrative“ (Video/Sound Installation 1992;
Foto: Gary McKinnis) und „The Passing“
(Videotape 1991; Foto: Kira Perov).

Druck: Aprinta, Wemding

ISBN 3-12-350432-8

9 783123 504327

INHALT

UNTERRICHTSVORHABEN UND PROJEKTE

TEXTE UND THEMEN

FAKTEN, DATEN, INFORMATIONEN

UNTERRICHTSVORHABEN UND PROJEKTE

LESEN – LESEN – LESEN

TEXTE PLANEN, SCHREIBEN, ÜBERARBEITEN

GESPRÄCHE FÜHREN, VORTRAGEN, PRÄSENTIEREN

ICH/NATUR – UMGANG MIT GEDICHTEN

UNHEIMLICHES – UMGANG MIT ERZÄHLENDEN TEXTEN

REDEN UND SCHWEIGEN – UMGANG MIT SZENISCHEN TEXTEN

THEMA „ZEIT“ – UMGANG MIT SACHTEXTEN

STRITTIGE THEMEN – ERÖRTERN

WAS DARF SATIRE? – EINE FACHARBEIT SCHREIBEN

DER FALL GALILEO GALILEI – FACHÜBERGREIFENDES ARBEITEN

TEXTE UND THEMEN

KONTINENTE – AUSFLÜGE IN DIE WELTLITERATUR

EUROPÄISCHE LIEBESSZENEN – VON DER ANTIKE BIS ZUR MODERNE

WEGE IN DIE AUTONOMIE – EPOCHENUMBRUCH 18./19. JAHRHUNDERT

DAS JANUSGESICHT DER MODERNE – EPOCHENUMBRUCH 19./20. JAHRHUNDERT

SPIEGELUNGEN – DEUTSCHE LITERATUR SEIT 1945

CHRISTA WOLF* – EINE SCHRIFTSTELLERIN IN IHRER ZEIT

REFLEXIONEN ÜBER LITERATUR

SPRACHE UND BEEINFLUSSUNG

SPRACHE UND IHRE FUNKTIONEN

VIELFALT DER SPRACHE(N)

MEDIEN: ERFAHRUNGEN UND REFLEXIONEN

„DER NAME DER ROSE" – LITERATURVERFILMUNG

FAKTEN, DATEN, INFORMATIONEN

LESEN-LESEN-LESEN

Lesen – Lesen – Lesen

Man kann das Leben nicht neu beginnen, wenn es vorüber ist, aber wenn man ein Buch in der Hand hält, ganz gleich, wie schwierig es zu verstehen ist, kann man am Schluss zum Anfang zurückkehren, von vorn beginnen, um das Schwierige und damit das ganze Leben zu begreifen.
(O. Pamuk)

Der Konsumbürger der Kulturnationen ist daran gewöhnt, verführt zu werden. Ohne Sex geht nichts mehr voran. Um wie viel sinnlicher als Schmelzkäse und Autopolitur ist ein vernünftiger Roman. Warum gibt es keine Plakattafeln, auf denen attraktive Frauen in täuschend echter Lust die Augen verdrehen, wenn ihnen ihr schöner Freund einen Roman statt einer Schachtel Kirschkonfekt mitbringt.
(J. v. Westphalen)

Wenn ein Buch und ein Kopf zusammenstoßen und es klingt hohl, ist das allemal das Buch?
(G. C. Lichtenberg)

Manchmal, o glücklicher Augenblick, bist du in ein Buch so vertieft, dass du ihn ihm versinkst – du bist gar nicht mehr da. Dein Körper verrichtet gleichmäßig seine innere Fabrikarbeit – du fühlst ihn nicht. Du fühlst dich nicht. Nichts weißt du von der Welt um dich herum, du hörst nichts, du siehst nichts, du liest.
(K. Tucholsky)

Ich glaube, man sollte überhaupt nur solche Bücher lesen, die einen beißen oder stechen. Wenn das Buch, das wir lesen, uns nicht mit einem Faustschlag auf den Schädel weckt, wozu lesen wir dann das Buch?
(F. Kafka)

Ich lese nichts lieber als Bücher von einigen Seiten. Sprachkürze gibt Denkweite.
(Jean Paul)

1 Umwerfende Leseerlebnisse

Dante Alighieri

Die göttliche Komödie

Wir lasen eines Tages zum Vergnügen
Von Lancelot, wie ihn die Liebe drängte:
Alleine waren wir und unverdächtig
Mehrmals ließ unsre Augen schon verwirren
Dies Buch und unser Angesicht erblassen,
Doch eine Stelle hat uns überwältigt.
Als wir gelesen, dass in seiner Liebe
Er das ersehnte Anlitz küssen musste,
Hat dieser, der mich niemals wird verlassen,
Mich auf den Mund geküsst mit tiefem Beben.
Verführer war das Buch und der's geschrieben.
An jenem Tage lasen wir nicht weiter.

(um 1315)

Italo Calvino

Abenteuer eines Lesers (Auszug)

Amedeo fühlte sich in einer glänzenden Verfassung. Das bedruckte Papier öffnete ihm das wahre Leben, ein tiefgründiges Leben voller Leidenschaften, und wenn er aufschaute, dann fand er ein zwar zufälliges, aber fürs Auge wohltuendes Zusammenklingen von Farben und Empfindungen, eine periphere und dekorative Welt, die ihn zu nichts verpflichtete. Die braun gebrannte Signora lächelte ihn von ihrer Matratze her an und winkte ihm zu, er antwortete mit einem Lächeln und einem Nicken und senkte wieder den Blick. Die Signora hat jedoch etwas gesagt.

„Wie bitte?"

„Sie lesen wohl immer?"

„Nun ..."

„Ist das so interessant?"

„Ja."

„Dann viel Spaß!"

„Danke."

Er durfte die Augen nicht mehr heben, zumindest nicht vor dem Kapitelende. Er las es in einem Atemzug. Die Signora hatte jetzt eine Zigarette im Mund und gab ihm Zeichen, auf die Zigarette deutend. Amedeo hatte den Eindruck, dass sie schon seit einer Weile bemüht war, seine Aufmerksamkeit auf sich zu lenken. „Wie bitte?"

„... Streichhölzer ..."

„Leider nein, ich rauche nicht."

Das Kapitel war zu Ende, Amedeo überflog die Zeilen des nächsten, die er außerordentlich anregend fand, aber damit er das neue Kapitel unbehelligt beginnen konnte, musste so rasch wie möglich die Streichholzfrage geklärt werden. „Einen Moment!" Er stand auf und begann, halb betäubt von der Sonne, von einer Klippe zur anderen zu springen, bis er schließlich ein paar Leute fand, die rauchten. Er ließ sich eine Schachtel „Minerva" geben, eilte zu der Signora, zündete ihr die Zigarette an, lief zurück, um die Schachtel abzugeben, hörte die freundliche Aufforderung: „Behalten Sie sie nur", eilte wieder zu der Signora, um ihr die Streichhölzer zu überlassen, sie bedankte sich, er zögerte einen Augenblick, um etwas zum Abschied zu sagen, doch da begriff er, dass er nach diesem Zaudern etwas anderes sagen musste, und er fragte: „Sie baden nicht?"

„Bald", entgegnete die Signora. „Und Sie?"

„Ich war schon im Wasser."

„Sie springen nicht noch einmal hinein?"

„Doch, ich lese noch ein Kapitel, dann schwimme ich wieder ein bisschen."

„Ich auch, ich rauche nur die Zigarette zu Ende, dann springe ich ins Wasser."

„Also bis nachher." „Bis nachher." (...)

Da sich die Signora mit dem Rücken an eine Klippe gelehnt hatte, setzte er sich neben sie und legte ihr einen Arm um die Schultern, während er das Buch auf den Knien hielt. Er wandte sich ihr zu und küsste sie. Sie lösten sich und küssten sich von neuem. Dann senkte er den Kopf und begann wieder zu lesen.

Solange es möglich war, wollte er in der Lektüre fortfahren. Er fürchtete, es könnte ihm nicht gelingen, das Buch durchzulesen. Der Anfang eines Verhältnisses an der See konnte sehr wohl das Ende seiner einsamen, stillen Stunden bedeuten, einen grundverschiedenen Rhythmus, der sich seiner Ferientage bemächtigen würde! Man weiß ja: Hat man sich erst einmal ganz in ein Buch hineingelebt, dann ist, wenn man die Lektüre unterbrechen muss und erst einige Zeit später wieder aufnimmt, der größte Teil der Freude verloren; viele Einzelheiten sind vergessen, und es gelingt nicht, sich ebenso gut wie zuvor hineinzuversetzen.

Die Sonne ging allmählich hinter dem nächsten Vorgebirge unter, dann hinter dem folgenden und hinter dem, das danach kam, und ließ sie im Gegenlicht ohne Farben zurück. Die Badelustigen waren aus den Schluchten des Kaps verschwunden. Sie waren jetzt allein. Amedeo umspannte die Schultern der Sommerfrischlerin mit einem Arm, küsste sie auf den Hals und auf die Ohren – was ihr, wie er festzustellen glaubte, gefiel –, und wenn sie sich ihm zuwandte, küsste er sie auf den Mund; dann las er weiter. Vielleicht hatte er diesmal wirklich das ideale Gleichgewicht gefunden: Er hätte so noch ein ganzes Hundert Seiten lesen mögen. Aber wieder war sie es, die die Situation zu ändern versuchte. Sie begann sich steif zu machen, ihn zurückzudrängen und sagte schließlich: „Es ist spät. Gehen wir. Ich ziehe mich an."

Dieser plötzliche Entschluss eröffnete ganz andere Perspektiven. Amedeo wirkte ein wenig hilflos, aber er erwog nicht lange das Für und Wider. Er war am Höhepunkt des Buches angelangt, und ihr Satz „Ich ziehe mich an." hatte sich, kaum vernommen, in seinem Kopf in einen anderen verwandelt: Während sie sich anzieht, habe ich noch etwas Zeit, ein paar Seiten ungestört zu lesen.

Anna schmiegte sich mit solcher Wucht an ihn, dass er nur mit Mühe weiterlesen konnte.

Sie aber forderte ihn auf: „Halte bitte das Handtuch hoch" – sie duzte ihn jetzt vielleicht zum ersten Mal –, „damit mich keiner sieht." Die Vorsicht war überflüssig, denn der Felsenstrand war menschenleer, aber Amedeo tat ihr gern den Gefallen, zumal er das Handtuch im Sitzen halten und in dem Buch weiterlesen konnte, das auf seinen Knien lag.

Die Signora hatte hinter dem Handtuch den Büstenhalter abgelegt, ohne sich darum zu kümmern, ob er es sah oder nicht sah. Amedeo wusste nicht, sollte er sie anschauen und tun, als läse er, oder sollte er lesen, während er so tat, als schaute er zu. Ihn reizte das eine wie das andere, doch er hielt es für indiskret, sie anzustarren; las er aber weiter, dann wirkte er gewiss allzu gleichgültig. Die Signora wandte nicht die übliche Methode der Badenden an, die sich im Freien ankleiden, indem sie sich zuerst die Sachen überstreifen und dann den Badeanzug darunter ausziehen; nein, jetzt, da sie mit entblößter Brust dasaß, zog sie auch noch den Slip aus. In diesem Moment wandte sie ihm zum ersten Mal ihr Gesicht zu – es war ein trauriges Gesicht, mit einer Falte der Bitternis am Mund – und sie schüttelte den Kopf, sie schüttelte den Kopf und blickte ihn an.

Da es doch geschehen muss, soll es gleich geschehen! Dachte Amedeo und warf sich mit dem Buch in der Hand, einen Finger zwischen den Seiten, nach vorn; aber was er in ihrem Blick las – Tadel, Mitleid, Niedergeschlagenheit, als wollte sie zu ihm sagen: „Dummer, wir machen das, wenn uns nichts anderes übrig bleibt, aber auch du begreifst nichts, wie die anderen Männer!" –, das heißt, das was er nicht las, denn er verstand nicht, in den Augen zu lesen, sondern was er verschwommen merkte, rief in ihm einen solchen Gefühlsüberschwang für diese Frau hervor, dass er, während er sie umarmte und mit ihr auf die Gummimatratze fiel, kaum den Kopf nach dem Buch wandte, um zu sehen, ob es vielleicht im Meer gelandet war.

Aber es lag dicht neben der Matratze, aufgeschlagen, nur ein paar Seiten waren umgeblättert, und Amedeo, obzwar noch immer im Feuer der Umarmung, suchte eine Hand freizubekommen, um das Lesezeichen an die richtige Stelle zu schieben. Nichts ist nämlich ärgerlicher, als wenn man lesen will und dann erst blättern muss, ohne den Faden finden zu können.

Die Liebesharmonie war vollkommen. Sie hätte zwar etwas länger hinausgezögert werden können; aber war nicht alles blitzartig gewesen bei dieser Begegnung?

Es wurde dunkel. Unten endeten die Felsen, schräg abgleitend in einer kleinen Bucht. Sie war jetzt dort hinuntergegangen und stand im Wasser. „Komm her, lass uns noch einmal schwimmen …" Amedeo biss sich auf die Lippen und zählte die Seiten, die er bis zum Schluss noch zu lesen hatte. *(1986)*

Klaas Huizing

Der Buchtrinker (Auszug)

Am 14. Mai entließ Falk Reinhold seine Freundin. Lange schon lag ein dichter Teppich Schimmel über ihrer Liebe. Dabei hatten beide, sie, die fünf Jahre ältere Buchhändlerin, und er, der früh gereifte Büchernarr, ihre Gefühle scheinbar gut konserviert. Aber bereits bevor er seine Heimatstadt (Kennen Sie Hermann Löns? Dann wissen Sie alles von der heidewattierten Gefühligkeit dieses Landstrichs und ihrer Bewohner.) verlassen hatte, war das Verfallsdatum deutlich überschritten. Auf dem Bahnhof, am Tag seiner Abreise, wölbte sich die vergangene Geschichte wie ein Aluminiumdeckel über einem verdorbenen Joghurt. Dabei war sie schön. Was man schön nennt. Dabei war sie intelligent. Was man intelligent nennt. Dabei war sie erotisch. Was man erotisch nennt. Genau da aber lag das Problem. Immer wickelte sie sich ein in die neuesten Moden. Imprägnierte sich mit den aktuellsten Texten, die sie überall aufspürte und süchtig verschlang. Klappte sie das Buch oder das Heft zu, dann sah sie aus wie eine Figur von Ingeborg Bachmann. Oder agierte so bösartig wie die Jelinek. Zog sie einen anderen Text an, überschrieb sie einfach den alten, der dann nur noch blass hindurchschimmerte.

Dazu Hochglanzimitationen. Von Birkenstock zu Pumps? Von lila Latzhose zu raffinierten Nylons? Von kleinem Verweigerungsbusen zu großen Schwelldekolletees? Für sie nur eine Frage der Einbildungskraft. (Fragen Sie bitte nicht, wie das funktioniert.) Honighaare, Pagenkopf, Knitterwelle. Immer en vogue. Immer ein lebendiges Zitat aus BRIGITTE, der FREUNDIN, der FÜR SIE. Immer ausgeschnittene COSMOPOLITAN. Falk Reinhold las in ihr wie in einem Readers's Digest für Kultur. Mit immer geringerem Interesse. (...)

Falk Reinhold verlor heute, am 14. Mai um 17.28 Uhr, endgültig die Lust an ihrem unendlichen Text und schrieb ihr einen kurzen Brief zum abrupten Abschied:

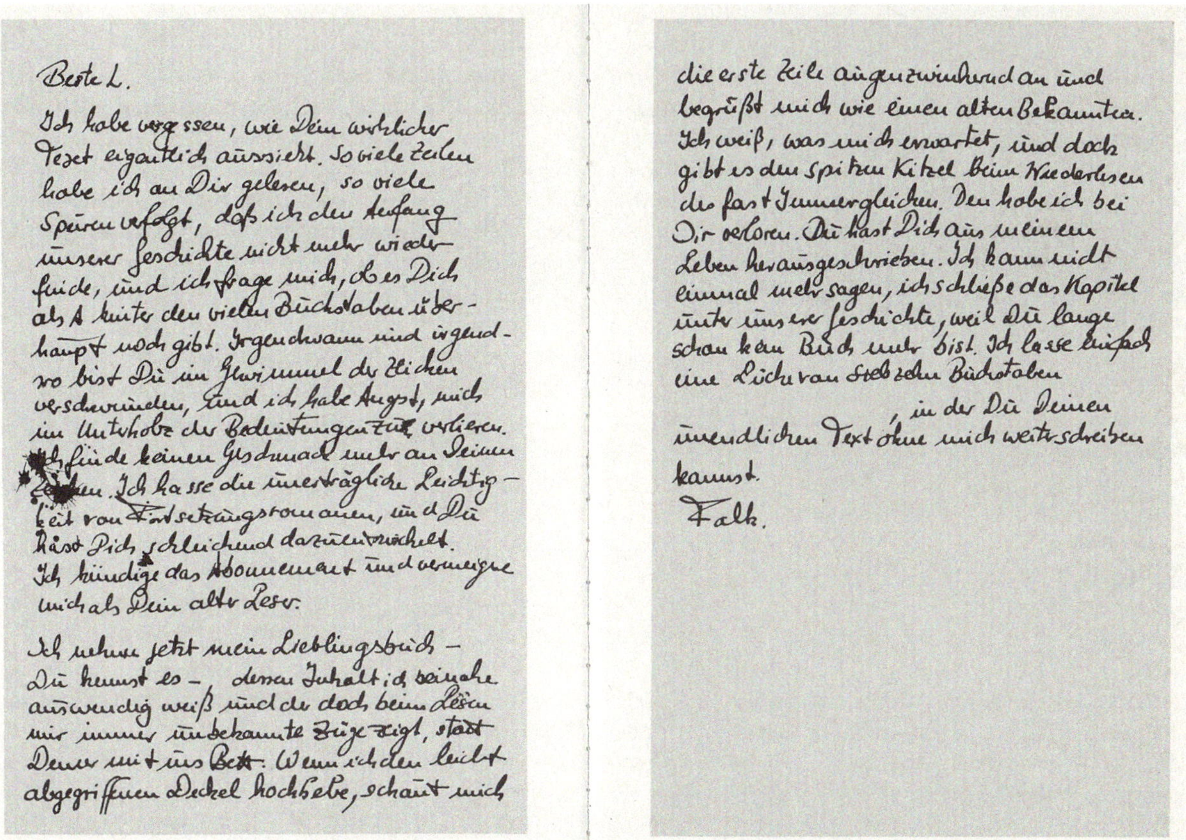

Beste L.

Ich habe vergessen, wie Dein wirklicher Text eigentlich aussieht. So viele Zeilen habe ich an Dir gelesen, so viele Spuren verfolgt, daß ich den Anfang unserer Geschichte nicht mehr wiederfinde, und ich frage mich, ob es Dich als A hinter den vielen Buchstaben überhaupt noch gibt. Irgendwann und irgendwo bist Du im Gewimmel der Zeichen verschwunden, und ich habe Angst, mich im Unterholz der Bedeutungen zu verlieren. Ich finde keinen Geschmack mehr an Deinen Zeichen. Ich hasse die unerträgliche Leichtigkeit von Fortsetzungsromanen, und Du hast Dich schleichend dazu entwickelt. Ich kündige das Abonnement und verweigere mich als Dein alter Leser.

Ich nehme jetzt mein Lieblingsbuch – Du kennst es – dessen Inhalt ich beinahe auswendig weiß und der doch beim Lesen mir immer unbekannte Züge zeigt, statt Deiner mit ins Bett. Wenn ich den leicht abgegriffenen Deckel hochhebe, schaut mich die erste Zeile augenzwinkernd an und begrüßt mich wie einen alten Bekannten. Ich weiß, was mich erwartet, und doch gibt es den spitzen Kitzel beim Wiederlesen des fast Immergleichen. Den habe ich bei Dir verloren. Du hast Dich aus meinem Leben herausgeschrieben. Ich kann nicht einmal mehr sagen, ich schließe das Kapitel unter unsere Geschichte, weil Du lange schon kein Buch mehr bist. Ich lasse einfach eine Lücke von siebzehn Buchstaben

, in der Du Deinen unendlichen Text ohne mich weiterschreiben kannst.

Falk.

(1994)

Tor Åge Bringsværd

Das Frühstück der Langschläferin (Auszug)

© Insel Verlag, 1992

Jeder, der Felix Bartholdy auch nur ein bisschen gekannt hätte, würde geschworen haben, dass das unmöglich war, aber da stand er – mit einer Plastiktüte voll von eben gekauften Büchern und einem Kassenbon in der Tasche – auf dem Bürgersteig vor Brentano's Filiale in der 8. Straße, New York, USA, Erde, Sonnensystem, Milchstraße – und spuckte innerlich vor sich aus, wenn er an weitere Druckerzeugnisse dachte. „Schaut her", rief er Passanten zu und öffnete seine Plastiktüte. „Schaut her. Das ist doch Wahnsinn, oder? (...) Die habe ich alle heute Abend gekauft", schrie Felix Bartholdy. „Ich habe sie da drin gekauft." Er deutete über die Schulter. *„Aber kann mir jemand sagen, wo zum Teufel ich die Zeit hernehmen soll, das alles zu lesen?"* Er fing an, Leute am Arm zu packen, wollte sie festhalten. „Ich besitze schon über zehntausend Bände. Circa viertausend davon habe ich noch gar nicht gelesen. Gewöhnlich lese ich zwei Bücher die Woche. Zwei Bücher in der Woche, das macht 104 Bücher pro Jahr. Um viertausend Bände durchzuackern, brauche ich ca. 40 Jahre. Ich bin 43 Jahre alt. Wenn ich mit allen Büchern, die ich bereits gekauft *habe*, fertig bin, werde ich 83 Jahre sein. Und nicht genug damit ..." Ihm wurde schwarz vor Augen, und er musste sich an die Hauswand lehnen. „Und nicht genug damit", flüsterte Felix Bartholdy dem Mauerputz zu. „Ich kaufe neue Bücher. Ich hamstere. Ich raffe zusammen, was mir unter die Augen kommt. Ich bin krank. Ich kaufe mindestens fünfmal so viele Bücher wie ich lese. Meine Regale stehen voller Bücher, die ich niemals öffnen werde. Sie vermehren sich unaufhörlich. Ich kann an keinem Buchladen vorbeigehen. Im Bett lese ich Kataloge, auf dem Klo Kritiken, und meine Tasche ist stets voll von literarischen Zeitschriften. Und ich kann nicht aufhören. *Ich kann nicht aufhören!"*

Er wollte sich übergeben. Der Griff an seiner Plastiktüte riss, und der Inhalt verteilte sich auf dem Bürgersteig. Freundliche Menschen hoben ihm die Bücher auf. „Lasst sie liegen", flüsterte Felix. „Liegen lassen, bitte". Doch niemand hörte auf ihn.

Bald werde ich gezwungen sein, 100 Jahre zu werden, dachte Felix. Und nicht lange, und ich muss 200 werden... Er fing zu kichern an. Er saß am Rand des Bürgersteigs und lachte, die Nebel um ihn verdichteten sich, ballten sich vor seinen Augen, und er hatte Schwierigkeiten etwas zu sehen.

„Sind Sie krank?", sagte eine Stimme vom Himmel. „Brauchen Sie Hilfe?"

„Zwecklos, was Sie sagen", antwortete Felix und schüttelte den Kopf. „Das funktioniert nie. Ich werde nie 200 Jahre. Da rauche ich zu viel. Das ist der Fehler. Und nicht genug damit ..."

„Soll ich einen Arzt holen", sagte die Stimme ungeduldig.

„Ihr Vertrauen in die ärztliche Kunst rührt mich zutiefst", sagte Felix mit einer Stimme, die man am besten als *lallend* bezeichnen könnte. „Das Problem ist doch, dass jedes Jahr auf der Welt ca. 550000 neue Bücher geschrieben und herausgegeben werden. Fünfhundertfünfzig Tausend! *Das heißt, in jeder Minute wird ein neues Buch herausgegeben!* IN JEDER VERDAMMTEN MINUTE! Mich als gewöhnlichen Leser bringt das natürlich in eine schier aussichtslose Situation. Und nicht genug damit ..."

„Oder kommen Sie selbst zurecht?"

„Vor diesem Hintergrund betrachtet", sagte Felix, blinzelte dabei in den Nebel und versuchte, den Rücken gerade zu halten, „erscheint Ihr Vertrauen in die ärztliche Kunst in einem etwas merkwürdigen Licht. Was hätte denn Ihrer Meinung nach Albert Schweitzer in diesem Fall getan – wenn er nicht schon vor einiger Zeit gestorben wäre?"

„Sie sind besoffen", sagte die Stimme. Felix bemerkte, dass sie sich in einen grauen Mantel gehüllt hatte, um nicht zu frieren. Und einen Augenblick später – als der Nebel kurz aufriss – in einem Anfall von Hellsichtigkeit, wie man ihn oft hat, bevor man endgültig im Dunkel versinkt, gelang es den Augen, quer über die Straße zu springen. Sie hüpften über Autos und Fußgänger, trafen wie zwei Tennisbälle auf die gegenüberliegende Hauswand und prallten mit dem Bild eines Plakates auf der Netzhaut zurück. Das Plakat war vergilbt und zerrissen und enthielt die folgende, noch lesbare Botschaft:

EAT SHIT! 487 billion flies can't be wrong.

Und das war der letzte Gedanke, der ihn durchzuckte, bevor das Regenwetter in seinem Kopf ernsthaft losbrach. Felix Bartholdy wurde ohnmächtig. *(1992)*

2 Lebenslänglich Bücher

Günter Grass

Fortsetzung folgt … (Auszug)

Rede anlässlich der Verleihung des Nobelpreises für Literatur in Stockholm am 7. Dezember 1999

Doch vorerst las ich in mich hinein. Ich las auf besondere Weise: mit den Zeigefingern in den Ohren. Erklärend muß dazu gesagt werden, daß meine jüngere Schwester und ich in beengten Verhältnissen, nämlich in einer Zweizimmerwohnung, also ohne eigene Kammer oder sonst einen noch so winzigen Verschlag aufgewachsen sind. Auf Dauer gesehen war das für mich von Vorteil, denn so lernte ich früh, mich inmitten von Personen und umgeben von Geräuschen dennoch zu konzentrieren. Wie unter einer Käseglocke aufgehoben, war ich so ans Buch und dessen erzählte Welt verloren, daß meine Mutter, die zu Scherzen neigte, nur um einer Nachbarin die gänzliche Absenz ihres Sohnes zu beweisen, eine Butterstulle, die neben meinem Buch lag und in die ich ab und zu biß, gegen ein Stück Seife – nehme an, Palmolive – eintauschte, woraufhin beide Frauen – meine Mutter mit gewissem Stolz – Zeugen wurden, wie ich, ohne den Blick vom Buch zu lösen, nach der Seife griff, zubiß und kauend eine gute Minute brauchte, um aus dem gedruckten Geschehen geworfen zu werden.

Solch frühe Einübung in konzentriertes Verhalten ist mir noch heute geläufig; doch nie wieder habe ich so besessen gelesen. Die Bücher fanden sich in einem Schränkchen hinter blauen Scheibengardinen. Meine Mutter war Mitglied in einem Buchclub: Dostojewskis und Tolstois Romane standen dort neben und zwischen einigen von Hamsun, Raabe und Vicki Baum. Auch Selma Lagerlöfs „Gösta Berling“ war greifbar. Später fütterte mich die Stadtbibliothek. Doch den Anstoß hat wohl der Bücherschatz meiner Mutter gegeben. Sie, die genau rechnende Geschäftsfrau, die ihren Kolonialwarenladen zu Diensten unzuverlässiger Pumpkundschaft betrieb, liebte das Schöne, lauschte dem Volksempfängerradio Opern- und Operettenmelodien ab, hörte gerne meine vielversprechenden Geschichten, ging oft ins Stadttheater und nahm mich manchmal mit.

Aber diese nur flüchtig skizzierten Anekdoten, erlebt in der Enge kleinbürgerlicher Verhältnisse, die ich vor Jahrzehnten an anderer Stelle und mit fiktivem Personal episch breit ausgemalt habe, sind einzig dazu gut, mir bei der Beantwortung der Frage „Wie wurde ich Schriftsteller?“ behilflich zu werden. Die Fähigkeit zur anhaltenden Tagträumerei, die Lust am Wortwitz und am Spiel mit Wörtern, die Sucht, nur deshalb und ohne Vorteil für sich zu lügen, weil das Schildern der Wahrheit zu langweilig gewesen wäre, kurz, was man vage genug Begabung nennt, war gewiß vorgegeben, doch ist es der jähe Einbruch der Politik ins familiäre Idyll gewesen, der dem allzu leicht dahinsegelnden Talent zu dauerhaftem Ballast und einigem Tiefgang verhalf.

Peter Weiss

Abschied von den Eltern (Auszug)

In den Büchern trat mir das Leben entgegen, das die Schule vor mir verborgen hatte. In den Büchern zeigte sich mir eine andere Realität des Lebens als die, in die meine Eltern und Lehrer mich pressen wollten. Die Stimmen der Bücher forderten mein Mittun, die Stimmen der Bücher forderten, dass ich mich öffnete und auf mich selbst besann. Ich stöberte in der Bibliothek meiner Eltern. Das Lesen dieser Bücher war mir verboten, ich musste die Bücher heimlich entwenden und die Lücken sorgsam ausgleichen, meine Lektüre fand unter der Bettdecke statt, beim Schein der Taschenlampe, oder im Klosett, oder unter der Tarnung von Schulbüchern. Das Chaos in mir von unausgegorenen Sehnsüchten, von romantischen Verstiegenheiten, von Ängsten und wilden Abenteuerträumen wurde aus unzähligen Spiegeln auf mich zurückgeworfen, ich bevorzugte das Anrüchige, Zweideutige, Düstere, suchte nach Schilderungen des Geschlechtlichen, verschlang die Geschichten von Kurtisanen und Hellsehern, von Vampiren, Verbrechern und Wüstlingen, und wie ein Medium fand ich zu den Verführern und Fantasten und lauschte ihnen in meiner Zerrissenheit und Melancholie. (…)

Im Lauf der Jahre wurde die Zwiesprache, die ich in den Büchern suchte, immer bestimmter und eindringlicher, richtete sich immer tiefer ins Persönliche, und so wurde sie auch immer seltener, denn nur wenige konnten etwas von den Dingen ausdrücken, in denen die Wurzeln des Daseins angerührt wurden. Alle Stadien meiner Entwicklung hatten ihre Bücher. In der Grünenstraße gab es einen großen gelben Pappband mit zerfledderten Kanten, und darinnen wurde von den Abenteuern des kleinen Mucki berichtet. Der Mucki ist ein großer Held, so hieß es, er köpft die Disteln auf dem Feld. Ich sehe ihn vor mir, den Mucki, in seinen ausgebuchteten Cowboyhosen mit Lederfransen, mit dem breitrandigen Sombrero und dem Lasso, von Kakteen und Klapperschlangen umstellt. Mucki war mein frühstes Abbild, in seinem bösartigen Gesichtsausdruck zeigte sich, was in meiner eigenen Erscheinung so wohlgebändigt war, in ihm tobte sich meine erstickte Angriffswut aus, Mucki der Abenteurer und Gewalttäter, das war ich viel mehr als der sorgfältig gekämmte Knabe in der Spitzenbluse beim Sonntagsspaziergang. Der Struwwelpeter, mit seinem buschigen Haarwald und den langen Fingernägeln, führte mir, zusammen mit seinen Genossen, alle meine eigenen Gebrechen, Schrecken und Gelüste vor. Die naiven, farbstarken Bilder waren wie Szenerien aus meinen eigenen Träumen, da waren die abgeschnittenen, blutigen Daumen und die riesige aufklaffende Schere, die noch anderes abschneiden wollte, da war der Suppenkasper mit dem strengen, hageren Vater und der rundlichen Mutter, und seine Worte, meine Suppe ess ich nicht, nein, meine Suppe ess ich nicht, waren meine eigenen Worte, ich selbst war es, der auf dem Stuhl hin- und herschaukelte und beim Sturz das Tischtuch mit den Tellern und Gerichten in die Tiefe riss. Das war die Rache. Da hatten sie es für all ihr Zetern und Mahnen. Und dann das Wunschbild des Sterbens. Das Hungern war meine Vergeltung, mit dem Hungern strafte ich sie, den hageren Mann, die dicke Frau, süß war die Rache, in der ich selbst mit draufging. Dies alles im Bild zu sehen erleichterte mich, ein Teil des inneren Druckes war nach außen gezaubert worden.

(1961)

Helmut Krausser

In libris (Auszug)

Ich habe oft behauptet, meine erste Lektüre seien die griechischen Götter- und Heldensagen gewesen, in der Schwabschen Volksausgabe. Vielleicht war das eine Lüge und vorher kamen noch „Die fröhlichen Falkenbergs im Geisterhaus“ von – ich weiß nicht mehr wem. Das ist lange her.

Wahr ist, woran man sich erinnert.

Letztgenanntes Buch tat mir, nur deshalb blieb sein Titel unvergessen, große Dienste. Indem ich es mit dem Papiermesser aushöhlte und drinnen verbotene Dinge versteckte. Feuerwerkskörper, eine selbstkonstruierte Miniaturguillotine für kriegsgefangene Wespen, Zeitungsausrisse nackter Frauen, Zigaretten.

Mein Vater brachte mir das Lesen bei, als ich gerade vier geworden war, und er tat es, damit ich in der Schule einen anständigen Vorsprung erzielen sollte. Er war sich nicht bewusst mir etwas zu geben, das seine erzieherische Tätigkeit konsequent auf viele Jahre hin unterlaufen und entwerten würde.

Karl May las ich mit sechs, den „Nürnberger Prozess“ mit neun, und wenn andere Cowboy & Indianer spielten, verurteilte und erhängte ich Nazigrößen im Luitpoldpark. Kishon liebte ich mit zehn, Hesse-Prosa mit zwölf. Kishon trug mir schiefe Blicke ein, schlimm wurde es mit vierzehn, als es bei Suhrkamp den fetten roten Band mit allen Brecht-Dramen gab. Mein Vater fragte mich, ob ich Kommunist sei, ich antwortete, dass in meinem Alter doch alle irgendwie Kommunisten seien. Es war als Beschwichtigung gemeint, und ich erntete Ohrfeigen.

Mit fünfzehn der Bukowski-Eklat. Es gab beim 2001-Verlag ein Paket, bestehend aus Gedichten, einer Lesungsschallplatte und einem Poster. Dieses Poster zeigte Buk im Unterhemd, an den Kühlschrank gelehnt, links neben sich eine abgetakelte Hure, rechts neben sich eine Bierflasche. Es hing kaum länger als eine Woche in meinem Zimmer, dann fetzte es mein Vater (auf Anordnung, natürlich, meiner Mutter) von der Wand. Man muss dazu sagen, dass – wäre schulisch alles in Ordnung gewesen – mir völlige Handlungs- und Meinungsfreiheit zugesichert gewesen wäre. Es handelte sich also keineswegs um eine ideologische Maßnahme, sondern um eine liebevolle.

Schulisch war überhaupt nichts in Ordnung. Dass ich im Französischunterricht unter der Bank Gedichte von Verlaine übersetzte, beeindruckte meinen Französischlehrer zwar, hinderte ihn gleichzeitig nicht, mir Sechser noch und noch zu verpassen. Ähnlich verhielt es sich mit der Physik, wo ich gern Nietzsche las. (In seinem Fall wussten meine Eltern nicht, wie sie zu dem stehen sollten, und ich denke, genau das war Nietzsches Lebensziel: Er hat alles daraufhin verfasst, meinen Eltern einmal unetikettiert zu begegnen. Ist ihm gelungen.) (…)

Nach dem Bukowski-Eklat bestrafte ich meine Eltern damit, nur noch sporadisch zur Schule zu gehen, schlechte Noten und blaue Briefe in einem sehr dicken Album zu sammeln.

Mit der Schultasche ging ich morgens in die Gemeindebücherei und las.

Stellte mir eine Art Stundenplan zusammen.

Zuerst eine Stunde schwere Philosophie. Hegel, Sartre, Marx, Heidegger.

Dann eine Stunde leichtere Belletristik, danach vielleicht etwas Lyrik, wie ein Stück Obst, und zum Ausklang heiter einhändiges Sportlesen im de Sade oder in einem dieser Bände erlesener Kunstaktfotografie – den Pornos für betuliche Gemüter.

Die Bibliothekarin, wäre sie nicht doof und gemein gewesen, hätte, zwischen den Regalen, unter ihrem Schreibtisch oder sonst wo, viel Sex mit mir haben können, superstrapazierfähig ausdauernden Lustknabensex, der ihr von ihrer braunbestrumpften Nickelbrillenhässlichkeit her nicht zugestanden wäre, den sie von mir dennoch bekommen hätte, umsonst, heftig und regelmäßig, weil sie die einzige Frau an diesem einsamen Ort war.

Unbegreiflich. So, als wär's umgekehrt gewesen, als hätte ich mich ihr schreiend verweigert, fragte sie mich eines Morgens, ob ich nicht wie alle Kinder schulpflichtig sei, ob sie nicht mal meine Eltern anrufen müsse…

Die darauf folgenden Prügel machten mich, das erste und einzige Mal, zum literarischen Märtyrer.

Ich verachte Märtyrer und Faust-Verschnitte, in sich gekrümmte Fäustlinge, die ihr Leben kompromisslos der Kunst widmen, deren Besessenheit in der Zwingburg eines Zieles landet, die unmenschlich werden und doch nicht göttlich. Das schönste an Märtyrern ist, dass sie tot sind.

Von da an bin ich schlauer gewesen, bin morgens weit gefahren, begann, die Büchereien systematisch zu wechseln, Bände, die mich interessierten, zu stehlen und im Wald zu lesen. Leihen ging nicht – unter sechzehn brauchte man eine Einverständniserklärung der Eltern, und die wollten, wie gesagt, alles fern halten, was mich vom *Lernen* ablenken konnte.

Meine erste geheime Bibliothek war in hohlen Bäumen gelagert, Holz zu Holz, es ging nicht anders, mein Zimmer wurde an jedem dritten Tag durchsucht. Ich verstehe meine Erzeuger, sie wollten verhindern, dass ich anders würde als sie selbst, sie hatten Angst um mich, ja, und begründete Angst – ich wollte ihnen wirklich in nichts ähneln. Das hat sie um den Verstand gebracht, sie hätten mich beinah zu Tode geliebt.

Meine erste geheime Bibliothek wurde von Schnecken und Würmern besucht und faulte im Herbstregen. Manche Bücher wurden von Spaziergängern gefunden und anstandslos mitgenommen.

Bücher zu stehlen ist ein fast ebenso sinnliches Vergnügen wie Bücher zu lesen. In vielen Fällen war es aufregender, das steht fest.

Mit siebzehn entdeckte ich die Faszination von Dichterlesungen in Bibliotheken und Buchhandlungen. Die Dichter waren mir eher schnurz, meist hörte ich gar nicht erst zu. Saß lieber hinten in der letzten Reihe und stopfte mir die Jackentaschen voll.

In der Germeringer Gemeindebücherei war das wie Fischen im Aquarium. Man saß (natürlich nur im Sommer) am offenen Fenster, warf die vorher ausgewählten Bücher dutzendweise raus ins Gebüsch und sammelte sie spät nachts ein. So kam ich nach und nach zu umfassendem bibliophilen Besitz.

Aber mit achtzehn, eine Stunde nach meinem Geburtstag, stieg ich in den nächsten Zug weit fort, ließ alles zurück, sogar die Bücher. Ein tiefer Einschnitt war nötig. Das Leben, das jetzt begann, als Mitglied einer Drückergang im VW-Bus quer durch Norddeutschland, vertrug sich nicht mit Büchern, es sei denn, dass es irgendwann in einem enden wird. Das ist eine andere Geschichte.

(…)

Das Lesen seither hat nie mehr den gefährdeten Zauber der frühen Jahre wiedergewonnen. Es sei denn im gloriosen Moment, in dem selber Geschriebenes für fertig (*vollendet*) befunden und an den Verlag geschickt wurde. Und immer, wenn eins meiner Kinder in der Auslage eines Antiquariates auftaucht, gibt mir das Stiche ins Herz: Jemand hat es AUSGESETZT! Mein Buch! Grausame Welt!

Aber wenn es, Wochen später, aus der Auslage wieder verschwunden ist, Aufatmen.

Jemand hat es adoptiert.

Danke. Behandelt es gut. *(1998)*

Felicitas Hoppe

Gesammeltes Unglück (Auszug)

An einem kalten schneereichen Tag im Dezember verkündete unsere Mutter, Anna Karenina werde sterben. Wie Blei liege ein Schicksal auf ihren Schultern, das unabwendbar sei. Und während wir den Schlitten zum vierten Mal den Abhang hinaufzogen, rief sie, jetzt schon unter Tränen, sie wird sich vor einen Zug werfen, ich sehe es ganz genau. Unsere schüchternen Einwände und Tröstungsversuche wies sie entschieden zurück. An Rettung, sagte sie, ist nicht zu denken, und sie behielt recht. Kurz vor Weihnachten war Anna Karenina tot, denn unsere Mutter las schnell wie eine Süchtige und gewissenhaft wie ein Beamter. Sie übersprang keine Seite, keine Zeile, kein Wort. Vorauseilende Neugier ließ sie nicht gelten. Wie das wirkliche Leben betrachtete sie die Bücher als praktische Aufgabe, als Abenteuer mit ungewissem Ausgang, als eine Art höheren Auftrag, den es auszuführen galt. Wer ihr diesen Auftrag erteilt hatte, blieb ein Rätsel, aber sobald unsere Mutter ein Buch in die Hand nahm, wurde sie von unberechenbarer Leidenschaft und ängstlicher Unruhe ergriffen, saß händeringend in der Küche und trat hin und wieder zwischen den Seiten hervor an die Haustür, als habe jemand geklopft und ihr ein Waisenkind auf die Schwelle gelegt, und sie ruhte nicht eher, als bis sie die Lektüre zu Ende gebracht hatte, ob sie ihr gefiel oder nicht. In unserem Haus gibt es keine ungelesenen Bücher.

Die Konsequenz, mit der unsere Mutter sich den Büchern unterwarf, erfüllte mich von Anfang an mit Faszination und Schrecken und einem tiefen Misstrauen gegen die Bücher selbst. Es war klar, dass unsere Mutter an ihnen litt. Sie konnte es unmöglich allein mit ihnen aushalten, sie suchte Zeugen und Mitwisserschaft für den unglaublichen Vorgang und dachte gar nicht daran, sich in die Welt der Bücher zurückzuziehen, sich auf ferne Reisen oder in fremde Träume zu begeben, sondern zerrte stattdessen die Schicksale aus dem düsteren Jenseits der so genannten Weltliteratur mit Gewalt hinein in das Diesseits unserer Schultage und Schlittenfahrten bis an den Mittagstisch, wo wir uns umzingelt fanden von polnischen Grafen, englischen Waisenkindern und russischen Idioten.

Beim Wäscheaufhängen und Unkrautjäten im Garten machte uns unsere Mutter, die weder für Zeitungen noch für die Nachbarschaft das geringste Interesse aufbringt, mit den wesentlichen Fragen des Lebens vertraut, mit Gott und dem Teufel, Liebe, Tod und Verrat und gebrochenen Knöcheln der Lieblingspferde von Thronfolgern. Und obwohl sie eine treue Verwalterin der ihr anvertrauten Stoffe war, wuchs ihr das Erzählte absichtslos über den Kopf, über die Erzählung hinaus und wurde so groß und so dringend, dass wir nachmittags schon wie Hunde an der Haustür lauerten und darauf warteten, dass sie sich endlich in unsere Arme hängte, um uns hinauszuführen und an frischer Luft in das nächste Kapitel einzuweihen.

Hier laufen wir und dort unsere Mutter. Wir hängen an ihren Armen und Lippen, bis sie sich plötzlich losreißt, ein Taschentuch aus dem Ärmel zieht und hoch in die Luft wirft. Die Arme nach vorne gestreckt in das kalte Nichts eines Wintertages, hören wir jetzt schon den Lärm der Schlacht, das Klirren von Schwertern und Rüstung, die Federn der Frau, den Handschuh, der lautlos zu Boden geht, den Wimpernschlag und den Tropfen im Glas, das rasche Wenden der Seiten, den Glockenschlag und den Kuss des Verräters, das Rattern der Räder der Kutsche, das Brodeln der Suppe, das Knurren der Mägen, das lange Warten hinter der Tür, bis endlich ihr Atem stehen bleibt wie eine hellgraue Fahne im Winterlicht: Nun, sagte sie, weiter bin ich noch nicht. Dann schwieg sie erschöpft und in Schweiß gebadet, und wir seufzten erleichtert im Chor und wünschten enttäuscht, sie hätte das nächste Kapitel auch schon gelesen.

Aber wir sind schon jetzt gut gerüstet und tapfer, wir fürchten weder Hunger noch Schnee, wir sind auf Entbehrung und Zahnschmerzen aus, auf harte Betten und Tee ohne Zucker. Wir möchten so leiden wie unsere Mutter oder wenigstens wie die schwindsüchtigen Frauen, die zu Hause auf unseren Fensterbänken hocken und schweigend in den Nachmittag starren wie der Gutsbesitzer, der auf dem Sofa liegt und beschließt, nie wieder aufzustehen, weil im Garten die Saat fault. Und wie leicht uns das fremde gesammelte Unglück macht. Wir sind auf alles gefasst, denn wir haben begriffen, worauf es im Leben ankommt, weil wir wissen, was es mit Büchern auf sich hat.

Nicht dass unsere Mutter einverstanden gewesen wäre. Sie wollte Gerechtigkeit, Trost, Brei für alle, Versöhnung, Treue und Glück. Sie musste rechten und richten und wurde nie fertig mit ihren Büchern, auch wenn sie sie längst beendet hatte. Im Gegenteil fing jetzt ihre Qual erst an. Sie wollte am liebsten von vorne beginnen, in der sinnlosen Hoffnung, sie habe das Wichtigste nur übersehen, überlesen, vielleicht falsch verstanden und werde, wenn sie nur alles gäbe, doch noch ein gutes Ende finden. Ein ungleicher Kampf, aber auch das war nur Vorwand. In Wahrheit wollte sie gar keine Schonung, die leichten, die dünnen, die freundlichen Bücher verachtete sie zutiefst. Den Trick kenne ich schon, rief sie empört, wenn sich plötzlich ein Schicksal ganz wie von selbst zwischen zwei Zeilen und ohne ihr Zutun lösen wollte. Das, sagte sie, ist nur erfunden, und sie behielt Recht.

(1998)

3 Bücher sind gefährlich

Stefan Heym
Die Schmähschrift (Auszug)

22. Mai 1703

… ließ den Gefangenen nach Whitehall schaffen und meinem Lord Nottingham vorführen. Mein Lord und Mr. DeFoe missfielen einander sofort; und wahrhaftig könnte es keinen größeren Gegensatz geben als den zwischen diesen beiden Männern: der eine lang und hager, finster, misstrauisch, der andere kurz und sehnig, ironisch und bemüht, seinen Witz zu zügeln, um seinen Inquisitor nicht unnütz zu reizen.

„Nun, da wir Sie haben, Mr. Ffooe", sagt mein Lord, „kann ich Ihnen nur eine Hoffnung bieten, nämlich auf die Gnade der Königin, was allerdings ein volles Geständnis voraussetzt. Sie werden nicht leugnen, nehme ich an, dass Sie der Verfasser der *Das kürzeste Verfahren mit den Abweichlern* betitelten Schmähschrift sind?"

Worauf Mr. DeFoe erwiderte, dass er das Büchlein wohl geschrieben habe, jedoch nicht in böser Absicht; allein man habe seine Worte falsch ausgelegt und missverstanden, wie es in der Weltgeschichte seit Sokrates leider schon vielen Autoren ergangen.

Mein Lord entgegnete, dass er mit dem Fall *Athenische Regierung gegen Sokrates*, dessen Fakten übrigens von Plato gründlich vernebelt worden, nicht befasst sei; wohl aber mit dem Fall *Königin gegen Daniel Ffooe*, in welchem die Tatsachen klar und gegenwärtig und unwiderleglich seien und als Corpus delicti eine so böswillige und spalterische Hetzschrift vorliege, wie noch nie eine den Unwillen der Königin erregt; und dass Mr. Ffooe der Nation einen schlimmen Dienst erwiesen, als er das skandalöse Machwerk verfasste und gar noch zum Druck gab.

„Euer Lordship", sagt Mr. DeFoe in süßestem Ton, „hätte ich gewusst, welch Ärgernis das Werkchen an höchsten Stellen herbeiführen würde, ich hätte mir lieber die Hand abgehackt als sie zum Schreiben benutzt." Doch war an den gekräuselten Lippen und den leuchtenden Augen deutlich zu erkennen, dass er insgeheim stolz auf die Wirkung seiner Gedanken war und den Ruhm genoss, welchen ihm seine Feder gebracht, selbst wenn derselbe mit Gefahren verbunden.

„Mr. Ffooe", sagt mein Lord, „ich möchte erwähnen, dass Ihre Ausflüchte unsre Zeit sinnlos in Anspruch nehmen und Ihnen nicht nützen. Jedem denkenden Menschen dürfte klar sein, dass ein Mann Ihres Metiers, ein Mann mit Ihrer Vergangenheit nicht auf eigene Rechnung arbeitet, und schon gar nicht bei einem Unternehmen, welches ein so ernsthaftes Risiko enthält; so dass andere, die sich im Hintergrund halten, ihn dazu ange-

Stefan Heym
Filz (Auszug)

[im Jahr 1992]

Einer der Vorteile eines Umsturzes ist, dass einem da Dokumente in die Hände fallen können, die sonst unter Siegel und Verschluss geblieben wären. Hier war es ein simples Verlagsgutachten, wie sie, verfasst möglichst von Fachleuten, jeder DDR-Verlag der zuständigen Abteilung des Kulturministeriums vorlegen musste, wenn er die Zuteilung von Papier zum Druck eines Titels beantragte – oder wenn ein Grund gesucht wurde zur Verdammung eines Buches. Das Verlagsgutachten war also auch eine Vorstufe der Zensur.

Dieses Gutachten behandelte eine lange Novelle von mir, betitelt „Die Schmähschrift", die zum ersten Mal im Jahre 1970 als Buch gedruckt worden war, allerdings in der Schweiz, und die, so meinte ich, eine Veröffentlichung auch in der DDR verdiente. Es wird darin von einer Begebenheit im Leben des Schriftstellers Daniel DeFoe erzählt, der 1702, anonym, eine Schmähschrift erscheinen ließ, The Shortest Way with the Dissenters, *zu Deutsch, „Das kürzeste Verfahren mit den Abweichlern". Der Icherzähler meiner Story ist eine fiktive Gestalt mit Namen Josiah Creech, persönlicher Referent, wie wir's heute nennen würden, des Earl of Nottingham, des Staatssekretärs der südlichen Abteilung der Regierung Ihrer Majestät, der Königin Anna von England; Creech ist betraut mit der Feststellung und Verfolgung des anonymen Autors der Schmähschrift; das Manuskript eines Tagebuchs aus der Zeit erhielt ich, wie ich im Vorwort meines kleinen Bandes andeutete, während des Londoner Blitzes aus den zarten Händen einer Miss Agnes Creech; und da am nächsten Tag eine deutsche Bombe das Haus zerstörte, in welchem Fräulein Agnes gewohnt hatte, konnte ich ihr, so schrieb ich, das Manuskript ihres Urahnen Josiah nicht mehr retournieren.*

Das Ganze war also eine sorgfältig kaschierte Fiktion, die aber auf geschichtlichen Fakten beruhte: Daniel DeFoe hatte eine solche Schmähschrift tatsächlich verfasst und in ihr die Dogmen der herrschenden Kirche durch nur geringfügige Übertreibungen ad absurdum geführt; und mein Mr. Creech ermittelte ihn sehr bald als Autor der Broschüre und veranlasste seine Verhaftung und ein Gerichtsverfahren gegen ihn: DeFoe wurde verurteilt, an drei Tagen hintereinander an drei verschiedenen Londoner Plätzen am Pranger zu stehen, eine lebensgefährliche Prozedur, falls nicht das Volk sich zugunsten des Delinquenten entschied.

Im Falle DeFoe geschah gerade dies. Die Bürger von London umkränzten den Pranger mit Blumen und ließen stiftet haben müssen. Wenn Sie mir diese nennen, Mr. Ffooe, verpfände ich mein Ehrenwort, dass das Gericht Sie mit einer nominellen Strafe entlässt; andernfalls kommen Sie an den Pranger, und unser Mr. Creech wird dafür Sorge tragen, dass die faulen Fische und die Ziegelsteine ihr Ziel nicht verfehlen."

Darauf erbleichte Mr. DeFoe und eine Schwäche in den Knien machte sich bemerkbar, so dass ich ihm einen Stuhl zuschob; mit Erlaubnis meines Lords nahm er darauf Platz und konnte nach einer Weile weitersprechen. „Ich will versuchen, Euer Lordship zu erklären", sagt er, „was im Kopf eines Schriftstellers, in dem meinigen wenigstens, vor sich geht, damit Euer Lordship begreift, dass hier niemand im Hintergrund lauert und keine Verschwörung im Spiel ist, sondern nur ein Mann mit seinen Gedanken und seiner Feder."

Mein Lord Nottingham verschränkte die langen Finger und lehnte sich spöttisch lächelnd zurück, sagte aber nichts.

„Das kommt wie ein Blitz aus heiterem Himmel", sagt Mr. DeFoe, „der eine Flamme entzündet; und nichts kann das Feuer löschen, bis es ausgebrannt hat. Oder wie ein Jucken, das nicht aufhören will, bis man sich blutig gekratzt hat."

„Was kommt wie ein Blitz?", sagt mein Lord. „Oder wie ein Jucken? Genau, bitte."

„Die Idee."

Die Züge meines Lords verdüsterten sich, da er glaubte, der Gefangene mokiere sich über ihn; allein Mr. DeFoe, ganz auf seinen Gegenstand bedacht, bemerkte es nicht.

„Ich habe die Predigten des Dr. Sacheverell und ähnlicher Eiferer gelesen", sagt der Gefangene, „ich habe die Reden geistig beschränkter Dunkelmänner gehört, die eine bigotte Vergangenheit zurückersehnen, und plötzlich war mir, als vernähme ich das glorreiche Lachen meines verstorbenen Königs William, dem zu dienen, und das Echo der Revolution, für die zu kämpfen ich die Ehre hatte; und ich erkannte, dass ich nichts weiter zu tun brauchte, als die Sache der regierungsamtlichen Dummköpfe bis ins Letzte darzustellen, um sie in ihrer eigenen Lächerlichkeit zu ertränken."

„Nun, Mr. Ffooe", sagt mein Lord, nachdem er schwer geschluckt, „Sie glauben doch selbst nicht, dass ich mich mit solchen Mitverschworenen wie dem Geist eines toten Königs und dem Echo einer Revolution zufrieden geben werde?"

Jetzt war Mr. DeFoe an der Reihe zu schlucken, denn er merkte, dass er in seinem Eifer, seine alleinige Urheberschaft an der Idee zu erhärten, die Möglichkeit übersehen hatte, dass mein Lord sich den geistig beschränkten Dunkelmännern hinzurechnen könnte. „Ich bitte Euer Lordship ergebenst um Verzeihung", sagt er, „falls ich in meinem Bemühen, die Einflüsse ein wenig zu be-

den Mann hochleben, der da mit dem Kopf im Querholz stand, unfähig sich zu rühren; und zu seinen Füßen wurde eine Neuauflage seiner amtlich verbotenen Broschüre mitsamt seinem neuesten Werk verkauft, der „Hymne an den Pranger", in welcher der Autor aufzählte, wer von Rechts wegen statt seiner an den Pranger gehörte: „Die Börsenmakler und die Spekulanten, die kirchlichen Würdenträger, das Juristenpack, und die Bullen der Regierung, drauf abgerichtet, Unschuld'ge zu Tod zu hetzen!" Die Bullen taten's dem Gutachter besonders an, wiesen sie doch auf die Polizisten auch der DDR-Gegenwart hin, die, zumindest im Unterbewusstsein des Gutachters, eine gewisse Ähnlichkeit mit den Bütteln der Königin Anna zu haben schienen. Ja, noch mehr: nachdem er zugestanden, dass es ihm nicht gelungen sei, in einschlägigen Literaturgeschichten herauszufinden, ob es tatsächlich ein Pamphlet DeFoes mit dem Titel „Das kürzeste Verfahren mit den Abweichlern" gebe, und dass selbst neuere englische Wörterbücher keinen adäquaten Begriff für die ganz und gar moderne deutsche Wortbildung Abweichler verzeichneten, stellt er fest, „Autor S. H. identifiziert sich selbst mit der Figur des Dichters DeFoe auf der geistigen Grundlage der absoluten Freiheit des dichterischen Gedankens und verteidigt diesen Standpunkt gegen, wie er es gestaltet, engstirnige, orthodoxe (sprich: dogmatische) Staats- und Kirchen- (sprich: Partei-)vertreter. Das Buch ist also gleichnishaft und symbolisch zu verstehen, und im Grunde gibt es kaum eine Zeile darin, die nicht voller bösartiger Anspielungen und Bezüge steckt. H.s Schmähschrift ist eine Schmähschrift im wahrsten Sinne des Wortes – eine Schmähschrift wider uns"!

Nachdem der Gutachter dieses erkannt, sucht er nach Beweisen für seine These, dass es dem Autor S. H. weder um den historischen Daniel DeFoe geht noch um die gesellschaftlichen Missstände des frühkapitalistischen Englands. Das historische Gewand, so schreibt er, sei Verkappung und Mummenschanz zur Tarnung eines ganz anderen Anliegens: einen Angriff vorzutragen, nämlich gegen unsere Partei und die Regierung der DDR, insbesondere ihre Kulturpolitik im Zusammenhang mit dem 11. Plenum von 1965. Ganz deutlich werde die Sache, schließt er, schaut man sich die Hauptpersonen der kleinen Geschichte an.

„Es wird hier vom ‚Staatsrat' und seinen Mitgliedern gesprochen. Lord Nottingham, der Dienstherr des Erzählers Creech, soll ganz offensichtlich die in der Karikatur verschlüsselte Person des Genossen Prof. Kurt Hager wiedergeben. Das reicht sogar bis ins Wortspiel hinein: ‚Lang und hager', steht der Lord im persönlichen Dialog seinem Widerpart DeFoe gegenüber, und er ‚kaut an seiner schmalen Unterlippe'.

Der Mr. Robert Stephens, genannt Robin Mastschwein, zielt wohl auf die Person des Genossen Axen, und Lord leuchten, welche das Herz eines Autors bewegen, mich mit ungerechtfertigter Leidenschaft ausgedrückt habe. Aber ich werde nun seit über vier Monaten von den Agenten Eurer Lordship verfolgt, mein Geschäft ist ruiniert, meine Frau wird von Gläubigern belagert, meinen Kindern mangelt es am Notwendigsten; ich muss mich Eurer Lordship klarmachen; denn ich bin ein Mann von Ehre und werde eher noch größeres Leid auf mich nehmen, als irgendwelche Menschen fälschlich bezichtigen."

Die Bittrede, an einen anderen gerichtet, wäre wohl von Nutzen gewesen; allein mein Lord Nottingham war ein Mann kühl bis an die Haarwurzel und störrisch wie ein Esel, sobald er eine vorgefasste Meinung hatte; in seiner Vorstellung war Mr. DeFoe nicht nur ein Schriftsteller und Satiriker, ein Mensch, der an jeder Autorität zweifelte und die bestehende Ordnung untergrub, kurz, der fleischgewordene Teufel, sondern mehr noch die Schlüsselfigur in einem Komplott, durch das mein Lord sich in eigner Person bedroht fühlte.

„Also, Mr. Ffooe", sagt er, „verstehe ich Sie richtig, dass Sie zur Zeit nicht in der Stimmung sind, Ihr Gewissen zu erleichtern, wodurch ich wiederum Ihre Lage erleichtern könnte?"

„Ich habe Eurer Lordship alles gesagt, was zu sagen wäre", sagt der Gefangene. „Ich bitte Sie dringend, bedenken zu wollen, dass ich in keiner Weise ein Verbrecher bin und dass ich vor dem Gesetz nur flüchtig wurde, weil Euer Lordships Agenten die außerordentlichsten Drohungen gegen mich äußerten, Drohungen, welche Euer Lordship heute und in deutlichen Worten selbst wiederholt haben."

„Mr. Creech", sagt mein Lord, „wollen Sie diesen Mann nach Newgate verbringen und einsperren lassen, dass er dort unter sicherer Bewachung bleibe, bis er, nachdem das Recht seinen Lauf genommen, wieder freigesetzt werden mag. Lassen Sie ihn in einer Kutsche mit bewaffneter Wache fahren, denn es besteht Grund zu der Annahme, dass seine Mitverschworenen versuchen könnten, ihn uns zu entführen. Und, Mr. Creech", fügt er hinzu, „wollen Sie den Oberaufseher anweisen lassen, mir den Gefangenen zu jeder beliebigen Tages- und Nachtzeit vorzuführen, sobald dieser ihm bedeutet, dass er ein Geständnis abzulegen bereit ist." *(1970)*

Godolphin gar, der Lordschatzmeister, der die Verfolgung DeFoes aus ‚Mitteln des Geheimdienstes' finanziert, soll offensichtlich die Person des Genossen Erich Honecker verkörpern. Und so redet DeFoe/Heym frank und frei von der Leber weg: ‚Ich habe die Reden geistig beschränkter Dunkelmänner gehört, die eine bigotte Vergangenheit zurückersehnen, und plötzlich war mir, als vernähme ich das glorreiche Lachen meines verstorbenen Königs William (gemeint ist wohl Genosse Wilhelm Pieck!), dem zu dienen, und das Echo der Revolution, für die zu kämpfen ich die Ehre hatte, und ich erkannte, dass ich nichts weiter zu tun brauchte, als die Sache der regierungsamtlichen Dummköpfe bis ins Letzte darzustellen, um sie in ihrer eigenen Lächerlichkeit zu ertränken.'"

Gott segne den Mann und sein Gutachten. Besser hätte er nicht darstellen können, wie die polizeilichen Normen, denen zufolge ein jeder a priori verdächtig war, und die detektivische Akribie der Geheimdienste das Denken und die Gefühle sonst sicher ganz vernünftiger und dem Sozialismus ergebener Bürger pervertierten und die Resultate ihrer Überlegungen zu Absurditäten werden ließen. (1993)

Umberto Eco

Der Name der Rose (Auszug)

„Aber was schreckt dich so sehr an dieser Abhandlung über das Lachen? Du schaffst das Lachen nicht aus der Welt, indem du dieses Buch aus der Welt schaffst."

„Nein, gewiss nicht. (...) Gewiss ist das Lachen dem Menschen eigentümlich, es ist das Zeichen unserer Beschränktheit als Sünder. Aus diesem Buch aber könnten verderbte Köpfe wie deiner den äußersten Schluss ziehen, dass im Lachen die höchste Vollkommenheit des Menschen liege! Das Lachen vertreibt den Bauern für ein paar Momente die Angst. Doch das Gesetz verschafft sich Geltung mit Hilfe der Angst, deren wahrer Name Gottesfurcht ist. Und aus diesem Buch könnte leicht der luziferische Funke aufspringen, der die ganze Welt in einen neuen Brand stecken würde, und dann würde das Lachen zu einer neuen Kunst, die selbst dem Prometheus noch unbekannt war: zur Kunst der Vernichtung von Angst! Der lachende Bauer fürchtet sich nicht vor dem Tod, solange er lacht, doch sobald die Ausschweifung vorüber ist, auferlegt ihm die Liturgie wieder nach dem göttlichen Plan die Angst vor dem Tod. Aus diesem Buch aber könnte das neue und destruktive Trachten nach Überwindung des Todes durch Befreiung von Angst entstehen. Und was wären wir sündige Kreaturen dann ohne die Angst, diese vielleicht wohltätigste und gnädigste aller Gaben Gottes? (...)

Die einfachen Leute dürfen nicht reden. Dieses Buch hätte den Gedanken rechtfertigen können, die Sprache der einfachen Leute sei Trägerin einer Wahrheit. Das musste verhindert werden und das habe ich getan. Du sagst, ich sei der Teufel. Du irrst: Ich bin die Hand Gottes gewesen."

„Die Hand Gottes verhüllt nicht, sie schafft."

„Es gibt Grenzen, die man nicht überschreiten darf. Gott hat gewollt, dass auf bestimmten Büchern geschrieben steht: HIC SUNT LEONES."

„Gott hat auch die Ungeheuer geschaffen. Auch dich. Und er will, dass über alles gesprochen wird." Jorge streckte die zitternden Hände aus und griff nach dem Buch. Er zog es langsam zu sich heran und hielt es aufgeschlagen, ohne es umzudrehen, so dass William es weiterhin von der richtigen Seite betrachten konnte. „So, und warum", fragte er triumphierend, „hat er dann zugelassen, dass dieser Text verloren ging im Lauf der Jahrhunderte? Und dass die einzige uns erhaltene Abschrift, kaum dass sie irgendwann jemand vollendet hatte als Abschrift der einzigen damals erhaltenen Abschrift, über Jahrzehnte begraben blieb in den Händen eines Ungläubigen, der kein Griechisch verstand, und danach vergessen herumlag im hintersten Winkel einer alten spanischen Bibliothek, wo ich, nicht du, sie zu finden berufen war, um sie herzubringen in dieses Kloster und hier erneut zu verbergen über Jahrzehnte? Ich weiß es, jawohl, ich weiß es, als sähe ich's vor mir geschrieben in Lettern aus Diamant, denn meine Augen sehen Dinge, die du nicht siehst: Es war der Wille des Herrn, ich habe den Willen des Herrn gedeutet und ausgeführt. Im Namen des Vaters, des Sohnes und des Heiligen Geistes." (...)

Der Alte schwieg. Er hatte beide Hände flach auf das Buch gelegt und strich nun sanft, fast zärtlich über die Seiten, als wollte er sie behutsam glätten, um sie besser lesen zu können, oder als wollte er sie vor einem plötzlichen Zugriff schützen.

„All das hat jedenfalls nichts geholfen", sagte William. „Nun ist es zu Ende, ich habe dich gefunden, ich habe das Buch gefunden, und die Toten sind umsonst gestorben."

„Nicht umsonst", entgegnete Jorge. „Vielleicht waren es zu viele. Und wäre dir je noch geholfen mit einem Beweis, dass dieses Buch verflucht ist, so hast du ihn damit. Aber die Toten dürfen nicht umsonst gestorben sein, und damit sie nicht umsonst gestorben sind, wird ein weiterer Tod nicht zu viel sein."

Sprach's und begann mit seinen knochigen, welken Greisenhänden die mürben Seiten des Buches langsam in schmale Streifen zu reißen und sie sich in den Mund zu stecken, andächtig kauend, als verzehre er eine Hostie, um sie Fleisch von seinem Fleische werden zu lassen. *(1982)*

Klaas Huizing

Der Buchtrinker (Auszug)

1813 wird der Pfarrer Johann Georg Tinius wegen mehrfachen Mordes zu einer langjährigen Zuchthausstrafe verurteilt. Er wurde zum Verbrecher aus Leidenschaft, Objekte seiner Begierde waren Bücher. Auf den Spuren dieses Bibliomanen verstrickt sich ein Bücherfreak von heute – Falk Reinhold – in die Welt des Tinius. Während er hinter das Rätsel von Tinius' tödlicher Bücherwut zu kommen versucht, gerät sein eigenes Leben aus den Fugen.

Der korrekte Mörder

Bild 1: Man schreibt das Jahr 1810. Ein schwülheißer Sommertag im August. Im Postwagen von Weißenfels nach Leipzig sitzen zwei Personen. Ein junger, kräftig gebauter Viehhändler lässt seinen trägen und erschlafften Körper durch die sächsische Landschaft befördern. In seinen ausgeleierten Beinhosen staut sich mächtig die Hitze. Jedes Schlagloch schiebt die halb geöffnete Weste über den breiten Hosenbund und gibt für Sekunden nur den Blick frei auf eine prall gefüllte Geldkatze. Ihm gegenüber sitzt ein korrekt gekleideter bärtiger und bebrillter Herr mittleren Alters im blauen Reitermantel. Jeder der gelben Messingknöpfe ordentlich geschlossen. Allein dieser Anblick treibt dem Viehhändler neue Hitzewellen in das breite, narbige Gesicht. Langsam gleitet die Hand seines Mitreisenden in die linke Rocktasche und holt eine silberne Dose hervor. Als er die ihm angebotene Prise begierig aufschnupft, nehmen seine stumpfen Augen einen flüchtigen, seidenen Glanz an. Das Gespräch geht schleppender als die Postfahrt, weil zur Hitze jäh eine Schwere im Kopf hinzugekommen ist. Der andere Reisende legt nach. Bietet noch eine Prise an, die Lebensgeister zu erfrischen. Tief zieht er das Kraut in sich ein. Je tiefer es in den Körper einzieht, je mehr sackt er zusammen. An der letzten Poststation haben die Postler alle Mühe, den schlafenden Viehhändler zu wecken. Die Geldkatze fehlt. (Natürlich. Was haben Sie denn erwartet?)

An diesem Abend bringt Tinius einen besonders schweren Bücherkoffer aus Querfurt mit nach Weißenfels, den die drei Söhne nur mit Mühe in die obere Etage bugsieren können. In der Zwischenzeit füllt Johann Georg Tinius seine silberne Dose mit neuen Kräutern aus seinem Herbarium auf. (Wie überaus praktisch doch, dass er als Kind die Pflanzen studierte.)

(...)

Er spielt Bilder nach und ersteigert beinahe ein Buch

Falk Reinhold hatte die Lebensbeschreibung des Johann Georg Tinius leer getrunken. Seitdem war er sein Text. Allmählich begannen seine eigenen Zeichen schwächer zu werden, und die, mit denen er sich imprägniert hatte, stachen immer deutlicher hervor. Ließ sich das Leben eines Menschen nicht allein dann verstehen, wenn man ihm ganz eingeschrieben war und es ernsthaft wiederholte? Konnte Reinhold aber das merkwürdige und einmalige Leben des Johann Georg Tinius überhaupt wiederholen? Ganz davon zu schweigen, dass Reinholds zartfreche Silhouette überhaupt nicht zu dem Biedermanns-Gesicht des Tinius (Tinio, gen., jetzt hab ich's) passte. Und der bunte Strauß von Affekten, den Reinhold immer aufblühen ließ, vertrug sich überhaupt nicht mit der sturen Gleichmütigkeit von Tinius (Tinii also). Aber Reinhold will sich endlich randvoll sättigen. Der Lust am Text frönen. Vollständig. Ohne reservatio mentalis. Endlich musste er auch die anderen Texte bewohnen, die aus Tinius herausgeflossen waren. Im Gefängnis zumeist, Kassiberliteratur, die zu entziffern die Welt vergessen hatte. War es nicht Reinholds Aufgabe, sie zu dechiffrieren? Aber konnte das gelingen, wenn man die Bücher nicht besaß? Er musste sie besitzen, koste es, was es wolle.

Bild 1: Die Ausgabenschalter der Staatsbibliothek wirkten wie Zitate aus frühen Westernfilmen. Immer die Jalousien halb heruntergelassen. Immer mit hageren Gestalten, deren Backenknochen morbid hervortraten, besetzt. Immer aber auch der Geruch einer trügerischen Gegenwelt. Der Nächste, bitte. Auf Vorlage einer beigen Benutzerkarte, die auf den Namen O. Höffe lautet, bekommt ein Mann undefinierbaren Alters, bekleidet mit einem dunklen, sehr salopp sitzenden Straßenanzug, Backenbart und dicker Hornbrille, ein Buch ausgehändigt. Es heißt: „Die Offenbarung Johannis durch Einleuchtung, Übersetzung, Erklärung allen verständlich gemacht". Leipzig 1849. Der Verfasser ist Johann Georg Tinius. Der Mann nimmt das Buch, geht, ohne zu grüßen, in den Lesesaal, links die steile Treppe hinauf zu den großen, schweren Lexika und Folianten, schaut sich kurz um, schiebt das Buch hinten in die Hose, lässt die Anzugjacke offen, damit das Buch sich nicht abzeichnet, geht wieder nach unten, passiert die Aufsicht und fährt mit der U-Bahn nach Hause. Dort hört man ihn zweimal laut schimpfen, weil der Bart fester angeklebt ist als geplant. (Warum hält er sich auch nie an Anweisungen!) Schnell greift er zum Aspirin, hat doch die dicke Brille stechenden Kopfschmerz verursacht, und macht sich dann über seine Benutzerkarte her. Diesmal genau nach Vorschrift, die der nützliche Simmel (ist das nun ein guter Literat oder nicht?) im Schmöker „Es muss nicht immer Kaviar sein" minutiös aufgelistet hat, lässt er zunächst den Namen O. Höffe – so heißt ein Kommilitone – wieder verschwinden und dann seinen eigenen wieder auftreten. Dann macht er sich enthemmt über den neuen Tinius her. *(1994)*

4 Meine Bücher – meine Leseerfahrungen

Wir alle werden durch Bücher und Lesen beeinflusst. Zum Bestandteil unserer Biografie werden diese Leseerfahrungen, wenn wir sie in Zusammenhang miteinander bringen:
- **die Reihe unserer Lieblingsbücher Revue passieren lassen,**
- **die wechselnden Vorlieben und Abneigungen bezeichnen,**
- **uns mit den Leseerfahrungen anderer auseinander setzen,**
- **Angebote des Buchmarkts, Lesetipps unserer Bekannten sammeln und prüfen,**
- **„Lesereisen“ planen,**
- **Anregungen aus Büchern zu eigenen Schreibversuchen nutzen.**

Die Anlage einer Lesemappe erleichtert die Arbeit an einer eigenen Lesebiografie. Beim Aufbau könnten Sie folgende Anregungen aufgreifen.

Meiner Lesekindheit auf der Spur

Stöbern im Bücherschrank – Befragen der Eltern – Kinderbücher wieder lesen – Erinnerungen auffrischen

Spätere Lesephasen

Zeitleiste anlegen – wichtige Bücher eintragen – Textstellen nachschlagen – schriftlich/bildlich darstellen, was sie mir bedeutet haben – Unterbrechung der Lesephasen markieren

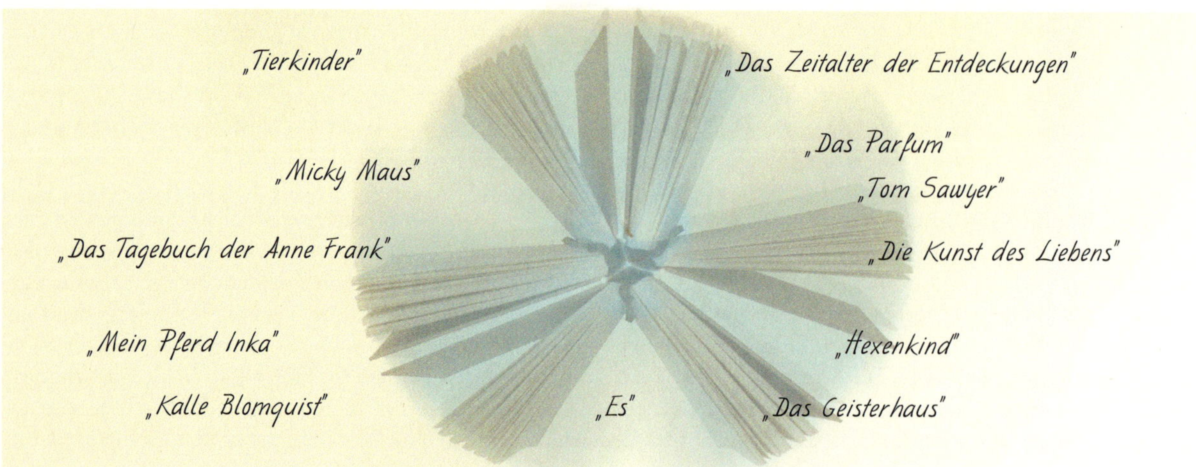

Was für ein Lesetyp bin ich? Brainstorming mit mir selbst

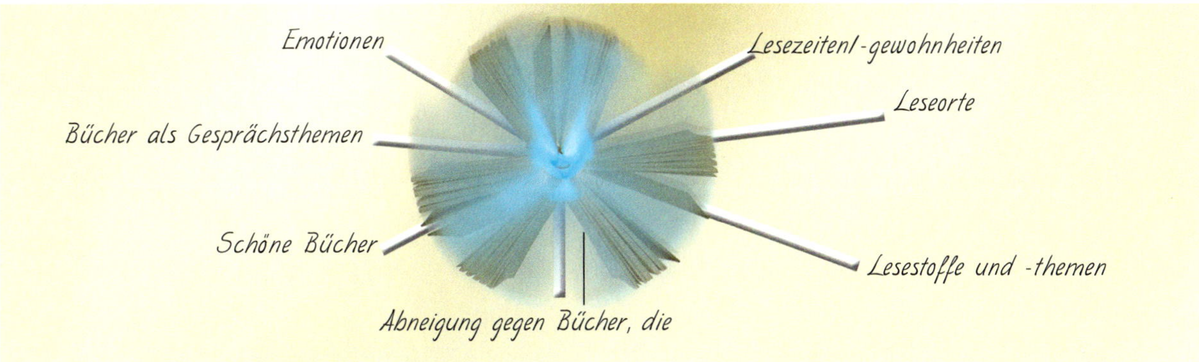

Ein Buch erschließen

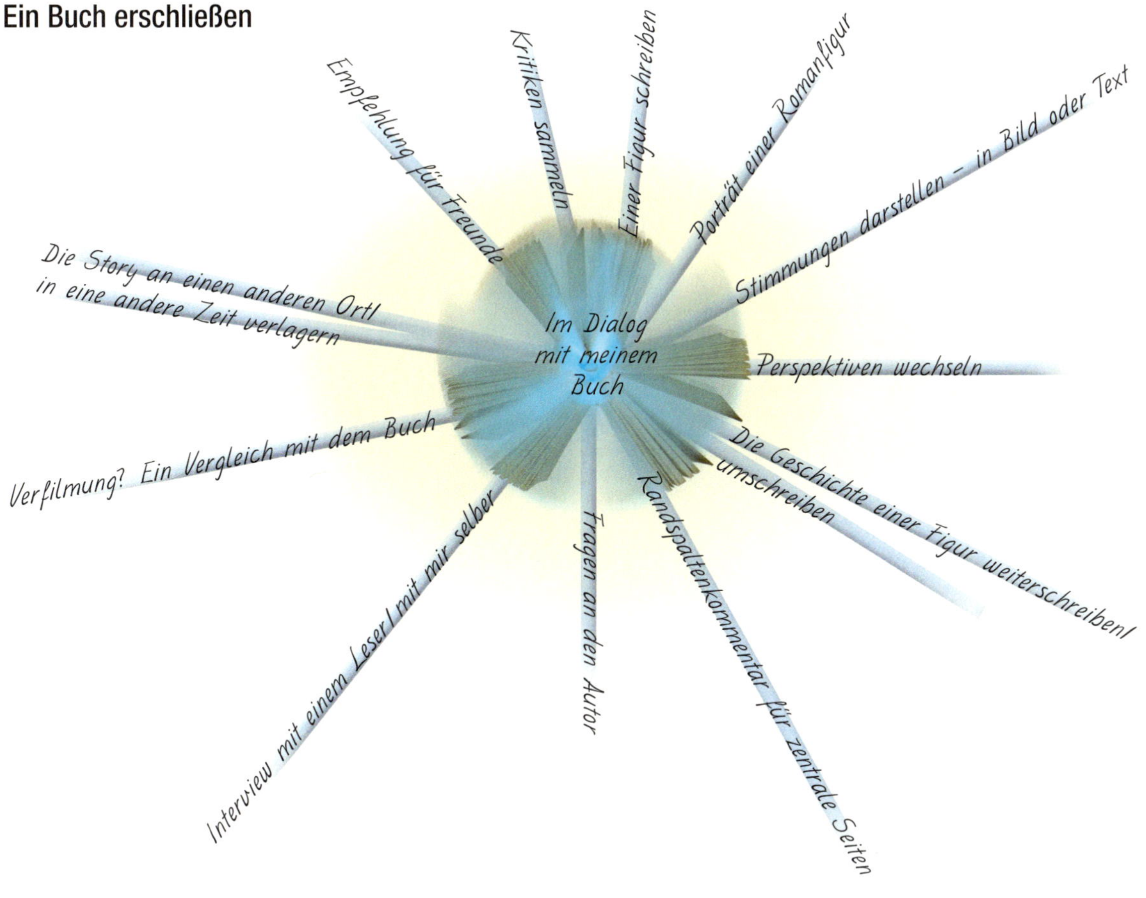

Listen und Sammlungen für die Mappe

- Lesevorhaben: mein Leseplan für die nächsten 12 Wochen
- Bücher im Gespräch: Die möchte ich lesen.
- Mein Lesekalender: gelesen und notiert im Laufe der Oberstufe
- Bücher, die ich weggelegt habe
- Meine Lieblingsgedichte
- Lesefunde: Sätze, die ich behalten möchte
- Aus Zeitungen: Neues vom Büchermarkt

TEXTE PLANEN, SCHREIBEN, ÜBERARBEITEN

1 Schreibsituationen und Schreibaufgaben analysieren

Am Anfang des Verfassens von Texten steht meist eine Aufgabe. Solche Aufgaben können aus konkreten Situationen des täglichen Lebens hervorgehen – man kann sie sich selbst stellen –, sie können auch von außen und damit von anderen Personen oder Institutionen (z. B. von der Schule als Hausarbeit oder Klausuraufgabe) vorgegeben werden. Ganz gleich, wie die Schreibaufgaben zu Stande kommen, sie müssen mit Bezug auf die jeweilige Situation sehr sorgfältig untersucht werden, damit man geeignete Strategien zur Bewältigung der Aufgabe suchen kann.

© dpa – Jens Büttner, Frankfurt/M.

© dpa – Kai-Uwe Wärner, Frankfurt/M.

In der Kreisstadt Neuwalden ist ein größeres Stadtentwicklungsprojekt geplant. Dazu hat es einen Architektenwettbewerb gegeben. Bei der täglichen Redaktionsbesprechung des „Stadtanzeiger“ geht die Chefredakteurin auf diesen Sachverhalt ein: „Lieber Herr Bernstorff, Sie gehen bitte zur Pressekonferenz ins Rathaus. Dort gibt der Bürgermeister um 17.00 Uhr die Ergebnisse des Architektenwettbewerbs bekannt. Sie wissen schon, es geht um das Neustadt-Viertel. Geben Sie sich Mühe, das soll morgen der Aufmacher für unsere Lokalseite werden.“

1. Was für einen Text würden Sie am nächsten Tag im „Stadtanzeiger“ erwarten? Erörtern Sie, für welchen Anlass der Text geschrieben wird und welche Intention die Tagespresse üblicherweise damit verbindet.
2. Wie würden Sie sich dieser Schreibaufgabe stellen?

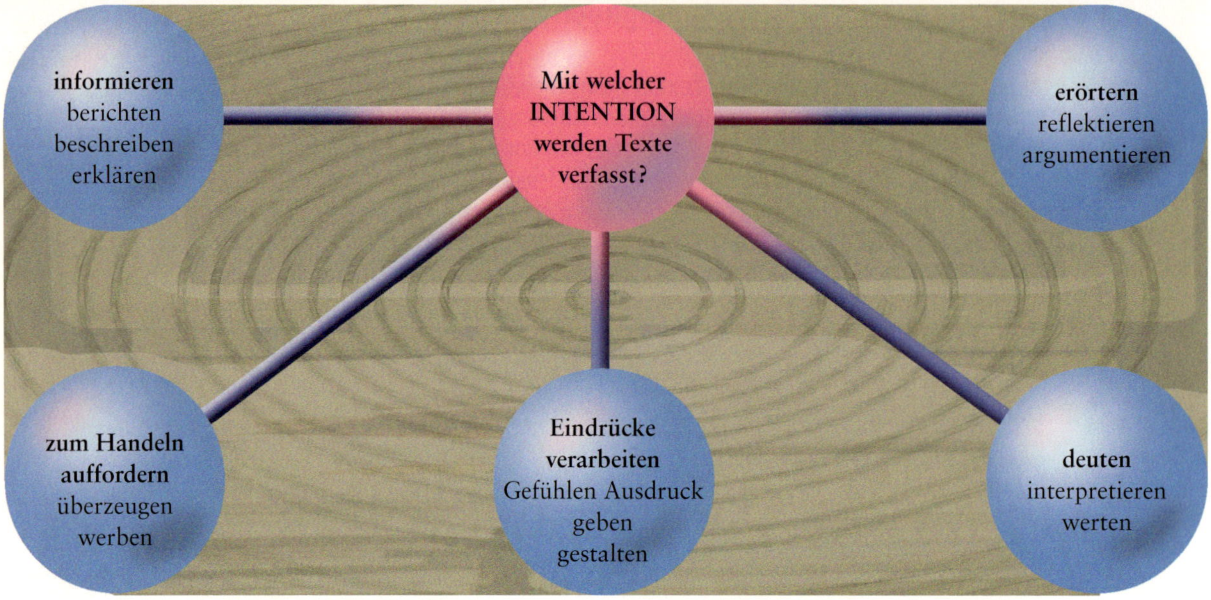

Dr. Bilfiger, Immobilienmakler: *„Wir brauchen möglichst früh die Details der Bauplanung und der Bauausführung. Ihr wisst schon: Schnitt der Wohnungen, Materialien, Ausstattung etc. Ihr macht eine knappe Beschreibung des Gesamtvorhabens mit allen technischen Angaben, also Anzahl der Objekte, Größe, Preise. Dann müssen Menschen mit kurzen Zitaten zu Wort kommen, die in der Stadt im Grünen wohnen wollen. Das Ganze eingebettet in Bilder und Grafik – viel fürs Auge. Ein erster Entwurf der Präsentationsmappe müsste Mittwoch nächster Woche zur Besprechung vorliegen."*

3 Überprüfen Sie diese Schreibaufgabe im Detail, berücksichtigen Sie dabei die folgenden Fragen und setzen Sie die inneren Monologe fort.

Welche Intention/en sollte/n den Text prägen?	*Dominant ist die zum Kaufen auffordernde, also werbende Intention. Aber die kann hier nicht ohne Information verwirklicht werden – also die Wohnungsobjekte müssen in wesentlichen Details beschrieben werden. Letztlich müssen die potenziellen Käufer auch emotional angesprochen werden.*
Welche Textart/Textsorte wird erwartet?	*Klarer Fall. Hier geht es um eine besonders aufwändige Präsentationsmappe.*
An welche Adressaten ist der Text gerichtet?	…
Aus welchen Teilen bzw. einzelnen Aufträgen setzt sich die Schreibaufgabe zusammen?	…
Auf welche Materialien (Texte, Bilder, Statistiken etc.) bezieht sich die Schreibaufgabe?	…
Welche Freiheiten kann ich mir beim Schreiben nehmen?	…
Welche Zeit habe ich für die Bewältigung der Schreibaufgabe?	…
Welche Bedeutung hat das Schreibvorhaben für mich?	…

Auch im Deutschunterricht der Jahrgangsstufe 11 am Gymnasium Berhardinum sind der Architektenwettbewerb und das städtische Entwicklungsvorhaben zum Thema geworden. Schließlich liegt die Schule in dem Stadtteil, der umgestaltet werden soll. Nach gründlicher Befassung mit den Planungen, den Ergebnissen des Wettbewerbs und mit der öffentlichen Diskussion in den Medien wird folgende Schreibaufgabe gestellt: „Kann die moderne Architektur die Verantwortung des Menschen für Natur und Umwelt fördern – und wie könnte sie dieser Aufgabe gerecht werden?“

4 Überprüfen Sie die Schreibaufgabe im Detail: Was wird von Ihnen erwartet, wie wollen Sie sich der Aufgabe stellen?

Erörternde, reflektierende, argumentierende Texte

- **Leitende Intentionen:** Einsicht erzeugen, Zweifel beseitigen, Klarheit herstellen, ggfs. Handlungen auslösen oder begründen

- **Bezug zur Wirklichkeit:** Beschäftigung mit strittigen bzw. umstrittenen Sachverhalten, unterschiedlichen gedanklichen Positionen, divergierenden Normen, Wertvorstellungen

- **Inhaltliche Prüfkriterien:**
  → Habe ich die Problemstellung am Anfang klar und deutlich herausgearbeitet?
  → Habe ich meine gesamte Darstellung in einzelne Aspekte, Fragestellungen aufgegliedert und den Text in Abschnitte gegliedert?
  → Haben die einzelnen Abschnitte thematisch-inhaltlichen Zusammenhalt?
  → Werden unterschiedliche Positionen zu einzelnen Aspekte/Fragestellungen gegeneinander abgewogen?
  → Sind meine Argumente mit Beispielen und Belegen begründet?
  → Habe ich über die gesamte Darstellung hinweg folgerichtig und widerspruchsfrei argumentiert?
  → Habe ich alle irrelevanten und redundanten Aussagen getilgt?
  → Habe ich die Ergebnisse meiner Überlegungen abschließend übersichtlich zusammengefasst?

- **Sprachliche Prüfkriterien:**
  → Habe ich die Begriffe, mit denen ich arbeite, geklärt? Kann ich ihre Bedeutung voraussetzen oder muss ich sie selbst im Text definieren?
  → Habe ich zwischen Tatsachenaussagen und Werturteilen, Meinungen unterschieden? Habe ich die Aussagen eindeutig durch Rede kommentierende Verben gekennzeichnet?
  → Habe ich die logischen Beziehungen zwischen meinen Aussagen klar gekennzeichnet – u. a. durch angemessene Konjunktionen?
  → Habe ich das Präsens für die argumentierenden Passagen meines Textes eingehalten?

- **Textarten, -sorten:** z. B. Kommentare in den Medien – Reden im öffentlichen Leben – umfangreichere Leserbriefe – schulgebundene Formen: Stellungnahme, Erörterung, …

5 Erörtern Sie: *„Kann die moderne Architektur die Verantwortung des Menschen für Natur und Umwelt fördern – und wie könnte sie dieser Aufgabe gerecht werden?“* Überprüfen Sie Ihren eigenen Text anhand der oben stehenden inhaltlichen und sprachlichen Kriterien.

2 Eigene Kenntnisse aktivieren, recherchieren, Informationen aufbereiten

Zur Bearbeitung von Schreibaufgaben bedarf es oft der Anwendung von Kenntnissen und Informationen. In aller Regel verfügt man selbst – wenigstens zu einem Teil – schon über solche Kenntnisse, man muss sie sich nur zweckgerichtet bewusst machen und für die Schreibaufgabe aktivieren. Dann weiß man auch, welche Informationen noch fehlen. Man führt eine Recherche durch und bereitet die Informationen insgesamt so auf, dass man sich der Schreibaufgabe widmen kann.

© Wolfgang Senft, Veitshöchheim

© Andreas Wawra, Seelze

Schreibaufgabe: *Beschreiben Sie, wie man Dächer begrünt, sodass die Leser/innen für ihr Haus ein Dachbegrünungsprojekt in Angriff nehmen können ohne Gartenexperten sein zu müssen. Stellen Sie vorher die nötigen Recherchen an und bereiten Sie die Ergebnisse der Recherche für den folgenden Schreibprozess auf. Welche Textart/-sorte Sie wählen (Konstruktionsanweisung, Bericht in einer Gartenzeitschrift, ausführliche Beschreibung in einem Brief etc.), ist Ihnen überlassen.*

1 Analysieren Sie die Schreibaufgabe und die damit verbundenen Vorgaben.

Die Recherche über die praktischen und technischen Aspekte der Dachbegrünung hat zu folgenden Schwerpunkten und stichwortartigen Aufzeichnungen geführt:

Entwässerung
- *Normalerweise genügt Dachtraufe*
- *Sonst zusätzliche Drainage im Traufenbereich*

Warum Dachbegrünung?
- *wirkt der Versiegelung durch Baumaßnahmen entgegen*
- *schafft Vernetzung von Kleinbiotopen*
- *...*

Auffüllen mit Erde
- Dicke der Erdschicht abhängig von Art der Bepflanzung
- sollte mineralhaltig sein und wenig Kompostgehalt haben
- anspruchslose Pflanzen (Sedum, Hauswurz, Mauerpfeffer): 5 cm Erdschicht
- Kräuter, Wildblumen: 8 cm – 10 cm
- Grasdach = mind. 15 cm

Schutzbelag
- erst Schutzvlies auf das Dach
- dann Folie mit eingearbeitetem Wurzelschutz
- darauf wieder Schutzvlies gegen den Druck von Steinen u. Arbeitsschuhen
- bei stark geneigten Dächern: schwere Schutzvliese mit Gitterwaben aus Polyethylen zur Schubsicherung
- Folien und Vliese am Dach so befestigen, dass Wasser gut ablaufen kann

Welche Dächer sind geeignet?
- müssen Belastung standhalten
- müssen absolut dicht sein und dürfen keine Mängel aufweisen
- kleine, bis 15 Grad geneigte Dächer kann man selbst begrünen (Garagendach, Geräteschuppen)
- stark geneigte Dächer – nur mit Hilfe von Experten
- Dächer bis 45 Grad Neigung gehen an die Grenzen des Machbaren
- bei Flachdächern: Drainage-Schicht aus Blähton oder Lavagestein (4 – 10 cm)

Ergebnis
- Natur hält Einzug mit Besuch von Schmetterlingen und Hummeln
- bei richtiger Gestaltung nichts von aufgeschütteter Erde oder Drainage sichtbar

2 Prüfen Sie, ob Sie über ausreichend Informationen verfügen, um einen informierenden/beschreibenden/erklärenden Text zur Dachbegrünung schreiben zu können. Überlegen Sie, wo Sie nach weiteren Informationen recherchieren und welche Art von Informationen Sie auf diesem Wege erschließen könnten.

Die Natur steigt dem Haus aufs Dach

Das Haus an der Aachener Straße hat mich schon immer fasziniert. Wenn ich mit dem Fahrrad den kleinen Berg in die Innenstadt hinunterfahre, sehe ich keine roten oder schwarzen Dachziegel, sondern Gras, Blumen – und ich kann die Bienen, Hummeln und Schmetterlinge ahnen, die sich dort angesiedelt haben. Wenn schon die Straßen und Plätze in unserer Stadt asphaltiert und versiegelt sind, könnte doch die Natur wenigstens den Häusern auf das Dach steigen!
Wie wäre es, wenn wir die Dächer unserer Garagen begrünen würden? Warum denken die Stadtväter nicht daran, die Dachflächen ihrer Schulen und Behörden der Natur zur Verfügung zu stellen? Zu schwer, zu teuer, zu kompliziert – denkt ihr? Weit gefehlt. Schon morgen könnten wir mit dem Begrünen des Anbaus unserer Schule anfangen.
Am letzten Samstag habe ich mir endlich einen Ruck gegeben und den Besitzer des Hauses an der Aachener Straße nach seinem Dach gefragt und wie er es angefangen hat, den Trockenrasen auf sein Dach zu bringen. Ich habe ihn interviewt, dann in der Stadtbibliothek recherchiert – und hier sind die einfachen „Spielregeln" für die Dachbegrünung:
Zunächst prüfen wir, ob das Dach für die Begrünung überhaupt geeignet ist. Es muss stabil genug sein um die Belastung auszuhalten. Es darf keine Mängel aufweisen und muss absolut

dicht sein. Wichtig für unser Vorhaben ist die Dachneigung. Bis zu 15 Grad geneigte Dächer kann man selbst begrünen. Für stärker geneigte Dächer sollte man Experten hinzuziehen und spezielle Materialien verwenden. Bei Flachdächern ergeben sich keine besonderen Schwierigkeiten. Allerdings sollte man eine Drainageschicht aus Blähton oder Lavagestein (4 bis 10 cm) aufbringen. (...)
(Lea S., 17 Jahre)

3. Prüfen Sie den Text am folgenden „Steckbrief“ für informierende, beschreibende, erklärende Texte. Um welche Textsorte handelt es sich hier wohl? An welche Adressaten ist der Text gerichtet? Welche Intentionen verbinden sich hier mit der des Informierens, Beschreibens, Erläuterns?

4. Setzen Sie den Text fort – oder schreiben Sie einen eigenen informierenden Text. Überprüfen Sie dann Ihren eigenen Text anhand der im „Steckbrief“ genannten Kriterien.

Informierende, beschreibende, erklärende Texte

- **Leitende Intentionen:** Wissens- und Erfahrungsgleichstand in der Sache zwischen Schreibenden und Lesenden herstellen; Sachverhalten gerecht werden
- **Bezug zur Wirklichkeit:** Texte stellen Wirklichkeit bzw. Ausschnitte von Wirklichkeit realitätsgetreu dar; sie sind der Wirklichkeit verpflichtet – jedoch sind zu beachten:
  → Position und Interesse desjenigen, der einen solchen Text verfasst
  → Zweck des Textes
  → Adressaten und ihre Vorkenntnisse und Interessen
- **Inhaltliche Prüfkriterien:**
  → Habe ich die Sachverhalte korrekt und vollständig dargestellt?
  → Habe ich Abläufe und Prozesse in eine plausible und der Sache/dem Verfahren angemessene Reihenfolge gebracht?
  → Habe ich bei meiner Darstellung den Verstehenshorizont der Adressaten berücksichtigt?
  → Habe ich mich auf das Wesentliche beschränkt?
  → Habe ich meine eigene Perspektive und meine Interessen zum Ausdruck gebracht?
- **Sprachliche Prüfkriterien:**
  → Ist die Bezeichnung von Sachverhalten und Prozessen durch meine Wortwahl korrekt und eindeutig?
  → Habe ich so viele fachsprachliche Begriffe wie nötig verwendet und so wenige wie möglich?
  → Sind die fachsprachlichen Begriffe den Adressaten verständlich? Habe ich diese – je nach Adressatenkreis – in ausreichendem Maße erklärt und definiert?
  → Sind die Sätze klar und einfach konstruiert?
  → Habe ich räumliche, zeitliche und funktionale Zusammenhänge sachangemessen versprachlicht?
  → Ist Präsens das dominierende Tempus meiner beschreibenden/erklärenden Darstellung?
- **Textarten, -sorten:** z.B. Gebrauchsanweisungen, Personen-, Sach-, Bild-, Vorgangs-, Funktionsbeschreibungen; Reportagen; Inhaltsangaben; standardisierte Texte (Stellenausschreibung, Lebenslauf, Bewerbung) ...

3 Gestaltungsideen sammeln und strukturieren

Für das Schreiben und Gestalten von eigenen Texten braucht man Ideen – insbesondere wenn es sich dabei um Texte handelt, die keinem vordergründigen und praktischen Verwendungszweck dienen. Zur Vorbereitung auf den Schreibprozess kann man sich durch Bilder, Erinnerungen, andere Texte und vieles mehr inspirieren lassen und mit der Hilfe assoziativer Techniken einzelne Ideen zu einem Gefüge zusammenstellen, das dann den Formulierungsprozess beim Schreiben stützt.

Kurt Tucholsky

Mir fehlt ein Wort

Ich werde ins Grab sinken, ohne zu wissen, was die Birkenblätter tun. Ich weiß es, aber ich kann es nicht sagen. Der Wind weht durch die jungen Birken; ihre Blätter zittern so schnell, hin und her, daß sie … was? Flirren? Nein, auf ihnen flirrt das Licht; man kann vielleicht allenfalls sagen: die Blätter flimmern … aber es ist nicht das. Es ist eine nervöse Bewegung, aber was ist es? Wie sagt man das? Was man nicht sagen kann, bleibt unerlöst – ‚besprechen' hat eine tiefere Bedeutung. Steht bei Goethe ‚Blattgeriesel'? Ich mag nicht aufstehen, es ist so weit bis zu diesen Bänden, vier Meter und hundert Jahre. Was tun Birkenblätter –? (…)

Was tun die Birkenblätter –? Nur die Blätter der Birke tun dies; bei den andern Bäumen bewegen sie sich im Winde, zittern, rascheln, die Äste schwanken, mir fehlt kein Synonym, ich habe sie alle. Aber bei den Birken, da ist es etwas andres, das sind weibliche Bäume – merkwürdig, wie wir dann, wenn wir nicht mehr weiterkönnen, immer versuchen, der Sache mit einem Vergleich beizukommen; es hat ja eine ganze österreichische Dichterschule gegeben, die nur damit arbeitete, daß sie Eindrücke des Ohres in die Gesichtssphäre versetzte und Geruchsimpressionen ins Musikalische – es ist ein amüsantes Gesellschaftsspiel gewesen, und manche haben es Lyrik genannt. Was tun die Birkenblätter? Während ich dies schreibe, stehe ich alle vier Zeilen auf und sehe nach, was sie tun. Sie tun es. Ich werde dahingehen und es nicht gesagt haben. *(1929)*

1. Welche Erinnerungen, Erfahrungen und Gefühle werden bei Ihnen wach, wenn Sie sich mit Text und Bild beschäftigen?
2. Welche Impulse gehen davon aus für das Schreiben eines eigenen Textes?

Pine, willow and white birch trees, red foliage on florest floor

3 Haben Sie Ähnliches erlebt? Wie sieht Ihre „Geschichte“ als Ideen-Skizze aus?

Birken am Abend und der Weg ins Moor

Der Abschied hatte wehgetan, und ich war total daneben. Du müsstest eigentlich wissen warum.

Die Sonne stand bereits tief am Himmel. Es wurde dunkel. Nicht mal gewunken hast du. Du hast dich nicht umgedreht, bist einfach gegangen. Und jetzt vor mir der Weg durchs Moor, was für ein trauriger Abend!!! Immer wieder flitzen Momente durch meinen Kopf. Momente, die wir erst vor wenigen Minuten zusammen durchlebt haben. Was war das für ein Abschied: Ist er nur für diesen Tag, für diese Woche oder für immer? Tränen schießen mir in die Augen. Ich lasse sie von den letzten Sonnenstrahlen trocknen.

Vor dem Wäldchen fand ich eine Bank. Ich setzte mich, flennte weiter. Und dann langsam, langsam drang dieses Flirren in meine Ohren. Oder war es ein Rascheln? Es klang eher gedämpft und doch metallisch. Sirrend. Kühl strich der Wind über mein verheultes Gesicht. Das Geräusch lebte auf und ab – mit dem Wind. Dann warf ich den Kopf in den Nacken und blickte nach oben.

Birkenblätter raschelten im Wind. Leicht gezackte Blättchen, unendlich viele, manche von Insekten zerfressen, tanzten im Wind. Die Äste blieben still, und auch die Zweige bewegten sich nicht. Nur die Blättchen. Komisch – dachte ich – und irgendwie war ich plötzlich besser drauf. Das Schwarz-Weiß der Birkenstämme – mal im Schmerz verbogen, mal aufrecht und stolz – führte direkt ins Moor. Das schien mich nicht mehr zu schrecken.

Wieder ein Blick in den flirrenden grün-metallischen Blätterhimmel. Ich fühle mich immer besser – gar nicht mehr allein und einsam. Was für ein blöder Typ du doch bist.

Du hättest nie eine Antenne für flirrende, sirrende, raschelnde Birkenblätter …

4 Wie gefällt Ihnen dieser Text? Überprüfen Sie ihn am folgenden „Steckbrief" für „Eindrücke verarbeitende, Gefühle ausdrückende Texte".

Eindrücke verarbeitende, Gefühle ausdrückende Texte

- **Leitende Intentionen:** Zu sich selbst finden, Eindrücke verarbeiten, anderen sehr Persönliches mitteilen, auf sich aufmerksam machen, Anteilnahme, Mitleid, Bewunderung und Verständnis für die eigene Person wecken.

- **Bezug zur Wirklichkeit:** Darstellung von Erinnerungen, Erfahrungen, Erlebnissen, Gedanken, Gefühlen aus subjektiver Perspektive, auch Beugung der Wirklichkeit und fiktive Selbstdarstellung möglich

- **Inhaltliche Prüfkriterien:**
  → Spreche ich tatsächlich von mir?
  Ist der Bezug auf meine eigene Person ehrlich und authentisch?
  Oder gelingt mir ein überzeugender fiktionaler Ich-Entwurf?
  → Habe ich Innensichten geöffnet?
  → Habe ich ein individuelles Darstellungskonzept realisiert?
  → Habe ich Klischees vermieden?
  → Habe ich mein Darstellungskonzept konsequent von Anfang bis Ende durchgehalten?

- **Sprachliche Prüfkriterien:**
  → Habe ich mich um Originalität im Ausdruck bemüht, abgedroschene Wörter und Wendungen vermieden?
  → Ist die Innensicht durch erlebte Rede, stream-of-consciousness, überzeugend dargestellt?
  → Bin ich mit den Satzbauplänen flexibel und kreativ umgegangen (assoziativer Stil, evtl. auch auf Wirkung angelegte Satzabbrüche und Ein-Wort-Sätze)?
  → Habe ich ungewöhnliche Vergleiche und Metaphern gefunden?
  → Bin ich mit dem Tempusgebrauch flexibel zur Unterstützung meiner Aussagen umgegangen (z. B. Tempuswechsel, um die Unmittelbarkeit des dargestellten Augenblicks zu akzentuieren)?

- **Textarten, -sorten:** z. B. Tagebucheinträge, persönliche Briefe, Schilderungen, Erlebniserzählungen, biografische Erzählungen …

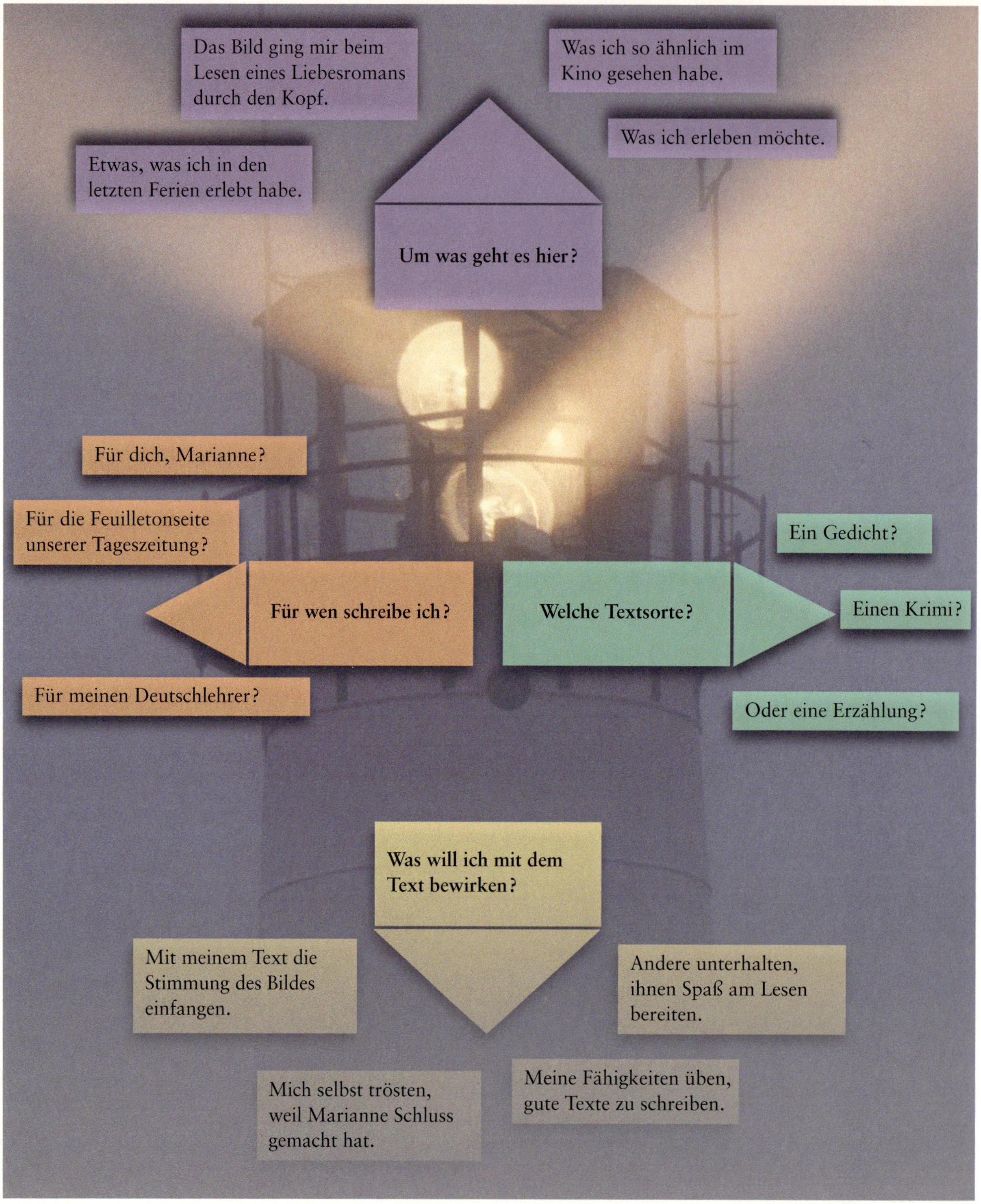

5 Welche Antworten zu den vier Fragen lassen sich zu plausiblen Konzepten für einen Text verbinden?

6 Planen Sie selbst einen Text, indem Sie an ein Bild, ein Stichwort, ein Objekt, ein Gefühl die vier Fragen des Assoziogramms stellen, sich Optionen ausdenken und dann mit dem Entwerfen ihres eigenen Textes beginnen.

7 Überprüfen Sie ihren Text mit Hilfe des „Steckbriefs“ für „Eindrücke verarbeitende, Gefühle ausdrückende und gestaltende Texte“ (S. 35).

4 Beispiele erkunden und dabei Ideen und Strategien für eigene Texte entwickeln

Schreibaufgaben enthalten oft Angaben zur Textsorte und zur übergreifenden Intention des gewünschten/geforderten Textes. Dennoch bleiben Spielräume für die eigene Gestaltung und Kreativität. Ideen und Strategien zur Bearbeitung von Schreibaufgaben kann man entwickeln, wenn man geeignete Beispiele untersucht und sich die Bestandteile und Wirkungsmittel bewusst macht, aus denen sich der eigene Text zusammensetzen soll. Zu überlegen ist, welche Wirkung man durch das Zusammenspiel der einzelnen Elemente erzielen will.

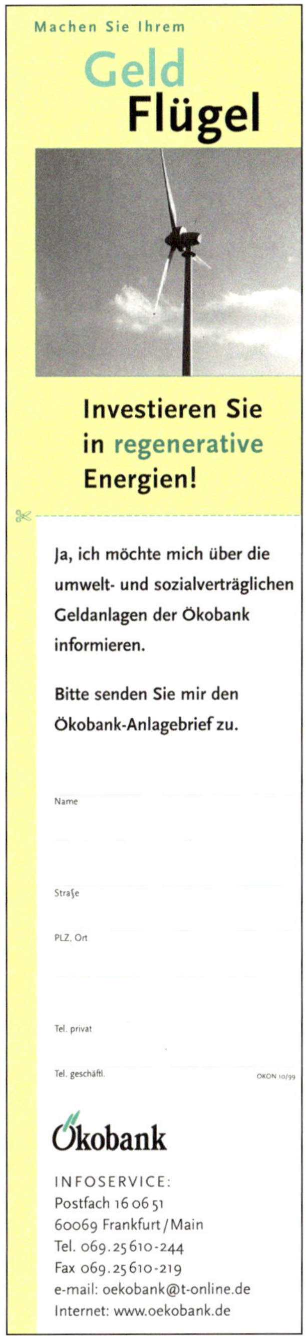

1. Betrachten Sie die abgebildeten Anzeigen: Wie wirken Bild- und Textelemente zusammen; wie wird hier Interesse geweckt?

Schreibaufgabe:
Entwerfen Sie für eine Naturschutzorganisation eine ganzseitige Zeitschriftenanzeige, mit der um Spenden für die Rettung des Sibirischen Tigers geworben werden soll. Diese Anzeige soll in einem breiten Spektrum von Zeitschriften erscheinen, weil die Naturschutzorganisation sowohl an kleineren als auch an größeren Spendeneinnahmen interessiert ist.

2 Wie wollen Sie sich dieser Schreibaufgabe stellen? Suchen Sie in der Zeitschriftenwerbung nach Modellen und Anregungen und ermitteln Sie, aus welchen Elementen Ihre Werbung für den Schutz des Sibirischen Tigers bestehen soll.

LOGO

WWF Im Auftrag der Natur.

Helfen Sie dem Tiger, den Sprung ins nächste Jahrtausend zu schaffen.

Mit einer Projekt-Patenschaft.

SLOGAN

Projekt-Paten für den Sibirischen Tiger gesucht

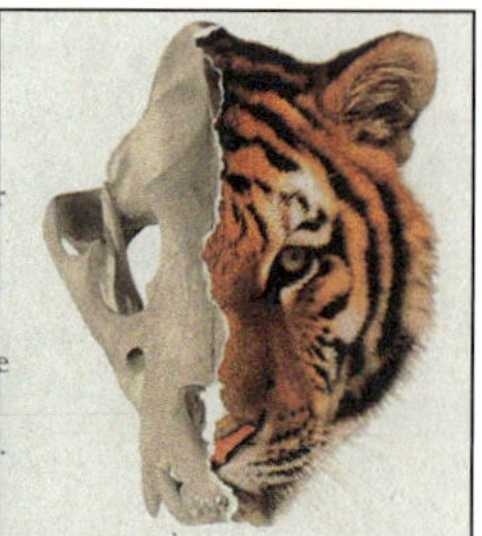

»Rette mich, wer kann!«

Fordern Sie gleich weitere Unterlagen an:
☎ 01803/306206

- Von 1991 bis heute reduzierte sich der Bestand der Sibirischen Tiger von 400 auf 200 Tiere.
- Aus den Knochen der Tiere werden in Asien Arzneimittel gewonnen u.a. zur Behandlung von Rheuma und gegen Vergiftungen.
- Mit diesen Arzneimitteln kann man viel Geld verdienen.
- Länder wie China, Taiwan, Südkorea und Russland haben bislang wenig praktische Maßnahmen zum Schutz der Tiger ergriffen.
- An solche Maßnahmen denken die Politiker nur auf Druck der Weltöffentlichkeit.

3 Was können Sie noch über die Situation des Sibirischen Tigers herausfinden und über Maßnahmen zu seiner Rettung? Sammeln Sie weitere Ideen zur Formulierung des Werbetextes und der anderen Elemente für die Werbeseite.

4 Überlegen Sie eine Strategie für Ihre Werbeseite: Wie erzielen Sie Aufmerksamkeit und Anteilnahme? Wie bewegen Sie die Leser/innen zum aktiven Handeln und zum Spenden? Wollen Sie stärker auf Emotionen wie Mitleid und Empörung setzen oder auf Information? Was können die Elemente der Werbeseite dafür jeweils am besten leisten?

Zum Handeln auffordernde, überzeugende, werbende Texte

- **Leitende Intentionen:** Größere Öffentlichkeit oder Einzelpersonen beeinflussen, damit Botschaft, Position oder Meinung ohne weiteres Befragen akzeptiert oder eine erwünschte Handlung eingeleitet wird.

- **Bezug zur Wirklichkeit:** Herstellung einer vom Schreibenden erwünschten Wirklichkeit

- **Inhaltliche Prüfkriterien:**
  → Habe ich die Aufmerksamkeit der Leser geweckt – auch durch ungewöhnliche Mittel?
  → Habe ich die Interessen und Verstehensvoraussetzungen der Adressaten berücksichtigt?
  → Habe ich Botschaft(en) bzw. Handlungsziel einfach und klar in der Aussage präsentiert?
  → Habe ich ablehnende und kritische Reaktionen der Adressaten durch meine Gestaltungsstrategien möglichst eingeengt oder sogar außer Kraft gesetzt?

- **Sprachliche Prüfkriterien:**
  → Habe ich meine Botschaften und Handlungsziele knapp und attraktiv mit zündenden Schlüsselwörtern und Slogans präsentiert?
  → Habe ich ausreichend an der Attraktivität meines Textes gearbeitet – z.B. mit Wortspielen, Assoziationen, Bildern und Metaphern?
  → Habe ich meine Formulierungen, Wortwahl etc. auf Zielgruppe und Image des Beworbenen abgestimmt (z.B. Jugendsprache vs. Managersprache)?
  → In standardisierten Texten und amtlichen Dokumenten: Habe ich den Handlungsrahmen durch die entsprechenden juristischen und administrativen Begriffe und die entsprechenden Gebots- und Verbotsverben klar definiert?

- **Textarten, -sorten:** z.B. persönliche Appelle; öffentliche Reden und Resolutionen; Werbeplakate und Produktwerbung, standardisierte behördliche appellative Formen: Mahnungen, Zahlungsanweisungen, …

5 Fertigen Sie jetzt unter Berücksichtigung des oben stehenden „Steckbriefs“ eine ganzseitige Werbeanzeige an zum Thema Naturschutz.

5 Texte und Materialien erarbeiten und deuten

Für die Bewältigung von Schreibaufgaben, die zur Erarbeitung und Deutung von Materialien (z. B. Bilder, Filme, Karikaturen) und Texten auffordern, muss man sich zunächst sowohl im Ganzen als auch im Detail ihrer Inhalte vergewissern. Man wird dann die Materialien/Texte mehrfach „umkreisen", den Blick auf das Ganze und auf Einzelheiten richten, sich die eigene Sichtweise und den eigenen Verstehenshorizont bewusst machen, Beobachtungen und Eindrücke (in Form von Stichworten) notieren, Meinungen und Urteile bilden und auf dieser Grundlage die eigene Textproduktion vorbereiten.

Schreibaufgabe: *Was sagt Haitzingers Karikatur über die politischen Bemühungen aus, die ökologischen Bedrohungen unserer Welt zu mindern oder zu beseitigen? Überprüfen Sie die Aussagen an eigenen Wirklichkeitserfahrungen: Stellen Sie fest, wie diese Karikatur auf Sie wirkt und welchen Gestaltungsmitteln diese Wirkung zuzuschreiben ist.*

Haitzinger: Die Umweltkonferenz

1. Zu welchen Ergebnissen kommen Sie bei der Analyse der Schreibaufgabe?
2. Tauschen Sie erste spontane Reaktionen auf die Karikatur aus.

Vorbereitung auf den Schreibprozess

Erste Begegnung mit der Karikatur	Spontane Reaktionen als Notizen festhalten	– „Mein Blick wird sofort auf den Apfel bzw. den Globus gelenkt. Unsere arme Erde, angefressen und voller Löcher." – „Da ist etwas faul in unserer Umweltpolitik. Die Politiker als Maden, die unsere Welt durchlöchern?"
Motivische Schwerpunkte bilden – diese genauer untersuchen – auch in ihrem Verhältnis zueinander	Markierungen in eine Kopie der Karikatur eintragen – Teile des Bildes verdecken/aufdecken – Notizen nach motivischen Schwerpunkten anlegen – der Versuchung widerstehen, sofort mit dem Formulieren des eigenen Textes zu beginnen	Drei Motive: (a) unsere Erde als wurmstichiger Apfel, an dem selbst das Blatt schon angefressen ist, (b) der Konferenztisch mit den nationalstaatlichen Emblemen, (c) die Politiker als Maden. Grafisch stehen Weltkugel/Apfel und Konferenztisch im Spannungsverhältnis. DiePolitiker/Maden bevölkern beides.
Aktivieren des eigenen Sprach-, Text-, Weltwissens	Über die zu erarbeitende Text/Bildsorte nachdenken, sich ihre Strukturmerkmale und Wirkungsmittel bewusst machen, eigene Wirklichkeitserfahrungen aktivieren	– Karikatur ist wie ein fiktionaler Text, der in sich abgeschlossen auf Wirklichkeit verweist und verschlüsselt Deutungen anbietet, – bezieht Wirkung aus der radikalen Zuspitzung, – will die Wahrheit auf den Punkt bringen, – erhebt Anklage und motiviert die Betrachter/innen, selbst Einfluss auf die Wirklichkeit zu nehmen und Missstände abzustellen
Hypothesen zu zentralen Aussagen	Verstehenshypothesen formulieren – diese gegeneinander abgleichen und auf Stimmigkeit überprüfen	– Die Welt als wehrloses Opfer – Diejenigen, die Umweltschäden verursachen, sind zugleich auch diejenigen, die die politische Verantwortung für den Fortbestand unserer Welt haben – hier werden die Böcke zu Gärtnern gemacht. – Und wo bleiben die Menschen, die Bürger/innen mit ihren politischen Rechten und ihrem Engagement für eine lebenswerte Welt in Haitzingers Karikatur?
Wirkungsmittel der Karikatur erkunden und ihre Funktion bestimmen	Sich der Darstellungs- und Wirkungsmittel bewusst werden – an eigener Person die Wirkung überprüfen	– Zwischen dem Konferenztisch der internationalen Politik und der Welt als Apfel sind die Sympathien klar verteilt: Vereinnahmung der Betrachter/innen gegen die Politik als Sachwalter der Umweltinteressen. – Das Reden über Umweltschäden und -bedrohungen hilft niemandem – vor allem wenn nicht alle Verantwortlichen am Konferenztisch sitzen. – Pessimistische Würdigung der Umweltpolitik immunisiert gegen die Erfolgsmeldungen anlässlich großer internationaler Umweltkonferenzen – macht skeptisch. – Wo bleiben die Impulse für eine Wende in der Umweltpolitik – stimmt mich eher depressiv. – Und warum werden die Teilerfolge z. B. im eigenen Land (Schadstoffverordnungen, Klärwerke, Solarenergie) nicht angedeutet?
		Und ich? Und wir alle? Was tun wir?

3 Überprüfen und ergänzen Sie die Stichworte in der rechten Spalte. Zu welchen Ergebnissen hat Ihre Arbeit an der Karikatur geführt?

... Zuerst fällt mein Blick auf die Weltkugel, und ich erkenne die Konturen von Europa, Afrika und der arabischen Halbinsel. Maden und Würmer haben Löcher in großer Zahl gefressen. Natürlich – Haitzinger stellt uns unsere Welt als wurmstichigen Apfel vor Augen. Dann fällt der Blick auf den unteren Teil des Bildes. Und da sind sie wieder, die Maden. Sie haben in der Rolle als politische Führer am Konferenztisch Platz genommen und sollen Schäden verhindern oder beseitigen, die sie selbst zugelassen oder verursacht haben.

Der Bildaufbau der Karikatur ist einfach und klar strukturiert. Haitzinger stützt sich auf drei Motive: die Weltkugel als wurmstichiger Apfel, der Konferenztisch als Arena der internationalen Politik und die Maden/Würmer als Verantwortliche im doppelten Sinne der Umweltschäden und der Politik. Mit der Wahl der Motive verbindet sich die emotionale Lenkung der Betrachter/innen. Sympathien werden zu der Welt als Apfel aufgebaut. Sie ist befallen, beschädigt, Opfer – ohne Chance, sich zur Wehr zu setzen. Auf der anderen Seite lenkt Haitzinger die Antipathien auf die Maden/Würmer, auf eine eingeschränkte Zahl von Verantwortlichen und Tätern. Die einfache Botschaft der Karikatur ist wohl, dass man der Politik die Zukunft unserer Erde allein nicht überlassen kann ...

Spontan fühle ich mich zunächst zu Haitzingers Interpretation hingezogen. Und dann kommen mir doch Zweifel, ob wir mit seiner schlichten Botschaft der Komplexität der Umweltprobleme beikommen können. Vieles bleibt in seiner Karikatur ausgeblendet ...

4 Dies sind Ausschnitte aus einem deutenden bzw. interpretierenden Schülertext. Wie ist der Schüler an die Schreibaufgabe herangegangen? Was geht diesen Ausschnitten voraus, was müsste noch folgen? Was sagen Sie zu der Reihenfolge der Abschnitte?

5 Überprüfen Sie den Textausschnitt an dem „Steckbrief" für deutende, interpretierende und wertende Texte. Was erscheint gelungen, was hätte besser gemacht werden können?

Erich Fried

Die Furt

Als ich zur Brücke kam
war sie ein Turm geworden
in dem stieg der Fluss
die Wendeltreppe hinauf

und durch sein leeres Bett
rollten die Autos
von satten Fischen gelenkt
auf Rädern aus Schlamm

Ich ging hinunter
und watete zwischen den Binsen
ich wollte hinüberhüpfen
von Muschel zu Muschel

Da kam ein Auto
und stieß mich tief in den Schlick
Ein Fisch stieg aus
und beugte sich über die Leiche

(1964)

F. C. Delius

An euch wird gedacht

An euch wird gedacht,
ihr Eisberge! Dichter in
Hochhäusern reden
von euch, die Wasserspiegel
steigen, Autos bremsen schon.

(1989)

6 Wählen Sie ein Gedicht und schreiben Sie dazu einen interpretierenden Text, indem Sie sich am folgenden „Steckbrief" orientieren.

Deutende, interpretierende, wertende Texte

- **Leitende Intentionen:** Sich mit Texten/Materialien/Objekten auseinander setzen, die auf unterschiedlichen Ebenen mehrdeutig und auf Wirkung angelegt sind.
  Solche Texte/Materialien/Objekte verweigern sich meist einer schnellen und oberflächlichen Sinnentnahme. Deshalb müssen sie in besonders sorgfältiger Weise und methodisch nachvollziehbar bearbeitet und erschlossen werden.
  → **Bezug zur Wirklichkeit:** Im Vordergrund steht der Bezug zu dem zu analysierenden Text/Material/Objekt und wie sich darin Wirklichkeit spiegelt. Erst in zweiter Linie geht es um die Bezüge zur außertextlichen Wirklichkeit. Sie sind die Grundlage für Sinnentnahme und Wirkungsanalyse.

- **Inhaltliche Prüfkriterien:**
  → Habe ich die zu analysierenden und zu deutenden Texte/Materialien vorgestellt (z. B. Nennung von Titel, Autor, Charakterisierung der Textgattung, -art) und beschrieben (z. B. inhaltliche Zusammenfassung)?
  → Habe ich die leitenden Fragestellungen präzisiert?
  → Habe ich meine Vorgehensweise und meine Methoden vorgestellt und meinen eigenen Verstehenshorizont beschrieben?
  → Werde ich den Texten/Materialien gerecht, indem ich mehrere und unterschiedliche Aspekte untersuche?
  → Habe ich meine Beobachtungen und Schlussfolgerungen mit Beispielen (Zitate) belegt?

- **Sprachliche Prüfkriterien:**
  → Habe ich klar zwischen Tatsachenaussagen und Werturteilen bzw. Meinungen unterschieden (z. B. durch Rede kommentierende Verben)?
  → Sind die Angaben zu Textstellen und Zitaten eindeutig und vollständig? Sind die Zitate als solche gekennzeichnet?
  → Habe ich mich in meinen Formulierungen so weit zurückgenommen, dass der zu erarbeitende Text alle Aufmerksamkeit der Leser bekommt (Ausnahme: Essay, Rezension)?
  → Benutze ich die Fachsprache der Textanalyse und -deutung korrekt und unaufdringlich?

- **Textarten, -sorten:** Rezensionen, Essays, kultur-, literaturwissenschaftliche Abhandlungen; schulgebundene Formen: Textbeschreibung, -analyse, -interpretation, …

GESPRÄCHE FÜHREN, VORTRAGEN, PRÄSENTIEREN

1 Gespräche führen

- *Mündliche Kommunikation in der Gesellschaft:* An Gesprächssituationen außerhalb der Schule kann der enge Zusammenhang zwischen Kommunikationsstörungen und Gesprächsbedingungen beobachtet werden. So lassen sich Faktoren für gelingende Kommunikation erschließen.
- *Mündliche Kommunikation in der Schule:* Gespräche in der Schule unterliegen besonderen Bedingungen. Sie zu erforschen kann helfen, die eigene Kommunikation zu optimieren. Dabei werden verschiedene Gesprächsformen erprobt und in der „Metakommunikation" wird über Gesprächsverhalten gesprochen.

1.1 Kaufen – Verkaufen: Verzerrte Kommunikation

Jens Sparschuh

Der Zimmerspringbrunnen (Auszug)

Seminarraum II, 9.15 Uhr. Thema: Training Standardsituationen. Anschließend: Auswertung, Erfahrungsaustausch, Brainstorming. Strüver (mittelgroß, rötliches, vorne gelichtetes Haar, hinten zu einem Zopf zusammengebunden) wirft seine Seidenjacke lässig über eine Stuhllehne, kommt gleich zur Sache: „Na, dann wollen wir mal. – Herr Nöstich. Sie sind bitte mal der Kunde!"

„War ich doch schon letztes Jahr", will Nöstich einwenden, doch Strüver ungerührt: „Dann wissen Sie ja, wie es geht."

Nöstich, die Augenbrauen hochgezogen, steht auf und geht langsam nach vorn. Strüver sieht in seiner Liste nach und bestimmt einen Herrn Filzbach (Stuttgart), der sofort rot wird, zum Firmenvertreter. „Alles klar", sagt der Angesprochene tapfer, scheint aber betroffen zu sein.

„Bitte", sagt Strüver, jetzt Regisseur. Er hat sich in seinem Stuhl zurückgelehnt, die Beine übereinander geschlagen, die Arme verschränkt und spitzt erwartungsvoll den Mund.

Nöstich steckt seine Brille weg, schiebt die Haare mit der Hand nach hinten. Ohne Brille sehen seine Augen gläsern aus. Er sieht sich um. Sein Blick fällt auf Strüver. Da verschränkt auch Nöstich die Arme. Gelangweilt sieht er aus dem Fenster. Einige Male wechselt er noch Stand- und Spielbein, dann hat er seine Position gefunden.

Endlich, nachdem er erst noch seinen Musterkoffer präpariert hat, ist auch Filzbach (Stuttgart) soweit. Mit weit ausholenden Schritten geht er nach vorn, stoppt aber plötzlich – wie vor einer unsichtbaren Wand. Er überprüft den Sitz seiner Krawatte, dann bohrt sich sein rechter Zeigefinger durch die Luft ... Er hält aber noch einmal inne und beugt sich weit vor. Angestrengt scheint er etwas zu entziffern, und zwar dort, wohin gerade sein Zeigefinger unterwegs gewesen ist ... (...)

Filzbach (Stuttgart) hat sich nun wieder aufgerichtet und sein Zeigefinger erreicht das Ziel: „Ding-dong", macht es jetzt aus Filzbachs Mund ...

„Wenn ich hier mal kurz unterbrechen darf", mischt sich Strüver ein. „Herr Nöstich – Sie warten wohl gerade auf unseren Vertreter?"

„Nö", gibt Herr Nöstich offen zu.

„Es sah aber so aus", sagte Strüver streng. Dann, ermahnend: „Sie sind also gerade beschäftigt, Herr Nöstich."

Nöstich nickt.

„Na, was denn nun?", drängt Strüver, er blickt auf die Uhr. Da fuhrwerkt Nöstich plötzlich, für alle ziemlich unerwartet, mit geballter Faust vor seinem Bauch herum, immer hin und her.

Strüver sieht ihn ratlos an.

„Ich bügele ...", gibt Nöstich bekannt.

„Ach so", sagt Strüver, „ich hatte mich nur gewundert, warum Sie dabei so in der Weltgeschichte herumgucken."

„Ich sehe dabei fern."

„Na gut – Sie bügeln also und sehen dabei fern. – Plötzlich ...", gibt Strüver jetzt, mit rascher Kopfbewegung, an Filzbach (Stuttgart) weiter, „plötzlich ..."

„Ding-dong", macht Filzbach (Stuttgart) erwartungsgemäß.

Nöstich stellt das Bügeleisen ab und schreitet zur „Tür". Er öffnet sie, aber nur halb – was Strüver mit einem leichten Nicken quittiert.

„Guten Tag, Herr Nöstich", beginnt nun Filzbach (Stuttgart), „das ist aber schön, dass ich Sie antreffe." Er sagt das alles sehr akzentuiert, überdeutlich. (Deswegen vielleicht wirkt es nicht ganz echt.)

Filzbachs Vertreterhand schiebt sich Nöstich entgegen. Der will gerade zugreifen – da meldet sich wieder Strüver: „Kann es sein, dass es riecht? Herr Nöstich – Ihr Bügeleisen! Kann da nichts anbrennen?"

„O ja, Mensch!" Nöstich rennt zurück ins Zimmer. Unschlüssig steht Filzbach (Stuttgart) zwischen Tür und Angel. Dann traut er sich ein Stück in die Wohnung hinein. (Vielleicht will er helfen?) Strüver schließt die Augen, verzweifeltes Kopfschütteln.

Da kommt Nöstich wieder.

Halblaut gibt Strüver weitere Regieanweisungen: „Gut, das ist zwar nicht schön, aber das gibt es ja. Unserem Kunden passt der Termin heute nicht. Das Bügeleisen hat gerade das Wohnzimmer in Brand gesetzt, eine Familienfeier ist im Gange oder irgendeine andere Katastrophe. – Was nun?!"

„Na, ich frage ihn, ob ich nicht besser zu einem anderen Zeitpunkt ..."

„Na – fragen Sie das mal, Herr Filzbach. Aber, bitte: Sie sprechen mit Ihrem Kunden, nicht mit mir. Ich schaue nur zu. – Und verlassen Sie bitte wieder unauffällig die Wohnung ..."

Filzbach tritt rasch ein paar Schritte zurück.

„Herr Nöstich, wann würde es Ihnen denn mal passen?", fragt nun also Filzbach (Stuttgart); er versucht, dabei Herrn Nöstich verschmitzt und aufmunternd anzublicken ...

„Stopp!", bricht Strüver, sichtlich entnervt, ab. „Machen wir mal eine Zwischenauswertung. Sonst vergessen wir ja all Ihre Glanzlichter! Anders gefragt: Was kann in den ersten 15 Sekunden alles falsch gemacht werden? Dafür war das hier ja geradezu eine Lehrvorführung."

Bevor jemand etwas sagen kann, versucht Filzbach (Stuttgart) sich zu rechtfertigen: „Draußen klappt es ja! Aber hier, im Seminar, vor Zuschauern – da hab ich Stress. Ich bin doch kein Schauspieler."

„So?", fragt Strüver, „das ist aber schade."

„Außerdem unterbrechen Sie immer!", sagt Filzbach leise, seine Stimme zittert dabei.

„Herr Filzbach – draußen sind Sie doch auch nicht ungestört, da werden Sie *laufend* unterbrochen! – Ist jemandem etwas aufgefallen?"

Jemand meldet sich: Die Verabredung am Ende sei nicht sehr überzeugend gewesen ...

„Richtig", sagt Strüver, „das war grundfalsch."

Da Filzbach (Stuttgart) ihn nur verständnislos anblickt, gibt Strüver gleich selbst eine Erklärung: „Wenn Sie so unbestimmt ins Blaue hinein fragen, ob Sie nicht irgendwann mal wiederkommen sollen – wissen Sie, was der Kunde Ihnen da völlig zu Recht antwortet? ‚Ach, lassen Sie mal', sagt er, ‚das muss nicht sein, ich brauche doch gar nichts.' – Herr Filzbach, der Kunde sucht in diesem Vorstadium spontan den Ausweg. Und Sie, mit Ihrer, entschuldigen Sie schon, herzigen Frage, haben ihm den Fluchtweg gezeigt! Was fragen wir also?"

Da niemand antwortet, gibt Strüver die Antwort: „Die richtige Frage könnte sein: ‚Ich sehe, dass es Ihnen heute schlecht passt. Ich kann Ihnen folgende Ausweichtermine vorschlagen: am nächsten Dienstag, nach 18 Uhr, oder am nächsten Donnerstag, da schon ab 17 Uhr.'

Was gewinnen wir damit?

1. Der Kunde (und das ist psychologisch in dieser Phase sehr wichtig) hat die Freiheit, sich zu entscheiden;

2. Die grundsätzliche ‚Ob-überhaupt'-Entscheidung aber haben wir ihm mit unserer Detailfrage schon unauffällig abgenommen. Das ist schon gegessen.

Nun ist der Kunde am Zug. Er kann sich entscheiden. Wir haben ihm die Wahl gelassen, Dienstag oder Donnerstag. Wir haben ihm die Initiative zugespielt. Und wenn er sich dann, meinetwegen halbherzig, ein ‚Na gut, kommen Sie Donnerstag' abringt, hat *er* sich entschieden, hat er uns eingeladen. – Das kommt dann übrigens gleich in die Kunden-Vorlaufmappe! Wenn wir dann Donnerstag in der Tür stehen, können wir nämlich sagen: ‚Guten Abend. Sie hatten mich für heute eingeladen ...' Ein Punkt für uns! (‚Wir sind nun extra gekommen ...' usw., schlechtes Gewissen beim Kunden, wenn er jetzt nein sagt.)

Vergessen Sie nicht: In dieser Anlaufphase will der Kunde nur eines: uns loswerden. Und wir reichen ihm mit der Dienstag-Donnerstag-Frage den rettenden Strohhalm! Damit wird er uns ja erstmal los. Aufgeschoben, nicht aufgehoben, klar.

Eine klassische Eröffnung! Scheinbare Niederlage – wir haben für den Anfang nichts erreicht –, kommen aber als ‚alte Bekannte' ein paar Tage später wieder.

Aber – das war ja nicht alles. Was war vorher schon falsch?" *(1995)*

1. Fertigen Sie zu verschiedenen Gesprächssituationen im Text zeichnerische Skizzen an, die die Rollenbeziehung und das Gesprächsverhalten der jeweils beteiligten Figuren visuell zum Ausdruck bringen (Comic-Stil oder Storyboard). – Stellen Sie gegebenenfalls in Standbildern die Situationen nach um die Zeichnungen zu kontrollieren. Benutzen Sie dabei die Gesprächsbeiträge der Figuren als Argumente für Ihre Ideen.

2. *Kommunikationsstörungen* sind sehr nachteilig im Zusammenleben der Menschen:
   - Untersuchen Sie, wie dieses Problem hier im Rahmen eines Trainings für Verkäufer angegangen wird. Unterscheiden Sie die zwei Ebenen im Text: Seminargespräche – simulierte Verkaufsgespräche.
   - Erläutern Sie, wie die literarische Gestaltung das Problem besonders pointiert zu vermitteln vermag.

3. Verzerrte Kommunikation in Schulungssituationen und in Verkaufsgesprächen: Erörtern Sie die Ursachen.

4. Gelungene Kommunikation: Wann würden Sie Gespräche so bewerten? – Schreiben Sie Ihre Gedanken auf und machen Sie Ihre Vorstellungen an Beispielen klar.

Hans Fallada

Kleiner Mann, was nun? (Auszug)

Und er sagt mit einer tiefen Verbeugung: „Was steht bitte zu Diensten, meine Herrschaften?“ und dabei läßt er seinen Blick ganz gleichmäßig einen Augenblick auf jedem der vier Gesichter ruhen, damit keines zu kurz kommt.

Eine Dame sagt ärgerlich: „Mein Mann möchte einen Abendanzug. Bitte, Franz, sag doch dem Verkäufer selbst, was du willst!“

„Ich möchte ...“, fängt der Herr an.

„Aber Sie scheinen ja nichts wirklich Vornehmes zu haben“, sagt die zweite Dame in den Dreißigern.

„Ich habe euch gleich gesagt, geht nicht zu Mandel“, sagt die Ältliche. „Mit so was muß man zu Obermeyer.“

„... einen Abendanzug haben“, vollendet der Herr mit den blaßblauen Kugelaugen.

„Einen Smoking?“ fragt Pinneberg vorsichtig. Er versucht, die Frage gleichmäßig zwischen den drei Damen aufzuteilen und doch auch den Herrn nicht zu kurz kommen zu lassen, denn selbst ein solcher Wurm kann einen Verkauf umschmeißen.

„Smoking!“ sagen die Damen empört.

Und die Strohblonde: „Einen Smoking hat mein Mann natürlich. Wir möchten einen Abendanzug.“

„Ein dunkles Jackett“, sagt der Herr.

„Mit gestreiftem Beinkleid“, sagt die Dunkle, die die Schwägerin zu sein scheint, aber die Schwägerin der Frau, so daß sie als die Schwester des Mannes wohl noch ältere Rechte über ihn hat.

„Bitte schön“, sagt Pinneberg. (...)

„Nein, doch nicht so was“, sagt die Frau, als Pinneberg ein Jackett in die Hand nimmt. (...)

„Wenn der Herr die Schulter etwas anheben wollte?“

„Daß du die Schulter nicht anhebst! Mein Mann läßt immer die Schultern hängen. Dafür muß es eben unbedingt passend sein.“

„Dreh dich mal um, Franz.“

„Nein, ich finde, das ist ganz unmöglich.“

„Bitte, Franz, rühr dich etwas, du stehst da wie ein Stock.“

„Das ginge vielleicht eher.“

„Warum ihr euch hier bei Mandel quält ...?“

„Sagen Sie, soll mein Mann ewig in diesem einen Jackett rumstehen? Wenn wir hier nicht bedient werden ...“

„Wenn wir vielleicht dies Jackett anprobieren dürften ...“

„Bitte, Franz.“

„Nein, das Jackett will ich nicht, das gefällt mir nicht.“

„Wieso gefällt dir denn das nicht? Das finde ich sehr nett!“

„Fünfundfünfzig Mark.“

„Ich mag es nicht, die Schultern sind viel zu wattiert.“

„Wattiert mußt du haben, bei deinen hängenden Schultern.“

„Saligers haben einen entzückenden Abendanzug für vierzig Mark. Mit Hosen. Und hier soll ein Jackett ...“

„Verstehen Sie, junger Mann, der Anzug soll was hermachen. Wenn wir hundert Mark ausgeben sollen, können wir auch zum Maßschneider gehen.“ (...)

„Probier dies mal über, Franz.“

„Nein, ich probier nichts mehr über, ihr macht mich doch bloß schlecht.“

„Was soll denn das wieder heißen, Franz? Willst du einen Abendanzug haben oder nicht?“

„Du!“

„Nein, du willst ihn.“

„Du hast gesagt, der Saliger hat einen, und ich mache mich einfach lächerlich mit meinem ewigen Smoking.“

„Dürfte ich gnädiger Frau noch dies zeigen? Ganz diskret, etwas sehr Vornehmes.“ Pinneberg hat sich entschlossen, auf Else, die Strohblonde, zu tippen.

„Das finde ich wirklich ganz nett. Was kostet er?“

„Allerdings sechzig. Aber es ist auch etwas ganz Exklusives. Gar nichts für die Masse.“ (...)

„Also Franz, jetzt ziehst du das Jackett an.“

„Er hat es doch schon angehabt!“

„Nicht dies!“

„Doch.“

„Also, jetzt gehe ich, wenn ihr euch hier streiten wollt.“

„Ich gehe auch. Else will wieder um jeden Preis ihren Willen durchsetzen.“

Allgemeine Aufbruchstimmung. Die Jacketts werden, während die spitzen Reden hin und her fliegen, hierhin geschoben, dorthin gezerrt ... *(1932)*

5 Welche Auffälligkeiten zeigt die mündliche Kommunikation in Falladas Kaufhaus-Situation? Erörtern Sie, wie es hier zu Kommunikationsstörungen kommt.

6 Um das sprachliche Verhalten von Dialogpartnern zu verstehen, muss man beobachten, wie ihre Kommunikation in größere Handlungszusammenhänge eingebettet ist, wie sprachliche Handlungen zur *Verständigung*, zur *Kooperation* oder zum *Konkurrenzkampf* eingesetzt werden und woran es liegt, dass Kommunikation gelingt oder misslingt. Dabei ist zu klären, wie sich die spezifischen Umstände einer **Situation**, die **Handlungen** und die **Rede-** oder **Gesprächsbeiträge** gegenseitig beeinflussen.
Erläutern Sie derartige Einflüsse an den beiden Romanausschnitten.

7 *Kommunikation erforschen:*

- Schreiben Sie Situationsskizzen und Dialoge aus der Erinnerung, mit denen Sie eigene Kommunikationserfahrungen vorstellen können.
- Erkunden Sie fremde Kommunikationssituationen und halten Sie die Vorgänge in einem Gesprächsprotokoll fest.
- Bringen Sie Erzähltexte oder szenische Texte mit, die sich für die Untersuchung von Gesprächsverhalten eignen.
- Wählen Sie gesprächsintensive Ausschnitte aus Filmen oder Videoausschnitte aus Talkshows.

a) Untersuchen Sie die Gesprächsbeiträge, die Gesprächsinformation und den Gesprächsverlauf.
b) Achten Sie auf die Gesprächsziele und auf Gesprächsstörungen sowie deren Ursachen.

Kommunikationsanalyse

1. **Situationsanalyse:**
   Welche Faktoren der Situation bestimmen die Art und das Zusammenspiel des Handelns und des Redens?
- Ort/Raum, Zeit, Klima, Atmosphäre, Gegenstände, Personen, Rollenverteilung, Gefühle, wirtschaftliche Lage, körperliche Befindlichkeit etc.

2. **Handlungsanalyse:**
   Welche Handlungen wirken auf die Situation und das Gespräch ein oder gehen aus ihnen hervor?
- konkrete Handlungen: aufstehen, Kaffee eingießen, Formular reichen ...;
- nonverbale Handlungen: lächeln, sich räuspern, mit den Fingern trommeln ...;
- vorausgehende Handlungen (Auslöser): ein Kopfschütteln, ein freundlicher Klaps auf die Schulter, ...;
- Folgehandlungen (Ergebnis): eine Ablehnung, ein Handschlag, ein Vertrag, ...;
- erinnerte Handlungen: Erfahrungen mit dem Gegenüber, ...;
- vorgestellte Handlungen: unterdrückte Wunschvorstellungen, erwartete Handlungen in der Zukunft etc.

3. **Rede-/Gesprächsanalyse:**
   Welche Bedeutung haben Gesprächs- oder Redeteile für die Situation und die konkreten Handlungen?
- Sprachliche Handlungen: bitten, fordern, lügen, beschuldigen, danken, Rat erteilen, bestreiten, ...;
- Redeorganisation: Tagesordnung, Vergabe des Rederechts, Sprecherwechsel, Unterbrechungen; Gesprächsinitiativen, Redeanteile, Dominanz, Schweigen
- Rhetorische Mittel, Intonation, Pausen, ...

Störfaktoren in Gesprächen

- *Mangelnde Eindeutigkeit:* Missverständnis, Ironie, Zweideutigkeit, Anspielung, Wortspiel
- *Irreversibilität sprachlicher Äußerungen:* Schimpfwort, Beleidigung, Zote
- *Mangelnde Konvention:* fehlende Beachtung der Gepflogenheiten, z. B. der Höflichkeit
- *Mangelnde Sachkenntnis:* Uninformiertheit oder Inkompetenz in bestimmen Bereichen
- *Formelhafter, phrasenhafter Sprachgebrauch:* Das war immer schon so. – Der kleine Mann, …
- *Zurückhaltung von Informationen:* alle Formen der Zensur, des Lügens, der Täuschung, des Übergehens
- *Mangelnder Adressatenbezug:* Sprecher achtet nicht auf Verständlichkeit und Aufnahmefähigkeit
- *Mangelnde Hörbereitschaft:* fehlendes, überkritisches, misstrauisches Zuhören
- *Negative Sozialbeziehungen:* Ablehnung, Rivalität, Abgrenzung, Isolation, Neid, Arroganz, …
- *Problematische Lebenssituation:* persönliche Schwierigkeiten, Gefühlsverwirrungen, Stress, …
- *Berufliche und ökonomische Probleme:* Karrierestreben, Konkurrenz, Mobbing, Angst vor Arbeitslosigkeit, …

A)

© Barbara Homann

B)

© Peter Lowin

8 In Gesprächssituationen hat jeder Gesprächspartner selbst bestimmte Absichten und Erwartungen an den anderen – bewusst oder unbewusst. Und jeder Gesprächspartner stellt sich in einer **Partnerhypothese** die Absichten des anderen und dessen Erwartungen an ihn vor. – Durch Fehlinterpretationen kann es dabei zu Kommunikationsstörungen kommen. – Untersuchen Sie an diesen beiden Beispielen die Absichten und Erwartungen und die denkbaren Partnerhypothesen. Formulieren Sie sie aus.

9 Erläutern Sie an diesen Beispielen, wie das Zusammenspiel der verschiedenen Kommunikationsfaktoren funktioniert. Entwerfen Sie dazu ein eigenes Kommunikationsmodell.

10 Erörtern Sie, welche Faktoren für das Gelingen von Kommunikation wesentlich sind.

Unterrichtsgespräch zu

Heinrich von Kleist: Das Bettelweib von Locarno

Lehrer (L) liest vorne an seinem Tisch sitzend den Text vor; die 13 Schülerinnen und Schüler (S) sitzen im Hufeisen und lesen mit.

L: So weit die Geschichte. – So, Sie haben sie jetzt gelesen. Was fällt Ihnen dazu ein? Was möchten Sie sagen, fragen?

S (*Klaus, leise*): Und wenn die Marquise nicht gestorben ist, dann lebt sie noch heute.

L: Haben alle verstanden? – Sagen Sie noch mal laut!

S (*Klaus, laut*): Und wenn die Marquise nicht gestorben ist, dann lebt sie noch heute.

L: Sagen Sie mal, warum diese Wendung Ihnen jetzt in den Sinn gekommen ist!

S (*Klaus*): Ja, das hört sich total märchenhaft an, allein schon durch den Geist.

L: Märchen, Geist … – Monika.

S (*Monika*): Ja, am Anfang wird da etwas Böses getan, und hinterher kommt dann das dicke Ende, und das Böse wird gerächt, und auf höchst dramatische Weise. Vor allem finde ich es auch etwas apart, dass ihnen überhaupt nie einfällt, dass sie die Frau in der Ecke dabei umgebracht haben, sondern da ein Riesentheater machen und tausendmal in diesem Zimmer übernachten um das rauszukriegen.

L: Langsam! Können Sie das noch mal sagen: Was fällt ihnen nicht ein?

S (*Monika*): Ja, die tun ja …, es trägt sich ja hier so zu, dass die Leute nicht wissen, warum der Geist hier in der Gegend rumrennt. Und das find ich schon ein bisschen komisch.

L (*an alle*): Hm, was meinen Sie dazu? – *Pause*

S (*Monika*): Da rennt ja doch so'n Geist …, also dieser Geist, der steht wieder auf, und das beruht auf 'ner Sache, die sie selber verursacht haben. Warum sie sich da nicht mehr daran erinnern, sie selber?!

S (*?*): Ja, selber.

L: Ja, lassen wir doch dem Gedanken mal nachgehen. Bitte schön!

S (*Ingo zu Monika*): Ja, und wenn sie sich daran erinnern, ein Geist, der da herumspukt, bleibt es in der Geschichte ja immer noch, auch wenn sie wüssten, dass es der Geist des armen Bettelweibs ist. Was bringt ihnen das?

S (*Monika*): Ja, mir ist das alles zu dramatisch, das ganze Ende, der ganze Eklat!

L: Moment, können Sie das mal versuchen zu erklären, warum Ihnen das zu dramatisch ist.

S (*Monika*): Ja, also wie diese Sache mit dem Hund geschildert wird und wie der dann das Zimmer ansteckt, des Lebens müde, das ist also, find ich, leicht übertrieben.

L: Übertrieben im Vergleich womit?

S (*Monika*): Ja, in dem, was ich so normalerweise lesen würde, glaube ich eben: Das ist echt …, das hat wirklich so'n bisschen Märchencharakter, wo alles so ausgebreitet wird.

L: Ah so, also „übertrieben“ im Sinne „übersteigert“, was die Dramentechnik anbetrifft; also gut. – Wollte jemand sich dazu äußern oder einen anderen Eindruck formulieren? Sie können also einfach ungeordnet, jetzt einfach Ihre Eindrücke sagen.

S (*Ingo*): Es ist formal jetzt, hier die langen Sätze … – die Zahlen hier an der Seite sind ja nicht irgendwelche Zeilenzahlen, sondern, wie ich das jetzt so gesehen hab, sind es die …, werden die Sätze nummeriert, die einzelnen Sätze. Und da sieht man ja schon, dass hier ungewöhnlich lange Sätze drin sind, praktisch aneinander gereiht.

S (*mehrere*): hoho!

L: Hoffentlich lachen Sie auch aus dem richtigen Grund.

S (*Karin*): Ja, das haben wir ja im Deutschunterricht durchgenommen.

L: Also langsam, langsam! Da schlägt mein Deutschlehrerherz! Das müssen wir klären, bevor wir über alles Weitere reden: Wie sind die aneinander gereiht?

S (*Andreas*): Parataxe ist falsch.

S (*mehrfach*): Nein, Aneinanderreihung!

S (*mehrfach*): Ja, mein ich doch: Aneinanderreihung!

S (*mehrere*): Das ist aber 'ne Hypotaxe!

S (*Andreas zu Ingo*): Hypotaxe ist ja keine Aneinanderreihung, ist ja nicht einfach so: (*Hackbewegung mit den Händen.*)

S (*Ingo*): Ja, ich versteh schon.

S (*Andreas*): Bitte macht weiter so.

L: Lasst uns also klären: Was bezeichnet man als Parataxe?

S (*mehrere*): eine Aneinanderreihung.

L: Wenn Hauptsätze aneinander gereiht werden. – Und was ist eine Hypotaxe?

S (*leise, mehrere*): Verschachtelt …

L: Wenn über- und untergeordnete Sätze miteinander verbunden werden. Alles klar? – Also eine Aneinanderreihung von Hypotaxen, wenn schon! Ja, alles klar? – (*zu Ingo*) Aber weiter, ich wollte Sie nicht unterbrechen.

S (*Ingo*): Sehr spannend gestaltet, auch sprachlich, zum Beispiel hier, wo die jetzt … im 16. Satz wird dann sprachlich hier mit „tapp! tapp!“ gearbeitet, mit so geräuschähnlichen Worten wird dann also die Spannung gesteigert. Da!

L: Moment, langsam! War es das oder wollten Sie noch etwas sagen?

S (*Ingo*): Nein, ich wollte nur auf die Spannung hinweisen.

L: Sehr gut. Übrigens darf ich, damit Sie alle das jetzt verstehen, was jeder von Ihnen sagt, darauf hinweisen: Haben Sie das verstanden, welche Sorte von Sprache dieses „tapp! tapp!" ist, im Unterschied zu dem übrigen Text? (*Pause*)

L: Sagen Sie es noch mal, wie Sie es erklärt haben!

S (*Ingo*): Ich sagte: Das ist schon, ja, bezogen auf das Geräusch der Schritte.

L: Ja, das heißt: Es ist lautmalerisch.

S (*mehrere*): Lautmalerisch.

L: So, gut, jetzt wollten Sie etwas sagen?!

S (*Claudia*): Ja, dass ich eigentlich finde, diese langen Sätze sind alle für mich sehr schwer zu verstehen; also sie sind schon zu verstehen, aber wenn man dann am Ende des Satzes angekommen ist, da weiß man gar nicht mehr so recht, wie der angefangen hat.

L: Genau, deswegen ist das so schwer zu lesen.

S (*Claudia*): Das macht die Sache so schwierig. – Ich könnte mir vorstellen, wenn ich davon ein ganzes Buch lesen müsste, dass ich dafür wesentlich länger brauchen würde als für ein Buch mit kürzeren Sätzen.

L: Ja, das ist richtig. – Übrigens, das darf ich auch sagen: Deswegen hab ich es vorgelesen. Denn das wäre nicht fair gewesen zu sagen: Will das mal einer von Ihnen lesen? – Das kann man gar nicht ohne hängen zu bleiben lesen, wenn man das zum ersten Mal liest. Ich hab das zu Hause trainiert; also es ist nicht so, als wenn ich das so lesen könnte. Es ist völlig richtig: Das ist sehr schwer zu lesen. – So, noch Eindrücke?!

S (*Monika*): Also, mir kommt das so vor wie ein Märchen für Erwachsene.

L: Erklären!

S (*Monika*): Ja, weil es hat ..., also wenn ich es das erste Mal höre, ist es fast langweilig. Weil ich mir am Anfang schon gedacht habe: Wir haben ja dieses „Erdbeben von Chili" da gelesen, das war auch ein ganz dramatisches Ende, wo sich alle umgebracht haben. So, da hab ich mir schon am Anfang gedacht, dass das irgendwie gerächt wird. Aber er [*Kleist*] schreibt das trotzdem noch so weit. Und das ist ja auch oft im Märchen so, dass man eigentlich schon weiß: Ja, am Ende, der wird den Prinz oder die Prinzessin schon bekommen. – Und das eben ist ein bisschen anders geschrieben als ein Märchen, was man auch den Kindern vorliest, obwohl man sich drum streitet, ob man es Kindern vorlesen soll. Deswegen würde ich sagen: Märchen für Erwachsene.

S (*?, leise*): Warum für Erwachsene?

L: Für Erwachsene wegen der Schwierigkeit mit der Sprache?

S (*Monika*): Ja.

L: Ah ja, gut. – Bitte! – Ah, Entschuldigung, Sie wollten schon lange was sagen.

S (*Andreas*): Was mir nämlich aufgefallen ist: In Satz 17 ist – so weit ich das überblicken kann – die einzige wörtliche Rede vorhanden in der Form von zwei Worten: „Wer da?"

S (*Ingo*): Spannung!!

L: Ja.

S (*Andreas*): Eben!

L: Schön, gut. Wollen Sie es gleich zu erklären versuchen? Es muss nicht sein. Also, die Beobachtung ist schon mal richtig: die einzige wörtliche Rede. Nun, wo Sie es schon entdeckt haben, kann man natürlich auch gleich fragen: Hat das 'ne Funktion?

(Transkript der Anfangsphase eines Unterrichtsgesprächs, Jg. 12, 1986)

1. Hier gibt es besondere Spielregeln gegenüber anderen Gesprächssituationen: Vergleichen Sie die schulische Kommunikation mit der außerschulischen. Wo liegen hier die Probleme?
2. Untersuchen Sie das vorliegende Unterrichtsgespräch:
   a) *das Gesprächsverhalten:* die Lehrer-Schüler-Interaktion und die Schüler-Schüler-Interaktion, die Abfolge von Fragen und Antworten, die Spielräume für Schülerinnen und Schüler, die Rolle des Lehrers, die Streuung der Beteiligung etc. – Unterscheiden Sie „gelenkte" und „offene Phasen" des Unterrichtsgesprächs.
   b) *die inhaltliche Entwicklung:* die Einführung neuer Teilthemen oder Aspekte, die Aufnahme eines Gedankens durch die Mitschüler, die Fortführung eines Ansatzes, die Zwischenergebnisse. – Klären Sie den Lernprozess.
   c) *die typisch „mündliche Sprache":* Prüfen Sie Formulierungen und „Fehler" im Vergleich zum schriftlichen Standarddeutsch. Erstellen Sie Kategorien, unter denen die Abweichungen zu bündeln sind.

Häufige Fehler in Gesprächen

- *auf der Seite der Sprechenden:*
  - Sie übersehen die Antworten der vorausgegangenen Sprecher und wiederholen schon Gesagtes.
  - Sie haben noch zu wenig Ideen, reden aber weiter, sodass sie das Gleiche in anderen Worten wiederholen.
  - Sie bringen ungeordnet zu viele Ideen in die Äußerungen ein und stellen keinen Zusammenhang her.
  - …
- *auf der Seite der Zuhörenden:*
  - Sie legen sich ihren Beitrag schon zurecht, während noch ein anderer spricht; so bekommen sie für den weiteren Gesprächsgang Wichtiges nicht mit.
  - Sie vergessen, was gesagt wurde, und können dann nicht anknüpfen.
  - Sie hören eher auf Details und bekommen so den ganzen Sinn des Beitrags nicht mit.
  - …

3 Setzen Sie sich mit typischen Mängeln in Unterrichtsgesprächen auseinander. Ergänzen Sie die Liste gegebenenfalls nach Ihren Erfahrungen.

1.3 Gesprächslabor

Zur Übung und Reflexion der **Gesprächsformen**, die in der Oberstufe gezielt eingesetzt werden können, wird ein „Gesprächslabor“ (fish bowl) eingerichtet:
Der Kurs oder die Klasse wird halbiert und man setzt sich in zwei Kreisen hintereinander. Die Besetzung des äußeren und des inneren Kreises sollte ab und zu wechseln. – Beide Kreise haben verschiedene Funktionen: Gespräche führen oder über Gespräche sprechen.

Kommunikation: Gespräche über ein Thema führen
Innen sitzt die *Experimentalgruppe*, die Versuchspersonen, die Gespräche führen:
Sie achtet auf das Thema der Gespräche und die zu erprobende Gesprächsform. Dabei erprobt sie, welche *Gesprächsformen* sich *für die Oberstufe* eignen und zu welchen Zwecken sie günstig erscheinen.

Metakommunikation: über Gespräche und Gesprächsverhalten sprechen
Außen sitzt die *Beobachtergruppe*, die das Gesprächsverhalten verfolgt und Beobachtungen für die anschließende Metakommunikation notiert:
- Themaentwicklung – Inhalte, Gedankensprünge, …
- Initiativen, Sprechanteile, Dominanz, Störungen, …
- sprachliche Kontakte, Einbeziehung anderer, Gesprächsordnung, …

„Was da abläuft, ist extrem" – Mobbing in der Schule

„So was ist natürlich total verpönt bei uns", sagt Marko, Wortführer der Schreihälse. Wer keine teuren „Label-Anziehsachen" hat, wie fast alle Schüler des Gymnasiums im Hamburger Elbvillenviertel Othmarschen, „der wird die ganze Zeit geärgert" (Marko). Hänseln und Piesacken sind angesagt, wenn jemand „äußerlich nicht so schön ist", eine große Nase hat, zu dick ist oder lispelt, berichtet Marko.

Die Hatz beginnt jeden Morgen neu. Wenn Julian die Klasse betritt, röhrt es von verschiedenen Plätzen: „Ah, guckt mal, was der wieder für Bio-Klamotten anhat!" Manchmal stülpt ihm jemand den Kragen um und ruft: „Der trägt ja einen Pullover von C&A!"

(...)

Besonders schwer haben es diejenigen, die „gut in der Schule sind und immer nett zu den Lehrern": Die werden, so Marko, „am schlimmsten gemobbt".

Der hübsche Junge in den trendigen „Dickies", den viel zu weiten und zu langen Hosen, weiß, wovon er redet: Mobbing, das aus der Arbeitswelt der Erwachsenen bekannte Phänomen, ist auch in den Klassenzimmern und auf dem Pausenhof üblich.

Der neue Begriff, vom englischen „Mob" („Pöbel") hergeleitet, beschreibt eine vertraute Erscheinung: Fast jeder Schüler hat schon das Drangsalieren, Quälen, Beschimpfen oder Ausgrenzen einzelner durch gleichaltrige Klassentyrannen miterlebt, fast jeder Erwachsene kann sich daran erinnern.

Mobbing gehört zur Schülerkultur, wie Mechthild Schäfer sagt, Wissenschaftlerin am Max-Planck-Institut für psychologische Forschung in München: „An deutschen Schulen wird mindestens eines von zehn Kindern ernsthaft schikaniert und mehr als eines von zehn Kindern schikaniert andere."

Beim Mobbing geht es nicht um die gelegentliche, gewöhnliche und bald wieder vergessene Stichelei oder Rauferei. „Mobbing hat System", erklärt die Psychologin. (...) Das typische Mobbing-Opfer, so Schulpsychologe Knaack, „frisst seine Ängste in sich hinein, posaunt den Frust niemals heraus und gewöhnt sich schließlich an die Rolle, es entsteht eine Spirale aus Angst und Gewalt".

Vorrangig betroffen, das zeigte die in Schleswig-Holstein vorgelegte Studie, sind „männliche Schüler zwischen 13 und 15 Jahren". Die Kommunikation zwischen den attackierten Kindern und den Lehrern ist „dürftig", fanden Knaak und Hanewinkel: Nur jeder Dritte unter den Opfern teilt seinen Kummer den Lehrern mit und nur jeder vierte Lehrer spricht ein Opfer von sich aus an – ein folgenschweres Versäumnis, denn: „Duldung von Mobbing bedeutet Ermutigung der Täter" (Knaak).

Jungen und Mädchen, das zeigten (...) Untersuchungen, wenden beim Triezen der Schwächeren unterschiedliche Strategien an: Mädchen bevorzugen indirekte Bosheiten wie Gerüchteverbreiten, Ignorieren oder „Manipulation der Freundschaftsbeziehungen" (Olweus): Sie spannen beispielsweise einem anderen Mädchen die beste Freundin aus. Typisch für Jungen sind direkte, grobe Attacken wie körperliche Gewalt und Beschädigung von Sachen.

(...)

„Die Täter können kaum dingfest gemacht werden, denn die Vorfälle sind nicht konkret genug", erklärt aus seiner langjährigen Schulerfahrung Christian Damerius, Studiendirektor am Gymnasium Wentorf bei Hamburg. (...)

(Der Spiegel, 1997)

Kommunikation

Gesprächsform: Blitzlicht

Im Gesprächslabor geben alle Teilnehmer im inneren Kreis spontan eine Antwort auf die jeweilige Frage; sie gehen nicht auf Vorredner ein. – Das Wort wird im Uhrzeigersinn an den Nachbarn weitergegeben; so soll das Rederecht in der Reihenfolge der Sitzenden weiterlaufen; jeder ist zu einem kurzen Beitrag verpflichtet. Dann ist Schluss.

Thema: „Wann kann man von sprachlicher Gewalt sprechen?"

Gesprächsform: Partnergespräch

Die Teilnehmerinnen und Teilnehmer im inneren Kreis tauschen ihre (auch außerschulischen) Erfahrungen zu einem bestimmten Thema aus.

Thema: „Handelt es sich bei den berichteten Erfahrungen mit sprachlicher und nichtsprachlicher Gewalt um Mobbing oder nicht?" (Es geht dabei nicht um einfaches Ärgern, sondern darum, dass Mitschüler über einen längeren Zeitraum zu Opfern von Lästereien, Angriffen und Schikanen gemacht werden und darunter leiden ohne sich wehren zu können.)

Gesprächsform: Offene Diskussion
Ohne Gesprächsleiter diskutiert die innere Gruppe das Thema. Dabei ist jede/r für die *Gesprächsentwicklung* mitverantwortlich.

Thema: „Welche Rolle spielen Kleidung und Ausstattung eines Schülers oder einer Schülerin für das Ansehen unter den Mitschülern?"

Gesprächsform: Moderierte Diskussion
Mit einem Gesprächsleiter (Moderator) diskutiert die innere Gruppe das zuvor vereinbarte Thema. Dabei achtet vor allem der Moderator auf die *Gesprächsordnung*. Er spricht in der Regel nicht zur Sache, sondern achtet u.a. auf die Einhaltung vereinbarter „Spielregeln" (Ausreden-Lassen, Begrenzung der Länge von Redebeiträgen usw.) sowie auf die Einhaltung von Rednerliste und Zeitplan. Wo dies notwendig ist, fasst er mehrere Beiträge oder die Ergebnisse der Diskussion zusammen. Muss eine Entscheidung getroffen werden, stellt er die diskutierten Standpunkte zur Abstimmung.

Thema: „Wie hängen Mobbing und schulischer Leistungsdruck zusammen?" oder: „Ist verbales Mobbing nur die Spitze des Eisbergs ‚Gewalt'?"

Metakommunikation

Über das Gespräch sprechen: Die Schülerinnen und Schüler im äußeren Kreis sprechen nach jeder Gesprächsrunde in einer Auswertung über die erlebten Gesprächsabläufe. Dabei müssen sie darauf achten, dass sie nicht zur Sache reden. Ihr Gesprächsgegenstand ist jeweils das vorherige Gespräch. Dabei sind folgende Fragen hilfreich:

1. Wie ist die Experimentalgruppe mit dem Thema inhaltlich zurecht gekommen? Wie wurden Beiträge von Vorrednern weiter entwickelt? Sind die Gesprächsteilnehmer in der Sachebene zu Ergebnissen gekommen?

2. Wie sind die Teilnehmer der Experimentalgruppe miteinander umgegangen? Was hat sich in der Beziehung der Teilnehmer untereinander gezeigt? Wie wurde das Gespräch geregelt? Gab es eine Gesprächsordnung? Wie hat sie funktioniert?

Oft ist es bei der Klärung dieser Fragen hilfreich auf Äußerungen zu achten, die das Gespräch steuern, z.B.: *Ich sehe das so ... – Das ist eine gute Idee. – Das wäre erst noch zu beweisen. – Das stimmt zwar, aber das könnte man auch anders sehen ... – Gib' mal ein Beispiel! – Noch einmal zu Anne ... – Könntet ihr mich erst ausreden lassen? – Ich möchte noch einmal auf dich zurückkommen. – Komm doch zum Thema! – Nur kurz noch ...!*

Hilfsmittel „Rollenspiel"

Manche Probleme, insbesondere strittige Themen, lassen sich mitunter besser in Form von Rollenspielen behandeln. Dabei übernehmen die Teilnehmerinnen und Teilnehmer des Innenkreises festgelegte Rollen, während die „Beobachter" im äußeren Kreis zusätzlich darauf achten, ob es den Diskussionsteilnehmern gelingt ihre Rolle wirkungsvoll und realitätsnah auszufüllen.

1 Führen Sie ein Gesprächslabor zur Behandlung und Lösung des folgenden Falles durch, indem Sie zunächst im inneren Kreis zur Sache diskutieren (Kommunikation) und anschließend den Verlauf der Diskussion reflektieren (Metakommunikation). Verwenden Sie für die Übung die nachstehenden Situations- und Rollenkarten.

Situationskarte

Im BG-Gymnasium in E. forderte im 12. Jahrgang der Schüler K. von seinem erfolgreicheren Mitschüler A. immer wieder, die Hausaufgaben „geliehen“ zu bekommen; A. sollte ihm auch Teile eines Referats anfertigen; bei Klassenarbeiten sollte er sich neben K. setzen und seine Ergebnisse übermitteln etc. – K. drohte: Wenn A. seinen Forderungen nicht nachkomme, werde er den Mitschülerinnen sagen, dass A. Angst vor Frauen habe. – Da A. darauf nicht einging, erzählte K. im Kurs, A. nehme für das Abgucken-Lassen 10,– Euro pro Klassenarbeit. Und K. beschimpfte über Wochen A. als „Schleimer“, „Streber“, „Softei“ und „Warmduscher“. Es tauchten auch Zettel mit A.s Namen und solchen Bezeichnungen auf. Trat A. zu einer Gruppe von Mitschülern hinzu, reagierte K. jedes Mal mit: Du hast gerade noch gefehlt! – Schließlich, bei einer Klassenarbeit, als sich K. neben A. setzen konnte, brüllte K. auf einmal laut heraus, A. solle endlich mit dem Pfuschen aufhören und seine Aufgaben selbst machen, ohne ihn zu stören. – A. erbleichte, ihm wurde schlecht und er konnte die Klausur nicht zu Ende schreiben. – Der Kurslehrer, Herr P., wurde hellhörig und bestellte K. und A. sowie die Kurssprecherin M. zu sich.

Rollenkarten

Mobbingopfer
A. – versucht zunächst die Situation zu verharmlosen – dann leugnet er die Probleme – schließlich erwähnt er verschiedene frühere Vorfälle

Kurslehrer
Herr P. – zunächst versucht er ein vermittelndes Gespräch – dann wendet er sich an M. als Zeugin – schließlich beginnt er mit einem Verhör K.s – er zeigt, dass er um Mobbing Bescheid weiß

Kurssprecherin
M. – sie weicht zunächst auf Fragen aus – dann berichtet sie, dass mehrere Schülerinnen bereits einmal über das Problem zwischen A. und K. gesprochen hätten – es wird deutlich, dass einige Kursteilnehmer A. für arrogant halten, weil er mit seinen Leistungen auftrumpfe

Mobber
K. – er geht gleich zum Angriff über und bezeichnet A. als unsozial – außerdem hätten viele Mitschüler die Nase voll von ihm – schließlich muss er einzelne Aktivitäten zugeben

2 Klären Sie, worin sich die verschiedenen Gesprächsformen unterscheiden:
- Funktion eines Blitzlichts im Unterricht,
- Vorteile und Nachteile der offenen und der moderierten Diskussion,
- sinnvolle Gelegenheiten für Partnergespräche,
- Probleme mit Unterrichtsgesprächen, …

2 Vortragen

Reden für den Ernstfall kann man vorweg spielerisch üben. Neben dem Redeinhalt werden der Auftritt mit seinem Publikumsbezug, die eigene Stimme und Sprache sowie die Körpersprache wichtig.
- **Rede spielerisch: In einer lockeren 2-Minuten-Rede die Redesituation, die Wirkung und die Hörerreaktion erleben**
- **Rede im Ernstfall: Auf der Grundlage von Sachinformationen einen Kurzvortrag halten und dabei die Entfaltung eines Themas üben**
- **Rede als fachliche Leistung einbringen: Ein mündliches Referat vortragen und dabei die Reduktion der schriftlichen Ausarbeitung üben**

2.1 Statements abgeben

© Günther Einecke

Sie können zu einem Thema, das diesmal selbst nicht im Mittelpunkt stehen soll, zwei Minuten lang sprechen und dabei vor allem spielerisch Ihre rednerischen und theatralischen Fähigkeiten einsetzen. Sie stellen kurz Ihren eigenen Standpunkt zum Thema und das eine oder andere Argument dar. – Vorbereitungszeit: 2 Minuten – Redezeit: 2 Minuten

Themen: Jobben neben der Schule? – Nach dem Abi Beruf oder Studium? – Familie, nein danke? – Arbeitspflicht für Jugendliche? – Liebe, nur ein anderes Wort für Sex? – Sollten Schüler selbst bestimmen, was sie lernen? – Nachts an roten Ampeln halten? – ...

So kommt man in einen Rederhythmus:
→ Sagen Sie, was Sie mitteilen wollen: der **Einstieg**
→ Teilen Sie Ihren Standpunkt mit: der **Redekern**
→ Fassen Sie das Gesagte zusammen: der **Schluss**

1 Bereiten Sie das Statement in zwei Minuten vor.

2 Geben Sie vor der Gruppe Ihr Statement ab. Beachten Sie, dass es nicht länger als zwei Minuten sein darf.

3 Erfinden Sie gegebenenfalls weitere Themen für Statements.

2.2 Kurzvorträge halten

In einer 10-Minuten-Rede zum „*Kommunikationsmodell*“ von Friedemann Schulz von Thun geht es darum, einen Sachverhalt klar und nachvollziehbar darzustellen. Dazu stützen Sie sich auf Sachinformationen. Wesentlich ist, dass Sie die knappen Sachtexte für sich so aufbereiten, dass Sie mit Stichwortkarte in eigenen Worten zum Thema sprechen können. Sie werden üben, wie man einen *Sachaspekt entfaltet*, um 10 Minuten Redezeit zu erreichen. Dazu ist es hilfreich, das Thema in Teilthemen zu gliedern und mit Beispielen zu erklären.

Mit *Stichwortkarte* reden:
- Nutzen Sie DIN-A6-Karteikarten.
- Schreiben Sie lesbar Ihre Teilthemen auf.
- Schreiben Sie zu einzelnen Inhalten nur Stichworte, keine Sätze.
- Verwenden Sie unterschiedliche Schriftgrößen.
- Arbeiten Sie mit Symbolen zur Betonung.

Friedemann Schulz von Thun

Miteinander reden (Auszüge)

I. Die Anatomie einer Nachricht

Für mich selbst war es eine faszinierende „Entdeckung“, *(…) dass ein und dieselbe Nachricht stets viele Botschaften gleichzeitig enthält.* Dass jede Nachricht ein ganzes Paket mit vielen Botschaften ist, macht den Vorgang der zwischenmenschlichen Kommunikation so kompliziert und störanfällig, aber auch so aufregend und spannend.

© Peter Lowin

Um die Vielfalt der Botschaften, die in einer Nachricht stecken, ordnen zu können, möchte ich vier seelisch bedeutsame Seiten an ihr unterscheiden. Ein Alltagsbeispiel: Der Mann (= Sender) sagt zu seiner am Steuer sitzenden Frau (= Empfänger): „Du, da vorne ist Grün!“ – Was steckt alles drin in dieser Nachricht, was hat der Sender (bewusst oder unbewusst) hineingesteckt, und was kann der Empfänger ihr entnehmen?

1. Sachinhalt (oder: Worüber ich informiere)

Zunächst enthält die Nachricht eine Sachinformation. Im Beispiel erfahren wir etwas über den Zustand der Ampel – sie steht auf Grün. Immer wenn es „um die Sache“ geht, steht diese Seite der Nachricht im Vordergrund – oder sollte es zumindest. (…)

2. Selbstoffenbarung (oder: Was ich von mir selbst kundgebe)

In jeder Nachricht stecken nicht nur Informationen über die mitgeteilten Sachinhalte, sondern auch Informationen über die Person des Senders. (…) Allgemein gesagt: In jeder Nachricht steckt ein Stück Selbstoffenbarung des Senders. Ich wähle den Begriff Selbstoffenbarung, um damit sowohl die gewollte *Selbstdarstellung* als auch die unfreiwillige *Selbstenthüllung* einzuschließen. (…)

3. Beziehung (oder: Was ich von dir halte und wie wir zueinander stehen)

Aus der Nachricht geht ferner hervor, wie der Sender zum Empfänger steht, was er von ihm hält. Oft zeigt sich dies in der gewählten Formulierung, im Tonfall und anderen nichtsprachlichen Begleitsignalen. Für diese Seite der Nachricht hat der Empfänger ein besonders empfindliches Ohr; denn hier fühlt er sich als Person in bestimmter Weise behandelt (oder misshandelt). In unserem Beispiel gibt der Mann durch seinen Hinweis zu erkennen, dass er seiner Frau nicht recht zutraut, ohne seine Hilfe den Wagen optimal zu fahren.

Möglicherweise wehrt sich die Frau gegen diese „Bevormundung“ und antwortet barsch: „Fährst du oder fahre ich?“ – wohlgemerkt: Ihre Ablehnung richtet sich in diesem Fall nicht gegen den Sachinhalt (dem wird sie zustimmen!). Sondern ihre Ablehnung richtet sich gegen die empfangene Beziehungsbotschaft.

Allgemein gesprochen: Eine Nachricht senden heißt auch immer, zu dem Angesprochenen eine bestimmte Art von Beziehung auszudrücken. Streng genommen ist dies natürlich ein spezieller Teil der Selbstoffenbarung. Jedoch wollen wir diesen Beziehungsaspekt als davon unterschiedlich behandeln, weil die psychologische Situation des Empfängers verschieden ist: Beim Empfang der Selbstoffenbarung ist er ein nicht selbst betroffener *Diagnostiker* („Was sagt mir deine Äußerung über *dich* aus?“), beim Empfang der Beziehungsseite ist er selbst „betroffen“ (oft im doppelten Sinn des Wortes).

(…)

4. Appell (oder: Wozu ich dich veranlassen möchte)

Kaum etwas wird „nur so“ gesagt – fast alle Nachrichten haben die Funktion, auf den Empfänger *Einfluss zu nehmen.* In unserem Beispiel lautet der Appell vielleicht: „Gib ein bisschen Gas, dann schaffen wir es noch bei Grün!“

Die Nachricht dient also (auch) dazu den Empfänger zu veranlassen, bestimmte Dinge zu tun oder zu unterlassen, zu denken oder zu fühlen. Dieser Versuch Einfluss zu nehmen kann mehr oder minder offen oder versteckt sein – im letzteren Falle sprechen wir von Manipulation. (…)

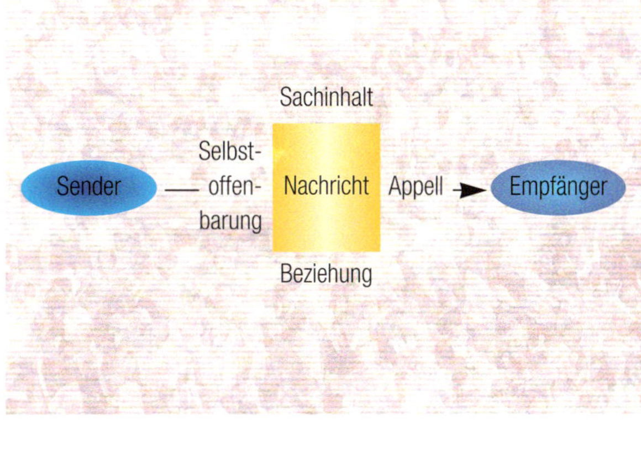

© Peter Lowin

Halten wir fest: Ein und dieselbe Nachricht enthält viele Botschaften; ob er will oder nicht – der Sender sendet immer gleichzeitig auf allen vier Seiten. Die Vielfalt der Botschaften lässt sich mit Hilfe des Quadrates ordnen. Dieses „Drumherum" der Botschaften bestimmt die psychologische Qualität einer Nachricht. (...)

II. Mit vier Ohren empfangen

Wir haben das Nachrichten-Quadrat überwiegend aus der Sicht des Senders betrachtet: Er teilt Sachinformationen mit; stellt sich dabei gleichzeitig selbst dar; drückt aus, wie er zum Empfänger steht, sodass sich dieser in der einen oder anderen Weise behandelt fühlt; und versucht Einfluss auf das Denken, Fühlen und Handeln des anderen zu nehmen. (...)

Betrachten wir das Quadrat aus der Sicht des Empfängers. Je nachdem auf welche Seite er besonders hört, ist seine Empfangstätigkeit eine andere: Den Sachinhalt sucht er zu verstehen. (...) Durch die Beziehungsseite ist der Empfänger persönlich besonders betroffen (...). Die Auswertung der Appellseite schließlich geschieht unter der Fragestellung „Wo will er mich hinhaben?" bzw. in Hinblick auf die Informationsnutzung (...).

Der Empfänger ist mit seinen zwei Ohren biologisch schlecht ausgerüstet: Im Grunde braucht er „vier Ohren" – ein Ohr für jede Seite.

Je nachdem, welches seiner vier Ohren der Empfänger gerade vorrangig auf Empfang geschaltet hat, nimmt das Gespräch einen sehr unterschiedlichen Verlauf. Oft ist dem Empfänger gar nicht bewusst, dass er einige seiner Ohren abgeschaltet hat und dadurch die Weichen für das zwischenmenschliche Geschehen stellt. (...) Was zwischenmenschliche Kommunikation so kompliziert macht, ist: Der Empfänger hat prinzipiell die freie Auswahl, auf welche Seite der Nachricht er reagieren will. (...)

Bei vielen Empfängern ist – unabhängig von den Situationserfordernissen – ein Ohr auf Kosten der anderen besonders gut ausgebildet.

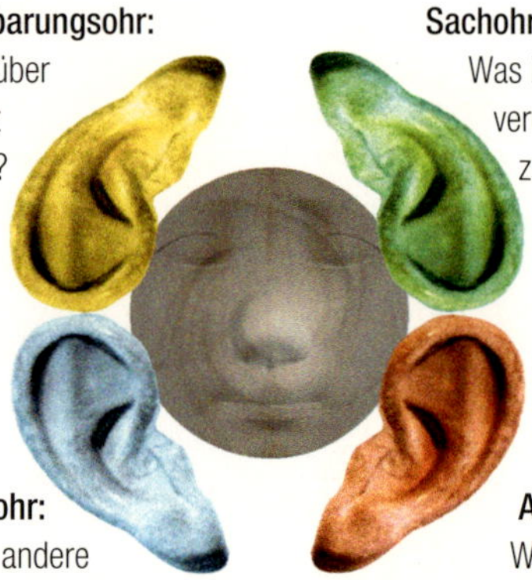

1. Das „Sach-Ohr"

Viele Empfänger (vor allem Männer und Akademiker) sind darauf geeicht, sich auf die Sachseite der Nachricht zu stürzen und das Heil in der Sachauseinandersetzung zu suchen. Dies erweist sich regelmäßig dann als verhängnisvoll, wenn das eigentliche Problem nicht so sehr in einer sachlichen Differenz besteht, sondern auf der zwischenmenschlichen Ebene liegt. (...)

2. Das „Beziehungs-Ohr"

Bei manchen Empfängern ist das auf die Beziehungsseite gerichtete Ohr so groß und überempfindlich, dass sie in viele beziehungsneutrale Nachrichten und Handlungen eine Stellungnahme zu ihrer Person hineinlegen oder übergewichten. Sie beziehen alles auf sich, nehmen alles persönlich, fühlen sich leicht angegriffen und beleidigt. Wenn jemand wütend ist, fühlen sie sich beschuldigt, wenn jemand lacht, fühlen sie sich ausgelacht, wenn jemand guckt, fühlen sie sich kritisch gemustert, wenn jemand wegguckt, fühlen sie sich gemieden und abgelehnt. Sie liegen ständig auf der „Beziehungslauer". (...)

3. Das „Selbstoffenbarungs-Ohr"

Verglichen mit dem überempfindlichen Beziehungs-Ohr kann es seelisch gesünder sein, ein gut gewachsenes Selbstoffenbarungs-Ohr zu haben, welches die Nachricht unter dem Aspekt aufnimmt: „Was sagt sie mir über *dich*?"(...)

Diese Empfangsweise kann sogar dann angebracht sein, wenn explizite Beziehungsbotschaften ankommen. (...)

4. Das „Appell-Ohr"

Von dem Wunsch beseelt, es allen recht zu machen und auch den unausgesprochenen Erwartungen der Mitmenschen zu entsprechen, ist manchem Empfänger mit der Zeit ein übergroßes Appell-Ohr gewachsen. Sie hören auf der Appellseite geradezu „das Gras wachsen", sind dauernd auf dem „Appell-Sprung". Kleinste Signale werden auf ihre Appell-Komponente hin untersucht. (...)

Der Empfänger mit dem übergroßen Appell-Ohr ist meist wenig bei sich selbst, hat keine „Antenne" für das, was er selbst will und fühlt. (...)

Die ankommende Nachricht: Ein „Machwerk" des Empfängers

Die Nachricht, so haben wir gesehen, „hat es in sich": Eine Vielfalt von Botschaften auf allen vier Seiten steckt darin, teils explizit, teils absichtlich vom Sender hineingetan, teils unabsichtlich mit „hineingerutscht". Dieses ganze Paket kommt nun beim Empfänger an. Aber im Unterschied zu Paketen, die mit der Post ankommen, ist der empfangene Inhalt hier nicht gleich dem abgesendeten Inhalt. Wir haben gesehen, was der Empfänger allein schon dadurch mit der Nachricht alles machen kann, dass er seine vier Ohren in unterschiedlich starkem Maße auf Empfang schaltet. Jetzt kommt noch hinzu, dass der Empfänger einige der Seiten der Nachricht in den „falschen Hals" kriegen kann. Wie kommt das?

Um zu kommunizieren muss der Sender seine zu übermittelnden Gedanken, Absichten, Kenntnisse – kurz: einen Teil seines inneren Zustandes – in vernehmbare Zeichen übersetzen. (...) Die Zeichen sind es, die zum Empfänger „auf die Reise" geschickt werden. Was nicht mit auf die Reise gehen kann, das sind die Bedeutungen, die der Sender mit den Zeichen verbindet. Vielmehr ist ein empfangendes Gehirn notwendig, das in der Lage ist, Bedeutungen in die Zeichen neu hineinzulesen. (...) Bei diesem Akt der Bedeutungsverleihung ist der Empfänger in starkem Maße auf sich selbst gestellt; das Ergebnis (...) hängt ab von seinen Erwartungen, Befürchtungen, Vorerfahrungen – kurzum: von seiner ganzen Person. So mag es geschehen, dass manche Botschaft überhaupt nicht ankommt (etwa wenn der Empfänger den „mürrischen Unterton" nicht mitkriegt); oder dass er mehr „hineinliest" in die Nachricht, als der Sender hineinstecken wollte (etwa wenn der Empfänger einen „Vorwurf" auf der Beziehungsseite heraushört, den der Sender nicht erheben wollte); oder dass er sich angegriffen fühlt, obwohl der Sender nur einen „lustigen" Gesprächsanlass suchte.

Fassen wir zusammen: In die ankommende Nachricht investiert der Empfänger gleichsam seine ganze Person – sie ist zu einem gut Teil „sein eigenes Werk". *(1981)*

1. Stellen Sie in einer 10-Minuten-Rede die Kommunikationsfaktoren nach Schulz von Thun dar.
2. Informieren Sie sich über andere „Kommunikationsmodelle" (→ „Sprache und ihre Funktionen") und stellen Sie diese in einer 10-Minuten-Rede vor.
3. Werten Sie die 10-Minuten-Reden gemeinsam aus; beachten Sie bei Ihrer Kritik die unten stehenden Hinweise.

Konstruktiv Kritik üben:
Nach einer Rede wird eine Kritik annehmbar, wenn sie folgende Spielregeln beachtet:
- Möglichst genaue Beobachtungen mitteilen, nicht sofort pauschal bewerten.
- Nicht sofort Schwachpunkte nennen, sondern mit dem Positiven beginnen.
- Etwas als persönlichen Eindruck deutlich machen: „ich" habe das so gehört ...
- Gute Ratschläge kommen nur an, wenn sie realistisch sind und dem Redner tatsächlich helfen könnten.
- Sich vorstellen, man könnte der nächste Redner sein.

Um eine Rede besprechen zu können ist es hilfreich, während der Rede oder direkt im Anschluss Notizen zu machen. Sie könnten dabei auf folgende Punkte achten:

Beobachtung	! = was mir auffällt	? = was mir unklar ist	+ = was mir gefällt	– = was mir missfällt
Inhalt/Ideen/ Aufbau				
Stimme/Lautstärke/Betonung				
Tempo/Pausen				
Aussprache				
Körpersprache				

2.3 Mündliches Referat nach schriftlicher Ausarbeitung

Das mündliche Referat basiert auf einer schriftlichen Ausarbeitung, die eine gegliederte, auf Quellen fußende, gedanklich entwickelte und angemessen formulierte Erarbeitung eines Sachverhalts darstellt. Zur Erarbeitung eines „schriftlichen Referats“ können Sie die Hinweise für die „Facharbeit“ (→ „Was darf Satire?“ – Eine Facharbeit schreiben, S. 170–187) nutzen.
Für die Vermittlung Ihrer Ergebnisse im mündlichen Referat kommt es nun darauf an, den Text sinnvoll auf Wesentliches zu *komprimieren* und dennoch so ausführlich in den Erklärungen zu sein, dass die Mitschüler Ihre Erkenntnisse verstehen und verarbeiten können.

Ihr mündliches Referat:

- mit einer Vortragsdauer von 15–20 Minuten
- gestützt auf eine Stichwortkarte (Gliederung, Schlüsselwörter, Daten, ...)
- ein auf die Mitschüler hinzielender Vortrag
- mit einem „Hand-out“ (auch „Paper“ oder „Thesenpapier“) zur Orientierung und Veranschaulichung für die Mitschüler: Gliederung des Vortrags, Zusammenfassung, Daten, Übersichten, Konspekt des Referats, ...
- oder mit Tafeltext oder Folie, die den Gedankengang oder die Ergebnisse verdeutlichen

1. Bereiten Sie mit Hintergrundliteratur ein Referat vor zu einem Thema wie: „Kommunikation in der Schule“, „Kommunikation im Straßenverkehr“, „Kommunikation in der Politik“.
Unterscheiden Sie beim Schreiben die schriftliche Langfassung vom mündlichen Referat. Formulieren Sie also zunächst ihren Text, die Abschnitte, die Sätze und Gedanken klar aus.

2. Komprimieren Sie danach Ihr schriftliches Referat auf eine Vortragslänge von 15–20 Minuten. Fertigen Sie ein Hand-out oder eine Folie (s. S. 63/64) für Ihre Mitschüler und eine Stichwortkarte für sich selbst an.

3. Komprimieren Sie als alternative Übung einen Fachartikel aus einer Fachzeitschrift von ca. 15 Seiten Länge auf ca. 5 Seiten und bereiten Sie einen Vortrag darüber vor. Nutzen Sie dabei die folgenden Ratschläge.

Mündliche Referate für Zuhörer gestalten

1. Aufbau vom Endpunkt her

Am besten legt man als erstes sein Ziel fest, man plant also das Referat von hinten. Das Ergebnis muss bei der Ausarbeitung des Referats schon feststehen. – Aber auch für den *Vortrag* gilt, dass die Zuhörer zum einen schon am Anfang über das Ziel des Referats informiert werden sollten (advance organizer). Zum anderen wird der Vortragstext selbst auf das Ziel hin aufgebaut, auf den zentralen Aspekt. Den Zuhörern muss am Ende das Ergebnis einleuchten und besonders ins Gedächtnis eindringen. Durch diese Pointierung wie auch durch die doppelte Nennung als Ziel und als Ergebnis bleibt das Wesentliche haften.

2. Einsatz von Zielsätzen

Führen Sie die Zuhörer in Ihre Ziele ein. – Informieren Sie vorweg über Ihre Absichten, Ihren Untersuchungsansatz und Ihre Vorgehensweise und machen Sie die Zuhörer so auf Ihr Ergebnis gespannt. – Beispiele:
- *Ich möchte aufzeigen, wie der „Generationskonflikt“ in der Zeit des Sturm und Drang zu verstehen ist.*
- *Ich möchte die wesentlichen Unterschiede zwischen romantischer und moderner Naturlyrik klar machen. Dabei gehe ich folgendermaßen vor: …*

3. Transparente und rhetorische Darbietung

Machen Sie Ihren Zuhörern die Gliederung Ihres Vortrags nach Ober- und Unterpunkten transparent. Setzen Sie mehrere Maßnahmen ein: Vorausschau zu dem, was die Hörer zu erwarten haben – rhetorische Fragen, um die Zuhörer in den Weg einzubeziehen – Zwischenüberschriften während des Vortrags – Zusammenfassungen nach Teilabschnitten und am Ende – Stimmwechsel und Bewegungswechsel im Raum zur Betonung …

Die vier Verständlichmacher (nach Langer, Schulz von Thun und Tausch):

EINFACHHEIT – ÜBERSICHTLICHKEIT – PRÄGNANZ – STIMULANZ

1. Einfach sprechen, nicht kompliziert:
- in kurzen Sätzen anschaulich und konkret sprechen
- verbal formulieren, Nominalstil vermeiden: „unter Berücksichtigung der Fakten …“ → „wenn ich die Fakten betrachte, …“
- wenig Fremdwörter – notwendige Fachbegriffe erklären
- wenig Floskeln und Füllwörter *(„irgendwie; nicht wirklich; meiner Meinung nach; also; wenn man so will; wie soll ich sagen“; …)*, außer bei der Suche nach dem nächsten Gedanken oder Satz; besser eine Pause

2. Übersichtlich gliedern, nicht chaotisch vortragen:
- das Ziel zu Beginn verdeutlichen
- die Gliederung bei der Einleitung ankündigen
- in einer nachvollziehbaren Reihenfolge aufbauen
- Abschnitte oder Argumente durchnummerieren
- bei Absätzen Pausen machen

3. Kurz sprechen, nicht weitschweifig werden:
- auf die wesentlichen Punkte begrenzen, aber nicht im Telegrammstil
- keine Ausflüge in Nebenthemen oder Erlebnisse
- Wiederholungen wichtiger Punkte und Zusammenfassungen sind erlaubt, damit man sich Zentrales besser merkt.

4. Hörerfreundlich reden, keine Langeweile verbreiten:
- direkte Anrede der Zuhörer, nicht nur einmal am Anfang des Vortrags
- Rückbezüge und Querverweise auf Vorwissen aus dem Unterricht herstellen
- lebensnahe, auch heitere Beispiele einblenden
- rhetorische oder direkte Fragen zur Einbeziehung der Zuhörer

4 Prüfen Sie als Vortragende Ihre Redegrundlage (z. B. Ihre Stichwortkarten) oder als Zuhörende den Vortrag anhand der genannten Kriterien.

3 Präsentieren und visualisieren

Die meisten Menschen behalten gut, was sie sehen. Besser ist eine „mehrkanalige Aufnahme“: Akustische und optische Mittel werden eingesetzt. Noch besser ist die Eigenaktivität: Man lernt, indem man lehrt.
- **Bei Kurzvorträgen sich selbst präsentieren und auf Körpersprache achten,**
- **Arbeitsprodukte präsentieren und dabei verschiedene Medien benutzen: Folie, Tafel, Hand-out, Wandzeitung,**
- **Ergebnisse visualisieren und dabei verschiedene grafische Mittel einsetzen.**

3.1 Auf Körpersprache achten

1. Spielen Sie diese Posen nach. – Verbalisieren und interpretieren Sie Ihr Erlebnis beim „Auftritt“.
2. Reflektieren Sie, ob man für bestimmte Gelegenheiten auch bestimmte Formen der Körpersprache zu beachten hat.
3. Erörtern Sie die Kommentare zu den folgenden Formen der Körpersprache.

Wenn plötzlich der Redner oder Hörer:	Dann kann dies bedeuten:
die Stirn runzelt	Entrüstung, Kritik
die Augenbrauen hebt	Ungläubigkeit oder Arroganz
die Brille (hastig) abnimmt	Nervosität, Angriff, kein Einverständnis
sich kurz an die Nase greift	bin ertappt, Verlegenheit
sich die Nase reibt	Nachdenklichkeit
mit dem Oberkörper weit nach vorn kommt	Interesse, will unterbrechen
die Arme verschränkt	Ablehnung, verschlossen, hat Angst; aber auch: Frieren
mit den Fingern trommelt	nervös, zur Sache kommen
die Hand in die Hosentasche steckt	Entspannung oder Arroganz
…	…

4. Stellen Sie Formen der Körpersprache zusammen, die man bewusst einsetzen kann, um bestimmte Wirkungen zu erzielen. Erklären Sie die Funktion bestimmter Signale an beispielhaften Situationen der Präsentation.

3.2 Ergebnis-Folien zu Arbeitsergebnissen im Unterricht oder zum Referat

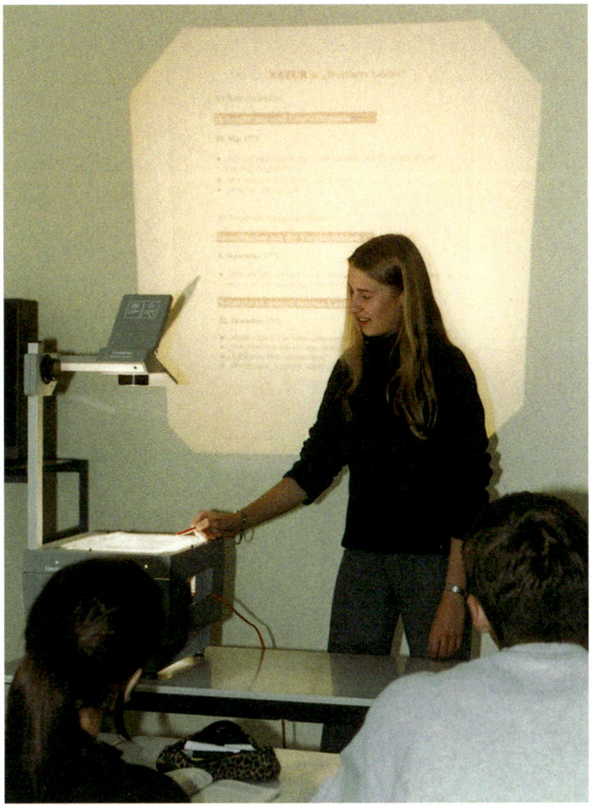

- Folien gezielt einsetzen: zur Vorstellung der Ergebnisse nach längeren Arbeitsphasen
- Folie großzügig beschriften: Buchstaben ca. 5 mm oder bei PC-Schrift mind. 14 Punkt
- die Textmenge beschränken: vor allem Schlüsselwörter, Daten und grafische Elemente
- Zuhörer im Auge behalten: sich neben den Projektor mit dem Blick zum Publikum stellen
- an der Folie auf dem Projektionstisch demonstrieren, sich nicht zur Projektionswand umdrehen
- Folien-Vorträge möglichst nicht unterbrechen

*Immanuel Kant: **Was ist Aufklärung?** (1784)*

Argumentation Satz 1–6

1. ***Definition*** *Aufklärung = Ende der Unmündigkeit*
2. ***Definition*** *Unmündigkeit = nicht selbstständig denken*

↓

3. ***These*** *sie ist selbstverschuldet*
4. ***Ursachen***
   nicht a) Mangel des Verstandes
   sondern b) Mangel des Mutes
5. ***Konkretisierung***
   Leitung durch andere
6. ***Aufforderung!*** ↕

*a) **Zitat** – lat.* ***Gegensatz***

*b) **Wahlspruch*** ↕

☞ *Habe Mut zu eigenem Denken*

↓

7. ***Folgerung*** *Kern der Aufklärung* ✓

1. Überprüfen und erörtern Sie die Gestaltung der Folie zur Argumentation in Kants Text (s. S. 277).
2. Analysieren Sie andere Abschnitte aus Kants Text und gestalten Sie Folien.
3. Entwickeln Sie eine Folie zum Thema „Kommunikation“ – s. Aufgaben S. 60.

3.3 Hand-out (Paper, Thesenpapier) zu einem Referat

Mit einem Hand-out kann man sein Referat zuhörerfreundlich gestalten. Die Hauptinformationen werden übersichtlich auf einem Blatt dargestellt. Dies Blatt kann man vor dem Referat austeilen, wenn die Zuhörer sich mit einer Gliederung über den Ablauf des Referats begleitend orientieren sollen. Man kann es aber auch nach dem Referat austeilen, wenn die Zuhörer mit einer Zusammenfassung nur die Quintessenz des Vortrags erhalten sollen. – *Visualisierung* der Ergebnisse, d.h. gute grafische Gestaltung, macht den Vortrag effektiv und zuhörerfreundlich. Die Übersichtlichkeit durch Hervorhebungen, Raumaufteilung, grafische Mittel etc. wird zu einer wichtigen Merkhilfe.

Gesellschaftliche Bedingungen für die Literatur im Vormärz

Restauration Wiener Kongress 1815: die alten Monarchien →	Vormärz: Aufbruch und Unruhen →	Märzrevolution 1848 in Berlin und Wien (Frankfurter Paulskirche)

die nationale Frage

- gegen Kleinstaaterei
- gegen „Erbfeind Frankreich"
- z.T. gegen Preußen als Vormacht

• für einen Einheitsstaat aller Deutschen
• für den Rhein als Grenze
• z.T. für die großdeutsche Lösung (inkl. Österreich)
• für die konstitutionelle Monarchie

die liberale Frage

- gegen Tyrannenherrschaft und Obrigkeitsstaat
- gegen die Ständeordnung
- gegen Zensur

• für eine Republik
• für eine demokratische Verfassung und ein Parlament
• für die Grund- und Menschenrechte

die soziale Frage

- gegen die Verelendung im Zuge der Frühindustrialisierung
- gegen Ausbeutung

• für Revolution und soziale Gerechtigkeit
• für die Abschaffung von Privilegien
• für eine Arbeiterbewegung

die emanzipatorische Frage

- gegen die traditionelle Frauenrolle
- gegen die Ausgrenzung der Frau aus Politik und Gesellschaft

• für mehr Selbstbestimmung der Frau
• für freie Liebe
• für berufliche Möglichkeiten wie die Männer

→ **Politisierung der Literatur: Anklage, Forderung – Parteilichkeit, Tendenz**

Autorinnen und Autoren: Louise Aston – Bettina von Arnim – Ludwig Börne – Georg Büchner – Annette von Droste-Hülshoff – Ferdinand Freiligrath – Friedrich Gerstäcker – Heinrich Heine – Georg Herwegh – August Heinrich Hoffmann von Fallersleben – Fanny Lewald – Louise Otto-Peters – Charles Sealsfield – Georg Weerth

1 Beschreiben und bewerten Sie die Gestaltung des Hand-outs im Hinblick auf den Einsatz grafischer und sprachlicher Mittel. Wie ist seine Wirkung?

2 Gestalten Sie zu einem Referat, einer Epoche, einem Autor oder einem aktuellen Thema ein Hand-out.

3.4 Wandzeitung zu einer Gruppenarbeit oder einem Projekt

Es gibt Arbeitsergebnisse im Unterricht nach Gruppenarbeiten, aus Projekten, Exkursionen etc., die dem gesamten Kurs mitzuteilen sind. – Dafür hat sich die Wandzeitung bewährt, da man hiermit größere Komplexe darstellen und durch *plakative Mittel* die Vorstellung der Ergebnisse aktuell unterstützen sowie dauerhaft präsentieren kann.

Ausschnitt aus einem Literaturprojekt in Jg. 12: *Gerhard Hauptmann, Vor Sonnenaufgang*

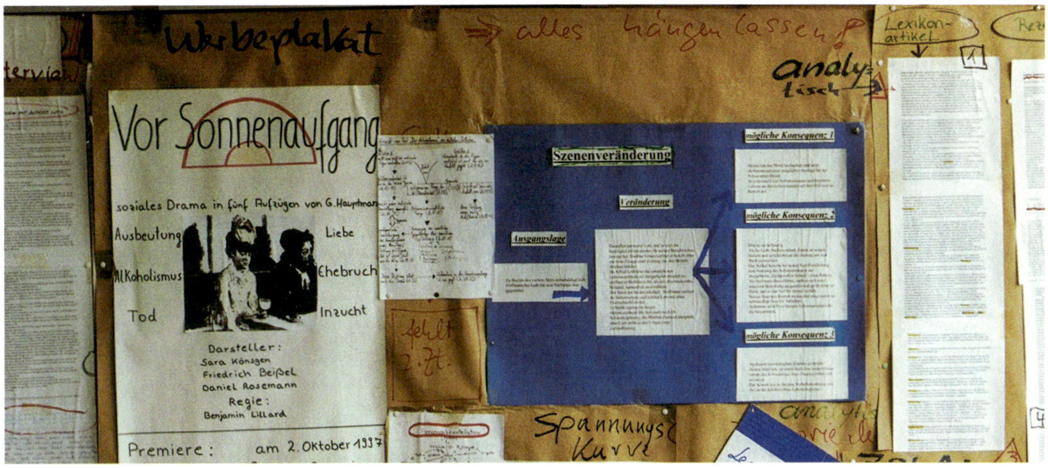

1 Prüfen Sie die abgebildete Schülerarbeit.
Ziehen Sie dazu die unten stehenden Beispiele für gängige Visualisierungsformen mit heran.

2 Erproben Sie an einem Beispiel aus dem laufenden Unterricht die Visualisierung von Arbeitsergebnissen.

ICH-NATUR

Ernst Ludwig Kirchner, Holzschnitt zu einem Text aus „Umbra Vitae“ von Georg Heym

1 Erfahrungen mit Gedichten

Um einen Zugang zum Verständnis von Lyrik zu gewinnen, kann man über unterschiedliche Erfahrungen nachdenken, die andere (z. B. Schriftsteller, Literaturwissenschaftler, Schüler) mit Gedichten gemacht haben oder die man selbst bereits gesammelt hat.
Solche Erfahrungen können theoretisch formuliert oder auch praktisch – z. B. durch Schreiben von Gedichten – erworben sein.

Die Behauptung, die Poesie sei tot, läßt sich beim besten Willen nicht aufrechterhalten. Es gibt in Deutschland keinen Redakteur, keinen Lektor, keinen Kritiker, der sie nicht widerlegen könnte. Auf den Tischen dieser Leute stapelt sich das Eingesandte. Sie sehen sich von Versen förmlich eingeschneit und wissen, daß es nicht nur Zehn-, sondern Hunderttausende von Dichterinnen und Dichtern in diesem Land gibt. Es sind Menschen aus allen Klassen, Schichten und Berufen, Männer und Frauen, alte wie junge, die da zur Feder oder zum PC greifen. Allerdings sind Schüler und Studenten in der Überzahl. Daraus könnte man schließen, daß ein poetischer Schub, heute wie vor hundert Jahren, zum normalen Prozeß der Sozialisation gehört. In diesem Verstand ist die Lyrik zweifellos eine Form der Selbstverständigung und der Selbsttherapie geblieben.
(Hans Magnus Enzensberger, 1989)

Jemand schreibt ein Gedicht aus den verschiedensten Gründen: um das Herz seiner Geliebten zu erobern; um eine Haltung auszudrücken zu der ihn umgebenden Realität, sei es die einer Landschaft oder eines Staates; um seinen Gemütszustand in einem bestimmten Augenblick festzuhalten; oder um, wie er in diesem Moment glaubt, eine Spur auf Erden zu hinterlassen. (…)
Jemand, der ein Gedicht schreibt, tut dies nicht, weil er um Nachruhm buhlt, obgleich er hofft, dass sein Gedicht ihn überleben wird, wenn auch nur kurz. Jemand, der ein Gedicht schreibt, tut dies, weil ihm die Sprache die nächste Zeile diktiert oder souffliert. (…)
Jemand, der ein Gedicht schreibt, tut dies vor allem, weil das Schreiben von Gedichten den Geist, das Denken und das Erfassen des Universums auf außerordentliche Weise beschleunigt. Wer diese Beschleunigung einmal am eigenen Leib erlebt hat, ist nicht länger in der Lage, auf die Chance einer Wiederholung dieses Erlebnisses zu verzichten: Er wird abhängig von diesem Schaffensprozess, so wie andere abhängig werden von Drogen oder Alkohol. Wer in dieser Weise abhängig wird von der Sprache, ist das, was man einen Dichter zu nennen pflegt.
(Joseph Brodsky, 1987)

Der Grund deiner Klagen liegt, wie mir scheint, in dem Zwang, den dein Verstand deiner Imagination auflegte. Ich muss hier einen Gedanken hinwerfen und ihn durch ein Gleichnis versinnlichen. Es scheint nicht gut und dem Schöpfungswerke der Seele nachteilig zu sein, wenn der Verstand die zuströmenden Ideen gleichsam an den Toren schon zu scharf mustert. Eine Idee kann, isoliert betrachtet, sehr unbeträchtlich und sehr abenteuerlich sein, aber vielleicht wird sie durch eine, die nach ihr kommt, wichtig; vielleicht kann sie in einer gewissen Verbindung mit anderen, die vielleicht ebenso abgeschmackt scheinen, ein sehr zweckmäßiges Glied abgeben: Alles dies kann der Verstand nicht beurteilen, wenn er sie nicht so lange festhält, bis er sie in Verbindung mit diesen anderen angeschaut hat. Bei einem schöpferischen Kopfe hingegen, däucht mir, hat der Verstand seine Wache vor den Toren zurückgezogen, die Ideen stürzen pêle-mêle herein, und alsdann erst übersieht und mustert er den großen Haufen. – Ihr Herren Kritiker, und wie ihr Euch sonst nennt, schämt oder fürchtet Euch vor dem augenblicklichen, vorübergehenden Wahnwitze, der sich bei allen eigenen Schöpfern findet, und dessen längere oder kürzere Dauer den denkenden Künstler von dem Träumer unterscheidet. Daher Eure Klagen über Unfruchtbarkeit, weil ihr zu früh verwerft und zu strenge sondert. (…)
(Schiller an Körner, Weimar, den 1. Dezember 1788)

Lyrik ist eine einfache Gattung. Sie bestimmt sich wenn nicht streng so doch klar durch Form und Gegenstand. Wo die ihr eigene Form (stilisierte Knappheit) und der ihr eigene Gegenstand (das arg strapazierte „lyrische Ich“) preisgegeben sind, wird Lyrik preisgegeben. Was bleibt, ist allenfalls noch „das Lyrische“.
(Peter Wapnewski, 1977)

1 Wie äußern sich die Autoren über die Eigenart von Gedichten, über deren Entstehensbedingungen, deren Wirkung, …? Welche Auffassung(en) können Sie nachvollziehen, vielleicht aus eigener Erfahrung?

Rose Ausländer

Alles kann Motiv sein

Warum ich schreibe?
Weil Wörter mir diktieren: Schreib uns. Sie wollen verbunden sein, Verbündete. Wort mit Wort mit Wort. Eine Wortphalanx für, die andere gegen mich. Ins Papierfeld einrücken wollen sie, da soll der Kampf ausgefochten werden. Ich verhalte mich oft skeptisch, will mich ihrer Diktatur nicht unterwerfen, werfe sie in den Wind. Sind sie stärker als er, kommen sie zu mir zurück, rütteln und quälen mich, bis ich nachgebe. So, jetzt lasset mich in Frieden. Aber Wörter sind keine fügsamen Figuren, mit denen man nach Belieben verfahren kann. Ich hätte sie missverstanden, behaupten sie, sie hätten es anders gemeint. Sie seien nicht auf der richtigen Stelle untergebracht, murren sie. Scheinheilige, die friedfertig und unbewegt auf der weißen Fläche stehen. Das ist Täuschung. Hart sind sie, auch die zartesten. Wir sehen uns an, wir lieben uns. Meine Bäume, meine Sterne, meine Brüder: In diesem Stil rede ich zu ihnen. Sie drehen den Stil um, greifen mich an, zwingen mich, sie hin- und herzuschieben, bis sie glauben, den ihnen gebührenden Platz eingenommen zu haben.
Warum schreibe ich? Weil ich, meine Identität suchend, mit mir deutlicher spreche auf dem wortlosen Bogen. Er spannt mich. Ich bin gespannt auf die Wörter, die zu mir kommen wollen. Ich rede mit ihnen zu mir, zu dir, rede dir zu, mich anzuhören. Die Welt stellt mir hinterlistige Fragen. Meine Wörter antworten ihr offenherzig mit Fragen. Geheimschriftlich blättert sich mein Leben ab, Blatt für Blatt: Jahre, die sich Verse auf das undurchdringliche Woher-Wohin? machen. Ich lege Rechenschaft ab, über mich, meine Umgebung, Zustände, Zusammenhänge. Meine Wörter wollen gebucht werden: Soll und Haben. Du sollst uns haben, sagen sie, wenn du uns ins Buch einträgst. Ich sträube mich. Ich denke viele Gedichte und Geschichten, schreibe nur einen kleinen Bruchteil davon. Warum? Weil. Erklärungen sind nur ein kleiner Bruchteil der Wahrheit. *(1971)*

Rose Ausländer

Wann ziehn wir ein

Wann ziehn wir ein
ins besamte Wort
Löwenzahnhaus
feingesponnen
im luftfarbnen Licht

Kein Luftschloss
Wortall
jedes Wort
in der Kugel
ein Samen

Wann graben wir aus
den verschütteten Quell
werfen alle Münzen
in den Brunnen
schöpfen Wassersterne
für die Löwenzahnwiese

Wann ziehn wir ein
in den Löwenzahnstern
ins besamte Wort

(1967)

2 Hier antwortet eine Lyrikerin auf die Frage, warum sie Gedichte schreibt. Vergleichen Sie ihre Gedanken mit ihrem Gedicht.

Erfahrungen mit Gedichten
Ich finde es wichtig, dass sich jeder einmal ein bisschen mit Gedichten beschäftigt und vor allen Dingen lernt darüber nachzudenken. Der allgemeine Sinn eines Gedichtes ist für mich nämlich das Allerwichtigste. Ein Gedicht muss mich ansprechen und mir etwas vermitteln können, zum Beispiel kann ich bei jahreszeitenbezogenen Gedichten besonders schöne Erinnerungen wieder herauskramen und darin schwelgen. Wenn es aber im Unterricht dann an das „Erbsenzählen" geht, bin ich meistens ziemlich hilflos und kann damit nichts anfangen. Viele Gedichte werden dadurch noch unverständlicher und man ist am Ende absolut desinteressiert und demotiviert.
Ricarda Wehner, 17 Jahre (1994)

Da ich selbst ab und zu Gedichte schreibe, weiß ich, wie schwer es ist, Gedanken und Gefühle in Reime zu pressen. Oft bin ich fast am Verzweifeln, weil sich einfach keine passenden Reimwörter finden lassen. Doch irgendwie drücken die Verse hinterher trotzdem das aus, was ich sagen wollte. Es macht Spaß zu dichten und ich bin jedes Mal sehr stolz auf mich, wenn es mir gelungen ist, meine Gedanken und Gefühle für die Nachwelt zu „konservieren". Wenn mein Partner, der Leser, nachempfinden kann, was ich im Augenblick des Schreibens fühlte, dann ist der Zweck meiner Gedichte erfüllt. Mehr kann und will ich nicht verlangen.
Petra Stürzer, 17 Jahre (1994)

3 Welche Erfahrungen haben die Schülerinnen mit Gedichten gemacht? Und wie sind Ihre eigenen Erfahrungen …?

Kastanien

Kastanien fallen,
liegen,
werden gesammelt.

Kastanien sind braun,
schön,
fühlen sich gut an.

Kastanien bedeuten Herbst,
buntes Laub,
Samen für einen neuen Baum.

Kristina Kremer, 18 Jahre (1997)

Herbstlich

Wenn der Wind
Durch die Baumkronen fährt,
Wenn die Blätter
Auf der Straße tanzen,
Wenn die Vögel
Nach Süden ziehen
Und
Wenn die Schornsteine
Rauchen,
Dann ist die Zeit,
In der man auf
Das nächste Jahr wartet,
Auf den Frühling.
Dann ist Herbst.

Christoph Juhnke, 17 Jahre (1994)

Herbst

Die Felder sind geerntet
Das Stroh liegt in den Scheunen
Vögel ziehen in den Süden
Über bunt gefärbte Wälder

Die Tage werden kürzer
Nebel liegt über den Feldern
Tau hängt in den Spinnenfäden
Die Luft ist kühl und feucht

Selten schaut die Sonne hinter den Wolken hervor
Taucht die Landschaft in goldenes Licht
Strahlen schimmern durch die Bäume
Lassen die gefärbten Blätter leuchten

Wind und Sturm fegen über das Land
Biegen die Äste
Wirbeln Blätter von den Bäumen
Heben Drachen in die Lüfte

Anke Willmann, 17 Jahre (1997)

4 Wie schätzen Sie diese Schüler-Gedichte ein?

5 Versuchen Sie selbst ein Gedicht zu einem bestimmten Motiv (z.B. Jahreszeit, Landschaft, Naturgegenstand, ...) zu schreiben.

2 Gedichte verstehen und beschreiben

2.1 Der Sprecher im Gedicht

Der Leser versteht die Aussagen in einem Gedicht meist unmittelbar als Äußerungen des Dichters und identifiziert den Sprecher im Gedicht mit dem Autor. Streng genommen kann man aber nicht wissen, ob z. B. ein Ich-Sprecher im Gedicht mit dem Autor identisch ist, solange man außer dem Gedichttext keine weiteren Informationen hat. Deshalb bezeichnet man gewöhnlich das Subjekt, aus dessen Perspektive gesprochen wird, als Sprecher im Gedicht (oder als „lyrisches Ich"). Der Autor erschafft den Sprecher gleichsam als eine poetische Gestalt oder Instanz, aus deren Sicht dem Leser Wahrnehmungen, Erlebnisse, Gefühle und Gedanken vermittelt werden.
Der Sprecher im Gedicht kann sich als „Ich" äußern oder als Rollenfigur (im so genannten Rollengedicht), er kann auch ganz zurücktreten. Der Leser kann in Gedichten oft verschiedene Sprechweisen unterscheiden, z. B. beschreibend, reflektierend, mahnend, jubelnd, klagend, bittend usw., die der – äußeren und inneren – Situation des Sprechers und seiner Haltung entspringen; diese Haltung prägt die „innere Form" des Gedichts.

Johann Wolfgang von Goethe
Nähe des Geliebten

Ich denke dein, wenn mir der Sonne Schimmer
vom Meere strahlt;
ich denke dein, wenn sich des Mondes Flimmer
in Quellen malt.

Ich sehe dich, wenn auf dem fernen Wege
der Staub sich hebt;
in tiefer Nacht, wenn auf dem schmalen Stege
der Wandrer bebt.

Ich höre dich, wenn dort mit dumpfem Rauschen
die Welle steigt.
Im stillen Haine geh' ich oft zu lauschen,
wenn alles schweigt.

Ich bin bei dir, du seist auch noch so ferne,
du bist mir nah!
Die Sonne sinkt, bald leuchten mir die Sterne.
O wärst du da!

(1795)

Sarah Kirsch
Schlehen

Ahornfarben das Haar im September
Schlehen reiß ich und Brombeeren süß
Vom Strauch ab für seinen Mund, und in
Die Haut treib ich Dornen

(1969)

Christine Lavant
Im Geruch der frühen Früchte

Im Geruch der frühen Früchte
und schon leicht entlaubt
bangt der Obstwald, Vogelflüchte
kreisen um sein Haupt.
Drüber wird der Himmel fahler
und ein ungewöhnlich schmaler
Mond begibt sich zart
in den kleinen Sternenanger.
Südwind rüstet sich zu langer
wilder Himmelfahrt.
Nordostwolken drohen düster,
in dem welken Schilfgeflüster
duckt sich Furcht und Hohn
und im Weidenlaub die Meise.
Alles geht im Schwermutkreise,
nur ein Glockenton
preist die Flucht der Jahreszeiten
als des Schöpfers Maß
und die frühen Früchte gleiten
glücklich in das Gras.

(1959)

1. Untersuchen Sie, wie der Sprecher in den drei Gedichten jeweils in Erscheinung tritt, als „Ich", als Rollenfigur oder neutral. Wie wirkt sich das auf die Aussage der Gedichte aus und welche Wirkung hat das auf den Leser?
2. Verfassen Sie selbst ein kleines Gedicht und setzen Sie dabei bewusst den Sprecher ein. Oder: Suchen Sie ein Gedicht aus und verändern Sie die Rolle des Sprechers. Wie verändert sich dadurch die Wirkung des Gedichts?

Johann Wolfgang von Goethe
Meeresstille

Tiefe Stille herrscht im Wasser,
Ohne Regung ruht das Meer,
Und bekümmert sieht der Schiffer
Platte Fläche rings umher.
Keine Luft von keiner Seite!
Todesstille fürchterlich!
In der ungeheuren Weite
Reget keine Welle sich.

(1796)

Glückliche Fahrt

Die Nebel zerreißen,
Der Himmel ist helle,
Und Äolus löset
Das ängstliche Band.
Es säuseln die Winde,
Es rührt sich der Schiffer.
Geschwinde! Geschwinde!
Es teilt sich die Welle,
Es naht sich die Ferne;
Schon seh' ich das Land!

(1796)

Rainer Maria Rilke
Herbsttag

Herr: es ist Zeit. Der Sommer war sehr groß.
Leg deinen Schatten auf die Sonnenuhren,
und auf den Fluren lass die Winde los.

Befiehl den letzten Früchten voll zu sein;
gieb ihnen noch zwei südlichere Tage,
dränge sie zur Vollendung hin und jage
die letzte Süße in den schweren Wein.

Wer jetzt kein Haus hat, baut sich keines mehr.
Wer jetzt allein ist, wird es lange bleiben,
wird wachen, lesen, lange Briefe schreiben
und wird in den Alleen hin und her
unruhig wandern, wenn die Blätter treiben.

(1902)

Jürgen Becker
Natur-Gedicht

in der Nähe des Hauses,
der Kahlschlag, Kieshügel, Krater
erinnern mich daran –
nichts Neues; kaputte Natur,
aber ich vergesse das gern,
solange ein Strauch steht

(1974)

Braunkohle-Tagebau bei Espenhain, südl. von Leipzig

3 Untersuchen Sie in den Gedichten unterschiedliche Sprechweisen und versuchen Sie zu klären, wie diese durch die Situation und die Haltung des Sprechers geprägt werden. Lesen Sie dazu einander die Gedichte laut vor und erproben Sie, welche Intonation dem jeweiligen Gedicht am meisten gemäß ist.

4 Schreiben Sie selbst ein kleines Gedicht, in dem Sie die Situation und Haltung des Sprechers sowie dessen Sprechweise erproben. Stellen Sie Ihre Texte einander vor und sprechen Sie über deren Wirkung.

2.2 Die Form des Gedichts

Ein Gedicht ist – als ein poetisch besonders „verdichteter" Text – durch eine besondere Form gekennzeichnet, d.h. das Gedicht weist z.B. Verse, einen bestimmten Aufbau (z.B. Strophen, evtl. sogar eine bestimmte Gedichtform, z.B. Sonett), Reimbindung und einen bestimmten Sprechtakt (Metrum, Rhythmus) auf.
Auch im syntaktischen (Satzbau) und semantischen Bereich (z.B. in der Wortwahl) kann durch besondere Formelemente (z.B. Antithesen, Wiederholungen) die äußere Form des Gedichts der „inneren Form" im Sinne einer Konzentration, Sinnverdichtung oder Vereinfachung entsprechen.

Salvator Rosa, Demokrit in Meditation, um 1650

Andreas Gryphius
Einsamkeit

In dieser Einsamkeit der mehr denn öden Wüsten,
Gestreckt auf wildes Kraut, an die bemooste See,
Beschau ich jenes Tal und dieser Felsen Höh,
Auf welchen Eulen nur und stille Vögel nisten.

Hier, fern von dem Palast, weit von des Pöbels Lüsten,
Betracht ich, wie der Mensch in Eitelkeit vergeh,
Wie auf nicht festem Grund all unser Hoffen steh,
Wie die vor Abend schmähn, die vor dem Tag uns grüßten.

Die Höhl, der raue Wald, der Totenkopf, der Stein,
Den auch die Zeit auffrisst, die abgezehrten Bein
Entwerfen in dem Mut unzählige Gedanken.

Der Mauren alter Graus, dies ungebaute Land
Ist schön und fruchtbar mir, der eigentlich erkannt,
Dass alles, ohn ein Geist, den Gott selbst hält, muss wanken.

(1650)

1 Versuchen Sie sich das Gedicht zu erschließen, indem Sie es mehrfach laut sprechen. Achten Sie darauf, wo Sie Betonungsakzente gesetzt haben. Können Sie Regelmäßigkeiten feststellen?

2 Ziehen Sie zur Vergewisserung über das Metrum Informationen über Versfuß (Jambus, Trochäus, Daktylus, Anapäst) und Versart (Alexandriner) heran.

Die Eigenschaft des Alexandriners, sich in zwei Hälften zu trennen, und die Natur des Reims, aus zwei Alexandrinern ein Couplet zu machen, bestimmen nicht bloß die Sprache, sie bestimmen auch den ganzen inneren Geist. (...) Alles stellt sich dadurch unter die Regel des Gegensatzes.

(Schiller in einem Brief an Goethe am 15.10.1799)

3 Untersuchen Sie, wie der „innere Geist" des Gryphius-Gedichts durch die „Eigenschaft des Alexandriners" sowie durch „die Natur des Reims" geprägt wird. Gilt Schillers Behauptung „Alles stellt sich dadurch unter die Regel des Gegensatzes" uneingeschränkt für das Gedicht?

4 Informieren Sie sich auch über die Gedichtform „Sonett". Wie stehen im Gryphius-Gedicht die Quartette und Terzette inhaltlich zueinander? Entspricht die äußere Form des Gedichts seiner „inneren Form"?

5 Versuchen Sie die Haltung des Sprechers im Gedicht zu bestimmen. Informieren Sie sich dazu (z. B. in Ihrer Literaturgeschichte) über Lebensgefühl und poetische Tendenzen der Barock-Zeit. Berücksichtigen Sie besonders das Stichwort „Eitelkeit" (vanitas). Versuchen Sie das Gedicht nach Form und Aussage als typisch für die Barockzeit zu erläutern.

6 Vergleichen Sie Gryphius' Gedicht mit Trakls Gedicht „Verfall" oder mit Rilkes Gedicht „Blaue Hortensie":
- Untersuchen Sie, wie der Kontrast zwischen den Quartetten und den Terzetten inhaltlich sowie in der Bildlichkeit, den klanglichen Mitteln und der Wortwahl zum Ausdruck kommt.
- Vergleichen Sie die Haltung des Sprechers im von Ihnen gewählten Gedicht mit derjenigen im Gryphius-Gedicht. Können Sie auch bei Trakl bzw. Rilke zeittypische Tendenzen nachweisen?

Georg Trakl

Verfall

Am Abend, wenn die Glocken Frieden läuten,
Folg ich der Vögel wundervollen Flügen,
Die lang geschart, gleich frommen Pilgerzügen,
Entschwinden in den herbstlich klaren Weiten.

Hinwandelnd durch den dämmervollen Garten
Träum ich nach ihren helleren Geschicken
Und fühl' der Stunden Weiser kaum mehr rücken.
So folg ich über Wolken ihren Fahrten.

Da macht ein Hauch mich von Verfall erzittern.
Die Amsel klagt in den entlaubten Zweigen.
Es schwankt der rote Wein an rostigen Gittern,

Indes wie blasser Kinder Todesreigen
Um dunkle Brunnenränder, die verwittern,
Im Wind sich fröstelnd blaue Astern neigen.

(1909)

Rainer Maria Rilke

Blaue Hortensie

So wie das letzte Grün in Farbentiegeln
sind diese Blätter, trocken, stumpf und rauh,
hinter den Blütendolden, die ein Blau
nicht auf sich tragen, nur von ferne spiegeln.

Sie spiegeln es verweint und ungenau,
als wollten sie es wiederum verlieren,
und wie in alten blauen Briefpapieren
ist Gelb in ihnen, Violett und Grau;

Verwaschnes wie an einer Kinderschürze,
Nichtmehrgetragnes, dem nichts mehr geschieht:
wie fühlt man eines kleinen Lebens Kürze.

Doch plötzlich scheint das Blau sich zu verneuen
in einer von den Dolden, und man sieht
ein rührend Blaues sich vor Grünem freuen.

(1906)

2.3 Sprache im Gedicht

Eigenart und Wirkung eines Gedichts können durch bestimmte sprachliche Mittel geprägt werden, beispielsweise durch einen bestimmten Satzbau (z. B. Inversion), durch die Wahl auffälliger Wörter (Bedeutung, Bildgehalt, Sprachebene) und klanglicher Mittel (z. B. Assonanzen) sowie durch bestimmte stilistische Mittel (z. B. Wiederholung, Kontrast).

Joseph von Eichendorff

Der Abend

Schweigt der Menschen laute Lust:
Rauscht die Erde wie in Träumen
Wunderbar mit allen Bäumen,
Was dem Herzen kaum bewusst,
Alte Zeiten, linde Trauer,
Und es schweifen leise Schauer
Wetterleuchtend durch die Brust.

(1826)

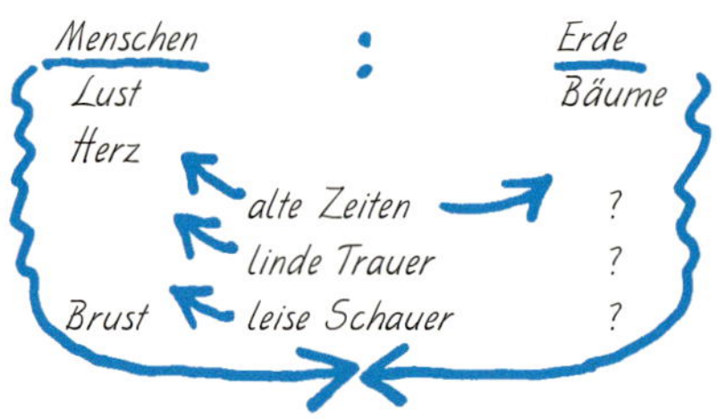

Versuche aus dem Unterricht

Wenn die laute Lust der Menschen schweigt, rauscht die Erde wunderbar mit allen Bäumen wie in Träumen. Was dem Herzen kaum bewusst ist, (nämlich) alte Zeiten, linde Trauer ...?

laute Lust, laute – rauscht, Träumen – Bäumen, rauscht – kaum, ...

Menschen – Lust – Erde – Träume – Bäume –
Herz – Zeiten – Trauer – Schauer – Brust
laut – wunderbar – alt – lind – leise – ...
schweigen – rauschen – schweifen

1. Versuchen Sie zu ermitteln, was den Betrachtern des Gedichts jeweils aufgefallen ist. Setzen Sie gegebenenfalls die Untersuchungen fort.
2. Formulieren Sie Ihre Ergebnisse zu den Gesichtspunkten Satzbau, Wortwahl, Klang, stilistische Mittel usw. in einem zusammenhängenden Text und versuchen Sie die Aussage bzw. Wirkung (Verhältnis Mensch – Natur) zu erläutern.

Johannes Bobrowski

Der Wanderer

Abends,
der Strom ertönt,
der schwere Atem der Wälder,
Himmel, beflogen
von schreienden Vögeln, Küsten
der Finsternis, alt,
darüber die Feuer der Sterne.

Menschlich hab ich gelebt,
zu zählen vergessen die Tore,
die offenen. An die verschlossnen
hab ich gepocht.

Jedes Tor ist offen.
Der Rufer steht mit gebreiteten
Armen. So tritt an den Tisch.
Rede: Die Wälder tönen,
den eratmenden Strom
durchfliegen die Fische, der Himmel
zittert von Feuern.

(1962)

3. Versuchen Sie dieses Gedicht zu erschließen, indem Sie den (oben genannten) Gesichtspunkten nachgehen, es mit Eichendorffs Gedicht vergleichen und die Haltung des Sprechers erläutern.

2.4 Bildlichkeit im Gedicht

Gedichte entfalten ihre Aussage und Wirkung meist nicht abstrakt, sondern anschaulich, sinnlich: Sie wollen die Sinne ansprechen, sie können geradezu „mit Worten gemalte Bilder" sein, wenn sie z. B. Vergleiche, Metaphern, bestimmte Bilder verwenden. Auch Symbol und Chiffre gehören zur Bildsprache von Gedichten.

Heinrich Heine

Aus alten Märchen winkt es

Aus alten Märchen winkt es
hervor mit weißer Hand,
da singt es und da klingt es
von einem Zauberland:

wo große Blumen schmachten
im goldnen Abendlicht,
und zärtlich sich betrachten
mit bräutlichem Gesicht; –

wo alle Bäume sprechen
und singen, wie ein Chor,
und laute Quellen brechen
wie Tanzmusik hervor; –

und Liebesweisen tönen,
wie du sie nie gehört,
bis wundersüßes Sehnen
dich wundersüß betört!

Ach, könnt ich dorthin kommen,
und dort mein Herz erfreun,
und aller Qual entnommen,
und frei und selig sein!

Ach! jenes Land der Wonne,
das seh ich oft im Traum;
doch kommt die Morgensonne,
zerfließt's wie eitel Schaum.

(1822/23)

1. Vergegenwärtigen Sie sich, welche Sinne (Hören, Sehen, ...) in diesem Gedicht angesprochen werden.
2. Ein Experiment zur Wahrnehmung der „Seh-Eindrücke" (Bilder):
Schließen Sie die Augen und lassen Sie sich das Gedicht langsam vorlesen. Was „sehen" Sie?
3. Beachten Sie zur Funktion der Bilder den Aufbau des Gedichts (I, II – IV, ...).
Welche Rolle spielen die Bilder für den Sprecher?
4. Versuchen Sie am Text – an der Bildlichkeit, der Wortwahl, den klanglichen Mitteln, dem Schluss – aufzuzeigen, wie Heine das romantische Gedicht verfremdet.

Johann Wolfgang von Goethe

Mächtiges Überraschen

Ein Strom entrauscht umwölktem Felsensaale,
dem Ozean sich eilig zu verbinden;
was auch sich spiegeln mag von Grund zu Gründen,
er wandelt unaufhaltsam fort zu Tale.

Dämonisch aber stürzt mit einem Male –
ihr folgen Berg und Wald in Wirbelwinden –
sich Oreas, Behagen dort zu finden,
und hemmt den Lauf, begrenzt die weite Schale.

Die Welle sprüht und staunt zurück und weichet
und schwillt bergan, sich immer selbst zu trinken;
gehemmt ist nun zum Vater hin das Streben.

Sie schwankt und ruht, zum See zurückgedeichet;
Gestirne, spiegelnd sich, beschaun das Blinken
des Wellenschlags am Fels, ein neues Leben.

(1807/08)

5. Beschreiben Sie das Naturgeschehen im Gedicht. Zeigen Sie, wie das Geschehen durch die Strophengliederung des Sonetts strukturiert wird und wie dabei Einzelbilder zu einem Gesamtbild zusammengefügt werden.

Der Naturvorgang weist – als lyrisches Bild – über sich hinaus auf einen bestimmten allgemeinen Lebens- und Erfahrungszusammenhang. Für diese Funktion des lyrischen Bildes verwendet Goethe den Begriff „Symbol“:

„Die Symbolik verwandelt die Erscheinung in Idee, die Idee in ein Bild, und so, dass die Idee im Bild immer unendlich wirksam und unerreichbar bleibt …“ *(Maximen und Reflexionen)*

„Das Wahre lässt sich niemals von uns direkt erkennen: wir schauen es nur im Abglanz, im Beispiel, Symbol, in einzelnen und verwandten Erscheinungen …“ *(Versuch einer Witterungslehre)*

6 Versuchen Sie den „Symbolgehalt“ des Gedichts „Mächtiges Überraschen“ zu bestimmen, indem Sie den Naturvorgang mit Goethes Gedanken der Bescheidung des Strebens, der Begrenzung der Freiheit und darin dem Gewinn neuen Lebens in Zusammenhang bringen.

Conrad Ferdinand Meyer
Der römische Brunnen

Aufsteigt der Strahl und fallend gießt
er voll der Marmorschale Rund,
die, sich verschleiernd, überfließt
in einer zweiten Schale Grund;
die zweite gibt, sie wird zu reich,
der dritten wallend ihre Flut,
und jede nimmt und gibt zugleich
und strömt und ruht.

(1882)

7 C. F. Meyer möchte das Bild des römischen Brunnens als Symbol verstanden wissen. Vergleichen Sie den „Naturvorgang“ in diesem Gedicht mit dem bei Goethe und versuchen Sie das symbolische Bild zu deuten.

Friedrich Hölderlin
Hälfte des Lebens

Mit gelben Birnen hänget
und voll mit wilden Rosen
das Land in den See,
ihr holden Schwäne,
und trunken von Küssen
tunkt ihr das Haupt
ins heilignüchterne Wasser.

Weh mir, wo nehm ich, wenn
es Winter ist, die Blumen, und wo
den Sonnenschein,
und Schatten der Erde?
Die Mauern stehn
sprachlos und kalt, im Winde
klirren die Fahnen.

(1803)

Anselm Kiefer: Inflammation, 1983–86

8 Besonders in der modernen Lyrik, aber auch schon früher, kommt es oft zu einer Individualisierung, Privatisierung, Verschlüsselung, ja Verfremdung des sprachlichen Bildes zur Chiffre. Dabei kann das Bild in Bildzeichen zerfallen, deren Bedeutung und Zusammenhang schwer zu „entziffern" sind. Für den Leser ergibt sich daraus aber auch die Chance zu individuellen, subjektiven „Lesarten".
Welche „Lesarten" des Hölderlin-Gedichts entwickeln Sie?

9 Versuchen Sie die Chiffren des Gedichts (z.B. „Rosen", „Schwäne", „Mauern", ...) zu klären. Berücksichtigen Sie dazu die kontextuelle Bedeutung (z.B. „Rosen", „wilde Rosen": Blumen, zusammen mit Früchten – „gelbe Birnen": Zeichen des Sommers, der Fülle, der Reife, ...) sowie die assoziative Bedeutung (z.B. „sprachlose Mauern": Trennung, Einsamkeit, Entfremdung, ...).

10 Beachten Sie für die Gesamtdeutung des Gedichts auch den Kontrast: in der Form (den Strophen), in den Bildern/Chiffren, im Rhythmus, im inhaltlichen Aufbau und in der Haltung des Sprechers.

Peter Huchel
Das Zeichen

Baumkahler Hügel,
noch einmal flog
am Abend die Wildentenkette
durch wässrige Herbstluft.
War es das Zeichen?
Mit falben Lanzen
durchbohrte der See
den ruhlosen Nebel.

Ich ging durchs Dorf
und sah das Gewohnte.
Der Schäfer hielt den Widder
gefesselt zwischen den Knien.
Er schnitt die Klaue,
er teerte die Stoppelhinke.
Und Frauen zählten die Kannen,
das Tagesgemelk.
Nichts war zu deuten.
Es stand im Herdbuch.

Nur die Toten,
entrückt dem stündlichen Hall
der Glocke, dem Wachsen des Epheus,
sie sehen
den eisigen Schatten der Erde
gleiten über den Mond.
Sie wissen, dieses wird bleiben.
Nach allem, was atmet
in Luft und Wasser.

Wer schrieb
die warnende Schrift,
kaum zu entziffern?
Ich fand sie am Pfahl,
dicht hinter dem See.
War es das Zeichen?

Erstarrt
im Schweigen des Schnees,
schlief blind
das Kreuzotterndickicht.

(1963)

11 Anders als bei Hölderlin wird in diesem Gedicht die Chiffrierung selbst zum Thema: „War es das Zeichen?" Versuchen Sie den Hintergrund dieser Frage (des lyrischen Ichs) aus den unterschiedlichen Bildern der Strophen zu erläutern.

12 Warum wird die Frage im Gedicht nicht beantwortet? Oder stellt die letzte Strophe eine Antwort dar?

13 Versuchen Sie dem Gedicht Huchels, auch im Vergleich mit dem Gedicht Hölderlins, eine Antwort zu entnehmen auf die Frage, warum viele moderne Lyriker zur Chiffre greifen.
Sie können zur Klärung auch das folgende Gedicht und den theoretischen Text von Günter Eich heranziehen.

Günter Eich

Der große Lübbe-See

Kraniche, Vogelzüge,
deren ich mich entsinne,
das Gerüst des trigonometrischen Punkts.

Hier fiel es mich an,
vor der dunklen Wand des hügeligen Gegenufers,
der Beginn der Einsamkeit,
ein Lidschlag, ein Auge,
das man ein zweites Mal nicht ertrüge,
das Taubenauge mit sanftem Vorwurf,
als das Messer die Halsader durchschnitt,
der Beginn der Einsamkeit,
hier ohne Boote und Brücken,
das Schilf der Verzweiflung,
der trigonometrische Punkt,
Abmessung im Nichts,
während die Vogelzüge sich entfalten,
Septembertag ohne Wind,
güldene Heiterkeit, die davonfliegt,
auf Kranichflügeln, spurlos.

(1955)

Günter Eich

Trigonometrische Punkte

(...) ich schreibe Gedichte, um mich in der Wirklichkeit zu orientieren. Ich bezeichne sie als trigonometrische Punkte oder als Bojen, die in einer unbekannten Fläche den Kurs markieren.

Erst durch das Schreiben erlangen für mich die Dinge Wirklichkeit. Sie ist nicht meine Voraussetzung, sondern mein Ziel. Ich muss sie erst herstellen.

Ich bin Schriftsteller, das ist nicht nur ein Beruf, sondern eine Entscheidung, die Welt als Sprache zu sehen. Als die eigentliche Sprache erscheint mir die, in der das Wort und das Ding zusammenfallen. Aus dieser Sprache, die sich rings um uns befindet, zugleich aber nicht vorhanden ist, gilt es zu übersetzen. Wir übersetzen, ohne den Urtext zu haben. Die gelungenste Übersetzung kommt ihm am nächsten und erreicht den höchsten Grad von Wirklichkeit.

Ich muss gestehen, dass ich in diesem Übersetzen noch nicht weit fortgeschritten bin. Ich bin über das Dingwort noch nicht hinaus. Ich befinde mich in der Lage eines Kindes, das Baum, Mond, Berg sagt und sich so orientiert.

(1956)

Michael Krüger

Nachgedicht

Die Zeichen sprechen
eine andere Sprache:

das ist ihr gutes Recht.
Wir haben uns zu fest
auf ihre Zweideutigkeit
verlassen,

jetzt sind wir beleidigt
und schweigsam. Schon wieder
sitzen wir fest
auf fremden Stühlen und wühlen
ergeben in Papierbergen. Vieles
reimt sich wieder,

was uns vor ein paar Jahren
wie ein Versprecher vorkam.

(1976)

11 Wie äußert sich das Gedicht eines zeitgenössischen Autors zu der Bedeutung von „Zeichen“ ?

12 Erproben Sie selbst lyrische „Zeichen“, die Ihnen einen – für Sie wichtigen – Zusammenhang erschließen.

3 Ein Gedicht interpretieren

das Gedicht untersuchen	das Gedicht schriftlich interpretieren	die Interpretation überarbeiten
– mehrfach lesen – erste Eindrücke festhalten – sich die Wirkung bewusst machen – sich dabei an Textauffälligkeiten orientieren – eine (oder mehrere) „Verstehens-hypothese(n)“ entwickeln – seine „Verstehenshypothese(n)“ am Gedichttext überprüfen – dazu das Gedicht im Einzelnen untersuchen – Untersuchungsergebnisse fest-halten und in einen sinnvollen Zusammenhang bringen – Hintergrundwissen aktivieren – seine „Verstehenshypothese(n)“ kritisch überprüfen – …	schrittweise, z. B. 1. Einleitung 2. Inhaltswiedergabe 3. Beschreibung und Deutung 4. Schluss (vgl. Seite 81)	z. B. anhand einer Checkliste – Verstehenhypothese(n) überprüfen – kontextualisieren – hierarchisieren – akzentuieren – zitieren – Fachwörter benutzen – angemessen formulieren – Tempus verwenden – Absätze machen – rechtschreiben (vgl. Seite 85)

Ingeborg Bachmann

Die große Fracht

Die große Fracht des Sommers ist verladen,
das Sonnenschiff im Hafen liegt bereit,
wenn hinter dir die Möwe stürzt und schreit.
Die große Fracht des Sommers ist verladen.

Das Sonnenschiff im Hafen liegt bereit,
und auf die Lippen der Galionsfiguren
tritt unverhüllt das Lächeln der Lemuren.
Das Sonnenschiff im Hafen liegt bereit.

Wenn hinter dir die Möwe stürzt und schreit,
kommt aus dem Westen der Befehl zu sinken:
doch offnen Augs wirst du im Licht ertrinken,
wenn hinter dir die Möwe stürzt und schreit.

(1953)

1. Lesen Sie das Gedicht mehrfach (möglichst auch laut) und halten Sie Ihre ersten Eindrücke fest.

2. Machen Sie sich die Wirkung bewusst, die das Gedicht auf Sie hat. Versuchen Sie die Wirkung bzw. Ihr vorläufiges Verständnis des Gedichts in einer oder mehreren „Verstehenshypothese(n)“ festzuhalten. Lassen Sie sich dabei von dem leiten, was Ihnen an dem Gedicht besonders auffällt, z. B. am Thema, an der inhaltlichen Aussage oder an der Form und Gestaltung. Vielleicht haben Sie auch Kenntnisse zur Autorin, zum literaturgeschichtlichen Hintergrund usw., die Ihre Hypothesenbildung bestimmen.

„Verstehenshypothesen“ von Teilnehmern eines Deutsch-Kurses:

(1) „Ich vermute, dass mit der Überschrift ‚Die große Fracht nicht' nur die Ernte ‚des Sommers', sondern des ganzen Lebens gemeint ist ...“

(2) „Das Gedicht wirkt auf mich ruhig, schön und ‚erfüllt' und zugleich etwas beängstigend und unheimlich ...“

(3) „Der Sprecher im Gedicht redet einen Adressaten, ein ‚du' an, meint aber wohl auch sich selbst. Seine Haltung und seine Sprechweise scheinen mir durch eine ruhige Gelassenheit bestimmt zu sein. ...“

(4) „Durch die Wiederholung von Versen – I, 1 in I, 4; I, 2 in II, 1 und 4; I, 3 in III, 1 und 4 – werden die Strophen eingerahmt und untereinander verbunden; das Gedicht wirkt dadurch ein wenig wie ein Lied, harmonisch und geschlossen ...“

(5) „Dieses Gedicht scheint mir eine gedankliche Aussage zu enthalten, die aber nicht abstrakt, sondern durch Bilder vermittelt wird ...“

(6) „Ich kenne von Ingeborg Bachmann das Gedicht ‚An die Sonne', in dem das Leben mit seinen Sonnen- und Schattenseiten gepriesen wird. Ähnlich scheint mir dieses Gedicht ...“

(7) „Es handelt sich offenbar um ein modernes Gedicht, weniger wegen der Form als wegen der ungewöhnlichen Metaphern wie z.B. ‚Sonnenschiff' ...“

3. Überprüfen Sie diese sowie Ihre eigenen „Verstehenshypothesen“, indem Sie das Gedicht untersuchen. Ziehen Sie dazu die Gesichtspunkte heran, die Sie in Kapitel 2 erarbeitet haben (zum Sprecher und seiner Situation und Haltung, zur Form, zur Sprache, zum Klang, zur Bildlichkeit). Versuchen Sie dabei gleichsam in einen „Dialog“ mit dem Text einzutreten.

4. Formulieren Sie zu Ihren Beobachtungen Teilergebnisse, die Sie z.B. stichwortartig festhalten. Versuchen Sie anschließend Ihre Ergebnisse in einen Zusammenhang zu bringen.

5. Überlegen Sie, welche zusätzlichen Kenntnisse Sie aktivieren können, z.B. zur Autorin Ingeborg Bachmann, zur Epoche der Moderne, zum Aspekt „hermetische Lyrik“ u.a., ...

6. Überprüfen Sie Ihre „Verstehenshypothese(n)“ kritisch. Eventuell müssen Sie diese modifizieren oder revidieren. Versuchen Sie auf diesem Wege – durch einen wiederholten „Dialog“ mit dem Text – zu nachvollziehbaren, überprüfbaren Ergebnissen zu kommen.

Für eine schriftliche Darstellung Ihrer Ergebnisse können sie folgendem Gliederungsvorschlag folgen:

1. Schritt: Einleitung

Hier stellen Sie den Text vor und nennen Autor, (Textsorte), Überschrift und Thema des Gedichts, Erscheinungsweise usw. Außerdem formulieren Sie Ihre „Verstehenshypothese(n)".

2. Schritt: Inhaltswiedergabe

Hier geben Sie – soweit möglich und sinnvoll – den „Inhalt" des Gedichts zusammenfassend, knapp und distanziert wieder. Dabei können Sie den Strophen folgen (soweit gegeben). Achten Sie darauf, dass Sie sich nicht in Einzelheiten verlieren, dass Sie übergeordnete, zusammenfassende, eigenständige Formulierungen finden und den Text nicht wiederholen. Auch Ihre „Verstehenshypothese(n)" sollten Sie hier nicht wiederholen, selbst wenn diese – indirekt – in die Inhaltswiedergabe einfließt(-en). Je nach Art des Gedichts kann es auch sinnvoll sein, die Inhaltswiedergabe in den nächsten Schritt zu integrieren.

3. Schritt: Beschreibung, Erklärung und Deutung

Hier stellen Sie die Ergebnisse Ihrer Beobachtungen zur Wirkung und Gestaltung des Gedichts geordnet und im Zusammenhang dar. Dabei sollten Sie Untersuchungsergebnisse nicht einfach mechanisch auflisten („Erbsen zählen"), sondern zu erklären versuchen,

- wie/auf welche Weise die Wirkung des Gedichts durch auffällige Gestaltungselemente zustande kommt,
- wie Gestaltungselemente in Beziehung zueinander stehen,
- wie sich Gestaltungselemente mit inhaltlichen Aussagen verbinden,
- ob bzw. wie Ihre Beobachtungen sich auf Ihre „Verstehenshypothese(n)" beziehen und diese bestätigen oder modifizieren.

Bei Ihrem Vorgehen können Sie zwischen zwei Darstellungsmöglichkeiten wählen:

- Sie untersuchen das Gedicht schrittweise, z.B. nach Strophen, und beschreiben jeweils auffällige Wirkungselemente (= verlaufsorientierte Darstellung).
- Anspruchsvoller ist die aspektorientierte Darstellung: Sie beschreiben unterschiedliche Aspekte des Gedichts, deren Funktion für die Wirkung Sie aufzeigen.
  Dabei beziehen Sie sich – implizit und auch explizit – auf Ihre „Verstehenshypothese(n)". Die Aspekte können Sie nach dem Grad ihrer Bedeutung ordnen oder indem Sie vom Einfachen zum Komplexen fortschreiten. Auf diese Weise können Sie zu einer eigenständigen, das Gedicht erschließenden Interpretation gelangen.

4. Schritt: Schluss

Der Schluss gibt Ihnen Gelegenheit, das Gedicht in einen größeren Zusammenhang zu stellen. Hier können Sie – falls nicht bereits im 3. Schritt geschehen – Kenntnisse zum Autor, zur Epoche, zum Thema, … zu einer Vertiefung Ihrer Deutung einbringen. Sie können auch Ihre persönliche Auffassung zu dem Gedicht äußern.
Dieser Schritt kann entfallen, wenn Sie nicht noch etwas Neues vorzubringen haben.

7 Untersuchen und überprüfen Sie kritisch diesen Gliederungsvorschlag.

Ingeborg Bachmann: Die große Fracht

Interpretation von Bernd Hinney, 12. Klasse, LK Deutsch 1998

Einleitung

Das Gedicht „Die große Fracht" von Ingeborg Bachmann entstammt ihrer Sammlung „Die gestundete Zeit" (1953) und schildert die Selbstreflexion eines lyrischen Ichs, welches am Hafen das Ende des Sommers wahrnimmt und dadurch zum Nachdenken angeregt wird.
Ich vermute, dass es dabei über die unmittelbar inhaltliche Aussage hinaus um den Tod und die Frage nach einem erfüllten menschlichen Leben geht. Diese Gedanken werden offenbar nicht abstrakt vorgetragen, sondern in einem poetischen Bild gestaltet.

Inhaltswiedergabe

Das Gedicht beinhaltet neben der Naturbetrachtung – das Ende der Jahreszeit Sommer – eine Reflexion über das Ende der menschlichen Lebenszeit und den Abschied im Allgemeinen. Die Dichterin verdeutlicht einen Kontrast zwischen Regel- und Gesetzmäßigkeiten und dem Zyklus der Natur und dem endgültigen Ende der menschlichen Existenz. Aus dem Gedicht geht hervor, dass man unvorbereitet und unerwartet mit der Situation des Abschieds konfrontiert werden kann.

Beschreibung, Erklärung, Deutung

Das Gedicht ist in drei Strophen zu je vier Zeilen (Quartette) unterteilt. Das Verhältnis zwischen Vers und Satz ist das des Zeilenstils, wobei Satz- und Versende übereinstimmen, sodass der Vers mit einer Pause schließt. Dieses trägt zu dem ruhigen, bedächtigen und melodischen Rhythmus des Gedichts bei. In dem gesamten Gedicht kommt nur einmal ein Zeilensprung (Enjambement) vor; der Satz überspringt hierbei das Versende und setzt sich im Folgenden fort, sodass keine Pause entsteht. Dieses Enjambement befindet sich exakt in der Mitte des Gedichts (II, 2-3) und betont durch die stilistische Ausnahme/Einmaligkeit den inhaltlichen Wendepunkt des Gedichts.
Das Metrum ist gleichmäßig steigend das des jambischen Versmaßes. Die Gliederung des Gedichts ist einfach. Endreimschema ist der umarmende Reim, welcher jeweils einen Paarreim in sich einschließt (abba). Interessant und heraustretend ist die Verknüpfung der einzelnen Strophen miteinander. Es ist zu beobachten, dass der Anfangs- und Endvers einer jeden Strophe wortidentisch ist (Repetitio) und bereits in der ersten Strophe festgelegt ist. So wird der zweite Vers der ersten Strophe – „das Sonnenschiff im Hafen liegt bereit" – zum wortgleichen umarmenden Reim der zweiten Strophe, und der dritte Vers der erste Strophe wird als umarmender Reim der dritten Strophe wieder aufgegriffen, Variationen bieten die Paarreime. Diesem Schema zufolge ist das Fehlen einer vierten Strophe logisch erklärbar.
Es liegt die Vermutung nahe, dass der durchkonzipierte Aufbau die Regelmäßigkeit der Natur widerspiegeln soll, welche in dem Gedicht eine große Rolle spielt. Die Verknüpfung von Naturbeschreibung und Reflexion gelingt durch die Wahl der Bilder. Die zentrale Metapher ist das „Sonnenschiff" (I, 2), der jeweils die Begriffe „Fracht" und „Sommer" zugeordnet sind (I, 1). Die Jahreszeit Sommer wird der Sonne (Natur) und die Fracht dem Schiff (Nautik) untergeordnet. Somit vereinigt die Metapher zwei unterschiedliche Sachbereiche in einem Wort und erfährt dadurch eine zweideutige Sinngebung. Bei der Metapher des „Sonnenschiffs" handelt es sich um eine absolute Metapher, welche von dem verständlichen Sprachgebrauch losgelöst ist und deren Sinn nur aus dem Zusammenhang des Gedichts oder anderer Gedichte der Autorin zu erschließen ist. In Ingeborg Bachmanns Gedicht „An die Sonne" kommen die Verse „Nichts Schöneres unter der Sonne, als unter der Sonne zu sein" vor, in welchen die Sonne mit dem Leben selbst gleichgesetzt wird. Vor diesem Hintergrund könnte das „Sonnenschiff" in „Die große Fracht" auch als Lebensschiff verstanden werden. Die Übertragung der vier Jahreszeiten – Frühling, Sommer, Herbst und Winter – auf die Phasen des menschlichen Lebens – Jugend, Blüte, Alter und Tod – liegt nahe.
In der ersten Strophe wird das Ende des Sommers durch das Bild einer großen, verladenen Fracht, welche zum Auslaufen bereitliegt, metaphorisch überhöht verdeutlicht. Der zentrale Ort ist der Hafen, welcher die Ambivalenz von Ankunft und Abfahrt, Einlaufen und Auslaufen in sich vereint. Durch das Verb „bereitliegen" wird jedoch deutlich, dass das Auslaufen des Schiffes – das Schwinden des „Sommers" – unmittelbar bevorsteht. In dem Paarreim der

zweiten Strophe wandeln sich die Galionsfiguren des Schiffes vor dem Auge des Betrachters – des lyrischen Ichs – in Spiegelung der Geister der Verstorbenen. Die Lemuren fallen in den Bildbereich der Mythologie. In dem Bild der Geister von Verstorbenen eröffnen sich assoziativ Vorstellungen der griechischen Mythologie: Das Totenschiff, welches die Toten in die Unterwelt verfrachtet, wo fortan Hades, der Gott der Unterwelt, im ewigen Dunkel über die Schatten der Verstorbenen wacht. Der mythologische Bildbereich vereindeutigt die schon in der ersten Strophe stattgefundene Bedeutungsübertragung von Sonnenschiff = Lebensschiff. Durch den Paarreim der zweiten Strophe, der durch ein Enjambement verbunden ist, erfährt das Gedicht einen Wendepunkt. Durch das deutlich wahrnehmbare Lächeln der Lemuren wird das Sonnenschiff zum Untergangsschiff, dem das Sinken unmittelbar bevorzustehen scheint. Die Allgegenwärtigkeit der Abschiedsstimmung zieht sich durch das ganze Gedicht und das Ende scheint unausweichlich. Selbst wenn die Galionsfiguren als solche real existent sind, so spürt der Betrachter – das lyrische Ich – schon den Geist des Todes über der Szenerie.

In der letzten Strophe wird nun endgültig der „Befehl zu sinken“ (III, 2) erteilt. Wichtig ist dabei die Richtungsangabe „aus dem Westen“. Hiermit bezieht sich Ingeborg Bachmann auf den Sonnenkreislauf, wonach die Sonne im Osten auf- und im Westen untergeht. Da die Sonne in der Zentralmethapher „Sonnenschiff“ enthalten ist, ist der Befehl zum Sinken unumgehbar. Es ist faszinierend, wie vielschichtig das Gedicht ist. Mit dem Sinken des Sonnenschiffes sind dem Leser mehrere Assoziationen ermöglicht: das Untergehen der Sonne, das Sinken eines Schiffes oder das Abschließen einer Lebensphase, die unwiderbringlich sein wird.

In dem Paarreim der dritten Strophe sind die Verse durch eine Antithese („doch“, III, 3) kontrastiert: „kommt aus dem Westen der Befehl zu sinken; *doch* offnen Augs wirst du im Licht ertrinken“ (III, 2, 3). Hier wird deutlich, dass die Selbstreflexion des lyrischen Ichs im Gegensatz zum Sonnenschiff auf den Untergang nicht vorbereitet ist. Während das Sonnenschiff „bereitliegt“ und somit auf das Ende vorbereitet scheint, befürchtet das lyrische Ich, mit geöffneten Augen im Licht ertrinken zu müssen und nicht in der Lage zu sein, die Augen rechtzeitig zu schließen. Es besteht ein Kontrast zwischen der Gesetzmäßigkeit der Natur und dem Wunsch des Idividuums, sich dem Zyklus entziehen zu können. Wichtig ist in der dritten Strophe der Begriff des „Befehls“ (III, 2). Ein Befehl kann nur von etwas/jemandem erteilt werden, was/der stärker und mächtiger ist als man selbst. Die Natur ist zweifelsohne langlebiger und gewaltiger als eine einzelne Kreatur, die ja stets nur einen kleinen Teil des Ganzen darstellt. Ingeborg Bachmann verdeutlicht, dass alles im Leben, selbst das Leben an sich, ein Ende finden wird, doch dass es dem Menschen – dem lyrischen Ich – schwer fällt, diese Unumstößlichkeit zu akzeptieren.

Die Tatsache, dass das Gedicht sich mit der Thematik des Abschiedes und des Niedergangs beschäftigt, wird auch in der Wahl der verwendeten Verben spürbar: stürzen (I, 3), sinken (III, 2) und ertrinken (III, 3); alle diese Verben sind Synonyme für untergehen oder zugrunde gehen. In der ersten und dritten Strophe stürzt und schreit die Möwe. Die Sturzflüge der Möwen können beängstigend mitanzusehen sein, doch ihr Klageschrei kann direkt befremdend und mitleiderweckend wirken. Die Möwe könnte in dem Gedicht „Die große Fracht“ die Funktion haben, den Schmerz, welchen der Abschied mit sich bringt, durch ihr Geschrei zum Ausdruck zu bringen. Die Überschrift des Gedichts ist mehrdeutig: „Die große Fracht“. Sie könnte für die Hindernisse und Belastungen, Schätze und Bereicherungen – Erfahrungen eines bestimmten Lebensabschnitts – stehen, an welchen der Mensch zu tragen hat. (…)

Schluss

Die in dem Gedicht zum Tragen kommenden Ängste und Zweifel dürften jeden schon einmal beschäftigt haben. Ständig ist man Dingen und Situationen ausgesetzt, die nur von kurzer Dauer sind. Das Gefühl des Ausgeliefertseins an die Mühle der Natur kann schon ziemlich beängstigend sein. Auch berührt es, dass die Autorin Ingeborg Bachmann an ihrem Wohnsitz in Rom selbst vom Tod überrascht wurde. Sie starb im Alter von 47 Jahren im Feuer. Vor diesem Hintergrund erfährt das Gedicht meiner Meinung nach eine zusätzliche beklemmende und traurige Stimmung. Nichtsdestotrotz ist es beeindruckend, wie viel mit nur zwölf Zeilen gesagt und ausgedrückt werden kann.

8 Diese Gedichtinterpretation ist als Langzeithausaufgabe im Rahmen eines Deutsch-Leistungskurses geschrieben und als „sehr gut“ beurteilt worden.
Können Sie sich dieser Beurteilung anschließen?
Vergleichen Sie die Interpretation mit Ihrem eigenen Gedichtverständnis und Ihren Untersuchungsergebnissen.

9 Untersuchen Sie die Interpretation anhand des Gliederungsvorschlags (S. 81) im Einzelnen.
Gelingt es dem Verfasser sein Gedichtverständnis dem Leser verständlich und überzeugend zu vermitteln?
Wählt der Verfasser die verlaufs- oder die aspektorientierte Darstellungsweise?
Wie schätzen Sie den Schreibstil des Verfassers ein?

10 Verbessern Sie die Interpretation, indem Sie einzelne Passagen gegebenenfalls neu schreiben.

Peter Huchel

Löwenzahn

Fliegen im Juni auf weißer Bahn
flimmernde Monde vom Löwenzahn,
liegst du versunken im Wiesenschaum,
löschend der Monde flockenden Flaum.

Wenn du sie hauchend im Winde drehst,
Kugel auf Kugel sich weiß zerbläst,
Lampen, die stäubend im Sommer stehn,
wo die Dochte noch wolliger wehn.

Leise segelt das Löwenzahnlicht
über dein weißes Wiesengesicht,
segelt wie eine Wimper blass
in das zottig wogende Gras.

Monde um Monde wehten ins Jahr,
wehten wie Schnee auf Wange und Haar.
Zeitlose Stunde, die mich verließ,
da sich der Löwenzahn weiß zerblies.

(1927/1928)

Sarah Kirsch

Im Sommer

Dünnbesiedelt das Land.
Trotz riesigen Feldern und Maschinen
Liegen die Dörfer schläfrig
In Buchsbaumgärten; die Katzen
Trifft selten ein Steinwurf.

Im August fallen Sterne.
Im September bläst man die Jagd an.
Noch fliegt die Graugans, spaziert der Storch
Durch unvergiftete Wiesen. Ach, die Wolken
Wie Berge fliegen sie über die Wälder.

Wenn man hier keine Zeitung hält
Ist die Welt in Ordnung.
In Pflaumenmuskesseln
Spiegelt sich schön das eigne Gesicht und
Feuerrot leuchten die Felder.

(1977)

11 Wählen Sie eines der beiden Gedichte aus. Versuchen Sie dessen Eigenart (in Aussage, Wirkung, Gestaltung) durch einen Vergleich mit Ingeborg Bachmanns Gedicht zu klären.

12 Schreiben Sie zu dem Gedicht eine zusammenhängende Interpretation. Orientieren Sie sich dabei an den vier Gliederungsschritten (siehe S. 79).

13 Überprüfen Sie abschließend Ihre Darstellung kritisch (und verfahren Sie nicht nach dem „Pilatus-Prinzip“: „Was ich geschrieben habe, das habe ich geschrieben.“). Die nebenstehende Checkliste kann Ihnen helfen.

14 Achten Sie – z. B. bei Klausuren – immer genau auf die Aufgabenstellung, die mehrgliedrig sein kann und oft bestimmte Akzente setzt. Was würde sich z. B. an Ihrem Vorgehen ändern, wenn die Aufgabenstellung lauten würde:
(1) Interpretieren Sie das Gedicht … von Huchel/Kirsch.
(2) Vergleichen Sie das Gedicht mit dem von Ingeborg Bachmann in Bezug auf wesentliche Gemeinsamkeiten und Unterschiede.
(3) Welches der beiden Gedichte spricht Sie mehr an? Begründen und erläutern Sie Ihre Auffassung.

15 Der Vergleich zweier Gedichte kann einem helfen, Besonderheiten in Wirkung und Gestaltung klarer zu erkennen. Probieren Sie das aus, indem Sie die beiden Gedichte von Peter Huchel und Sarah Kirsch oder auch die beiden folgenden Gedichte miteinander vergleichen.

Eduard Mörike

Um Mitternacht

Gelassen stieg die Nacht ans Land,
Lehnt träumend an der Berge Wand,
Ihr Auge sieht die goldne Waage nun
Der Zeit in gleichen Schalen stille ruhn;
Und kecker rauschen die Quellen hervor,
Sie singen der Mutter, der Nacht, ins Ohr
Vom Tage,
Vom heute gewesenen Tage.

Das uralt alte Schlummerlied,
Sie achtets nicht, sie ist es müd;
Ihr klingt des Himmels Bläue süßer noch,
Der flüchtgen Stunden gleichgeschwungnes Joch.
Doch immer behalten die Quellen das Wort,
Es singen die Wasser im Schlafe noch fort
Vom Tage,
Vom heute gewesenen Tage.

(1828)

Rose Ausländer

Nachtzauber

Der Mond errötet
Kühle durchweht die Nacht

Am Himmel
Zauberstrahlen aus Kristall
Ein Poem
besucht den Dichter

Ein stiller Gott
schenkt Schlaf
eine verirrte Lerche
singt im Traum
auch Fische singen mit
denn es ist Brauch
in solcher Nacht
Unmögliches zu tun

(1956)

Checkliste

- Habe ich meine „Verstehenshypothese(n)“ kritisch überprüft?
- Habe ich genügend „kontextualisiert“, d.h. habe ich Kenntnisse über Hintergrund und Zusammenhang des Gedichts eingebracht?
- Habe ich „hierarchisiert“, d.h. habe ich meine Beobachtungen übergeordneten Gesichtspunkten zugeordnet?
- Habe ich beim Interpretieren des Gedichts zwischen Wesentlichem und weniger Wichtigem unterschieden, habe ich also „akzentuiert“?
- Habe ich meine Beobachtungen am Text – z.B. durch Zitate – belegt?
- Habe ich eine korrekte Zitierweise verwendet?
- Habe ich Fachwörter benutzt und diese korrekt verwendet (z.B. Unterscheidung von Metrum und Rhythmus, von Autor und Sprecher, von Kontrast und Widerspruch, …)?
- Habe ich (in meinem sprachlichen Ausdruck) ökonomisch, treffend, sinnvoll, verständlich formuliert (z.B. Hauptsache im Hauptsatz, Vermeidung „semantischer Inkongruenz“, Vermeidung von Ungenauigkeiten im grammatischen und semantischen Bezug, Vermeidung von Floskeln wie „einfach“, „halt“, „eben“, „ganz klar“, …)?
- Habe ich meinen Text – durch eine klare Gliederung (Absätze) – übersichtlich gestaltet?
- Habe ich meinen Text auf Fehler durchgelesen?

4 Gedicht-Werkstatt

Gedichte verstehen – Gedichte machen, das sind keine Alternativen, sondern einander ergänzende Zugänge zur Lyrik: Wenn ich Gedichte zu verstehen gelernt habe, kann ich auch selbst besser Gedichte machen; und umgekehrt: Wenn ich selbst Gedichte schreibe, schärfen sich meine Sinne für die „Spielbedingungen", für die Eigenart von Gedichten.
Man kann Gedichte frei erfinden. Man kann sich aber auch durch „kreative Impulse" anregen lassen: ein Gedicht nach einem Gedicht verfassen, zu einem Bild ein Gedicht produzieren, eine Text-Bild-Collage herstellen, Kürzestgedichte schreiben, mit Sprache experimentieren, …

Gedichte nach Gedichten

Johann Wolfgang von Goethe
Wandrers Nachtlied

Der du von dem Himmel bist,
Alles Leid und Schmerzen stillest,
Den, der doppelt elend ist,
Doppelt mit Erquickung füllest,
Ach, ich bin des Treibens müde,
Was soll all der Schmerz und Lust?
Süßer Friede,
Komm, ach komm in meine Brust!

(1776)

Ein Gleiches

Über allen Gipfeln
Ist Ruh,
In allen Wipfeln
Spürest du
Kaum einen Hauch;
Die Vögelein schweigen im Walde.
Warte nur, balde
Ruhest du auch.

(1780)

Karl Krolow
Ein Ähnliches

Hübsch eingeritzt
– ein für alle Mal sitzt
das, spürest du.
Du bist im Nu
wie die Vögelein schweigend im
Walde.
Warte nur: Balde
rutscht die Müllhalde
auf dich zu.

(1965)

Gedichte nach Bildern

Reinhard Lettau
Buch Bein Flug Reim

Warum ich mit dem Buch schon lange durch die Luft geflogen bin?
Wir fanden's kühl und still hier. Es kommen keine Leute hin:
Mit einem Buch am Bein
Fliegt man nie allein!

(1997)

Text-Bild-Collagen

(siehe Seite 66)

Kürzestgedichte

Günter Eich
Vorsicht

Die Kastanien blühn.
Ich nehme es zur Kenntnis,
äußere mich aber nicht dazu.

(1966)

Friederike Mayröcker
Früher

Früher,
als die Bäume
noch grünten,
werden die sagen,
die nach uns
kommen …

(1982)

Sprachexperimente

Tristan Tzara
Um ein dadaistisches Gedicht zu machen

Nehmt eine Zeitung.
Nehmt Scheren.
Wählt in dieser Zeitung einen Artikel von der Länge aus,
die Ihr Eurem Gedicht zu geben beabsichtigt.
Schneidet den Artikel aus.
Schneidet dann sorgfältig jedes Wort dieses Artikels
aus und gebt sie in eine Tüte.
Schüttelt leicht.
Nehmt dann einen Schnipsel nach dem anderen heraus.
Schreibt gewissenhaft ab
in der Reihenfolge, in der sie aus der Tüte gekommen
sind.
Das Gedicht wird euch ähneln.
Und damit seid ihr ein unendlich origineller
Schriftsteller
mit einer charmanten, wenn auch von den Leuten unverstandenen
Sensibilität

(1920)

Anja Wolff
Guten Morgen

Guten Morgen
Frühstücksbrett,
der Himmel schickt *Das missverstandene Paradies*
ZUM REGENWALD!
Damit die Urwaldriesen
jammern und Die
Innenstadt aufblüht.
DIE Alternative: den TOURIST
nicht RETTEN!
Unentwegt schrumpft
Die Freude des Lebens
Helfen Sie mit!

(1994)

1. Lassen Sie sich von den „kreativen Impulsen“ zu eigenen Texten bzw. Gedichten anregen. Experimentieren Sie mit Sprache. Berücksichtigen Sie bei der Überarbeitung Ihrer Texte das, was Sie in den Kapiteln 2 und 3 erarbeitet haben.

2. Tragen Sie einander Ihre Gedichte vor, besprechen Sie die Gedichte. Wollen Sie ihre Gedichte (und Ihre Text-Bild-Collagen) vielleicht zu einer kleinen „Ausstellung“ und/oder zu einem „Buch“ zusammenstellen?

UNHEIMLICHES

Umgang mit erzählenden Texten

© Kunstmuseum Bonn

Max Ernst: „Une Semaine de bonté“ 1934

1 Die fiktionale Welt des Erzählens

Erzählende Literatur weist vielerlei Bezüge zu unserer Wirklichkeit auf. Sie kann uns eher unwirklich erscheinen, weil sie die Gesetze unserer Erfahrungswelt durchbricht (z. B. fantastische Literatur), sie kann diese aber auch möglichst naturgetreu oder realistisch darzustellen versuchen. In jedem Fall aber erschafft der Autor eines erzählenden Textes eine eigenständige literarische Wirklichkeit, eine fiktionale Welt. Der Leser eignet sich diese Welt auf ganz subjektive Weise an, dabei kommen seine Fantasie, seine Gefühle und Erfahrungen ins Spiel.

Es war ein klarer spätherbstlicher Morgen gegen Ende November. In der Nacht hatte es ein wenig geschneit, und so bedeckte ein frischer weißer Schleier, kaum mehr als zwei Finger hoch, den Boden. Noch bei Dunkelheit, gleich nach Laudes, hatten wir talabwärts in einem Dorf die Messe gehört. Dann waren wir aufgebrochen, um beim ersten Tageslicht in die Berge zu gehen.

Als wir den steilen Pfad erklommen, der sich die Hänge hinaufwand, sah ich zum ersten Mal die Abtei. Nicht ihre Mauern überraschten mich, sie glichen den anderen, die ich allerorten in der christlichen Welt gesehen, sondern die Massigkeit dessen, was sich später als das Aedificium herausstellen sollte. Es war ein achteckiger Bau, der aus der Ferne zunächst wie ein Viereck aussah (die höchstvollendete Form, Ausdruck der Beständigkeit und Uneinnehmbarkeit der Stadt Gottes). Seine Südflanke ragte hoch über das Plateau der Abtei, während die Nordmauern unmittelbar aus dem Berghang zu wachsen schienen gleich schräg im Fels verwurzelten Bäumen. Von unten gesehen schien es geradezu, als verlängerte sich der Felsen zum Himmel, um in einer gewissen Höhe, ohne sichtbaren Wandel in Färbung und Stoff, zum mächtigen Turm zu werden – ein Werk von Riesenhand, geschaffen in größter Vertrautheit mit Himmel und Erde. Drei Fensterreihen skandierten den Tripelrhythmus des Aufbaus, dergestalt dass, was physisch als

Quadrat auf der Erde stand, sich spirituell als Dreieck zum Himmel erhob. Beim Näherkommen sahen wir dann, dass aus der quadratischen Grundform an jeder ihrer vier Ecken ein siebeneckiger Turm hervorsprang, der jeweils fünf Seiten nach außen kehrte, sodass mithin vier der acht Seiten des größeren Achtecks in vier kleinere Siebenecke mündeten, die sich nach außen als Fünfecke darstellten. Niemandem wird die herrliche Eintracht so vieler heiliger Zahlen entgehen, deren jede einen erhabenen geistigen Sinn offenbart: acht die Zahl der Vollendung jedes Vierecks, vier die der Evangelien, fünf die der Weltzonen, sieben die der Gaben des Heiligen Geistes. Nach Umfang und Form erschien mir der Bau nicht unähnlich jenen gewaltigen Burgen, die ich später im Süden der italienischen Halbinsel sah, Castel Ursino oder auch Castel del Monte, aber dank seiner uneinnehmbaren Lage wirkte er düsterer noch als jene und war sehr wohl dazu angetan, den Wanderer, der sich ihm nahte, erschauern zu lassen. Dabei konnte ich noch von Glück sagen, dass ich ihn erstmals an einem klaren Herbstmorgen erblickte und nicht etwa an einem stürmischen Wintertag.

Jedenfalls flößte mir die Abtei alles andere als Gefühle der Heiterkeit ein, ich empfand bei ihrem Anblick eher ein Schaudern und eine seltsame Unruhe. Und das waren, weiß Gott, keine Fantasiegespinste meiner furchtsamen Seele, es war vielmehr die korrekte Deutung unzweifelhafter Vorzeichen, dem Fels eingeschrieben seit jenem Tage, da einst die Riesen Hand an ihn legten, bevor noch die Mönche in ihrem vergeblichen Streben sich erkühnten, ihn zum Hüter des göttlichen Wortes zu weihen. *(1982)*

1. Sehen Sie sich Buchcover und -titel sowie die abgedruckte Passage des Buches genauer an: Welche Leseerwartungen werden bei Ihnen erzeugt? Was für einen Text erwarten Sie? Welche Anzeichen lassen vermuten, dass es sich bei diesem Buch eher um einen fiktionalen Text als um einen Sachbericht handelt?
2. Untersuchen Sie im Detail, wie Eco die Welt in diesem Erzähltext aufbaut und wie Sie als Leser in diese Welt hineingezogen werden.
3. Klären Sie die Begriffe „Fiktion“, „Fiktionalität“ und „fiktionale Welt“ mit Hilfe von Lexika; ziehen Sie dazu auch das Glossar im Anhang heran.

Umberto Eco gibt in der „Nachschrift zum Namen der Rose“ Einblicke in seine Arbeit als Schriftsteller und beschreibt, wie er eine Romanwelt erschafft:

Wer erzählen will, muss sich zunächst eine Welt erschaffen, eine möglichst reich ausstaffierte bis hin zu den letzten Details. Angenommen, ich schaffe mir einen Fluss, zwei Ufer, auf deren linkes ich einen Angler setze, ausgestattet mit einem jähzornigen Charakter und einem nicht ganz sauberen Strafregister, so könnte ich schon zu schreiben beginnen, indem ich in Worte fasse, was unvermeidlich geschehen muss. Was tut ein Angler? Er angelt (schon habe ich eine Reihe von mehr oder minder unausweichlichen Begriffen, Gesten, Bewegungen). Und was geschieht dann? Entweder gibt es in meinem Fluss Fische, die anbeißen, oder es gibt keine. Gibt es welche, so wird sie der Angler angeln und zufrieden nach Hause gehen. Gibt es keine, so wird er, jähzornig wie er ist, vielleicht wütend werden und seine Angelrute zerbrechen. Nicht eben viel, aber schon ein Ansatz. Nun gibt es jedoch ein indianisches Sprichwort, das heißt: „Setz dich ans Ufer des Flusses und warte, bald wird deines Feindes Leiche vorbeischwimmen.“ Was, wenn nun eine Leiche den Fluss heruntergeschwommen käme (ist doch die Möglichkeit einer Wasserleiche dem intertextuellen Bezugsfeld des Flusses prinzipiell inhärent)? Vergessen wir nicht, dass mein Angler ein nicht ganz sauberes Strafregister hat. Wird er die Polizei holen und riskieren, dass er Ärger bekommt? Wird er davonlaufen? Wird er so tun, als ob er die Leiche nicht sieht? Wird er vor Angst vergehen, weil die Leiche am Ende tatsächlich die seines Feindes ist? Wird er vor lauter Wut platzen, weil er die langersehnte Rache nun nicht mehr vollziehen kann? Wie man sieht, genügt es, die eigene Welt mit wenigem auszustaffieren, und schon hat man den Ansatz zu einer Geschichte. Auch schon den Ansatz zu einem Stil, denn ein Angler, der angelt, verlangt von meiner Erzählung einen ruhigen, fließenden Rhythmus, skandiert nach dem Muster seiner Erwartung, die geduldig sein muss, aber auch nach dem Muster seiner jähen Wutausbrüche. Das Problem ist, die Welt zu errichten, die Worte kommen dann fast wie von selbst. (…)

Das erste Jahr der Arbeit an meinem Roman verging mit dem Aufbau der Welt. Lange Listen der Bücher, die in einer mittelalterlichen Bibliothek stehen konnten. Namen- und Datenregister für viele Personen, viele mehr, als am Ende in die Geschichte hineinkamen. Denn ich musste ja schließlich auch wissen, wer die anderen Mönche waren, die nicht im Buch auftreten; es war nicht nötig, dass der Leser ihre Bekanntschaft machte, aber ich musste sie kennen. Wer hat gesagt, die Epik müsse dem Einwohnermeldeamt Konkurrenz machen? Aber vielleicht muss sie auch dem Bauamt Konkurrenz machen. Also ausgedehnte architektonische Studien, anhand von Bildern, Fotos und Grundrissen in der Enzyklopädie der Architektur, um den Plan der Abtei festzulegen, die Entfernungen, ja selbst die Anzahl der Stufen einer Wendeltreppe. Marco Ferreri hat mir später gesagt, dass meine Dialoge filmgerecht seien, da sie die richtige Länge hätten. Kein Wunder: Wenn zwei meiner Personen miteinander redeten, während sie vom Refektorium zum Kapitelsaal gingen, schrieb ich mit dem Plan der Abtei vor Augen, und wenn sie angelangt waren, hörten sie auf zu reden.

Um frei erfinden zu können, muss man sich Beschränkungen auferlegen. In der Lyrik kann die Beschränkung durch das Versmaß gegeben sein, durch den Reim oder auch durch das, was Zeitgenossen den Atem nach dem Gehör genannt haben. In der Epik wird die Beschränkung durch die zugrunde liegende Welt gegeben. Das ist keine Frage des Realismus (obwohl es *sogar* den Realismus erklärt): Man kann sich auch eine ganz irreale Welt errichten, in der die Esel fliegen und die Prinzessinnen durch einen Kuss geweckt werden, aber auch diese rein fantastische und „bloß mögliche" Welt muss nach Regeln existieren, die vorher festgelegt worden sind (zum Beispiel muss man wissen, ob es eine Welt ist, in der Prinzessinnen nur durch den Kuss von Prinzen geweckt werden können oder auch durch den Kuss einer Hexe, und ob der Kuss einer Prinzessin nur Kröten in Prinzen zurückverwandelt oder auch, sagen wir, Gürteltiere). *(1984)*

4 Arbeiten Sie mit Hilfe des Textes und eigener Leseerfahrungen heraus, mit welchen Elementen eine fiktionale Welt ausgestattet werden muss und welche weiteren Gesichtspunkte für die Arbeit an einem Erzähltext wichtig sind.

5 Üben Sie sich in der Rolle eines Schriftstellers und entwickeln Sie einen „Bauplan" für das weitere Geschehen in der Geschichte vom Angler und der Leiche: Überlegen Sie zunächst, welche Art von Geschichte es werden soll (Detektivgeschichte, fantastische Erzählung, ...), wie Sie den Handlungsfaden weiterspinnen wollen und welche weiteren Erzählelemente Sie dazu benötigen.
Schreiben Sie mit Ihren Erzählelementen den Anfang der Geschichte vom Angler, der eines Tages am Ufer eines Flusses sitzt, als plötzlich eine Leiche den Fluss herunterschwimmt ...

6 Stellen Sie sich vor, die Geschichte hätte sich tatsächlich ereignet. Versetzen Sie sich in die Rolle eines Lokalreporters und verfassen Sie eine Zeitungsmeldung.

7 Vergleichen Sie die Texte und entwickeln Sie Kriterien zur Unterscheidung dieser beiden Prosaformen.

Umberto Eco

Nachschrift zum Namen der Rose (Auszug)

Nichts ist erfreulicher für den Autor eines Romans, als Lesarten zu entdecken, an die er selbst nicht gedacht hatte und die ihm von Lesern nahe gelegt werden. Als ich theoretische Werke schrieb, war meine Haltung gegenüber den Rezensenten die eines Richters: Ich prüfte, ob sie mich verstanden hatten, und beurteilte sie danach. Mit einem Roman ist das ganz anders. Nicht dass man als Romanautor keine Lesarten finden könnte, die einem abwegig erscheinen, aber man muss in jedem Fall schweigen und es anderen überlassen, sie anhand des Textes zu widerlegen. Die große Mehrheit der Lesarten bringt jedoch überraschende Sinnzusammenhänge ans Licht, an die man beim Schreiben nicht gedacht hatte. (...)

Der Autor müsste das Zeitliche segnen, nachdem er geschrieben hat. Damit er die Eigenbewegung des Textes nicht stört. *(1984)*

Umberto Eco

8 Lesen ist nicht einfach Informationsentnahme. Welche Rolle weist Eco dem Leser fiktionaler Texte zu? Was versteht er wohl unter der „Eigenbewegung des Textes"?

2 Erzählende Texte untersuchen und verstehen

2.1 Erzählbeginn, Erzählperspektive und Erzählhaltung

Mit dem Beginn des Erzählens „zieht" uns der Autor in die fiktionale Welt hinein. Dies kann auf verschiedene Weise geschehen, z. B. durch einleitende Informationen zu Ort, Zeit und Figuren, durch eine Selbstdarstellung des Erzählers oder auch durch eine Eröffnung, die uns unmittelbar in das Geschehen versetzt.
Dabei wählt der Autor eine bestimmte Erzählperspektive, durch die uns das erzählte Geschehen vermittelt wird und die unsere Wahrnehmung als Leserin/Leser steuert. Der Erzähler, der nicht mit dem Autor verwechselt werden darf, kann dabei als vermittelnde Instanz mehr oder weniger erkennbar sein, je nachdem, ob er eher allwissend und kommentierend in Erscheinung tritt (auktorialer Erzähler), das Geschehen eher distanziert aus Sicht einer einzelnen Figur in der 3. Person Singular beschreibt (personaler oder neutraler Erzähler) oder aber als Icherzähler auftritt und die subjektive Sicht dieser Figur auf das Geschehen mitteilt.

Franz Kafka

Die Verwandlung (Auszug)

Als Gregor Samsa eines Morgens aus unruhigen Träumen erwachte, fand er sich in seinem Bett zu einem ungeheueren Ungeziefer verwandelt. Er lag auf seinem panzerartig harten Rücken und sah, wenn er den Kopf ein wenig hob, seinen gewölbten, braunen, von bogenförmigen Versteifungen geteilten Bauch, auf dessen Höhe sich die Bettdecke, zum gänzlichen Niedergleiten bereit, kaum noch erhalten konnte. Seine vielen, im Vergleich zu seinem sonstigen Umfang kläglich dünnen Beine flimmerten ihm hilflos vor den Augen.
„Was ist mit mir geschehen?" dachte er. Es war kein Traum. Sein Zimmer, ein richtiges, nur etwas zu kleines Menschenzimmer, lag ruhig zwischen den vier wohlbekannten Wänden. Über dem Tisch, auf dem eine auseinander gepackte Musterkollektion von Tuchwaren ausgebreitet war – Samsa war Reisender –, hing das Bild, das er vor kurzem aus einer illustrierten Zeitschrift ausgeschnitten und in einem hübschen, vergoldeten Rahmen untergebracht hatte. Es stellte eine Dame dar, die, mit einem Pelzhut und einer Pelzboa versehen, aufrecht dasaß und einen schweren Pelzmuff, in dem ihr ganzer Unterarm verschwunden war, dem Beschauer entgegenhob.
Gregors Blick richtete sich dann zum Fenster, und das trübe Wetter – man hörte Regentropfen auf das Fensterblech aufschlagen – machte ihn ganz melancholisch. „Wie wäre es, wenn ich noch ein wenig weiterschliefe und alle Narrheiten vergäße", dachte er, aber das war gänzlich undurchführbar, denn er war daran gewöhnt, auf der rechten Seite zu schlafen, konnte sich aber in seinem gegenwärtigen Zustand nicht in diese Lage bringen. Mit welcher Kraft er sich auch auf die rechte Seite warf, immer wieder schaukelte er in die Rückenlage zurück. Er versuchte es wohl hundertmal, schloss die Augen um die zappelnden Beine nicht sehen zu müssen und ließ erst ab, als er in der Seite einen noch nie gefühlten, leichten, dumpfen Schmerz zu fühlen begann.
„Ach Gott", dachte er, „was für einen anstrengenden Beruf habe ich gewählt! Tagaus, tagein auf der Reise. Die geschäftlichen Aufregungen sind viel größer, als im eigentlichen Geschäft zu Hause, und außerdem ist mir doch diese Plage des Reisens auferlegt, die Sorgen um die Zuganschlüsse, das unregelmäßige, schlechte Essen, ein immer wechselnder, nie andauernder, nie herzlich werdender menschlicher Verkehr. Der Teufel soll das alles holen!" Er fühlte ein leichtes Jucken oben auf dem Bauch; schob sich auf dem Rücken langsam näher zum Bettpfosten um den Kopf besser heben zu können; fand die juckende Stelle, die mit lauter kleinen weißen Pünktchen besetzt war, die er nicht zu beurteilen verstand; und wollte mit einem Bein die Stelle betasten, zog es aber gleich zurück, denn bei der Berührung umwehten ihn Kälteschauer.
Er glitt wieder in seine frühere Lage zurück. „Dies frühzeitige Aufstehen", dachte er, „macht einen ganz blödsinnig. Der Mensch muss seinen Schlaf haben. Andere Reisende leben wie Haremsfrauen. Wenn ich zum Beispiel im Laufe des Vormittags ins Gasthaus zurückgehe, um die erlangten Aufträge zu überschreiben, sitzen diese Herren erst beim Frühstück. Das sollte ich bei meinem Chef versuchen; ich würde auf der Stelle hinausfliegen. Wer weiß übrigens, ob das nicht sehr gut für mich wäre. Wenn ich mich nicht wegen meiner Eltern zurückhielte, ich hätte längst gekündigt, ich wäre vor den Chef hingetreten und hätte ihm meine Meinung von Grund des Herzens aus gesagt. Vom Pult hätte er fallen müssen! Es ist auch eine sonderbare Art, sich auf das Pult zu setzen und von der Höhe herab mit dem Angestellten zu reden, der überdies wegen der Schwerhörigkeit des Chefs ganz

nahe herantreten muss. Nun, die Hoffnung ist noch nicht gänzlich aufgegeben; habe ich einmal das Geld beisammen, um die Schuld der Eltern an ihn abzuzahlen – es dürfte noch fünf bis sechs Jahre dauern –, mache ich die Sache unbedingt. Dann wird der große Schnitt gemacht. Vorläufig allerdings muss ich aufstehen, denn mein Zug fährt um fünf."

Und er sah zur Weckuhr hinüber, die auf dem Kasten tickte. „Himmlischer Vater!" dachte er. Es war halb sieben Uhr und die Zeiger gingen ruhig vorwärts, es war sogar halb vorüber, es näherte sich schon drei viertel. Sollte der Wecker nicht geläutet haben? Man sah vom Bett aus, dass er auf vier Uhr richtig eingestellt war; gewiss hatte er auch geläutet. Ja, aber war es möglich, dieses möbelerschütternde Läuten ruhig zu verschlafen? Nun, ruhig hatte er ja nicht geschlafen, aber wahrscheinlich desto fester. Was aber sollte er jetzt tun? *(1912)*

Edgar Allen Poe

Der Untergang des Hauses Usher (Auszug)

Einen ganz stillen, trüben, toten und tiefherbstlichen Tag hindurch war ich, die Wolken hingen lastend schwer vom Himmel, allein, zu Pferde, durch einen Landstrich von einzigartiger Ödnis geritten und kam endlich, als die Schatten des Abends die Finger reckten, in den Umkreis des melancholischen Hauses Usher. Ich kann es nicht erklären – doch schon der erste Anblick des Gemäuers bedrückte meine Seele mit unerträglicher Düsternis. Ich sage unerträglich, weil das Gefühl durch keine der halb-angenehmen, weil poetischen Empfindungen gelindert wurde, mit denen die Seele gewöhnlich selbst die ernstesten Szenen des Trostlosen oder Schaurigen aufnimmt. Ich betrachtete das Bild vor mir – das Haus und seine eintönigen Ländereien, die öden Mauern, die blinden, augengleichen Fenster, ein paar wuchernde Binsenbüschel und ein paar weißliche Stümpfe abgestorbener Bäume – und der Anblick bereitete mir eine solche Beklemmung der Seele, dass ich sie keinem anderen Gefühle auf Erden besser vergleichen kann als dem Nachtraum des Opiumessers: dem bittren Sturz in die Alltäglichkeit, dem Schauer, wenn der Schleier fällt. Etwas Eisiges lag in der Luft, ein Sinken, Mürbheit des Herzens, eine unerlöste Trübsal des Gedankens, die keine noch so gewaltsame Verführung der Fantasie hochpeitschen konnte zu Erhabenheit, zu Größe. Was war es nur – ich hielt grübelnd inne – was war es nur, das meine Nerven beim Anblick des Hauses Usher in einen solchen Reizzustand versetzte? Dunkel schien dies Rätsel mir, ganz und gar verworren; auch konnte ich mich der Schattengestalten nicht erwehren, die mich bei meiner Grübelei bedrängten. Ich musste mich schließlich mit der unbefriedigenden Schlussfolgerung begnügen, dass es zwar ganz ohne Zweifel Ensembles von Dingen gibt, die jedes für sich genommen ganz einfacher Natur sind, dass also nur ihre *Fügung* eine solche Wirkung auf uns hat, dass aber die Analyse ihrer Wirkweise zu den Dingen zählt, die uns Sterblichen nicht gegeben sind. Möglich wäre es immerhin, so dachte ich, dass schon eine etwas andere Anordnung der Bildbestandteile hinreichen würde, seine Fähigkeit, unsern Sinn zu verdüstern, abzu-

Simon Marsden: Lowther Castle

schwächen oder sogar aufzuheben; diesem Gedanken folgend, lenkte ich mein Pferd an den steilen Rand eines sumpfigen, schwarz schimmernden Teiches, der, von keinem Hauch bewegt, neben dem Wohnhause lag, und spähte hinab – doch mit einem Schauder, durchdringender noch als zuvor – auf das verzerrte und auf dem Kopfe stehende Spiegelbild der grauen Binsen, der gespenstischen Baumstümpfe und der blinden, augengleichen Fenster.

Dennoch nahm ich mir vor, in diesem Haus der Düsternis einen Aufenthalt von mehreren Wochen zu nehmen. Sein Besitzer, Roderick Usher, war einer der engsten Spielgefährten meiner Knabenzeit gewesen; doch waren viele Jahre vergangen, seit wir uns zuletzt gesehen. Jüngst hatte mich aber, als ich mich in einem entlegenen Teile des Landes aufhielt, ein Brief erreicht – ein Brief von ihm – dessen maßlos zudringlicher Charakter keine andere als eine mündliche Beantwortung zuließ. Die Handschrift zeugte von einer erheblichen Reizung der Nerven. Der Schreiber berichtete von akutem körperlichen Leiden, von geistiger Zerrüttung, die ihn niederdrücke, und von dem dringenden Wunsche, mich, seinen besten und in der Tat einzigen persönlichen Freund, wiederzusehen, da er hoffe, die Heiterkeit meiner Gesellschaft werde seinem Zustand etwas Erleichterung verschaffen. Es war der Ton, in dem all dies, und vieles mehr, gesagt war – das Herzblut, das aus seiner Bitte sprach – das mir kein Zögern erlaubte, und ich gehorchte daher unverzüglich dieser, wie ich bei mir dachte, höchst eigenartigen Aufforderung. *(1839)*

Gabriel García Márquez

Ein sehr alter Herr mit riesengroßen Flügeln

(Auszug)

Am dritten Regentag hatten sie im Innern des Hauses so viele Krebse getötet, dass Pelayo durch seinen überschwemmten Hinterhof waten musste, um sie ins Meer zu werfen, denn das Neugeborene hatte die ganze Nacht gefiebert, und man glaubte, der Pestgestank sei daran schuld. Die Welt war trostlos seit Dienstag. Der Himmel und das Meer waren ein einziges Aschgrau und der Sand des Strandes, der im März funkelte wie Glutstaub, hatte sich in einen Brei aus Schlamm und verfaulten Seemuscheln verwandelt. Das Licht war so fahl am Mittag, dass Pelayo, nachdem er die Krebse fortgeworfen hatte, beim Heimkehren nur mit Mühe wahrnahm, was sich da hinten im Hof bewegte und jammerte. Er musste ganz nahe herantreten um zu entdecken, dass es ein alter Mann war, der mit dem Gesicht im Schlamm lag und sich trotz großer Anstrengungen nicht aufrichten konnte, weil ihn seine riesengroßen Flügel daran hinderten.

Erschreckt von diesem Alptraum, lief Pelayo zu Elisenda, seiner Frau, die gerade dem kranken Kind Umschläge machte, und führte sie in die Tiefe des Hofs. Beide beobachteten den gefallenen Körper mit stummer Bestürzung. Er war gekleidet wie ein Lumpensammler. Auf dem Kahlkopf waren ihm nur ein paar verblichene Strähnen, im Mund nur wenige Zähne erhalten geblieben, und sein beklagenswerter Zustand eines durchnässten Urgroßvaters hatte ihn aller Größe beraubt. Seine großen Aasgeierflügel, schmutzig und zerrupft, lagen für immer gestrandet im Schlamm. Pelayo und Elisenda betrachteten ihn so lange und so aufmerksam, dass sie sich sehr rasch von ihrer Verblüffung erholten und er ihnen schließlich ganz vertraut vorkam. Sie wagten ihn anzusprechen und er antwortete in unverständlicher Mundart, aber mit kräftiger Seemannsstimme. So kam es, dass sie das Unschickliche der Flügel übersahen und vernünftig folgerten, er sei ein einsamer Schiffbrüchiger irgendeines im Sturm verschollenen ausländischen Schiffes. Trotzdem riefen sie eine Nachbarin, die alle Dinge des Lebens und des Todes kannte, damit diese ihn sich ansah, und ihr genügte ein Blick um die beiden über ihren Irrtum aufzuklären.

„Es ist ein Engel“, sagte sie. „Er ist sicherlich wegen des Kindes gekommen, aber der Ärmste ist so alt, dass der Regen ihn zu Fall gebracht hat.“

Am nächsten Tag wusste alle Welt, dass in Pelayos Haus ein Engel aus Fleisch und Blut gefangen lag. In Anbetracht des Urteilsspruchs der weisen Nachbarin, für welche die Engel dieser Zeiten flüchtige Überlebende einer himmlischen Verschwörung waren, hatten sie nicht das Herz gehabt ihn mit Stockschlägen zu töten. Pelayo, bewaffnet mit seinem Polizeidienerknüppel, überwachte ihn den ganzen Nachmittag von der Küche aus, und bevor er zu Bett ging, zerrte er ihn aus dem Schlamm und sperrte ihn zu den Hühnern in das drahtvergitterte Hühnergatter. Um Mitternacht, als der Regen aufhörte, töteten Pelayo und Elisenda noch immer Krebse. Kurz darauf erwachte das Kind, fieberfrei und esslustig. Nun fühlten sie sich großmütig und beschlossen, den Engel auf ein Floß zu setzen, mit Trinkwasser und Proviant für drei Tage, um ihn auf hoher See seinem Los zu überlassen. Doch als sie beim ersten Frühlicht in den Hinterhof hinaustraten, fanden sie die gesamte Nachbarschaft vor dem Hühnergatter versammelt, wo diese ohne die geringste Ehrerbietung mit dem Engel Schabernack trieb und ihm Essbares durch die Löcher des Drahtgeflechts zuwarf, als sei er kein übernatürliches Geschöpf, sondern ein Zirkustier. *(1968)*

1. Welchen der drei Erzähltexte würden Sie am liebsten weiterlesen? Wie stellen Sie sich den weiteren Verlauf der Handlung vor? Begründen Sie Ihre Antwort anhand der Leseerwartungen, die der Erzählanfang bei Ihnen auslöst.
2. Analysieren Sie die Art der Eröffnung in den Erzählanfängen: Wie wird der Leser in das Geschehen eingeführt, welche Informationen erhält er, was bleibt offen?
   Vergleichen Sie diese Erzählanfänge mit dem Erzählanfang des Romans „Der Name der Rose“.
3. Untersuchen Sie in den drei Texten die jeweilige Erzählperspektive. Machen Sie sich ein möglichst genaues Bild vom Erzähler. Wer ist das, der zu uns spricht? Wird er als Persönlichkeit erkennbar? Welche Erzählhaltung nimmt er zu dem Erzählten ein? (Ist er z. B. sachlich, unbeteiligt, distanziert, ironisch, engagiert, wertend?)
4. Experimentieren Sie mit den unterschiedlichen Erzählperspektiven. Schreiben Sie z. B. die Ich-Erzählung in eine Er/Sie-Erzählung um. Verändern Sie dabei auch die Erzählhaltung. Sprechen Sie über die unterschiedliche Wirkungsweise.
5. Erkunden Sie Erzählanfang und Erzählperspektive auch an anderen Erzähltexten Ihrer Wahl.

2.2 Person und Handlung

Eine Handlung wird vom Autor erfunden und auf eine bestimmte Weise erzählt. Sie kann durch inneres und äußeres Geschehen entfaltet werden, sie kann eher straff (erzählender Bericht) oder durch szenische Darstellung eher breit entwickelt werden, sie kann kontinuierlich der Reihe nach oder diskontinuierlich mit Erzählsprüngen oder Unterbrechungen dargestellt werden. Durch Verzögerungen im Handlungsablauf, Überraschungseffekte oder Andeutungen wird Spannung erzeugt.
Personen (Erzählfiguren) setzen Handlungen in Gang, sie reagieren auf diese und sie müssen Entscheidungen treffen. Beziehungen zwischen Personen eröffnen ganz bestimmte Handlungsmöglichkeiten, durch die sich ein Geschehen entscheidend verändern kann.
Der Erzähler kann Personen direkt darstellen durch Beschreibung oder Erzählerkommentar oder indirekt durch szenische Darstellung, in der sie wie auf einer Bühne in Aktion gezeigt werden. Personen können von außen mit den Augen anderer gesehen werden oder sich von innen mitteilen (innerer Monolog als stummes Selbstgespräch in der Ich-Form oder erlebte Rede als Wiedergabe von Gedanken und Gefühlen in der Er/Sie-Form).

E. T. A. Hoffmann

Der Sandmann (Auszug)

Die Hauptfigur Nathanael erinnert sich an ein schreckliches Kindheitserlebnis. Durch gruselige Sandmanngeschichten seiner Kinderfrau und mysteriöse Geräusche am Abend hat sich in ihm die Vorstellung von einem wirklich existierenden grausamen Mann gebildet.

Einmal war mir jenes dumpfe Treten und Poltern besonders graulich; ich frug die Mutter, indem sie uns fortführte: „Ei Mama! wer ist denn der böse Sandmann, der uns immer von Papa forttreibt? – wie sieht er denn aus?" „Es gibt keinen Sandmann, mein liebes Kind", erwiderte die Mutter, „wenn ich sage, der Sandmann kommt, so will das nur heißen, ihr seid schläfrig und könnt die Augen nicht offen behalten, als hätte man euch Sand hineingestreut." – Der Mutter Antwort befriedigte mich nicht, ja in meinem kindischen Gemüt entfaltete sich deutlich der Gedanke, dass die Mutter den Sandmann nur verleugne, damit wir uns vor ihm nicht fürchten sollten, ich hörte ihn ja immer die Treppe heraufkommen. Voll Neugierde, Näheres von diesem Sandmann und seiner Beziehung auf uns Kinder zu erfahren, frug ich endlich die alte Frau, die meine jüngste Schwester wartete: Was denn das für ein Mann sei, der Sandmann? „Ei Thanelchen", erwiderte diese, „weißt du das noch nicht? Das ist ein böser Mann, der kommt zu den Kindern, wenn sie nicht zu Bett gehen wollen und wirft ihnen Hände voll Sand in die Augen, dass sie blutig zum Kopf herausspringen, die wirft er dann in den Sack und trägt sie in den Halbmond zur Atzung für seine Kinderchen; die sitzen dort im Nest und haben krumme Schnäbel, wie die Eulen, damit picken sie der unartigen Menschkindlein Augen auf." – Grässlich malte sich nun im Innern mir das Bild des grausamen Sandmanns aus; sowie es abends die Treppe heraufpolterte, zitterte ich vor Angst und Entsetzen. Nichts als den unter Tränen hergestotterten Ruf: Der Sandmann! der Sandmann! konnte die Mutter aus mir herausbringen. Ich lief darauf in das Schlafzimmer und wohl die ganze Nacht über quälte mich die fürchterliche Erscheinung des Sandmanns. –

Als ich zehn Jahre alt geworden, wies mich die Mutter aus der Kinderstube in ein Kämmerchen, das auf dem Korridor unfern von meines Vaters Zimmer lag. Noch immer mussten wir uns, wenn auf den Schlag neun Uhr sich jener Unbekannte im Hause hören ließ, schnell entfernen. In meinem Kämmerchen vernahm ich, wie er bei dem Vater hereintrat und bald darauf war es mir dann, als verbreite sich im Hause ein feiner seltsam riechender Dampf. Immer höher mit der Neugierde wuchs der Mut, auf irgendeine Weise des Sandmanns Bekanntschaft zu machen. Oft schlich ich schnell aus dem Kämmerchen auf den Korridor, wenn die Mutter vorübergegangen, aber nichts konnte ich erlauschen, denn immer war der Sandmann schon zur Türe hinein, wenn ich den Platz erreicht hatte, wo er mir sichtbar werden musste. Endlich von unwiderstehlichem Drange getrieben, beschloss ich, im Zimmer des Vaters selbst mich zu verbergen und den Sandmann zu erwarten.

An des Vaters Schweigen, an der Mutter Traurigkeit merkte ich eines Abends, dass der Sandmann kommen werde; ich schützte daher große Müdigkeit vor, verließ schon vor neun Uhr das Zimmer und verbarg mich dicht neben der Türe in einen Schlupfwinkel. Die Haustür knarrte, durch den Flur ging es, langsamen, schweren, dröhnenden Schrittes nach der Treppe. Die Mutter eilte mit dem Geschwister mir vorüber. Leise – leise öffnete ich des Vaters Stubentür. Er saß, wie gewöhnlich, stumm und starr den Rücken der Türe zugekehrt, er bemerkte mich

nicht, schnell war ich hinein und hinter der Gardine, die einem gleich neben der Türe stehenden offnen Schrank, worin meines Vaters Kleider hingen, vorgezogen war. – Näher – immer näher dröhnten die Tritte – es hustete und scharrte und brummte seltsam draußen. Das Herz bebte mir vor Angst und Erwartung. – Dicht, dicht vor der Türe ein scharfer Tritt – ein heftiger Schlag auf die Klinke, die Tür springt rasselnd auf! – Mit Gewalt mich ermannend gucke ich behutsam hervor. Der Sandmann steht mitten in der Stube vor meinem Vater, der helle Schein der Lichter brennt ihm ins Gesicht! – Der Sandmann, der fürchterliche Sandmann ist der alte Advokat Coppelius, der manchmal bei uns zu Mittage isst!

Aber die grässlichste Gestalt hätte mir nicht tieferes Entsetzten erregen können als eben dieser Coppelius. – Denke dir einen großen breitschultrigen Mann mit einem unförmlich dicken Kopf, erdgelbem Gesicht, buschigten grauen Augenbrauen, unter denen ein Paar grünliche Katzenaugen stechend hervorfunkeln, großer, starker über die Oberlippe gezogener Nase. Das schiefe Maul verzieht sich oft zum hämischen Lachen; dann werden auf den Backen ein paar dunkelrote Flecke sichtbar und ein seltsam zischender Ton fährt durch die zusammengekniffenen Zähne. Coppelius erschien immer in einem altmodisch zugeschnittenen aschgrauen Rocke, ebensolcher Weste und gleichen Beinkleidern, aber dazu schwarze Strümpfe und Schuhe mit kleinen Steinschnallen. Die kleine Perücke reichte kaum bis über den Kopfwirbel heraus, die Kleblocken standen hoch über den großen roten Ohren und ein breiter verschlossener Haarbeutel starrte von dem Nacken weg, sodass man die silberne Schnalle sah, die die gefältelte Halsbinde schloss. Die ganze Figur war überhaupt widrig und abscheulich; aber vor allem waren uns Kindern seine großen knotigten, haarigten Fäuste zuwider, sodass wir, was er damit berührte, nicht mehr mochten. Das hatte er bemerkt und nun war es seine Freude, irgend ein Stückchen Kuchen oder eine süße Frucht, die uns die gute Mutter heimlich auf den Teller gelegt, unter diesem oder jenem Vorwand zu berühren, dass wir, helle Tränen in den Augen, die Näscherei, der wir uns erfreuen sollten, nicht mehr genießen mochten vor Ekel und Abscheu. Ebenso machte er es, wenn uns an Feiertagen der Vater ein klein Gläschen süßen Weins eingeschenkt hatte. Dann fuhr er schnell mit der Faust herüber oder brachte wohl gar das Glas an die blauen Lippen und lachte recht teuflisch, wenn wir unsern Ärger nur leise schluchzend äußern durften. Er pflegte uns nur immer die kleinen Bestien zu nennen; wir durften, war er zugegen, keinen Laut von uns geben und verwünschten den hässlichen, feindlichen Mann, der uns recht mit Bedacht und Absicht auch die kleinste Freude verdarb. Die Mutter schien ebenso, wie wir, den widerwärtigen Coppelius zu hassen; denn sowie er sich zeigte, war ihr Frohsinn, ihr heiteres, unbefangenes Wesen umgewandelt in traurigen, düstern Ernst. Der Vater betrug sich gegen ihn, als sei er ein höheres Wesen, dessen Unarten man dulden und das man auf jede Weise bei guter Laune erhalten müsse. Er durfte nur leise andeuten und Lieblingsgerichte wurden gekocht und seltene Weine kredenzt.

Als ich nun diesen Coppelius sah, ging es grausig und entsetzlich in meiner Seele auf, dass ja niemand anders als er der Sandmann sein könne, aber der Sandmann war mir nicht mehr jener Popanz aus dem Ammenmärchen, der dem Eulennest im Halbmonde Kinderaugen

zur Atzung holt – nein! – ein hässlicher gespenstischer Unhold, der überall, wo er einschreitet, Jammer – Not – zeitliches, ewiges Verderben bringt.
Ich war festgezaubert. Auf die Gefahr entdeckt und, wie ich deutlich dachte, hart gestraft zu werden, blieb ich stehen, den Kopf lauschend durch die Gardine hervorgestreckt. Mein Vater empfing den Coppelius feierlich. „Auf! – zum Werk", rief dieser mit heiserer, schnarrender Stimme und warf den Rock ab. Der Vater zog still und finster seinen Schlafrock aus und beide kleideten sich in lange, schwarze Kittel. Wo sie *die* hernahmen, hatte ich übersehen. Der Vater öffnete die Flügeltür eines Wandschranks; aber ich sah, dass das, was ich so lange dafür gehalten, kein Wandschrank, sondern vielmehr eine schwarze Höhlung war, in der ein kleiner Herd stand. Coppelius trat hinzu und eine blaue Flamme knisterte auf dem Herde empor. Allerlei seltsames Geräte stand umher. Ach Gott! – wie sich nun mein alter Vater zum Feuer herabbückte, da sah er ganz anders aus. Ein grässlicher krampfhafter Schmerz schien seine sanften ehrlichen Züge zum hässlichen widerwärtigen Teufelsbilde verzogen zu haben. Er sah dem Coppelius ähnlich. Dieser schwang die glutrote Zange und holte damit hellblinkende Massen aus dem dicken Qualm, die er dann emsig hämmerte. Mir war es, als würden Menschengesichter ringsumher sichtbar, aber ohne Augen – scheußliche, tiefe schwarze Höhlen statt ihrer. „Augen her, Augen her!" rief Coppelius mit dumpfer dröhnender Stimme. Ich kreischte auf von wildem Entsetzen gewaltig erfasst und stürzte aus meinem Versteck heraus auf den Boden. Da ergriff mich Coppelius, „kleine Bestie! – kleine Bestie!" meckerte er zähnefletschend! – riss mich auf und warf mich auf den Herd, dass die Flamme mein Haar zu sengen begann: „Nun haben wir Augen – Augen – ein schönes Paar Kinderaugen." So flüsterte Coppelius, und griff mit den Fäusten glutrote Körner aus der Flamme, die er mir in die Augen streuen wollte. Da hob mein Vater flehend die Hände empor und rief: „Meister! Meister! lass meinem Nathanael die Augen – lass sie ihm!" Coppelius lachte gellend auf und rief: „Mag denn der Junge die Augen behalten und sein Pensum flennen in der Welt; aber nun wollen wir doch den Mechanismus der Hände und der Füße recht observieren." Und damit fasste er mich gewaltig, dass die Gelenke knackten, und schrob mir die Hände ab und die Füße und setzte sie bald hier, bald dort wieder ein. „'s steht doch überall nicht recht! 's gut so wie es war! – Der Alte hat's verstanden!" So zischte und lispelte Coppelius; aber alles um mich her wurde schwarz und finster, ein jäher Krampf durchzuckte Nerv und Gebein – ich fühlte nichts mehr. Ein sanfter warmer Hauch glitt über mein Gesicht, ich erwachte wie aus dem Todesschlaf, die Mutter hatte sich über mich hingebeugt. „Ist der Sandmann noch da?" stammelte ich. „Nein, mein liebes Kind, der ist lange, lange fort, der tut dir keinen Schaden!" – So sprach die Mutter und küsste und herzte den wiedergewonnenen Liebling.
(1817)

1. Untersuchen Sie, wie in diesem Text das unheimliche Geschehen entfaltet wird (Erzählperspektive/-haltung, Figurenkonstellation, Ablauf der Ereignisse, Darstellungsformen, innere und äußere Handlung).

2. Markieren Sie diejenigen Handlungselemente, die Spannung auslösen, und versuchen Sie ihre Machart und Wirkung zu beschreiben. Überprüfen und ergänzen Sie gegebenenfalls folgende Definition, beziehen Sie dabei auch andere Texte dieses Kapitels mit ein: Spannung ist *„Destabilisierung (...), beispielsweise, wenn Informationsmangel, Vieldeutigkeit, Widersprüchlichkeit und Undurchschaubarkeit uns keinen einfachen, sicheren Umgang mit einer Situation erlauben oder es uns unmöglich machen zu erkennen, worauf ein in Gang gekommener Prozess hinausläuft."* (Dieter Wellershoff, 1992)

3. Analysieren Sie die Personendarstellung:
   - Welche Darstellungsformen und sprachlichen Mittel werden verwendet, damit die Erzählfigur Coppelius Kontur gewinnt, welche Haltung nimmt der Ich-Erzähler zu ihr ein und welche Wirkung wird erzeugt?
   - Welches Bild erhält der Leser von Nathanael, wodurch entsteht es?

4. Nathanaels Erlebnisse werden rückblickend in der Vergangenheitsform dargestellt. Es finden sich aber auch Ansätze zur Gestaltung des unmittelbaren kindlichen Erlebens (z. B. 3. und 5. Abschnitt).
   - Gestalten Sie einen Abschnitt zu einem inneren Monolog aus, indem Sie Nathanaels Gefühle, Ängste, Augenblicksregungen in der Ich-Form und im Präsens darstellen („Was soll ich bloß tun?").
   - Klären Sie den Unterschied zwischen innerem Monolog und erlebter Rede (sprachliche Unterschiede, Wirkungsweise). Ziehen Sie dafür den letzten Abschnitt aus dem Text „Die Verwandlung" hinzu.

5. Am Ende bleibt offen, wie der unheimliche Vorgang zu erklären ist. Schreiben Sie einen Anschlusstext, der das Rätsel „löst" (z. B. einen Dialog zwischen Nathanael und seiner Mutter, eine Tagebucheintragung der Mutter oder kommentieren Sie das Geschehen aus der Sicht eines neutralen oder auktorialen Erzählers).

2.3 Zeit und Ort

Eine Geschichte kann chronologisch, der Reihe nach, erzählt werden. Es gibt aber auch die Möglichkeit in der Zeit vor- oder zurückzuspringen (Vorausdeutung bzw. Rückblende), um z. B. den kausalen Zusammenhang zwischen weit auseinander liegenden Ereignissen zu verdeutlichen.
Ein weiterer Aspekt ist das Verhältnis von Erzählzeit und erzählter Zeit. Häufig umfasst die erzählte Zeit viel mehr als die Lesezeit, wenn z. B. längere Zeitspannen in wenigen Sätzen zusammengefasst werden (= Zeitraffung). Beide können aber auch in etwa zusammenfallen (Zeitdeckung, z. B. bei Dialogen in der szenischen Darstellung). Vergleichbar mit der Zeitlupe beim Film ist die Zeitdehnung, wenn die Erzählzeit länger ist als das Geschehen selbst.
Orte sind oft nicht nur Hintergrundgemälde für eine Handlung, sondern haben eine atmosphärische oder symbolische Funktion für den Erzähltext. Das gilt ebenso für bestimmte Gegenstände, die immer wieder auftauchen und auf etwas anderes hinzuweisen scheinen.

Heinrich von Kleist

Das Bettelweib von Locarno

Am Fuße der Alpen, bei Locarno im oberen Italien, befand sich ein altes, einem Marchese gehöriges Schloss, das man jetzt, wenn man vom St. Gotthard kommt, in Schutt und Trümmern liegen sieht: ein Schloss mit hohen und weitläufigen Zimmern, in deren einem einst, auf Stroh, das man ihr unterschüttete, eine alte kranke Frau, die sich bettelnd vor der Tür eingefunden hatte, von der Hausfrau aus Mitleiden gebettet worden war. Der Marchese, der, bei der Rückkehr von der Jagd, zufällig in das Zimmer trat, wo er seine Büchse abzusetzen pflegte, befahl der Frau unwillig, aus dem Winkel, in welchem sie lag, aufzustehen, und sich hinter den Ofen zu verfügen. Die Frau, da sie sich erhob, glitschte mit der Krücke auf dem glatten Boden aus, und beschädigte sich, auf eine gefährliche Weise, das Kreuz; dergestalt, dass sie zwar noch mit unsäglicher Mühe aufstand und quer, wie es vorgeschrieben war, über das Zimmer ging, hinter dem Ofen aber, unter Stöhnen und Ächzen, niedersank und verschied.

Mehrere Jahre nachher, da der Marchese, durch Krieg und Misswachs, in bedenkliche Vermögensumstände geraten war, fand sich ein florentinischer Ritter bei ihm ein, der das Schloss, seiner schönen Lage wegen, von ihm kaufen wollte. Der Marchese, dem viel an dem Handel gelegen war, gab seiner Frau auf, den Fremden in dem oben erwähnten, leer stehenden Zimmer, das sehr schön und prächtig eingerichtet war, unterzubringen. Aber wie betreten war das Ehepaar, als der Ritter mitten in der Nacht, verstört und bleich, zu ihnen herunterkam, hoch und teuer versichernd, dass es in dem Zimmer spuke, indem etwas, das dem Blick unsichtbar gewesen, mit einem Geräusch, als ob es auf Stroh gelegen, im Zimmerwinkel aufgestanden, mit vernehmlichen Schritten, langsam und gebrechlich, quer über das Zimmer gegangen, und hinter dem Ofen, unter Stöhnen und Ächzen, niedergesunken sei.

Der Marchese erschrocken, er wusste selbst nicht recht warum, lachte den Ritter mit erkünstelter Heiterkeit aus, und sagte, er wolle sogleich aufstehen, und die Nacht, zu seiner Beruhigung, mit ihm in dem Zimmer zubringen. Doch der Ritter bat um die Gefälligkeit, ihm zu erlauben, dass er auf einem Lehnstuhl, in seinem Schlafzimmer übernachte, und als der Morgen kam, ließ er anspannen, empfahl sich und reiste ab.

Dieser Vorfall, der außerordentliches Aufsehen machte, schreckte auf eine dem Marchese höchst unangenehme Weise, mehrere Käufer ab; dergestalt, dass, da sich unter seinem eigenen Hausgesinde, befremdend und unbegreiflich, das Gerücht erhob, dass es in dem Zimmer, zur Mitternachtsstunde, umgehe, er, um es mit einem entscheidenden Verfahren niederzuschlagen, beschloss, die Sache in der nächsten Nacht selbst zu untersuchen. Demnach ließ er, beim Einbruch der Dämmerung, sein Bett in dem besagten Zimmer aufschlagen, und erharrte, ohne zu schlafen, die Mitternacht. Aber wie erschüttert war er, als er in der Tat, mit dem Schlage der Geisterstunde, das unbegreifliche Geräusch wahrnahm; es war, als ob ein Mensch sich von Stroh, das unter ihm knisterte, erhob, quer über das Zimmer ging, und hinter dem Ofen, unter Geseufz und Geröchel niedersank. Die Marquise, am andern Morgen, da er herunter kam, fragte ihn, wie die Untersuchung abgelaufen; und da er sich, mit scheuen und ungewissen Blicken umsah, und, nachdem er die Tür verriegelt, versicherte, dass es mit dem Spuk seine Richtigkeit habe: so erschrak sie, wie sie in ihrem Leben nicht getan, und bat ihn, bevor er die Sache verlauten ließe, sie noch einmal, in ihrer Gesellschaft, einer kaltblütigen Prüfung zu unterwerfen. Sie hörten aber, samt einem treuen Bedienten, den sie mitgenommen hatten, in der Tat, in der nächsten Nacht, dasselbe unbegreifliche, gespensterartige Geräusch; und nur der dringende Wunsch, das Schloss, es koste was es

wollte, los zu werden, vermochte sie, das Entsetzen, das sie ergriff, in Gegenwart ihres Dieners zu unterdrücken, und dem Vorfall irgendeine gleichgültige und zufällige Ursache, die sich entdecken lassen müsse, unterzuschieben. Am Abend des dritten Tages, da beide, um der Sache auf den Grund zu kommen, mit Herzklopfen wieder die Treppe zu dem Fremdenzimmer bestiegen, fand sich zufällig der Haushund, den man von der Kette losgelassen hatte, vor der Tür desselben ein; dergestalt, dass beide, ohne sich bestimmt zu erklären, vielleicht in der unwillkürlichen Absicht, außer sich selbst noch etwas Drittes, Lebendiges, bei sich zu haben, den Hund mit sich in das Zimmer nahmen. Das Ehepaar, zwei Lichter auf dem Tisch, die Marquise unausgezogen, der Marchese Degen und Pistolen, die er aus dem Schrank genommen, neben sich, setzen sich, gegen elf Uhr, jeder auf sein Bett; und während sie sich mit Gesprächen, so gut sie vermögen, zu unterhalten suchen, legt sich der Hund, Kopf und Beine zusammen gekauert, in der Mitte des Zimmers nieder und schläft ein. Drauf, in dem Augenblick der Mitternacht, lässt sich das entsetzliche Geräusch wieder hören: jemand, den kein Mensch mit Augen sehen kann, hebt sich, auf Krücken, im Zimmerwinkel empor; man hört das Stroh, das unter ihm rauscht; und mit dem ersten Schritt: tapp! tapp! erwacht der Hund, hebt sich plötzlich, die Ohren spitzend, vom Boden empor, und knurrend und bellend, grad als ob ein Mensch auf ihn eingeschritten käme, rückwärts gegen den Ofen weicht er aus. Bei diesem Anblick stürzt die Marquise, mit sträubenden Haaren, aus dem Zimmer; und während der Marquis, der den Degen ergriffen: wer da? ruft, und da ihm niemand antwortet, gleich einem Rasenden, nach allen Richtungen die Luft durchhaut, lässt sie anspannen, entschlossen, augenblicklich, nach der Stadt abzufahren. Aber ehe sie noch einige Sachen zusammengepackt und aus dem Tore herausgerasselt, sieht sie schon das Schloss ringsum in Flammen aufgehen. Der Marchese, vom Entsetzen überreizt, hatte eine Kerze genommen, und dasselbe, überall mit Holz getäfelt wie es war, an allen vier Ecken, müde seines Lebens, angesteckt. Vergebens schickte sie Leute hinein, den Unglücklichen zu retten, er war auf die elendiglichste Weise bereits umgekommen, und noch jetzt liegen, von den Landleuten zusammengetragen, seine weißen Gebeine in dem Winkel des Zimmers, von welchem er das Bettelweib von Locarno hatte aufstehen heißen.
(1810)

1. Lesen Sie den Text und achten Sie auf die Zeit (Erzählzeit), die Sie dazu benötigen.
   Vergleichen Sie: Über welchen Zeitraum erstreckt sich das erzählte Geschehen (erzählte Zeit)?
2. Untersuchen Sie nun die Zeitgestaltung genauer und machen Sie sich ihre erzählerische Funktion klar.
   Gehen Sie dabei Abschnitt für Abschnitt vor:
   - Welche Ereignisse werden zeitraffend, welche zeitdeckend oder zeitdehnend erzählt, wo liegt der Hauptakzent?
   - Gibt es Vorausdeutungen oder Rückblenden?
3. Analysieren Sie die sprachliche Darstellung des vierten Spukerlebnisses (ab Z. 92):
   Welche Auffälligkeiten erkennen Sie?
4. Experimentieren Sie mit der Zeitgestaltung:
   Bringen Sie die Geschichte in eine andere Reihenfolge oder bauen Sie da, wo es Ihnen sinnvoll erscheint, Rückblenden oder Vorausdeutungen ein.
   Stellen Sie das vierte Spukerlebnis zeitraffend dar oder die Begegnung zwischen Bettelweib und dem Marchese zeitdeckend.
   Sprechen Sie über die veränderte Wirkung.
5. Versuchen Sie sich ein möglichst genaues Bild vom Ort des Geschehens zu machen, indem Sie sich eine Skizze anfertigen (äußeres Umfeld, zentraler Raum des Geschehens, Winkel, Ofen).
   Was passiert wo? Welche erzählerische Bedeutung hat der Winkel?

3 Einen Erzähltext interpretieren und darüber schreiben

In Kapitel 2 wurden wichtige Strukturelemente erzählender Texte vorgestellt und untersucht. In einer Interpretation werden nun die Ergebnisse der Textanalyse deutend miteinander verknüpft. Um von einem ersten Verstehen eines Erzähltextes zu einer schriftlichen Interpretation zu gelangen, bedarf es also mehrerer Schritte:
1. Zunächst sollte man sich die eigene individuelle Lesart deutlich machen. Diese bildet so etwas wie eine erste (vorläufige) Verstehenshypothese.
2. Im Anschluss daran wird diese durch eine genaue Arbeit am Text überprüft. Dabei ist eine Orientierung an den in Kapitel 2 erarbeiteten Strukturelementen sinnvoll, es sollten aber auch andere für die jeweilige Textart wesentlichen Gesichtspunkte erfasst werden (z. B. die Parabelstruktur). Neben diesem werkimmanenten Verfahren können sich auch andere Zugänge der Deutung als fruchtbar erweisen, indem z. B. auf die Biografie des Autors oder den geschichtlichen Kontext des Textes Bezug genommen wird. Am Ende dieses Arbeitsschrittes steht gegebenenfalls eine Korrektur oder Modifikation der ersten Lesart.
3. Erst danach erfolgt die Verschriftlichung. Die Ergebnisse und Beobachtungen werden geordnet, in einen schlüssigen Zusammenhang gebracht und es wird aufgezeigt, welche Bedeutung (Botschaft) der Text für den Leser hat.

3.1 Individuelle Lesarten

H. C. Artmann

???

1. Die verantwortung eines weichenstellers der Union Pacific Ges. ist eine große, ihm obliegt die sorge um mensch und vieh, aber auch sachschaden hat er tunlichst zu vermeiden.

2. Der weichensteller besitzt ein buch, in dem er immer liest. 10 jahre besitzt er dieses buch, aber er beginnt nach seite 77 jedes mal wieder von vorne, weiter würde er es nie lesen, er hat da so eine vorahnung. Blödsinn, murmelt er, und beginnt trotzdem wieder bei seite 1.

3. Die meiste zeit aber raucht er seine geliebte pfeife, er hat keine frau, er sieht den ersten stern am abendhimmel aufglänzen, er geht in das intime grün der brennnesseln hinter dem haus austreten, er ist sonst ein frühaufsteher und trinkt nach dem essen ein bier.

4. Der letzte zug kommt stets um 21 uhr 35 durch, er sieht den letzten waggon in der ferne verschwinden, der bremser hat ihm zugewinkt, er ist seit jahren sein freund, obgleich er noch nie mit ihm gesprochen hat.

5. Das buch des weichenstellers ist ein alter pennyshocker mit dem titel „Der Mann vom Union Pacific Express". Heute beschließt er den roman bis ans ende zu lesen, doch es schwant ihm nichts gutes.

6. Einmal stand ein fremder bremser auf der hinteren plattform des letzten waggons; ob er ein aushelfer war?

7. Gegen 23 uhr wird der weichensteller durch einen ungewöhnlichen lichtschein aufmerksam, er geht vor das haus und sieht einen zug anrollen, der in keinem fahrplan verzeichnet steht, er rollt vollkommen lautlos an ihm vorbei, auf der plattform des letzten waggons steht der fremde von damals und bläst mundharmonika.

8. Der weichensteller reibt sich die augen, ihm kommt das alles eigenartig vor, er ist ja ganz allein, er geht ins haus zurück, er trinkt ein extrabier und verklebt die seiten 78 bis 126 mit kleister. So, meint er, wäre es das beste.
(1967)

1. Lesen Sie den Text von H. C. Artmann und machen Sie sich Ihr spontanes Verständnis deutlich, indem Sie ihm einen Titel geben.

2. Vergleichen Sie Ihre jeweiligen Überschriften. Welche individuellen Lesarten drücken sich darin aus und wie erklären Sie sich diese? Ziehen Sie zur Erklärung Ecos Gedanken zur „Eigenbewegung des Textes" (Seite 91) und folgende Aussagen des französischen Philosophen und Schriftstellers Jean Paul Sartre hinzu:

Jean Paul Sartre

Lesen ist gelenktes Schaffen*

Lesen ist gelenktes Schaffen. Einerseits hat das literarische Objekt tatsächlich keine andere Substanz als die Subjektivität des Lesers: die Erwartung *Raskolnikoffs* ist meine Erwartung, die ich ihm leihe; ohne diese Ungeduld bleiben nur nichts sagende Schriftzeichen übrig; sein Hass gegen den Untersuchungsrichter, der ihn vernimmt, ist mein Hass, den die Schriftzeichen in mir wecken (...), und der Untersuchungsrichter selbst würde ohne den Hass, den ich durch *Raskolnikoff* hindurch gegen ihn hege, gar nicht existieren; dieser Hass macht ihn lebendig, er ist sein Fleisch und Blut. Andererseits sind die Wörter gleichsam Schlingen, um unsere Empfindungen zu wecken und wieder gegen uns zu richten; jedes Wort ist ein Weg zur Transzendenz, es bezeichnet unsere Neigungen, nennt sie mit Namen, legt sie einer imaginären Figur zu, die es auf sich nimmt, sie an unserer Statt zu erleben, und die keine andere Substanz hat als eben diese geliehenen Leidenschaften; es gibt ihnen Gegenständlichkeit, Perspektive und einen Horizont. So bleibt für den Leser noch alles zu tun, und doch ist alles schon getan; das Werk existiert nur genau auf der Ebene seiner Fähigkeiten; während er liest und schafft, weiß er, dass er in seiner Lektüre immer weitergehen, dass er immer tiefgründiger schaffen könnte; und deshalb kommt das Werk ihm unerschöpflich und undurchdringlich vor wie ein Ding. Dieses von Qualität unabhängige Produzieren, das sich entsprechend der Subjektivität, die es hervorruft, unter unseren Augen in undurchdringliche Objektivitäten verwandelt, würde ich gern mit jener „rationalen Intuition" vergleichen, die Kant der göttlichen Vernunft vorbehalten hat. *(1950)*

Raskolnikoff = Hauptfigur in Dostojewskis Roman „Schuld und Sühne". Er tötet eine alte Wucherin, um mit dem geraubten Geld sein Studium zu finanzieren.

Edward Hopper: Railroad Sunset

3.2 Vorarbeiten am Text

1. Die verantwortung eines weichenstellers der Union Pacific Ges. ist eine große, ihm obliegt die sorge um mensch und vieh, aber auch sachschaden hat er tunlichst zu vermeiden.

rätselhafte Vorahnung: bezieht das Buch auf sich! sein Schicksal?

2. Der weichensteller besitzt ein buch, in dem er immer liest. 10 jahre besitzt er dieses buch, aber er beginnt nach seite 77 jedes mal wieder von vorne, weiter würde er es nie lesen, er hat da so eine vorahnung. Blödsinn, murmelt er, und beginnt trotzdem wieder bei seite 1.

Die alltägliche Welt des Weichenstellers: geordnet und kalkulierbar

3. Die meiste zeit aber raucht er seine geliebte pfeife, er hat keine frau, er sieht den ersten stern am abendhimmel aufglänzen, er geht in das intime grün der brennnesseln hinter dem haus austreten, er ist sonst ein frühaufsteher und trinkt nach dem essen ein bier.

4. Der letzte zug kommt stets um 21 uhr 35 durch, er sieht den letzten waggon in der ferne verschwinden, der bremser hat ihm zugewinkt, er ist seit jahren sein freund, obgleich er noch nie mit ihm gesprochen hat.

Übereinstimmung Realität ↔ Buch → unheimliche Parallele: Spiegelbild siehe 2.

5. Das buch des weichenstellers ist ein alter pennyshocker mit dem titel „Der Mann vom Union Pacific Express“. Heute beschließt er den roman bis ans ende zu lesen, doch es schwant ihm nichts gutes.

Der Fremde als Teil der Alltagswelt? Frage betont Unsicherheit

6. Einmal stand ein fremder bremser auf der hinteren plattform des letzten waggons; ob er ein aushelfer war?

Einbruch der anderen Welt: unplanmäßiger geisterhafter Zug → Hinweis auf Übersinnliches

7. Gegen 23 uhr wird der weichensteller durch einen ungewöhnlichen lichtschein aufmerksam, er geht vor das haus und sieht einen zug anrollen, der in keinem fahrplan verzeichnet steht, er rollt vollkommen lautlos an ihm vorbei, auf der plattform des letzten waggons steht der fremde von damals und bläst mundharmonika.

Vielleicht alles nur ein Traum? Aber er verklebt die Seiten! Ist das eine Lösung?

8. Der weichensteller reibt sich die augen, ihm kommt das alles eigenartig vor, er ist ja ganz allein, er geht ins haus zurück, er trinkt ein extrabier und verklebt die seiten 78 bis 126 mit kleister. So, meint er, wäre es das beste.

1 Untersuchen Sie arbeitsteilig die Randspaltennotizen:
Was ist dem Leser bzw. der Leserin aufgefallen (inhaltlich, sprachlich)?
Welche Folgerungen hat er/sie daraus gezogen?
Welche Textsignale wurden besonders berücksichtigt, welche eher vernachlässigt?

1. Die verantwortung eines weichenstellers der Union Pacific Ges. ist eine große, ihm obliegt die sorge um mensch und vieh, aber auch sachschaden hat er tunlichst zu vermeiden.

2. Der weichensteller besitzt ein buch, in dem er immer liest. 10 jahre besitzt er dieses buch, aber er beginnt nach seite 77 jedes mal wieder von vorne, weiter würde er es nie lesen, er hat da so eine vorahnung. Blödsinn, murmelt er, und beginnt trotzdem wieder bei seite 1.

3. Die meiste zeit aber raucht er seine geliebte pfeife, er hat keine frau, er sieht den ersten stern am abendhimmel aufglänzen, er geht in das intime grün der brennnesseln hinter dem haus austreten, er ist sonst ein frühaufsteher und trinkt nach dem essen ein bier.

4. Der letzte zug kommt stets um 21 uhr 35 durch, er sieht den letzten waggon in der ferne verschwinden, der bremser hat ihm zugewinkt, er ist seit jahren sein freund, obgleich er noch nie mit ihm gesprochen hat.

5. Das buch des weichenstellers ist ein alter pennyshocker mit dem titel „Der Mann vom Union Pacific Express“. Heute beschließt er den roman bis ans ende zu lesen, doch es schwant ihm nichts gutes.

6. Einmal stand ein fremder bremser auf der hinteren plattform des letzten waggons; ob er ein aushelfer war?

7. Gegen 23 uhr wird der weichensteller durch einen ungewöhnlichen lichtschein aufmerksam, er geht vor das haus und sieht einen zug anrollen, der in keinem fahrplan verzeichnet steht, er rollt vollkommen lautlos an ihm vorbei, auf der plattform des letzten waggons steht der fremde von damals und bläst mundharmonika.

8. Der weichensteller reibt sich die augen, ihm kommt das alles eigenartig vor, er ist ja ganz allein, er geht ins haus zurück, er trinkt ein extrabier und verklebt die seiten 78 bis 126 mit kleister. So, meint er, wäre es das beste.

allgemeine Darstellung
nummerierte Abschnitte → wie Dienstplan
Kleinschreibung
↓
viele Zeitadverbien: immer, jedes Mal, stets u. a.
Zeitform: Präsens (tägliche Wiederholung)
↓
Leben des Weichenstellers:
Routine / Monotonie / Einsamkeit
sprachlich: kurze Hauptsätze, Wiederholung „er“, eintönige Sprache

prägnanter Einschnitt: Heute
Hinweis auf Veränderungswillen
einmal
↓
das Ungewöhnliche als Unterbrechung der Alltagsmonotonie

Bild für Freiheit?
aber:
Angst vor Veränderung
erneuter Einstieg in die Routine

→ Parabel? Gleichnis?

2 Auf dieser Seite finden Sie in der Randspaltennotiz das Stichwort Parabel. Die Interpretation eines parabolischen Textes bedarf besonderer Kategorien, die mit seiner Struktur zusammenhängen. Informieren Sie sich über diese Textform und überlegen Sie, ob der vorliegende Text als eine Parabel „gelesen“ werden kann und welche Konsequenzen sich daraus für seine Deutung ergeben würden.

3 Versuchen Sie die unterschiedlichen Lesarten/Verstehenshypothesen zu formulieren, die sich aus den Notizen ergeben. Vergleichen Sie diese mit Ihrem eigenen Textverständnis. Welche Lesart überzeugt Sie mehr?

3.3 Entwürfe von Teilen einer schriftlichen Interpretation

(...)
Ein einfacher Mann wagt es nicht, mit seinen Gewohnheiten zu brechen. Er lebt sein Leben nach festgelegten Regeln, so wie die Züge nach einem fixierten Fahrplan fahren. Der genaue Hinweis auf die Ankunft des letzten Zuges präzisiert auf die Minute genau die zeitliche Struktur, die das Leben des Weichenstellers bestimmt. Diese Struktur gibt Sicherheit und Ordnung, hat aber auch Monotonie zur Folge. Im 7. Abschnitt wird der Weichensteller jedoch einem ungewöhnlichen Ereignis ausgesetzt: Ein außerplanmäßiger Zug fährt vorbei, Sinnbild für die Möglichkeit einer Veränderung. Aber der Weichensteller ergreift die Chance eines Neubeginns nicht. Er entscheidet sich gegen das Fremde und Unbekannte und hält an seiner Alltagsroutine fest.
(...)

(...)
Durch die vielen Zeitadverbien („stets", „seit jahren", „immer", „jedes mal") unterstreicht der Autor die Routine, die in dem Leben des Weichenstellers liegt. Dass es keine Alternative hierzu gibt, wird durch das „nie" im 4. Abschnitt angedeutet. Auch die ständigen Wiederholungen, die Zeitform des Präsens und die kurzen aneinander gereihten Hauptsätze sind ein erzählerisches Mittel, um auf die immer wiederkehrenden, eintönigen und andauernden Handlungsabläufe hinzuweisen. Auffällig ist auch die Kleinschreibung sämtlicher Wörter bis auf die Anfangsbuchstaben. Sie wirkt wie ein monotoner Fluss und soll wohl das Nichtvorhandensein von Höhepunkten aufzeigen. Aufschlussreich ist in diesem Zusammenhang, dass die Schreibweise des Buchtitels davon ausgenommen wird (5. Abschnitt). (...)

(...)
das Buch, in dem der Weichensteller liest, spielt eine wichtige Rolle. Es ist ein Pennyschocker. Ich stelle mir vor, dass es ein spannendes, vielleicht auch unheimliches oder fantastisches Abenteuer enthält. Der Weichensteller, dessen Lebensumstände und Verhaltensweisen als so eintönig und langweilig beschrieben werden, scheint also noch in einer anderen Welt zu leben, einer Art Ersatzwelt. Dieser Mann ist demnach interessanter, als es auf den ersten Blick erscheint. Warum liest er aber immer nur bis S. 77? Ist das vielleicht der Punkt, an dem die Grenzen zwischen Fantasie und Realität sich vermischen, an dem er in der Hauptfigur des Buches sein eigenes Spiegelbild entdeckt? Er hat eine Vorahnung, wie es im 2. Abschnitt heißt. Hier bekommt der Text für mich eine fast bedrohliche Dimension, obwohl er wenig offensichtliche Spannungselemente enthält. Plötzlich wird die Möglichkeit einer anderen Wirklichkeit eröffnet, die sich unserem Alltagswissen entzieht. (...)

(...)
Dieser rätselhafte Text lässt keine eindeutige „Lösung" zu. Vieles bleibt offen: Bezieht sich der Titel des Pennyschockers auf den Weichensteller, seinen Freund, den Bremser, oder auf den fremden Mundharmonikaspieler? Was steht auf den verklebten Seiten und in welcher Beziehung steht der Zug, der „in keinem Zugplan verzeichnet steht" dazu? Vielleicht ist das alles ja auch nur ein Traum? Und wenn nicht: Glaubt der Weichensteller tatsächlich, dass das Verkleben von Buchseiten sein Schicksal aufhält? Der Autor, der mir bekannt ist durch seinen schwarzen Humor und seine Nonsensgeschichten, treibt auch in diesem Text ein ziemliches Verwirrspiel mit seinen Lesern
(...)

1. Vergleichen Sie die Textausschnitte: Welche unterschiedlichen Verstehenshypothesen sind erkennbar? Auf welche Weise werden diese belegt und begründet? Welche Zugänge werden deutlich? Wo wird eher von dem Textinhalt selbst, wo von der Wirkung des Textes auf den Leser, wo von seiner „Machart" ausgegangen?

2. Welche Texte bzw. welche Textaussagen überzeugen Sie, welche finden Sie fragwürdig oder schwer nachvollziehbar? Woran liegt das jeweils?

3. Verändern Sie gegebenenfalls eine Textpassage, schreiben Sie eine Version weiter oder formulieren Sie eine eigene Version zu einem Beobachtungsaspekt, der Ihnen wichtig erscheint.

4. Machen Sie sich anhand Ihres Textes deutlich, welchen „Schritt" Sie innerhalb der schriftlichen Interpretation vollzogen haben, welche jeweils vorausgehen bzw. folgen müssten.

5. Wählen Sie aus dem Teil „Texte und Themen" einen Erzähltext aus und verfassen Sie eine schriftliche Interpretation.
Orientieren Sie sich dabei an dem hier eingeübten Verfahren und informieren Sie sich zusätzlich im Kapitel „Ich/Natur – Umgang mit Gedichten" über die einzelnen Arbeitsschritte beim Verfassen eines Interpretationsaufsatzes.

Beachten Sie zusätzlich:

- *Handelt es sich bei dem zu interpretierenden Erzähltext um einen in sich geschlossenen Text (Kurzgeschichte, Parabel) oder um einen Auszug aus einem größeren Werk (z.B. Roman)?*
  Bei einem Textauszug müssen Sie auch dessen Kontext ermitteln, sich also möglichst mit dem Inhalt des gesamten Werkes vertraut machen, um den Entwicklungsstand des Geschehens und der Figuren darstellen zu können.

- *Welche Zugänge wollen Sie bei der Interpretation anwenden?*
  Vereinfacht dargestellt lassen sich folgende Verfahren unterscheiden:
  der **werkimmanente Ansatz**, der bei dem Text selbst ansetzt und seine Strukturen, sprachlichen Mittel usw. zu erfassen sucht,
  der **biografische Ansatz**, der von der Lebensgeschichte des Autors ausgeht,
  der **leserorientierte Ansatz**, der beim Leser ansetzt und untersucht, welche Gefühle/Gedanken der Text in ihm auslöst,
  der **literaturhistorische Ansatz**, der den Text in seinen geschichtlichen/gesellschaftlichen Kontext stellt.

Häufig ergänzt der eine Ansatz den anderen. In der Regel wird man vom Text selbst ausgehen, aber auch auf andere Interpretationsverfahren zurückgreifen, wenn dadurch eine Vertiefung der Deutung erreicht werden kann, z.B. biografische Zeugnisse eines Autors einbeziehen oder den geschichtlichen Kontext berücksichtigen.

→ Carsten Schlingmann: Methoden der Interpretation im Kapitel „Reflexionen über Literatur" (s. Seite 402)

4 Erzählwerkstatt

Eigene Schreibversuche können zu einer genaueren Wahrnehmung von Eigenheiten literarischer Texte führen und stellen deshalb eine sinnvolle Ergänzung zu den eher analytisch-reflexiven Untersuchungs- und Arbeitsweisen dar.
Die Erzählwerkstatt will Sie dazu anregen, selbst oder gemeinsam mit anderen eigene Texte zu schreiben und dabei Fantasie und Produktivität zu entwickeln. Man kann von vorgegebenem Material ausgehen (Texte, Bilder o. Ä.) oder auch der eigenen Vorstellungskraft freien Lauf lassen.

Erzähltexte transformieren

In den vorherigen Kapiteln haben Sie schon verschiedene Möglichkeiten kennnen gelernt, wie Sie literarische Erzähltexte ausgestalten oder verändern können.

- Erzählfiguren durch Tagebuchnotizen, Briefe, einen Lebenslauf zusätzliches Profil geben
- Erzählperspektiven und -haltungen verändern
- in einem anderen Stil erzählen
- Vorgeschichten oder Fortsetzungen schreiben
- die Handlung eines Erzähltextes in eine andere Reihenfolge bringen
- einen inneren Monolog/eine erlebte Rede für eine Erzählfigur verfassen
- Erzähltexte in eine andere Textsorte (z. B. dramatischen Text, Zeitungstext) umschreiben
- …
- …

Vielleicht entdecken Sie noch andere produktive Zugänge und probieren Sie an Texten Ihrer Wahl aus …

Bilder als Erzählimpulse nutzen

Bilder sind nicht stumm. Sie lösen in uns Gefühle, Gedanken, Assoziationen, Fantasien aus, die in Geschichten umgesetzt werden können.

Alexander M. Iwanow:
Einmal wird auch in unserer Straße ein Fest sein.
1987.

Minisagas ausgestalten

Handlungskerne in Minisagas können ausgestaltet und entfaltet werden. Dabei ist eine Vielzahl von literarischen Handlungskompositionen möglich. Versuchen Sie auch ein und dieselbe Handlung in unterschiedlichen Variationen darzustellen, indem Sie die Gestaltungsmittel (äußere Form, Erzählperspektive, Sprache) verändern.

Beispiel für eine Minisaga:

„Was hätten Sie denn gemacht?", fragte sie den Polizisten, als sie ihm ihren Revolver gab, „in einem Haus, in dem ein junger Mann Nacht für Nacht von zwei bis drei Uhr Posaune übt?"

Erzählimpulse aufgreifen

Sie können auch Anregungen aus dem Alltag (ein Erlebnis, eine Wahrnehmung, ein Gespräch) oder aus den Medien zum Erzählen nutzen. Lassen Sie sich z. B. durch eine kurze Zeitungsmeldung anregen und entwickeln Sie daraus eine fantastische Geschichte oder eine Kriminalgeschichte oder ...

Rostfarbener Hundehaufen löst Bombenalarm aus

31.03.2000 LVZ

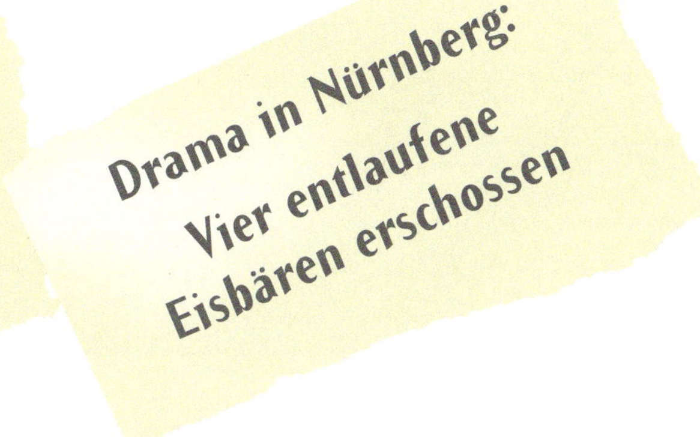
Drama in Nürnberg: Vier entlaufene Eisbären erschossen

REDEN UND SCHWEIGEN

Umgang mit szenischen Texten

1 Was ist ein Drama?

Dramatische Texte sind auf Inszenierung angelegt. Der gedruckte Text vermittelt nur einen Bruchteil dessen, was eine Theateraufführung ausdrückt; er ist dabei nur ein Element der Aufführung. Meist wird ein dramatischer Text für eine Aufführung bearbeitet. Streichungen, Textumstellungen und Ergänzungen dienen der bühnenwirksamen Einrichtung von literarischen Vorlagen.

William Shakespeare

Ein Sommernachtstraum, 2. Akt, 2. Szene
(Erstveröffentlichung 1600)

Lysander und Hermia treten auf — sagt er! (H. sollte also nicht erschöpft wirken …)
LYSANDER: Schöns Lieb, du bist erschöpft von diesem Wald,
Und ich gesteh, ich weiß den Weg nicht mehr. → klassischer Trick (Tank leer, Reifenpanne …)
Wenn es dir recht ist, Hermia, mach jetzt Halt,
das meint Wir rasten, denn bei Tag ists nicht so schwer.
er nicht! HERMIA: Ja, gut, Lysander, machs dir wo bequem, ≙ woanders: sie hat ihn verstanden und will nicht
Mir ist die Böschung hier ganz angenehm.
LYSANDER: Ein Rasenfleck sei Kissen für uns zwei:
Ein Herz, ein Bett, ein Körper, eine Treu! ≙ Gefühl … Sex … zuletzt: Moral
HANDLUNG! HERMIA: Nein, mein Lysander! Mir zuliebe, Lieber,
Lieg nicht so nah! Lege dich dort hinüber. sie wehrt ab: HANDLUNG
LYSANDER: Liebste, missdeute meine Unschuld nicht.
stellt sich unschuldig ← Liebe versteht doch, was die Liebe spricht.
Ich mein, *mein* Herz ist so verwebt in deines:
Wir machen ganz von selbst daraus nur eines.
[Zwei Busen kettet aneinand' ein Schwur,
Daher in beiden *eine* Treue nur.] } produziert „Text", raspelt Süßholz: Liebe, Herz, Treue – ein letzter Versuch
Erlaube drum, dass ich mich an dich schmiege: → HANDLUNG
Hermia, ich lüge nicht, wenn ich so liege.
HERMIA: Lysander fügt die Worte wirklich fein. → spöttisch: ich durchschaue dich
~~Mein Hochmut und mein Stolz verdienten Rüge,~~
~~Wenn Hermia sagte, daß Lysander lüge.~~
Doch sei so lieb und nett und sag nicht nein, → HANDLUNG / Handgemenge!
Wenn ich dich bitte: halt den Abstand ein,
~~Mein Freund, den man für ziemlich halten kann~~
~~Für Mädchenehr und einen Ehrenmann.~~
sie zeigt es Soweit entfernt bleib, Freund, und nimmer wende
Von mir dich ab bis an dein selig Ende. nimmt Treueaspekt auf
LYSANDER: Du betest schön, Lieb! Ich sag Amen drauf. liebevoll? enttäuscht? ironisch? böse?
Brech ich die Treu, so hör mein Leben auf!
hat aufgegeben ← Hier ist mein Lager. Schlaf und träum voll Glück!
HERMIA: Das halbe Glück wünsch ich auf dich zurück!

1 Vergleichen Sie das Original mit der bearbeiteten Fassung und dem Szenenfoto. Welche Aufgaben erfüllen die Randnotizen der Dramaturgin? An welchen Stellen würden Sie Momente des Schweigens – Pausen – fixieren?

Außersprachliche Darstellungselemente

Das Drama unterscheidet sich von den beiden anderen literarischen Gattungen vor allem dadurch, dass es kein reines Sprachkunstwerk ist, sich nicht allein im Medium der Sprache vollzieht. Über diese wichtige Eigenart der dramatischen Gattung sieht man leicht hinweg, wenn man nur den Dramentext vor sich hat. Dieser jedoch ist in mancher Hinsicht mit einer Partitur vergleichbar und verwirklicht sich immer erst im Augenblick seiner Aufführung. Deshalb ist das Drama als „synästhetischer" Text zu begreifen. *(Horst Spittler, 1991)*

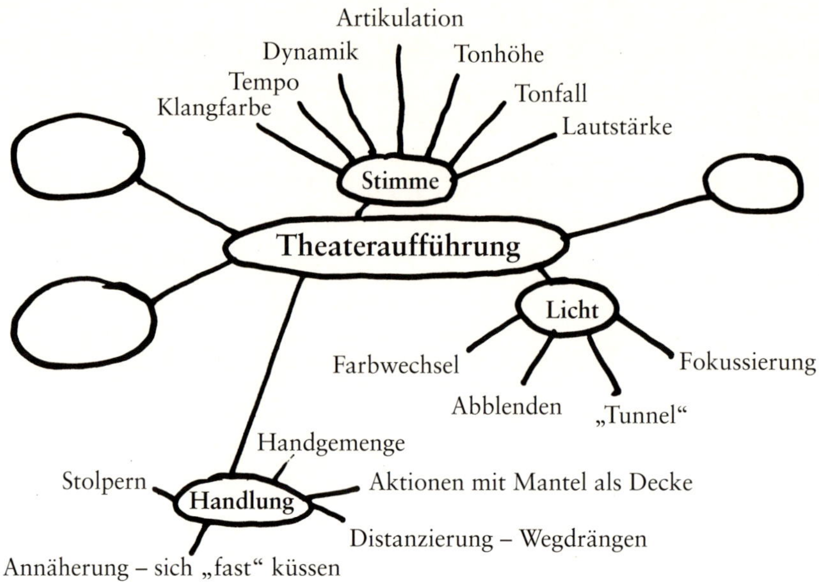

2. Ergänzen Sie das Schaubild ausgehend von der Regiefassung und dem Szenenfoto und erläutern Sie anschließend das Zitat mit Hilfe der grafischen Darstellung.

3. Inwiefern zwingt die Entwicklung einer bühnenwirksamen Aufführung eines Theaterstückes alle Beteiligten zu einer Deutung des dramatischen Originals? Veranschaulichen Sie mit Beispielen, auf welchen verschiedenen Ebenen sich solche Textdeutungen auswirken können.

Drei Zitate zur Diskussion

Ein Theater hängt nicht organisch mit der Literatur zusammen und seine Aufgabe besteht nicht in der Wiedergabe der Werke der Dramatiker.
(Alexander Tairow)

Der Text macht das europäische Theater aus und nichts anderes.
Der Text ist die wesentliche Erfindung.
(Peter Stein)

Shakespeare ist nicht unser Zeitgenosse. Seine erste Lehre kann nicht sein, Shakespeare zu spielen; müsste fast sein, Shakespeare *nicht* zu spielen.
Shakespeares Bühne spielte ausschließlich für Zeitgenossen, und das war die erste Bedingung dafür, dass es Shakespeare überhaupt gab. Die erste Frage, die uns Shakespeare stellt, ist daher die nach *unserem* Shakespeare. (...)
Kunstwerke werden mit der Zeit unverständlich, nicht indem sie sich ändern, sondern gerade indem sie sich nicht verändern. Sie werden notiert und fixiert, und sie bleiben in verdinglichter Form in der lebendigen Sprache liegen. Was sich verändert, ist die Welt, die sie umgibt, in die sie eingebettet sind. (...)
Ein altes Werk kann daher durch „Werktreue" nicht gerettet werden, es kann nicht „authentisch" interpretiert werden. *Wo der Kontext sich verändert hat, muss auch das Werk verändert werden, um es zu erhalten.* (...)
Wir können das Globe nachbauen, und wir können Shakespeares Stücke dort oder anderwärts so aufführen, wie das vermutlich früher geschah – Authentizität wird damit nicht erreicht; sie hat nur scheinbar ihr Maß im Original.
Authentizität, wenn überhaupt, findet im Spiel statt, im Hier-und-Jetzt, in der Interaktion zwischen Konsument und Produzent, zwischen Schauspieler und Publikum. *(Norbert Kentrup, 1997)*

2 Dramatische Texte untersuchen und verstehen

2.1 Der dramatische Auftakt: Problemstellung und Handlungsansätze

Zu Beginn eines Dramas wird der Zuschauer mit dem Ort, der Zeit, den Figuren der Handlung bekannt gemacht und zentrale Konfliktansätze werden erkennbar; man nennt diesen Teil die dramatische *Exposition* (lat. = Darlegung). Im Theater des 18. Jahrhunderts fällt diese mit dem ersten Akt zusammen.

Gotthold Ephraim Lessing

Emilia Galotti (Auszug)

Personen
EMILIA GALOTTI
ODOARDO und CLAUDIA GALOTTI, *Eltern der Emilia*
HETTORE GONZAGA, *Prinz von Guastalla*
MARINELLI, *Kammerherr des Prinzen*
CAMILLO ROTA, *einer von des Prinzen Räten*
CONTI, *Maler*
GRAF APPIANI
GRÄFIN ORSINA
ANGELO und einige Bediente

Erster Aufzug
(Die Szene, ein Kabinett des Prinzen)

Erster Auftritt

DER PRINZ *(an einem Arbeitstische, voller Briefschaften und Papiere, deren einige er durchläuft):* Klagen, nichts als Klagen! Bittschriften, nichts als Bittschriften! – Die traurigen Geschäfte; und man beneidet uns noch! – Das glaub' ich; wenn wir allen helfen könnten: dann wären wir zu beneiden. – Emilia? *(indem er noch eine von den Bittschriften aufschlägt, und nach dem unterschriebnen Namen sieht)* Eine Emilia? – Aber eine Emilia Bruneschi – nicht Galotti. Nicht Emilia Galotti. – Was will sie, diese Emilia Bruneschi? *(Er lieset)* Viel gefordert; sehr viel. – Doch sie heißt Emilia. Gewährt! *(Er unterschreibt und klingelt; worauf ein Kammerdiener hereintritt)* Es ist wohl noch keiner von den Räten in dem Vorzimmer?

DER KAMMERDIENER: Nein.

DER PRINZ: Ich habe zu früh Tag gemacht. – Der Morgen ist so schön. Ich will ausfahren. Marchese Marinelli soll mich begleiten. Lass ihn rufen. *(Der Kammerdiener geht ab)* – Ich kann doch nicht mehr arbeiten. – Ich war so ruhig, bild' ich mir ein, so ruhig – Auf einmal muss eine arme Bruneschi, Emilia heißen: – weg ist meine Ruhe, und alles! –

DER KAMMERDIENER *(welcher wieder hereintritt)*: Nach dem Marchese ist geschickt. Und hier, ein Brief von der Gräfin Orsina.

DER PRINZ: Der Orsina? Legt ihn hin.

DER KAMMERDIENER: Ihr Läufer wartet.

DER PRINZ: Ich will die Antwort senden; wenn es einer bedarf. – Wo ist sie? In der Stadt? oder auf ihrer Villa?

DER KAMMERDIENER: Sie ist gestern in die Stadt gekommen.

DER PRINZ: Desto schlimmer – besser; wollt' ich sagen. So braucht der Läufer umso weniger zu warten. *(Der Kammerdiener geht ab.)* Meine teure Gräfin! *(bitter, indem er den Brief in die Hand nimmt.)* So gut, als gelesen! *(und ihn wieder wegwirft)* – Nun ja; ich habe sie zu lieben geglaubt! Was glaubt man nicht alles? Kann sein, ich habe sie auch wirklich geliebt. Aber – ich habe!

DER KAMMERDIENER *(der nochmals hereintritt)*: Der Maler Conti will die Gnade haben – –

DER PRINZ: Conti? Recht wohl; lasst ihn hereinkommen. – Das wird mir andere Gedanken in den Kopf bringen. – *(Steht auf.)*

Zweiter Auftritt

Conti, der Prinz

DER PRINZ: Guten Morgen Conti. Wie leben Sie? Was macht die Kunst?

CONTI: Prinz, die Kunst geht nach Brot.

DER PRINZ: Das muss sie nicht; das soll sie nicht, – in meinem kleinen Gebiete gewiss nicht. – Aber der Künstler muss auch arbeiten wollen.

CONTI: Arbeiten? Das ist seine Lust. Nur zu viel arbeiten müssen, kann ihn um den Namen Künstler bringen.

DER PRINZ: Ich meine nicht vieles; sondern viel: ein Weniges; aber mit Fleiß. – Sie kommen doch nicht leer, Conti?

CONTI: Ich bringe das Porträt, welches Sie mir befohlen haben, gnädiger Herr. Und bringe noch eines, welches Sie mir nicht befohlen: Aber weil es gesehen zu werden verdienet –

DER PRINZ: Jenes ist? – kann ich mich doch kaum erinnern –

CONTI: Die Gräfin Orsina.

DER PRINZ: Wahr! – Der Auftrag ist nur ein wenig lange her.

CONTI: Unsere schönen Damen sind nicht alle Tage zum Malen. Die Gräfin hat, seit drei Monaten, gerade ein

Mal sich entschließen können, zu sitzen.
DER PRINZ: Wo sind die Stücke?
CONTI: In dem Vorzimmer: ich hole sie.

Dritter Auftritt

DER PRINZ: Ihr Bild! – mag! – Ihr Bild, ist sie doch nicht selber. – Und vielleicht find' ich in dem Bilde wieder, was ich in der Person nicht mehr erblicke. – Ich will es aber nicht wieder finden. – Der beschwerliche Maler! Ich glaube gar, sie hat ihn bestochen. – Wär' es auch! Wenn ihr ein anderes Bild, das mit andern Farben, auf einen andern Grund gemalet ist, – in meinem Herzen wieder Platz machen will: – Wahrlich, ich glaube, ich wär' es zufrieden. Als ich dort liebte, war ich immer so leicht, so fröhlich, so ausgelassen. – Nun bin ich von allem das Gegenteil. – Doch nein; nein, nein! Behäglicher, oder nicht behäglicher: ich bin so besser.
(...)

Achter Auftritt

Camillo Rota. Schriften in der Hand. Der Prinz.

DER PRINZ: Kommen Sie, Rota, kommen Sie. – Hier ist, was ich diesen Morgen erbrochen. Nicht viel Tröstliches! – Sie werden von selbst sehen, was darauf zu verfügen. – Nehmen Sie nur.
CAMILLO ROTA: Gut, gnädiger Herr.
DER PRINZ: Noch ist hier eine Bittschrift einer Emilia Galot – – Bruneschi will ich sagen. – Ich habe meine Bewilligung zwar schon beigeschrieben. Aber doch – die Sache ist keine Kleinigkeit. – Lassen Sie die Ausfertigung noch anstehen – Oder auch nicht anstehen: wie Sie wollen.
CAMILLO ROTA: Nicht wie ich will, gnädiger Herr.
DER PRINZ: Was ist sonst? Etwas zu unterschreiben?
CAMILLO ROTA: Ein Todesurteil wäre zu unterschreiben.
DER PRINZ: Recht gern. – Nur her! geschwind.
CAMILLO ROTA *(stutzig und den Prinzen starr ansehend)*: Ein Todesurteil, sagt' ich.
DER PRINZ: Ich höre ja wohl. – Es könnte schon geschehen sein. Ich bin eilig.
CAMILLO ROTA *(seine Schriften nachsehend)*: Nun hab' ich es doch wohl nicht mitgenommen! – – Verzeihen Sie, gnädiger Herr. – Es kann Anstand damit haben bis morgen.
DER PRINZ: Auch das! – Packen Sie nur zusammen: ich muss fort – Morgen, Rota, ein mehres! *(Geht ab.)*
CAMILLO ROTA *(den Kopf schüttelnd, indem er die Papiere zu sich nimmt und abgeht)*: Recht gern? – Ein Todesurteil recht gern? – Ich hätt' es ihn in diesem Augenblicke nicht mögen unterschreiben lassen, und wenn es den Mörder meines einzigen Sohnes betroffen hätte. – Recht gern! recht gern! – Es geht mir durch die Seele dieses grässliche Recht gern! *(1772)*

1 Lesen Sie die Anfangsszenen aus Lessings Emilia Galotti mit verteilten Rollen. Dabei soll deutlich werden, wie Sie die Figuren und das Geschehen einschätzen. Probieren Sie verschiedene Sprechhaltungen aus.

2 Tauschen Sie Ihre ersten Eindrücke aus und klären Sie anschließend im Gespräch:
- was vorher passiert sein könnte;
- *wo* das Stück spielt;
- *wann* das Stück spielt;
- welches vermutlich die *Hauptfiguren* sind und wie sie vorgestellt werden;
- welche Rolle die *Requisiten* spielen;
- welche *Handlungs- und Konfliktansätze* weitergedacht werden können.

Hypothesen eines Grundkurses zur Frage nach der grundlegenden Problemstellung:

A Als Handlungsansatz zeichnet sich die Rivalität zwischen der Gräfin Orsina, die sozial höher gestellt ist, und ihrer bürgerlichen Gegenspielerin Emilia ab, die reizvoller erscheint. Im II. Akt ist dementsprechend das Einfädeln eines Intrigenspiels zu erwarten.

B Das Bild des Malers Conti gibt dem Prinzen Anlass zum Nachdenken über seine Vergangenheit, Gegenwart und Zukunft. Der Prinz befindet sich an einem Wendepunkt. Man kann damit rechnen, dass ihm Marchese Marinelli, mit dem er ausfahren will, hilft, oder dass sich auch die Eltern Emilias einmischen werden. Das Grundproblem besteht jedenfalls zwischen „altem Trott", d.h. überlebten Formen und Gefühlen, und einer neuen Haltung.

C Der Konflikt liegt in der Person des Prinzen, der zwei Gesichter zeigt. Er schwankt zwischen Menschenverachtung auf der beruflichen Ebene und Liebe auf der persönlichen Ebene. Offensichtlich geht es also um einen Konflikt zwischen Zwängen und individuellen Wünschen. Offen ist, ob Rota es schafft, das Todesurteil abzuwenden. Offen ist ebenso, welche Rolle Emilia Galotti spielt, die bisher noch nicht zu Wort gekommen ist.

3 Überprüfen und bewerten Sie die Positionen ausgehend von Textsignalen.

2.2 Figurenkonzeption und Konfliktentwicklung

Bevor man eine Rolle gekonnt sprechen, spielen, ausstatten oder inszenieren kann, ist es nötig, den Entwurf der Rolle im Text – die äußeren und inneren Merkmale einer Figur – zu klären.
Um die Konfliktentwicklung zu verfolgen, lohnt es sich, innere Konfliktlagen einzelner Figuren, aber auch äußere Ereignisse aufzuspüren, die die Spannung weiter aufbauen und die Handlung vorantreiben. Solche personen- oder situationsgebundenen „erregenden Momente“ können sich als Schlüssel zur Analyse und zur Weiterverarbeitung erweisen.
Der Text eines Dramas kann dementsprechend wie eine Wegskizze gelesen werden, in der verschiedene Wegweiser als Signale verzeichnet sind, die auf den Zielpunkt, die Konfliktlösung, hinweisen.

Gotthold Ephraim Lessing

Emilia Galotti, zweiter Aufzug (Auszug)

[In Lessings Drama Emilia Galotti tritt die Hauptfigur erst im sechsten Auftritt des zweiten Aufzuges in Erscheinung.]

Sechster Auftritt

Emilia und Claudia Galotti

EMILIA *(stürzet in einer ängstlichen Verwirrung herein)*: Wohl mir! wohl mir! Nun bin ich in Sicherheit. Oder ist er mir gar gefolgt? *(Indem sie den Schleier zurückwirft und ihre Mutter erblicket)* Ist er, meine Mutter? ist er? – Nein, dem Himmel sei Dank!

CLAUDIA: Was ist dir, meine Tochter? was ist dir?

EMILIA: Nicht, nichts –

CLAUDIA: Und blickest so wild um dich? Und zitterst an jedem Gliede?

EMILIA: Was hab' ich hören müssen? Und wo, wo hab' ich es hören müssen?

CLAUDIA: Ich habe dich in der Kirche geglaubt –

EMILIA: Eben da! Was ist dem Laster Kirch' und Altar? – Ah, meine Mutter! *(sich ihr in die Arme werfend)*

CLAUDIA: Rede, meine Tochter! – Mach' meiner Furcht ein Ende. – Was kann dir da, an heiliger Stätte, so Schlimmes begegnet sein?

EMILIA: Nie hätte meine Andacht inniger, brünstiger sein sollen, als heute: nie ist sie weniger gewesen, was sie sein sollte.

CLAUDIA: Wir sind Menschen, Emilia. Die Gabe zu beten ist nicht immer in unserer Gewalt. Dem Himmel ist beten wollen, auch beten.

EMILIA: Und sündigen wollen, auch sündigen.

CLAUDIA: Das hat meine Emilia nicht wollen!

EMILIA: Nein, meine Mutter; so tief ließ mich die Gnade nicht sinken. – Aber dass fremdes Laster uns, wider unsern Willen, zu Mitschuldigen machen kann!

CLAUDIA: Fasse dich! – Sammle deine Gedanken, so viel dir möglich. – Sag' es mir mit eins, was dir geschehen.

EMILIA: Eben hatt' ich mich – weiter von dem Altare als ich sonst pflege, – denn ich kam zu spät – auf meine Knie gelassen. Eben fing ich an, mein Herz zu erheben: als dicht hinter mit etwas seinen Platz nahm. So dicht hinter mir! – Ich konnte weder vor, noch zur Seite rücken, – so gern ich auch wollte; aus Furcht, dass eines andern Andacht mich in meiner stören möchte. – Andacht! das war das Schlimmste, was ich besorgte. – Aber es währte nicht lange, so hört' ich, ganz nah' an meinem Ohre, – nach einem tiefen Seufzer, – nicht den Namen einer Heiligen, – den Namen, – zürnen Sie nicht, meine Mutter – den Namen Ihrer Tochter! – Meinen Namen! – O dass laute Donner mich verhindert hätten, mehr zu hören! – Es sprach von Schönheit, von Liebe – Es klagte, dass dieser Tag, welcher mein Glück mache, – wenn er es anders mache – sein Unglück auf immer entscheide. – Es beschwor mich – hören musst' ich dies alles. Aber ich blickte nicht um; ich wollte tun, als ob ich es nicht hörte. – Was konnt' ich sonst? – Meinen guten Engel bitten, mich mit Taubheit zu schlagen; und wann auch, wann auch auf immer! – Das bat ich: das war das Einzige, was ich beten konnte. – Endlich ward es Zeit, mich wieder zu erheben. Das heilige Amt ging zu Ende. Ich zitterte, mich umzukehren. Ich zitterte, ihn zu erblicken, der sich den Frevel erlauben dürfen. Und da ich mich umwandte, da ich ihn erblickte –

CLAUDIA: Wen, meine Tochter?

EMILIA: Raten Sie, meine Mutter; raten Sie – Ich glaubte in die Erde zu sinken – Ihn selbst.

CLAUDIA: Wen, ihn selbst?

EMILIA: Den Prinzen.

CLAUDIA: Den Prinzen! – O gesegnet sei die Ungeduld deines Vaters, der eben hier war, und dich nicht erwarten wollte!

EMILIA: Mein Vater hier? – und wollte mich nicht erwarten?

CLAUDIA: Wenn du in deiner Verwirrung auch ihn das hättest hören lassen!

EMILIA: Nun, meine Mutter? – Was hätt' er an mir Strafbares finden können?

CLAUDIA: Nichts; eben so wenig, als an mir. Und doch, doch – Ha, du kennst deinen Vater nicht! In seinem Zorne hätt' er den unschuldigen Gegenstand des Verbrechens mit dem Verbrecher verwechselt. In seiner Wut hätt' ich ihm geschienen, das veranlasst zu haben, was ich weder verhindern, noch vorhersehen können. – Aber weiter, meine Tochter, weiter! Als du den Prinzen erkanntest – Ich will hoffen, dass du deiner mächtig genug warest, ihm in Einem Blicke alle die Verachtung zu bezeigen, die er verdienet.

EMILIA: Das war ich nicht, meine Mutter! Nach dem Blicke, mit dem ich ihn erkannte, hatt' ich nicht das Herz, einen zweiten auf ihn zu richten. Ich floh' –

„Emilia Galotti" (Jenny Schily), Staatsschauspiel Dresden, 1996

CLAUDIA: Und der Prinz dir nach –

EMILIA: Was ich nicht wusste, bis ich in der Halle mich bei der Hand ergriffen fühlte. Und von ihm! Aus Scham musst' ich Stand halten: mich von ihm loszuwinden, würde die Vorbeigehenden zu aufmerksam auf uns gemacht haben. Das war die einzige Überlegung, deren ich fähig war – oder deren ich nun mich wieder erinnere. Er sprach; und ich hab' ihm geantwortet. Aber was er sprach, was ich ihm geantwortet; – fällt mir es noch bei, so ist es gut, so will ich es Ihnen sagen, meine Mutter. Itzt weiß ich von dem allen nichts. Meine Sinne hatten mich verlassen. – Umsonst denk' ich nach, wie ich von ihm weg, und aus der Halle gekommen. Ich finde mich erst auf der Straße wieder; und höre ihn hinter mir herkommen; und höre ihn mit mir zugleich in das Haus treten, mit mir die Treppe hinaufsteigen – –

CLAUDIA: Die Furcht hat ihren besondern Sinn, meine Tochter! – Ich werde es nie vergessen, mit welcher Gebärde du hereinstürztest. – Nein, so weit durfte er nicht wagen, dir zu folgen. – Gott! Gott! wenn dein Vater das wüsste! – Wie wild er schon war, als er nur hörte, dass der Prinz dich jüngst nicht ohne Missfallen gesehen! – Indes, sei ruhig, meine Tochter! Nimm es für einen Traum, was dir begegnet ist. Auch wird es noch weniger Folgen haben, als ein Traum. Du entgehest heute mit eins allen Nachstellungen.

EMILIA: Aber nicht, meine Mutter? Der Graf muss das wissen. Ihm muss ich es sagen.

CLAUDIA: Um alle Welt nicht! – Wozu? warum? Willst du für nichts, und wieder für nichts ihn unruhig machen? Und wann er es auch itzt nicht würde: wisse, mein Kind, dass ein Gift, welches nicht gleich wirket, darum kein minder gefährliches Gift ist. Was auf den Liebhaber keinen Eindruck macht, kann ihn auf den Gemahl machen. Den Liebhaber könnt' es sogar schmeicheln, einem so wichtigen Mitbewerber den Rang abzulaufen. Aber wenn er ihm den nun einmal abgelaufen hat: ah, mein Kind, – so wird aus dem Liebhaber oft ein ganz anderes Geschöpf. Dein gutes Gestirn behüte dich vor dieser Erfahrung.

EMILIA: Sie wissen, meine Mutter, wie gern ich Ihren bessern Einsichten mich in allem unterwerfe. – Aber, wenn er es von einem andern erführe, dass der Prinz mich heute gesprochen? Würde mein Verschweigen nicht, früh oder spät, seine Unruhe vermehren? – Ich dächte doch, ich behielte lieber vor ihm nichts auf dem Herzen.

CLAUDIA: Schwachheit! verliebte Schwachheit! – Nein, durchaus nicht, meine Tochter! Sag' ihm nichts. Lass ihn nichts merken.

EMILIA: Nun ja, meine Mutter! Ich habe keinen Willen gegen den Ihrigen. – Aha! *(Mit einem tiefen Atemzuge)* Auch wird mir wieder ganz leicht. – Was für ein albernes, furchtsames Ding ich bin! – Nicht, meine Mutter?

– Ich hätte mich noch wohl anders dabei nehmen können, und würde mir eben so wenig vergeben haben.

CLAUDIA: Ich wollte dir das nicht sagen, meine Tochter, bevor dir es dein eigner gesunder Verstand sagte. Und ich wusste, er würde dir es sagen, sobald du wieder zu dir selbst gekommen. – Der Prinz ist galant. Du bist die unbedeutende Sprache der Galanterie zu wenig gewohnt. Eine Höflichkeit wird in ihr zur Empfindung; eine Schmeichelei zur Beteuerung: ein Einfall zum Wunsche; ein Wunsch zum Vorsatze. Nichts klingt in dieser Sprache wie alles: und alles ist in ihr so viel als nichts.

EMILIA: O meine Mutter! – so müsste ich mir mit meiner Furcht vollends lächerlich vorkommen! – Nun soll er gewiss nichts davon erfahren, mein guter Appiani! Er könnte mich leicht für mehr eitel, als tugendhaft, halten. – Hui! dass er da selbst kömmt! Es ist sein Gang.

1. Untersuchen Sie, welche Figuren in diesem Dialog *direkt* oder *indirekt* vorgestellt werden und auf welche Weise diese Figuren Profil gewinnen. Welche *inneren* und *äußeren* Merkmale der Figuren kommen zur Sprache? Was wird nicht exponiert?

2. Konzentrieren Sie sich auf den *inneren Konflikt* Emilias, der sich in ihrer „Verwirrung" (Regieanweisung Z. 2) zeigt.
   - Untersuchen Sie dazu Zeile 30–60 genauer: Wie manifestiert sich diese „Verwirrung" sprachlich?
   - Versuchen Sie unter Berücksichtigung der gesamten Szene den Einfluss der Eltern und ihrer Normen und den Stellenwert des Prinzen einzuschätzen.
   - Formulieren Sie Ihre Ergebnisse in einer zusammenhängenden Figurenanalyse Emilias oder notieren Sie, was Emilia und Claudia verschweigen.

3. Untersuchen Sie, was die Figuren zur Spannungssteigerung beitragen.

4. Die folgenden Aufzüge finden auf dem Lustschloss Dosala des Prinzen statt. Wie könnte der Schluss des Dramas aussehen? Spinnen Sie den Faden fort und entwerfen Sie ausgehend von den in der Exposition erkennbaren Konfliktansätzen und den Figurenkonzeptionen einen geeigneten Dramenverlauf.

5. Vergleichen Sie Ihre Entwürfe und deren Wirkungsabsichten und stellen Sie Ihre Ergebnisse in einen Zusammenhang mit den Wirkungsabsichten Lessings.

Brief Lessings an Nicolai vom 13.11.1756

Es kann sein, dass wir dem Grundsatze: *Das Trauerspiel soll bessern*, manches elende, aber gut gemeinte Stück schuldig sind; es kann sein, sage ich, denn diese Ihre Anmerkung klingt ein wenig zu sinnreich, als dass ich sie gleich für wahr halten sollte. Aber das erkenne ich für wahr, dass kein Grundsatz, wenn man sich ihn recht geläufig gemacht hat, bessere Trauerspiele kann hervorbringen helfen als der: *Die Tragödie soll Leidenschaften erregen.* (...)

Wenn es also wahr ist, dass die Kunst des tragischen Dichters auf die sichere Erregung und Dauer des einzigen Mitleidens geht, so sage ich nunmehr, die Bestimmung der Tragödie ist diese: Sie soll *unsre Fähigkeit, Mitleid zu fühlen,* erweitern. Sie soll uns nicht bloß lehren, gegen diesen oder jenen Unglücklichen Mitleid zu fühlen, sondern sie soll uns soweit fühlbar machen, dass uns der Unglückliche zu allen Zeiten und unter allen Gestalten rühren und für sich einnehmen muss. Und nun berufe ich mich auf einen Satz, den Ihnen Herr Moses [Mendelssohn] vorläufig demonstrieren mag, wenn Sie, Ihrem eigenen Gefühl zum Trotz, daran zweifeln wollen. *Der mitleidigste Mensch ist der beste Mensch*, zu allen gesellschaftlichen Tugenden, zu allen Arten der Großmut der aufgelegteste. Wer uns also mitleidig macht, macht uns besser und tugendhafter, und das Trauerspiel, das jenes tut, tut auch dieses, oder – es tut jenes, um dieses tun zu können. Bitten Sie es dem Aristoteles ab, oder widerlegen Sie mich.

Auf gleiche Weise verfahre ich mit der Komödie. Sie soll uns zur Fertigkeit verhelfen, alle Arten des Lächerlichen leicht wahrzunehmen. Wer diese Fertigkeit besitzt, wird in seinem Betragen alle Arten des Lächerlichen zu vermeiden suchen und eben dadurch der wohlgezogenste und gesittetste Mensch werden. Und so ist auch die Nützlichkeit der Komödie gerettet.

Beider Nutzen, des Trauerspiels sowohl als des Lustspiels, ist von dem Vergnügen unzertrennlich; denn die ganze Hälfte des Mitleids und des Lachens ist Vergnügen, und es ist großer Vorteil für den dramatischen Dichter, dass er weder nützlich noch angenehm, eines ohne das andere sein kann.

2.3 Figurenkonstellation und Dialogstruktur

Theaterstücke bilden Beziehungsstrukturen und Beziehungsverläufe ab. Das *Erforschen von Beziehungen der Figuren zueinander* steht im Mittelpunkt jedes Spiels. Die Untersuchung des Beziehungsgeflechts, der Figurenkonstellation, steht folglich auch im Mittelpunkt der Analyse eines einzelnen Dialogs.
Jede Szene, jedes Theaterstück ist eine Abfolge von Beziehungshandlungen, die einen Verlauf zeigen, sich Schritt für Schritt entwickeln, manchmal verändern.
Sprechen kann man dabei als eine besondere Art des Handelns verstehen. Durch die *Analyse der auffälligen Sprechakte* und der *sprachlichen Besonderheiten*, aber auch der *nonverbalen Aktionen* in einer Szene gewinnt man das „Beweismaterial", das die Aussagen über die Absichten, Motive, Gefühle der Figuren und ihrer Beziehungen zueinander begründen kann.

Friedrich Schiller
Maria Stuart, 3. Aufzug, 4. Auftritt

[In dieser Szene führt Friedrich Schiller dem Zuschauer ein klassisches Rededuell vor Augen. Das „königliche Streitgespräch" bildet den Höhepunkt des 1800 in Weimar uraufgeführten Dramas.]

1

Die Vorigen, Elisabeth, Graf Leicester, Gefolge.
ELISABETH *(zu Leicester)*: Wie heißt der Landsitz?
LEICESTER: Fotheringhayschloss.
ELISABETH *(zu Shrewsbury)*:
Schickt unser Jagdgefolg, voraus nach London.
Das Volk drängt allzuheftig in den Straßen.
Wir suchen Schutz in diesem stillen Park.
(Talbot entfernt das Gefolge. Sie fixiert mit den Augen die Maria, indem sie zu Paulet weiterspricht.)
Mein gutes Volk liebt mich zu sehr. Unmäßig,
Abgöttisch sind die Zeichen seiner Freude,
So ehrt man einen Gott, nicht einen Menschen.
MARIA *(welche diese Zeit über halb ohnmächtig auf die Amme gelehnt war, erhebt sich jetzt, und ihr Auge begegnet dem gespannten Blick der Elisabeth. Sie schaudert zusammen und wirft sich wieder an der Amme Brust)*:
O Gott, aus diesen Zügen spricht kein Herz!
ELISABETH: Wer ist die Lady?
(Ein allgemeines Schweigen.)
LEICESTER: – Du bist zu Fotheringhay, Königin.
ELISABETH *(stellt sich überrascht und erstaunt, einen finstern Blick auf Leicester richtend)*:
Wer hat mir das getan? Lord Leicester!
LEICESTER:
Es ist geschehen, Königin – Und nun
Der Himmel deinen Schritt hierher gelenkt,
So lass die Großmut und das Mitleid siegen.
SHREWSBURY:
Lass dich erbitten königliche Frau,
Dein Aug' auf die Unglückliche zu richten,
Die hier vergeht vor deinem Anblick.
(Maria rafft sich zusammen und will auf die Elisabeth zugehen, steht aber auf halbem Weg schaudernd still, ihre Gebärden drücken den heftigsten Kampf aus.)
ELISABETH: Wie, Mylords?
Wer war es denn, der eine Tiefgebeugte
Mir angekündigt? Eine Stolze find ich,
Vom Unglück keineswegs geschmeidigt.

★

2

MARIA: Sei's!
Ich will mich auch noch diesem unterwerfen,
Fahr hin, ohnmächt'ger Stolz der edeln Seele!
Ich will vergessen, wer ich bin, und was
Ich litt: ich will vor ihr mich niederwerfen,
Die mich in diese Schmach herunterstieß.
(Sie wendet sich gegen die Königin.)
Der Himmel hat für euch entschieden, Schwester!
Gekrönt vom Sieg ist euer glücklich Haupt,
Die Gottheit bet ich an, die euch erhöhte!
(Sie fällt vor ihr nieder.)
Doch seid auch ihr nun edelmütig, Schwester!
Lasst mich nicht schmachvoll liegen, Eure Hand
Streckt aus, reicht mir die königliche Rechte,
Mich zu erheben von dem tiefen Fall.
ELISABETH *(zurücktretend)*:
Ihr seid an Eurem Platz, Lady Maria!
Und dankend preis ich meines Gottes Gnade,
Der nicht gewollt, dass ich zu Euren Füßen
So liegen sollte, wie Ihr jetzt zu meinen.
MARIA *(mit steigendem Affekt)*:
Denkt an den Wechsel alles Menschlichen!
Es leben Götter, die den Hochmut rächen!
Verehret, fürchtet sie, die schrecklichen,
Die mich zu Euren Füßen niederstürzen –
Um dieser fremden Zeugen willen, ehrt

In mir Euch selbst, entweihet, schändet nicht
Das Blut der Tudor, das in meinen Adern
Wie in den Euren fließt – O Gott im Himmel!
Steht nicht da, schroff und unzugänglich, wie
Die Felsenklippe, die der Strandende
Vergeblich ringend zu erfassen strebt.
Mein Alles hängt, mein Leben, mein Geschick
An meiner Worte, meiner Tränen Kraft:
Löst mir das Herz, dass ich das Eure rühre!
Wenn Ihr mich anschaut mit dem Eisesblick,
schließt sich das Herz mir schaudernd zu, der Strom
Der Tränen stockt, und kaltes Grausen fesselt
Die Flehensworte mir im Busen an.
ELISABETH *(kalt und streng):*
Was habt ihr mir zu sagen, Lady Stuart?
Ihr habt mich sprechen wollen, ich vergesse
Die Königin, die schwer beleidigte,
Die fromme Pflicht der Schwester zu erfüllen,
Und meines Anblicks Trost gewähr ich Euch.
Dem Trieb der Großmut folg ich, setze mich
Gerechtem Tadel aus, dass ich so weit
Heruntersteige – denn Ihr wisst,
Dass Ihr mich habt ermorden lassen wollen.

★

3

MARIA:
Womit soll ich den Anfang machen, wie
Die Worte klüglich stellen, dass sie Euch
Das Herz ergreifen, aber nicht verletzen!
O Gott, gib meiner Rede Kraft und nimm
Ihr jeden Stachel, der verwunden könnte!
Kann ich doch für mich selbst nicht sprechen, ohne Euch
Schwer zu verklagen, und das will ich nicht.
– Ihr habt an mir gehandelt, wie nicht recht ist,
Denn ich bin eine Königin wie Ihr.
Und Ihr habt als Gefangene mich gehalten;
Ich kam zu euch als eine Bittende.
Und Ihr, des Gastrechts heilige Gesetze,
Der Völker heilig Recht in mir verhöhnend,
Schlosst mich in Kerkermauern ein, die Freunde,
Die Diener werden grausam mir entrissen,
Unwürd'gem Mangel werd' ich preisgegeben,
Man stellt mich vor ein schimpfliches Gericht –
Nichts mehr davon! Ein ewiges Vergessen
Bedecke, was ich Grausames erlitt.
– Seht! ich will alles eine Schickung nennen:
Ihr seid nicht schuldig, ich bin auch nicht schuldig,
Ein böser Geist stieg aus dem Abgrund auf,
Den Hass in unsern Herzen zu entzünden,
Der unsre zarte Jugend schon entzweit.
Er wuchs mit uns, und böse Menschen fachten
Der unglücksel'gen Flamme Atem zu.
Wahnsinn'ge Eiferer bewaffneten
Mit Schwert und Dolch die unberufne Hand –
Das ist das Fluchgeschick der Könige,
Dass sie entzweit, die Welt in Hass zerreißen
Und jeder Zwietracht Furien entfesseln.
– Jetzt ist kein fremder Mund mehr zwischen uns,
(nähert sich ihr zutraulich und mit schmeichelndem Ton)
Wir stehn einander selbst nun gegenüber.
Jetzt, Schwester, redet! Nennt mir meine Schuld,
Ich will euch völliges Genügen leisten.
Ach, dass Ihr damals mir Gehör geschenkt,
Als ich so dringend Euer Auge suchte!
Es wäre nie so weit gekommen, nicht
An diesem traur'gen Ort geschähe jetzt
Die unglückselig traurige Begegnung.
ELISABETH: Mein guter Stern bewahrte mich davor,
Die Natter an den Busen mir zu legen.
– Nicht die Geschicke, Euer schwarzes Herz
Klagt an, die wilde Ehrsucht Eures Hauses,
Nichts Feindliches war zwischen uns geschehn,
Da kündigte mir Euer Ohm, der stolze,
Herrschwüt'ge Priester, der die freche Hand
Nach allen Kronen streckt, die Fehde an.
Betörte euch, mein Wappen anzunehmen,
Euch meine Königstitel zuzueignen.
Auf Tod und Leben in den Kampf mit mir
zu gehen – Wen rief er gegen mich nicht auf?
Der Priester Zungen und der Völker Schwert,
Des frommen Wahnsinns fürchterliche Waffen;
Hier selbst, im Friedenssitze meines Reichs,
Blies er mir der Empörung Flammen an –
Doch Gott ist mit mir, und der stolze Priester
Behält das Feld nicht – Meinem Haupte war
Der Streich gedrohet, und das Eure fällt.

★

4

MARIA: Ich steh in Gottes Hand. Ihr werdet euch
So blutig Eurer Macht nicht überheben –
ELISABETH: Wer soll mich hindern? Euer Oheim gab
Das Beispiel allen Königen der Welt,
Wie man seinen Feinden Frieden macht:
Die Sankt Barthelemi sei meine Schule!
Was ist mir Blutsverwandtschaft, Völkerrecht?
Die Kirche trennet aller Pflichten Band.
Den Treubruch heiligt sie, den Königsmord,
Ich übe nur, was Eure Priester lehren.
Sagt! Welches Pfand gewährte mir für Euch,
Wenn ich großmütig Eure Bande löste?
Mit welchem Schloss verwahr ich Eure Treue,
Das nicht Sankt Peters Schlüssel öffnen kann?
Gewalt nur ist die einz'ge Sicherheit,
Kein Bündnis ist mit dem Gezücht der Schlangen.
MARIA: Oh, das ist Euer traurig finstrer Argwohn!
Ihr habt mich stets als eine Feindin nur
Und Fremdlingin betrachtet. Hättet Ihr

Zu Eurer Erbin mich erklärt, wie mir
Gebührt, so hätten Dankbarkeit und Liebe
Euch eine treue Freundin und Verwandte
In mir erhalten.
ELISABETH: Draußen, Lady Stuart,
Ist Eure Freundschaft, euer Haus das Papsttum,
Der Mönch ist euer Bruder – Euch! zur Erbin
Erklären! Der verräterische Fallstrick!
Dass Ihr bei meinem Leben noch mein Volk
Verführet, eine listige Armida.
Die edle Jugend meines Königreichs
In Eurem Buhlernetze schlau verstricktet –
Dass alles sich der neu aufgehnden Sonne
Zuwendete, und ich –
MARIA: Regiert in Frieden!
Jedwedem Anspruch auf dies Reich entsag ich.
Ach, meines Geistes Schwingen sind gelähmt,
Nicht Größe lockt mich mehr – Ihr habt's erreicht,
Ich bin nur noch der Schatten der Maria.
Gebrochen ist in langer Kerkerschmach
Der edle Mut – Ihr habt das Äußerste an mir
Getan, habt mich zerstört in meiner Blüte!
– Jetzt macht ein Ende, Schwester. Sprecht es aus,
Das Wort, um dessentwillen Ihr gekommen,
Denn nimmer will ich glauben, dass ihr kamt,
Um euer Opfer grausam zu verhöhnen.
Sprecht dieses Wort aus. Sagt mir: „Ihr seid frei,
Maria! Meine Macht habt Ihr gefühlt,
Jetzt lernet meinen Edelmut verehren."
Sagt's, und ich will mein Leben, meine Freiheit
Als ein Geschenk aus Eurer Hand empfangen,
– Ein Wort macht alles ungeschehn. Ich warte
Darauf. O lasst mich's nicht zu lang erharren!
Weh euch, wenn Ihr mit diesem Wort nicht endet!
Denn wenn Ihr jetzt nicht Segen bringend, herrlich,
Wie eine Gottheit von mir scheidet – Schwester!
Nicht um dies ganze reiche Eiland, nicht
Um alle Länder, die das Meer umfasst,
Möchte' ich vor Euch so stehn, wie Ihr vor mir!

★

ELISABETH: Bekennt Ihr endlich Euch für
überwunden?
Ist's aus mit Euren Ränken? Ist kein Mörder
Mehr unterwegs? Will kein Abenteurer
Für Euch die traur'ge Ritterschaft mehr wagen?
– Ja, es ist aus, Lady Maria. Ihr verführt
Mir keinen mehr. Die Welt hat andre Sorgen.
Es lüstet keinen, Euer – vierter Mann
Zu werden, denn ihr tötet Eure Freier,

Bildnachweis s. S. 584

Wie Eure Männer!
MARIA *(auffahrend)*: Schwester! Schwester!
O Gott! Gott! Gib mir Mäßigung!
ELISABETH *(sieht sie lange mit einem Blick stolzer Verachtung an)*:
Das also sind die Reizungen, Lord Leicester,
Die ungestraft kein Mann erblickt, daneben
Kein andres Weib sich wagen darf zu stellen!
Fürwahr! Der Ruhm war wohlfeil zu erlangen:
Es kostet nichts, die allgemeine Schönheit
Zu sein, als die gemeine sein für alle!
MARIA: Das ist zu viel!
ELISABETH *(höhnisch lachend)*.
Jetzt zeigt Ihr Euer wahres Gesicht, bis jetzt war's nur die Larve.
MARIA *(von Zorn glühend, doch mit einer edeln Würde)*:
Ich habe menschlich, jugendlich gefehlt,
Die Macht verführte mich, ich habe es nicht
Verheimlicht und verborgen, falschen Schein
Hab ich verschmäht mit königlichem Freimut.
Das Ärgste weiß die Welt von mir, und ich
Kann sagen, ich bin besser als mein Ruf.
Weh Euch, wenn sie von Euren Taten einst
Den Ehrenmantel zieht, womit Ihr gleißend
Die wilde Glut verstohlner Lüste deckt.
Nicht Ehrbarkeit habt Ihr von Eurer Mutter
Geerbt: man weiß, um welcher Tugend willen
Anna von Boleyn das Schafott bestiegen.
SHREWSBURY *(tritt zwischen beide Königinnen)*:
O Gott des Himmels! Muss es dahin kommen!
Ist das die Mäßigung, die Unterwerfung,
Lady Maria?
MARIA: Mäßigung! Ich habe
Ertragen, was ein Mensch ertragen kann.
Fahr hin, lammherzige Gelassenheit,
Zum Himmel fliehe, leidende Geduld.
Spreng endlich deine Bande, tritt hervor
Aus deiner Höhle, langverhaltner Groll –
Und du, der dem gereizten Basilisk
Den Mordblick gab, leg auf die Zunge mir
Den gift'gen Pfeil –
SHREWSBURY: O sie ist außer sich!
Verzeih der Rasenden, der schwer Gereizten!
(Elisabeth, für Zorn sprachlos, schießt wütende Blicke auf Marien.)
LEICESTER *(in der heftigsten Unruhe, sucht die Elisabeth hinwegzuführen)*:
Höre die Wütende nicht an! Hinweg, hinweg
Von diesem unglücksel'gen Ort!
MARIA: Der Thron von England ist durch einen Bastard
Entweiht, der Briten edelherzig Volk
Durch eine list'ge Gauklerin betrogen.
– Regierte Recht, so läget ihr vor mir
im Staube jetzt, denn ich bin euer König.
(Elisabeth geht schnell ab, die Lords folgen ihr in der höchsten Bestürzung.)
(1800)

1 Um Übersicht über den Verlauf der recht langen Szene zu gewinnen, bietet sich im Anschluss an die Lektüre eine *szenische Demonstration* an. Bilden Sie dazu verschiedene Gruppen, auf die Sie die Gesprächspassagen (1–6) verteilen.
- Suchen Sie aus jeder Passage Stellen aus, die Sie ganz im Stil elisabethanischer Bilder oder klassischer Skulpturen als lebende Bilder (tableaux vivant) darstellen. Ein Regisseur ist in jeder Gruppe notwendig, der eigentliche Spieltext bleibt unausgesprochen. Es entsteht so eine Abfolge von Standbildern. Ein Gruppenmitglied kann jeweils die Präsentation erläutern.
- Beschreiben Sie auf dieser Grundlage die *Figurenkonstellation* am Anfang der Szene: Welche Figuren oder Figurengruppen stehen einander gegenüber? In welcher Beziehung stehen sie zueinander?
- Diskutieren Sie anschließend, wie sich die grundlegende Macht- bzw. Rangkonstellation im Verlauf der Szene wandelt.

Ein anderer Zugang als eine szenische Annäherung ist der analytische Weg, auf dem das sprachliche Handeln und die Dialogstruktur des Textes verstärkt in den Blick geraten.
Grundsätzlich hat sich eine Konzentration auf folgende „Hebel" als ergiebig erwiesen:
- auf die typischen *Sprechakte* und deren Subtext, d. h. auf das, was unter den Äußerungen einer Figur liegt: die unausgesprochenen Gefühle, Gedanken und Motive;
- auf die besondere *Sprechweise* (Redelänge, Argumentationsgehalt, Bildlichkeit, Stilfiguren, Vers) der Figuren;
- auf den *dramaturgischen Verlauf*, den Spannungsbogen der Szene.

2 Mit Randbemerkungen hat ein Regieassistent versucht, den **Anfangsteil (1.)** der Szene zu charakterisieren. Beschreiben Sie seine Vorgehensweise, ergänzen Sie die Bearbeitung und zeigen Sie, an welchen Stellen eine Differenz zwischen Gesagtem und Gemeinten deutlich wird.

Körpersprache	Gesagtes (Sprechakte)		Gemeintes (Subtext)
		Die Vorigen, Elisabeth, Graf Leicester, Gefolge.	
	E. FRAGT	ELISABETH *(zu Leicester):* Wie heißt der Landsitz? LEICESTER: Fotheringhayschloss.	VERSUCHT ZEIT ZU GEWINNEN
FIXIERENDER BLICK KÖRPERSPRACHE DER MACHT		ELISABETH *(zu Shrewsbury):* Schickt unser Jagdgefolg, voraus nach London. Das Volk drängt allzuheftig in den Straßen. Wir suchen Schutz in diesem stillen Park. *(Talbot entfernt das Gefolge. Sie fixiert mit den Augen die Maria, indem sie zu Paulet weiterspricht.)*	
	WERTET SICH AUF	Mein gutes Volk liebt mich zu sehr. Unmäßig, Abgöttisch sind die Zeichen seiner Freude, So ehrt man einen Gott, nicht einen Menschen.	WILL EINSCHÜCHTERN „Du bist chancenlos"
		MARIA *(welche diese Zeit über halb ohnmächtig auf die Amme gelehnt war, erhebt sich jetzt, und ihr Auge begegnet dem gespannten Blick der Elisabeth. Sie schaudert zusammen und wirft sich wieder an der Amme Brust):* O Gott, aus diesen Zügen spricht kein Herz!	
SCHWEIGEN	STELLT SCHEINFRAGE	ELISABETH: Wer ist die Lady? *(Ein allgemeines Schweigen.)*	WILL ABWERTEN
		LEICESTER: – Du bist zu Fotheringhay, Königin. ELISABETH *(stellt sich überrascht und erstaunt, einen finstern Blick auf Leicester richtend):* Wer hat mir das getan? Lord Leicester!	
		LEICESTER: Es ist geschehen, Königin – Und nun Der Himmel deinen Schritt hierhergelenkt, So lass die Großmut und das Mitleid siegen.	
		SHREWSBURY: Lass dich erbitten königliche Frau, Dein Aug' auf die Unglückliche zu richten, Die hier vergeht vor deinem Anblick. *(Maria rafft sich zusammen und will auf die Elisabeth zugehen, steht aber auf halbem Weg schaudernd still, ihre Gebärden drücken den heftigsten Kampf aus.)*	
	GREIFT MIT FRAGEN AN	ELISABETH: Wie, Mylords? Wer war es denn, der eine Tiefgebeugte Mir angekündigt? Eine Stolze find ich, Vom Unglück keineswegs geschmeidigt.	ZUSPITZUNG; WILL MARIA HERAUSFORDERN

3 Schreiben Sie eine kurze zusammenfassende Dialoganalyse des Anfangsteils:

„Die Initiative liegt ... Die Körpersprache Marias spiegelt ... wahrt Distanz, indem ...“

4 Beschreiben Sie arbeitsteilig den weiteren Verlauf des Dialogs zwischen Elisabeth und Maria, indem Sie in den Gesprächspassagen des **Mittelteils (2–5)** untersuchen, welche Sprechakte und besondere Sprechweisen vorkommen. Präzisieren Sie dabei, mit welchen Mitteln und Strategien die Kontrahentinnen ihre Gesprächsziele zu erreichen versuchen. Tauschen Sie Ihre Ergebnisse aus und versuchen Sie, den Stellenwert von Argumenten, sprachlich-stilistischer Gestaltung und gestischem Handeln zu bestimmen.

5 Klassische Szenen haben einen „klassischen Verlauf“: Es lässt sich ein Höhe- oder Wendepunkt fixieren. Ermitteln Sie den Umschlagpunkt in der Auseinandersetzung (Peripetie). Achten Sie an dieser Stelle auf die Gestaltung des Blankverses.

6 Den **Schlussteil eines Dialogs** zu analysieren, erfordert eine Antwort auf die Frage zu geben: Was ist das Gesprächsergebnis? Vergleichen Sie die beiden Versuche, das Ergebnis des Rededuells zu beschreiben und zu deuten.

Versuch I:

Elisabeths Versuch, Marias persönliche und weibliche Identität zu zerstören, bewirkt eine Zuspitzung der Situation und leitet den Umschwung ein. Ihr Versöhnungsangebot (Z. 127) und ihre politische Unterwerfung (Z. 185f.) lässt Maria jetzt hinter sich und sie wehrt sich mit verbaler Gewalt. Marias überraschend offensive Reaktion auf die Herausforderung durch die Rivalin ist der Versuch angesichts von objektiver Bedrohtheit ihren Selbstwert zu verteidigen. Als sie die Verlogenheit und inszenierte „Tugend“ Elisabeths mit Ironie attackiert (Z. 205f.), gibt sie das Ideal gleichberechtigter „Schwesterlichkeit“ für einen Moment auf. Gerade dadurch wirkt sie glaubwürdig und gewinnt endgültig die Sympathie der Zuschauer.
Schiller zeigt Maria nicht als Opfer, sondern als freies, selbstbewusstes und selbstbestimmtes Individuum, das Anspruch auf seine „Würde“ (Z. 234) geltend macht und dabei gewinnt. Maria macht die redegewandte Elisabeth „sprachlos“.

Versuch II:

Während Maria unfähig ist, sich von momentanen persönlichen Gefühlen zu lösen und für einen Augenblick des Triumphes ihre Zukunft opfert, behält Elisabeth einen kühlen und klaren Kopf. Damit beweist sie ihre taktische Überlegenheit und gewinnt das Rededuell. Als Regentin in einer Männergesellschaft hat sie offensichtlich gelernt, erfolgreich mit ihrer Macht umzugehen. Vielleicht verliert sie sogar das Streitgespräch auf persönlicher Ebene gezielt. Ihre geschickten fortgesetzten Provokationen legen das nahe. Weil Maria sich provozieren lässt, hat Elisabeth die Möglichkeit, ihre Rivalin endgültig ohne „Meuchelmord“ loszuwerden.
Insgesamt erscheint Elisabeth vielschichtiger und vieldeutiger, in jedem Fall unabhängiger als Maria, die Schiller eher als blutleeren weiblichen Idealtyp skizziert.

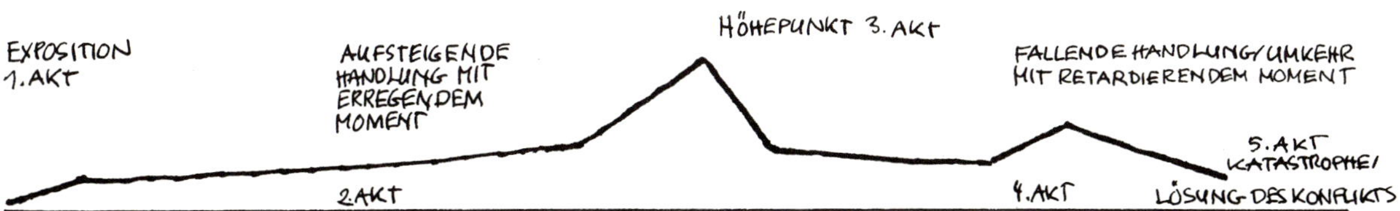

7 Veranschaulichen Sie abschließend den Dialogverlauf der 4. Szene des III. Aktes in Form einer Spannungskurve. Informieren Sie sich in einem Schauspielführer über den weiteren Handlungsverlauf der Tragödie. Vergleichen Sie den Aufbau dieser Schlüsselszene mit dem Aufbau des gesamten Dramas.

3 Auflösung der Form

In der Struktur des klassischen Dramas sind die großen Handlungsabschnitte (Akte, Aufzüge) wie auch die kleinsten Bauelemente (Szenen, Auftritte) eng miteinander verknüpft. Indem sie gemeinsam einen Spannungsbogen entwickeln, sind sie im Einzelnen unselbstständig und zum großen Teil unersetzbar und unversetzbar. Der dramaturgische Verlauf, der Aufbau der Einzelszene, spiegelt im Idealfall den Aufbau des gesamten *geschlossenen Dramas*.
Der Regelcharakter des klassischen Dramenschemas verlangt darüber hinaus eine Einheit der Handlung des Ortes und der Zeit, eine Forderung, die auf Aristoteles zurückgeht. Konkret heißt das, dass das Drama an einem einzigen Ort spielen soll und der dargestellte Zeitablauf weitgehend identisch ist mit der realen Spielzeit.
Anfang des 19. Jh. entwickelte sich eine neue *offene Form* des Dramas. Das folgende Material bietet Gelegenheit, Veränderungen sowohl in der Gestaltung der Einzelszene als auch in der Gestaltung des gesamten Stückes zu entdecken und der Frage nach den grundlegenden Ursachen dieser Auflösung der Form nachzugehen.

Georg Büchner
Woyzeck (Auszüge)

Die folgenden fünf Szenen stammen aus Büchners Theaterfragment „Woyzeck“. Wie der Schluss ist auch die Frage der Anordnung der einzelnen Szenen offen geblieben. Büchner hat vier verschiedene Handschriften hinterlassen, deren einzelne Seiten nicht nummeriert sind. Eine inhaltlich geschlossene, für den Druck autorisierte Fassung hat er nicht überliefert, so dass unklar bleibt, welchen endgültigen Aufbau er plante. Insgesamt liegen 27 teilweise äußerst kurze Szenen vor, die mit Personal aus verschiedenen gesellschaftlichen Schichten an unterschiedlichsten Schauplätzen spielen.

Auf der Gasse
Marie Woyzeck.
WOYZECK *(sieht sie starr an, schüttelt den Kopf)*: Hm! Ich seh nichts, ich seh nichts. O, man müsst's sehen, man müsst's greifen könne mit Fäusten.
MARIE *(verschüchtert)*: Was hast du Franz? Du bist hirnwütig Franz.
WOYZECK: Eine Sünde so dick und so breit. Es stinkt dass man die Engelchen zum Himmel hinaus rauche könnt. Du hast ein rote Mund, Marie. Keine Blase drauf? Adieu, Marie, du bist schön wie die Sünde –. Kann die Todsünde so schön sein?
MARIE: Franz, du red'st im Fieber.
WOYZECK: Teufel! – Hat er da gestande, so, so?
MARIE: Dieweil der Tag lang und die Welt alt ist, könn' viel Mensche an eim Platz stehn, einer nach dem andern.
WOYZECK: Ich hab ihn gesehn.
MARIE: Man kann viel sehn, wenn man zwei Auge hat und man nicht blind ist und die Sonn scheint.
WOYZECK: Mit diesen Augen!
MARIE *(keck)*: Und wenn auch.

Der Idiot. Das Kind. Woyzeck
KARL *(hält das Kind vor sich auf dem Schoß)*: Der is in's Wasser gefallen, der is in's Wasser gefalln, wie, der is in's Wasser gefalln.
WOYZECK: Bub, Christian.
KARL *(sieht ihn starr an)*: Der is in's Wasser gefalln.
WOYZECK: *(Will das Kind liebkosen, es wendet sich weg und schreit)*: Herrgott!
KARL: Der is in's Wasser gefalln.
WOYZECK: Christianche, du bekommst en Reuter, sa, sa. *(Das Kind wehrt sich. Zu Karl.)* Da kauf dem Bub en Reuter.
KARL *(sieht ihn starr an.)*
WOYZECK: Hop! hop! Ross.
KARL *(jauchzend)*: Hop! hop! Ross! Ross! *(Läuft mit dem Kind weg.)*

Kammer
Marie sitzt, ihr Kind auf dem Schoß, ein Stückchen Spiegel in der Hand.
MARIE *(bespiegelt sich)*: Was die Steine glänze! Was sind's für? Was hat er gesagt? – Schlaf Bub! Drück die Auge zu, fest, *(das Kind versteckt die Augen hinter den Händen)* noch fester, bleib so, still oder er holt dich.
(Singt): Mädel mach's Ladel zu,
S' kommt e Zigeunerbu,
Führt dich an deiner Hand
Fort in's Zigeunerland.
(Spiegelt sich wieder.) S' ist gewiss Gold! Unseins hat nur ein Eckchen in der Welt und ein Stückchen Spiegel

und doch hab' ich einen so roten Mund als die großen Madamen mit ihren Spiegeln von oben bis unten und ihren schönen Herrn, die ihnen die Händ küssen, ich bin nur ein arm Weibsbild. – *(Das Kind richtet sich auf.)* Still Bub, die Auge zu, das Schlafengelchen! wie's an der Wand läuft, *(sie blinkt mit dem Glas)* die Auge zu, oder es sieht dir hinein, dass du blind wirst.

Woyzeck tritt herein, hinter sie.
Sie fährt auf mit den Händen nach den Ohren.

WOYZECK: Was hast du?

MARIE: Nix.

WOYZECK: Unter deinen Fingern glänzt's ja.

MARIE: Ein Ohrringlein; hab's gefunden.

WOYZECK: Ich hab so noch nix gefunden. Zwei auf einmal.

MARIE: Bin ich ein Mensch?

WOYZECK: S' ist gut, Marie. – Was der Bub schläft. Greif ihm unter's Ärmchen der Stühl drückt ihn. Die hellen Tropfen steh'n ihm auf der Stirn; Alles Arbeit unter der Sonn, sogar Schweiß im Schlaf. Wir arme Leut! Da is wieder Geld Marie, die Löhnung und was von mein'm Hauptmann.

MARIE: Gott vergelt's Franz.

WOYZECK: Ich muss fort. Heut Abend, Marie. Adies.

MARIE *(allein, nach einer Pause):* Ich bin doch ein schlecht Mensch. Ich könnt' mich erstechen. – Ach! Was Welt? Geht doch Alles zum Teufel, Mann und Weib.

Gerichtsdiener. Arzt. Richter

GERICHTSDIENER: Ein guter Mord, ein echter Mord, ein schöner Mord, so schön als man ihn nur verlangen kann, wir haben schon lange so kein gehabt.

Der Hauptmann. Woyzeck

Hauptmann auf einem Stuhl, Woyzeck rasiert ihn.

HAUPTMANN: Langsam, Woyzeck, langsam; ein's nach dem andern. Er macht mir ganz schwindlig. Was soll ich dann mit den zehn Minuten anfangen, die Er heut zu früh fertig wird? Woyzeck, bedenk' Er, Er hat noch seine schöne dreißig Jahr zu leben, dreißig Jahr! macht 360 Monate, und Tage, Stunden, Minuten! Was will Er denn mit der ungeheuren Zeit all anfangen? Teil Er sich ein, Woyzeck.

WOYZECK: Jawohl, Herr Hauptmann.

HAUPTMANN: Es wird mir ganz Angst um die Welt, wenn ich an die Ewigkeit denke. Beschäftigung, Woyzeck, Beschäftigung! ewig das ist ewig, das ist ewig, das siehst du ein; nun ist es aber wieder nicht ewig und das ist ein Augenblick, ja, ein Augenblick – Woyzeck, es schaudert mich, wenn ich denk, dass sich die Welt in einem Tag herumdreht, was n'e Zeitverschwendung, wo soll das hinaus? Woyzeck, ich kann kein Mühlrad mehr sehn, oder ich werd' melancholisch.

WOYZECK: Jawohl, Herr Hauptmann.

HAUPTMANN: Woyzeck Er sieht immer so verhetzt aus. Ein guter Mensch tut das nicht, ein guter Mensch, der sein gutes Gewissen hat. – Red' Er doch was Woyzeck. Was ist heut für Wetter?

WOYZECK: Schlimm, Herr Hauptmann, schlimm; Wind.

HAUPTMANN: Ich spür's schon, s' ist so was Geschwindes draußen; so ein Wind macht mir den Effekt wie eine Maus. *(Pfiffig.)* Ich glaub' wir haben so was aus Süd-Nord.

WOYZECK: Jawohl, Herr Hauptmann.

HAUPTMANN: Ha! ha! ha! Süd-Nord! Ha! Ha! Ha! O Er ist dumm, ganz abscheulich dumm. *(Gerührt.)* Woyzeck, Er ist ein guter Mensch, ein guter Mensch – aber *(mit Würde)* Woyzeck, Er hat keine Moral! Moral das ist wenn man moralisch ist, versteht Er. Es ist ein gutes Wort. Er hat ein Kind, ohne den Segen der Kirche, wie unser hochehrwürdiger Herr Garnisonsprediger sagt, ohne den Segen der Kirche, es ist nicht von mir.

WOYZECK: Herr Hauptmann, der liebe Gott wird den armen Wurm nicht drum ansehn, ob das Amen drüber gesagt ist, eh' er gemacht wurde. Der Herr sprach: Lasset die Kindlein zu mir kommen.

HAUPTMANN: Was sagt Er da? Was ist das für n'e kuriose Antwort? Wenn ich sag: Er, so mein ich Ihn, Ihn.

WOYZECK: Wir arme Leut. Sehn Sie, Herr Hauptmann, Geld, Geld. Wer kein Geld hat. Da setz eimal einer seinsgleichen auf die Moral in die Welt. Man hat auch sein Fleisch und Blut. Unseins ist doch einmal unselig in der und der andern Welt, ich glaub' wenn wir in Himmel kämen so müssten wir donnern helfen.

HAUPTMANN: Woyzeck Er hat keine Tugend, Er ist kein tugendhafter Mensch. Fleisch und Blut? Wenn ich am Fenster lieg, wenn's geregnet hat und den weißen Strümpfen so nachsehe wie sie über die Gassen springen, – verdammt Woyzeck, – da kommt mir die Liebe. Ich hab auch Fleisch und Blut. Aber Woyzeck, die Tugend, die Tugend! Wie sollte ich dann die Zeit herumbringen? ich sag' mir immer: Du bist ein tugendhafter Mensch, *(gerührt)* ein guter Mensch, ein guter Mensch.

WOYZECK: Ja Herr Hauptmann, die Tugend! ich hab's noch nicht so aus. Sehn Sie, wir gemeine Leut, das hat keine Tugend, es kommt einem nur so die Natur, aber wenn ich ein Herr wär und hätt ein Hut und eine Uhr und eine anglaise und könnt vornehm reden, ich wollt schon tugendhaft sein. Es muss was Schöns sein um die Tugend, Herr Hauptmann. Aber ich bin ein armer Kerl.

HAUPTMANN: Gut Woyzeck. Du bist ein guter Mensch, ein guter Mensch. Aber du denkst zu viel, das zehrt, du siehst immer so verhetzt aus. Der Diskurs hat mich ganz angegriffen. Geh' jetzt und renn nicht so; langsam hübsch langsam die Straße hinunter. *(1836)*

1. Wählen Sie eine Szene aus und untersuchen Sie die Beziehung Woyzecks zu seinen jeweiligen Gesprächspartnern. Wieweit gelingt der Dialog?

2. Vergleichen Sie die von Ihnen ausgewählte Szene mit der Szene aus „Maria Stuart“. Konzentrieren Sie sich dabei auf
   - die Sprechweise und den gesellschaftlichen Standort der Figuren;
   - den Abstand zwischen dem Gesagten und dem, was unausgesprochen bleibt;
   - die Art, in der die Figuren aufeinander eingehen;
   - den Aufbau der Einzelszene;
   - die Rolle, die dem Zuschauer von den Autoren zugewiesen wird.

3. Rekonstruieren Sie eine sinnvolle Szenenreihenfolge für die fünf vorliegenden Szenen. Vergleichen Sie Ihre Szenengruppierung mit einer gängigen Lesevariante des Stückes.

4. Prüfen Sie, inwieweit sich ausgehend von Ihren bisherigen sprachlichen und inhaltlichen Beobachtungen nachweisen lässt, dass sich in Büchners Woyzeck eine Abkehr von der geschlossenen Form des klassischen Dramas vollzieht.

5. Versuchen Sie die Stichwörter den beiden Konzepten zuzuordnen und ergänzen Sie fehlende Gegenüberstellungen.

fragmentarische Sprechakte

Aneinander-Vorbeireden

Sprache als wichtigstes Ausdrucksmittel

unvermittelter Beginn, abrupter Schluss der Szene

Figuren mit gleichem Sprachvermögen

Zielgerichteter Diskurs

Alltagssprache/Prosa

kaleidoskopartig

Identifikationsangebote für den Zuschauer

Gesprächsresultat

Dialog mit starkem Zusammenhang der Redebeiträge

Soziales Gefälle

geschlossenes Konzept	offenes Konzept
…	…
…	…

6. Informieren Sie sich über den Epochenumbruch vom 18. zum 19. Jh. und speziell über die Epoche „Vormärz“. Versuchen Sie die sprachlichen, inhaltlichen und formalen Veränderungen als Ausdruck eines veränderten Menschen- und Weltbildes zu erklären. Beziehen Sie die Briefauszüge mit ein.

F. Schiller an W. v. Humboldt am 2. April 1805
„Und am Ende sind wir ja beide Idealisten und würden uns schämen, uns nachsagen zu lassen, dass die Dinge uns formten und nicht wir die Dinge."

F. Schiller an J.W. Goethe am 24.08.1798
„Ich lasse meine Personen viel sprechen. (...) Man könnte mit weniger Worten auskommen, um die tragische Handlung auf- und abzuwickeln, auch möchte es der Natur handelnder Charaktere gemäßer scheinen. Aber das Beispiel der Alten, welche es auch so gehalten haben und in demjenigen, was Aristoteles die Gesinnungen und Meinungen nennt, gar nicht wortkarg gewesen sind, scheint auf ein höheres poetisches Gesetz hinzudeuten, welches eben hierin eine Abweichung von der Wirklichkeit fordert. Sobald man sich erinnert, dass alle poetischen Personen symbolische Wesen sind, dass sie, als poetische Gestalten, immer das Allgemeine der Menschheit darzustellen und auszusprechen haben, und sobald man ferner daran denkt, dass der Dichter sowie der Künstler überhaupt auf eine öffentliche und ehrliche Art von der Wirklichkeit sich entfernen und daran erinnern soll, dass er's tut, so ist gegen diesen Gebrauch nichts zu sagen."

F. Schiller (Ästhetische Briefe)
„In einem wahrhaft schönen Kunstwerk soll der Inhalt nichts, die Form aber alles tun; denn durch die Form allein wird das Ganze des Menschen, durch den Inhalt dagegen nur auf einzelne Kräfte gewirkt. Der Inhalt, wie erhaben und weltumfassend er auch sei, wirkt also jederzeit einschränkend auf den Geist, und nur von der Form ist wahre ästhetische Freiheit zu erwarten."

G. Büchner an die Familie, Januar 1836
„Ich zeichne meine Charaktere, wie ich sie der Natur und der Geschichte angemessen halte, und lache über die Leute, welche mich für die Moralität oder Immoralität derselben verantwortlich machen wollen. Ich habe darüber meine eigenen Gedanken ..."

G. Büchner an die Braut,
Gießen, um den 9.–12. März 1834
„‚Prouve-moi que tu m`aimes encore beaucoup en me donnant bientót des nouveles'. Und ich ließ dich warten! Schon seit einigen Tagen nehme ich jeden Augenblick die Feder in die Hand, aber es war mir unmöglich nur ein Wort zu schreiben. Ich studiere die Geschichte der Revolution. Ich fühlte mich wie zernichtet unter dem grässlichen Fatalismus der Geschichte. Ich finde in der Menschennatur eine entsetzliche Gleichheit, in den menschlichen Verhältnissen eine unabwendbare Gewalt. Allen und Keinem verliehen. Der Einzelne nur Schaum auf der Welle, die Größe ein bloßer Zufall, die Herrschaft des Genies ein Puppenspiel, ein lächerliches Ringen gegen ein ehernes Gesetz, es zu erkennen das Höchste, es zu beherrschen unmöglich. Es fällt mir nicht mehr ein, vor den Paradegäulen und Eckstehern der Geschichte mich zu bücken. (...)
Was ist das, was in uns lügt, mordet, stiehlt?"

G. Büchner an die Familie,
Gießen, im Februar 1834
„*Ich verachte Niemanden*, am wenigsten wegen seines Verstandes oder seiner Bildung, weil es in Niemands Gewalt liegt, kein Dummkopf oder kein Verbrecher zu werden – weil wir durch gleiche Umstände wohl Alle gleich würden und weil die Umstände außer uns liegen (...) Ich habe freilich noch eine Art von Spott, es ist aber nicht der der Verachtung, sondern der des Hasses. Der Hass ist so gut erlaubt als die Liebe und ich hege ihn in vollstem Maße gegen die, *welche verachten*."

G. Büchner an die Familie,
Straßburg, 28. Juli 1835
„Wenn man mir übrigens noch sagen wollte, der Dichter müsse die Welt nicht zeigen wie sie ist, sondern wie sie sein solle, so antworte ich, dass ich es nicht besser machen will als der liebe Gott, der die Welt gewiss gemacht hat, wie sie sein soll. Was noch die so genannten Idealdichter anbetrifft, so finde ich, dass sie fast nichts als Marionetten mit himmelblauen Nasen und affektiertem Pathos, aber nicht Menschen von Fleisch und Blut gegeben haben, deren Leid und Freude mich mitempfinden macht, und deren Tun und Handeln mir Abscheu oder Bewunderung einflößt."

4 Eine Szene interpretieren

Die Interpretation einer Dramenszene geht vom Text als einer „Partitur" aus, die für das Verständnis eines Lesers (kommunikativ) bzw. auch zum besseren eigenen Verstehen (heuristisch) erschlossen werden soll. Die Aufbereitung einer Szene zur Aufführung erfordert noch darüber hinausgehende Schritte (z. B. Regiekonzeption, Rollenbiografie, …).
Beim Interpretieren einer Szene kann man unterschiedliche Schwerpunkte setzen: Man kann z. B. *den Inhalt einer Dramenszene wiedergeben, die Dialogstruktur einer Szene analysieren und beschreiben und/oder die Funktion einer Szene untersuchen und erläutern.*

4.1 Den Inhalt einer Dramenszene wiedergeben

Die Inhaltswiedergabe (Inhaltsangabe) setzt bereits ein entwickeltes Textverständnis voraus. Zuvor ist zu klären, welcher Abstraktionsgrad bzw. welche Kürzungsintensität bei der Inhaltswiedergabe gewählt werden soll. Zwischen einer knappen Inhaltszusammenfassung, die wesentlich kürzer als der Bezugstext ausfällt, und einer erläuternden Inhaltsangabe, die u.U. länger als der Bezugstext sein kann, gibt es unterschiedliche Möglichkeiten und Grade der Verknappung und Distanzierung.

Bei der Inhaltswiedergabe sollte man
- die Szene eindeutig kennzeichnen,
- die Szene „funktional" in den inhaltlichen Zusammenhang einordnen,
- Ort, Zeit und Figuren der Handlung angeben,
- klären, wer mit wem worüber spricht,
- unterscheiden, welche Handlungsteile unmittelbar dargestellt und welche berichtet bzw. erzählt werden,
- auf Regieanweisungen (szenische Bemerkungen) achten.

4.2 Die Dialogstruktur einer Szene analysieren und beschreiben

Die Redebeiträge der Figuren können als Sprechakte verstanden werden, die sich durch Sprechaktverben (z. B. behaupten, begründen, auffordern, vorwerfen, entgegnen, einräumen, …; vgl. „Strittige Themen – Erörtern", S. 160) beschreiben lassen. Einzelne Sprechakte lassen sich in der Regel zu Sprechaktsequenzen zusammenfassen und erläutern (z. B. Vorwurf – Rechtfertigung, Angriff – Verteidigung, Frage – Antwort; auch ungewöhnliche, auffällige Sequenzen, z. B. Frage – Verstummen).
Oft klaffen bei den dramatischen Figuren Gesagtes und Gemeintes, Rede und Redeintention auseinander. So kann man zu dem gesprochenen Text einen „Subtext" formulieren, der die Motive und Absichten der Figuren offenlegt.

Bei der Analyse der Dialogstruktur kann man sich durch folgende Fragen leiten lassen:
- Wie groß ist der Anteil an sprachlicher, wie groß der an außersprachlicher Handlung?
- Wie sind die Gesprächsanteile auf die Figuren verteilt? Dominiert eine Figur auf Grund ihrer Redeanteile?
- Ergreift eine Figur die Initiative? Warum?
- Wirkt eine Figur überlegen, z. B. auf Grund ihres gesellschaftlichen Standes oder ihrer Rolle in der Figurenkonstellation?
- Gibt es charakteristische Sprechakte und Sprechaktsequenzen?
- Beziehen sich die Dialogpartner mit ihren Redebeiträgen aufeinander oder reden sie aneinander vorbei?
- Gibt es eine Differenz zwischen Gesagtem und Gemeinten? Wie verhalten sich Inhalts- und Beziehungsaspekt zueinander?
- Lässt sich der Dialog einem bestimmten Gesprächstyp zuordnen (z. B. Streitgespräch, Verhör, Liebesdialog, …)?

4.3 Die Funktion einer Szene analysieren und erläutern

Jede Szene hat eine bestimmte Funktion innerhalb des Dramas (Binnenfunktion), die für das Verständnis des Stückes wichtig ist:

- Eine Szene kann z.B. innerhalb eines Aktes eine für den dramatischen Konflikt wichtige Aufgabe haben; sie kann z.B. dazu beitragen, den Konflikt zu exponieren, zu steigern, zu lösen (vgl. Aktfunktionen, S. 116 ff.)
- Sie kann die Beziehung zwischen zwei oder mehreren Figuren verdeutlichen.
- Sie kann den Charakter einer oder mehrerer Figuren offen legen und Wesentliches über deren Einstellung, Ideen, soziale Lage, Schicksal usw. mitteilen.

Dann hat jede Szene außer der Binnenfunktion auch noch eine Zuschauerfunktion, denn viele Redeteile sind weniger für den/die Dialogpartner als für den Zuschauer und dessen Verständnis bestimmt. Auch die Art der sprachlichen Gestaltung einer Szene (z.B. durch Vers – z.B. Blankvers –, Rhythmus, Klang, Stilfiguren) zeigt deren Zuschauerorientierung.

Bei der Analyse einer Szene kann man sich durch folgende Fragen leiten lassen:

- Welche Funktion hat die Szene für das bzw. mein Verständnis des Dramas?
- Welche Funktion hat die Szene innerhalb eines Aktes und für den Verlauf des dramatischen Konflikts?
- Welche Funktion hat die Szene für die dramatischen Figuren, welche für den Zuschauer?
- Durch welche auffälligen sprachlichen Mittel ist die Szene gekennzeichnet?

4.4 Eine Interpretation gliedern

Man kann – z.B. im Rahmen einer Klausur – die Aufgabe gestellt bekommen, eine Dramenszene unter einem der drei genannten Schwerpunkte (4.1–4.3) zu interpretieren.
Bei einer umfassenden Szeneninterpretation – z.B. im Rahmen einer Langzeithausaufgabe oder einer Facharbeit – kann es sinnvoll sein, alle Schwerpunkte zu verknüpfen. Dazu ein **Gliederungsvorschlag:**

- Einleitung (Autor, Drama, Entstehungszeit ..., Szene, Thema der Szene)
- kurze Einordnung der Szene in den inhaltlichen Zusammenhang des Dramas (funktional)
- Inhaltswiedergabe der Szene
- Beschreibung der Dialogstruktur
- Erläuterung der Szenenfunktion
- evtl. Schluss (eigene Stellungnahme)

Die Art des konkreten methodischen Vorgehens ist abhängig von der Aufgabenstellung und der eigenen Zielsetzung:

- Will man eher chronologisch, also am Text entlang, oder eher aspektorientiert, also unter bestimmten Fragestellungen und Gesichtspunkten, arbeiten?
- Wählt man eher ein induktives Verfahren, bei dem das Verständnis der Szene sukzessive aufgebaut und entfaltet wird, oder eher ein deduktives Verfahren, bei dem man von einer Verstehenshypothese ausgeht und diese im Verlauf zu belegen sucht?
- Will man eher eine distanziert-sachliche Szenenbetrachtung schreiben oder soll eine persönliche Stellungnahme – zumindest am Schluss – oder ein produktiver Zugang die Darstellung prägen?
- Will man eher ein „werkimmanentes" Interpretationsverfahren (vgl. „Reflexionen über Literatur", S. 402 ff.) wählen oder erfordert die Aufgabenstellung eine Vorgehensweise, die z.B. Informationen zum Autor, literaturgeschichtliche Zusammenhänge, den historischen Hintergrund, literaturwissenschaftliche Ergebnisse und/oder unterschiedliche methodische Schwerpunktsetzungen (z.B. sozialgeschichtlich, psychologisch, vgl. „Reflexionen über Literatur", S. 405 ff.) einbezieht?

1 Interpretieren Sie die Szene „Der Hauptmann – Woyzeck" aus Büchners Drama. Klären Sie zuvor genau, wie Sie auf Grund der Aufgabenstellung bzw. Ihrer eigenen Intentionen vorgehen wollen.

5 Theaterwerkstatt

Die Theaterwerkstatt besteht aus verschiedenen Räumen. Jede Einzelwerkstatt enthält einen Textfundus mit Praxisanregungen. In jedem Raum können Sie in Rollen schlüpfen und das Material szenisch umsetzen und erproben, aber auch ergänzen, verändern und weiterentwickeln.

Werkstatt I: Sich von einem Prosatext anregen lassen …

Wolf Wondratschek

Der Hundertmarkschein

Eine Frau verkauft auf der Straße einen Hundertmarkschein für fünfundneunzig Mark. Der Geldschein ist echt. Die Passanten machen einen Bogen um die Frau. 15 Minuten später muss sie im Präsidium sehr schwierige Fragen beantworten.

Günther Guben

So

Da sitzt man so. Und da redet man. Und da betrachtet man sich. Und da lächelt man. Und da denkt man sich was. Und da redet man wieder was. Und das glaubt man vielleicht gar nicht. Und da sitzt man halt.
Da sitzt man also. Betrachtet sich gegenseitig. Lächelt. Nickt sich zu. Sagt etwas. Etwas, das stimmt. Etwas, das man vielleicht glaubt. Etwas, das man vielleicht nicht glaubt. So sitzt man da.
So sitzt man. Sitzt herum und redet. Betrachtet das Gegenüber. Man lächelt. Man nickt, ist freundlich, zeigt die Zähnchen. So sie geputzt sind oder sonst irgendwie anschaulich. Dann redet man. Was man so annimmt. Oder glaubt. Vielleicht nicht glaubt. Davon, worauf man steht. Worauf man sitzt. Worauf man eben so sitzt. Und eben so sitzt man da. Sitzt so oder so. Na halt so. Da. Einfach so da.

Botho Strauss

„Psst!“*

Ein Mann in einem grauen, zu kurzen Anzug, der im Restaurant allein am Tisch sitzt, ruft plötzlich „Psst!“ in die dahinplappernde Menge der Gäste, so laut, dass alle, nachdem er dies zwei Mal wiederholt hat, zu seinem Tisch hinblicken und das Stimmengewoge stockt, beinahe versickert und nach einem letzten, kräftigen „Psst!“ des Mannes endlich einer Totenstille weicht. Der Mann hebt den Finger und sieht horchend zur Seite. Dann schüttelt der Mann den Kopf: nein, es war nichts. Die Gäste rühren sich wieder, sie lachen albern und uzen den Mann, der sie zu hören ermahnte und die gemischteste Gesellschaft in eine einträchtig hörende Schar verwandelt hatte, wenn auch nur für Sekunden.

Giorgio Manganelli

Neunundfünzig

EIN fantasieloser Herr mit einem Hang zur guten Küche begegnete sich selbst zum ersten Mal an einer Bushaltestelle. Er erkannte sich sofort und war nur gelinde erstaunt. Er wusste, dass solche Vorfälle im Allgemeinen zwar selten, aber doch möglich, ja keineswegs ungewöhnlich sind. Da sie einander nie vorgestellt worden waren, schien es ihm ratsam, sich nicht anmerken zu lassen, dass er sich erkannt hatte. (…)

… ganz ohne Worte zu spielen oder Stimme und Bewegung zu isolieren,
… typisierende Bewegungen, Haltungen und Gangarten auszuprobieren,
… eine Rollenbiografie zu entwerfen oder „fünf Sätze über mich“ aufzuschreiben.

Ernst Jandl

lauter lauter lauter lauter lauter leise leute

Wolf Biermann

Kleinstadtsonntag

Gehn wir mal hin?
Ja wir gehn mal hin.
Ist hier was los?
Nein, es ist nichts los.
Herr Ober, ein Bier!
Leer ist es hier.
Der Sommer ist kalt.
Man wird auch alt.
Bei Rose gabs Kalb.
Jetzt isses schon halb.
Jetzt gehn wir mal hin.
Ja wir gehn mal hin.
Ist er schon drin?
Er ist schon drin.
Gehen wir mal rein?
Na gehn wir mal rein.
Siehst du heut fern?
Ja ich sehe heut fern.
Spielen sie was?
Ja sie spielen was.
Hast du noch Geld?
Ja ich habe noch Geld.
Trinken wir ein'?
Ja einen klein'.
Gehn wir mal hin?
Ja gehn wir mal hin.
Siehst du heut fern?
Ja ich sehe heut fern.

Peter Handke

Die verkehrte Welt

Eingeschlafen wache ich auf:
Ich schaue nicht auf die Gegenstände, und die Gegenstände schauen mich an;
Ich bewege mich nicht, und der Boden unter meinen Füßen bewegt mich;
Ich sehe mich nicht im Spiegel, und ich im Spiegel sehe mich an;
Ich spreche nicht Wörter, und Wörter sprechen mich aus;
Ich gehe zum Fenster und werde geöffnet.

Ulla Hahn

Angeschaut

Du hast mich angeschaut jetzt
hab ich plötzlich zwei Augen mindestens
einen Mund die schönste Nase
mitten im Gesicht.

Du hast mich angefasst jetzt
wächst mir Engelsfell wo
du mich beschwertest.

Du hast mich geküsst jetzt
fliegen mir die gebratenen
Tauben Rebhühner und Kapaunen
nur so ausm Maul ach
und du tatest dich gütlich.

Du hast mich vergessen jetzt
steh ich da
frag ich was
fang ich allein
mit all dem Plunder an?

Harald Hurst

flirt

sie guckt
ob i guck
aber i guck net

i guck
ob sie guckt
aber sie guckt net

aber irgendwie
habe mer
uns gucke g'seh

… den Text mit der Stimme unterschiedlich „abzuschmecken",
… kontrastreiche Figuren zu entwickeln,
… eine Bewegungschoreografie zu entwerfen, die eine Steigerung der Szene bewirkt.

Werkstatt III: Sich von einem Bild anregen lassen …

Abbildungsnachweise auf Seite 592

… eine Szene mit „Kostüm" oder Requisiten zu verlebendigen,
… Gestik und Mimik bewusst einzusetzen,
… Monologe (Telefonate), Dialoge und Gruppenszenen zu schreiben und zu spielen.

Anton Čechov

Drama

Personen:
PAPACHEN, gesegnet mit
11 heiratsfähigen Töchtern
EIN JUNGER MANN
EIN ROCKSCHOSS

JUNGER MANN *(hat abgewunken und zu sich gesagt): „Pfeif drauf, zweimal sterben kann man nicht, einmal stirbt jeder!“ (Betritt Papachens Arbeitszimmer)* Iwan Iwanowitsch! Gestatten Sie, dass ich um die Hand Ihrer jüngsten Tochter Varvara anhalte.
PAPACHEN *(schlägt die Augen nieder, geziert):* Das ist mir sehr angenehm, aber … sie ist noch so jung … so unerfahren … Und außerdem … berauben Sie mich … meines Trostes … *(eine Träne quillt)* … der Stütze meines Alters …
JUNGER MANN *(schnell)*: Ja wenn das so ist … wage ich nicht zu insistieren … *(verbeugt sich und will gehen.)*
PAPACHEN *(fasst ungestüm nach seinem Rockschoß)*: Warten Sie! Ich freue mich ja! Ich bin glücklich … Mein Wohltäter!
DER ROCKSCHOSS *(bekümmert)*: Schnarrrrrz…

Reinhard Lettau

Auftritt

Ein Herr tritt ein.
„Ich bin's“, sagt er.
„Versuchen Sie es noch einmal“, rufen wir.
Er tritt erneut ein:
„Hier bin ich“, sagt er.
„Es ist nicht viel besser“, rufen wir.
Wieder betritt er das Zimmer.
„Es handelt sich um mich“, sagt er.
„Ein schlechter Anfang“, rufen wir.
Er tritt wieder ein.
„Hallo“, ruft er. Er winkt.
„Bitte nicht“, sagen wir.
Er versucht es wieder.
„Wiederum ich“, ruft er.
„Beinahe“, rufen wir.
Noch einmal tritt er ein.
„Der lang Erwartete“, sagt er.

George Tabori

Samspeak

STELL DIR VOR WENN DIES
EINES TAGES DIES
EINES SCHÖNEN TAGES
STELL DIR VOR
WENN EINES TAGES
EINES SCHÖNEN TAGES DIES
AUFHÖRTE
STELL DIR VOR

Flann O'Brien

Sorry

- Waiter, what was in that glass?
- Arsenic, sir.
- Arsenic. I asked you to bring me absinthe.
- I thought you said arsenic. I beg your pardon, sir.
- Do you realise what you've done, you clumsy fool? I'm dying.
- I am extremely sorry, sir.
- I DISTINCTLY SAID ABSINTHE.
- I realise that I owe you an apology, sir. I am extremely sorry.

… möglichst viele Situationen und Emotionen auszuspielen,
… Subtexte von einem „Gedankenschatten“ aussprechen zu lassen,
… eigene Minidramen mit überraschendem Ende zu improvisieren, schriftlich zu fixieren, aufzuführen.

Vielleicht haben Sie Lust, einem Publikum ausgewählte Werkstattergebnisse zu präsentieren. Dann ist neben dem geeigneten Spielraum vor allem eins gesucht: ein roter Faden für Ihre szenische Collage, z. B. „Glücksmagazin“, „Grenzgänger“, „Augenblick mal“, „Gewaltige Zeiten“, „Mehr ist dazu eigentlich nicht zu sagen“.

THEMA ZEIT

Umgang mit Sachtexten

Das Phänomen „Zeit“

- Vorwissen und Ideen zum Thema entfalten
- Informationen zum Thema recherchieren
- Die Verwertbarkeit von Sachtexten einschätzen
- Inhalte eines Sachtextes verfügbar machen
- Effektive Lesetechniken einsetzen
- Statistische Informationen verarbeiten – Daten verbalisieren

Kommt Zeit, kommt Rat.
Zeit ist Geld.
Was nicht ist, kann noch werden.
Morgen ist auch noch ein Tag.
Die Zeit vergeht, der Narr besteht.

Was geschehen ist, ist geschehen.
Was geschehen ist, ist besser als zwei Dann.
Ein Jetzt ist besser als zwei Dann.
Was du heute kannst besorgen,
das verschiebe nicht auf morgen.

1 Vorwissen und Ideen zu einem Thema entfalten – Ideenbörse zum Thema „Zeit“

1. **Vor Beginn der Lektüre eines Sachtextes oder Sachbuchs das Vorwissen zum Thema aktivieren:** Titel und *Thema* eines Textes oder Buchs wahrnehmen – *Vorkenntnisse* zum Thema zusammenstellen – zum Thema *Assoziationen* entwickeln – in einem *Brainstorming* Bilder, Wörter, eigene Erinnerungen zum Thema zusammenstellen – *Internationalismen* zum Thema einbeziehen – das Verfahren des *Clusters* als schriftliche und grafische Form des Brainstormings einsetzen
2. **Fragen, die sich zum Thema einstellen, notieren:** das eigene Suchinteresse entwickeln und Suchfragen stellen – Informationsfragen (W-Fragen, Ergänzungsfragen) – Entscheidungsfragen – Problemfragen

Experimente

1. Zeitdauer – Das 3-Minuten-Experiment

Fünf Schüler/innen legen den Oberkörper auf den Tisch und schließen die Augen;
ein Zeitnehmer stoppt die Zeit;
geräuschlos heben die Probanden einen Arm, wenn sie meinen, dass 3 Minuten vergangen sind.

2. Zeit und Geschwindigkeit – Tipp-Topp

Zwei Schüler/innen gehen durch den Mittelgang eines Raumes von einer Wand zur andern;
dabei setzen sie einen Fuß unmittelbar vor den andern (mit Berührung von Spitze und Hacke);
sie sollen den Weg in 1 Minute zurücklegen, mit Blick zur Uhr!

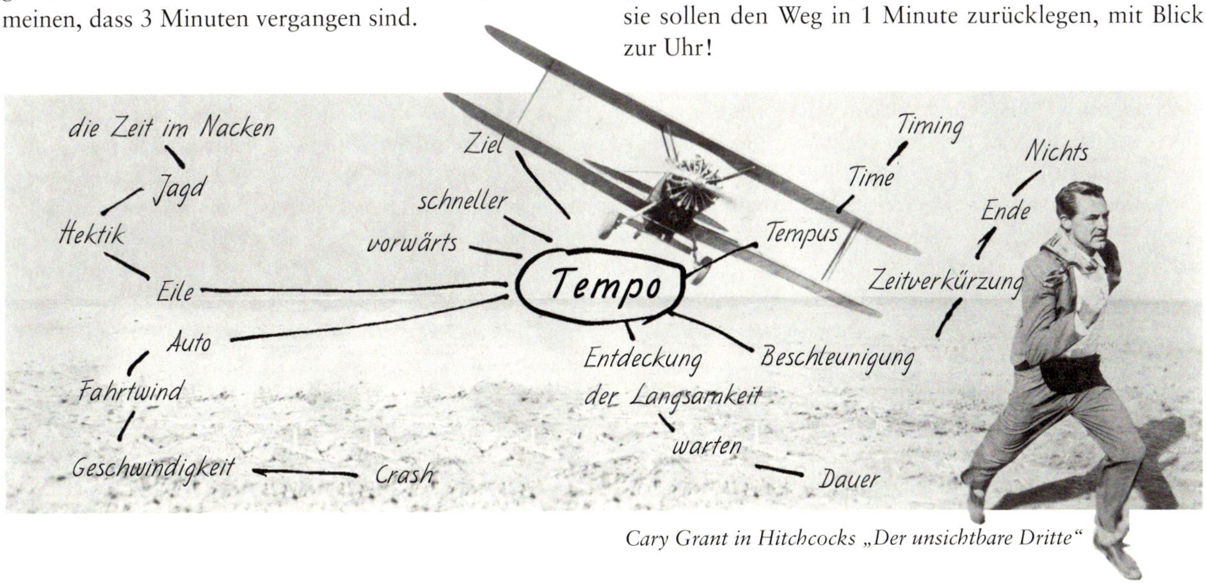

Cary Grant in Hitchcocks „Der unsichtbare Dritte“

Covertext zu Julius T. Fraser: Die Zeit

Die Zeit ist die vielleicht rätselhafteste und unheimlichste Erscheinung des Lebens: Jedermann ist sie geläufig, und doch ist sie undefinierbar, unerkennbar. Immer wieder gab es sogar die Ansicht, sie sei überhaupt nicht existent. J. T. Fraser gibt in diesem Buch einen allgemein verständlichen Überblick über sämtliche begrifflichen Verzweigungen und tiefgründigen Rätsel der Zeit, von der Zeiterfahrung in den Religionen über die Aufstellung von Kalendern, die Geschichte der Zeitmessung, die Zeitlichkeit des Lebendigen und der Gesellschaft bis hin zur Rolle der Zeit in der materiellen Welt der Physik. Der Autor bedient sich dabei eines eher poetischen denn wissenschaftlichen Stils, verpackt seine Ideen in literarisch-humorvolle Anekdoten. Besonders beeindruckend ist die Bandbreite seiner Betrachtungen – durch alle Natur- und Geisteswissenschaften hin. (...) *(1993)*

1. Entwickeln Sie Assoziationen und Ideen oder Fragestellungen für die Beschäftigung mit dem Thema „Zeit“, z. B.: Was ist „Zeit“? – Wie kam man auf die Einteilung der Zeit? – Wann begann „Zeit“? ...
2. Entwerfen Sie ein eigenes Cluster: „Zeit“.
3. Überblicken Sie Ihren Lebenslauf und Ihre Lernlaufbahn in verschiedenen Fächern: Wann stellten sich Erfahrungen, Fragen und Wissen zum Thema „Zeit“ ein? – Welches neue Wissen wäre anzustreben?

2 Informationen zu einem Thema recherchieren

1. **Den Markt der Informationen erschließen:** Bibliothek, Buchhandlung, Fachzeitschriften, CD-ROMs, Internet, Fachleute befragen, …
2. **Nachschlagen:** im Lexikon und Wörterbuch nach Stichworten suchen und Querverweisen folgen
3. **Bibliografieren:** in Bibliotheken die verschiedenen Kataloge nutzen (Schlagwortkatalog, Verfasserkatalog, Systematischer Katalog, Bildschirmkatalog, CD-ROM-Katalog)
4. **Surfen:** im Internet bei einem Thema von Link zu Link springen und sich weiter anregen lassen
5. **Navigieren:** im Internet gezielt zu einem Thema suchen (Suchmaschinen, Themabegrenzung …)

2.1 Nachschlagen – in Lexika, Wörterbüchern und CD-ROM-Enzyklopädien recherchieren

Zeit, Periode, in der eine Handlung oder ein Ereignis passiert. Die Zeit nutzt man z.B. als Maß für die Reihenfolge von Handlungen oder Ereignissen. Sie ist – wie auch die Länge und die Masse – eine der grundlegenden physikalischen Größen. Es gibt gegenwärtig drei astronomische Methoden um Zeit auszudrücken. Die ersten beiden Verfahren basieren auf der täglichen Rotation der Erde um ihre Achse. Sie beziehen die scheinbare Bewegung der Sonne (Sonnenzeit) und der Fixsterne (Sternzeit) mit ein. Die dritte astronomische Methode der Zeitmessung beruht auf der Rotation der Erde um die Sonne und berücksichtigt u. a. die geringfügigen Änderungen des so genannten tropischen Jahres (*Ephemeridenzeit*).

Die scheinbare Bewegung der Sonne am Himmel wurde lange Zeit als Grundlage der Zeitmessung verwendet. Es ist an jedem beliebigen Ort Mittag, wenn die Sonne während eines beliebigen Tages ihren höchsten Stand am Himmel erreicht (zwölf Uhr Ortszeit). Die Nord-Süd-Linie durch diesen Punkt am Himmel ist der Meridian. Das Intervall zwischen aufeinander folgenden Durchgängen der Sonne durch den gleichen Meridian ist ein Tag; und diesen Tag hat man willkürlich in 24 Stunden unterteilt. Jedoch variiert nach dieser wahren Sonnenzeit die Tageslänge innerhalb des Jahres, da sich u.a. die scheinbare Bewegung der Sonne aufgrund der elliptischen Umlaufbahn der Erde ändert. Die Differenz in der Länge eines 24-stündigen Tages kann in den verschiedenen Jahreszeiten bis zu 16 Minuten betragen. Im 17. Jahrhundert gewann mit der Erfindung genauer Uhren diese Differenz an Bedeutung. Es wurde eine *mittlere Sonnenzeit* eingeführt, die auf der gleichförmigen Bewegung einer gedachten Sonne innerhalb des Jahres basierte.

Die *Normalzeit*, der die mittlere Sonnenzeit zugrunde liegt, wurde 1883 durch internationale Vereinbarung eingeführt, um beispielsweise Komplikationen bei Zugfahrplänen zu umgehen. Diese treten unweigerlich auf, wenn jede Gemeinde ihre eigene lokale Sonnenzeit benutzt. (…)

(Encarta 1998)

1. Schlagen Sie in einem Ihnen zugänglichen Lexikon zum Thema nach. Vergleichen Sie Ihre Ergebnisse mit dem Ausschnitt oben und mit den Ergebnissen ihrer Mitschülerinnen und Mitschüler.
2. Paraphrasieren Sie zum Lexikonausschnitt oben die Informationen mit Ihren eigenen Worten.
3. Verfolgen Sie die blau gedruckten Wörter, die zugleich Stichwörter für weitere Lexikonartikel sind, in einer Enzyklopädie. – Überlegen Sie die Notwendigkeit, ob man zum Verständnis des Hauptstichworts den Querverweisen folgen muss, und entscheiden Sie, wo Sie hier weiter nachschlagen müssten.
4. Vergleichen Sie verschiedene Lexika und Wörterbücher zum selben Stichwort und erörtern Sie deren Nutzen. Ziehen Sie weitere Lexika/Wörterbücher hinzu:

CD-ROMs:
Encarta Microsoft
Encarta plus Microsoft
Der Brockhaus multimedial
Abenteuer Wissen 2.0 Bertelsmann

Lexika:
Der große Brockhaus
Meyers Lexikon. Das Wissen von A-Z (mit CD-ROM)
Meyers Enzyklopädisches Lexikon
Schüler-Duden. Das Wissen von A-Z
Bertelsmann Lexikon
dtv-Lexikon
Knaurs Lexikon A-Z

Wörterbücher:
Duden. Das Fremdwörterbuch (mit CD-ROM)
Duden. Das Bedeutungswörterbuch (mit CD-ROM)
Duden. Das Herkunftswörterbuch (mit CD-ROM)
Friedrich Kluge: Etymologisches Wörterbuch
Gerhard Wahrig: Deutsches Wörterbuch
Grimm: Deutsches Wörterbuch

Sachlexika (zur Literatur):
Wilpert: Sachwörterbuch der Literatur
dtv-Atlas zur deutschen Literatur
dtv-Atlas zur deutschen Sprache
Metzler Literatur Lexikon
Metzler Lexikon Sprache

2.2 Bibliografieren – in Katalogen und Datenbanken suchen

Aveni, Anthony: Rhythmen des Lebens.
Eine Kulturgeschichte der Zeit;
Zahlr. Abb., Tab.; 467 S.;
ersch. 11/1991; Pp; DM 48,00;
Verlag: Klett Cotta
Kulturgeschichte
Zeit [allgem.]

Barrow, John D.: Die Natur der Natur.
Wissen an den Grenzen von Raum
und Zeit.
[Tb]; [science].; Mit Abb.; 588 S.;
ersch. 01/1996; Kt; DM 24,90;
Verlag: Rowohlt
Technik/Physik

Borst, Arno: Computus.
Zeit und Zahl in der Geschichte
Europas.
Zahlr. Abb.; 126 S.;
ersch. 10/1990; Kt; DM 25,00;
Verlag: Wagenbach
Kulturgeschichte
Zahl/Zeit [allgem.]

1. Im *Schlagwortkatalog* einer Bibliothek oder einer Literaturdatenbank findet man unter einem Suchbegriff Literaturhinweise: Suchen Sie Angaben zu den *Suchbegriffen* „Zeit“, „Metrum“, „Uhr“.

2. Im *Systematischen Katalog* schlägt man nach, wenn man zu einem Sachgebiet weitere Teilsachgebiete verfolgen will bis hin zu einzelnen Büchern. – Die drei Buchtitel oben sind aus einer Literaturdatenbank; auf den Karten findet man Hinweise über die Sachgebiete, in denen sie in einer Bibliothek stehen: Suchen Sie systematisch zum Begriff „Zeit“ im Sachgebiet „Literatur“ oder „Geschichte“.

3. Im *Verfasserkatalog* wird man erst fündig, wenn man bereits die Autorennamen zu Büchern über das Thema kennt. Dafür erhält man nun genauere Angaben über das Buch oder Medium: Suchen Sie Bücher zum Thema „Zeit“ der Autoren oder Herausgeber (= Hrsg.): „Peter Gendolla“, „Gerald J. Whitrow“, „Heinz Gumin und Heinrich Meier (Hrsg.)“

4. Erläutern Sie am Beispiel von Encarta, wie man sich unter dem *Suchbegriff* „Zeit“ vorwärts arbeitet.

2.3 Hyperlesen: im Internet surfen oder navigieren – man muss sich entscheiden

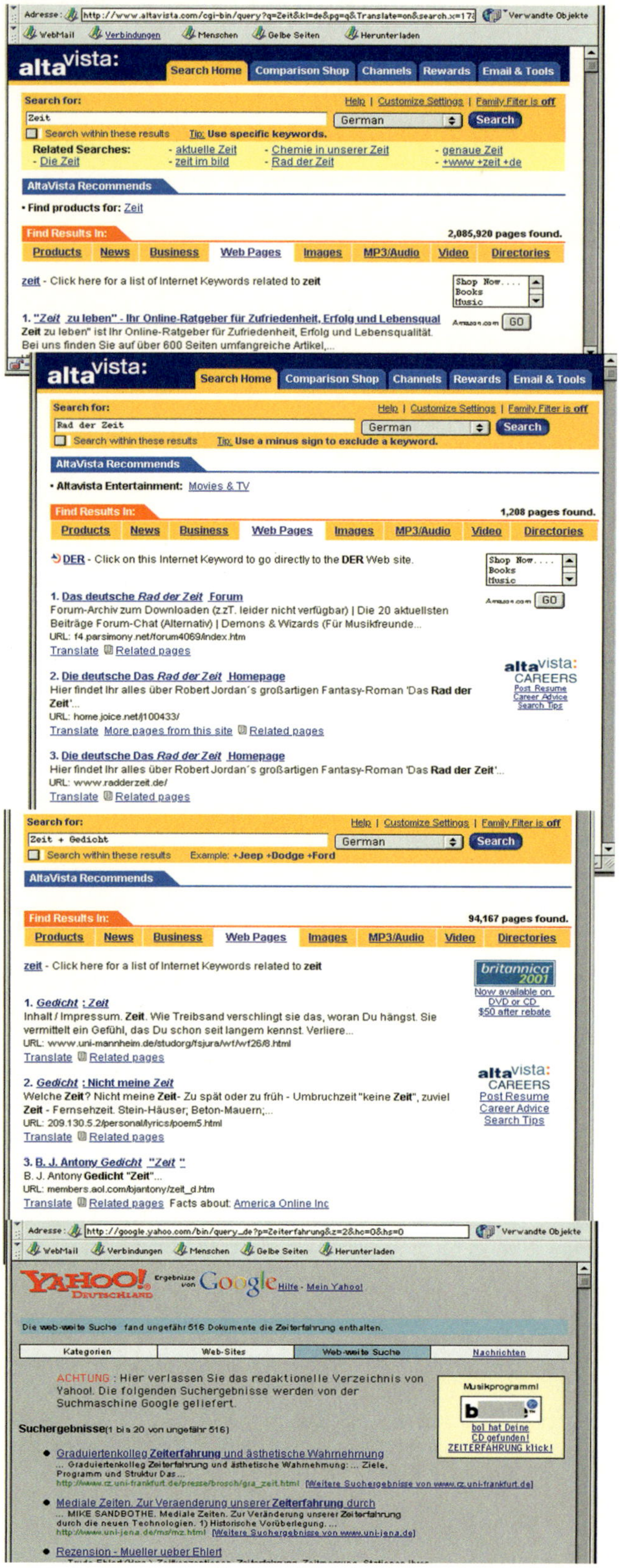

Bei der Suche im Internet setzt man Suchmaschinen ein wie Yahoo, AltaVista oder Meta-Suchmaschinen wie Meta Ger, die zugleich in mehreren anderen suchen. Die Kunst ist, für den eigenen Nutzen die *Suchbegriffe* so einzugrenzen, dass man mit dem Suchergebnis die beste Auswahl erhält.

Surfen:
Hier z.B. hat das Programm AltaVista unter dem Suchbegriff „Zeit" 2.085.920 Seiten (!!) im Internet gefunden, auf denen Texte mit dem Begriff stehen. Viel zu viele! Es schlägt vor: „Refine your search". Unter „Related Searches" werden Eingrenzungen vorgeschlagen, die aber meist nicht die sind, die man selber für sein Thema braucht. Geht man hierauf ein, so kann man beliebig surfen und stößt dabei vielleicht aus *Zufall* auf Nützliches oder noch gar nicht Bedachtes. Auch wenn man aus den Millionen Textseiten etwas anklickt, könnte man durch Zufall etwas finden oder dabei auf Informationen zu verwandten Themen stoßen. Aber: *Die Zeit vergeht, und Zeit ist Geld!*

Navigieren:
Man beginnt zu navigieren statt zu surfen, wenn man seine Suchbegriffe *gezielt eingrenzt*:

a) Das erste Beispiel zeigt auch, dass man ganze *Phrasen* wie „Rad der Zeit" zur Eingrenzung eingeben kann. Bei manchen Suchmaschinen muss man *Wortgruppen* in Anführungszeichen setzen („xx").
b) Durch *Wortkombinationen*: z.B. durch „Zeit + Gedicht" oder „Zeit + Physik" wird mit dem Pluszeichen die Suche eingeengt auf die Internetseiten, die beide Begriffe enthalten.
c) Durch *Komposita*: z.B. durch „Zeittheorie" oder „Zeiterfahrung" wird nur nach spezifischen Aspekten des Themas gesucht.
d) Durch *Synonyme*: z.B. durch Suchbegriffe „Geschichte" oder „Dauer" wird der Begriff „Zeit" jeweils unter einem bestimmten Aspekt gesehen.
e) Durch *Unterbegriffe* zum Oberbegriff: Den Obergegriff „Zeitverlauf" kann man z.B. mithilfe der Suchbegriffe „Vergangenheit" oder „Urknall" eingrenzen; der Unterbegriff „Vergangenheit" in diesem Beispiel führt jedoch wieder zu so vielen Seiten, dass man ihn nun seinerseits mit den Schritten a–d einengen muss.
f) Man kann also auch die *Verfahren kombinieren*.

1. Bilden Sie sinnvolle Beispiele zu den Navigationsverfahren a–f zum Thema „Zeit".

2. Klären Sie Probleme mit *Homonymen*, z.B. wenn zu „Film" auch „Greenpeace" kommt, wegen „Ölfilm"!

3 Effektive Lesetechniken einsetzen – Sachtexte gezielt lesen

1. Lesestrategien einsetzen: Zweck und Ziel des Lesens bestimmen
einen neuen Sachverhalt *flüchtig aufnehmen* – bestimmte Informationen *genauer suchen* – die *eigene Meinung* zum Sachverhalt entwickeln – einen *Lernstoff* so erarbeiten, dass das Gelesene *wiedergegeben*, *weiterverarbeitet* oder mit anderen *erörtert* werden kann
2. Lesetechniken einsetzen: Gezielt lesen
mit Distanz lesen, d.h. entscheiden, was wichtig ist – einen Text *diagonal lesen*, d.h. überfliegen (engl. skimming) – zu einem Text den *Überblick* gewinnen und die Textzentren erkennen – einen Text *auskämmend lesen* (engl. scanning) und Informationen genau entnehmen und festhalten

Norbert Elias
Über die Zeit (Auszug)

„Wenn man mich nicht fragt, was Zeit ist, weiß ich es", sagte einst ein kluger alter Mann, „wenn man mich fragt, weiß ich es nicht." Warum frage ich?
Wenn man Probleme der Zeit untersucht, kann man mancherlei über Menschen und so auch über sich selbst lernen, das zuvor nicht recht fassbar war. Probleme der Soziologie und der Menschenwissenschaften überhaupt, die beim bisherigen Stand der Theoriebildung verschlossen blieben, öffnen sich dem Zugriff.
Physiker sagen bisweilen, dass sie die Zeit messen. Sie bedienen sich mathematischer Formeln, in denen das Maß der Zeit als benanntes Quantum eine Rolle spielt. Aber man kann die Zeit weder sehen noch fühlen, weder hören noch schmecken noch riechen. Das ist eine Frage, die auf Antwort wartet. Wie kann man etwas messen, das man nicht mit Sinnen wahrzunehmen vermag? Eine Stunde ist unsichtbar.
Aber messen denn nicht die Uhren die Zeit? Man kann Uhren gewiss dazu benutzen, um etwas zu messen. Aber dieses Etwas ist nicht eigentlich die unsichtbare Zeit, sondern etwas höchst Greifbares, etwa die Länge eines Arbeitstages oder einer Mondfinsternis oder das Tempo eines Läufers beim 100-Meter-Lauf.
Uhren sind sozial normierte Geschehensabläufe mit gleichmäßig wiederkehrenden Ablaufmustern wie etwa Stunden oder Minuten. Wenn der Stand der gesellschaftlichen Entwicklung es erfordert und erlaubt, können diese Muster über ein ganzes Land, vielleicht über viele Länder hin, identisch sein. So kann man mithilfe von Uhren die Schnelligkeit von Flugzeugen vergleichen, die an ganz verschiedenen Orten die gleiche Raumlänge durchfliegen. Man kann mit ihrer Hilfe die Länge oder das Tempo von wahrnehmbaren Abläufen vergleichen, die ihrer Natur nach keinen direkten Vergleich zulassen, weil sie nacheinander vor sich gehen, also etwa die Länge von zwei Diskussionsreden, von denen die eine der anderen folgt. Wenn Menschen es nötig finden, das zu tun, benutzen sie einen gesellschaftlich standardisierten Geschehensablauf um die nicht direkt vergleichbaren Abläufe indirekt zu vergleichen. (...)
Wessen man sicher sein kann, ist die Tatsache, dass Uhren selbst, ebenso wie reine Naturabläufe mit der gleichen sozialen Funktion, Menschen als Mittel der Orientierung im Nacheinander sozialer und natürlicher Abläufe dienen, in die sie sich hineingestellt finden. Vielfach dienen sie ihnen zugleich auch als Mittel der Regulierung ihres Verhaltens im Sinne einer Abstimmung aufeinander und auf reine, also nicht von Menschen verarbeitete Naturabläufe.
Wenn sich auf früheren Entwicklungsstufen für Menschen die Notwendigkeit ergab, eine Antwort auf die Frage nach der Position von Ereignissen oder der Länge von Abläufen im Nacheinander des Geschehens zu finden, dann benutzten sie gewöhnlich als Standardablauf einen bestimmten Typ von natürlichen Abfolgen. Sie hielten sich an Naturabläufe, die zwar in Wirklichkeit, wie alles, was nacheinander geschieht, einmalig und unwiederholbar waren, deren jeweils späteres Auftreten aber ein ganz ähnliches oder das gleiche Muster aufwies wie das jeweils frühere. Solch ein wiederkehrendes Muster des Nacheinander, etwa im Falle von Ebbe und Flut, von dem Auf und Ab des eigenen Pulsschlags oder dem Kommen und Gehen von Sonne und Mond, konnten Menschen als Mittel der Abstimmung ihrer Aktivitäten aufeinander und auf außermenschliche Geschehensabläufe auf früheren Stufen in gleicher Weise verwenden wie Menschen späterer Stufen die wiederkehrenden symbolischen Muster auf den Zifferblättern der von Menschen geschaffenen Uhren. Im Rahmen der bisherigen Wissenssoziologie kommt die Entwicklung des Wissens, also der menschlichen Orientierungsmittel, ein wenig zu kurz. Dabei ist die Frage, wie Menschen lernen sich in ihrer Welt zu orientieren, und zwar im Lauf der Jahrtausende besser und besser, gewiss für das Selbstverständnis der Menschen von nicht geringer Bedeutung. Die Entwicklung des Zeitbestimmens als Mittel der Orientierung in dem unablässigen Fluss des Geschehens ist

ein Beispiel dafür. Die große gesellschaftliche Bedeutung der physikalischen Wissenschaften in unserem Zeitalter hat dazu beigetragen, dass Zeit mit einer gewissen Selbstverständlichkeit als eine Gegebenheit erscheint, die in den großen Zusammenhang des nichtmenschlichen Naturgeschehens gehört und daher als Gegenstand wissenschaftlicher Untersuchungen in den Kompetenzbereich der Physiker.

Ein Blick auf die Entwicklung des Zeitbestimmens und seiner Mittel zeigt, dass diese Vorherrschaft der Physiker und der naturalistischen Vorstellung von der Zeit relativ jungen Datums ist. Bis zum Zeitalter Galileis war in der Tat das, was wir „Zeit“, und selbst, was wir „Natur“ nennen, primär um Menschengruppen zentriert. Die Zeit war vor allem ein Mittel der Orientierung in der sozialen Welt, der Regulierung im Zusammenleben der Menschen. Die von Menschen verarbeiteten und standardisierten Naturabläufe fanden als Mittel zur Bestimmung der Position oder der Dauer von gesellschaftlichen Tätigkeiten im Fluss des Geschehens Verwendung. Erst in neuerer Zeit zweigte davon die Verwendung von Uhren als wichtigen Instrumenten der Untersuchung von reinen Naturabläufen ab. Das seit langem von Menschen empfundene Geheimnis der Zeit vertiefte sich damit. *(1988)*

1 **Lesestrategien einsetzen:** Wenn Sie Texte nur zu einem bestimmten *Zweck* lesen, dann müssen Sie eine Lesestrategie wählen, die diesen Zweck verfolgt. – Die Strategie kann sich auf die *Inhalte* richten: die Suche nach bestimmten Informationen. Oder die Strategie richtet sich auf einen bestimmten Grad der *Textaneignung.*

a) Bestimmen Sie, zu welchem Zweck das Lesen der Texte von Elias und Fraser dienen könnte.

b) Umreißen Sie schulische oder außerschulische Situationen, in denen man
- Texte zum Thema „Zeit“ nur ganz flüchtig liest,
- sich über das Phänomen „Zeit“ genauer zu *informieren* hat,
- zu einem Problem aus dem Rahmenthema „Zeit“ eine eigene *Meinung* entwickeln muss,
- Informationen über die „Zeit“ als *Lernstoff* erarbeiten und verarbeiten muss.

2 **Lesetechniken einsetzen:** Aktiv lesen – Lesetempo optimieren – die Techniken kombinieren: Ich bestimme, was ich aufnehme. Wenden Sie folgende Techniken auf einen der beiden Texte von Elias und Fraser an.

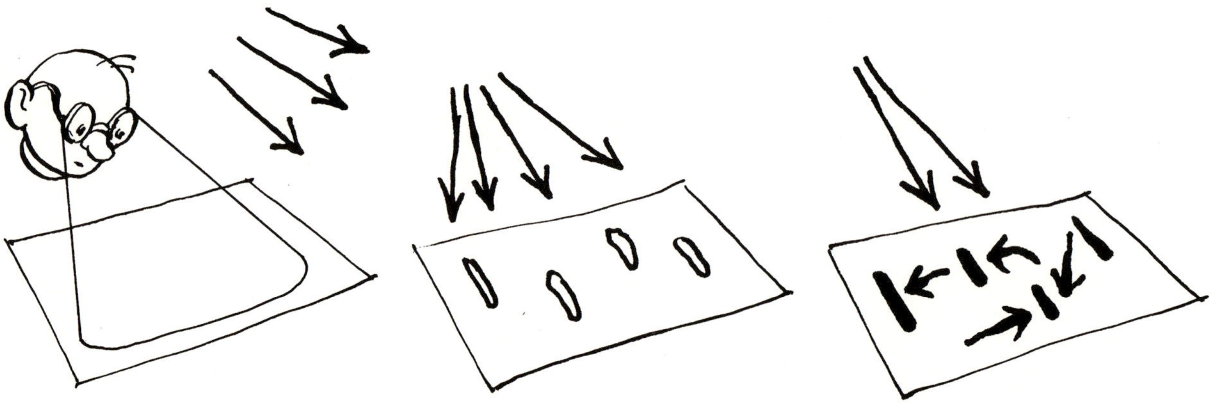

© Peter Lowin

a) Lesen Sie mit dem Blick aufs *Textganze* über schwierige Stellen hinweg und entnehmen Sie nur die *Gesamtinformation.*
Formulieren Sie Ihr Leseergebnis in zwei, drei Sätzen aus.

b) Lesen Sie mit dem Blick auf *Textzentren* und kreisen Sie die wichtigsten Stellen mit dem Bleistift ein oder markieren Sie sie am Rand. (Bei fremden Büchern nur die Zeilen-Nr. notieren!) Die *Schlüsselstellen* sollten jeweils eine Wortgruppe oder zwei, drei Zeilen nicht überschreiten.
Formulieren Sie Ihr Leseergebnis in einem Textresümee (knappe Textwiedergabe – max. 1/3 – in eigenen Worten, doch unter Verwendung der Schlüsselwörter der Textvorlage).

c) Lesen Sie mit dem Blick auf *Zusammenhänge* und stellen Sie Verbindungen zwischen den Textzentren her: die *Verknüpfung* der Gedanken mit Bezugspfeilen am Rand oder über die Seite hinweg kennzeichnen (Ursachen und Folgen, Gegensätze, Über- oder Unterordnung ...) oder zusammengehörige Stellen mit gemeinsamen Zeichen (→, *, +, !, >, ?, ...) versehen.

Julius T. Fraser

Die Zeit (Auszug)

Eine Gemeinschaft, ob Stamm oder Kulturvolk, kann nur entstehen und bestehen, wenn die *soziale Gegenwart* jeweils erschaffen und bewahrt wird. Eine sorgfältig eingehaltene Folge sozialer Gegenwarten heißt ein *Zeitplan.* Tiere und Pflanzen, die sich ein und dieselbe ökologische Nische teilen, müssen ihre biologischen Rhythmen koordinieren: Es muss Zeit zum Jagen, Essen und Trinken, Paaren und Bauen geben. Bei Menschen ist es dasselbe, nur dass auf der Liste auch Zeit zum Arbeiten, Denken, Musizieren und für andere zivilisierte Beschäftigungen steht, für die ein Zeitplan erstellt werden muss.

Die Zyklen der Gemeinschaft sind rhythmische Zeitpläne, zyklische Variationen einer der Variablen der sozialen Gegenwart, zum Beispiel der Arbeit. Genau wie bei den biologischen Zyklen entsprechen manche sozialen Zyklen gewissen externen Rhythmen der astronomischen oder biologischen Welt, manchen aber fehlt auch eine solche Entsprechung. Während zum Beispiel die Tages- und Jahreszyklen mit der Sonne gekoppelt sind und der Monat sich von der Lunation herleitet, so ist der Markt, der jeden Dienstag abgehalten wird, nicht an einen Rhythmus außerhalb der Gesellschaft gebunden.

Das moderne System der Synchronisation und Zeitplanung, das die kollektive Integrität der Industriestaaten wahren hilft, ist ein Musterbeispiel für einen sozialen Zyklus: Es hat seinen Ursprung nicht in einem organischen Zyklus, lässt ihn aber zu. Geschichtlich ist es wohl in der *Regel des heiligen Benedikt*[1] verankert, einem zum geistlichen Wohl der Brüder entworfenen Leitfaden. (...) Er regelt die Zeit für das gemeinsame Bad, das Kopfwaschen, den Aderlass, das Füllen der Matratzen und die täglichen Routinen, die durch die Tagzeiten, die offiziellen Gebetsstunden, geordnet sind.

Es gibt sieben kanonische Stunden, die das mönchische Leben bestimmen. Der Tag beginnt mit der Matutin und der Laudes, geht weiter mit der Prim (erste Stunde) um 6 Uhr, der Terz (dritte Stunde) um 9 Uhr und der Sext (sechste Stunde) am Mittag. Die Non (neunte Stunde) folgt um 14 oder 15 Uhr, die Vesper um 16 Uhr und die Komplet um 19 Uhr. Danach gingen die Brüder ins Bett. Die vorgeschriebenen Zeiten für Stundengebete, Beten der Psalmen, Lesen der Messe und Schriftmeditation sind über den Tag verteilt.

Nach den Tagzeiten der Benediktiner richteten sich nach und nach auch alle anderen Klöster und großen Haushaltungen. Das gab dem Leben auf dem Lande einen gemeinsamen Rhythmus. (...)

Die Tagzeiten und Stundengebete helfen uns auch heute, die soziale Gegenwart zu bewahren: Die Vesper ist eine Mahlzeit, auch wenn wir manchmal erst zur Abendzeit vespern.

Das Glockenläuten synchronisierte die Arbeit auf dem Lande. Die großen Glocken der Türme läuten, kleinere bimmeln und sehr kleine klingeln. Alle zusammen vermitteln sie das Zeitbewusstsein der Mönche an alle und jeden. Die Glocken wurden durch Sonnenuhren, Sanduhren, Wasseruhren und später mechanische Uhren reguliert. Die Zeitplanung schuf einen gemeinsamen Schlag, begünstigte die Rationalisierung des Lebens und spiegelte einen Glauben an eine Welt, in der die Zeit ihren geordneten Verlauf nimmt. Die Bedeutung der Zeitpläne und der Zeitplanung für das Wohlbefinden aller wurde Teil der christlichen Lebensweise. Diese Einstellung fand die stärkste Ausprägung im protestantischen Pragmatismus, der die Wichtigkeit von Zahl und Zeit für den Ablauf des täglichen Lebens betont. (...) Zeitplanung durch Zeittrennung gehört zum täglichen Brot der Sekretärinnen, die Termine ausmachen.

(1987)

[1] Benedikt von Nursia gründete 529 das Mutterkloster des Benediktinerordens Monte Cassino.

Die Uhr über der Nähmaschinenfabrik Singer bestimmte um 1900 Arbeitszeit und Schichtwechsel.

4 Inhalte eines Sachtextes verfügbar machen

1. **Texte mit dem Bleistift lesen:** unterstreichen und markieren, aber sehr sparsam; Fußnoten nutzen
2. **Den gedanklichen Aufbau, die Struktur eines Textes grafisch veranschaulichen – Konspekt:** im Text die zentralen Gedanken, Aussagen, Argumente einkreisen; überlegen, wie sie aufeinander aufbauen; in Form von Schlüsselwörtern übersichtlich verteilt auf ein Blatt notieren: Über- und Unterordnung, Gegensätze, Zusammenhänge, Ursachen/Folgen, Tatsachen/Meinungen, Thesen/Beispiele und andere Bezüge zwischen den Gedanken mit entsprechenden Begriffen sowie mit Bezugspfeilen grafisch darstellen
3. **Texte paraphrasieren:** einen schwierigen Text oder Textabschnitt in eine verständlichere Sprache übersetzen, in der Vorstellung, man müsste den Sachverhalt weitervermitteln; für das Verständnis notwendige Erklärungen zu schwierigen Textstellen/Begriffen aus anderen Informationsquellen (Lexikon, Wörterbuch, …) als Randnotiz oder Anmerkung einfügen
4. **Texte resümieren:** das Ergebnis der Lektüre in einem kurzen informierenden Text aufschreiben
5. **Texte exzerpieren – Informationen herausschreiben:** bei einem längeren Text in übersichtlicher Form, d.h. zitierfähig die zentralen Fakten und Aussagen, den Standpunkt und die Hauptargumente notieren

4.1 Einen Text markieren

Randnotizen	*Ernst Pöppel*: Elementare Zeitphänomene
Zeiterleben: 1. Gleichzeitigkeit 2. Ungleichzeitigkeit 3. Aufeinanderfolge 4. Gegenwart 5. Dauer	Beginnen wir mit der Zeit. Unser Ziel ist es, zunächst einmal jene unmittelbaren Erlebnisse zu beschreiben, die unsere Zeiterfahrung kennzeichnen. Das Ergebnis dieser Beschreibung sei schon einmal vorweggenommen: Menschliches Zeiterleben lässt sich durch eine Zusammenstellung von fünf verschiedenen, elementaren Zeitphänomenen beschreiben. Es handelt sich um die Erlebnisse von Gleichzeitigkeit, Ungleichzeitigkeit, Aufeinanderfolge, Gegenwart und Dauer. Was auf der Erlebnis-Ebene mit diesen Zeitphänomenen gemeint ist und wie sie hierarchisch aufeinander bezogen sind, lässt sich durch einfache Beobachtungen verdeutlichen:
a) Gleichzeitigkeit – Ungleichzeitigkeit Hörexperiment	Zunächst seien einige Befunde über das Phänomen der Gleichzeitigkeit und Ungleichzeitigkeit vorgestellt. Wenn man über einen Kopfhörer in beide Ohren kurze Reize gibt, die etwa eine Tausendstelsekunde (eine Millisekunde) dauern, und wenn die beiden Reize gleichzeitig gegeben werden, dann hört die Versuchsperson einen einzigen Ton, und zwar in der Mitte des Kopfes. Wird zwischen die beiden Reize eine zeitliche Verzögerung, z.B. von zwei Tausendstelsekunden, eingeschaltet, so hört die Versuchsperson ebenfalls nur einen Ton, das heißt, die zwei Reize werden in der Wahrnehmung miteinander verschmolzen, obwohl objektiv betrachtet die beiden Reize ungleichzeitig sind. Objektive Ungleichzeitigkeit ist also nicht hinreichend, um die Schwelle zur subjektiven Ungleichzeitigkeit der beiden Töne zu erreichen. Erst dann, wenn die zeitliche Differenz zwischen den beiden akustischen Reizen etwa drei Millisekunden beträgt, bei manchen Versuchspersonen auch vier oder fünf, ist die Schwelle zur Ungleichzeitigkeit erreicht, die Versuchsperson hört nun getrennt in jedem Ohr einen Tonreiz.

Sehexperiment	Führt man einen analogen Versuch über die zeitliche Verschmelzung von aufeinander folgenden Reizen im Sehsystem durch, dann stellt man fest, dass die Verschmelzungsgrenze im visuellen System etwa bei 20 bis 30 Tausendstelsekunden liegt. Wenn man also Hören und Sehen miteinander vergleicht, so fällt auf, dass der Übergang von Ungleichzeitigkeit zu Gleichzeitigkeit in den beiden Sinnesbereichen bei unterschiedlichen Zeiten erfolgt. Dabei ist das Hören durch die bei weitem günstigste zeitliche Auflösung gekennzeichnet, und das Sehsystem verhält sich eher träge.
Ergebnis: man kann Ungleichzeitigkeit nur bei einem bestimmten Abstand der Zeitintervalle erkennen	Aus diesen Beobachtungen halten wir fest, dass subjektive Gleichzeitigkeit der objektiven nicht immer entspricht. Wenn man das Wort »gleichzeitig« verwendet, muss man sich stets verdeutlichen, in welchem Sinne man den Begriff gebraucht. Gerade bei Diskussionen zwischen den Disziplinen, also etwa zwischen Biologen, Psychologen, Physikern oder Philosophen, kommt
Problem	es zu vermeidbaren Missverständnissen, weil Begriffe in einem unterschiedlichen Sinnzusammenhang verwendet werden. (…)

1. Prüfen Sie dieses Beispiel und begründen Sie die eingesetzten Mittel.
2. Bearbeiten Sie entsprechend einen der folgenden Texte.

4.2 Zu einem Text einen Konspekt anlegen

Die grafische Übersicht über den Gedankengang eines Textes kann erfolgen in der Form eines *Verlaufsdiagramms*, das den Ablauf zeigt, oder eines *Strukturdiagramms*, das mit Pfeilen und Begriffen die gedanklichen Beziehungen vermittelt. – Dabei kann es durchaus unterschiedliche Lösungen geben.

1. Vergleichen Sie die beiden Konspekte zum Text von Coveney/Highfield (S. 142); achten Sie auch auf die sprachliche Umsetzung:

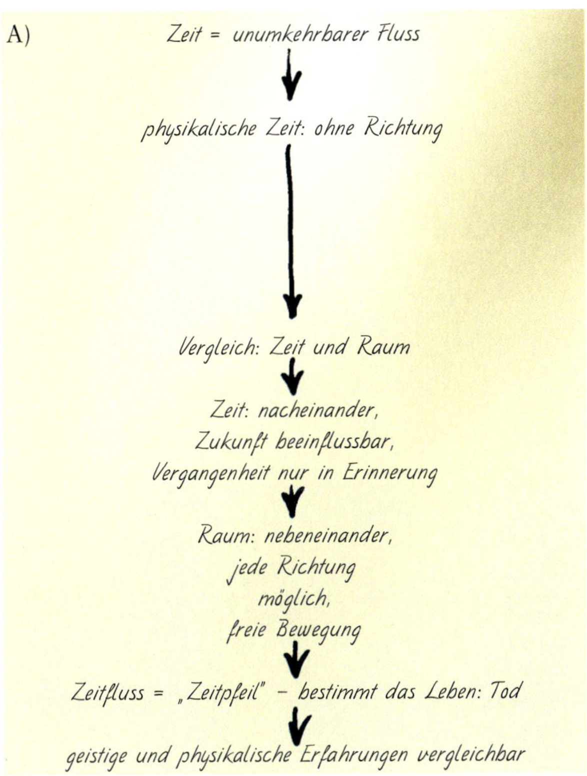

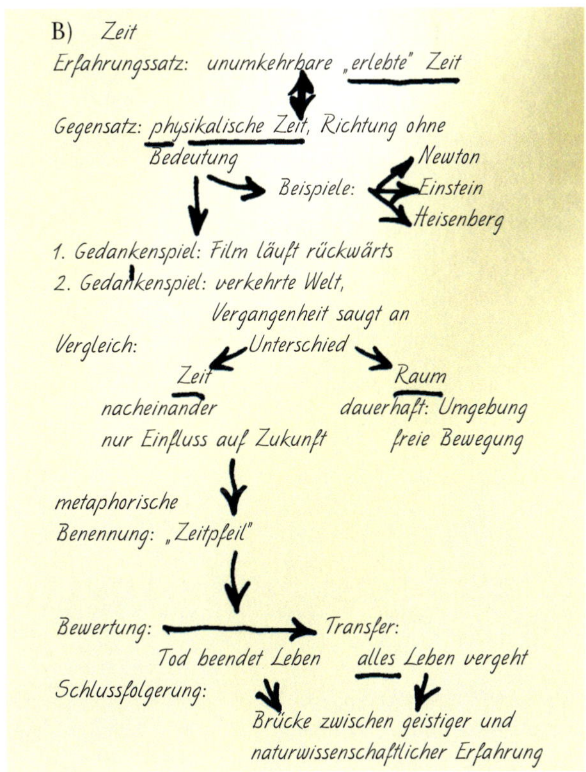

Peter Coveney/Roger Highfield
Bilder der Zeit

Wir alle wissen um den unumkehrbaren Fluss der Zeit, der unsere Existenz zu bestimmen scheint: Die Vergangenheit ist unwandelbar, die Zukunft ist offen. Wir wünschen uns manchmal, die Uhr zurückdrehen zu können, um einen Fehler ungeschehen zu machen oder eine glückliche Stunde nochmals zu erleben. Aber dies ist, wie wir wissen, unmöglich – der Augenblick wird nicht verweilen, die Zeit nicht rückwärts laufen.

Aber können wir uns wirklich sicher sein? Überraschenderweise geben die großen naturwissenschaftlichen Theorien der alltäglichen Erfahrung mit der Zeit wenig Unterstützung – in ihnen spielt die Richtung der Zeit praktisch keine Rolle. Newtons klassische Mechanik, Einsteins Relativitätstheorie, die Quantenmechanik von Schrödinger und Heisenberg, alle diese großen Gedankensysteme würden ebenso gut funktionieren, wenn die Zeit rückwärts liefe. Wenn man einen Film herstellte, in dem alle Ereignisse mit diesen Theorien beschreibbar wären, so könnte man anschließend beim Zusehen nicht entscheiden, ob der Film vorwärts oder rückwärts durch den Projektor läuft – beide Versionen sind gleich plausibel.

Dass die Zeit nur eine Richtung aufweist, scheint als Illusion im Geist zu entstehen. Häufig sprechen daher Naturwissenschaftler, wenn sie mit dem alltäglichen Gefühl verfließender Zeit konfrontiert sind, eher herablassend von „erlebter" oder von „subjektiver Zeit".

Könnte es sein, dass irgendwo im Universum die Zeit gerade andersherum fließt, als wir es gewohnt sind – an einem Ort, wo sich die Menschen aus dem Grab erheben, ihre Falten verlieren und schließlich in den Mutterleib gelangen? Es wäre eine Welt, in der Düfte in Parfümflaschen zögen, wo Wellen auf dem Wasser zusammenliefen und Steine herausschleuderten, wo die Luft in einem Raum sich spontan in ihre Bestandteile zerlegte, eine Welt, in der sich Gummifetzen zu prallen Luftballons formten und Licht, aus den Augen der Astronomen kommend, von den Sternen absorbiert werden würde. Und vielleicht sind damit die Möglichkeiten noch gar nicht erschöpft: Könnte es, wenn man diesen Gedanken weiterverfolgt, nicht auch sein, dass dies alles hier auf der Erde geschieht? Können wir alle in die Vergangenheit gesaugt werden?

Dies widerspricht aller Erfahrung, die uns lehrt, dass die Zeit immer in eine Richtung fließt. Vergleichen wir Zeit und Raum, so wird die Besonderheit der Zeit noch deutlicher: Der Raum umgibt uns, die Zeit dagegen erfahren wir abschnittsweise nacheinander. Der Unterschied zwischen verschiedenen Richtungen wie links und rechts ist trivial, verglichen mit dem Unterschied zwischen Vergangenheit und Zukunft: Wir können uns frei in den Richtungen des Raumes bewegen, aber wir können mit unseren Handlungen nur die Zukunft beeinflussen, nicht die Vergangenheit. Wir haben Erinnerungen, kein Vorauswissen (wenn man von Sehern absieht). Dinge pflegen im Allgemeinen eher zu zerfallen, als sich von sich aus zusammenzufügen. Wir erleben, dass im Raum keine, in der Zeit dagegen nur eine Richtung bevorzugt ist. Sie bewegt sich wie ein Pfeil. Diesen sehr anschaulichen Ausdruck „Zeitpfeil" („the arrow of time") hat zuerst der britische Astrophysiker Arthur Eddington im Jahre 1927 geprägt. (...)

Die Unumkehrbarkeit der Zeit enthüllt sich hier als Quelle des Wertes allen menschlichen Lebens. Unausgesprochen, doch im Gesagten mitschwingend, taucht der schließliche Sieg des Todes auf. Und dies ist auch eine Verbindung zur naturwissenschaftlichen Sehweise, denn die Tatsache, dass jedes Lebewesen schließlich stirbt, ist der deutlichste Hinweis auf das Fließen der Zeit. In jeder Erklärung der Welt muss dieses Phänomen einen gebührenden Platz finden. Arthur Eddington: „Bei jedem Versuch, den Brückenschlag zwischen dem Reiche geistiger und dem physikalischer Erfahrung zu tun, wird es vor allem nötig sein, das Wesen der Zeit zu ergründen."
(1990)

2 Nutzen Sie Markierungen am Text oder den Konspekt als Hilfsmittel für die mündliche Textwiedergabe.

3 Erstellen Sie selbst einen Konspekt zu dem folgenden Text.

4.3 Paraphrasieren und resümieren

Norbert Elias
Zeittheorien*

Wie sehr das Unvermögen, die sozialen Orientierungs- und Regulierungsfunktionen der Zeit in Betracht zu ziehen, zu den Schwierigkeiten beitrug, die Menschen bei dem Bemühen um eine konsensfähige Theorie der Zeit zu schaffen machten, zeigt sich besonders auch an den herkömmlichen philosophischen Lösungsversuchen des

Problems. Im Mittelpunkt der langen philosophischen Diskussion über die Natur der Zeit standen – und stehen vielleicht noch immer – zwei polar entgegengesetzte Positionen. Man begegnet im Rahmen dieser Diskussionen auf der einen Seite der Vorstellung, dass es sich bei der Zeit um eine objektive Gegebenheit der natürlichen Schöpfung handle. Ihrer Seinsart nach, so schien es den Vertretern dieser Anschauung, unterschied sich die Zeit nicht von anderen Naturobjekten –, abgesehen davon, dass sie nun eben nicht wahrnehmbar war. Newton war vielleicht der prominenteste Vertreter dieser objektivistischen Vorstellung, die in der neueren Zeit schon früh ins Hintertreffen geriet. Im entgegengesetzten Lager herrschte die Vorstellung vor, die Zeit sei eine Art des Zusammensehens von Ereignissen, die auf der Eigentümlichkeit des menschlichen Bewusstseins oder, je nachdem, auch des menschlichen Geistes, der menschlichen Vernunft beruhe und die dementsprechend jeglicher menschlicher Erfahrung als deren Bedingung vorausgehe. Bereits Descartes neigte dieser Vorstellung zu. Sie fand ihren maßgeblichsten Ausdruck in der Philosophie von Kant, der Zeit und Raum als Repräsentanten einer Synthese a priori ansah. In weniger systematischer Form hat diese Auffassung, wie es scheint, über die gegnerische weithin die Oberhand gewonnen. Sie besagt, in schlichterer Sprache, ganz einfach, dass die Zeit eine Art von angeborener Erlebnisform ist, also eine unabänderliche Gegebenheit der Menschennatur.

Die beiden polar entgegengesetzten Zeittheorien haben, wie man sieht, einige Grundannahmen miteinander gemein. In beiden Fällen stellt sich die Zeit als eine Naturgegebenheit dar, nur eben in dem einen Falle als eine „objektive“, unabhängig von allen Menschen existierende Gegebenheit und im anderen Falle als eine bloß „subjektive“, in der Natur des Menschen angelegte Vorstellung. In dieser Konfrontation einer subjektivistischen und einer objektivistischen Theorie der Zeit spiegelt sich eine der Grundeigentümlichkeiten der traditionellen philosophischen Erkenntnistheorie. Als selbstverständlich wird unterstellt, dass es einen universellen, sich ständig wiederholenden Ausgangspunkt, eine Art von Anfang des Erkennens gibt.

Ein einzelner Mensch, so erscheint es, tritt ganz für sich allein vor die Welt hin, das Subjekt vor die Objekte, und beginnt zu erkennen. Die Frage ist dann nur, ob bei der Bildung menschlicher Vorstellungen, wie der von der Einbettung aller Ereignisse in den Strom der Zeit, die Natur des Subjekts oder die der Objekte den Vorrang habe.

Die Künstlichkeit dieser gemeinsamen Grundannahmen von diametral entgegengesetzten Erkenntnistheorien herkömmlicher Art und die Sterilität der endlosen Debatten zwischen deren Vertretern treten mit aller Klarheit sicherlich erst dann zutage, wenn man sich unzweideutig von den gemeinsamen paradigmatischen Grundannahmen der alten Erkenntnistheorien abwendet – nicht allein in Bezug auf die Zeit – und ihnen eine Theorie des menschlichen Wissens entgegenstellt, die in engster Tuchfühlung mit der beobachtbaren Entwicklung des menschlichen Wissens bleibt und deren paradigmatische Grundannahmen dementsprechend überprüfbar und revidierbar sind. Zu diesem Bemühen bietet der folgende Text einen Beitrag. Menschliches Wissen, das ist die Vorstellung, die ihm zugrunde liegt, ist das Ergebnis des langen, anfangslosen Lernprozesses der Menschheit. Jeder einzelne Mensch, wie groß sein innovatorischer Beitrag auch sein mag, baut auf einem schon vorhandenen Wissensschatz auf und setzt ihn fort. Mit dem Wissen von der Zeit verhält es sich nicht anders.

(1988)

1. Verfassen Sie eine Paraphrase zum mittleren, nicht markierten Textabschnitt: Übersetzen Sie den Text in eine verständlichere Sprache, in der Vorstellung, Sie müssten den Sachverhalt weitervermitteln.
2. Verfassen Sie ein Resümee zu dem gesamten Text: Schreiben Sie das Ergebnis der Lektüre in einem kurzen informierenden Text auf.

Paraphrase zum rot markierten Text:

Die bisherigen Theorien zur „Zeit“ beachteten zu wenig, dass Zeit das Zusammenleben der Menschen ordnet und reguliert. Man versuchte das Problem der Zeit philosophisch zu lösen, indem man über die „Natur“ der Zeit nachdachte. Dabei gab es zwei Vorstellungen:
a) Zeit ist eine Sache wie andere Naturobjekte auch (z.B. Gas, Licht, Wasser, Wärme, …), nur ist sie nicht direkt wahrzunehmen. b) …

Resümee zum blau markierten Text:

Die Diskussion, ob Zeit unabhängig vom Menschen (= objektiv) existiert oder nur eine subjektive Vorstellung des Menschen ist, ist eine alte, endlose Diskussion über die Erkenntnismöglichkeiten der Menschen. Dieser Gegensatz muss überwunden werden: Wichtiger ist es zu erforschen, wie die Menschen im Lauf der Geschichte ihr „Wissen“ von der Zeit gemeinsam weiterentwickelt und verändert haben.

5 Statistische Informationen verarbeiten – Daten verbalisieren

1. **Daten verbalisieren:** das Thema einer Statistik erkennen, die Fragestellung klären, die Ergebnisse und Zahlen in einen Text umsetzen – Extremwerte, Durchschnitt/Mittelwerte, Gewichtungen, Veränderungen, Trends, Gruppenbildungen erklären
2. **Grafiken verbalisieren:** die Form der Ergebnisdarstellung beachten – die Besonderheit im Ergebnis bei einer Tabelle, einem Säulendiagramm, Tortendiagramm oder Kurvendiagramm hervorheben (Übersicht, Größenvergleich, Entwicklungen etc.)
3. **Daten hinterfragen:** das Untersuchungsziel – die Erhebungsmethode (Fragebogen, multiple choice-Verfahren, freie Antwortmöglichkeit, Interview, ...; die Stichprobe der Befragten; die Frageformen: Informationsfragen, Bewertungsfragen, Suggestivfragen) – das Ergebnis (Abweichungen von Erfahrungen, Widersprüche in Teilergebnissen, der Einfluss der Fragestellung) – die Aktualität der Umfrage und Widersprüche zwischen verschiedenen Umfragen zum gleichen Thema

„Zeit“: Freizeit = Medienzeit, Lektürezeit?

1 Führen Sie eine Umfrage zu diesem Thema durch oder erstellen Sie eine individuelle Wochenübersicht zum Zeitverbrauch und stellen Sie die Ergebnisse dar. Vergleichen Sie Ihre Daten mit den folgenden.

Mediennutzung und Freizeitbeschäftigung 1997 (in Prozent)

Mehrmals in der Woche				Alter in Jahren						
	Gesamt	Mann	Frau	14–19	20–29	30–39	40–49	50–59	60–69	über 70
Zeitungen lesen	82,4	83,3	81,6	52,4	73,3	81,2	87,4	90,0	90,1	87,1
Zeitschriften, Illustrierte lesen	46,8	42,5	50,7	48,5	48,2	46,6	46,2	46,0	46,5	46,5
Bücher lesen	20,8	18,6	22,9	36,7	25,6	20,7	19,1	17,2	18,2	16,3
Fernsehen	92,8	92,5	93,0	94,2	89,1	91,0	91,8	93,9	95,6	95,4
Videokassetten ansehen	6,9	8,5	5,5	21,4	11,4	8,6	5,6	4,0	2,3	1,5
Radio hören	83,5	84,5	82,6	86,0	84,3	86,2	86,6	84,1	83,0	73,9
Schallplatten/CD/ Kassetten hören	30,0	33,0	27,2	77,2	55,6	38,0	23,9	16,8	11,7	6,6
Ins Kino gehen	0,3	0,3	0,3	1,1	0,8	0,3	0,1	0,1	0,1	0,0
Theater/Konzert	0,3	0,2	0,3	0,4	0,2	0,3	0,3	0,2	0,4	0,1
Handarbeiten	5,2	0,4	9,5	1,2	2,7	3,8	4,5	5,6	9,0	8,5
Basteln, heimwerken	7,4	12,5	2,9	3,4	5,8	9,3	8,4	9,1	9,3	3,9
Sport treiben, trimmen	14,0	17,1	11,3	45,5	22,4	14,1	10,9	9,8	6,4	4,2
Spazieren gehen	25,2	20,9	29,0	13,4	19,1	20,9	17,4	25,6	37,6	40,2
Wandern	1,9	2,1	1,8	0,8	1,3	1,9	1,3	2,6	3,2	1,8
Ausgehen (Restaurant, Kneipe)	7,5	10,2	5,1	16,8	18,1	7,4	5,1	4,5	2,8	2,0
Besuche machen/ bekommen	19,4	17,8	20,9	41,1	29,9	18,9	14,1	13,3	14,3	15,5
Schaufensterbummel	4,5	2,7	6,2	10,1	6,5	3,8	3,4	3,6	4,0	3,3
Popmusik hören	31,5	34,2	29,1	75,3	61,7	47,8	29,6	12,2	6,2	3,7
Rockmusik hören	23,8	27,5	20,5	64,0	51,4	35,5	20,3	7,4	2,6	1,4
Klassische Musik hören	10,4	9,6	11,1	2,5	7,5	8,4	10,6	13,8	13,6	12,6
Schlager/Evergreens hören	33,3	29,8	36,5	8,5	15,4	23,8	35,2	46,1	48,8	46,0
Volksmusik hören	26,1	23,2	28,7	3,1	6,0	11,3	22,0	37,5	47,7	49,8

„Media Perspektiven“, Basisdaten, 1998. Inf. f. pol. Bildung 260/1998

Nach Erhebungen von Meinungsforschungsinstituten sieht das Leseverhalten so aus: 34% der Deutschen sehen „Lesen als Freizeitbeschäftigung“ an; dabei existiert ein deutlicher Geschlechtsunterschied: männlich 24 %, weiblich 45 %; und es zeigt sich eine Zunahme nach Altersgruppen: 24 % der 15- bis 17-Jährigen, 39 % der 26- bis 30-Jährigen. *(SINUS, 1985)*

Deutsche von 12–29 Jahren nutzen „täglich mindestens einmal“: zu 20 % ein Buch, 33 % eine Zeitung, 14 % eine Zeitschrift. (Bertelsmann, 1986)

Deutsche von 12–25 Jahren lesen in der Freizeit „sehr häufig – oft“: zu 23,7 % Bücher, 25 % Zeitschriften, 11,4 % Comics. *(Swoboda, 1985)*

73 % der Deutschen haben einen mehr oder minder engen Kontakt zum Buch: 22 % können sich ein Leben ohne Bücher „überhaupt nicht vorstellen“; 14 % haben eine enge emotionale Beziehung zum Buch; 14 % eine sowohl emotionale als auch „instrumentale“; 20 % eine „unverbindliche“ und 27 % eine „unlustige“ Beziehung. *(Allensbach, 1987)*

Auch im Multi-Media-Zeitalter ist Lesen noch „in“: So beschäftigen sich in ihrer Freizeit doppelt so viele Jugendliche zwischen 14 und 24 Jahren mit dem Bücherlesen (36 %) wie mit dem Computer (18 %). Videofilme liegen mit ebenfalls 36 % zwar gleichauf; aber nur 12 % begeistern sich für Videospiele, während viermal so viele, nämlich 49 %, regelmäßig Zeitungen und Zeitschriften lesen. Dabei ist der Multi-Media-Markt noch eine Männerdomäne. Fernsehen mit 82 % sowie Radio und CD mit je 66 % liegen natürlich bei den Freizeit-Medien unschlagbar vorne. *(BAT, 1995)*

Durchschnittliche Mediennutzungsdauer nach Selbstschätzung der Befragten in Stunden : Minuten

Personen ab 14 Jahre 2737 Befragte Dez. 1992	Werktags			Samstags/Sonntags		
	Gesamt	Nutzer in %	Tatsächliche Nutzungsdauer	Gesamt	Nutzer in %	Tatsächliche Nutzungsdauer
Fernsehen	2:36	96,8	2:41	4:02	96,3	4:12
Radio hören	1:57	82,1	2:22	2:07	73,0	2:54
Schallplatten, CD’s u.Ä. hören	0:30	45,1	1:06	0:46	47,7	1:36
Videorecorder nutzen	0:18	24,3	1:15	0:33	30,3	1:50
Zeitungen, Zeitschriften, Illustrierte lesen	1:11	88,7	1:20	1:07	79,2	1:24
Sach-, Fachbücher lesen	0:22	30,8	1:11	0:21	25,1	1:25
Romane, Erzählungen, Gedichte lesen	0:21	34,0	1:04	0:29	35,1	1:21
Computer nutzen	0:11	12,1	1:34	0:09	7,2	2:00

2 Setzen Sie Zahlen in Texte um; überführen Sie Texte und Teile aus Tabellen in grafische Darstellungen.

3 Diskutieren Sie die Aktualität des hier vorgestellten Datenmaterials.

6 Die Verwertbarkeit von Sachtexten einschätzen

1. **Textintentionen und Nutzen erkennen:** darstellende und erklärende Textteile, argumentierende und appellierende Textteile, darstellende und deutende Textteile unterscheiden – Welchen Nutzen hat die Lektüre: Ergänzung oder Veränderung meines Sachwissens oder Auslösung einer eigenen Auseinandersetzung mit dem Phänomen? – Verwendbarkeit für meine Aufgabe: Welche Ausschnitte, Ideen, Zitate, Hinweise und Informationen kann ich gebrauchen?
2. **Sachtexte nach Kriterien bewerten:** Sind die Informationen vollständig, relevant, sachangemessen, gut strukturiert, anschaulich und verständlich?
3. **Beziehungen zwischen Texten herstellen:** Nach der Lektüre mehrerer Texte zu einem Rahmenthema den Stellenwert der einzelne Texte in der Reihe der verschiedenen Texte bestimmen; Texte, Bilder und Grafiken leisten Teilinformationen zum Thema: Welcher Text vertieft eine Stelle in einem anderen Text, reicht eine fehlende Erklärung nach, veranschaulicht einen Aspekt oder füllt eine Informationslücke?

6.1 Darstellende und erklärende Textteile unterscheiden

Norbert Elias

Galileis Experiment*

Galileis Werk illustriert höchst anschaulich die neue Wende, die die Entwicklung des Begriffs der „Zeit“ seit dem Mittelalter genommen hat, wie es auch das Aufkommen des neuen Begriffs der „Natur“ beleuchtet. Es ist vielleicht von Nutzen, in Galileis eigenen Worten eine Beschreibung seiner berühmten Beschleunigungsexperimente zu lesen, die dazu beitrugen, die Entwicklung des „naturzentrierten“, des physikalischen Begriffs der „Zeit“ in die Wege zu leiten. Galileis Beschreibung zeigt deutlicher als jede Nacherzählung die enorme Mühe, die er auf seine Experimente verwandte, und den hohen Wert, den er ihnen beimaß:

„Auf einem Lineale oder sagen wir auf einem Holzbrette von 12 Ellen Länge, bei einer halben Elle Breite und drei Zoll Dicke, war auf dieser letzten schmalen Seite eine Rinne von etwas mehr als einem Zoll Breite eingegraben. Dieselbe war sehr gerade gezogen und um die Fläche recht glatt zu haben, war inwendig ein sehr glattes und reines Pergament aufgeklebt; in dieser Rinne ließ man eine sehr harte, völlig runde und glattpolierte Messingkugel laufen. Nach Aufstellung des Brettes wurde dasselbe einerseits gehoben, bald eine, bald zwei Ellen hoch; dann ließ man die Kugel durch den Kanal fallen und verzeichnete in sogleich zu beschreibender Weise die Fallzeit für die ganze Strecke: Häufig wiederholten wir den einzelnen Versuch zur genaueren Ermittlung der Zeit und fanden gar keine Unterschiede, auch nicht einmal von einem Zehnteil eines Pulsschlages. Darauf ließen wir die Kugel nur durch ein Viertel der Strecke laufen und fanden stets genau die halbe Fallzeit gegen früher. Dann wählten wir andere Strecken und verglichen die gemessene Fallzeit mit der zuletzt erhaltenen und mit denen von $\frac{2}{3}$ oder $\frac{3}{4}$ oder irgend anderen Bruchteilen, bei wohl hundertfacher Wiederholung fanden wir stets, dass die Strecken sich verhielten wie die Quadrate der Zeiten: und dieses zwar für jedwede Neigung der Ebene, d.h. des Kanales, in dem die Kugel lief …

Zur Ausmessung der Zeit stellten wir einen Eimer voll Wasser auf, in dessen Boden ein enger Kanal angebracht war, durch den ein feiner Wasserstrahl sich ergoss, der mit einem kleinen Becher aufgefangen wurde, während einer jeden beobachteten Fallzeit: Das dieser Art aufgesammelte Wasser wurde auf einer sehr genauen Waage gewogen; aus den Differenzen der Wägungen erhielten wir die Verhältnisse der Gewichte und die Verhältnisse der Zeiten und zwar mit solcher Genauigkeit, dass die zahlreichen Beobachtungen niemals merklich voneinander abwichen.“

Galileis Versuchsanordnung war ebenso einfach wie genial. Sie lässt sehr deutlich erkennen, was er eigentlich maß, wenn er sagt, er habe die „Zeit“ gemessen. Er benutzte als Maßstab für die Bewegung abwärts rollender Kugeln einen dünnen Strahl herabrinnenden Wassers. Durch Wiegen maß er die Menge Wasser, die durch seine Wasseruhr floss, während sich die Kugel von ihrer Ruheposition A zur Position B bewegte, und verglich sie mit der Wassermenge, die durch die Uhr floss, während die Kugel von B nach C und von C nach D rollte. Mit einem Lineal gemessen, d. h. in rein räumlicher Hinsicht, waren die Entfernungen AB, BC und CD gleich lang. Das Quantum Wasser jedoch, das in seinem Zeitbestimmungsinstrument herablief, während sich die Kugel von A nach B bewegte, war, wie Galilei feststellte, nicht dasselbe wie das Wasserquantum während des Kugellaufes von B nach C und von C nach D: Es wurde zunehmend kleiner. Die Beobachtung, dass während des Kugeldurchlaufs durch eine Teilstrecke von gleicher Länge zunehmend weniger Wasser durch die Uhr floss, je weiter unten die Strecke lag, drückte Galilei entsprechend der sozialen Funktion einer Uhr aus, nämlich mit dem Begriff der „Zeit“. Abnehmende Wassermengen, die kürzere Durchflüsse durch die Wasseruhr repräsentierten, waren die beobachtbaren Daten, auf die sich die Aussage stützte, dass die abwärts rollende Kugel für gleiche Entfernungen jeweils abnehmende „Zeiten“ benötigte. Der Ausdruck „Zeit“, mit anderen Worten, stand für eine physikalische Bewegung – die des Zeitmaßstabs. Ungleiche Wasserquanten, die durch die Öffnung der Uhr rannen und die von Galilei auf der Waagschale beobachtet wurden, betrachtete er als Indikatoren für „ungleiche Zeitquanten“. Auf diese Weise gab ihm seine Versuchsanordnung die Gewissheit, dass die Kugel spätere Teilstrecken ihrer Bahn schneller durchlief als räumlich gleich lange frühere Teilstrecken; oder, mit anderen Worten, dass die „Zeit“ ihres Durchganges durch frühere Teilstrecken länger war als die ihres Durchganges durch gleich lange spätere Teilstrecken, dass also die Geschwindigkeit der Kugel nicht einförmig war: Sie beschleunigte sich. *(1988)*

1 Skizzieren Sie Galileis Versuchsaufbau. – Prüfen Sie, welche Informationen der Text über die Darstellung des Versuchs hinaus gibt und fassen Sie die Erklärungen in einem Resümee zusammen.

6.2 Argumentierende und appellierende Textteile unterscheiden

1 Schreiben Sie einen inneren Monolog parallel zur Lektüre des Textes von Norbert Blüm: Beobachten Sie, wie Sie auf verschiedene Teile des Textes reagieren und ermitteln Sie, welche Textelemente den Anstoß gaben.

2 Prüfen Sie anschließend Thema, Position und Argumente sowie die überwiegende Intention des Textes.

Norbert Blüm

Mobilzeit – Vorteile für Betriebe und Arbeitnehmer

MOBILZEIT – was bedeutet das? Bisher haben wir immer von Teilzeitarbeit gesprochen. Dieser Begriff ist aber zu eng und zudem missverständlich. Teilzeit hat – zu Unrecht – für viele einen negativen Klang. Teilzeit gilt oft als nicht ganz vollwertige Arbeit, weil sie vom „Normalfall“ der Vollzeit abweicht. Und wer will schon nur einen Teil und nicht die ganze Arbeit leisten? Zudem wird vielfach unter Teilzeitarbeit nichts anderes als eine Halbtagsbeschäftigung verstanden.

Aus diesen Denkschablonen müssen wir heraus. Wir müssen weg von den starren, unflexiblen Arbeitszeitformen. Wir brauchen Arbeitszeitregelungen, die den Arbeitnehmern mehr Freiräume geben, die Produktivität in den Betrieben verbessern und zusätzliche Beschäftigungsverhältnisse ermöglichen.

Ein passender Begriff dafür ist MOBILZEIT. MOBILZEIT steht ebenso für eine nach den individuellen Wünschen und Möglichkeiten vereinbarte Wochen- und Tagesarbeitszeit als auch für flexible Jahresarbeitszeitregelungen, gleitenden Altersruhestand, angesparten Langzeiturlaub und vieles mehr. Der Fantasie sind keine Grenzen gesetzt. MOBILZEIT steht für eine Arbeitszeit nach Maß mit Flexibilität und Mobilität.

Für viele, die arbeiten wollen, ermöglicht eine MOBILZEIT unterhalb des Vollzeit-Standards überhaupt erst die gewünschte Beteiligung am Erwerbsleben. Da sind Kinder oder pflegebedürftige Angehörige zu betreuen, neben der Erwerbsarbeit wird eine Weiterbildung angestrebt oder es besteht eine gesundheitliche Beeinträchtigung. Für viele geht es dabei auch um die berufliche Überbrückung einer bestimmten Lebensphase. Man will trotz zeitweiser anderer Verpflichtungen den Anschluss an die Arbeitswelt nicht verlieren. Betriebe können mit MOBILZEIT-Modellen auf wechselnden Arbeitsanfall besser reagieren. Sonst notwendig gewordener Personalabbau kann dadurch vermieden oder abgemildert werden. MOBILZEIT kann aber auch zu zusätzlichen Dauerarbeitsplätzen führen.

MOBILZEIT bringt die erforderliche betriebliche Flexibilität mit den individuellen Wünschen der Arbeitnehmer zusammen. Firmen können durch Entkoppelung von Arbeits- und Betriebszeiten produktiver arbeiten, Arbeitnehmer haben die Wahl zwischen vielen verschiedenen Arbeitszeitoptionen. Selbstverständlich muss dies alles auf freiwilliger Basis vereinbart werden. Nicht überall lassen sich die Wünsche der Arbeitnehmer mit den Möglichkeiten und Notwendigkeiten der Betriebe in Einklang bringen. Dies darf jedoch nicht dazu führen, dass MOBILZEIT-Wünsche ungeprüft abgelehnt oder gar nicht erst geäußert werden. Oft werden die Vorteile, die sich für beide Seiten ergeben, gar nicht erkannt. Notwendig ist also die Verbesserung der Informationsgrundlagen. Die vorliegende Broschüre versucht, Antworten auf Fragen zu geben, die sich mit der MOBILZEIT-Arbeit verbinden, gerade auch in arbeits- und sozialversicherungsrechtlicher Hinsicht.

In unserer Gesellschaft gilt es mobil zu sein. Mobilität beginnt in den Köpfen. Also: Denken wir verstärkt über die Chancen und Möglichkeiten durch MOBILZEIT nach! *(1998)*

6.3 Darstellende und deutende Textteile unterscheiden

Martin Burckhardt

Metamorphosen von Raum und Zeit (Auszug)

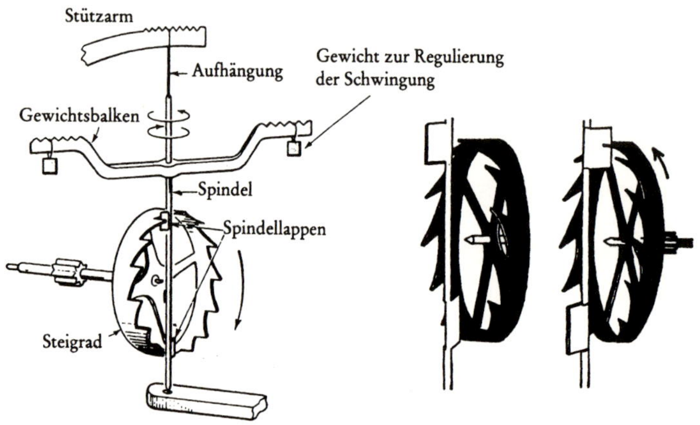

Abb. a Abb. b

Spindelhemmung mit Waagbalken.
Die** Waag **oder** Foliot **(dieser Begriff leitet sich vom lateinischen Wort für »Blatt« ab) ist ein horizontaler Schwingbalken mit einem Gewicht an jedem Ende (Abb. a). In ihrer Mitte ist die Waag mit der** Spindel **verbunden, einer senkrechten Stange, an der sich zwei Klauen, die Spindellappen, befinden. Diese greifen wechselseitig in ein Zahnrad, das die Spindel erst in die eine und dann in die andere Richtung dreht (Abb. b). Dadurch entsteht die Schwingbewegung der Waag. Das Rad selbst bewegt sich mit jeder vollen Schwingung um einen Zahn weiter. Die Schwingungsfrequenz kann durch Veränderung der Gewichte oder durch Veränderung ihres Abstands von der Spindel reguliert werden. Dieser geniale Mechanismus war robust und nahezu unempfindlich gegen Verschleiß. Solange seine beweglichen Teile gut geölt wurden, war er unbegrenzt funktionstüchtig. Sein Hauptnachteil bestand darin, dass der Schwingbalken im Gegensatz zum Pendel keine eigene natürliche Schwingungsperiode besitzt.

Worin besteht nun das Neuartige, Umwälzende der Mechanischen Uhr, welcher Art ist die *Anatomie des neuartigen Wissens*, die im Räderwerkmechanismus Form annimmt? Um sich dies zu verdeutlichen, ist es angebracht, sich die Problematik zu vergegenwärtigen, die sich bei der Entwicklung der Mechanischen Uhr stellen musste und die ziemlich präzis die Scheidelinie markiert, die die Mechanische Uhr von der überlieferten Tradition trennt. – Die ersten Räderuhren wurden noch nicht von Federn, sondern von einem *Gewicht* betrieben; das Gewicht war an einem Seil aufgehängt, welches sich, an einer Spindel aufgerollt, wieder entrollte – worüber wiederum ein erstes Antriebsrad (und darüber der ganze Räderwerkmechanismus) in Bewegung gesetzt wurde. Damit war die Erdanziehung als Kraftquelle genutzt: bewirkte das Gewicht doch einen *Zug*, der sich auf die rotierende Spindel als *Antrieb* auswirkte. Gleichwohl war hier bereits ein erstes, im Wortsinn „gravierendes" Problem präfiguriert, musste sich doch ein solcher Mechanismus mit der Schwierigkeit auseinander setzen, dass die Schwerkraft sich auf den Fall des Gewichts nicht gleichförmig auswirkt, sondern zu einer Beschleunigung führt. So dass man es – in dieser Form zumindest – nicht eigentlich mit einer gleichmäßig zufließenden *Antriebsenergie*, sondern mit einer unsteten, unkontrollierten Energie-Einspeisung zu tun bekam, damit aber nicht nur mit einem problematischen Fall, sondern mit der *Problematik des Falls* überhaupt. Denn je mehr sich das aufgewickelte Seil entwickelte, umso mehr beschleunigte sich auch der Zug und damit die Abwärtsbewegung des Gewichts; was zur Folge hatte, dass das Antriebsrad schneller rotierte und die Spindel in wenigen Augenblicken abgespult war. So besehen wäre ein solcher Mechanismus das Gegenteil dessen gewesen, als was man ihn konzipiert hatte: nämlich eine Art Zeitbeschleuniger, der das Räderwerk erst recht auf Touren gebracht hätte; was wiederum zur Folge haben musste, dass die Laufzeit des Gesamtmechanismus auf die Dauer des Falls und damit auf nur wenige Augenblicke zusammenschnurrte (was aber nicht minder unerwünscht, ja möglicherweise noch sehr viel ärgerlicher sein konnte). Aber selbst wenn man die Länge des Falls ausgedehnt, im *Idealfall* gar sich eines unendlich langen Seils bedient hätte, so wäre vielleicht das Problem der Laufzeit, nicht jedoch das Problem der wachsenden Fallbeschleunigung gelöst. Es musste und konnte also nur darum gehen, die *Laufzeit des Falls* so zu dehnen, dass die Länge der Fallbewegung (die ja vom Seil als der *Richtschnur* vorgegeben war) sich, wenn schon nicht räumlich, so doch zeitlich ausdehnen konnte, dass andererseits dieser Prozess der Zeitdehnung so kontrolliert als möglich ablaufen, das heißt, dass das aufgewickelte Seil sich so langsam, vor allem aber so gleichmäßig wie möglich würde entwickeln können. Die Frage musste demgemäß auf das Paradox hinauslaufen, wie man *eine sich beschleunigende Bewegung* in eine sich verlangsamende umwandeln, wie man aus einem *ungleichmäßigen Kontinuum* ein *gleichförmiges* machen und wie man schließlich den *Fall des Gewichts* in eine *Antriebsquelle* umdeuten konnte.

Vor diesem Paradox erst wird jenes ingeniöse Detail der Hemmung verständlich, das nicht umsonst den gedanklichen Kern der mechanischen Uhr ausmacht. Es ist der Gedanke des *gehemmten Falls*, eines Mechanismus, welcher die Abwärtsbewegung regelmäßig unterbricht und das Kontinuum in gleich große und gleichmäßige Impulse zerlegt. Genau genommen ist, was die Hemmung bewirkt, eine *Zerlegung* der Bewegung; hat man es tatsächlich mit einem Doppelmechanismus zu tun, der hemmt und freisetzt, ver-riegelt und ent-riegelt, der also zwischen zwei unterschiedlichen Aggregatzuständen hin und her oszilliert: *Stopp and Go*, und in diesem Sinn korrespondiert der Hemmung ein genau entgegengesetzter Zustand (was sich sprachlich darin bemerkbar macht, dass sich im Französischen die andere, komplementäre Seite der Hemmung, nämlich die Freisetzung – „*Echappement*" – als terminus technicus durchgesetzt hat). In gewisser Hinsicht überlistet die Hemmung die *Problematik des Falls* einfach dadurch, dass sie, vermittels ihres Sperrmechanismus, die Bewegung zerstückelt, sodass im Grunde nicht mehr von einem Kontinuum, sondern von einzelnen Impulsen die Rede sein müsste. Blockiert der Mechanismus, stoppt die Bewegung, löst er sich, beginnt eine neue Bewegung – das Gewicht fällt nicht mehr, sondern ruckt, immer ein kleines Stückchen weiter nach unten; und weil dies periodisch geschieht, weil die Aggregatzustände der Hemmung einen stets wiederkehrenden Rhythmus ergeben, lassen sich diese Impulse als gesonderte kurze Kraftstöße in das Räderwerk einspeisen. Es ist dieser Mechanismus, der das Problem der unkontrolliert sich einspeisenden Antriebsenergie löst, ja der im Grunde die *Fallkraft* erst zu einer *Antriebskraft* umdeutet – und wirklich liegt hier, im Mechanismus des *Stop and Go*, in der Logik von Hemmung und Echappement, der Schlüssel nicht allein zum funktionierenden Räderwerkmechanismus, sondern auch zu jenem neuartigen Zeitbegriff, wie er sich mit der Mechanischen Uhr ergibt. Wobei diese *Schlüsselfunktion* eine sowohl mechanische (in Form des gleichsam binär funktionierenden Verriegelungs- und Entriegelungsmechanismus der Hemmung) als auch eine geistige ist: bewirkt sie doch, dass sich der Zeitbegriff auf eine fundamentale Art und Weise verwandelt.

Dort, wo bislang das Denk-Bild des Zeitstroms, einer gleichsam flüssigen Zeit, die Köpfe erfüllt hat, dringt nun ein anderes vor, ein Bild, das den Fluss der Zeit als zerlegt, in ein Zeit-Raster aufgelöst denkt (wie eine Fotografie, die sich ja aus solchen einzelnen Rasterpunkten zusammensetzt) – und tatsächlich ist, was sich mit der Mechanischen Uhr ereignet, nichts anderes als eine solche Pointillisierung der Zeit. Die Zeit wird pünktlich. So wie die Hemmung bewirkt, dass der Fall des Gewichts sich zu einer Serie von Fall-Impulsen verwandelt (sodass man es gewissermaßen, wie bei einem Film, oder genauer: wie bei einer kinematographischen Aufnahme mit lauter Einzelbildern der Gesamtbewegung zu tun hat), löst das Räderwerk den Fluss der Zeit zu einer Serie aufeinander folgender *Zeitpunkte* auf. Die Zeit der Mechanischen Uhr fließt nicht mehr, sondern sie ruckt, getaktet, voran. Zahn um Zahn. (...) Hier liegt der Sprengsatz, die tief greifende Umdeutung, die der Zeitbegriff mit der Mechanischen Uhr erfährt. Verlor sich der Zeitfluss zuvor in einem ungefähren, flüssigen Mehr oder Weniger, kam doch immer Gleiches zu Gleichem, Sand zu Sand und Wasser zu Wasser, so wird die Zeit mit dem Räderwerk erstmals rational, als eine Abfolge von lesbaren Zeit-Zeichen begriffen. Damit geht die Zeit ins Feld der *Schrift* über und tatsächlich vermag man diese Zeit-Zeichen nicht bloß zu lesen, sondern ihnen ihrerseits eine bestimmte Bedeutung *zuzuschreiben*. Sodass, wann immer ein Zahnrad eine bestimmte Stelle passiert, es möglich ist, diesen Zeit-Punkt als Initial für eine andere Operation zu begreifen: dafür, dass ein Glockensignal erklingt oder ein anderes Räderwerk in Bewegung gesetzt wird etc.

(1994)

1. Die Deutung eines Sachverhalts von der Beschreibung eines Sachverhalts unterscheiden:
   - Beschreiben Sie, worin die technische Neuerung der „Hemmung" besteht.
   - Erklären Sie, wie Burckhardt die Erfindung der mechanischen Uhr mit ihrer „Hemmung" auslegt: Was fügt er der Darstellung des Sachverhalts hinzu: Perspektive, Hintergrunderklärungen, Argumentationen, Wertungen, ...?

Peter Gendolla

Die Einrichtung der Zeit (Auszug)

> … die ordenlich stundt zum auffsteen morgens umb Sechse oder halbe Sibene … drew Viertl stunden … gepett in Irem oratorio … von Siben biss auf acht Uhr solle das Studium grammaticae angeen … [usw. über den Tag]… biss ungefehrlich halbe oder ganze Stundt vor dem nachtessen soll mit der Zeit die erlernung der Musik … geyebt werden … um acht Uhr solle man sich zue rhue schickhen …

So schreibt es 1584 der Herzog Wilhelm V. von Bayern seinem Sohne Maximilian ins Stundenbuch. Das Benehmen, die Moral des Prinzen soll hier reguliert werden, eingerichtet nach dem Vorbild der Uhr, damit er künftig seinen Untertanen Vorbild sein kann und sie nach ihm eingerichtet werden können. Der Körper selbst soll vorhersehbar wie eine Uhr funktionieren. (…)

Die Hemmung, als Spindelhemmung oder „Wage" seit etwa 1400 bezeugt, als Reibungs- oder Stiftnockenradhemmung von Galilei verbessert und durch die Anker- und Zylinderhemmung perfektioniert, verfolgt ein Prinzip: Sie unterbricht einen Bewegungsablauf in möglichst gleichmäßigen Abständen, macht gleiche Einschnitte in eine Bewegung, um etwa das ungleichmäßige Ablaufen eines Gewichts oder das diskontinuierliche Entspannen einer Feder zu verhindern. Ein diskontinuierlicher Ablauf wird in einen kontinuierlichen überführt, indem seine Zeit in gleiche Abschnitte unterteilt wird. Der feste räumliche Abstand von Plättchen oder Haken auf einer Achse, die in die Kreisbewegung eines Zahnrads eingreifen, transformiert eine ungleichmäßige Kraft in eine gleichmäßige Bewegung, aus der diversen wird eine homogene Zeit. Wesentlich scheint mir, dass die Regulation auf einem Bruch, der Unterbrechung einer Bewegung beruht, ein *Innehalten, das gleichmäßig wiederholt wird.* Genau dies, die Unterbrechung einer Kraftäußerung durch das Entgegensetzen einer zweiten, hemmenden Kraft, das in gleichen Abständen wiederholt wird, bewirkt den entscheidenden Schritt – „Schrittregler" heißt die Hemmung mit einem anderen Wort – in die messbare, abstrakte Zeit. Die Unterbrechung, ein Stillstand, ein Nichts, das wiederholt wird, wird dadurch gewissermaßen gesichert, festgesetzt, eine lineare Zeitachse durch das kontinuierliche Aneinanderfügen von Unterbrechungen, Zeitpunkten, etabliert. (…)

Ich möchte das Prinzip der wiederholten Unterbrechung einer Bewegung zum wesentlichen Zeitprinzip nicht allein der diversen Uhrenkonstruktionen, sondern auch entscheidender sozialer Erziehungskonstruktionen erklären, zur Grundlage einer Technologie, in der sich maschinelle wie institutionelle Vorrichtungen verflechten, sich das Ineinander von Mechanischem und Organischem als eine wesentliche Erfahrung der neuzeitlichen Zivilisation konstituiert. (…)

1530 (…) erschien *De civilitate morum puerilium* des Erasmus von Rotterdam. Es wurde in kürzester Zeit weit verbreitet, erlebte in den folgenden Jahrhunderten über 130 Auflagen, ist nach Norbert Elias das Büchlein, von dem aus der Begriff der Zivilisation im heutigen Sinne überhaupt erst geprägt wurde. Welches sind die Regeln, die aus dem bäurischen einen zivilen Knaben machen sollen? Z.B. diese:

> Fasse nicht als Erster auf die Platte, die man gerade bringt, nicht nur, weil es als gierig erscheint, sondern weil es zugleich mit Gefahr verbunden ist. Denn wer unerfahren etwas Heißes in den Mund nimmt, muss entweder ausspucken oder sich den Gaumen verbrennen, wenn er es herunterschluckt.

(…) Selbstbeherrschung will gelernt sein, als willkürliches Innehalten der spontanen Äußerungen. Die Gier nicht einfach laufen zu lassen, wie sie kommt, nicht einfach drauflos zu tatschen, aufzufressen, zu spucken, den Leib zu entleeren, wo's gerade passt, sondern einzuhalten und zuzusehen, ob es wirklich passt, das will gelernt sein. Lernen heißt, dem Leib die richtige Zeit beizubringen, den Körper mit dem rechten Zeitmaß auszustatten. Erziehen heißt, „Halt" zu sagen, wenn nötig mit Gewalt, und „Jetzt", wenn es geziemt. (…)

Korrigiert wird durch den Eingriff in den unmittelbaren Verhaltensablauf, die Unterbrechung der direkten Äußerung, die eingeübt wird, d.h. wieder und wieder erfolgen muss. Das Prinzip funktioniert für die verschiedensten Äußerungen, für die vielfältigsten Sinne. Ihre Aktivitäten, bis dahin oft synästhetisch, gemeinsam genießend oder erleidend, werden unterbrochen, voneinander getrennt, zu gegenseitigen Kontrolleuren. Das Auge kontrolliert die Hände, die Ohren hören die Worte des Pädagogen, die Zeichen, wann gegessen werden darf. Die Unterbrechung, die in gleichen Abständen erfolgt, richtet die abstrakte Zeit im Körper ein, und genau das macht die Uhr bei dieser Einrichtung so erfolgreich. Als Verkörperung der kontinuierlichen Unterbrechung wird sie wiederum zum zentralen Mittel individuelle und soziale Verhaltensabläufe zu regulieren, jenes mechanisch-organische Wesen zu erzeugen, als das wir den Menschen seitdem wohl begreifen können. *(1984)*

2 Wie deuten Burckhardt und Gendolla jeweils den Sachverhalt der „Hemmung":
Was ist jeweils der Ausgangspunkt ihrer Deutung? Worauf richtet sich jeweils besonders ihr Interesse?
Welche Wertungen lassen sich unterscheiden? Wie wird jeweils argumentiert?

3. Beurteilen Sie die verschiedenen Interpretationen: Welcher können Sie eher zustimmen? Welche Überlegungen sind Ihnen nahe genug am Sachverhalt, welche eher zu sehr Spekulation?
4. Führen Sie aus, ob Sie selbst die Erfindung der „mechanischen Uhr mit Hemmung" noch anders interpretieren würden.
5. Bewerten Sie die Texte aus dem Teilkapitel 6 nach den Kriterien auf Seite 146 oben.
6. Stellen Sie Beziehungen zwischen den Texten des gesamten Kapitels in einer Übersicht her.
7. „Die Texte waren mir nützlich.": Erörtern Sie am Thema „Zeit" und den vorgestellten Texten einen engeren und einen weiteren Begriff von „Nutzen".

Arbeitsschritte für die schriftliche Analyse eines Sachtextes

- den Text *professionell lesen*: mit Markierungen und Randnotizen → S. 137–140
- über den Text *informieren*: Thema, Autor, Textart und Erscheinungsjahr → S. 133 ff.
- mit Blick auf die *Schlüsselwörter* den Inhalt des Textes knapp *resümieren* → S. 138, 142 f.
- die *Struktur und den gedanklichen Aufbau* des Textes erklären (s. *Konspekt*): Informationen und Tatsachen, Meinungen und Wertungen, Thesen, Argumente und Beispiele, Ursachen und Folgen, Prämissen und Folgerungen, Entwicklung und Pointierung der Darlegung etc. → S. 140 f.
- darstellende, erklärende, argumentierende, appellierende und deutende *Textteile unterscheiden* und ihre Funktion im Text erklären → S. 146–151
- wichtige *Zahlen* und *statistische Angaben* auswerten und erklären → S. 144 f.
- auffällige *sprachliche und rhetorische Mittel* in ihrer Funktion für die Textaussage erklären → S. 562 f.
- die *zentrale Textaussage* herausarbeiten und ggf. eine Kernstelle paraphrasieren → S. 138, 142 f.
- die *Gesamtintention* des Textes erschließen
- den Text *kritisch nach Kriterien bewerten*: vollständig, relevant, sachangemessen, gut strukturiert, anschaulich,verständlich, nützlich für … → S. 146
- ggf. eine *Stellungnahme zum Text* verfassen: zur Textaussage, zu einem Kernbegriff, zur Verfasserperspektive und -intention, zu auffälligen Gestaltungsmitteln, zur Kommunikationssituation und Wirkung des Textes, zum Nutzen und zur Verwendbarkeit des Textes
- diese Arbeitsschritte selbstständig nach ihrem Gewicht vom jeweiligen Text her wählen, verbinden und anordnen
- Erklärungen und Behauptungen zum Text mit Textbeweisen stützen und funktionsgerecht zitieren
- die Analyse im sachlichen Stil verfassen
- eine zusätzliche Stellungnahme müsste argumentativ entfaltet werden und dürfte auch Formen des persönlichen Stil entwickeln
- den eigenen Text überprüfen: Handelt es sich um eine Analyse und nicht nur um eine Textwiedergabe? – Ist der Bezug zur Textvorlage gut erkennbar? – Zeigt mein Text Gliederung, auch im Layout? – Habe ich meine Sprache präzisiert und an geeigneten Stellen die Fachsprache eingesetzt? – Habe ich den Andeutungsstil vermieden und so explizit geschrieben, dass ein fremder Leser alles nachvollziehen kann? – Habe ich Normfehler korrigiert?

STRITTIGE THEMEN

Erörtern

Um in der Ferne den Kontakt zur **Heimat** nicht zu verlieren, hatte Herr Keil stets ein Stück seiner Regenrinne dabei.

1 Das Strittige erkennen

Um argumentative Äußerungen zu verstehen (und um selbst wirkungsvoll zu argumentieren), sollte man sich zunächst klar machen,
- **in welcher Situation, in welchem kommunikativen Zusammenhang die Äußerung formuliert wurde,**
- **auf welches Thema bzw. welche Fragestellung sich die Äußerung bezieht,**
- **worin das Strittige der Fragestellung besteht,**
- **welche Intention die Äußerung hat und wie sie sich auf die strittige Frage bezieht.**

SPIEGEL Sehnsucht nach Heimat

1 In dem Reportage-Magazin „Spezial" widmete sich der SPIEGEL 1999 dem Thema „Heimat". Überlegen Sie, was an diesem Thema wichtig, aktuell, strittig sein könnte. Formulieren Sie das Thema so, dass das Strittige deutlich zum Ausdruck kommt. Diskutieren Sie das Thema.

Heimat – nein danke!

Henryk M. Broder über die Gnade der Vertreibung aus seinem Geburtsort

(...) Die Liebe zur Heimat ist eine Art Phantomschmerz, beide rühren von etwas her, das es nicht mehr gibt. Ursprünglich war „Heimat" der Ort oder der Hof, von dem man stammte. Das Wort war ein Neutrum: Das Heimat. Erst mit der Mutation zur weiblichen Form, die Heimat, wurde es emotional so aufgeladen wie das Wort „Mutter". Und so wie der Mensch nur eine Mutter hat, so soll er auch nur eine Heimat haben. „Vergiss nie die Heimat, wo deine Wiege stand, du findest in der Fremde kein zweites Vaterland."

So gesehen wäre es ein Idealfall, wenn ein Kind da geboren würde, wo schon seine Eltern geboren wurden, wenn es sein ganzes Leben am selben Ort verbringen und schließlich auch da sterben würde, um in der heimatlichen Erde begraben zu werden. Doch so ein Idealfall dürfte inzwischen eher die Ausnahme als die Regel sein, außer vielleicht in isolierten Regionen wie Tibet oder Tirol, wo „Heimat" ein Synonym für „lebenslänglich" bedeutet. In der Wirklichkeit taucht Heimat meist retrospektiv auf. „Man muss in die Fremde gehen, um die Heimat, die man verlassen hat, zu finden", hat Franz Kafka 1924 geschrieben. Franz Werfel fragte im Jahre 1931: „Besitzen wir eine Heimat erst dann, wenn wir sie verloren haben?"

Vermutlich ja. Es gibt in Israel „deutsche Landsmannschaften" ehemaliger Rheinländer, Frankfurter, Bayern und Hessen, die sich regelmäßig treffen um Erinnerungen an die alte Heimat auszutauschen. Deutsche Juden, die vor 60 Jahren aus Deutschland vertrieben, deren Kinder in Palästina beziehungsweise Israel geboren wurden und deren Enkel kein Deutsch mehr sprechen, sehnen sich zurück nach deutschem Wald, deutschem Bier und deutschen Liedern. Die Empfänge, die der deutsche Botschafter in Tel Aviv gibt, sind Heimatersatz; Würstchen mit Kartoffelsalat die schönste Wiedergutmachung für erlittenes Unrecht. Ein solcher Heimatbegriff ist vor allem sentimental und harmlos, es gibt aber auch eine aggressive Variante der Heimatliebe, die gefährlich ist. In Kirjat Arba, einer Siedlung bei Hebron im israelisch besetzten Westjordanland, traf ich amerikanische Juden aus Brooklyn, Philadelphia und Chicago, die mir in gebrochenem Hebräisch zu erklären versuchten, dass Judäa und Samaria „unsere Heimat" seien und die Palästinenser, die seit Generationen nebenan lebten, nach Saudi-Arabien auswandern sollten, wo sie eigentlich hingehörten.

Denn „Heimat" ist auch eine Frage der Macht, eine Heimat haben heisst auch bestimmen können, wer dazugehören darf und wer nicht. Was nicht unbe-

© plus 49, Hamburg Christoph Piecha

dingt Vertreibung bedeuten muss. So haben viele ehemalige Bürger der DDR mit dem Untergang ihrer Republik auch ihre Heimat verloren, sind quasi „entheimatet“ worden ohne sich vom Fleck bewegt zu haben. Manche haben in der PDS eine „neue Heimat“ gefunden, in der sie gemeinsam der alten nachtrauern. Und in den sechziger Jahren war in der Bundesrepublik oft die Rede von der „heimatlosen Linken“, deren Wortführer, je nach Gruppenzugehörigkeit, gern nach Moskau, Peking oder Tirana reisten, um wenigstens in den Ferien ein Gefühl von Zugehörigkeit, also Heimat, zu erleben.

Aber keine Heimat zu haben kann auch ein enormer Vorteil sein. Seit ich auf dem Bahnhofsvorplatz von Katowice gestanden und mich umgeschaut habe, weiß ich, wie gut das Schicksal es mit mir gemeint hatte: Dank einer weisen Entscheidung meiner Eltern blieb es mir erspart, zwischen einer Karriere als symbolischer Dissident oder praktischer Kollaborateur in meiner natürlichen Heimat wählen zu müssen. Und wann immer ich durch eine Gegend fahre, die hässlich, heruntergekommen und deprimierend ist, frage ich mich: Warum bleiben die Menschen hier, warum gehen sie nicht weg? Nur weil eine gruselige Heimat immer noch besser ist als gar keine?

Doch mit zunehmendem Alter machen sich auch bei mir Heimatgefühle bemerkbar, ganz leise und diskret, aber immerhin. Ich bin im Herbst 1990 nach Berlin gekommen, um die „Wiedervereinigung“ zu erleben, nachdem ich schon den Fall der Mauer verpasst hatte. Ich wollte drei bis vier Monate bleiben und wieder wegfahren. Die drei bis vier Monate dauern immer noch an, und wann immer ich aus Berlin wegfahre, nach Augsburg, Jerusalem oder New York, freue ich mich schon darauf, nach Berlin zurückzukommen. Ich fürchte, eines Tages könnte Berlin meine Heimat werden. Für einen, der in Katowice geboren wurde, wäre das keine Katastrophe. *(1999)*

Henryk M. Broder, 52, ist Spiegel-Redakteur und lebt in Berlin und Jerusalem.

2 Welche Auffassung vertritt der Journalist Henryk M. Broder in seinem Beitrag? Wie kommt das Strittige des Themas in seinem Artikel zum Ausdruck? Setzen Sie sich mit Broders Position und Argumentation auseinander.

In dem Reportage-Magazin „Spezial" des SPIEGEL wurden „Menschen im Alter von 18 bis 81" befragt: **„Was bedeutet für Sie Heimat?"** Hier drei Antworten:

Heimat, das riecht für mich nach Zimt, Pfeffer und Ingwer. Wenn ich von Heimat träume, spüre ich den Geschmack salziger Meeresluft auf meiner Zunge. Ich habe lange am Meer in Izmir und Istanbul gelebt. Geboren bin ich in Erzincan, einer kurdisch-türkischen Stadt in Anatolien. Meine Eltern sind alevitische Kurden. Das heißt, dass sie immer doppelt gefährdet waren. Meine Eltern haben mit mir und meinen fünf Geschwistern ausschließlich türkisch gesprochen, weil sie sich nicht so offen als Kurden zu erkennen geben wollten. Die Religion hat es für uns Kinder noch schwieriger gemacht. Wir durften niemandem erzählen, dass wir Aleviten sind. Obwohl der Alevitismus eine sehr große philosophische und liberale Form des Islam ist, wurde er bis vor wenigen Jahren in der Türkei verfolgt. Als ich zwei Jahre alt war, zogen wir mit meinen Eltern nach Bremen, von dort gingen wir nach Köln, wo ich die Mittelschule besucht habe. Aber meine Eltern wollten zurück in die Türkei. Sie haben mich mitgenommen, weil ich die Jüngste war. Meine anderen Geschwister sind in Deutschland geblieben. Ich habe mein Abitur in Istanbul gemacht und danach einen Studienplatz in Berlin bekommen. Es ist sehr angenehm, hier in Berlin zu leben. In einer Großstadt trifft man viele Menschen, die ihre Heimat aufgegeben haben, und ich fühle mich in dieser Internationalität sehr geborgen. Komischerweise bin ich erst in Berlin für meine kurdische Herkunft sensibilisiert worden, weil viele meiner Freunde Kurden sind. Man muss wohl erst seine Heimat verlassen, um zu erkennen, woher man kommt.

Servgi Gürez, 19, Medienberaterin in Berlin

Vor 81 Jahren bin ich hier auf meinem Hof in Kleinquern im Angeliter Land auf die Welt gekommen. Es war eine Hausgeburt. Wie das früher so war. Ich bin hier auch aufgewachsen und zur Schule gegangen. Weil mein Bruder auf einen anderen Hof eingeheiratet hat, bin ich halt hier geblieben. Früher, da konnte ich mir schon vorstellen wegzugehen. Ich habe nichts gegen die große, weite Welt. Mit 15 war ich für ein halbes Jahr in der Volkshochschule in Tinglev, einem deutschen Internat in Dänemark. Ich hatte überhaupt kein Heimweh. Aber ich weiß, dass hier meine Wurzeln sind. Auf diesem Hof bin ich geboren und hier bleibe ich bis zum Schluss.

Christel Pedersen, 81, Landwirtin aus Kleinquern bei Flensburg

Ich bin deutscher Jude oder, wenn Sie wollen, jüdischer Deutscher. Das ist ein ständiger Identitätskonflikt. Vielleicht habe ich deswegen kein Zugehörigkeitsgefühl zu einer spezifischen Gruppe. In jedem Land gibt es Menschen, die mich nicht akzeptieren, aber auch solche, mit denen ich mich nicht identifizieren kann. Meine Freunde leben in Berlin, meine Eltern in Tel Aviv, und meinen Studienplatz habe ich in London. Heimat ist ein altmodischer Begriff, einfach nicht mehr zeitgemäß. Jetzt, wo doch alle vom Global Village reden. Wenn mich jemand fragt, sage ich, ich bin Europäer. In meinem Leben wird es eben immer wieder temporäre Aufenthaltsorte geben, egal, ob für ein Jahr, für zehn oder für zwanzig Jahre. Die Welt ist so groß.

Jossi Fuss, Jura-Student in London

3. Klären Sie, worin das Strittige der Fragestellung für die Befragten besteht und wie sie zu der Frage Stellung nehmen.

4. Diskutieren Sie die Frage: „Braucht der Mensch ‚Heimat'?". Entwickeln Sie Argumente und Beispiele aus Ihrem Erfahrungsbereich und lassen Sie sich durch die Beiträge von Broder und den Befragten zur Klärung Ihrer eigenen Auffassung anregen.

2 Eine Argumentation analysieren

Beim textbezogenen (textgebundenen) Erörtern ist in der Regel ein gedanklich-argumentativer Text Ausgangs- und Bezugspunkt der eigenen Untersuchungen und Überlegungen. Beim Erschließen eines solchen Textes geht es darum,
- **die Position und Intention des Verfassers zu klären,**
- **die Argumentationsstruktur und die zentralen Begriffe zu analysieren,**
- **die Argumentation kritisch zu prüfen und zu beurteilen.**

Dazu ist in der Regel ein mehrmaliger Untersuchungsdurchgang des Textes erforderlich.

2.1 Positionen klären

DIE ZEIT

Der deutsche Literatur-Kanon: Was sollen Schüler lesen?

1 Diskutieren Sie die Frage. Ist das Problem aktuell? Was könnte an der Fragestellung strittig sein? Welche eigenen Erfahrungen und Auffassungen haben Sie?

Die ZEIT hat 1997 Autoren, Kritikern, Literaturwissenschaftlern, Pädagogen u.a. die Frage vorgelegt:

„Welche literarischen Werke der deutschsprachigen Literatur müsste ein Abiturient im Deutschunterricht gelesen haben? Bitte nennen Sie drei bis fünf Titel und begründen Sie Ihre Auswahl."

Das verschlägt mir die Sprache. Denn den Redakteur, der mit dieser Frage zu erkennen gibt, man müsse sich damit abfinden, dass die Abiturienten von der gesamten deutschsprachigen Literatur, von allen Romanen, Erzählungen, Dramen und Gedichten nur drei bis fünf Titel kennen, halte ich für einen Barbaren, bestenfalls für einen Spaßvogel. Nun mag es sein, dass sich die deutsche Nation, wenn es um die eigene Literatur geht, tatsächlich mit raschen Schritten der totalen Barbarei nähert. Aber ich mache da nicht mit, ich begehre nicht schuld daran zu sein.
Hier meine Mindestration für die Gymnasiasten. Zuerst Romane: „Werther", „Effi Briest" und „Buddenbrooks". Mit drei Romanen begnüge ich mich nur unter der Bedingung, dass fünf Erzählungen dazukommen: Büchners „Lenz", Kellers „Romeo und Julia auf dem Dorfe", Schnitzlers „Leutnant Gustl", Musils „Törless", und Kafkas „Hungerkünstler". Dramen: „Minna von Barnhelm" oder „Nathan der Weise", „Faust I", „Kabale und Liebe" oder „Don Carlos", „Prinz von Homburg", „Dantons Tod" oder „Woyzeck", „Mutter Courage".
Lyrik: Je zwei Gedichte von Hölderlin, Schiller (Balladen!), Eichendorff, Heine, Rilke und Brecht. Außerdem gibt es ja noch die Lyrik von Goethe: Da müssen mindestens vier Gedichte behandelt werden. Billiger mache ich es nicht.
Marcel Reich-Ranicki, Kritiker

Ich meine, in den Schulen sollten Autoren gelesen werden, die zwar ich sagen, sogar unaufhörlich, also diese Ichbesessenheit zwar haben, aber nicht sich damit meinen. Und die größten sind da für mich Robert Walser und Franz Kafka. Dann wäre für junge Leute, glaube ich, eine Literatur zu lesen, die ekstatisch ist, außer sich gerät, ohne sich dabei aufzublasen, in erster Linie Büchner und die Lyrik Hölderlins, Trakls und Celans (auch wenn das eine Heidegger-Auswahl ist). Und Thomas Bernhard, der wieder von sich zwar besessen ist, sein Ich aber vollkommen abstrahieren kann zu einer Sprache der Atemlosigkeit, bei der der Rhythmus das Suggestive ist und nicht der Voyeurismus, der dem Autor als Person gilt. Also, noch einmal: Wer ich sagt, darf nicht ich meinen. Schrecklich, dass mir in deutscher Sprache keine Frau einfällt, oder?
Elfriede Jelinek, Schriftstellerin

Wer einen „Kanon" für die in der Schule zu lesenden Werke fordert, sollte sich gefragt haben:
1. Soll dieser für alle Schülerinnen und Schüler aller Schularten gleichermaßen gelten? Wenn nicht – warum nicht?
2. Was machen wir mit den ungewollten Nebenwirkungen? Schule und Zwang verderben gleichermaßen die Freude an ihrem Objekt. Und: „Faust" oder „Der Mann ohne Eigenschaften" oder „Berlin Alexanderplatz" oder die „Duineser Elegien" – nicht für 17-Jährige geschrieben – werden zu falschen Zeiten gelesen. Und: Was man gelesen hat, hat man gelesen, basta!
3. Wie entsteht ein Kanon? Durch Addition und Staffelung der von den Befragten zuoberst genannten Titel? Auf diesem Wege könnte ein Kanon mit fünf Dramen von Schiller zustande kommen – ohne ein Stück von Kleist oder Hauptmann oder Brecht. Ein Kanon muss aber doch wohl ein ausgewogenes Ganzes sein. Wenn nicht auf diese arithmetische Weise: Nach welchen Kriterien wird der Kanon aufgestellt? Schon für die pädagogischen wird sich Übereinstimmung nicht leicht finden lassen, weil die Schule so verschiedene Lebensalter, Lernstadien und -bedürfnisse umfasst, geschweige denn für die literarischen und geschichtlichen.
4. Wenn es darüber Streit gibt, wer soll entscheiden? Die Germanisten? Die Erziehungswissenschaftler? Die Schulbehörden? Die Parlamente? Gemischte Komissionen?
5. Was, vor allem, will man mit dem Kanon erreichen? Ein gemeinsames Arsenal von Geschichten, Wertvorstellungen, Sinnfiguren? Ist Michael Kohlhaas entbehrlicher als Tonio Kröger? Simplicissimus entbehrlicher als Der Schwierige? Und alle diese doch hoffentlich nicht ohne Maria Stuart und Frau Regula Amrain und Die unwürdige Greisin und Anne Frank!
6. Was setzt dem Kanon das Maß? Die Schulzeit und die Zahl der Deutschstunden? Die vorliegenden bedeutenden Werke? Die an ihnen zu erfahrenden großen moralischen und ästhetischen Themen?
7. Können 20 Werke genügen? Können 40 bewältigt werden? Von wem und, vor allem, wie?
Hartmut von Hentig, Pädagoge

Statistik

Johann Wolfgang von Goethe	28	Theodor Fontane, Gottfried Benn	6
Franz Kafka	18	Uwe Johnson	5
Thomas Mann	14	Gottfried Keller, Paul Celan	4
Georg Büchner, Bertolt Brecht	12	Nibelungenlied, Eduard Mörike, Else Lasker-Schüler, Robert Musil, Thomas Bernhard	3
Friedrich von Schiller, Heinrich von Kleist	11	Walther von der Vogelweide, Grimmelshausen, Andreas Gryphius, Joseph von Eichendorff, Friedrich Hebbel, Annette von Droste-Hülshoff, Georg Trakl, Franz Werfel, Hermann Hesse, Robert Walser, Wolfgang Koeppen, Heinrich Böll, Friedrich Dürrenmatt, Max Frisch, Ingeborg Bachmann, Peter Weiss, Arno Schmidt, Ernst Jandl	2
Gotthold Ephraim Lessing	10		
Friedrich Hölderlin	9		
Heinrich Heine	8		
Rainer Maria Rilke	7		

2 Untersuchen Sie die Stellungnahmen. Wie begründen die Autoren ihre Auswahlentscheidung?

3 Bestimmen Sie die jeweilige Position der Befragten, indem Sie sie möglichst knapp und präzise formulieren.

4 Diskutieren und vergleichen Sie die Auffassungen und nehmen Sie dazu Stellung.

5 Die Statistik wurde auf der Basis von 39 Rückmeldungen erstellt. Sie nennt nur Autoren, nicht deren Werke. Wie schätzen Sie die Statistik ein? Hätten Sie ein solches Ergebnis erwartet? Vergleichen Sie mit Ihren eigenen Lektüreerfahrungen auf der Oberstufe.

Bücher für das ganze Leben

Eine ZEIT-Umfrage: Brauchen wir einen neuen Literatur-Kanon? Von Ulrich Greiner

In Peter Handkes jüngstem Drama „Zurüstungen für die Unsterblichkeit“ tritt der Dichter in Gestalt einer spöttischen Erzählerin auf die Bühne und herrscht das Volk an, also uns alle: „Du sollst mich anschaun, Volk, wenn ich noch zu dir spreche – oder weißt du nicht einmal mehr, was schön ist?“

Gute Frage. Und was wäre es, das Schöne? Bei Rilke, in den „Duineser Elegien“, ist das Schöne „nichts als des Schrecklichen Anfang, / den wir noch grade ertragen, / und wir bewundern es so, weil es gelassen verschmäht, / uns zu zerstören“.

Bildnachweise siehe S. 584

Reden wir mal zur Abwechslung über Literatur. Sie ist der Ort des Schönen, wenn damit nicht das Gefällige und das Geläufige gemeint sein soll, sondern der Hereinbruch des erschreckend anderen. Dieses andere kann das Verdrängte sein und das Vergessene, die nachtschwarze Fantasie ebenso wie das helle Entzücken, das Abenteuer der Seele ebenso wie der heldenhafte Konflikt des Individuums mit der Gesellschaft. Wissen wir das noch? Oder sind wir, wie Hölderlin klagte, nur noch Handwerker und keine Menschen, nur noch blind beschäftigt mit den Kleinlichkeiten und Widrigkeiten des schieren Augenblicks?

Es ist wahr: Hölderlins „Brot und Wein“ helfen nicht gegen die Arbeitslosigkeit, und Goethes Mondlied ist kein Beitrag zur Lösung der Rentenkrise. Wer sich heutzutage beruflich behaupten will, tut besser daran, Englisch zu lernen, Computertechnik und Mathematik. Belesenheit ist eine Zier, doch weiter kommt man ohne ihr. Die Schüler lesen im Deutschunterricht eher *Bild* als „Faust“ und sie diskutieren lieber „Liebe Sünde“ als „Kabale und Liebe“. Das ist ein Fehler.

Die weiland untergegangene DDR hatte sich die Pflege und Aneignung des „kulturellen Erbes“ zum Ziel gesetzt. Dies geschah bekanntlich mit dem Vorsatz der Parteilichkeit und mit dem Zusatz der Zensur. Aber es entsprang auch dem Willen, die Überlieferung nicht abreißen zu lassen. Geschichte ist nicht nur die Geschichte der Könige und der Generäle und nicht nur die der Bauern und der Arbeiter, sie ist auch die Geschichte der Dichter und der Philosophen, die Geschichte von Büchern, von Dramen, von Gedichten. Darin sind die Träume aufbewahrt, die Ängste und die Hoffnungen der Menschen.

Wer diese Geschichte nicht kennt, der kennt die Kultur nicht, der er angehört, der kennt sich selber nicht. „Besinn dich. Entsinn dich. Lass dir erzählen“, sagt Handkes Erzählerin. Aber hört noch jemand zu? Wen kümmert das kulturelle Erbe? (...)

Wir brauchen einen neuen Kanon. Allein schon deshalb, damit man über ihn streiten und das Gespräch über Literatur wieder beginnen kann. Wo kein gemeinsamer Gegenstand mehr ist, gibt es keine Diskussion. Als der Deutschunterricht in die Hände traditionsfeindlicher Didaktiker geriet, wurde der Kanon abgeschafft. Er galt als Herrschaftsinstrument. Das war er auch. Jeder Kanon sagt: „Das musst du lesen, das gehört dazu, dieses nicht." Und jeder Kanon erzeugt seinen Gegenkanon. Dieser kann mächtiger sein als jener. Die Entdeckung von Brecht in den sechziger Jahren war deshalb so machtvoll, weil er in den Schulen nicht gelesen wurde. Wer einmal das Reich der Literatur betreten hat, ist für Reglementierungen verloren.

Nun aber, da es schon lange keine Verbindlichkeit mehr gibt und da ein Zeugnis der Reife auch jenen erteilt wird, die weder „Faust" noch „Effi Briest" noch „Mutter Courage" je gelesen haben, scheint die Lektüre dem Privatvergnügen neugieriger Schüler und der Privatinitiative gebildeter Deutschlehrer überlassen. Ja, es wird noch gelesen, vielleicht nicht weniger als früher, aber die Geschichte der Literatur als Geschichte des Geistes und seiner Höhepunkte hat kaum mehr einen festen Ort im Deutschunterricht. Dort müsste doch die Liebe zu Poesie und Sprache, die den Anfang wirklicher Sprach- und Denkfähigkeit begründet, gepflegt werden. Stattdessen studiert man die Sprache der Werbung.

Das ist Betrug an einer ganzen Generation. Unter dem Anschein von Modernität und Liberalität wird den Schülern Beliebigkeit vorgetäuscht und nur jene, die aus einem gebildeten Haushalt mit Büchern kommen, wissen Bescheid. Aber literarische Maßstäbe gelten auch dann, wenn sie nicht mehr gewusst werden. Was zum Kanon gehört, ist, wie das Ergebnis der ZEIT-Umfrage zeigt, de facto unumstritten. Der Höhenkamm der großen Werke besteht auch dann, wenn er zeitweise im Nebel modischer Relativierung unsichtbar geworden ist.

Das alte Bildungsbürgertum – vielleicht ist es längst tot, wie der Verleger Klaus Wagenbach in der Umfrage wähnt. Aber darauf kommt es nicht unbedingt an. Denn in diesem Land gibt es Bibliotheken und Buchhandlungen genug, das Reich der Literatur steht jedem offen, der lesen kann, und selbst im Internet lockt die Gutenberg-Galaxis mit den Texten der Weltliteratur. Aber Lesen muss man lernen. Und dazu bedarf es der Anleitung, der Verführung anhand der kanonischen Werke.

Wer den „Faust" nicht mag, und welcher Schüler hat ihn je gemocht, muss die Chance erhalten, den eigenen Widerstand an ihm auszubilden. Wo keine Verbindlichkeit mehr herrscht, gähnt die geschichtsvergessene Leere. In die stolpert hinein, wer sprachlos ist und dem Müll der Bilder nicht das Eigene entgegenzusetzen weiß. Das Eigene? Es bestünde darin, dass eine oder einer, geschult an der von den Dichtern erzählten Erfahrung, ihre oder seine Erfahrung erzählen könnte, um der eigenen Geschichte bewusst zu werden.

Ein Gedicht von Stefan George (gehört es zum Kanon?) beginnt so: „Komm in den totgesagten Park und schau: / Der Schimmer ferner lächelnder Gestade, / Der reinen Wolken unverhofftes Blau / Erhellt die Weiher und die bunten Pfade." Und Hofmannsthal, in seinem berühmten „Gespräch über Gedichte", lässt seine beiden Redner, den Clemens und den Gabriel, darüber diskutieren. Clemens spricht aus, was auf der Hand liegt und also nur die Hälfte ist: dass die Poesie, voll von Bildern und Symbolen, vielleicht nur eine gesteigerte Sprache sei, weil sie eine Sache für die andere setze.

Darauf entgegnet Gabriel: „Niemals setzt die Poesie eine Sache für die andere, denn es ist gerade die Poesie, welche fieberhaft bestrebt ist, die Sache selbst zu setzen." Und er fügt hinzu: „Wollen wir uns finden, so dürfen wir nicht in unser Inneres hinabsteigen: draußen sind wir zu finden, draußen. Wie der wesenlose Regenbogen spannt sich unsere Seele über den unaufhaltsamen Sturz des Daseins. Wir besitzen unser Selbst nicht: von außen weht es uns an."

Wir besitzen unser Selbst nicht. In den Werken der Literatur weht es uns an. Manches stünde besser, wenn wir sie läsen und darüber sprächen. Obgleich damit die Frage des Spitzensteuersatzes immer noch nicht endgültig beantwortet ist. *(1997)*

1. Dieser Artikel leitete 1997 die Kanon-Debatte in der ZEIT ein: Wie reagieren Sie auf den Artikel? Machen Sie sich Ihre Reaktion in einer knappen Stellungnahme klar.

2. Um sich den Gedankengang Greiners klar zu machen, können Sie den Text in Sinnabschnitte gliedern und prüfen, welche Funktion die Abschnitte – in ihrer Anordnung und ihrer gedanklichen Verzahnung – für die Argumentation haben.
Klären Sie z.B., wie der Verfasser in die Argumentation „einsteigt": Welche Funktion haben die Zitate (von Handke, Rilke, der Hinweis auf Hölderlin) und wie führt der Verfasser den Leser zu seiner zentralen Forderung? Versuchen Sie die „Strategie" zu entschlüsseln, mit der der Verfasser den Leser für seine Absichten zu gewinnen sucht.

- Um die **Argumentationsstruktur** eines Textes zu klären, untersuchen Sie im Einzelnen:
  - Welche Intention hat der Verfasser, welche Absicht verfolgt er?
  - Welche Behauptungen, Forderungen, Urteile formuliert er?
  - (Wie) werden diese durch Argumente begründet und belegt?
  - Sind die Argumente überzeugend, beweiskräftig, schlüssig?
  - Ist die Argumentation durch zentrale Begriffe (Schlüsselbegriffe) geprägt und wie sind diese zu verstehen?

- Zur Klärung von Gedankenschritten kann es sinnvoll sein, **Sprechakte** durch entsprechende Verben zu kennzeichnen wie z. B.:
  behaupten, begründen, belegen, fordern, folgern, einräumen, unterstellen, …

- Um die Art gedanklich-logischer Verknüpfung zwischen Sätzen (in Satzgefügen) zu erkennen und zu beschreiben, sollten Sie sich noch einmal die entsprechenden grammatischen Möglichkeiten in Erinnerung rufen (z. B. die Adverbialsätze). Achten Sie auf „Signalwörter“:

Angabe des Grundes (kausal)	des Zwecks (final)	der Bedingung (konditional)	der Folge (konsekutiv)	der Einräumung (konzessiv)	des Mittels (instrumental)
weil, wegen, deshalb, deswegen, darum	damit, um…zu, dafür, dazu	wenn, falls, im Falle	so dass, so …, dass	obwohl, obgleich, trotz, trotzdem, dennoch	indem, dadurch, dass, durch, dadurch, damit

- Zur Analyse einer Argumentation gehört auch die Klärung zentraler **Begriffe**. Dabei können Sie unterscheiden:
  - Fremdwörter oder Fachbegriffe, deren Bedeutung Sie nicht kennen (im Lexikon, Fremdwörterbuch, Rechtschreiblexikon nachschlagen),
  - Begriffe, deren Bedeutung Sie kennen, über deren Sinn und Verwendung im Text Sie aber nicht sicher sind (kontextualisieren),
  - Begriffe, die Sie als Schlüsselwörter identifiziert haben (unterstreichen, vernetzen).

3 Untersuchen Sie unter diesen Gesichtspunkten den Artikel von Greiner.

2.3 Einen argumentativen Text beurteilen

Um die Argumentation eines Textes zu **beurteilen**, können folgende Prüffragen hilfreich sein:

- Formuliert der Verfasser seine Auffassung klar und deutlich (z.B. in Form einer These, eines Urteils, einer Forderung) oder verschwommen?
- Ist der Text stärker durch Behauptungen oder durch Argumente geprägt? Werden Behauptungen begründet oder nicht?
- Welcher Art sind die Argumente, z.B.
  - ➛ **Berufung auf Autoritäten** (Experten, anerkannte Fachleute, Persönlichkeiten; Kriterium: Akzeptanz)
  - ➛ **Berufung auf Fakten** (Forschungsergebnisse, Statistiken, empirische Erhebungen; Kriterium: Überprüfbarkeit)
  - ➛ **Berufung auf Erfahrung** (Kriterium: Verallgemeinerungsfähigkeit)
  - ➛ **Berufung auf ähnliche, vergleichbare Fälle** (Analogieargument; Kriterium: Übertragbarkeit)
  - ➛ **Verweis auf ursächliche Zusammenhänge** (Kriterium: Schlüssigkeit)
- Vermeidet der Verfasser Verstöße gegen die Logik der Argumentation, z.B.
  - ➛ einen **Zirkelschluss** (z.B. „Die Gegner eines literarischen Kanons haben Unrecht. Deshalb können wir Ihnen nicht folgen.“)
  - ➛ eine **falsche Verallgemeinerung** (z.B. „Die Literaturdidaktiker lehnen einen literarischen Kanon ab.“)
  - ➛ einen **Trugschluss** (z.B. ‚Kanon‘ kommt von griech. = Maßstab, Regel. Ein literarischer Kanon setzt also verbindliche Maßstäbe.“)
- Folgt das Ergebnis, zu dem der Verfasser kommt, schlüssig aus dem Gedankengang bzw. der Argumentation?
- Formuliert der Verfasser sachangemessen? Ist sein Stil klar oder verschwommen und vage, sachlich oder polemisch, begrifflich einfach oder komplex, direkt oder ironisch, ...?

1. Die sachlich-inhaltliche Auffassung bzw. Position eines Verfassers kann man nur beurteilen, wenn man sich mit dem Sachzusammenhang vertraut gemacht hat, vielleicht andere Auffassungen kennt, das Problem in einen größeren Zusammenhang einordnen kann. Setzen Sie sich mit Greiners Auffassung und Absicht kritisch auseinander und ziehen Sie dazu auch die Stellungnahmen zur Kanon-Frage (Seite 156/157, besonders die des Pädagogen von Hentig) heran.
2. Überprüfen Sie kritisch Ihre eigene anfängliche Stellungnahme zur Wirkung des Greiner-Artikels (vgl. Aufgabe 1, Seite 159). Welche Eindrücke haben sich bestätigt, welche müssen Sie ggf. revidieren?

3 Eine textbezogene Erörterung schreiben

Um eine textbezogene Erörterung (textgebundene Erörterung, Texterörterung) zu schreiben, ist es nötig
- **den Text zu erschließen (Position, Intention, Argumentation) und sich damit auseinander zu setzen (vgl. Kapitel 2),**
- **Überlegungen für die inhaltliche Auseinandersetzung sowie eigene weiterführende Gedanken zu entwickeln,**
- **die Gliederung für die schriftliche Erörterung sorgfältig zu planen.**

Frauen lesen anders

Von Ruth Klüger

Bücher wirken anders auf Frauen als auf Männer. Dies sollte kein heikles Thema sein. Doch fürchten Frauenrechtlerinnen, dass eine solche Behauptung den weiblichen Geschmack und die weibliche Denkfähigkeit in Frage stellt, und ihre Gegner fürchten einen weiteren Angriff auf den literarischen Kanon. Und doch: Längst haben wir gelernt, dass das Wort, der Text, der Roman oder das Gedicht kein Ding an sich ist, dessen werkimmanenter Sinn sich den vertrauensvoll Lesenden bedingungslos erschließt und immer gleich bleibt. Jeder und jede von uns liest anders, wie kein Leben mit einem anderen identisch ist und sich jedermanns und jeder Frau Weltverständnis von jedem anderen unterscheidet. (...)

Peter Paul Rubens: Raub der Töchter des Leukippos, um 1618

Dazu ein Beispiel aus der bildenden Kunst. Fast jede große Kunstgalerie hat ein Gemälde aufzuweisen, das den „Raub der Sabinerinnen" darstellt. Und bei jeder Führung wie auch in den Katalogen heißt es, man möge die Komposition bewundern, den Farbkontrast würdigen. Nur: Wir blicken auf einen Gewaltakt, von muskulösen Männern an halb nackten Frauen verübt, unwilligen Menschen, die von Stärkeren verschleppt werden. Ich höre zu, ich schaue hin, und ich frage mich betreten: Warum sagt niemand etwas zum Inhalt? Ich weiß auch die Antwort: Weil der Raub und die Vergewaltigung zur mythisch-historischen Vorlage gehören und nur dazu da sind, damit der Maler sein Können demonstriere.

Als Frauen stehen wir vor diesem Prunk und dieser Pracht, wo unseresgleichen zu Gegenständen erniedrigt wird, und verdrängen unsere Beklemmung um unser Kunstverständnis nicht zu kompromittieren. Manchmal sind die Opfer so gemalt, dass sie ihre Erniedrigung zu genießen scheinen, eine Übertünchung, die die Sache noch verschlimmert. Nun will ich das Gemälde beileibe nicht aus der Galerie entfernen und möchte auch weiterhin über seine technischen Vollkommenheiten belehrt werden; nur möchte ich außerdem die Inhaltsfrage stellen. Denn es liegt doch auf der Hand, dass Männer und Frauen ein solches Sujet unterschiedlich betrachten, und wir hegen gerechte Zweifel, wenn die Experten uns versichern, dass das Gemälde mit erotischen Machtansprüchen nur minimal zu tun habe.

Ähnlich verhält es sich mit der Darstellung von Gewaltakten und deren Rezeption in der Literatur. Der Georg-Büchner-Preisträger des Jahres 1992, George Tabori, sagte in seiner Dankrede, die schönsten Liebesgeschichten, die er kenne, seien „Othello" und „Woyzeck". Der einflussreichste deutsche Kritiker, Marcel Reich-Ranicki, hat einmal im Fernsehen seine Vorliebe für die „Liebesgeschichte" „Kabale und Liebe" kundgetan. Wer will abstreiten, dass es sich bei allen dreien der genannten Dramen um Meisterwerke der Literatur handelt? Wie denn anders, wenn Shakespeare, Büchner und Schiller die Autoren sind? Aber die schönsten Liebesgeschichten? So würde eine Frau sie auf Anhieb kaum nennen. Wird doch in jeder von ihnen die Geliebte vom Geliebten umgebracht, und zwar auf recht brutale Weise, erdrosselt von Othello, erstochen von Woyzeck, vergiftet bei Schiller.

Wenn ich sagen wollte, die schönsten Liebesgeschichten, die ich kenne, seien Kleists Penthesilea, wo die Titelheldin ihren geliebten Achilles zerfleischt, als Ersatz für den Liebesakt, und Hebbels Judith, in der die Titelheldin dem Holofernes nach dem Liebesakt den Kopf abschlägt: Würde ein männlicher Leser nicht mit Recht meine Bezeichnung dieser Faszinosa als schöne Liebesgeschichten mit Beunruhigung aufnehmen?

Was geht hier vor? Die Verherrlichung oder Verharmlosung der Gewalt gegen Frauen in der Literatur beginnt früh, zum Beispiel mit dem „Heideröslein". Man sollte meinen, dass sich die symbolische Darstellung einer brutalen Vergewaltigung, vertont oder unvertont, nicht zum Schulunterricht eigne und schon gar nicht auf eine Stufe mit wirklichen Liebesliedern gesetzt werden solle. Denn Goethe hin, Schubert her, die letzte Strophe ist eine nur leicht verbrämte Terrorszene: „Doch der wilde Knabe brach / 's Röslein auf der Heiden. / Röslein wehrte sich und stach / Half ihm doch kein Weh und Ach / Musst' es eben leiden." Die Verharmlosung entsteht dadurch, dass der Vergewaltiger, also ein ausgewachsener, zumindest geschlechtsreifer Mann, als „wilder Knabe" einherkommt, dass die Tat symbolisch an einer Blume ausgeführt wird, obwohl deutlich Kraftmeier und schwächeres Mädchen gemeint sind, und dass im hingeträllerten Refrain „Röslein, Röslein, Röslein rot / Röslein auf der Heiden" der Terror verplätschert. Das Lied ist verlogen, weil es ein Verbrechen als unvermeidlich und obendrein wie eine Liebesszene darstellt. Helke Sander hat in ihrem umstrittenen Dokumentarfilm „(Be)Freier und Befreite" einen Männerchor eingesetzt, der das „Heideröslein", kommentarlos und unmissverständlich, im Kontext der Massenvergewaltigungen des Zweiten Weltkriegs singt. Damit ein Mädchen oder eine Frau ein solches Lied hübsch findet, muss sie mehr von ihrem menschlichen Selbstbewusstsein verdrängen, als sich lohnt, von ihren erotischen Bedürfnissen ganz zu schweigen. (...)

Wir, die gelernt haben, wie Männer zu lesen, unterdrücken das Unbehagen, denn wir wissen nicht recht, wohin damit. Eigentlich wollen wir sagen: „Wir sind nicht so, und es geht auch anders." In Wirklichkeit sagen wir oft: „Wir fühlen uns in die Helden ein, also sind wir wie sie" – und wissen doch, wir sind's nicht. Vor allem lernen wir, die Verachtung, mit der weibliche Gestalten in der Literatur oft gebrandmarkt sind (es fängt mit solchen Redewendungen an wie „ein hübsches Ding"), nicht als solche zu kritisieren. Und das halte ich für einen Fehler, denn die Auseinandersetzung mit Irritationen ist heilsamer als das passive Hinnehmen.

Aber handelt große Literatur nicht vom allgemein Menschlichen, an dem beide Geschlechter teilhaben? Ist das nicht gerade der Grund, warum Leserinnen mit Faust und Hamlet mitdenken können? Als ich Schillers „An die Freude" als Zehnjährige las, fühlte ich mich ausgeschlossen gerade von den Versen, bei denen sich alle miteingeschlossen fühlen sollen. Da hieß es zunächst: „Alle Menschen werden Brüder." Eigentlich, so dachte ich, sollte es „Geschwister" heißen, wenn auch Frauen gemeint sind. Doch entschuldigte ich den Dichter: Auf „Geschwister" findet sich nicht so leicht ein Reimwort. „Geschwister" ist unpoetisch, also gut „Brüder". Doch dann las ich:

Wem der große Wurf gelungen
Eines Freundes Freund zu sein,
Wer ein holdes Weib errungen
Mische seinen Jubel ein.

Ich dachte, zur Not könnte es mir ja in ferner Zukunft gelingen, ein holdes Weib zu werden, wiewohl mir diese Aussicht als nicht eindeutig erstrebenswert erschien. Da ich naturgemäß nie in der Lage sein würde, ein solches, nämlich ein holdes Weib, zu erringen, würde ich bestenfalls einen Mann zum Jubeln veranlassen, doch selber mitzujubeln schien mir der Dichter zu versagen, und das in seiner menschheitsumfassenden Versöhnungshymne. Ein Mensch konnte ich offensichtlich nicht sein, nur eines Menschen Weib. Später lernte ich, eine solche Reaktion auf ein großes Gedicht sei kindisch. Ich musste alt werden, um ihre spontane Richtigkeit zu erkennen.

Spät habe ich gelernt, mir meine Betroffenheit als Frau beim Lesen und Zuhören einzugestehen. Das heißt nicht, dass ich alle Literatur, die nach Frauenfeindlichkeit schmeckt, ablehne. Das kann ich mir nicht leisten. Im Gegenteil: Meistens finde ich mich damit ab, denn, ähnlich wie beim Antisemitismus, würde ich mir zu viel entgehen lassen, wollte ich alle Werke beiseite schieben, in denen über Juden, beziehungsweise Frauen, geringschätzig geurteilt wird. Nur nehme ich nicht mehr kritiklos hin, was der Kritik bedarf.

(1994)

1. Wie regieren Sie auf den Artikel? Können Sie den Erfahrungen, Überlegungen, Konsequenzen der Verfasserin zustimmen?
2. Wie lassen sich die Ausführungen auf das Thema „literarischer Kanon“ beziehen?
3. Untersuchen Sie den Artikel Klügers und setzen Sie sich mit ihm für eine textbezogene Erörterung auseinander. Folgen Sie dabei den in Kapitel 2 erarbeiteten Gesichtspunkten.

Zur Vorbereitung und Fundierung Ihrer Auseinandersetzung mit dem Text und Ihrer eigenen ggf. weiterführenden Überlegungen sollten Sie zuvor Ihre Gedanken sammeln, z. B. so:

Gedankensammlung

eher zustimmend:
- Verstehen von Literatur ist leserabhängig; gegen eine rein werkimmanente Betrachtung (zu Zeile 1–14)
- „Raub der Sabinerinnen“ (Zeile 17) von Rubens (?) ist abstoßend, sozusagen „Softporno“ . . .
- . . .

eher ablehnend:
- „Wir, die gelernt haben, wie Männer zu lesen“ (Z. 103) offensichtlich ein Widerspruch; laut Klüger lesen Frauen doch anders als Männer (vgl. Überschrift und Zeile 1)
- . . .

unsicher:
- „Heideröslein“ von Goethe (Zeile 73ff.): Ist hier wirklich eine Vergewaltigung dargestellt?
- „An die Freude“ von Schiller (Zeile 120ff.): muss man wohl aus der Zeit heraus verstehen; wirkt tatsächlich etwas machohaft . . . (zu ablehnend?)
- . . .

weiterführend:
- Wir haben im Unterricht auch Frauenliteratur gelesen, z. B. „Medea“ von Christa Wolf . . .
- Gibt es einen Unterschied, wie Männer die Perspektive von Frauen darstellen (z. B. Goethe: „Iphigenie“ oder Fontane: „Effi Briest“) – oder wie Frauen das tun?
- . . .

Die Gliederung ihrer schriftlichen Erörterung sollten Sie sorgfältig planen, denn über Ihre eigene Auseinandersetzung mit dem Text hinaus geht es darum, dem Leser Ihre Gedanken geordnet und verständlich zu präsentieren.

Ein Beispiel für eine mögliche Gliederung

1. Schritt: Einleitung
Hier stellen Sie den Text vor (Verfasser, Titel, Textsorte, Erscheinungsort und -zeit, ...) und geben das Thema an. Außerdem können Sie in knapper Form formulieren, um welche Problemstellung es im Text geht, wie der Verfasser sie löst und wie Sie selbst diese Lösung – zunächst – beurteilen.

2. Schritt: Textanalyse
In die Textanalyse bringen Sie das ein, was Sie zu Position, Intention, Argumentationsstruktur und Begrifflichkeit ermittelt haben (vgl. Kap. 2).
Dabei können Sie eigenständig Akzente setzen:

- Sie stellen dem Leser den Text vor, indem Sie z.B. – wie bei der Inhaltsangabe – zunächst den Gedankengang des Textes wiedergeben und anschließend den Text in seiner Eigenart charakterisieren. Dabei arbeiten Sie also relativ eng am Text.
- Sie können aber auch – ausgehend von Ihrer eigenen Sicht des Problems – den Text in seiner gedanklichen Struktur unter bestimmten Aspekten darstellen, auf die Sie sich im Erörterungsteil beziehen. Hier zeichnen Sie sozusagen eigenständig ein „Porträt“ des Textes.

3. Schritt: Erörterung
Hier bringen Sie ihre Ergebnisse aus der kritischen Betrachtung der Argumentationsstruktur ein, außerdem setzen Sie sich mit der Auffassung des Autors zum Thema/Problem auseinander, nehmen Stellung und entwickeln Ihre eigenen Gedanken zum Thema.
Dabei können Sie wieder – je nach Text, Leser und Ihren Intentionen – methodische Akzente setzen:

- Sie können z.B. zunächst die Art der Argumentation charakterisieren und zu beurteilen suchen und sich anschließend mit der Auffassung des Autors auseinander setzen und dazu sowie zur Problemstellung des Textes Stellung nehmen.
- Sie können aber auch ein „integriertes“ Verfahren wählen, bei dem Sie sich mit der Art der Argumentation und der sich darin abzeichnenden Auffassung des Verfassers auseinander setzen.

4. Schritt: Schluss
Dieser Schritt kann entfallen, wenn Sie nicht noch einen neuen Gedanken bringen, einen neuen Akzent setzen wollen.
Sie können die Problemstellung z.B. in einen größeren und/oder aktuellen Zusammenhang einordnen oder die Fragestellung ausweiten und eine neue Perspektive aufzeigen.

4 Schreiben Sie zu dem Artikel von Ruth Klüger eine textbezogene Erörterung.
Beziehen Sie Ihre Untersuchungsergebnisse und Ihre Gedankensammlung (vgl. Seite 164) ein und überlegen Sie, wie Sie Ihre Erörterung im Einzelnen gliedern wollen.

4 Eine textbezogene Erörterung überarbeiten

Ein Erörterungsaufsatz sollte sich durch eine klare, schlüssige Gedankenführung und einen präzisen Stil auszeichnen. Dazu sollte man sich ein sprachliches Repertoire erarbeiten, mit dem man gedankliche Strukturen sowohl in Texten beschreiben als auch – in der eigenen Argumentation – darstellen kann.

1 Unterscheiden Sie zwischen Tatsachenfeststellungen, Urteilen und Forderungen:

Tatsachenfeststellung	Meinung
z. B. – wissenschaftlich abgesicherte Erkenntnis	Urteil (muss begründet werden)
– allgemein geltende Übereinkunft (Konvention)	Forderung (sollte sich auf ein begründetes Urteil stützen)
– allgemeine Erfahrung	

2 Urteile und Forderungen können durch ein besonderes sprachliches Repertoire nach dem Grad ihrer Geltung modifiziert werden. Prüfen Sie, ob Sie diese sprachlichen Möglichkeiten nutzen können:

– Partikel:	*wohl, doch, durchaus, gewiss, zweifellos, ...*
– Pronomen:	*manche, einige, alle, jeder, ...*
– Modalverben (im Konj II):	*das könnte, dürfte, müsste, ... so sein*
– Infinitiv:	*ist/sind zu leisten, zu ermitteln, ...*
– rhetorische Frage:	*„Brauchen wir wirklich/etwa im Deutschunterricht noch Klassiker?“*

3 Überprüfen Sie die Schlüssigkeit Ihrer Argumentation, indem Sie auf die Art Ihrer Argumente achten und logisch ungenaue Argumente vermeiden:

Arten von Argumenten	logisch ungenaue Argumente
Berufung auf – Autoritäten – Fakten – Erfahrungen – ähnliche, vergleichbare Fälle Verweis auf ursächliche Zusammenhänge (vgl. Seite 161)	– Zirkelschluss – falsche Verallgemeinerung – Trugschluss (vgl. Seite 161)

4 Prüfen Sie die Schlüssigkeit der Argumentation in folgenden Schülertexten; achten Sie dabei auf gedanklich schlüssige satzlogische Verknüpfungen (vgl. Tabelle Seite 160).

„Moderne Literatur sollte im Deutschunterricht ganz klar die Klassiker überwiegen. Denn Klassiker sind antiquiert, was bereits vor einigen Jahren der Wissenschaftler Hans Joachim Grünwaldt in der Fachzeitschrift „Diskussion Deutsch“ herausgefunden hat. Außerdem ist es ein Faktum, dass moderne Literatur wegen ihrer Sprache leichter zu lesen und zu verstehen ist als die Klassiker (...).“

„Gerade im Unterricht sollte klassische Literatur, z. B. von Lessing, Goethe, Schiller, Büchner u. a., gelesen werden. Denn die Erfahrung zeigt, dass Motivations- und Verständnisschwierigkeiten durch das gemeinsame Gespräch im Unterricht und die Anregungen des Lehrers besser überwunden werden können.“

„Man sollte keine Klassiker im Unterricht lesen, denn Klassiker sind alt und Altes ist überholt.“

„Mit dem Lesen von Klassikern ist es wie mit dem Vollkornbrot. Man muss zwischendurch auch mal richtig was zu beißen haben und immer nur Weißbrot schmeckt nicht und ist im Übrigen auch ungesund. Also sollte man ..."

„Die Lektüre von Goethes ‚Iphigenie' hat mir gereicht. Deshalb sollte man keine Klassiker im Deutschunterricht durchnehmen."

5 Gestalten Sie Ihre Argumentation überzeugend und wirkungsvoll, indem Sie z. B.

- Argumente durch Beispiele veranschaulichen (z. B. persönliche oder allgemeine Erfahrungen, allgemein anerkannte Normen),
  Belege stützen (z. B. Fakten, Umfrageergebnisse, wissenschaftliche Befunde),
- Argumente nach zunehmender Schlagkraft anordnen (Signalwörter sind z. B.: zunächst einmal, außerdem, weiterhin, vor allem, entscheidend, ausschlaggebend),
- Einwände aufgreifen und Gegenpositionen entkräften.

6 Verwenden Sie zur Beschreibung gedanklich-argumentativer Zusammenhänge geeignete „metasprachliche" Mittel mit treffenden Ausdrücken, z. B.:

eine These aufstellen – eine Forderung erheben – ein Urteil fällen – einen Standpunkt ... – ein Argument ... – ein Argument durch ein Beispiel ... – einen Grund ... – die Konsequenzen ... – eine Bedingung ... – einen Zweck ... – einen Einwand ... – eine Gegenposition ... – zu dem/einem Ergebnis... – ein Argumentationsziel ... – eine gedankliche Struktur ... – Akzente ..., – in Abrede ..., ...

Vergleichen Sie die Wendungen mit den Sprechaktverben (Seite 160).

7 Vermeiden Sie „semantische Inkongruenz". Berichtigen Sie die Sätze:

Fehlerbeispiele:
„Die Aufteilung von Männern und Frauen beim Lesen von Büchern ist ..."
„Frauen sind gegenüber Männern viel hellhöriger auf Bücher als ..."
„Der literarische Kanon ermöglicht ein festes Bild auf die Literatur."
„Die Leseerfahrungen von Frauen wird versucht von der bei Männern zu unterscheiden."

8 Stellen Sie Bezüge grammatisch eindeutig her. Berichtigen Sie die Sätze:

Fehlerbeispiele:
„Die Kanon-Frage muss von Lehrern und Schülern gelöst werden, damit sie diese aus dem Streit der selbst ernannten Experten hinausführen."
„Frauen lesen anders als Männer. Sie kommen in Büchern öfter als Helden vor."
„Lehrer sind gegenüber Schülern im Vorteil. Sie kennen sich noch nicht so gut mit literarischen Werken aus."

9 Verwenden Sie zur Redewiedergabe treffende sprachliche Mittel, z. B.:

Konjunktiv I: *Greiner fordert, das Gespräch über den literarischen Kanon müsse neu beginnen.*

Bei Formengleichheit mit dem Indikativ: Konj II: *Klüger behauptet, Frauen läsen anders als Männer.*

Indikativ mit einer referentiellen Wendung: *Nach Auffassung Klügers lesen Frauen ...*

Nominalisierung: *Greiner fordert einen Neubeginn der Diskussion über den literarischen Kanon.*

5 Einen Essay schreiben

Im Unterschied zum gedanklich und sprachlich strengeren Erörtern handelt es sich beim essayistischen Schreiben um eine offene, lockere Form der Behandlung eines Themas. Essays beschäftigen sich meistens mit allgemein interessierenden Themen aus unterschiedlichen gesellschaftlichen oder kulturellen Bereichen. Dabei kommt es dem Schreiber nicht darauf an, dem Leser wissenschaftlich gesicherte „objektive“ Ergebnisse zu vermitteln, sondern „subjektive“ Denk-Anstöße zu geben. Deswegen ist der Essay keine fest umrissene Textsorte mit bestimmten „Spielregeln“, sondern zeigt eine offene Struktur, bei der das Thema eher assoziativ entfaltet wird.
Demgegenüber sind Art der Gestaltung und Stil anspruchsvoll und auf Wirkung bedacht. Der Essay-Schreiber versucht den Leser zu gewinnen, indem er z.B. ungewöhnliche gedankliche Verbindungen knüpft oder überraschende Vergleiche zieht. Er greift zu pointierten Formulierungen und setzt auf Anschaulichkeit und Bildhaftigkeit. Er vermeidet Allgemeinplätze und Klischees.

Günter Kunert

Vom Reisen (Auszug)

Reisen, wie ich es verstehe, ist kein Hintersichbringen einer Entfernung zwischen zwei näher oder entfernter gelegenen Orten, um so rasch wie möglich einen Zweck zu erfüllen, was Zusammensetzungen wie „Geschäftsreise“, „Dienstreise“ falsch und widersprüchlich benennen. *Reisen* meint weder das Verlassen des Heimes noch der Heimatstadt noch des so genannten Vaterlandes, sondern vor allem: der Gewohnheit. Selbst noch im letzten, von keiner Einsicht getrübten Touristen schimmert im Unterbewusstsein etwas vom existentiellen Motiv des Reisens, das Metamorphose heißen könnte. (...) Verwandlung – aber wie? Das Wort ist nun oft genug gefallen, somit die Erläuterung fällig. Gemeint ist keineswegs die Zunahme an Kenntnissen und Wissen, keine Steigerung von Fähigkeiten, unterschiedliche Situationen reibungsloser zu bewältigen – gemeint ist, dass die *Fremde* (und ich benutze bewusst den altertümlichen, doch treffenden Ausdruck) den Reisenden sich selber fremd werden lässt. Woanders ist man ein anderer. Welcher einigermaßen empfindsame Reisende merkt nicht beispielsweise unter südlicherem Himmel an sich selber eine stärkere Bereitschaft zu größerer Lebhaftigkeit, gar zur ungewohnten Gestikulation? Dem anderen Lebensrhythmus sich anpassend, verliert er merklich von der eigenen, ohnehin unsicheren Individualitätssubstanz, gewinnt jedoch fremdartig neue hinzu, die aus der Kollektiv-Individualität, von welcher er eingehüllt wird, auf ihn übergeht. Man meint, die abweichende, sogar gegensätzliche Daseinsweise durch ein Minimum an Mimesis zu begreifen, nachzufühlen, und in diesem Nachfühlen (etwas wie ein emotionales Bewusstsein, und das ist bloß ein scheinbarer Widerspruch) liegt bereits, da wir ja damit schon von uns selber absehen und anderes Leben in uns aufzunehmen trachten, die Verwandlung beschlossen. Beteiligt sich noch unsere Fantasie, unser Vorstellungsvermögen an dem Vorgang, erhöht sich seine Intensität: Jede Landschaft bietet uns plötzlich Heimat und glückliche Geborgenheit, jedes Haus die Möglichkeit, eine Existenz hineinzuprojizieren, welche die unsere sein könnte, sein müsste. Jener fremden Frau mit den eigentümlichen Zügen, dem vieldeutigen Blick, dem Fluidum einer gänzlich anderen Natur, anderen Historie ordnet man sich, da sie neben uns mit fremder Stimme in fremder Sprache spricht, als ihr Gatte oder Liebhaber zu: durchaus glaubhafte Möglichkeiten, die, wären sie verwirklicht, uns zum selbstverständlichen Bestandteil der Piazza werden ließen, genussvoll speisend und trinkend, ehe wir unser gemeinsames Bett in einem halb verfallenen, von lauter lauten Leuten bewohnten Quartier aufsuchen würden. (...)

So außer sich und aus seinem persönlichen Alltag geraten, in einer Art gezügelter, doch permanenter Ekstase, erfährt der Reisende auch das eigene Ich, da er nach allen Wandlungen und Verwandlungen erneut und immer wieder zu sich selber zurückkehrt. Weil er jedoch bei dieser Rückkehr kaum mehr der ganz Gleiche ist wie vordem, findet er sich selber fremd und verfremdet vor, sich selber deutlicher erkennbar, eingebettet im Gelee seiner sozialen und gesellschaftlichen Lage.

Derart vollzieht sich an Reisenden die Goethische Sentenz „Reisen bildet“, was dem Sprachgebrauch des Alten zufolge wahrscheinlich mehr enthält als nur Bildungserlebnis und wohl eher und glaubhafter besagt, dass, wer da reise, zum Menschen gebildet werde. Was eben auf andere Weise das gleiche verheißt: Verwandlung – aus rohem Stoff zu einem Wesen, das (potenziell) die Gesamtheit, meinetwegen: die Gattung, mitenthält. Eine Literatur, die sich mit dem Reisen befasst und sich solcher Möglichkeiten trotzdem nicht bewusst ist, darf getrost als „Reise-Literatur“ bezeichnet werden: Ihr bleibt alles unverwechselbar exotisch und außerhalb des Begreifbaren, Begriffenen, sogar Begrifflichen.

Wo aber die Reise zum Zentrum der Dinge, der irdischen Dinglichkeit geht und die Reflexion am Steuer sitzt, von solcher Reise erwarten wir, wenn einer eine tut, dass er was davon erzählen kann, dessen wir nicht mehr entraten möchten, nachdem wir es erfuhren.
(1981)

1. Bestimmen Sie das Thema, mit dem sich Kunert beschäftigt. Welche Auffassung kommt in dem Text zum Ausdruck?
2. In welcher Absicht und auf welche Art und Weise behandelt der Verfasser sein Thema? Untersuchen Sie die Art der Gedankenführung. Wodurch kommt der Eindruck der Lockerheit zustande?
3. Welche sprachlichen Mittel setzt der Verfasser ein (z. B. überraschende, zugespitzte Wendungen, Kontrastierung, Beispiele, bildkräftige Formulierungen, ...)? Wie würden Sie den Stil insgesamt kennzeichnen?
4. Verfassen Sie selbst einen Essay.
   - Suchen Sie sich ein Thema, das Sie interessiert, zu dem Sie vielleicht schon einmal etwas geschrieben haben, das aktuell ist, ...
     Sie können auch von eigenen Reiseerfahrungen ausgehen und „Ihren" Essay zum Thema „Reisen" schreiben.
   - Sammeln Sie Gedanken zum Thema. Versuchen Sie das Thema nach unterschiedlichen Aspekten zu entfalten. Dabei kann Ihnen das Clustering-Verfahren dienlich sein.

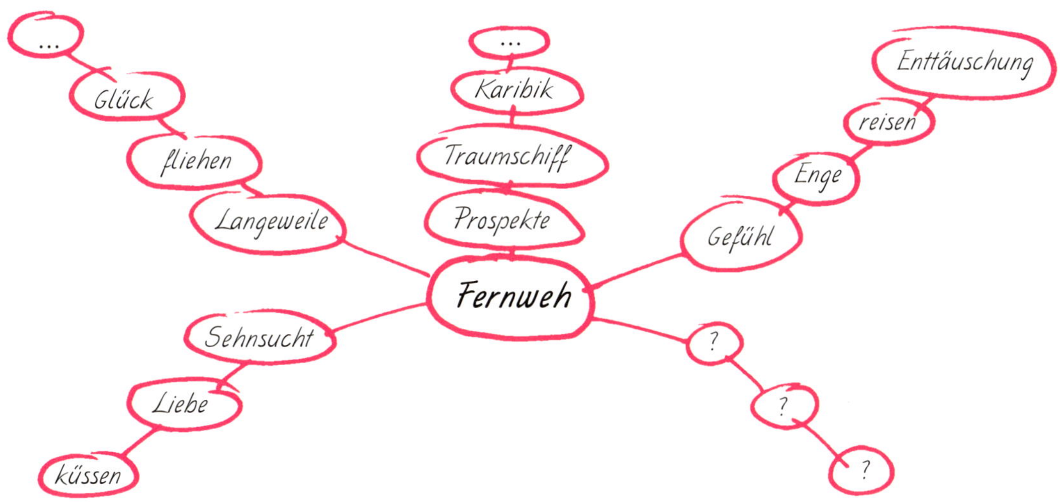

   - Lassen Sie Ihren Gedanken „freien Lauf". Strukturieren Sie Ihre Ausführungen locker, assoziativ. Überbrücken Sie gedanklich-logische Lücken durch Anspielungen, Bilder (Metaphern), Assoziationen. Dabei kann Ihnen die „Spiralmethode" dienlich sein.

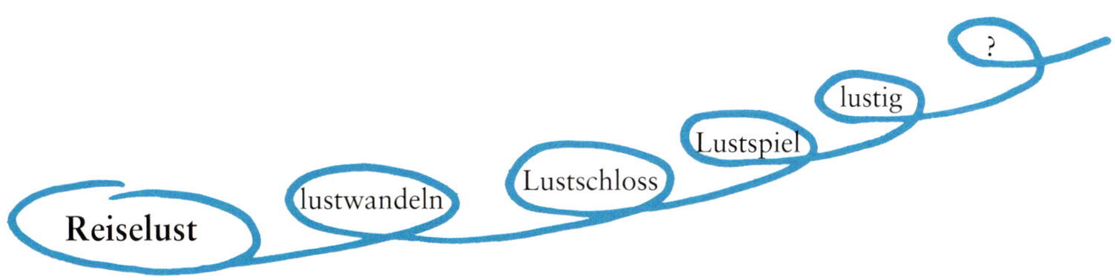

5. Überarbeiten Sie Ihren Essay. Streichen Sie Allgemeinplätze, Klischees, langweilige Passagen. Locken Sie den Leser auf Ihre Gedankenbahn. Suchen Sie nach Ihrem persönlichen Stil.

WAS DARF SATIRE?

Eine Facharbeit schreiben

1 Worum es bei der Facharbeit geht

Die Facharbeit dient der Einübung in grundlegende Fertigkeiten wissenschaftlichen Arbeitens. In einem begrenzten Sachgebiet, einer Fragestellung zu einem Teilbereich des Faches wird Ihnen Gelegenheit gegeben, selbstständig eine umfangreichere schriftliche Arbeit über einen längeren Zeitraum zu erstellen. Sie sollen so vertraut gemacht werden mit wissenschaftlichen Denk- und Arbeitsweisen, die für ein späteres Studium unabdingbar sind.
Im Vordergrund steht die Anwendung fachspezifischer oder fachübergreifender Methoden und Arbeitstechniken. Dabei kommt es auch auf die Einhaltung von festgelegten Konventionen z.B. beim Zitieren und Bibliografieren an. Facharbeitsthemen ergeben sich meist aus dem Unterrichtszusammenhang, wobei Sie entweder Ihr Thema aus einer Vorschlagsliste auswählen oder aber im Rahmen des Kursthemas selbst Themen entwickeln. Die konkrete Formulierung der Themenstellung erfolgt in der Regel in Absprache mit dem Kursleiter. Dabei können unterschiedliche Aufgabentypen auftreten:

AUFGABENTYP	DEFINITION	BEISPIELE
Literaturarbeit	vorwiegend Bearbeitung vorhandener Primär- und Sekundärliteratur	Ernst Tollers „Hinkemann“ und Georg Büchners „Woyzeck“ im Vergleich Die Sprache der Machthaber – exemplarische Analyse politischer Reden aus der DDR der Vorwendezeit Die Bedeutung des Doppelgängermotivs in E. T. A. Hoffmanns Roman „Die Elixiere des Teufels“
empirische Untersuchung/ Dokumentation	vorwiegend Auswertung eigener Erhebungen und Untersuchungen	Niederdeutsch – eine lebendige Mundart in meiner Region? Lesen in der Freizeit – Das Leseverhalten von Jugendlichen in meiner Heimatstadt Schriftstellerinnen und Schriftsteller in meiner Region
fächerverbindende Arbeit	Kombination von Themen und Methoden aus mindestens zwei Fächern	Ernst Barlachs Menschengestaltung in seinen Dramen und Plastiken DADA in Literatur und Kunst am Beispiel von Hans Arp und Kurt Schwitters Form und Wirkung des expressionistischen Films – eine Analyse anhand ausgewählter Szenen aus „Das Cabinet des Dr. Caligari“

2 Themenfindung und -eingrenzung

1. Das Thema finden:
   Überblick über das Stoffgebiet verschaffen – Ableitung möglicher Themen – eigene Interessen, Vorwissen, Fähigkeiten und Fertigkeiten und Materiallage berücksichtigen
2. Eingrenzung des Themas:
   Aspekte auswählen – Schwerpunkte setzen – Problemorientierung in die Themenformulierung einfließen lassen

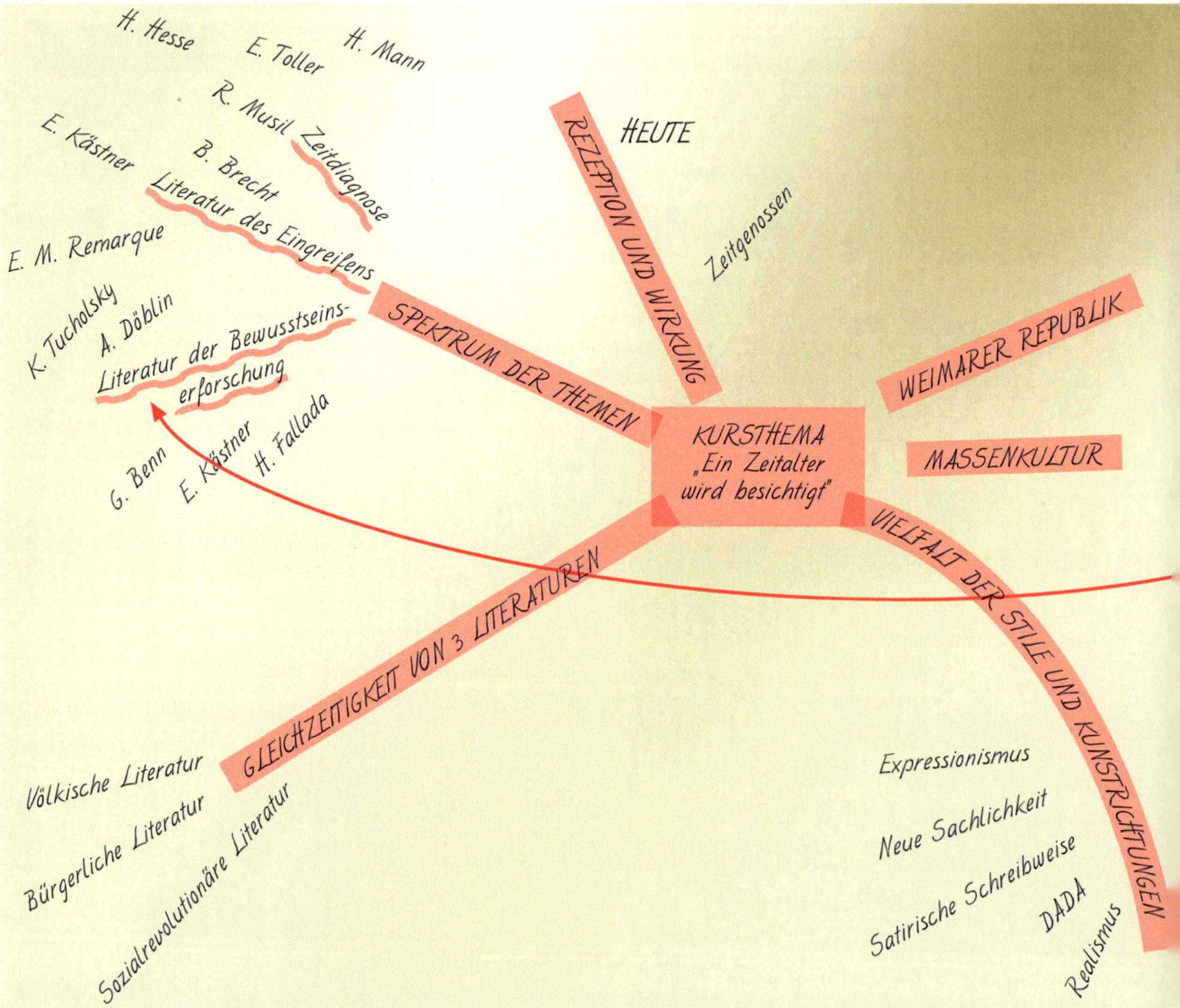

Für den ersten Überblick kann ein **Mind-Map** sehr hilfreich sein. Es eignet sich besonders gut, Gedanken bzw. Inhalte eines Sachgebietes wie auf einer Landkarte sichtbar zu machen. Anders als beim Brainstorming werden Begriffe bewusst zu einem Netzwerk verknüpft. Zum einem können das Stoffgebiet und die Vielfalt der thematischen Möglichkeiten schnell erfasst werden, zum anderen lassen sich aus dem Mind-Map die verschiedensten Themenbereiche ableiten. Je nach Interessen, Fähigkeiten und Fertigkeiten kann man sich dann für einen Bereich entscheiden.

Meine Interessen:
Tucholskys Biografie

Mein Vorwissen:
Vorstellung des Autors Tucholsky in Klasse 10
Roman: Schloss Gripsholm
Satire: Wendriner-Geschichten

Meine Fähigkeiten und Fertigkeiten:
Gedichte interpretieren

Die Materiallage:
Literatur in der Schülerbücherei/Stadtbibliothek

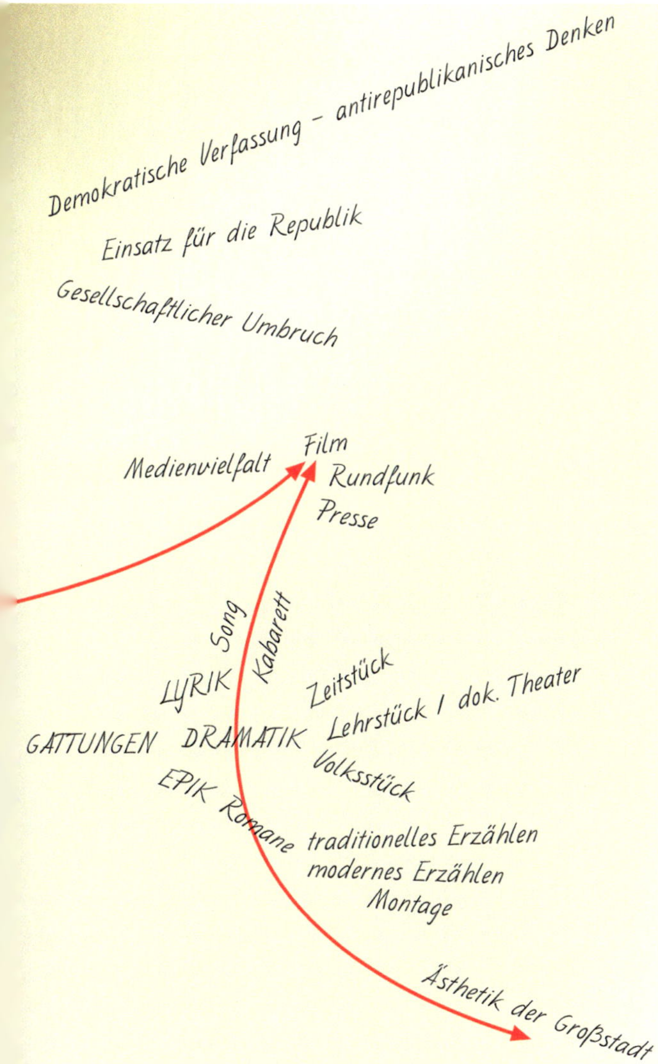

1. Welche Vernetzungsmöglichkeiten des Mind-Map wurden genutzt, um aus dem Kursthema und den Vorüberlegungen der Schülerin die Themenstellungen 1–3 zu entwickeln?

2. Untersuchen Sie genauer, wie es zu der endgültigen Themenstellung kommt:
   - Welche Aspekte des Themenbereichs wurden ausgewählt, welche Schwerpunkte wurden gesetzt?
   - Vergleichen Sie die drei Themenformulierungen im Hinblick auf die in der Themenstellung enthaltenen Problemorientierungen.

3. Welcher Aufgabentyp liegt der Themenstellung zugrunde?

Meine Interessen
Kino/Film

Mein Vorwissen
Fassbinder-Verfilmung von Döblins „Berlin Alexanderplatz"

Meine Fähigkeiten und Fertigkeiten
Filmanalyse/Filmsprache

Die Materiallage
div. eigene Videoaufzeichnungen von Filmen der 20er Jahre, u.a. – Verfilmung von Berlin – Alexanderplatz von P. Jutzi (1931)

Meine Interessen
Kultur der 20er Jahre in meiner Region/Stadt

Mein Vorwissen
allgemeiner Überblick über die Kultur der 20er Jahre

Meine Fähigkeiten und Fertigkeiten
eigenes Forschen/Spurensuche im Fach Geschichte

Die Materiallage
Archiv der Lokalzeitung

4 Formulieren Sie mögliche Themenstellungen zu den Vorüberlegungen der Schüler. Achten Sie dabei auf Eingrenzung und Problemorientierung. Ziehen Sie dazu Nachschlagewerke heran und nutzen Sie das Mind-Map.

5 Überlegen Sie, welche methodischen Vorgehensweisen bei den von Ihnen gefundenen Themenstellungen jeweils im Vordergrund stehen. Um welchen Aufgabentyp handelt es sich jeweils?

6 Entwerfen Sie ein Mind-Map zu Ihrem Kursthema und leiten Sie mögliche Facharbeitsthemen ab. Verwenden Sie eventuell ein entsprechendes Kapitel aus diesem Buch.

Das Mind-Map-Verfahren

- Verwenden Sie unliniertes Papier im Querformat.
- Beginnen Sie mit dem zentralen Thema/Problem in der Mitte.
- Nutzen Sie verschiedene Farben für die Hauptlinien.
- Beschriften Sie die Linien in Blockschrift mit Schlüsselwörtern, Kapitelüberschriften, Ziel- und Fragestellungen.
- Verzweigen Sie die Hauptlinien in weitere Gedankenebenen.
- Vernetzen Sie die Gedankenäste durch feingezeichnete Linien.

Tipp: Das Mind-Map-Verfahren kann in verschiedensten Bereichen Anwendung finden (Zeitplanung, Problemlösungen, Vorbereiten auf Prüfungen usw.).

3 Suchstrategien zur Informationsbeschaffung

Analyse der Themenformulierung mit Blick auf Problemstellung und wichtige Begriffe/Schlüsselwörter – Verschaffen eines ersten Überblicks über die Sekundärliteratur anhand von Lexika, Bibliografien und Biografien – Ausgewählten Literaturhinweisen (Querverweisen) nachgehen – Erstellung einer Literaturliste und richtiges Bibliografieren

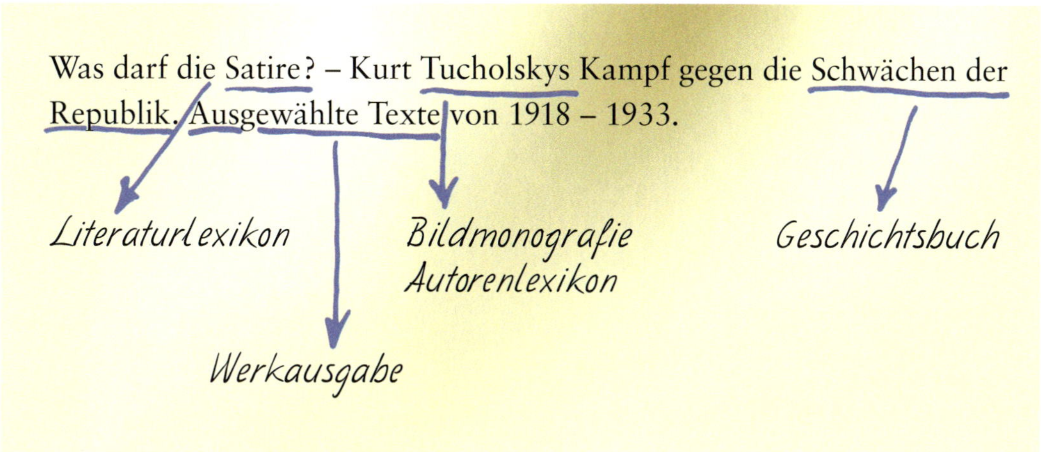

1 Warum sind Teile der Aufgabenstellung unterstrichen?

KURT TUCHOLSKY

---

*9.1.1890 Berlin † 21.12.1935 Hindas bei Göteborg/Schweden

Literatur zum Autor:
Bibliografie:
A. Bonitz u. Th. Wirtz. K.T. *Ein Verzeichnis seiner Schriften*, 3 Bde. Marbach/N. 1991.
Biografien:
K.-P. Schulz, *K. T. in Selbstzeugnissen u. Bilddokumenten*, Reinbek 1959 – H. Prescher, *K. T.*, Bln. 1959. – K. Kleinschmidt, *K. T. Sein Leben in Bildern*, Lpz. 1964. – F. J. Raddatz. *T. Eine Bildbiografie*, Mchn. 1961 – G. Zwerenz, *K. T. Biografie eines guten Deutschen*, Mchn. 1979 – *K. T.: 1890–1935. Ein Lebensbild. „Erlebnis und Schreiben waren ja – wie immer – zweierlei“*, Hg. R. v. Soldenhoff. Bln. 1985; ern. Ffm. u.a. 1988 – W. J. King, *K. T. als politischer Publizist. Eine politische Biografie*, Ffm./Bern 1985 – H. Bemmann. *K. T. Ein Lebensbild*, Bln. 1991.
Gesamtdarstellungen und Studien:
H. L. Poor, *K. T. and the Ordeal of Germany 1914–1935*, NY 1968. M. Doertel, *K. T. als Politiker*, Mainz 1971. – H. Möhrchen, *Schriftsteller in der Massengesellschaft. Zur politischen Essayistik u. Publizistik Heinrich u. Thomas Manns, K. T.s und Ernst Jüngers während der zwanziger Jahre*, Stg. 1973. – *K. T: 1935 – 1975. Eine Ausst. der Deutschen Bibliothek Ffm.*, Ausst. u. Kat. v. W. Berthold u.a., Ffm. 1975. – P. Goder-Stark, *Das K.-T.-Archiv*, Marbach 1978. – *K. T. Sieben Beiträge zu Werk u. Wirkung*, Hg. I. Ackermann, Mchn. 1981 (Text + Kritik). – D. Heß, *Aufklärungsstrategien K. T.s. Literarisch-publizistische Aspekte der Weltbühne-Texte*, Ffm. u.a. 1982. – B. P. Grenville, *K. T.* Mchn. 1985. – K.T., Hg. H. L. Arnold, Mchn. 1985 (Text + Kritik). – A. Austermann, *K.T. der Journalist u. sein Publikum*, Mchn. 1985. –
W. Mehring, *K. T.*; – Hg. u. Nachw. D. Pforte, Bln. 1985. – E. Suhr, *Zwei Wege, ein Ziel. T., Ossietzky u. „Die Weltbühne“. Mit dem Briefwechsel zwischen T. u. Ossietzky aus dem Jahre 1932*, Mchn. 1986. – J. Meyer u. A. Bonitz, *„Entlaufene Bürger“, K.T. u. die Seinen*, Marbach/N. 1990 (Ausst.-Kat.). – *„Ich habe den Eindruck, hier zu stören“, K. T. zum 100. Geburtstag*, Ausst. u. Kat. v. S. Kinder u. E. Presser, Mchn. 1990.

Auszug aus: Jens, Walter (Hrsg.): Kindlers neues Literatur-Lexikon. Studienausgabe. München 1996. Band 16. S. 806.

Inhalt

Aus: Schulz, Klaus Peter: Kurt Tucholsky in Selbstzeugnissen und Bilddokumenten. Rowohlts Bildmonografien, Reinbek 1980. S. 5.

2 Welche Hilfen liefern der Auszug aus Kindlers Neuem Literaturlexikon und das Inhaltsverzeichnis aus Rowohlts Bildmonografie für eine erste Klärung der Problemstellung?
- Welche Überlegungen stecken hinter den Textmarkierungen im Inhaltsverzeichnis?
- Warum empfiehlt es sich, bei der Recherche mit der Biografie zu beginnen?

3 Welche der im Kindler gefundenen Querverweise könnten für eine **Vertiefung der Problemstellung** hilfreich sein? Treffen Sie eine erste Auswahl. Achten Sie dabei auf die **Aktualität** und die vermutete **Problemorientierung** der Sekundärliteratur.

4 Ziehen Sie weitere, möglichst aktuelle bibliografische Angaben (Bibliothek, Buchhandel, Internet) hinzu und erstellen Sie eine Literaturliste. Achten Sie auf die alphabetische Reihenfolge der Verfasser. Halten Sie sich dabei an die formalen Regeln des Bibliografierens.

Bibliografierregeln

Bei Einzelveröffentlichungen/Monografien
- Nachname, Vorname des Autors
- Genauer Titel (ggf. vollständiger Untertitel)
- ggf. Nachname und Vorname des Herausgebers
- Verlagsort, Erscheinungsjahr

Bei Sammelbandeinträgen
- Nachname, Vorname des Autors
- Genauer Titel (ggf. vollständiger Untertitel)
- Vorname, Nachname des Herausgebers
- Genauer Titel (ggf. vollständiger Untertitel) des Sammelbandes
- Verlagsort, Erscheinungsjahr, genaue Seitenangaben

Bei Zeitschriftenbeiträgen
- Nachname, Vorname des Autors
- Genauer Titel (ggf. vollständiger Untertitel)
- Titel der Zeitschrift/Zeitung, Nummer der Ausgabe
- Jahrgang, Erscheinungsjahr, genaue Seitenangaben

Primärliteratur

Das Militär
Tucholsky, Kurt: Der Preußenhimmel. In: Kurt Tucholsky: Gesammelte Werke 1907–1932, Bd. 2. Hrsg. von Fritz J. Raddatz und Mary Gerold-Tucholsky. Reinbek 1975. S. 257–259.
Tucholsky, Kurt: Der Kriegsschauplatz. In: Kurt Tucholsky: Gesammelte Werke 1907–1932, Bd. 7. Hrsg. von Fritz J. Raddatz und Mary Gerold-Tucholsky. Reinbek 1975. S. 32–35.

Die Justiz
Tucholsky, Kurt: Wiederaufnahme. In: Kurt Tucholsky: Gesammelte Werke 1907–1932, Bd. 7. Hrsg. von Fritz J. Raddatz und Mary Gerold-Tucholsky. Reinbek 1975. S. 155–157.
Tucholsky, Kurt: Justitia schwooft. In: Kurt Tucholsky: Gesammelte Werke 1907–1932, Bd. 7. Hrsg. von Fritz J. Raddatz und Mary Gerold-Tucholsky. Reinbek 1975. S. 288 f.

Bürgertum
Tucholsky, Kurt: Die Glaubenssätze der Bourgeoisie. In: Kurt Tucholsky: Gesammelte Werke 1907–1932, Bd. 6. Hrsg. von Fritz J. Raddatz und Mary Gerold-Tucholsky. Reinbek 1975. S. 251–254.
Tucholsky, Kurt: Deutsche Pleite. In: Kurt Tucholsky: Gesammelte Werke 1907–1932, Bd. 4. Hrsg. von Fritz J. Raddatz und Mary Gerold-Tucholsky. Reinbek 1975. S. 170.

Sekundärliteratur

Ackermann, Irmgard (Hrsg.): Kurt Tucholsky. Sieben Beiträge zu Werk und Wirkung. München 1981.

Ausbüttel, Dr. Frank u.a.: Grundwissen Geschichte. Stuttgart 1994.

Kästner, Erich: Kurt Tucholsky, Carl von Ossietzky, „Weltbühne". In: Die Weltbühne (Berlin-Ost) 1/1946. S. 21–23.

Reich-Ranicki, Marcel: Flirt mit der Literatur. Die Buchkritiken des großen Feuilletonisten Kurt Tucholsky. In: Die Zeit, Nr. 38, 14.09.1973. S. 26.

Schulz, Klaus-Peter: Kurt Tucholsky in Selbstzeugnissen und Bilddokumenten. Rowohlts Bildmonografien. Hamburg 1980.

Tipp: In der Sekundärliteratur wird oft unterschiedlich bibliografiert. Bei der Übernahme von bibliografischen Angaben muss daher auf Einheitlichkeit geachtet werden, damit die schnelle Auffindbarkeit der Literatur garantiert ist.

5 Welche Möglichkeiten, aber auch welche Probleme ergeben sich bei einer Stichwortrecherche im Internet? Wie würden Sie vorgehen?

6 Entwerfen Sie eine konkrete Suchstrategie zu einem eigenen Thema. Klären Sie dabei zunächst die Problemstellung. Planen Sie einen sinnvollen ersten Zugriff auf die Literatur. Halten Sie Querverweise, Namen, Begriffe und Literaturhinweise fest, die für eine Vertiefung der Problemstellung wichtig sein könnten. Erstellen Sie eine vorläufige Literaturliste. Bibliografieren Sie korrekt.

→ „Thema ‚Zeit' – Umgang mit Sachtexten", S. 137 ff.

4 Texte und Materialien auswerten

Texte nach Problemstellung auswerten – Aussagen sinngemäß oder als Zitat übernehmen – problembezogene Auswertung der Biografie – Begriffe klären

Tucholsky, Kurt (Pseud. Peter Panter, Theobald Tiger, Ignaz Wrobel, Kaspar Hauser). *9.1.1890, Berlin †21.12.35 Hindas (Schweden) (Freitod).

T., Sohn eines Kaufmanns, studierte Jura in Berlin, Genf und Jena (Promotion 1914). Im 1. Weltkrieg war er drei Jahre eingezogen. 1918–24 lebte er in Berlin, dann für 5 Jahre in Paris, ab 1929 in Schweden, von wo aus er bis 1934 noch ausgedehnte Reisen unternahm. Da er aber als Emigrant nur einen befristeten Ausländerpass hatte, konnte der von den Nazis Ausgebürgerte ab 1934 seinen Wohnsitz kaum noch verlassen, materielle Probleme und eine chronische Siebbeinvereiterung machten ihn zunehmend depressiver. 1935 nahm er sich das Leben.

Satire!

Ab 1911 hat T. kontinuierlich kultur- und zeitkritische Glossen, satirische Gedichte und Theaterrezensionen veröffentlicht, zunächst vorwiegend im sozialdemokratischen „Vorwärts“, dann häufig auch in der 1905 von Siegfried Jacobsohn gegründeten „Schaubühne“ (die ab 1918 „Weltbühne“ heißt). Schon die ersten Artikel gegen Militarismus, Chauvinismus und reaktionäres Spießertum zeigen T.s Begabung für polemische Zuspitzung. Nach dem Ende des 1. Weltkriegs nimmt er in Berlin seine kulturkritische Tätigkeit wieder auf, in der „Weltbühne“ erscheinen oft mehrere Artikel in einem Heft, weshalb er sich verschiedene Pseudonyme zulegt. Der Tenor seiner Beiträge wird zunehmend schärfer, er attackiert die rechtslastige Justiz der Weimarer Republik, polemisiert gegen die Dolchstoßlegende und verfasst antimilitaristische Gedichte, z.B. das *Gebet nach den Schlachten.* Auch als Literaturkritiker tritt er hervor; seine unorthodoxen temperamentvollen Rezensionen zeichnen sich durch eigenwillige Subjektivität aus. Eine Weile tendiert er auf Grund seiner politischen Überzeugungen zur USPD. Aus Enttäuschung über das Versagen der „flauen Republik“ verlässt er Deutschland und lebt ab 1924 in Paris. Auch hier setzt er seine publizistische Tätigkeit mit unverminderter Energie fort. Er publiziert in ungefähr 100 Zeitungen und Zeitschriften, bevorzugtes Forum bleibt die „Weltbühne“. Nach dem Tod von Jacobsohn übernimmt T. für kurze Zeit die Leitung dieses wohl wichtigsten Kampfblattes der intellektuellen Linken und übergibt sie dann Carl von Ossietzky (der später im KZ ermordet wurde). Sehr früh und voll von Pessimismus diagnostiziert er die Gefahren des Nationalsozialismus, dessen schärfster publizistischer Gegner T. wird. Daneben veröffentlicht er Agitationslyrik, die durchsetzt ist von sozialer Anklage, aber auch witzige Chansons, in denen er die Banalität des Spießbürgertums aufs Korn nimmt. T. wird damit zu einem der wichtigsten Autoren des kritischen Kabaretts der 20er Jahre. Geradezu glänzend sind seine Berichte über die z.T. aberwitzigen Urteile der Weimarer Justiz. – T. bedient sich häufig der Rollenprosa (oft im Berliner Jargon), um Militärs, Nationalisten und Kleinbürgermentalität zu entlarven. Die durch fingierten Immediatbericht erzielte Spontanität seiner Glossen kontrastiert mit den ironisch zugespitzten Bonmots, die die Quintessenz aus diesen satirischen „Fallstudien“ ziehen. T. hat als sensibler Wortkünstler, eleganter Stilist, virtuoser Polemiker so leicht keinen ebenbürtigen Konkurrenten im deutschen Sprachraum. – 1931 veröffentlicht er den heiter-verspielten Roman *Schloss Gripsholm*, der mit viel Charme, bisweilen aber auch mit forciertem Understatement eine ungewöhnliche Liebesaffäre beschreibt und nicht frei ist von Sentimentalitäten. – Ab 1932 veröffenlicht T. keine einzige Zeile mehr aus Verzweiflung über die politische Situation, seine Briefe unterzeichnet er mit „ein aufgehörter Deutscher“ und ein „aufgehörter Schriftsteller“. Die erst lange nach seinem Freitod aufgefundenen *Briefe aus dem Schweigen* und seine *Q-Tagebücher* geben indes zu erkennen, dass in den drei letzten Lebensjahren seine geistige Aktivität –

Randnotizen:

Ziele seiner Kritik

Wichtig! Hauptangriffsziele:
- Justiz, rechtslastig
- Militarismus

Begriff klären!

Enttäuschung über Versagen der Republik

trotz quälender Krankheit – nicht erlahmt war. Vor allem in den *Q-Tagebüchern* finden sich scharfsinnige politische Analysen und Prophetien, voll von Zorn und Degout, voll Empörung aber auch über die Appeasement-Politik der Westmächte. Witzsprühende Sentenzen wechseln ab mit flapsig-resignierten Klagen über „den großen Knacks" seines Lebens: die Einsicht in die Vergeblichkeit seiner politischen Aufklärungsarbeit und die seiner Mitstreiter. Diese beiden Nachlasspublikationen gehören nicht nur als Zeitdokument, sondern auch als Dokument der Trauer eines enttäuschten Moralisten zu den wichtigsten Werken der deutschen Exilliteratur.

Auszug aus: Brauneck, Manfred (Hrsg.): Autorenlexikon deutschsprachiger Literatur des 20. Jahrhunderts. Reinbek bei Hamburg 1985. S. 593–594.

1. Wie wird der Text im Hinblick auf die Problemstellung ausgewertet?
2. Setzen Sie die Auswertung fort. Entscheiden Sie dabei, welche Textaussagen Sie sinngemäß oder als Zitat übernehmen würden.
3. Stellen Sie Überlegungen zu einer möglichen Auswertung der Biografie des von Ihnen gewählten Autors an.

Satire [wahrscheinlich von lateinisch satura (lanx) „mit Früchten gefüllte (Opfer)schale" (übertragen im Sinne von „bunte Mischung")]: in allen literarischen Gattungen mögliche Darstellungsform, die durch Übertreibung, Ironie und [beißenden] Spott an Personen und Ereignissen Kritik übt, sie der Lächerlichkeit preisgibt, Zustände anprangert und mit scharfem Witz geißelt. Der an einer bestimmten Norm orientierte Spott über Erscheinungen der Wirklichkeit wird dabei nicht direkt, sondern indirekt durch die ästhetische Nachahmung eben dieser Wirklichkeit ausgedrückt.

Geschichte: Elemente der Satire finden sich schon in *Ägypten* und im alten *Griechenland*. Ein für die Folgezeit wirksames Muster gaben die *Prosasatiren* des griechischen Kynikers Menippos (später als „Saturae Menippeae" bezeichnet), die von Lukian und auch in der *römischen Literatur* nachgeahmt wurden (M.T. Varro, „Saturae Menippeae", 1. Jahrhundert v. Chr.; G. Petronius, „Satyricon", 1. Jahrhundert, deutsch „Satyrica", 1965). Römisch-italischen Ursprungs waren dagegen die *Verssatiren*. Als Erfinder der aggressiven Satire gilt G. Lucilius. Ihre abgeklärte Hochform erreichte sie mit Horaz, dem es darum ging, „lächelnd die Wahrheit zu sagen". Aggressiver in seiner Kritik der Verfallserscheinungen der Zeit war Juvenal.

Im *Mittelalter* sind satirische Elemente v.a. in dem aus der Fabeldichtung erwachsenen Tierepos zu finden, das meist als Ständesatire angelegt war („Ecbasis captivi", 11. Jahrhundert; „Roman de Renart", entstanden 1175 – 1250, deutsch 1965; „Reinke de Vos", 1498). Elemente der Verssatire finden sich auch in der politischen Sangspruchdichtung Walthers von der Vogelweide und in den Liedern Neidharts (von Reuental). Bedeutende Satiren des ausgehenden Mittelalters schufen Hugo von Trimberg mit seinem Lehrgedicht „Der Renner" (1300) und H. Wittenwiler mit dem komischen Epos „Der Ring" (um 1400). Die Tradition wurde in *Renaissance u. Humanismus* fortgesetzt mit S. Brants „Narrenschiff" (1494; ↑Narrenliteratur) und den „Epistolae obscurorum virorum" (1515–17, deutsch „Briefe von Dunkelmännern ...", 1876) von Crotus Rubianus, U. von Hutten u.a. In den geistigen Kämpfen der Reformationszeit spielte die Satire eine bedeutende Rolle. Das satirische Spiel realisierte sich v.a. in den ↑ Fastnachtsspielen. In der Tradition der Saturae Menippeae standen F. Rabelais' Roman „Gargantua et Pantagruel" (1532–64), deutsche Bearbeitung von J. Fischart, 1575; 1832–41 unter dem Titel „Gargantua und Pantagruel") und M. de Cervantes Saavedras Roman „El ingenioso hidalgo Don Quixote de La Mancha", 1605–15, deutsch 1621, 1965 unter dem Titel „Der sinnreiche Junker Don Quijote von La Mancha"), im *Barock* die Romane von Ch. Weise und Ch. Reuter sowie J.M. Moscheroschs Zeitsatiren. Gegen den Optimismus einer nur oberflächlich aufklärerischen Geisteshaltung wendeten sich die Vertreter der menippeischen Satire des *18. Jahrhunderts*: J. Swift („Travels into several remote nations of the world ...", 1726, deutsch 1727/28, 1788 unter dem Titel „Gullivers sämtliche Reisen"), Voltaire („Candide ou l'optimisme", 1759, deutsch „Candide oder Die beste Welt", 1776) u.a. Eine mehr ironische Spielform des satirischen Romans pflegte Ch. M. Wieland („Die Abderiten", 1774). *Klassik und Romantik* kannten fast nur die

epigrammatische (Schiller/Goethe, „Xenien", 1796) oder die dialogische und dramatische Literatursatire (L. Tieck, „Der gestiefelte Kater", 1797). Erst H. Heine führte die Gattung mit seinen literarisch-politischen Satiren zu einem neuen Höhepunkt („Deutschland. Ein Wintermärchen", 1844; „Atta Troll", 1847). In Österreich näherte sich J. N. Nestroy mit seinen Possen der satirischen Sozialkritik („Der böse Geist Lumpazivagabundus", 1835). Der resignative „poetische Realismus" der Zeit nach 1848 enthielt sich der Satire. Allein in der neuen Form der satirischen Zeitschrift („Kladderadatsch", 1848–1944) konnte sich ein karikierender Witz betätigen. Erst nach der Jahrhundertwende erweckte H. Mann v. a. mit seinem Roman „Der Untertan" (1916) die menippeische Großform zu neuem Leben. Als satirische Zeitschrift erschien ab 1896 der „Simplicissimus", und um 1900 eröffneten die ersten ↑ Kabaretts, die auch *nach dem 1. Weltkrieg* blühten. Meister der satirischen Kleinformen waren K. Tucholsky und E. Kästner. Bedeutendster satirischer Dramatiker der ersten Hälfte des 20. Jahrhunderts war G. B. Shaw. Gegen den Nationalsozialismus richtete sich B. Brechts dramatische Satire „Der aufhaltsame Aufstieg des Arturo Ui" (entstanden 1941, gedruckt 1957).
Der Zusammenbruch Deutschlands im *2. Weltkrieg* sowie der rasche Aufbau der Bundesrepublik Deutschland seit 1948 hinterließ ein oft empfundenes Defizit an verbindlichen Normen und Werten des gesellschaftlichen Lebens, wodurch ein für die Satire günstiges Klima entstand. Bedeutende deutschsprachige Satiriker sind M. Walser, H. Böll („Dr. Murkes gesammeltes Schweigen", Satiren 1958), M. Frisch („Herr Biedermann und die Brandstifter", Hörspiel 1956, Drama 1958) und F. Dürrenmatt („Der Besuch der alten Dame", Komödie, 1956), im Bereich der englischsprachigen Literatur u. a. A. Huxley („Brave new world", 1932, deutsch 1932, 1953 unter dem Titel „Schöne neue Welt") und G. Orwell („1984", 1949, deutsch „1984", 1950).

Schülerduden. Die Literatur. Hrsg. von der Lexikonredaktion. 2. überarb. Auflage. Mannheim, Wien, Zürich 1989.

Satire ist eine in allen literarischen Gattungen mögliche Darstellungsform, die durch Übertreibung, Ironie und beißenden Spott an Personen und Ereignissen Kritik übt, sie der Lächerlichkeit preisgibt, Zustände anprangert und mit scharfem Witz geißelt.
Kurt **Tucholsky** schreibt: „Übertreibt die Satire? Die Satire muss übertreiben und ist ihrem tiefsten Wesen nach ungerecht. Sie bläst die Wahrheit auf, damit sie deutlicher wird, und sie kann gar nicht anders arbeiten als nach dem Bibelwort: Es leiden die Gerechten mit den Ungerechten." (*Was darf Satire, 1919*).
Die vielen Formen der Satire lassen sich grob in direkte und indirekte Satire einteilen, wobei in der direkten Satire der Sprecher in der ersten Person seinem Gegner in der zweiten Person gegenübertritt, entweder als urbaner Weltmann wie in den Satiren des → Horaz oder als entrüsteter Moralist, der wie **Juvenal** nur Verachtung für seinen Gegner hat. Die indirekte Satire wählt statt des Diskurses die Erzählung zur Vermittlung der kritischen Absicht. In ihr erscheinen die Opfer meist als fiktive oder verkleidete Figuren, die sich durch ihre Reden und Taten lächerlich machen.

Zirbs, Wieland (Hrsg.): Literaturlexikon. 3. Auflage. Berlin: Cornelsen Verlag Scriptor 1999. S. 318f.

4 Klären Sie den Begriff Satire mit Hilfe der Auszüge aus unterschiedlichen Nachschlagewerken. Halten Sie Ihre Erkenntnisse schriftlich und in eigener Sprache fest.
Beachten Sie dabei die folgenden Arbeitsschritte:
- Übersetzung und Herkunft des Wortes klären
- den Begriffswandel (Bedeutungsveränderung?) untersuchen
- den Begriff einem Begriffsfeld (Synonyme, Gegenbegriffe, Ober- und Unterbegriffe) zuordnen
- den Begriff in einem Satz definieren

5 Stellen Sie ein Begriffsfeld zur Satire grafisch dar. Verwenden Sie dabei auch die Begriffe Groteske, Parodie, Ironie, Karikatur, Travestie, Zynismus …

6 Klären sie weitere Begriffe aus Ihren Themenstellungen. Verwenden Sie nach Möglichkeit mehrere Nachschlagewerke, da Definitionen unterschiedlich sein können.

5 Gliederung

Beim Entwerfen einer Gliederung Problemorientierung, Schwerpunktsetzung und Vielfalt der Aspekte berücksichtigen – den logischen Zusammenhang zwischen Themen und Teilthemen durch Dezimalnummerierung kenntlich machen

Gliederung

- *Einleitung*
- *Abgrenzung des Themas*
- *Biografie Kurt Tucholsky*
- *Geschichte der Weimarer Republik 1918–1933*
- *Der Satirebegriff*
- *Analyse der Satiren von Tucholsky*
- *Vergleich der Analysen*
- *Fazit*

I. Einleitung
Aufbau und Ziel der Untersuchung

II. Hauptteil

1. Grundlagen
   1.1 Der politisch-historische Hintergrund von 1918-1933 in Bezug auf Tucholsky
   1.2 Die Satire
       1.2.1 Allgemeine Definition des Begriffs
       1.2.2 Tucholskys Satireverständnis

2. Tucholskys Kritik im Spiegel ausgewählter Texte
   2.1 Die Hauptangriffsziele
   2.2 Satire als Mittel der Kritik. Ausgewählte Textbeispiele
       2.2.1 Das Militär
       2.2.2 Die Justiz
       2.2.3 Bürgertum, Geschäftswelt und Bürokratie

3. Rezeption und Wirkung
   3.1 Reaktionen der Zeitgenossen
   3.2 Tucholskys literarischer Einfluss
   3.3 Tucholsky-Rezeption heute

III. Schluss
Was kann und darf Satire?

1. Vergleichen Sie den ersten handschriftlichen Entwurf mit der Endfassung. Was hat sich in Bezug auf Schwerpunktsetzung, Problemorientierung und die Vielfalt der Untersuchungsaspekte geändert?
2. Überprüfen Sie die logische Abfolge der Themen und Teilthemen in der Endfassung. Begründen Sie den jeweiligen Neuansatz in der Dezimalnummerierung.
3. Entwerfen Sie eine differenzierte Gliederung Ihres Themas.

6 Die Facharbeit zu Papier bringen

6.1 Einleitung und Schluss formulieren

Worauf man bei der Formulierung von Einleitung und Schluss achten muss.
Nach welchen Kriterien man den Text ausformuliert und überprüft – wie sinnvoll und richtig zitiert wird.
Welche formalen Anforderungen beim Verfassen einer Facharbeit berücksichtigt werden müssen.

1. Einleitung
1.1 Aufbau und Ziel der Untersuchung

Im Rahmen der Facharbeit werde ich mich mit dem Satiriker und Schriftsteller Kurt Tucholsky auseinandersetzen, wobei sich meine Untersuchung auf ausgewählte satirische Texte aus der Zeit von 1918 bis 1932 beschränkt. Diese Begrenzung des Themas resultiert aus der gegebenen Aufgabenstellung und ist zudem sinnvoll, da eine Analyse des Gesamtschaffens den geforderten Rahmen einer Facharbeit weit übersteigen würde.
Dem Hauptteil vorangestellt sind die so genannten Grundlagen, in denen ich Kurt Tucholsky in den politisch-historischen Hintergrund der Weimarer Republik einordne sowie den Begriff der Satire im Allgemeinen als auch in Tucholskys speziellem Verständnis erläutern werde. Dies ist notwendig, um das Kernthema bearbeiten zu können, da dabei sowohl die Zeitumstände als auch der Satirebegriff zu untersuchen sind.
Das Hauptaugenmerk der Facharbeit liegt auf der Betrachtung von Satire als Mittel der Kritik in ausgewählten Texten. Anhand verschiedener Beispiele werden die getroffenen Aussagen zu Zeitkritik und Satire konkretisiert. Der Bearbeitung der Textauszüge ist eine Erläuterung der Hauptangriffsziele von Tucholskys satirischer Kritik vorangestellt, um einen kurzen Überblick über die Schwerpunkte des nachfolgenden Teils geben zu können. Dann erfolgt der Versuch einer kurzen Rezeptions- und Wirkungsgeschichte. In einer abschließenden Wertung gehe ich auf die Wirkungsmöglichkeiten von Satire ein.
Auf eine Biografie Tucholskys wird verzichtet, da sein Leben zwar stark mit den Zeitumständen in Verbindung steht, die Kenntnis von seinen privaten Lebensverhältnissen jedoch nicht für das Verständnis der satirischen Texte erforderlich ist. An den Stellen, wo es sinnvoll ist, Persönliches mit einzubeziehen, geschieht es funktional. Ziel der Untersuchung ist es letztendlich, Zeitumstände und Kritik Tucholskys in Beziehung zu setzen und diese Kritik in den satirischen Schriften nachzuweisen.
(…) *(Kristin W.)*

4. Schlussbemerkungen
4.1 Was kann und darf die Satire?

Um den Versuch einer abschließenden Wertung zu machen, setze ich mich noch einmal kurz mit der in der Aufgabenstellung enthaltenen Frage „Was darf Satire?“ aus Tucholskys gleichnamigem, bereits erwähnten Artikel auseinander. Neben der Frage, was die Satire darf und was nicht, sollte auch der Aspekt der Einflussmöglichkeiten der Satire nicht unerwähnt bleiben, denn ganz gleich, ob die Satire alles darf oder nur begrenzt wirkt, wenn sie ohne Folgen bleibt, ist die Frage nach dem, was sie darf, nicht mehr so entscheidend. Ausgehend von einem Satiriker, dem die Missstände seiner Zeit nicht gleichgültig sind, der wie Tucholsky massive Kritik übt und verbessern will um der Menschheit willen, ist die Frage nach dem, was Satire kann, sogar notwendig. Im Hinblick auf Tucholsky muss leider erkannt werden, dass die Satire zwar angreifen und begrenzt auch für Anerkennung oder Empörung sorgen kann, jedoch nicht in der Lage ist, eine so breite Wirkung zu erzielen, dass positive Konsequenzen daraus gezogen worden wären; weder im Bereich der Politik, der Justiz oder der Gesellschaft ändert sich Entscheidendes durch Tucholskys satirische Kritik. (…) *(Kristin W.)*

1 Überprüfen Sie Einleitung und Schluss der Arbeit einer Schülerin anhand der Checkliste.

Tipp: Überprüfen Sie nach dem Schreiben von Hauptteil und Schluss unbedingt nochmals Ihre Einleitung.

In einer Einleitung sollten

- die wesentlichen **Ziele**/die zentralen Absichten der Arbeit,
- der inhaltliche Schwerpunkt,
- die Ziele in größeren Zusammenhängen,
- die Materialgrundlage
- und das **methodische Vorgehen** erläutert werden.

Im Schlussteil sollten

- die wichtigsten Ergebnisse der Arbeit zusammengefasst,
- Bezüge zu den in der Einleitung formulierten Absichten/Zielen hergestellt
- und methodische Verfahren kritisch reflektiert werden.

6.2 Den Hauptteil formulieren

3.2 Satire als Mittel der Kritik. Ausgewählte Textbeispiele
3.2.1 Das Militär

Dieser Punkt widmet sich dem Aufzeigen von Satire als Mittel der Kritik in ausgewählten Texten des Schriftstellers zu den jeweiligen Schwerpunktbereichen, wobei ein fließender Übergang zwischen den einzelnen Absätzen hergestellt werden soll. Neben einem Hauptbeispiel sollen weitere Textauszüge die getroffenen Thesen zu Tucholskys Wirkungsabsicht und Verwendung der Satire fundieren. Als erster Beispielbereich dient das Militär und der Text „Der Preußenhimmel“[1] aus dem Jahre 1920.
Der Text ist in Dramenform angelegt, da er als Dialog mit eingeklammerten Regieanweisungen verfasst ist. Diese Schreibform ist für Tucholsky, der als Textarten Artikel, Essays oder Lyrik bevorzugt, eher ungewöhnlich. Sie taucht allerdings einige Male auf; immer dann, wenn es gilt, Gespräche authentischer und wirkungsvoller zu gestalten. So wirkt „Der Preußenhimmel“ erst durch die Dialogform lebendig und sogar in gewisser Weise realistisch, obgleich die Satire als solche nur allzu deutlich hervortritt. Der Leser begegnet im so genannten Preußenhimmel, der einem Kasernenhof gleicht, dem lieben Gott, Petrus sowie diversen Engeln und zwei gerade Verstorbenen, die um Einlass bitten. Einer von ihnen ist der Mörder Kurt Eisners[2], Graf Arco-Valley[3]. Ihm gewährt der liebe Gott ohne zu zögern Einlass, während er dem zuvor erschienenen Arbeiter, den er aufgrund seiner schlechten Kleidung als Kommunisten verdächtigt, den Eintritt in den Preußenhimmel verwehrt. Die Sprache, welche die Charaktere, ausgenommen der Arbeiter, benutzen, ist deutlich militärisch. So meldet Petrus schon zu Beginn dem lieben Gott: „Ein Petrus – zwei Oberengel – siebenundachtzig Engel zum **Exerzieren** (Hervorhebung durch die Verf.) angetreten.“[4] Das mutet auf den ersten Blick absurd an, ist das herkömmliche Bild von Engeln und dem lieben Gott doch ein ganz anderes. Erklärend fügt Tucholsky aber im weiteren Verlauf des Textes ein:

> „Wissen Se – is doch'n janz anderer Zug im Himmel, seitdem mich Willem zum preußischen lieben Gott ernannt hat. Der hohe Alliierte droben hat immer gesagt … Schade, daß er den Krieg verloren hat! War doch alles so nett organisiert …!“[5]

Dies ist natürlich schon Satire in höchster Form. Der nach früheren Verständnis von Gott auserwählte Kaiser, einzig in der Lage, das Geschick des jeweiligen Landes zu leiten als höchste Instanz nach Gott, ist nun in der Hierachieleiter auf die höchste Stufe getreten und ernennt Gott. Gleichzeitig wird dadurch die Existenz von Gott selbst in Frage gestellt, was mit Tucholskys persönlicher Stellung zum Glauben zu tun haben mag.

Tucholsky ist von Geburt Jude, legt aber bereits mit 21 Jahren seine Religion ab und nimmt in seinen Schriften des Öfteren eine antiklerikale Stellung ein. Außerdem wird deutlich, dass von Gott keine Hilfe bei der Beseitigung politischer oder gesellschaftlicher Probleme erwartet werden kann, da er, bezogen auf den Text, noch immer dem Kaiser und somit den alten Mächten ergeben ist. (...) *(Kristin W.)*

[1] Tucholsky, Kurt. Gesammelte Werke 1907–1932. Bd. 2 Hrsg. Von Fritz J. Raddatz und Mary Gerold-Tucholsky. Reinbek 1975, S. 257–259.

[2] Deutscher linksorientierter Politiker, bayerischer Ministerpräsident und Führer der USPD, am 21.02.1919 ermordet.

[3] Anton Graf auf Arco-Valley, geboren in Österreich, Leutnant im Ersten Weltkrieg. Wegen Mordes an Kurt Eisner zu lebenslanger Festungshaft verurteilt, nach fünf Jahren begnadigt.

[4] a.a.O., S. 257.

[5] a.a.O., S. 257.

1. Überprüfen Sie in diesem Auszug aus dem Hauptteil, inwieweit
   – die Ausführungen dem Anspruch der Kapitelüberschrift gerecht werden,
   – die Schülerin schlüssig argumentiert,
   – sie ihre Aussagen durchgängig und treffend belegt,
   – sie ihr Vorgehen reflektiert,
   – sie Fachbegriffe korrekt einsetzt,
   – sie einen dem Gegenstand angemessenen Schreibstil verwendet.

Grundsätzliche **Bewertungskriterien** für eine Facharbeit sind:

- die Problemorientierung auf das Thema (Relevanz)
- eine zielgerichtete Argumentation (Stringenz)
- eine sinnvolle Schwerpunktsetzung (Akzentuierung)
- die Ausdifferenzierung und Vielfalt der untersuchten Aspekte (Differenzierung/Varianz)
- die Verknüpfung der einzelnen Analyseteile (Kohärenz)
- deren Funktion für den eingeschlagenen Lösungsweg (Funktionalität)
- die Zuverlässigkeit und Genauigkeit (Korrektheit)

2. Überprüfen Sie Ihre Arbeit anhand der Checkliste.
3. Wie wird erkennbar, dass die Schülerin Aussagen aus der Sekundärliteratur lediglich dem Sinn nach oder wörtlich wiedergegeben hat? Untersuchen Sie dabei den Anteil von eigenständigen Formulierungen und übernommenen Zitaten.
4. Sind die Zitate sinnvoll oder sollten sie besser durch eigene Formulierungen ersetzt werden?
5. Welche Informationen enthalten die Fußnoten und welche Funktionen haben sie jeweils?

Tipp: Zitate sollen sparsam verwendet werden. Denken Sie als Alternative auch an die Möglichkeit einer indirekten Textwiedergabe (indirekte Rede mit Konjunktiv). Ein anschließendes Zitat gleichen Inhalts ist dann überflüssig.

Richtig zitieren	
Wörtliche Zitate stehen in doppelten Anführungszeichen.	
Enthalten sie ein weiteres Zitat, wird dies in einfache Anführungszeichen gesetzt.	„Der junge, sendungsbessene Revolutionär hatte viele Jahre zuvor einmal formuliert: ‚Was darf die Satire? Alles.'" *(Schulz, Klaus Peter: Kurt Tucholsky in Selbstzeugnissen und Bilddokumenten. Reinbek 1980, S. 114.)*
Längere Zitate werden engzeilig geschrieben und können eingerückt werden.	vgl. Schülertext
Werden für den jeweiligen Zusammenhang unwichtige Stellen eines Zitats weggelassen, muss ein Kürzungszeichen eingefügt werden. Der Sinn darf dabei nicht entstellt werden.	„Satire scheint eine durchaus negative Sache. (...) Die Satire beißt, lacht, pfeift und trommelt (...) gegen alles, was stockt und träge ist." *(Tucholsky, Bd. 2, S. 42.)*
Teilzitate sollten möglichst in den fortlaufenden eigenen Text integriert sein.	Tucholsky hält die Satire für „eine durchaus positive Sache." *(a. a. O., S. 42.)*
Zeichensetzung und Rechtschreibung des zitierten Textes werden unverändert übernommen. Das gilt auch für Hervorhebungen, aber eigene Hervorhebungen müssen gekennzeichnet sein.	„Ein Petrus – zwei Oberengel – siebenundachtzig Engel zum **Exerzieren** *(Hervorhebung durch die Verf.)* angetreten."[4]

6.3 Formale Anlage der Arbeit

I. Der formale Aufbau einer Facharbeit

- Titelblatt (Fach, Thema, Verfasser, Fachlehrer)
- Inhaltsverzeichnis (Einleitung, Hauptteil, Schluss jeweils mit Unterkapiteln) mit Seitenangaben
- Ausarbeitung
- Literaturverzeichnis der zitierten Literatur in alphabetischer Reihenfolge, evtl. aufgeteilt in Primär- und Sekundärliteratur
- ggf. Anhang (Bild- und Textquellen, die für die Arbeit herangezogen wurden)
- Versicherung über die selbstständige Anfertigung

II. Schriftbild

- Einhaltung der formalen Vorgaben (Schriftgröße und -type, Zeilenabstand und Randbreiten, Seitennummerierung)

III. Sprachrichtigkeit

- Einhaltung der Regeln zur Rechtschreibung und Zeichensetzung

Tipp: Verlassen Sie sich nicht völlig auf das Rechtschreibprogramm Ihres PC's. Es kann nicht alle Fehler erkennen. Gestalten Sie Ihre Facharbeit leserfreundlich, indem sie z. B. Ihren Text in Sinnabschnitte gliedern, Hervorhebungen machen usw.

7 Planen und Organisieren

Die Vorgaben (Zeit, Umfang) für die Anfertigung der Facharbeit können unterschiedlich sein. Dem folgenden Beispiel liegt ein sechswöchiger Bearbeitungszeitraum zugrunde.

Bekanntgabe des Themas: ______________________

Abgabe der Arbeit am ______________ *bis* ____________ *Uhr*

Zeitplan	Arbeitsschritte	Was zu tun ist	Erledigt
1. Woche	Problemstellung des Themas erfassen	erster Zugriff auf Literatur (Fachlexika, Biografien, Übersichten)	✓
	Problemstellung vertiefen Literaturliste erstellen	Bibliografieren – Stichwortkataloge von Schülerbibliothek Landesbibliothek/Unibibliothek Internetrecherche	
	Bearbeitung der Primärliteratur unter thematischem Aspekt	Sprechstunde des beratenden Lehrers: Literaturliste vorlegen/Verabredung der zu verwendenden Sekundärliteratur Lektüre/Exzerpte/Markierungen	
2. Woche	Literatur beschaffen Sichten der Literatur	hauptsächlich Schülerbücherei/ Stadtbibliothek (Öffnungszeiten!) Evtl. Fernleihe (zeitaufwendig!)	
3. Woche	vorläufige Gliederung erstellen	Sprechstunde, Gliederung vorlegen	
4. Woche	Ausformulierung des eigenen Textes		
5. Woche	Ausformulierung des eigenen Textes		
6. Woche	Überarbeitung anhand der Bewertungskriterien und technische Fertigstellung		

1. Überprüfen Sie die von einer Schülerin geplanten Arbeitsschritte auf ihre Stimmigkeit (logische Abfolge).
2. Wo könnte es zu Abweichungen von der Zeitplanung kommen? Wie ließen sich diese Probleme vermeiden?
3. Erstellen Sie einen eigenen Zeit- und Organisationsplan auf der Grundlage Ihrer besonderen Bedingungen (Zeit, Thema, Zugriffsmöglichkeiten auf Literatur, Fertigkeiten im Umgang mit PC …).

8 Die Präsentation einer Facharbeit

Inhalte, Ergebnisse und Methoden einer Facharbeit adressatenbezogen und überzeugend darstellen; zur Visualisierung gezielt Präsentationsmedien einsetzen.

Bei einer **Präsentation** kommt es darauf an, dass
- ausgewählte Aspekte (Inhalte, Ergebnisse, Methoden) Ihrer Facharbeit
- mit dem Blick auf die Zuhörer (Zuhöreranalyse),
- unter Berücksichtigung der Begleitumstände (Zeit, Ort, technische Möglichkeiten), möglichst
- überzeugend, d.h. logisch strukturiert, anschaulich und gut nachvollziehbar vorgestellt werden.

Checkliste zur Präsentation

Zeit
Wieviel Zeit steht mir für die Präsentation zur Verfügung?
Wie lange können und wollen die Zuhörer meinen Ausführungen folgen?

Adressaten/Zuhörer
Welches Vorwissen haben meine Zuhörer?
Welche Interessen haben sie?
Was erwarten sie von mir?
Wie kann ich die Zuhörer in meine Präsentation einbeziehen?
Wie kann ich das Interesse am Zuhören wecken und aufrechterhalten?

Inhalt und Umfang
Was wähle ich aus?
Welches Ergebnis, welcher Inhaltsaspekt, welche Methode ist außergewöhnlich, exemplarisch, typisch, übertragbar, etc.?
Welches Ziel verfolge ich mit meiner Präsentation?
Wie baue ich meine Präsentation logisch strukturiert und gut nachvollziehbar auf?

Form
Mit welcher Darstellungsform kann ich meine Inhalte, Ergebnisse, Methoden und Ziele am eindrucksvollsten und überzeugendsten vermitteln?
Welche meiner Aussagen möchte ich visualisieren?
Welche Präsentationsmedien unterstützen das Verständnis meiner Aussagen?
Welche technischen Möglichkeiten stehen mir zur Verfügung?

Eine **Visualisierung**, d.h. eine Veranschaulichung von Textaussagen, Methoden, Statistiken etc. in Bildform ist deshalb wichtig, weil man
- etwa 10 % dessen, was man liest,
- etwa 20 % dessen, was man hört,
- etwa 30 % dessen, was man sieht und
- etwa 50 % dessen, was man hört und sieht im Gedächtnis behält.

1 Bereiten Sie eine Präsentation einer Facharbeit vor und achten Sie besonders auf Möglichkeiten der Visualisierung.

→ „Gespräche führen, Referieren, Präsentieren", S. 60 ff.

DER FALL GALILEO GALILEI

Ich, Galileo, Sohn des Vinzenz Galilei aus Florenz, siebzig Jahre alt, stand persönlich vor Gericht und ich knie vor Euch Eminenzen, die Ihr in der ganzen Christenheit die Inquisitoren gegen die ketzerische Verworfenheit seid. Ich habe vor mir die heiligen Evangelien, berühre sie mit der Hand und schwöre, dass ich immer geglaubt habe, auch jetzt glaube und mit Gottes Hilfe auch in Zukunft glauben werde, alles was die heilige katholische und apostolische Kirche für wahr hält, predigt und lehrt.

Es war mir von diesem Heiligen Offizium von Rechts wegen die Vorschrift auferlegt worden, dass ich völlig die falsche Meinung aufgeben müsse, dass die Sonne der Mittelpunkt der Welt ist, und dass sie sich nicht bewegt, und dass die Erde nicht der Mittelpunkt der Welt ist, und dass sie sich bewegt. (...)

Trotzdem habe ich ein Buch geschrieben und zum Druck gebracht, in dem ich jene bereits verurteilte Lehre behandele und in dem ich mit viel Geschick Gründe zugunsten derselben beibringe, ohne jedoch zu irgendeiner Entscheidung zu gelangen. Daher bin ich der Ketzerei in hohem Maße verdächtig befunden worden, darin bestehend, dass ich die Meinung vertreten und geglaubt habe, dass die Sonne Mittelpunkt der Welt und unbeweglich ist und dass die Erde nicht Mittelpunkt ist und sich bewegt. (...)

Ich schwöre (...), dass ich alle Bußen, die mir das Heilige Offizium auferlegt hat oder noch auferlegen wird, genauestens beachten und erfüllen werde. Sollte ich irgendeinem meiner Versprechen und Eide, was Gott verhüten möge, zuwiderhandeln, so unterwerfe ich mich allen Strafen und Züchtigungen, die das kanonische Recht (...) festsetzt und verkündet. (...)

Ich, Galileo Galilei, habe abgeschworen (...). Zum Zeugnis der Wahrheit habe ich diese Urkunde meines Abschwörens eigenhändig unterschrieben und sie Wort für Wort verlesen, in Rom im Kloster der Minerva am 22. Juni 1633.

1 Galileo Galilei: Zeit, Leben und Werk im Überblick

... der Weg des Geistes ist immer der Weg von Menschen, deren zerbrochene Ideale den Weg markieren, von dem keiner der Zeitgenossen weiß, wohin er führen wird. Meist erringt das Alte noch einmal einen letzten verzweifelten Sieg, oft einen Pyrrhussieg, einer Niederlage zum Verwechseln ähnlich. Aber auch dem Neuen geht es kaum besser. Scheitern und Sieg liegen so eng zusammen, dass erst die Geschichte ein endgültiges Urteil sprechen kann. Wir wollen hier das Drama des Lebens und Wirkens eines Mannes vorstellen, der zwischen zwei Zeiten (...) lebte: Der Zeit der Kirche und Theologie zum einen, der der Welt und der Naturwissenschaften auf der anderen: das Drama Galileo Galilei.
(Rupert Lay, 1997)

Am Leben und Forschen Galileis sind alle Erwartungen sichtbar gemacht worden, die an Wissenschaft überhaupt gerichtet werden: abstrakt und konkret, technisch und anschaulich, antidogmatisch und Gewissheit suchend, vernünftig gegen das Dogma und dogmatisch gegen die von Skepsis befallene Vernunft. Galileis Leben hatte darum immer mehr zu sein als sein Leben – es schien das Leben der Wissenschaft selbst zu verkörpern. Das Gefühl, hier einer exemplarischen Existenz zu begegnen, wird vom Exempel, das die Kirche an ihm statuierte, bestärkt.
(Jürgen Kaube, 1999)

Galilei hätte ein Märtyrer der Wissenschaft werden können, war aber so weise, sich vor dieser Rolle zu drücken. Statt dessen schwor er feierlich, sich geirrt zu haben. An den Tatsachen änderte dies – wie er wusste – nichts.
(Paul Strathern, 1999)

Italienischer Physiker, Mathematiker, Philosoph und Astronom. Zusammen mit Johannes Keppler bewirkte er auf dem Gebiet der Wissenschaften einen Umbruch, indem er das heliozentrische Weltsystem von Nikolaus Kopernikus weiterentwickelte, das später durch den englischen Physiker Sir Isaac Newton bewiesen wurde. In der Astronomie machte Galilei bedeutende Entdeckungen. (...) In der Physik entdeckte er die Fallgesetze und die Bewegungsgesetze von Geschossen. Galileis historische Leistung besteht auch in seinem Einsatz für wissenschaftliches und unabhängiges Denken sowie in seinem Kampf gegen Autorität und Dogma. Seine wissenschaftliche Methodenlehre sowie sein Ansatz einer Mathematisierung der Naturwissenschaften übten einen großen Einfluss auf die neuzeitlichen Naturwissenschaften aus.
(Encarta 2000)

Galilei war einer der ersten Italiener, die sich für die Darstellung naturwissenschaftlicher Probleme in ihren Werken auch der Muttersprache bedienten. Seine Prosa nimmt im Rahmen der italienischen Literatur eine Sonderstellung ein, da sie sich in ihrer Klarheit und Schlichtheit von dem herrschenden barocken Schwulst abhebt, den Galilei auch in seinen literaturkritischen Aufsätzen über Tasso u.a. getadelt hatte. In seinen wichtigsten Werken bediente er sich der von den italienischen Humanisten überkommenen Form des Dialogs, um gemeinverständlich zu sein.
(Brockhaus)

Galileo Galilei, Kupferstich von Francesco Villamena

1564	Galilei kommt am 15. Februar in Pisa zur Welt. Sein Vater ist Musiktheoretiker und Mathematiker.
1581–1585	Student der Philosophie und Medizin an der Universität von Pisa, die er ohne Abschluss wieder verlässt. Galilei widmet sich der Mathematik.
1582	Im katholischen Europa ersetzt der gregorianische den julianischen Kalender.
1589–1592	Lektor für Mathematik in Pisa. Sein erstes wissenschaftliches Werk: *De motu* (Über die Bewegung).
1592	Professor für Mathematik in Padua
1600	Giordano Bruno stirbt in Rom auf dem Scheiterhaufen.
1606	*Die Operationen des geometrisch-militärischen Zirkels*
1608	In Holland wird das Linsenfernrohr erfunden.
1609	G. verbessert das Fernrohr.
1609	Kepler veröffentlicht die zwei ersten Gesetze der Planetenbewegung.
1610	G. entdeckt die Jupitermonde. Der *Sternenbote (Sidereus nuncius)* wird veröffentlicht.
1610	G. wird zum „Ersten Mathematiker und Hofphilosophen des Großherzogs der Toskana", Cosimo II., ernannt.
1612	In Florenz erscheint G.'s *Diskurs über die Dinge, die sich auf dem Wasser befinden.*
1613	*Briefe über die Sonnenflecken* werden veröffentlicht.

Galilei tat einen großen Schritt, indem er wagte, die Welt so zu beschreiben, wie wir sie nicht erfahren. Er stellte Gesetze auf, die in der Form, in der er sie aussprach, niemals in der wirklichen Erfahrung gelten und die darum niemals durch irgendeine einzelne Beobachtung bestätigt werden können, die aber dafür mathematisch einfach sind. (...)
Aber warum gelang es ihm nicht, die Kirche zu überzeugen? Ich fürchte, ich muss antworten: weil er eben nicht eine klar erkennbare wissenschaftliche Wahrheit gegen mittelalterliche Rückständigkeit verteidigte. Die Dinge lagen eher umgekehrt: Er konnte nicht beweisen, was er behauptete, und die Kirche seiner Zeit war nicht mehr mittelalterlich. (...)
Wir können also sogar behaupten, dass die Inquisition von Galilei nicht mehr verlangte, als dass er nicht mehr sagen sollte, als er beweisen konnte. Er war der Fanatiker in dieser Auseinandersetzung.
Aber wir müssen nun den Spieß noch einmal umdrehen: Er hatte damit recht, dass er der Fanatiker war. Die großen Fortschritte der Wissenschaft geschehen nicht, indem man ängstlich am Beweisbaren klebt.
(Carl Friedrich von Weizsäcker)

1 Welches Bild von Galileo Galilei als Wissenschaftler zeichnet sich hier ab? Was macht ihn bedeutend? Für welche besonderen Leistungen steht sein Name?

1616	G. veröffentlicht seine Theorie über die Gezeiten: *Ebbe und Flut.*
1616	Vatikan verfügt Dekret gegen die kopernikanische Lehre. Kardinal Bellarmin wird beauftragt, G. zu ermahnen, die kopernikanische Lehre aufzugeben.
1618	Der Dreißigjährige Krieg beginnt.
1623	Kardinal Barberini wird Papst Urban VIII. G. widmet ihm *Die Goldwaage (Saggiatore).*
1624	G. reist zur päpstlichen Audienz nach Rom.
1629	Beulenpest
1632	G. veröffentlicht den *Dialog über die beiden hauptsächlichsten Weltsysteme, das ptolemäische und das kopernikanische (Dialogo dei Massimi Sistemi).*
1633	G. wird wegen Ketzerei vom Heiligen Offizium der Prozess gemacht. Der *Dialog* wird verboten.
1637	G. erblindet.
1638	In Holland erscheint G.'s *Unterredungen über zwei neue Wissenszweige, die Mechanik und die Fallgesetze betreffend.*
1642	G. stirbt am 8. Januar in Arcetri.
1643	G.'s Schüler Torricelli erfindet das Quecksilberthermometer.
1643	In England wird Isaac Newton geboren.
1648	Der Dreißigjährige Krieg ist zu Ende.
1992	Am 31. Oktober nennt Papst Johannes Paul II. vor der Päpstlichen Akademie der Wissenschaften den „Fall Galilei" ein „schmerzliches Missverständnis".

Aus dem „Dialogus de systemate mundi" von 1635. Kupferstich. Dargestellt sind Aristoteles, Ptolemäus und Kopernikus

2 Galilei hat in einer Zeit des Umbruchs und Wandels gelebt. Stellen Sie die Biografie Galileo Galileis in einen größeren historischen Zusammenhang, indem Sie (a) die oben stehende Zeittafel durch Daten von Ereignissen und Entwicklungen anreichern, die aus heutiger Sicht bedeutsam sind; (b) die Daten in mehrere parallele Spalten umgruppieren, um Umbruch und Wandel zur Neuzeit zu belegen, z. B. so:

Biografie des Galileo Galilei	Wissenschaft/ Technik	Literatur	Musik/Kunst	Politik

3 Stellen Sie fest, in welchen wissenschaftlichen Disziplinen Galileo Galilei tätig war, indem Sie die oben stehenden Kurztexte und die biografischen Daten in der Zeittafel untersuchen.

Themen- und Problemstellungen kann man durch fachübergreifende bzw. fächerverbindende unterrichtliche Vorhaben erschließen. Solche Vorhaben können organisatorisch in vielfältiger Weise verwirklicht werden: als Thementage, als Projektwoche, als Arbeitsgemeinschaft, als Kombination von Grund-/Leistungskursen, in Abstimmung zwischen zwei oder mehreren Fächern/Kursen.

4 Welche Themen- und Problemstellungen zeichnen sich aus der ersten Begegnung mit Galileo Galilei ab, die in fachübergreifenden bzw. fächerverbindenden Vorhaben bearbeitet werden könnten?

Themen-/Problemstellung	**beteiligte Fächer**	**Organisation des Unterrichtsvorhabens**	**(a) Ziele/Erkenntnisse (b) Präsentation/Produkte**
Konstruktion des Kosmos – im Vergleich der Wissenschaften und der Epochen	Religion Philosophie Deutsch/Literatur ...	Projektwoche in der gymnasialen Oberstufe	a) Grenzlinien zwischen Mythos und wissenschaftlicher Erkenntnis ziehen – Methoden der Wissenschaften in ihrer historischen Entwicklung untersuchen (b) Ausstellung in der Pausenhalle – Einladung an einen Physiker, moderne Weltbilder zu erläutern

Entscheidend für die Durchführung fachübergreifender bzw. fächerverbindender Unterrichtsvorhaben ist die Frage, warum und mit welcher Zielsetzung sich mehrere Fächer an einem gemeinsamen Vorhaben beteiligen. Die Verhältnisse, die die Fächer zueinander aufbauen, können u.a. folgender Art sein:

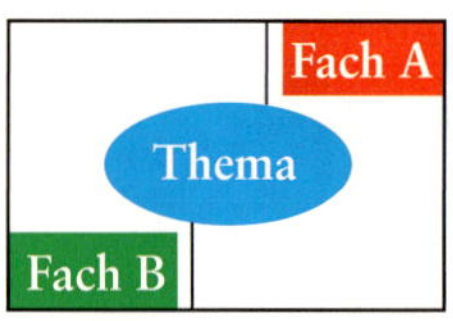

komplementär – Wissensbestände, Erkenntnisse oder Erfahrungen aus unterschiedlichen Fächern ergänzen sich wechselseitig

konzentrisch – in mehreren Fächern wird dasselbe Thema, derselbe Gegenstand mit unterschiedlichen Perspektiven und Methoden bearbeitet

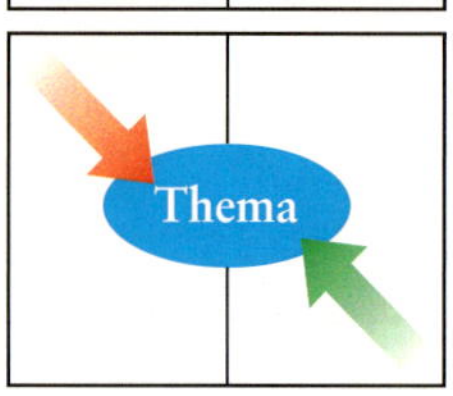

kontrastiv oder dialogisch – Sichtweisen oder Erfahrungen des einen Faches werden durch die des anderen Faches relativiert und führen zu tieferem Verständnis des zentralen Themas/Gegenstands

reflexiv – bewusste Auseinandersetzung mit den Methoden anderer Fächer führt zu kritischer Reflexion der jeweiligen fachspezifischen Methoden und Sichtweisen

5 Skizzieren Sie – in Anlehnung an oben stehende Tabelle – die Planung für ein fachübergreifendes bzw. fächerverbindendes Vorhaben. Diskutieren Sie, in welcher Beziehung die Fächer zueinander stehen und welche Vorteile sich aus einem interdisziplinären Arbeitsansatz ergeben. Erörtern Sie auch mögliche Schwierigkeiten und Probleme.

2 O früher Morgen des Beginnens …

Bertolt Brecht

Leben des Galilei (Auszug)

1. Galileo Galilei, Lehrer der Mathematik zu Padua, will das neue kopernikanische Weltsystem beweisen.

In dem Jahr sechzehnhundertundneun
Schien das Licht des Wissens hell
Zu Padua aus einem kleinen Haus.
Galileo Galilei rechnete aus:
Die Sonn steht still, die Erd kommt von der Stell.

Das ärmliche Studierzimmer des Galilei in Padua. Es ist morgens. Ein Knabe, Andrea, der Sohn der Haushälterin, bringt ein Glas Milch und einen Wecken.

GALILEI *sich den Oberkörper waschend, prustend und fröhlich*: Stell die Milch auf den Tisch, aber klapp kein Buch zu.

ANDREA: Mutter sagt, wir müssen den Milchmann bezahlen. Sonst macht er bald einen Kreis um unser Haus, Herr Galilei.

GALILEI: Es heißt: er beschreibt einen Kreis, Andrea.

ANDREA: Wie Sie wollen. Wenn wir nicht bezahlen, dann beschreibt er einen Kreis um uns, Herr Galilei.

GALILEI: Während der Gerichtsvollzieher, Herr Cambione, schnurgerade auf uns zu kommt, indem er was für eine Strecke zwischen zwei Punkten wählt?

ANDREA *grinsend*: Die kürzeste.

GALILEI: Gut. Ich habe was für dich. Sieh hinter den Sterntafeln nach.

Andrea fischt hinter den Sterntafeln ein großes hölzernes Modell des ptolemäischen Systems hervor.

ANDREA: Was ist das?

GALILEI: Das ist ein Astrolab; das Ding zeigt, wie sich die Gestirne um die Erde bewegen, nach Ansicht der Alten.

ANDREA: Wie?

GALILEI: Untersuchen wir es. Zuerst das erste: Beschreibung.

ANDREA: In der Mitte ist ein kleiner Stein.

GALILEI: Das ist die Erde.

ANDREA: Drum herum sind, immer übereinander, Schalen.

GALILEI: Wie viele?

ANDREA: Acht.

GALILEI: Das sind die kristallnen Sphären.

ANDREA: Auf den Schalen sind Kugeln angemacht …

GALILEI: Die Gestirne.

ANDREA: Da sind Bänder, auf die sind Wörter gemalt.

GALILEI: Was für Wörter?

ANDREA: Sternnamen.

GALILEI: Als wie?

ANDREA: Die unterste Kugel ist der Mond, steht drauf. Und darüber ist die Sonne.

GALILEI: Und jetzt laß die Sonne laufen.

ANDREA *bewegt die Schalen*: Das ist schön. Aber wir sind so eingekapselt.

GALILEI *sich abtrocknend*: Ja, das fühlte ich auch, als ich das Ding zum ersten Mal sah. Einige fühlen das. *Er wirft Andrea das Handtuch zu, daß er ihm den Rücken abreibt.* Mauern und Schalen und Unbeweglichkeit! Durch zweitausend Jahre glaubte die Menschheit, daß die Sonne und alle Gestirne des Himmels sich um sie drehten. Der Papst, die Kardinäle, die Fürsten, die Gelehrten, Kapitäne, Kaufleute, Fischweiber und Schulkinder glaubten, unbeweglich in dieser kristallenen Kugel zu sitzen. Aber jetzt fahren wir heraus, Andrea, in großer Fahrt. Denn die alte Zeit ist herum, und es ist eine neue Zeit. Seit hundert Jahren ist es, als erwartete die Menschheit etwas.

Die Städte sind eng, und so sind die Köpfe. Aberglauben und Pest. Aber jetzt heißt es: da es so ist, bleibt es nicht so. Denn alles bewegt sich, mein Freund.

Ich denke gerne, daß es mit den Schiffen anfing. Seit Menschengedenken waren sie nur an den Küsten entlang gekrochen, aber plötzlich verließen sie die Küsten und liefen aus über alle Meere.

Auf unserm alten Kontinent ist ein Gerücht entstanden: es gibt neue Kontinente. Und seit unsere Schiffe zu ihnen fahren, spricht es sich auf den lachenden Kontinenten herum: das große gefürchtete Meer ist ein kleines Wasser. Und es ist eine große Lust aufgekommen, die Ursachen aller Dinge zu erforschen: warum der Stein fällt, den man losläßt, und wie er steigt, wenn man ihn hochwirft. Jeden Tag wird etwas gefunden. Selbst die Hundertjährigen lassen sich noch von den Jungen ins Ohr schreien, was Neues entdeckt wurde.

Da ist schon viel gefunden, aber da ist mehr, was noch gefunden werden kann. Und so gibt es wieder zu tun für neue Geschlechter.

In Siena, als junger Mensch, sah ich, wie ein paar Bauleute eine tausendjährige Gepflogenheit, Granitblöcke zu bewegen, durch eine neue und zweckmäßigere Anordnung der Seile ersetzten, nach einem Disput von fünf Minuten. Da und dann wußte ich: die alte Zeit ist herum, und es ist eine neue Zeit. Bald wird die Menschheit Bescheid wissen über ihre Wohnstätte, den Himmelskörper, auf dem sie haust. Was in den alten Büchern steht, das genügt ihr nicht mehr.

Denn wo der Glaube tausend Jahre gesessen hat, eben da sitzt jetzt der Zweifel. Alle Welt sagt: ja, das steht in den Büchern, aber laßt uns jetzt selbst sehn. Den gefeiertsten Wahrheiten wird auf die Schulter geklopft; was nie bezweifelt wurde, das wird jetzt bezweifelt.

Dadurch ist eine Zugluft entstanden, welche sogar den Fürsten und Prälaten die goldbestickten Röcke lüftet, so daß fette und dürre Beine darunter sichtbar werden, Beine wie unsere Beine. Die Himmel, hat es sich herausgestellt, sind leer. Darüber ist ein fröhliches Gelächter entstanden.

Aber das Wasser der Erde treibt die neuen Spinnrocken, und auf den Schiffswerften, in den Seil- und Segelhäusern regen sich fünfhundert Hände zugleich in einer neuen Anordnung.

Ich sage voraus, daß noch zu unsern Lebzeiten auf den Märkten von Astronomie gesprochen werden wird. Selbst die Söhne der Fischweiber werden in die Schulen laufen. Denn es wird diesen neuerungssüchtigen Menschen unserer Städte gefallen, daß eine neue Astronomie nun auch die Erde sich bewegen lässt. Es hat immer geheißen, die Gestirne sind an einem kristallenen Gewölbe angeheftet, daß sie nicht herunterfallen können. Jetzt haben wir Mut gefaßt und lassen sie im Freien schweben, ohne Halt, und sie sind in großer Fahrt, gleich unseren Schiffen, ohne Halt und in großer Fahrt.

Und die Erde rollt fröhlich um die Sonne, und die Fischweiber, Kaufleute, Fürsten und die Kardinäle und sogar der Papst rollen mit ihr.

Das Weltall aber hat über Nacht seinen Mittelpunkt verloren, und am Morgen hatte es deren unzählige. So daß jetzt jeder als Mittelpunkt angesehen wird und keiner. Denn da ist viel Platz plötzlich.

Unsere Schiffe fahren weit hinaus, unsere Gestirne bewegen sich weit im Raum herum, selbst im Schachspiel die Türme gehen neuerdings weit über alle Felder.

Wie sagt der Dichter? „O früher Morgen des Beginnens! …"

1. Wie führt Brecht seine Hauptperson, Galileo Galilei, zu Beginn des Dramas ein? Welches Bild entwirft er von Galilei als Wissenschaftler? Wie passt dieses Bild zu Ihrer ersten Begegnung mit Galilei in Kapitel 1 dieser Unterrichtseinheit?

2. „Die alte Zeit ist herum, und es ist eine neue Zeit. Seit hundert Jahren ist es, als erwartete die Menschheit etwas": Welche Erfahrungen, Beobachtungen, Tatsachen führt Galilei an zum Nachweis, dass er in einer Zeit des Umbruchs lebt? Erläutern Sie die Bezüge und Anspielungen im Text

   – aus Sicht der gesellschaftswissenschaftlichen Fächer, z. B. „Ich denke gern, daß es mit den Schiffen anfing …"; „Dadurch ist eine Zugluft entstanden, welche sogar den Fürsten und Prälaten die goldbestickten Röcke lüftet …"; „Selbst die Söhne der Fischweiber werden in die Schulen laufen …",
   – aus Sicht der Naturwissenschaften, z. B. „Es ist eine große Lust aufgekommen, die Ursachen aller Dinge zu erforschen …"; „warum der Stein fällt, den man losläßt …"

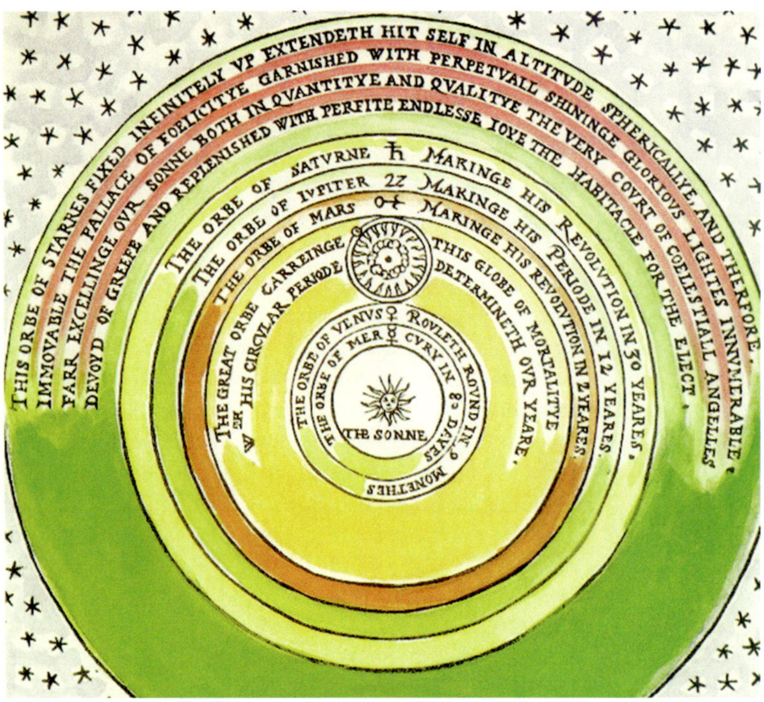

Description of the Celestiall Orbes von Thomas Diggers

Projekt/ Facharbeit? Geschichtlich bedeutsame Vorstellungen vom Kosmos und von der Erde werden mit Namen wie Ptolemäus, Aristoteles, Kopernikus, Kepler verbunden. Untersuchen Sie, was diese Vorstellungen unterscheidet und wie sich die Systeme historisch entwickelt haben. Beginnen Sie Ihre Untersuchung mit den frühen Mythen des Vorderen Orients.

3 Welche Position nimmt Galilei in Brechts Drama ein? Skizzieren Sie das „alte" und das „neue" Weltbild.

4 Welche gesellschaftlichen Orientierungen lässt Brecht Galilei aus dem „neuen" Weltbild ableiten? Was mag die kirchlichen und staatlichen Institutionen bewogen haben, sich gegen das „neue" Weltbild zu stellen?

Wissenschaftliche Instrumente aus dem Besitz Galileis, Museo delle Scienze

5 Dies ist eine Rekonstruktion von Arbeitsmitteln, die Galilei zur Verfügung gestanden haben. Welche naturwissenschaftlichen Erkundungen, Beobachtungen, Experimente lassen sich damit durchführen? Überlegen Sie z. B., welche Geräte der Zeitmessung damals zur Verfügung standen.

6 Welche Experimente und Beweisführungen sind damit möglich? Wie vergleicht sich diese Studierstube mit dem Labor eines modernen Physikers?

Projekt/ Facharbeit? Mit diesen und anderen Instrumenten und Geräten hat Galilei u. a. Grundlagenstudien zur Mechanik und Astronomie durchgeführt, die noch heute Anspruch auf Gültigkeit haben. Andere Erkenntnisse sind inzwischen widerlegt. Recherchieren Sie, was Galilei z. B. zu den Gezeiten und ihren Ursachen geschrieben hat.

Auch Literatur, Kunst, Architektur und Musik unterliegen einem grundlegenden Wandel. Der „forschende Blick" bringt Wissenschaft und Kunst, Abbildung und Wirklichkeit näher zusammen. Das gilt vor allem für die „Körperwelten".

Die Universität Padua, an der Galilei lehrte, verfügte über das erste anatomische Theater. Hier arbeitete auch der berühmte flämische Anatom Versalius.

Andreas Versalius, Verfasser des einflussreichen Werkes De humani corporis fabrica (1543)

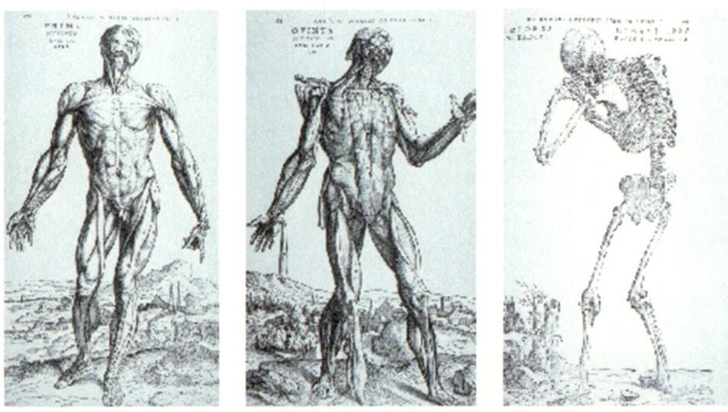

Anatomische Studien von Andreas Versalius

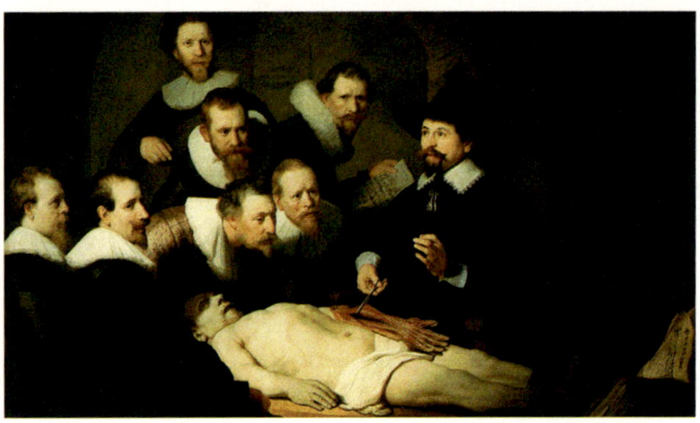

Rembrandt van Rijn: Der Arzt Nicolaes Tulp bei der Demonstration der Anatomie des Armes, 1632, Den Haag, Mauritshuis

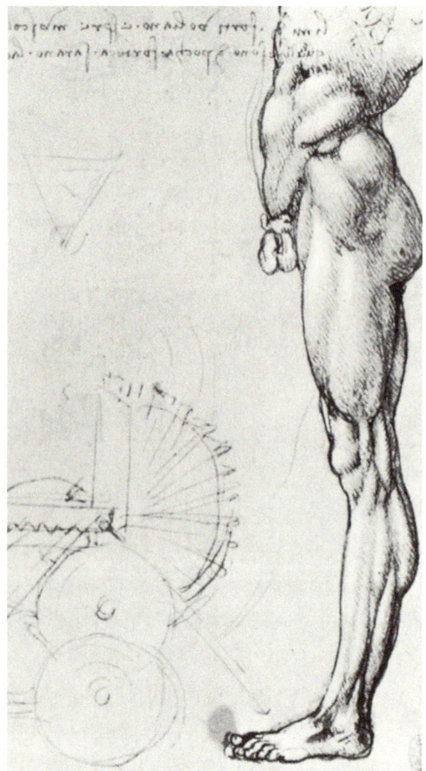

Leonardo da Vinci: Anatomische Studie

Projekt/ Facharbeit?

Stellen Sie Beispiele für historische „Paradigmenwechsel" (z. B. vom Mittelalter zur Renaissance) in den Künsten zusammen und erläutern Sie diese.

3 Disput der Wissenschaftler

[Galilei hat das Fernrohr, ursprünglich eine niederländische Erfindung, weiterentwickelt und der Republik Venedig überreicht. Man war unmittelbar vom praktischen Nutzen dieses Geräts überzeugt, und Galilei konnte dadurch seine wirtschaftliche Lage deutlich verbessern. Am 16. Januar 1610 macht Galilei mit seinem Teleskop Entdeckungen (Oberfläche des Mondes, Jupitermonde), die er als Beweis für das kopernikanische System wertet. Er widmet seine Entdeckung der Jupitermonde dem Großherzog von Florenz und nennt sie entsprechend Mediceisches Gestirn.]

4. Galilei hat die Republik Venedig mit dem Florentiner Hof vertauscht. Seine Entdeckungen durch das Fernrohr stoßen in der dortigen Gelehrtenwelt auf Unglauben.
(Auszug)

Galilei *am Fernrohr*: Wie Eure Hoheit zweifellos wissen, sind wir Astronomen seit einiger Zeit mit unseren Berechnungen in große Schwierigkeiten gekommen. Wir benützen dafür ein sehr altes System, das sich in Übereinstimmung mit der Philosophie, aber leider nicht mit den Fakten zu befinden scheint. Nach diesem alten System, dem ptolemäischen, werden die Bewegungen der Gestirne als äußerst verwickelt angenommen. Der Planet Venus zum Beispiel soll eine Bewegung von dieser Art vollführen. *Er zeichnet auf eine Tafel die epizyklische Bahn der Venus nach der ptolemäischen Annahme*. Aber selbst solche schwierigen Bewegungen annehmend, sind wir nicht in der Lage, die Stellung der Gestirne richtig vorauszuberechnen. Wir finden sie nicht an den Orten, wo sie eigentlich sein müßten. Dazu kommen solche Gestirnbewegungen, für welche das ptolemäische System überhaupt keine Erklärung hat. Bewegungen dieser Art scheinen mir einige von mir neu entdeckte kleine Sterne um den Planeten Jupiter zu vollführen. Ist es den Herren angenehm, mit einer Besichtigung der Jupitertrabanten zu beginnen, der Mediceischen Gestirne?

Andrea *auf den Hocker vor dem Fernrohr zeigend*: Bitte, sich hier zu setzen.

Der Philosoph: Danke, mein Kind. Ich fürchte, das alles ist nicht ganz so einfach. Herr Galilei, bevor wir Ihr berühmtes Rohr applizieren, möchten wir um das Vergnügen eines Disputs bitten. Thema: Können solche Planeten existieren?

Der Mathematiker: Eines formalen Disputs.

Galilei: Ich dachte mir, Sie schauen einfach durch das Fernrohr und überzeugen sich?

Andrea: Hier, bitte.

Der Mathematiker: Gewiß, gewiß. – Es ist Ihnen natürlich bekannt, daß nach der Ansicht der Alten Sterne nicht möglich sind, die um einen anderen Mittelpunkt als die Erde kreisen, noch solche Sterne, die im Himmel keine Stütze haben?

Galilei: Ja.

Der Philosoph: Und, ganz absehend von der Möglichkeit solcher Sterne, die der Mathematiker *er verbeugt sich gegen den Mathematiker* zu bezweifeln scheint, möchte ich in aller Bescheidenheit als Philosoph die Frage aufwerfen: sind solche Sterne nötig? Aristotelis divini Universum …

Galilei: Sollten wir nicht in der Umgangssprache fortfahren? Mein Kollege, Herr Federzoni, versteht Latein nicht.

Der Philosoph: Ist es von Wichtigkeit, daß er uns versteht?

Galilei: Ja.

Der Philosoph: Entschuldigen Sie mich. Ich dachte, er ist Ihr Linsenschleifer.

Andrea: Herr Federzoni ist ein Linsenschleifer und ein Gelehrter.

Der Philosoph: Danke, mein Kind. Wenn Herr Federzoni darauf besteht …

Galilei: Ich bestehe darauf.

Der Philosoph: Das Argument wird an Glanz verlieren, aber es ist Ihr Haus. – Das Weltbild des göttlichen Aristoteles mit seinen mystisch musizierenden Sphären und kristallenen Gewölben und den Kreisläufen seiner Himmelskörper und dem Schiefenwinkel der Sonnenbahn und den Geheimnissen der Satellitentafeln und dem Sternenreichtum des Katalogs der südlichen Halbkugel und der erleuchteten Konstruktion des celestialen Globus ist ein Gebäude von solcher Ordnung und Schönheit, daß wir wohl zögern sollten, diese Harmonie zu stören.

Galilei: Wie, wenn Eure Hoheit die sowohl unmöglichen als auch unnötigen Sterne nun durch dieses Fernrohr wahrnehmen würden?

Der Mathematiker: Man könnte versucht sein zu antworten, daß Ihr Rohr, etwas zeigend, was nicht sein kann, ein nicht sehr verläßliches Rohr sein müßte, nicht?

GALILEI: Was meinen Sie damit?

DER MATHEMATIKER: Es wäre doch viel förderlicher, Herr Galilei, wenn Sie uns die Gründe nennten, die Sie zu der Annahme bewegen, daß in der höchsten Sphäre des unveränderlichen Himmels Gestirne freischwebend in Bewegung sein können.

DER PHILOSOPH: Gründe, Herr Galilei, Gründe!

GALILEI: Die Gründe? Wenn ein Blick auf die Gestirne selber und meine Notierungen das Phänomen zeigen? Mein Herr, der Disput wird abgeschmackt.

DER MATHEMATIKER: Wenn man sicher wäre, daß Sie sich nicht noch mehr erregten, könnte man sagen, daß, was in Ihrem Rohr ist und was am Himmel ist, zweierlei sein kann.

DER PHILOSOPH: Das ist nicht höflicher auszudrücken.

FEDERZONI: Sie denken, wir malten die Mediceischen Sterne auf die Linse!

GALILEI: Sie werfen mir Betrug vor?

DER PHILOSOPH: Aber wie könnten wir das? In Anwesenheit seiner Hoheit!

DER MATHEMATIKER: Ihr Instrument, mag man es nun Ihr Kind, mag man es Ihren Zögling nennen, ist sicher äußerst geschickt gemacht, kein Zweifel!

DER PHILOSOPH: Und wir sind vollkommen überzeugt, Herr Galilei, daß weder Sie noch sonst jemand es wagen würde, Sterne mit dem erlauchten Namen des Herrscherhauses zu schmücken, deren Existenz nicht über allen Zweifel erhaben wäre. *Alle verbeugen sich tief vor dem Großherzog.*

COSMO *sieht sich nach den Hofdamen um*: Ist etwas nicht in Ordnung mit meinen Sternen?

(...)

DER MATHEMATIKER: Warum einen Eiertanz aufführen? Früher oder später wird Herr Galilei sich doch noch mit den Tatsachen befreunden müssen. Seine Jupiterplaneten würden die Sphärenschale durchstoßen. Es ist ganz einfach.

FEDERZONI: Sie werden sich wundern: es gibt keine Sphärenschale.

DER PHILOSOPH: Jedes Schulbuch wird Ihnen sagen, daß es sie gibt, mein guter Mann.

FEDERZONI: Dann her mit neuen Schulbüchern.

DER PHILOSOPH: Eure Hoheit, mein verehrter Kollege und ich stützen uns auf die Autorität keines Geringeren als des göttlichen Aristoteles selber.

GALILEI *fast unterwürfig*: Meine Herren, der Glaube an die Autorität des Aristoteles ist eine Sache, Fakten, die mit Händen zu greifen sind, eine andere. Sie sagen, nach dem Aristoteles gibt es dort oben Kristallschalen, und so können gewisse Bewegungen nicht stattfinden, weil die Gestirne die Schalen durchstoßen müßten. Aber wie, wenn Sie diese Bewegungen konstatieren könnten? Vielleicht sagt Ihnen das, daß es diese Kristallschalen gar nicht gibt? Meine Herren, ich ersuche Sie in aller Demut, Ihren Augen zu trauen.

DER MATHEMATIKER: Lieber Galilei, ich pflege mitunter, so altmodisch es Ihnen erscheinen mag, den Aristoteles zu lesen und kann Sie dessen versichern, daß ich da meinen Augen traue.

GALILEI: Ich bin es gewohnt, die Herren aller Fakultäten sämtlichen Fakten gegenüber die Augen schließen zu sehen und so zu tun, als sei nichts geschehen. Ich zeige meine Notierungen, und man lächelt, ich stelle mein Fernrohr zur Verfügung, daß man sich überzeugen kann, und man zitiert Aristoteles. Der Mann hatte kein Fernrohr!

DER MATHEMATIKER: Allerdings nicht, allerdings nicht.

DER PHILOSOPH *groß*: Wenn hier Aristoteles in den Kot gezogen werden soll, eine Autorität, welche nicht nur die gesamte Wissenschaft der Antike, sondern auch die Hohen Kirchenväter selber anerkannten, so scheint jedenfalls mir eine Fortsetzung der Diskussion überflüssig. Unsachliche Diskussion lehne ich ab. Basta.

GALILEI: Die Wahrheit ist das Kind der Zeit, nicht der Autorität. Unsere Unwissenheit ist unendlich, tragen wir einen Kubikmillimeter ab! Wozu jetzt noch so klug sein wollen, wenn wir endlich ein klein wenig weniger dumm sein können! Ich habe das unvorstellbare Glück gehabt, ein neues Instrument in die Hand zu bekommen, mit dem man ein Zipfelchen des Universums etwas, nicht viel, näher besehen kann. Benützen Sie es.

DER PHILOSOPH: Eure Hoheit, meine Damen und Herren, ich frage mich nur, wohin dies alles führen soll.

1 Wie stellt Brecht hier den Konflikt zwischen den „alten“ und den „neuen“ Wissenschaften dar? Definieren Sie die Positionen der Kontrahenten.

Christoph Helferich

Scholastik – Wissenschaft im Umbruch zwischen Mittelalter und Renaissance*

Doctores scholastici oder kurzweg „Scholastiker“ hießen ursprünglich die Lehrer der sog. Sieben freien Künste in den Dom- und Klosterschulen seit Karl dem Großen, später alle, die sich schulmäßig mit den Wissenschaften, insbesondere der Philosophie oder, was damals fast dasselbe ist, Theologie beschäftigen. (...) Der Unterricht an den Schulen folgte einem bestimmten Schema. Die *lectio*, der Vortrag des Lehrers, baute auf den Sentenzen (wörtl. „Urteile“) der Heiligen Schrift bzw. der Autoritäten der Tradition (im ausgehenden Mittelalter vornehmlich Aristoteles, d. Red.) auf. Alle ein bis zwei Wochen folgten ihr die *disputationes*, die freie Diskussion des Stoffes. In der Disputation wurde jeweils eine bestimmte Frage (*quaestio*) behandelt, die ihren Verteidiger (*defendens*) und Gegner (*opponens*) hatte. Ziel war zumeist, einen Ausgleich der widerstreitenden Meinungen zu finden. Mit dieser Unterrichtsform hing eng das Schrifttum der Zeit zusammen. Hauptsächlich waren es Sentenzensammlungen, also Zusammenstellungen von Zitaten der Autoritäten zu bestimmten Fragen; ferner Kommentare zu bestimmten Stellen oder Schriften, schließlich die Summen, die großen philosophischen Darstellungen der Scholastik. Lesen und Kommentieren sind also die Grundformen, in denen das Denken sich bewegt. (…) Gegenstand des Wissens ist nicht der Mensch (oder die Sache) (*res*), sondern ein Text über ihn (*verba*). Die Worte werden zur Verlängerung der Gegenstände. Wenn man aber an die Stelle der Welt ein komplexes System von Zeichen setzt, wird die Beziehung zur Welt selbst bedeutungslos. (...) Die Scholastik versuchte, so weit es ging, die Übereinstimmung von kirchlicher Lehre und philosophischer Vernunft aufzuzeigen. (…) Die Macht, als kirchliche und/oder weltliche Autorität, schaut den eifrig disputierenden *doctores* sozusagen ständig über die Schultern, ist allgegenwärtig. Sie steckt den Spielraum des Denkens ab und wacht eifersüchtig über die Orthodoxie dessen, was sich in ihren Gebäuden abspielt. *(1992)*

2 Was kann ein solcher Text aus der Philosophie(geschichte) zum Verständnis und zur Deutung der oben stehenden Szene aus Brechts Galileo Galilei beitragen?

Projekt/ Facharbeit?

Welchen Umbruch in den Wissenschaften stellt Umberto Eco mit seinem historischen Roman „Im Namen der Rose“ dar?
Recherchieren Sie in Standardwerken und Handbüchern zur Philosophie den Begriff der Empirie und wie sich dieser zum spätmittelalterlichen Dogmatismus verhält.

Heute ist die folgende grobe Einteilung der Wissenschaften weitgehend akzeptiert. Wissenschaften unterscheiden sich nicht nur durch die „Gegenstände“, die sie untersuchen bzw. erörtern, sondern vor allem durch die grundlegenden Methoden des Forschens, Argumentierens und Beweisführens.

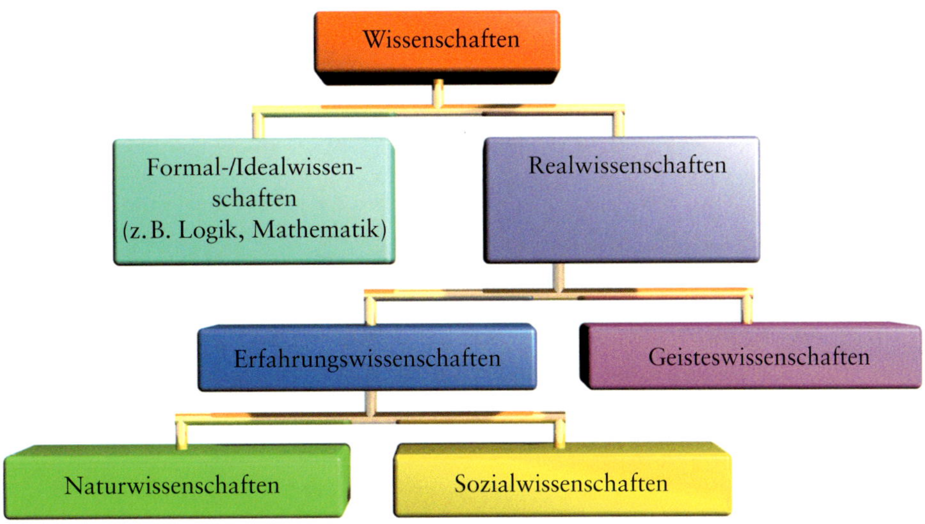

3 Wie argumentieren Philosoph, Naturwissenschaftler und Mathematiker zu Beginn des 17. Jahrhunderts in dieser Szene? Welche Gemeinsamkeiten und Unterschiede stellen Sie fest? Wie würden Vertreter dieser Wissenschaften heute argumentieren?

4 Ordnen Sie einzelne Schulfächer (Deutsch, Religion, Mathematik, Philosophie, Physik, …) in das Schema der Wissenschaftssystematik ein. Bei welchen Fächern gelingt es Ihnen ohne Mühe, bei welchen sind Sie im Zweifel? Welche passen kaum oder gar nicht in das Schema? Geben Sie Gründe dafür an.

4 Inquisition

[Galilei setzt – auch in Zeiten der Pest – seine wissenschaftliche Arbeit fort und erfährt Bestätigung durch das Collegium Romanum, das Forschungsinstitut des Vatikans, sowie durch andere wissenschaftliche Gesellschaften in Italien und in anderen Teilen Europas. Dennoch formiert sich Widerstand innerhalb der Kirche, die die Kopernikanische Lehre auf den Index setzt. Auch Galilei darf auf Geheiß der Kirche das kopernikanische Weltbild nur als Hypothese gekennzeichnet vertreten. Er hält sich formal an diese Auflage, verschärft jedoch den Konflikt durch öffentliche Auftritte und Publikationen. Immer stärker verbreitet sich das neue Weltbild in der Bevölkerung und an den Hochschulen. Die Inquisition sieht die Gefahren für die Kirche und den Papst und beordert Galilei nach Rom.]

12. Der Papst (Auszug)

Gemach des Vatikans. Papst Urban VIII. (vormals Kardinal Barberini) hat den Kardinal Inquisitor empfangen. Während der Audienz wird er angekleidet. Von außen das Geschlurfe vieler Füße.

DER PAPST *sehr laut*: Nein! Nein! Nein!

DER INQUISITOR: So wollen Eure Heiligkeit Ihren sich nun versammelnden Doktoren aller Fakultäten, Vertretern aller Heiligen Orden und der gesamten Geistlichkeit, welche alle in kindlichem Glauben an das Wort Gottes, niedergelegt in der Schrift, gekommen sind, Eurer Heiligkeit Bestätigung ihres Glaubens zu vernehmen, mitteilen, daß die Schrift nicht länger für wahr gelten könne?

DER PAPST: Ich lasse nicht die Rechentafel zerbrechen. Nein!

DER INQUISITOR: Daß es die Rechentafel ist und nicht der Geist der Auflehnung und des Zweifels, das sagen diese Leute. Aber es ist nicht die Rechentafel. Sondern eine entsetzliche Unruhe ist in die Welt gekommen. Es ist die Unruhe ihres eigenen Gehirns, die diese auf die unbewegliche Erde übertragen. Sie schreien: die Zahlen zwingen uns! Aber woher kommen ihre Zahlen? Jedermann weiß, daß sie vom Zweifel kommen. Diese Menschen zweifeln an allem. Sollen wir die menschliche Gesellschaft auf den Zweifel begründen und nicht mehr auf den Glauben? „Du bist mein Herr, aber ich zweifle, ob das gut ist." „Das ist dein Haus und deine Frau, aber ich zweifle, ob sie nicht mein sein sollen." Andererseits findet Eurer Heiligkeit Liebe zur Kunst, der wir so schöne Sammlungen verdanken, schimpfliche Auslegungen wie die auf den Häuserwänden Roms zu lesende: „Was die Barbaren Rom gelassen haben, rauben ihm die Barberinis." Und im Auslande? Es hat Gott gefallen, den Heiligen Stuhl schweren Prüfungen zu unterwerfen. Eurer Heiligkeit spanische Politik wird von Menschen, denen die Einsicht mangelt, nicht verstanden, das Zerwürfnis mit dem Kaiser bedauert. Seit eineinhalb Jahrzehnten ist Deutschland eine Fleischbank, und man zerfleischt sich mit Bibelzitaten auf den Lippen. Und jetzt, wo unter der Pest, dem Krieg und der Reformation die Christenheit zu einigen Häuflein zusammenschmilzt, geht das Gerücht über Europa, daß Sie mit dem lutherischen Schweden in geheimem Bündnis stehen, um den katholischen Kaiser zu schwächen. Und da richten diese Würmer von Mathematikern ihre Rohre auf den Himmel und teilen der Welt mit, daß Eure Heiligkeit auch hier, in dem einzigen Raum, den man Ihnen noch nicht bestreitet, schlecht beschlagen sind. Man könnte sich fragen: welch ein Interesse plötzlich an einer so abliegenden Wissenschaft wie der Astronomie! Ist es nicht gleichgültig, wie diese Kugeln sich drehen? Aber niemand in ganz Italien, das bis auf die Pferdeknechte hinab durch das böse Beispiel dieses Florentiners von den Phasen der Venus schwatzt, denkt nicht sogleich an so vieles, was in den Schulen und an anderen Orten für unumstößlich erklärt wird und so sehr lästig ist. Was käme heraus, wenn diese alle, schwach im Fleisch und zu jedem Exzeß geneigt, nur noch an die eigene Vernunft glaubten, die dieser Wahnsinnige für die einzige Instanz erklärt! Sie möchten, erst einmal zweifelnd, ob die Sonne stillstand zu Gibeon, ihren schmutzigen Zweifel an den Kollekten üben! Seit sie über das Meer fahren – ich habe nichts dagegen –, setzen sie ihr Vertrauen auf eine Messingkugel, die sie den Kompaß nennen, nicht mehr auf Gott. Dieser Galilei hat schon als junger Mensch über die Maschinen geschrieben. Mit den Maschinen wollen sie Wunder tun. Was für welche? Gott brauchen sie jedenfalls nicht mehr, aber was sollen es für Wunder sein? Zum Beispiel soll es nicht mehr Oben und Unten geben. Sie brauchen es nicht mehr. Der Aristoteles, der für sie sonst ein toter Hund ist, hat gesagt – und das zitieren sie –: Wenn das Weberschifflein von selber webte und der Zitherschlägel von selber spielte, dann brauchten allerdings die Meister keine Gesellen und die Herren keine Knechte. Und so weit sind sie jetzt, denken sie. Dieser schlechte Mensch weiß, was er tut, wenn er seine astronomischen Arbeiten statt in Latein im Idiom der Fischweiber und Wollhändler verfaßt.

Der Papst: Das zeigt sehr schlechten Geschmack; das werde ich ihm sagen.

Der Inquisitor: Er verhetzt die einen und besticht die andern. Die oberitalienischen Seestädte fordern immer dringender für ihre Schiffe die Sternkarten des Herrn Galilei. Man wird ihnen nachgeben müssen, es sind materielle Interessen.

Der Papst: Aber diese Sternkarten beruhen auf seinen ketzerischen Behauptungen. Es handelt sich gerade um die Bewegungen dieser gewissen Gestirne, die nicht stattfinden können, wenn man seine Lehre ablehnt. Man kann nicht die Lehre verdammen und die Sternkarten nehmen.

Der Inquisitor: Warum nicht? Man kann nichts anderes.

Der Papst: Dieses Geschlurfe macht mich nervös. Entschuldigen Sie, wenn ich immer horche.

Der Inquisitor: Es wird Ihnen vielleicht mehr sagen, als ich es kann, Eure Heiligkeit. Sollen diese alle von hier weggehen, den Zweifel im Herzen?

Der Papst: Schließlich ist der Mann der größte Physiker dieser Zeit, das Licht Italiens, und nicht irgendein Wirrkopf. Er hat Freunde. Da ist Versailles. Da ist der Wiener Hof. Sie werden die Heilige Kirche eine Senkgrube verfaulter Vorurteile nennen. Hand weg von ihm!

Der Inquisitor: Man wird praktisch bei ihm nicht weit gehen müssen. Er ist ein Mann des Fleisches. Er würde sofort nachgeben.

Der Papst: Er kennt mehr Genüsse als irgendein Mann, den ich getroffen habe. Er denkt aus Sinnlichkeit. Zu einem alten Wein oder einem neuen Gedanken könnte er nicht nein sagen. Ich will keine Verurteilung physikalischer Fakten, keine Schlachtrufe „Hie Kirche! und Hie Vernunft!" Ich habe ihm sein Buch erlaubt, wenn es am Schluß die Meinung wiedergäbe, daß das letzte Wort nicht die Wissenschaft, sondern der Glaube hat. Er hat sich daran gehalten.

Der Inquisitor: Aber wie? In seinem Buch streiten ein dummer Mensch, der natürlich die Ansichten des Aristoteles vertritt, und ein kluger Mensch, der ebenso natürlich die des Herrn Galilei vertritt, und die Schlußbemerkung, Eure Heiligkeit, spricht wer?

Der Papst: Was ist das jetzt wieder? Wer äußert also unsere?

Der Inquisitor: Nicht der Kluge.

Der Papst: Das ist allerdings eine Unverschämtheit. Dieses Getrampel in den Korridoren ist unerträglich. Kommt denn die ganze Welt?

Der Inquisitor: Nicht die ganze, aber ihr bester Teil.

Pause. Der Papst ist jetzt in vollem Ornat.

Der Papst: Das Alleräußerste ist, daß man ihm die Instrumente zeigt.

Der Inquisitor: Das wird genügen, Eure Heiligkeit. Herr Galilei versteht sich auf Instrumente.

Papst Urban VIII. (1623–44), Kupferstich von Matthäus Meria d.Ä.

1. Analysieren Sie die Argumente, die der Inquisitor für eine Verurteilung Galileis vorbringt. Welche Position nimmt der Papst ein?

2. Welche Beiträge müsste der Geschichtsunterricht zu einem fachübergreifenden Unterrichtsvorhaben leisten, damit die politischen Hintergründe dieser Szene verständlich werden?

Isabelle Stengers
Die Galilei-Affären (Auszug)

Die Verurteilung Galileis (kann) im Kontext der internationalen Politik gelesen werden, im Zusammenhang mit dem Schwanken des Vatikans zwischen einem Bündnis mit Frankreich oder mit Spanien: 1632 sei eine „Geste" gegenüber Spanien notwendig gewesen, nämlich die Verurteilung eines „Symbols" für die Allianz mit dem relativ toleranten Frankreich, für die sich – nach G. Bruno – die „Hermetiker" einsetzten. Wurde Galilei „anstelle" Campanellas verurteilt, der selbst zu gefährlich war, zu viel über das Wohlwollen des Papstes gegenüber den Hermetikern „wusste"? (...)
Der Historiker setzt sich hier von den narrativen Darstellungen der Beteiligten ab (oder versucht es zumindest) und macht zugleich aus der Galilei-Affäre das Ergebnis einer Verkettung von Umständen, die sich dem Einfluss ihres Opfers entziehen. Die Szenerie bevölkert sich mit neuen Beziehungen, Problemen und Personen, welche die Fäden in der Hand halten und die offiziellen Erzählungen in plumpen Betrug verwandeln. Und die Dummen sind natürlich in erster Linie jene, die heute im „Fall Galilei" den „Fall" unserer modernen Kultur sehen und sich nicht scheuen, auf ihn die Fragen zu projizieren, die ihnen im Kopf herumgehen. Diese Affäre ist Sache der Fachhistoriker und kann nur deren Sache sein. Bei der Galilei-Affäre geht es auch um die Autonomie des Historikers, der sich von den interessegeleiteten Erzählungen der vermeintlichen Akteure nichts vormachen lässt, der nach Hinweisen auf Wahrheiten sucht, die von anderen Akteuren sorgfältig verborgen wurden, dunklere Wahrheiten, deren Rolle sich als die entscheidende erweist. Damit der Historiker in seinem Element ist, muss die ganze Welt lügen, muss die Verschwörung des Schweigens herrschen. Bis die Entdeckung eines neuen Elements das ganze Gebäude zusammenfallen lässt. (...)
Ob man nun diesen (...) Thesen zustimmt oder nicht, sie verdeutlichen den Sinn einer ersten Verzweigung, einer ersten Wahl zwischen den Interessen, die geeignet sein mögen, Vergangenheit und Gegenwart in Beziehung zu setzen: Entweder beschränken wir uns auf die „interesselose" Geschichte der Fachhistoriker, die allein in der Lage sein soll, die Galilei-Affäre von Fragen zu reinigen, die sich parasitär mit ihr verbunden haben. Oder aber – und so werden wir verfahren – wir folgen denen, die durchaus „interessiert" der Frage nachgehen, die sich *anlässlich* der Galilei-Affäre stellt: der Frage nach jener wissenschaftlichen Wahrheit, in deren Name Galilei zumindest *glaubte*, in Konflikt mit der Kirche zu stehen. *(1994)*

Mario Biagioli
Galilei der Höfling (Auszug)

Das Muster war weithin bekannt; so schrieb *Die Höflingsphilosophie* (ein höfisches Spiel ähnlich unserem Monopoly) vor, dass derjenige, der auf Feld 43 landete („dein Gönner ist gestorben"), zurück an den Start musste. Und so lässt sich auch Galileis Verurteilung nicht von der Patronagekrise trennen, die in seinen Beziehungen zu Urban VIII. eingetreten war. Verstärkt wurden Galileis Schwierigkeiten noch durch den Tod zweier wichtiger Förderer – Kardinal del Monte (1626) und Fürst Cesi (1630). Nach Cesis Tod besaß Galilei nur noch sehr geringen Rückhalt am römischen Hof (...). Obwohl Galileis Verurteilung durch die spezifischen theologischen Implikationen seines *Dialogs über die zwei hauptsächlichen Weltsysteme* ausgelöst wurde, fügt sie sich doch in ein allgemeineres Muster. Sie ist ein typisches Beispiel für das patronagebedingte Ende einer Günstlingskarriere. (...)
Die zeitliche Übereinstimmung seiner Publikationen mit den Krisen in seinen Patronagebeziehungen zeigt mehr als eine Reihe bemerkenswerter Koinzidenzen. Obwohl die Patronage keinen vollkommen voraussagbaren Prozess darstellte, war sie doch auch nicht chaotisch. Sie besaß ihre Logik, ihre Etikette und periodische, an den Generationswechsel gebundene Krisen, die man erwarten musste und geschickt nutzen konnte. Eine erfolgreiche Karriere konnten Klienten machen, die ihr Patronagenetzwerk ausbauten und ihre kulturelle Produktion auf die Zyklen der Patronagebeziehungen abstimmten, um so das Spiel des Zufalls in „wundersame Konjunktionen" zu verwandeln. *(1999)*

3 Wie stellt sich Ihnen jetzt das „Drama Galileo Galilei" dar? Welche neuen Perspektiven sind durch die beiden Positionen der Geschichtswissenschaften eröffnet worden?

Projekt/ Facharbeit?

Recherchieren Sie das höfische Prinzip der Patronage und finden Sie Belege dafür, wie es als Motiv in der Literatur Verwendung gefunden hat.

Papst Johannes Paul II.

Der Fall Galilei, ein schmerzliches Missverständnis*

Vielleicht wird man sich darüber wundern, dass ich auf den Fall Galilei zurückkomme. Ist dieser Fall denn nicht längst abgeschlossen, und sind die begangenen Irrtümer nicht längst anerkannt?

Gewiss stimmt das. Doch die diesem Fall zugrunde liegenden Probleme betreffen sowohl die Natur der Wissenschaft wie die der Glaubensbotschaft. Es ist daher nicht auszuschließen, dass wir uns eines Tages vor einer analogen Situation befinden, die von beiden Teilen ein waches Bewußtsein vom eigenen Zuständigkeitsbereich und seinen Grenzen erfordern wird. Das Thema der Komplexität könnte dann einen Hinweis liefern. (...)

Es ist eine Pflicht der Theologen, sich regelmäßig über die wissenschaftlichen Ergebnisse zu informieren, um eventuell zu prüfen, ob sie diese in ihrer Reflexion berücksichtigen oder ihre Lehre anders formulieren müssen.

Wenn die heutige Kultur von einer Tendenz der Wissenschaftsgläubigkeit gekennzeichnet ist, war der kulturelle Horizont der Zeit des Galilei einheitlich und von einer besonderen philosophischen Bildung geprägt. Dieser einheitliche Charakter einer Kultur, der an sich auch heute positiv und wünschenswert wäre, war einer der Gründe für die Verurteilung des Galilei. Die Mehrheit der Theologen vermochte nicht formell zwischen der Heiligen Schrift und ihrer Deutung zu unterscheiden, und das ließ sie eine Frage der wissenschaftlichen Forschung unberechtigterweise auf die Ebene der Glaubenslehre übertragen. (...)

Ausgehend vom Zeitalter der Aufklärung bis in unsere Tage hat der Fall Galilei eine Art Mythos gebildet, in dem das dargelegte Bild der Ereignisse von der Wirklichkeit weit entfernt war. In dieser Perspektive war dann der Fall Galilei zum Symbol für die angebliche Ablehnung des wissenschaftlichen Fortschritts durch die Kirche oder des dogmatischen »Obskurantentums« gegen die freie Erforschung der Wahrheit geworden. Dieser Mythos hat in der Kultur eine erhebliche Rolle gespielt und dazu beigetragen, zahlreiche Männer der Wissenschaft in gutem Glauben denken zu lassen, der Geist der Wissenschaft und ihre Ethik der Forschung auf der einen Seite sei mit dem christlichen Glauben auf der anderen Seite unvereinbar. Ein tragisches gegenseitiges Unverständnis wurde als Folge eines grundsätzlichen Gegensatzes von Wissen und Glauben hingestellt. Die durch die jüngeren historischen Forschungen erbrachten Klärungen gestatten uns nun die Feststellung, dass dieses schmerzliche Missverständnis inzwischen der Vergangenheit angehört.

Der Fall Galilei kann uns eine bleibend aktuelle Lehre sein für ähnliche Situationen, die sich heute bieten und in Zukunft ergeben können. Zur Zeit des Galilei war eine Welt ohne physisch absoluten Bezugspunkt unvorstellbar. Und da der damals bekannte Kosmos sozusagen auf das Sonnensystem beschränkt war, konnte man diesen Bezugspunkt nicht entweder auf die Erde oder auf die Sonne verlegen. Heute hat keiner dieser beiden Bezugspunkte nach Einstein und angesichts der heutigen Kenntnis des Kosmos mehr die Bedeutung von damals. (...)

Eine weitere Lehre ist die Tatsache, dass die verschiedenen Wissenschaftszweige unterschiedlicher Methoden bedürfen. Galilei, der praktisch die experimentelle Methode erfunden hat, hat, dank seiner genialen Vorstellungskraft als Physiker und auf verschiedene Gründe gestützt, verstanden, dass nur die Sonne als Zentrum der Welt, wie sie damals bekannt war, also als Planetensystem, infrage kam. Der Irrtum der Theologen von damals bestand dagegen am Festhalten an der Zentralstellung der Erde in der Vorstellung, unsere Kenntnis der Strukturen der physischen Welt wäre irgendwie vom Wortsinn der Heiligen Schrift gefordert.

Doch wir müssen uns hier an das berühmte Wort erinnern, das dem Baronius zugeschrieben wird: »Der Heilige Geist wollte uns zeigen, wie wir in den Himmel kommen, nicht wie der Himmel im Einzelnen aussieht«. Tatsächlich beschäftigt sich die Bibel nicht mit den Einzelheiten der physischen Welt, deren Kenntnis der Erfahrung und dem Nachdenken des Menschen anvertraut wird. Es gibt also zwei Bereiche des Wissens. Der eine hat seine Quelle in der Offenbarung, der andere aber kann von der Vernunft mit ihren eigenen Kräften entdeckt werden. Zum letzteren Bereich gehören die experimentellen Wissenschaften und die Philosophie. Die Unterscheidung der beiden Wissensbereiche darf aber nicht als Gegensatz verstanden werden. Beide Bereiche sind vielmehr einander durchaus nicht fremd, sie besitzen vielmehr Begegnungspunkte. Dabei gestattet die Methode eines jeden Bereiches, unterschiedliche Aspekte der Wirklichkeit herauszustellen. *(1992)*

4 Ist in dieser Rede Galilei öffentlich rehabilitiert worden? Untersuchen Sie diesen Auszug aus einer Ansprache des Papstes an die Päpstliche Akademie der Wissenschaften im Einzelnen.

5 Aus welchem Wissenschaftsverständnis heraus argumentiert Papst Johannes Paul II.?

6 Welche Argumente lassen sich aus seiner Darstellung für einen fachübergreifenden bzw. fächerverbindenden Unterricht ableiten?

5 Galileis Verbrechen

[In der folgenden Szene empfängt Galilei einen der seltenen Gäste. Es ist Andrea Sarti (vgl. Szene 1), der inzwischen selbst Wissenschaftler geworden ist. Er erfährt, dass Galilei in seinem Exil weitergeforscht und -geschrieben und heimlich eine Abschrift seines Werkes über die Mechanik und die Fallgesetze *(Discorsi)* angefertigt hat, die er Sarti überlässt, damit er sie aus Italien hinausschmuggelt und der Öffentlichkeit zugänglich macht. Der folgende Auszug aus der ersten Fassung des Stückes von 1938 thematisiert die Reaktionen der Wissenschaftler in Italien und Europa auf Galileis Widerruf und dessen Einschätzung.]

13. 1633–1642: Als Gefangener der Inquisition setzt Galilei bis zu seinem Tode seine wissenschaftlichen Arbeiten fort. Es gelingt ihm, seine Hauptwerke aus Italien herauszuschmuggeln.

ANDREA: Wie Sie andeuteten, mag die Physik sich weiter behelfen. Aber viele sahen auf Ihre astronomischen Bemühungen, die ihren täglichen Geschäften so fern lagen, mit Eifer, weil man glaubte, Sie kämpften dafür, daß die Autorität von Menschen auf Meinungen und von Meinungen auf Fakten übertragen würde. Sie sagten, daß es Ihnen lange, während Sie dies und das lehrten, weniger darauf angekommen sei, wie nun gerade diese Weltkugeln und welche von ihnen sich drehten (...) sondern darauf, daß davon gesprochen werden durfte. Auch, ob nicht Zweifel gut sei und ob nicht verfochten werden sollte, was Gründe und Beweise für sich hat. (...) Als diese Sie nun widerrufen hörten, was Sie gesagt hatten, schienen ihnen nicht nur bestimmte Gedanken über Gestirnbewegungen in Verruf gebracht, sondern das Denken selber, welches für unheilig angesehen wird, da es mit Gründen und Beweisen operiert. (...)

GALILEI: Ich habe mir in freien Stunden, deren ich viele habe, überlegt, wie in den Augen der wissenschaftlichen Welt, der ich ja nicht mehr angehöre, wenn ich auch noch einige ihrer Gedankengänge kenne, mein Verhalten erscheinen muß. *Akademisch sprechend, die Hände über dem Bauch gefaltet.* Sie wird zu erwägen haben, ob sie sich damit begnügen kann, daß ihre Mitglieder an sie eine bestimmte Anzahl von Sätzen abliefern, sagen wir über die Tendenzen fallender Körper oder die Bewegungen gewisser Gestirne. Ich habe mich, wie erwähnt, von der Denkweise der Wissenschaft ausgeschlossen, jedoch nehme ich an, daß sie bei Gefahr der Vernichtung nicht imstande sein wird, ihren Mitgliedern alle weitergehenden Verpflichtungen zu erlassen. Zum Beispiel die Verpflichtung, an der Aufrechterhaltung ihrer selbst als Wissenschaft mitzuarbeiten. Selbst ein Wollhändler muß, außer billig einzukaufen und solide Wolle zu liefern, auch noch darum besorgt sein, daß der Handel mit Wolle überhaupt erlaubt ist und vor sich gehen kann. Demzufolge kann ein Mitglied der wissenschaftlichen Welt logischerweise nicht auf seine etwaigen Verdienste als Forscher verweisen, wenn er versäumt hat, seinen Beruf als solchen zu ehren und zu verteidigen gegen alle Gewalt. Dies ist aber ein umfangreiches Geschäft. Denn die Wissenschaft beruht darauf, daß man die Fakten nicht den Meinungen unterwerfen darf, sondern die Meinungen den Fakten unterwerfen muß. Sie ist nicht in der Lage, diese Sätze einschränken zu lassen und sie nur für „einige Meinungen“ und „die und die Fakten“ aufzustellen. Um sicher zu sein, daß diese Sätze allzeit uneingeschränkt von ihr vollzogen werden können, muß die Wissenschaft dafür kämpfen, daß sie auf allen Gebieten geachtet werden. Die Wissenschaft befindet sich nämlich mit der gesamten Menschheit in einem Boot. So kann sie nicht etwa sagen: was geht es mich an, wenn am andern Ende des Bootes ein Leck ist! Die Wissenschaft kann Menschen, die es versäumen, für die Vernunft einzutreten, nicht brauchen. Sie muß sie mit Schande davonjagen. Denn sie mag so viele Wahrheiten wie immer wissen, in einer Welt der Lüge hätte sie keinen Bestand. Wenn die Hand, die sie füttert, ihr gelegentlich und ohne Warnung an die Gurgel greift, wird die Menschheit sie abhauen müssen. Das ist der Grund, warum die Wissenschaft einen Menschen wie mich nicht in ihren Reihen dulden kann.

1 Welche Vorwürfe lässt Brecht in seiner ersten Fassung (1938/39) Galilei gegen sich selbst erheben? Wie bewerten Sie Galileis Schuld als Wissenschaftler?

Bertolt Brecht

Hintergrund der amerikanischen Aufführung

Man muß wissen, unsere Aufführung fiel in die Zeit und das Land, wo eben die Atombombe hergestellt und militärisch verwertet worden war und nun die Atomphysik in ein dichtes Geheimnis gehüllt wurde. Der Tag des Abwurfs wird jedem, der ihn in den Staaten erlebt hat, schwer vergeßlich sein. Der japanische Krieg war es, der die Staaten wirklich Opfer gekostet hatte. Die Transporte der Truppen gingen von der Westküste aus, und dorthin kehrten die Verwundeten und die Opfer der asiatischen Krankheiten zurück. Als die ersten Blättermeldungen Los Angeles erreichten, wußte man, daß dies das Ende des gefürchteten Krieges, die Rückkehr der Söhne und Brüder bedeutete. Aber die große Stadt erhob sich zu einer erstaunlichen Trauer. Der Stückeschreiber hörte Autobusschaffner und Verkäuferinnen in den Obstmärkten nur Schrecken äußern. Es war der Sieg, aber es war die Schmach der Niederlage. Dann kam die Geheimhaltung der gigantischen Energiequelle durch die Militärs und Politiker, welche die Intellektuellen aufregte. Die Freiheit der Forschung, das Austauschen der Entdeckungen, die internationale Gemeinschaft der Forscher war stillgelegt von Behörden, denen stärkstens mißtraut wurde. Große Physiker verließen fluchtartig den Dienst ihrer kriegerischen Regierung. (...) Es war schimpflich geworden, etwas zu entdecken.
(1947)

Projekt/ Facharbeit?

2 Was meinen Sie, sah sich Brecht unter dem Eindruck der Folgen der ersten Atombombenabwürfe gezwungen, wesentliche Elemente in seinem Drama zu ändern? Musste er die Person des Galilei neu entwerfen?

Recherchieren Sie die unterschiedlichen Bearbeitungen der Schlussszenen zwischen 1938 und 1955. Deuten Sie sie vor dem Hintergrund aktueller politischer und wissenschaftlicher Ereignisse.

Lewis Mumford

Mythos der Maschine. Kultur, Technik und Macht (Auszug)

Galilei ahnte nicht, dass seine radikale Unterscheidung zwischen äußerer und innerer Welt, zwischen Objektivem und Subjektivem, zwischen Quantität und Qualität, zwischen dem, was mathematisch beschreibbar und somit erkennbar ist, und dem Unreduzierbaren, Unzugänglichen, nicht Analysierbaren und Unmessbaren, eine falsche Unterscheidung ist, wenn die menschliche Erfahrung in ihrer symbolisierten Fülle – selber eine Ablagerung von Äonen organischen Lebens – nicht berücksichtigt wird. (...)

So wollen wir Galilei eine großzügige posthume Absolution erteilen: Er wusste nicht, was er tat, und er konnte unmöglich ahnen, was aus der Aufspaltung der Erfahrung in objektive und subjektive folgen würde. Er selbst war kein heimlicher Ketzer, sondern ein aufgeschlossener naturalistischer Humanist oder humanistischer Naturalist, und er konnte nicht wissen, dass die abstrakte Begriffswelt, die er schaffen half, schließlich alle traditionellen Werte verdrängen und alle Erfahrungen und alles Wissen verwerfen würde, das nicht in das herrschende mechanische Schema passte. (...)

Indem die Nachfolger Galileis die Bedeutung der subjektiven Faktoren, das heißt der menschlichen Triebe, Vorstellungen und autonomen Reaktionen, leugneten, wehrten sie leider jede Frage nach ihrer eigenen Subjektivität ab; und indem sie Werte, Zwecke, nicht-wissenschaftliche Bedeutungen, Fantasien und Träume als irrelevant für ihre positivistische Methodologie zurückwiesen, übersahen sie die Rolle, die solche Subjektivität bei der Schaffung ihres eigenen Systems gespielt hatte. In Wirklichkeit hatten sie jeden Wert und jeden Zweck bis auf den einen zu eliminieren, den sie als den höchsten ansahen: das Streben nach wissenschaftlicher Wahrheit. In diesem Streben nach Wahrheit heiligte der Wissenschaftler seine eigene Disziplin und stellte sie, was noch gefährlicher war, über jede andere moralische Pflicht. Die Folgen dieser Ausschließlichkeit begannen erst in unserem Zeitalter sichtbar zu werden. *(1974)*

3 Welche Vorwürfe werden hier gegen Galilei erhoben? Wie verhalten sie sich zu den Vorwürfen der Inquisition und zu denen, die Galilei in Brechts Drama gegen sich selbst erhebt?

4 Was ist damit gemeint: „Die Folgen dieser Ausschließlichkeit begannen erst in unserem Zeitalter sichtbar zu werden." Geben Sie konkrete Beispiele dafür. Welche wissenschaftlichen Diszplinen und welche Schulfächer befassen sich mit diesen Folgen?

5 Wie muss sich das wissenschaftliche Arbeiten in Zukunft entwickeln, damit die Folgen des „herrschenden mechanischen Schemas" gemindert oder gar beseitigt werden können?

TEXTE UND THEMEN

KONTINENTE

Ausflüge in die Weltliteratur

„Ich sehe immer mehr, dass die Poesie ein Gemeingut der Menschheit ist und dass sie überall und zu allen Zeiten in Hunderten und Aberhunderten von Menschen hervortritt. Einer macht es ein wenig besser als der andere und schwimmt ein wenig länger oben als der andere, das ist alles (...) Ich sehe mich daher gerne bei fremden Nationen um und rate jedem, es auch seinerseits zu tun. Nationalliteratur will jetzt nicht viel sagen, die Epoche der Weltliteratur ist an der Zeit, und jeder muss jetzt dazu wirken, diese Epoche zu beschleunigen."

(Goethe)

Isabel Allende

Das Geisterhaus (Auszug)

Isabel Allende (geb. 1942 in Chile), Nichte des ehemaligen chilenischen Staatspräsidenten Allende, arbeitete lange Zeit als Journalistin. Nach dem Militärputsch am 11. September 1973 verließ sie Chile. Im venezolanischen Exil schrieb sie ihren Erfolgsroman *Das Geisterhaus* (erschienen 1982), der 1993 verfilmt wurde.

Sie brachten die Leiche von Onkel Marcos und sein ganzes Gepäck. Ein kleines Männlein im schwarzen Gehrock, einen zu großen Hut auf dem Kopf, setzte gerade salbungsvoll zu einer feierlichen Rede an, um die Umstände des Todesfalls zu erklären, als er jäh von Nívea unterbrochen wurde, die sich auf den staubigen Sarg mit den sterblichen Überresten ihres Bruders warf und rief, sie sollten den Sarg öffnen, sie wolle den Toten mit eigenen Augen sehen. Denn da sie ihn bei einer früheren Gelegenheit schon einmal hatte beerdigen müssen, hoffte sie, dass sein Tod auch diesmal nicht endgültig wäre. Ihr Geschrei rief die gesamte Dienerschaft aus dem Haus und alle Kinder liefen zusammen, als ihnen der Name ihres Onkels im Totenklageton in den Ohren schallte.

Clara hatte ihren Onkel seit Jahren nicht mehr gesehen, aber sie erinnerte sich seiner genau. Es war das einzige vollkommen klare Bild aus ihrer Kindheit, und um es sich ins Gedächtnis zu rufen, brauchte sie sich nicht erst die Daguerreotypie im Salon anzusehen, auf der er im Kostüm eines Forschungsreisenden dastand, auf eine altmodische Doppelflinte gestützt, den rechten Fuß auf dem Hals eines malaiischen Tigers, in der gleichen Siegerpose, war ihr aufgefallen, wie die Muttergottes am Hauptaltar, die zwischen Gipswolken und bleichen Engeln den Fuß auf den besiegten Teufel setzte. Clara brauchte nur die Augen zu schließen, um ihren Onkel leibhaftig vor sich zu sehen, braun gebrannt von den Unbilden aller Klimate der Erde, mager, mit einem Seeräuberschnauzbart, unter dem sein seltsames Haifischzahnlächeln hervorsah. Es konnte nicht sein, dass er in dieser schwarzen Kiste im Hof lag.

Bei jedem Besuch, den Marcos im Haus seiner Schwester Nívea machte, blieb er mehrere Monate lang, was bei seinen Nichten und Neffen, besonders bei Clara, Entzücken und im Haus einen Wirbelsturm hervorrief, in dem jegliche Ordnung Schiffbruch erlitt. Das Haus füllte sich mit Überseekoffern, einbalsamierten Tieren, Indianerlanzen, Seesäcken. Überall stolperte man über seinen exotischen Plunder, kam nie gesehenes Getier zum Vorschein, das die Reise aus fernsten Erdteilen nur überstanden hatte, um plattgedrückt unter dem unerbittlichen Besen der Nana zu enden, in welchem Winkel es versteckt sein mochte. (...)

Diese war Marcos' längste Reise gewesen. Er kehrte mit einer Fracht riesiger Kisten zurück, die im hintersten Patio zwischen dem Hühnerstall und der Holzlege gestapelt wurden, bis der Winter vorbei war. Sobald das Frühjahr anbrach, ließ er sie in den Parque de los Desfiles fahren, ein großes freies Gelände, auf dem sich am Nationalfeiertag die Leute versammelten, um das Militär zu sehen, das nach preußischem Vorbild im Stechschritt vorbeimarschierte. Als die Kisten geöffnet wurden, sah man, dass sie Einzelteile aus Holz, Metall und gefärbter Leinwand enthielten. Zwei Wochen lang war Marcos damit beschäftigt, nach den englisch geschriebenen Anweisungen eines Handbuchs, die er mit seiner unbesiegbaren Fantasie und mithilfe eines Lexikons enträtselte, die Teile zusammenzusetzen. Das fertige Werk erwies sich als ein Vogel von prähistorischen Ausmaßen, mit dem vorn aufgemalten Kopf eines wütenden Adlers, beweglichen Flügeln und einem Propeller auf dem Rücken. Es war aufregend. Die Familien der Oligarchie vergaßen die Drehorgel, Marcos wurde die Novität der Saison. Sonntags machten die Leute lange Spaziergänge, um den Vogel zu besichtigen, ambulante Verkäufer und Fotografen hatten Hochkonjunktur. Doch bald erlahmte das Interesse des Publikums. Da kündigte Marcos an, sobald das Wetter aufklare, werde er in diesem Vogel aufsteigen und mit ihm die Kordilleren überqueren. Die Nachricht verbreitete sich binnen Stunden und wurde zur meistkommentierten Sensation des Jahres. Die Maschine, die mit dem Bauch auf festem Land lag, glich mehr einer verwundeten Ente als einem jener modernen Fluggeräte, die seit Neuestem in Nordamerika hergestellt wurden. Nichts an ihrer äußeren Erscheinung ließ vermuten, dass sie sich von der Stelle bewegen, und erst recht nicht, dass sie sich in schwindelnde Höhen aufschwingen und die beschneiten Gipfel der Anden überfliegen würde. Unbewegt lächelnd ließ Marcos eine Lawine von Fragen über sich ergehen und posierte für die Fotografen, ohne irgendeine technische oder wissenschaftliche Erklärung darüber abzugeben, auf welche Weise er sein Unternehmen durchführen wolle. Sogar aus der Provinz waren Leute angereist um das Schauspiel zu sehen. Vierzig Jahre später grub sein Großneffe Nicolas, den Marcos nicht mehr kennen lernte, den Trieb zum Fliegen, der allen seinen Stammesangehörigen innewohnte, wieder aus. Sein Gedanke war es, die Fliegerei zu kommerziellen Zwecken zu nutzen, und so bastelte er eine überdimensionale, mit warmer Luft gefüllte Wurst, auf der ein Werbeslogan für ein Mineralwasser stand. Aber damals, als Marcos seinen Flug ankündigte, glaubte noch niemand, dass diese Erfindung von irgendeinem Nutzen sein könnte. Der für den Start festgesetzte Tag brach wolkenverhangen an, aber die Erwartung der Leute war so groß, dass Marcos den Flug nicht verschieben wollte. Pünktlich erschien er auf dem Paradefeld und schenkte dem Himmel, der sich mit finsteren Wolken bezog, keinen Blick. Die staunende Menge stand in allen angrenzenden Straßen, sah von den Dächern und Balkonen nahe gelegener Häuser herab und drängte sich auf dem freien Gelände. Keine politische Kundgebung hatte je so viele Menschen versammeln können, bis ein halbes Jahrhundert später der erste marxistische Politiker mit vollkommen demokratischen Mitteln die Präsidentschaft anstrebte. Clara sollte sich ihr Leben lang an diesen Festtag erinnern. Dem kalendarischen Beginn der Jahreszeit voraus, waren die Leute frühlingsmäßig gekleidet, die Männer kamen in weißem Leinen, die Damen erschienen mit den italienischen Strohschirmen, die in diesem Jahr Mode waren. Mit ihren Lehrern kamen Gruppen von Schülern anmarschiert und brachten dem Helden Blumen. Als Marcos sie entgegennahm, meinte er scherzend, sie sollten lieber warten, bis er abgestürzt sei, und sie zu seiner Beerdigung mitbringen. Ohne dass ihn jemand darum gebeten hatte, erschien der Bischof höchstpersönlich mit zwei Rauchfassträgern, um den Vogel zu segnen, und der Gesangverein der Gendarmerie sang lustige, anspruchslose Lieder im Volksgeschmack. Die Polizei, beritten und lanzenbewehrt, hatte Mühe, die Menge von der Mitte des Platzes fern zu halten. Dort stand Marcos im Monteuranzug, vor den Augen eine große Rennfahrerbrille, in seiner Pose als Forschungsreisender. Für den Flug hatte er außerdem einen Kompass, ein Fernrohr und ein paar seltsame Luftschifffahrtskarten, die er nach den Theorien Leonardo da Vincis und der Landeskenntnis der Inkas selbst gezeichnet hatte. Wi-

Das Geisterhaus ist eine Familiensaga, die sich um die vier Generationen umspannende Geschichte der Familie Trueba rankt und in der entscheidende politische Ereignisse der chilenischen Geschichte von der Jahrhundertwende bis 1975 verwoben sind. Hauptfiguren sind Esteban Trueba, ein streng patriarchalisch und reaktionär denkender Mann, und seine spätere Frau Clara, die wie ihr „missratener" Onkel Marco über hellseherische und telepathische Fähigkeiten verfügt und die sich später im Gegensatz zu Esteban für mehr soziale Gerechtigkeit einsetzen wird.

Isabel Allende hat nach eigenen Worten ihren Roman den „außergewöhnlichen" Frauen ihres Landes gewidmet, die eine Gegenposition zur Welt des herrschenden Patriarchats einnehmen.

der jede Logik erhob sich der Vogel beim zweiten Versuch unter dem Ächzen seines Gerippes und dem Dröhnen seines Motors ohne Zwischenfälle, sogar mit einer gewissen Eleganz. Flügel schlagend stieg er auf und verlor sich zwischen den Wolken, verabschiedet von lärmendem Beifallsklatschen, Pfiffen, geschwenkten Taschentüchern und Fahnen, dem musikalischen Tusch des Gesangvereins und Weihwasserspritzern. Auf der Erde zurück blieben die Kommentare der staunenden Menge und die Erörterungen erfahrenerer Männer, die dem Wunder eine vernünftige Erklärung zu geben versuchten. Clara blickte noch lange, nachdem ihr Onkel unsichtbar geworden war, in den Himmel. Zehn Minuten später glaubte sie ihn wieder zu sehen, aber es war nur eine wandernde Möwe. Drei Tage später war die Euphorie über den ersten Flug im Aeroplan verraucht und niemand dachte mehr an die Episode, außer Clara, die unermüdlich in die Höhe spähte.

Da man nach einer Woche noch immer ohne jede Nachricht von dem fliegenden Onkel war, nahm man an, er sei so hoch geflogen, dass er sich im Sternenraum verirrt habe, und die Unwissenden verstiegen sich zu der Vermutung, er werde auf dem Mond landen. Mit einer Mischung aus Traurigkeit und Erleichterung kam Severo zu dem Schluss, sein Schwager sei mit seiner Maschine in eine Spalte der Kordilleren gestürzt, wo man ihn nie mehr finden würde. Nívea weinte trostlos und zündete dem für verlorene Gegenstände zuständigen heiligen Antonius ein paar Kerzen an. Der Idee, Messen lesen zu lassen, widersetze sich Severo, weil er nicht glaubte, dass man sich durch dieses Mittel den Himmel verdienen, und noch weniger, dass man dadurch auf die Erde zurückkehren könne. Messen und Gelübde, wie auch der Ablass und der Handel mit Heiligenbildchen und Skapulieren, seien ein unehrliches Geschäft, behauptete er, sodass Nívea und die Nana alle Kinder neun Tage lang den Rosenkranz heimlich beten ließen. – Inzwischen suchten Gruppen freiwilliger Andinisten Gipfel und Schluchten der Kordilleren nach ihm ab, begingen einen um den andern alle begehbaren Pfade, bis sie endlich triumphierend zurückkamen und der Familie die sterblichen Überreste in einem bescheidenen versiegelten Sarg übergaben. In einer grandiosen Trauerfeier wurde der kühne Flieger zu Grabe getragen. Durch seinen Tod war er zum Heros geworden und tagelang stand sein Name in den Schlagzeilen der Zeitungen. Die gleiche Menge, die zusammengelaufen war an dem Tag, da der Vogel sich in die Lüfte erhob, zog nun an seinem Sarg vorüber. Die ganze Familie del Valle beweinte ihn, wie er es verdiente, ausgenommen Clara, die weiterhin mit Astronomengeduld forschend in den Himmel blickte. Eine Woche nach der Beerdigung stand Onkel Marcos leibhaftig, ein lustiges Lächeln unter seinem Seeräuberschnauzbart, auf der Schwelle des Hauses. Er selbst räumte ein, dass er nur dank der heimlichen Rosenkränze der Frauen und der Kinder am Leben und im Besitz aller seiner Fähigkeiten sei, einschließlich der guten Laune. Trotz des erhabenen Ursprungs seiner aeronautischen Karten war der Flug misslungen. Das Flugzeug war zu Bruch gegangen und er selbst hatte zu Fuß zurückkehren müssen, aber alle seine Knochen waren heil und sein Abenteurergeist ungebrochen. Das festigte die Verehrung des heiligen Antonius in der Familie und wurde selbst späteren Generationen, die ihrerseits mit diversen Mitteln zu fliegen versuchten, nicht zum Gespött. Vor dem Gesetz allerdings war Marcos ein Toter.

Severo del Valle musste alle seine juristischen Kenntnisse aufbieten, um seinem Schwager das Leben und den Stand eines Staatsbürgers zurückzuholen. Als der Sarg von den zuständigen Amtspersonen geöffnet wurde, zeigte sich, dass ein Sack Sand darin beerdigt worden war. Das befleckte den bis dahin makellosen Ruf der freiwilligen Andinisten, die seit jenem Tag für kaum mehr als Gauner galten. Marcos' heroische Auferstehung brachte die Geschichte mit der Drehorgel bei jedermann in Vergessenheit. Er wurde abermals in sämtliche Salons der Stadt eingeladen, sein Name stand hoch im Kurs, wenigstens eine Zeit lang. Marcos verbrachte noch ein paar Monate im Haus seiner Schwester. Eines Nachts verließ er es, ohne sich von irgendjemandem zu verabschieden und unter Zurücklassung seiner Koffer, Bücher, Stiefel und allen übrigen Krams. Severo und Nívea atmeten auf, sein letzter Besuch hatte zu lang gedauert. Aber Clara nahm es sich so zu Herzen, dass sie eine Woche lang Daumen lutschend wie eine Schlafwandlerin herumging. Das Kind, damals siebenjährig, hatte in den Geschichtenbüchern des Onkels Marcos lesen gelernt und stand ihm aufgrund seiner hellseherischen Fähigkeiten näher als jedes andere Familienmitglied. Marcos behauptete, die seltene Kraft seiner Nichte könnte zu einer Einnahmequelle werden und böte überdies eine gute Gelegenheit, die eigene Sehergabe weiterzuentwickeln.

(1984)

Tipp zum Weiterlesen:
Von Liebe und Schatten (Roman, 1986)

Tahar Ben Jelloun

Die Nacht der Unschuld (Auszug)

Als ich das Gefängnis verließ – man hatte mir einen Teil der Strafe erlassen –, weinte ich. Ich war glücklich, weil meine Augen voll Tränen standen. Das war mir schon sehr lange nicht mehr passiert. Meine Tränen waren glücklich, weil sie aus einem neuerwachenden Körper flossen, einem Körper, der wieder fähig war ein Gefühl zu haben. Ich weinte, weil ich eine Welt verließ, in der es mir gelungen war, einen Platz zu finden. Ich weinte, weil niemand mich erwartete. Ich war frei. Ich war allein. Ich dachte kurz an den Konsul, aber ich wusste, dass er die Stadt verlassen hatte, dass er weit weggegangen war, dorthin, wo er sich vielleicht von unserer Geschichte befreien würde.
Ich hatte großes Verlangen das Meer zu sehen, seinen Duft zu riechen, seine Farbe zu sehen, seinen Schaum zu berühren. Ich nahm einen Omnibus, der nach Süden fuhr. Wir fuhren die ganze Nacht. Die Leute rauchten und tranken Limonade. Sie störten mich nicht. Ich hielt die Augen geöffnet und wartete auf das Erscheinen des Meers. Am frühen Morgen sah ich zuerst einen leichten Nebel von der Erde aufsteigen. Es war wie ein riesiges Laken über dem Boden, ein Laken oder ein Schneefeld. Ich unterschied Kähne und Segelboote. Sie hingen gleichsam über einem Nebelschleier. Die Luft war weiß und lau. Es lag so etwas wie Unschuld in den Dingen, eine Art Magie, die sie ungefährlich machte. Die Gegenstände waren verschwommen, ungewiss. Vielleicht lag es an meinen Augen, die sich schlecht anpassten. Der Traum musste seine Bilder aus dieser weißlichen, von blauen Strahlen durchbrochenen Schicht schöpfen.
Es war Herbst. Ich trug eine Männerdjellaba. Ihre Wolle war dick und rauh. Mein Haar war in einem hübschen Tuch mit lebhaften

Tahar Ben Jelloun, 1944 in Fes (Marokko) geboren und in sehr einfachen Verhältnissen aufgewachsen, studierte Philosophie in Rabat und Psychologie in Paris. 1971 emigrierte er nach Paris, wo er zunächst als Mitarbeiter von „Le Monde" Artikel über die arabische Welt verfasste. Daneben schrieb er Gedichte und Romane. Mit der Verleihung des Prix Goncourt 1987 für den Roman *Die Nacht der Unschuld* fand sein literarisches Werk erstmals internationale Beachtung.

Farben verknotet. Ich legte mir Rot auf die Lippen und Khôl um die Augen. Ich betrachtete mich in einem kleinen Spiegel. Mein Gesicht belebte sich langsam wieder. Es leuchtete von innen. Ich war glücklich und leicht. In meiner Männerdjellaba musste ich befremdlich und komisch aussehen. Die unausgeschlafenen Fahrgäste warfen mir beunruhigte Blicke zu. Ich lächelte sie an. Sie senkten die Augen. Bei uns können die Männer es nicht ertragen, von einer Frau angeschaut zu werden. Sie selber lieben es, zu schauen und zu mustern, aber immer von der Seite.

In dieser Stadt lag der Busbahnhof gegenüber dem Meer. Man brauchte nur über eine kleine Mauer zu steigen und schon war man auf dem Sand. Ich ging langsam den menschenleeren Strand entlang. Ich schritt im Nebel voran. Ich konnte nur wenige Meter weit sehen. Als ich mich umschaute, hatte ich den Eindruck, von einem Nebelgürtel umringt zu sein, eingehüllt in einen weißen Schleier, der mich vom Rest der Welt trennte. Ich war allein, eingeschlossen in jene glückliche Einsamkeit, die einem großen Ereignis vorausgeht. Ich zog meine Pantoffeln aus. Der Sand war feucht. Ich spürte einen leichten, frischen Wind von weit her kommen und mich schieben. Ich ließ mich tragen wie ein Blatt, das davonschwebt. Mit einem Mal kam ein starkes, fast unerträgliches Licht vom Himmel herab. Das Ganze war so brutal, dass ich die Vision hatte, die Quelle dieses Lichts sei ein aufgehängter Ballon. Es vertrieb den Nebel. Ich war nackt. Nichts mehr umhüllte oder schützte mich. Genau vor mir, auf dem Horizont, der sich wundersam genähert hatte, stand ein völlig weißes Haus. Es stand auf einem Felsen. Ich erklomm die Steine und gelangte zum Gipfel. Vor mir das Meer. Hinter mir der Sand. Das Haus war offen. Es hatte keine Tür mehr. Ein einziges, sehr geräumiges Zimmer. Keine Möbel. Der Boden war mit abgenutzten Matten bedeckt. Hängende Petroleumlampen mussten ein schwaches Licht spenden. In einer Ecke Männer. Einige schliefen, andere beteten stumm. Auf der anderen Seite Frauen und Kinder. Nur eine alte Dame betete. Ich näherte mich ihr und betrachtete sie. Sie sah mich nicht. Sie war in ihre Gebete versunken. Ich setzte mich neben sie. Ich tat, als betete ich. Ich machte eine falsche Geste. Das weckte ihre Aufmerksamkeit. Sie ähnelte auf sonderbare Weise der Sitzenden. Obwohl weniger beleibt, hatte sie dieselben Bewegungen, dieselbe Art sich zu setzen. Ich hielt im Beten inne und betrachtete sie beunruhigt. Ihre Finger hielten eine Gebetskette; ihre Lippen bewegten sich kaum. Unsere Blicke kreuzten sich, dann, nach einer Weile, beugte sie sich zu mir und sagte:

– Endlich bist du da!

Sie war es wirklich! Die Sitzende! Ihre Stimme hatte sich nicht verändert. Ihr Gesicht hatte zwar ein paar Runzeln bekommen, aber es war heiterer, menschlicher geworden. Ich wich ein wenig zurück und sagte dann, ohne zu überlegen:

– Ja, ich bin da!

Ich stand im Bann irgendeiner Magie. Ich wollte etwas sagen, als sie meinen Arm nahm:

– Sprich leise, sonst weckst du den Heiligen auf.

Alles wurde klar in meinem Geist. Ich dachte, dass zwischen Leben und Tod nur eine sehr dünne Schicht aus Nebel oder Finsternis ist, dass die Lüge zwischen der Wirklichkeit und dem Schein Fäden spann, da die Zeit nur eine Illusion unserer Ängste ist.

Die Nacht der Unschuld ist die Fortsetzung des zwei Jahre vorher erschienenen Romans *Sohn ihres Vaters*, der die Geschichte von Zahra erzählt, die gezwungen wird, als Junge Ahmed aufzuwachsen, um die Ehre und das Erbe des Vaters zu retten. In *Die Nacht der Unschuld* geht es um den schwierigen Selbstfindungsprozess, den Zahra durchlebt, nachdem der Muslim ihr auf seinem Totenbett die Freiheit zurückgibt. In der Liebe zu einem blinden Lehrer, „Konsul" genannt, findet sie nur vorübergehend Ruhe und eine feste Identität. Dessen eifersüchtige und misstrauische Schwester (die „Sitzende") kommt jedoch hinter Zahras Geheimnis und informiert deren ehemalige Familie. In Notwehr erschießt sie ihren Onkel und muss dafür 15 Jahre ins Gefängnis. Dort nimmt sie erneut eine männliche Rolle an. Nach ihrer Entlassung kommt es zu einem Wiedersehen mit dem Blinden im Süden des Landes, der dort wie ein Heiliger verehrt wird.

Der Heilige erhob sich nach allen anderen. Er kam aus einer Tür im Hintergrund. Er war ganz in Weiß gekleidet und verschleiert und trug eine dunkle Brille. Männer und Frauen drängten sich, um ihm ehrerbietig die Hand zu küssen. Manchmal blieb ein Mann bei ihm stehen; er flüsterte ihm wohl irgendein Geheimnis ins Ohr. Der Heilige nickte, beruhigte ihn dann, als würde er ihn segnen.

Auch ich stand auf und stellte mich in die Reihe der Frauen. Dann bekam ich Lust zu spielen, ich stellte mich in die Reihe der Männer. In meiner Djellaba konnte man mich für einen Mann halten. Als ich dem Heiligen gegenüberstand, kniete ich nieder und nahm seine ausgestreckte Hand; doch statt sie zu küssen, leckte ich sie und saugte an jedem ihrer Finger. Der Heilige versuchte, sie zurückzuziehen, aber ich hielt mit beiden Händen fest. Der Mann war verwirrt. Ich stand auf und sagte ihm ins Ohr:

– Schon seit langem hat mir kein Mann mehr das Gesicht gestreichelt ... Nur zu, betrachten Sie mich mit Ihren Fingern, sanft, mit der Fläche Ihrer Hand.

Er beugte sich zu mir und sagte:

– Endlich sind Sie da!

(1991)

Tipps zum Weiterlesen:

Sohn ihres Vaters (Roman, 1989)

Zina oder Die Nacht des Irrtums (Roman, 1999)

Don DeLillo

Unterwelt (Auszug)

Er spricht wie du, mit amerikanischer Stimme, und in seinen Augen liegt ein halbwegs hoffnungsfroher Schimmer.

Heute ist Schule, klar, aber er ist meilenweit vom Klassenzimmer entfernt. Er ist lieber hier, wer wollte es ihm verdenken, im Schatten dieses alten Rostkolosses – eine Metropolis aus Stahl und Beton und abblätternder Farbe und kurz geschnittenem Gras und, schräg über den Anzeigetafeln, riesigen Chesterfield-Packungen mit zwei, drei vorstehenden Zigaretten.

Sehnsucht im großen Maßstab, so wird Geschichte geschrieben. Dieser Junge hier hat überschaubare Wünsche, aber er gehört zu der sich sammelnden Menge, den anonymen Tausendschaften in Bussen und Zügen, Menschen in dicht gedrängten Schlangen, die auf der Drehbrücke den Fluss überqueren, und auch wenn dies keine Völkerwanderung oder Revolution ist, keine tiefe Erschütterung der Seele, sie bringen die Körperhitze einer großen Stadt mit, ihre kleinen Träumereien und Enttäuschungen, das unsichtbare Etwas, das den Alltag heimsucht – Männer in Filzhüten und Matrosen auf Landgang, das streunende Durcheinander ihrer Gedanken, alle auf dem Weg zu einem Spiel.

Der Himmel ist tief und grau, vom trüben Grau anrollender Brandung. Er steht bei den anderen am Bordstein. Mit vierzehn ist er der Jüngste, und an dem gereizten, schiefen Aussehen, das er sich übergestreift hat, kannst du erkennen, dass er total abgebrannt ist. Für ihn ist es das erste Mal und er kennt keinen der anderen, nur zwei oder drei scheinen sich untereinander zu kennen, aber allein oder paarweise können sie diese Sache nicht schaffen, also haben sie sich durch verstohlene Blicke gefunden, die den Draufgängerkollegen enttarnen, und da stehen sie nun, schwarze Jungs und weiße Jungs, aus den Unterführungen aufgetaucht oder von den nahe gelegenen Straßen

Don DeLillo (1936 in New York geboren) wuchs als Sohn italienischer Einwanderer in der Bronx auf. Er studierte Theologie und Philosophie und arbeitete zunächst als Werbetexter, bevor er durch seine Romane bekannt wurde. 1985: „National Book Award"

Don DeLillo entwirft in seinem Roman ein Panorama der zweiten Hälfte des 20. Jahrhunderts, wobei sich Alltagswelt, Kunst, Sport und Politik sowie die Bilderflut von der Werbung bis zum Internet im Leben der Figuren spiegeln. Im Mittelpunkt stehen Nick Shay, Manager in einer Müllentsorgungsfirma, und Klara Sax, eine Konzeptkünstlerin. Nick Shay, der eine verschwiegene Schuld aus seiner Jugend in sich trägt, arbeitet und lebt mit seiner Familie in Arizona. Dort bemalt Klara Sax, die leidenschaftlich für ihre Unabhängigkeit von Familie und Konventionen gekämpft hat, in der Wüste den Abfall der Geschichte, ausrangierte B-52-Bomber, und schafft ein gigantisches Kunstobjekt. In New York, in der Bronx, hatten Nick und Klara einst eine kurze, leidenschaftliche Affäre. Ihre Lebensläufe, ihre Erinnerungen verbinden sich mit einer Vielzahl von fiktiven und historischen Figuren sowie mit politischen, sportlichen und künstlerischen Ereignissen. Die Handlung des Romans schwingt in großen Bögen von den 50er-Jahren in die heutige Zeit und zurück, führt von New York durch die Weiten Amerikas bis in die Wüste Arizonas und folgt dabei u. a. der Geschichte eines Baseballs, der 1951 bei einem berühmten Spiel geschlagen wurde, zum gleichen Zeitpunkt, als die Sowjetunion ihre erste Atombombe zündete.

Harlems, schlanke Schatten, Gangster, fünfzehn insgesamt, und die Stadionlegende besagt, wenn einer erwischt wird, kommen wahrscheinlich vier durch.

Nervös warten sie darauf, dass die Besitzer von Eintrittskarten die Drehkreuze freimachen, das letzte lockere Fangrüppchen, die Bummler und Herumlungerer. Sie beobachten die späten Taxis aus der Innenstadt und die pomadisierten Männer, die flink an die Schalter treten, Wettbankiers und Dinnerclubgecken und aufgetakelte Broadwaygrößen, die sich die Schuppen von den Mohairärmeln pflücken. Die Jungs stehen am Bordstein und schauen, ohne zu starren, mit der säuerlichen Miene von Straßenschluris zu. Das ganze Tohuwabohu hat sich gelegt, das Vorspielgebabbel und -gewirbel, Verkäufer, die die proppenvollen Bürgersteige abkämmen, Spielprotokolle und Fähnchen schwingen und in den althergebrachten Singsang verfallen, abgerissene Männer, die Anstecker und Mützen aufdrängen, sie alle haben sich inzwischen zerstreut, zurück auf ihre Zimmerchen in den abgetretenen Straßen.

Sie stehen am Bordstein und warten. Ihre Augen werden grimmig, strahlen weniger hell. Einer nimmt die Hände aus den Hosentaschen. Sie warten, und dann preschen sie los, einer von ihnen, ein Ire, prescht los, er ruft *Geronimo*.

Vier Drehkreuze stehen gleich hinter den beiden Kassen. Der jüngste der Jungen ist auch der magerste, Cotter Martin heißt er, ein Schlaks in Polohemd und Latzhose, und er versucht, sich nicht als Pechvogel zu fühlen – er gehört zur Nachhut des Ansturms und läuft und schreit mit den anderen. Man schreit, weil es kühn macht oder weil man seine Unerschrockenheit kundtun will. Sie haben ihre Gesichter zu Schreimasken verzogen, mit zusammengekniffenen Augen und dehnbaren Mündern, und sie laufen schnell, versuchen sich durch die Gassen zwischen den Schaltern zu drängen, sie rempeln mit Hüften und Ellbogen und schreien immer weiter. Die Gesichter der Kartenverkäufer hängen hinter den Schaltern wie Zwiebeln an der Schnur.

Cotter sieht die ersten Springer über die Stangen gehen. Zwei von ihnen prallen in der Luft zusammen und landen verrenkt, der Länge nach, am Boden. Ein Kartenabreißer nimmt den einen in den Schwitzkasten, und seine Mütze kommt ins Rutschen, gleitet ihm am Rücken herab, und er greift mit blindem Schwung danach, zur gleichen Zeit – alles passiert zur gleichen Zeit – schaut er nach den anderen Hürdenspringern, um nicht getreten zu werden. Sie rennen und überspringen die Hürden. Eine hirnlose Form des Fliegens, und die Körper, dicht an dicht, schaffen den buchstäblichen Durchbruch. Sie springen zu früh oder zu spät und krachen in die Pfeiler und die Drehstangen, klettern einander auf den Rücken wie Comicfiguren, und was für Trottel müssen sie in den Augen der Leute am Hotdog-Stand auf der anderen Seite der Drehkreuze sein, was für schreckliche Versager – von einer Schlange starren sie herüber, überwiegend Männer, ihre Kiefer zermalmen das schwitzende Fleisch, Fettblasen zerlaufen ihnen auf der Zunge, und der gute Mann am äußersten Ende erstarrt, nur seine Hand produziert weiter automatische Bewegungen, verschmiert Senf mit dem Pinsel.

Das Geschrei der Jungs prallt von dem dicken Beton ab.

Cotter meint einen Weg zum rechten Drehkreuz erspäht zu haben. Er wirft alles ab, was er für diesen Sprung nicht braucht. Einige springen gerade, einige wollen es noch, einige müssen zum Frisör, einige haben Freundinnen in flauschigen Pullovern, und die anderen sind im Gedränge gelandet und versuchen, aufzustehen und sich zu verdrücken. Ein paar Stadionpolizisten rumpeln die Rampe herunter. Cotter schüttelt diese Elemente ab, die auf seine Haut treffen. Sein Blick nimmt allein die Eisenstangen wahr, die von dem Pfeiler abstehen. Er legt an Tempo zu und scheint seine Spillerigkeit zu verlieren, die verstörte Schlappheit aus Hormonen und Nichtdazugehören und all das Verstotterte, das sein Heranwachsen ausmacht. Er ist nichts als ein laufender Junge, eine kaum erkennbare Gestalt von der Straße, aber so wie das Laufen Aufschluss über das Sein gibt, wie ein Läufer sich dem Bewusstsein offenbart, so scheint sich dieser dunkelhäutige Junge der Welt zu öffnen und erlangt durch das Adrenalin von einem Dutzend Laufschritten Redegewandtheit.

Dann springt er ab und ist in der Luft, er fühlt sich geschmeidig und unzerknittert und irgendwie geschäftsmäßig, als landete er gerade aus Kansas City mit einer Aktentasche voller Bankauszüge. Er hat den Kopf eingezogen, sein linkes Bein überwindet die Stangen. Und einen ausgedehnten und hellwachen und sprunghaften Augenblick lang sieht er haargenau, wo er landen, wohin er wegrennen wird, und obwohl er weiß, dass sie hinter ihm her sein werden, sobald sein Fuß den Boden berührt, obwohl er in den nächsten Stunden in Gefahr schweben wird – stets wachsam nach rechts und links spähend –, erfüllt ihn jetzt weniger Angst.

Er kommt schwerelos auf und geht leichtfüßig an dem Kartenabreißer vorbei, der noch nach seiner heruntergefallenen Mütze tastet, und er weiß mit absoluter Sicherheit – weiß es endgültig, so tief man etwas nur wissen kann, erspürt, wie das Wissen in seinem Läuferherzen hämmert –, dass er uneinholbar ist.

Da kommt ein Klotz von der Stadtpolizei mit Knarre, Handschellen, Taschenlampe und Schlagstock, alles baumelt an seinem Gürtel, in der Tasche steckt ein fest zusammengerollter Strafzettelblock. Cotter täuscht an, dass der andere fast in die Knie geht, und die Hotdogfresser beugen sich vor, um den Jungen zu sehen, der sanft beschleunigend davonzischt und dem Polizisten mit wedelndem Finger einen kleinen Abschiedsgruß schickt.

Mit so etwas überrascht er sich selber immer wieder, etwas Angeberischem, beflügelt von einer unerwarteten Laune.

Er rennt eine überdachte Rampe hoch und in ein Gefüge aus Trägern und Pfeilern und flutendem Licht hinein. Er hört die lauter werdenden letzten Akkorde der Nationalhymne und sieht das große Hufeisen der Haupttribüne und das Gras, ein Anblick, der ihm jedes Mal mitzuteilen scheint, dass er aus seinem Leben hinausgetreten ist – der glatte Schimmer, der sich in Schwüngen und Kurven von der geharkten Erde des Innenfeldes nach außen zu der hohen grünen Umzäunung zieht. Erregend, wenn etwas so offen daliegt. Er läuft nun sehr viel langsamer und reckt den Hals, um die Sitzreihen zu mustern, sucht nach einer unauffälligen Lücke hinter einem Pfeiler. Er biegt in einen Gang von Block 35 ab, taucht ein in Hitze und Geruch der gedrängten Fans, in den Rauch, der unter der zweiten Tribüne hängt, er hört das Reden, dringt ein in das tiefe Summen, er hört die Aufwärmwürfe in den Fängerhandschuh knallen, eine Serie von Knallern, der ein Kometenschweif von Nebengeräuschen folgt.

Dann verlierst du ihn in der Menge. *(1998)*

Tipps zum Weiterlesen:
Weißes Rauschen (Roman, 1987)
Mao II (Roman, 1992)

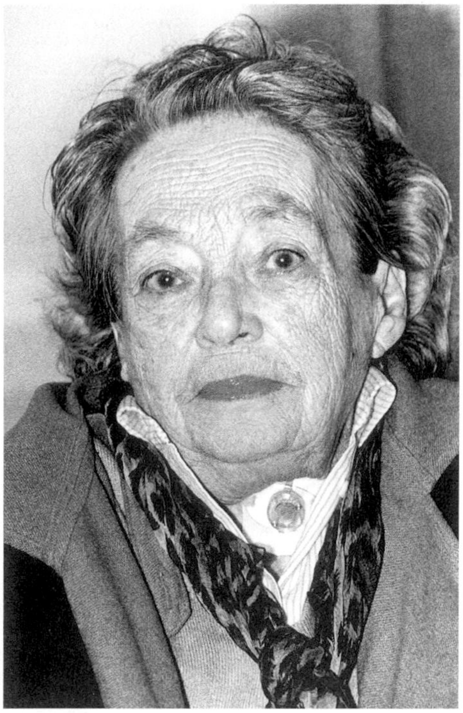

© dpa, Frankfurt – Bildarchiv

Marguerite Duras wurde 1914 in Gia Dinh/Indochina geboren und verlebte dort ihre Kindheit, bis die Familie nach Frankreich umsiedelte. Sie starb 1996 in Paris. Ihr Werk umfasst Romane, Dramen, Hörspiele und Filme. Die Filmnovelle *Hiroshima mon amour* (1960) brachte der Autorin Weltruhm ein und machte sie auch als Filmautorin bekannt. Für ihren Roman *Der Liebhaber*, der ebenfalls verfilmt wurde, erhielt sie den Prix Goncourt.

Marguerite Duras

Der Liebhaber (Auszug)

Das Bild beginnt, noch bevor er das weiße Kind an der Reling anspricht, in dem Augenblick, als er aus der schwarzen Limousine steigt, als er die ersten Schritte auf sie zu tut, und sie wusste, sie wusste, dass er Angst hatte.

Vom ersten Moment an weiß sie etwas in der Art, dass er ihr verfallen ist. Dass also auch andere bei Gelegenheit ihr verfallen könnten. Sie weiß auch etwas anderes, dass von nun an die Zeit gekommen ist, wo sie gewissen Verpflichtungen sich selbst gegenüber nicht mehr wird ausweichen können. Und dass weder die Mutter davon erfahren darf, noch die Brüder, auch das weiß sie an diesem Tag. Kaum hat sie das schwarze Auto bestiegen, weiß sie es, zum ersten Mal und für immer steht sie abseits von ihrer Familie. Von nun an sollen sie nicht mehr wissen, was mit ihr geschehen wird. Ob sie ihnen genommen, ob sie entführt, verletzt, verdorben wird, sie sollen es nicht mehr wissen. Weder die Mutter noch die Brüder. Das wird von nun an ihr Los sein. Schon in der schwarzen Limousine hätte sie darüber weinen mögen.

Das Kind wird von nun an mit diesem Mann zu tun haben, dem Ersten, dem, der auf der Fähre in Erscheinung getreten ist.

Es geschah sehr schnell an jenem Tage, einem Donnerstag. Er holte sie täglich vom Gymnasium ab, um sie ins Pensionat zurückzubringen. Und einmal kam er an einem Donnerstagnachmittag ins Pensionat. Er nahm sie mit im schwarzen Automobil.

Es ist in Cholen. Gegenüber den Boulevards, die das Chinesenviertel mit dem Zentrum von Saigon verbinden, diesen großen Straßen im amerikanischen Stil, durchfurcht von Straßenbahnen, Rikschas, Bussen. Es ist früh am Nachmittag. Sie ist dem vorgeschriebenen Spaziergang der Pensionatsschülerinnen entwischt.

Es ist eine Wohnung im Süden der Stadt. Modern, auf die Schnelle möbliert, würde man sagen, mit Möbeln im modern style. Er sagt: Ich habe die Möbel nicht ausgesucht. Es ist dunkel in diesem Raum, sie bittet nicht, die Jalousien hochzuziehen. Sie ist ohne ein bestimmtes Gefühl, ohne Hass, auch ohne Abscheu, dann ist vermutlich schon Begehren im Spiel. Sie kennt es noch nicht. Sie hat sofort eingewilligt mitzukommen, als er sie am Abend zuvor darum bat. Sie ist da, wo sie hingehört, hierher versetzt. Sie empfindet eine leichte Angst. Es scheint tatsächlich, dass dies nicht nur ihren Erwartungen entspricht, sondern dem, was genau in ihrem Fall geschehen muss. Sie nimmt sehr aufmerksam das Äußere der Dinge wahr, das Licht, den Lärm der Stadt, von dem das Zimmer überflutet wird. Er, er zittert. Er sieht sie zunächst an, als erwarte er, dass sie zu sprechen beginne, aber sie sagt nichts. Also rührt auch er sich nicht, er zieht sie nicht aus, er sagt, er liebe sie wie wahnsinnig, er sagt es ganz leise. Dann schweigt er. Sie erwidert nichts. Sie könnte erwidern, dass sie ihn nicht liebe. Sie sagt nichts. Plötzlich weiß sie, jetzt, in diesem Augenblick, weiß sie, dass er sie nicht versteht, dass er sie nie verstehen wird, dass er außerstande ist, solche Verderbtheit zu verstehen. Und all die Umwege zu machen, um sie einzuholen, das schafft er nie. Sie muss es wissen. Sie weiß es. Angesichts seiner Unwissenheit weiß sie plötzlich: Er hat ihr schon auf der Fähre gefallen. Er gefällt ihr, die Sache hing einzig und allein von ihr ab.

Sie sagt zu ihm: Ich würde es vorziehen, wenn Sie mich nicht liebten. Doch selbst wenn Sie mich lieben, möchte ich, dass Sie tun, was Sie üblicherweise mit Frauen tun. Er sieht sie entsetzt an, er fragt: Ist es das, was Sie wollen? Sie sagt ja. Hier in diesem Zimmer hat er zu leiden begonnen, zum ersten Mal, er leugnet es nicht mehr. Er sagt ihr, er wisse bereits, dass sie ihn nie lieben werde. Sie lässt es ihn aussprechen. Zuerst sagt sie, sie wisse es nicht. Dann lässt sie es ihn aussprechen.

Er sagt, er sei allein, auf grausame Weise allein mit seiner Liebe zu ihr. Sie sagt ihm, auch sie sei allein. Sie sagt nicht womit. Er sagt: Sie sind mir hierher gefolgt, wie Sie irgendjemandem gefolgt wären. Sie antwortet, das könne sie nicht wissen, sie sei noch nie jemandem in ein Zimmer gefolgt. Sie sagt, sie wolle nicht, dass er mit ihr rede, sie wolle, dass er tue, was er üblicherweise mit Frauen tut, die er in seine Wohnung mitnimmt. Sie fleht ihn an, es so zu tun.
(1985)

Der Liebhaber ist ein autobiografischer Roman, in dem die Autorin den Versuch einer Selbstanalyse unternimmt und sich dabei in bildhaften Sequenzen an ihre Kindheit in Indochina erinnert. Als fünfzehnjähriges Mädchen erlebt sie eine komplizierte Liebesgeschichte mit einem doppelt so alten Chinesen.

Tipp zum Weiterlesen:
Hiroshima mon amour (Filmnovelle, 1973)

Nuruddin Farah
Geheimnisse (Auszug)

Ich war unterwegs, als ich erstmals *davon* erfuhr, aus dem Autoradio. Während ich die Geschichte zusammensetzte und mir Variationen desselben Geschehens anhörte, kam ich zu dem Schluss, dass es ähnlich aufgebaut war wie eine Traumsequenz mit einem Hauptteil. Die Geschichte steckte knöcheltief in düsteren Konsequenzen; sie hatte etwas Mythisches. Bei genauerer Betrachtung wies der gewobene Stoff der Fabel riesige Lücken auf. Sogar einige Elemente der Spekulation ließen sich ausmachen, sie gerieten in dem Moment hinein, als die Journalisten sie in die Finger bekamen, die darüber für die Weltpresse berichteten.

Erneut ließ ich sie mir beim Fahren durch den Kopf gehen.

Ein grauer, beweglicher Berg taucht vor zwei Dorfbewohnern auf, die Zeuge des folgenden außerordentlichen Geschehens werden: Ein Elefant, der sich wie ein menschlicher Bewohner verhält, geht vorbei, als wüsste er, wohin er wollte. Einer der Männer, die die Geschichte dem Radiojournalisten erzählen, fügt hinzu, dass der Elefant in Eile zu sein schien wie jemand, der vor Sonnenaufgang eine Arbeit zu Ende bringen muss.

Als schließlich die Fernsehscheinwerfer eingeschaltet sind, kommen weitere Dorfbewohner aus ihren Compounds. Sie sprechen alle mit den Reportern und bestätigen, was sie gesehen haben. Sie erzählen, wie einer von ihnen halb bekleidet seinen Compound verlassen hat und auf diesen überlebensgroßen Elefanten getroffen ist, an und für sich schon ein Furcht erregender Anblick. Ein Nachbar erinnert sich, er habe gedacht, das könne doch kein Elefant sein, vielleicht mehrere Menschen, die ein Tuch hochhalten und darunter im Gleichschritt gehen, wie man es manchmal in Zeichentrickfilmen sieht. Unterdessen berichtet ein anderer, der zufällig vorbeikommt, wie er auf dem Rückweg von seinem üblichen Morgenbad im Fluss *ihm* über den Weg läuft, eine Unermesslichkeit von Furcht erregenden Ausmaßen. Noch ein anderer erinnert sich, er habe den Verdacht gehabt, das Tier sei irgendwo aus einem Zoo entlaufen. Eine stillende Mutter erklärt ihrerseits, ihr Kind habe *ihn* als Erstes gesehen, ihr Kind, das

Nuruddin Farah, geboren 1945 in Baidoa, Somalia, lebt heute mit seiner Familie in Nigeria. 1974 verließ er Somalia, wurde in Abwesenheit zum Tode verurteilt und konnte Somalia erstmals 1996 wieder besuchen. Der Roman *Geheimnisse* ist das erste Buch, das nach diesem Aufenthalt in seiner Heimat entstand.

fürchterlich laut schreit. Alt wie Jung gleichermaßen wundern sich die Dorfbewohner über das, was sich da begeben hat, einer prahlt damit, wegen dieses Elefanten seien sie nun auf der ganzen Welt berühmt, die BBC, Radio Cairo, die Deutsche Welle und die VOA, alle überschlügen sich, um ihre Geschichte ganz groß herauszubringen. Das müsse man sich mal vorstellen!

Zahlreiche weitere Dorfbewohner, die zum ersten Mal in ihrem Leben einen Elefanten gesehen haben, liefern absurde Übertreibungen hinsichtlich seiner Größe, seiner Höhe und seines Gewichts. Einer beschreibt ihn als „ein Fundament“! Ein anderer greift dies auf und gebraucht wegen der gewaltigen Größe des Elefanten den Begriff „Firmament“. Er habe geglaubt, der Himmel sei seinem Blick verdeckt gewesen. Der Letzte, der vom lokalen Fernsehsender interviewt wird, schwört, er habe gespürt, wie die Welt sich neigte, als der Elefant näher kam, und zurückkippte, als das Tier wegging.

Dieses große Säugetier läuft zielstrebig weiter. Es achtet nicht auf die dichte Stille, die ihm in heimlicher Befangenheit folgt. Eine der Dorfbewohnerinnen, die im Verdacht steht, sich ein wenig mit Hexerei zu beschäftigen, redet über ihre geniale Theorie: dass dies kein Elefant sei, sondern eher ein Mensch auf der heiligen Mission, die Gerechtigkeit zu rächen. Zwei weitere Zeugen, die beide keinen Kontakt zu der Frau hatten, stützten die Behauptung und nennen als Beweis die Beobachtung, dass der Elefant sich umgedreht habe, als jemand etwas auf Somalisch sagte. Etliche Dorfbewohner wollen sich nicht dazu äußern, sie fürchten eine entsprechende Vergeltung, falls sie es tun.

Schließlich berichten jene, die ihm in heimlicher Neugier gefolgt sind, wie der Elefant entschieden stehen bleibt, direkt vor einem Compound, das einem Dorfbewohner namens Fidow gehört. Lange Zeit rührt der Elefant sich nicht von der Stelle, er ist so ungeheuer riesig und weiß so genau, was um ihn herum geschieht, dass er ein Mal beiseite tritt, um die Frauen und Kinder aus Fidows Compound heraus- und an sich vorbeirennen zu lassen. Diese gesellen sich zu den neugierigen Schaulustigen davor, stehen da und gaffen. Der Elefant stößt sein übel riechendes Brüllen aus, dann herrscht Stille. Er wiederholt sein Brüllen noch mehrere Male und wartet, vielleicht darauf, dass der Hausherr herauskommt. Nun verdoppelt sich seine Größe fast, der Elefant hebt Rüssel und Stoßzähne, sein Gewicht nimmt scheinbar zu, als er nun provozierend seine Stärke demonstriert, worauf die Menge in Deckung rennt. Wie um diejenigen, die sich nicht einschüchtern lassen wollen, eines Besseren zu belehren, bricht er durch die hohe Betonmauer des Compounds, reißt das Metalltor heraus und schleudert es in ihre Richtung. Sichtlich um ihr Leben fürchtend, fliehen etliche. Schon bald jedoch kehren viele um, um zu gaffen.

In diesem Moment nun tritt Fidow aus seinem Compound. Rasch verschwindet er wieder, nur um mit einer mächtigen Flinte erneut zu erscheinen. Der Elefant dreht durch, rammt schnell wie der Tod seine Stoßzähne in Fidow und wirft ihn zur Seite, um sodann den Leichnam zu Brei zu zertrampeln. Er tritt über Fidows Leiche, während die Menge entgeistert weiter zusieht, und geht in das Zimmer, aus dem Fidow gekommen ist. Als die Dorfbewohner ihn dann wiedersehen, hat der Elefant Dutzende von Stoßzähnen bei sich.

Die Rundfunksender der Welt melden diese Nachricht in allen Spra-

Geheimnisse spielt in Mogadischu, eine Woche vor dem Ausbruch des Bürgerkrieges: Das Land ist voller Unruhe, in der Stadt wird überall gekämpft, da erhält Kalaman überraschend Besuch – von seiner Kindheitsliebe, die, aus Amerika zurückgekehrt, ein altes Versprechen einlösen will. Die Ankunft Sholoongas lässt Kalaman Vergangenes erinnern, in ihm steigen Mythen und Geheimnisse hoch, die er längst vergessen wähnte. Nach und nach erschließen sich ihm die Rätsel, die sich um seinen sagenhaften Großvater, seine starke Mutter und seinen Vater ranken, und Kalaman erkennt, dass er die Geschichte seiner Vorfahren durchleuchten muss, um – dank Sholoonga mit ihren überwältigenden magisch-sinnlichen Kräften, dank aber auch anderer wunderbarer Frauen – zu sich zu kommen.

chen, die es gibt. Im Radio wiederholen sie diese erstaunliche Begebenheit, das Warum und Weshalb und das Rätsel eines Elefanten, der die Seinen rächt. Sie sprechen von einem Elefanten, der sich auf die Jagd nach einem Mann macht, der die Hälfte seiner unmittelbaren Familieangehörigen erschossen, ihnen die Stoßzähne abgenommen und sie in seinem Haus versteckt hat. Der Elefant habe nicht nur, so sagen sie, den Jäger getötet, sondern sich auch deren Stoßzähne wiedergeholt. Manche der Journalisten spekulieren darüber, dass der Elefant seinen massakrierten Verwandten ein ordentliches Begräbnis verschaffen will. Viele der Rundfunkkommentatoren klingen triumphierend. Einer der örtlichen Radioreporter prophezeit großspurig, dass wir von diesem Tag an in Somalia eine grüne Bewegung haben würden, die erste echte ihrer Art auf der Welt.
(2000)

Tipp zum Weiterlesen:
Aus einer gekrümmten Rippe (Roman, 1994)

Gabriel García Márquez
Chronik eines angekündigten Todes (Auszug)

An dem Tag, an dem sie Santiago Nasar töten wollten, stand er um fünf Uhr dreißig morgens auf, um den Dampfer zu erwarten, mit dem der Bischof kam. Er hatte geträumt, er wandere durch einen Wald aus Feigenbäumen, in dem ein sanfter Rieselregen fiel, und einen Augenblick lang war er glücklich in dem Traum, aber beim Erwachen fühlte er sich vollständig mit Vogelkacke bespritzt. „Er träumte immer von Bäumen", sagte mir Plácida Linero, seine Mutter, während sie siebenundzwanzig Jahre später die Einzelheiten jenes unglückseligen Montags beschwor. „In der Woche davor hatte er geträumt, er säße allein in einem Flugzeug aus Silberpapier, das zwischen Mandelbäumen hindurchflog, ohne anzustoßen", sagte sie. Sie hatte den wohlverdienten Ruf einer zuverlässigen Deuterin fremder Träume, sofern man sie ihr auf nüchternen Magen erzählte, und doch hatte sie in den beiden Träumen ihres Sohnes kein unheilvolles Vorzeichen entdeckt, auch nicht in den anderen Träumen von Bäumen, die er ihr an den seinem Tod vorausgegangenen Vormittagen erzählt hatte.

Auch Santiago Nasar erkannte das Omen nicht. Er hatte kurz und schlecht geschlafen, ohne sich ausgezogen zu haben, und erwachte mit Kopfschmerzen und dem Belag von Messingsteigbügeln auf der Zunge, was er als natürliche Nachwirkungen des Hochzeitsgelages deutete, das sich bis nach Mitternacht hingezogen hatte. Mehr noch: Die zahlreichen Personen, denen er begegnete, nachdem er sein Haus um sechs Uhr fünf verlassen hatte, bis er eine Stunde später wie ein Schwein abgestochen wurde, erinnerten sich seiner als etwas verschlafen, aber gut gelaunt, und zu allen bemerkte er beiläufig, es sei ein sehr schöner Tag. Niemand war sicher, ob er vom Wetter sprach. Viele stimmten in ihrer Erinnerung darin überein, dass es ein strahlender Morgen mit einer Brise vom Meer gewesen war, die durch die Bananenpflanzungen wehte, wie von einem schönen Februar jener Zeit zu erwarten war. Die meisten waren sich indessen darin einig, dass es düsteres Wetter gewesen war mit einem trüben niedrigen Himmel und einem zähen Geruch nach stehenden Gewässern und dass im Augenblick des Unglücks ein kleiner Nieselregen fiel, wie ihn Santiago Nasar im Wald seines Traums erblickt hatte. Ich erhol-

Gabriel García Márquez wurde 1928 im kolumbianischen Dorf Aracataca als ältestes von 16 Kindern geboren. Nach einem Jurastudium arbeitete er zunächst als Journalist, bevor er als Romanschriftsteller tätig wurde. 1967 gelang ihm mit dem Roman *Hundert Jahre Einsamkeit* der Durchbruch, das Buch erreichte eine Auflage von über 10 Millionen Exemplaren und machte ihn zum meistgelesenen Autor Lateinamerikas. 1982 erhielt er den Literaturnobelpreis.

te mich gerade vom Hochzeitsgelage in María Alejandrina Cervantes' apostolischem Schoß und erwachte erst vom Lärm der Sturm läutenden Glocken, weil ich dachte, man habe sie zu Ehren des Bischofs in Bewegung gesetzt.

Santiago Nasar zog eine Hose und ein Hemd aus weißem Leinen an, beides ungestärkt, wie er sie am Vortag für die Hochzeit angezogen hatte. Es war eine Kleidung zu gegebenem Anlass. Ohne die Ankunft des Bischofs hätte er seinen Khaki-Anzug und die Reitstiefel angezogen, in denen er montags zum *Göttlichen Antlitz* ritt, der von seinem Vater ererbten Vieh-Hazienda, die er sehr kundig, aber ohne viel Glück verwaltete. Im Bergland trug er eine 357 Magnum im Gürtel, deren Vollmantelgeschosse, wie er sagte, ein Pferd in der Mitte entzweireißen konnten. Zur Rebhuhnzeit nahm er sein Falknergerät mit. Im Schrank verwahrte er überdies eine Manlicher Schönauer Büchse 30.06, ein 300 Holland Magnum Kaliber, eine 22-er Hornet mit zweistufigem Zielfernrohr und einen Winchester Repetierer. Er schlief immer, wie sein Vater geschlafen hatte, mit der Waffe im Kopfkissenbezug, doch bevor er an jenem Tag das Haus verließ, nahm er die Patronen heraus und legte die Waffe in die Nachttischschublade. „Er ließ sie nie geladen zurück", sagte mir seine Mutter. Ich wusste es und wusste außerdem, dass er die Waffen an einem Ort verwahrte und die Munition an einem anderen, sehr entfernten versteckte, sodass niemand auch nur zufällig der Verführung erliegen konnte, die Waffen innerhalb des Hauses zu laden. Das war eine ihm vom Vater auferlegte weise Gewohnheit, seitdem ein Dienstmädchen eines Morgens das Kopfkissen geschüttelt hatte, um den Bezug abzuziehen, und dabei die Pistole beim Aufschlag auf den Fußboden losging, die Kugel den Schlafzimmerschrank zertrümmerte, die Wohnzimmerwand durchdrang, mit Kriegsgetöse durch das Esszimmer des Nachbarhauses schoss und einen Heiligen in Lebensgröße auf dem Hochaltar der Kirche am äußersten Ende des Platzes in Gipsstaub verwandelte. Santiago Nasar, der damals sehr klein war, hatte die Lektion jenes Zwischenfalls nie vergessen.

Das letzte Bild, das seine Mutter von ihm festhielt, war sein fluchtartiger Gang durchs Schlafzimmer. Er hatte sie geweckt, als er in der Badezimmerapotheke nach einem Aspirin tastete, und sie zündete das Licht an und sah ihn mit dem Wasserglas in der Hand in der Türe stehen, und so sollte sie sich seiner für immer erinnern. Nun erzählte Santiago Nasar ihr seinen Traum, doch sie achtete nicht auf die Bäume. „Alle Träume mit Vögeln bedeuten gute Gesundheit", sagte sie.

(1981)

Chronik eines angekündigten Todes (1981) geht auf eine selbst erlebte Begebenheit des Autors zurück. Zwei Brüder ermorden Santiago Nasar, einen jungen Mann, auf den der Verdacht gefallen ist, die Schwester der beiden entehrt zu haben. Für Santiago Nasar gibt es kein Entrinnen, obwohl das ganze Dorf von dem Mordplan weiß. Der brüchige, aber noch geltende Ehrenkodex und die Apathie der Menschen lassen keine andere Lösung zu.

Tipps zum Weiterlesen:
Hundert Jahre Einsamkeit (Roman, 1970)
Liebe in den Zeiten der Cholera (Roman, 1987)

Imre Kertész

Roman eines Schicksallosen (Auszug)

(...) mittlerweile waren wir schon ein rechtes Stück weitergerückt. Ich bemerkte, dass sich die Soldaten und Sträflinge um uns herum sehr vermehrt hatten. An einem bestimmten Punkt verwandelte sich unsere Fünferreihe in einen Gänsemarsch. Gleichzeitig wurden wir aufgerufen, Jacken und Hemden abzulegen, um mit nacktem Oberkörper vor den Arzt zu treten. Auch das Tempo, so spürte ich, beschleunigte sich. Und dann sah ich auch schon dort vorn zwei Gruppen von Menschen. Eine größere und recht gemischte Gesellschaft versammelte sich zur Rechten, und eine kleinere und irgendwie wohlgefälligere, in der ich zudem auch schon ein paar von den Jungen erblickte, zur Linken. Diese Letzteren schienen – zumindest in meinen Augen – die Tauglichen zu sein. Unterdessen war ich, und zwar immer schneller, direkt dorthin unterwegs, wo im Durcheinander der vielen sich bewegenden, hin und her laufenden Gestalten jetzt schon ein fester Punkt aufschimmerte, eine makellose Uniform mit der steil aufstrebenden Tellermütze der deutschen Offiziere; dann überraschte mich nur noch, wie schnell die Reihe an mir war. Die Untersuchung selbst kann im Übrigen nicht mehr als etwa zwei, drei Sekunden (annähernd) gedauert haben. Gerade war vor mir noch Moskovics an die Reihe gekommen – ihn hatte der Arzt sofort, mit gestrecktem Zeigefinger, in die andere Richtung gewiesen. Ich hörte noch, wie Moskovics zu erklären versuchte *„Arbeiten ... sechzehn ...“* – aber von irgendwoher packte ihn eine Hand, und schon hatte ich seinen Platz eingenommen. Mich, so sah ich, betrachtete der Arzt schon gründlicher, mit einem abwägenden, ernsten und aufmerksamen Blick. Ich habe mich dann auch aufgerichtet, um ihm meinen Brustkasten zu zeigen, und – so erinnere ich – sogar etwas lächeln müssen, als ich so nach Moskovics drankam. Zu dem Arzt hatte ich auch gleich Vertrauen, weil er von angenehmer Erscheinung war und ein sympathisches langes, glattrasiertes Gesicht hatte, eher schmale Lippen und blaue oder graue, auf jeden Fall helle, gütig blickende Augen. Ich konnte ihn mir gut anschauen, während er, seine behandschuhte Hand beidseits auf meine Wangen stützend, mir mit dem Daumen die Haut unter den Augen ein bisschen herunterzog – geradeso, mit dem gleichen Handgriff, wie ich es von den Ärzten zu Hause kannte. Gleichzeitig fragte er mich mit einer leisen, aber klaren Stimme, die den gebildeten Menschen verriet: *„Wie alt bist du?“* – aber irgendwie nur so nebenbei. Ich sagte: *„Sechzehn.“* Er hat leicht genickt, aber es schien eher deswegen zu sein, weil es die richtige Antwort, und nicht, weil es die Wahrheit war – jedenfalls ist es mir in der Eile so vorgekommen. Ich habe auch noch eine andere Beobachtung gemacht, oder eher eine flüchtige, vielleicht auch falsche Wahrnehmung – als hätte er irgendwie zufrieden, ja fast schon erleichtert gewirkt; mir schien, ich gefiel ihm irgendwie. Dann schob er mich weg, mit der einen Hand noch auf meinem Gesicht, während er mir mit der anderen die Richtung wies, auf die andere Seite der Straße, zu den Tauglichen. Die Jungen erwarteten mich schon triumphierend, vor Freude lachend. Und beim Anblick dieser strahlenden Gesichter war es vielleicht, dass ich den Unterschied verstand, welcher unsere Gruppe von denen auf der anderen Seite wirklich trennte: Es war der Erfolg, wenn ich es richtig empfand. (...)

Von dem Weiteren kann ich dann nicht mehr viel sagen: Im Wesentlichen ist alles nach den Weisungen des Sträflings abgelaufen. Die gegenüberliegende Tür ist aufgegangen und wir sind in eine Räumlichkeit eingetreten, in der sich lange Bänke und darüber tatsächlich Kleiderhaken befanden. Die Nummer habe ich auch gleich gefunden und einige Male für mich wiederholt, um sie nicht etwa zu vergessen. Auch die Schuhe habe ich zusammengebunden, so wie es der Sträfling geraten hatte. Dann folgte ein großer, von Lampen sehr hell erleuchteter Raum mit niedriger Decke: Ringsum die Wände

Imre Kertész wurde 1929 in Budapest geboren und wegen seiner jüdischen Abstammung als 15-Jähriger 1944 nach Auschwitz deportiert und 1945 in Buchenwald befreit.
Seit 1953 lebt er als freier Schriftsteller in Budapest. Die jahrelange Arbeit an seinen Romanen finanzierte er mit dem Verfassen von Theaterstücken und Übersetzungen.

Kertész hatte es zunächst schwer, einen Verleger für seinen stark autobiografisch geprägten *Roman eines Schicksallosen* zu finden. Das Buch verhöhne die Opfer des Holocaust, hieß es. Anstoß erregte offensichtlich die Art, wie erzählt wird: In einem unschuldigen und beinahe optimistischen Ton schildert Kertész die Geschichte der Deportation eines 15-jährigen jüdischen Jungen nach Auschwitz. Er erzählt von diesen Ereignissen nicht nur ohne anzuklagen, sondern übernimmt auch scheinbar vorbehaltlos und gleichgültig die zynische Sprache der Nazis. Für den Leser mag diese Perspektive grausam und furchtbar erscheinen, weil er weiß, was in Auschwitz passierte. Der junge Erzähler in Kertész Roman aber weiß ganz lange nichts – und bewundert stattdessen seine Nazi-Peiniger für ihre schönen, sauberen, ordentlichen Straßen …

entlang waren schon die Rasiermesser eifrig am Werk, surrten die elektrisch betriebenen Haarschneidemaschinen, machten sich die Barbiere – alles Sträflinge – eifrig zu schaffen. Ich kam zu einem auf der rechten Seite. Ich solle – so sagte er vermutlich, denn ich verstand seine Sprache nicht – da vor ihm auf dem Schemel Platz nehmen. Und schon hatte er mir die Maschine an den Nacken gedrückt und das Haar abgeschnitten – aber ganz und gar, völlig kahl. Dann hat er das Rasiermesser zur Hand genommen: Ich solle aufstehen und die Arme hochhalten – er machte es vor –, und darauf kratzte er mir ein bisschen unter der Achsel herum. Dann setzte er sich vor mich auf den Schemel. Er packte mich kurzerhand an dem Organ, das am empfindlichsten ist, und schabte dann mit dem Rasiermesser auch von dort die ganze Krone weg, jedes einzelne Haar, mein gesamtes bisschen männlichen Stolz, das doch vor noch gar nicht so langer Zeit erst gesprossen war. Es mag unverständlich sein, aber dieser Verlust schmerzte mich irgendwie noch mehr als der meines Kopfhaars. Ich war überrascht und auch ein wenig aufgebracht – aber ich habe dann eingesehen, dass es lächerlich gewesen wäre, sich wegen einer solchen Kleinigkeit aufzuhalten, im Grunde genommen. Und dann habe ich auch gesehen, dass es allen anderen, auch den Jungen ähnlich erging, und der „Halbseidene“ bekam es dann auch gleich zu hören: Na, wie wird das jetzt sein mit den Mädchen?

Doch da hieß es, weiter: Nun folgt das Bad. In der Tür drückte ein Sträfling gerade „Rosi“ ein kleines braunes Stück Seife in die Hand und bedeutete: für drei Personen. Im Bad fanden wir unter unseren Füßen ein glitschiges Holzgitter vor und über unseren Köpfen ein Netzwerk aus Rohren und daran unzählige Duschen. Die Zahl der nackten und nicht gerade sehr wohlriechenden Menschen darin war schon groß. Ich fand es interessant, dass das Wasser von allein und ganz unerwartet zu fließen begann, nachdem alle, auch ich selbst, vergeblich nach einem Hahn gesucht hatten. Das Wasser war nicht eben sehr reichlich, doch empfand ich seine Temperatur als erfrischend kühl, gerade das Richtige in dieser Hitze. Zuallererst habe ich nach Herzenslust getrunken und bin dabei wieder dem gleichen Geschmack wie zuvor am Brunnen begegnet: Erst dann ließ ich auch meine Haut ein bisschen das Wasser genießen. Auch ringsumher allerlei fröhliche Laute, ein Plantschen, Niesen und Prusten: Es war ein heiterer, sorgloser Augenblick. Wir Jungen hänselten einander die ganze Zeit wegen unserer kahlen Köpfe. Von der Seife hat sich herausgestellt, dass sie leider nicht sehr schäumte, dafür aber viele scharfe, Kratzer verursachende Körnchen enthielt. Trotzdem rieb sich ein dicklicher Mann in meiner Nähe – mit schwarzgekräuseltem Haar auf Brust und Rücken, das man ihm offenbar gelassen hatte – lange damit ein, mit feierlichen, ja irgendwie zeremoniellen Bewegungen. Irgendetwas – abgesehen natürlich von seinem Haar – fehlte an ihm. Da erst habe ich bemerkt, dass er am Kinn und um den Mund herum weißer als sonst und seine Haut dort voller frischer roter Schnitte war. Der Rabbiner aus der Ziegelei war es, ich erkannte ihn wieder: Also war auch er mitgekommen. Ohne Bart erschien er mir schon nicht mehr so ungewöhnlich, ein einfacher, etwas großnasiger Mann von eigentlich ganz alltäglichem Äußeren. Er war noch mit vollem Eifer dabei, sich die Beine einzuseifen, als jetzt mit der gleichen Plötzlichkeit, mit der es zu fließen begonnen hatte, das Wasser auf einmal versiegte: Da hat er überrascht aufgeschaut, dann gleich wieder an sich hinunter, aber irgendwie ergeben, wie jemand, der gleichsam das Wirken eines höheren Willens zur Kenntnis nimmt, ihn versteht und sich ihm zugleich beugt.

Aber auch mir selbst blieb nichts anderes übrig: Schon wurde ich hinausgeschoben, gedrückt, gedrängt. Wir kamen in einen schlecht beleuchteten Raum, wo ein Sträfling allen, auch mir, ein Taschentuch – nein, genauer besehen ein Handtuch überreichte und bedeutete: nach Gebrauch zurückgeben. Gleichzeitig strich mir ein anderer mit einer Art flachem Pinsel so eine verdächtig gefärbte, Juckreiz verursachende Flüssigkeit, dem durchdringenden Geruch nach ein Desinfektionsmittel, auf den Kopf, in die Achselhöhlen und auf jene gewisse empfindliche Gegend, dies aber mit einer ganz unerwarteten, außerordentlich flinken und geschickten Bewegung. Dann folgte ein Gang, auf der rechten Seite zwei ausgeleuchtete Öffnungen, und schließlich ein dritter Raum ohne Tür: In jeder der Öffnungen stand ein Sträfling und verteilte Kleidungsstücke. Ich nahm – wie alle anderen auch – ein Hemd in Empfang, das früher bestimmt einmal blau-weiß gestreift gewesen war und am Halsausschnitt wie bei meinem Großvater weder Kragen noch Knöpfe hatte, ebenso Beinlinge, die höchstens für Greise gedacht sein konnten, mit einem Schlitz über den Knöcheln und zwei richtigen Hosenbändern, einen schon abgetragenen Anzug, jedoch genau dem der Gefangenen entsprechend, aus Drillich und mit blau-weißen Streifen – einen regelrechten Sträflingsanzug, ich konnte es drehen und wenden, wie ich wollte; und in dem dritten Raum durfte ich mir dann selbst aus einem Haufen komischer Schuhe, mit Holzsohlen und einem Leinenoberteil mit drei Knöpfen an der Seite statt Schnürsenkeln, die auswählen, die mir in der Eile so ungefähr an die Füße zu passen schienen. Und auch zwei graue Stofflappen nicht zu vergessen, offenbar Taschentücher, wie mir schien, nun ja, und dann zu guter Letzt noch ein unvermeidliches Zubehör: eine zerschlissene, weiche, gestreifte, runde Sträflingsmütze. Ich zögerte ein bisschen – doch ich konnte ja, während von allen Seiten Stimmen zur Eile mahnten, während sich alles um mich herum in fieberhafter Eile anzog, nicht einfach dastehen, wenn ich nicht hinter den anderen zurückbleiben wollte, natürlich. Die Hose musste ich – denn sie war zu weit und ein Gurt oder irgendwelche Träger fehlten – im Laufen verknoten, während sich bei den Schuhen die unerwartete Eigenschaft herausstellte, dass die Sohlen sich nicht bogen. Und zwischendurch habe ich mir, um die Hände frei zu haben, die Mütze auf den Kopf gesetzt. Auch die Jungen waren schon alle fertig: Wir konnten uns nur noch anschauen, ohne zu wissen, ob wir lachen oder eher staunen sollten. Doch für beides war keine Zeit: Schon standen wir draußen, im Freien. Ich weiß nicht, wer die Anordnungen traf, auch nicht, was geschah: Ich erinnere mich nur noch, wie mich irgendwie ein Druck ergriff, mich ein Schwung mitnahm und vorwärts schob und noch etwas stolpern ließ in meinen neuen Schuhen, in einer Staubwolke und unter einem seltsamen Knallen von hinten – als würde vielleicht jemand auf den Rücken geschlagen –, immer weiter, durch immer neue Höfe, zu immer neuen Toren, Hecken und Zäunen aus Draht; ein sich öffnendes und schließendes System, das zuletzt vor meinen Augen zu verschwimmen und verwirrend durcheinander zu geraten begann.
(1996)

Tipps zum Weiterlesen:
Galeerentagebuch (Roman, 1993)
Fiasko (Roman, 1999)

António Lobo Antunes wurde 1942 in Lissabon geboren, studierte Medizin und war danach als Chirurg tätig. Seinen Wehrdienst musste er während der Diktatur Salazars im Kolonialkrieg in Angola ableisten. Danach arbeitete er in der Psychiatrie und lebt heute als freier Schriftsteller. Er veröffentlichte mehrere Romane, die ihn international bekannt machten und in alle Weltsprachen übersetzt wurden. Als einer der ersten portugiesischen Autoren thematisierte er den Kolonialkrieg. 1986 erhielt er den Großen Romanpreis des portugiesischen Schriftstellerverbandes.

António Lobo Antunes

Der Tod des Carlos Gardel (Auszug)

Wie ich immer zu sagen pflege, schlimmer als ein Ehemann ist nur ein Ex-Ehemann: Kaum hat man sich getrennt, stehen sie ständig auf der Matte, sie kommen zur Arbeit, um einen zu bedrohen, rufen an, schreiben Briefe, schicken Blumen, passen uns ab. Meiner hat mir nie den Schlüssel zurückgegeben, und freitags, wenn ich später nach Hause kam, fand ich ihn auf dem Treppenabsatz mit dem Frühstückstablett auf den Knien vor, ihn, der mir, solange er mit mir zusammengelebt hat, nie Frühstück gemacht hat, immer erklärte, es sei gegen seine Religion, und Zeitung lesend im Bett blieb und um Toast bat, doch nachdem ich ihn auf die Straße gesetzt habe, und Gott weiß, was für einen Aufstand er gemacht hat, bevor er gegangen ist, er weinte, flehte, wollte mich schlagen, wenn ich am frühen Morgen nach Hause kam, war er da mit einer Teekanne, Croissants, trockenen Kuchen, einer zu einer Blüte gefalteten Serviette und einer Blume in einer kleinen Vase. Ich trat aus dem Fahrstuhl, machte das Licht an, und mein Ex mit Krawatte, piekfein, mit einem Lächeln von einem Ohr zum anderen

– Guten Tag

und ohne noch weiter etwas zu sagen, drückte er mir das Tablett in die Hand und verschwand, und das jeden Freitag, ob ich in Begleitung war oder nicht, wenn ich es war, wurde das Lächeln noch breiter und er entschuldigte sich äußerst wohlerzogen

– Nächstes Mal bringe ich eine weitere Tasse mit, wo hatte ich nur meinen Kopf

und das Ergebnis war, dass die Männer perplex, wie sie waren, nicht über die Diele hinauskamen, diesen großen Stich anschauten, den ich da hängen habe, oder auf der Suche nach einem Vorwand, sich schamlos zu verdrücken, mit gesenktem Blick das Kinn rieben

(– Mir ist gerade eingefallen, dass ich meinen Sohn vor neun Uhr in Cascais abholen muss, auf ein andermal, Margarida)

und wenn ich sie am Montag anrief, hatten sie ein Arbeitsabendessen

(– Du weißt ja, wie das ist, wir haben gerade Engländer hier in der Hauptgeschäftsstelle)

oder eine Parteiversammlung, eines Nachts habe ich einen unglaublich sympathischen Piloten der TAP mitgebracht, einen wirklich gut aussehenden Typ, den ich beim Snookerspielen im Príncipe Real getroffen habe, wir sind zu den Kapverdianern tanzen gegangen, er bot sich an, mich im Alfa Romeo zum Lumiar zu fahren, ich habe weder den Wagen meines Ex auf dem kleinen Platz noch das Tablett mit dem Frühstück auf der Treppe gesehen, wir haben im Wohnzimmer einen Whisky getrunken, der Flieger streichelte meinen Hals, streichelte mein Knie, ich machte das Deckenlicht aus, wir küssten uns, er bat mich um Erlaubnis sein Jackett auszuziehen, er hieß Carlos Manuel, was allerdings nicht so berauschend ist, denn ich mag keine zusammengesetzte Namen, vor allem nicht mit Manuel, Vítor Manuel, António Manuel, José Manuel, das riecht nach Rentenkasse und *Die Stimme des Arbeiters*, nun denn, ich hatte ja auch nicht vor, mich gleich zu verloben, ich bat um fünf Minuten, zog die Jeans aus, schlüpfte in ein schwarzes Negligee, das ich in Madrid zum Kastagnettenspielen gekauft hatte, und er, der Arme, den Arm schon auf der Sofalehne, verschluckte sich fast am Alkohol, ich öffnete ihm ein oder zwei Hemdknöpfe, um seine Haut zu liebkosen, er war brünett, behaart, trug eine Silberkette mit einem handtellergroßen Kreuz, man heißt nicht umsonst Carlos Manuel, mit vierzig Jahren habe ich keine große Auswahl, ich bat ihn um weitere fünf Minuten, um das Bett zu machen, da die Putzfrau seit einem Monat krankgeschrieben war, der von der TAP gehörte zu der Sorte, die die Hosen mit gerader Bügelfalte aufhängen und die Socken sehr sorgfältig in die Schuhe packen, ich stellte ihn mir gleich vor, wie er in einer Wohnung in Portela die Bilder geraderückt und, den Kopf schräg gelegt, drei Schritte zurück macht, er legte sich in Unterhosen neben mich, und während er mir den Kehlkopf auf dem Weg zur Schulter leckte, hörte ich ein diskretes Hüsteln, ich öffnete die Augen, und da stand mein Ex fast an den Bettlaken, beugte sich in vollendeter Höflichkeit zu uns herunter

– Entschuldigt bitte die Unterbrechung, aber diese Kopfkissenbezüge gehören mir

und der Pilot wollte kalkweiß von der Matratze springen

(und mein Ex beruhigte ihn)

– Machen Sie keine Umstände, machen Sie keine Umstände, es geht ganz schnell, ich verschwinde gleich wieder)

stand schreckensstarr nackt auf dem Teppich

(und mein Ex, der die Kopfkissenbezüge zusammenrollte und sich unter die Achsel klemmte

– Um Gottes willen machen Sie weiter, tun Sie so, als wäre ich nicht hier)

fiel auf die Frisierkommode am Fenster, während die Haustür sich schloss, ich lief in die Diele und legte die Kette vor, und da hatte sich der von der TAP mit einem Gesicht wie Jesus auf dem Kalvarienberg schon angezogen, ich kenne niemanden, der so schnell die Uniform anzieht, und ich

– Was ist denn, Carlos?

unfähig, Carlos Manuel zu sagen, ich krieg das nicht über die Lippen, und er in Agonie

– Ich hau ab, bevor ich einen Herzinfarkt kriege

und er wankte zum Fahrstuhl, verwehrte mir, ihn zu berühren, warf einen mexikanischen Topf auf den Boden, stürzte den Jugendstilgarderobenständer um, ich bin besorgt auf den Balkon gegangen, um nach ihm zu schauen, sah ihn, wie er schwankend die Tür eines Peugeots aufzumachen versuchte, sah, wie er mit dem Schloss eines Lieferwagens kämpfte, sah ihn, wie er schließlich in den Alfa Romeo stieg, sich ans Steuer setzte, Gas gab, einen Satz machte, einen Müllcontainer zerquetschte, einen Kotflügel an einer Laterne verlor und schluchzend an einer Ecke entschwand, und als ich ihn Monate später in Príncipe Real wiedertraf, lief der Mann, kaum dass er mich gesehen hatte, in allen erdenklichen Farben an, stand vom Tisch auf, verschwand, als habe er Feuer unterm Hintern, und ist bis heute nicht wieder aufgetaucht, schlimmer als ein Ehemann ist nur ein Ex-Ehemann, da gibt's gar nichts (...).

(2000)

Lobo Antunes lässt in seinem Roman sehr viele Personen zu Wort kommen. Haupt- und Nebenfiguren erinnern sich, erzählen ihre Geschichten und erzeugen so ein dichtes Netz unterschiedlicher Stimmen: Álvaro ist ein besessener Bewunderer des Tangosängers Carlos Gardel. Er sammelt Andenken an sein längst verstorbenes Idol und hüllt sich mit Hilfe alter Tonbandaufnahmen von Gardels markanter, schmachtender Stimme in eine Klangwelt, in die ihm niemand folgen mag.
Claudia, Álvaros Frau, hat sich schon lange von ihm getrennt, nur der gemeinsame Sohn Nuno übernachtet noch manchmal beim Vater, wenn Claudia mit ihrem neuen Freund allein sein möchte. Nuno ist eifersüchtig auf ihn und mag auch den Vater nicht; Nunos Schmerz, Unglück und Hilflosigkeit kulminieren schließlich in seiner Heroinsucht.
Die Verwandten unternehmen zwar halbherzige Versuche, dem Jungen zu helfen, letztlich wären sie aber froh, von ihm und auch voneinander loszukommen. Als Nuno stirbt, ändert das wenig an den Verstrickungen, in denen sich die Familie verfangen hat: Aus Schuldgefühlen resultieren neue Zweckbündnisse, immer irrealere Fluchtwelten schränken jede tatsächliche Bewegungsfreiheit ein. Besonders Álvaro verteidigt seine Obsession gegen die Umwelt, bis ihm eines Tages Carlos Gardel sogar leibhaftig gegenüberzutreten scheint.

Im vorliegenden Ausschnitt erzählt Margarida ihrer Freundin Claudia von ihrem Ex-Ehemann.

Tipps zum Weiterlesen:
Leidenschaften der Seele (Roman, 1994)
Sonette an Christus (Erzählungen, 1999)

Margriet de Moor

Bevorzugte Landschaft (Novelle, Auszug)

© dpa, Frankfurt – Bildarchiv

Margriet de Moor, 1941 geboren, studierte in Den Haag Gesang und Klavier. Nach einer Karriere als Sängerin begann sie in Amsterdam ein Studium für Kunstgeschichte und Architektur. Sie schrieb zunächst kürzere Erzählungen. Ihr erster Roman *Erst grau dann weiß dann blau* (1991) wurde ein großer Erfolg und in Holland mit dem renommierten Ako-Preis ausgezeichnet.

Mira parkte auf der gegenüberliegenden Straßenseite. Es war nach sechs und vor ihrem Haus war kein Platz mehr frei. Sie nahm die Notenhefte vom Beifahrersitz und stieg aus. Es war windig. Der Wind, der aus der Richtung von Randmeer kam und einen schweren, unangenehmen Geruch in die Stadt trieb, erfasste den Saum ihrer Regenjacke. Instinktiv drückte sie sich den wollenen Schal gegen den Hals. Als sie genau gegenüber von den erleuchteten Fenstern ihres Hauses die Fahrbahn überqueren wollte, sah sie ihre Familie am Tisch sitzen. Wie angewurzelt blieb sie stehen.

Auf seinem gewohnten Platz mit dem Rücken zur offenen Küche war ihr Mann gerade dabei, etwas anzuschneiden oder auf dem Teller ihrer siebenjährigen Tochter Jeanne, die wie immer neben ihm saß, etwas zu zerkleinern. Das Kind achtete überhaupt nicht auf das Essen, sondern hörte mit offenem Mund der Frau zu, die auf der anderen Seite des Tisches saß und lachend und gestikulierend etwas erzählte. Nun deutete die Frau mit einer knappen Bewegung auf etwas. Mira reckte sich und sah, dass Jeanne fragend die Arme hob und sie, als die Frau nickte, voll Vertrauen ausstreckte. Die Frau rollte die zu langen Ärmel von Jeannes Bluse hoch, was beim Essen vernünftig war; Mira sah, wie die rührenden weißen, immer noch molligen Kinderarme zum Vorschein kamen.

Für einen Moment schloss sie die Augen und schaute dann wieder hin.

Auf ihrem Platz saß eine fremde Frau.

Mira war klein, aber sehr stolz und aufrecht, mit runden Schultern und großen runden Brüsten – der Wind blies die Jacke gegen ihren Körper –, sie hatte dunkles Haar – der Wind wehte ihre kurzen Locken in alle Richtungen, aber sie waren so dicht, dass die Kopfhaut nirgends zu sehen war – und blasse Haut. Die Frau am Esstisch sah anders aus. Schulterlanges weißblondes Haar stach gegen die sehr rosige Gesichtsfarbe ab; sie hatte eckige Backenknochen, und als sie sich halb von ihrem Stuhl erhob, um die Herbstastern, die auf der Fensterbank neben ihr standen, wieder auf den Tisch zu stellen, konnte man bemerken, dass sich diese Eckigkeit in ihren Schultern, Armen und Hüften fortsetze. Sie trug eine elfenbeinfarbene Jacke.

Der Tisch war ordentlich gedeckt. Auf dem sauberen weißen Tischtuch standen Gläser und eine Karaffe mit Wasser. Mira sah, wie ihr Mann Wein einschenkte. Sie sah, dass er dabei etwas sagte, worauf die Frau in Lachen ausbrach; dabei warf sie zuerst den Kopf in den Nacken und ließ ihn dann zwischen den Schultern nach unten sinken. Während die fremde Frau vor Vergnügen prustete oder brüllte, hatte Jeanne auf ihrer Seite, wie sie es immer tat, hingebungsvoll zu essen angefangen.

Als ein Radfahrer dicht an ihr vorbeifuhr und dann ein Autofahrer bremste, wahrscheinlich in der Annahme, sie könnte jeden Moment die Straße überqueren, wurde es Mira bewusst, dass sie auf trübselige Weise wie eine Figur im Märchen ein Bild alltäglichen Glücks beobachtete. Als wollte sie sich dessen Geheimnis abgucken. Als wollte sie dieses Geheimnis unter ihrer Jacke verstecken, um es nie mehr, selbst im Schlaf nicht, zu vergessen. Sie drückte die Notenhefte an sich und begann zu laufen.

Das Städtchen im Gooiland war unter dem Gesichtspunkt der Sicherheit gebaut worden. Die engen Straßen, die alle im rechten Winkel zueinander verliefen, waren zuerst von Erdwällen und dann noch von Mauern, Bastionen und Wasser umgeben. Wer hier wohnte, hatte allen Grund sich beschützt zu fühlen. In der einfallenden Oktoberdämmerung lief Mira an den Häusern entlang, als wäre sie irgendwohin unterwegs. Sie ging durch zwei, drei Straßen mit antiken Straßenlaternen und schiefen Bürgersteigen, überquerte bei der Weinhandlung, die noch offen war und wo sie unter den Leuten am Ladentisch ein befreundetes Ehepaar entdeckte, den Platz, gelangte zu den Wällen, die Erinnerungen an die Blumenfülle des letzten Sommers in ihr wachriefen – hier wuchs die exotische Flora, die auch zwischen den Schwellen und an den Böschungen der Eisenbahnstrecken anzutreffen ist: Huflattich, Kornähren, kleine Wildrosen – und ging schnell in Richtung Kapelstraat. Eine Frau auf dem Weg nach Hause.

Was waren ihre Pläne für heute Abend gewesen? Sie hatte zunächst in aller Ruhe kochen wollen, wie stets nach einer Probe war sie sehr hungrig gewesen und als sie aus Amsterdam herausfuhr, hatte sie schon an Bratkartoffeln und Schokoladenmousse denken müssen. Paul und sie hätten abgespült, während Jeanne das Kinderprogramm ansah. Nach dem Vorlesen aus ‚Minoes' und nach dem Kaffee hätte sie eine Dusche genommen. Sie hätte den heißen Strahl auf Schultern und Nacken gespürt, sie hätte den Dampf eingeatmet und sich in verliebter Stimmung das Lied von Fauré, das sie heute Nachmittag einstudiert hatte, ins Gedächtnis gerufen, die Ruhe der Melodie gegenüber der anderen, eigenwilligen Ruhe des Klavierparts ... *Votre âme est un paysage choisi* ... die Probe war heute Nachmittag ganz gut verlaufen.

Plötzlich stand sie wieder vor ihrem Haus.

Sie schaute hinein. Ihr Mann und ihre Tochter saßen nebeneinander am Tisch. Jeanne stützte sich auf ihre Ellbogen und schlürfte lustlos aus einem Glas, das sie mit beiden Händen festhielt. Sie wurde langsam müde. Paul schien in sich gekehrt. Die Herbstastern, die schon eine Woche alt waren, waren noch immer hellviolett. Weiter war nichts. Mira atmete tief aus. Ein törichtes Gefühl der Verbannung, der Armut, fiel allmählich von ihr ab. Dann tauchte aus der Küche eine Frau auf, die vorsichtig eine kleine weiße Terrine auf den Tisch stellte. Es war die Terrine, die ihr Vater ihr vor langer Zeit bei einem Morgenspaziergang unbedingt hatte kaufen wollen, was Mira einigermaßen amüsiert hatte, weil ihr Vater ein Mann war, der sich nie um schönes Steingut gekümmert hatte. Dieses rätselhafte Geschenk wurde von Mira normalerweise für selbst gemachten Moosbeeren- und Preiselbeersaft und für Basilikumsoße benutzt. Sie überquerte die Straße.

Mit der Schulter drückte sie das Tor neben dem Haus auf. Sie schnupperte angeekelt. In dem engen Durchgang zwischen Haus und Zaun hatte der Wind seinen schweren Geruch wie einen Haufen faulender Kartoffeln hingeschmissen. Sie eilte in den Garten, sie erkannte die Handtücher, die sie am Morgen unter dem Vordach aufgehängt hatte, die Küchentür klemmte immer noch, sie roch, dass der Backofen benutzt worden war, und hörte, dass ein Gespräch stockte ...

„Das ist Mira", sagte ihr Mann, als sie ins Zimmer trat. *(1994)*

Die Novelle *Bevorzugte Landschaft* (1989) ist die Geschichte einer schleichenden Okkupation. Mira, eine seit 14 Jahren verheiratete Ehefrau und Mutter einer siebenjährigen Tochter, spürt, dass ihr das eigene Leben entgleitet. Eine fremde Frau besetzt nach und nach ihren Platz.

Tipps zum Weiterlesen:
Erst grau dann weiß dann blau (Roman, 1991)
Die Verabredung (Roman, 2000)

© dpa, Frankfurt – Bildarchiv

Toni Morrison wurde 1931 in Lorain/Ohio als Tochter eines schwarzen Arbeiterehepaares geboren. Nach ihrem Literaturstudium arbeitete sie lange Zeit als Verlagslektorin in New York und lehrt heute englische Literatur in Princeton. 1988 wurde sie für ihren Roman *Menschenkind* mit dem Pulitzer-Preis und für ihr Gesamtwerk 1993 mit dem Nobelpreis ausgezeichnet. Toni Morrison versteht sich ausdrücklich als „schwarze Schriftstellerin", die ihrem Zielpublikum durch die Rückbesinnung auf die Tradition neue Wege der Identitätsfindung aufweisen möchte.

Toni Morrison

Sehr blaue Augen (Auszug)

Jeden Abend ausnahmslos betete sie um blaue Augen. Inbrünstig hatte sie ein Jahr gebetet. Zwar war sie etwas entmutigt, aber nicht ohne Hoffnung. Damit etwas so Wunderbares passierte, musste man wohl lange, lange warten.

So war sie in die feste Überzeugung verbissen, dass nur ein Wunder sie erlösen könne, und wusste nichts von ihrer Schönheit. Sie sah nur, was es zu sehen gab: die Augen anderer Leute.

Sie geht die Garden Avenue entlang zu einem kleinen Kaufladen, wo es billiges Zuckerzeug gibt. Drei Pennies hat sie im Schuh – sie rutschen zwischen Socke und Innensohle hin und her. Bei jedem Schritt fühlt sie den schmerzenden Druck der Geldstücke an ihrem Fuß. Eine süße, erträgliche, sogar geliebte Unannehmlichkeit voll von Verheißung und köstlicher Sicherheit. Man hat viel Zeit um zu überlegen, was man kaufen soll. Jetzt aber geht sie, sanft vorwärts gestoßen von den vertrauten und darum geliebten Vorstellungen, eine Straße entlang. Der Löwenzahn am Fuß des Telefonmastes. Warum, überlegt sie, nennt man diese Blüten Unkraut? Sie fand sie hübsch. Aber die Erwachsenen sagten: „Miss Dunion hält ihren Garten so nett in Ordnung. Nirgends ein Löwenzahn." Ausländische Arbeiterfrauen in schwarzen Kopftüchern gehen mit Körben auf die Wiesen und reißen sie ab. Aber sie wollen nicht die gelben Blüten – nur die gezackten Blätter. Sie machen Löwenzahnsuppe daraus. Löwenzahnwein. Niemand liebt die Löwenzahnblüten. Vielleicht, weil es so viele gibt, weil sie so kräftig sind und so zeitig blühen.

Da war der Sprung im Gehsteig, der wie ein Y aussah, und der andere, der den Beton vom Erdreich hochgehoben hatte. Über den war sie wegen ihres latschigen Ganges oft gestolpert. Mit Rollschuhen könnte man gut auf diesem Gehsteig fahren – alt war er und glatt; da würden die Rollen leise surrend gleichmäßig dahingleiten. Die neu gepflasterten Wege waren höckerig und unbequem und die Rollschuhe machten darauf ein kratziges Geräusch.

Diese und andere unbeseelte Dinge sah und erlebte sie. Sie waren wirklich für sie. Sie kannte sie. Sie waren die Chiffren und Prüfsteine der Welt, man konnte sie übersetzen und sich zu Eigen machen. Sie besaß den Spalt, über den sie stolperte; sie besaß die Löwenzahnbüschel, deren weiße Köpfe sie letzten Herbst weggepustet hatte und in deren gelbe Köpfe sie diesen Herbst hineinschaute. Und dieser Besitz machte sie zu einem Teil der Welt und die Welt zu einem Teil von ihr.

Sie steigt vier Holzstufen hinauf zur Tür von Yacobowskis Gemüse-, Fleisch- und Gemischtwarenhandlung. Beim Aufmachen klingelt ein Glöckchen. Vor dem Ladentisch stehend betrachtet sie die Auslage von Süßigkeiten. Für das ganze Geld Mary Janes, beschließt sie. Drei für einen Penny. Die harte süße Kruste, die schließlich aufbricht und die Erdnussbutter freigibt – die salzig-ölige Masse als Ergänzung der zähen Süße des Karamells. Ihr Magen wird unruhig vor perlender Vorfreude.

Sie zieht den Schuh aus und nimmt die drei Pennies heraus. Mr. Yacobowskis grauer Kopf ragt über den Ladentisch. Er reißt seinen Blick aus seinen Gedanken, um ihr zu begegnen. Blaue Augen. Triefäugig. Langsam, wie der Altweibersommer unmerklich in den Herbst übergeht, blickt er zu ihr herüber. Irgendwo zwischen Netzhaut und Objekt, zwischen Blicken und Sehen, ziehen seine Augen sich zurück, zögern, bleiben in der Schwebe. An einem festen Punkt in Zeit und Raum spürt er, dass die Anstrengung eines Blickes sich nicht lohnt. Er sieht sie nicht, weil es für ihn da nichts zu sehen gibt. Wie kann ein fünzigjähriger weißer Emigrant und Ladenbesitzer, im Munde den Geschmack von Kartoffeln und Bier, im Herzen die Sehnsucht nach der rehäugigen Jungfrau Maria, mit Sinnen, die durch ständiges Wahrnehmen von Verlusten abgestumpft sind, ein kleines schwarzes Mädchen sehen? Nichts in seinem Leben hat ihn auch nur andeutungsweise darauf vorbereitet, dass diese Großtat möglich, geschweige denn wünschenswert oder notwendig wäre.

„Jah?"

Sie blickt zu ihm auf und sieht Leere, wo Neugier wohnen sollte. Und noch etwas. Das totale Fehlen der Anerkennung des anderen – die eisige Isoliertheit. Sie weiß nicht, was seinen Blick so in der Schwebe hält. Vielleicht, dass er erwachsen ist oder ein Mann und sie ein kleines Mädchen. Aber sie hat in männlichen Augen Interesse, Ekel, sogar Wut gesehen. Und doch ist diese Leere ihr nicht neu. Sie hat eine Schärfe, irgendwo ganz unten lauert der Ekel. Sie hat ihn in den Augen aller Weißen lauern sehen. Also. Der Ekel muss ihr gelten, ihrer Schwärze. Alles in ihr ist im Fluss und voller Vorfreude. Aber ihre Schwärze bleibt und ist furchtbar. Und die Schwärze ist das Entscheidende, sie schafft die Leere weißer Augen, in denen der Ekel lauert.

Sie deutet mit dem Finger auf die Mary Janes – eine kleine schwarze Spindel ist der Finger, dessen Spitze sich an die Glasscheibe der Auslage drückt. Der stille, friedfertige Versuch eines schwarzen Kindes, sich einem erwachsenen Weißen mitzuteilen.

„Die da." Es klingt mehr wie ein Seufzer als eine Äußerung.

„Was denn? Diese? Diese?" Schleim und Ungeduld mischen sich in seiner Stimme.

Sie schüttelt den Kopf, ihre Fingerspitze bleibt dort liegen, wo sich, wenigstens von ihr aus gesehen, die Mary Janes befinden. Er kann es nicht so sehen wie sie – sein Blickwinkel, die schräge Haltung ihres Fingers machen es unverständlich für ihn. Die plumpe rote Hand fuchtelt in dem Glasgehäuse herum wie der aufgeregte Kopf eines über den Verlust seines Körpers empörten Huhnes.

„Herrgott. Kannst du nicht reden?"

Seine Finger streifen die Mary Janes.

Sie nickt.

„Na also, warum sagst du das nicht? Eins? Wieviel?"

Pecola öffnet ihre Faust und zeigt ihm die drei Pennies. Er schleudert ihr drei Mary Janes hin – drei Päckchen mit je drei gelben Rechtecken. Sie hält ihm das Geld hin. Er zögert, weil er ihre Hand nicht anfassen will. Sie weiß nicht, wie sie den Finger ihrer rechten Hand von der Glasscheibe lösen oder wie sie sonst die Geldstücke aus ihrer linken Hand nehmen soll. Schließlich langt er herüber und nimmt ihr die Pennies aus der Hand. Seine Nägel kratzen ihre feuchte Handfläche.

Draußen fühlt Pecola die unerklärliche Scham verebben.

(1979)

Sehr blaue Augen (1970) erzählt die Geschichte der elfjährigen Pecola Breedlove, die der schwarzen Unterschicht entstammt und in ihrer Familie keine Liebe, in ihrer Umwelt keine Anerkennung findet. Sie glaubt, dass der Grund in ihrer vermeintlichen Hässlichkeit liegt und wünscht sich daher blaue Augen, wie der von ihr vergötterte Kinderstar Shirley Temple sie hat. Dieser Wunsch führt sie schließlich in eine psychotische Wahnwelt.

Tipps zum Weiterlesen:
Menschenkind (Roman, 1989)
Jazz (Roman, 1993)

Haruki Murakami

Mister Aufziehvogel (Auszug)

Haruki Murakami, 1949 in Kyoto geboren, zumeist in Europa oder USA lebend, ist mit den höchsten japanischen Literaturpreisen ausgezeichneter Autor von sechs Romanen und Erzählungsbänden.
Er hat u.a. Werke von Raymond Chandler, John Irving, Truman Capote und Raymond Carver ins Japanische übersetzt.

Als das Telefon klingelte, war ich in der Küche, wo ich einen Topf Spaghetti kochte und zu einer UKW-Übertragung der Ouvertüre von Rossinis *Die diebische Elster* pfiff, was die ideale Musik zum Pastakochen sein dürfte.

Eigentliche wollte ich es klingeln lassen – nicht nur weil die Spaghetti fast fertig waren, sondern auch weil Claudio Abbado die Londoner Symphoniker gerade ihrem musikalischen Höhepunkt entgegenführte. Schließlich musste ich aber nachgeben. Es hätte auch jemand sein können, der mir von einem möglichen Job erzählen wollte. Ich drehte die Flamme herunter, ging ins Wohnzimmer und hob ab.

„Zehn Minuten, bitte", sagte eine Frau am anderen Ende.

Ich bin gut darin, Leute an der Stimme zu erkennen, aber diese kannte ich nicht.

„Wie bitte? Wen wollten Sie sprechen?"

„*Sie* natürlich. Zehn Minuten, bitte. Mehr brauchen wir nicht, um uns zu verstehen." Ihre Stimme war tief und weich, aber ansonsten ohne besondere Kennzeichen.

„Uns zu verstehen?"

„Gefühlsmäßig."

Ich beugte mich vor und spähte durch die Küchentür. Der Nudeltopf dampfte munter vor sich hin und Claudio Abbado dirigierte noch immer *Die diebische Elster*.

„Tut mir leid, aber ich stecke gerade mitten im Spaghettikochen. Dürfte ich Sie bitten, später noch einmal anzurufen?"

„*Spaghetti?* Was haben Sie morgens um halb elf Spaghetti zu kochen?"

„Das geht Sie überhaupt nichts an", sagte ich. „*Ich* entscheide, was ich esse und wann ich es esse."

„Da haben Sie natürlich Recht. Ich ruf später noch einmal an", sagte sie, und ihre Stimme klang jetzt kühl und ausdruckslos. Ein kleiner Stimmungswechsel kann bei einer Stimme wahre Wunder bewirken.

„Moment noch", sagte ich, bevor sie auflegen konnte. „Wenn das irgendein neuer Verkaufsgag ist, können Sie die Sache vergessen. Ich bin arbeitslos. Ich bin an nichts interessiert."

„Keine Sorge. Ich weiß."

„Sie wissen? Was wissen Sie?"

„Dass Sie arbeitslos sind. Das ist mir bekannt. Also gehen Sie schon, lassen Sie Ihre kostbaren Spaghetti nicht warten."

„Wer zum Teufel –"

Sie hängte ein.

So ohne ein Ventil für meine Gefühle, starrte ich den Telefonhörer an, bis mir die Spaghetti wieder einfielen. Ich ging in die Küche zurück, drehte den Gasherd aus und goss den Inhalt des Topfes in ein Sieb. Dank des Anrufs waren die Spaghetti ein bisschen weicher als al dente, aber noch nicht unrettbar dahin. Ich fing an zu essen – und nachzudenken.

Uns verstehen? Uns in zehn Minuten gefühlsmäßig verstehen? Wovon redete die eigentlich? Vielleicht war es nur ein Telefonjux. Oder eine neue Verkaufsmasche. Auf jeden Fall hatte es nichts mit mir zu tun.

Nach dem Lunch legte ich mich wieder mit meinem Leihbücherei-Roman aufs Wohnzimmersofa und warf dem Telefon gelegentliche Seitenblicke zu. Was hätten wir in zehn Minuten voneinander verstehen sollen? Was können zwei Leute in zehn Minuten *überhaupt* voneinander verstehen? Bei näherer Überlegung schien sie sich, was diese zehn Minuten anging, bemerkenswert sicher gewesen zu sein: Es war das erste, was sie gesagt hatte. Als ob neun Minuten zu kurz und elf zu lang gewesen wären. Wie beim Spaghettikochen.
Ich konnte mich nicht mehr aufs Lesen konzentrieren. Ich beschloss, stattdessen Hemden zu bügeln. Was ich immer tue, wenn ich unruhig bin; eine alte Gewohnheit. Ich unterteile die Arbeit in zwölf exakte Schritte, wobei ich mit dem Kragen (Außenseite) anfange und mit der linken Manschette ende. Die Reihenfolge ist immer dieselbe und ich zähle mir die einzelnen Schritte vor. Andernfalls wird's nicht richtig.
Ich bügelte drei Hemden, untersuchte sie auf Kniffe und hängte sie auf. Als ich das Bügeleisen ausgeschaltet und zusammen mit dem Bügelbrett wieder in den Flurschrank geräumt hatte, sah es in mir schon bedeutend ordentlicher aus.
Ich war auf dem Weg in die Küche um mir ein Glas Wasser zu holen, als wieder das Telefon klingelte. Ich zögerte einen Augenblick, beschloss dann aber abzunehmen. Wenn es dieselbe Frau war, würde ich ihr sagen, ich sei am Bügeln, und auflegen.
Diesmal war es Kumiko. Die Wanduhr zeigte halb zwölf. „Wie geht's?", fragte sie.
„Gut", sagte ich, erleichtert, die Stimme meiner Frau zu hören.
„Was machst du so?"
„Grad aufgehört zu bügeln."
„Ist was nicht in Ordnung?" Ihre Stimme klang leicht angespannt. Sie wusste, was es bedeutete, wenn ich bügelte.
„Nein, nichts. Ich hab nur ein paar Hemden gebügelt." Ich setzte mich und nahm den Hörer von der linken in die rechte Hand. „Was gibt's?"
„Kannst du dichten?", fragte sie.
„*Dichten?*" Dichten? Meinte sie ... dichten?
„Ich kenne den Herausgeber einer Mädchenzeitschrift. Die suchen jemand, der aus den Gedichten, die die Leserinnen einsenden, welche für die Veröffentlichung auswählt und wenn nötig redigiert. Und sie wollen, dass der Betreffende jeden Monat selbst ein kurzes Gedicht für die Titelseite schreibt. Für einen so einfachen Job ist die Bezahlung nicht schlecht. Natürlich ist das keine Ganztagsbeschäftigung. Aber sie könnten noch etwas Redaktionsarbeit dazulegen, wenn der Betreffende –"
„Einfach?", unterbrach ich sie. „He, Moment mal. Ich suche eine Stelle als Jurist, nicht als Lyriker."
„Ich dachte, auf der Oberschule *hast* du geschrieben."
„Klar, sicher, für die Schülerzeitung: welche Fußballmannschaft die Meisterschaft gewonnen hat oder dass der Physiklehrer die Treppe runtergefallen und im Krankenhaus gelandet ist – solche Sachen. Keine Gedichte. Ich kann nicht dichten."
„Schon klar, aber ich rede nicht von großer Dichtung, nur was für Oberschülerinnen. Es brauchen keine Meisterwerke dabei herauskommen. Das könntest du mit links. Meinst du nicht auch?"
„Schau, ich kann einfach keine Gedichte schreiben – weder mit links

Der Icherzähler Toru Okada ist ein unzufriedener Mann von 30 Jahren, ohne Arbeit und von seiner tüchtigen Frau zur Selbsterforschung ermutigt. Wenn er fliegen kann, dann eher wie ein Spielzeugvogel, von wer weiß wem aufgezogen. Plötzlich ist dieser „Mister Aufziehvogel" Wirklichkeiten ausgesetzt, von denen er bisher nichts ahnte. Unbekannte dringen zu ihm vor und konfrontieren ihn mit unterschiedlichen Geschichten, die schließlich einen Zusammenhang ergeben.

noch mit rechts. Das habe ich noch nie gemacht und ich hab nicht vor, jetzt damit anzufangen."

„Na schön", sagte Kumiko mit einem Anflug von Bedauern in der Stimme.

„Aber es ist nicht leicht, was im juristischen Bereich zu finden."

„Ich weiß. Deswegen strecke ich ja auch meine sämtlichen Fühler aus. Ich müsste diese Woche eigentlich was erfahren. Wenn's nichts wird, überlege ich mir, ob ich nicht etwas anderes tun sollte."

„Na ja, das war alles. Ach übrigens, was ist heute? Welcher Wochentag?"

Ich dachte einen Augenblick nach und sagte: „Dienstag."

„Gehst du dann bei der Bank vorbei und zahlst die Gas- und Telefonrechnung?"

„Klar. Ich wollte sowieso grad für heute Abend einkaufen gehen."

„Was soll's denn geben?"

„Ich weiß noch nicht. Ich entscheide mich beim Einkaufen." Sie schwieg kurz. „Wenn ich's mir überlege", sagte sie, auf einmal ernsthaft, „eilt's gar nicht so sehr, dass du einen Job findest."

Darauf war ich nicht gefasst gewesen. „Wieso nicht?" fragte ich. Hatte sich die weibliche Weltbevölkerung den heutigen Tag ausgesucht um mich am Telefon zu verblüffen? „Früher oder später ist mit meinem Arbeitslosengeld Schluss. Ich kann nicht ewig weiter so rumhängen."

„Stimmt schon, aber mit meiner Gehaltserhöhung und gelegentlichen Nebenjobs und unseren Ersparnissen können wir prima zurechtkommen, wenn wir ein bisschen aufpassen. Es ist nicht wirklich dringend. Geht es dir auf die Nerven, daheim zu bleiben und die Hausarbeit zu erledigen? Ich meine, geht dir dieses Leben so gegen die Natur?"

„Ich weiß nicht", sagte ich aufrichtig. Ich wusste es wirklich nicht.

„Na, dann denk ein bisschen darüber nach", sagte sie. „Was anderes, ist der Kater inzwischen zurück?"

Der Kater. Ich hatte den ganzen Vormittag nicht an ihn gedacht. „Nein", sagte ich. „Noch nicht".

„Könntest du dich bitte ein wenig in der Nachbarschaft umsehen? Er ist jetzt seit über einer Woche weg."

Ich gab einen unverbindlichen Grunzlaut von mir und wechselte den Hörer wieder in die linke Hand.

(...)

Jetzt musste ich mich also auf Katerjagd begeben. Ich hatte Katzen immer schon gemocht und ich mochte diesen bestimmten Kater. Aber Katzen haben ihre eigenen Vorstellungen vom Leben. Sie sind nicht dumm. Wenn eine Katze aufhörte, bei jemandem zu wohnen, dann bedeutete das einfach, dass sie beschlossen hatte, woanders hinzugehen. Sobald sie müde und hungrig war, würde sie schon zurückkommen. Trotzdem aber würde ich mich Kumiko zuliebe auf die Suche nach unserem Kater machen müssen. Ich hatte sowieso nichts Besseres zu tun.

(1998)

Tipp zum Weiterlesen:
Wie ich eines schönen Morgens im April das 100%ige Mädchen sah (Erzählungen, 1998)

Thomas Pynchon

V. (Auszug)

Profane schlief in dieser Nacht in Pigs Wohnung, unten am alten Fährendock, und er schlief allein. Paola hatte eine von diesen Beatricen getroffen und war über Nacht zu ihr gegangen, doch hatte sie Profane vorher vage versprochen, gemeinsam mit ihm Neujahr zu feiern.

Gegen drei Uhr wachte Profane auf dem Küchenboden auf, er hatte Kopfschmerzen. Nachtluft, bitterkalt, strich unter der Tür herein, und von irgendwo draußen konnte er ein leises anhaltendes Brummen hören. „Pig", krächzte Profane, „wo hast du dein Aspirin?" Keine Antwort. Profane stolperte ins Nebenzimmer. Pig war nicht da. Das Brummen draußen wurde immer geheimnisvoller. Profane ging ans Fenster und sah draußen im Hof Pig auf einem Motorrad sitzen, die Maschine lief. Schnee fiel in dünnen glitzernden Flocken, der Hof hatte sein eigenes Winterlicht: Es machte aus Pig einen schwarz-weiß-gekleideten Clown und färbte die alten, schneeüberstäubten Backsteinmauern grau. Pig hatte sich über sein Gesicht und bis in den Nacken eine Pudelmütze gezogen, die seinen Kopf aussehen ließ wie eine tiefschwarze Kugel. Wolken von Abgasqualm umhüllten ihn. Profane fröstelte. „Was machst du denn da, Pig?", rief er. Pig antwortete nicht. Pig und diese Harley-Davidson um drei Uhr morgens – dieses geheimnisvolle oder drohende Bild erinnerte Profane plötzlich an Rachel, an die er nicht denken wollte, nicht heute Nacht in dieser schneidenden Kälte, nicht mit Kopfschmerzen, nicht, wenn der Schnee ins Zimmer rieselte.

Rachel hatte damals, 54, diesen MG gefahren. Ein Geschenk ihres Vaters. Nach der Jungfernfahrt in der Grand-Central-Gegend (wo Papas Büro lag), während der sie ihn an Telefonmasten, Feuerhydranten und vereinzelte Fußgänger gewöhnt hatte, brachte sie den Wagen den Sommer über in die Catskills. Hier ließ Rachel – klein, missmutig, lüstern – den MG durch die blutrünstigen Kurven hetzen, durch Serpentinen, hier schob sie sein arrogantes Heck vor Heuwagen, vor brummende Lastwagen, vor alte Fordroadster, die voll gestopft waren mit bürstenhaarigen Studentengnomen.

Profane war gerade von der Navy entlassen worden und arbeitete in diesem Sommer als Hilfssalatier in „Schlozhauer's Trocadero", fünfzehn Kilometer vor Liberty, New York. Sein Vorgesetzter war ein gewisser Da Conho, ein verrückter Brasilianer, der in Israel gegen die Araber kämpfen wollte. Eines Abends, am Anfang der Saison, war in der „Fiesta Lounge", der Bar des „Trocadero", ein betrunkener Navy-Mann mit einem 7,62 mm-Maschinengewehr aufgetaucht. Er wusste selbst nicht so genau, wie er zu der Waffe gekommen war: Vielleicht glaubte Da Conho wirklich, sie sei Stück für Stück von Parris Island heruntergeschmuggelt worden; so jedenfalls hätte es die Haganah getan. Nach einer längeren Auseinandersetzung mit dem Barmixer, der sie auch haben wollte, machte Da Conho schließlich das Geschäft: Drei Artischocken und eine Aubergine tauschte er dagegen ein. Es war seine dritte Trophäe; außerdem besaß er schon ein Mesusah, das er über der Kühltruhe angenagelt hatte, und ein Zionistenbanner, das über der Salatanrichte hing. Während der folgenden Wochen, wenn der Oberboss seine Augen einmal anderswo hatte, tarnte er das Maschinengewehr mit Huflattich, Wasserkresse und

Thomas Pynchon wurde 1937 in Glen Cove (Long Island/USA) geboren. Er studierte Physik und Englische Literatur bei Vladimir Nabokov. Er war zwei Jahre bei der Marine tätig, arbeitete danach kurze Zeit als Redakteur in Seattle (Washington) und lebt seit 1962 als freier Schriftsteller an der amerikanischen Westküste. Seit dieser Zeit verwischt Pynchon die Spuren seines Lebensweges, sodass seine Romane die einzigen Belege seiner Existenz sind; es existieren seit dieser Zeit weder Interviews noch Fotos.

In den Notizen seines verstorbenen Vaters entdeckt Herbert Stencil das rätselhafte Symbol *V.* Er und Benny Profane, der andere Held des Romans, begeben sich auf die Suche nach ihm, die sich zu einer burlesken, aktionsreichen „tour de force" entwickelt. Die Handlung spielt in einem von der ehemaligen Afrikakolonie Deutsch-Südwest über Malta, Florenz und Paris bis nach Venezuela reichenden totalitären Weltstaat, in dem Begebenheiten aus der Geschichte und Vergangenheit dreier Kontinente vorsätzlich als geheimnisvolle, dunkle Machenschaften, als eine Verschwörung von globalem Ausmaß dargestellt werden.

belgischen Endivien und verulkte die Gäste im Speiseraum. „Jibbel, jibbel, jibbel", machte er dann und betrachtete sie bösartig, „hab dich im Visier, Abdul Sahib. Jibbel, jibbel, du Muslimschwein." Da Conhos Maschinengewehr war das Einzige auf der Welt, das „jibbel, jibbel" machte. Oft blieb er bis nach vier Uhr morgens wach, reinigte es, träumte von Wüsten, die Mondlandschaften glichen, vom Singsang orientalischer Musik, von jemenitischen Mädchen, deren Gesichter so empfindlich waren, dass sie sie mit weißen Tüchern schützen mussten, deren Hüften nach Liebe verlangten. Er fragte sich, wie hier, in diesem Restaurant, amerikanische Juden Mahlzeit für Mahlzeit großmäulig herumlungern konnten, während am anderen Ende der Welt gnadenloser Wüstensand die Leichen der Ihren bedeckte. Wie könnte er diese seelenlosen Wänste aufwecken? Auf sie einreden mit Öl und Essig, sie mit Palmenherzen beschwören? Die einzige Stimme, über die er verfügte, war die des Maschinengewehrs. Doch können sie sie hören, können Mägen verstehen: nein. Man hört niemals die Kugel, die einen erwischt. Gerichtet vielleicht auf irgendeinen Verdauungskanal in einem Hart Schaffner & Marx-Anzug, der lüstern gluckst, wenn die Serviererin vorbeigeht, war diese Waffe nur ein Objekt, dorthin gezielt, wohin sie irgendeine aus dem Gleichgewicht gebrachte Kraft drückte: Doch auf welche Gürtelschnalle hatte Da Conho gezielt: Abdul Sahid, einen Verdauungskanal, auf sich selbst? Warum fragen. Er wusste nicht mehr, als dass er ein Zionist war, dass er litt, verrückt war, verrückt danach, sich in den Lehm eines Kibbuzes eine Hemisphäre weit weg zu wühlen.

Profane hatte sich damals gefragt, welche Bewandtnis es mit Da Conho und seinem MG haben könnte. Liebe zu einem Objekt, das war ihm neu. Als er nicht lange danach dieselbe Sache bei Rachel und ihrem MG entdeckte, begriff er zum ersten Male, dass insgeheim etwas im Gange war, und vielleicht hatte es schon länger gedauert, vielleicht waren mehr Leute in die Sache verwickelt, als er sich überhaupt vorstellen konnte.

Ihr MG war die Ursache, dass er sie kennen lernte, und jeder andere hatte sie auf dieselbe Art kennen gelernt. Der MG hätte ihn fast überfahren. Es war Mittag, er kam gerade mit einem Eimer voller Lattichblätter, die Da Conho als ungenießbar aussortiert hatte, aus der hinteren Küchentür, als er von irgendwo rechts das drohende Brummen eines Wagens hörte. Profane ging weiter, in dem festen Vertrauen darauf, dass schwerbepackte Fußgänger Vorfahrt haben. Das Nächste, was er wusste, war, dass ihn die rechte vordere Stoßstange des MG im Kreuz erwischte. Glücklicherweise hatte der Wagen nur knappe zehn Sachen drauf, nicht genug, um etwas wirklich kaputtzumachen, aber es reichte doch, Profane samt Mülleimer und Lattichblättern in einem dichten grünen Regen, den Hintern über der Rübe, fliegen zu lassen.

Er und Rachel, beide von Lattichblättern bedeckt, sahen sich misstrauisch an. „Wie romantisch", sagte sie. „Denn alles, was ich weiß, ist, dass Sie vielleicht der Mann meiner Träume sind. Tun Sie den Lattich aus Ihrem Gesicht, ich möchte Sie sehen. Ehrerbietig, als zöge er seinen Hut, nahm er die Blätter weg.

„Nein", sagte sie, „Sie sind es nicht."

„Vielleicht", sagte Profane, „sollten wir es beim nächsten Mal mit einem Feigenblatt versuchen." *(1976)*

Tipps zum Weiterlesen:
Vineland (Roman, 1993)
Mason & Dixon (Roman, 1999)

Salman Rushdie
Mitternachtskinder

Das Haus war luxuriös, aber schlecht beleuchtet. Ghani war Witwer und das nutzten die Dienstboten deutlich aus. In den Ecken hingen Spinnweben und auf den Simsen lag der Staub in dicken Schichten. Sie gingen einen langen Flur entlang; eine der Türen stand offen und dahinter sah Aziz einen Raum in ungezügelter Unordnung. Dieser flüchtige Blick und dann noch ein Glitzern des Lichts auf Ghanis dunkler Brille enthüllten Aziz mit einem Mal, dass der Grundbesitzer blind war. Das verstärkte sein Gefühl des Unbehagens: ein Blinder, der behauptete, europäische Gemälde zu schätzen? Er war aber auch beeindruckt, weil Ghani nichts angerempelt hatte ... Vor einer massiven Teakholztür blieben sie stehen. Ghani sagte: „Warten Sie hier zwei Sekunden!“, und ging in das Zimmer hinter der Tür.

In späteren Jahren schwor Doktor Aziz, dass er in jenen zwei Sekunden der Einsamkeit in den finsteren Fluren voller Spinnweben im Herrenhaus des Grundbesitzers von dem fast unkontrollierbaren Verlangen gepackt wurde, umzukehren und wegzulaufen, so schnell die Beine ihn trugen. Das Rätsel des blinden Kunstliebhabers hatte ihn entnervt, sein Inneres war als Ergebnis des heimtückischen Giftes von Tais Gemurmel mit winzigen krabbelnden Insekten erfüllt, seine Nasenlöcher juckten so sehr, dass er überzeugt war, sich eine Geschlechtskrankheit geholt zu haben, und er spürte, wie seine Füße sich so langsam, als steckten sie in Stiefeln aus Blei, zu wenden begannen; er spürte das Blut in den Schläfen pochen, und das Gefühl, an einem Punkt zu stehen, an dem es kein Zurück mehr gab, wurde so übermächtig, dass er beinahe in seine deutsche Wollhose machte. Ohne es zu wissen, errötete er heftig, und in diesem Stadium erschien ihm seine Mutter; sie saß vor einem niedrigen Pult auf dem Boden und ein Hautausschlag zog sich wie Schamröte über ihr Gesicht, als sie einen Türkis gegen das Licht hielt. Das Gesicht seiner Mutter spiegelte nun die ganze Verachtung des Fährmanns Tai wider. „Geh, geh, lauf“, sagte sie ihm mit Tais Stimme. „Mach dir keine Sorgen um deine arme alte Mutter.“ Doktor Aziz merkte, wie er stotterte. „Was für einen unnützen Sohn du hast, Amma. Kannst du nicht sehen, dass mitten in mir ein Loch ist, groß wie eine Melone?“ Seine Mutter lächelte gequält. „Du warst schon immer ein herzloser Junge“, seufzte sie und verwandelte sich dann in eine Eidechse auf der Flurwand und streckte ihm die Zunge heraus. Doktor Aziz hörte auf, sich schwindelig zu fühlen, wusste nicht recht, ob er tatsächlich laut gesprochen hatte, fragte sich, was er mit dieser Sache mit dem Loch meinte, merkte, dass seine Füße nicht mehr zu entkommen versuchten, und erkannte, dass er beobachtet wurde. Eine Frau mit dem Bizeps eines Ringers starrte ihn an und winkte ihm, ihr ins Zimmer zu folgen. Der Zustand ihres Saris machte ihm klar, dass sie eine Dienerin war, aber sie war nicht unterwürfig. „Sie sehen grün aus wie ein Fisch“, sagte sie. „Ihr jungen Ärzte. Kommt in ein fremdes Haus und eure Leber verwandelt sich in Gallert. Kommen Sie, Doktor Sahib, Sie werden erwartet.“ Seine Tasche eine Spur zu fest umklammernd, folgte er ihr durch die dunkle Teakholztür.

... In ein geräumiges Schlafzimmer, das genauso schlecht beleuchtet war wie das übrige Haus, wenn hier auch durch ein fächerförmiges Fenster hoch oben in einer Wand staubige Sonnenstrahlen durch-

Salman Rushdie wurde 1947 als Sohn eines wohlhabenden Geschäftsmannes in Bombay geboren und moslemisch erzogen. Seit 1961 lebt er in England und wurde 1964 britischer Staatsbürger. Er studierte Geschichte mit dem Schwerpunkt Islam und arbeitete zunächst als Werbetexter und freier Journalist.
Nach dem Erscheinen der *Mitternachtskinder* (1981) wurde er über Nacht berühmt.
Auseinandersetzungen um seinen Roman *Die satanischen Verse* führten 1989 in vielen islamischen Ländern zu gewalttätigen Ausschreitungen. Sie gipfelten im „Todesurteil“ des iranischen Ayatollah Khomeini. Seitdem ist Rushdies Aufenthaltsort unbekannt.

sickerten. Diese verstaubten Strahlen illuminierten eine Szene, die bemerkenswerter war als alles, was der Doktor je erlebt hatte: ein Tableau von solch unwahrscheinlicher Fremdartigkeit, dass es seine Füße wieder zur Tür zog. Zwei weitere Frauen, ebenfalls wie Berufsringer gebaut, standen unbeweglich im Licht und jede hielt mit hoch über den Kopf erhobenen Armen eine Ecke eines riesigen weißen Lakens, sodass es wie ein Vorhang zwischen ihnen hing. Herr Ghani tauchte aus der Düsternis auf, die das sonnenbeschienene Laken umgab, und erlaubte dem verdutzten Aadam, vielleicht eine halbe Minute lang das absonderliche Bild anzustarren. Nach deren Ablauf machte der Doktor, ohne dass ein Wort gesprochen worden war, eine Entdeckung:

Genau in die Mitte des Betttuchs war ein annähernd rundes Loch mit einem Durchmesser von ungefähr fünfzehn Zentimetern geschnitten. „Mach die Tür zu, Ayah“, befahl Ghani der ersten der Ringerinnen und wurde dann, sich an Aziz wendend, vertraulich. „Diese Stadt beherbergt viele Tunichtgute, die bei Gelegenheit versucht haben, ins Zimmer meiner Tochter zu klettern. Sie braucht“, er nickte in Richtung der drei muskelstrotzenden Frauen, „Beschützerinnen.“

Aziz betrachtete immer noch das Laken mit dem Loch. Ghani sagte: „Nun gut, machen Sie schon, untersuchen Sie meine Naseem auf der Stelle. Pronto.“

Mein Großvater spähte im Raum umher. „Aber wo ist sie, Ghani Sahib?“, stieß er schließlich hervor. Die Ringerinnen setzten eine geringschätzige Miene auf und, so schien es ihm, strafften ihre Muskeln für den Fall, dass er versuchen sollte, irgendwelche Kapriolen zu machen.

„Aha, ich sehe Ihre Verwirrung“, sagte Ghani mit breiter werdendem boshaften Lächeln. „Ihr aus Europa zurückgekehrten Kerlchen vergesst gewisse Dinge. Doktor Sahib, meine Tochter ist ein anständiges Mädchen, das versteht sich von selbst. Sie stellt ihren Körper nicht unter der Nase fremder Männer zur Schau. Sie werden verstehen, dass Ihnen nicht erlaubt werden kann, sie zu sehen, nein, unter keinen Umständen. Folglich habe ich darum gebeten, dass man sie hinter diesem Laken aufstellt. Dort steht sie, wie es sich für ein braves Mädchen gehört.“

Ein hitziger Ton hatte sich in Doktor Aziz' Stimme geschlichen. „Ghani Sahib, sagen Sie mir, wie ich sie untersuchen soll, ohne sie anzusehen!“ Ghani hörte nicht auf zu lächeln.

„Sie werden freundlicherweise im Einzelnen anführen, welcher Teil meiner Tochter der Untersuchung bedarf. Ich werde ihr dann den Befehl erteilen, den verlangten Körperteil gegen das Loch zu halten, das Sie hier sehen. Und auf diese Weise mag die Sache dann durchgeführt werden.“

„Aber über was für Beschwerden klagt die Dame eigentlich?“, – mein Großvater war der Verzweiflung nahe. Worauf Herr Ghani, dessen Augen sich in ihren Höhlen nach oben drehten und dessen Lächeln sich zu einer Grimasse des Kummers verzerrte, entgegnete: „Das arme Kind! Es hat schreckliche, wirklich zu fürchterliche Magenschmerzen.“ „In diesem Fall“, sagte Doktor Aziz mit einiger Selbstbeherrschung, „wird sie mir bitte ihren Magen zeigen.“

(1983)

Saleem Sinai, Held und Chronist dieses Romans, wird zur selben Stunde geboren, zu der sein Land Indien unabhängig wird: um die Mitternacht des 15. August 1947. Sein weiterer Lebensweg wird untrennbar mit den politischen Ereignissen seines Landes verbunden sein. Saleem besitzt – wie alle Mitternachtskinder – wundersame Fähigkeiten. Er kann in den Geist anderer Menschen eindringen, ihre Gedanken und Gefühle lesen.

Die Erzählung Saleems setzt im Jahre 1915 ein. Sein Großvater Dr. Aadam Aziz ist nach 5-jährigem Medizinstudium in Heidelberg wieder in seine Heimat Kashmir zurückgekehrt.

Tipps zum Weiterlesen:
Harun und das Meer der Geschichten (Roman, 1991)
Des Mauren letzter Seufzer (Roman, 1996)

EUROPÄISCHE LIEBESSZENEN

von der Antike bis zur Moderne

1 Aristophanes

Die Frauen haben den ohne Unterbrechung wütenden Krieg zwischen Athen und den Städten der Peloponnes gründlich satt. „Krieg oder Liebe" heißt die Strategie, mit der Lysistrata die kriegssüchtigen Männer kurieren möchte.
Die Frauen begeben sich auf die Akropolis, um sich dort zu verbarrikadieren.

„Einen Tempel wünschen die Grazien, der nicht vergänglich, suchten und fanden dabei – des Aristophanes Geist."
Platon

„Ohne Aristophanes gelesen zu haben, lässt sich kaum wissen, wie dem Mensch sauwohl sein kann."
Georg Friedrich Wilhelm Hegel

Lysistrata

4. Szene

Die beiden Chöre. Lysistrata. Myrrhine und andere Frauen. Dann Kinesias.

LYSISTRATA: Heraus, heraus, ihr Frauen, kommt geschwind
Zu mir!
EINE FRAU: Was gibt's? Sag an, was schreist du so?
LYSISTRATA: Ein Mann! Da kommt ein Mann wie toll gerannt,
Von Aphrodites wilder Brust ergriffen:
„O Herrin von Kythere, Kypros, Paphos,
Geh nun gradaus den eingeschlagnen Weg!"
FRAU: Wer kommt? Wo ist er?
LYSISTRATA: Dort, bei Chloes Tempel!
FRAU: Bei Zeus, dort ist er, ja! Wer ist's wohl auch?
LYSISTRATA: Seht hin, erkennt ihn eine?
MYRRHINE: Ach, beim Zeus!
Das ist mein Mann Kinesias, gewiss!
LYSISTRATA: So? Nun, dann röst und dreh ihn nur am Spieß,
Betör ihn, neck ihn, lieb ihn, lieb ihn nicht,
Tu alles, was der Humpenschwur gestattet!
MYRRHINE: Lass mich nur machen!
LYSISTRATA: Halt! Ich bleibe hier
Und helfe bei dem Schabernack, ich heiz
Ihm tüchtig ein vor allem. Geht indes!
(Die Frauen treten zurück. – Kinesias mit einem Sklaven, der ein Kind trägt, tritt auf.)
KINESIAS: Ich Ärmster, welch ein Zucken, welch ein Spannen
Und Ziehn, als läg' ich auf der Folterbank!
LYSISTRATA: Halt! Wer da? Innerhalb der Posten?
KINESIAS: Ich!
LYSISTRATA: Ein Mann?
KINESIAS: Ein Mann, ja doch!
LYSISTRATA: Marsch, packe dich!
KINESIAS: Wer bist du, die du mich verjagst?
LYSISTRATA: Die Wache!
KINESIAS: Ihr Götter, so ruf mir doch die Myrrhine!
LYSISTRATA: Die Myrrhine? Sieh an! Wer bist denn du?
KINESIAS: Ihr Mann, Kinesias, der Stanzonide.
LYSISTRATA: Willkommen, Bester! Denn nicht unberühmt
Ist hier dein Nam', er wird hier oft genannt!
Denn ständig führt dich deine Frau im Munde.
Isst sie ein Ei, 'nen Apfel, ruft sie immer:
„Ach hätt' ihn mein Kinesias!"
KINESIAS: Wirklich? – Oh!
LYSISTRATA: Bei Aphrodite, ja! Wenn auf die Männer
Die Rede kommt, gleich rühmt sich deine Frau:
Kinesias sei ein Mann, die andern Lumpen!
KINESIAS: So geh nun, ruf sie!
LYSISTRATA: Gut! – Was krieg ich denn?
KINESIAS: Ich will dich gleich, wenn du's verlangst – Dies ist
Mein alles – was ich habe, biet ich dir!
LYSISTRATA: Ich geh hinab und ruf sie dir! *(Ab.)*

Chöre von Panen

Kinesias: Nur schnell! –
Ich habe keine Freud' am Leben mehr,
Seitdem sie fort ist aus dem Haus: ich seufze,
Sooft ich heimkomm; öde dünkt mich alles,
Leer, ausgestorben; und die besten Bissen,
Sie munden mir nicht mehr – ich leide Brunst!
Myrrhine *(von innen)*:
Ich lieb, ich lieb ihn, aber meine Liebe
Verschmäht er. Ruf mich nicht zu dem hinaus!
Kinesias: Myrrhinchen, süßes Kind, was denkst du doch?
Komm doch herab!
Myrrhine *(wie oben)*: Zu ihm? Ums Leben nicht!
Kinesias: Wenn ich dich rufe, Schätzchen, kommst du nicht?
Myrrhine: Du rufst mich, und du willst doch nichts von mir!
Kinesias: Ich nichts von dir? – Und bin fast aufgerieben!
Myrrhine: Ich will nicht!
Kinesias: Ach, so hör doch auf dein Kind!
Komm her, mein Söhnchen, ruf die Mama!
Das Bübchen: Mama! Mama! Mama!
Kinesias: Wie wird dir? Dauert dich das Bübchen nicht,
Sechs Tage schon ungewaschen, ungesäugt?
Myrrhine: Mich dauert's ja! Sein Vater aber schert
Sich nicht um ihn!
Kinesias: Komm, Böse, nimm dein Kind!
Myrrhine: „O Mutterherz!" – Wie schlägt's! Ich muss hinab!
(Myrrhine tritt hinaus.)
Kinesias *(sie betrachtend)*:
Mich dünkt, sie sieht viel jünger aus als sonst!
Weiß Gott, so reizend kam sie nie mir vor!
Und dass sie schmollt mit mir und spröde tut,
Das macht nun gar, dass ich vergeh vor Liebe!
Myrrhine *(nimmt das Kind dem Sklaven ab)*:
Herzallerliebstes Kind des bösen Vaters,
Ein Küsschen! Komm, Mamachens liebstes Kind!
Kinesias: Wie kannst du so mir's machen, Böse? Folgst
Den Weibern da, und marterst mich, und quälst
Dich selber mit! *(Greift nach ihr.)*
Myrrhine: Die Hand weg! Lass mir Ruh'!
Kinesias: Du ziehst die Hand ab, und zuschanden geht
Daheim mein Gut und deines!
Myrrhine: Schert mich wenig!
Kinesias: So? Dir ist's gleich, wenn deine Weberei
Herab die Hühner zerren?
Myrrhine: Mir ist's gleich!
Kinesias: Wie lang schon hast du Aphrodites Nachtfest
Nicht mitgemacht? – Sag, kommst du nicht mit heim?
Myrrhine: Niemals, bei Zeus, wenn ihr den Krieg nicht endigt
Und Frieden macht!
Kinesias: Nun, wenn's nicht anders ist,
Wir wollen's tun!
Myrrhine: Nun, wenn's nicht anders ist,
Dann komm ich mit! Für jetzt – hab ich's verschworen!
Kinesias: Komm, nach so langer Zeit, lieg her zu mir!
Myrrhine: Nein! – Und ich lieb dich doch, ich will's nicht leugnen!

Desgleichen ist das Verhältnis des Männlichen zum Weiblichen von Natur so, dass das eine besser, das andere geringer ist, und das eine regiert und das andere regiert wird. (...) Also gibt es von Natur mehrere Arten von Herrschendem und Dienendem. Denn anders herrscht der Freie über den Sklaven, das Männliche über das Weibliche und der Erwachsene über das Kind. Bei allen finden sich die Teile der Seele, aber in verschiedener Art. Der Sklave besitzt das planende Vermögen überhaupt nicht, das Weibliche besitzt es zwar, aber ohne Entscheidungskraft, das Kind besitzt es, aber noch unvollkommen. Ebenso muss es sich auch mit den ethischen Tugenden verhalten. Alle müssen an ihnen teilhaben, aber nicht auf dieselbe Weise, sondern so viel jedes für seine besondere Aufgabe bedarf.
So muss der Regent die ethischen Tugenden vollkommen besitzen – denn seine Aufgabe ist die des Werkleiters, und der Werkleiter ist die Vernunft – und von den anderen jedes so viel, als ihm zukommt.
Also gehört die ethische Tugend allen Genannten, doch ist die Besonnenheit des Mannes und der Frau nicht dieselbe und auch nicht die Tapferkeit und die Gerechtigkeit, wie Sokrates meinte, sondern das eine ist eine regierende Tapferkeit, das andere eine dienende und so weiter.
(Aristoteles, Politik, um 335 v. Chr.)

KINESIAS: Du liebst mich, Myrrhchen? Nun, so leg dich her!
MYRRHINE: Spaßhafter Mann, vor unserm Bübchen da?
KINESIAS: Nicht doch!
(Zum Sklaven.)
Du, Manes, trag das Kind nach Haus!
(Manes mit dem Kinde ab.)
Nun sieh, jetzt ist das Kind auch weggeschafft!
Komm, leg dich!
MYRRHINE: Loser Schelm, wo ist denn nur
Ein Plätzchen –?
KINESIAS: In der Grotte Pans – bequem!
MYRRHINE: Dann komm ich ja nicht rein zur Burg zurück?
KINESIAS: Gewiss! du wäschst dich in der Klepsydra!
MYRRHINE: Und dann den Eid, Gottloser, soll ich brechen?
KINESIAS: Die Schuld komm' über mich! Vergiss den Eid!
MYRRHINE: Nun denn, ich hol 'ne Bettstatt!
KINESIAS: Lass! – Es geht
Am Boden!
MYRRHINE: Beim Apollon, nein, du darfst,
Wenn's auch pressiert, mir nicht am Boden liegen! *(Ab.)*
KINESIAS: Mein Weibchen liebt mich doch, das seh ich klar!
MYRRHINE *(bringt die Bettstatt)*:
Sieh! Leg dich nun geschwind! ich zieh mich aus!
Halt – 's fehlt das Dings da – die Matratze – noch!
KINESIAS: Wozu? Ich brauch das nicht!
MYRRHINE: Bei Artemis,
Auf Gurten wär's doch garstig!
KINESIAS: Komm, ein Küsschen!
MYRRHINE *(küsst ihn)*:
Da! (*Läuft fort.*)
KINESIAS: Du! – Der Teufel! – Komm doch, komm nur schnell!
MYRRHINE *(bringt die Matratze)*:
Da ist sie! Leg dich jetzt, ich zieh mich aus! –
Noch etwas – richtig! – noch kein Kissen da!
KINESIAS: Mein Gott, ich brauch ja keines!
MYRRHINE *(fortlaufend)*: Aber ich!
KINESIAS *(zu seinem Phallos)*:
Zurüstungen für dich, als käm' Herakles!
MYRRHINE *(kommt mit dem Kissen und legt es ihm unter)*:
Steh auf, spring auf!
KINESIAS: Gottlob, nun hätt' ich alles!
MYRRHINE: Ja? – Wirklich alles?
KINESIAS: Komm, mein Goldchen, komm!
MYRRHINE: Schon knüpf ich auf mein Busenband! – Hör aber,
Du hältst doch Wort? Vergiss den Frieden nicht!
KINESIAS: Ich will verdammt sein –
MYRRHINE: Ach, da fehlt die Decke!
KINESIAS: Wozu? Ich will ja nichts, als dich umarmen!
MYRRHINE: Das sollst du auch: gleich bin ich wieder da! *(Ab.)*
KINESIAS: Das Weibsstück bringt mich um mit ihren Decken!
MYRRHINE *(bringt einen Schafpelz)*:
So! Richt dich auf!
KINESIAS: 's ist alles aufgerichtet!

MYRRHINE: Soll ich dich salben?
KINESIAS: Beim Apoll, mich nicht!
MYRRHINE: Bei Aphrodite, komm und sträub dich nicht!
(Läuft fort.)
KINESIAS: Großmächt'ger Zeus, lass sie den Topf verschütten!
(Myrrhine bringt einen Salbentopf.)
MYRRHINE: Komm, gib die Hand, da nimm und salbe dich!
KINESIAS: Die Salbe duftet gar nicht süß, sie riecht
Hochzeitlich nicht, und doch wär's hohe Zeit!
MYRRHINE: Wie dumm auch! Bring ich da die Rhodossalbe!
KINESIAS: Schon gut, du Schalk, so lass doch!
MYRRHINE: Sei kein Närrchen *(Ab)*
KINESIAS: Der Henker hol' dem ersten Salbenkoch!
MYRRHINE *(kommt mit einer anderen Salbenbüchse)*:
Da, nimm die Dos'!
KINESIAS: Ich hab dir andre Dosen!
Komm, leg dich, Hexchen, schlepp doch nun nichts mehr
Herbei!
MYRRHINE: Bei Artemis, ich folg und binde
Die Schuh' auf! – Aber gelt, mein liebster Gatte,
du stimmst doch für den Frieden? ...
(Macht sich los und flieht.)
KINESIAS: Ganz gewiss! ...
Vernichtet, umgebracht hat mich das Weib! –
O ich Armer, was tu ich, welche nehm ich nun,
Da die Schönste von allen so bös mich betrog?
Wer erbarmt sich nun deiner, du Waisenkind?
Komm, Fuchshund, und schaff
Mir für Geld eine Amme dem Jungen!
CHOR DER MÄNNER: O wie jammerst du mich, unglücklicher Mann,
So entsetzlich geprellt und im Herzen gebeugt!
Ach! ach, ich vergehe vor Mitleid!
Wie sollen's ertragen die Nieren im Leib,
Wie ein männliches Herz und ein männlicher Sack,
Wie ertragen's die Lenden, wie trägt es der Schweif,
Der begehrlich sich bäumt
Und am Morgen vergeblich sich umsieht?
KINESIAS: O entsetzlicher Krampf, der den Leib mir durchzuckt!
CHOR DER MÄNNER: Nein, dass sie dir das, du Verehrter, getan,
Das abscheuliche, garstige, teuflische Weib!
KINESIAS: O Apollon! Das süßeste, göttliche Weib!
CHOR DER MÄNNER: Die Süßeste, wie? – Das verruchteste Weib!
Zeus, mächtiger Zeus,
Oh, ergreife sie, schleudre, wie stäubende Spreu,
Sie mit Sturmesgewalt und mit Donner und Blitz
Zu den Wolken und dreh sie im Wirbel herum,
Dann aber lass hoch aus den Lüften herab
Sie sinken und fallen zur Erde zurück
Und in jähem Sturz
An dem Pfahle des Mannes sich spießen!
(Uraufführung: 421 v. Chr.)

Ideen entwickeln:
Regieeinfälle und Ideen zum körperhaften Spiel sammeln, die es ermöglichen, diesen fremden Text verständlich werden zu lassen
Wenn Sie Teilnehmer im Kurs haben, die Griechisch können, erproben Sie die Szene unbedingt in der Originalsprache.

2 Das Tagelied – eine Spielart des mittelalterlichen Minnesangs

Dietmar von Aist

Slâfest du, vriedel ziere?

„Slâfest du, vriedel ziere?
wan wecket uns leider schiere;
ein vogellîn sô wol getân
daz ist der linden an daz zwî gegân.“

„Ich was vil sanfte entslâfen,
nu rüefestû, kint, wâfen.
liep âne leit mae niht sin.
swaz dô gebiutest, daz leiste ich, vriundîn mîn.“

Diu vrouwe begunde weinen:
„du rîtest und lâst mich eine.
wenne wilt du wider her zuo mir?
owê, du vüerest mîne vröide sant dir!“

Dietmar von Aist

Schläfst du noch, mein schöner Geliebter?

„Schläfst du noch, mein schöner Geliebter?
Man weckt uns leider bald.
Ein hübscher kleiner Vogel hat sich bereits
auf den Zweig der Linde gesetzt.“

„Ich war sanft eingeschlafen,
nun rufst du, Kind, ‚auf, auf!‘.
Liebe ohne Leid kann es nicht geben.
Was immer du befiehlst, das tue ich, meine Freundin.“

Die Dame begann zu weinen:
„Du reitest fort und lässt mich allein zurück.
Wann wirst du wieder zu mir kommen?
Ach, du nimmst mein Glück mit dir fort.“
(um 1200)

Oswald von Wolkenstein

Treib her, treib überher

Treib her, treib überher, du trautes Bärbelin das mein,
zur mir rück mit den schäfflin dein,
kum schier, mein schönes Bärbelein!

„Ich merk, ich merk dich wol, aber ich entuen sein
dein waide die ist gar enwicht, wärlich nicht.
mein haide stat in grüener pflicht.“

Mein waid, mein waid die ist wol auss der massen kürlich
mit kle, laub, gras, vil plüemlin pluet, guet
der sine get ab in meiner huet.

„So hör, so hör ich vil süesser vogelein gesank,
dapei ist mir die weil nicht lank,
gar frei ist aller mein gedank.“

So han, so han ich hie wol ainen küelen, klaren prunn,
darumb ain schaten für die sunn.
nu kum, meins herzen höchste wunn!

„Von durst, von durst so hab ich kainerlaie hendlin not,
ja keut ich nie das käs und prot,
das heut mein mueter mir gepot.“

Vil swammen, swämmelein die wachsen hie in disem strauch,
darzu vil junger voglin rauch.
kämst du zu mir, ich gäb dir auch.

Alle einfachen Vokale mit ^ (Circumflex) und ae, oe, iu = ü werden lang gesprochen, z. B. êre, saelic, hiute. Alle anderen einfachen Vokale sowie die Vokale in offener Silbe sind kurz zu sprechen, z. B. wirt, gar, swester, klagen, treten, ligen, loben.
Die Diphthonge sind als zwei Vokale zu sprechen, da sie echte Doppellaute darstellen, z. B. bein = be-in, boum = bo-um.
Konsonanten:
- im Silbenlaut und vor s und t wird h wie ch gesprochen, z. B. maht = macht.
- zwischen f und v wird nicht unterschieden.
- st/sp/se werden als scht/schp/sche gesprochen.

„Wiltu, wiltu mich sichern, genzlich mit gemache lan,
villeicht so treib ich zue dir hnan;
sust weicht mein vich verrlich herdan.“

Nu fürcht, nu fürcht dich nicht, mein ausserwelte schöne tock!
ja flicht ich dir dein weissen lock
und slicht dir deinen roten rock.

„Das hast, das hast du mir so dick versprochen pei der wid,
vest stät zu halten ainen frid,
noch tät du mir an meim gelid.“

Der schad, der schad ist klaine, der deinem leib allda beschach,
inn mass als es dein swester sprach;
ich lass dich fürpas mit gemach.

„Das wirt, das wirt sich sagen erst, so ich werden sol ain praut,
ob sich verraucket hat mein haut.
pfüg dich! Du tetst mirs gar zu laut.“

Pis will, pis will komen, mein ausserwelter schöner hort!
du pist mir lieber hie wann dort.
nu lisp mir zue ain freundlich wort!

„Und wär und wär ich dort, wer wär dann, lieb, pei dir allhie?
mein herz dich genzlich nie verlie?
an smerz, du waist wol selber wie.“

Des wol, des wol mich ward vil mer dann hundert tausend stunt.
mich tröst dein rosenvarber munt,
der löst auff swäres herzen punt.

– Vil freud, viel freud und wunne ir paider leib allda betrat.
pis raid der abent zueher jat.
an laid schied sich ir paider wat.
(um 1400)

Oswald von Wolkenstein
Treib her, treib herüber

Treib her, treib herüber, du mein liebes Bärbelein,
zieh mit deinen Schäflein her zu mir,
komm bald, mein schönes Bärbelein!

„Ich hör dich wohl, doch will ich es bestimmt nicht tun.
Deine Weide taugt nicht viel,
meine Heide steht ganz in Grün.“

Meine Weide ist ganz ausgesucht gut,
sie blüht von Klee, Laub, Gras und vielen Blumen;
der Schnee schmilzt schon in meinem Hütbezirk.

„Aber hier höre ich viele süße Vögel singen.
Dabei wird mir die Zeit nicht lang.
Mein ganzer Sinn ist unbeschwert und frei.“

Aber hier habe ich eine kühle, klare Quelle,
um sie herum Schatten, der vor der Sonne schützt.
So komm, du größte Freude meines Herzens!

Das *Tagelied* ist eine besondere Spielart des mittelalterlichen Minnesangs, wobei „Minne“ das übliche mittelhochdeutsche Wort für Liebe ist und „sang“ ganz wörtlich genommen werden kann: Die Minnesänger, Angehörige des Fürstenstandes, Adlige und Ministerialien, waren zugleich Komponisten, Sänger und musikalische Begleiter ihrer Texte, die sie einem ausschließlich höfischen Publikum vortrugen. Oft handelten die Darbietungen, die auch erzählende und mimisch darstellende Elemente enthielten, von dem vergeblichen Werben eines Ritters um die Gunst einer Dame („frouwe“), die in der Regel gesellschaftlich höher gestellt als er und außerdem noch verheiratet war.
In der Blütezeit des Minnesangs (1190–1220), der sich mit der höfisch ritterlichen Kultur in der zweiten Hälfte des 12. Jahrhunderts entwickelte, variiert das dialogische Tagelied, ein anderes beliebtes Stereotyp: Nacht und Umarmung sind vorbei, die beiden Liebenden müssen auseinander gehen.

Am Text erarbeiten
Klären, wer zu wem spricht, beide Texte entsprechend vortragen

„Minnesang ist die erste Dichtung in deutscher Sprache, in der das Individuum seine eigensten innersten Ansichten ausspricht, es ist die erste wirklich volkssprachige Ich-Dichtung in Deutschland und im mittelalterlichen Europa überhaupt.“
(Helmut de Boor, 1987)

Oswald von Wolkenstein

Selbst gestalten:
Probieren Sie eine musikalische Gestaltung

„Durst beschwert mich kein bisschen;
denn Käse und Brot, die mir meine Mutter heute mitgab,
habe ich noch nicht gegessen."

Viele Pilze, Pilzlein wachsen hier im Busch,
auch gibt's da genug Flaum von jungen Vögeln.
Kämst du zu mir, so gäb ich dir davon.

„Willst du mir fest versprechen, mich in Ruhe zu lassen,
dann vielleicht treibe ich zu dir hinauf.
Sonst entfernt sich meine Herde weit von hier."

Nun fürchte dich nicht, mein einzig schönes Kind,
ich flechte dir die hellen Locken
und glätte deinen roten Rock.

„Das hast du mir schon so oft hoch und heilig versprochen,
dass du mir sichern Frieden halten wolltest;
doch hieltest du ihn nicht an meinem Leib."

Der Schaden ist gering, den du dort littest,
wie auch deine Schwester sagte;
doch lass ich dich künftig ganz in Ruhe.

„Es wird sich erst dann zeigen, wenn ich eine Braut werde,
ob meine Haut geschürft worden ist.
Pfui du, du tatest mir's gar zu heftig."

So sei willkommen, du köstlicher lieber Schatz,
du bist mir lieber hier als dort.
Nun flüstre mir ein freundliches Wörtlein zu.

„Und wäre ich dort, wer wäre dann, Liebster, hier bei dir?
Mein Herz hatte dich gar nicht verlassen,
voll Freude war's bei dir, du weißt selber wie."

Drum wohl mir, wohl geschah mir mehr als hunderttausendfach
Dein rosiger Mund tröstet mich
und löst von Fesseln das bedrückte Herz.

– Viel Freude und Lust erfuhren beide da,
bis rasch der Abend heranflog.
Ohne zu klagen, trennten sie sich dann.

Fiedler und Tänzerin
Miniatur, 14. Jahrhundert

3 William Shakespeare

Romeo und Julia (1595)

Die Familien Montague und Capulet sind verfeindet. Romeo, ein Montague, und Julia, eine Capulet und eigentlich dem Paris versprochen, begegnen sich auf einem Maskenball zum ersten Mal. Die folgende „Balkonszene" zeigt die zweite Begegnung.

2. Akt, 2. Szene

JULIA: O Romeo, Romeo! – warum bist du Romeo? Verleugne deinen Vater und lehne deinen Namen ab. Oder, wenn du es nicht willst, schwöre nur, mein Geliebter zu sein, und ich will keine Capulet mehr sein.

ROMEO *(beiseite)*: Soll ich mehr hören, oder soll ich hierzu sprechen?

JULIA: Es ist nur dein Name, der mein Feind ist. Du bist du selbst, auch wenn kein Montague. Was ist Montague? Es ist weder Hand noch Fuß, weder Arm noch Gesicht noch irgendein anderer Teil, der zu einem Mann gehört. Oh, sei ein anderer Name! Was ist in einem Namen? Das, was wir Rose nennen, würde mit jedem anderen Namen ebenso süß duften. Auch Romeo würde, hieß er nicht Romeo, seine teure Vollkommenheit behalten, die er ohne diesen Titel besitzt. Romeo, leg deinen Namen ab, und statt deines Namens, der kein Teil von dir ist, nimm ganz mich selbst.

ROMEO: Ich nehme dich beim Wort. Nenn mich nur Geliebter, und ich bin neu getauft. Von nun an will ich nie mehr Romeo sein.

JULIA: Was für ein Mann bist du, dass du, so getarnt in Nacht, in meine Überlegung hineinstolperst?

ROMEO: Mit einem Namen weiß ich nicht, wie ich dir sagen soll, wer ich bin. Mein Name, liebe Heilige, ist mir verhasst, weil er ein Feind ist. Hätte ich ihn geschrieben vor mir, würde ich das Wort zerreißen.

JULIA: Meine Ohren haben noch nicht hundert Worte von deiner Zunge Äußerungen getrunken, doch kenne ich den Klang. Bist du nicht Romeo und ein Montague?

ROMEO: Beides nicht, schönes Mädchen, wenn eines dir missfällt.

JULIA: Wie kamst du hierher, sag mir, und wozu? Die Gartenmauern sind hoch und schwer zu klettern, und der Ort Tod, bedenkt man, wer du bist, wenn irgendwelche von meinen Verwandten dich hier finden.

ROMEO: Mit der Liebe leichten Flügeln bin ich über diese Mauern geflogen. Denn steinerne Grenzen können Liebe nicht fern halten, und was Liebe kann, das wagt Liebe zu versuchen. Darum sind deine Verwandten kein Hemmnis für mich.

JULIA: Wenn sie dich sehen, werden sie dich ermorden.

ROMEO: O weh, mehr Gefahr liegt in deinem Auge als in zwanzig ihrer Schwerter! Schau du nur hold, und ich bin gewappnet gegen ihre Feindschaft.

(Übersetzung: Erich Fried, 1996)

Claire Danes als Julia in der Verfilmung von Baz Lurman (USA, 1996)

„Übersetzen ist ja eigentlich nur ein genaueres Lesen."
(Peter Handke)

JULIA: Wie kamst du her? O sag mir, und warum?
Die Gartenmau'r ist hoch, schwer zu erklimmen;
Die Stätt' ist Tod, bedenk nur, wer du bist,
Wenn einer meiner Vettern dich hier findet.
ROMEO: Der Liebe leichte Schwingen trugen mich;
Kein steinern Bollwerk kann der Liebe wehren;
Und Liebe wagt, was irgend Liebe kann:
Drum hielten deine Vettern mich nicht auf.
JULIA: Wenn sie dich sehn, sie werden dich ermorden.
ROMEO: Ach, deine Augen drohn mir mehr Gefahr
Als zwanzig ihrer Schwerter; blick du freundlich,
So bin ich gegen ihren Hass gestählt.

Ü: August Wilhelm Schlegel (1797)

JULIA: Wie kamst du her, sag es mir, und auch wofür.
Die Mauern sind ein hohes Hindernis
und dieser Ort der Tod, wenn man bedenkt,
wer du doch bist und einer findet dich.
ROMEO: Die Mauer überflog ich liebesleicht.
Kein Stein kann Grenze für die Liebe sein.
Was Liebe kann, probiert sie immer aus;
drum macht, dass mich wer findet, mir nicht Angst.
JULIA: Wenn sie dich sehen, bringen sie dich um.
ROMEO: In deinem Blick liegt größere Gefahr
als in den Schwertern, die sie ziehn. Ich bin,
wenn du mich ansiehst, unverletzbar doch.

Ü: Thomas Brasch (1990)

JULIA: Wie kamst du her? Bedenkt man, wer du bist,
Bedeutet dieser Ort den Tod für dich.
Wenn einer meiner Vettern dich hier findet.
ROMEO: Was Liebe kann, das wird sie immer wagen;
Auch deine Vettern können mich nicht hindern.
JULIA: Wenn sie dich sehen, werden sie dich töten.
ROMEO: Ach, deine Augen bringen mehr Gefahr
Als zwanzig ihrer Schwerter. Schau mich an,
So bin ich gegen ihren Hass gefeit.

Ü: Sven-Eric Bechtolf und Wolfgang Wiens (1997)

JULIET: How camest thou hither, tell me, and wherefor?
The orchard walls are high and hard to climb,
And the place death, considering who thou art,
If any of my kinsmen find thee here.
ROMEO: With love's light wings did I o'erperch these walls.
For stony limits cannot hold love out,
And what love can do, that dares love attempt.
Therefore thy kinsmen are no stop to me.
JULIET: If they do see thee, they will murder thee.
ROMEO: Alack, there lies more peril in thine eye
Than twenty of their swords! Look thou but sweet,
And I am proof against their enmity.

JULIA: Wie kommst du her, sag mir, und sag warum?
Die Mauern sind doch hoch und schwer zu klettern,
Und dieser Ort ist Tod, denk, wer du bist,
Wenn wer von den Verwandten dich hier findet!
ROMEO: Beschwingt von Liebe schwang ich mich herüber,
Denn Liebe macht vor keiner Mauer Halt.
Was Liebe kann, wird Liebe immer wagen,
Drum sind Verwandte mir kein Hindernis.
JULIA: Wenn sie dich sehn, sie werden dich erschlagen.
ROMEO: O nein, gefährlicher als zwanzig Schwerter
Wird mir dein Auge sein! Schau du nur lieb,
Dann bin ich kugelfest für ihren Hass.

Ü: Frank Günther (1995)

Untersuchen, analysieren:
Welche Probleme ergeben sich bei der Übersetzung des literarischen Textes?

Diskutieren, erörtern:
Welche Übersetzung rettet vom Reichtum des Originals das meiste in die heutige Zeit?

4 Andreas Gryphius

Abſurda Comica. Oder Herr Peter Squentz / Schimpff-Spiel.

(1663)

3. Akt

Spielende Personen

Herr Peter Squentz / Schreiber und Schulmeister zu Rumpels-Kirchen / Prologus und Epilogus.
Pickelhäring / des Königes lustiger Rat / Piramus.
Meister Krix / über und über / Schmied / der Monde.
Meister Bulla Butäin / Blasebalgmacher / die Wand.
Meister Klipperling / Tischler / der Löwe.
Meister Lollinger / Leinweber und Meister Sänger / der Brunn.
Meister Klotz-George / Spulenmacher / Thisbe.

Zusehende Personen

Theodorus, der König
Serenus, der Printz
Cassandra, die Königin
Violandra, Prinzessin
Eubulus, der Marschalck

THISBE (KLOTZ-GEORGE):
Gottlob, die süße Nacht ist nun kommen!
O hätt' ich doch nun meinen Piramus vernommen!
Wo find ich ihn? Wo ist er hin?
Nach ihm steht all mein Herz und Sinn.
Ei, Piramus, mein Aufenthalt*,
Ei bleib nicht lang, komm nur bald!
Bei diesem Brunn wird er erscheinen,
Noch eher, als man wird vermeinen.
Ich will mich hier was niedersetzen.
Und mich in stiller Ruh' ergetzen.
Hilf Gott, was seh ich hier vor mir?
Ein grimmer Löw', ein böses Tier!
(Der Löwe fängt an zu miauen wie eine Katze.)
Hier bleib ich nicht; es ist Zeit zu laufen!
O Himmel, ich fall über den Haufen!
O lieber Löwe, lass mich leben!
Ich will dir gerne meinen Mantel geben.
(Sie will den Mantel hinwerfen, kann aber nicht, weil er zu fest gebunden; als sie endlich die Bänder zerrissen, schlägt sie ihm dem Löwen um den Kopf und läuft schreiend davon.)
O weh, o weh! Wie bang ist mir!
O hätt' ich nur ein Trünklein Bier,
Mein mattes Herz damit zu laben!
Mir ist, als wär' ich schon begraben.
(Thisbe läuft fort; der Löwe steht auf, nimmt die grüne Decke wie einen Mantel um die Achsel und den Mantel der Thisbe in die Hand und tritt neben den Mond.)

KRICKS: Löwe, du möchtest nun wohl hineingehen. Weißt du nicht, dass Herr Peter Squentz gesaget, es stehe seltsam und bärenhäuterisch, wenn die Komödianten auf der Bühne stehen, selber zusehen und Affen feilhalten wollen?

KLIPPERLING: Nein, schau! Was ist dir daran gelegen? Dir zum Trotz will ich hier stehen bleiben.

KRICKS: Du hast ein Maul, man möchte es mit Saudreck füllen und mit Eselsfürzen** verbrämen. Zum Henker! Gehe hinein, oder ich will dir Beine machen.

KLIPPERLING: Du lahmer französischer Schmied! Du willst mir Beine machen? Ich sehe der Komödie so gerne zu wie du oder ein anderer, dir zum Trotz gesaget!

LOLLINGER: Haltet, haltet stille! Ihr werdet mich umstoßen und mir das Wasser verschütten!

KRICKS: Was ist daran gelegen?

Gryphius lässt in seiner „Absurda Comica" vom Peter Squentz (gedruckt 1663) eine Gruppe von Handwerksmeistern als Schauspieler auftreten, die die antike Liebesgeschichte von Pyramus und Thisbe trotz vieler Widerstände proben (I., II. Akt) und dann vor dem König und der Hofgesellschaft aufführen (III. Akt). Allerdings unterlaufen ihnen bei ihrem *Spiel im Spiel* zahlreiche „Säue" (Fehler), sodass der bei Ovid tragisch angelegte Stoff zur unfreiwilligen Komödie gerät.

* *Unterschlupf, Schutz, Stütze*

** *Name auch einer Distelart*

Barocke Komödien folgen strengen Regeln. Eine aus der Renaissance ererbte Poetik legt ihre hauptsächlichen Gattungsmerkmale fest:

1. den unblutigen Ausgang;
2. die so genannte Ständeklausel, die der Komödie als Personal die niederen Stände vorschreibt (das Trauerspiel ist den oberen Ständen vorbehalten);
3. Komödien sind in Prosa zu verfassen.

(Der Mond schlägt dem Löwen die Laterne um den Kopf, der Löwe erwischt den Mond bei den Haaren; im Getümmel werfen sie den Brunnen um und zerbrechen ihm den Krug; der Brunnen schlägt beiden die Scherben um die Ohren. Peter Squentz will Frieden stiften, wird aber von allen dreien niedergerissen und bekommt auch sein Teil Schläge.)

LOLLINGER: Ei, es ist schade um meinen schönen Topf, er kostet mich acht weiße Groschen und drei Heller.

SQUENTZ: Friede, Friede, pax vobis! Schämt ihr euch nicht? Haltet inne, haltet inne! Meister Mondenschein, lasset gehen! Meister Brunnen, stehet auf! Haltet inne, sage ich, wer nicht aufhöret, soll keinen Heller bekommen! Schämet euch doch vor ehrlichen Leuten! Meister Löwe, weg von hier, weg von hier! Meister Mondenschein, tretet wieder in die Ordnung, Thisbe, holet einen andern Krug heraus! Meister Mondenschein, laufet geschwinde und zündet das Licht wieder an! Das war eine erschreckliche Sau!

SERENUS: Der Mond hat den Löwen ziemlich beleuchtet, ich halte dafür, er werde morgen braun und blau aussehen.

EUBULUS: Der Mond ist im Zeichen des Löwen gewesen und wird vielleicht auch nicht leer ausgegangen sein.

VIOLANDRA: Es ist eine schreckliche Mondenfinsternis in dem Löwen gewesen. Wir möchten wissen, was sie bedeuten würde.

SQUENTZ: Was soll sie bedeuten? Den Teufel, den Elenden, und gute Schläge!

THEODORUS: Wir standen in der Meinung, der Löwe würde auf der Thisbe Mantel junge Löwen gebären; wird das nicht auch zu sehen sein?

SQUENTZ: Meister Klipperling vermeinte, er hätte keine jungen Löwen im Leibe, derowegen könnte er auch keine aushecken.

THEODORUS: Wie ist's, Herr Squentz? Wo bleiben die Personen? Wird niemand mehr hervorkommen?

SQUENTZ: Ho, Piramus! Piramus, ho! Machet doch weiter, wir müssen den König nicht warten lassen wie einen Narren.

THISBE: Piramus ist nicht hier. Er ist hinuntergegangen und hat nur einmal trinken wollen. Dazu riss es ihn so sehr im Leibe.

SQUENTZ: Das wird wieder eine rechte Sau werden. Ei, herzlieber Herr König, habt mir's doch nicht für übel! Ihr sehet ja, dass es meine Schuld nicht ist. Herein, Piramus, dass Euch der Geier wieder hinausführe!

PIRAMUS (PICKELHERING):
Dies ist die fröhliche Stund',
In der ich, Thisbe, deinen Mund
Recht küssen soll hinten und vorn.
Ich mein, sie sitzt bei jenem Born.
Wie werd ich dich, mein Schatz, umfangen,
Nach dem mich lange tät verlangen!
Ist sie nicht hier bei diesem Born?
Was hab ich mich so viel verworr'n,
Eh' diese Stund' ankommen ist!
Nun will ich kürzlich, sonder List,
Sie fassen in den zarten Arm
Und drücken, dass ihr Herz wird warm.
Wie, ist das nicht ihr Mantel hier?
Was gilt's, sie ist noch gar allhier.
O lieber Gott, was soll das sein?
Der Mantel blutet wie ein Schwein,
Das man itzt abgestochen hat.
Helft, lieben Freunde! Was nun Rat?
Ein grimmes Tier hat sie erbissen,
wie sehr wird mir das Herz zerrissen!*
Du grimmes, böses, wildes Tier,
Hättest du nur Dreck gefressen dafür,
So wär' dir's Maul nicht fedrig worden!
Ei, ei, das ist ein böser Orden!
Ei, ei, was werd ich nun erdenken?
Ich werde mich vor Angst erhenken
Ei nein, der Strick ist viel zu teu'r,
Der Hanf ist nicht geraten heu'r.
O hätt' ich meinen Degen bei mir,
Mein Bauch, den wollt' ich geben dir!
Die Liebe hat mich so besessen,
Dass ich mein Schwert daheim vergessen.
Ich mag doch länger hier nicht bleiben,
Ich werde mich gewiss entleiben,
Ich laufe mit dem Kopf wider die Wand
Oder ersteche mich mit der Hand.
(Er läuft fort und fällt über seinen Degen.)
Nein, bitte, schau, was soll das sein?
Hab ich doch hier das Schwerte mein!
Allons! nun ist's mit mir getan.
Mein lieber Hals, du musst daran.
Ei, es ist wahrlich schad' um mich.
Frisch auf, mein Herz, und dich erstich!

(Er zieht den Degen, wendet sich gegen die Zuschauer und spricht:)

Erschrecket nicht, lieben Leute, ich ersteche mich nicht Recht, es ist nur Spiel. Wer es nicht sehen kann, der gehe hinaus oder mache die Augen zu, bis ich die schreckliche Tat verrichet habe.

Nun gesegne dich Gott, Trinken und Essen,

* *Der Originaltext lautet hier: „Mir ist, als hätt' ich in die Hosen gesch …"*

Ihr Birnen und ihr Äpfel, ich muss euer vergessen!
Ade, ade, all Alt und Jung!
Der Tod tut nach mir einen Sprung.
Gesegn' euch Gott, Klein und Groß,
Der Tod gibt mir itzt einen Stoß.
(Er zielt eine Weile mit dem Degen, dann wendet er sich zu den Zuschauern und spricht:)
Ei, bitte, fürchtet euch doch nicht so, es hat nichts zu bedeuten. Seht, ich will mich nur mit dem Knopf erstechen.
(Er macht das Wams auf, setzt den Knopf auf die Brust, die Spitze gegen die Bühne, fällt nieder, steht wieder auf, läuft um das Theater herum und fängt an:)
Nun hab ich mich getan vom Brot,
Seht, bitte, seht, ich bin steintot.
Ach, wie wird Thisbe mich beklagen!
Ei, bitte, lasst's ihr doch nicht sagen.
Ade, mein Leben hat ein End',
Hie fall ich auf Bauch, Kopf und Händ'.
(Er fällt wieder nieder, heult eine Weile, verdreht die Augen und schweigt endlich still; der Mond löscht das Licht aus.)

THEODORUS: Das ist ein erschrecklicher Tod; wer ihn nur recht beweinen könnte!

THISBE: Sage, Mond, wo ist dein güldner Schein hinkommen,
Wie hast du so sehr abgenommen?
Vorhin warest du lieblich und klar,
Itzt bist du finster ganz und gar.
Wo werd ich den Piramus finden?
Ich sehe ihn noch nicht dahinten.
Ich habe mich so müde gelaufen,
Mich dürst't so; könnt' ich nur eins saufen!
Ich will ihn suchen in dem Gras
Dort bei dem Brunnen. Was ist das?
(Sie fällt über Piramus, steht wieder auf und besieht ihn.)
Hilf Gott, es ist mein Piramus!
Ich will ihm stehlen einen Kuss,
Dieweil er schläft in dieser Ecken
Und sich ins grüne Gras tut strecken;
So kann ich sagen unverhohlen,
Dass ich ihm eine Schmätzerling abgestohlen.
(Sie küsst ihn, Piramus schnappt mit dem Munde nach ihr.)
Ach, schauet, wie ist er so kalt
Und hat so eine bleiche Gestalt!
Schaut, wie ihm hängt der Hals und Kopf.
Ach, er ist tot, der arme Tropf!
Ei, sehet, er hat sich erstochen.
Fürwahr, ich hab es wohl gerochen.
Ach, ach, ach, ach, was fang' ich an?
Ach, Thisbe, was hast du getan!
Die Haar' will ich ausraufen mir
(Sie greift unter die Arme und lacht.)
Und dich beweinen für und für.
O Piramus, du edler Ritter,
Du allerschönster Moskowiter,
Ei, Piramus, bist du denn tot?
Ei, sage mir doch vor der letzten Not
Nur noch ein einzig Wörtelein!

PIRAMUS: Ich habe nichts mehr auf meinem Zettelein.

VIOLANDRA: Das geht noch wohl hin, wenn die Toten reden können.

SQUENTZ: Bei St. Stenzel*, Piramus, Ihr seid ja tot, schämet Euch, zum Teufel! Ihr müsst nichts sagen, sondern stilleliegen wie eine tote Sau.

PIRAMUS: Ja, ja, ja, ich will's schon machen!

THISBE: Was mach ich denn nun auf der Welt?
Ich achte nun kein Gut und Geld.
Ich werde mich wohl auch erstechen
Oder mir ja den Hals entzweibrechen.
O hätt' ich nur den Pfeil allhie,
Ich stäche mir den in die Knie!
Doch er ist weit daheim im Schmer.
Schaut, hier liegt Piramus' Gewehr.
Gute Nacht, liebes Mütterlein,
Es muss einmal gestorben sein;
Gute Nacht, lieber alter Vater,
Ihr allerschönster grauer Kater!
Mein Piramus, ich folge dir,
Wir bleiben beisammen für und für.
Ade, mein liebes Mäuselein,
Ich steche mich in mein Herzhäuselein!
(Sie sticht sich mit dem Degen unter den Rock, wirft den Degen weg, fällt auf Piramus und spricht:)
Schaut alle, nun bin ich verschieden
Und lieg allhier und schlaf in Frieden.

PIRAMUS: Ei, Thisbe, es schickt sich nicht also, die Weiber müssen unten liegen!

CASSANDRA: Erbärmlicher Zufall! Ich habe gelacht, dass mir die Augen übergehen!

VIOLANDRA: Wer wird denn die Toten begraben?

PIRAMUS: Wenn die Komödianten abgegangen sind, will ich Thisben selber wegtragen.

(Der Mond und der Brunnen gehen still ab; Piramus steht auf, Thisbe springt ihm auf den Rücken und lässt sich von ihm wegtragen.)

* *Kurzform zu Stanislaus, wie Wenzel zu Wenzelaus*

Am Text erarbeiten: Wie entstehen in dieser Szene komische Wirkungen?

Am Text erarbeiten: Wie verhält sich Gryphius' Text zu den Gattungsmerkmalen der Barockkomödien?

5 Pierre Carlet de Chamblain de Marivaux

In Marivaux' Komödie geht es um die Angst vor einer festen Partnerschaft und das Misstrauen gegen die von den Vätern vorgeschlagene Partnerwahl. Um sich unerkannt einen eigenen Eindruck vom zukünftigen Ehepartner zu verschaffen, greifen Silvia und Dorante zur gleichen List: Als der vornehme Dorante im Haus ihres Vaters erscheint, tauscht die ebenso vornehme Silvia die Rolle mit ihrer Zofe Lisette, während sich Dorante als sein Diener Bourguignon ausgibt. Da sich die beiden „Diener" ineinander verlieben, führt das Überschreiten der Standesschranken durch diesen Rollentausch zu einem verstrickten Spiel.

Das Spiel von Liebe und Zufall (1730)

2. Akt, 12. Szene

Silvia allein, Dorante kommt kurz darauf.

SILVIA: Ach, wie schwer mir das Herz ist! Ich weiß nicht, was sich in die Verwirrung mischt, die ich empfinde, das ganze Abenteuer macht mich traurig; ich misstraue allen Gesichtern und bin mit niemandem zufrieden, auch mit mir nicht.

DORANTE: Ich habe dich gesucht, Lisette.

SILVIA: Es lohnt nicht der Mühe, mich zu finden, denn ich weiche dir aus.

DORANTE *(hindert sie am Weggehen)*: Bitte bleib, Lisette, ich muss ein letztes Mal mit dir sprechen, es geht um eine wichtige Sache, die deine Herrschaft betrifft.

SILVIA: Sag sie ihnen selbst, ich treffe dich nie, ohne dass es Ärger gibt, lass mich in Ruh!

DORANTE: Das könnte ich dir zurückgeben; aber hör mich bitte an, du wirst sehen, wie sich die Dinge ändern durch das, was ich dir sagen will.

SILVIA: Also dann rede, ich höre dich an, da es nun einmal beschlossen ist, dass meine Nachgiebigkeit dir gegenüber keine Grenzen hat.

DORANTE: Versprichst du mir, das Geheimnis zu wahren?

SILVIA: Ich habe noch nie jemanden verraten.

DORANTE: Du verdankst die Mitteilung, die ich dir machen werde, nur der Achtung, die ich für dich empfinde.

SILVIA: Das glaube ich; aber versuche mich zu achten, ohne es mir zu sagen, denn das riecht nach einem Vorwand.

DORANTE: Du täuscht dich, Lisette: Du hast mir versprochen, das Geheimnis zu wahren, ich rede also zu Ende. Du hast mich in

Jean Honorè Fragonard: Der Riegel, um 1778, Louvre

großer Erregung gesehen, ich konnte mich nicht beherrschen, dich zu lieben.

SILVIA: Da haben wir's; ich beherrsche mich aber dich anzuhören; adieu.

DORANTE: Bleib, es ist nicht mehr Bourguignon, der zu dir spricht.

SILVIA: Oh, und wer bist du?

DORANTE: Ach Lisette, jetzt wirst du die Qual verstehen, die mein Herz empfunden hat.

SILVIA: Ich rede nicht mit deinem Herzen, ich rede mit dir.

DORANTE: Kommt auch niemand?

SILVIA: Nein.

DORANTE: Die Lage der Dinge zwingt mich, es dir zu sagen, ich bin ein zu redlicher Mensch, um ihren Lauf nicht anzuhalten.

SILVIA: Meinetwegen.

DORANTE: Du sollst wissen, dass jener, der bei deiner Herrin ist, nicht das ist, wofür man ihn hält.

SILVIA *(lebhaft)*: Und was ist er?

DORANTE: Ein Diener.

SILVIA: Und?

DORANTE: Ich bin Dorante.

SILVIA *(beiseite)*: Oh, ich sehe klar in meinem Herzen.

DORANTE: Ich wollte in diesem Aufzug ein wenig deine Herrin erforschen, bevor ich sie heirate. Mein Vater erlaubte mir mein Vorhaben, und das Abenteuer erscheint mir wie ein Traum: Ich hasse die Herrin, deren Ehemann ich werden soll, und liebe die Zofe, die in mir nur einen neuen Herrn finden sollte. Was soll ich machen? Ich erröte für deine Herrin, es zu sagen, aber sie hat so wenig Geschmack, dass sie ganz verliebt in meinen Diener ist und ihn heiraten würde, wenn man sie gewähren ließe. Wie soll ich mich entscheiden?

SILVIA *(beiseite)*: Ich will ihm verschweigen, wer ich bin …
(Laut.) Ihre Lage ist etwas Neues, ganz sicher! Aber Monsieur, ich möchte mich zunächst für alle Respektlosigkeiten entschuldigen, die vielleicht in meinen Reden waren.

DORANTE *(heftig)*: Schweig Lisette; deine Entschuldigungen kränken mich, sie erinnern mich an den Standesunterschied, der uns trennt, und machen ihn mir nur schmerzlicher.

SILVIA: Sind ihre Gefühle für mich so ernst? Lieben Sie mich so sehr?

DORANTE: So sehr, dass ich jeder anderen Bindung entsagen werde, da es mir nicht erlaubt ist, mein Schicksal mit deinem zu verbinden; und in dieser Lage war die einzige Süße für mich, dass ich glaubte, du seist mir gewogen.

SILVIA: Ein Herz, das mich trotz meines Standes gewählt hat, ist gewiss würdig, erhört zu werden und ich würde es gern mit meinem belohnen, wenn ich nicht fürchten müsste, es ginge damit eine unangemessene Bindung ein.

DORANTE: Hast du nicht schon genügend Reize, Lisette? Fügst du ihnen noch die Großmut hinzu, mit der du zu mir sprichst?

SILVIA: Ich höre jemand kommen; gedulden Sie sich noch ein wenig mit Ihrem Diener, die Dinge nehmen nicht so schnell ihren Lauf, wir sehen uns wieder und werden ein Mittel suchen, Ihre Lage zu retten.

DORANTE: Ich will deinen Ratschlägen folgen. *(Geht ab.)*

SILVIA: Es ist Dorante! Das kam zur rechten Zeit für mich.

Am Text erarbeiten:
Innerhalb der aufklärerischen Literatur bestand Konsens darüber, dass das erstrebte Menschheitsglück durch die fortbestehende Unterdrückung der Frau nicht gefährdet war. Wie steht Marivaux zu dieser Position?

Bezüge herstellen:
Das Gemälde von A. Roslin wurde als Cover einer Taschenbuchausgabe verwendet. Welche Bezüge bestehen zwischen der Szene und dem Bild?

Selbst gestalten:
Marivaux setzt die Verkleidung in der Komödie als dramaturgischen Kunstgriff ein: Lassen Sie Kostümierung bei einer Inszenierung der Szene „mitspielen“.

6 Johann Wolfgang von Goethe

Faust – von Mephistopheles durch einen Hexentrank verjüngt – hat Gretchen kennen gelernt, ein junges Mädchen aus einfachen Verhältnissen, kaum gebildet und fromm.
Die Szene schildert die zweite Begegnung der beiden.

Faust. Der Tragödie Erster Teil (1808)

Marthens Garten

Margarete. Faust.

MARGARETE: Versprich mir, Heinrich!
FAUST: Was ich kann!
MARGARETE: Nun sag, wie hast du's mit der Religion?
Du bist ein herzlich guter Mann,
Allein, ich glaub' du hältst nicht viel davon.
FAUST: Lass das, mein Kind! Du fühlst, ich bin dir gut;
Für meine Lieben ließ' ich Leib und Blut,
Will niemand sein Gefühl und seine Kirche rauben.
MARGARETE: Das ist nicht recht, man muss dran glauben!
FAUST: Muss man?
MARGARETE: Ach! wenn ich etwas auf dich könnte!
Du ehrst auch nicht die heil'gen Sakramente.
FAUST: Ich ehre sie.
MARGARETE: Doch ohne Verlangen.
Zur Messe, zur Beichte bist du lange nicht gegangen.
Glaubst du an Gott?
FAUST: Mein Liebchen, wer darf sagen:
Ich glaub' an Gott?
Magst Priester oder Weise fragen,
Und ihre Antwort scheint nur Spott
Über den Frager zu sein.
MARGARETE: So glaubst du nicht?
FAUST: Misshör mich nicht, du holdes Angesicht!
Wer darf ihn nennen?
Und wer bekennen:
Ich glaub' ihn.
Wer empfinden,
Und sich unterwinden
Zu sagen: ich glaub ihn nicht?
Der Allumfasser,
Der Allerhalter,
Fasst und erhält er nicht
Dich, mich, sich selbst?
Wölbt sich der Himmel nicht dadroben?
Liegt die Erde nicht hierunten fest?
Und steigen freundlich blickend
Ewige Sterne nicht herauf?
Schau' ich nicht Aug' in Auge dir,
Und drängt nicht alles
Nach Haupt und Herzen dir,
Und webt in ewigem Geheimnis
Unsichtbar sichtbar neben dir?
Erfüll davon dein Herz, so groß es ist,
Und wenn du ganz in dem Gefühle selig bist,
Nenn es dann, wie du willst,
Nenn's Glück! Herz! Liebe! Gott!
Ich habe keinen Namen
Dafür! Gefühl ist alles;
Name ist Schall und Rauch,
Umnebelnd Himmelsglut.
MARGARETE: Das ist alles recht schön und gut;
Ungefähr sagt das der Pfarrer auch,
Nur mit ein bisschen andern Worten.
FAUST: Es sagen's allerorten
Alle Herzen unter dem himmlischen Tage,
Jedes in seiner Sprache;
Warum nicht ich in der meinen?
MARGARETE: Wenn man's so hört, möcht's leidlich scheinen,
Steht aber doch immer schief darum;
Denn du hast kein Christentum.
FAUST: Lieb's Kind!
MARGARETE: Es tut mir lang schon weh,
Dass ich dich in der Gesellschaft seh'.
FAUST: Wieso?
MARGARETE: Der Mensch, den du da bei dir hast,
Ist mir in tiefer innrer Seele verhasst;
Es hat mir in meinem Leben
So nichts einen Stich ins Herz gegeben,
Als des Menschen widrig Gesicht.
FAUST: Liebe Puppe, fürcht ihn nicht!
MARGARETE: Seine Gegenwart bewegt mir das Blut.
Ich bin sonst allen Menschen gut;
Aber wie ich mich sehne, dich zu schauen,
Hab' ich vor dem Menschen ein heimlich Grauen,
Und halt' ihn für einen Schelm dazu!
Gott verzeih' mir's, wenn ich ihm unrecht tu'!
FAUST: Es muss auch solche Käuze geben.
MARGARETE: Wollte nicht mit seinesgleichen leben!
Kommt er einmal zur Tür herein,
Sieht er immer so spöttisch drein
Und halb ergrimmt;
Man sieht, dass er an nichts keinen Anteil nimmt;

Es steht ihm an der Stirn geschrieben,
Dass er nicht mag eine Seele lieben.
Mir wird's so wohl in deinem Arm,
So frei, so hingegeben warm,
Und seine Gegenwart schnürt mir das Innre zu.
FAUST: Du ahnungsvoller Engel du!
MARGARETE: Das übermannt mich so sehr,
Dass, wo er nur mag zu uns treten,
Mein' ich sogar, ich liebte dich nicht mehr.
Auch, wenn er da ist, könnt' ich nimmer beten,
Und das frisst mir ins Herz hinein!
Dir, Heinrich, muss es auch so sein.
FAUST: Du hast nun die Antipathie!
MARGARETE: Ich muss nun fort.
FAUST: Ach, kann ich nie
Ein Stündchen ruhig dir am Busen hängen,
Und Brust an Brust und Seel' in Seele drängen?
MARGARETE: Ach, wenn ich nur alleine schlief'!
Ich ließ' dir gern heut Nacht den Riegel offen;
Doch meine Mutter schläft nicht tief,
Und würden wir von ihr betroffen,
Ich wär' gleich auf der Stelle tot!
FAUST: Du Engel, das hat keine Not.
Hier ist ein Fläschchen! Drei Tropfen nur
In ihren Trank umhüllen
Mit tiefem Schlaf gefällig die Natur.
MARGARETE: Was tu' ich nicht um deinetwillen?
Es wird ihr hoffentlich nicht schaden!
FAUST: Würd' ich sonst, Liebchen, es dir raten?
MARGARETE: Seh' ich dich, bester Mann, nur an,
Weiß nicht, was mich nach deinem Willen treibt;
Ich habe schon so viel für dich getan,
Dass mir zu tun fast nichts mehr übrig bleibt.
(Ab.)
Mephistopheles tritt auf.
MEPHISTOPHELES: Der Grasaff'! ist er weg?
FAUST: Hast wieder spioniert?
MEPHISTOPHELES: Ich hab's ausführlich wohl vernommen,
Herr Doktor wurden da katechisiert;
Hoff', es soll Ihnen wohl bekommen.
Die Mädels sind doch sehr interessiert,
Ob einer fromm und schlicht nach altem Brauch.
Sie denken: duckt er da, folgt er uns eben auch.
FAUST: Du Ungeheuer siehst nicht ein,
Wie diese treue liebe Seele
Von ihrem Glauben voll,
Der ganz allein
Ihr selig machend ist, sich heilig quäle,
Dass sie den liebsten Mann verloren halten soll.
MEPHISTOPHELES: Du übersinnlicher sinnlicher Freier,
Ein Mägdelein nasführet dich.
FAUST: Du Spottgeburt von Dreck und Feuer!
MEPHISTOPHELES: Und die Physiognomie versteht sie meisterlich:
In meiner Gegenwart wird's ihr, sie weiß nicht wie,
Mein Mäskchen da weissagt verborgnen Sinn;
Sie fühlt, dass ich ganz sicher ein Genie,
Vielleicht wohl gar der Teufel bin.
Nun, heute Nacht – ?
FAUST: Was geht's dich an?
MEPHISTOPHELES: Hab' ich doch meine Freude dran!

Darstellen, präsentieren:
In Lese- und Spielversuchen unterschiedliche Subtextvarianten bei Gretchen und Faust erproben

Dorothee Hartinger und Christian Nickel als Gretchen und Faust (Abb. S. 552) sowie Christian Nickel und Robert Hunger-Bühler als Faust und Mephisto in der Inszenierung von Peter Stein, 2000

7 Heinrich von Kleist

Personen

Jupiter, *in der Gestalt des Amphitryon*
Merkur, *in der Gestalt des Sosias*
Amphitryon, *Feldherr der Thebaner*
Sosias, *sein Diener*
Alkmene, *Gemahlin des Amphitryon*
Charis, *Gemahlin des Sosias*
Feldherren

(Die Szene ist in Theben vor dem Schlosse des Amphitryon)

Jupiter, Spezialist göttlicher Seitensprünge, plant ein neues Schäferstündchen. Europa hatte er sich als Stier, Leda als Schwan genähert. Zu Alkmene kommt er nun in Gestalt ihres eigenen Gemahls Amphitryon, einem erfolgreichen Feldherrn der Thebaner. Jupiters Täuschungsmanöver gelingt mit Hilfe von Merkur, der als Doppelgänger von Amphitryons Diener Sosias das Unternehmen wirksam unterstützt. Die Ehekrise ist vorprogrammiert.

Amphitryon (1807)

Ein Lustspiel nach Molière

1. Akt, Vierte Szene

Jupiter in der Gestalt Amphitryons. Alkmene. Charis. Merkur. Fackeln.

JUPITER: Lass, meine teuerste Alkmene, dort
Die Fackeln sich entfernen. Zwar sie leuchten
Dem schönsten Reiz, der auf der Erde blüht,
Und keiner der Olympier sah ihn schöner;
Jedoch – wie sag ich? Sie verraten den,
Den dieser Reiz hieher gelockt, Geliebte,
Und besser wird es ein Geheimnis bleiben,
Dass dein Amphitryon in Theben war,
Sie sind dem Krieg geraubt, die Augenblicke,
Die ich der Liebe opfernd dargebracht;
Die Welt könnt ihn missdeuten, diesen Raub;
Und gern entbehrt ich andre Zeugen seiner,
Als nur die eine, die ihn mir verdankt.
ALKMENE: Amphitryon! So willst du gehn? Ach, wie
So lästig ist so vieler Ruhm, Geliebter!
Wie gern gäb ich das Diadem, das du
Erkämpft, für einen Strauß von Veilchen hin,
Um eine niedre Hütte eingesammelt.
Was brauchen wir, als nur uns selbst? Warum
Wird so viel Fremdes noch dir aufgedrungen,
Die eine Krone und der Feldherrstab?
Zwar wenn das Volk dir jauchzt, und sein Entzücken
In jedem großen Namen sich verschwendet,
Ist der Gedanke süß, dass du mir angehörst;
Doch dieser flüchtge Reiz, kann er vergelten,
Was ich empfinde, wenn im wilden Treffen
Der Pfeil auf diesen teuern Busen zielt?
Wie öd ist, ohne dich, dies Haus! Wie träge,
Bist du mir fern, der muntre Reihn der Stunden,
Wenn sie den Tag herauf mir führen sollen!
Ach was das Vaterland mir alles raubt,
Das fühl ich, mein Amphitryon, erst seit heute,
Da ich zwei kurze Stunden dich besaß.
JUPITER: Geliebte! Wie du mich entzückst! Doch eine
Besorgnis auch erregst du mir, die ich,
So scherzhaft sie auch klingt, dir nennen muss.
Du weißt, dass ein Gesetz der Ehe ist,
Und meine Pflicht, und dass, wer Liebe nicht erwirbt,
Noch Liebe vor dem Richter fordern kann.
Sieh dies Gesetz, es stört mein schönstes Glück.
Dir möcht ich, deinem Herzen, Teuerste,
Jedwede Gunst verdanken, möchte gern
Nicht, daß du einer Förmlichkeit dich fügtest,
Zu der du dich vielleicht verbunden wähnst.
Wie leicht verscheuchst du diese kleinen Zweifel?
So öffne mir dein Innres denn, und sprich,
Ob den Gemahl du heut, dem du verlobt bist,
Ob den Geliebten du empfangen hast?
ALKMENE: Geliebter und Gemahl! Was sprichst du da?
Ist es dies heilige Verhältnis nicht,
Das mich allein, dich zu empfahn, berechtigt?
Wie kann dich ein Gesetz der Welt nur quälen,
Das weit entfernt, beschränkend hier zu sein,
Vielmehr den kühnsten Wünschen, die sich regen,
Jedwede Schranke glücklich niederreißt?
JUPITER: Was ich dir fühle, teuerste Alkmene,
Das überflügelt, sieh, um Sonnenferne,
Was ein Gemahl dir schuldig ist. Entwöhne,
Geliebte, von dem Gatten dich,
Und unterscheide zwischen mir und ihm.
Sie schmerzt mich, diese schmähliche Verwechslung,
Und der Gedanke ist mir unerträglich,
Dass du den Laffen bloß empfangen hast,
Der kalt ein Recht auf dich zu haben wähnt.
Ich möchte dir, mein süßes Licht,
Dies Wesen eigner Art erschienen sein,
Besieger dein, weil über dich zu siegen,
Die Kunst, die großen Götter mich gelehrt.
Wozu den eitlen Feldherrn der Thebaner
Einmischen hier, der für ein großes Haus
Jüngst eine reiche Fürstentochter freite?
Was sagst du? Sieh, ich möchte deine Tugend
Ihm, jenem öffentlichen Gecken, lassen,
Und mir, mir deine Liebe vorbehalten.
ALKMENE: Amphitryon! Du scherzest. Wenn das Volk hier
Auf den Amphitryon dich schmähen hörte,
Es müßte doch dich einen andern wähnen,
Ich weiß nicht wen? Nicht, dass es mir entschlüpft

In dieser heitern Nacht, wie, vor dem Gatten,
Oft der Geliebte aus sich zeichnen kann;
Doch da die Götter eines und das andre
In dir mir einigten, verzeih ich diesem
Von Herzen gern, was der vielleicht verbrach.
JUPITER: Versprich mir denn, dass dieses heitre Fest,
Das wir jetzt frohem Wiedersehn gefeiert,
Dir nicht aus dem Gedächtnis weichen soll:
Dass du den Göttertag, den wir durchlebt,
Geliebteste, mit deiner weitern Ehe
Gemeinen Tag'lauf nicht verwechseln willst.
Versprich, sag ich, dass du an mich willst denken,
Wenn einst Amphitryon zurückekehrt –?
ALKMENE: Nun ja. Was soll man dazu sagen?
JUPITER: Dank dir!
Es hat mehr Sinn und Deutung, als du glaubst.
Leb wohl, mich ruft die Pflicht.
ALKMENE: So willst du fort?
Nicht diese kurze Nacht bei mir, Geliebter,
Die mit zehntausend Schwingen fleucht, vollenden?
JUPITER: Schien diese Nacht dir kürzer als die andern?
ALKMENE: Ach!
JUPITER: Süßes Kind! Es konnte doch Aurora
Für unser Glück nicht mehr tun, als sie tat.
Leb wohl. Ich sorge, dass die anderen
Nicht länger dauern, als die Erde braucht.
ALKMENE: Er ist berauscht, glaub ich. Ich bin es auch. (*Ab.*)

2. Akt, Zweite Szene (Auszug)

Alkmene. Charis. Die Vorigen. [Amphitryon. Sosias.]

ALKMENE: Komm, meine Charis. Lass den Göttern uns
Ein Opfer dankbar auf den Altar legen.
Lass ihren großen, heilgen Schutz noch ferner
Mich auf den besten Gatten niederflehn.
(*Da sie den Amphitryon erblickt.*)
O Gott! Amphitryon!
AMPHITRYON: Der Himmel gebe,
Dass meine Gattin nicht vor mir erschrickt,
Nicht fürcht ich, dass nach dieser flüchtgen Trennung
Alkmene minder zärtlich mich empfängt,
Als ihr Amphitryon zurückekehrt.
ALKMENE: So früh zurück –?
AMPHITRYON: Was! dieser Ausruf,
Fürwahr, scheint ein zweideutig Zeichen mir,
Ob auch die Götter jenen Wunsch erhört.
Dies: „Schon so früh zurück!" ist der Empfang,
Beim Himmel, nein! der heißen Liebe nicht.
Ich Törichter! Ich stand im Wahn, dass mich
Der Krieg zu lange schon von hier entfernt;
Zu spät, war meine Rechnung, kehrt ich wieder.
Doch du belehrst mich, dass ich mich geirrt,
Und mit Befremden nehm ich wahr, dass ich
Ein Überlästger aus den Wolken falle.
ALKMENE: Ich weiß nicht –
AMPHITRYON: Nein Alkmene,
Verzeih. Mit diesem Worte hast du Wasser
Zu meiner Liebe Flammen hingetragen.
Du hast, seit ich dir fern, die Sonnenuhr
Nicht eines flüchtgen Blicks gewürdigt.
Hier ward kein Flügelschlag der Zeit vernommen,
Und unter rauschenden Vergnügen sind
In diesem Schloss fünf abgezählte Monden
Wie so viel Augenblicke hingeflohn.
ALKMENE: Ich habe Müh, mein teurer Freund, zu fassen,
Worauf du diesen Vorwurf gründen magst.
Beklagst du über meine Kälte dich,
So siehst du mich verlegen, wie ich dich
Befriedgen soll. Ich denke gestern, als
Du um die Abenddämmrung mir erschienst,
Trug ich die Schuld, an welche du mich mahnst,
Aus meinem warmen Busen reichlich ab.
Kannst du noch mehr dir wünschen, mehr begehren,
So muss ich meine Dürftigkeit gestehn:
Ich gab dir wirklich alles, was ich hatte.
AMPHITRYON: Wie?
ALKMENE: Und du fragst noch? Flog ich gestern nicht,
Als du mich heimlich auf den Nacken küsstest,
Ich spann, ins Zimmer warst du eingeschlichen,
Wie aus der Welt entrückt, dir an die Brust?
Kann man sich inn'ger des Geliebten freun?
AMPHITRYON: Was sagst du mir?
ALKMENE: Was das für Fragen sind!
Du selber warst unmäßger Freude voll,
Dich so geliebt zu sehn; und als ich lachte,
Inzwischen mir die Träne floss, schwurst du
Mit seltsam schauerlichen Schwur mir zu,
Dass nie die Here so den Jupiter beglückt.
AMPHITRYON: Ihr ewgen Götter!
(…)

Dieses Lustspiel ist nicht nur eine „Verwechslungskomödie", in der wir über die Düpierten lachen können, die von den Göttern an der Nase herumgeführt werden, sondern auch eine „Bewusstseinskomödie", in der uns das Lachen vergeht. Denn sie stellt die Frage nach dem „Selbstbewusstsein": Wer bin ich? Wer ist der andere? *(Hans Dieter Zimmermann, 1989)*

Am Text erarbeiten: Welche Konflikte konkurrieren in dem Verwirrspiel?

Untersuchen, analysieren: Kleist fügt der „äußeren Verwechslungskomödie" von Molière die „innere Verwechslungskomödie" hinzu.

Diskutieren, erörtern: Sollte man die Rollen des Jupiter und Amphitryon mit demselben Schauspieler besetzen?

Leonce und Lena

Lustspiel (1836)

3. Akt, 3. Szene (Auszug)

Personen
König Peter *vom Reiche Popo*
Prinz Leonce, *sein Sohn, verlobt mit*
Prinzessin Lena *vom Reiche Pipi*
Valerio
Die Gouvernante
Der Hofmeister
Der Zeremonienmeister
Der Präsident des Staatsrats
Der Hofprediger
Der Landrat
Der Schulmeister
Rosetta
Bediente, Staatsräte, Bauern etc.

Der vorliegende Auszug stammt aus dem Schlussakt des Lustspiels, in dem eine höfische Hochzeitsgesellschaft Leonce und Lena als Brautpaar erwartet. Unerkannt treten die beiden, als Automaten maskiert, auf. Valerio – ein ebenfalls maskierter Diener – ist als einziger eingeweiht.

* *bildlich*

Ideen entwickeln:
– Auswahl einer durchgehenden Geräuschekulisse oder Musik zur Unterlegung der Szene
– Entwerfen einer Choreografie, die das Automatenhafte zum Ausdruck bringt

Valerio, Leonce, die Gouvernante und die Prinzessin treten maskiert auf.

PETER: Wer seid ihr?

VALERIO: Weiß ich's? *(Er nimmt langsam hintereinander mehrere Masken ab.)* Bin ich das? oder das? oder das? Wahrhaftig ich bekomme Angst, ich könnte mich so ganz auseinander schälen und -blättern.

PETER *(verlegen)*: Aber – aber etwas müsst Ihr dann doch sein?

VALERIO: Wenn Eure Majestät es so befehlen. Aber meine Herren hängen Sie alsdann die Spiegel herum und verstecken Sie Ihre blanken Knöpfe etwas und sehen Sie mich nicht so an, dass ich mich in Ihren Augen spiegeln muss, oder ich weiß wahrhaftig nicht mehr, wer ich eigentlich bin.

PETER: Der Mensch bringt mich in Konfusion, zur Desperation. Ich bin in der größten Verwirrung.

VALERIO: Aber eigentlich wollte ich einer hohen und geehrten Gesellschaft verkündigen, dass hiemit die zwei weltberühmten Automaten angekommen sind und dass ich vielleicht der dritte und merkwürdigste von beiden bin, wenn ich eigentlich selbst recht wüsste, wer ich wäre, worüber man übrigens sich nicht wundern dürfte, da ich selbst gar nichts von dem weiß, was ich rede, ja auch nicht einmal weiß, dass ich es nicht weiß, sodass es höchst wahrscheinlich ist, dass man mich nur so reden lässt, und es eigentlich nichts als Walzen und Windschläuche sind, die das Alles sagen. *(Mit schnarrendem Ton:)* Sehen sie hier meine Herren und Damen, zwei Personen beiderlei Geschlechts, ein Männchen und ein Weibchen, einen Herrn und eine Dame. Nichts als Kunst und Mechanismus, nichts als Pappendeckel und Uhrfedern. Jede hat eine feine, feine Feder von Rubin unter dem Nagel der kleinen Zehe am rechten Fuß, man drückt ein klein wenig und die Mechanik läuft volle fünfzig Jahre. Diese Personen sind so vollkommen gearbeitet, dass man sie von andern Menschen gar nicht unterscheiden könnte, wenn man nicht wüsste, dass sie bloße Pappdeckel sind; man könnte sie eigentlich zu Mitgliedern der menschlichen Gesellschaft machen. Sie sind sehr edel, denn sie sprechen hochdeutsch. Sie sind sehr moralisch, denn sie stehen auf den Glockenschlag auf, essen auf den Glockenschlag zu Mittag und gehen auf den Glockenschlag zu Bett, auch haben sie eine gute Verdauung, was beweist, dass sie ein gutes Gewissen haben. Sie haben ein feines sittliches Gefühl, denn die Dame hat gar kein Wort für den Begriff Beinkleider, und dem Herrn ist es rein unmöglich, hinter einem Frauenzimmer eine Treppe hinauf- oder vor ihm hinunterzugehen. Sie sind sehr gebildet, denn die Dame singt alle neuen Opern und der Herr trägt Manschetten. Geben Sie Acht, meine Herren und Damen, sie sind jetzt in einem interessanten Stadium, der Mechanismus der Liebe fängt an sich zu äußern, der Herr hat der Dame schon einige Mal den Shawl getragen, die Dame hat schon einige Mal die Augen verdreht und gen Himmel geblickt. Beide haben schon mehrmals geflüstert: Glaube, Liebe, Hoffnung! beide sehen bereits ganz akkordiert aus, es fehlt nur noch das winzige Wörtchen: Amen.

PETER *(den Finger an die Nase legend)*: In effigie*? in effigie? Präsident, wenn man einen Menschen in effigie hängen lässt, ist das nicht eben so gut, als wenn er ordentlich gehängt würde?

PRÄSIDENT: Verzeihen, Eure Majestät, es ist noch viel besser, denn es geschieht ihm kein Leid dabei, und er wird *dennoch* gehängt.

PETER: Jetzt hab' ich's. Wir feiern die Hochzeit in effigie. *(Auf Leonce und Lena deutend:)* Das ist der Prinz, das ist die Prinzessin. Ich werde meinen Beschluss durchsetzen, ich werde mich freuen. Lasst die Glocken läuten, macht eure Glückwünsche zurecht, hurtig Herr Hofprediger!

Der Hofprediger tritt vor, räuspert sich, blickt einige Mal gen Himmel.

VALERIO: Fang' an! Lass deine vermaledeiten Gesichter und fang' an! Wohlauf!

Hofprediger *(in der größten Verwirrung)*: Wenn wir – oder – aber –

Valerio: Sintemal und alldieweil –

Hofprediger: Denn –

Valerio: Es war vor Erschaffung der Welt –

Hofprediger: Dass –

Valerio: Gott lange Weile hatte –

Peter: Machen Sie es nur kurz, Bester.

Hofprediger *(sich fassend)*: Geruhen Eure Hoheit Prinz Leonce vom Reiche Popo und geruhen Eure Hoheit Prinzessin Lena vom Reiche Pipi, und geruhen Eure Hoheiten gegenseitig sich beiderseitig einander zu wollen, so sagen Sie ein lautes und vernehmliches Ja.

Lena *und* Leonce: Ja.

Hofprediger: So sage ich Amen.

Valerio: Gut gemacht, kurz und bündig; so wäre denn das Männlein und das Fräulein erschaffen und alle Tiere des Paradieses stehen um sie. *(Leonce nimmt die Maske ab.)*

Alle: Der Prinz!

Peter: Der Prinz! Mein Sohn! Ich bin verloren, ich bin betrogen! *(Er geht auf die Prinzessin los.)* Wer ist die Person? Ich lasse Alles für ungültig erklären.

Gouvernante *(nimmt der Prinzessin die Maske ab, triumphierend)*: Die Prinzessin!

Leonce: Lena?

Lena: Leonce?

Leonce: Ei Lena, ich glaube das war die Flucht in das Paradies. Ich bin betrogen.

Lena: Ich bin betrogen.

Leonce: O Zufall!

Lena: O Vorsehung!

Valerio: Ich muss lachen, ich muss lachen. Eure Hoheiten sind wahrhaftig durch den Zufall einander zugefallen; ich hoffe Sie werden, dem Zufall zu Gefallen, Gefallen aneinander finden.

Gouvernante: Dass meine alten Augen das sehen konnten! Ein irrender Königssohn! Jetzt sterb' ich ruhig.

Peter: Meine Kinder ich bin gerührt, ich weiß mich vor Rührung kaum zu lassen. Ich bin der glücklichste Mann! Ich lege aber auch hiermit feierlichst die Regierung in deine Hände, mein Sohn, und werde sogleich ungestört jetzt bloß nur noch zu denken anfangen. Mein Sohn, du überlässest mir diese Weisen *(er deutet auf den Staatsrat)*, damit sie mich in meinen Bemühungen unterstützen. Kommen Sie meine Herren, wir müssen denken, ungestört denken. *(Er entfernt sich mit dem Staatsrat.)* Der Mensch hat mich vorhin konfus gemacht, ich muss mir wieder heraushelfen.

Leonce *(zu den Anwesenden)*: Meine Herren, meine Gemahlin und ich bedauern unendlich, dass Sie uns heute so lange zu Diensten gestanden sind. Ihre Stellung ist so traurig, dass wir um keinen Preis Ihre Standhaftigkeit länger auf die Probe stellen möchten. Gehn Sie jetzt nach Hause, aber vergessen Sie Ihre Reden, Predigten und Verse nicht, denn morgen fangen wir in aller Ruhe und Gemütlichkeit den Spaß noch einmal von vorn an. Auf Wiedersehn!

Szenenfoto mit Lena (Julia Stemberger), Valerio (Martin Wuttke), Leonce (Sven Eric Bechtolf), Thalia Theater Hamburg 1990, Regie: Sven Eric Bechtolf

9 Anton Čechov

Der Heiratsantrag (1889)

3. Auftritt

Der junge, sehr sensible Lomow möchte Natalia, die Tochter seines Gutsnachbarn, heiraten. In feierlicher Aufmachung, mit Frack und weißen Handschuhen, sucht er das Gutshaus Tschubukows auf und teilt unter großer Überwindung dem Vater mit, dass er um die Hand Natalias anhalten wolle. Der Alte zeigt sich hocherfreut und schickt ihn in den Salon seiner Tochter.

Natalia Stepanowna und Lomow.

NATALIA *(tritt ein)*: Das ist doch! Sie sind es, aber Papa sagt: Geh, dort wartet der Kaufmann auf die Ware. Guten Tag, Iwan Wassiljewitsch!

LOMOW: Guten Tag, verehrte Natalia Stepanowna!

NATALIA: Verzeihen Sie, ich bin in Schürze und Negligé ... Wir enthülsen Erbsen für die Trockenkammer. Warum sind Sie bei uns so lange nicht gewesen? Setzen Sie sich ... *(Beide setzen sich.)* Wollen Sie frühstücken?

LOMOW: Nein, danke, ich habe schon gefrühstückt.

NATALIA: Wollen Sie rauchen... Hier sind Streichhölzer... Großartiges Wetter, aber gestern war solch ein Regen, dass die Arbeiter den ganzen Tag nichts getan haben. Wie viel Schober Heu haben Sie gemäht? Ich, stellen Sie sich vor, bin zu gierig gewesen, ließ die ganze Wiese abmähen, und jetzt bin ich selber nicht froh: hab Angst, dass mein Heu faulen wird. Es wäre besser gewesen, abzuwarten. Aber was ist denn das? Sie sind, glaub ich, im Frack! Das ist 'ne Überraschung! Fahren Sie auf einen Ball, oder wie? Sie sind übrigens hübscher geworden ... Also wirklich, warum haben Sie sich so herausgeputzt?

LOMOW *(beginnt sich aufzuregen)*: Sehen Sie, verehrte Natalia Stepanowna ... Die Sache ist die: Ich habe mich entschlossen, Sie zu bitten, dass Sie mich anhören ... Sie werden natürlich erstaunt und sogar erzürnt sein, aber ich ... *(Beiseite.)* Entsetzlich kalt!

NATALIA: Worum handelt es sich? *(Pause.)* Nun?

LOMOW: Ich will mich kurz fassen. Sie wissen, verehrte Natalia Stepanowna, dass ich längst, schon von Kindheit an, die Ehre habe, Ihre Familie zu kennen. Meine verstorbene Tante und deren Gatte, von denen ich, wie Sie wissen, das Gut geerbt habe, empfanden stets größte Hochachtung für Ihren Herrn Vater und Ihre selige Mutter. Das Geschlecht der Lomows und das Geschlecht der Tschubukows standen stets in den freundschaftlichsten Beziehungen. Und überdies berührt sich mein Landbesitz, wie Sie wissen, unmittelbar mit dem Ihren. Wenn Sie sich zu erinnern belieben, grenzt meine Bullenwiese unmittelbar an Ihren Birkenbruch.

NATALIA: Verzeihung, dass ich unterbreche. Sie sagen „*meine* Bullenwiese“ ... Ja, gehört sie denn Ihnen?

LOMOW: Mir, bitte ...

NATALIA: Sieh mal an! Die Bullenwiese gehört uns, aber nicht Ihnen!

LOMOW: Nein, bitte, mir, verehrte Natalia Stepanowna.

NATALIA: Das ist mir ganz neu. Woher gehört sie denn Ihnen?

LOMOW: Wieso „woher“? Ich spreche von der Bullenwiese, welche als Keil gelegen ist, zwischen Ihrem Birkenbruch und dem Brandersumpf.

NATALIA: Ja, ja, die meine ich ... Sie gehört uns...

LOMOW: Nein, da irren Sie sich, verehrte Natalia Stepanowna – sie gehört mir.

Sophie Sollogub: Intèrieur de la maison du compositeur russe Wiljegorsky. Puschkin-Museum, Moskau

NATALIA: Besinnen Sie sich doch, Iwan Wassiljewitsch! Seit wann soll sie Ihnen gehören?

LOMOW: Was heißt, seit wann? Seit ich überhaupt denken kann, hat sie immer uns gehört.

NATALIA: Na, hören Sie mal, da müssen Sie schon entschuldigen!

LOMOW: Das geht aus den Papieren hervor, verehrte Natalia Stepanowna. Die Bullenwiese war schon vor Zeiten ein strittiger Besitz – das stimmt; jetzt aber weiß jeder, dass sie mir gehört. Da gibt's nichts zu bestreiten. Schauen Sie, die Großmutter meiner Tante übergab diese Wiese zur unbefristeten und unentgeltlichen Nutzung den Bauern des Großvaters Ihres Vater dafür, dass die für sie Ziegel brannten. Die Bauern des Großvaters Ihres Vaters benützten diese Wiese vierzig Jahre lang unentgeltlich und hatten sich daran gewöhnt, sie gewissermaßen als ihre eigene zu betrachten. Dann aber, als die große Verordnung herauskam ...

NATALIA: 's ist gar nicht so, wie Sie erzählen! Mein Großvater und Urgroßvater haben stets dafür gehalten, dass ihr eigener Landbesitz direkt an den Brandersumpf grenzt – das heißt, dass die Bullenwiese uns gehörte. Was gibt es da zu streiten? – Ich versteh nicht. Das ist sogar ärgerlich!

LOMOW: Ich werden Ihnen die Papiere zeigen, Natalia Stepanowna!

NATALIA: Nein, also Sie scherzen bloß oder wollen mich necken... Das ist eine Überraschung! Wir besitzen ein Stück Land fast dreihundert Jahre lang, und plötzlich erklärt man uns, dass dieses Land nicht uns gehört! Verzeihung, Iwan Wassiljewitsch, aber ich traue meinen Ohren nicht ... Es geht mir nicht um die Wiese. Das sind bloß paar hundert Quadratmeter, und sie kostet irgendwelche dreihundert Rubel, aber mich empört die Ungerechtigkeit. Sagen Sie, was Sie wollen, aber Ungerechtigkeit ertrage ich nicht.

LOMOW: Hören Sie mich an, ich beschwöre Sie! Die Bauern des Großvaters Ihres Vaters, wie ich schon die Ehre hatte Ihnen zu sagen, haben für die Großmutter meiner Tante Ziegel gebrannt. Die Großmutter meiner Tante hat, um ihnen etwas Angenehmes zu erweisen ...

NATALIA: Großvater, Großmutter, Tante ... also ich versteh nicht das geringste! Die Bullenwiese gehört *uns*, voilà tout.

LOMOW: *Mir,* bitte!

NATALIA: Uns! Und wenn Sie's drei Tage lang beweisen, und noch dazu zehn Fräcke anziehn, aber sie gehört uns, uns, uns! ... Ich will nichts von Ihnen, aber ich will auch nicht das Meine verlieren ... ich bitte schön!

LOMOW: Ich brauch die Bullenwiese nicht, Natalia Stepanowna, mir geht es ums Prinzip. Wenn Sie wollen, also *bitte* schön, ich schenke sie Ihnen.

NATALIA: Ich kann sie Ihnen selber schenken, da sie mir gehört ... Das alles ist zum mindesten seltsam, Iwan Wassiljewitsch! Wir haben Sie bis jetzt für einen guten Nachbarn gehalten, für einen Freund, haben Ihnen voriges Jahr unsere Dreschmaschine geliehen, sodass wir selbst erst im November ausdreschen konnten, und Sie verfahren mit uns wie mit Zigeunern. Sie schenken mir mein eigenes Land. Verzeihung, aber das ist nicht nachbarlich gehandelt! Nach meiner Meinung ist das sogar eine Dreistigkeit, wenn Sie wollen ...

LOMOW: Nach Ihnen kommt's also so heraus, dass ich ein Usurpator bin? Meine Gnädigste, nie hab ich mir fremde Güter gewaltsam angeeignet und erlaube niemand, mich dessen zu beschuldigen ... *(Geht schnell zur Karaffe und trinkt Wasser.)* Die Bullenwiese gehört mir!

NATALIA: 's ist nicht wahr, *uns*!

LOMOW: *Mir!*

NATALIA: Ist nicht wahr! Ich werd's Ihnen beweisen. Heute noch schick ich unsere Heumäher auf diese Wiese!

LOMOW: Wie bitte?

NATALIA: Heute noch sind dort meine Mäher!

LOMOW: Und ich geb ihnen Keile!

NATALIA: Wagen Sie's nur!

LOMOW *(greift sich ans Herz)*. Die Bullenwiese gehört mir! Verstehen Sie? Mir!

NATALIA: Bitte schreien Sie nicht! Bei sich zu Hause mögen Sie schreien und vor Wut röcheln, aber hier bitte ich, sich in Grenzen zu halten.

LOMOW: Glauben Sie mir, meine Dame, wäre nicht dieses schreckliche, quälende Herzklopfen, nicht dieses Hämmern in den Schläfen, so würde ich mit Ihnen anders reden. *(Schreit.)* Die Bullenwiese gehört mir!

NATALIA: Uns.

LOMOW: Mir!

NATALIA: Uns.

LOMOW: Mir!

Thomas Mann lobt in seinem „Versuch über Čechov" dessen „Anlage zur Clownerie und zum mimischen Spaß, der sich von Beobachtung nährt und sie in karikierend vorführende Nachahmung übersetzt".

Ideen entwickeln, selbst gestalten:
Improvisieren einer vorausgegangenen und einer nachfolgenden Szene:
a) Lomow bereitet sich in einem Selbstgespräch auf den Heiratsantrag vor.
b) Natalia erfährt von ihrem Vater den Anlass für Lomows Besuch.

Aufstieg und Fall der Stadt Mahagonny

Oper (1928)

Auf den Tafeln des Hintergrundes steht riesengroß das Wort „LIEBEN". Auf einem Podest ist ein einfaches Zimmer aufgebaut. In dem Zimmer sitzt in der Mitte die Begbick, links ein Mädchen, rechts ein Mann. Unter dem Podest stehen in Schlangen an die Männer von Mahagonny. Im Hintergrund Musik.

BEGBICK *wendet sich zu dem Mann neben ihr:*
Spucke den Kaugummi aus.
Wasche zuerst deine Hände.
Lasse ihr Zeit
Und sprich ein paar Worte mit ihr.
DIE MÄNNER *ohne hinaufzusehen:*
Spucke den Kaugummi aus.
Wasche zuerst deine Hände.
Lasse ihr Zeit
Und sprich ein paar Worte mit ihr.
Im Zimmer wird es langsam dunkel.

Rasch, Jungens, he!
Stimmt ihn an, den Song von Mandelay:
Liebe, die ist doch an Zeit nicht gebunden
Jungens, macht rasch, denn hier geht's um Sekunden.
Ewig nicht stehet der Mond über dir, Mandelay!

Im Zimmer ist es langsam wieder hell geworden. Der Stuhl des Mannes ist jetzt leer. Die Begbick wendet sich zu dem Mädchen.
BEGBICK
Geld allein macht nicht sinnlich.
DIE MÄNNER *ohne hinaufzusehen*
Geld allein macht nicht sinnlich.
Das Zimmer verdunkelt sich wieder.
Rasch, Jungens, he!
Stimmt ihn an, den Song von Mandelay:
Liebe, die ist doch an Zeit nicht gebunden
Jungens, macht rasch, denn hier geht's um Sekunden.
Ewig nicht stehet der Mond über dir, Mandelay.

In dem Zimmer wird es wieder hell. Ein anderer Mann tritt in das Zimmer ein, hängt seinen Hut an die Wand und setzt sich auf den leeren Stuhl. Es wird langsam wieder dunkel im Zimmer.

DIE MÄNNER
Ewig nicht stehet der Mond über dir, Mandelay.
Wie es wieder hell wird, sitzen Paul und Jenny auf zwei Stühlen in einigem Abstand nebeneinander. Er raucht, sie schminkt sich.

JENNY
Sieh jene Kraniche in großem Bogen!
PAUL
Die Wolken, welche ihnen beigegeben
JENNY
Zogen mit ihnen schon, als sie entflogen
PAUL
Aus einem Leben in ein andres Leben
JENNY
In gleicher Höhe und mit gleicher Eile
BEIDE
Scheinen sie alle beide nur daneben.
JENNY
Daß so der Kranich mit der Wolke teile
Den schönen Himmel, den sie kurz befliegen
PAUL
Daß also keines länger hier verweile
JENNY
Und keines andres sehe als das Wiegen
Des andern in dem Wind, den beide spüren
Die jetzt im Fluge beieinander liegen.
PAUL
So mag der Wind sie in das Nichts entführen
Wenn sie nur nicht vergehen und sich bleiben
JENNY
Solange kann sie beide nichts berühren
PAUL
Solange kann man sie von jedem Ort
vertreiben
Wo Regen drohen oder Schüsse schallen.
JENNY
So unter Sonn und Monds wenig verschiedenen Scheiben
Fliegen sie hin, einander ganz verfallen.

„Was den Inhalt dieser Oper betrifft – *ihr Inhalt ist der Genuß.* Spaß also nicht nur als Form, sondern als Gegenstand. Das Vergnügen sollte wenigstens Gegenstand der Untersuchung sein, wenn schon die Untersuchung Gegenstand des Vergnügens sein sollte. Es tritt hier in seiner gegenwärtigen historischen Gestalt auf als Ware. Es soll nicht geleugnet werden, daß dieser Inhalt zunächst provokatorisch wirken muß."
(Bertolt Brecht, 1930)

In seinen Anmerkungen zur Oper „Aufstieg und Fall der Stadt Mahagonny" entwickelt Brecht zum ersten Mal seine Theorie vom „Epischen Theater".

➔ Reflexionen über Literatur (S. 423 f.)

PAUL
Wohin ihr?
JENNY
Nirgendhin.
PAUL
Von wem entfernt?
JENNY
Von allen.
PAUL
Ihr fragt, wie lange sind sie schon beisammen?
JENNY
Seit kurzem.
PAUL
Und wann werden sie sich trennen?
JENNY
Bald.
BEIDE
So scheint die Liebe Liebenden ein Halt.

An der Rampe entlang ziehen Männer vorbei.
DIE MÄNNER
Erstens, vergeßt nicht, kommt das Fressen
Zweitens kommt der Liebesakt
Drittens das Boxen nicht vergessen
Viertens Saufen, laut Kontrakt.
Vor allem aber achtet scharf
Daß man hier alles dürfen darf.
(Wenn man Geld hat.)

Theater am Kurfürstendamm, 1931: Lotte Lenya, Harald Paulsen

Bezüge herstellen
Vergleich der Funktionen des Chores bei Aristophanes und Brecht

Szenenfoto aus „Aufstieg und Fall der Stadt Mahagonny“ mit Bertolt Brecht und Lotte Lenya, Baden-Baden 1927

11 Jean Tardieu

Die Liebenden in der U-Bahn (1952)

1. Bild (Auszug)

In diesem Klassiker des absurden Theaters werden zwei Liebende in verschiedenen Momenten ihrer Beziehung gezeigt, wobei die Entfremdung aus unerklärlichen Gründen zunimmt. Der folgende Dramenauszug bildet den Schluss des ersten Bildes, das von der besonderen Atmosphäre eines U-Bahnhofs gekennzeichnet ist.

(Sofort treten auf der andern Seite die Liebenden in der Untergrundbahn auf, sie halten einander umschlungen und gehen langsam, schweigend und verzückt. Sie bleiben im Hintergrund der Bühne stehen und beginnen leise miteinander zu sprechen und sich zu umarmen, ohne sich von der Stelle zu rühren.)

(Ein älteres Fräulein geht vorüber, begleitet von einem ganz jungen Mädchen)

DAS ÄLTERE FRÄULEIN *(streng, versucht zu verhindern, dass das junge Mädchen das Paar sieht)*: Cäcilie! – Sieh dir das Plakat von Maggi-Suppe an.

DAS JUNGE MÄDCHEN *(trotzig, betrachtet aufdringlich das Paar)*: Aber ich esse doch gar keine Suppe!

DAS ÄLTERE FRÄULEIN: Das macht nichts ... Sieh dir trotzdem das Plakat an! – Man muss sich immer die Plakate ansehen. Plakate muss man sich immer ansehen!

DAS JUNGE MÄDCHEN: Eben haben Sie mir das Gegenteil gesagt!

DAS ÄLTERE FRÄULEIN: Da hat es sich eben um ein Plakat gehandelt, das man sich nicht ansehen darf.

Komm jetzt!

(Sie gehen schnell ab. Das junge Mädchen widerwillig. Es wirft einen letzten Blick auf die Liebenden.)

(Diese lösen sich aus dem Hintergrund und kommen nach vorne. Sie sprechen in einem Zustand der Verzückung, der spürbar sein muss, ohne lächerlich zu wirken, höchstens soll er lächeln machen. Auf jeden Fall muss man die Liebenden sympathisch und, wenn möglich, sogar ergreifend finden.)

SIE: Wo bin ich?

ER: Bei mir.

SIE: Wo bist du?

ER: Bei dir.

SIE: Bist du?

ER: Ich bin.

SIE: Ich war nichts. Du bist gekommen. Ich bin.

ER: Ich bin bei dir.

SIE: Ich bin nichts ohne dich.

ER: Wir sind.

SIE *(flehend)*: Sag: wir werden sein!

ER: Wir werden sein.

SIE: Ich möchte du sein.

ER: Du bist ich.

SIE: Für dich, um dich.

ER: Durch dich, auf dich zu, durch dich hindurch.

SIE: Einer für den anderen sein.

ER: Ein einziges Sein.

(sie gehen langsam)

(Zwei ältere Herren treten auf, gut gekleidet, mit Orden. Vermutlich Politiker)

ERSTER ÄLTERER HERR *(scharf und näselnd)*: Also das ist es, was sie anpreisen?

ZWEITER ÄLTERER HERR *(zögernd, raffiniert und voller Skrupel)*: Ja, im Grunde ja; ... ja, sozusagen, ... das ist es ...

ERSTER ÄLTERER HERR: Sie sind also ein Anpreiser?

ZWEITER ÄLTERER HERR *(beinahe unwillig)*: O nein ... nein, erlauben Sie! Legen Sie mir nicht etwas in den Mund, das ich gar nicht gesagt habe!

ERSTER ÄLTERER HERR: Sie glauben also, dass man „anpreisen" kann, ohne ein Anpreiser zu sein?

ZWEITER ÄLTERER HERR: Hm ... pardon, entschuldigen Sie .... hm ... anpreisen, nicht wahr, das ist etwas, aber, hm, ein Anpreiser sein, das ist etwas anderes!

ERSTER ÄLTERER HERR: Dann preisen Sie nicht an!

ZWEITER ÄLTERER HERR: Nun, lieber Freund, es ist immerhin mein Beruf; was soll aus mir werden, wenn ich nicht mehr anpreise?

ERSTER ÄLTERER HERR: Dann handeln Sie!

ZWEITER ÄLTERER HERR: Handeln, handeln! Bevor man handelt, muss man überlegen! Es gibt ja und es gibt nein. Es gibt dafür und dawider. Dann greife ich ein und dann ... *(mit eleganter Gebärde)* preise ich an ...

ERSTER ÄLTERER HERR *(mit einer Spur von Verachtung)*: Gehen Sie! Sie werden in der Haut eines Anpreisers enden!

(Während der zweite Herr vehement gegen diese beleidigende Prophezeiung protestiert, gehen sie beide ab.)

(Sofort darauf treten wieder die Liebenden in

Am Text erarbeiten: Elemente des „Absurden Theaters"

der Untergrundbahn auf. Aber auf die Liebesszene folgt eine gewöhnliche „Szene". Sie gehen schnell über die Bühne, sie aufgeregt und vorwurfsvoll, er mit entwaffneter Unschuld, hofft, dass ihn allein seine offensichtliche Aufrichtigkeit verteidigt.)

SIE: Denk daran, dass du warst!

ER: Aber ich bin immer noch!

SIE: Nein, du bist nicht mehr du!

ER: Aber ja, ich bin ich!

SIE: Nein!

ER: Du bist nicht mehr du!

SIE: Das ist zu stark! Du bist nicht mehr ich!

ER: Aber was denn? Warum denn? Was ist denn?

SIE: Du weisst ganz genau dass!

ER: Dass was?

SIE: Du hast es selber gesagt!

ER: Was habe ich gesagt?

SIE: Du weisst es ganz genau. Hättest du eben nicht!

ER: Aber ich wollte doch nicht! Ich sagte, dass! Aber du hast verstanden, dass nicht!

SIE: Ich habe verstanden, dass ich verstanden habe.

ER *(beginnt sich zu ereifern)*: Und ich, ich bin schließlich, was ich bin!

SIE *(verstärkt die Herausforderung)*: Ach, du bist, was du bist! Nun, ich auch!

ER: Aber nein! Du kannst doch nicht sein was ich bin?

SIE *(mit leidenschaftlichem Vorwurf, beinahe am Rande der Tränen)*: Vorhin war ich es! Ich war dein „ich bin", du warst mein „du bist". Ach, alles ist anders geworden!

ER *(flehend)*: Hör mir zu!

SIE *(weinerlich)*: Nein! Komm! Gehen wir! Hier waren wir!

ER *(gerührt)*: Aber wir werden sein, das weißt du doch, wir werden wieder sein.

(Sie gehen.)

(Zwei elegante Ausländerinnen treten auf. Sie versuchen ins Gespräch zu kommen, aber da sie verschiedene Sprachen sprechen, können sie sich nicht verstehen.)

(…)

(Die Liebenden kommen wieder. Diesmal sind sie mitten in der Diskussion.)

ER *(heftig)*: Und du, und du, und du, und du!

SIE *(ebenso heftig)*: Ich nicht, ich nicht, ich nicht, du!

ER: Entschuldige, du mich!

SIE *(wütend)*: Wie, ich dich?

ER: Ja, ich dich!

© laif, Thomas Ebert, Köln

Metrostation Assemblée Nationale, Paris

SIE: Ich dich nicht, ich!

ER: Doch, du mich!

SIE: Du bist es, der!

ER: Ich, der was?

SIE: Du, du, du, immer du! *(ironisch)* Ach wirklich! *(heftig und zungenfertig)* Und was, wie dass ich? Und wofür warum?

ER *(entmutigt)*: Aber für dich, nicht für mich! Du hast dich, während ich!

SIE: Ich mich ja, zum Donnerwetter, ich mich, ich mich immer.

ER *(gibt sich weiter Mühe, offen zu erklären)*: Aber schließlich: ich mich, weil du dich!

SIE *(von einem Dämon besessen)*: Es gibt kein Du dich!

Schluss mit ich-du, Schluss mit du. Schluss mit ich!

(Sie bricht in Tränen aus.)

ER *(ergriffen)*: Aber du weißt doch, dass ich!

SIE: Nein, ich nicht, ich nicht, nie!

ER *(besorgt)*: Wirst du mich nicht?

SIE: Doch, ich werde dich!

ER *(flehend)*: Francesca!

SIE *(geht einen Schritt von ihm weg, weinend)*: Nein!

ER *(noch herzzerreißender)*: Allissa!

SIE *(ein weiterer Schritt)*: Nein!

ER *(immer lauter)*: Julietta! Charlotte!

SIE *(entfernt sich noch mehr)*: Nein, nein!

ER: Laura! Beatrice! Cleopatra!

SIE: Nein, nein, nein, nein! *(Sie läuft von der Bühne ab.)*

ER *(schreit und rennt hinter ihr her)*: Emma! Eloah! Heloise! Diotima! Georgia! Hilda! *(verschwindet laufend)*

(Gegenüber erscheint SIE wieder, sie kommt die Stufen herunter, immer durch das Kommen und Gehen der Menge hindurch und geht auf die andere Seite der Bühne.

Selbst gestalten:
Entwurf weiterer Passantendialoge

12 Ana Diosdado

Ana Diosdado (*1938) feiert seit den 70er-Jahren große Erfolge in Spanien mit „neorealistischem Theater".

Die Achtzigerjahre gehören uns (1988)

1. Akt (Auszug)

Die Bühne stellt die verlassene Garage eines Hauses im Guadarrama-Gebirge dar sowie den Garten, der es umgibt. Sie befindet sich auf einer vom Boden abgehobenen Plattform ... José ist achtzehn Jahre alt, von Vitalität – vermischt mit Aggressivität – strotzend, was man einen „Naturburschen" zu nennen pflegt. Er trägt einen Trainingsanzug, darunter einen Pullover ... Außerhalb der Plattform liegt entspannt und wohl zugleich alles mit Interesse beobachtend ein Mädchen von etwa 14 oder 15 Jahren, mit kindlicher und intelligenter Miene. Sie trägt Blue Jeans ... – Es ist Mari Angeles. Ihr Vater ist verstorben. In der Szene mit José weint sie plötzlich und erklärt ...

MARI ANGELES *(sehr bestimmt)*: ... Ich will hier bleiben und die Silvesternacht mit dir verbringen.

JOSÉ *(überrascht und ein wenig unbehaglich)*: Gut, also wenn du gerne Silvester mit uns verbringen willst, dann gehst du nach Hause, ziehst dich um und kommst wie die anderen, wenn die Trauben gegessen sind.*

MARI ANGELES: Ich hab dir gerade gesagt, dass ich nicht nach Hause gehen will. Meine Mutter wird sich nicht erschrecken. Sie glaubt, ich wäre in Madrid geblieben.

JOSÉ *(indem er mit seiner Reisetasche zur Tür geht)*: Nun, dann komm mit mir zu Rafa, und dann...

MARI ANGELES *(ihn unterbrechend)*: José, kann ich dich um einen Gefallen bitten?

JOSÉ *(von der Tür)*: Sicher.

MARI ANGELES: Ich weiß, du magst mich nicht so sehr, aber...

JOSÉ: Red keinen Quatsch. Los, was für einen Gefallen?

MARI ANGELES: Willst du mit mir schlafen? *(José guckt sie einen Moment an, versteinert, als verstehe er nicht, was er gehört hat. Schließlich lässt ihn eine heilige Entrüstung reagieren.)*

JOSÉ *(lässt seine Tasche los)*: Ich gebe dir keine zwei Ohrfeigen, aber nur wegen dem, was dir heute passiert ist, denn wenn nicht ...

MARI ANGELES: Ich liebe dich.

JOSÉ: Du, was weißt du schon!

MARI ANGELES: Also, wie verbleiben wir: Hast du mir nicht gerade selbst das Gegenteil gesagt? Dass ich wissen muss, was ich will? Also, ich weiß es. Ich liebe dich.

JOSÉ: Auch wenn es so wäre. Eine anständige Frau geht nicht durchs Leben und sagt ...

MARI ANGELES: Ich will keine „anständige Frau" sein. Ich will ich sein. Und ich liebe dich. Und ich will mit dir schlafen. Gerade heute. Genau hier. Genau jetzt. Wenn du mich liebtest, hättest du mich gebeten. Weil ich weiß, dass du mich nicht liebst, hab ich dich gebeten. Und ich hab es von dir als einen Gefallen erbeten. *(José nimmt seine Tasche wieder auf und wirft sie sich über den Rücken. Es ist offensichtlich, dass die Situation ihn nicht nur peinlich berührt, sondern auch überfordert.)*

JOSÉ: Los, geh vorbei, geh, bevor ich dir nicht doch die Ohrfeigen gebe trotz allem. Scheiße! Was für ein Tag, der ganze! *(José geht so hinaus, als würde er Mari Angeles mitnehmen, aber ohne dass sie ihn wirklich begleitete. ...)*

2. Akt (Auszug)

Cris ist ein hübsches, bestimmt auftretendes Mädchen von 17 Jahren. Sie trägt ein Paar alte Jeans. Juan ist ein junger Mann von 19 oder 20 Jahren, gut gekleidet; er zeigt eine gewisse Mattigkeit dem Leben gegenüber; er ist introvertiert, wohlerzogen und freundlich; er ist zweifellos eine Persönlichkeit mit einem leicht dekadenten Charme. – Umgebung wie im 1. Akt, mehr zum Garten hin.

CRIS *(steht auf und ordnet automatisch Kleidung und Haare)*: ... Und ich habe geglaubt, dass ich das neue Jahr traurig und mit Lust auf gar nichts anfangen würde ... Weißt du was? Als ich mit dir hierher kam, wusste ich, was ich wollte, aber ich hatte ein bisschen Angst. Ich hab mir nicht vorgestellt, dass es so sein könnte.

JUAN *(streichelt sie etwas geistesabwesend, als denke er an etwas anderes)*: Die Liebe ist immer so, Cris.

** Silvestersitte in Spanien, zu jedem der 12 Uhrschläge um Mitternacht eine Traube zu essen*

CRIS: Aber ich hatte Angst. Du musst bedenken, was mir passiert ist.

JUAN: Vergiss diese Geschichte!

CRIS: Glaub nicht, dass das so einfach ist.

JUAN: Vergiss es. Die Liebe ist immer so. Du wirst schon sehen.

CRIS *(glücklich)*: Gut, in Wahrheit war ich sicher, dass es so sein würde ... mit dir.

JUAN: Mit mir oder mit einem anderen. Es wird immer so sein, wenn es wahre Liebe ist.

CRIS *(fängt an, unruhig zu werden)*: ... mit dir oder mit einem andern?

JUAN: Das sagte ich!

CRIS: Ist das ein Scherz?

JUAN: Warum ein Scherz?

CRIS: Ich dachte... *(plötzlich verstehend)* Entschuldige! Ich bin blöd ... Du wirst auf jeden Fall fortgehen, nicht wahr?

JUAN *(auf die Uhr schauend)*: Eigentlich hätten wir schon gegangen sein müssen.

CRIS *(sehr würdig)*: Es tut mir Leid, dich aufgehalten zu haben.

JUAN *(etwas vorwurfsvoll)*: Cris ... woher kommt das nun? Du wusstest doch ...

CRIS: Ich bin blöd. Ich sagte es dir doch gerade.

JUAN: Du wirst noch erreichen, dass ich mich wie ein Idiot fühle.

CRIS: Ich vermute, dass ich dir danke sagen muss: „Danke Juan Gabriel, du warst sehr nett, du hättest dich nicht bemühen müssen."

JUAN: Cris ..., bitte.

CRIS *(plötzlich traurig)*: Sehen wir uns wieder?

JUAN *(belustigt)*: Aber warum bist du so dramatisch? Natürlich sehen wir uns. Wir sehen uns, seit wir Kinder sind, nicht wahr?

CRIS: ... Ja.

JUAN: Cris, hör zu ...

CRIS *(sehr spöttisch)*: Großer Gott! fang nicht an zu weinen! Du wirst es überstehen. Es gibt andere Frauen. Nicht so wie ich, ich bin göttlich, aber es gibt sie. *(wieder ernst)* Oder sind es nicht die Frauen, die dir gefallen, Juan?

JUAN *(ohne sich in irgendeiner Weise aufzuregen)*: Selbstverständlich nicht alle.

CRIS: ... hat dich die Frage nicht überrascht?

JUAN: Warum hätte sie mich überraschen sollen?

CRIS: Andere überrascht sie.

JUAN: Machst du eine Umfrage?

CRIS: Du hast mir nicht geantwortet, du bist mir ausgewichen.

JUAN *(immer belustigter)*: Und dir, was macht es dir aus? Wir haben miteinander geschlafen. Wolltest du das nicht?

CRIS: Aber du liebst mich nicht.

Juan: Aber sicher doch. Ich empfinde große Zärtlichkeit für dich.

CRIS: Das heißt, du liebst mich nicht.

JUAN *(seufzend, etwas überdrüssig)*: Cris, du mich auch nicht.

CRIS *(indigniert)*: Ich? Also wenn es dir nichts ausmacht, würde ich vorziehen, das nicht zu diskutieren.

JUAN: Ich auch! Diese Art Unterhaltung macht mich krank.

CRIS: Wenn ich dich nicht liebte, weshalb sollte ich hier das mit dir gemacht haben? Was glaubst du? Dass ich in der Gegend rumlaufe und mit jedem in Bett gehe?

JUAN: Ich weiß ja, dass du das nicht tust. Rafa glaubt, dass nur der Gedanke daran dich schon in Angst und Schrecken versetzt, seit... *(Juan unterbricht sich und merkt, dass er gerade einen Fehler gemacht hat. Cris steht sehr langsam auf, ohne ihre Augen von ihm zu lassen.)*

CRIS: Also war es das ... du hast es deshalb gemacht.

JUAN *(geduldig)*: Cris ...

CRIS: Um mich von meinem Trauma zu befreien, nicht wahr?

JUAN: Wer, glaubst du, bin ich, Mutter Teresa?

CRIS *(ihn verspottend)*: „Armes beleidigtes Mädchen! Ich werde ihr zeigen, dass Liebe etwas anderes ist, in der Zeit, bis der Zug kommt!" Also, herzlichen Glückwunsch! Die Mission ist erfüllt. Du hast deine tägliche gute Tat vollbracht, und jetzt ... *(Juan nimmt sie bei der Hand, um zu verhindern, dass sie hinausgeht.)*

JUAN: Setz dich und sei nicht blöd!

CRIS: Lass mich los.

JUAN: Ich will nicht. Setz dich.

CRIS: Wozu? [...]

JUAN: Warst du heute Nacht glücklich?

CRIS: Im Bett? Ja, vielen Dank, sehr liebenswürdig.

JUAN: Cris! Ich will die ganze Zeit sagen, bis zu diesem Moment, wo du angefangen hast, Zukunftspläne zu schmieden.

CRIS: ... Ja.

Am Text erarbeiten: Wie verläuft die Sympathielenkung des Zuschauers?

JUAN: Also dann! Warum bist du nicht glücklich, wenn das Glück dich überkommt, und lässt den Quatsch!
CRIS: Ich bin keine Katze.
JUAN: Das will ich wohl glauben! ... Was haben die Katzen damit zu tun?
CRIS: Nach deinem Bruder „leben sie in der köstlichen Ewigkeit des Augenblicks".
JUAN: Toll! Nimm dir ein Beispiel!
CRIS: Machst du es?
JUAN: Ja.
CRIS: Aber warum? Warum? Warum kannst du nicht daran denken, eine Familie zu gründen und eine Zukunft zu schmieden, alle diese altbekannten Sätze?
JUAN: Alle schmieden sich eine Zukunft, ob es ihnen gefällt oder nicht. Die einzige Möglichkeit, es nicht zu tun, ist zu sterben. Und das ist etwas drastisch. Ich ziehe vor, nicht viel an sie zu denken, ganz einfach!
CRIS: Es ist sehr traurig, was du da sagst.
JUAN: Zweifelsfrei.
CRIS: Und warum fängst du Dinge an, die nicht dauern?
JUAN: „Dauern" ist ein Wort, das ich aus meinem Wortschatz gestrichen habe.
CRIS: Ich kann es nicht. Ich bin mit ihm erzogen worden. Ich muss Dinge aufbauen.
JUAN: Ich bin auch mit ihm erzogen worden, aber ich habe es ausradiert. [...]
CRIS: Das mit der Reise ... das ist nur der Anfang, ja? Du gehst ja nicht nur spazieren.
JUAN: Ich versteh dich nicht.
CRIS: Es wird noch viele Reisen geben. Und jedes Mal längere. Damit sich deine Familie langsam daran gewöhnt, nicht wahr. Und eines Tages verschwindest du ganz, und dann schickst du Postkarten.
JUAN: Kann sein.
CRIS: Und das willst du aus deinem Leben machen? Es verschwenden, so rumtaumeln?
JUAN: Und warum nicht?
CRIS: Weil du von hier bist. Dieses Land fängt was an, und ... *(Juan lacht)*... Mir ist egal, dass du lachst. Wir sind gerade dabei, etwas anzufangen!
JUAN: Du auch?
CRIS: Sicher, ich will mitmachen.
JUAN: Siehst du: Du hast gerade das Schlüsselwort benutzt: mitmachen. Ich aber will nicht mitmachen, nirgendwo.
CRIS: Da wird mein Onkel wohl Recht haben.
JUAN: Was sagt dein vergötterter Onkel?
CRIS: Dass wir Jugendlichen keine Ziele haben, dass wir entzaubert sind ...

Ideen entwickeln:
Mit welchen theaterspezifischen Mitteln können die Gefühle von Cris und Juan in der zweiten Szene sichtbar gemacht werden?

Diskutieren, erörtern:
Das Konzept des „neorealistischen Theaters"

13 Heiner Müller

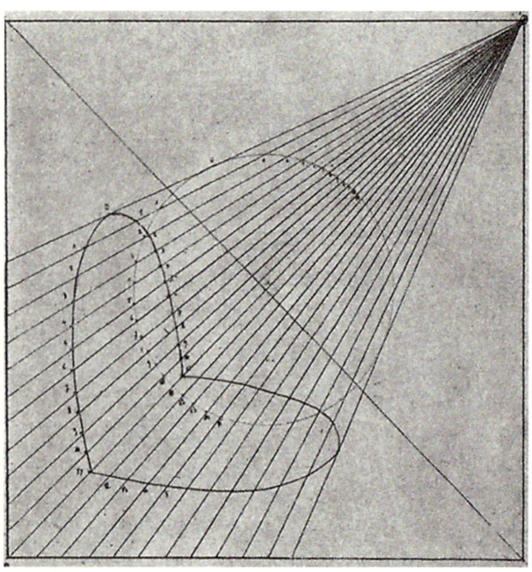
Paul Klee: Die Herzform als Vermittlungsform

Herzstück

Minidrama (1989)

EINS Darf ich Ihnen mein Herz zu Füßen legen.
ZWEI Wenn Sie mir meinen Fußboden nicht schmutzig machen.
EINS Mein Herz ist rein.
ZWEI Das werden wir ja sehn.
EINS Ich kriege es nicht heraus.
ZWEI Wollen Sie, dass ich Ihnen helfe.
EINS Wenn es Ihnen nichts ausmacht.
ZWEI Es ist mir ein Vergnügen. Ich kriege es auch nicht heraus.
EINS *heult.*
ZWEI Ich werde es Ihnen herausoperieren. Wozu habe ich ein Taschenmesser. Das werden wir gleich haben. Arbeiten, und nicht verzweifeln. So, das hätten wir. Aber das ist ja ein Ziegelstein. Ihr Herz ist ein Ziegelstein.
EINS Aber es schlägt nur für Sie.

WEGE IN DIE AUTONOMIE

Epochenumbruch 18./19. Jahrhundert

1 Natur erfahren

Barthold Heinrich Brockes

Die kleine Fliege

Neulich sah ich, mit Ergetzen,
Eine kleine Fliege sich,
Auf ein Erlen-Blättchen setzen,
Deren Form verwunderlich
Von den Fingern der Natur,
So an Farb', als an Figur,
Und an bunten Glanz gebildet.
Es war ihr klein Köpfgen grün,
Und ihr Körperchen vergüldet,
Ihrer klaren Flügel Paar,
Wenn die Sonne sie beschien,

Färbt' ein Rot fast wie Rubin,
Das, indem es wandelbar,
Auch zuweilen bläulich war.
Liebster GOtt! wie kann doch hier
Sich so mancher Farben Zier
Auf so kleinem Platz vereinen,
Und mit solchem Glanz vermählen,
Dass sie wie Metallen scheinen!
Rief ich, mit vergnügter Seelen.
Wie so künstlich! fiel mir ein,
Müssen hier die kleinen Teile
Ineinander eingeschränkt,
Durcheinander hergelenkt,
Wunderbar verbunden sein!
Zu dem Endzweck, dass der Schein
Unsrer Sonnen und ihr Licht,
Das so wunderbarlich-schön,
Und von uns sonst nicht zu sehn,
Unserm forschenden Gesicht
Sichtbar werd', und unser Sinn,
Von derselben Pracht gerühret,
Durch den Glanz zuletzt dahin
Aufgezogen und geführet,
Woraus selbst der Sonnen Pracht
Erst entsprungen, der die Welt,
Wie erschaffen, so erhält,
Und so herrlich zubereitet.
Hast du also, kleine Fliege,
Da ich mich an dir vergnüge,
Selbst zur GOttheit mich geleitet.

(1736)

Georg Christoph Lichtenberg

Als ich im Frühling 1792 an einem sehr schönen Abend am Gartenfenster lag, das etwa 2000 Fuß von der Stadt entfernt ist, war ich begierig zu hören, was nun von dem berühmten Göttingen noch zu meinen Ohren herüberkam, und das war

1) das Rauschen des Wassers bei der großen Mühle
2) das Fahren einiger Wagen oder Kutschen
3) Ein sehr helles und emsiges Schreien von Kindern, vermutlich auf der Maikäfer-Jagd auf dem Walle
4) Hundegebell in allerlei Distanzen und mit allerlei Stimmen und Affekten
5) 3 bis 4 Nachtigallen in den Gärten nah bei oder in der Stadt
6) unzählige Frösche
7) das Klirren geworfener Kegel und
8) ein schlecht geblasener halber Mond, der von allem das Unangenehmste war.

(1792)

Johann Wolfgang von Goethe
Maifest

Wie herrlich leuchtet
Mir die Natur!
Wie glänzt die Sonne!
Wie lacht die Flur!

Es dringen Blüten
Aus jedem Zweig
Und tausend Stimmen
Aus dem Gesträuch

Und Freud und Wonne
Aus jeder Brust.
O Erd', o Sonne,
O Glück, o Lust,

O Lieb', o Liebe,
So golden schön
Wie Morgenwolken
Auf jenen Höhn,

Du segnest herrlich
Das frische Feld,
Im Blütendampfe
Die volle Welt!

O Mädchen, Mädchen,
Wie lieb' ich dich!
Wie blinkt dein Auge,
Wie liebst du mich!

So liebt die Lerche
Gesang und Luft,
Und Morgenblumen
Den Himmelsduft,

Wie ich dich liebe
Mit warmen Blut,
Die du mir Jugend
Und Freud' und Mut

Zu neuen Liedern
Und Tänzen gibst.
Sei ewig glücklich,
Wie du mich liebst.

(1771)

Johann Wolfgang von Goethe
Willkomm und Abschied

Es schlug mein Herz, geschwind zu Pferde!
Es war getan fast eh' gedacht;
Der Abend wiegte schon die Erde,
Und an den Bergen hing die Nacht:
Schon stand im Nebelkleid die Eiche,
Ein aufgetürmter Riese, da,
Wo Finsternis aus dem Gesträuche
Mit hundert schwarzen Augen sah.

Der Mond von einem Wolkenhügel
Sah kläglich aus dem Duft hervor,
Die Winde schwangen leise Flügel,
Umsaus'ten schauerlich mein Ohr;
Die Nacht schuf tausend Ungeheuer;
Doch frisch und fröhlich war mein Mut:
In meinen Adern welches Feuer!
In meinem Herzen welche Glut!

Dich sah ich, und die milde Freude
Floss von dem süßen Blick auf mich,
Ganz war mein Herz an deiner Seite,
Und jeder Atemzug für dich.
Ein rosenfarbenes Frühlingswetter
Umgab das liebliche Gesicht,
Und Zärtlichkeit für mich – Ihr Götter!
Ich hofft' es, ich verdient' es nicht!

Doch ach! schon mit der Morgensonne
Verengt der Abschied mir das Herz:
In deinen Küssen, welche Wonne!
In deinem Auge, welcher Schmerz!
Ich ging, du standst und sahst zur Erden,
Und sahst mir nach mit nassem Blick:
Und doch, welch Glück geliebt zu werden!
Und lieben, Götter, welch ein Glück!

(1789)

Am Text erarbeiten: die unterschiedliche Naturerfahrung und (lyrische) Gestaltung bei Brockes, Lichtenberg und Goethe

Johann Wolfgang von Goethe
Dornburg

September 1828

Früh, wenn Tal, Gebirg und Garten
Nebelschleiern sich enthüllen,
Und dem sehnlichsten Erwarten
Blumenkelche bunt sich füllen;

Wenn der Äther, Wolken tragend,
Mit dem klaren Tage streitet,
Und ein Ostwind, sie verjagend,
Blaue Sonnenbahn bereitet,

Dankst du dann, am Blick dich weidend,
Reiner Brust der Großen, Holden,
Wird die Sonne, rötlich scheidend,
Rings den Horizont vergolden.

(...)

(1828)

Johann Wolfgang von Goethe
Dornburger Tagebücher (Auszüge)

8. 7. Früh in der Morgendämmerung das Tal und dessen aufsteigende Nebel gesehen ... Ganz reiner Himmel, schon zeitig steigende Wärme ... Abends vollkommen klar. Heftiger Ostwind.

12. 7. Gegen fünf Uhr allgemeiner dichter, hoch in die Atmosphäre verbreiteter Nebel. (Er war, wie ich hörte, seit zwei Uhr aus der Saale aufgestiegen.) Erst gegen sieben Uhr ward die untere Straße, der Fluss und die nächsten Wiesen, sodann, als der Nebel weiter sank, die gegenüber sich hinziehenden Bergrücken sichtbar. Nach und nach hatte er sich ganz niedergesenkt, doch schwebte noch ein merklicher Duft ausgebreitet über dem Tale. Der Himmel war ganz heiter geworden, schön blau, besonders an der Abendseite.

18. 8. Vor Sonnenaufgang aufgestanden. Vollkommene Klarheit des Tales. Der Ausdruck des Dichters: Heilige Frühe ward empfunden. Nun fing das Nebelspiel im Tale seine Bewegung an, welches mit Südwestwind wohl eine Stunde dauerte und sich außer wenigen Streifwolken in völlige Klarheit auflöste ...

5. 9. Starker Nebel schwankend zwischen Niedergehen und Aufsteigen, sich gegen Ersteres hinneigend. Der obere Himmel mit Zirrus besäet, die untere Atmosphäre besonders gegen Osten mit Kumulus besetzt, welche nach und nach ihren Charakter verloren und in Regen drohende Wolken übergingen. (...) Nordwind, der die Atmosphäre nicht aufzuklären vermochte.

7. 9. Starker Nebel; als er sich verteilte, ging ich auf die Terrasse.

8. 9. Diktierte einiges Meteorologische für Zelter. Abends auf der Terrasse. Hoher Barometerstand, schöner Tag.

(1828)

Joseph von Eichendorff
Sehnsucht

Es schienen so golden die Sterne,
Am Fenster ich einsam stand
Und hörte aus weiter Ferne
Ein Posthorn im stillen Land.
Das Herz mir im Leib entbrennte,
Da hab' ich mir heimlich gedacht:
Ach, wer da mitreisen könnte
In der prächtigen Sommernacht!

Zwei junge Gesellen gingen
Vorüber am Bergeshang.
Ich hörte im Wandern sie singen
Die stille Gegend entlang:
Von schwindelnden Felsenschlüften,
Wo die Wälder rauschen so sacht,
Von Quellen, die von den Klüften
Sich stürzen in die Waldesnacht.

Sie sangen von Mamorbildern,
Von Gärten, die überm Gestein
In dämmernden Lauben verwildern,
Palästen im Mondenschein,
Wo die Mädchen am Fenster lauschen,
Wann der Lauten Klang erwacht
Und die Brunnen verschlafen rauschen
In der prächtigen Sommernacht. –

(1834)

Karoline von Günderode
Der Luftschiffer

Gefahren bin ich in schwankendem Kahne,
Auf dem blauligten Ozeane
Der die leuchtenden Sterne umfließt,
Habe die himmlischen Mächte gegrüßt
War in ihrer Betrachtung versunken
Habe den ewigen Äther getrunken
Habe dem Irdischen ganz mich entwandt
Droben die Schriften der Sterne erkannt
Und in ihrem Kreißen und Drehen
Bildlich den heiligen Rhythmus gesehen.
Der gewaltig auch jeglichen Klang
Reißt zu des Wohllauts wogendem Drang.

Aber ach! es ziehet mich hernieder
Nebel überschleiert meinen Blick
Und der Erde Grenzen seh ich wieder.
Wolken treiben mich zu ihr zurück.
Wehe! Das Gesetz der Schwere
Es behauptet neu sein Recht.
Keiner darf sich ihr entziehen
Von dem irdischen Geschlecht.

(1857)

Untersuchen, vergleichen:
Wandel der Naturwahrnehmung und des Naturerlebens (Natur als schöpferische Kraft, als Erlebnisspiegel, als Symbol, als Gegenwelt, …) in den Texten auf S. 268–271

Erkunden, nachschlagen:
Ursachen für den Wandel der Naturwahrnehmung

Caspar David Friedrich: Der Morgen, um 1821, Niedersächsisches Landesmuseum

„Im Vollgenuss der Gesundheit, in keine Verhältnisse verwickelt, von keinen Vorurteilen gefesselt, stand ich da, – ein freier Mensch! – gleich einem rein gestimmten Instrument, das nur auf den Künstler wartet, welche Harmonien er darauf hervorrufen will, war mein Herz für jeden Eindruck empfänglich, von süßen Ahnungen beflügelt und mit heiteren Bildern erfüllt."
(Sophie Mereau, 1794)

Johann Wolfgang von Goethe

Die Leiden des jungen Werther (Auszug)

Am 10. Mai.

Eine wunderbare Heiterkeit hat meine ganze Seele eingenommen, gleich den süßen Frühlingsmorgen, die ich mit ganzem Herzen genieße. Ich bin allein und freue mich meines Lebens in dieser Gegend, die für solche Seelen geschaffen ist wie die meine. Ich bin so glücklich, mein Bester, so ganz in dem Gefühle von ruhigem Dasein versunken, dass meine Kunst darunter leidet. Ich könnte jetzt nicht zeichnen, nicht einen Strich, und ich bin nie ein größerer Maler gewesen als in diesen Augenblicken. Wenn das liebe Tal um mich dampft, und die hohe Sonne an der Oberfläche der undurchdringlichen Finsternis meines Waldes ruht, und nur einzelne Strahlen sich in das innere Heiligtum stehlen, ich dann im hohen Grase am fallenden Bache liege, und näher an der Erde tausend mannigfaltige Gräschen mir merkwürdig werden; wenn ich das Wimmeln der kleinen Welt zwischen Halmen, die unzähligen, unergründlichen Gestalten der Würmchen, der Mückchen näher an meinem Herzen fühle, und fühle die Gegenwart des Allmächtigen, der uns nach seinem Bilde schuf, das Wehen des Allliebenden, der uns in ewiger Wonne schwebend trägt und erhält; mein Freund! wenn's dann um meine Augen dämmert, und die Welt um mich her und der Himmel ganz in meiner Seele ruhn wie die Gestalt einer Geliebten – dann sehne ich mich oft und denke: Ach könntest du das wieder ausdrücken, könntest du dem Papiere das einhauchen, was so voll, so warm in dir lebt, dass es würde der Spiegel deiner Seele, wie deine Seele ist der Spiegel des unendlichen Gottes! – Mein Freund – Aber ich gehe darüber zugrunde, ich erliege unter der Gewalt der Herrlichkeit dieser Erscheinungen.

Am 3. November.

Weiß Gott! ich lege mich so oft zu Bette mit dem Wunsche, ja manchmal mit der Hoffnung, nicht wieder zu erwachen: Und morgens schlage ich die Augen auf, sehe die Sonne wieder, und bin elend. O dass ich launisch sein könnte, könnte die Schuld aufs Wetter, auf einen Dritten, auf eine fehlgeschlagene Unternehmung schieben, so würde die unerträgliche Last des Unwillens doch nur halb auf mir ruhen. Wehe mir! ich fühle zu wahr, dass an mir alle Schuld liegt – nicht Schuld! Genug, dass in mir die Quelle alles Elendes verborgen ist, wie ehemals die Quelle aller Seligkeiten. Bin ich nicht noch ebenderselbe, der ehemals in aller Fülle der Empfindung herumschwebte, dem auf jedem Tritte ein Paradies folgte, der ein Herz hatte, eine ganze Welt liebevoll zu umfassen? Und dies Herz ist jetzt tot, aus ihm fließen keine Entzückungen mehr, meine Augen sind trocken, und meine Sinne, die nicht mehr von erquickenden Tränen gelabt werden, ziehen ängstlich meine Stirn zusammen. Ich leide viel, denn ich habe verloren, was meines Lebens einzige Wonne war, die heilige, belebende Kraft, mit der ich Welten um mich schuf; sie ist dahin! – Wenn ich zu meinem Fenster hinaus an den fernen Hügel sehe, wie die Morgensonne über ihn her den Nebel durchbricht und den stillen Wiesengrund bescheint, und der sanfte Fluss zwischen seinen entblätterten Weiden zu mir herschlängelt, – o! wenn da diese herrliche Natur so starr vor mir steht wie ein lackiertes

Am Text erarbeiten:

- das Verhältnis zwischen der Gefühlslage Werthers (Innenraum) und seiner Wahrnehmung und Darstellung der Natur
- unterschiedliche sprachliche Mittel zur Darstellung von Gefühlen

Bildchen, und alle die Wonne keinen Tropfen Seligkeit aus meinem Herzen herauf in das Gehirn pumpen kann, und der ganze Kerl vor Gottes Angesicht steht wie ein versiegter Brunnen, wie ein verlechter Eimer. Ich habe mich oft auf den Boden geworfen und Gott um Tränen gebeten, wie ein Ackersmann um Regen, wenn der Himmel ehern über ihm ist und um ihn die Erde verdürstet.

Am 12. Dezember.
Lieber Wilhelm, ich bin in einem Zustande, in dem jene Unglücklichen gewesen sein müssen, von denen man glaubte, sie würden von einem bösen Geiste umhergetrieben. Manchmal ergreift mich's; es ist nicht Angst, nicht Begier – es ist ein inneres, unbekanntes Toben, das meine Brust zu zerreißen droht, das mir die Gurgel zupresst! Wehe! wehe! und dann schweife ich umher in den furchtbaren nächtlichen Szenen dieser menschenfeindlichen Jahreszeit.

Gestern Abend musste ich hinaus. Es war plötzlich Tauwetter eingefallen, ich hatte gehört, der Fluss sei übergetreten, alle Bäche geschwollen und von Wahlheim herunter mein liebes Tal überschwemmt! Nachts nach eilfe rannte ich hinaus. Ein fürchterliches Schauspiel, vom Fels herunter die wühlenden Fluten in dem Mondlichte wirbeln zu sehen, über Äcker und Wiesen und Hecken und alles, und das weite Tal hinauf und hinab *eine* stürmende See im Sausen des Windes! Und wenn dann der Mond wieder hervortrat und über der schwarzen Wolke ruhte, und vor mir hinaus die Flut in fürchterlich herrlichem Widerschein rollte und klang: Da überfiel mich ein Schauer, und wieder ein Sehnen! Ach, mit offenen Armen stand ich gegen den Abgrund und atmete hinab! hinab! und verlor mich in der Wonne, meine Qualen, meine Leiden da hinabzustürmen! dahinzubrausen wie die Wellen! O! – und den Fuß vom Boden zu heben vermochtest du nicht, und alle Qualen zu enden! Meine Uhr ist noch nicht ausgelaufen, ich fühle es! O Wilhelm! wie gern hätte ich mein Menschsein drum gegeben, mit jenem Sturmwinde die Wolken zu zerreißen, die Fluten zu fassen! Ha! und wird nicht vielleicht dem Eingekerkerten einmal diese Wonne zuteil? –

Und wie ich wehmütig hinabsah auf ein Plätzchen, wo ich mit Lotten unter einer Weide geruht, auf einem heißen Spaziergange, – das war auch überschwemmt, und kaum dass ich die Weide erkannte! Wilhelm! Und ihre Wiesen, dachte ich, die Gegend um ihr Jagdhaus! wie verstört jetzt vom reißenden Strome unsere Laube! dacht' ich. Und der Vergangenheit Sonnenstrahl blickte herein, wie einem Gefangenen ein Traum von Herden, Wiesen und Ehrenämtern. Ich stand! – Ich schelte mich nicht, denn ich habe Mut zu sterben. – Ich hätte – Nun sitze ich hier wie ein altes Weib, das ihr Holz von Zäunen stoppelt und ihr Brot an den Türen, um ihr hinsterbendes, freudeloses Dasein noch einen Augenblick zu verlängern und zu erleichtern.
(1774)

Johann Georg Ziesenis: Bildnis des Herzogs Ernst-Ludwig von Sachsen-Gotha, 1768

Erkunden, nachschlagen:
Wirkung des Werther-Romans im 18. Jahrhundert („Werther-Fieber", „Werther-Selbstmorde", „Werther-Mode" usw.)

Bezüge herstellen:
Naturenthusiasmus in Goethes Roman und unser heutiges Naturverständnis

Selbst gestalten:
Antwortbrief aus dem 21. Jahrhundert

Lesetipps zur Rezeption des „Kultromans" im 20. Jahrhundert:
Ulrich Plenzdorf:
Die neuen Leiden des jungen W. (1972)
Cees Nooteboom: Das Paradies ist nebenan (1958/1991)
Helmut Krausser: Fette Welt (1992)

Karoline von Günderode

Ein apokalyptisches Fragment

Ich stand auf einem hohen Fels im Mittelmeer, und vor mir war der Ost, und hinter mir der West, und der Wind ruhte auf der See.

Da sank die Sonne, und kaum war sie verhüllt im Niedergang, so stieg im Aufgang das Morgenrot wieder empor, und Morgen, Mittag, Abend und Nacht jagten sich, in schwindelnder Eile, um den Bogen des Himmels.

Erstaunt sah ich sie sich drehen in wilden Kreisen: Mein Puls floh nicht schneller, meine Gedanken bewegten sich nicht rascher, und die Zeit in mir ging den gewohnten Gang, indes sie außer mir, sich nach neuem Gesetz bewegte.

Ich wollte mich hinstürzen in das Morgenrot, oder mich tauchen in die Schatten der Nacht, um mit in ihre Eile gezogen zu werden und nicht so langsam zu leben: Da ich sie aber immer betrachtete, ward ich sehr müde und entschlief.

Da sah ich ein weites Meer vor mir, das von keinem Ufer umgeben war, weder im Ost noch Süd noch West noch Nord: Kein Windstoß bewegte die Wellen, aber die unermessliche See bewegte sich doch in ihren Tiefen, wie von innern Gärungen bewegt.

Und mancherlei Gestalten stiegen herauf, aus dem Schoß des tiefen Meeres, und Nebel stiegen empor und wurden Wolken, und die Wolken senkten sich und berührten in zuckenden Blitzen die gebärenden Wogen.

Und immer mannigfaltigere Gestalten entstiegen der Tiefe, aber mich ergriffen Schwindel und eine sonderbare Bangigkeit, meine Gedanken wurden hiehin und dorthin getrieben, wie eine Fackel vom Sturmwind, bis meine Erinnerung erlosch.

Da ich aber wieder erwachte und von mir zu wissen anfing, wusste ich nicht, wie lange ich geschlafen hatte, ob es Jahrhunderte oder Minuten waren: Denn ob ich gleich dumpfe und verworrene Träume gehabt hatte, so war mir doch nichts begegnet, was mich an die Zeit erinnert hätte.

Aber es war ein dunkles Gefühl in mir, als habe ich geruht im Schoße dieses Meeres und sei ihm entstiegen, wie die andern Gestalten. Und ich schien mir ein Tropfen Tau, und bewegte mich lustig hin und wider in der Luft und freute mich, dass die Sonne sich in mir spiegle und die Sterne mich beschauten.

Ich ließ mich von den Lüften in raschen Zügen dahintragen, ich gesellte mich zum Abendrot und zu des Regenbogens siebenfarbigen Tropfen, ich reihte mich mit meinen Gespielen um den Mond, wenn er sich bergen wollte, und begleitete seine Bahn.

Die Vergangenheit war mir dahin! ich gehörte nur der Gegenwart. Aber eine Sehnsucht war in mir, die ihren Gegenstand nicht kannte, ich suchte immer, aber jedes Gefundene war nicht das Gesuchte, und sehnend trieb ich mich umher im Unendlichen.

Einst ward ich gewahr, dass alle die Wesen, die aus dem Meere gestiegen waren, wieder zu ihm zurückkehrten und sich in wechselnden Formen wieder erzeugten. Mich befremdete diese Erscheinung: Denn ich hatte von keinem Ende gewusst. Da dachte ich, meine Sehnsucht sei auch, zurückzukehren, zu der Quelle des Lebens.

Und da ich dies dachte, und fast lebendiger fühlte als all mein Bewusstsein, ward plötzlich mein Gemüt wie mit betäubenden Nebeln umgeben. Aber sie schwanden bald, ich schien mir nicht mehr ich, und doch mehr als sonst ich, meine Grenzen konnte ich nicht mehr finden, mein Bewusstsein hatte sie überschritten, es war größer, anders, und doch fühlte ich mich in ihm.

Erlöset war ich von den engen Schranken meines Wesens, und kein einzler Tropfen mehr, ich war allem wiedergegeben, und alles gehörte mir an, ich dachte, und fühlte, wogte im Meer, glänzte in der Sonne, kreiste mit den Sternen: Ich fühlte mich in allem, und genoss alles in mir.

Drum, wer Ohren hat zu hören, der höre! Es ist nicht zwei, nicht drei, nicht tausende, es ist Eins und Alles; es ist nicht Körper und Geist geschieden, dass das eine der Zeit, das andere der Ewigkeit angehöre, es ist Eins, gehört sich selbst, und ist Zeit und Ewigkeit zugleich, und sichtbar, und unsichtbar, bleibend im Wandel, ein unendliches Leben.

(1804)

Am Text erarbeiten:
Bezüge zwischen dem Fragment der Günderode und dem Droste-Hülshoff-Gedicht

Erkunden, nachschlagen:
Naturauffassung der Romantik,
Rolle der Schriftstellerinnen Günderode und Droste-Hülshoff in ihrer Zeit

→ „Christa Wolf – Eine Schriftstellerin in ihrer Zeit", S. 389 f.

Annette von Droste-Hülshoff

Am Turme

Ich steh auf hohem Balkone am Turm,
Umstrichen vom schreienden Stare,
Und lass gleich einer Mänade den Sturm
Mir wühlen im flatternden Haare;
O wilder Geselle, o toller Fant,
Ich möchte dich kräftig umschlingen,
Und, Sehne an Sehne, zwei Schritte vom Rand
Auf Tod und Leben dann ringen!

Und drunten seh ich am Strand, so frisch
Wie spielende Doggen, die Wellen
Sich tummeln rings mit Geklaff und Gezisch
Und glänzende Flocken schnellen.
O, springen möcht ich hinein alsbald,
Recht in die tobende Meute,
Und jagen durch den korallenen Wald
Das Walross, die lustige Beute!

Und drüben seh ich ein Wimpel wehn
So keck wie eine Standarte,
Seh auf und nieder den Kiel sich drehn
Von meiner luftigen Warte;
O, sitzen möcht ich im kämpfenden Schiff,
Das Steuerruder ergreifen,
Und zischend über das brandende Riff
Wie eine Seemöwe streifen.

Wär ich ein Jäger auf freier Flur,
Ein Stück nur von einem Soldaten,
Wär ich ein Mann doch mindestens nur,
So würde der Himmel mir raten;
Nun muss ich sitzen so fein und klar,
Gleich einem artigen Kinde,
Und darf nur heimlich lösen mein Haar,
Und lassen es flattern im Winde!

(1842)

William Turner: Schatten und Dunkelheit – Der Abend nach der Sintflut, 1843, London, Tate Gallery

Heinrich Heine

Fragen

Am Meer, am wüsten, nächtlichen Meer
Steht ein Jüngling-Mann,
Die Brust voll Wehmut, das Haupt voll Zweifel,
Und mit düstern Lippen fragt er die Wogen:

„O löst mir das Rätsel des Lebens,
Das qualvoll uralte Rätsel,
Worüber schon manche Häupter gegrübelt,
Häupter in Hieroglyphenmützen,
Häupter in Turban und schwarzem Barett,
Perückenhäupter und tausend andre
Arme, schwitzende Menschenhäupter –
Sagt mir, was bedeutet der Mensch?
Woher ist er kommen? Wo geht er hin?
Wer wohnt dort oben auf goldenen Sternen?"

Es murmeln die Wogen ihr ew'ges Gemurmel,
Es wehet der Wind, es fliehen die Wolken,
Es blinken die Sterne, gleichgültig und kalt,
Und ein Narr wartet auf Antwort.

(1827)

Bezüge herstellen: zwischen den Heine-Gedichten und dem Bild Caspar David Friedrichs

Heinrich Heine

Auf diesem Felsen bauen wir

Auf diesem Felsen bauen wir
Die Kirche von dem dritten,
Dem dritten neuen Testament;
Das Leid ist ausgelitten.

Vernichtet ist das Zweierlei,
Das uns so lang betöret;
Die dumme Leiberquälerei
Hat endlich aufgehöret.

Hörst du den Gott im finstern Meer?
Mit tausend Stimmen spricht er.
Und siehst du über unserm Haupt
Die tausend Gotteslichter?

Der heil'ge Gott, der ist im Licht
Wie in den Finsternissen;
Und Gott ist alles was da ist;
Er ist in unsern Küssen.

(1844)

Heinrich Heine

Das Fräulein stand am Meere

Das Fräulein stand am Meere
Und seufzte lang und bang,
Es rührte sie so sehre
Der Sonnenuntergang.

„Mein Fräulein! sein Sie munter,
Das ist ein altes Stück;
Hier vorne geht sie unter
Und kehrt von hinten zurück."

(1844)

Caspar David Friedrich: Der Mönch am Meer, 1809/10

2 Fesseln spüren – Fesseln sprengen

age of englihgtenment
siécle des lumiéres
Zeitalter der Aufklärung

Immanuel Kant

Beantwortung der Frage: Was ist Aufklärung? (Auszug)

Aufklärung ist der Ausgang des Menschen aus seiner selbst verschuldeten Unmündigkeit. Unmündigkeit ist das Unvermögen, sich seines Verstandes ohne Leitung eines anderen zu bedienen. *Selbst verschuldet* ist diese Unmündigkeit, wenn die Ursache derselben nicht am Mangel des Verstandes, sondern der Entschließung und des Mutes liegt, sich seiner ohne Leitung eines anderen zu bedienen. Sapere aude! Habe Mut dich deines *eigenen* Verstandes zu bedienen: Ist also der Wahlspruch der Aufklärung.

Faulheit und Feigheit sind die Ursachen, warum ein so großer Teil der Menschen, nachdem sie die Natur längst von fremder Leitung frei gesprochen (naturaliter maiorennes), dennoch gerne zeitlebens unmündig bleiben; und warum es anderen so leicht wird, sich zu deren Vormündern aufzuwerfen. Es ist so bequem, unmündig zu sein. Habe ich ein Buch, das für mich Verstand hat, einen Seelsorger, der für mich ein Gewissen hat, einen Arzt, der für mich die Diät beurteilt, u.s.w.: so brauche ich mich ja nicht selbst zu bemühen. Ich habe nicht nötig zu denken, wenn ich nur bezahlen kann; andere werden das verdrießliche Geschäft schon für mich übernehmen. Dass der bei weitem größte Teil der Menschen (darunter das ganze schöne Geschlecht) den Schritt zur Mündigkeit, außer dem dass er beschwerlich ist, auch für sehr gefährlich halte: Dafür sorgen schon jene Vormünder, die die Oberaufsicht über sie gütigst auf sich genommen haben. Nachdem sie ihr Hausvieh zuerst dumm gemacht haben, und sorgfältig verhüteten, dass diese ruhigen Geschöpfe ja keinen Schritt außer dem Gängelwagen, darin sie sie einsperreten, wagen durften: So zeigen sie ihnen nachher die Gefahr, die ihnen drohet, wenn sie versuchen allein zu gehen. Nun ist diese Gefahr zwar eben so groß nicht, denn sie würden durch einige Mal Fallen wohl endlich gehen lernen; allein ein Beispiel von der Art macht doch schüchtern, und schreckt gemeiniglich von allen ferneren Versuchen ab.

Es ist also für jeden einzelnen Menschen schwer, sich aus der ihm beinahe zur Natur gewordenen Unmündigkeit herauszuarbeiten. Er hat sie sogar lieb gewonnen, und ist vor der Hand wirklich unfähig, sich seines eigenen Verstandes zu bedienen, weil man ihn niemals den Versuch davon machen ließ. Satzungen und Formeln, diese mechanischen Werkzeuge eines vernünftigen Gebrauchs oder vielmehr Missbrauchs seiner Naturgaben, sind die Fußschellen einer immer währenden Unmündigkeit. Wer sie auch abwürfe, würde dennoch auch über den schmalesten Graben einen nur unsicheren Sprung tun, weil er zu dergleichen freier Bewegung nicht gewöhnt ist. (...)

Dass aber ein Publikum sich selbst aufkläre, ist eher möglich: Ja es ist, wenn man ihm nur Freiheit lässt, beinahe unausbleiblich. Denn da werden sich immer einige Selbstdenkende, sogar unter den eingesetzten Vormündern des großen Haufens, finden, welche, nachdem sie das Joch der Unmündigkeit selbst abgeworfen haben, den Geist einer vernünftigen Schätzung des eigenen Werts und des Berufs jedes Menschen, selbst zu denken, um sich verbreiten werden. Besonders ist hiebei: dass das Publikum, welches zuvor von ihnen unter dieses Joch gebracht worden, sie hernach selbst zwingt darunter zu bleiben, wenn es von einigen seiner Vormünder, die selbst aller Aufklärung unfähig sind, dazu aufgewiegelt worden (...). Daher kann ein Publikum nur langsam zur Aufklärung gelangen. Durch eine Revolution wird vielleicht wohl ein Abfall von persönlichem Despotism und gewinnsüchtiger oder herrschsüchtiger Bedrückung, aber niemals wahre Reform der Denkungsart zu Stande kommen; sondern neue Vorurteile werden, eben sowohl als die alten, zum Leitbande des gedankenlosen großen Haufens dienen.

Zu dieser Aufklärung aber wird nichts erfordert als *Freiheit*; und zwar die unschädlichste unter allem, was nur Freiheit heißen mag, nämlich die: von seiner Vernunft in allen Stücken *öffentlichen Gebrauch* zu machen.
(1783)

G. C. Lichtenberg:
Dass ich etwas, ehe ich es glaube, erst durch meine Vernunft laufen lasse, ist mir nicht ein Haar wunderbarer, als dass ich erst etwas im Vorhof meiner Kehle kaue, ehe ich es herunterschlucke. Es ist sonderbar, so etwas zu sagen, und für unsere Zeiten zu hell, aber ich fürchte, es ist für 200 Jahre, von hier ab gerechnet, zu dunkel.
(1777)

Die Lüftung der Nation kommt mir zur Aufklärung derselben unumgänglich nötig vor. (...) Der Wind muss durchstreichen. (...)
(1784/88)

Man spricht viel von Aufklärung und wünscht mehr Licht. Mein Gott, was hilft aber alles Licht, wenn die Leute entweder keine Augen haben oder die, die sie haben, vorsätzlich verschließen?
(1798)

Räsoniert, so viel ihr wollt und worüber ihr wollt, nur gehorcht!
(Friedrich II. von Preußen)

Am Text erarbeiten:
Kants Verständnis von Aufklärung

Jean-Jacques Rousseau

Emile oder Über die Erziehung (Auszug)

Motto von „Emile oder Über die Erziehung“:
„Die Übel, an denen wir leiden, sind heilbar; wenn wir uns davon befreien wollen, hilft uns die Natur selbst, denn wir sind zum Gesundsein geboren.“
(Seneca, Über den Zorn, 11.13)

Wer hierüber noch niemals nachgedacht hat, dem muss allerdings auffallen, dass die Natur die Menschen so ungesellig gemacht und sogar einen zu des andern Mörder bestimmt habe: Und doch ergibt sich dies offenbar aus der Beschaffenheit ihrer Leidenschaften und wird durch die Erfahrung bekräftigt. Man denke nur, warum mühen wir uns um Begleiter? Warum versehen wir uns mit Waffen, wenn wir eine Reise antreten? Warum verschließen wir Türen und Schränke, sobald wir uns schlafen legen? Wozu sind Gesetze und Männer, die jede Gewaltsamkeit zu rächen befugt sind? Was hegen wir also für Gedanken von unsern Mitbürgern, Nachbarn und Hausgenossen? Klagst du durch solche Vorsichtsmaßregeln das Menschengeschlecht nicht ebenso hart an wie ich? (...)
Aus jedem Bürgerkriege erhellt, wie das menschliche Leben ohne einen allgemeinen Oberherrn beschaffen wäre.
(Thomas Hobbes, Leviathan,1651)

Alles ist gut, wie es aus den Händen des Schöpfers kommt; alles entartet unter den Händen des Menschen. Der Mensch zwingt ein Land, die Erzeugnisse eines anderen hervorzubringen, einen Baum, die Früchte eines anderen zu tragen. Er vermengt und vertauscht das Wetter, die Elemente und die Jahreszeiten. Er verstümmelt seinen Hund, sein Pferd, seine Sklaven. Alles dreht er um, alles entstellt er. Er liebt die Missgeburt, die Ungeheuer. Nichts will er haben, wie es die Natur gemacht hat, selbst den Menschen nicht. Man muss ihn, wie ein Schulpferd, für ihn dressieren; man muss ihn nach seiner Absicht stutzen wie einen Baum seines Gartens. (...)
In der natürlichen Ordnung sind alle Menschen gleich; ihre gemeinsame Berufung ist: Mensch zu sein. Wer dafür gut erzogen ist, kann jeden Beruf, der damit in Beziehung steht, nicht schlecht versehen. Ob mein Schüler Soldat, Priester oder Anwalt wird, ist mir einerlei. Vor der Berufswahl der Eltern bestimmt ihn die Natur zum Menschen. Leben ist ein Beruf, den ich ihn lehren will. Ich gebe zu, dass er, wenn er aus meinen Händen kommt, weder Anwalt noch Soldat noch Priester sein wird, sondern in erster Linie Mensch. Alles, was ein Mensch zu sein hat, wird er genau so sein wie jeder andere auch; und wenn das Schicksal ihn zwingt, seinen Platz zu wechseln, er wird immer an seinem Platz sein. (...)
Man möchte nur sein Kind behalten; aber das ist nicht genug. Man muss es lehren, sich selbst als Mann zu erhalten, Schicksalsschläge zu ertragen, Reichtum und Armut hinzunehmen, und, wenn es sein muss, im Eis Islands und auf den glühenden Felsen Maltas zu leben. Trotz aller Vorsicht, seinen Tod zu verhüten, muss es dennoch einmal sterben. Und wenn sein Tod auch nicht das Werk eurer Fürsorge ist, so ist sie dennoch fehl am Platz. Es handelt sich weniger darum, den Tod zu verhindern, als es leben zu lehren. Leben ist nicht atmen; leben ist handeln, d.h. von unseren Organen, Sinnen, Fähigkeiten, von allen unseren Bestandteilen Gebrauch zu machen. Sie geben uns das Gefühl, dass wir existieren. Nicht wer am ältesten wird, hat am längsten gelebt, sondern wer am stärksten erlebt hat. Mancher wird mit hundert Jahren begraben, der bei seiner Geburt gestorben war. Es wäre ein Gewinn gewesen, wenn er als Kind gestorben wäre, wenn er wenigstens bis dahin gelebt hätte.
Unsere ganze Weisheit besteht aus Lakaienvorurteilen. All unsere Gewohnheiten sind nur Unterwerfung, Bedrängnis und Zwang. Der Gesellschaftsmensch wird als Sklave geboren und lebt und stirbt als Sklave. Bei seiner Geburt näht man ihn in einen Wickel ein, bei seinem Tode nagelt man ihn in einen Sarg. Solange er Mensch ist, ist er durch unsere Einrichtungen gebunden.
Manche Hebammen behaupten, sie könnten den Kopf eines Neugeborenen in hübschere Formen kneten; und das duldet man! Unsere Köpfe sind also vom Schöpfer schlecht geformt worden; und sie müssen erst durch Hebammen von außen und durch Philosophen von innen die rechte Form bekommen! Die Kariben sind glücklicher dran als wir.
(1762)

Vergleichen, diskutieren:
die Auffassung vom Menschen bei Rousseau, Hobbes und Kant

Gotthold Ephraim Lessing

Nathan der Weise (Auszug)

NATHAN: Vor grauen Jahren lebt' ein Mann in Osten,
Der einen Ring von unschätzbarem Wert'
Aus lieber Hand besaß. Der Stein war ein
Opal, der hundert schöne Farben spielte,
Und hatte die geheime Kraft, vor Gott
Und Menschen angenehm zu machen, wer
In dieser Zuversicht ihn trug. Was Wunder,
Dass ihn der Mann in Osten darum nie
Vom Finger ließ; und die Verfügung traf,
Auf ewig ihn bei seinem Hause zu
Erhalten? Nämlich so. Er ließ den Ring
Von seinen Söhnen dem geliebtesten;
Und setzte fest, dass dieser wiederum
Den Ring von seinen Söhnen dem vermache,
Der ihm der liebste sei; und stets der liebste,
Ohn' Ansehn der Geburt, in Kraft allein
Des Rings, das Haupt, der Fürst des Hauses werde. –
Versteh mich, Sultan.
SALADIN: Ich versteh dich. Weiter!
NATHAN: So kam nun dieser Ring, von Sohn zu Sohn,
Auf einen Vater endlich von drei Söhnen;
Die alle drei ihm gleich gehorsam waren,
Die alle drei er erfolglich gleich zu lieben
Sich nicht entbrechen konnte. Nur von Zeit
Zu Zeit schien ihm bald der, bald dieser, bald
Der dritte, – so wie jeder sich mit ihm
Allein befand, und sein ergießend Herz
Die andern zwei nicht teilten, – würdiger
Des Ringes; den er denn auch einem jeden
Die fromme Schwachheit hatte, zu versprechen.
Das ging nun so, so lang es ging. – Allein
Es kam zum Sterben, und der gute Vater
Kömmt in Verlegenheit. Es schmerzt ihn, zwei
Von seinen Söhnen, die sich auf sein Wort
Verlassen, so zu kränken. – Was zu tun? –
Er sendet in geheim zu einem Künstler,
Bei dem er, nach dem Muster seines Ringes,
Zwei andere bestellt, und weder Kosten
Noch Mühe sparen heißt, sie jenem gleich,
Vollkommen gleich zu machen. Das gelingt
Dem Künstler. Da er ihm die Ringe bringt,
Kann selbst der Vater seinen Musterring
Nicht unterscheiden. Froh und freudig ruft
Er seine Söhne, jeden insbesondre;
Gibt jedem insbesondre seinen Segen, –
Und seinen Ring, – und stirbt. – Du hörst doch, Sultan?
SALADIN *(der sich betroffen von ihm gewandt)*:
Ich hör, ich höre! – Komm mit deinem Märchen
Nur bald zu Ende. – Wird's?
NATHAN: Ich bin zu Ende.
Denn was noch folgt, versteht sich ja von selbst. –

Gotthold Ephraim Lessing

Die Sperlinge

Eine alte Kirche, welche den Sperlingen unzählige Nester gab, ward ausgebessert. Als sie nun in ihrem neuen Glanze da stand, kamen die Sperlinge wieder, ihre alten Wohnungen zu suchen. Allein sie fanden sie alle vermauert. Zu was, schrieen sie, taugt denn nun das große Gebäude? Kommt, verlasst den unbrauchbaren Steinhaufen! *(1759)*

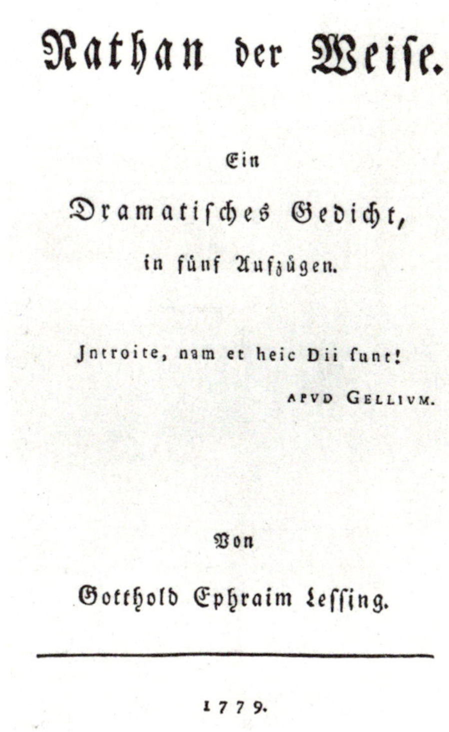
Nathan der Weise.
Ein
Dramatisches Gedicht,
in fünf Aufzügen.
Jntroite, nam et heic Dii ſunt!
APVD GELLIVM.
Von
Gotthold Ephraim Leſſing.
1779.

Titelblatt der Ausgabe von 1779

Erkunden, nachschlagen:
Was ist eine Parabel?

Am Text erarbeiten:
Parabelstruktur der Geschichte

Erkunden, nachschlagen: den Schluss der Parabel und seine Bedeutung für die Frage nach der Wahrheit der Religionen

Kaum war der Vater tot, so kömmt ein jeder
Mit seinem Ring', und jeder will Fürst
Des Hauses sein. Man untersucht, man zankt,
Man klagt. Umsonst; der rechte Ring war nicht
Erweislich; –
(*Nach einer Pause, in welcher er des Sultans Antwort erwartet*)
Fast so unerweislich, als
Uns itzt – der rechte Glaube.

(1779)

Johann Wolfgang von Goethe

Prometheus

Mythos Prometheus: Prometheus, ein Titane, war in der griechischen Antike ein Schutzherr der Handwerker, der Töpfer. Er gilt als Menschenbildner, der den Menschen aus Lehm und Tränen geformt und ihm gegen den Willen Zeus' das Feuer vom Himmel gebracht hat. Zur Strafe lässt Zeus ihn an einen Felsen im Kaukasus fesseln, wo ein Adler täglich seine nachwachsende Leber frisst, bis Herakles den Unglücklichen befreit.

Bedecke deinen Himmel, Zeus,
Mit Wolkendunst,
Und übe, dem Knaben gleich,
Der Disteln köpft,
An Eichen dich und Bergeshöhn;
Musst mir meine Erde
Doch lassen stehn,
Und meine Hütte, die du nicht gebaut,
Und meinen Herd,
Um dessen Glut
Du mich beneidest.

Ich kenne nichts ärmers
Unter der Sonn' als euch, Götter!
Ihr nähret kümmerlich
Von Opfersteuern
Und Gebetshauch
Eure Majestät,
Und darbtet, wären
Nicht Kinder und Bettler
Hoffnungsvolle Toren.

Da ich ein Kind war,
Nicht wusste, wo aus noch ein,
Kehrt' ich mein verirrtes Auge
Zur Sonne, als wenn drüber wär'
Ein Ohr, zu hören meine Klage,
Ein Herz wie meins,
Sich des Bedrängten zu erbarmen.

Wer half mir
Wider der Titanen Übermut?
Wer rettete vom Tode mich,
Von Sklaverei?
Hast du nicht alles selbst vollendet,
Heilig glühend Herz?
Und glühtest jung und gut,
Betrogen, Rettungsdank
Dem Schlafenden da droben?

Johann Heinrich Füssli: Prometheus

Ich dich ehren? Wofür?
Hast du die Schmerzen gelindert
Je des Beladenen?
Hast du die Tränen gestillet
Je des Geängsteten?
Hat nicht mich zum Manne geschmiedet
Die allmächtige Zeit
Und das ewige Schicksal,
Meine Herrn und deine?

Wähntest du etwa,
Ich sollte das Leben hassen,
In Wüsten fliehen,
Weil nicht alle
Blütenträume reiften?

Hier sitz' ich, forme Menschen
Nach meinem Bilde,
Ein Geschlecht, das mir gleich sei,
Zu leiden, zu weinen,
Zu genießen und zu freuen sich,
Und dein nicht zu achten,
Wie ich!

(1774)

Am Text erarbeiten: wesentliche Gestaltungsmittel des Gedichts

Bezüge herstellen: Goethes Gedicht und der griechische Mythos

Selbst gestalten: verschiedene Versionen des Gedichtvortrags ausprobieren

Erkunden, nachschlagen: Herkunft und Bedeutung des Begriffs „Genie“, „Genie-Kult“ des Sturm und Drang

Friedrich Schiller

Die Räuber 1. Akt, 1. Szene (Auszug)

DER ALTE MOOR: Tu das, mein Sohn. – Ach! es hätte mir doch das Herz gebrochen!
Schreib ihm – –

FRANZ *(schnell)*: Dabei bleibts also?

DER ALTE MOOR: Schreib ihm, dass ich tausend blutige Tränen, tausend schlaflose Nächte – Aber bring meinen Sohn nicht zur Verzweiflung!

FRANZ: Wollt Ihr euch nicht zu Bette legen, Vater? Es griff euch hart an.

DER ALTE MOOR: Schreib ihm, dass die väterliche Brust – ich sage dir, bring meinen Sohn nicht zur Verzweiflung. *(Geht traurig ab)*

FRANZ *(mit Lachen ihm nachsehend)*: Tröste dich, Alter, du wirst ihn nimmer an diese Brust drücken, der Weg dazu ist ihm verrammelt wie der Himmel der Hölle – Er war aus deinen Armen gerissen, ehe du wusstest, dass du es wollen könntest – da müsst ich ein erbärmlicher Stümper sein, wenn ichs nicht einmal so weit gebracht hätte, einen Sohn vom Herzen des Vaters lozulösen, und wenn er mit ehernen Banden daran geklammert wäre – Ich habe einen magischen Kreis von Flüchen um dich gezogen, den er nicht überspringen soll – Glück zu, Franz! Weg ist das Schoßkind – Der Wald ist heller. Ich muss diese Papiere vollends aufheben, wie leicht könnte jemand meine Handschrift kennen! *(Er liest die zerrissenen Briefstücke zusammen)* – Und Gram wird auch den Alten bald fortschaffen – und ihr muss ich diesen Karl aus dem Herzen reißen, wenn auch ihr halbes Leben dran hängen bleiben sollte.

Ich habe große Rechte, über die Natur ungehalten zu sein, und bei meiner Ehre! ich will sie geltend machen. – Warum bin ich nicht der Erste aus Mutterleib gekrochen? Warum nicht der einzige? Warum musste sie mir diese Bürde von Hässlichkeit aufladen? Gerade mir? Nicht anders, als ob sie bei meiner Geburt einen Rest gesetzt hätte. Warum gerade mir die Lappländersnase? Gerade mir dieses Mohrenmaul? Diese Hottentottenaugen? Wirklich, ich glaube, sie hat von allen Menschensorten das Scheußliche auf einen Haufen geworfen und mich daraus gebacken. Mord und Tod! Wer hat ihr die Vollmacht gegeben, jenem dieses zu verleihen und mir vorzuenthalten? Könnte ihr jemand darum hofieren, eh er entstund? Oder sie beleidigen, eh er selbst wurde? Warum ging sie so parteilich zu Werke? Nein! nein! Ich tu ihr Unrecht. Gab sie uns doch Erfindungsgeist mit, setzte uns nackt und armselig ans Ufer dieses großen Ozeans *Welt* – Schwimme, wer schwimmen kann, und wer zu plump ist, geh unter! Sie gab mir nichts mit; wozu ich mich machen will, das ist nun meine Sache. Jeder hat gleiches Recht zum Größten und Kleinsten. Anspruch wird an Anspruch, Trieb an Trieb und Kraft an Kraft zernichtet. Das Recht wohnet beim Überwältiger und die Schranken unserer Kraft sind unsere Gesetze.

Wohl gibt es gewisse gemeinschaftliche Pakta, die man geschlossen hat, die Pulse des Weltzirkels zu treiben. Ehrlicher Name! – Wahrhaftig, eine reichhaltige Münze, mit der sich meisterlich schachern lässt, wers versteht, sie gut auszugeben. Gewissen, – o ja freilich! ein tüchtiger Lumpenmann, Sperlinge von Kirschbäumen wegzuschröcken! – auch das ein gut geschriebener Wechselbrief, mit dem auch der Bankerottierer zur Not noch hinauslangt.

Victor Heideloff: Friedrich Schiller liest seinen Freunden aus den „Räubern" vor

Die Uraufführung von Schillers *Die Räuber* 1782 gehörte zu den erfolgreichsten in der Geschichte des Sturm und Drang; ein Augenzeuge berichtete: „Das Theater glich einem Irrenhaus, rollende Augen, geballte Fäuste, stampfende Füße, heisere Schreie im Zuschauerraum. Fremde Menschen fielen einander schluchzend in die Arme, Frauen wankten, einer Ohnmacht nahe, zur Tür. Es war eine allgemeine Auflösung wie im Chaos, aus dessen Nebeln eine neue Schöpfung hervorbricht."
(In: Anton Pilcher: Chronik des Großherzoglichen Hof- und National-Theaters in Mannheim, 1879)

Ich schreibe als Weltbürger, der keinem Fürsten dient. (...) Die Räuber kosteten mir Familie und Vaterland – – Nunmehr sind alle meine Verbindungen aufgelöst. Das Publikum ist mir jetzt alles, mein Studium, mein Souverän, mein Vertrauter. Ihm allein gehör ich jetzt an. Vor diesem und keinem andern Tribunal werde ich mich stellen. Dieses nur fürchte ich und verehr ich. Etwas Großes wandelt mich an bei der Vorstellung, keine andere Fessel zu tragen als den Ausspruch der Welt – an keinen andern Thron mehr zu appellieren als an die menschliche Seele. (...)
(Friedrich Schiller, Programmschrift zur Rheinischen Thalia, 1784)

Daniel Chodowiecki: Die Dankbarkeit. Exempel an Knaben, die für Unterhalt (...) ihren Wohltätern Dank abstatten

Diskutieren:
Rolle des Gefühls in Franz' Monolog

Erkunden, nachschlagen:
Biografie des jungen Schiller, Wirkungsgeschichte der „Räuber", „Theatromanie" in der zweiten Hälfte des 18. Jahrhunderts

In der Tat, sehr lobenswürdige Anstalten, die Narren im Respekt und den Pöbel unter dem Pantoffel zu halten, damit die Gescheiten es desto bequemer haben. Ohne Anstand, recht schnakische Anstalten! Kommen mir für wie die Hecken, die meine Bauren gar schlau um ihre Felder herumführen, dass ja kein Hase drüber setzt, ja beileibe kein Hase! – Aber der gnädige Herr gibt seinem Rappen den Sporn und galoppiert weich über der weiland Ernte.

Armer Hase! Es ist doch eine jämmerliche Rolle, der Hase sein müssen auf dieser Welt – Aber der gnädige Herr braucht Hasen!

Also frisch drüber hinweg! Wer nichts fürchtet, ist nicht weniger mächtig als der, den alles fürchtet. Es ist itzo die Mode, Schnallen an den Beinkleidern zu tragen, womit man sie nach Belieben weiter und enger schnürt. Wir wollen uns ein Gewissen nach der neuesten Façon anmessen lassen, um es hübsch weiter aufzuschnallen, wie wir zulegen. Was können wir dafür? Geht zum Schneider! Ich habe Langes und Breites von einer so genannten *Blutliebe* schwatzen gehört, das einem ordentlichen Hausmann den Kopf heiß machen könnte – Das ist dein Bruder! – das ist verdolmetscht: Er ist aus eben dem Ofen geschossen worden, aus dem du geschossen bist – also sei er dir heilig! – Merkt doch einmal diese verzwickte Konsequenz, diesen possierlichen Schluss von der Nachbarschaft der Leiber auf die Harmonie der Geister, von ebenderselben Heimat zu ebenderselben Empfindung, von einerlei Kost zu einerlei Neigung. Aber weiter – es ist dein Vater! Er hat dir das Leben gegeben, du bist sein Fleisch, sein Blut – also sei er dir heilig. Wiederum eine schlaue Konsequenz! Ich möchte doch fragen, *warum* hat er mich gemacht? doch wohl nicht gar aus Liebe zu mir, der erst ein *Ich* werden sollte? Hat er mich gekannt, ehe er mich machte? Oder hat er mich gedacht, wie er mich machte? Oder hat er *mich* gewünscht, da er mich machte? Wusste er, was ich werden würde? Das wollt ich ihm nicht raten, sonst möcht ich ihn dafür strafen, dass er mich doch gemacht hat! Kann ichs ihm Dank wissen, dass ich ein Mann wurde? So wenig, als ich ihn verklagen könnte, wenn er ein Weib aus mir gemacht hätte. Kann ich eine Liebe erkennen, die sich nicht auf Achtung gegen mein *Selbst* gründet? Konnte Achtung gegen mein Selbst vorhanden sein, das erst dadurch entstehen sollte, davon es die Voraussetzung sein muss? Wo stickt dann nun das Heilige? Etwa im Aktus selber, durch den ich entstund? – Als wenn dieser etwas mehr wäre als viehischer Prozess zur Stillung viehischer Begierden! Oder stickt es vielleicht im Resultat dieses Aktus, der noch nichts ist als eiserne Notwendigkeit, die man so gern weg wünschte, wenns nicht auf Unkosten von Fleisch und Blut geschehn müsste? Soll ich ihm etwa darum gute Worte geben, dass er mich liebt? Das ist eine Eitelkeit von ihm, die Schoßsünde aller Künstler, die sich in ihrem Werk kokettieren, wär es auch noch so hässlich. – Sehet also, da ist die ganze Hexerei, die ihr in einen heiligen Nebel verschleiert, unsre Furchtsamkeit zu missbrauchen. Soll auch ich mich dadurch gängeln lassen wie einen Knaben?

Frisch also! mutig ans Werk! – Ich will alles um mich her ausrotten, was mich einschränkt, dass ich nicht *Herr* bin. *Herr* muss ich sein, dass ich das mit Gewalt ertrotze, wo mir die Liebenswürdigkeit gebricht. (*Ab*)
(1781)

Jakob Michael Reinhold Lenz

Zerbin oder die neuere Philosophie (Auszug)

Zerbin – ein junger Student der Philosophie – verfolgt „mit der Gradheit seines Herzens" hohe Tugendideale. Die Erzählung von Lenz zeigt den Prozess seiner moralischen Korrumpierung. Unter dem Druck der Umgebung entscheidet sich Zerbin gegen seine unstandesgemäße Geliebte Marie und für seine Karriere. Im Namen der Liebe bittet er Marie um Verschwiegenheit.

Nach den Gesetzen ist eine verhehlte Schwangerschaft allein hinlänglich, einer Weibsperson das Leben abzusprechen, wenn man auch keine Spur einer Gewalttätigkeit an dem Kinde gewahr wird. Marie hatte das ihrige in der Geschwindigkeit ins Heu verbergen wollen, da eben das Haus, wegen eines Schmauses in der Vakantzeit, voller Gäste war und sie alle Augenblicke gebraucht wurde. Der Kutscher war in ihrer Abwesenheit auf den Heuboden gestiegen, den Pferden etwas Futter zu langen, und er war der erste Angeber dieses unglücklichen Mädchens. Sie ward gefänglich eingezogen: Zerbin ließ sich nichts merken. Man stelle sich die Entschlossenheit, die Großmut, die Liebe dieses unglücklichen Schlachtopfers vor: Sie war durch keine Mittel dahin zu bringen, den Vater ihres Kindes herauszugeben. Alle Klugheit, alle Strenge der Obrigkeit war umsonst; nichts als unzusammenhängende Erdichtungen konnten sie aus ihr bringen. Das war eine Szene, als der Vater, der Schulz aus dem Reichsdorf, zu ihr ins Gefängnis trat.

„Du Allerweltsh –", war sein Willkomm, „was machst du hier? Hab ich dich so gelehrt, Gottes Gebot aus den Augen setzen?"

Sie weinte.

„Durch Henkershand dich verlieren – Wer ist der Vater dazu gewesen, sag mir's! Gottes Gericht soll mich verfolgen, wo ich es nicht so weit bringe, dass der Kerl –", hier kniff er die Daumen ein, sah in die Höhe, biss die Zähne zusammen und der Schaum trat ihm vor den Mund."

Sie weinte immer fort.

„O du Gottvergessene – – nenn mir den Kerl nur!" – Er setzte sich bei ihr auf eine zerbrochene Tonne nieder.

„Ich weiß ihn nicht, Vater, ich kenn' ihn nicht."

„Du kennst ihn nicht – so wird Gott ihn finden, Gottes Gericht ihn finden! Du kennst ihn nicht? Du wirst dir doch nicht im Schlaf so was haben anräsonieren lassen – meine einzige Tochter auf dem Schafott – Nenn mir ihn, sag mir ihn, ich will ihm nichts zu Leide tun!" –

„Freilich, war's so gut als im Schlaf, Vater, im Rausch, Vater! als wir von einer Hochzeit kamen. Es war ein Schuhmachersgesell, den Mainzer nannten sie ihn."

„Gott wird ihn finden, den Schuhmachersgesellen – O mein Kind, mein Kind!" Hier umarmte er sie heulend, und drückte sie, unter erschrecklichem Schluchzen, zu wiederholten Malen an sein Herz. „Wenn ich mich hier in deine Stelle setzte, du bist jung; du kannst noch lange leben –."

„Ich überlebte es nicht –."

„Ich hatte dir mein neues Haus zugedacht; es ist unter Dach; du sollst mir den Nagler Rein heiraten; es ist ein junges frisches Blut und hat dich jederzeit so lieb gehabt. Alle Abend bin ich mit meinem alten Weibe hinspaziert, und haben nach dem Bau gesehen und von dir geredt, wie wir im Winter so vergnügt miteinander leben und fleißig zueinander zu Licht gehen wollten. ‚Ich habe noch fünf Pfund von dem schönen weißen Flachs; die soll sie mir abspinnen helfen', sagte sie. ‚Sie wird doch itzt in der Stadt nicht so galant geworden sein, dass sie das Spinnrad nicht mehr in die Hand nehmen darf' –

Erkunden, nachschlagen:
Biografie von J. M. R. Lenz, sein Verhältnis zu Goethe

Wir werden geboren – unsere Eltern geben uns Brot und Kleid – unsere Lehrer drücken in unser Hirn Worte, Sprachen, Wissenschaften – irgendein artiges Mädchen drückt in unser Herz den Wunsch es eigen zu besitzen, es in unsere Arme als unser Eigentum zu schließen, wenn sich nicht gar ein tierisch Bedürfnis mit hineinmischt – es entsteht eine Lücke in der Republik wo wir hineinpassen – unsere Freunde, Verwandte, Gönner setzen an und stoßen uns glücklich hinein – wir drehen uns eine Zeit lang in diesem Platz herum wie die andern Räder und stoßen und treiben – bis wir wenns noch so ordentlich geht abgestumpft sind und zuletzt wieder einem neuen Rade Platz machen müssen – das ist, Meine Herren! ohne Ruhm zu melden unsere Biografie – und was bleibt nun der Mensch noch anders als eine vorzüglich künstliche kleine Maschine, die in die große Maschine, die wir Welt, Weltbegebenheiten, Weltläufe nennen besser oder schlimmer hineinpasst.
Kein Wunder, dass die Philosophen so philosophieren, wenn die Menschen so leben. Aber heißt das gelebt? heißt das seine Existenz gefühlt, seine selbstständige Existenz, den Funken von Gott?
(J. M. R. Lenz, 1774)

Am Text erarbeiten:
Personenkonstellation,
Tabus im Gespräch zwischen den Personen

Diskutieren:
Parteinahme im Text und beim heutigen Leser

Lesetipps:
Georg Büchner: Lenz (1835)
Sigrid Damm: Vögel, die suchen Land (1985)
Gert Hofmann: Die Rückkehr des verlorenen J. M. R. Lenz nach Riga (1998)

ach, du gottloses Kind! es war, als ob sie das im prophetischen Geist gesagt hätte."
Sie, auf seine Hand weinend: „Könnt ihr mir denn nicht verzeihen, Vater?"
„Er, der Nagler Rein, stund denn so dabei und lächelte und die Tränen quollen ihm in die Augen. Sag ich doch, es war, als ob's uns allen geahnt hätte."
„Grüßt den guten Rein, sagt, ich werde noch in der Ewigkeit für ihn beten, dass er eine bessere Frau bekomme, als ich ihm gewesen wäre. Sagt ihm, es soll ihm nicht leid sein um mich."
„Wem sollt' es nicht leid sein um dich." Hier heulte er wieder an ihrem Halse. „Darf deine Mutter auch kommen, dich zu sehen?"
„Meine Mutter – wo ist sie – wo ist meine gute Mutter? Geschwind lasst sie hereinkommen! Ich habe nicht lange mehr hier zu bleiben."
Walter (so hieß der Alte) schlug in die Hände. „Ist denn keine Gnade, kein Pardon nicht möglich? Ich will mich dem Gerichtsherrn zu Füßen werfen –."
„Meine Mutter, Walter! – Ich schwör euch, es stirbt kein Mensch so gern als ich", – sie flog an die Tür: „Meine Mutter! Lasst meine Mutter hereinkommen!"
Hier traten die Mutter und einige Verwandtinnen herein; es ging ein allgemeines Geheul an, das den Kerkermeister selber aus seiner Fassung brachte, dass er das Zimmer verlassen musste. Die grausame Stunde rückte heran. Man sprach noch immer in der Stadt davon, sie würde Gnade bekommen; bis zum letzten Augenblick, noch da ihr die Augen verbunden wurden, stand das Volk in dieser Erwartung: Man konnte es nicht begreifen, nicht fassen, dass eine so liebenswürdige Gestalt unter Henkershänden umkommen sollte: Der Prediger war nicht imstande, ihr ein einziges Trostwort zuzusprechen – – vergeblich! Die Gesetze waren zu streng, der Fall zu deutlich; sie ward enthauptet.
Sie hat bis an den letzten Augenblick die liebenswürdige, milde Heiterkeit in ihren Mienen, sogar in ihrer ganzen Stellung, in dem nachlässigen Herabsinken ihrer Arme und des Haupts, noch beibehalten, die ihren Charakter so vorzüglich auszeichnete. Sie stand da, etwa wie eine von den ersten Bekennerinnen des Christentums, die für ihren Glauben Schmach und Martern getrost entgegen sahen. Sie wandte sich noch oft sehnsuchtsvoll herum, gleich als ob ihre Augen unter dem gedrängten Haufen Volks jemanden mit Unruhe suchten. Jedermann sagte, sie suche ihren Liebhaber, und die nah bei ihr gestanden, versichern, sie haben sie noch in den letzten Augenblicken einen Namen sehr undeutlich aussprechen hören, der von einem heftigen Tränenausbruch begleitet wurde. Sie hielt sich sodann eine Minute die Hand vor die Augen, welche sie hierauf, wie außer sich, halb ohnmächtig dem Scharfrichter reichte, weil sie sich nicht mehr auf den Füßen erhalten konnte. Er band ihr die Augen zu – und die schöne Seele flog gen Himmel.
(1776)

3 Wege in die Freiheit

3.1 Revolution

Anonym

Ça ira*

Die Zeiten, Brüder, sind nicht mehr
Wo Thron und Zepter galten;
Bald sind die Königsthrone leer
Und ach! im Grab erkalten
Wird Fürstenmajestät. Ha ha! Ça ira!

Von seiner jähen Höhe fällt
Der Adel zum Erschrecken,
Wird in der aufgeklärten Welt
Kein weiteres Unheil hecken.
Die Wappenhoheit sinkt. Ha ha! Ça ira!

Auch Priestermacht, Religion
Samt Götterfurcht und Glaube
Wer achtet sie? Mit Schimpf und Hohn
Verscharrt man sie im Staube.
Da faulen, modern sie. Ha ha! Ça ira!

Frei sind die Menschen von Natur,
Tand sind die Fürstenblitze!
Drum keine Krone mehr als nur
Die Jakobinermütze.
Kein Fürst, nur Sansculotten. Ha ha! Ça ira!

(1789)

Französischer Freiheitsbaum, gemalt 1792 von J.W. v. Goethe, der den Herzog von Sachsen-Weimar auf dem Feldzug gegen das revolutionäre Frankreich begleitete.

Erkunden, nachschlagen:
politische Situation und Entwicklung in Deutschland zwischen 1789 und 1794

1789

5.5.	Eröffnung der Generalstände
14.7.	Sturm auf die Bastille
26.8.	Erklärung der „Menschen-Bürgerrechte"
5.–6.10.	Weiberzug nach Versailles
2.11.	Verstaatlichung der Kirchengüter

1790

27.4.	Gründung des radikalen Klubs der Cordeliers (Danton)
12.7.	Zivilkonstitution des Klerus
14.7.	Förderationsfest in Paris

1791

20.6.	Fluchtversuch des Königs
3.9.	Frankreich wird nach einer neuen Verfassung eine konstitutionelle Monarchie
1.10.	Eröffnung der gesetzgebenden Versammlung

1792

20.4.	Kriegserklärung Frankreichs an Österreich, Beginn der Koalitionskriege
10.8.	Sturm auf die Tuilerien, Sturz der Monarchie
20.9.	erste Sitzung des Konvents
21.9.	Abschaffung des Königtums
11.12.	Beginn des Prozesses gegen Ludwig XVI.

1793

21.1.	Hinrichtung Ludwig XVI.
6.4.	Bildung des Wohlfahrtausschusses durch den Justizminister Danton
31.5.–2.6.	Ausschaltung der Girondisten
13.7.	Ermordung Marats
5.9.	Der Konvent fordert den Terror
16.10.	Hinrichtung Marie Antoinettes
10.11.	Fest der Freiheit und Vernunft

1794

13.3.	Verhaftung der Hébertisten
30.3.	Verhaftung der Dantonisten
10.6.	Verschärfung des Justizterrors Hinrichtung Dantons
28.7.	Hinrichtung Robespierres

Johann Kaspar Lavater

Nein, Traum nicht, Wunder unsrer Zeit*

(...)
Nein, Traum nicht, Wunder unsrer Zeit!
Es ging, wie Hoffnung sang –
Der Traum der ward zur Wirklichkeit –
Der kühnste Wurf gelang!

(1791)

Johann Kaspar Lavater

Nein, Traum nicht, Schande unsrer Zeit*

Nein, Traum nicht, Schande unsrer Zeit –
Es ging nicht, wie man sang!
Unglaubliches ward Wirklichkeit!
Der frechste Wurf gelang!
(...)

(1792)

Diskutieren:
Reaktion deutscher Schriftsteller auf die Französische Revolution

Friedrich Hölderlin

Die Weisheit des Traurers (Auszug)

Halt ein! Tyrann! Es fähret des Würgers Pfeil
Daher. Halt ein! es nahet der Rache Tag
Dass er, wie Blitz die giftge Staude,
Nieder den taumelnden Schädel schmett're.

Wie da der große Geist um den Thron sich krümmt
Mit heulendem Gewinsel Erbarmung fleht!
Hinweg! Tyrannen keine Gnade
Ewige Rache den Völkerschändern! (...)

(1789)

Friedrich Hölderlin

Hymne an die Freiheit (Auszug)

Staunend kennt der große Stamm sich wieder,
Millionen knüpft der Liebe Band;
Glühend steh'n, und stolz, die neuen Brüder,
Stehn und dulden für das Vaterland;
Wie der Efeu, treu und sanft umwunden,
Zu der Eiche stolzen Höh'n hinauf,
Schwingen, ewig brüderlich verbunden,
Nun am Helden Tausende sich auf. (...)

(1790)

Friedrich Hölderlin

Briefe an seinen Bruder (Auszüge)

Juli 1793
Dass Marat, der schändliche Tyrann, ermordet ist, wirst du nun auch wissen. Die heilige Nemesis wird auch den übrigen Volksschändern zu seiner Zeit den Lohn ihrer niedrigen Ränke und unmenschlichen Entwürfe angedeihen lassen. (...)

September 1793
(...) Meine Liebe ist das Menschengeschlecht, freilich nicht das verdorbene, knechtische, träge, wie wir es nur zu oft finden, auch in der eingeschränktesten Erfahrung. Aber ich liebe die große, schöne Anlage auch in verdorbenen Menschen. Ich liebe das Geschlecht der kommenden Jahrhunderte. Denn dies ist meine seligste Hoffnung, der Glaube, der mich stark erhält und tätig, unsere Enkel werden besser sein als wir, die Freiheit muss einmal kommen, und die Tugend wird besser gedeihen in der Freiheit heiligem, erwärmenden Lichte, als unter der eiskalten Zone des Despotismus. Wir leben in einer Zeitperiode, wo alles hinarbeitet auf bessere Tage. Diese Keime von Aufklärung, diese stillen Wünsche und Bestrebungen Einzelner zur Bildung des Menschengeschlechts werden sich ausbreiten und verstärken, und herrliche Früchte tragen. (...)

21. August 1794
(...) Dass Robespierre den Kopf lassen musste, scheint mir gerecht, und vielleicht von guten Folgen zu sein. Lass erst die beiden Engel, die Menschlichkeit und den Frieden, kommen, was die Sache der Menschheit ist, gedeihet dann gewiss! Amen. (...)

Adolf Freiherr von Knigge

An seine Tochter Philippine

Gestern, meine liebe Philippine, habe ich deinen Brief erhalten, als ich eben von einem herrlichen, schönen Feste nach Hause kam. Es war ein Freiheitsfest zu Ehren der französischen Revolution. Es wurde außer der Stadt gefeiert; alles, was von rechtlichen für Freiheit warmen Leuten in Hamburg lebt, war zugegen, kein Edelmann, außer mir, dem Grafen Dohna und Ramdohr aus Celle – kein Fürstenknecht war dazu eingeladen. Alle Frauenzimmer waren weiß gekleidet und trugen weiße Strohhüte mit dem Nationalbande, wovon ich dir hier eine Probe schicke – auch Schärpen und Ordensbänder davon. Die Damen gaben dann auch den Herren Stücke von diesem Bande. Als ich mein Stückchen erhielt, machte ich meinen Orden los und heftete stattdessen dies Band an, welches allgemeinen Beifall fand. Wir hatten auch Musik. Ein Chor von Jungfrauen, die musikalisch waren, sang ein dazu verfertigtes Lied, dessen Refrain von uns allen wiederholt wurde. Wir blieben von zehn Uhr des Morgens an den ganzen Tag zusammen. Die drei schönsten jungen Weiber sammelten für die Armen. *Klopstock* las zwei neue Oden. Bei Abfeuerung der Kanonen, Musik und lautem Jubel wurden Gesundheiten getrunken, unter anderem: auf baldige Nachfolge in Deutschland, Abschaffung des Despotismus etc. Vor und nach Tische wurde getanzt. – Es war ein herrlicher Tag und es wurde manche Träne der Rührung vergossen. *(15. 7. 1790)*

Das beim Freiheitsfest von Harvestehude gesungene, von Johann Heinrich Voß und Friedrich Schulz verfasste Freiheitslied beginnt mit den Strophen:

Freie Deutsche! singt die Stunde,
Die der Knechtschaft Ketten brach,
Schwöret Treu' dem großen Bunde
Unsrer Schwester Frankreich nach!
Eure Herzen sein Altäre,
Zu der hohen Freiheit Ehre.

Chor

Lasst uns großer Tat uns freun!
Frei, frei, frei und reines Herzens sein!

Fünfundzwanzig Millionen
Feiern heut das Bundesfest,
Das nur die Despoten-Throne
Und die Sklaven zittern lässt
Gute Bürger! Gute Fürsten!
Lasst nach höh'rer Tugend dürsten.
(...)

Matthias Claudius

Sie dünkten sich die Herren aller Herr'n (Auszug)

Sie dünkten sich die Herren aller Herr'n,
Zertraten alle Ordnung, Sitt' und Weise.
Und gingen übermütig neue Gleise
Von aller wahren Weisheit fern,
Und trieben ohne Glück und Stern
Im Dunkeln hin, nach ihres Herzens Gelüste.
Und machten Elend nah' und fern.
Sie mordeten den König, ihren Herrn,
Sie morden sich einander, morden gern,
Und tanzen um das Blutgerüste.
(...)

Sie wollten ohne Gott sein, ohn' ihn leben
In ihrem tollen Sinn;
Und sind nun auch dahin gegeben,
Zu leben ohne ihn.
(...)

Der Keim des Lichtes und der Liebe
Der ist in ihnen stumm und tot;
Sie haben alles Große, alles Gute Spott.
Sie beten Unsinn an, und tun dem Teufel Ehre,
Und stellen Gräuel auf Altäre.
(...)

(1793)

Johann Wolfgang von Goethe

Venetianische Epigramme

50
Alle Freiheits-Apostel, sie waren mir immer zuwider;
Willkür suchte doch nur jeder am Ende für sich.
Willst du viele befrein, so wag es, vielen zu dienen!
Wie gefährlich das sei, willst du es wissen? versuch's.

(1790)

J. W. v. Goethe/F. Schiller

Unglückliche Eilfertigkeit

Ach, wie sie Freiheit schrien und Gleichheit,
geschwind wollt ich folgen
Und weil die Trepp' mir zu lang däuchte,
so sprang ich vom Dach.

(1796)

Friedrich Schiller

Brief an Herzog Friedrich Christian von Augustenburg
(Auszug)

Der Versuch des französischen Volks, sich in seine heiligen Menschenrechte einzusetzen und eine politische Freiheit zu erringen, hat bloß das Unvermögen und die Unwürdigkeit desselben an den Tag gebracht und nicht nur dieses unglückliche Volk, sondern mit ihm auch einen beträchtlichen Teil Europens und ein ganzes Jahrhundert in Barbarei und Knechtschaft zurückgeschleudert. Der Moment war der günstigste, aber er fand eine verderbte Generation, die ihn nicht wert war und weder zu würdigen noch zu benutzen wusste. Der Gebrauch, den sie von diesem großen Geschenk des Zufalls macht und gemacht hat, beweist unwidersprechlich, dass das Menschengeschlecht der vormundschaftlichen Gewalt noch nicht entwachsen ist, dass das liberale Regiment der Vernunft da noch zu frühe kommt, wo man kaum damit fertig wird, sich der brutalen Gewalt der Tierheit zu erwehren, und dass derjenige noch nicht reif ist zur *bürgerlichen* Freiheit, dem noch so vieles zur *menschlichen* fehlt. (...)

Die Aufklärung, deren sich die höheren Stände unsers Zeitalters nicht mit Unrecht rühmen, ist bloß theoretische Kultur und zeigt, im Ganzen genommen, so wenig einen veredelnden Einfluss auf die Gesinnung, dass sie vielmehr bloß dazu hilft, die Verderbnis in ein System zu bringen und unheilbarer zu machen. Ein raffinierter und konsequenter Epikurism hat angefangen, alle Energie des Charakters zu ersticken, und die immer fester sich zuschnürende Fessel der Bedürfnisse, die vermehrte Abhängigkeit der Menschlichkeit vom Physischen hat es allmählich dahin geleitet, dass die Maxime der Passivität und des leidenden Gehorsams als höchste Lebensregel gilt. Daher die Beschränktheit im Denken, die Kraftlosigkeit im Handeln, die klägliche Mittelmäßigkeit im Hervorbringen, die unser Zeitalter zu seiner Schande charakterisiert. Und so sehen wir den Geist der Zeit zwischen Barbarei und Schlaffheit, Freigeisterei und Aberglauben, Rohheit und Verzärtelung schwanken, und es ist bloß das *Gleichgewicht der Laster*, was das Ganze noch zusammenhält.

Und ist dieses nun die Menschheit, möchte ich fragen, für deren Rechte der Philosoph sich verwendet, die der edle Weltbürger in Gedanken hat, und an welcher ein neuerer Solon seine Ideen von einer Staatsverfassung realisieren möchte? Ich zweifle sehr. Nur seine Fähigkeit als ein sittliches Wesen zu handeln, gibt dem Menschen Anspruch auf Freiheit: Ein Gemüt aber, das nur sinnlicher Bestimmungen fähig ist, ist der Freiheit so wenig wert als empfänglich. Alle Reform, die Bestand haben soll, muss von der Denkungsart ausgehen, und wo eine Verderbnis in den Prinzipien herrscht, da kann nichts Gesundes, nichts Gutartiges aufkeimen. Nur der Charakter der Bürger erschafft und erhält den Staat und macht politische und bürgerliche Freiheit möglich. Denn wenn die Weisheit selbst in Person vom Olymp herabstiege und die vollkommendste Verfassung einführte, so müsste sie ja doch Menschen die Ausführung übergeben.

Wenn ich also, Gnädigster Prinz, über die gegenwärtigen politischen Bedürfnisse und Erwartungen meine Meinung sagen darf, so gestehe ich, dass ich jeden Versuch einer Staatsverbesserung aus Prinzipien (denn jede andere ist bloßes Not- und Flickwerk) so lange für unzeitig und jede darauf gegründete Hoffnung so lange für schwärme-

Friedrich Schiller, nach einem Pastell von Ludovike Simanowiz (Ausschnitt), Marbach, Schiller-Nationalmuseum

risch halte, bis der Charakter der Menschheit von seinem tiefen Verfall wieder emporgehoben worden ist – eine Arbeit für mehr als ein Jahrhundert. Man wird zwar unterdessen von manchem abgestellten Missbrauch, von mancher glücklich versuchten Reform im Einzelnen, von manchem Sieg der Vernunft über das Vorurteil hören, aber was hier zehn große Menschen aufbauten, werden dort fünfzig Schwachköpfe wieder niederreißen. Man wird in andern Weltteilen den Negern die Ketten abnehmen und in Europa den – Geistern anlegen. So lange aber der oberste Grundsatz der Staaten von einem empörenden Egoismus zeugt und so lange die Tendenz der Staatsbürger nur auf das physische Wohlsein beschränkt ist, so lange, fürchte ich, wird die politische Regeneration, die man so nahe glaubte, nichts als ein schöner philosophischer Traum bleiben.
Soll man also aufhören, darnach zu streben? Soll man gerade die wichtigste aller menschlichen Angelegenheiten einer gesetzlosen Willkür, einem blinden Zufall anheim stellen, während dass das Reich der Vernunft nach jeder andern Seite zusehends erweitert wird? Nichts weniger, Gnädigster Prinz. Politische und bürgerliche Freiheit bleibt immer und ewig das heiligste aller Güter, das würdigste Ziel aller Anstrengungen und das große Zentrum aller Kultur – aber man wird diesen herrlichen Bau nur auf dem festen Grund eines veredelten Charakters aufführen, man wird damit anfangen müssen, für die Verfassung Bürger zu erschaffen, ehe man den Bürgern eine Verfassung geben kann. (...)
Auf dem Charakter wird bekanntlich durch *Berichtigung der Begriffe* und durch *Reinigung der Gefühle* gewirkt. Jenes ist das Geschäft der *philosophischen*, dieses vorzugsweise der *ästhetischen* Kultur. Aufklärung der Begriffe kann es allein nicht ausrichten, denn von dem Kopf ist noch ein gar weiter Weg zu dem Herzen, und bei weitem der größere Teil der Menschen wird durch Empfindungen zum Handeln bestimmt. Aber das Herz allein ist ein ebenso unsicherer Führer, und die zarteste Empfindsamkeit wird nur ein desto leichterer Raub der Schwärmerei, wenn ein heller Verstand sie nicht leitet. (...)
Das dringendere Bedürfnis unseres Zeitalters scheint mir die Veredlung der Gefühle und die sittliche Reinigung des Willens zu sein, denn für die Aufklärung des Verstandes ist schon sehr viel getan worden. Es fehlt uns nicht sowohl an der Kenntnis der Wahrheit und des Rechts als an der Wirksamkeit dieser Erkenntnis zur Bestimmung des Willens, nicht sowohl an Licht als an Wärme, nicht sowohl an philosophischer als an ästhetischer Kultur. Diese letztere halte ich für das wirksamste Instrument der Charakterbildung und zugleich für dasjenige, welches von dem politischen Zustand vollkommen unabhängig und also auch ohne Hilfe des Staates zu erhalten ist.
Und hier ist es nun, Gnädigster Prinz, wo die Kunst und der Geschmack ihre bildende Hand an den Menschen legen und ihren veredelnden Einfluss beweisen. Die Künste des Schönen und Erhabenen beleben, üben und verfeinern das Empfindungsvermögen, sie erheben den Geist von den groben Vergnügungen des Stoffes zum reinen Wohlgefallen an bloßen Formen und gewöhnen ihn, auch in seine Genüsse Selbsttätigkeit zu mischen. Die wahre Verfeinerung der Gefühle besteht aber jederzeit darin, dass der höhern Natur des Menschen und dem göttlichen Teil seines Wesens, seiner Vernunft und seiner Freiheit, ein Anteil daran verschafft wird.
(13. 7. 1793)

Am Text erarbeiten:
- gesellschaftliche Leitbilder, die Schiller befürwortet bzw. ablehnt
- Begriff der „ästhetischen Kultur“

Erkunden, nachschlagen:
Schillers Idee der ästhetischen Erziehung und Bildung des Menschen

Diskutieren, erörtern:
Einschätzung des Schillerschen Konzepts aus heutiger Sicht

Selbst gestalten:
fiktives Interview mit Schiller über persönliche Autonomie, politische Freiheit und ästhetische Erziehung und Bildung

Georg Büchner

Dantons Tod 1. Akt, 1. Szene

Hérault-Séchelles, einige Damen (am Spieltisch). Danton, Julie (etwas weiter weg, Danton auf einem Schemel zu den Füßen von Julie)

DANTON: Sieh die hübsche Dame, wie artig sie die Karten dreht! ja wahrhaftig, sie versteht's; man sagt, sie halte ihrem Manne immer wieder das cœr und anderen Leuten das carreau hin. Ihr könntet einen noch in die Lüge verliebt machen.

JULIE: Glaubst du an mich?

DANTON: Was weiß ich? Wir wissen wenig voneinander. Wir sind Dickhäuter, wir strecken die Hände nacheinander aus, aber es ist vergebliche Mühe, wir reiben nur das grobe Leder aneinander ab, – wir sind sehr einsam.

JULIE: Du kennst mich, Danton.

DANTON: Ja, was man so kennen heißt. Du hast dunkle Augen und lockiges Haar und einen feinen Teint und sagst immer zu mir: lieb Georg! Aber *(er deutet ihr auf Stirn und Augen)* da, da, was liegt hinter dem? Geh, wir haben grobe Sinne. Einander kennen? Wir müssten uns die Schädeldecken aufbrechen und die Gedanken einander aus den Hirnfasern zerren.

EINE DAME (*zu Hérault*): Was haben Sie nur mit Ihren Fingern vor?

HÉRAULT: Nichts!

DAME: Schlagen Sie den Daumen nicht so ein, es ist nicht zum Ansehn.

HÉRAULT: Sehn Sie nur, das Ding hat eine ganz eigne Physiognomie.

DANTON: Nein Julie, ich liebe dich wie das Grab.

JULIE *(sich abwendend)*: Oh!

DANTON: Nein, höre! Die Leute sagen, im Grab sei Ruhe, und Grab und Ruhe seien eins. Wenn das ist, lieg' ich in deinem Schoß schon unter der Erde. Du süßes Grab, deine Lippen sind Totenglocken, deine Stimme ist mein Grabgeläut, deine Brust mein Grabhügel und dein Herz mein Sarg.

DAME: Verloren!

HÉRAULT: Das war ein verliebtes Abenteuer, es kostet Geld wie alle andern.

DAME: Dann haben Sie Ihre Liebeserklärungen, wie ein Taubstummer, mit den Fingern gemacht.

HÉRAULT: Ei, warum nicht? Man will sogar behaupten, gerade die würden am leichtesten verstanden. Ich zettelte eine Liebschaft mit einer Kartenkönigin an; meine Finger waren in Spinnen verwandelte Prinzen, Sie Madame, waren die Fee; aber es ging schlecht, die Dame lag immer in den Wochen, jeden Augenblick bekam sie einen Buben. Ich würde meine Tochter dergleichen nicht spielen lassen, die Herren und Damen fallen so unanständig übereinander und die Buben kommen gleich hinten nach.

(Camille Desmoulins und Philippeau treten ein.)

HÉRAULT: Philippeau, welch trübe Augen! Hast du dir ein Loch in die rote Mütze gerissen, hat der heilige Jakob ein böses Gesicht gemacht, hat es während des Guillotinierens geregnet oder hast du einen schlechten Platz bekommen und nichts sehen können?

CAMILLE: Du parodierst den Sokrates. Weißt du auch, was der Göttliche den Alcibiades fragte, als er ihn eines Tages finster und niedergeschlagen fand: „Hast du deinen Schild auf dem Schlachtfeld verloren, bist du im Wettlauf oder im Schwertkampf besiegt worden, hat ein andrer besser gesungen oder besser die Zither geschlagen?" Welche klassischen Republikaner! Nimm einmal unsere Guillotinenromantik dagegen!

PHILLIPPEAU: Heute sind wieder zwanzig Opfer gefallen. Wir waren im Irrtum, man hat die Hébertisten nur auf's Schafott geschickt, weil sie nicht systematisch genug verfuhren, vielleicht auch, weil die Dezemvirn sich verloren glaubten, wenn es nur eine Woche Männer gegeben hätte, die man mehr fürchtete als sie.

HÉRAULT: Sie möchten uns zu Antediluvianern machen. St. Just säh' es nicht ungern, wenn wir wieder auf allen vieren kröchen, damit uns der Advokat von Arras nach der Mechanik des Genfer Uhrmachers Fallhütchen, Schulbänke und einen Herrgott erfände.

PHILLIPPEAU: Sie würden sich nicht scheuen, zu dem Behuf an Marats Rechnung noch einige Nullen zu hängen. Wie lange sollen wir noch schmutzig und blutig sein wie neugeborne Kinder, Särge zur Wiege haben und mit Köpfen spielen? Wir müssen vorwärts. Der Gnadenausschuss muss durchgesetzt, die ausgestoßnen Deputierten müssen wieder aufgenommen werden!

HÉRAULT: Die Revolution ist in das Stadium der Reorganisation gelangt.

Die Revolution muss aufhören, und die Republik muss anfangen. In unsern Staatsgrundsätzen muss das Recht an die Stelle der Pflicht, das Wohlbefinden an die der Tugend und die Notwehr an die der Strafe treten. Jeder muss sich geltend machen und seine Natur durchsetzen können. Er mag nun vernünftig oder unvernünftig, gebildet oder ungebildet, gut oder böse sein, das geht den Staat nichts an. Wir alle sind Narren, es hat keiner das Recht, einem andern seine eigentümliche Narrheit aufzudringen.

Jeder muss in seiner Art genießen können, jedoch so, dass keiner auf Unkosten eines andern genießen oder ihn in seinem eigentümliche Genuss stören darf.

CAMILLE: Die Staatsform muss ein durchsichtiges Gewand sein, das sich dicht an den Leib des Volkes schmiegt. Jedes Schwellen der Adern, jedes Spannen der Muskeln, jedes Zucken der Sehnen muss sich darin abdrücken. Die Gestalt mag nun schön oder hässlich sein, sie hat einmal das Recht, zu sein, wie sie ist, wir sind nicht berechtigt, ihr ein Röcklein nach Belieben zuzuschneiden. Wir werden den Leuten, welche über die nackten Schultern der allerliebsten Sünderin Frankreich den Nonnenschleier werfen wollen, auf die Finger schlagen.

Wir wollen nackte Götter, Bacchantinnen, olympische Spiele und von melodischen Lippen: Ach, die gliederlösende, böse Liebe!

Wir wollen den Römern nicht verwehren, sich in die Ecke zu setzen und Rüben zu kochen, aber sie sollen uns keine Gladiatorspiele mehr geben wollen.

Der göttliche Epikur und die Venus mit dem schönen Hintern müssen statt der Heiligen Marat und Chalier die Türsteher der Republik werden.

Danton, du wirst den Angriff im Konvent machen!

DANTON: Ich werde, du wirst, er wird. Wenn wir bis dahin noch leben, sagen die alten Weiber. Nach einer Stunde werden sechzig Minuten verflossen sein. Nicht wahr, mein Junge?

CAMILLE: Was soll das hier? Das versteht sich von selbst.

DANTON: Oh, es versteht sich alles von selbst. Wer soll denn all die schönen Dinge ins Werk setzen?

PHILLIPPEAU: Wir und die ehrlichen Leute.

DANTON: Das *und* dazwischen ist ein langes Wort, es hält uns ein wenig weit auseinander; die Strecke ist lang, die Ehrlichkeit verliert den Atem, eh' wir zusammenkommen. Und wenn auch! – den ehrlichen Leuten kann man Geld leihen, man kann bei ihnen Gevatter stehn und seine Töchter an sie verheiraten, aber das ist alles!

CAMILLE: Wenn du das weißt, warum hast du den Kampf begonnen?

DANTON: Die Leute waren mir zuwider. Ich konnte dergleichen gespreizte Katonen nie ansehn, ohne ihnen einen Tritt zu geben. Mein Naturell ist einmal so. *(Er erhebt sich.)*

JULIE: Du gehst?

DANTON *(zu Julie)*: Ich muss fort, sie reiben mich mit ihrer Politik noch auf.

(Im Hinausgehen.) Zwischen Tür und Angel will ich euch prophezeien: Die Statue der Freiheit ist noch nicht gegossen, der Ofen glüht, wir alle können uns noch die Finger dabei verbrennen. *(Ab)*

CAMILLE: Lasst ihn, glaubt ihr, er könne die Finger davon lassen, wenn es zum Handeln kömmt?

HÉRAULT: Ja, aber bloß zum Zeitvertreib, wie man Schach spielt.

(1835)

Bezüge herstellen: Danton als historische Person und literarische Figur Büchners

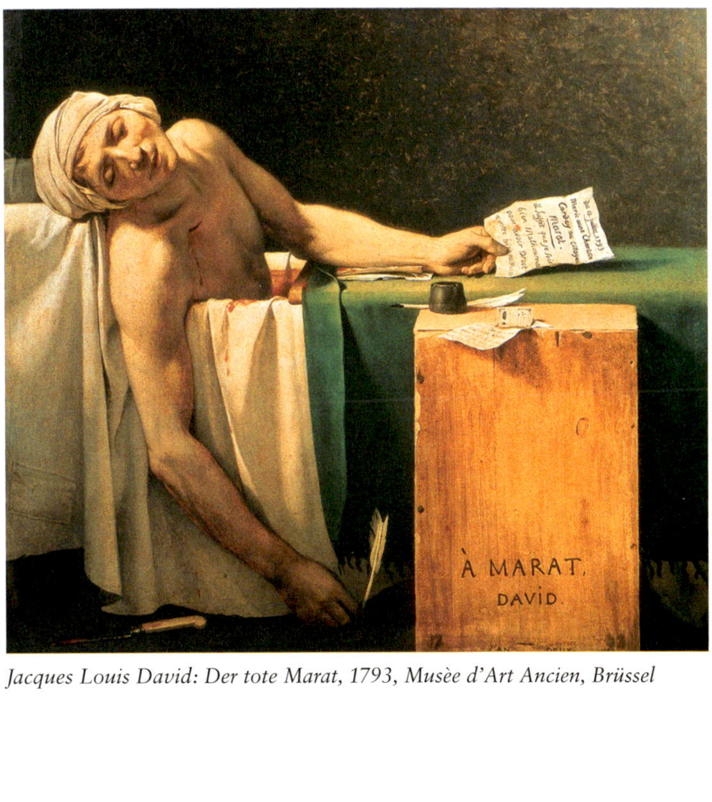

Jacques Louis David: Der tote Marat, 1793, Musée d'Art Ancien, Brüssel

Heinrich Heine

Wo soll ich hin?*

Ich bin müde und lechze nach Ruhe. Ich werde mir ebenfalls eine deutsche Nachtmütze anschaffen und über die Ohren ziehen. Wenn ich nur wüsste, wo ich jetzt mein Haupt niederlegen kann. In Deutschland ist es unmöglich. Jeden Augenblick würde ein Polizeidiener herankommen und mich rütteln, um zu erproben, ob ich wirklich schlafe; schon diese Idee verdirbt mir alles Behagen. Aber in der Tat, wo soll ich hin? Wieder nach Süden? Nach dem Lande, wo die Zitronen blühen und die Goldorangen? Ach! vor jedem Zitronenbaum steht dort eine östreichische Schildwache und donnert dir ein schreckliches Wer da! entgegen. Wie die Zitronen, so sind auch die Goldorangen jetzt sehr sauer. Oder soll ich nach Norden? Etwa nach Nordosten? Ach, die Eisbären sind jetzt gefährlicher als je, seitdem sie sich zivilisieren und Glaceehandschuh tragen. Oder soll ich wieder nach dem verteufelten England, wo ich nicht in effigie hängen, wie viel weniger in Person leben möchte! Man sollte einem noch Geld dazugeben um dort zu wohnen, und stattdessen kostet einem der Aufenthalt in England doppelt so viel wie an anderen Orten. Nimmermehr nach diesem schnöden Lande, wo die Maschinen sich wie Menschen, und die Menschen wie Maschinen gebärden. Das schnurrt und schweigt so beängstigend. (...)

Einer meiner Freunde, welcher jüngst aus Frankreich kam, behauptete, die Engländer bereisten den Kontinent aus Verzweiflung über die plumpe Küche ihrer Heimat; an den französischen Table-d'hoten sähe man dicke Engländer, die nichts als Vol-au-Vents, Crème, Süprèms, Ragouts, Gelees und dergleichen luftige Speisen verschluckten, und zwar mit jenem kolossalen Appetite, der sich daheim an Rostbeefmassen und Yorkshirer Plumpudding geübt hatte, und wodurch am Ende alle französischen Gastwirte zu Grunde gehen müssen. Ist etwa wirklich die Exploitation der Table-d'hoten der geheime Grund, weshalb die Engländer herumreisen? Während wir über die Flüchtigkeit lächeln, womit sie überall die Merkwürdigkeiten und Gemäldegalerien ansehen, sind sie es vielleicht, die uns mystifizieren und ihre belächelte Neugier ist nichts als ein pfiffiger Deckmantel für ihre gastronomischen Absichten?

Heinrich Heine, nach einer Porträtzeichnung von F. L. Laynaud

Aber wie vortrefflich auch die französische Küche, in Frankreich selbst soll es jetzt schlecht aussehen, und die große Retirade hat noch kein Ende. Die Jesuiten florieren dort und singen Triumphlieder. Die dortigen Machthaber sind dieselben Toren, denen man bereits vor fünfzig Jahren die Köpfe abgeschlagen ... Was halfs! sie sind dem Grabe wieder entstiegen und jetzt ist ihr Regiment törigter als früher; denn, als man sie aus dem Totenreich ans Tageslicht heraufließ, haben manche von ihnen, in der Hast, den ersten besten Kopf aufgesetzt, der ihnen zur Hand lag, und da ereigneten sich gar heillose Missgriffe: Die Köpfe passen manchmal nicht zu dem Rumpf und zu dem Herzen, das drin spukt. Da ist mancher, welcher wie die Vernunft selbst auf der Tribüne sich ausspricht, sodass wir den klugen Kopf bewundern, und doch lässt er sich gleich darauf von dem unverbesserlich verrückten Herzen zu den dümmsten Handlungen verleiten ... Es ist ein grauenhafter Widerspruch zwischen den Gedanken und Gefühlen, den Grundsätzen und Leidenschaften, den Reden und den Taten dieser Revenants!

Oder soll ich nach Amerika, nach diesem ungeheuren Freiheitsgefängnis, wo die unsichtbaren Ketten mich noch schmerzlicher drücken würden als zu Hause die sichtbaren, und wo der widerwärtigste aller Tyrannen, der Pöbel, seine rohe Herrschaft ausübt! Du weißt, wie ich über dieses gottverfluchte Land denke, das ich einst liebte, als ich es nicht kannte … Und doch muss ich es öffentlich loben und preisen, aus Metierpflicht … Ihr lieben deutschen Bauern! geht nach Amerika! dort gibt es weder Fürsten noch Adel, alle Menschen sind dort gleich, gleiche Flegel … mit Ausnahme freilich einiger Millionen, die eine schwarze oder braune Haut haben und wie die Hunde behandelt werden! Die eigentliche Sklaverei, die in den meisten nordamerikanischen Provinzen abgeschafft, empört mich nicht so sehr wie die Brutalität, womit dort die freien Schwarzen und die Mulatten behandelt werden. Wer auch nur im entferntesten Grade von einem Neger stammt, und wenn auch nicht mehr in der Farbe, sondern nur in der Gesichtsbildung eine solche Abstammung verrät, muss die größten Kränkungen erdulden, Kränkungen, die uns in Europa fabelhaft dünken. Dabei machen diese Amerikaner großes Wesen von ihrem Christentum und sind die eifrigsten Kirchengänger. Solche Heuchelei haben sie von den Engländern gelernt, die ihnen übrigens ihre schlechtesten Eigenschaften zurückließen. Der weltliche Nutzen ist ihre eigentliche Religion und das Geld ist ihr Gott, ihr einziger, allmächtiger Gott. Freilich, manches edle Herz mag dort im Stillen die allgemeine Selbstsucht und Ungerechtigkeit bejammern. Will es aber gar dagegen ankämpfen, so harret seiner ein Märtyrtum, das alle europäischen Begriffe übersteigt. Ich glaube, es war in New York, wo ein protestantischer Prediger über die Misshandlung der farbigen Menschen so empört war, dass er, dem grausamen Vorurteil trotzend, seine eigene Tochter mit einem Neger verheiratete. Sobald diese wahrhaft christliche Tat bekannt wurde, stürmte das Volk nach dem Hause des Predigers, der nur durch die Flucht dem Tode entrann; aber das Haus ward demoliert, und die Tochter des Predigers, das arme Opfer, ward vom Pöbel ergriffen und musste seine Wut entgelten. She was flinshed, d.h. sie ward splitternackt ausgekleidet, mit Teer bestrichen, in den aufgeschnittenen Federbetten herumgewälzt, in solcher anklebenden Federhülle durch die Stadt geschleift und verhöhnt … Oh Freiheit! du bist ein böser Traum!

(1830)

Am Text erarbeiten:
Rolle klischeehafter Typisierungen in Heines Text

Diskutieren:
Bedeutung vergleichbarer Typisierungen im heutigen Alltag

Heinrich Heine

Deutschland. Ein Wintermärchen (Auszug)

Ich ging nach Haus und schlief, als ob
Die Engel gewiegt mich hätten.
Man ruht in deutschen Betten so weich,
Denn das sind Federbetten.

Wie sehnt ich mich oft nach der Süßigkeit
Des vaterländischen Pfühles,
Wenn ich auf harten Matratzen lag,
In der schlaflosen Nacht des Exiles!

Man schläft sehr gut und träumt auch gut
In unseren Federbetten.
Hier fühlt die deutsche Seele sich frei
von allen Erdenketten.

Sie fühlt sich frei und schwingt sich empor
Zu den höchsten Himmelsräumen.
O deutsche Seele, wie stolz ist dein Flug
In deinen nächtlichen Träumen!

Die Götter erbleichen, wenn du nahst!
Du hast auf deinen Wegen
Gar manches Sternlein ausgeputzt
Mit deinen Flügelschlägen!

Franzosen und Russen gehört das Land,
Das Meer gehört den Briten,
Wir aber besitzen im Luftreich des Traums
Die Herrschaft unbestritten.

Hier üben wir die Hegemonie,
Hier sind wir unzerstückelt;
Die andern Völker haben sich
auf platter Erde entwickelt. – –

(1844)

Der Denker-Club, anonyme Karikatur um 1825

3.2 Bildung

Friedrich Schiller

Ankündigung der Monatsschrift „Die Horen" (Auszug)

Horen, die Göttinnen der gesetzlichen Ordnung (Eunomia), der Gerechtigkeit (Dike) und des Friedens (Irene)

Zu einer Zeit, wo das nahe Geräusch des Kriegs das Vaterland ängstiget, wo der Kampf politischer Meinungen und Interessen diesen Krieg beinahe in jedem Zirkel erneuert und nur allzu oft Musen und Grazien daraus verscheucht, wo weder in den Gesprächen noch in den Schriften des Tages vor diesem allverfolgenden Dämon der Staatskritik Rettung ist, möchte es ebenso gewagt als verdienstlich sein, den so sehr zerstreuten Leser zu einer Unterhaltung von ganz entgegengesetzter Art einzuladen. In der Tat scheinen die Zeitumstände einer Schrift wenig Glück zu versprechen, die sich über das Lieblingsthema des Tages ein strenges Stillschweigen auferlegen und ihren Ruhm darin suchen wird, durch etwas anderes zu gefallen, als wodurch jetzt alles gefällt. Aber je mehr das beschränkte Interesse der Gegenwart die Gemüter in Spannung setzt, einengt und unterjocht, desto dringender wird das Bedürfnis, durch ein allgemeines und höheres Interesse an dem, was rein menschlich und über allen Einfluss der Zeiten erhaben ist, sie wieder in Freiheit zu setzen und die politisch geteilte Welt unter der Fahne der Wahrheit und Schönheit wieder zu vereinigen.

Dies ist der Gesichtspunkt, aus welchem die Verfasser dieser Zeitschrift dieselbe betrachtet wissen möchten. Einer heitern und leidenschaftsfreien Unterhaltung soll sie gewidmet sein, und dem Geist und Herzen des Lesers, den der Anblick der Zeitbegebenheiten bald entrüstet, bald niederschlägt, eine fröhliche Zerstreuung gewähren. Mitten in diesem politischen Tumult soll sie für Musen und Charitinnen* einen engen vertraulichen Zirkel schließen, aus welchem alles verbannt sein wird, was mit einem unreinen Parteigeist gestempelt ist. Aber indem sie sich alle Beziehungen auf den jetzigen Weltlauf und auf die nächsten Erwartungen der Menschheit verbietet, wird sie über die vergangene Welt die Geschichte und über die kommende die Philosophie befragen, wird sie zu dem Ideale veredelter Menschheit, welches durch die Vernunft aufgegeben, in der Erfahrung aber so leicht aus den Augen gerückt wird, einzelne Züge sammeln und an dem stillen Bau bessrer Begriffe, reinerer Grundsätze und edlerer Sitten, von dem zuletzt alle wahre Verbesserung des gesellschaftlichen Zustandes abhängt, nach Vermögen geschäftig sein. Sowohl spielend als ernsthaft wird man im Fortgange dieser Schrift dieses einzige Ziel verfolgen, und so verschieden auch die Wege sein mögen, die man dazu einschlagen wird, so werden doch alle, näher oder entfernter, dahin gerichtet sein, wahre Humanität zu befördern. Man wird streben, die Schönheit zur Vermittlerin der Wahrheit zu machen und durch die Wahrheit der Schönheit ein dauerndes Fundament und eine höhere Würde zu geben. Soweit es tunlich ist, wird man die Resultate der Wissenschaft von ihrer scholastischen* Form zu befreien und in einer reizenden, wenigstens einfachen, Hülle dem Gemeinsinn verständlich zu machen suchen. Zugleich aber wird man auf dem Schauplatze der Erfahrung nach neuen Erwerbungen für die Wissenschaft ausgehen und da nach Gesetzen forschen, wo bloß der Zufall zu spielen und die Willkür zu herrschen scheint. Auf diese Art glaubt man zur Aufhebung der Scheidewand beizutragen, welche die schöne Welt von der gelehrten zum Nachteile beider trennt. (…)

Die Horen waren es, welche die neugeborene Venus bei ihrer ersten Erscheinung in Zypern empfingen, sie mit göttlichen Gewanden bekleideten und so (…) in den Kreis der Unsterblichen führten: eine reizende Dichtung, durch welche angedeutet wird, dass das Schöne schon in seiner Geburt sich unter Regeln fügen muss und nur durch Gesetzmäßigkeit würdig werden kann, einen Platz im Olymp, Unsterblichkeit und einen moralischen Wert zu erhalten. In leichten Tänzen umkreisen diese Göttinnen die Welt, öffnen und schließen den Olymp und schirren die Sonnenpferde an, das belebende Licht durch die Schöpfung zu versenden. Man sieht sie im Gefolge der Huldgöttinnen und in dem Dienst der Königin des Himmels, weil Anmut und Ordnung, Wohlanständigkeit und Würde unzertrennlich sind.
(1794)

* *Scholastik:* *siehe S. 198 f.*

* *Charitinnen: Göttinnen der Anmut*

Am Text erarbeiten: das Programm der Zeitschrift „Die Horen"

Erkunden, nachschlagen: Rolle der Literatur in Deutschland zur Zeit der Ankündigung der „Horen"

Johann Wolfgang von Goethe

Wilhelm Meisters Lehrjahre (Auszüge)

5. Buch „(...) Dass ich Dir's mit *einem* Worte sage: Mich selbst, ganz wie ich da bin, auszubilden, das war dunkel von Jugend auf mein Wunsch und meine Absicht. Noch hege ich eben diese Gesinnungen, nur dass mir die Mittel, die mir es möglich machen werden, etwas deutlicher sind. Ich habe mehr Welt gesehen, als du glaubst, und sie besser benutzt, als du denkst. Schenke deswegen dem, was ich sage, einige Aufmerksamkeit, wenn es gleich nicht ganz nach deinem Sinne sein sollte.

Wäre ich ein Edelmann, so wäre unser Streit bald abgetan; da ich aber nur ein Bürger bin, so muss ich einen eigenen Weg nehmen, und ich wünsche, dass du mich verstehen mögest. Ich weiß nicht, wie es in fremden Ländern ist, aber in Deutschland ist nur dem Edelmann eine gewisse allgemeine, wenn ich sagen darf, personelle Ausbildung möglich. Ein Bürger kann sich Verdienst erwerben und zur höchsten Not seinen Geist ausbilden; seine Persönlichkeit geht aber verloren, er mag sich stellen, wie er will. Indem es dem Edelmann, der mit den Vornehmsten umgeht, zur Pflicht wird, sich selbst einen vornehmen Anstand zu geben, indem dieser Anstand, da ihm weder Tür noch Tor verschlossen ist, zu einem freien Anstand wird, da er mit seiner Figur, mit seiner Person, es sei bei Hofe oder bei der Armee, bezahlen muss, so hat er Ursache, etwas auf sie zu halten und zu zeigen, dass er etwas auf sie hält. Eine gewisse feierliche Grazie bei gewöhnlichen Dingen, eine Art von leichtsinniger Zierlichkeit bei ernsthaften und wichtigen kleidet ihn wohl, weil er sehen lässt, dass er überall im Gleichgewicht steht. Er ist eine öffentliche Person, und je ausgebildeter seine Bewegungen, je sonorer seine Stimme, je gehaltener und gemessener sein ganzes Wesen ist, desto vollkommner ist er. Wenn er gegen Hohe und Niedre, gegen Freunde und Verwandte immer ebenderselbe bleibt, so ist nichts an ihm auszusetzen, man darf ihn nicht anders wünschen. Er sei kalt, aber verständig; verstellt, aber klug. Wenn er sich äußerlich in jedem Momente seines Lebens zu beherrschen weiß, so hat niemand eine weitere Forderung an ihn zu machen, und alles Übrige, was er an und um sich hat, Fähigkeit, Talent, Reichtum, alles scheinen nur Zugaben zu sein.

Nun denke dir irgendeinen Bürger, der an jene Vorzüge nur einigen Anspruch zu machen gedächte; durchaus muss es ihm misslingen, und er müsste desto unglücklicher werden, je mehr sein Naturell ihm zu jener Art zu sein Fähigkeit und Trieb gegeben hätte.

Wenn der Edelmann im gemeinen Leben gar keine Grenzen kennt, wenn man aus ihm Könige oder königähnliche Figuren erschaffen kann, so darf er überall mit einem stillen Bewusstsein vor seinesgleichen treten; er darf überall vorwärts dringen, anstatt dass dem Bürger nichts besser ansteht, als das reine, stille Gefühl der Grenzlinie, die ihm gezogen ist. Er darf nicht fragen: ‚Was bist du?', sondern nur: ‚Was hast du? welche Einsicht, welche Kenntnis, welche Fähigkeit, wie viel Vermögen?' Wenn der Edelmann durch die Darstellung seiner Person alles gibt, so gibt der Bürger durch seine Persönlichkeit nichts und soll nichts geben. Jener darf und soll scheinen; dieser soll nur sein, und was er scheinen will, ist lächerlich oder abgeschmackt. Jener soll tun und wirken, dieser soll leisten und schaffen; er soll einzelne Fähigkeiten ausbilden, um brauchbar zu werden, und es wird schon vorausgesetzt, dass in seinem Wesen keine Harmonie sei noch sein dürfe, weil er, um sich auf *eine* Weise brauchbar zu machen, alles Übrige vernachlässigen muss.

An diesem Unterschiede ist nicht etwa die Anmaßung der Edelleute und die Nachgiebigkeit der Bürger, sondern die Verfassung der Gesellschaft selbst schuld; ob sich daran einmal etwas ändern wird und was sich ändern wird, bekümmert mich wenig; genug, ich habe, wie die Sachen jetzt stehen, an mich selbst zu denken und wie ich mich selbst und das, was mir ein unerlässliches Bedürfnis ist, rette und erreiche.

Ich habe nun einmal gerade zu jener harmonischen Ausbildung meiner Natur, die mir

Bildung:
„liberal education"
„Culture générale"

gebildet:
„educated, cultured, well-bred"
„cultivé, lettré"

Mit „Wilhelm Meisters Lehrjahre" hat Goethe den modernen Erziehungs- und Bildungsroman begründet. In dieser Form des Romans wird das breite Spektrum der im weitesten Sinne „bildenden" Kräfte einer Zeit dargestellt, und zwar anhand der Entwicklung der handelnden Personen. Das Buch schildert in erster Linie Wilhelms Weg aus dem bürgerlichen Elternhaus über die Mitgliedschaft in einer Theatergruppe bis hin zur „Turmgesellschaft", die einer Freimaurersekte ähnelt. Die Bekenntnisse einer schönen Seele (im 6. Buch) liefern eine Beschreibung des Pietismus, während Mignon und der Harfner irrationale und tragische Aspekte der Kunst verkörpern.

Bildung ist ein geschmeidiger und trainierter Zustand des Geistes, der entsteht, wenn man alles einmal gewusst und alles wieder vergessen hat.
(G. C. Lichtenberg)

„Jede Anlage ist wichtig und sie muss entwickelt werden. Wenn einer nur das Schöne, der andere nur das Nützliche befördert, so machen beide zusammen erst einen Menschen aus. Der Nützliche befördert sich selbst, denn die Menge bringt es hervor, und alle können's nicht entbehren; das Schöne muss befördert werden, denn wenige stellen's dar und viele bedürfen's. (...) Eine Kraft beherrscht die andere, aber keine kann die andere bilden; in jeder Anlage liegt auch allein die Kraft, sich zu vollenden; das verstehen so wenig Menschen, die doch lehren und wirken wollen."
(Goethe, Wilhelm Meisters Lehrjahre)

Am Text erarbeiten: Entwicklung der Bildungsidee von der individuellen Selbstbildung zur „sozialen" Bildung in den beiden Textauszügen

Erkunden, nachschlagen: die Wirkung von Goethes „Wilhelm Meister" auf den Entwicklungs- und Bildungsroman im 19. und 20. Jahrhundert

Diskutieren: „Bildungs"-Vorstellungen heute

meine Geburt versagt, eine unwiderstehliche Neigung. Ich habe, seit ich dich verlassen, durch Leibesübung viel gewonnen; ich habe viel von meiner gewöhnlichen Verlegenheit abgelegt und stelle mich so ziemlich dar. Ebenso habe ich meine Sprache und Stimme ausgebildet, und ich darf ohne Eitelkeit sagen, dass ich in Gesellschaften nicht missfalle. Nun leugne ich dir nicht, dass mein Trieb täglich unüberwindlicher wird, eine öffentliche Person zu sein und in einem weitern Kreise zu gefallen und zu wirken. Dazu kömmt meine Neigung zur Dichtkunst und zu allem, was mit ihr in Verbindung steht, und das Bedürfnis, meinen Geist und Geschmack auszubilden, damit ich nach und nach auch bei dem Genuss, den ich nicht entbehren kann, nur das Gute wirklich für gut und das Schöne für schön halte. Du siehst wohl, dass das alles für mich nur auf dem Theater zu finden ist, und dass ich mich in diesem einzigen Elemente nach Wunsch rühren und ausbilden kann. Auf den Brettern erscheint der gebildete Mensch so gut persönlich in seinem Glanz als in den obern Klassen; Geist und Körper müssen bei jeder Bemühung gleichen Schritt gehen, und ich werde da so gut sein und scheinen können als irgend anderswo. Suche ich daneben noch Beschäftigungen, so gibt es dort mechanische Quälereien genug und ich kann meiner Geduld tägliche Übung verschaffen. (...)"

7. Buch: Eines Abends sagte Jarno zu ihm: „Wir können Sie nun so sicher als den Unsern ansehen, dass es unbillig wäre, wenn wir Sie nicht tiefer in unsere Geheimnisse einführten. Es ist gut, dass der Mensch, der erst in die Welt tritt, viel von sich halte, dass er sich viele Vorzüge zu erwerben denke, dass er alles möglich zu machen suche; aber wenn seine Bildung auf einem gewissen Grade steht, dann ist es vorteilhaft, wenn er sich in einer größern Masse verlieren lernt, wenn er lernt, um anderer willen zu leben und seiner selbst in einer pflichtmäßigen Tätigkeit zu vergessen. Da lernt er erst sich selbst kennen; denn das Handeln eigentlich vergleicht uns mit andern. Sie sollen bald erfahren, welch eine kleine Welt sich in Ihrer Nähe befindet und wie gut Sie in dieser kleinen Welt gekannt sind; morgen früh vor Sonnenaufgang sein Sie angezogen und bereit!"

Jarno kam zur bestimmten Stunde und führte ihn durch bekannte und unbekannte Zimmer des Schlosses, dann durch einige Galerien, und sie gelangten endlich vor eine große alte Türe, die stark mit Eisen beschlagen war. Jarno pochte, die Türe tat sich ein wenig auf, sodass ein Mensch hineinschlüpfen konnte. Jarno schob Wilhelmen hinein, ohne ihm zu folgen. Dieser fand sich in einem dunkeln und engen Behältnisse, es war finster um ihn, und als er einen Schritt vorwärts gehen wollte, stieß er schon wider. Eine nicht ganz unbekannte Stimme rief ihm zu: „Tritt herein!", und nun bemerkte er erst, dass die Seiten des Raums, in dem er sich befand, nur mit Teppichen behangen waren, durch welche ein schwaches Licht hindurch schimmerte. „Tritt herein!", rief es nochmals; er hob den Teppich auf und trat hinein.
Der Saal, in dem er sich nunmehr befand, schien ehemals eine Kapelle gewesen zu sein; anstatt des Altars stand ein großer Tisch auf einigen Stufen, mit einem grünen Teppich behangen, darüber schien ein zugezogener Vorhang ein Gemälde zu bedecken; an den Seiten waren schön gearbeitete Schränke mit feinen Drahtgittern verschlossen, wie man sie in Bibliotheken zu sehen pflegt, nur sah er anstatt der Bücher viele Rollen aufgestellt. Niemand befand sich in dem Saal; die aufgehende Sonne fiel durch die farbigen Fenster Wilhelmen gerade entgegen und begrüßte ihn freundlich.
„Setze dich!", rief die Stimme, die von dem Altar her zu tönen schien. Wilhelm setzte sich auf einen kleinen Armstuhl, der wider den Verschlag des Eingangs stand; es war kein anderer Sitz im ganzen Zimmer, er musste sich darein ergeben, ob ihn schon die Morgensonne blendete; der Sessel stand fest, er konnte nur die Hand vor die Augen halten.
Indem eröffnete sich mit einem kleinen Geräusche der Vorhang über dem Altar und zeigte innerhalb eines Rahmens eine leere, dunkle Öffnung. Es trat ein Mann hervor in gewöhnlicher Kleidung, der ihn begrüßte und zu ihm sagte: „Sollten Sie mich nicht wiedererkennen? Sollten Sie unter andern Dingen, die Sie wissen möchten, nicht auch zu erfahren wünschen, wo die Kunstsammlung Ihres Großvaters sich gegenwärtig befindet? Erinnern Sie sich des Gemäldes nicht mehr, das Ihnen so reizend war? Wo mag der kranke Königssohn wohl jetzo schmach-

ten?" – Wilhelm erkannte leicht den Fremden, der in jener bedeutenden Nacht sich mit ihm im Gasthause unterhalten hatte. „Vielleicht", fuhr dieser fort, „können wir jetzt über Schicksal und Charakter eher einig werden."
Wilhelm wollte eben antworten, als der Vorhang sich wieder rasch zusammenzog. „Sonderbar!" sagte er bei sich selbst, „sollten zufällige Ereignisse einen Zusammenhang haben? Und das, was wir Schicksal nennen, sollte es bloß Zufall sein? Wo mag sich meines Großvaters Sammlung befinden? und warum erinnert man mich in diesen feierlichen Augenblicken daran?"
Er hatte nicht Zeit, weiter zu denken, denn der Vorhang öffnete sich wieder, und ein Mann stand vor seinen Augen, den er sogleich für den Landgeistlichen erkannte, der mit ihm und der lustigen Gesellschaft jene Wasserfahrt gemacht hatte; er glich dem Abbé, ob er gleich nicht dieselbe Person schien. Mit einem heitern Gesichte und einem würdigen Ausdruck fing der Mann an: „Nicht vor Irrtum zu bewahren, ist die Pflicht des Menschenerziehers, sondern den Irrenden zu leiten, ja ihn seinen Irrtum aus vollen Bechern ausschlürfen zu lassen, das ist Weisheit der Lehrer. Wer seinen Irrtum nur kostet, hält lange damit haus, er freuet sich dessen als eines seltenen Glücks, aber wer ihn ganz erschöpft, der muss ihn kennen lernen, wenn er nicht wahnsinnig ist." Der Vorhang schloss sich abermals und Wilhelm hatte Zeit nachzudenken. „Von welchem Irrtum kann der Mann sprechen", sagte er zu sich selbst, „als von dem, der mich mein ganzes Leben verfolgt hat, dass ich da Bildung suchte, wo keine zu finden war, dass ich mir einbildete ein Talent erwerben zu können, zu dem ich nicht die geringste Anlage hatte!"
Der Vorhang riss sich schneller auf, ein Offizier trat hervor und sagte nur im Vorbeigehen: „Lernen Sie die Menschen kennen, zu denen man Zutrauen haben kann!" Der Vorhang schloss sich und Wilhelm brauchte sich nicht lange zu besinnen, um diesen Offizier für denjenigen zu erkennen, der ihn in des Grafen Park umarmt hatte und Schuld gewesen war, dass er Jarno für einen Werber hielt. Wie dieser hierher gekommen und wer er sei, war Wilhelmen völlig ein Rätsel. – „Wenn so viele Menschen an dir teilnahmen, deinen Lebensweg kannten und wussten, was darauf zu tun sei, warum führten sie dich nicht strenger? warum nicht ernster? warum begünstigten sie deine Spiele, anstatt dich davon wegzuführen?"
„Rechte nicht mit uns!", rief eine Stimme; „du bist gerettet, und auf dem Wege zum Ziel. Du wirst keine deiner Torheiten bereuen und keine zurückwünschen, kein glücklicheres Schicksal kann einem Menschen werden."
(1795/1796)

Lesetipp:
Karl Philipp Moritz: Anton Reiser (1785–1790)

Johann Gottfried Herder

Briefe zur Beförderung der Humanität (Auszug)

Humanität ist der *Charakter unsres Geschlechts*; er ist uns aber nur in Anlagen angeboren und muss uns eigentlich angebildet werden. Wir bringen ihn nicht fertig auf die Welt mit; auf der Welt aber soll er das Ziel unsres Bestrebens, die Summe unsrer Übungen, unser *Wert* sein: denn eine *Angelität* im Menschen kennen wir nicht, und wenn der Dämon, der uns regiert, kein humaner Dämon ist, werden wir Plagegeister der Menschen. Das *Göttliche* in unserm Geschlecht ist also *Bildung zur Humanität*; alle großen und guten Menschen, Gesetzgeber, Erfinder, Philosophen, Dichter, Künstler, jeder edle Mensch in seinem Stande, bei der Erziehung seiner Kinder, bei der Beobachtung seiner Pflichten, durch Beispiel, Werk, Institut und Lehre hat dazu mitgeholfen. Humanität ist der Schatz und die Ausbeute aller menschlichen Bemühungen, gleichsam die *Kunst unsres Geschlechtes*. Die Bildung zu ihr ist ein Werk, das unablässig fortgesetzt werden muss, oder wir sinken, höhere und niedere Stände, zur rohen Tierheit, zur *Brutalität* zurück. (…)
Wir können nicht glücklich oder ganz würdig und moralisch gut sein, solange z.B. *ein* Sklave durch Schuld der Menschen unglücklich ist: Denn die Laster und böse Gewohnheiten, die ihn unglücklich machen, wirken auch auf uns oder kommen von uns her.
(1794/97)

Bezüge herstellen:
Herders Position im Vergleich mit Kant, Rousseau und Hobbes (S. 277 f.)

Johann Wolfgang von Goethe
Italienische Reise (Auszug)

Ich kann sagen, dass ich nur in Rom empfunden habe, was eigentlich ein Mensch sei. Zu dieser Höhe, zu diesem Glück der Empfindung bin ich später nie wieder gekommen, ich bin, mit meinem Zustand in Rom verglichen, eigentlich nachher nie wieder froh geworden. *(J. W. v. Goethe, 1828)*

Am Text erarbeiten: „Bildungs"-Wirkung des klassisch-antiken Roms

Den 10. November 1786.
Ich lebe nun hier mit einer Klarheit und Ruhe, von der ich lange kein Gefühl hatte. Meine Übung, alle Dinge, wie sie sind, zu sehen und abzulesen, meine Treue, das Auge licht sein zu lassen, meine völlige Entäußerung von aller Prätention kommen mir einmal wieder recht zustatten und machen mich im Stillen höchst glücklich. Alle Tage ein neuer merkwürdiger Gegenstand, täglich frische, große, seltsame Bilder und ein Ganzes, das man sich lange denkt und träumt, nie mit der Einbildungskraft erreicht.
Heute war ich bei der Pyramide des Cestius und abends auf dem Palatin, oben auf den Ruinen der Kaiserpaläste, die wie Felsenwände dastehn. Hievon lässt sich nun freilich nichts überliefern! Wahrlich, es gibt hier nichts Kleines, wenn auch wohl hier und da etwas Scheltenswertes und Abgeschmacktes; doch auch ein solches hat teil an der allgemeinen Großheit genommen.
Kehr' ich nun in mich selbst zurück, wie man doch so gern tut bei jeder Gelegenheit, so entdecke ich ein Gefühl, das mich unendlich freut, ja, das ich sogar auszusprechen wage. Wer sich mit Ernst hier umsieht und Augen hat zu sehen, muss solid werden, er muss einen Begriff von Solidität fassen, der ihm nie so lebendig ward.
Der Geist wird zur Tüchtigkeit gestempelt, gelangt zu einem Ernst ohne Trockenheit, zu einem gesetzten Wesen mit Freude. Mir wenigstens ist es, als wenn ich die Dinge dieser Welt nie so richtig geschätzt hätte als hier. Ich freue mich der gesegneten Folgen auf mein ganzes Leben.
Und so lasst mich aufraffen, wie es kommen will, die Ordnung wird sich geben. Ich bin nicht hier um nach meiner Art zu genießen; befleißigen will ich mich der großen Gegenstände, lernen und mich ausbilden, ehe ich vierzig Jahre alt werde.

Karoline von Günderode
Reise ins Mittelalter

Am Text erarbeiten: Günderodes Perspektive auf die Literatur ihrer Zeit und die antike Kunst

Diskutieren: Rolle von „Bildungs"-Reisen Anfang des 19. und des 21. Jahrhunderts

Rückwärts in schönre Tage lass uns blicken, die gewesen. Vielleicht sind wir eben jetzt auf einer Bildungsstufe angelangt, wo unser höchstes und würdigstes Bestreben sich dahin richten sollte, die großen Kunstmeister der Vorwelt zu verstehen und mit dem Reichtum und der Fülle ihrer poesiereichen Darstellungen unser dürftiges Leben zu befruchten. Denn, abgeschlossen sind wir durch enge Verhältnisse von der Natur, durch engere Begriffe vom wahren Lebensgenuss, durch unsere Staatsformen von aller Tätigkeit im Großen. So fest umschlossen ringsum, bleibt uns nur übrig den Blick hinauf zu richten zum Himmel oder brütend in uns selbst zu wenden. Sind nicht beinahe alle Arten der neuern Poesie durch diese unsere Stellung bestimmt? Liniengestalten entweder, die körperlos hinaufstreben im unendlichen Raum zu zerfließen oder bleiche, lichtscheue Erdgeister, die wir grübelnd aus der Tiefe unsers Wesens heraufbeschwören; aber nirgends kräftige, markige Gestalten. Der Höhe dürfen wir uns rühmen und der Tiefe, aber behagliche Ausdehnung fehlt uns durchaus. Wie Shakespeares Julius Cäsar möcht' ich rufen: „Bringt fette Leute zu mir, und die ruhig schlafen, ich fürchte diesen hagern Cassius." – Da ich nun selbst nicht über die Schranken meiner Zeit hinaus reiche, dünkt es dir nicht besser für mich, den Weg eigner poetischer Produktion zu verlassen und ein ernsthaftes Studium der Poeten der Vorzeit und besonders des Mittelalters zu beginnen? Ich weiß zwar, dass es mir Mühe kosten wird, ich werde gleichsam einen Zweig aus meiner Natur herausschneiden müssen, denn ich schaue mich am fröhlichsten in einem Produkt meines Geistes an und habe nur wahrhaftes Bewusstsein durch dieses Hervorgebrachte; aber um Etwas desto gewisser zu gewinnen, muss man stets ein Anderes aufgeben, das ist ein allgemeines Schicksal, und es soll mich nicht erschrecken. *(1806)*

Friedrich Schlegel

116. Athenäum-Fragment

Die romantische Poesie ist eine progressive Universalpoesie. Ihre Bestimmung ist nicht bloß, alle getrennten Gattungen der Poesie wieder zu vereinigen und die Poesie mit der Philosophie und Rhetorik in Berührung zu setzen. Sie will und soll auch Poesie und Prosa, Genialität und Kritik, Kunstpoesie und Naturpoesie bald mischen, bald verschmelzen, die Poesie lebendig und gesellig, und das Leben und die Gesellschaft poetisch machen, den Witz poetisieren, und die Formen der Kunst mit gediegnem Bildungsstoff jeder Art anfüllen und sättigen, und durch die Schwingungen des Humors beseelen. Sie umfasst alles, was nur poetisch ist, vom größten wieder mehrere Systeme in sich enthaltenden Systeme der Kunst, bis zu dem Seufzer, dem Kuss, den das dichtende Kind aushaucht in kunstlosen Gesang. Sie kann sich so in das Dargestellte verlieren, dass man glauben möchte poetische Individuen jeder Art zu charakterisieren sei ihr Eins und Alles; und doch gibt es noch keine Form, die so dazu gemacht wäre, den Geist des Autors vollständig auszudrücken: sodass manche Künstler, die nur auch einen Roman schreiben wollten, von ungefähr sich selbst dargestellt haben. Nur sie kann gleich dem Epos ein Spiegel der ganzen umgebenden Welt, ein Bild des Zeitalters werden. Und doch kann auch sie am meisten zwischen dem Dargestellten und dem Darstellenden, frei von allem realen und idealen Interesse auf den Flügeln der poetischen Reflexion in der Mitte schweben, diese Reflexion immer wieder potenzieren und wie in einer endlosen Reihe von Spiegeln vervielfachen. (...) Andre Dichtarten sind fertig und können nun vollständig zergliedert werden. Die romantische Dichtart ist noch im Werden; ja das ist ihr eigentliches Wesen, dass sie ewig nur werden, nie vollendet sein kann. Sie kann durch keine Theorie erschöpft werden, und nur eine divinatorische Kritik dürfte es wagen ihr Ideal charakterisieren zu wollen. Sie allein ist unendlich, wie sie allein frei ist, und das als ihr erstes Gesetz anerkennt, dass die Willkür des Dichters kein Gesetz über sich leide. Die romantische Dichtart ist die einzige, die mehr als Art und gleichsam die Dichtkunst selbst ist: Denn in einem gewissen Sinn ist oder soll alle Poesie romantisch sein.

(1801)

Fragment (lat. fragmentum: Bruchstück): unvollständig überliefertes oder nicht vollendetes Werk; „offene" Form, in der sich Überlegungen frei vom Zwang eines systematischen Gedankenganges assoziativ entfalten können.

Wie mach ich's bloß, dass ich aus dieser Verbannung des Wirklichen erlöst werde?
(Bettina von Arnim)

Diskutieren:
Schlegels Programm der Universalpoesie als modernes Literaturkonzept

Novalis

Wenn nicht mehr Zahlen und Figuren

Wenn nicht mehr Zahlen und Figuren
Sind Schlüssel aller Kreaturen,
Wenn die, so singen oder küssen,
Mehr als die Tiefgelehrten wissen,
Wenn sich die Welt ins freie Leben
Und in die Welt wird zurückbegeben,
Wenn dann sich wieder Licht und Schatten
Zu echter Klarheit werden gatten
Und man in Märchen und Gedichten
Erkennt die ewgen Weltgeschichten,
Dann fliegt vor Einem geheimen Wort
Das ganze verkehrte Wesen fort.

(1800)

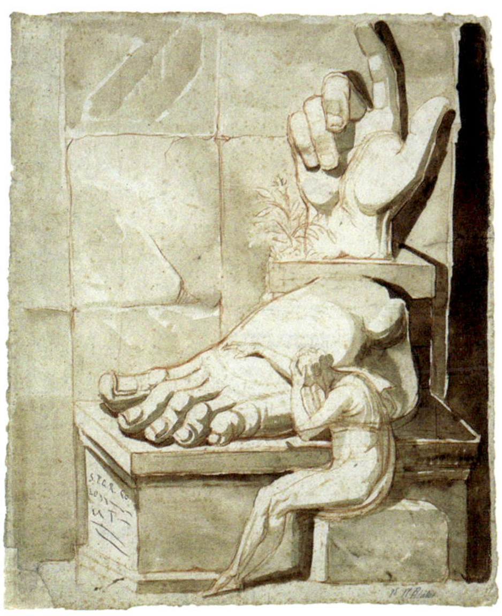

Johann Heinrich Füssli: Der Künstler verzweifelt vor der Größe der antiken Trümmer, 1778/80

Lesetipps:
Johann Gottfried Seume: Der Spaziergang nach Syrakus im Jahre 1802 (1803)
F.C. Delius: Der Spaziergang von Rostock nach Syrakus (1995)

August Klingemann
Nachtwachen des Bonaventura (Auszug)

Ernst August Friedrich Klingemann (1777–1831) ist Autor zahlreicher Dramen und Romane, daneben war er – mit kurzer Unterbrechung – von 1817 bis zu seinem Tod Direktor des Braunschweiger Theaters, wo 1829 unter seiner Regie die erste öffentliche Aufführung von Goethes „Faust" stattfand.
Die unter dem Pseudonym „Bonaventura" veröffentlichten „Nachtwachen des Bonaventura" sind das berühmteste Werk Klingemanns. Der Roman besteht aus 16 Nachtwachen und bringt die Skepsis des Autors gegenüber jeder Art von Dogmatismus und Fortschrittgläubigkeit zum Ausdruck; zugleich hat er Züge einer Persiflage auf die Nachtstücke der Romantiker.
Die Autorenschaft Klingemanns war lange unsicher, erst vor wenigen Jahren konnte ihm das Werk eindeutig zugeordnet werden – zuvor waren u. a. C. Brentano, F. Schlegel, C. v. Schelling und E. T. A. Hoffmann als mögliche Autoren genannt worden.

Erste Nachtwache.

Die Nachtstunde schlug; ich hüllte mich in meine abenteuerliche Vermummung, nahm die Pike und das Horn zur Hand, ging in die Finsternis hinaus und rief die Stunde ab, nachdem ich mich durch ein Kreuz gegen die bösen Geister geschützt hatte.

Es war eine von jenen unheimlichen Nächten, wo Licht und Finsternis schnell und seltsam miteinander abwechselten. Am Himmel flogen die Wolken, vom Winde getrieben, wie wunderliche Riesenbilder vorüber und der Mond erschien und verschwand im raschen Wechsel. Unten in den Straßen herrschte Totenstille, nur hoch oben in der Luft hauste der Sturm, wie ein unsichtbarer Geist.

Es war mir schon recht und ich freute mich über meinen einsam widerhallenden Fußtritt, denn ich kam mir unter den vielen Schläfern vor wie der Prinz im Märchen in der bezauberten Stadt, wo eine böse Macht jedes lebende Wesen in Stein verwandelt hatte; oder wie ein einzig Übriggebliebener nach einer allgemeinen Pest oder Sündflut. (...)

Halt! dort wacht ein Kranker – auch in Träumen, wie ein Poet in wahren Fieberträumen!

Der Mann war ein Freigeist von jeher, und er hält sich stark in seiner letzten Stunde, wie Voltaire. Da sehe ich ihn durch den Einschnitt im Fensterladen; er schaut blass und ruhig in das leere Nichts, wohin er nach einer Stunde einzugehen gedenkt um den traumlosen Schlaf auf immer zu schlafen. Die Rosen des Lebens sind von seinen Wangen abgefallen, aber sie blühen rund um ihn auf den Gesichtern dreier holder Knaben. Der jüngste droht ihm kindlich unwissend in das blasse Antlitz, weil es nicht mehr lächeln will, wie sonst. Die andern beiden stehen ernst betrachtend, sie können sich den Tod noch nicht denken in ihrem frischen Leben. Das junge Weib dagegen mit aufgelöstem Haar und offner schöner Brust, blickt verzweifelnd in die schwarze Gruft und wischt nur dann und wann den Schweiß wie mechanisch von der kalten Stirn des Sterbenden.

Neben ihm steht, glühend vor Zorn, der Pfaff mit aufgehobenem Kruzifixe, den Freigeist zu bekehren. Seine Rede schwillt mächtig an wie ein Strom und er malt das Jenseits in kühnen Bildern; aber nicht das schöne Morgenrot des neuen Tages und die aufblühenden Lauben und Engel, sondern, wie ein wilder Höllenbreugel, die Flammen und Abgründe und die ganze schaudervolle Unterwelt des Dante.

Vergebens! der Kranke bleibt stumm und starr, er sieht mit einer fürchterlichen Ruhe ein Blatt nach dem andern abfallen und fühlt, wie sich die kalte Eisrinde des Todes höher noch höher zum Herzen hinaufzieht.

Der Nachwind pfiff mir durch die Haare und schüttelte die morschen Fensterläden, wie ein unsichtbarer herannahender Todesgeist. Ich schauderte, der Kranke blickte plötzlich kräftig um sich, als gesundete er rasch durch ein Wunder und fühlte neues höheres Leben. Dieses schnelle leuchtende Auflodern der schon verlöschenden Flamme, der sichere Vorbote des nahen Todes, wirft zugleich ein glänzendes Licht in das vor dem Sterbenden aufgestellte Nachtstück, und leuchtet rasch und auf einen Augenblick in die dichterische Frühlingswelt des Glaubens und der Poesie.

Der Kranke wies die höhere Hoffnung fest und entschieden zurück und führte dadurch einen großen Moment herbei. Der Pfaff donnerte ihm zornig in die Seele und malte jetzt mit Flammenzügen wie ein Verzweifelnder und bannte den ganzen Tartarus herauf in die letzte Stunde des Sterbenden. Dieser lächelte nur und schüttelte den Kopf.

Ich war in diesem Augenblicke seiner Fortdauer gewiss; denn nur das endliche Wesen kann den Gedanken der Vernichtung nicht denken, während der unsterbliche Geist nicht vor ihr zittert, der sich, ein freies Wesen, ihr frei opfern kann, wie sich die indischen Weiber kühn in die Flammen stürzen, und der Vernichtung weihen.

(1804)

Ernst Theodor Amadeus Hoffmann

Die Elixiere des Teufels (Auszug)

Nachgelassene Papiere des Bruders Medardus eines Kapuziners Herausgegeben von dem Verfasser der Fantasiestücke in Callots Manier

Der von dem Fürsten bestimmte Tag der Vermählung war gekommen. Aurelie wollte in erster Frühe vor dem Altar der heiligen Rosalia in der nahe gelegenen Klosterkirche getraut sein. Wachend und nach langer Zeit zum ersten Mal inbrünstig betend, brachte ich die Nacht zu. Ach! ich Verblendeter fühlte nicht, dass das Gebet, womit ich mich zur Sünde rüstete, höllischer Frevel sei! – Als ich zu Aurelien eintrat, kam sie mir, weiß gekleidet und mit duftenden Rosen geschmückt, in holder Engelsschönheit entgegen. Ihr Gewand sowie ihr Haarschmuck hatte etwas sonderbar Altertümliches, eine dunkle Erinnerung ging in mir auf, aber von tiefem Schauer fühlte ich mich durchbebt, als plötzlich das Bild des Altars, an dem wir getraut werden sollten, mir vor Augen stand. Das Bild stellte das Martyrium der heiligen Rosalia dar und gerade so wie Aurelie war sie gekleidet. – Schwer wurde es mir den grausigen Eindruck, den dies auf mich machte, zu verbergen. Aurelie gab mir mit einem Blick, aus dem ein ganzer Himmel voll Liebe und Seligkeit strahlte, die Hand, ich zog sie an meine Brust und mit dem Kuss des reinsten Entzückens durchdrang mich aufs Neue das deutliche Gefühl, dass nur durch Aurelie meine Seele errettet werden könne. Ein fürstlicher Bedienter meldete, dass die Herrschaft bereit sei uns zu empfangen. Aurelie zog schnell die Handschuhe an, ich nahm ihren Arm, da bemerkte das Kammermädchen, dass das Haar in Unordnung gekommen sei, sie sprang fort um Nadeln zu holen. Wir warteten an der Türe, der Aufenthalt schien Aurelie unangenehm. In dem Augenblick entstand ein dumpfes Geräusch auf der Straße, hohle Stimmen riefen durcheinander und das dröhnende Gerassel eines schweren, langsam rollenden Wagens ließ sich vernehmen. Ich eilte ans Fenster. – Da stand eben vor dem Palast der vom Henkersknecht geführte Leiterwagen, auf dem der Mönch rückwärts saß, vor ihm ein Kapuziner, laut und eifrig mit ihm betend. Er war entstellt von der Blässe der Todesangst und dem

Francisco de Goya: Der Traum der Vernunft gebiert Ungeheuer

struppigen Bart – doch waren die Züge des grässlichen Doppeltgängers mir nur zu kenntlich. – Sowie der Wagen, augenblicklich gehemmt durch die andrängende Volksmasse, wieder fortrollte, warf er den stieren, entsetzlichen Blick der funkelnden Augen zu mir herauf und lachte und heulte auf: „Bräutigam, Bräutigam! … komm … komm aufs Dach … aufs Dach … da wollen wir ringen miteinander, und wer den andern herabstößt, ist König und darf Blut trinken!“ Ich schrie auf: „Entsetzlicher Mensch … was

E. T. A. Hoffmann (1776–1822) war Schriftsteller, Komponist und Maler zugleich. Er studierte zunächst 1792–95 in Königsberg Jura, später hatte er dann neben verschiedenen juristischen Ämtern (u. a. in Posen, Warschau und Berlin) Stellungen als Kapellmeister, Komponist und Bühnenbildner u. a. in Bamberg, Leipzig und Dresden inne. Sein erzählerisches Werk setzt wesentlich die in der Romantik entdeckte „Nachtseite der Naturwissenschaft" (G. H. Schubert) voraus, die als Gegenpol zur „Tageshelle" des rationalen Verstandes aufgefasst wird. Die wichtige Erfahrung des Gegensatzes zwischen künstlerischer und prosaischer, innerer und äußerer Welt führt bei Hoffmann zur Doppelgesichtigkeit der Erscheinungen und schließlich zum Motiv des Doppelgängers, das auch im Roman „Die Elexiere des Teufels" eine zentrale Rolle spielt.

willst du ... was willst du von mir." – Aurelie umfasste mich mit beiden Armen, sie riss mich mit Gewalt vom Fenster, rufend: „Um Gottes und der heiligen Jungfrau willen ... Sie führen den Medardus ... den Mörder meines Bruders, zum Tode ... Leonard ... Leornard!" – Da wurden die Geister der Hölle in mir wach und bäumten sich auf mit der Gewalt, die ihnen verliehen über den frevelnden, verruchten Sünder. – Ich erfasste Aurelien mit grimmer Wut, dass sie zusammenzuckte: „Ha ha ha ... Wahnsinniges, törigtes Weib ... ich ... ich, dein Buhle, dein Bräutigam, bin der Medardus ... bin deines Bruders Mörder ... du, Braut des Mönchs, willst Verderben herabwinseln über deinen Bräutigam? Ho ho ho! ... ich bin König ... ich trinke dein Blut!" – Das Mordmesser riss ich heraus – ich stieß nach Aurelien, die ich zu Boden fallen lassen – ein Blutstrom sprang hervor über meine Hand. – Ich stürzte die Treppen hinab, durch das Volk hin zum Wagen, ich riss den Mönch herab und warf ihn zu Boden; da wurde ich fest gepackt, wütend stieß ich mit dem Messer um mich herum – ich wurde frei – ich sprang fort – man drang auf mich ein, ich fühlte mich in der Seite durch einen Stich verwundet, aber das Messer in der rechten Hand und mit der linken kräftige Faustschläge austeilend, arbeitete ich mich durch bis an die nahe Mauer des Parks, die ich mit einem fürchterlichen Satz übersprang. „Mord ... Mord ... Haltet ... haltet den Mörder!", riefen Stimmen hinter mir her, ich hörte es rasseln, man wollte das verschlossene Tor des Parks sprengen, unaufhaltsam rannte ich fort. Ich kam an den breiten Graben, der den Park von dem dicht dabei gelegenen Walde trennte, ein mächtiger Sprung – ich war hinüber, und immer fort und fort rannte ich durch den Wald, bis ich erschöpft unter einem Baume niedersank. Es war schon finstre Nacht worden, als ich wie aus tiefer Betäubung erwachte. Nur der Gedanke, zu fliehen wie ein gehetztes Tier, stand fest in meiner Seele. Ich stand auf, aber kaum war ich einige Schritte fort, als, aus dem Gebüsch hervorrauschend, ein Mensch auf meinen Rücken sprang und mich mit den Armen umhalste. Vergebens versuchte ich ihn abzuschütteln – ich warf mich nieder, ich drückte mich hinterrücks an die Bäume, alles umsonst. Der Mensch kicherte und lachte höhnisch; da brach der Mond hell leuchtend durch die schwarzen Tannen und das totenbleiche, grässliche Gesicht des Mönchs – des vermeintlichen Medardus, des Doppeltgängers, starrte mich an mit dem grässlichen Blick, wie von dem Wagen herauf. – „Hi ... hi ... hi ... Brüderlein ... Brüderlein, immer, immer bin ich bei dir ... lasse dich nicht ... lasse ... dich nicht ... kann nicht lau ... laufen ... wie du ... muss mich tra ... tragen ... Komme vom Ga ... Galgen ... haben mich rä ... rädern wollen ... hi hi ..." So lachte und heulte das grause Gespenst, indem ich, von wildem Entsetzen gekräftigt, hoch emporsprang wie ein von der Riesenschlange eingeschnürter Tiger! – Ich raste gegen Baum- und Felsstücke, um ihn, wo nicht zu töten, doch wenigstens hart zu verwunden, dass er mich zu lassen genötigt sein sollte. Dann lachte er stärker, und *mich* nur traf jäher Schmerz; ich versuchte, seine unter meinem Kinn festgeknoteten Hände loszuwinden, aber die Gurgel einzudrücken drohte mir des Ungetüms Gewalt. Endlich, nach tollem Rasen, fiel er plötzlich herab, aber kaum war ich einige Schritte fortgerannt, als er von neuem auf meinem Rücken saß, kichernd und lachend und jene entsetzlichen Worte stammelnd! Aufs Neue jene Anstrengungen wilder Wut – aufs Neue befreit! – aufs Neue umhalst von dem fürchterlichen Gespenst. – Es ist mir nicht möglich, deutlich anzugeben, wie lange ich, von dem Doppeltgänger verfolgt, durch finstre Wälder floh, es ist mir so, als müsse das Monate hindurch, ohne dass ich Speise und Trank genoss, gedauert haben. Nur *eines* lichten Augenblicks erinnere ich mich lebhaft, nach welchem ich in gänzlich bewusstlosen Zustand verfiel. Eben war es mir geglückt, meinen Doppeltgänger abzuwerfen, als ein heller Sonnenstrahl und mit ihm ein holdes, anmutiges Tönen den Wald durchdrang. Ich unterschied eine Klosterglocke, die zur Frühmette läutete. „Du hast Aurelie ermordet!" Der Gedanke erfasste mich mit des Todes eiskalten Armen und ich sank bewusstlos nieder.

(1816)

Am Text erarbeiten: Gestaltung des Doppelgängermotivs durch Hoffmann

Jean Paul

Rede des toten Christus vom Weltgebäude herab, dass kein Gott sei[1]

(Auszug)

Bei der „Rede des toten Christus ..." handelt es sich um eine Beigabe zu Jean Pauls humoristischem Roman „Blumen-Frucht- und Dornenstücke oder Ehestand, Tod und Hochzeit des Armenadvokaten F. St. Siebenkäs im Reichsmarktflecken Kuhschnappel" *(1796/97)*

Die Kindheit, und noch mehr ihre Schrecken als ihre Entzückungen, nehmen im Traume wieder Flügel und Schimmer an und spielen wie Johanniswürmchen in der kleinen Nacht der Seele. Zerdrückt uns diese flatternden Funken nicht! – Lasset uns sogar die dunkeln peinlichen Träume als hebende Halbschatten der Wirklichkeit! – Und womit will man uns *die* Träume ersetzen, die uns aus dem untern Getöse des Wasserfalls wegtragen in die stille Höhe der Kindheit, wo der Strom des Lebens noch in seiner kleinen Ebene schweigend und als ein Spiegel des Himmels seinen Abgründen entgegenzog? –

Ich lag einmal an einem Sommerabende vor der Sonne auf einem Berge und entschlief. Da träumte mir, ich erwachte auf dem Gottesacker. Die abrollenden Räder der Turmuhr, die eilf Uhr schlug, hatten mich erweckt. Ich suchte im ausgeleerten Nachthimmel die Sonne, weil ich glaubte, eine Sonnenfinsternis verhülle sie mit dem Mond. Alle Gräber waren aufgetan und die eisernen Türen des Gebeinhauses gingen unter unsichtbaren Händen auf und zu. An den Mauern flogen Schatten, die niemand warf, und andere Schatten gingen aufrecht in der bloßen Luft. In den offenen Särgen schlief nichts mehr als die Kinder. Am Himmel hing in großen Falten bloß ein grauer schwüler Nebel, den ein Riesenschatten wie ein Netz immer näher, enger und heißer hereinzog. Über mir hört' ich den fernen Fall der Lawinen, unter mir den ersten Tritt eines unermesslichen Erdbebens. Die Kirche schwankte auf und nieder von zwei unaufhörlichen Misstönen, die in ihr miteinander kämpften und vergeblich zu einem Wohllaut zusammenfließen wollten. Zuweilen hüpfte an ihren Fenstern ein grauer Schimmer hinan und unter dem Schimmer lief das Blei und Eisen zerschmolzen nieder. Das Netz des Nebels und die schwankende Erde rückten mich in den Tempel, vor dessen Tore in zwei Gift-Hecken zwei Basilisken funkelnd brüteten. Ich ging durch unbekannte Schatten, denen alte Jahrhunderte aufgedrückt waren. – Alle Schatten standen um den Altar und allen zitterte und schlug statt des Herzens die Brust. (...)

Jetzo sank eine hohe edle Gestalt mit einem unvergänglichen Schmerz aus der Höhe auf den Altar hernieder und alle Toten riefen: „Christus! ist kein Gott?"

Er antwortete: „Es ist keiner."

Der ganze Schatten jedes Toten erbebte, nicht bloß die Brust allein und einer um den andern wurde durch das Zittern zertrennt.

Christus fuhr fort: „Ich ging durch die Welten, ich stieg in die Sonnen und flog mit den Milchstraßen durch die Wüsten des Himmels; aber es ist kein Gott. Ich stieg herab, so weit das Sein seine Schatten wirft, und schauete in den Abgrund und rief: ‚Vater, wo bist du?', aber ich hörte nur den ewigen Sturm, den niemand regiert, und der schimmernde Regenbogen aus Wesen stand ohne eine Sonne, die ihn schuf, über dem Abgrunde und tropfte hinunter. Und als ich aufblickte zur unermesslichen Welt nach dem göttlichen *Auge*, starrte sie mich mit einer leeren bodenlosen *Augenhöhle* an; und die Ewigkeit lag auf dem Chaos und zernagte es und wiederkäuete sich. – Schreiet fort, Misstöne, zerschreiet die Schatten; denn Er ist nicht!"

Die entfärbten Schatten zerflatterten, wie weißer Dunst, den der Frost gestaltet, im warmen Hauche zerrinnt; und alles wurde leer. Da kamen, schrecklich für das Herz, die gestorbenen Kinder, die im Gottesacker erwacht waren, in den Tempel und warfen sich vor die hohe Gestalt am Altare und sagten: „Jesus! haben wir keinen Vater?" – Und er antwortete mit strömenden Tränen: „Wir sind alle Waisen, ich und ihr, wir sind ohne Vater."

Da kreischten die Misstöne heftiger – die zitternden Tempelmauern rückten auseinander – und der Tempel und die Kinder sanken unter – und die ganze Erde und die Sonne sanken nach – und das ganze Weltgebäude sank mit seiner Unermesslichkeit vor uns vorbei – und oben am Gipfel der unermesslichen Natur stand Christus und schauete in das mit tausend Sonnen durchbrochne Weltgebäude herab, gleichsam in das in die ewige Nacht gewühlte Bergwerk, in dem die Sonnen wir Grubenlichter und die Milchstraßen wie Silberadern gehen.

[1] Wenn einmal mein Herz so unglücklich und ausgestorben wäre, dass in ihm alle Gefühle, die das Dasein Gottes bejahen, zerstöret wären: so würd' ich mich mit diesem meinem Aufsatz erschüttern und – er würde mich heilen und mir meine Gefühle wiedergeben.

Jean Paul (eigentlich Johann Paul Friedrich Richter, 1762–1825) war ein bereits zu Lebzeiten umstrittener, von den einen (u.a. Goethe, Schiller) mit Unverständnis betrachteter, von anderen (u.a. Börne, Stifter, Hesse) hoch geschätzter Autor, dessen Werk sich einer Einordnung bis heute weitgehend entzieht. Typisch für die zumeist auktorial erzählten Romane Jean Pauls sind die ausführlichen Kommentare, Assoziationen und Abschweifungen des Erzählers bis hin zu so genannten „Beigaben", d.h. der Hinzufügung von Passagen, die mit der Handlung des eigentlichen Textes nur entfernt zu tun haben.

Und als Christus das reibende Gedränge der Welten, den Fackeltanz der himmlischen Irrlichter und die Korallenbänke schlagender Herzen sah, und als er sah, wie eine Weltkugel um die andere ihre glimmenden Seelen auf das Totenmeer ausschüttete, wie eine Wasserkugel schwimmende Lichter auf die Wellen streuet: So hob er groß wie der höchste Endliche die Augen empor gegen das Nichts und gegen die leere Unermesslichkeit und sagte: „Starres, stummes Nichts! Kalte, ewige Notwendigkeit! Wahnsinniger Zufall!" Kennt ihr das unter euch? Wann zerschlagt ihr das Gebäude und mich? – Zufall weißt du selber, wenn du mit Orkanen durch das Sternen-Schneegestöber schreitest und eine Sonne um die andere auswehest, und wenn der funkelnde Tau der Gestirne ausblinkt, indem du vorübergehest? – Wie ist jeder so allein in der weiten Leichengruft des All! Ich bin nur neben mir – O Vater! o Vater! wo ist deine unendliche Brust, dass ich an ihr ruhe? – Ach, wenn jedes Ich sein eigner Vater und Schöpfer ist, warum kann es nicht auch sein eigner Würgengel sein? ...

Ist das neben mir noch ein Mensch? Du Armer! Euer kleines Leben ist der Seufzer der Natur oder nur sein Echo – ein Hohlspiegel wirft seine Strahlen in die Staubwolken aus Totenasche auf euere Erde hinab, und dann entsteht ihr bewölkten, wankenden Bilder. – Schaue hinunter in den Abgrund, über welchen Aschenwolken ziehen – Nebel voll Welten steigen aus dem Totenmeer, die Zukunft ist ein steigender Nebel, und die Gegenwart ist der fallende. – Erkennst du deine Erde?"

Hier schauete Christus hinab, und sein Auge wurde voll Tränen, und er sagte: „Ach, ich war sonst auf ihr: Da war ich noch glücklich, da hatt' ich noch meinen unendlichen Vater und blickte noch froh von den Bergen in den unermesslichen Himmel und drückte die durchstochne Brust an sein linderndes Bild und sagte noch im herben Tode: ‚Vater, ziehe deinen Sohn aus der blutenden Hülle und heb' ihn an dein Herz!' ... Ach, ihr überglücklichen Erdenbewohner, ihr glaubt *Ihn* noch. Vielleicht gehet jetzt euere Sonne unter, und ihr fallet unter Blüten, Glanz und Tränen auf die Knie und hebet die seligen Hände empor und rufet unter tausend Freudentränen zum aufgeschlossenen Himmel hinauf: ‚Auch mich kennst du, Unendlicher, und alle meine Wunden, und nach dem Tode empfängst du mich und schließest sie alle.' ... Ihr Unglücklichen, nach dem Tode werden sie nicht geschlossen. Wenn der Jammervolle sich mit wundem Rücken in die Erde legt, um einem schönern Morgen voll Wahrheit, voll Tugend und Freude entgegenzuschlummern: So erwacht er im stürmischen Chaos, in der ewigen Mitternacht – und es kommt kein Morgen und keine heilende Hand und kein unendlicher Vater! – Sterblicher neben mir, wenn du noch lebest, so bete Ihn an: Sonst hast du Ihn auf ewig verloren."

Und als ich niederfiel und ins leuchtende Weltgebäude blickte: sah ich die emporgehobenen Ringe der Riesenschlange der Ewigkeit, die sich um das Welten-All gelagert hatte – und die Ringe fielen nieder, und sie umfasste das All doppelt – dann wand sie sich tausendfach um die Natur – und quetschte die Welten aneinander – und drückte zermalmend den unendlichen Tempel zu einer Gottesacker-Kirche zusammen – und alles wurde eng, düster, bang – und ein unermesslich ausgedehnter Glockenhammer sollte die letzte Stunde der Zeit schlagen und das Weltgebäude zersplittern ... als ich erwachte.

Meine Seele weinte vor Freude, dass sie wieder Gott anbeten konnte – und die Freude und das Weinen und der Glaube an ihn waren das Gebet. Und als ich aufstand, glimmte die Sonne tief hinter den vollen purpurnen Kornähren und warf friedlich den Widerschein ihres Abendrotes dem kleinen Monde zu, der ohne eine Aurora im Morgen aufstieg; und zwischen dem Himmel und der Erde streckte eine frohe vergängliche Welt ihre kurzen Flügel aus und lebte, wie ich, vor dem unendlichen Vater; und von der ganzen Natur um mich flossen friedliche Töne aus, wie von fernen Abendglocken. *(1796/97)*

Am Text erarbeiten: die Bilder des apokalyptischen Traums; die Bedeutung dieses Traums

DAS JANUSGESICHT DER MODERNE

Epochenumbruch 19./20. Jahrhunder

as
hrhundert
ht zu Ende.
r Wahnsinn
d die Glorie
serer Zeit
igen herauf, beide hart nebeneinander; die Größe und die Bestialität; der Fortschritt und der
rvilismus; der machtvolle Gedanke der Freiheit, der Zauber technischen Könnens, die listige
ftung stiller Elementargeheimnisse, die Verfeinerung und Erhöhung der Menschlichkeit, die
rbreitung der ethischen Idee – auf der anderen Seite die stärkste Machtanbetung aller Zeiten,
Herrschaft des Säbels, und noch über dem Säbel die Vergottung des Geldes.

Alfred Kerr am 15.10.1899

1 Großstadterfahrungen

1.1 Umbrüche

Julius Hart

Auf der Fahrt nach Berlin

Von Westen kam ich, – schwerer Haideduft
Umfloss mich noch, vor meinen Augen hoben
Sich weiße Birken in die klare Luft,
Von lauten Schwärmen Krähenvolks umstoben,
Weit, weit die Haide, Hügel gelben Sand's,
Und binsenüberwachsne Wasserkolke,
Fern zieht ein Schäfer in des Sonnenbrand's
Braunglühendem Reich verträumt mit seinem Volke.

Von Westen kam ich und mein Geist umspann
Weichmütig rasch entschwundne Jugendtage,
Wars eine Träne, die vom Aug mir rann,
Klangs von dem Mund wie sehnsuchtsbange Klage? …
Von Westen kam ich und mein Geist entflog
Voran und weit in dunkle Zukunftsstunden …
Wohl hob er mächtig sich, sein Flug war hoch,
Und Schlachten sah er, Drang und blut'ge Wunden.

Vorbei die Spiele, durch den Nebelschwall
Des grauenden Septembermorgens jagen
Des Zuges Räder, und vom dumpfen Schall
Stöhnt, dröhnt und sausts im engen Eisenwagen …
Zerzauste Wolken, winddurchwühlter Wald
Und braune Felsen schießen wirr vorüber,
Dort graut die Havel, und das Wasser schwallt,
Die Brücke, hei! dumpf braust der Zug hinüber.

Die Fenster auf! Dort drüben liegt Berlin!
Dampf wallt empor und Qualm, in schwarzen Schleiern
Hängt tief und steif die Wolke drüber hin,
Die bleiche Luft drückt schwer und liegt wie bleiern …
Ein Flammenherd darunter – ein Vulkan,
Von Millionen Feuerbränden lodernd, …
Ein Paradies, ein süßes Kanaan, –
Ein Höllenreich und Schatten bleich vermodernd.

Hindonnernd rollt der Zug! Es saust die Luft,
Ein andrer rast dumpfrasselnd risch vorüber,
Fabriken rauchgeschwärzt, im Wasserduft
Glänzt Flamm um Flamme, düster, trüb und trüber,
Engbrüst'ge Häuser, Fenster schmal und klein,
Bald braust es dumpf durch dunkle Brückenbogen,
Bald blitzt es unter uns wie grauer Wasserschein,
Und unter Kähnen wandeln müd' die Wogen.

Vorbei, vorüber! Und ein geller Pfiff!
Weiß fliegt der Dampf, … ein Knirschen an den Schienen!
Die Bremse stöhnt laut unter starkem Griff …
Langsamer nun! Es glänzt in aller Mienen!

Der neue Anhalter Bahnhof: Hinter der Fassade im historisierenden Stil der Zeit wurde in einer hochmodernen Stahl-Glas-Konstruktion die größte freitragende Bahnhofshalle Berlins errichtet.

Glashallen über uns, rings Menschenwirr'n, ...
Halt! Und „Berlin!" Hinaus aus engem Wagen!
„Berlin!" „Berlin!" Nun hoch die junge Stirn,
Ins wilde Leben lass dich mächtig tragen!

Berlin! Berlin! Die Menge drängt und wallt,
Wirst du versinken hier in dunklen Massen ...
Und über dich hinschreitend stumm und kalt,
Wird niemand deine schwache Hand erfassen?
Du suchst – du suchst die Welt in dieser Flut,
Suchst glühende Rosen, grüne Lorbeerkronen, ...
Schau dort hinaus! ... Die Luft durchquillt's wie Blut,
Es brennt die Schlacht und niemand wird dich schonen.

Schau dort hinaus! Es flammt die Luft und glüht,
Horch Geigenton zu Tanz und üpp'gem Reigen!
Schau dort hinaus, der fahle Nebel sprüht,
Aus dem Gerippe nackt herniedersteigen ...
Zusammen liegt hier Tod und Lebenslust,
Und Licht und Nebel in den langen Gassen – – –
Nun zeuch hinab, so stolz und selbstbewusst,
Welch Spur willst du in diesen Fluten lassen?

(1882)

Berlin
1871 – Reichsgründung
827 000 Einwohner

Berlin
1900 – Jahrhundertwende
2 000 000 Einwohner

Berlin
1920 – Groß-Berlin
3 858 000 Einwohner

Berlin
Ist damit die zweitgrößte Stadt Europas und flächenmäßig größer als London oder New York

An Texten erarbeiten:
Ambivalenz der Großstadterfahrung in den beiden Gedichten:
„Zusammen liegt hier Tod und Lebenslust,
Und Licht und Nebel in den langen Gassen – – –" *(Hart)*
„Zur Wollust. Zum Gebet. Zum Meer. Zum Untergang." *(Stadler)*

Ernst Stadler

Fahrt über die Kölner Rheinbrücke bei Nacht

Der Schnellzug tastet sich
und stößt die Dunkelheit entlang.
Kein Stern will vor. Die ganze Welt ist nur ein enger,
nachtumschienter Minengang,
Darein zuweilen Förderstellen
blauen Lichtes jähe Horizonte reißen: Feuerkreis
Von Kugellampen, Dächern, Schloten,
dampfend, strömend ... nur sekundenweis ...
Und wieder alles schwarz.
Als führen wir ins Eingeweid der Nacht zur Schicht.
Nun taumeln Lichter her ... verirrt, trostlos vereinsamt ...
mehr ... und sammeln sich ... und werden dicht.
Gerippe grauer Häuserfronten liegen bloß,
im Zwielicht bleichend, tot –
etwas muss kommen ... o, ich fühl es schwer
Im Hirn. Eine Beklemmung singt im Blut.
Dann dröhnt der Boden plötzlich wie ein Meer:
Wir fliegen, aufgehoben,
königlich durch nachtentrissne Luft, hoch übern Strom.
O Biegung der Millionen Lichter, stumme Wacht,
Vor deren blitzender Parade
schwer die Wasser abwärts rollen.
Endloses Spalier, zum Gruß gestellt bei Nacht!
Wie Fackeln stürmend! Freudiges!
Salut von Schiffen über blauer See! Bestirntes Fest!
Wimmelnd, mit hellen Augen hingedrängt!
Bis wo die Stadt
mit letzten Häusern ihren Gast entlässt.
Und dann die langen Einsamkeiten. Nackte Ufer.
Stille. Nacht. Besinnung. Einkehr. Kommunion.
Und Glut und Drang
Zum Letzten, Segnenden. Zum Zeugungsfest.
Zur Wollust. Zum Gebet. Zum Meer.
Zum Untergang.

(1913)

1.2 Erzählte Stadterfahrungen

Spreegasse (Sperlingsgasse) in Berlin von der Jungfernbrücke aus gesehen, um 1905

Für einen zweijährigen Aufenthalt war der junge Raabe an Ostern 1854 aus Wolfenbüttel nach Berlin gekommen, das damals 400 000 Einwohner hatte. Er zog in die Spreegasse Nr. 7, später dann in Nr. 12 um und begann am 15. November des gleichen Jahres mit der Niederschrift der Chronik.
(Volker Klotz, Die erzählte Stadt, S. 167)

„Ohne Bekannte und Freunde in der großen Stadt war ich vollständig auf mich selbst beschränkt und bildete mir in dem Getümmel eine eigene Welt."
Aus einem Brief Wilhelm Raabes vom 23. 05. 1854

Wilhelm Raabe

Die Chronik der Sperlingsgasse (Auszug)

Am 20. November.

Ich liebe in großen Städten diese ältern Stadtteile mit ihren engen, krummen, dunkeln Gassen, in welche der Sonnenschein nur verstohlen hineinzublicken wagt; ich liebe sie mit ihren Giebelhäusern und wundersamen Dachtraufen, mit ihren alten Kartaunen* und Feldschlangen*, welche man als Prellsteine an die Ecken gesetzt hat. Ich liebe diesen Mittelpunkt einer vergangenen Zeit, um welchen sich ein neues Leben in liniengraden, parademäßig aufmarschierten Straßen und Plätzen angesetzt hat, und nie kann ich um die Ecke meiner Sperlingsgasse biegen, ohne den alten Geschützlauf mit der Jahreszahl 1589, der dort lehnt, liebkosend mit der Hand zu berühren. Selbst die Bewohner des ältern Stadtteils scheinen noch ein originelleres, sonderbareres Völkchen zu sein als die Leute der modernen Viertel. Hier in diesen winkligen Gassen wohnt das Volk des Leichtsinns dicht neben dem der Arbeit und des Ernstes, und der zusammengedrängtere Verkehr reibt die Menschen in tolleren, ergötzlicheren Szenen aneinander als in den vornehmeren, aber auch öderen Straßen. Hier gibt es noch die alten Patrizierhäuser – die Geschlechter selbst sind freilich meistens lange dahin –, welche nach einer Eigentümlichkeit ihrer Bauart oder sonst einem Wahrzeichen unter irgendeiner naiven, merkwürdigen Benennung im Munde des Volkes fortleben. Hier sind die dunkeln, verrauchten Kontore der alten, gewichtigen Handelsfirmen, hier ist das wahre Reich der Keller- und Dachwohnungen. Die Dämmerung, die Nacht produzieren hier wundersamere Beleuchtungen durch Lampenlicht und Mondschein, seltsamere Töne als anderswo. Das Klirren und Ächzen der verrosteten Wetterfahnen, das Klappern des Windes mit den Dachziegeln, das Weinen der Kinder, das Miauen der Katzen, das Gekeif der Weiber, wo klingt es passender – man möchte sagen dem Ort angemessener – als hier in diesen engen Gassen, zwischen diesen hohen Häusern, wo jeder Winkel, jede Ecke, jeder Vorsprung den Ton auffängt, bricht und verändert zurückwirft! –

Horch, wie in dem Augenblick, wo ich dieses niederschreibe, drunten in jenem gewölbten Torwege die Drehorgel beginnt, wie sie ihre klagenden, an diesem Ort wahrhaft melodischen Tonwogen über das dumpfe Murren und Rollen der Arbeit hinwälzt! – Die Stimme Gottes spricht zwar vernehmlich genug im Rauschen des Windes, im Brausen der Wellen und im Donner, aber nicht vernehmlicher als in diesen unbestimmten Tönen, welche das Getriebe der Menschenwelt hervorbringt. Ich behaupte, ein angehender Dichter oder Maler – ein Musiker, das ist freilich eine andere Sache – dürfe nirgend anders wohnen als hier! (…)

Die Sperlingsgasse ist ein kurzer, enger Durchgang, welcher die Kronenstraße mit einem Ufer des Flusses verknüpft, der in vielen Armen und Kanälen die große Stadt durchwindet. Sie ist bevölkert und lebendig genug, einen mit nervösem Kopfweh Behafteten wahnsinnig zu machen und ihn im Irrenhause enden zu lassen; mir aber ist sie seit vielen Jahren eine unschätzbare Bühne des Weltlebens, wo Krieg und Friede, Elend und Glück, Hunger und Überfluss, alle Antinomien des Daseins sich widerspiegeln.

* *Kartaune: schweres Geschütz*

* *Feldschlange: leichtes Geschütz (mit langem Rohr)*

„In der Natur liegt alles ins Unendliche auseinander, im Geist konzentriert sich das Universum in einem Punkt", dozierte einst mein alter Professor der Logik. Ich schrieb das damals zwar gewissenhaft nach in meinem Heft, bekümmerte mich aber nicht viel um die Wahrheit dieses Satzes. Damals war ich jung, und Marie, die niedliche kleine Putzmacherin, wohnte mir gegenüber und nähte gewöhnlich am Fenster, während ich, Kants Kritik der reinen Vernunft vor der Nase, die Augen – nur bei ihr hatte. Sehr kurzsichtig und zu arm, mir für diese Fensterstudien eine Brille, ein Fernglas oder einen Operngucker zuzulegen, war ich in Verzweiflung. Ich begriff, was es heißt: Alles liegt ins Unendliche auseinander.

Da stand ich eines schönen Nachmittags wie gewöhnlich am Fenster, die Nase gegen die Scheibe drückend, und drüben unter Blumen, in einem lustigen, hellen Sonnenstrahl, saß meine in Wahrheit ombra adorata. Was hätte ich darum gegeben zu wissen, ob sie herüberlächele!

Auf einmal fiel mein Blick auf eines jener kleinen Bläschen, die sich oft in den Glasscheiben finden. Zufällig schaute ich hindurch nach meiner kleinen Putzmacherin, und – ich begriff, dass das Universum sich in einem Punkt konzentrieren könne.

So ist es auch mit diesem Traum- und Bilderbuch der Sperlingsgasse. Die Bühne ist klein, der darauf Erscheinenden sind wenig, und doch können sie eine Welt von Interesse in sich begreifen für den Schreiber und eine Welt von Langeweile für den Fremden, den Unberufenen, welchem einmal diese Blätter in die Hände fallen sollten. *(1855)*

Kommentieren, Stellung nehmen:
Die Sperlingsgasse als Spiegel der Welt, als Bühne?

Erkunden, nachschlagen:
Realismus, Poetischer Realismus

Alfred Döblin

Berlin Alexanderplatz (Auszug)

Am Alexanderplatz reißen sie den Damm auf für die Untergrundbahn. Man geht auf Brettern. Die Elektrischen fahren über den Platz die Alexanderstraße herauf durch die Münzstraße zum Rosenthaler Tor. Rechts und links sind Straßen. In den Straßen steht Haus bei Haus. Die sind vom Keller bis zum Boden mit Menschen voll. Unten sind die Läden.

Destillen, Restaurationen, Obst- und Gemüsehandel, Kolonialwaren und Feinkost, Fuhrgeschäft, Dekorationsmalerei, Anfertigung von Damenkonfektion, Mehl und Mühlenfabrikate, Autogarage, Feuersozietät: Vorzug der Kleinmotorspritze ist einfache Konstruktion, leichte Bedienung, geringes Gewicht, geringer Umfang. – Deutsche Volksgenossen, nie ist ein Volk schmählicher getäuscht worden, nie wurde eine Nation schmählicher, ungerechter betrogen als das deutsche Volk. Wisst ihr noch, wie Scheidemann am 9. November 1918 von der Fensterbrüstung des Reichstags uns Frieden, Freiheit und Brot versprach: Und wie hat man das Versprechen gehalten! – Kanalisationsartikel, Fensterreinigungsgesellschaft, Schlaf ist Medizin, Steiners Paradiesbett. – Buchhandlung, die Bibliothek des modernen Menschen, unsere Gesamtausgaben führender Dichter und Denker setzen sich zusammen zur Bibliothek des modernen Menschen. Es sind die großen Repräsentanten des europäischen Geisteslebens. – Das Mieterschutzgesetz ist ein Fetzen Papier. Die Mieten steigen

Der Roman „Berlin Alexanderplatz. Die Geschichte vom Franz Biberkopf" gliedert sich in neun durch Texte im Stil der Moritat bzw. von Stummfilm-Zwischentiteln eingeleitete Bücher: „Hier im Beginn verlässt Franz Biberkopf das Gefängnis Tegel." „Hier erlebt Franz Biberkopf, der anständige, gutwillige, den ersten Schlag. Er wird betrogen." „Er wird in ein Verbrechen hineingerissen (…)." Kurz gefasst lässt sich die Handlung so zusammenfassen: Der ehemalige Beton- und Transportarbeiter Biberkopf, der seine Freundin Ida im Affekt tödlich verletzt hat, versucht nach seiner Entlassung aus dem Gefängnis als Straßenhändler Fuß zu fassen. Er gerät jedoch ins Verbrechermilieu; als Mitwisser soll er umgebracht werden und verliert durch den Angriff einen Arm. Biberkopf wird Zuhälter. Der Psychopath Reinhold ermordet seine Geliebte, die Prostituierte Mieze. Als mutmaßlicher Täter verhaftet, bricht Biberkopf zusammen und kommt ins Irrenhaus. Reinhold wird als Täter entlarvt; Biberkopf erfährt eine innere Wandlung und erhält eine Anstellung als Hilfsportier.

„Berlin Alexanderplatz“ wurde 1931 von Piet Jutzi und 1980 von Rainer Werner Fassbinder verfilmt.

ständig. Der gewerbliche Mittelstand wird auf das Pflaster gesetzt und auf diese Weise erdrosselt, der Gerichtsvollzieher hält reiche Ernte. Wir verlangen öffentliche Kredite bis zu 15 000 Mark an das Kleingewerbe, sofortiges Verbot aller Pfändungen bei Kleingewerbetreibenden. – Der schweren Stunde wohlvorbereitet entgegenzugehen ist Wunsch und Pflicht jeder Frau. Alles Denken und Fühlen der werdenden Mutter kreist um das Ungeborene. Da ist die Auswahl des richtigen Getränks für die werdende Mutter von besonderer Wichtigkeit. Das echte Engelhardt-Karamelmalzbier besitzt wie kaum ein anderes Getränk die Eigenschaften des Wohlgeschmacks, der Nährkraft, Bekömmlichkeit, erfrischenden Wirkung. – Versorge dein Kind und deine Familie durch Abschluss einer Lebensversicherung einer schweizerischen Lebensversicherung, Rentenanstalt Zürich. – Ihr Herz lacht! Ihr Herz lacht vor Freude, wenn Sie ein mit den berühmten Höffner-Möbeln ausgestattetes Heim besitzen. Alles, was Sie sich an angenehmer Wohnlichkeit erträumten, wird von einer ungeahnten Wirklichkeit übertroffen. Wie auch die Jahre entschwinden, wohlgefällig bleibt dieser Anblick, und ihre Haltbarkeit und praktische Verwendbarkeit erfreuen immer von neuem. –

Die Schließgesellschaften beschützen alles, sie gehen herum, gehen durch, sehen hinein, stecken Uhren, Wachalarm, Wach- und Schutzdienst für Groß-Berlin und außerhalb, Wachbereitschaft Deutschland, Wachbereitschaft Groß-Berlin und ehemalige Wachabteilung der Wirtsgemeinschaft Berliner Grundbesitzer, vereinigter Betrieb, Wachzentrale des Westens, Wachgesellschaft, Sherlock-Gesellschaft, Sherlock Holmes gesammelte Werke von Conan Doyle, Wachgesellschaft für Berlin und Nachbarorte, Wachsmann als Erzieher, Flachsmann als Erzieher, Waschanstalt, Wäscheverleih Apoll, Wäscherei Adler übernimmt sämtliche Hand- und Leibwäsche, Spezialität feine Herren- und Damenwäsche.

Über den Läden und hinter den Läden aber sind Wohnungen, hinten kommen noch Höfe, Seitengebäude, Quergebäude, Hinterhäuser, Gartenhäuser, Linienstraße, da ist das Haus, wo sich Franz Biberkopf verkrochen hat nach dem Schlamassel mit Lüders. *(1929)*

Untersuchen, nachschlagen:
Montage, Collage, Simultantechnik

Untersuchen, erkunden:
Montage im Roman und im Film

Selbst gestalten:
Bild-Text-Collage einer Großstadt (damals/heute)

Berlin, die Sinfonie der Großstadt, Montagefilm, Regie: Walther Ruttmann (1927)

Lesetipps:
John Dos Passos: Manhattan Transfer
James Joyce: Ulysses

Irmgard Keun

Das kunstseidene Mädchen (Auszug)

Ich bin in Berlin. Seit ein paar Tagen. Mit einer Nachtfahrt und noch neunzig Mark übrig. Damit muss ich leben, bis sich mir Geldquellen bieten. Ich habe Maßloses erlebt. Berlin senkte sich auf mich wie eine Steppdecke mit feurigen Blumen. Der Westen ist vornehm mit hochprozentigem Licht – wie fabelhafte Steine ganz teuer und mit so gestempelter Einfassung. Wir haben hier ganz übermäßige Lichtreklame. Um mich war ein Gefunkel. Und ich mit dem Feh*. Und schicke Männer wie Mädchenhändler, ohne dass sie gerade mit Mädchen handeln, was es ja nicht mehr gibt – aber sie sehen danach aus, weil sie es tun würden, wenn was bei rauskäme. Sehr viel glänzende schwarze Haare und Nachtaugen so tief im Kopf. Aufregend. Auf dem Kurfürstendamm sind viele Frauen. Die gehen nur. Sie haben gleiche Gesichter und viel Maulwurfpelze – also nicht ganz erste Klasse – aber doch schick – so mit hochmütigen Beinen und viel Hauch um sich. Es gibt eine Untergrundbahn, die ist wie ein beleuchteter Sarg auf Schienen – unter der Erde und muffig, und man wird gequetscht. Damit fahre ich. Es ist sehr interessant und geht schnell.

Und ich wohne bei Tilli Scherer in der Münzstraße, das ist beim Alexanderplatz, da sind nur Arbeitslose ohne Hemd und furchtbar viele. Aber wir haben zwei Zimmer, und Tilli hat Haare aus gefärbtem Gold und einen verreisten Mann, der arbeitet bei Essen Straßenbahnschienen. Und sie filmt. Aber sie kriegt keine Rollen, und es geht auf der Börse ungerecht zu. Tilli ist weich und rund wie ein Plümo und hat Augen wie blankgeputzte blaue Glasmurmeln. Manchmal weint sie, weil sie gern getröstet wird. Ich auch. Ohne sie hätte ich kein Dach. Ich bin ihr dankbar, und wir haben dieselbe Art und machen uns keine böse Luft. Wenn ich ihr Gesicht sehe, wenn es schläft, habe ich gute Gedanken um sie. Und darauf kommt es an, wie man zu einem steht, wenn er schläft und keinen Einfluss auf einen nimmt. Es gibt auch Omnibusse – sehr hoch – wie Aussichtstürme, die rennen. Damit fahre ich auch manchmal. Zu Hause waren auch viele Straßen, aber die waren wie verwandt zusammen. Hier sind noch viel mehr Straßen und so viele, dass sie sich gegenseitig nicht kennen. Es ist eine fabelhafte Stadt.

Ich gehe nachher in eine Jockeybar mit einem Mädchenhändlerartigen, an dem mir sonst nichts liegt. Aber ich komme dadurch in Milieu, das mir Aussichten bietet. Tilli sagt auch, ich sollte. Jetzt bin ich auf der Tauentzien bei Zuntz, was ein Kaffee ist ohne Musik, aber billig – und viel eilige Leute wie rasender Staub, bei denen man merkt, dass Betrieb ist in der Welt. Ich habe den Feh an und wirke. Und gegenüber ist eine Gedächtniskirche, da kann aber niemand rein wegen der Autos drum rum, aber sie hat eine Bedeutung, und Tilli sagt, sie hält den Verkehr auf.

Heute Abend werde ich alles der Reihe nach in mein Buch schreiben, denn es hat sich soviel aufgelagert in mir.

(1932)

Irmgard Keun, geboren 1905 in Berlin, aufgewachsen in Köln, war Schauspielerin und seit Erscheinen ihrer beiden ersten Romane („Gilgi" und „Das kunstseidene Mädchen") Anfang der Dreißigerjahre eine erfolgreiche Schriftstellerin. 1933 wurden ihre Bücher beschlagnahmt. 1936 ging sie ins Exil und kehrte 1940 illegal nach Deutschland zurück. Sie lebte nach dem Krieg in Köln. Dort starb sie am 5. Mai 1982.

* *Feh: Pelz aus Eichhörnchenfell*

„Ich will so ein *Glanz* werden, der oben ist. Mit weißem Badewasser, das nach Parfüm riecht, und alles wie Paris. Und die Leute achten Uriel hoch, weil ich ein *Glanz* bin."

„Und ich denke, dass es gut ist, wenn ich alles beschreibe, weil ich ein ungewöhnlicher Mensch bin. Ich denke nicht an Tagebuch – das ist lächerlich für ein Mädchen von achtzehn und auch sonst auf der Höhe. *Aber ich will schreiben wie Film*, denn so ist mein Leben und wird noch mehr so sein."

(aus dem Roman „Das kunstseidene Mädchen")

Selbst gestalten:

„… schreiben wie Film": eigene Schreibversuche zum Thema: „Ich in einer großen Stadt …"

Lesetipps:

Erich Kästner: Fabian

Hans Fallada: Kleiner Mann, was nun?

Heinrich Mann: Professor Unrat

1.3 Stadterfahrungen im Gedicht

„Mein Gott – ich ersticke noch mit meinem brachliegenden Enthusiasmus in dieser banalen Zeit! Denn ich bedarf gewaltiger äußerer Emotionen, um glücklich zu sein. [. . .] krank genug, um mir selber nie genug zu sein, ich wäre mit einem Male gesund, ein Gott, erlöst, wenn ich irgendwo eine Sturmglocke hörte, wenn ich die Menschen herumrennen sähe mit angstzerfetzten Gesichtern, wenn das Volk auferstanden wäre und eine Straße hell wäre von Piecken, Säbeln, begeisterten Gesichtern und aufgerissenen ‚Hemden'."
(Georg Heym, Tagebuch 1911)

Georg Heym
Der Gott der Stadt

Auf einem Häuserblocke sitzt er breit.
Die Winde lagern schwarz um seine Stirn.
Er schaut voll Wut, wo fern in Einsamkeit
Die letzten Häuser in das Land verirrn.

Vom Abend glänzt der rote Bauch dem Baal*,
Die großen Städte knien um ihn her.
Der Kirchenglocken ungeheure Zahl
Wogt auf zu ihm aus schwarzer Türme Meer.

Wie Korybanten**-Tanz dröhnt die Musik
Der Millionen durch die Straßen laut.
Der Schlote Rauch, die Wolken der Fabrik
Ziehn auf zu ihm, wie Duft von Weihrauch blaut.

Das Wetter schwelt in seinen Augenbrauen.
Der dunkle Abend wird in Nacht betäubt.
Die Stürme flattern, die wie Geier schauen
Von seinem Haupthaar, das im Zorne sträubt.

Er streckt ins Dunkel seine Fleischerfaust.
Er schüttelt sie. Ein Meer von Feuer jagt
Durch eine Straße. Und der Glutqualm braust
Und frisst sie auf, bis spät der Morgen tagt.

(1910)

* *Baal: Fruchtbarkeitsgott im Alten Testament (Jer. 2, 23)*

** *Korybanten: Priester der kleinasiatischen Fruchtbarkeitsgöttin Kybele*

George Grosz: Friedrichstraße, 1918

Oskar Loerke
Blauer Abend in Berlin

Der Himmel fließt in steinernen Kanälen;
Denn zu Kanälen steilrecht ausgehauen
Sind alle Straßen, voll vom Himmelblauen;
Und Kuppeln gleichen Bojen, Schlote Pfählen

Im Wasser. Schwarze Essensdämpfe schwelen
Und sind wie Wasserpflanzen anzuschauen.
Die Leben, die sich ganz am Grunde stauen,
Beginnen sacht vom Himmel zu erzählen,

Gemengt, entwirrt nach blauen Melodien.
Wie eines Wassers Bodensatz und Tand
Regt sie des Wassers Wille und Verstand

Im Dünen, Kommen, Gehen, Gleiten, Ziehen.
Die Menschen sind wie grober bunter Sand
Im linden Spiel der großen Wellenhand.

(1911)

Alfred Wolfenstein

Städter

Nah wie die Löcher eines Siebes stehn
Fenster beieinander, drängend fassen
Häuser sich so dicht an, dass die Straßen
Grau geschwollen wie Gewürgte stehn.

Ineinander dicht hineingehakt
Sitzen in den Trams die zwei Fassaden
Leute, ihre nahen Blicke baden
Ineinander, ohne Scheu befragt.

Unsre Wände sind so dünn wie Haut,
Dass ein jeder teilnimmt, wenn ich weine.
Unser Flüstern, Denken ... wird Gegröle ...

– Und wie still in dick verschlossner Höhle
Ganz unangerührt und ungeschaut
Steht ein jeder fern und fühlt: alleine.

(1919)

Der Unterschied zwischen modernen poetischen Chiffren und traditionellen Metaphern, Symbolen oder Allegorien besteht darin, dass der Sinn der Chiffren nicht konventionell entschlüsselt werden kann; weder die Gewohnheiten der Sprache und Literatur noch die vertrauten Wirklichkeitsvorstellungen reichen dazu aus. An derart chiffrierte moderne Dichtungen darf der Leser keine gewohnten Bedeutungen herantragen. Vielmehr muss er die inneren Bedeutungsbeziehungen der Texte aufspüren, indem er die „Selbstsprache" (Novalis) des Textes lernt und damit seine besondere Bedeutung versteht.

An Texten erarbeiten:
Vergleich der Wahrnehmung und Gestaltung der „Stadt" bei Heym, Wolfenstein, Loerke und Kästner

Erkunden, nachschlagen:
Expressionismus

Erich Kästner

Besuch vom Lande

Sie stehen verstört am Potsdamer Platz
Und finden Berlin zu laut.
Die Nacht glüht auf in Kilowatts.
Ein Fräulein sagt heiser: „Komm mit, mein Schatz!"
Und zeigt entsetzlich viel Haut.

Sie wissen vor Staunen nicht aus und nicht ein.
Sie stehen und wundern sich bloß.
Die Bahnen rasseln. Die Autos schrein
Sie möchten am liebsten zu Hause sein.
Und finden Berlin zu groß.

Es klingt, als ob die Großstadt stöhnt,
weil irgendwer sie schilt.
Die Häuser funkeln. Die U-Bahn dröhnt
Sie sind das alles so gar nicht gewöhnt
Und finden Berlin zu wild.

Sie machen vor Angst die Beine krumm.
Und machen alles verkehrt.
Sie lächeln bestürzt. Und sie warten dumm.
Und stehn auf dem Potsdamer Platz herum,
Bis man sie überfährt.

(1930)

Ludwig Meidner: Potsdamer Platz, Berlin,1913. Titelseite der Zeitschrift „Die Aktion" Nr. 44/45 (1914)

Ödön von Horváth

Flucht aus der Stille

Wenn ich die Frage beantworten soll, warum ich aus der erholsamen Stille des Dorfes nach Berlin gezogen bin, so muß ich gestehen, daß mir die Antwort teils leicht und teils sehr schwer fällt. Es ist natürlich leicht zu sagen, daß die Stadt den Ton angibt und nicht das Land. Daß das Land kulturell tot ist, unfähig zur Erzeugung einer neuen Kultur, daß die Antwort im Handumdrehen lediglich oberflächlich formulieren kann, und zwar so: in der Großstadt habe ich mehr Eindrücke, sehe ich mehr und wichtigeres für unsere Zeit als auf dem Lande.

(Das Abrücken von der Natur)

Mich besuchte mal ein Freund und wir gingen zusammen spazieren, es war ihm alles ungewöhnlich und er sah und genoß alles bedeutend empfindlicher als ich. Wir sprachen über die Natur und die Landwirtschaft, über das kleine Leben der Bauern und kleine Bürger, das sich aber in ihrem privaten Leben genau so abspielt, wie in der Stadt, das der einzelnen Leute. Mein Freund gab mir Recht und nun erschien uns alles plötzlich recht komisch, wir lachten über die Sorgen dieser Bauern, und das wars weil wir sie einzelne Wesen sahen.

Plötzlich sagte mein Freund: Es ist höchste Zeit, daß du in die Stadt kommst, du lebst hier am Rande der Welt. Gewiß haben hier die Leute auch genau die gleichen Eigenschaften Tugend und Laster wie der einzelne Städter, aber du vergißt, dass es in der Stadt etwas gibt, das ist die Umwandlung des gesellschaftlichen Bewußtseins. Kannst du es hier vertragen, keine Ahnung von dieser Wandlung zu haben, zu kennen? In der Stadt wandelt sich das um, die Stadt ist gewissermaßen das laufende Band, das Land der kleine Privatwirtschaftler.

Es ist klar, daß die Stadt den Ton angibt, du kannst am Dorfe draußen auch all die Zeitungen lesen, aber es fehlt dir das Fluidum der Wandlung. Es bildet sich eine neue Menschheit, auf dem Lande heraußen wirst du zum Beobachter, es fehlt dir die Atmosphäre der neuen Menschen. Du lebst auf dem Lande in der sozialen Schicht, die untergeht.

Und dann ist noch eine Gefahr auf dem Lande, das ist die Stille. Unter Stille verstehe ich nun natürlich nicht die Geräuschlosigkeit, die man sich zum arbeiten auch in der Großstadt beschaffen kann.

Es ist die Stille der Atmosphäre, des Stillstands.

Die Stille ist oft besungen worden, und zwar nach allen Regeln der Reimerei.

Auf dem Lande besteht die Gefahr des Romantischwerden. Der so genannten neuen Illusion. Ich will hier das Problem der absoluten Notwendigkeit des Träumens nicht berühren, das Phantasieren ist genau so notwendig wie das Sachlichsein, es ist da eine Vernachlässigung der seelischen Bedürfnisse. Aber auf dem Dorfe das sich in den Mittelpunkt stellen.

Hier berührt sich das Problem mit dem Ausspruch: die junge Generation hat keine Seele, was natürlich ein enormer Quatsch ist. Es hängt mit dem verlorenen Kontakt, mit dem verlorenen oder geopferten Trieb zusammen. (Der immer mehr sich verlierende Kontakt zur äußeren Natur ist nur ein Triebverzicht zum Nutzen der Kultur.)

Und nun das Wichtigste: bekanntlich braucht man zum denken einen Stuhl, auf dem man sitzt. Es hat sich allmählich herumgesprochen, daß das Materielle unentbehrlich ist. Und das bietet dem jungen Schriftsteller nur Berlin, von allen deutschen Städten. Berlin, das die Jugend liebt, und auch etwas für die Jugend tut, im Gegensatz zu den meisten anderen Städten, die nur platonische Liebe kennen.

Ich liebe Berlin.

(Entwurf, etwa 1924)

Die zahlreichen sprachlichen Lässlichkeiten des Textes resultieren aus dessen „Entwurf"-Charakter.

Siegfried Kracauer

Kult der Zerstreuung (Auszug)

Man schilt die Berliner *zerstreuungssüchtig*; der Vorwurf ist kleinbürgerlich. Gewiss ist die Zerstreuungssucht hier größer als in der Provinz, aber größer und fühlbarer ist auch die Anspannung der arbeitenden Massen – eine wesentlich formale Anspannung, die den Tag ausfüllt, ohne ihn zu füllen. Das Versäumte soll nachgeholt werden; es kann nur in der gleichen Oberflächensphäre erfragt werden, in der man aus Zwang sich versäumt hat. Der Form des Betriebs entspricht mit Notwendigkeit die des „Betriebs".

Ein richtiger Instinkt sorgt dafür, dass das Bedürfnis nach ihm befriedigt werde. Jene Zurüstungen der Lichtspielhäuser bezwecken das eine nur: das Publikum an die Peripherie zu fesseln, damit es nicht ins Bodenlose versinke. Die Erregungen der Sinne folgen sich in ihnen so dicht, dass nicht das schmalste Nachdenken sich zwischen sie einzwängen kann. *Schwimmkorken* gleich halten die Ausstreuungen der Scheinwerfer und die musikalischen Akkompagnements über Wasser. Der Hang zur Zersteuung fordert und findet als Antwort die Entfaltung der puren Äußerlichkeit. Daher gerade in Berlin das unabweisbare Trachten, alle Darbietungen zu Revuen auszugestalten, daher als Parallelerscheinung die Häufung des Illustrationsmaterials in der Tagespresse und den periodischen Publikationen.

Diese Veräußerlichung hat die *Aufrichtigkeit* für sich. Nicht durch sie wird die Wahrheit gefährdet. Sie ist es nur durch die naive Behauptung irreal gewordener Kulturwerte, durch den unbedenklichen Missbrauch von Begriffen wie Persönlichkeit, Innerlichkeit, Tragik usw., die an sich gewiss hohe Sachgehalte bezeichnen, infolge der sozialen Wandlungen aber zu einem guten Teile ihres Umfangs des tragenden Untergrundes verlustig gegangen sind und, in den meisten Fällen, heute einen schlechten Beigeschmack angenommen haben, weil sie das Augenmerk von den äußeren Schäden der Gesellschaft mehr als billig ablenken auf die Privatperson. In den Bereichen der Literatur, des Theaters, der Musik sind solche Verdrängungserscheinungen häufig genug. Sie geben sich das Ansehen der hohen Kunst und sind tatsächlich überlebte Gebilde, die vorbeischielen an den

Otto Dix: Großstadttriptychon, mittlere Tafel, 1927/28

aktuellen Nöten der Zeit – ein Faktum, das mittelbar dadurch bestätigt wird, dass die gemeinte Produktion auch innerkünstlerisch epigonenhaft ist. Das Berliner Publikum handelt in einem tiefen Sinne wahrheitsgemäß, wenn es diese Kunstereignisse mehr und mehr meidet, die zudem aus guten Gründen im bloßen Anspruch stecken bleiben, und dem Oberflächenglanz der Stars, der Filme, der Revuen, der Ausstattungsstücke den Vorzug erteilt. Hier, im reinen Außen, trifft es sich selber an, die zerstückelte Folge der splendiden Sinneseindrücke bringt seine eigene Wirklichkeit an den Tag. Wäre sie ihm verborgen, es könnte sie nicht angreifen und wandeln; ihr Offenbarwerden in der Zerstreuung hat eine *moralische* Bedeutung.

Freilich dann nur, wenn die Zerstreuung sich nicht Selbstzweck ist. Gerade dies: dass die ihrer Sphäre zugehörigen Vorführungen ein so äußerliches Gemenge sind wie die Welt der Großstadtmasse, dass sie jedes echten sachlichen Zusammenhangs entraten, es sei denn des Kittes der Sentimentalität, der den Mangel nur verdeckt, um ihn sichtbar zu machen, dass sie genau und unverhohlen die *Unordnung* der Gesellschaft den Tausenden von Augen und Ohren vermitteln – dies gerade befähigte sie dazu, jene Spannung hervorzurufen und wachzuhalten, die dem notwendigen Umschlag vorangehen muss. In den Straßen Berlins überfällt einen nicht selten für Augenblicke die Erkenntnis, das alles platze unversehens eines Tages entzwei. Die Vergnügungen auch, zu denen das Publikum drängt, sollten so wirken. *(1926)*

An Texten erarbeiten:
Vergleich der Auffassung Horváths und Kracauers

Bezüge herstellen:
Kracauers These vom „Kult der Zerstreuung" und Keuns Roman „Das kunstseidene Mädchen"

2 Erfahrungen in der Industriegesellschaft

2.1 Der Weberaufstand als Modell

Die große Bedeutung und Beachtung des Weber-Problems rührt vor allem daher, dass sich hier am frühesten und in besonderer Deutlichkeit die Konsequenzen der in Deutschland verspätet einsetzenden Industrialisierung zeigten. Das Textilgewerbe war zudem mit 46% aller in Industrie und Handwerk Beschäftigten noch 1850 der wichtigste nicht landwirtschaftliche Produktionszweig. Der Übergang zur industriellen Produktion fand hier – anders als in England – nur langsam und in einzelnen Bereichen uneinheitlich statt und war erst am Ende des 19. Jahrhunderts weitgehend abgeschlossen. Modern gesprochen ging es dabei um die Einführung neuer Technologien: die mit Dampfkraft angetriebenen leistungsfähigen Maschinenwebstühle und Spinnmaschinen. Sie bedeuteten einmal im eigenen Lande eine unmittelbare Konkurrenz für die in Heimarbeit manuell tätigen Weber und zum anderen hatte ihre in England weit fortgeschrittene Verbreitung indirekte Auswirkungen: Aufgrund der Konkurrenz der englischen maschinell hergestellten, billigen Webwarenproduktion sank der deutsche Export drastisch; die folgende Überproduktion, das Überangebot von Arbeitskräften und der daraus entstehende Preisverfall bedrängten die nach dem Verlagssystem arbeitenden Weber und Spinner. Trotz Mehrarbeit sanken ihre Einnahmen weit unter das Existenzminimum.
(Literatur im Industriezeitalter, Bd. 1, S. 124 f.)

Gerhart Hauptmann

Die Weber

ZWEITER AKT

Das Stübchen des Häuslers Wilhelm Ansorge zu Kaschbach im Eulengebirge. In einem engen, von der sehr schadhaften Diele bis zur schwarz verräucherten Balkendecke nicht sechs Fuß hohen Raum sitzen: zwei junge Mädchen, Emma und Bertha Baumert, an Webstühlen – Mutter Baumert, eine kontrakte* Alte, auf einem Schemel am Bett, vor sich ein Spulrad – ihr Sohn August, zwanzigjährig, idiotisch, mit kleinem Rumpf und Kopf und langen, spinnenartigen Extremitäten, auf einem Fußschemel, ebenfalls spulend. Durch zwei kleine, zum Teil mit Papier verklebte und mit Stroh verstopfte Fensterlöcher der linken Wand dringt schwaches, rosafarbenes Licht des Abends. Es fällt auf das weißblonde, offene Haar der Mädchen, auf ihre unbekleideten, magern Schultern und dünnen, wächsernen Nacken, auf die Falten des groben Hemdes im Rücken, das, nebst einem kurzen Röckchen aus härtester Leinewand, ihre einzige Bekleidung ist. Der alten Frau leuchtet der warme Hauch voll übers Gesicht, Hals und Brust: ein Gesicht, abgemagert zum Skelett, mit Falten und Runzeln in einer blutlosen Haut, mit versunkenen Augen, die durch Wollstaub, Rauch und Arbeit bei Licht entzündlich gerötet und wässrig sind, einen langen Kropfhals mit Falten und Sehnen, eine eingefallene, mit verschossenen Tüchern und Lappen verpackte Brust.

Ein Teil der rechten Wand, mit Ofen und Ofenbank, Bettstelle und mehreren grell getuschten Heiligenbildern, steht auch noch im Licht. – Auf der Ofenstange hängen Lumpen zum Trocknen, hinter dem Ofen ist altes, wertloses Gerümpel angehäuft. Auf der Ofenbank stehen einige alte Töpfe und Kochgeräte, Kartoffelschalen sind zum Dörren auf Papier gelegt. – Von den Balken herab hängen Garnsträhnen und Weifen. Körbchen mit Spulen stehen neben den Webstühlen. In der Hinterwand ist eine niedrige Tür ohne Schloss. Ein Bündel Weidenruten ist daneben an die Wand gelehnt. Mehrere schadhafte Viertelkörbe stehen dabei. – Das Getöse der Webstühle, das rhythmische Gewuchte der Lade, davon Erdboden und Wände erschüttert werden, das Schlurren und Schnappen des hin und her geschnellten Schiffchens erfüllen den Raum. Da hinein mischt sich das tiefe, gleichmäßig fortgesetzte Getön der Spulräder, das dem Summen großer Hummeln gleicht.

MUTTER BAUMERT, *mit einer kläglichen, erschöpften Stimme, als die Mädchen mit Weben innehalten und sich über die Gewebe beugen:* Misst er schonn wieder knipp'n!?

EMMA, *das ältere der Mädchen, zweiundzwanzigjährig. Indem sie grüne Fäden knüpft:* Eine Art Garn is aber das au!

BERTHA, *fünfzehnjährig:* Das is aso a bissel Zucht mit der Werfte.

EMMA: Wo a ock bleibt aso lange? A is doch fort schonn seit um a neune.

* *kontrakt: verkrümmt*

Käthe Kollwitz: Ein Weberaufstand, Blatt 4

MUTTER BAUMERT: Nu ebens, ebens! Wo mag a ock bleiben, ihr Mädel?

BERTHA: Ängst euch beileibe ni, Mutter!

MUTTER BAUMERT: 'ne Angst is das immer!

Emma fährt fort zu weben.

BERTHA: Wart amal, Emma!

EMMA: Was is denn?

BERTHA: Mir war doch, 's kam jemand.

EMMA: 's wird Ansorge sein, der zu Hause kommt.

Fritz, ein kleiner, barfüßiger, zerlumpter Junge von vier Jahren kommt hereingeweint: Mutter, mich hungert.

EMMA: Wart, Fritzl, wart a bissel! Großvater kommt gleich. A bringt Brot mit und Kerndl.

FRITZ: Mich hungert aso, Mutterle!

EMMA: Ich sag dersch ja. Bis ock nich einfältich. A wird ja gleich kommen. A bringt a scheenes Brotl mit und Kerndlkoffee. – Wenn ock wird Feierabend sein, da nimmt Mutter de Kartuffelschalen, die trägt se zum Pauer, und der gibbt er derfire a scheenes Neegl Puttermilch fersch Jungl.

FRITZ: Wo is er'n hin, Großvater?

EMMA: Beim Fabrikanten is a, abliefern a Kette, Fritzl.

FRITZ: Beim Fabrikanten?

EMMA: Ja, ja, Fritzl! unten bei Dreißichern in Peterschwalde.

(...)

VIERTER AKT

Peterswaldau. – Privatzimmer des Parchentfabrikanten Dreißiger. Ein im frostigen Geschmack der ersten Hälfte unseres Jahrhunderts luxuriös ausgestatteter Raum. Die Decke, der Ofen, die Türen sind weiß; die Tapete gradlinig kleingeblümt und von einem kalten, bleigrauen Ton. Dazu kommen rotüberzogene Polstermöbel aus Mahagoniholz, reich geziert und geschnitzt, Schränke und Stühle von gleichem Material und wie folgt verteilt: rechts, zwischen zwei Fenstern mit kirschroten Damastgardinen, steht der Schreibsekretär, ein Schrank, dessen vordere Wand sich herabklappen lässt; ihm gerade gegenüber das Sofa, unweit davon ein eiserner Geldschrank, vor dem Sofa der Tisch, Sessel und Stühle; an der Hinterwand ein Gewehrschrank. Diese sowie die andern Wände sind durch schlechte Bilder in Goldrahmen teilweise verdeckt. Über dem Sofa hängt ein Spiegel mit stark vergoldetem Rokokorahmen. Eine einfache Tür links führt in den Flur, eine offene Flügeltür der Hinterwand in einen mit dem gleichen ungemütlichen Prunk überladenen Salon. Im Salon bemerkt man zwei Damen, Frau Dreißiger und Frau Pastor Kittelhaus, damit beschäftigt, Bilder zu besehen – ferner den Pastor Kittelhaus im Gespräch mit dem Kandidaten und Hauslehrer Weinhold.

(...)

DREISSIGER *ist ans Fenster getreten, schiebt eine Gardine beiseite und blickt hinaus. Unwillkürlich:*
Bande!!! – Komm doch mal her, Rosa! *Sie kommt.* Sag doch mal: dieser lange, rothaarige Mensch dort!

KITTELHAUS: Das ist der so genannte rote Bäcker.

DREISSIGER: Nu sag mal, ist das vielleicht derselbe, der dich vor zwei

Aus Schlesien, 4. Juni:
So eben hat ein Haufen Weber aus Peterswaldau, Langenbielau und der Umgegend in Peterswaldau ... die Gebäude und Vorräte des Fabrikanten Zwanziger niedergerissen und zerstört. Die Familie des Zwanziger ist auf das Schloss des Grafen Stolberg geflüchtet. Das angemessene Einschreiten der Prediger Schneider und Küttel hat vorläufig weitern Unfug gehemmt, wozu Geldausteilungen des Fabrikanten Wagenknecht, der sein Haus nur durch diese bewahrt hat, beigetragen haben mögen. Es ist Militär aus Schweidnitz verlangt, das jeden Augenblick erwartet wird.
(Deutsche Allgemeine Zeitung, 8. Juni 1844)

Heinrich Heine

Die schlesischen Weber

Im düstern Auge keine Träne,
Sie sitzen am Webstuhl und fletschen die Zähne:
Deutschland, wir weben dein Leichentuch,
Wie weben hinein den dreifachen Fluch –

Wir weben, wir weben!

Ein Fluch dem Gotte, zu dem wir gebeten
In Winterskälte und Hungersnöten;
Wir haben vergebens gehofft und geharrt,
Er hat uns geäfft und gefoppt und genarrt –

Wir weben, wir weben!

Ein Fluch dem König, dem König der Reichen,
Den unser Elend nicht konnte erweichen,
Der den letzten Groschen von uns erpresst
Und uns wie Hunde erschießen lässt –

Wir weben, wir weben!

Ein Fluch dem falschen Vaterlande,
Wo nur gedeihen Schmach und Schande,
Wo jede Blume früh geknickt,
Wo Fäulnis und Moder den Wurm erquickt –

Wir weben, wir weben!

Das Schiffchen fliegt, der Webstuhl kracht,
Wir weben emsig Tag und Nacht –
Altdeutschland, wir weben dein Leichentuch,
Wie weben hinein den dreifachen Fluch,

Wir weben, wir weben!

(1847)

Tagen insultiert hat? Du weißt ja, was du mir erzähltest, als dir Johann in den Wagen half.

FRAU DREISSIGER *macht einen schiefen Mund, gedehnt:* Ich wöß nich mehr.

DREISSIGER: Aber so lass doch jetzt das Beleidigttun. Ich muss das nämlich wissen. Ich habe die Frechheiten nun nachgerade satt. Wenn es so ist, so zieh' ich ihn nämlich zur Verantwortung. *Man hört das Weberlied singen.* Nun hören Sie bloß, hören Sie bloß!

KITTELHAUS, *überaus entrüstet:* Will denn dieser Unfug wirklich immer noch kein Ende nehmen? Nun muss ich aber wirklich auch sagen: Es ist Zeit, dass die Polizei einschreitet. Gestatten Sie mir doch mal! *Er tritt ans Fenster.* Nun sehen Sie an, Herr Weinhold! Das sind nun nicht bloß junge Leute, da laufen auch alte, gesetzte Weber in Masse mit. Menschen, die ich lange Jahre für höchst ehrenwert und gottesfürchtig gehalten habe, sie laufen mit. Sie nehmen teil an diesem unerhörten Unfug. Sie treten Gottes Gesetz mit Füßen. Wollen Sie diese Leute vielleicht nun noch in Schutz nehmen?

WEINHOLD: Gewiss nicht, Herr Pastor. Das heißt, Herr Pastor, cum grano salis. Es sind eben hungrige, unwissende Menschen. Sie geben halt ihre Unzufriedenheit kund, wie sie's verstehen. Ich erwarte gar nicht, dass solche Leute ...

FRAU KITTELHAUS, *klein, mager, verblüht, gleicht mehr einer alten Jungfer als einer alten Frau:* Herr Weinhold, Herr Weinhold! aber ich bitte Sie!

DREISSIGER: Herr Kandidat, ich bedaure sehr ... Ich habe Sie nicht in mein Haus genommen, damit Sie mir Vorlesungen über Humanität halten. Ich muss Sie ersuchen, sich auf die Erziehung meiner Knaben zu beschränken, im übrigen aber meine Angelegenheiten mir zu überlassen, mir ganz allein! Verstehen Sie mich? (...)

(1892)

Erkunden, nachschlagen:
Naturalismus

Am Text erarbeiten:
Funktion der szenischen Bemerkungen/Regieanweisungen
Situation und Bewusstsein der Weber (II. Akt) und der Fabrikanten (IV. Akt)

Erkunden, erforschen:
Weberaufstand in Schlesien im Jahre 1844

Wirkungen

Einen Eindruck von der ungeheuren Wirkung der ersten Aufführungen geben die zahlreichen Zeitungsbesprechungen. So schrieb der Kritiker des „Berliner Börsen-Couriers":

„Hauptmann!" „Hauptmann!" ruft ein hundertstimmiger Chor, indes Hunderte von Händen kräftig aufeinander klatschen. Wieder und wieder wird der Dichter der „Weber" vor den Vorhang gerufen, während wir schnell das „Deutsche Theater" verlassen, um über die erste öffentliche Aufführung der merkwürdigsten modernen Bühnendichtung zu berichten. (...)

Obwohl das literarische Publikum wie das politische das Stück längst kennt, war das Haus lange vor Beginn der Vorstellung ausverkauft. Eine glänzende, interessante Zuhörerschaft füllte das Haus. Unsere Schriftstellerwelt hatte ihre vornehmsten Vertreter entsandt. Theodor Fontane, ein seltener Gast im Theater, war erschienen, Spielhagen begegnet uns neben Sudermann, Rechtsanwalt und Schriftsteller Grelling, der siegreiche Held in dem dramatischen Konflikt, welchen die Dichtung mit der Zensur durchzukämpfen hatte, folgt mit begreiflicher Genugtuung dem Stücke, dem er den Weg in die Öffentlichkeit gebahnt. (...) Eine stattliche Anzahl von Reichstagsabgeordneten hat sich im Parkett zusammengefunden,

Plakat der Uraufführung

darunter auch sozialdemokratische Volksvertreter. (...) Wir sahen Liebknecht, Singer, auch Bebel soll im Hause gewesen sein. Warum auch nicht? So könnte man und so wird man einwerfen, ist doch Hauptmanns Drama des Arbeiterlebens mehr eine sozialpolitische als eine literarische Arbeit. Gemach! (...) Wie Hauptmann uns hier die tiefe, bittere Not der Weber, die Verzweiflung des höchsten Elends und die Ausbrüche dieser Verzweiflung darstellt, ist er nicht agitierender Politiker, sondern nur tief empfindender Dichter. Das Mitleid, schönes verklärendes Mitleid ist seine Muse.
(Berliner Börsen-Courier vom 26.9.1894)

In der Berliner Zeitung „Die Post" erschien der folgende Verriss:
(...) Nicht die Not unserer wie seiner Landsleute ging dem Autor ans Herz, nicht um das Elend war es ihm zu tun, in welchem die armen Menschen schmachten mussten, das alles ist ihm nur Zweck, denn das Stück verfolgt vom ersten Worte bis zum letzten eine *sozialistische Tendenz der verwerflichsten Art*. Mit kalter, rücksichtsloser Berechnung reiht der Autor aneinander, was gegen Gottesfurcht, Ordnung im Staate, Autorität der Behörden gerichtet sein kann. Seine Figuren sind nur darum so in Lumpen gekleidet, hohläugig und verhungert, um den Kontrast gegen die besitzende Klasse greller hervortreten zu lassen, er riss aus dieser nur darum schlechte, hartherzige Elemente heraus, um der großen Masse das Trugbild von Verknechtung und Unterdrückung der Arbeiter vorhalten zu können. Nicht der Dramatiker wollte Herr Hauptmann sein, der ein Stück Geschichte zu Nutz und Segen und Heil der Menschen verwendet, sondern der Sozialistenführer, welcher mit Empörung eifrig zur Widersetzlichkeit aufgestachelten Elementen gewisse Direktiven geben will. Wohlweislich verschweigt der in der Geschichte Schlesiens so sehr bewanderte Autor, dass die damalige Regierung nach der Erkennung der Sachlage sofort umfangreiche Maßregeln zur Linderung der Not treffen ließ, denn Gutes und Edles kann man nicht gebrauchen, wenn Zwecke der Umsturzpartei verfolgt werden sollen. [So konnte sich auch bei der Stimmungsmache im Deutschen Theater eine] kleine, sehr aufgeregte, um das Durchbringen ihrer politischen Meinung wie wütend kämpfende Schar [durchsetzen]. (...)
(Die Post vom 27.9.1894)

Theodor Fontane, der ebenfalls zu den Besuchern dieser Aufführung im „Deutschen Theater" gehörte, schrieb als seine letzte Theaterkritik eine Besprechung der „Weber". Der ursprünglich für die „Vossische Zeitung" bestimmte Artikel erschien erst 1898 im „Literarischen Echo":

(...) Gerhart Hauptmann sah sich, und zwar durch sich selbst, in die Notwendigkeit versetzt, das, was ursprünglich ein Revolutionsstück sein sollte, schließlich als Anti-Revolutionsstück ausklingen zu lassen. (...) Dass dadurch etwas entstand, was revolutionär und antirevolutionär zugleich ist, müssen wir hinnehmen und trotz des Gefühls einer darin liegenden Abschwächung doch schließlich auch gutheißen. Es ist am besten so, denn das Stück erhält durch dieses Doppelgesicht auch eine doppelte Mahnung, eine, die sich nach oben, und eine andere, die sich nach unten wendet und beiden Parteien ins Gewissen spricht. *(15.10.1898)*

Ende des Jahres 1891 beendete Hauptmann die Arbeit an der Dialektfassung „De Waber", die am 2. Februar 1892 von der Direktion des Deutschen Theaters dem Berliner Polizeipräsidenten zur Aufführungsgenehmigung eingereicht wurde. Schon vierzehn Tage später lag das Aufführungsverbot vor:
In ordnungspolizeilicher Richtung geben zu erheblichen Bedenken Anlass: a) Die geradezu zum Klassenhass aufreizende Schilderung der Charaktere der Fabrikanten im Gegensatz zu denjenigen der Handweber im 1. und 4. Akt, b) die Deklamation des Weberliedes im 2. Akt und am Ende des 3. Aktes, c) die Plünderung bei Dreißiger im 4. Akt und d) die Schilderung des Aufstandes im 4. und 5. Akt. Es steht zu befürchten, dass die kraftvollen Schilderungen des Dramas, die zweifellos durch die schauspielerische Darstellung erheblich an Leben und Eindruck gewinnen würden, in der Tagespresse mit Enthusiasmus besprochen, einen Anziehungspunkt für den zu Demonstrationen geneigten sozialdemokratischen Teil der Bevölkerung Berlins bieten würde, für deren Lehren und Klagen über die Ausbeutung und Ausnutzung des Arbeiters durch den Fabrikanten das Stück durch seine einseitige tendenziöse Charakterisierung hervorragende Propaganda macht.

Nach der ersten öffentlichen Aufführung der „Weber" am 25. Sept. 1894 kündigt der deutsche Kaiser Wilhelm II. aus Protest seine Hofloge im „Deutschen Theater".

Kommentieren, Stellung nehmen:
Auffassung der drei Rezensenten zu Hauptmanns Theaterstück „Die Weber"

2.2 Im „Sumpf" der Schlachthöfe Chicagos

Upton Sinclair

Der Sumpf (Auszug)

Um die Jahrhundertwende wandert Jurgis Rudkus mit seinem alten Vater, seiner Braut Ona und deren Familie voller Zukunftshoffnung aus Litauen nach Amerika aus. In Chicago finden sie Arbeit in den riesigen Schlachthöfen, wo das Vieh am Fließband getötet und zu Fleischkonserven verarbeitet wird. Der Roman erschien später unter dem deutschen Titel „Der Dschungel".

Eines Sonntagabends saß Jurgis am Küchenherd, rauchte sein Pfeifchen und unterhielt sich mit einem älteren Mann, den Jonas mitgebracht hatte und der bei Durham in der Konservenabteilung arbeitete. Von ihm erfuhr Jurgis einiges über die erstklassigen, einzigartigen und zur nationalen Institution gewordenen Durham-Konserven. Bei Durham seien die reinsten Alchimisten am Werk; man mache Reklame für Pilz-Ketschup, und dabei hätten die Leute, die es herstellen, noch nie einen Pilz gesehen. Man preise ein „Hühnerragout" an – und das sei wie die aus den Witzblättern her bekannte Hühnersuppe im Wirtshaus, durch die ein Huhn in Gummigaloschen hindurchgelaufen war. Wer weiß, meinte der Freund von Jonas, vielleicht habe man ein Geheimverfahren, Hühner chemisch herzustellen; was in das Ragout hineinkommt, sei jedenfalls nichts anderes als Kaldaunen, Schweinefett, Unschlitt*, Rinderherzen und schließlich noch, wenn gerade angefallen, Kalbfleischreste. Diese Mixtur werde in verschiedenen Qualitäts- und Preisklassen angeboten, der Inhalt aller Büchsen aber komme aus ein und demselben Pott. Es gebe auch noch „Wildragout" und „Wachtelragout", ja sogar „Schinkenragout", außerdem eine „Schinkenpaste" – von den Arbeitern „Stinkepaste" genannt. Die bestehe aus Abfällen von geräuchertem Rindfleisch, die zu klein sind, um von den Maschinen noch aufgeschnitten werden zu können, aus Gekröse, das chemisch gefärbt ist, damit es nicht weiß durchschimmert, aus Resten von Schinken und Corned Beef, aus Kartoffeln, mit Schale und allem, und schließlich aus knorpeligen Rindergurgeln. Diese einfallsreiche Mischung werde durch den Wolf gedreht und dann stark gewürzt, damit sie nach etwas schmeckt. Zu Zeiten des alten Durham habe jeder, der eine neue Fälschung ausknobelte, von ihm ein Vermögen bekommen können, sagte Jurgis' Gewährsmann, jetzt aber sei es schwer, sich noch etwas Neues auszudenken, hier, wo schon so viele schlaue Köpfe so lange am Werk sind, wo die Leute sich freuen, wenn ihre Mastrinder Tuberkulose bekommen, weil sie dann schneller fett werden, und wo man in den Lebensmittelgeschäften des ganzen Landes alle liegen gebliebene und ranzig gewordene Butter aufkauft, sie mittels eines Druckluftverfahrens „oxydiert", um ihr den Geruch zu nehmen, sie dann mit abgerahmter Milch neu buttert und schließlich abgepackt in den Großstädten verkauft! Bis vor ein, zwei Jahren seien in den Yards noch Pferde geschlachtet worden, angeblich zur Herstellung von Dünger, aber nach langer Agitation habe die Presse der Öffentlichkeit klarmachen können, dass die Pferde in die Fleischkonserven wanderten. Jetzt sei es gesetzlich verboten, im Packingtown Pferde zu schlachten, und das werde auch tatsächlich befolgt, jedenfalls zur Zeit. Dafür aber könne man jeden Tag spitzhörnige und zottelhaarige Tiere zwischen den Schafen herumlaufen sehen – doch was für ein mühevolles Unterfangen wäre es, die Bevölkerung davon zu überzeugen, dass ein guter Teil von dem, was sie als Lamm- und Hackfleisch kauft, in Wirklichkeit von Ziegen stammt!

Man hätte in Packingtown noch eine andere aufschlussreiche Statistik aufstellen können, nämlich über die diversen Berufskrankheiten der Arbeiter. Damals bei seiner Besichtigung der Fleischfabriken mit Szedvilas hatte Jurgis bewundernd den Schilderungen gelauscht, was aus den geschlachteten Tieren alles hergestellt werde und wie viele Zweigindustrien es noch gebe, jetzt aber entdeckte er, dass jede dieser Zweigindustrien eine kleine Hölle für sich war, auf ihre Weise genauso schlimm wie die Schlachthallen, ihre gemeinsame Quelle und Grundlage. In jeder hatten die Arbeiter ihre spezifischen Leiden. Der sich hier umschauende Besucher konnte vielleicht all diese Betrügereien anzweifeln, nicht aber diese Gebrechen, denn den Beweis trugen die Arbeiter ja am Körper – meist brauchte man sich nur ihre Hände anzusehen.

Zum Beispiel die Männer in den Pökelräumen, wo sich der alte Antanas den Tod ge-

* *Unschlitt: Talg*

holt hatte – fast alle waren schrecklich gezeichnet. Wer sich hier beim Karrenschieben auch nur eine Schramme am Finger holte, zog sich damit leicht eine Entzündung zu, die ihn das Leben kostete: Glied für Glied konnten ihm die Finger von der Säure zerfressen werden. Unter den Schlächtern und Schlachtgehilfen, den Ausbeinern, Ausputzern und allen, die mit dem Messer arbeiteten, fand man kaum einen, der seinen Daumen noch voll gebrauchen konnte; immer wieder waren sie mit der Maus auf die Schneide gerutscht, bis sie nur noch eine bloße Masse Fleisch bildete, gegen die sie nun das Messer pressten, um es überhaupt halten zu können. Die Hände dieser Leute waren kreuz und quer von Schnittnarben durchzogen, die sich nicht mehr zählen oder auseinander halten ließen. Fingernägel hatten sie keine mehr, denn die wetzten sich beim Häuteabziehen völlig ab; ihre Fingergelenke waren so geschwollen, dass sich ihre Hände wie Fächer spreizten. Dann die Männer, die in den Kochereien arbeiteten, bei künstlichem Licht und inmitten von Wrasen* und Ekel erregendem Gestank; hier konnten sich die Tuberkelbazillen zwar zwei Jahre halten, doch kam stündlich neuer Nachschub hinzu. Dann die Fleischträger, die zwei Zentner schwere Rinderviertel in die Kühlwaggons schleppten – eine mörderische Schufterei, von vier Uhr früh an, die selbst den stärksten Mann in ein paar Jahren fertig machte. Dann die Leute in den Kühlhallen; ihr typisches Leiden war Rheuma, und fünf Jahre galten als längste Zeit, die dort durchzuhalten war. Dann die Wollrupfer; ihnen gingen die Hände noch schneller kaputt als den Pöklern, denn die Schafsfelle mussten mit Säure gebeizt werden, um die Wolle aufzulockern, und die Rupfer hatten diese mit bloßen Händen rauszuziehen, bis die Säure ihnen die Finger zerfraß. Dann die Arbeiter, die die Büchsen für die Fleischkonserven herstellten; auch ihre Hände waren ein einziges Labyrinth von Schnittnarben, und jeder einzelne Schnitt bedeutete das Risiko einer Blutvergiftung. Manche standen an Stanzmaschinen, und nur selten hielt einer das hier verlangte Tempo durch, ohne dass seine Aufmerksamkeit mal für einen Augenblick nachließ – und schon hackte ihm die Stanze ein Stück Hand ab. Dann die so genannten „Heber“, deren Aufgabe darin bestand, jene Hebel zu betätigen, die die getöteten Rinder vom Boden hochzogen. Sie hasteten auf einer Laufplanke unterm Dach hin und her und hatten dabei durch den Dunst und Dampf nach unten zu schauen. Da die Architekten des alten Durham die Schlachthalle nicht zur Bequemlichkeit der Heber gebaut hatten, mussten sich diese alle paar Schritte unter einem Querbalken durchducken, der etwa anderthalb Meter über ihrer Planke verlief, wodurch sie sich eine so krumme Haltung angewöhnten, dass sie nach ein paar Jahren einen Gang wie die Schimpansen hatten. Am schlimmsten dran aber waren die Leute in den Düngerfabriken und in den Kochereien. Die konnte man keinem zeigen, denn der Duft eines Düngerarbeiters hätte jeden normalen Werkbesucher schon aus hundert Schritt Entfernung in die Flucht gejagt, und was die anderen betraf, die in den Räumen voller Wrasen arbeiteten, wo sich oft Brühkessel auf gleicher Höhe mit dem Fußboden befanden – ihr „Berufsleiden“ bestand darin, in diese Kessel zu fallen, und wenn man sie herausfischte, war nicht mehr genug von ihnen übrig, das vorzeigenswert gewesen wäre. Manchmal blieb so ein Unfall tagelang unbemerkt, und inzwischen waren sie dann, mit Ausnahme der Knochen, schon als „Durhams Feinschmalz“ in die Welt hinausgegangen!
(1906)

Kommentieren, Stellung nehmen: die Wirkung der Darstellung

Selbst gestalten: die Erzählpassage zu einem Hörspiel umgestalten

* *Wrasen: norddt. für Dampf, Dunst*

Der von John Heartfield gestaltete Einband der 1928 im Berliner Malik-Verlag erschienenen deutschen Erstausgabe.

Lesetipp: Upton Sinclair: Öl!

Folgendes Schema zeigt einige Gewichtsverschiebungen vom dramatischen zum epischen Theater[1]

Dramatische Form des Theaters
Die Bühne „verkörpert" einen Vorgang
verwickelt den Zuschauer in eine Aktion und verbraucht seine Aktivität
ermöglicht ihm Gefühle
vermittelt ihm Erlebnisse
der Zuschauer wird in eine Handlung hineinversetzt
es wird mit Suggestion gearbeitet
die Empfindungen werden konserviert
der Mensch wird als bekannt vorausgesetzt
der unveränderliche Mensch
Spannung auf den Ausgang
eine Szene für die andere
die Geschehnisse verlaufen linear
natura non facit saltus
die Welt, wie sie ist
was der Mensch soll
seine Triebe
das Denken bestimmt das Sein.

[1] Diese Schema zeigt nicht absolute Gegensätze, sondern lediglich Akzentverschiebungen. So kann innerhalb eines Mitteilungsvorgangs das gefühlsmäßige Suggestive oder das rein rational Überredende bevorzugt werden.

Bertolt Brecht

Die heilige Johanna der Schlachthöfe (Auszug)

DER MAKLER SULLIVAN SLIFT ZEIGT JOHANNA DARK DIE SCHLECHTIGKEIT DER ARMEN: JOHANNAS ZWEITER GANG IN DIE TIEFE

Gegend der Schlachthöfe

SLIFT: Jetzt, Johanna, will ich dir zeigen
Wie schlecht die sind
Mit denen du Mitleid hast, und
Daß es nicht am Platz ist.

Sie gehen an einer Fabrikmauer entlang, auf der steht „Mauler & Cridle, Fleischfabriken". Der Name Mauler ist kreuzweis durchgestrichen. Aus einem Pförtchen treten zwei Männer. Slift und Johanna hören ihr Gespräch.

VORARBEITER *zu einem jungen Burschen:* Vor vier Tagen ist uns ein Mann namens Luckerniddle in den Sudkessel gefallen; da wir die Maschinen nicht schnell genug abstellen konnten, geriet er entsetzlicherweise in die Blattspeckfabrikation hinein; dies ist sein Rock und dies seine Mütze, nimm sie und laß sie verschwinden, sie nehmen nur einen Haken in der Garderobe weg und machen einen schlechten Eindruck. Es ist gut, sie zu verbrennen, und am besten gleich. Ich vertraue dir die Sachen an, weil ich dich als einen verläßlichen Menschen kenne: ich würde meine Stellung verlieren, wenn das Zeug wo gefunden würde. Sobald die Fabrik aufgemacht wird, kannst du natürlich Luckerniddles Platz bekommen.

DER BURSCHE: Sie können sich auf mich verlassen, Herr Smith.

Der Vorarbeiter geht durch das Pförtchen zurück.

DER BURSCHE: Schade um den Mann, der jetzt als Blattspeck in die weite Welt hinausgehen muß, aber schade eigentlich auch um seinen Rock, der noch gut erhalten ist. Onkel Blattspeck ist jetzt in seine Blechbüchse gekleidet und braucht ihn nicht mehr, während ich ihn sehr gut brauchen könnte. Scheiß darauf, ich nehm ihn.

Er zieht ihn an und wickelt seinen Rock und seine Mütze in Zeitungspapier.

JOHANNA *schwankt:* Mir ist übel.

SLIFT: Das ist die Welt, wie sie ist. *Er hält den jungen Burschen auf.* Woher haben Sie denn diesen Rock und diese Mütze? Die stammen doch von dem verunglückten Luckerniddle.

DER BURSCHE: Bitte, sagen Sie es nicht weiter, Herr. Ich werde die Sachen sofort wieder ausziehen. Ich bin sehr heruntergekommen. Zwanzig Cent, die man in den Kunstdüngerkellern mehr verdient, haben mich voriges Jahr verlockt, an der Knochenmühle zu arbeiten. Da bekam ich es an der Lunge und eine langwierige Entzündung an den Augen. Seither ist meine Leistungsfähigkeit zurückgegangen, und seit Februar habe ich nur zweimal eine Arbeitsstelle gefunden.

SLIFT: Laß die Sachen an. Und komm heute Mittag in die Kantine sieben. Du kannst dir ein Mittagessen und einen Dollar holen, wenn du der Frau des Luckerniddle sagst, woher deine Mütze stammt und dein Rock.

DER BURSCHE: Aber ist das nicht roh, Herr?

SLIFT: Ja, wenn du es nicht nötig hast!

DER BURSCHE: Sie können sich auf mich verlassen, Herr.

Johanna und Slift gehen weiter.

FRAU LUCKERNIDDLE *sitzt von dem Fabriktor und klagt:*

Ihr da drinnen, was macht ihr mit meinem Mann?
Vor vier Tagen ging er zur Arbeit, er sagte:
Stell mir die Suppe warm am Abend! Und ist bis
Heute nicht gekommen! Was habt ihr mit ihm gemacht
Ihr Metzger! Seit vier Tagen stehe ich hier in der
Kälte, auch nachts, und warte, aber es wird mir nichts
Gesagt, und mein Mann kommt nicht heraus!
Aber ich sage Euch, ich werde hier stehen, bis ich ihn
Zu sehen bekomme, und wehe! wenn ihr ihm etwas getan habt!

Slift tritt auf die Frau zu.

SLIFT: Ihr Mann ist verreist, Frau Luckerniddle.

FRAU LUCKERNIDDLE: Jetzt soll er wieder verreist sein!

SLIFT: Ich will Ihnen etwas sagen, Frau Luckerniddle, er ist verreist, und es ist für die Fabrik sehr unangenehm, wenn Sie da herumsitzen und dummes Zeug reden. Wir machen Ihnen daher ein Angebot, wozu wir gesetzlich gar nicht gezwungen wären. Wenn Sie Ihre Nachforschungen nach Ihrem Mann einstellen, dann können Sie drei Wochen lang mittags in unserer Kantine umsonst Essen bekommen.

FRAU LUCKERNIDDLE: Ich will wissen, was mit meinem Mann los ist.

SLIFT: Wir sagen Ihnen, daß er nach Frisco gefahren ist.

FRAU LUCKNIDDLE: Der ist nicht nach Frisco gefahren, sondern es ist euch etwas passiert mit ihm, und ihr wollt es verbergen.

SLIFT: Wenn Sie so denken, Frau Luckerniddle, können Sie von der Fabrik kein Essen annehmen, sondern müssen der Fabrik einen Prozeß machen. Aber überlegen Sie sich das gründlich. Morgen bin ich in der Kantine für Sie zu sprechen.

Slift kehrt zu Johanna zurück.

FRAU LUCKERNIDDLE: Ich muß meinen Mann wiederhaben. Ich habe niemand außer ihm, der mich erhält.

JOHANNA: Sie wird nie kommen.
Viel mögen sein zwanzig Mittagessen
Für einen Hungrigen, aber
Es gibt mehr für ihn.

Johanna und Slift gehen weiter. Sie kommen vor eine Fabrikkantine und sehen zwei Männer, die durch ein Fenster hineinschauen.

GLOOMB: Hier sitzt der Antreiber, der dran schuld ist, daß ich meine Hand in die Blechschneidemaschine brachte, und frißt sich den Bauch voll. Wir müssen dafür sorgen, daß sich das Schwein zum letzten Male auf unsere Kosten vollfrißt. Gib mir lieber deinen Prügel, der meine bricht vielleicht gleich ab.

SLIFT *zu Johanna:* Bleib hier stehen. Ich will mit ihm reden. Und wenn er herkommt, dann sag, du suchst Arbeit. Dann wirst du sehen, was das für Leute sind. *Er geht zu Gloomb.* Bevor Sie sich zu etwas hinreißen lassen, wie es mir den Anschein hat, möchte ich Ihnen gern einen günstigen Vorschlag machen.

GLOOMB: Ich habe jetzt keine Zeit, Herr.

SLIFT: Schade, es wären Vorteile für Sie damit verbunden gewesen.

GLOOMB: Machen Sie es kurz. Wir dürfen das Schwein nicht verpassen. Er muß heute seinen Lohn beziehen für dieses unmenschliche System, für das er den Antreiber macht.

SLIFT: Ich hätte einen Vorschlag, wie Sie sich helfen könnten. Ich bin Inspektor in der Fabrik. Es ist sehr unangenehm, daß der Platz an Ihrer Maschine leer geblieben ist. Den meisten Leuten ist er zu gefährlich, gerade weil Sie so viel Aufhebens wegen Ihrer Finger gemacht haben. Es wäre natürlich sehr gut, wenn wir wieder jemand für den Posten

Epische Form des Theaters

sie erzählt ihn

macht ihn zum Betrachter, aber weckt seine Aktivität

erzwingt von ihm Entscheidungen

vermittelt ihm Kenntnisse

er wird ihr gegenübergesetzt

es wird mit Argumenten gearbeitet

bis zu Erkenntnissen getrieben

der Mensch ist Gegenstand der Untersuchung

der veränderliche und verändernde Mensch

Spannung auf den Gang

jede Szene für sich

in Kurven

facit saltus

die Welt, wie sie wird

was der Mensch muss

seine Beweggründe

das gesellschaftliche Sein bestimmt das Denken

(Bertolt Brecht, um 1936)

(…) Der Zuschauer des dramatischen Theaters sagt: Ja, das habe ich auch schon gefühlt. – So bin ich. – Das ist nur natürlich. – Das wird immer so sein. – Das Leid dieses Menschen erschüttert mich, weil es keinen Ausweg für ihn gibt. – Das ist die große Kunst: da ist alles selbstverständlich. – Ich weine mit den Weinenden, ich lache mit den Lachenden.
Der Zuschauer des epischen Theaters sagt: Das hätte ich nicht gedacht. – So darf man es nicht machen. – Das ist höchst auffällig, fast nicht zu glauben. – Das muss aufhören. – Das Leid dieses Menschen erschüttert mich, weil es doch einen Ausweg für ihn gäbe. – Das ist große Kunst: da ist nichts selbstverständlich. – Ich lache über den Weinenden, ich weine über die Lachenden.
(Bertolt Brecht, Vergnügungstheater oder Lehrtheater, um 1936)

Inszenierung am Staatsschauspiel Dresden, 1998 (Anna-Katharina Muck, Tom Quaas)

hätten. Wenn Sie zum Beispiel jemand dafür brächten, wären wir sofort bereit, Sie wieder einzustellen, ja Ihnen sogar einen leichteren und besser bezahlten Posten zu geben wie bisher. Vielleicht gerade den Posten des Vorarbeiters. Sie machen mir einen scharfen Eindruck. Und der da drinnen hat sich zufällig in der letzten Zeit mißliebig gemacht. Sie verstehen. Sie müßten natürlich auch für das Tempo sorgen und vor allem, wie gesagt, jemand finden für den Platz an der, ich geb's zu, schlecht gesicherten Blechschneidemaschine. Da drüben zum Beispiel steht ein Mädchen, das Arbeit sucht. (…)

GLOOMB: Die da drüben? Sie macht einen schwachen Eindruck. Der Platz ist nicht für Leute, die rasch müde werden. *Zu dem anderen:* Ich habe es mir überlegt, wir werden es morgen Abend machen. Die Nacht ist günstiger für solche Späße. Guten Morgen. *Geht auf Johanna zu.* Sie suchen Arbeit?

JOHANNA: Ja.

GLOOMB: Sie sehen gut?

JOHANNA: Nein, ich habe voriges Jahr in den Kunstdüngerkellern gearbeitet an einer Knochenmühle. Da bekam ich es auf der Lunge und eine langwierige Augenentzündung. Ich bin seit Februar ohne Stellung. Ist es ein guter Platz?

GLOOMB: Der Platz ist gut. Es ist eine Arbeit, die auch schwächere Leute wie Sie machen können.

JOHANNA: Ist wirklich kein anderer Platz möglich? Ich habe gehört, die Arbeit an dieser Maschine sei gefährlich für Leute, die rasch müde werden. (…)

GLOOMB: Das ist alles nicht wahr. Sie werden erstaunt sein, wie angenehm die Arbeit ist. Sie werden sich an den Kopf greifen und sich fragen, wie können die Leute nur so lächerliche Geschichten über diese Maschine erzählen.

Slift lacht und zieht Johanna weg.

JOHANNA: Jetzt fürcht ich mich fast, weiterzugehen, denn was werde ich noch sehen! *Sie gehen in die Kantine und sehen Frau Luckerniddle, die mit dem Kellner spricht.*

FRAU LUCKERNIDDLE *rechnend:* Zwanzig Mittagessen … dann könnte ich … dann ginge ich und dann hätte ich … *Sie setzt sich an einen Tisch.*

KELLNER: Wenn Sie nicht essen, müssen Sie hinausgehen.

FRAU LUCKERNIDDLE: Ich warte auf jemand, der heute oder morgen kommen wollte. Was gibt es heute Mittag?

KELLNER: Erbsen.

JOHANNA: Dort sitzt sie.
Ich dacht, sie wär ganz fest und fürchtete
Sie käme morgen doch, und jetzt lief sie schneller als wir hierher
Und ist schon da und wartet schon auf uns.

SLIFT: Geh und bring ihr selbst das Essen, vielleicht besinnt sie sich.

Johanna holt Essen und bringt es Frau Luckerniddle.

JOHANNA: Sie sind heute schon da?

FRAU LUCKERNIDDLE: Ich habe nämlich seit zwei Tagen nichts gegessen.

JOHANNA: Sie wußten doch nicht, daß wir heute schon kommen?

FRAU LUCKERNIDDLE: Das ist richtig.

JOHANNA: Auf dem Weg hierher habe ich sagen hören, Ihrem Mann sei in der Fabrik etwas zugestoßen, woran die Fabrik schuld ist.

FRAU LUCKERNIDDLE: Ah so, Sie haben sich Ihr Angebot wieder überlegt? Ich kann also die zwanzig Essen nicht bekommen?

JOHANNA: Sie haben sich aber doch mit Ihrem Mann gut verstanden, wie ich höre? Mir sagten Leute: Sie haben niemand außer ihm.

FRAU LUCKERNIDDLE: Ja, ich habe schon seit zwei Tagen nichts gegessen.

JOHANNA: Wollen Sie nicht bis morgen warten? Wenn Sie Ihren Mann aufgeben, wird niemand mehr nach ihm fragen.

Frau Luckerniddle schweigt.

JOHANNA: Nimm's nicht.

Frau Luckerniddle reißt ihr das Essen aus der Hand und fängt an, gierig zu essen.

FRAU LUCKERNIDDLE: Er ist nach Frisco gefahren.

JOHANNA: Und Keller und Lager sind voll Fleisch
Das unverkäuflich ist und schon verdirbt
Weil's keiner abnimmt.

Hinten kommt der junge Arbeiter mit dem Rock und der Mütze herein.

DER ARBEITER: Guten Morgen, also ich kann hier essen?

SLIFT: Setzen Sie sich nur zu der Frau dort.

Der Mann setzt sich.

SLIFT *hinter ihm:* Sie haben da ein hübsche Mütze. *Der Arbeiter verbirgt sie.* Wo haben Sie die her?

DER ARBEITER: Gekauft.

SLIFT: Wo haben Sie sie denn gekauft?

DER ARBEITER: Die habe ich in keinem Laden gekauft.

SLIFT: Woher haben Sie sie dann?

DER ARBEITER: Die hab ich von einem Mann, der in einen Sudkessel gefallen ist.

Frau Luckerniddle wird es schlecht. Sie steht auf und geht hinaus.

FRAU LUCKERNIDDLE *im Hinausgehen zum Kellner:* Lassen Sie den Teller stehen. Ich komme zurück. Ich komme jeden Mittag hierher. Fragen Sie nur den Herrn. *Ab.*

SLIFT: Drei Wochen lang wird sie kommen und fressen, ohne aufzusehen, wie ein Tier. Hast du gesehn, Johanna, daß ihre Schlechtigkeit ohne Maß ist?

JOHANNA: Wie aber beherrschest du
Ihre Schlechtigkeit! Wie nützt ihr sie aus!
Siehst du nicht, daß es auf ihre Schlechtigkeit regnet?
Sicherlich gern hätte sie doch
Treue gehalten ihrem Mann wie andere auch
Und nach ihm gefragt, der ihr Unterhalt gab
Eine Zeitlang noch, wie es sich gehört.
Aber der Preis war zu hoch, der zwanzig Essen betrug.
Und hätte der junge Mann, auf den
Sich jeder Schurke verlassen kann
Der Frau des Toten den Rock gezeigt
Wenn es nach ihm gegangen wär?
Aber der Preis erschien ihm zu hoch
Und warum sollte der Mann mit dem einen Arm
Nicht mich warnen? Wenn nicht der Preis
So kleiner Rücksicht für ihn so hoch wär?
Sondern verkaufen den Zorn, der gerecht ist, aber zu teuer?
Ist ihre Schlechtigkeit ohne Maß, so ist's
Ihre Armut auch. Nicht der Armen Schlechtigkeit
Hast du mir gezeigt, sondern
Der Armen Armut.
Zeigtet ihr mir der Armen Schlechtigkeit
So zeig ich euch der schlechten Armen Leid.
Verkommenheit, voreiliges Gerücht!
Sei widerlegt durch ihr elend Gesicht!

Am Text erarbeiten:
Nachweis von Elementen des „epischen Theaters" am Brechttext

Am Text erarbeiten:
„Selbstentfremdung" durch das Schlachthof-Elend bei Sinclair und Brecht
Vergleich typischer gattungsbezogener Gestaltungselemente

Selbst gestalten:
Titelbild für eine Textausgabe von Sinclairs Roman oder Brechts Drama

Erkunden, erforschen:
Amerikabegeisterung und -kritik der Zeit
Technikbegeisterung und -kritik

Georg Büchner

Der Hessische Landbote (Auszug)

Erste Botschaft

Darmstadt, im Juli 1834

Vorbericht

Dieses Blatt soll dem hessischen Lande die Wahrheit melden, aber wer die Wahrheit sagt, wird gehenkt, ja sogar der, welcher die Wahrheit liest, wird durch meineidige Richter vielleicht gestraft. Darum haben die, welchen dies Blatt zukommt, folgendes zu beobachten:

1) Sie müssen das Blatt sorgfältig außerhalb ihres Hauses vor der Polizei verwahren;
2) sie dürfen es nur an treue Freunde mitteilen;
3) denen, welchen sie nicht trauen wie sich selbst, dürfen sie es nur heimlich hinlegen;
4) würde das Blatt dennoch bei Einem gefunden, der es gelesen hat, so muss er gestehen, dass er es eben dem Kreisrat habe bringen wollen;
5) wer das Blatt nicht gelesen hat, wenn man es bei ihm findet, der ist natürlich ohne Schuld.

Friede den Hütten! Krieg den Palästen!

Im Jahr 1834 siehet es aus, als würde die Bibel Lügen gestraft. Es sieht aus, als hätte Gott die Bauern und Handwerker am 5ten Tage, und die Fürsten und Vornehmen am 6ten gemacht, und als hätte der Herr zu diesen gesagt: Herrschet über alles Getier, das auf Erden kriecht, und hätte die Bauern und Bürger zum Gewürm gezählt. Das Leben der Vornehmen ist ein langer Sonntag, sie wohnen in schönen Häusern, sie tragen zierliche Kleider, sie haben feiste Gesichter und reden eine eigne Sprache; das Volk aber liegt vor ihnen wie Dünger auf dem Acker. Der Bauer geht hinter dem Pflug, der Vornehme aber geht hinter ihm und dem Pflug und treibt ihn mit den Ochsen am Pflug, er nimmt das Korn und lässt ihm die Stoppeln. Das Leben des Bauern ist ein langer Werktag; Fremde verzehren seine Äcker vor seinen Augen, sein Leib ist eine Schwiele, sein Schweiß ist das Salz auf dem Tische des Vornehmen.

Im Großherzogtum Hessen sind 718 373 Einwohner, die geben an den Staat jährlich an 6 363 436 Gulden, als

1)	Direkte Steuern	2 128 131 fl.
2)	Indirekte Steuern	2 478 264 fl.
3)	Domänen	1 547 394 fl.
4)	Regalien	46 938 fl.
5)	Geldstrafen	98 511 fl.
6)	Verschiedene Quellen	64 198 fl.
		6 363 436 fl.

Dies Geld ist der Blutzehnte, der von dem Leib des Volkes genommen wird. An 700 000 Menschen schwitzen, stöhnen und hungern dafür. Im Namen des Staates wird es erpresst, die Presser berufen sich auf die Regierung und die Regierung sagt, das sei nötig, die Ordnung im Staat zu erhalten. Was ist denn nun das für gewaltiges Ding: der Staat? Wohnt eine Anzahl Menschen in einem Land und es sind Verordnungen oder Gesetze vorhanden, nach denen jeder sich richten muss, so sagt man, sie bilden einen Staat. Der Staat also sind *Alle*; die Ordner im Staate sind die Gesetze, durch welche das Wohl *Aller* gesichert wird, und die aus dem Wohl *Aller* hervorgehen sollen. – Seht nun, was man in dem Großherzogtum aus dem Staat gemacht hat; seht was es heißt: die Ordnung im Staate erhalten! 700 000 Menschen bezahlen dafür 6 Millionen, d.h. sie werden zu Ackergäulen und Pflugstieren gemacht, damit sie in Ordnung leben. In Ordnung leben heißt hungern und geschunden werden.

Wer sind denn die, welche diese Ordnung gemacht haben, und die wachen, diese Ordnung zu erhalten? Das ist die Großherzogliche Regierung. Die Regierung wird gebildet von dem Großherzog und seinen obersten Beamten. Die andern Beamten sind Männer, die von der Regierung berufen werden, um jene Ordnung in Kraft zu erhalten. Ihre Anzahl ist Legion: Staatsräte und Regierungsräte, Landräte und Kreisräte, Geistliche Räte und Schulräte, Finanzräte und Forsträte usw. mit allem ihrem Heer von Sekretären usw. Das Volk ist ihre Herde, sie sind seine Hirten, Melker und Schinder; sie haben die Häute der Bauern an, der Raub der Armen ist in ihrem Hause; die Tränen der Witwen und Waisen sind das Schmalz auf ihren Gesichtern; sie herrschen frei und ermahnen das Volk zur Knechtschaft. Ihnen gebt ihr 6 000 000 fl. Abgaben; sie haben dafür die Mühe, euch zu regieren; d.h. sich von euch füttern zu lassen und euch eure Menschen- und Bürgerrechte zu rauben. Sehet, was die Ernte eures Schweißes ist.

[Es folgen ausführliche Angaben zu den einzelnen Posten des Landeshaushaltes, die politisch bewertet werden.]

(...) was sind diese Verfassungen in Deutschland? Nichts als leeres Stroh, woraus die Fürsten die Körner für sich herausgeklopft haben. Was sind unsere Landtage? Nichts als langsame Fuhrwerke, die man einmal oder zweimal wohl der Raubgier der Fürsten und ihrer Minister in den Weg schieben, woraus man aber nimmermehr eine feste Burg für deutsche Freiheit bauen kann. Was sind unsere Wahlgesetze? Nichts als Verletzungen der Bürger- und Menschenrechte der meisten Deutschen. Denkt an das Wahlgesetz im Großherzogtum, wonach keiner gewählt werden kann, der nicht hoch begütert ist, wie rechtschaffen und gutgesinnt er auch sei, wohl aber der *Grolmann**, der euch um die zwei Millionen bestehlen wollte. Denkt an die Verfassung des Großherzogtums. – Nach den Artikeln derselben ist der Großherzog unverletzlich, heilig und unverantwortlich. Seine Würde ist erblich in seiner Familie, er hat das Recht Krieg zu führen und ausschließliche Verfügung über das Militär. Er beruft die Landesstände, vertagt sie oder löst sie auf. Die Stände dürfen keinen Gesetzes-Vorschlag machen, sondern sie müssen um das Gesetz bitten, und dem Gutdünken des Fürsten bleibt es unbedingt überlassen, es zu geben oder zu verweigern. Er bleibt im Besitz einer fast unumschränkten Gewalt, nur darf er keine neuen Gesetze machen und keine neuen Steuern ausschreiben ohne Zustimmung der Stände. Aber teils kehrt er sich nicht an diese Zustimmung, teil genügen ihm die alten Gesetze, die das Werk der Fürstengewalt sind, und er bedarf darum keiner neuen Gesetze. Eine solche Verfassung ist ein elend jämmerlich Ding. Was ist von Ständen zu erwarten, die an eine solche Verfassung gebunden sind? Wenn unter den Gewählten auch keine Volksverräter und feige Memmen wären, wenn sie aus lauter entschlossenen Volksfreunden bestünden?! Was ist von Ständen zu erwarten, die kaum die elenden Fetzen einer armseligen Verfassung zu verteidigen vermögen! – Der einzige Widerstand, den sie zu leisten vermochten, war die Verweigerung der zwei Millionen Gulden, die sich der Großherzog von dem überschuldeten Volke wollte schenken lassen zur Bezahlung seiner Schulden.

Guntram Vesper

Erbschaft

Achtzehnhundertvierunddreißig
im hessischen Dorf Steinheim

am Wintermorgen eilig
mit der Kerze zum Herd
Papier zu verbrennen.

Die Flugschrift, die am Zaun hing
ließ zögernd der Häusler
in der rissigen Lehmwand übernachten
neben der Schlafstatt der Familie

vier Bretter, heute
in meinem Besitz
ein Ort für die Lektüre
des Landboten noch immer.

(1966)

Hätten aber auch die Landstände des Großherzogtums genügende Rechte, und hätte das Großherzogtum, aber nur das Großherzogtum allein, eine wahrhafte Verfassung, so würde die Herrlichkeit doch bald zu Ende sein. Die Raubgeier in Wien und Berlin würden ihre Henkerskrallen ausstrecken und die kleine Freiheit mit Rumpf und Stumpf ausrotten. Das ganze deutsche Volk muss sich die Freiheit erringen. Und diese Zeit, geliebte Mitbürger, ist nicht ferne. – (...)
Hebt die Augen auf und zählt das Häuflein eurer Presser, die nur stark sind durch das Blut, das sie euch aussaugen und durch eure Arme, die ihr ihnen willenlos leihet. Ihrer sind vielleicht 10 000 im Großherzogtum und Eurer sind es 700 000 und also verhält sich die Zahl des Volkes zu seinen Pressern auch im übrigen Deutschland. Wohl drohen sie mit dem Rüstzeug und den Reisigen der Könige, aber ich sage euch: Wer das Schwert erhebt gegen das Volk, der wird durch das Schwert des Volkes umkommen. Deutsch-

* *Konservatives Mitglied des Landtages: hatte 1830 dafür gestimmt, 2 Millionen Gulden Privatschulden des Großherzogs von der Staatskasse zahlen zu lassen.*

land ist jetzt ein Leichenfeld, bald wird es ein Paradies sein. Das deutsche Volk ist ein Leib und ihr seid ein Glied dieses Leibes. Es ist einerlei, wo die Scheinleiche zu zucken anfängt. Wann der Herr euch seine Zeichen gibt durch die Männer, durch welche er die Völker aus der Dienstbarkeit zur Freiheit führt, dann erhebet euch und der ganze Leib wird mit euch aufstehen.

Ihr bücktet euch lange Jahre in den Dornäckern der Knechtschaft, dann schwitzt ihr einen Sommer im Weinberge der Freiheit, und ihr werdet frei sein bis ins tausendste Glied.

Ihr wühltet ein langes Leben die Erde auf, dann wühlt ihr euren Tyrannen ein Grab. Ihr bautet die Zwingburgen, dann stürzt ihr sie, und bauet der Freiheit Haus. Dann könnt ihr eure Kinder frei taufen mit dem Wasser des Lebens. Und bis der Herr euch ruft durch seine Boten und Zeichen, wachet und rüstet euch im Geiste und betet ihr selbst und lehrt eure Kinder beten: „Herr, zerbrich den Stecken unserer Treiber und lass dein Reich zu uns kommen, das Reich der Gerechtigkeit. Amen.“ *(1834)*

Erkunden, nachschlagen:
Flugblatt, Flugschrift.
Vormärz

Kommentieren, Stellung nehmen:
Wirkungsmöglichkeiten des „Hessischen Landboten“

Karl Marx

Der dialektische Gegensatz von Proletariat und Reichtum*

Proletariat und Reichtum sind Gegensätze. Sie bilden als solche ein Ganzes. Sie sind beide Gestaltungen der Welt des Privateigentums. Es handelt sich um die bestimmte Stellung, die beide in dem Gegensatz einnehmen. Es reicht nicht aus, sie für zwei Seiten eines Ganzen zu erklären.

Das Privateigentum als Privateigentum, als Reichtum, ist gezwungen sich selbst und damit seinen Gegensatz, das Proletariat, im Bestehen zu erhalten. Es ist die positive Seite des Gegensatzes, das in sich selbst befriedigte Privateigentum.

Das Proletariat ist umgekehrt als Proletariat gezwungen, sich selbst und damit seinen bedingenden Gegensatz, der es zum Proletariat macht, das Privateigentum, aufzuheben. Es ist die negative Seite des Gegensatzes, seine Unruhe in sich, das aufgelöste und sich auflösende Privateigentum.

Die besitzende Klasse und die Klasse des Proletariats stellen dieselbe menschliche Selbstentfremdung dar. Aber die erste Klasse fühlt sich wohl und bestätigt, weiß die Entfremdung als ihre eigene Macht und besitzt in ihr den Schein einer menschlichen Existenz; die zweite fühlt sich in der Entfremdung vernichtet, erblickt in ihr ihre Ohnmacht und die Wirklichkeit einer unmenschlichen Existenz. Sie ist, um einen Ausdruck von Hegel zu gebrauchen, in der Verworfenheit die Empörung über diese Verworfenheit, eine Empörung, zu der sie notwendig durch den Widerspruch ihrer menschlichen Natur mit ihrer Lebenssituation, welche die offenherzige, entschiedene, umfassende Verneinung dieser Natur ist, getrieben wird.

Innerhalb des Gegensatzes ist der Privateigentümer also die konservative, der Proletarier die destruktive Partei. Von jenem geht die Aktion des Erhaltens des Gegensatzes, von diesem die Aktion seiner Vernichtung aus. (…)

Wenn die sozialistischen Schriftsteller dem Proletariat diese weltgeschichtliche Rolle zuschreiben, so geschieht dies keineswegs, wie die

Bezüge herstellen:
Marx' These der „Selbstentfremdung“ und Hauptmanns „Weber“, Sinclairs und Brechts Elend der Schlachthöfe sowie Büchners „Landbote“

kritische Kritik zu glauben vorgibt, weil sie die Proletarier für Götter halten. Vielmehr umgekehrt. Weil die Abstraktion von aller Menschlichkeit, selbst von dem Schein der Menschlichkeit im ausgebildeten Proletariat praktisch vollendet ist, weil in den Lebensbedingungen des Proletariats alle Lebensbedingungen der heutigen Gesellschaft in ihrer unmenschlichsten Spitze zusammengefasst sind, weil der Mensch in ihm sich selbst verloren, aber zugleich nicht nur das theoretische Bewusstsein dieses Verlustes gewonnen hat, sondern auch unmittelbar durch die nicht mehr abzuweisende, nicht mehr zu beschönigende, absolut gebieterische Not – dem praktischen Ausdruck der Notwendigkeit – zur Empörung gegen diese Unmenschlichkeit gezwungen ist, darum kann und muss das Proletariat sich selbst befreien. Es kann sich aber nicht selbst befreien, ohne seine eigenen Lebensbedingungen aufzuheben. Es kann seine eigenen Lebensbedingungen nicht aufheben, ohne *alle* unmenschlichen Lebensbedingungen der heutigen Gesellschaft, die sich in seiner Situation zusammenfassen, aufzuheben. Es macht nicht vergebens die harte, aber stählende Schule der Arbeit durch. Es handelt sich nicht darum, was dieser oder jener Proletarier oder selbst das ganze Proletariat als Ziel sich einstweilen *vorstellt*. Es handelt sich darum, *was es ist*, und was es diesem *Sein* gemäß geschichtlich zu tun gezwungen sein wird. Sein Ziel und seine geschichtliche Aktion ist in seiner eigenen Lebenssituation, wie in der ganzen Organisation der heutigen bürgerlichen Gesellschaft sinnfällig, unwiderruflich vorgezeichnet. Es bedarf hier nicht der Ausführung, dass ein großer Teil des englischen und französischen Proletariats sich seiner geschichtlichen Aufgabe schon bewusst ist und beständig daran arbeitet, dies Bewusstsein zur vollständigen Klarheit herauszubilden. *(1844/45)*

Erkunden, erforschen:
Leben und Philosophie des jungen Karl Marx.
Das „Kommunistische Manifest" von Marx und Engels

Am Text untersuchen:
„Selbstentfremdung" der „besitzenden Klasse" und der „Klasse des Proletariats"

Am Text erarbeiten:
Intention und Art der Darstellung des sozialen Elends bei Büchner und Marx

Lesetipp:
Karl Marx, Philosophie jetzt.
Ausgewählt und vorgestellt von Oskar Negt.

Karl Marx/Friedrich Engels

Manifest der Kommunistischen Partei (Auszug)

Die Geschichte aller bisherigen Gesellschaft ist die Geschichte von Klassenkämpfen.

Freier und Sklave, Patrizier und Plebejer, Baron und Leibeigener, Zunftbürger und Gesell, kurz, Unterdrücker und Unterdrückte standen in stetem Gegensatz zueinander, führten einen ununterbrochenen, bald versteckten, bald offenen Kampf, einen Kampf, der jedes Mal mit einer revolutionären Umgestaltung der ganzen Gesellschaft endete oder mit dem gemeinsamen Untergang der kämpfenden Klassen.

Die Arbeit der Proletarier hat durch die Ausdehnung der Maschinerie und die Teilung der Arbeit allen selbstständigen Charakter und damit allen Reiz für die Arbeiter verloren. Er wird ein bloßes Zubehör der Maschine, von dem nur der einfachste, eintönigste, am leichtesten erlernbare Handgriff verlangt wird. Die Kosten, die der Arbeiter verursacht, beschränken sich daher fast nur auf die Lebensmittel, die er zu seinem Unterhalt und zur Fortpflanzung seiner Rasse bedarf. (...)

An die Stelle der alten bürgerlichen Gesellschaft mit ihren Klassen und Klassengegensätzen tritt eine Assoziation, worin die freie Entwicklung eines jeden die Bedingung für die freie Entwicklung aller ist. *(1848)*

Manifest
der
Kommunistischen Partei.

Veröffentlicht im Februar 1848.

Proletarier aller Länder vereinigt euch.

London.
Gedruckt in der Office der „Bildungs-Gesellschaft für Arbeiter"
von J. E. Burghard.
46, Liverpool Street, Bishopsgate.

3 Erfahrungen von Sinn- und Sprachlosigkeit

3.1 Sinnkrise des Individuums

Else Lasker-Schüler, Zeichnung für den Umschlag der Erstausgabe der „Hebräischen Balladen" von 1913

Das neue Gedicht, die Lyrik, ist ein Kunstprodukt. Damit verbindet sich die Vorstellung von Bewusstheit, kritischer Kontrolle und, um gleich einen gefährlichen Ausdruck zu gebrauchen, auf den ich noch zurückkomme, die Vorstellung von „Artistik". Bei der Herstellung eines Gedichtes beobachtet man nicht nur das Gedicht, sondern auch sich selber.
(Gottfried Benn, 1951)

Bertolt Brecht

Der Nachgeborene

Ich gestehe es: ich
Habe keine Hoffnung.
Die Blinden reden von einem Ausweg. Ich
Sehe.

Wenn die Irrtümer verbraucht sind
Sitzt als letzter Gesellschafter
Uns das Nichts gegenüber.

(um 1920)

Else Lasker-Schüler

Weltende

Es ist ein Weinen in der Welt,
Als ob der liebe Gott gestorben wär,
Und der bleierne Schatten, der niederfällt,
Lastet grabesschwer.

Komm, wir wollen uns näher verbergen ...
Das Leben liegt in aller Herzen
Wie in Särgen.

Du! wir wollen uns tief küssen ...
Es pocht eine Sehnsucht an die Welt,
An der wir sterben müssen.

(1905)

Gottfried Benn

Verlorenes Ich

Verlorenes Ich, zersprengt von Stratosphären,
Opfer des Ion –: Gamma-Strahlen-Lamm –,
Teilchen und Feld –: Unendlichkeitsschimären
auf deinem grauen Stein von Notre-Dame.

Die Tage geh'n dir ohne Nacht und Morgen,
die Jahre halten ohne Schnee und Frucht
bedrohend das Unendliche verborgen –,
die Welt als Flucht.

Wo endest du, wo lagerst du, wo breiten
sich deine Spähren an –, Verlust, Gewinn –:
Ein Spiel von Bestien: Ewigkeiten,
an ihren Gittern fliehst du hin.

Der Bestienblick: die Sterne als Kaldaunen,
der Dschungeltod als Seins- und Schöpfungsgrund,
Mensch, Völkerschlachten, Katalaunen*
hinab den Bestienschlund.

Die Welt zerdacht. Und Raum und Zeiten
und was die Menschheit wob und wog,
Funktion nur von Unendlichkeiten –,
die Mythe log.

Woher, wohin –, nicht Nacht, nicht Morgen,
kein Evoë*, kein Requiem,
du möchtest dir ein Stichwort borgen –,
allein bei wem?

Ach, als sich alle einer Mitte neigten
und auch die Denker nur den Gott gedacht,
sie sich den Hirten und dem Lamm verzweigten,
wenn aus dem Kelch das Blut sie rein gemacht,

und alle rannen aus der einen Wunde,
brachen das Brot, das jeglicher genoß –,
oh ferne zwingende erfüllte Stunde,
die einst auch das verlor'ne Ich umschloß.

(1943)

* *Katalaunen: von Benn geprägt nach der Schlacht auf den Katalanischen Feldern 451 n. Chr.*

* *Evoë: Jubelruf beim Fest des griech. Weingottes Dionysos*

Franz Kafka

Vor dem Gesetz

Vor dem Gesetz steht ein Türhüter. Zu diesem Türhüter kommt ein Mann vom Lande und bittet um Eintritt in das Gesetz. Aber der Türhüter sagt, dass er ihm jetzt den Eintritt nicht gewähren könne. Der Mann überlegt und fragt dann, ob er also später werde eintreten dürfen. „Es ist möglich," sagt der Türhüter, „jetzt aber nicht." Da das Tor zum Gesetz offen steht wie immer und der Türhüter beiseite tritt, bückt sich der Mann, um durch das Tor in das Innere zu sehn. Als der Türhüter das merkt, lacht er und sagt: „Wenn es dich so lockt, versuche es doch, trotz meines Verbotes hineinzugehn. Merke aber: Ich bin mächtig. Und ich bin nur der unterste Türhüter. Von Saal zu Saal stehn aber Türhüter, einer mächtiger als der andere. Schon den Anblick des dritten kann nicht einmal ich mehr ertragen." Solche Schwierigkeiten hat der Mann vom Lande nicht erwartet; das Gesetz soll doch jedem und immer zugänglich sein, denkt er, aber als er jetzt den Türhüter in seinem Pelzmantel genauer ansieht, seine große Spitznase, den langen, dünnen, schwarzen tatarischen Bart, entschließt er sich, doch lieber zu warten, bis er die Erlaubnis zum Eintritt bekommt. Der Türhüter gibt ihm einen Schemel und lässt ihn seitwärts von der Tür sich niedersetzen. Dort sitzt er Tage und Jahre. Er macht viele Versuche, eingelassen zu werden, und ermüdet den Türhüter durch seine Bitten. Der Türhüter stellt öfters kleine Verhöre mit ihm an, fragt ihn über seine Heimat aus und nach vielem andern, es sind aber teilnahmslose Fragen, wie sie große Herren stellen, und zum Schlusse sagt er ihm immer wieder, dass er ihn noch nicht einlassen könne. Der Mann, der sich für seine Reise mit vielem ausgerüstet hat, verwendet alles, und sei es noch so wertvoll, um den Türhüter zu bestechen. Dieser nimmt zwar alles an, aber sagt dabei: „Ich nehme es nur an, damit du nicht glaubst, etwas versäumt zu haben." Während der vielen Jahre beobachtet der Mann den Türhüter fast ununterbrochen. Er vergisst die andern Türhüter und dieser erste scheint ihm das einzige Hindernis für den Eintritt in das Gesetz. Er verflucht den unglücklichen Zufall, in den ersten Jahren rücksichtslos und laut, später, als er alt wird, brummt er nur noch vor sich hin. Er wird kindisch, und, da er in dem jahrelangen Studium des Türhüters auch die Flöhe in seinem Pelzkragen erkannt hat, bittet er auch die Flöhe, ihm zu helfen und den Türhüter umzustimmen. Schließlich wird sein Augenlicht schwach, und er weiß nicht, ob es um ihn wirklich dunkler wird, oder ob ihn nur seine Augen täuschen. Wohl aber erkennt er jetzt im Dunkeln einen

Franz Kafka hat die Parabel „Vor dem Gesetz" in seinen Roman „Der Prozess" integriert. Der Bankprokurist Josef K. sieht sich eines Morgens ohne Grund verhaftet. Vergeblich versucht er, Aufklärung in seine rätselhafte Verhaftung zu bringen. Seine Lösungsversuche werden immer aussichtsloser. Verhaftet und dennoch – paradoxerweise – bewegungsfrei, begegnet er kurz vor seiner Hinrichtung anlässlich eines Besuchs im Dom der Stadt einem Geistlichen, der sich als Gefängniskaplan ausgibt; dieser erzählt Josef K. die Parabel vom Türhüter (9. Kapitel).

Franz Kafka: Tuschezeichnungen (im Manuskript des Romans „Der Prozess")

Erkunden, nachschlagen:
Parabel

Am Text erarbeiten, diskutieren:
unterschiedliche Interpretationsansätze zur Parabel Kafkas:

- Ausdruck der Unfassbarkeit und Unerreichbarkeit Gottes (theologisch)
- Vergegenwärtigung des Problems von Determiniertheit und Freiheit (philosophisch)
- Darstellung gesellschaftlicher Machtverhältnisse (soziologisch)
- Ausdruck neurotischer Lebensunfähigkeit (psychologisch)

Glanz, der unverlöschlich aus der Türe des Gesetzes bricht. Nun lebt er nicht mehr lange. Vor seinem Tode sammeln sich in seinem Kopfe alle Erfahrungen der ganzen Zeit zu einer Frage, die er bisher an den Türhüter noch nicht gestellt hat. Er winkt ihm zu, da er seinen erstarrenden Körper nicht mehr aufrichten kann. Der Türhüter muss sich tief zu ihm hinunterneigen, denn der Größenunterschied hat sich sehr zu ungunsten des Mannes verändert. „Was willst du denn jetzt noch wissen?" fragt der Türhüter, „du bist unersättlich." „Alle streben doch nach dem Gesetz," sagt der Mann, „wieso kommt es, dass in den vielen Jahren niemand außer mir Einlass verlangt hat?" Der Türhüter erkennt, dass der Mann schon an seinem Ende ist, und, um sein vergehendes Gehör noch zu erreichen, brüllt er ihn an: „Hier konnte niemand sonst Einlass erhalten, denn dieser Eingang war nur für dich bestimmt. Ich gehe jetzt und schließe ihn." *(1925)*

Frank Wedekind

Frühlings Erwachen (Auszug)

1. Akt , Zweite Szene
Sonntagabend.

MELCHIOR: Das ist mir zu langweilig. Ich mache nicht mehr mit.
OTTO: Dann können wir andern nur noch aufhören! – Hast du die Arbeiten, Melchior?
MELCHIOR: Spielt ihr nur weiter!
MORITZ: Wohin gehst du?
MELCHIOR: Spazieren.
GEORG: Es wird ja dunkel!
ROBERT: Hast du die Arbeiten schon?
MELCHIOR: Warum soll ich denn nicht im Dunkeln spazierengehn?
ERNST: Zentralamerika! – Ludwig der Fünfzehnte! Sechzig Verse Homer! – Sieben Gleichungen!
MELCHIOR: Verdammte Arbeiten!
GEORG: Wenn nur wenigstens der lateinische Aufsatz nicht auf morgen wäre!
MORITZ: An nichts kann man denken, ohne dass einem Arbeiten dazwischenkommen!
OTTO: Ich gehe nach Hause.
GEORG: Ich auch, Arbeiten machen.
ERNST: Ich auch, ich auch.
ROBERT: Gute Nacht, Melchior.
MELCHIOR: Schlaft wohl!
(Alle entfernen sich bis auf Moritz und Melchior.)
MELCHIOR: Möchte doch wissen, wozu wir eigentlich auf der Welt sind!
MORITZ: Lieber wollt' ich ein Droschkengaul sein um der Schule willen! – Wozu gehen wir in die Schule? – Wir gehen in die Schule, damit man uns examinieren kann! – Und wozu examiniert man uns? – Damit wir durchfallen. – Sieben müssen ja durchfallen, schon weil das Klassenzimmer oben nur sechzig fasst. – Mir ist so eigentümlich seit Weihnachten ... hol mich der Teufel, wäre Papa nicht, heut noch schnürt' ich mein Bündel und ginge nach Altona!

Im Mittelpunkt des Dramas stehen die 14-jährige, von ihrer Mutter in sexueller Hinsicht in Unwissenheit gehaltene Wendla sowie die Schulfreunde Moritz und Melchior: ersterer ist von der Schule und dem häuslichen Diktat der Pflichterfüllung überfordert, letzterer ein tolerant erzogener Realist. Wendla und Melchior verführen einander. Nachdem er das Klassenziel nicht erreicht hat, nimmt sich Moritz das Leben; einer bei ihm gefundenen Aufklärungsschrift, die Melchior für ihn verfasst hat, wird die Schuld an seiner Verzweiflungstat gegeben. Wendla stirbt an einer von der Mutter veranlassten Abtreibung. Melchior, der von der Schule verwiesen worden ist, will sich an Wendlas Grab das Leben nehmen, bestärkt von dem ihm erscheinenden Moritz; ein „vermummter Herr" bricht die Verführungskraft der Todesschilderung, die Moritz gibt, und zieht Melchior mit dem Versprechen mit sich fort: „Ich erschließe dir die Welt."
Die Haupthandlung mit ihrer Anklage gegen die Verständnislosigkeit der Erwachsenen gegenüber den ihnen anvertrauten Jugendlichen wird von z. T. lyrisch-expressiven Dialogen der Heranwachsenden (über Idealismus und Materialismus, Selbstbefriedigung, Homoerotik) und groteske Auftritte der Pädagogen (Sonnenstich, Knochenbruch, Prokrustes) begleitet.

MELCHIOR: Reden wir von etwas anderem. –
(Sie gehen spazieren.)
MORITZ: Siehst du die schwarze Katze dort mit dem emporgereckten Schweif?
MELCHIOR: Glaubst du an Vorbedeutungen?
MORITZ: Ich weiß nicht recht. – – Sie kam von drüben her. Es hat nichts zu sagen.
MELCHIOR: Ich glaube, das ist eine Charybdis, in die jeder stürzt, der sich aus der Skylla religiösen Irrwahns emporgerungen. – – Lass uns hier unter der Buche Platz nehmen. Der Tauwind fegt über die Berge. Jetzt möchte ich droben im Wald eine junge Dryade* sein, die sich die ganze lange Nacht in den höchsten Wipfeln wiegen und schaukeln lässt …
MORITZ: Knöpf dir die Weste auf, Melchior!
MELCHIOR: Ha – wie das einem die Kleider bläht!
MORITZ: Es wird weiß Gott so stockfinster, dass man die Hand nicht vor den Augen sieht. Wo bist du eigentlich? – – Glaubst du nicht auch, Melchior, dass das Schamgefühl im Menschen nur ein Produkt seiner Erziehung ist?
MELCHIOR: Darüber habe ich erst vorgestern noch nachgedacht. Es scheint mit immerhin tief eingewurzelt in der menschlichen Natur. Denke dir, du sollst dich vollständig entkleiden vor deinem besten Freund. Du wirst es nicht tun, wenn er es nicht zugleich auch tut. – Es ist eben auch mehr oder weniger Modesache.
MORITZ: Ich habe mir schon gedacht, wenn ich Kinder habe, Knaben und Mädchen, so lasse ich sie von früh auf im nämlichen Gemach, wenn möglich auf ein und demselben Lager, zusammenschlafen, lasse ich sie morgens und abends beim An- und Auskleiden einander behilflich sein und in der heißen Jahreszeit, die Knaben sowohl wie die Mädchen, tagsüber nichts als eine kurze, mit einem Lederriemen gegürtete Tunika aus weißem Wollstoff tragen. – Mir ist, sie müssten, wenn sie so heranwachsen, später ruhiger sein, als wir es in der Regel sind.
MELCHIOR: Das glaube ich entschieden. Moritz! – Die Frage ist nur, wenn die Mädchen Kinder bekommen, was dann?
MORITZ: Wieso Kinder bekommen?
MELCHIOR: Ich glaube in dieser Hinsicht nämlich an einen gewissen Instinkt. Ich glaube, wenn man einen Kater zum Beispiel mit einer Katze von Jugend auf zusammensperrt und beide von jedem Verkehr mit der Außenwelt fern hält, d.h. sie ganz nur ihren eigenen Trieben überlässt – dass die Katze früher oder später doch einmal trächtig wird, obgleich sie sowohl wie der Kater niemand hatten, dessen Beispiel ihnen hätte die Augen öffnen können.
MORITZ: Bei Tieren muss sich das ja schließlich von selbst ergeben.
MELCHIOR: Bei Menschen glaube ich erst recht! Ich bitte dich, Moritz, wenn deine Knaben mit den Mädchen auf ein und demselben Lager schlafen und es kommen ihnen nun unversehens die ersten männlichen Regungen – ich möchte mit jedermann eine Wette eingehen …
MORITZ: Darin magst du ja Recht haben. – Aber immerhin …
MELCHIOR: Und bei deinen Mädchen wäre es im entsprechenden Alter vollkommen das Nämliche! Nicht, dass das Mädchen gerade … man kann das ja freilich so genau nicht beurteilen … jedenfalls wäre vorauszusetzen … und die Neugierde würde das ihrige zu tun auch nicht verabsäumen! *(1890/91)*

Umschlagtitel der Erstausgabe

* *Dryade: Baumnymphe*

Infolge von Unglücksfällen aller Art, Selbstmorden usw. drängt sich uns seit einigen Jahren das Problem der sexuellen Aufklärung der Jugend auf. (…)
Die Jugend wächst nicht in angeborener Dummheit und Blindheit heran. Ein wahnwitziges Verbrechen ist es hingegen, die Jugend systematisch zur Dummheit und Blindheit ihrer Sexualität gegenüber anzulernen und zu erziehen, sie systematisch auf den Holzweg zu führen.
Dieses Verbrechen ist in den letzten hundert Jahren bei uns allgemein in Schule und Haus begangen worden. Und aus welchem Grunde wurde dieses Verbrechen begangen? Aus Furcht, dass ernste Gespräche über Erotik und Sexualität der heranwachsenden Jugend Schaden zufügen könnten.
(Frank Wedekind, 1910)

Friedrich Nietzsche

Die fröhliche Wissenschaft (Auszug)

FÜNFTES BUCH

Wir Furchtlosen

Carcasse, tu trembles? Tu tremblerais bien davantage, si tu savais, où je te mène.
Turenne

Was es mit unsrer Heiterkeit auf sich hat. – Das größte neuere Ereignis – dass „Gott tot ist", dass der Glaube an den christlichen Gott unglaubwürdig geworden ist – beginnt bereits seine ersten Schatten über Europa zu werfen. Für die wenigen wenigstens, deren Augen, deren Argwohn in den Augen stark und fein genug für dies Schauspiel ist, scheint eben irgendeine Sonne untergegangen, irgendein altes, tiefes Vertrauen in Zweifel umgedreht: Ihnen muss unsere alte Welt täglich abendlicher, misstrauischer, fremder, „älter", scheinen. In der Hauptsache aber darf man sagen: Das Ereignis selbst ist viel zu groß, zu fern, zu abseits vom Fassungsvermögen vieler, als dass auch nur seine Kunde schon angelangt heißen dürfte; geschweige denn, dass viele bereits wüssten, was eigentlich sich damit begeben hat – und was alles, nachdem dieser Glaube untergraben ist, nunmehr einfallen muss, weil es auf ihm gebaut, an ihn gelehnt, in ihn hineingewachsen war: z.B. unsere ganze europäische Moral. Diese lange Fülle und Folge von Abbruch, Zerstörung, Untergang, Umsturz, die nun bevorsteht: Wer erriete heute schon genug davon, um den Lehrer und Vorauskünder dieser ungeheuren Logik von Schrecken abgeben zu müssen, den Propheten einer Verdüsterung und Sonnenfinsternis, derengleichen es wahrscheinlich noch nicht auf Erden gegeben hat? (...) Selbst wir geborenen Rätselrater, die wir gleichsam auf den Bergen warten, zwischen heute und morgen hineingestellt und in den Widerspruch zwischen heute und morgen hineingespannt, wir Erstlinge und Frühgeburten des kommenden Jahrhunderts, denen eigentlich die Schatten, welche Europa alsbald einwickeln müssen, jetzt schon zu Gesicht gekommen sein sollten: Woran liegt es doch, dass selbst wir ohne rechte Teilnahme für diese Verdüsterung, vor allem ohne Sorge und Furcht für uns, ihrem Heraufkommen entgegensehn? Stehen wir vielleicht zu sehr noch unter den nächsten Folgen dieses Ereignisses – und diese nächsten Folgen, seine Folgen für uns sind umgekehrt als man vielleicht erwarten könnte, durchaus nicht traurig und verdüsternd, vielmehr wie eine neue, schwer zu beschreibende Art von Licht, Glück, Erleichterung, Erheiterung, Ermutigung, Morgenröte. (...) In der Tat, wir Philosophen und „freien Geister" fühlen uns bei der Nachricht, dass der „alte Gott tot" ist, wie von einer neuen Morgenröte angestrahlt; unser Herz strömt dabei über von Dankbarkeit, Erstaunen, Ahnung, Erwartung – endlich erscheint uns der Horizont wieder frei, gesetzt selbst, dass er nicht hell ist, endlich dürfen unsere Schiffe wieder auslaufen, auf jede Gefahr hin auslaufen, jedes Wagnis des Erkennenden ist wieder erlaubt, das Meer, unser Meer liegt wieder offen da, vielleicht gab es noch niemals ein so „offenes Meer".
(1882)

Horst Janssen: Friedrich Nietzsche, 1983

Friedrich Nietzsche

Also sprach Zarathustra (Auszug)

Vor Gott! – Nun aber starb dieser Gott! Ihr höheren Menschen, dieser Gott war eure größte Gefahr.
Seit er im Grabe liegt, seid ihr erst wieder auferstanden. Nun erst kommt der große Mittag, nun erst wird der höhere Mensch – Herr!
Verstandet ihr dies Wort, o meine Brüder? Ihr seid erschreckt: Wird euren Herzen schwindlig? Klafft euch hier der Abgrund? Kläfft euch hier der Höllenhund? Wohlan! Wohlauf! Ihr höheren Menschen! Nun erst kreißt der Berg der Mensch-Zukunft. Gott starb: Nun wollen *wir* – dass der Übermensch lebe.
(1883)

Begriffe klären:
Nihilismus

Erkunden, erforschen:
Friedrich Nietzsche: Leben und Philosophie

Sigmund Freud

Die Entdeckung des Unbewussten*

Mit d[er] Hervorhebung des Unbewussten im Seelenleben haben wir (...) die bösesten Geister der Kritik gegen die Psychoanalyse aufgerufen. Wundern Sie sich darüber nicht und glauben Sie auch nicht, dass der Widerstand gegen uns nur an der begreiflichen Schwierigkeit des Unbewussten oder an der relativen Unzugänglichkeit der Erfahrungen gelegen ist, die es erweisen. Ich meine, er kommt von tiefer her. Zwei große Kränkungen ihrer naiven Eigenliebe hat die Menschheit im Laufe der Zeiten von der Wissenschaft erdulden müssen. Die erste, als sie erfuhr, dass unsere Erde nicht der Mittelpunkt des Weltalls ist, sondern ein winziges Teilchen eines in seiner Größe kaum vorstellbaren Weltsystems. Sie knüpft sich für uns an den Namen *Kopernikus*, obwohl schon die alexandrinische Wissenschaft Ähnliches verkündet hatte. Die zweite dann, als die biologische Forschung das angebliche Schöpfungsvorrecht des Menschen zunichte machte, ihn auf die Abstammung aus dem Tierreich und die Unvertilgbarkeit seiner animalischen Natur verwies. Diese Umwertung hat sich in unseren Tagen unter dem Einfluss von *Ch. Darwin, Wallace** und ihren Vorgängern nicht ohne das heftigste Sträuben der Zeitgenossen vollzogen. Die dritte und empfindlichste Kränkung aber soll die menschliche Größensucht durch die heutige psychologische Forschung erfahren, welche dem Ich nachweisen will, dass es nicht einmal Herr ist im eigenen Hause, sondern auf kärgliche Nachrichten angewiesen bleibt von dem, was unbewusst in seinem Seelenleben vorgeht. Auch diese Mahnung zur Einkehr haben wir Psychoanalytiker nicht zuerst und nicht als die einzigen vorgetragen, aber es scheint uns beschieden, sie am eindringlichsten zu vertreten und durch Erfahrungsmaterial, das jedem einzelnen nahe geht, zu erhärten. Daher die allgemeine Auflehnung gegen unsere Wissenschaft, die Versäumnis aller Rücksichten akademischer Urbanität und die Entfesselung der Opposition von allen Zügeln unparteiischer Logik, und dazu kommt noch, dass wir den Frieden dieser Welt noch auf andere Weise stören mussten, wie Sie bald hören werden. *(1917)*

Michael Prechtl: Amor und Psyche untersuchen Freud

* *Alfred Russel Wallace (1823–1913): britischer Zoologe*

Sigmund Freud

Trieblehre*

Die Macht des Es drückt die eigentliche Lebensabsicht des Einzelwesens aus. Sie besteht darin, seine mitgebrachten Bedürfnisse zu befriedigen. Eine Absicht, sich am Leben zu erhalten und sich durch die Angst vor Gefahren zu schützen, kann dem Es nicht zugeschrieben werden. Dies ist die Aufgabe des Ichs, das auch die günstigste und gefahrloseste Art der Befriedigung mit Rücksicht auf die Außenwelt herauszufinden hat. Das Über-Ich mag neue Bedürfnisse geltend machen, seine Hauptleistung bleibt aber die Einschränkung der Befriedigungen.

Die Kräfte, die wir hinter den Bedürfnisspannungen des Es annehmen, heißen wir *Triebe*. Wir haben uns entschlossen, nur zwei Grundtriebe anzunehmen, den *Eros* und den *Destruktionstrieb*. *(1938)*

Kommentieren, Stellung nehmen:
Ist der Mensch nicht mehr „Herr im eigenen Haus"?

Diskutieren, erörtern:
Der moderne Mensch als „Übermensch" (Nietzsche) oder als Knecht seiner „unbewussten Triebe" (Freud)?

Lesetipp:
Sigmund Freud: Vorlesungen zur Einführung in die Psychoanalyse

HANS KARL: Ich soll aufstehen und eine Rede halten, über Völkerversöhnung und über das Zusammenleben der Nationen – ich, ein Mensch, der durchdrungen ist von einer Sache auf der Welt: dass es unmöglich ist, den Mund aufzumachen, ohne die heillosesten Konfusionen anzurichten! Aber lieber leg' ich doch die erbliche Mitgliedschaft nieder und verkriech' mich zeitlebens in eine Uhuhütte. Ich sollte einen Schwall von Worten in den Mund nehmen, von denen mir jedes einzelne geradezu indezent erscheint! (...) Aber alles, was man ausspricht, ist indezent. Das simple Faktum, dass man etwas ausspricht, ist indezent.

(H. v. Hofmannsthal, Der Schwierige, 1921)

Joseph von Eichendorff

Wünschelrute

Schläft ein Lied in allen Dingen,
Die da träumen fort und fort,
Und die Welt hebt an zu singen,
Triffst du nur das Zauberwort.

(1835)

Hugo von Hofmannsthal

Ein Brief (1902, Auszug)

Dies ist der Brief, den Philipp Chandos, jüngerer Sohn des Earl of Bath, an Francis Bacon, später Lord Verulam und Viscount St. Albans, schrieb, um sich bei diesem Freunde wegen des gänzlichen Verzichtes auf literarische Betätigung zu entschuldigen.

Es ist gütig von Ihnen, mein hochverehrter Freund, mein zweijähriges Stillschweigen zu übersehen und so an mich zu schreiben. Es ist mehr als gütig, Ihrer Besorgnis um mich, Ihrer Befremdung über die geistige Starrnis, in der ich Ihnen zu versinken scheine, den Ausdruck der Leichtigkeit und des Scherzes zu geben, den nur große Menschen, die von der Gefährlichkeit des Lebens durchdrungen und dennoch nicht entmutigt sind, in ihrer Gewalt haben. (...)

Um mich kurz zu fassen: Mir erschien damals in einer Art von andauernder Trunkenheit das ganze Dasein als eine große Einheit: Geistige und körperliche Welt schien mir keinen Gegensatz zu bilden, ebenso wenig höfisches und tierisches Wesen, Kunst und Unkunst, Einsamkeit und Gesellschaft; in allem fühlte ich Natur, in den Verirrungen des Wahnsinns ebenso wohl wie in den äußersten Verfeinerungen eines spanischen Zeremoniells; in den Tölpelhaftigkeiten junger Bauern nicht minder als in den süßesten Allegorien; und in aller Natur fühlte ich mich selber; wenn ich auf meiner Jagdhütte die schäumende laue Milch in mich hineintrank, die ein struppiges Mensch einer schönen, sanftäugigen Kuh aus dem Euter in einen Holzeimer niedermolk, so war mir das nichts anderes, als wenn ich, in der dem Fenster eingebauten Bank meines studio sitzend, aus einem Folianten süße und schäumende Nahrung des Geistes in mich sog. Das eine war wie das andere; keines gab dem andern weder an traumhafter überirdischer Natur, noch an leiblicher Gewalt nach, und so gings fort durch die ganze Breite des Lebens, rechter und linker Hand; überall war ich mitten drinnen, wurde nie ein Scheinhaftes gewahr: Oder es ahnte mir, alles wäre Gleichnis und jede Kreatur ein Schlüssel der andern, und ich fühlte mich wohl dem, der imstande wäre, eine nach der andern bei der Krone zu packen und mit ihr so viele der andern aufzusperren, als sie aufsperren könnte. (...)

Mein Fall ist, in Kürze, dieser: Es ist mir völlig die Fähigkeit abhanden gekommen, über irgendetwas zusammenhängend zu denken oder zu sprechen.

Zuerst wurde es mir allmählich unmöglich, ein höheres oder allgemeineres Thema zu besprechen und dabei jene Worte in den Mund zu nehmen, deren sich doch alle Menschen ohne Bedenken geläufig zu bedienen pflegen. Ich empfand ein unerklärliches Unbehagen, die Worte „Geist", „Seele" oder „Körper" nur auszusprechen. Ich fand es innerlich unmöglich, über die Angelegenheiten des Hofes, die Vorkommnisse im Parlament, oder was Sie sonst wollen, ein Urteil herauszubringen. Und dies nicht etwa aus Rücksichten irgendwelcher Art, denn Sie kennen meinen bis zur Leichtfertigkeit gehenden Freimut: sondern die abstrakten Worte, deren sich doch die Zunge naturgemäß bedienen muss, um irgendwelches Urteil an den Tag zu geben, zerfielen mir im Munde wie modrige Pilze. (...)

Allmählich aber breitete sich diese Anfechtung aus wie ein um sich fressender Rost. Es wurden mir auch im familiären und hausbackenen Gespräch alle die Urteile, die leichthin und mit schlafwandelnder Sicherheit abgegeben zu werden pflegen, so bedenklich, dass ich aufhören musste, an solchen Gesprächen irgend teilzunehmen. Mit einem unerklärlichen Zorn, den ich nur mit Mühe notdürftig verbarg, erfüllte es mich, dergleichen zu hören, wie: Die Sache ist für den oder jenen gut oder schlecht ausgegangen; Sheriff N. ist ein böser, Prediger T. ein guter Mensch; Pächter M. ist zu bedauern, seine Söhne sind Verschwender; ein anderer ist zu beneiden, weil seine Töchter haushälterisch sind; eine Familie kommt in die Höhe, eine andere ist im Hinabsinken. Dies alles erschien mir so unbeweisbar, so lügenhaft, so löcherig wie nur möglich. Mein Geist zwang mich, alle Dinge, die in einem solchen Gespräch vorkamen, in einer unheimlichen Nähe zu sehen: So wie ich einmal in einem Vergrößerungsglas ein Stück von der Haut meines kleinen Fingers gesehen hatte, das einem Blachfeld mit Furchen und Höhen glich, so ging es mir nun mit den Menschen und ihren Handlungen. Es gelang mir nicht mehr, sie mit dem vereinfachenden Blick der Gewohnheit zu erfassen. Es zerfiel mir alles in Teile, die Teile wieder in Teile, und nichts mehr ließ sich mit einem Begriff umspannen. Die einzelnen Worte schwammen um mich; sie gerannen zu Augen, die mich anstarrten und in die ich wieder hineinstarren muss: Wirbel sind sie, in die hinabzusehen mich schwindelt, die sich unaufhaltsam drehen und durch die hindurch man ins Leere kommt. (…)

Seither führe ich ein Dasein, das Sie, fürchte ich, kaum begreifen können, so geistlos, so gedankenlos fließt es dahin; ein Dasein, das sich freilich von dem meiner Nachbarn, meiner Verwandten und der meisten landbesitzenden Edelleute dieses Königreiches kaum unterscheidet und das nicht ganz ohne freudige und belebende Augenblicke ist. Es wird mir nicht leicht, Ihnen anzudeuten, worin diese guten Augenblicke bestehen; die Worte lassen mich wiederum im Stich. Denn es ist ja etwas völlig Unbenanntes und auch wohl kaum Benennbares, das in solchen Augenblicken, irgendeine Erscheinung meiner alltäglichen Umgebung mit einer überschwellenden Flut höheren Lebens wie ein Gefäß erfüllend, mir sich ankündet. Ich kann nicht erwarten, dass Sie mich ohne Beispiel verstehen, und ich muss sie um Nachsicht für die Albernheit meiner Beispiele bitten. Eine Gießkanne, eine auf dem Felde verlassene Egge, ein Hund in der Sonne, ein ärmlicher Kirchhof, ein Krüppel, ein kleines Bauernhaus, alles dies kann das Gefäß meiner Offenbarung werden. Jeder dieser Gegenstände und die tausend anderen ähnlichen, über die sonst ein Auge mit selbstverständlicher Gleichgültigkeit hinweggleitet, kann für mich plötzlich in irgendeinem Moment, den herbeizuführen auf keine Weise in meiner Gewalt steht, ein erhabenes und rührendes Gepräge annehmen, das auszudrücken mir alle Worte zu arm scheinen. (…)

Ich habe Sie, mein verehrter Freund, mit dieser ausgebreiteten Schilderung eines unerklärlichen Zustandes, der gewöhnlich in mir verschlossen bleibt, über Gebühr belästigt. (…)

Ich wollte, es wäre mir gegeben, in die letzten Worte dieses voraussichtlich letzten Briefes, den ich an Francis Bacon schreibe, alle die Liebe und Dankbarkeit, alle die ungemessene Bewunderung zusammenzupressen, die ich für den größten Wohltäter meines Geistes, für den ersten Engländer meiner Zeit im Herzen hege und darin hegen werde, bis der Tod es bersten macht.

A.D. 1603, diesen 22. August *Phi. Chandos*

Gottfried Benn

Ein Wort

Ein Wort, ein Satz –: aus Chiffren steigen
erkanntes Leben, jäher Sinn,
die Sonne steht, die Sphären schweigen,
und alles ballt sich zu ihm hin.

Ein Wort –, ein Glanz, ein Flug, ein Feuer,
ein Flammenwurf, ein Sternenstrich –,
und wieder Dunkel, ungeheuer,
im leeren Raum um Welt und Ich.

(1941)

Erkunden, nachschlagen:
Wiener Moderne, philosophische Sprachkritik

Am Text erarbeiten:
Sprachkrise bei Hofmannsthal

Christian Morgenstern

Der Nachtschelm und das Siebenschwein oder Eine glückliche Ehe

Der Nachtschelm und das Siebenschwein,
die gingen eine Ehe ein,
o wehe!
Sie hatten dreizehn Kinder, und
davon war eins der Schluchtenhund,
zwei andre waren Rehe.

Das vierte war die Rabenmaus,
das fünfte war ein Schneck samt Haus,
o Wunder!
Das sechste war ein Käuzelein,
das siebte war ein Siebenschwein
und lebte in Burgunder.

Acht war ein Gürteltier nebst Gurt,
neun starb sofort nach der Geburt,
o wehe!
Von zehn bis dreizehn ist nicht klar; –
doch wie dem auch gewesen war,
es war eine glückliche Ehe!
(1905)

Richard Huelsenbeck

Erklärung

Vorgetragen im „Cabaret Voltaire"

Edle und respektierte Bürger Zürichs, Studenten, Handwerker, Arbeiter, Vagabunden, Ziellose aller Länder, vereinigt euch. Im Namen des Cabaret Voltaire und meines Freundes Hugo Ball, dem Gründer und Leiter dieses hochgelehrten Institutes, habe ich heute Abend eine Erklärung abzugeben, die Sie erschüttern wird. Ich hoffe, dass Ihnen kein körperliches Unheil widerfahren wird, aber was wir Ihnen jetzt zu sagen haben, wird Sie wie eine Kugel treffen. Wir haben beschlossen, unsere mannigfaltigen Aktivitäten unter dem Namen Dada zusammenzufassen. Wir fanden Dada, wir sind Dada, und wir haben Dada. Dada wurde in einem Lexikon gefunden, es bedeutet nichts. Dies ist das bedeutende Nichts, an dem nichts etwas bedeutet. Wir wollen die Welt mit Nichts ändern, wir wollen die Dichtung und die Malerei mit Nichts ändern und wir wollen den Krieg mit Nichts zu Ende bringen. Wir stehen hier ohne Absicht, wir haben nicht mal die Absicht, Sie zu unterhalten oder zu amüsieren. Obwohl dies alles so ist, wie es ist, indem es nämlich nichts ist, brauchen wir dennoch nicht als Feinde zu enden. Im Augenblick, wo Sie unter Überwindung Ihrer bürgerlich Widerstände mit uns Dada auf ihre Fahne schreiben, sind wir wieder einig und die besten Freunde. Nehmen Sie bitte Dada von uns als Geschenk an, denn wer es nicht annimmt, ist verloren. Dada ist die beste Medizin und verhilft zu einer glücklichen Ehe. Ihre Kindeskinder werden es Ihnen danken. Ich verabschiede mich nun mit einem Dadagruß und einer Dadaverbeugung. Es lebe Dada. Dada, Dada, Dada. *(1916)*

Was ist dada?
Eine Kunst? Eine Philosophie? eine Politik?
Eine Feuerversicherung?
Oder: Staatsreligion?
ist dada wirkliche Energie?
oder ist es Garnichts, d. h. alles?

© BPK Berlin

„Der Dada", Zweite Seite der Zeitschrift Nr. 2, hrsg. v. Raoul Hausmann, Berlin, 1919.

Erkunden, nachschlagen:
Dadaismus, Surrealismus

Kurt Schwitters

An Anna Blume

Merzgedicht I

O du, Geliebte meiner siebenundzwanzig Sinne, ich
liebe dir! – Du deiner dich dir, ich dir, du mir.
– Wir?
Das gehört (beiläufig) nicht hierher.
Wer bist du, ungezähltes Frauenzimmer? Du bist
– bist du? – Die Leute sagen, du wärest – lass
sie sagen, sie wissen nicht, wie der Kirchturm steht.
Du trägst den Hut auf deinen Füßen und wanderst
auf die Hände, auf den Händen wanderst du.
Hallo, deine roten Kleider, in weiße Falten zersägt.
Rot liebe ich Anna Blume, rot liebe ich dir! – Du
deiner dich dir, ich dir, du mir. – Wir?
Das gehört (beiläufig) in die kalte Glut.
Rote Blume, rote Anna Blume, wie sagen die Leute?
Preisfrage: 1.) Anna Blume hat ein Vogel.
2.) Anna Blume ist rot.
3.) Welche Farbe hat der Vogel?
Blau ist die Farbe deines gelben Haares.
Rot ist das Girren deines grünen Vogels.
Du schlichtes Mädchen im Alltagskleid, du liebes
grünes Tier, ich liebe dir! Du deiner dich dir, ich
dir, du mir, – Wir?
Das gehört (beiläufig) in die Glutenkiste.
Anna Blume! Anna, a-n-n-a, ich träufle deinen Namen.
Dein Name tropft wie weiches Rindertalg.
Weiß du es, Anna, weißt du es schon?
Man kann dich auch von hinten lesen, und du, du
Herrlichste von allen, du bist von hinten wie von
vorne: „a-n-n-a".
Rindertag träufelt streicheln über meinen Rücken.
Anna Blume, du tropfes Tier, ich liebe dir!

(1919)

Kurt Schwitters: „Merzbild 1 A (Der Irrenarzt)" 1919, Museo Thyssen-Bornemisza, Madrid

Joachim Ringelnatz

Ich habe dich so lieb

Ich habe dich so lieb!
Ich würde dir ohne Bedenken
Eine Kachel aus meinem Ofen
Schenken.

Ich habe dir nichts getan.
Nun ist mir traurig zu Mut.
An den Hängen der Eisenbahn.
Leuchtet der Ginster so gut.

Vorbei – verjährt –
Doch nimmer vergessen.
Ich reise.
Alles, was lange währt,
Ist leise.

Die Zeit entstellt
Alle Lebewesen.
Ein Hund bellt.
Er kann nicht lesen.
Er kann nicht schreiben.
Wir können nicht bleiben.

Ich lache.
Die Löcher sind die Hauptsache
An einem Sieb.

Ich habe dich so lieb.

(1931)

Robert Musil
Geistiger Umsturz*

Im Mittelpunkt des Romans „Der Mann ohne Eigenschaften", aus dem dieser Text stammt, steht der zu Beginn der Handlung im August 1913 32-jährige Ulrich, dessen Versuche gescheitert sind, als Offizier, Ingenieur oder Mathematiker ein „bedeutender Mann" zu werden. Sein Selbstverständnis als „Mann ohne Eigenschaften" entspricht der Einsicht, dass im Zentrum der modernen Wirklichkeit nicht der Mensch, sondern „Sachzwänge" stehen: Erlebnisse ereignen sich „ohne den, der sie erlebt".

Walter und er waren jung gewesen in der heute verschollenen Zeit kurz nach der letzten Jahrhundertwende, als viele Leute sich einbildeten, dass auch das Jahrhundert jung sei. Das damals zu Grabe gegangene hatte sich in seiner zweiten Hälfte nicht gerade ausgezeichnet. Es war klug im Technischen, Kaufmännischen und in der Forschung gewesen, aber außerhalb dieser Brennpunkte seiner Energie war es still und verlogen wie ein Sumpf. Es hatte gemalt wie die Alten, gedichtet wie Goethe und Schiller und seine Häuser im Stil der Gotik und Renaissance gebaut. Die Forderung des Idealen waltete in der Art eines Polizeipräsidiums über allen Äußerungen des Lebens. Aber vermöge jenes geheimen Gesetzes, das dem Menschen keine Nachahmung erlaubt, ohne sie mit einer Übertreibung zu verknüpfen, wurde damals alles so kunstgerecht gemacht, wie es die bewunderten Vorbilder niemals zustande gebracht hätten, wovon man ja noch heute die Spuren in den Straßen und Museen sehen kann, und, ob das nun damit zusammenhängt oder nicht, die ebenso keuschen wie scheuen Frauen jener Zeit mussten Kleider von den Ohren bis zum Erdboden tragen, aber einen schwellenden Busen und ein üppiges Gesäß aufweisen. Im übrigen kennt man aus allerlei Gründen von keiner gewesenen Zeit so wenig wie von solchen drei bis fünf Jahrzehnten, die zwischen dem eigenen zwanzigsten Jahr und dem zwanzigsten Lebensjahr der Väter liegen. Es kann deshalb nützen, sich auch daran erinnern zu lassen, dass in schlechten Zeiten die schrecklichsten Häuser und Gedichte nach genau ebenso schönen Grundsätzen gemacht werden wie in den besten; dass alle Leute die daran beteiligt sind, die Erfolge eines vorangegangenen guten Abschnitts zu zerstören, das Gefühl haben, sie zu verbessern; und dass sich die blutlosen jungen Leute einer solchen Zeit auf ihr junges Blut genau so viel einbilden wie die neuen Leute in allen anderen Zeiten. Und es ist jedes Mal wie ein Wunder, wenn nach einer solchen flach dahinsinkenden Zeit plötzlich ein kleiner Anstieg der Seele kommt, wie es damals geschah. Aus dem ölglatten Geist der zwei letzten Jahrzehnte des neunzehnten Jahrhunderts hatte sich plötzlich in ganz Europa ein beflügelndes Fieber erhoben. Niemand wusste genau, was im Werden war; niemand vermochte zu sagen, ob es eine neue Kunst, ein neuer Mensch, eine neue Moral oder vielleicht eine Umschichtung der Gesellschaft sein solle. Darum sagte jeder davon, was ihm passte. (…) Allenthalben war plötzlich der rechte Mann zur Stelle; und was so wichtig ist, Männer mit praktischer Unternehmungslust fanden sich mit den geistig Unternehmungslustigen zusammen. Es entwickelten sich Begabungen, die früher erstickt worden waren oder am öffentlichen Leben gar nicht teilgenommen hatten. Sie waren so verschieden wie nur möglich, und die Gegensätze ihrer Ziele waren unübertrefflich. Es wurde der Übermensch geliebt, und es wurde der Untermensch geliebt; es wurden die Gesundheit und die Sonne angebetet, und es wurde die Zärtlichkeit brustkranker Mädchen angebetet, man begeisterte sich für das Heldenglaubensbekenntnis und für das soziale Allemannsglaubensbekenntnis; man war gläubig und skeptisch, naturalistisch und preziös, robust und morbid; man träumte von alten Schlossalleen, herbstlichen Gärten, gläsernen Weihern, Edelsteinen, Haschisch, Krankheit, Dämonien, aber auch von Prärien, gewaltigen Horizonten, von Schmiede- und Walzwerken, nackten Kämpfern, Aufständen der Arbeitssklaven, menschlichen Urpaaren und Zertrümmerung der Gesellschaft. Dies waren freilich Widersprüche und höchst verschiedene Schlachtrufe, aber sie hatten einen gemeinsamen Atem; würde man jene Zeit zerlegt haben, so würde ein Unsinn herausgekommen sein wie ein eckiger Kreis, der aus hölzernen Eisen bestehen will, aber in Wirklichkeit war alles zu einem schimmernden Sinn verschmolzen. Diese Illusion, die ihre Verkörperung in dem magischen Datum der Jahrhundertwende fand, war so stark, dass sich die einen begeistert auf das neue, noch unbenützte Jahrhundert stürzten, indes die anderen sich noch schnell im alten wie in einem Hause gehen ließen, aus dem man ohnehin auszieht, ohne dass sie diese beiden Verhaltensweisen als sehr unterschiedlich gefühlt hätten. (…)

(1930)

Erkunden, nachschlagen:
Moderne, Avantgarde

Kommentieren, Stellung nehmen:
Die Jahrhundertwende als „geistiger Umsturz" (Musil)
„Das Janusgesicht der Moderne" (Kapitelüberschrift)

SPIEGELUNGEN

Deutsche Literatur seit 1945

Anna Seghers

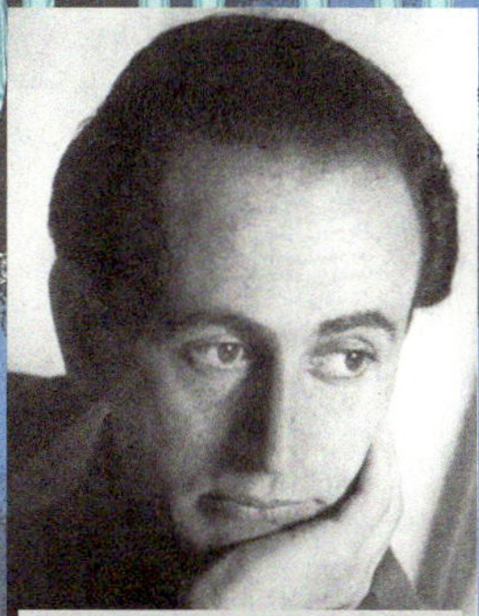
Paul Celan

Peter Weiss

Brigitte Reimann

Martin Walser

Ingeborg Bachmann

Günter Grass

Peter Huchel

Heinrich Böll

Hans Magnus Enzensberger

Volker Braun

Thomas Bernhard

Elfriede Jelinek

Christa Wolf

Zoë Jenny

Judith Hermann

1 Im Schatten von Krieg und Holocaust

1.1 Die Stimmen der Überlebenden

Anna Seghers

Zwei Denkmäler

In der Emigration begann ich eine Erzählung, die der Krieg unterbrochen hat. Ihr Anfang ist mir noch in Erinnerung. Nicht Wort für Wort, aber dem Sinn nach. Was mich damals erregt hat, geht mir auch heute noch nicht aus dem Kopf. Ich erinnere mich an eine Erinnerung.

In meiner Heimat, in Mainz am Rhein, gab es zwei Denkmäler, die ich niemals vergessen konnte, in Freude und Angst auf Schiffen, in fernen Städten. Eins ist der Dom. – Wie ich als Schulkind zu meinem Erstaunen sah, ist er auf Pfeilern gebaut, die tief in die Erde hineingehen – damals kam es mir vor, beinahe so tief wie der Dom hochragt. Ihre Risse sind auszementiert worden, sagte man, in vergangener Zeit, da, wo das Grundwasser Unheil stiftete. Ich weiß nicht, ob es stimmt, was uns ein Lehrer erzählte: Die romanischen und gotischen Pfeiler seien haltbarer als die jüngeren.

© Stadtarchiv, Mainz

Zerstörtes Mainz, 1947

Dieser Dom über der Rheinebene wäre mir in all seiner Macht und Größe im Gedächtnis geblieben, wenn ich ihn auch nie wieder gesehen hätte. Aber ebenso wenig kann ich ein anderes Denkmal in meiner Heimatstadt vergessen. Es bestand nur aus einem einzigen flachen Stein, den man in das Pflaster einer Straße gesetzt hat. Hieß die Straße Bonifaziusstraße? Hieß sie Frauenlobstraße? Das weiß ich nicht mehr. Ich weiß nur, dass der Stein zum Gedächtnis einer Frau eingefügt wurde, die im ersten Weltkrieg durch Bombensplitter umkam, als sie Milch für ihr Kind holen wollte. Wenn ich mich recht erinnere, war sie die Frau des jüdischen Weinhändlers Eppstein. – Menschenfresserisch, grausam war der erste Weltkrieg, man begann aber erst an seinem Ende mit Luftangriffen auf Städte und Menschen. Darum hat man zum Gedächtnis der Frau den Stein gesetzt, flach wie das Pflaster, und ihren Namen eingraviert. –

Der Dom hat die Luftangriffe des zweiten Weltkriegs irgendwie überstanden, wie auch die Stadt zerstört worden ist. Er ragt über Fluss und Ebene. Ob der kleine flache Gedenkstein noch da ist, das weiß ich nicht. Bei meinen Besuchen hab ich ihn nicht mehr gefunden.

In der Erzählung, die ich vor dem zweiten Weltkrieg zu schreiben begann und im Krieg verlor, ist die Rede von dem Kind, dem die Mutter Milch holen wollte, aber nicht heimbringen konnte. Ich hatte die Absicht, in dem Buch zu erzählen, was aus diesem Mädchen geworden ist. *(1965)*

Nachschlagen, erkunden:
Erinnerte Heimat – ein Hauptmotiv der Emigrationsliteratur

Lesetipps:
Anna Seghers: Der Ausflug der toten Mädchen
Das siebte Kreuz

Paul Celan
Todesfuge

Schwarze Milch der Frühe wir trinken sie abends
wir trinken sie mittags und morgens wir trinken sie nachts
wir trinken und trinken
wir schaufeln ein Grab in den Lüften da liegt man nicht eng
Ein Mann wohnt im Haus der spielt mit den Schlangen der schreibt
der schreibt wenn es dunkelt nach Deutschland dein goldenes Haar Margarete
er schreibt es und tritt vor das Haus und es blitzen die Sterne er pfeift seine Rüden herbei
er pfeift seine Juden hervor lässt schaufeln ein Grab in der Erde
er befiehlt uns spielt auf nun zum Tanz

Schwarze Milch der Frühe wir trinken dich nachts
wir trinken dich morgens und mittags wir trinken dich abends
wir trinken und trinken
Ein Mann wohnt im Haus der spielt mit den Schlangen der schreibt
der schreibt wenn es dunkelt nach Deutschland dein goldenes Haar Margarete
Dein aschenes Haar Sulamith wir schaufeln ein Grab in den Lüften da liegt man nicht eng

Er ruft stecht tiefer ins Erdreich ihr einen ihr andern singet und spielt
er greift nach dem Eisen im Gurt er schwingts seine Augen sind blau
stecht tiefer die Spaten ihr einen ihr andern spielt weiter zum Tanz auf

Schwarze Milch der Frühe wir trinken dich nachts
wir trinken dich mittags und morgens wir trinken dich abends
wir trinken und trinken
ein Mann wohnt im Haus dein goldenes Haar Margarete
dein aschenes Haar Sulamith er spielt mit den Schlangen

Er ruft spielt süßer den Tod der Tod ist ein Meister aus Deutschland
er ruft streicht dunkler die Geigen dann steigt ihr als Rauch in die Luft
dann habt ihr ein Grab in den Wolken da liegt man nicht eng

Schwarze Milch der Frühe wir trinken dich nachts
wir trinken dich mittags der Tod ist ein Meister aus Deutschland
wir trinken dich abends und morgens wir trinken und trinken
der Tod ist ein Meister aus Deutschland sein Aug ist blau
er trifft dich mit bleierner Kugel er trifft dich genau
ein Mann wohnt im Haus dein goldenes Haar Margarete
er hetzt seine Rüden auf uns er schenkt uns ein Grab in der Luft
er spielt mit den Schlangen und träumet der Tod ist ein Meister aus Deutschland

dein goldenes Haar Margarete
dein aschenes Haar Sulamith

(1948)

Theodor W. Adorno hatte in Frage gestellt, dass es möglich sei, nach Auschwitz Gedichte zu schreiben.

Sie, die Sprache, blieb unverloren, ja, trotz allem. Aber sie musste nun hindurchgehen durch ihre eigenen Antwortlosigkeiten, hindurchgehen durch furchtbares Verstummen, hindurchgehen durch die tausend Finsternisse todbringender Rede. Sie ging hindurch und gab keine Worte her für das, was geschah; aber sie ging durch dieses Geschehen. Ging hindurch und durfte wieder zu Tage treten, ‚angereichert' von all dem. Denn das Gedicht ist nicht zeitlos. Gewiss, es erhebt einen Unendlichkeitsanspruch, es sucht, durch die Zeit hindurchzugreifen – durch sie hindurch, nicht über sie hinweg. Das Gedicht kann (…) eine Flaschenpost sein, aufgegeben in dem (…) Glauben, sie könnte irgendwo und irgendwann an Land gespült werden, an Herzland vielleicht.
(Paul Celan, 1958)

Am Text erarbeiten:
Das Gedicht, das 1948 entstanden ist und ursprünglich ‚Todestango' hieß, arbeitet mit den klassisch modernen Mitteln von Verschränkung und Wiederholung und Variation der Motive und Bilder.
(Heinz Ludwig Arnold, 1995)

Nelly Sachs
Chor der Geretteten

Wir GERETTETEN,
Aus deren hohlem Gebein der Tod schon seine Flöten schnitt,
An deren Sehnen der Tod schon seinen Bogen strich –
Unsere Leiber klagen noch nach
Mit ihrer verstümmelten Musik.
Wir Geretteten,
immer noch hängen die Schlingen für unsere Hälse gedreht
Vor uns in der blauen Luft –
Immer noch füllen sich die Stundenuhren mit unserem tropfenden Blut.

Wir Geretteten,
Immer noch essen an uns die Würmer der Angst.
Unser Gestirn ist vergraben im Staub.
Wir Geretteten
Bitten euch:

Zeigt uns langsam eure Sonne.
Führt uns von Stern zu Stern im Schritt.
Lasst uns das Leben leise wieder lernen.
Es könnte sonst eines Vogels Lied,
Das Füllen des Eimers am Brunnen
Unseren schlecht versiegelten Schmerz aufbrechen lassen
Und uns wegschäumen –

Wir bitten euch:
Zeigt uns noch nicht einen beißenden Hund –
Es könnte sein, es könnte sein
Dass wir zu Staub zerfallen –
Vor euren Augen zerfallen in Staub.
Was hält denn unsere Webe zusammen?
Wir odemlos gewordene,
Deren Seele zu Ihm floh aus der Mitternacht
Lange bevor man unseren Leib rettete
In die Arche des Augenblicks.
Wir Geretteten,
Wir drücken eure Hand,
Wir erkennen euer Auge –
Aber zusammen hält uns nur noch der Abschied,
Der Abschied im Staub
Hält uns mit euch zusammen.

(1946)

Analysieren, diskutieren:
„Berufung: Wunde zu sein"
(Nelly Sachs)

Günter Eich
Inventur

Dies ist meine Mütze,
dies ist mein Mantel,
hier mein Rasierzeug
im Beutel aus Leinen.

Konservenbüchse:
Mein Teller, mein Becher,
ich hab in das Weißblech
den Namen geritzt.

Geritzt hier mit diesem
kostbaren Nagel,
den vor begehrlichen
Augen ich berge.

Im Brotbeutel sind
ein Paar wollene Socken
und einiges, was ich
niemand verrate,

so dient er als Kissen
nachts meinem Kopf.
Die Pappe hier liegt
zwischen mir und der Erde.

Die Bleistiftmine
lieb ich am meisten:
Tags schreibt sie mir Verse,
die nachts ich erdacht.

Dies ist mein Notizbuch,
dies meine Zeltbahn,
dies ist mein Handtuch,
dies ist mein Zwirn.

(1947)

In der 1949 erschienenen Anthologie „Tausend Gramm“ prägte der Lyriker Wolfgang Weyrauch den Begriff „Kahlschlagliteratur“: „Die Verfasser des Kahlschlags (...) fangen in Sprache, Substanz und Konzeption von vorn an. Es sei erlaubt, das, was ich meine, durch ein Gedicht zu exemplifizieren, durch die außerordentlichen Verse Günter Eichs, die er ‚Inventur‘ überschrieben hat und die zuerst in der Sammlung von Gedichten deutscher Kriegsgefangener *Deine Söhne, Europa* (...) erschienen sind.“

Wolfgang Borchert
Draußen vor der Tür (Auszug)

Vorspruch

Ein Mann kommt nach Deutschland.

Er war lange weg, der Mann. Sehr lange. Vielleicht zu lange. Und er kommt ganz anders wieder, als er wegging. Äußerlich ist er ein naher Verwandter jener Gebilde, die auf den Feldern stehen, um die Vögel (und abends manchmal auch die Menschen) zu erschrecken. Innerlich – auch. Er hat tausend Tage draußen in der Kälte gewartet. Und als Eintrittsgeld musste er mit seiner Kniescheibe bezahlen. Und nachdem er nun tausend Nächte draußen in der Kälte gewartet hat, kommt er endlich doch noch nach Hause.

Ein Mann kommt nach Deutschland.

Und da erlebt er einen ganz tollen Film. Er muss sich während der Vorstellung mehrmals in den Arm kneifen, denn er weiß nicht, ob er wacht oder träumt. Aber dann sieht er, dass es rechts und links neben ihm noch mehr Leute gibt, die alle dasselbe erleben. Und er denkt, dass es dann doch wohl die Wahrheit sein muss. Ja, und als er dann am Schluss mit leerem Magen und kalten Füßen wieder auf der Straße steht, merkt er, dass es eigentlich nur ein ganz alltäglicher Film war, ein ganz alltäglicher Film. Von einem Mann, der nach Deutschland kommt, einer von denen. Einer von denen, die nach Hause kommen und die dann doch nicht nach Hause kommen, weil für sie kein Zuhause mehr da ist. Und ihr Zuhause ist dann draußen vor der Tür. Ihr Deutschland ist draußen, nachts im Regen, auf der Straße.

Das ist ihr Deutschland.

Cover der Erstausgabe von „Draußen vor der Tür“

Der Traum

(In der Elbe. Eintöniges Klatschen kleiner Wellen. Die Elbe. Beckmann)

Beckmann: Wo bin ich? Mein Gott, wo bin ich denn hier?

Elbe: Bei mir.

Beckmann: Bei dir? Und – wer bist du?

Elbe: Wer soll ich denn sein, du Küken, wenn du in St. Pauli von den Landungsbrücken ins Wasser springst?

Beckmann: Die Elbe?

Elbe: Ja, die. Die Elbe.

Beckmann *(erstaunt)*: Du bist die Elbe!

Elbe: Ah, reißt du deine Kinderaugen auf, wie? Du hast wohl gedacht, ich wäre ein romantisches junges Mädchen mit blassgrünem Teint? Typ Ophelia mit Wasserrosen im aufgelöstem Haar? Du hast am Ende gedacht, du könntest in meinen süßduftenden Lilienarmen die Ewigkeit verbringen. Nee, mein Sohn, das war ein Irrtum von dir. Ich bin weder romantisch noch süßduftend. Ein anständiger Fluss stinkt. Jawohl. Nach Öl und Fisch. Was willst du hier?

Beckmann: Pennen. Da oben halte ich das nicht mehr aus. Das mache ich nicht mehr mit. Pennen will ich. Tot sein. Mein ganzes Leben lang tot sein. Und pennen. Endlich in Ruhe pennen. Zehntausend Nächte pennen.

Elbe: Du willst auskneifen, du Grünschnabel, was? Du glaubst, du kannst das nicht mehr aushalten, hm? Da oben, wie? Du bildest dir ein, du hast schon genug mitgemacht, du kleiner Stift. Wie alt bist du denn, du verzagter Anfänger?

Beckmann: Fünfundzwanzig. Und jetzt will ich pennen.

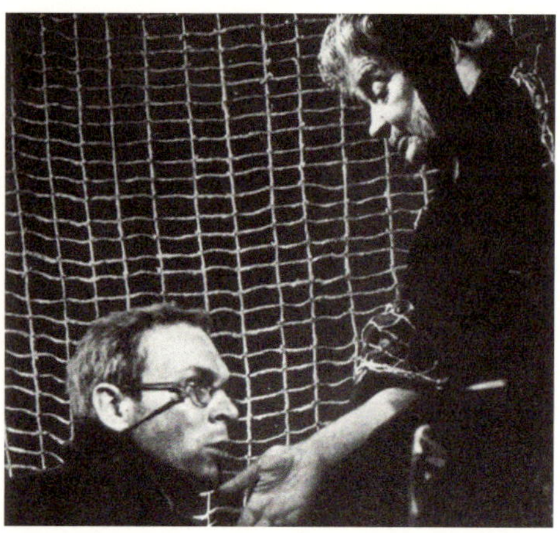

Württembergisches Staatstheater Stuttgart, 1961: Beckmann (Karl Renar), Die Elbe (Lina Carstens)

Elbe: Sieh mal, fünfundzwanzig. Und den Rest verpennen. Fünfundzwanzig und bei Nacht und Nebel ins Wasser steigen, weil man nicht mehr kann. Was kannst du denn nicht mehr, du Greis?

Beckmann: Alles, alles kann ich nicht mehr da oben. Ich kann nicht mehr hungern. Ich kann nicht mehr humpeln und vor meinem Bett stehen und wieder aus dem Haus raushumpeln, weil das Bett besetzt ist. Das Bein, das Bett, das Brot – ich kann das nicht mehr, verstehst du!

Elbe: Nein. Du Rotznase von einem Selbstmörder. Nein, hörst du! Glaubst du etwa, weil deine Frau nicht mehr mit dir spielen will, weil du hinken musst und weil dein Bauch knurrt, deswegen kannst du hier bei mir untern Rock kriechen? Einfach so ins Wasser jumpen? Du, wenn alle, die Hunger haben, sich ersaufen wollten, dann würde die gute alte Erde kahl wie die Glatze eines Möbelpackers werden, kahl und blank. Nee, gibt es nicht, mein Junge. Bei mir kommst du mit solchen Ausflüchten nicht durch. Bei mir wirst du abgemeldet. Die Hosen sollt man dir stramm ziehen, Kleiner, jawohl! Auch wenn du sechs Jahre Soldat warst. Alle waren das. Und die hinken alle irgendwo. Such dir ein anderes Bett, wenn deins besetzt ist. Ich will dein armseliges bisschen Leben nicht. Du bist mir zu wenig, mein Junge. Lass dir das von einer alten Frau sagen: Lebe erst mal. Lass dich treten. Tritt wieder! Wenn du den Kanal voll hast, hier, bis oben, wenn du lahmgestrampelt bist und wenn dein Herz auf allen Vieren angekrochen kommt, dann können wir mal wieder über die Sache reden. Aber jetzt machst du keinen Unsinn, klar? Jetzt verschwindest du hier, mein Goldjunge. Deine kleine Hand voll Leben ist mir verdammt zu wenig. Behalt sie. Ich will sie nicht, du gerade eben Angefangener. Halt den Mund, mein kleiner Menschensohn! Ich will dir was sagen, ganz leise, ins Ohr, du, komm her: Ich scheiß auf deinen Selbstmord! Du Säugling. Pass gut auf, was ich mit dir mache. *(laut)* Hallo Jungens! Werft diesen Kleinen hier bei Blankenese wieder auf den Sand! Er will es noch mal versuchen, hat er mir eben versprochen. Aber sachte, er sagt, er hat ein schlimmes Bein, der Lausebengel, der grüne! *(1947)*

Analysieren, vergleichen:
- die Sprache Eichs und Borcherts
- das Motiv der Heimkehr in Borcherts Drama und Bölls Roman „Und sagte kein einziges Wort“

Lesetipps:
Carl Zuckmayer: Des Teufels General
Günther Weisenborn: Die Illegalen

Walter von Molo

An Thomas Mann*

Die erste öffentliche Kontroverse nach Kriegsende um die Rolle der deutschen Schriftsteller

Lieber Herr Thomas Mann!

In den langen Jahren der Bestürzung der Menschenseelen habe ich viele Ihrer Äußerungen gehört – soweit sie gedruckt zu mir gelangen konnten – auch gelesen. Und immer freute, erschütterte mich Ihr treues Festhalten an unserem gemeinsamen Vaterlande. Nun lernte ich als letzte ihrer veröffentlichten Kundgebungen die kennen, die am 18. Mai in München veröffentlicht wurde: Auch hier wieder fand ich dankbar und mit nicht geringer Erschütterung das Gleiche –. Man sagte mir, dass Sie im Rundfunk am Tage Ihres 70. Geburtstages gesprochen hätten und mitteilten, Sie freuten sich auf das Wiedersehen mit Deutschland.

Mit aller, aber wahrhaft aller Zurückhaltung, die uns nach den furchtbaren zwölf Jahren auferlegt ist, möchte ich dennoch heute bereits und in aller Öffentlichkeit ein paar Worte zu Ihnen sprechen: Bitte, kommen Sie bald, sehen Sie in die vom Gram durchfurchten Gesichter, sehen Sie das unsagbare Leid in den Augen der vielen, die nicht die Glorifizierung unserer Schattenseiten mitgemacht haben, die nicht die Heimat verlassen konnten, weil es sich hier um viele Millionen Menschen handelte, für die kein anderer Platz auf der Erde gewesen wäre als daheim, in dem allmählich gewordenen großen Konzentrationslager, in dem es bald nur mehr Bewachende und Bewachte verschiedener Grade gab.

Bitte, kommen Sie bald und geben Sie den zertretenen Herzen durch Menschlichkeit den aufrichtigen Glauben zurück, dass es Gerechtigkeit gibt, man nicht pauschal die Menschheit zertrennen darf, wie es so grauenvoll hier geschah. Dieser Anschauungsunterricht entsetzlicher Art darf für die ganze Menschheit nicht verloren gehen, die nach Glauben und Wissen in einer dämonischen und höchst unvollkommenen Welt zu existieren versucht, mit dem in unserer Epoche die Blutrache beendenden, nach fester Ordnung suchenden Flehen: „Vergib uns unsere Schuld wie auch wir vergeben unseren Schuldigern. Erlöse uns von dem Übel."

Wir nennen das Humanität! *(1945)*

Zerstörtes Berlin 1945 – Blick vom KaDeWe auf die Ecke Nettelbeck-/Keithstraße

Thomas Mann

Warum ich nicht nach Deutschland zurückgehe*

Thomas Mann in seinem Arbeitszimmer in Pacific Palisades (Kalifornien) 1947

Lieber Herr von Molo!

(...)

Nun muss es mich ja freuen, dass Deutschland mich wiederhaben will – nicht nur meine Bücher, sondern mich selbst als Mensch und Person. Aber etwas Beunruhigendes, Bedrückendes haben diese Appelle doch auch für mich, und etwas Unlogisches, sogar Ungerechtes, nicht Wohlüberlegtes spricht mich daraus an. Sie wissen nur zu gut, lieber Herr von Molo, wie teuer „Rat und Tat" heute in Deutschland sind, bei der fast heillosen Lage, in die unser unglückliches Volk sich gebracht hat, und ob ein schon alter Mann, an dessen Herzmuskel die abenteuerliche Zeit doch auch ihre Anforderungen gestellt hat, direkt, persönlich, im Fleische noch viel dazu beitragen kann, die Menschen, die Sie so ergreifend schildern, dort aus ihrer tiefen Gebeugtheit aufzurichten, scheint mir recht zweifelhaft. Dies nur nebenbei. Nicht recht überlegt aber scheinen mir bei jenen Aufforderungen auch die technischen, bürgerlichen, seelischen Schwierigkeiten, die meiner „Rückwanderung" entgegenstehen.

Sind diese zwölf Jahre und ihre Ergebnisse denn von der Tafel zu wischen und kann man tun, als seien sie nicht gewesen? Schwer genug, atembeklemmend genug war, Anno dreiunddreißig, der Schock des Verlustes der gewohnten Lebensbasis, von Haus und Land, Büchern, Andenken und Vermögen, begleitet von kläglichen Aktionen daheim, Ausbootungen, Absagen. Nie vergesse ich die analphabetische und mörderische Radio- und Pressehetze gegen meinen Wagner-Aufsatz, die man in München veranstaltete und die mich erst recht begreifen ließ, dass mir die Rückkehr abgeschnitten sei; das Ringen nach Worten, die Versuche zu schreiben, zu antworten, mich zu erklären, die „Briefe in die Nacht" wie René Schickele, einer der vielen dahingegangenen Freunde, diese erstickten Monologe nannte. Schwer genug war, was dann folgte, das Wanderleben von Land zu Land, die Passsorgen, das Hoteldasein, während die Ohren klangen von den Schandgeschichten, die täglich aus dem verlorenen, verwilderten, wildfremd gewordenen Lande herüberdrangen. Das haben Sie alle, die Sie dem „charismatischen Führer" (entsetzlich, entsetzlich, die betrunkene Bildung!) Treue schworen und unter Goebbels Kultur betrieben, nicht durchgemacht. Ich vergesse nicht, dass Sie später viel Schlimmeres durchgemacht haben, dem ich entging; aber das haben Sie nicht gekannt, das Herzasthma des Exils, die Entwurzelung, die nervösen Schrecken der Heimatlosigkeit.

Zuweilen empörte ich mich gegen die Vorteile, deren Ihr genosset. Ich sah darin eine Verleugnung der Solidarität. Wenn damals die deutsche Intelligenz, alles, was Namen und Weltnamen hatte, Ärzte, Musiker, Lehrer, Schriftsteller, Künstler, sich wie ein Mann gegen die Schande erhoben, den Generalstreik erklärt, manches hätte anders kommen können, als es kam. Der Einzelne, wenn er zufällig kein Jude war, fand sich immer der Frage ausgesetzt: „Warum eigentlich? Die anderen tun doch mit. Es kann doch so gefährlich nicht sein."

Ich sage: Zuweilen empörte ich mich. Aber ich habe Euch, die Ihr dort drinnen saßet, nie beneidet, auch in Euren größten Tagen nicht. Dazu wusste ich zu gut, dass diese großen Tage nichts als blutiger Schaum waren und rasch zergehen würden. (...)

Fern sei mir Selbstgerechtigkeit! Wir draußen hatten gut tugendhaft sein und Hitlern die Meinung sagen. Ich hebe keinen Stein auf, gegen niemanden. Ich bin nur scheu und „fremdle", wie man von kleinen Kindern sagt. Ja, Deutschland ist mir in all diesen Jahren doch recht fremd geworden. Es ist, das müssen Sie zugeben, ein beängstigendes Land. Ich gestehe, dass ich mich vor den deutschen Trümmern fürchte, dass die Verständigung zwischen einem, der den Hexensabbat von außen erlebte, und Euch, die Ihr mitgetanzt und Herrn Urian aufgewartet habt, immerhin schwierig wäre. (...)

(1945)

Untersuchen, analysieren:
„Deutschland" als Aufgabe – ein Vergleich der Positionen Manns und von Molos

1.2 Nachforschungen

Helmut Heißenbüttel

Kalkulation über was alle gewusst haben

natürlich haben alle was gewusst der eine dies und der andere das aber niemand mehr als das und es hätte schon jemand sich noch mehr zusammenfragen müssen wenn er das gekonnt hätte aber das war schwer weil jeder immer nur an der oder der Stelle dies oder das zu hören kriegte heute weiß es jeder weil jeder es weiß aber da nützt es nichts mehr weil jeder es weiß heute bedeutet es nichts mehr als dass es damals etwas bedeutet hat als jeder nicht alles sondern nur dies oder das zu hören kriegte usw.

einige haben natürlich etwas mehr gewusst das waren die die sich bereit erklärt hatten mitzumachen und die auch insofern mitmachten als sie halfen die andern zu Mitmachern zu machen mit Gewalt oder mit Versprechungen denn wer geholfen hat hat natürlich auch was wissen müssen es hat zwar vor allen verheimlicht werden können aber nicht ganz vor allen usw.

und dann gab es natürlich welche die schon eine ganze Menge wussten die mittlere Garnitur die auf dem einen oder dem anderen Sektor was zu sagen hatten da haben sie zwar nur etwas verwalten können was organisiert war denen waren gewisse Einzelheiten bekannt sie hätten sich vielleicht auch das Ganze zusammenreimen können oder haben es vielleicht sogar getan aber sie trauten sich nicht und vor allem fehlte ihnen eins und das war der springende Punkt was sie hätten wissen müssen wenn sie wirklich usw.

die da oben wussten natürlich das meiste auch untereinander denn wenn sie nichts voneinander gewusst hätten hätten sie es auch nicht machen können und es hätte gar nichts geklappt denn so etwas musste funktionieren und was nicht und wo einer nicht funktionierte da musste er erledigt werden wie sich schon gleich zu Anfang und noch deutlicher später gegen Ende gezeigt hat usw.

und natürlich wussten die paar die fast alles wussten auch schon fast alles und wie es funktionierte und wie durch Mitwissen Mitwisser und Mitwisser zu Mittätern Mittäter zu Übelwissern Übelwisser zu Übeltätern usw. denn die fast alles wussten waren so mächtig dass sie fast alles tun konnten auch Mitwisser zu Mittätern Mittäter zu Übelwissern Übelwisser zu Übeltätern usw. die haben es schon gewusst und weil sie es gewusst haben sind sie bei der Stange geblieben denn es war ihre Angelegenheit usw. und weil man sagen kann dass die es schon gewusst haben sagt man heute oft dass die es waren die dies aber das das stimmt nicht völlig denn sie haben nicht gewusst obs auch funktioniert und das

denn das hat natürlich nur ein einziger gewusst aber wenn er gewusst hat den springenden Punkt sozusagen dass es auch funktioniert und dass es weils funktioniert auch passiert und das ist ja auch genau passiert usw. das was alle gewusst haben das hat er natürlich nicht gewusst denn das konnte er nicht wissen er hatte ja keine Ahnung davon was alle dachten und sich überlegten usw.

aber gerade daran lag es schließlich dass es funktionierte dass alle was gewusst haben aber nur einer obs funktionierte aber nicht wusste dass es nur deshalb funktionierte weil er nicht wusste was alle wussten usw.

die etwas mehr wussten konnten nichts machen ohne die die etwas wussten die schon eine ganze Menge wussten konnten nichts machen ohne die die etwas mehr wussten die fast alles wussten konnten nichts machen ohne die die schon eine ganze Menge wussten usw. aber weil alle bis auf den einen nicht wussten obs auch wirklich funktionierte konnten sie nichts machen ohne den der schon wusste dass es funktionierte aber nicht wusste was alle wussten nämlich dass sie nicht wussten obs auch funktionierte

und so hat das funktioniert

(1965)

Die literarischen Methoden (...) versuchen, ganz neue und unbekannte Sprachwelten zu erfinden. Zugleich bleiben sie vor dem, was als zufällige Momentaufnahme eines zeitlich einmaligen Sprachzustands fixierbar ist, stehen. (...)
Die Sprache (...) bedient sich einmal antisyntaktischer und antigrammatischer Methoden (...).
Sie versucht sozusagen neue Sprachfelder herzustellen, die von sich aus, durch die Konsequenz ihrer Erfindung, literarisches Gewicht haben.
Sie reproduziert auf der anderen Seite die mumifizierbaren, fotografierbaren Sprachnuancen in deren zufälligen Zusammenhängen, um so unmittelbar und gleichsam dokumentarisch das sprachliche Vermittlungsbild der Realität aufzufangen.
Sprachaufschlüsselnde und sprachreproduzierende Methoden bilden eine neue Fähigkeit des Literarischen aus. Diese Fähigkeit (...) bewirkt so etwas wie eine sprachliche Verdoppelung der Welt.
(Helmut Heißenbüttel, 1963)

Am Text überprüfen:
Heißenbüttels politische Position

Peter Weiss

Die Ermittlung (Auszug)

Personen:
Richter
Vertreter der Anklage
stellt Staatsanwalt und Nebenkläger dar
Vertreter der Verteidigung
Angeklagte 1–18
stellen authentische Personen dar
Zeugen 1–9
stellen abwechselnd die verschiedensten anonymen Zeugen dar

Gesang vom Unterscharführer Stark
III

RICHTER	Angeklagter Stark Haben Sie nie bei Vergasungen mitgewirkt
ANGEKLAGTER 12	Einmal musste ich da mittun
RICHTER	Um wie viel Menschen handelte es sich
ANGEKLAGTER 12	Es können 150 gewesen sein Immerhin 4 Lastwagen voll
RICHTER	Was für Häftlinge waren es
ANGEKLAGTER 12	Es war ein gemischter Transport
RICHTER	Was hatten Sie zu tun
ANGEKLAGTER 12	Ich stand draußen vor der Treppe nachdem ich die Leute ins Krematorium geführt hatte Die Sanitäter die für die Vergasung zuständig waren hatten die Türen zugeschlossen und trafen ihre Vorbereitungen
RICHTER	Woraus bestanden die Vorbereitungen
ANGEKLAGTER 12	Sie stellten die Büchsen bereit und setzten sich Gasmasken auf dann gingen sie die Böschung hinauf zum flachen Dach Im Allgemeinen waren 4 Leute erforderlich Diesmal fehlte einer und sie riefen dass sie noch jemanden brauchten Weil ich der Einzige war der hier rumstand sagte Grabner Los hier helfen Ich bin aber nicht gleich gegangen Da kam der Schutzhaftlagerführer und sagte Etwas plötzlich Wenn Sie nicht raufgehn werden Sie mit rein geschickt Da musste ich hinauf und beim Einfüllen helfen
RICHTER	Wo wurde das Gas eingeworfen
ANGEKLAGTER 12	Durch Luken in der Decke
RICHTER	Was haben denn die Menschen da unten gemacht in diesem Raum
ANGEKLAGTER 12	Das weiß ich nicht
RICHTER	Haben Sie nichts gehört von dem was sich da unten abspielte
ANGEKLAGTER 12	Die haben geschrien

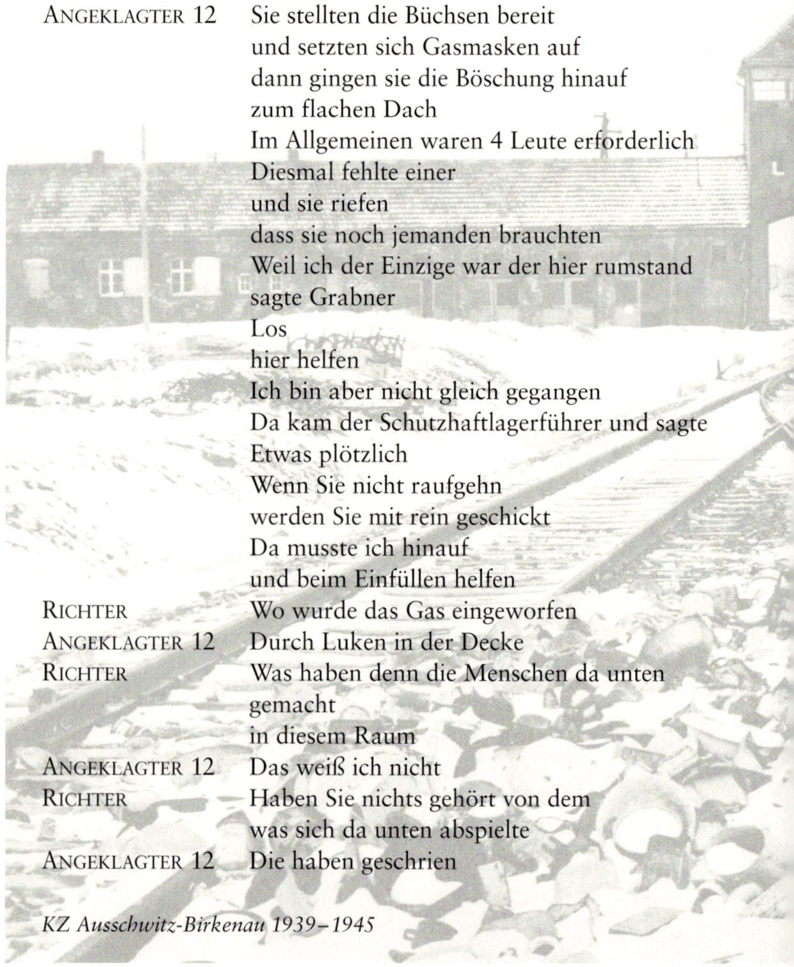

KZ Ausschwitz-Birkenau 1939–1945

RICHTER Wie lange
ANGEKLAGTER 12 So 10 bis 15 Minuten
RICHTER Wer hat den Raum geöffnet
ANGEKLAGTER 12 Ein Sanitäter
RICHTER Was haben Sie da gesehn
ANGEKLAGTER 12 Ich habe nicht genau hingesehen
RICHTER Hielten Sie das was sich Ihnen zeigte
für Unrecht
ANGEKLAGTER 12 Nein durchaus nicht
Nur die Art
Richter Was für eine Art
ANGEKLAGTER 12 Wenn jemand erschossen wurde
das war etwas anderes
Aber die Anwendung von Gas
das war unmännlich und feige
RICHTER Angeklagter Stark
Während Ihrer Studien zur Reifeprüfung
kam Ihnen da niemals ein Zweifel
an Ihren Handlungen
ANGEKLAGTER 12 Herr Vorsitzender
ich möchte das einmal erklären
Jedes dritte Wort schon in unserer Schulzeit
handelte doch von denen
die an allem schuld waren
und die ausgemerzt werden mussten
Es wurde uns eingehämmert
dass dies nur zum Besten
des eigenen Volkes sei
In den Führerschulen lernten wir vor allem
alles stillschweigend entgegenzunehmen
Wenn einer noch etwas fragte
dann wurde gesagt
Was getan wird geschieht nach dem Gesetz
Da hilft es nichts
dass heute die Gesetze anders sind
Man sagte uns
Ihr habt zu lernen
ihr habt die Schulung nötiger als Brot

Herr Vorsitzender
Uns wurde das Denken abgenommen
Das taten ja andere für uns
Zustimmendes Lachen der Angeklagten

(1965)

Anmerkung:
Bei der Aufführung dieses Dramas soll nicht der Versuch unternommen werden, den Gerichtshof, vor dem die Verhandlungen über das Lager geführt wurden, zu rekonstruieren. Eine solche Rekonstruktion erscheint dem Schreiber des Dramas ebenso unmöglich, wie es die Darstellung des Lagers auf der Bühne wäre.
Hunderte von Zeugen traten vor dem Gericht auf.
Die Gegenüberstellung von Zeugen und Angeklagten, sowie die Reden und Gegenreden, waren von emotionalen Kräften überladen.
Von all dem kann auf der Bühne nur ein Konzentrat der Aussage übrig bleiben.
Dieses Konzentrat soll nichts anderes enthalten als Fakten, wie sie bei der Gerichtsverhandlung zur Sprache kamen. Die persönlichen Erlebnisse und Konfrontationen müssen einer Anonymität weichen. Indem die Zeugen im Drama ihre Namen verlieren, werden sie zu bloßen Sprachrohren. Die 9 Zeugen referieren nur, was hunderte ausdrückten.
Die Verschiedenheiten in den Erfahrungen können höchstens angedeutet werden in einer Veränderung der Stimme und Haltung.
Zeuge 1 und 2 sind Zeugen, die auf Seiten der Lagerverwaltung standen.
Zeuge 4 und 5 sind weibliche, die übrigen männliche Zeugen aus den Reihen der überlebenden Häftlinge.
Die 18 Angeklagten dagegen stellen jeder eine bestimmte Figur dar. Sie tragen Namen, die aus dem wirklichen Prozess übernommen sind. Dass sie ihre eigenen Namen haben, ist bedeutungsvoll, da sie ja auch während der Zeit, die zur Verhandlung steht, ihre Namen trugen, während die Häftlinge ihre Namen verloren hatten.
Doch sollen im Drama die Träger dieser Namen nicht noch einmal angeklagt werden. Sie leihen dem Schreiber des Dramas nur ihre Namen, die hier als Symbole stehen für ein System, das viele andere schuldig werden ließ, die vor diesem Gericht nie erschienen.

„Die Ermittlung" von Peter Weiss wurde am 19. Oktober 1965 von 15 Theatern gleichzeitig uraufgeführt.

Alexander Kluge

Lebensläufe (Auszug)

Vorwort

Die Erzählungen dieses Bandes stellen aus sehr verschiedenen Aspekten die Frage nach der Tradition. Es handelt sich um Lebensläufe, teils erfunden, teils nicht erfunden; zusammen ergeben sie eine traurige Geschichte.

Es mag darauf hingewiesen werden, dass sich gelegentlich auch kurze dokumentarische Passagen und Einblendungen aus fremden Texten finden.

Brief des SS-Obersturmbannführers Brandt an Professor Clauberg vom 10. 7. 42: „Der Reichsführer-SS hat mich heute beauftragt, an Sie zu schreiben und Ihnen seinen Wunsch zu übermitteln, doch einmal nach vorheriger Absprache mit SS-Obergruppenführer Pohl und dem Lagerarzt des Frauen-Konzentrationslagers in Ravensbrück nach Ravensbrück zu fahren, um dort die Sterilisierung von Jüdinnen nach Ihrem Verfahren durchzuführen. (...)

Über die Wirksamkeit der erfolgten Sterilisierung müssten dann auch eingehende Versuche durchgeführt werden (...) In dem einen oder anderen Fall dürfte aber auch ein praktischer Versuch in der Weise durchgeführt werden, dass man eine Jüdin mit einem Juden für eine gewisse Zeit zusammensperrt und dann sieht, welcher Erfolg dabei auftritt."

Ein Liebesversuch

Als das billigste Mittel, in den Lagern Massensterilisationen durchzuführen, erschien 1943 Röntgenbestrahlung. Zweifelhaft war, ob die so erzielte Unfruchtbarkeit nachhaltig war. Wir führten einen männlichen und einen weiblichen Gefangenen zu einem Versuch zusammen. Der dafür vorgesehene Raum war größer als die meisten anderen Zellen, er wurde mit Teppichen der Lagerleitung ausgelegt. Die Hoffnung, dass die Gefangenen in ihrer hochzeitlich ausgestatteten Zelle dem Versuch Genüge leisteten, erfüllte sich nicht.

Wussten sie von der erfolgreichen Sterilisation?

Das war nicht anzunehmen. Die beiden Gefangenen setzten sich in verschiedene Ecken des dielengedeckten und teppichbelegten Raumes. Es war durch das Bullauge, das der Beobachtung von außen diente, nicht zu erkennen, ob sie seit der Zusammenführung miteinander gesprochen hatten. Sie führten jedenfalls keine Gespräche. Diese Passivität war deshalb besonders unangenehm, weil hochgestellte Gäste sich zur Beobachtung des Versuchs angesagt hatten; um den Fortgang des Experiments zu beschleunigen, befahl der Standortarzt und Leiter des Versuchs, den beiden Gefangenen die Kleider fortzunehmen.

Schämten sich die Versuchspersonen?

Man kann nicht sagen, dass die Versuchspersonen sich schämten. Sie blieben im Wesentlichen auch ohne ihre Kleidung in den bis dahin eingenommenen Positionen, sie schienen zu schlafen. (...) Für den Versuch war es wichtig, dass die Versuchspersonen endlich mit dem Versuch begannen, da nur so mit Sicherheit festgestellt werden konnte, ob die unauffällig erzeugte Unfruchtbarkeit bei den behandelten Personen auch über längere Zeitabschnitte hin wirksam blieb. Die am Versuch beteiligten Mannschaften warteten in den Gängen des Schlosses, einige Meter von der Zellentür entfernt. (...) Ein Beobachter verfolgte den Lauf des Geschehens im Innenraum. So sollten die beiden Gefangenen in dem Glauben gewiegt werden, sie seien jetzt allein. Trotzdem kam in der Zelle keine erotische Stimmung auf. Fast glaubten die Verantwortlichen, man hätte einen kleineren Raum wählen sollen. Die Versuchspersonen selbst waren sorgfältig ausgesucht. Nach den Akten mussten die beiden Versuchspersonen erhebliches erotisches Interesse aneinander empfinden.

Woher wusste man das?

J., Tochter eines Braunschweiger Regierungsrates, Jahrgang 1915, also etwa 28 Jahre, mit arischem Ehemann, Abitur, Studium der Kunstgeschichte, galt in der niedersächsischen Kleinstadt G. als unzertrennlich von der männlichen Versuchsperson, einem gewissen P., Jahrgang 1900, ohne Beruf. Wegen P. gab die J. den rettenden Ehemann auf. Sie folgte ihrem Liebhaber nach Prag, später nach Paris. 1938 gelang es, den P. auf Reichsgebiet zu verhaften.

Einige Tage später erschien auf der Suche nach P. die J. auf Reichsgebiet und wurde ebenfalls verhaftet. Im Gefängnis und später im Lager versuchten die beiden mehrfach zueinander zu kommen. Insofern unsere Enttäuschung: Jetzt durften sie endlich und jetzt wollten sie nicht.

Waren die Versuchspersonen nicht willig?

Grundsätzlich waren sie gehorsam. Ich möchte also sagen: willig.

Waren die Gefangenen gut ernährt?

Schon längere Zeit vor Beginn des Versuchs waren die in Aussicht genommenen Versuchspersonen besonders gut ernährt worden. Nun lagen sie bereits zwei Tage im gleichen Raum, ohne dass Annäherungsversuche festzustellen waren. Wir gaben ihnen Eiweißgallert aus Eiern zu trinken, die Gefangenen nahmen das Eiweiß gierig auf. Oberscharführer Wilhelm ließ die beiden aus Gartenschläuchen anspritzen, anschließend wurden sie wieder, frierend, in das Dielenzimmer geführt, aber auch das Wärmebedürfnis führte sie nicht zueinander.

Fürchteten sie die Freigeisterei, der sie sich ausgesetzt sahen? Glaubten sie, dies wäre eine Prüfung, bei der sie ihre Moralität zu erweisen hätten? Lag das Unglück des Lagers wie ein hohe Wand zwischen ihnen?

Wussten sie, dass im Falle einer Schwängerung beide Körper seziert und untersucht würden?

Dass die Versuchspersonen das wussten oder auch nur ahnten, ist unwahrscheinlich. Von der Lagerleitung wurden ihnen wiederholt positive Zusicherungen für den Überlebensfall gemacht. Ich glaube, sie wollten nicht. Zur Enttäuschung des eigens herangereisten Obergruppenführers A. Zerbst und seiner Begleitung ließ sich das Experiment nicht durchführen, da alle Mittel, auch die gewaltsamen, nicht zu einem positiven Versuchsausgang führten. Wir pressten ihre Leiber aneinander, hielten sie unter langsamer Erwärmung in Hautnähe aneinander, bestrichen sie mit Alkohol und gaben den Personen Alkohol, Rotwein mit Ei, auch Fleisch zu essen und Schampus zu trinken, wir korrigierten die Beleuchtung, nichts davon führte jedoch zur Erregung.

Hat man denn alles versucht?

Ich kann garantieren, dass alles versucht worden ist. Wir hatten einen Oberscharführer unter uns, der etwas davon verstand. Er versuchte nach und nach alles, was sonst todsicher wirkt. Wir konnten schließlich nicht selbst hineingehen und unser Glück versuchen, weil das Rassenschande gewesen wäre. Nichts von den Mitteln, die versucht wurden, führte zur Erregung.

Wurden wir selbst erregt?

Jedenfalls eher als die beiden im Raum; wenigstens sah es so aus. Andererseits wäre uns das verboten gewesen. Infolgedessen glaube ich nicht, dass wir erregt waren. Vielleicht aufgeregt, da die Sache nicht klappte.

Will ich liebend dir gehören,
kommst du zu mir heute Nacht?

Es gab keine Möglichkeit, die Versuchspersonen zu einer eindeutigen Reaktion zu gewinnen, und so wurde der Versuch ergebnislos abgebrochen. Später wurde er mit anderen Personen wieder aufgenommen.

Was geschah mit den Versuchspersonen?

Die widerspenstigen Versuchspersonen wurden erschossen.

Soll das besagen, dass an einem bestimmten Punkt des Unglücks Liebe nicht mehr zu bewerkstelligen ist? *(1962)*

Das Motiv für den Realismus ist nie Bestätigung der Wirklichkeit, sondern Protest.
(Alexander Kluge)

Analysieren, diskutieren:
Wie und warum wird bei Weiss und Kluge die „Frage nach der Tradition" aufgeworfen?

Lesetipp:
Rolf Hochhuth: Eine Liebe in Deutschland

Bernhard Schlink

Der Vorleser (Auszug)

Der Roman spielt weitgehend im Nachkriegsdeutschland und beschreibt die Geschichte einer (Liebes-)Beziehung zwischen Michael, einem 15-jährigen Jungen, und Hanna, einer 34-jährigen Frau.
Der pubertierende Michael macht mit der erfahrenen Frau Erfahrungen, die völlig neu für ihn sind. Als Gegenleistung liest er ihr literarische Texte vor. Zur Beziehung zwischen beiden gehört schließlich das Ritual von reinigendem Bad, Liebesakt und anschließendem Vorlesen. Als die Beziehung abrupt endet, ahnt Michael weder etwas von Hannas NS-Vergangenheit noch von ihrem Analphabetismus.
Jahre später begegnen sich beide im Rahmen eines NS-Prozesses wieder: Hanna ist angeklagt, für den Tod von Häftlingen eines Außenlagers von Ausschwitz mitverantwortlich zu sein. Sie verteidigt sich nicht und wird verurteilt. Während ihrer Haft lernt sie mit Michaels Hilfe lesen und schreiben. Kurz vor ihrer Entlassung – Michael hat bereits ihr Leben nach der Haft organisiert – verübt Hanna Selbstmord.

Im Juni flog das Gericht für zwei Wochen nach Israel. (...)
Ich hatte geplant, die zwei Wochen ganz ans Studium zu wenden. Aber es lief nicht so, wie ich es mir vorgestellt und vorgenommen hatte. Ich konnte mich nicht aufs Lernen konzentrieren, nicht auf die Professoren und nicht auf die Bücher. Wieder und wieder schweiften meine Gedanken ab und verloren sich in Bildern.
Ich sah Hanna bei der brennenden Kirche, mit hartem Gesicht, schwarzer Uniform und Reitpeitsche. Mit der Reitpeitsche zeichnet sie Kringel in den Schnee und schlägt gegen die Stiefelschäfte. Ich sah sie, wie sie sich vorlesen lässt. Sie hört aufmerksam zu, stellt keine Fragen und macht keine Bemerkungen. Als die Stunde vorbei ist, teilt sie der Vorleserin mit, dass sie morgen mit dem Transport nach Auschwitz geht. Die Vorleserin, ein schmächtiges Geschöpf mit schwarzen Haarstoppeln und kurzsichtigen Augen, beginnt zu weinen. Hanna schlägt mit der Hand gegen die Wand und zwei Frauen treten ein, auch sie Häftlinge in gestreiftem Gewand, und zerren die Vorleserin raus. Ich sah Hanna Lagerstraßen entlanggehen und in Häftlingsbaracken treten und Bauarbeiten überwachen. Sie tut alles mit demselben harten Gesicht, mit kalten Augen und schmalem Mund, und die Häftlinge ducken sich, beugen sich über die Arbeit, drücken sich an die Wand, in die Wand, wollen in der Wand verschwinden. Manchmal sind viele Häftlinge angetreten oder laufen hierhin und dorthin oder formen Reihen oder marschieren, und Hanna steht dazwischen und schreit Kommandos, das schreiende Gesicht eine hässliche Fratze, und hilft mit der Reitpeitsche nach. Ich sah den Kirchturm ins Kirchendach schlagen und die Funken stieben und hörte die Verzweiflung der Frauen. Ich sah die ausgebrannte Kirche am nächsten Morgen.
Neben diesen Bildern sah ich die anderen. Hanna, die in der Küche die Strümpfe anzieht; die vor der Badewanne das Frottiertuch hält, die mit wehendem Rock auf dem Fahrrad fährt, die im Arbeitszimmer meines Vaters steht, die vor dem Spiegel tanzt, die im Schwimmbad zu mir herüberschaut, Hanna, die mir zuhört, die zu mir redet, die mich anlacht, die mich liebt. Schlimm war, wenn die Bilder durcheinander gerieten. Hanna, die mich mit den kalten Augen und dem schmalen Mund liebt, die mir wortlos beim Vorlesen zuhört und am Ende mit der Hand gegen die Wand schlägt, die zu mir redet und deren Gesicht zur Fratze wird. Das Schlimmste waren die Träume, in denen mich die harte, herrische, grausame Hanna sexuell erregte und von denen ich in Sehnsucht, Scham und Empörung aufwachte. Und in der Angst, wer ich eigentlich sei.
Ich wusste, dass die fantasierten Bilder armselige Klischees waren. Sie wurden der Hanna, die ich erlebt hatte und erlebte, nicht gerecht. Gleichwohl waren sie von großer Kraft. Sie zersetzten die erinnerten Bilder von Hanna und verbanden sich mit den Bildern vom Lager, die ich im Kopf hatte.
Wenn ich heute an die Jahre damals denke, fällt mir auf, wie wenig Anschauung es eigentlich gab, wie wenig Bilder, die das Leben und Morden in den Lagern vergegenwärtigten. Wir kannten von Auschwitz das Tor mit seiner Inschrift, die mehrstöckigen Holzpritschen, die Haufen von Haar und Brillen und Koffern. (...)
Wir kannten einige Berichte von Häftlingen, aber viele Berichte sind bald nach dem Krieg erschienen und dann erst wieder in den Achtzigerjahren aufgelegt worden und gehörten dazwischen nicht in die Programme der Verlage. Heute sind so viele Bücher und Filme vorhanden, dass die Welt der Lager ein Teil der gemeinsamen vorgestellten Welt ist, die die gemeinsame wirkliche vervollständigt.
Die Fantasie kennt sich in ihr aus und seit der Fernsehserie „Holocaust" und Spielfilmen wie „Sophies Wahl" und besonders „Schindlers Liste" bewegt sie sich auch in ihr, nimmt nicht nur wahr, sondern ergänzt und schmückt sie aus. Damals hat die Fantasie sich kaum bewegt; sie hat gemeint, zu der Erschütterung, die der Welt der Lager geschuldet werde, passe die Bewegung der Fantasie nicht. Die paar Bilder, die sie alliierten Fotografien und Häftlingsberichten verdankte, betrachtete sie wieder und wieder, bis sie zu Klischees erstarrten. *(1995)*

2 Ankunft im Alltag

Eduard Claudius

Menschen an unserer Seite (Auszug)

Sind die Kammern mit dem Material gefüllt, so werden sie mit großen viereckigen Deckeln verschlossen. Festgeschraubt, müssen die den Druck und die Glut der Feuerung aushalten. Meist beginnen sie nach drei bis vier Brennprozessen zu zerbröckeln und auseinander zu fallen und man muss sie neu mauern.

Der Rahmen eines solchen Deckels besteht aus dickem Stahl; und in diesen Rahmen müssen die Schamottesteine freitragend eingesetzt werden. Für die Herstellung eines solchen Deckels gab es zur Zeit, als Hans Aehre in die Fabrik kam, im Frühjahr 1949, fünfzig Maurerstunden. Aehre, durch die Geschichte bei Lampert und den darauf folgenden Ausschluss aus der Partei völlig verstört und niedergeschlagen, sah den alten Feuerungsmaurern der Fabrik zu, die gleichgültig, träge und nur bemüht, ihren „Akkordsatz", wie sie es noch nannten, nicht zu drücken, an der Arbeit waren. Sie musterten ihn misstrauisch, wenn er abseits stand, und er dachte immer nur: Fünfzig Stunden! Fünfzig Stunden! Mein Gott, man könnte reich werden! Man könnte sich Bettzeug kaufen und Geschirr und man könnte die Schlafstube machen lassen und sich in der Woche einmal mehr Fleisch kaufen als gewöhnlich. Und einen Anzug, und ein Kleid, und für das Kind feste Schuhe, all das könnte man kaufen.

Aber für ihn ... für ihn war eine solche Arbeit unerreichbar. Er besserte hier die Fahrbahn aus, dort setzte er an einem Ofen ein paar Steine und fuhr, obwohl er als Maurer in die Fabrik gekommen war, sogar Schutt und schaufelte Schamotte.

Matschat, seit zwanzig Jahren in der Fabrik, Meister der Maurergruppe, hatte ihn, als er den Wunsch äußerte, auch einmal einen Deckel zu mauern, mit zusammengekniffenen Augen betrachtet und begütigend genuschelt: „Nun ... wollen mal sehen!" Aber seine Hand lag auf Aehre wie ein Hammer, schwer und nicht wegzureißen.

„Fertig?", gellte wohl seine Stimme durch die Halle. „Komm, fahr mal hier schnell den Schutt weg." Begehrte Aehre dann auf, so knurrte er: „Bist de nich zur Bewährung hergekommen? Du warst doch ausgeschlossen, ja?" Und der Maurer Aehre fuhr Schutt und schaufelte Schamotte, und Matschat, behaglich, feist und selbstbewusst, saß ihm wie ein Gespenst im Nacken.

Aber eines Tages – Matschat machte blau, und auch die Maurergruppe, die bisher die Ofendeckel gemauert hatte, war nicht anwesend – gelang es ihm, von Oberingenieur Septke den Auftrag für die Herstellung eines Deckels zu bekommen. Septke hatte ihn staunend angesehen, aus gutmütig verstehenden Augen: „Wie meinen Sie, Aehre? In fünfundzwanzig Stunden?" (...)

Aus allen Ecken der Ringofenhalle kamen Arbeiter herbei. Matschat kicherte: „Müde ist er! Er ist müde." Mit gepresster Stimme sagte er zu den Maurern: „Ich seh zu, dass ich für euch den Akkordsatz halte, dass ich meinen Lohn herausschlage, und der versaut alles." Zu Aehre gewandt: „Was meinst du, was du damit erreicht hast?"

Aehre wusste nicht, was er sagen sollte. Matschat fuhr fort: „Was er erreicht hat? Ich sag's euch grad heraus: Er hat euren Lohn gesenkt. Bis jetzt bekamen wir fünfzig Stunden für den Deckel, wir mussten nicht schuften und verdienten doch gut, und er macht ihn in dreizehn Stunden. Das heißt also, er hat uns alles versaut, reineweg versaut!" Sein Hohn war offensichtlich: „Aktivist Aehre, Aktivist!"

Aehre stand an jenem Morgen, müde und unausgeschlafen und kreisende Schatten vor den Augen, mitten im Lärm und Staub der Ringofenhalle, umringt von den Maurern und ihrem höhnischen Gelächter; er starrte sie an, sagte hilflos: „Ja, aber so ... so kann man das doch nicht sehen?"

Mehr brachte er nicht über die Lippen. Backhans war in der Partei und Matschat und unter denen, die um ihn herumstanden, waren noch verschiedene Genossen, doch keiner stand ihm bei. Seine ganze strahlend helle Freude, dass man nun nicht mehr fünfzig Stunden brauchen würde, dass ein klein wenig zur vorfristigen Erfüllung des Zwei-

Stoff und Thema des industriellen Wiederaufbaus wurden in *Menschen an unserer Seite* zum ersten Mal in einem DDR-Roman verarbeitet.
Der erste einer ganzen Reihe von Aufbauromanen wurde als Musterbeispiel des Sozialistischen Realismus gerühmt und brachte Claudius 1951 den Nationalpreis der DDR ein.
Claudius hatte, bevor er den Roman schrieb, selbst in der Brigade seines Vorbildes Garbe mitgearbeitet.

Der Held im Roman heißt nicht mehr (...) Garbe, sondern hat den sprechenden Namen Aehre: Einer von vielen, die eine Garbe ausmachen mögen. So gehört zu seiner Entwicklungsgeschichte die Erfahrung, dass er auf die Mitarbeit seiner Kollegen angewiesen ist, deren Ansprüchen an Arbeitsnorm und damit Verdienst der Einzelne nicht einfach zuwiderhandeln kann – Heiner Müller hat diese Episoden in seinem Lehrstück *Der Lohndrücker* (1957) aufgearbeitet.
(Wilfried Barner: Geschichte der deutschen Literatur von 1945 bis zur Gegenwart, 1994)

jahrplanes erreicht war, und der Stolz, dass er es getan hatte, all das erlosch, und mit grauem Gesicht dachte er: Mein Gott, was hab ich nur gemacht? Was nur?

Er fühlte sich stumpf wie ein Messer, mit dem man über rauen Stein gefahren ist.

Alle im Kreis, Backhans und Kerbel, die Handlanger und die Arbeiter von den Steingutröhren, alle schwiegen mit stumpfen, verschlossenen Gesichtern. Die kreisenden Schatten vor Aehres Augen verschwanden. Er fragte Matschat ruhig: „Hör mal, wir sind doch Genossen …“

„Genossen? Wir? Und?“

„Und Backhans doch auch … Wir sind doch in der Partei und die Partei hat gesagt, nun, sie hat gesagt, der Zweijahrplan, und wir …“

Aber er brachte all die Worte nicht heraus; brennend starrte er in die Gesichter und konnte doch nicht sagen, was in ihm brannte. „Belehr mich nicht“, hatte ihm Matschat entgegengebrüllt, „du nicht! Was bist du denn schon für ein Genosse? Warst du nicht ausgeschlossen? Hat man dich nicht bei Lampert wegen deiner ewigen Stänkerei hinausgeworfen?“

Aehre hatte geschluckt, hatte sich Mühe gegeben ruhig zu bleiben, obwohl es ihm in den Händen zuckte. Er gab nur bissig zurück: „In welcher SED bist du eigentlich?“

Matschat stotterte überrascht: „Was? Wieso?“

„Nun, wahrscheinlich nicht in der, in welcher ich bin“, fuhr Aehre fort, „hast wahrscheinlich deine eigene Partei. Aber die Partei, in der ich bin, die hat gesagt, … nun, sie hat gesagt …“ Er schwieg, als gehorche ihm die Zunge nicht, aber es war so, dass er all die guten und teuren Worte der Partei, die wie eine rote Fahne vor ihm hergingen und die er in sich fühlte, vor diesem schiefmäuligen, aufgedunsenen Gesicht nicht herausbrachte. Und diese Fahne, diese starken Worte: Unser Leben ist etwas, was wir selbst in der Hand haben. Unsere Arbeit gibt uns erst das Leben, gibt uns das, was wir für unser Leben brauchen. Unsere Arbeit ist nicht etwas, was uns knechtet, sondern was uns befreit, was uns unsere Würde gibt, was uns stolz und erst zu wahren Menschen macht. Wie ein dunkler feuriger Strom gehen diese Worte durch ihn, brennen in ihm mit nicht zu verlöschender Flamme … Aber konnte man das alles so sagen?

Im Davongehen hörte er die Stimme Matschats hinter sich: „Nimm dich in Acht, Aehre! Wir schmeißen dich wieder raus …“

(1951)

Untersuchen, vergleichen:
die Darstellung in Claudius' Roman und Heiner Müllers Stück „Der Lohndrücker“

Brigitte Reimann

Ankunft im Alltag (Auszug)

Aus Brigitte Reimanns Tagebuch:
Hoy. (Hoyerswerda), 27.3.1960
Vor drei Wochen erste Buchlesung in der Brigade „10. Jahrestag“, 35 Rohrleger und Schweißer; anschließend großes Besäufnis im Gasthaus „Schwarze Pumpe“. Die jungen Leute machen mir den Hof, mein Buch hat Anklang gefunden – ein Jugendbuch, das in meiner Brigade spielen wird. Sie sind stolz, hoffen, sich porträtiert zu finden (…).

In seinem Zimmer lehnte der Meister über dem Schreibtisch; er winkte den Neulingen zu. „Glück auf!“ Er hielt den Telefonhörer mit der hochgezogenen Schulter. „Ich kann mir keine Schweißzeuge aus den Rippen schneiden … Frag den Dispatcher, manchmal weiß der auch was. Schluss!“

Er wählte eine neue Nummer, sprach rasch, knapp, lachte, machte einen Witz, er legte auf und rief den Nächsten an: „Wir brauchen Elektroden. Sofort. Wir brauchen einen Wagen.“ Franz brachte Skizzen, Schweißer kamen, sie fragten, forderten, schimpften, das Telefon schrillte – Hamann schrieb, telefonierte, beschwichtigte gleichzeitig, seine Stimme behielt unverändert den Klang freundlicher Geduld.

„Der Boss hat Nerven“, sagte Curt. „Findet ihr nicht, dass er aussieht wie Napoleon vor der Schlacht?“

Eine friedliche Schlacht, fügte Nikolaus in Gedanken hinzu, und ein friedlicher, kluger Feldherr, für den es kein Waterloo geben wird. Er betrachtete das schöne, kräftige Profil des Meisters; Andeutung von Härte in seinen Zügen wurde liebenswürdig gemildert durch das runde Doppelkinn.

Die drei standen entlang der Wand, sie horchten auf den lauten Wortwechsel und die Dutzende von Fachausdrücken und versuchten zu verstehen, worum es hier ging. Wenn die eiserne Tür aufgerissen wurde, fiel für Sekunden das Dröhnen der Werkstatt über sie her, und wenigstens Nikolaus und Recha fühlten sich überflüssig, peinlich überzeugt, sie stünden jedermann im Weg.

Curt zündete sich eine Zigarette an, er ging auf die Gruppe um Hamann zu und sagte: „Eigentlich müssten Sie doch Elektroden vorrätig haben, Chef.“

Hamann kniff die Lider zusammen, der herausfordernde Ton behagte ihm nicht, aber jedenfalls nahm er die Frage ernst und nahm auch den Neuen ernst und erklärte ihm gewisse ärgerliche Schwierigkeiten bei der Materialbeschaffung. „Wir arbeiten mit hochlegierten Stählen, die einem ungeheuren Druck ausgesetzt sind“, sagte er. „Wir sind, vorläufig noch, auf Elektroden aus Westdeutschland angewiesen. Aber bei uns laufen Versuche, verstehst du, und unsere Brigade experimentiert mit diesen ersten DDR-Elektroden.“

„Allerhand“, sagte Curt, und der Meister sah, dass sein Gesicht einen Ausdruck von Beteiligtsein zeigte; er setzte hinzu: „Du kannst dir ausrechnen, was wir der DDR sparen, wenn die Versuche gelingen.“

„Dicke Prämie fällig, wie?“, sagte Curt und lachte und er rieb Daumen und Zeigefinger aneinander.

„’n paar Brausen möchten wohl rausspringen. Aber darum geht es nicht“, sagte Hamann kühl und wandte sich ab. Hinter seinem Rücken grinste Curt, er dachte: Sieh mal an, Napoleon mimt den Idealisten, und die Rolle steht ihm nicht mal schlecht. Darum geht es nicht ... Das kann er seinem Parteisekretär erzählen, aber nicht mir. Als ob es nicht auch ihm darum ginge, möglichst viel Geld zu verdienen, Prämien einzustecken, einen Wagen zu fahren, wenn’s reicht ...

Er starrte auf den breiten Rücken des Meisters, er dachte mit einer Regung von Hass: Wie sie mich anstinken, diese verdammten heuchlerischen Idealisten! Arbeit als Selbstzweck – was für ein Leben ...

Dann kam der Schweißingenieur Augustin ins Zimmer, ein magerer Mann im Tweedanzug, Baskenmütze auf dem grauen Haar. Er sagte, er habe einen Wagen und werde nach Cottbus fahren um Elektroden zu holen, er habe aber noch keinen Fahrer auftreiben können.

„Ich kann sie fahren“, sagte Curt schnell.

„Fahrerlaubnis?“

„Schon lange. Ich bin ein sicherer Fahrer, mit ’nem starken Wagen fahr’ ich 110 im Schnitt und Sie riskieren nichts“, sagte Curt flehend.

„Patenter Junge“, sagte Hamann. „Wenn ich schlachte, kriegst du ’n Stück Kuchen. Also los, ab geht die Post.“

Augustin blieb vor Recha stehen, er sagte: „Ich muss Sie immer anschauen. Wissen Sie, dass Sie wie meine erste Liebe aussehen? Das schwarze Haar, diese Augen ...“

„Du wirst lyrisch, Genosse Augustin“, sagte Hamann.

„Warum hast du sie nicht geheiratet?“

„Sie wollte mich nicht. Ich war ein armer Teufel damals. Studiert habe ich erst nach fünfundvierzig ... Ich habe sie auch mal wiedergetroffen. Sie hat drei Kinder.“ Er lächelte verlegen. „Na ja, das sind so alte Geschichten ...“ Er nickte Recha zu und verließ mit Curt das Zimmer.

Sie war erleichtert, als Hamann sie beide zu sich rief. „Ich muss wohl keine feierlichen Worte murmeln“, sagte er. „Worum es in unserem Kombinat geht, wisst ihr, wenn ihr’s auch nur aus Schulbüchern wisst. Wir bauen das größte Braunkohleveredlungswerk der Welt“, seine Stimme hatte nun doch einen feierlichen Klang, „und eines Tages werdet ihr stolz sein, dass ihr euren Teil dabei geleistet habt. Wir machen Geschichte hier ..., wenn wir selbst es auch manchmal vergessen.“ Er sah von einem zum anderen. „Es möchte sein, eure Reifeprüfung fängt heute erst an.“

Sie nickten, sie nahmen seinen nachdenklichen und freundlichen Blick als Mahnung und zugleich als Ermunterung, und in diesem Moment sahen sie nicht mehr nur den dicken, behäbigen Mann in seiner abgetragenen blauen Bluse: Sie empfanden ihn als einen Teil der Kraft, die hier am Werk war.

„Wir werden uns Mühe geben“, sagte Nikolaus.

„Sperrt die Augen auf“, sagte Hamann abschließend, „und turnt nicht unter schwebenden Lasten rum. Die Brigade hat sich verpflichtet, unfallfrei zu arbeiten.“

(1961)

Untersuchen, analysieren:
die Darstellung der gesellschaftlichen Widersprüche in der Aufbau-Literatur und das Selbstverständnis der Autorinnen und Autoren

Brigitte Reimann

Meister Hanke. Ein großartiger Mann, klug, gut, scharfsinnig, der ein paar gewichtige Verbesserungsvorschläge auf der Pfanne hat (... Versuche mit DDR-Elektroden. Bisher nur Westelektroden für hochlegierte Stähle ...). H. ist 36. Ich habe ihn auf 50 geschätzt, er ist sehr korpulent, fast kahlköpfig. Ein Beispiel von unendlichem Humor. Er ist der positive Held schlechthin. (...) Übermorgen fahre ich meine erste Schicht. Habe scheußliche Angst, aber Hanke wird mir die Angst schon nehmen. Die Brigade freut sich schon drauf, mich in Arbeitsklamotten und mit schmutzigen Pfoten zu sehen, sie wollen Fotografen bestellen. (...)

Hoy., 10. 4.
Produktionstag. Eine Stunde lang mit Hanke in der Brikettfabrik herumgestiefelt und negerschwarz zurückgekommen. (...) Er erinnert mich oft an Erwin Garbe, dessen starke Persönlichkeit mein Bild von einem guten Kommunisten geprägt hat.

Wolfgang Koeppen
Das Treibhaus (Auszug)

Mit Koeppens *Tauben im Gras* (1951) erhielt die Erzählliteratur der frühen Bundesrepublik ihr erstes Exempel einer unerbittlichen epischen Zeitdiagnose unter den Vorzeichen erneuter Kriegsgefahr, kollektiver Verunsicherung und tief greifender Existenzangst. Koeppen hat dann in *Das Treibhaus* (1953) am Beispiel eines Bonner Bundestagsabgeordneten unmittelbar die neuen ökonomischen und ideologischen Machtstrukturen der Adenauer-Ära ins Visier genommen. Zentrierung auf die Hauptfigur und Verstärkung des Inneren Monologs ließen dort den Experimentalcharakter etwas zurücktreten. *Der Tod in Rom* (1954), dritter Teil der – erst dann so bezeichneten – Triologie, rückte die Zunahme neofaschistischer und antisemitischer Gewalt in den Blick. Der Roman verschärfte den decouvierenden Grundgestus ins Makabre, ja Gespenstische.
(Wilfried Barner: Geschichte der deutschen Literatur von 1945 bis zur Gegenwart, 1994)

Rentendebatte im Bundestag am 18. 01. 1957 Die Minister Storch, Schäffer und Erhard im Gespräch

Am Text erarbeiten:
Was unterscheidet die Sichtweise des Abgeordneten Keetenheuves von der der anderen?

Sie sprachen von Bergarbeiterwohnungen auf neuem Siedlungsland bei den Halden, und ein Sachverständiger hatte die Quadratmeter errechnet, die jedem Siedler zugebilligt werden sollten, und ein anderer Sachverständiger hatte sich ausgedacht, wie primitiv und wie billig man die Mauern ziehen könne. Korodin gehörten Anteile an den Gruben. Die Arbeiter förderten Kohle zutage und auf geheimnisvolle Weise verwandelte ihre Anstrengung Korodins Bankkonto. Die Arbeiter fuhren in den Schacht und Korodin las seinen neuen Saldo. Die Arbeiter gingen müde heim. Sie gingen durch die Vorstadt, gingen vorbei an den Halden, die immer noch wuchsen wie die Gebirge in der Urzeit, schwarze Tafelberge, die das Gesicht der Landschaft veränderten und auf deren staubigen Kuppen schmutzige Kinder Mörder und Detektiv, Winnetou und Old Shatterhand spielten. So sah Keetenheuve den Bergmann das Siedlungshaus erreichen, das sie im Ausschuss berieten, das sie durchrechneten, das sie Gesetz werden ließen und für das sie die Mittel, die stolzen Ziffern auf dem Papier bewilligten. Der Bergmann betrat die von den Sachverständigen geforderten Mindestquadratmeter. Er teilte sie mit seiner Frau und seinen Kindern und mit Verwandten, die das Schicksal, Unglück und Arbeitslosigkeit plötzlich zu ihm getrieben hatten, und mit Schlafgängern, deren Geld er brauchte, um die Raten für die abscheulichen, die unpraktischen, die viel zu großen und zu großspurigen Möbel zu zahlen, für das Schlafzimmer „Erika", das Wohnzimmer „Adolf", diese Schreckenskammern und Hausfrauenträume in den Schaufenstern der Abzahlungsgeschäfte. Der Bergmann war zu Hause. Da summte es und sprach es, schrie, knarrte und quakte es aus Mündern und Lautsprechern, drang als Geschrei, Gekeif, Fluch, Klatsch und Gebuller, drang als Iphigenie auf Tauris und Totoansage durch des Sachverständigen Billigstmauern, und der Bergmann denkt zurück an die Grube, denkt sich zurück in den tiefen Schacht, denkt: Vor Ort, wenn die Pressluftbohrer surren, wenn das Gestein knirscht und bricht, ist es in dem Geratter still. Und viele zogen willig in den Krieg, weil sie ihren Alltag hassten, weil sie das hässliche enge Leben nicht mehr ertragen konnten, weil der Krieg mit seinen Schrecken auch Flucht und Befreiung war, die Möglichkeit des Reisens, die Möglichkeit des Sich-Entziehens, die Möglichkeit, in Rothschilds Villa zu wohnen. Überdruss erfüllte sie, ein verschwiegener Überdruss, der manchmal als Totschlag in Erscheinung trat, als Freitod, als scheinbar unbegreifliches Familiendrama, und doch war es nur der Überdruss am Lärm der Siedlungen, der Unmut über so viel Nähe, der Ekel vor den Gerüchen des Essens und der Verdauung, vor den Ausdünstungen der viel getragenen Kleider und der eingelaugten Wäsche im Zuber, dem Bergmann wurde übel vor dem Schweiß der Frau (er liebte sie), vor den Ausscheidungen der Kinder (er liebte sie), und wie ein Orkan umdröhnte ihn das unaufhörliche Gequatsch ihrer Lippen.
(...) Heineweg und Bierbohm waren's zufrieden. Sie stimmten den Vorschlägen der Sachverständigen bei; sie bewilligten die Mindestkosten, die Mindestquadratmeter, die Mindestwohnung. Die Wohnung würde gebaut werden. Heineweg und Bierbohm waren für das Schrebergartenglück. Sie sahen kleine Giebelhäuser entstehen und

hielten sie für gemütlich; sie sahen zufriedene Arbeiter klassenbewusst auf eigener Scholle säen und durch das geöffnete Fenster drang aus dem Lautsprecher des Radios eine aufmunternde Rede Knurrewahns. *Unser die Zukunft, unser die Welt.* Und Korodin war's zufrieden. Er stimmte den Vorschlägen der Sachverständigen bei; er bewilligte die Mindestkosten, die Mindestquadratmeter, die Mindestwohnung. Die Wohnung würde gebaut werden. Auch Korodin war für das Schrebergartenglück der Arbeiter, auch ihn erfreuten romantische Giebelhäuser im Grünen; er sah aber die Türen und Fenster an Fronleichnam mit Birken geschmückt, aus dem Lautsprecher drang die Predigt des Bischofs und zufriedene Arbeiter knieten im Vorgarten, fromm auf eigener Scholle, vor dem Allerheiligsten, das in der Prozession vorübergetragen wurde. *Der Herr ist mein Hirte, mir wird nichts mangeln.* Sie waren für Beschwichtigung. Heineweg, Bierbohm und Korodin, sie waren feindliche Brüder. Sie wussten es nicht, dass sie Brüder im Geiste waren. Sie hielten sich für Feinde. Aber sie waren Brüder. Sie berauschten sich an der gleichen wässerigen Limonade. *(1953)*

Die Politiker sollten sich nicht grämen, schon gar nicht beklagen, sie sollten sich fragen, warum es denn keinen einzigen Nachkriegsroman gibt, in dem sich die Bundesrepublik als blühendes, fröhliches Land dargestellt findet. Die berühmte Frage: Wo bleibt das Positive? – gar keine so dumme Frage – ist nicht nur falsch gestellt, sondern an die Falschen gerichtet: Warum schreibt keiner den fröhlichen Roman über dieses blühende Land? Es wird niemand daran gehindert. Offenbar gibt es Hindernisse, die weit tiefer liegen, als oberflächliche politische Gekränktheit vermuten könnte. Ein trauriges Land, aber ohne Trauer.
(Heinrich Böll, 1964)

Diskutieren, erörtern:
die Stellung der Schriftsteller in „ihrem" Staat in der frühen Bundesrepublik und in der DDR

Martin Walser
Ehen in Philippsburg (Auszug)

In planloser Verdrossenheit wanderte er ins Villenviertel hinauf. Frau Volkmann streifte gerade in Floridakleidung, mit ihren Pudeln spielend, durch den Park. Er hätte gerne weggeschaut, um ihr Gelegenheit zu geben, ein bisschen was umzutun, aber sie fühlte sich offensichtlich voll bekleidet und stürzte munter auf ihn zu, grüßte ihn wie einen langjährigen Freund und rief überlaut nach Anne. Die tauchte langsam, das Strickzeug in den Händen, auf ihrem Balkon auf, legte das Strickzeug sogar weg – was sie bloß mitten im Hochsommer zu stricken hatte! –, winkte herunter und bat ihn hinaufzukommen. Aber so leicht ließ sich die Mutter den jungen Mann nicht entreißen. Anne möge sich gefälligst herunter bemühen, es sei auch am kühlsten unter den Bäumen.
„Papa wird sich freuen, dass du da bist", sagte Anne, „er hat schon zweimal nach dir gefragt!"
„Nach mir", sagte Hans und errötete.
„Ja, ich glaub', er hat was vor mit dir", sagte Anne.
„Das sagt er uns nicht", sagte Frau Volkmann und lächelte großzügig; das hieß, dass sie ihrem Gatten die kleine Geheimnistuerei nicht übel nehme. Darum ergänzte sie auch: „Es muss etwas Geschäftliches sein." Also etwas, über das in ihrer Gegenwart auch besser nicht gesprochen wurde. Um Gottes willen, Geschäftliches, Ingenieurkram und Kaufmannswust! Hans sah, wie sie schon litt, wenn sie nur an diese tödlichen Sachlichkeiten dachte. Der Roboter und die Hindin!
Als Herr Volkmann dann endlich kam, war Hans sehr neugierig auf das, was man mit ihm vorhatte.
Herr Volkmann schien übrigens keine Notiz davon zu nehmen, dass die Luft weiß war vor Hitze und der Himmel seit Tagen aussah wie eine Brandblase. Er trug Anzug und Krawatte und hatte alle Knöpfe,

Vorbemerkung
„Der Roman enthält nicht ein einziges Porträt irgendeines bestimmten Zeitgenossen, aber es ist die Hoffnung des Verfassers, er sei Zeitgenosse genug, dass seine von der Wirklichkeit ermöglichten Erfindungen dem oder jenem wie eigene Erfahrungen anmuten."

Hans Magnus Enzensberger
Freizeit

Rasenmäher, Sonntag
der die Sekunden köpft
und das Gras.

Gras wächst
über das tote Gras
das über die Toten gewachsen ist.

Wer das hören könnt!

Der Mäher dröhnt,
überdröhnt
das schreiende Gras.

Die Freizeit mästet sich.
Wir beißen geduldig
ins frische Gras.

(1964)

Ludwig Erhard 1957

die zu schließen waren, geschlossen. Die Frauen schickte er weg. Anne ging rasch und freiwillig, Frau Volkmann aber betonte zuerst noch, dass sie sowieso nicht dageblieben wäre, dann zog sie sich, mit ihren Pudeln spielend, in die grüne Tiefe des Gartens zurück.

Herr Volkmann hob sein Gesicht, lächelt Hans eine Zeit lang an und schabte mit einem weichen Zeigefinger in seinem Gesicht herum, dass sich der Zeigefinger, obwohl er kaum auf Knochen stieß, nach allen Richtungen abbog.

Hans bewunderte diesen Mann, dieses schüttere Männlein, das es sich leisten konnte, zu schweigen, zu lächeln und einen anzuschauen. Für wen lebte der eigentlich? Vielleicht würde er, fragte man ihn, antworten: Für meine sechstausend Arbeiter, für meine Fabrik! Vielleicht würde er sogar sagen: Für meine Familie, für Anne (...).

Gott sei Dank hatte ihn Herr Volkmann jetzt lange genug fixiert; er begann zu sprechen. Hans' Gesicht wurde heiß, er spürte seine Brauen, seine Lippen, seine Nase bis in die äußersten Enden: Herr Volkmann wollte für den Industrieverband, dessen Präsident er war, einen Pressedienst einrichten und Hans sollte diesen Pressedienst herausgeben, das habe er ja doch bei seinem zeitungswissenschaftlichen Studium gelernt! Hans sah sich in der Hauptstraße gehen, sah sich in den gläsernen Schleusen eines kühlen Bürohauses, sah sich im Aufzug, sah sich, nach allen Seiten grüßend, einen Gang entlanggehen, eine Tür öffnen, zwei Sekretärinnen stürzten auf ihn zu, eine nahm ihm die Tasche, die andere Hut und Mantel ab, tatsächlich, er trug einen Hut, einen weichen grauen Sommerhut, leichthin schlenderte er durch die offene Tür in sein Büro, setzte sich an den riesigen schwarzen Schreibtisch, der auf schlanken Beinen frei im Raum stand; zwei Telefone gleißten ihn an, da surrte auch schon eins, kein grelles Geklingel, sondern ein angenehmes Surren, das ihm ins Ohr streichelte, dass er fröhlich nach dem Hörer griff und die höfliche und respektvolle Anfrage des anderen mit ein paar klugen, ohne jedes Stocken vorgebrachten Sätzen freundlichst beantwortete. Er wurde gebraucht! Zum ersten Mal in seinem Leben wollte ihn jemand haben. Zum ersten Mal war es nicht er, der sich zögernd und vor Erregung unregelmäßig atmend einer böse geschlossenen Tür näherte, dreimal ansetzte bis er zu klopfen wagte, zum ersten Mal tat sich die furchtbare Geschlossenheit dieses Häusermeeres auf um ihn einzulassen, und ein Mann trat hervor und sagte: Sie werden erwartet. Er hätte Herrn Volkmann umarmen mögen! (...)

Und Anne sollte seine Mitarbeiterin werden. Sie wusste es schon. Sie hatte nichts verraten, weil sie nicht sicher war, ob er annehmen würde. Was diese reichen Leute sich alles vorstellen können! Die können sich sogar vorstellen, dass einer ein Angebot ablehnt. Ein Hans Beumann, der zeit seines Lebens zwischen Fakultäten herumirrte; der immer ein Zuschauer war; der jeden bewundern musste, der eine Hantierung hatte, über die er sich beugen konnte; der jeden beneidete, der seiner Nützlichkeit so sicher war, dass man es ihm noch auf der Straße ansah. Und da fragte Anne noch, ob er es sich auch genau überlegt habe. Sein Geld reichte noch für acht Tage und von seiner Mutter durfte er nichts mehr nehmen. Eine als Pressedienst getarnte Industriewerbung, na und? Sie kenne ja seine politische Einstellung nicht, sagte Anne. Hans sah sie an. Ach so, politisch. Jaja, das sei etwas anderes. Aber dann sprach er lieber von den nächsten Dingen.
(1957)

Am Text erarbeiten:
„Hans bewunderte diesen Mann"
Rolle und Perspektive des Erzählers und ihre Funktion

Darstellen, präsentieren:
das „Wirtschaftswunder" als historisches Bezugsfeld des Romans

Lesetipps:
Günter Grass: Die Blechtrommel
Heinrich Böll: Billiard um halb zehn

Ingeborg Bachmann

Undine geht (Auszug)

Ihr Menschen! Ihr Ungeheuer!

Ihr Ungeheuer mit Namen Hans! Mit diesem Namen, den ich nie vergessen kann.

Immer wenn ich durch die Lichtung kam und die Zweige sich öffneten, wenn die Ruten mir das Wasser von den Armen schlugen, die Blätter mir die Tropfen von den Haaren leckten, traf ich auf einen, der Hans hieß. (...)

Ihr Ungeheuer mit euren Frauen!

Hast du nicht gesagt: Es ist die Hölle, und warum ich bei ihr bleibe, das wird keiner verstehen. Hast du nicht gesagt: Meine Frau, ja, sie ist ein wunderbarer Mensch, ja, sie braucht mich, wüsste nicht, wie ohne mich leben –? Hast du's nicht gesagt! Und hast du nicht gelacht und im Übermut gesagt: Niemals schwer nehmen, nie dergleichen schwer nehmen. Hast du nicht gesagt: So soll es immer sein, und das andere soll nicht sein, ist ohne Gültigkeit! Ihr Ungeheuer mit euren Redensarten, die ihr die Redensarten der Frauen sucht, damit euch nichts fehlt, damit die Welt rund ist. Die ihr die Frauen zu euren Geliebten und Frauen macht, Eintagsfrauen, Wochendfrauen, Lebenslangfrauen und euch zu ihren Männern machen lasst. (Das ist vielleicht ein Erwachen wert!) Ihr mit eurer Eifersucht auf eure Frauen, mit eurer hochmütigen Nachsicht und eurer Tyrannei, eurem Schutzsuchen bei euren Frauen, ihr mit eurem Wirtschaftsgeld und euren gemeinsamen Gutenachtgesprächen, diesen Stärkungen, dem Rechtbehalten gegen draußen, ihr mit euren hilflos gekonnten, hilflos zerstreuten Umarmungen. Das hat mich zum Staunen gebracht, dass ihr euren Frauen Geld gebt zum Einkaufen und für die Kleider und für die Sommerreise, da ladet ihr sie ein (ladet sie ein, zahlt, es versteht sich). Ihr kauft und lasst euch kaufen. Über euch muss ich lachen und staunen, Hans, Hans, über euch kleine Studenten und brave Arbeiter, die ihr euch Frauen nehmt zum Mitarbeiten, da arbeitet ihr beide, jeder wird klüger an einer anderen Fakultät, jeder kommt voran in einer anderen Fabrik, da strengt ihr euch an, legt das Geld zusammen und spannt euch vor die Zukunft. Ja, dazu nehmt ihr euch die Frauen auch, damit ihr die Zukunft erhärtet, damit sie Kinder kriegen, da werdet ihr mild, wenn sie furchtsam und glücklich herumgehen mit den Kindern in ihrem Leib. Oder ihr verbietet euren Frauen, Kinder zu haben, wollt ungestört sein und hastet ins Alter mit eurer gesparten Jugend. O das wäre ein großes Erwachen wert! Ihr Betrüger und Betrogenen. Versucht das nicht mit mir. Mit mir nicht! (...) Wenn ihr allein wart, ganz allein, und wenn eure Gedanken nichts Nützliches dachten, nichts Brauchbares, wenn die Lampe das Zimmer versorgte, die Lichtung entstand, feucht und rauchig der Raum war, wenn ihr so dastandet, verloren, für immer verloren, aus Einsicht verloren, dann war es Zeit für mich. Ich konnte eintreten mit dem Blick, der auffordert: Denk! Sei! Sprich es aus! – Ich habe euch nie verstanden, während ihr euch von jedem Dritten verstanden wusstet. Ich habe gesagt: Ich verstehe dich nicht, verstehe nicht, kann nicht verstehen! Das währte eine herrliche und große Weile lang, dass ihr nicht verstanden wurdet und selbst nicht verstandet, nicht warum dies und das, warum Grenzen und Politik und Zeitungen und Banken und Börse und Handel und dies immerfort. *(1961)*

Undine: im Wasser hausender weiblicher Elementargeist mit menschlicher Gestalt; die unsterbliche Seele wird Undine erst durch Vermählung mit einem irdischen Mann zuteil.
F. de la Motte Fouques romantische Märchennovelle „Undine" (1811) wurde von E.T.A. Hoffmann (1816) und A. Lortzing (1845) zu Opern verarbeitet.

Am Text erarbeiten:
die Undine-Figur als Medium der Kritik

In den Sechzigerjahren formierte sich in der Bundesrepublik ebenso wie in anderen westlichen Staaten eine starke Protestbewegung vor allem der Studenten sowohl gegen die Konsumgesellschaft und die „Bewusstseinsindustrie“ der Medien als auch gegen den Vietnamkrieg, der als imperialistischer Übergriff gedeutet wurde. Schriftsteller, die sich bisher als kritische Außenseiter verstanden hatten, wurden nun als Teil des „Establishments“ kritisiert, was zur These von der Ohnmacht, ja vom Tod der Literatur führte.

Günter Grass

In Ohnmacht gefallen

Wir lesen Napalm und stellen Napalm uns vor.
Da wir uns Napalm nicht vorstellen können,
lesen wir über Napalm, bis wir uns mehr
unter Napalm vorstellen können.
Jetzt protestieren wir gegen Napalm.
Nach dem Frühstück, stumm,
auf Fotos sehen wir, was Napalm vermag.
Wir zeigen uns grobe Raster
und sagen: Siehst du, Napalm.
Bald wird es preiswerte Bildbände
mit besseren Fotos geben,
auf denen deutlicher wird,
was Napalm vermag.
Wir kauen Nägel und schreiben Proteste.
Aber es gibt, so lesen wir,
Schlimmeres als Napalm.
Schnell protestieren wir gegen Schlimmeres.
Unsere berechtigten Proteste, die wir jederzeit
verfassen falten frankieren dürfen, schlagen zu Buch.
Ohnmacht, an Gummifassaden erprobt.
Ohnmacht legt Platten auf: ohnmächtige Songs.
Ohne Macht mit Guitarre. –
Aber feinmaschig und gelassen
wirkt sich draußen die Macht aus.

(1967)

Hans Magnus Enzensberger

Weitere Gründe dafür, daß die Dichter lügen

Weil der Augenblick,
in dem das Wort *glücklich*
ausgesprochen wird,
niemals der glückliche Augenblick ist.
Weil der Verdurstende seinen Durst
nicht über die Lippen bringt.
Weil im Munde der Arbeiterklasse
das Wort *Arbeiterklasse* nicht vorkommt.
Weil, wer verzweifelt,
nicht Lust hat, zu sagen:
„Ich bin ein Verzweifelnder.“
Weil Orgasmus und *Orgasmus*
nicht miteinander vereinbar sind.
Weil der Sterbende, statt zu behaupten:
„Ich sterbe jetzt“,
nur ein mattes Geräusch vernehmen läßt,
das wir nicht verstehen.
Weil es die Lebenden sind,
die den Toten in den Ohren liegen
mit ihren Schreckensnachrichten.
Weil die Wörter zu spät kommen,
oder zu früh.
Weil es also ein anderer ist,
immer ein anderer,
der da redet,
Und weil der,
von dem da die Rede ist,
schweigt.

(1978)

Untersuchen, vergleichen:
die Befunde, die Grass, Enzensberger und Huchel in ihren Gedichten formulieren

Peter Huchel
Traum im Tellereisen

Gefangen bist du, Traum.
Dein Knöchel brennt,
Zerschlagen im Tellereisen.

Wind blättert
Ein Stück Rinde auf.
Eröffnet ist
Das Testament gestürzter Tannen,
Geschrieben
In regengrauer Geduld
Unauslöschlich
Ihr letztes Vermächtnis –
Das Schweigen.

Der Hagel meißelt
Die Grabschrift auf die schwarze Glätte
Der Wasserlache.

(1963)

Wolf Biermann
Ermutigung
Peter Huchel gewidmet

Du, lass dich nicht verhärten
In dieser harten Zeit
Die all zu hart sind, brechen
Die all zu spitz sind, stechen
und brechen ab sogleich

Du, lass dich nicht verbittern
In dieser bittren Zeit
Die Herrschenden erzittern
– sitzt du erst hinter Gittern –
Doch nicht vor deinem Leid

Du, lass dich nicht erschrecken
In dieser Schreckenszeit
Das wolln sie doch bezwecken
Dass wir die Waffen strecken
Schon vor dem großen Streit

Du, lass dich nicht verbrauchen
Gebrauche deine Zeit
Du kannst nicht untertauchen
Du brauchst uns, und wir brauchen
Grad deine Heiterkeit

Wir wolln es nicht verschweigen
In dieser Schweigezeit
Das Grün bricht aus den Zweigen
Wir wolln das allen zeigen
Dann wissen sie Bescheid

(1965)

Peter Huchel
Das Gericht

Nicht dafür geboren,
unter den Fittichen der Gewalt zu leben,
nahm ich die Unschuld des Schuldigen an.

Gerechtfertigt
durch das Recht der Stärke,
saß der Richter an seinem Tisch,
unwirsch blätternd in meinen Akten.

Nicht gewillt,
um Milde zu bitten,
stand ich vor den Schranken,
in der Maske des untergehenden Monds.

Wandanstarrend
sah ich den Reiter, ein dunkler Wind
verband ihm die Augen,
die Sporen der Disteln klirrten.
Er hetzte unter Erlen den Fluss hinauf.

Nicht jeder geht aufrecht
durch die Furt der Zeiten.
Vielen reißt das Wasser
die Steine unter den Füßen fort.

Wandanstarrend,
nicht fähig,
den blutigen Dunst
noch Morgenröte zu nennen,
hörte ich den Richter
das Urteil sprechen,
zerbrochene Sätze aus vergilbten Papieren.
Er schlug den Aktendeckel zu.

Unergründlich,
was sein Gesicht bewegte.
Ich blickte ihn an
und sah seine Ohnmacht.
Die Kälte schnitt in meine Zähne.

(1972)

In der DDR erfuhren systemkritische Schriftsteller wie Peter Huchel oder Reiner Kunze ihre Ohnmacht durch sehr direkte Repressionen. Ihnen wurde von Seiten der Staatspartei fehlende sozialistische Parteilichkeit, Subjektivismus und Formalismus vorgeworfen. Huchel wurde gezwungen, die Leitung der Zeitschrift „Sinn und Form" abzugeben (1962), und schließlich zur Ausreise genötigt (1971). Der Liedermacher Wolf Biermann wurde 1962 aus der Partei ausgeschlossen, 1965 mit einem Auftrittsverbot belegt und 1976 aus der DDR ausgebürgert.

Volker Braun

Hinze-Kunze-Roman (Auszug)

Zu den Schriftstellern der DDR, denen dieser Staat trotz allem Heimat und Hoffnung ist, zählt Volker Braun. Sein Hinze-Kunze-Roman erschien 1985 fast gleichzeitig in der Bundesrepublik und in der DDR, wo die Auslieferung des Buches am 10. September gestoppt wurde; eine zweite Auflage erschien erst Jahre später.

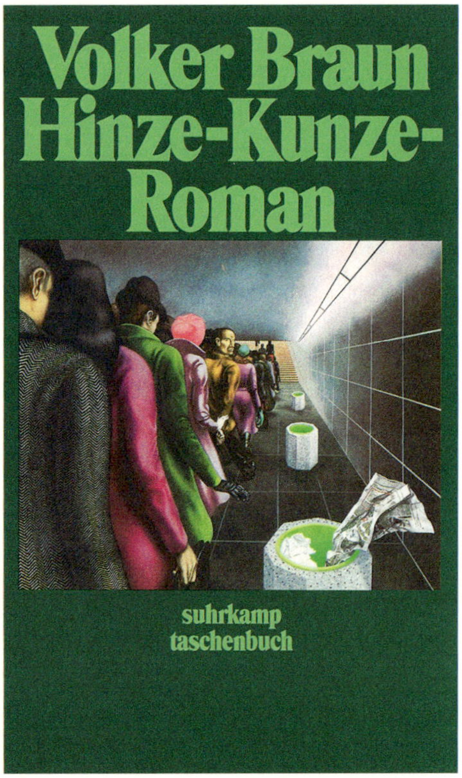

Hinze, einem harmlosen Mann, der freundlich zwischen den Standpunkten vermittelte, standen aufreibende Erfahrungen bevor. Zwar sah er die Zusammenhänge von Planauflage Eigeninitiative Wohlstand und Rationalisierung, die ihn vom Stuhl rissen in der Versammlung und selbstvergessen reden machten. Und es war ein Spaß, Vorschläge hinzublättern und die anmaßenden Referenten in ihren Quark zu stippen. Dann war er wer, er war angesehn am roten Brett. Er entwickelte sich mit der Gesellschaft, sie verlangte nach ihm. Das war schon ein Glück. (...) Er fuhr seine Maschine, seine Anlage, seinen Wagen, auf dem festgeschriebenen Gleis. Natürlich wurde daran gedreht. All diese lebendigen Leute, vom Dreher bis zum Generaldirektor, versuchten die Strukturen zu duchlöchern, sich kurzzuschließen, die Ebenen zu überspringen. Sie setzten die üblichen Waffen ein, die furchtbarste: das Vertrauen. Dagegen half nur ein Mittel: Entzug der Informationen. Die Institutionen, Produkte langjähriger Arbeit von oben herab, die sich in der Landschaft festgesetzt hatten wie ägyptische Pyramiden, wehrten sich mit den alten plumpen Methoden, Tricks, zu denen ihre Mumien noch fähig waren. Das hat Hinze nie ganz begriffen, diese Dimension des Kampfs ging ihm nicht auf: Er war Detailarbeiter. Und doch ahnte er zuletzt, dass es um das Ganze ging. Er lebte längst in den *besseren Zeiten*. Er hatte *alles*, hieß es. Ihm gehörten die Maschinen, jedenfalls nicht Krupp Flick Thyssen. Auf den Stühlen saßen seine Leute, konnte man sagen. Es war, sozusagen, sein Staat. Aber er stand noch immer im Kampf! Der Kampf war nicht entschieden! Es war nicht viel gewonnen! Was herrschte hier? Das Tote, die Dinge, die Pyramide, oder seine Arbeit? Das Tote, oder das Lebendige? Er wechselte die Drehbank, er wechselte den Betrieb, er wechselte den Beruf. Er blieb im Clinch mit den gemachten, den vergangnen, den angehäuften Formen. Die herrschende, die angeherrschte Klasse. Da machte Hinze, gelernter Dreher, Bestarbeiter, in den besseren Zeiten, eine sensationelle Entdeckung. Es gab nichts außer ihnen selbst, was ihrem Leben Sinn gab. Was sie nicht waren und taten und entschieden, war der Tod. Er hielt in der Arbeit inne, sah auf das verbissene Getümmel, das aschgraue, mit Grünpflanzen getarnte Schlachtfeld. Er hatte nie etwas anderes gesehen. Er wußte nicht, wann der Kampf begonnen hatte. Aber alles deutete darauf hin, daß eine Entscheidung fallen mußte. So oder so; denn der Kampf hatte alles und jeden bis in die Fasern ergriffen. Entweder würden sie in den mächtigen eisernen Bedingungen verschwinden, oder sie müßten sie zerbrechen, wie der Falter die Larve sprengt. Nicht mit einem Flügelschlag: aber um zu fliegen, um sich zu entfalten! Er blickte starr in die Halle hinein, er konzentrierte sich auf das Ende. Die ahnungslose Truppe putzte die Schlitten vor Feierabend, vom Fight gezeichnete Gestalten. Er stellte sich das Finish vor, ein sagenhaftes Jahrtausend. Er ging durch das Tor hinaus, mit allen andern durch die akkurate neonbeleuchtete Unterführung. Er schritt aus, den Kopf zur Seite gedreht, skeptischen Blicks nach hinten, seine Lippen fest aufeinander, die Mundwinkel eine Spur herabgezogen, die Stirn gefurcht, Gesichtsfarbe ungesund gelblichbraun, ein Krieger, der den Tod gesehn hat, am gestreckten Arm die Faust geballt um die Lohntüte. *(1985)*

Nachschlagen, informieren:
Volker Braun als Schriftsteller in der DDR und in der Bundesrepublik

Thomas Bernhard

Die Auslöschung (Auszug)

In Wirklichkeit arbeitete mein Bruder genauso wenig wie mein Vater, er stellte nur immer diese von allen bewunderte ununterbrochene Arbeit und diesen ununterbrochenen Arbeitseifer dar, der sie zufriedenstellte und der schließlich auch ihn selbst zufriedenstellte, weil er selbst auf einmal nicht mehr in der Lage gewesen war, einzusehen, dass er seinen Arbeitseifer für die Familie nur schauspielerte, aber gar nicht wirklich hatte. Mein Vater schauspielerte lebenslänglich den ungeheuer arbeitsamen, wenn nicht arbeitswütigen Landwirt, der niemals auch nur einen einzigen Augenblick zur Ruhe kommt, weil er sich eine solche Ruhe gar nicht gönnen kann aus lauter *Familiensinn*, genauso mein Bruder, der diese Schauspielerei von meinen Vater vollkommen naturgetreu übernommen hat, beide hatten sie bald begriffen, daß es genügt, Arbeit zu spielen, ohne sie wirklich zu tun. Im Grunde taten sie nichts, als ihre als Arbeit ausgegebene Schauspielerei möglichst zu perfektionieren, lebenslänglich, und sie erreichten ein hohes Maß an Könnerschaft auf diesem Gebiete, um nicht zu sagen, in dieser Kunst. Der Großteil der Menschheit, vor allem in Mitteleuropa, heuchelt Arbeit, schauspielert ununterbrochen Arbeit vor und perfektioniert bis ins hohe Alter diese geschauspielerte Arbeit, die mit wirklicher Arbeit genauso wenig zu tun hat, wie das wirkliche und tatsächliche Schauspiel mit dem wirklichen und tatsächlichen Leben. Da die Menschen aber immer lieber das Leben als Schauspiel sehen als das Leben selbst, das ihnen letzten Endes viel zu mühsam und trocken vorkommt, als eine unverschämte Demütigung, schauspielern sie lieber, als daß sie leben, schauspielern sie lieber, als daß sie arbeiten. So habe ich die Arbeit meines Vaters, die von allen Leuten immer sehr hoch eingeschätzt worden ist, niemals sehr hoch eingeschätzt, denn sie war doch meistens nichts anderes als Schauspielerei, wie die Arbeit meines Bruder, der sich mit größter Raffinesse diese Schauspielerei von seinem Vater abgeschaut hat, um sie selbst mit einer noch größeren Perfektion der bewundernden Umwelt vorzuführen. Aber nicht nur in den sogenannten höheren Ständen wird die Arbeit heute meistens nur mehr noch geschauspielert, denn wirklich getan, auch unter dem so genannten einfachen Volk ist diese Schauspielerei weit verbreitet, die Leute schauspielern an allen Ecken und Enden Arbeit, schauspielern Tätigkeit, wo sie in Wirklichkeit nichts als faulenzen und gar nichts tun und meistens auch noch, anstatt sich nützlich zu machen, den größten Schaden anrichten. Die meisten Arbeiter und Handwerker glauben heute, daß es genug ist, wenn sie den blauen Arbeitsanzug anziehen, ohne auch nur irgendetwas zu tun, von einer nützlichen Tätigkeit ganz zu schweigen, sie schauspielern Arbeit und ihr Kostüm ist der den ganzen Tag penetrant getragene blaue Arbeitsanzug, mit diesem rennen sie ununterbrochen umher und kommen tatsächlich sehr oft auch in Schweiß darin, aber dieser Schweiß ist ein falscher und deshalb perverser und beruht nur auf geschauspielerter Arbeit, keiner wirklichen. Auch das Volk ist längst darauf gekommen, daß geschauspielerte Arbeit einträglicher ist, als wirklich getane, wenn auch bei weitem nicht gesünder, im Gegenteil, und schauspielert Arbeit nur noch, anstatt sie tatsächlich zu verrichten, wodurch die Staaten auf einmal, wie wir sehen, vor dem Ruin stehen. In Wahrheit und in Wirklichkeit gibt es nurmehr noch Schauspieler auf der Welt, die Arbeit spielen, keine Arbeiter. Alles wird geschauspielert, nichts mehr wird wirklich getan. Wenn ich meinen Vater bei der Arbeit beobachtete, dachte ich sehr oft, er schauspielert ja nur, er arbeitet gar nicht, genauso ist es, was meinen Bruder betrifft. Ich mache ihnen ja keinen Vorwurf daraus, daß sie, in Wirklichkeit, ihre Arbeit nur vortäuschen und ihre Umwelt an der Nase herumführen, so wie die übrige Menschheit ihre Umwelt auch, aber sie sollten, sagte ich mir immer, nicht bei jeder Gelegenheit behaupten, sie arbeiten sich *zu Tode*. Und das auch noch ausgerechnet *für die Familie* und bei besonderen Gelegenheiten auch noch *für das Vaterland*.
(1986)

Warum Finsternis?
Warum die immer gleiche totale Finsternis in meinen Büchern?
Das ist kurz erklärt:
In meinen Büchern ist alles *künstlich*, das heißt, alle Figuren, Ereignisse, Vorkommnisse spielen sich auf einer Bühne ab, und der *Bühnen*raum ist total finster. Auftretende Figuren auf einem *Bühnen*raum, in einem *Bühnen*viereck, sind durch ihre Konturen deutlicher zu erkennen, als wenn sie in der *natürlichen* Beleuchtung erscheinen wie in der üblichen uns bekannten Prosa. In der Finsternis wird alles deutlich.
(Thomas Bernhard, 1971)

Untersuchen, analysieren:
die Darstellung der Arbeit und ihrer Bedeutung bei Volker Braun und Thomas Bernhard

3 Wunderbare Jahre

„Ansichten eines Clowns" – Darstellung der westdeutschen Nachkriegsgesellschaft aus der Perspektive eines Außenseiters, der an der Heuchelei zerbricht.
Die Familie des Erzählers gehörte vor und nach 1945 zur staatstragenden Schicht. Die Mutter opferte kurz vor Kriegsende seine Schwester Henriette in ideologischer Verblendung dem „Endsieg", doch darüber wird nicht mehr gesprochen. Die Familie huldigt der Doppelmoral eines frömmlerischen Katholizismus, an dem auch die Ehe des Erzählers zerbricht. Seine Frau verlässt ihn und geht die Ehe mit einem erfolgreichen katholischen Manager ein, der beste Beziehungen zur CDU-Regierung unterhält. Der Clown strandet schließlich, zum hoffnungslosen Außenseiter geworden, inmitten des rheinischen Karnevals auf den Stufen des Bonner Hauptbahnhofs, wo er Gitarre spielt, singt und bettelt.
Das Buch rief heftigste Proteste, die bis zum Boykott reichten, hervor und war Gegenstand erregter öffentlicher Diskussion.

Heinrich Böll
Ansichten eines Clowns (Auszug)

Die Stämme der Buchen in unserem Park waren schwarz, noch feucht, der Tennisplatz frisch gewalzt, rot, vom Rhein her hörte ich das Hupen der Schleppkähne, und als ich in den Flur trat, hörte ich Anna in der Küche leise vor sich hinschimpfen. Ich verstand immer nur „... kein gutes Ende – gutes Ende – kein." Ich rief in die offene Küchentür hinein: „Für mich kein Frühstück, Anna", ging rasch weiter und blieb im Wohnzimmer stehen. So dunkel war mir die Eichentäfelung, die Holzgalerie mit Humpen und Jagdtrophäen noch nie vorgekommen.
Nebenan im Musikzimmer spielte Leo eine Mazurka von Chopin. Er hatte damals vor Musik zu studieren, stand morgens um halb sechs auf, um vor Schulbeginn noch zu üben. Was er spielte, versetzte mich in eine spätere Tageszeit, und ich vergaß auch, dass Leo spielte. Leo und Chopin passen nicht zueinander, aber er spielte so gut, dass ich ihn vergaß. (...)
Im Park, zum Rhein hin, sah ich vor den Trauerweiden die Schießscheiben in Großvaters Schießstand sich bewegen. Offenbar war Fuhrmann beauftragt, sie zu ölen. Mein Großvater trommelt manchmal ein paar „alte Knaben" zusammen, dann stehen fünfzehn Riesenautos im kleinen Rondell vor dem Haus, fünfzehn Chauffeure stehen fröstelnd zwischen den Hecken und Bäumen oder spielen gruppenweise auf den Steinbänken Skat, und wenn einer von den „alten Knaben" eine Zwölf geschossen hat, hört man bald darauf einen Sektpfropfen knallen. Manchmal hatte Großvater mich rufen lassen und ich hatte den alten Knaben ein paar Faxen vorgemacht, Adenauer imitiert, oder Erhard – was auf eine deprimierende Weise einfach ist, oder ich hatte ihnen kleine Nummern vorgeführt: Manager im Speisewagen. Und wie boshaft ich es auch zu machen versucht hatte, sie hatten sich totgelacht, „köstlich amüsiert", und wenn ich anschließend mit einem leeren Patronenkarton oder einem Tablett rundging, hatten sie meistens Scheine geopfert. Mit diesen zynischen alten Knackern verstand ich mich ganz gut, ich hatte nichts mit ihnen zu tun, mit chinesischen Mandarinen hätte ich mich genauso gut verstanden. Einige hatten sich sogar zu Kommentaren meinen Darbietungen gegenüber verstiegen: „Kolossal" – „Großartig". Manche hatten sogar mehr als ein Wort gesagt: „Der Junge hat's in sich" oder „In dem steckt noch was."
Während ich Chopin hörte, dachte ich zum ersten Mal daran, Engagements zu suchen um ein bisschen Geld zu verdienen. Ich könnte Großvater bitten, mich als Alleinunterhalter bei Kapitalistenversammlungen zu empfehlen, oder zur Aufheiterung nach Aufsichtsratssitzungen. Ich hatte sogar schon eine Nummer „Aufsichtsrat" einstudiert.
Als Leo ins Zimmer kam, war Chopin sofort weg; Leo ist sehr groß, blond, mit seiner randlosen Brille sieht er aus, wie ein Superintendent aussehen müsste oder ein schwedischer Jesuit. (...)
Er kam rasch auf mich zu, blieb plötzlich ein paar Schritte vor mir stehen, seine verlegenen Hände etwas seitwärts gespreizt, und sagte: „Hans, was ist denn?" Er blickte mir in die Augen, etwas darunter,

wie jemand, der einen auf einen Flecken aufmerksam machen will, und ich merkte, dass ich geweint hatte. Wenn ich Chopin oder Schubert höre, weine ich immer. Ich nahm mit dem rechten Zeigefinger die beiden Tränen weg und sagte: „Ich wusste nicht, dass du gut Chopin spielen kannst. Spiel die Mazurka doch noch einmal."

Szene aus der Verfilmung des Romans mit Helmut Griem

„Ich kann nicht", sagte er, „ich muss zur Schule, wir kriegen in der ersten Stunde die Deutschthemen fürs Abitur."

„Ich bring dich mit Mutters Auto hin", sagte ich.

„Ich mag nicht mit diesem dummen Auto fahren", sagte er, „du weißt, dass ich es hasse." Mutter hatte damals von einer Freundin „wahnsinnig preiswert" einen Sportwagen übernommen, und Leo war sehr empfindlich, wenn ihm irgendetwas als Angeberei ausgelegt werden konnte. Es gab nur eine Möglichkeit, ihn in wilden Zorn zu versetzen: Wenn jemand ihn hänselte oder hätschelte unserer reichen Eltern wegen, dann wurde er rot und schlug mit den Fäusten um sich. (…)

Während ich die Koblenzer Straße runterfuhr, viel zu schnell, schaute ich nach einem Ministerauto aus, das ich hätte schrammen können. Mutters Auto hat vorstehende Radnaben, mit denen ich ein Auto hätte ankratzen können, aber so früh war noch kein Minister unterwegs. Ich sagte zu Leo: „Wie ist es nun, gehst du wirklich zum Militär?" Er wurde rot und nickte. „Wir haben darüber gesprochen", sagte er, „im Arbeitskreis, und sind zu dem Ergebnis gekommen, dass es der Demokratie dient." – „Na gut", sagte ich, „geh nur hin und mach diese Idiotie mit, ich bedaure manchmal, dass ich nicht wehrpflichtig bin." Leo drehte sich mir fragend zu, wandte aber den Kopf weg, als ich ihn ansehen wollte. „Warum?", fragte er. „Oh", sagte ich, „ich würde so gern den Major einmal wieder sehen, der bei uns einquartiert war und Frau Wieneken erschießen lassen wollte. Er ist jetzt sicher Oberst oder General." Ich hielt vor dem Beethovengymnasium um ihn rauszulassen, er schüttelte den Kopf, sagte: „Park doch hinten rechts vom Konvikt", ich fuhr weiter, hielt, gab Leo die Hand, aber er lächelte gequält, hielt mir weiter die offene Hand hin. Ich war in Gedanken schon weg, verstand nicht, und es machte mich nervös, wie Leo dauernd ängstlich auf seine Armbanduhr blickte. Es war erst fünf vor acht und er hatte noch reichlich Zeit. „Du willst doch nicht wirklich zum Militär gehn", sagte ich. „Warum nicht", sagte er böse, „gib mir den Autoschlüssel." Ich gab ihm den Autoschlüssel, nickte ihm zu und ging. Ich dachte die ganze Zeit an Henriette und fand es Wahnsinn, dass Leo Soldat werden wollte. Ich ging durch den Hofgarten, unter der Universität her zum Markt. Mir war kalt, und ich wollte zu Marie. *(1963)*

Diskutieren, erörtern:
die Wirkung des Romans in den 60iger-Jahren – die Wirkung auf heutige Leser

Leseetipp:
Heinrich Böll: Rede zur Woche der Brüderlichkeit

Reiner Kunze
Die wunderbaren Jahre (Auszug)

In „Die wunderbaren Jahre“ entwirft Kunze das Bild einer Jugend, die zu Anpassung und Gehorsam erzogen wird, und reflektiert die Lage in der ČSSR 1968 und sieben Jahre nach der Okkupation. Sein Buch ist ein Mosaik aus selbstständigen Einzeltexten unterschiedlichster Art (wie Prosagedicht, Kurzszene, Rapport, Flugblatt, Erzählung, Dialog). So unterstreicht auch die Struktur der Texte den quasi-dokumentarischen Charakter des Werks und vermittelt den Eindruck unbedingter Authentizität.
(Walther Killy, Literaturlexikon)

Ich stelle mich dem Politischen dort, wo es mich als Autor stellt, wo es ins Existentielle hineinreicht. Aber ich bin kein politischer Autor, der schreibt, um Politik zu machen.
(Reiner Kunze)

Untersuchen, diskutieren:
die Parteinahme Bölls und Kunzes für Jugendliche und gegen die etablierte Ordnung im Vergleich

Lesetipp:
Uwe Johnson: Ingrid Babendererde

Mitschüler

Sie fand, die Massen, also ihre Freunde, müßten unbedingt die farbige Ansichtskarte sehen, die sie aus Japan bekommen hatte: Tokioter Geschäftsstraße am Abend. Sie nahm die Karte mit in die Schule, und die Massen ließen beim Anblick des Exoten kleine Kaugummiblasen zwischen den Zähnen zerplatzen.
In der Pause erteilte ihr der Klassenlehrer einen Verweis. Einer ihrer Mitschüler hatte ihm hinterbracht, sie betreibe innerhalb des Schulgeländes Propaganda für das kapitalistische System.

Ordnung

Die Mädchen und Jungen, die sich auf die Eckbank der leeren Bahnhofshalle setzten, kamen aus einem Jazz-Konzert. Ihr Gespräch verstummte rasch. Einer nach dem anderen legten sie den Kopf auf die Schulter ihres Nebenmanns. Der erste Zug fuhr 4.46 Uhr.
Zwei Transportpolizisten, einen Schäferhund an der Leine, erschienen in der Tür, wandten sich der Bank zu und zupften die Schlafenden am Ärmel. „Entweder Sie setzen sich gerade hin, oder Sie verlassen den Bahnhof, Ordnung muß sein!“
„Wieso Ordnung?“ fragte einer der Jungen, nachdem er sich aufgerichtet hatte. „Sie sehen doch, daß jeder seinen Kopf gleich wieder gefunden hat.“
„Wenn Sie frech werden, verschwinden Sie sofort, verstanden?“
Die Polizisten gingen weiter.
Die jungen Leute lehnten sich nach der anderen Seite. Zehn Minuten später kehrte die Streife zurück und verwies sie des Bahnhofs.
Draußen ging ein feiner Regen nieder. Der Zeiger der großen Uhr wippte auf die Eins wie ein Gummiknüppel. (...)
(1976)

Szenen aus „Die wunderbaren Jahre“, BRD 1979 (mit Gabi Marr)

Elfriede Jelinek
Die Ausgesperrten

In einer Nacht, Ende der Fünfzigerjahre, findet im Wiener Stadtpark ein Raubüberfall statt. Folgende Personen klammern sich dabei an einen Spaziergänger: Es sind Rainer Maria Witkowski und dessen Zwillingsschwester Anna Witkowski, Sophie Pachhofen, vormals von Pachhofen, und Hans Sepp. Rainer Maria Witkowski heißt nach Rainer Maria Rilke so. Alle sind um die 18, Hans Sepp ein paar Jahre älter, doch auch er ist ohne jede Reife. Von den beiden Mädchen zeigt Anna die größere Wut, das äußert sich darin, dass sie sich vor allem der Vorderseite des Überfallenen zuwendet.
Es gehört besonders viel Mut dazu, einem Menschen, der einen von vorn ansieht (er kann aber nicht viel sehen, weil es finster ist), das Gesicht zu zerkratzen bzw. es auf seine Augäpfel abzusehn. Denn die Augen sind der Spiegel der Seele, der möglichst unbeschädigt bleiben sollte. Sonst glaubt man, die Seele ist hin.
Dieser Mensch sollte gerade von Anna in Ruh gelassen werden, weil sein Charakter besser ist als ihrer. Weil er ein Opfer ist. Anna ist eine Täterin. Das Opfer ist immer besser, weil es unschuldig ist. Zu dieser Zeit gibt es allerdings immer noch zahlreiche unschuldige Täter. Sie blicken voller Kriegsgedanken von blumengeschmückten Fensterbänken aus freundlich ins Publikum, winken oder bekleiden hohe Ämter. Dazwischen Geranien. Alles sollte endlich vergeben und vergessen sein, damit man ganz neu anfangen kann.
Später, wo man immer klüger ist, weiß man, das Opfer war ein Prokurist in einer mittleren Firma. Das Opfer war in einem bis ins Detail geordneten Haushalt vollständig aufgehoben gewesen, etwas, das Anna ganz besonders verachtet. Sauberkeit geht ihr gegen das Naturell, das innen und außen sehr unsauber ist.
Die jungen Leute nehmen die Brieftasche dieses Menschen an sich. Er wird trotzdem noch furchtbar verprügelt.
Anna hackt drauflos und denkt, wie gut, dass ich endlich meinen starken Hass irgendwo herauslassen kann, ohne dass ich ihn gegen mich selbst richten muss, wo er am falschen Ort wäre. Gut ist es auch, dass ich mich bereichere. Hoffentlich ist viel drin (es war eher mittel). Hans haut mit seinen manuelle Arbeit gewohnten Fäusten ebenfalls vor sich hin. Als Mann beschränkt er sich auf männliche Spielarten der Gewalt: Fausthiebe und tückische Kopfstöße (der Rammbock); den landauf landab berüchtigten Schienbeintritt überlässt er Sophie, die ihn immer wieder anwendet. Wie zwei abwechselnd vorstoßende Kolben einer komplizierten Maschine. Es hat ausgeschaut, als ob du dir nur die Finger nicht schmutzig machen willst, sondern es den Füßen überlässt, sagt Rainer zu ihr und nimmt sie zärtlich in die Arme. Fliegt jedoch, in die Kniescheibe gekickt, mit einem erstickten Giftlaut wieder von ihr weg. Sie will das nicht.
Rainer, der sich als Sophies alleiniger Freund betrachtet (deswegen hat er sie ja in die Arme genommen), zerrt in den Kleidern des Opfers nach dessen Brieftasche, findet sie nicht gleich (kriegt sie aber doch). Dann stößt er dem sich kaum mehr wehrenden Mann das Knie in den Bauch, worauf ein gurgelnder Laut ertönt und etwas Schleim aus dem Mund kommt. Blut hat man nicht gesehen, weil es zu dunkel war.
Das ist Brutalität gegen einen Wehrlosen und daher unnötig, spricht Sophie und reißt den ungeordnet am Boden Liegenden an den Haaren, dass es nur so rupft.
Gerade das Unnötigste ist das Beste, sagt Rainer, der noch kämpfen will. Das haben wir so ausgemacht. Gerade das Unnötige ist das Prinzip. Ich finde das Nötige aber noch besser, sagt Hans, der seltsamerweise Geld liebt, und beäugt das Portmonee. Geld ist unwichtig, bespuckt Rainer die Brieftasche, was meinst, sind das Hunderter oder Tausender da drinnen?
Geld ist nicht unser Prinzip, flimmert Sophie, deren Eltern sehr viel davon haben, und die wohlstandsverwahrlost ist.
Hans drischt schweißstäubend wie eine geistlose Maschine, die auch noch anderen den Geist damit tötet, weiter auf das Opfer ein. Genauso sehen ihn die Geschwister: als eine Maschine. Anna findet schon die ganze Zeit, dass diese Maschine schön ist und Sophie wird es auch bald finden. Das kann ein Keim für Zwietracht sein. Die Fäuste von

Jelineks satirisches Mittel (...) ist die Sprache. Exakt und analytisch montiert sie Sprachmaterial (...), spielt mit Sprachstereotypien, die sie seziert, verfremdet, übertreibt. Ihre geschliffenen Analysen psychologisieren nicht, sondern typisieren und entlarven damit gesellschaftliche Verhaltensmuster.
Auch Jelineks Theaterstücke und Hörspiele erzielen durch bewusste Provokationen der üblichen Hör-, Seh- und Sprechgewohnheiten emanzipatorische Wirkung. (...)
(Walther Killy, Literaturlexikon)

Hans gehen wie Hämmer nieder und kommen nur hoch um neuen Schwung zu holen. Au stöhnt das Opfer leise, es hat aber kaum mehr Kraft dafür. Und: Polizei! Es hört aber keiner zu. Anna fühlt sich dazu veranlasst, ihn in die Eier zu treten, weil sie gegen die Polizei im Prinzip ist, was Anarchisten immer sind. Der Mann schweigt erschreckt, biegt sich zusammen und schaukelt ein wenig, bis er endgültig still liegt. Das Geld haben sie eh schon.

Anna pflückt den wild um sich dreschenden Hans von dem Prokuristen ab und zerrt ihn zur Flucht. Es sind nämlich schon Spaziergänger zu vernehmen. Was machen die um diese späte Zeit hier? Denen wird eines Tages genau das Gleiche passieren.

Aus den Mündern der Gymnasiasten und des Arbeiters pfeift es, als sie in die Johannesgasse eintraben und vor dem Konservatorium der Stadt Wien, aus dem es von Blas- und Streichinstrumenten nur so herausrauscht (und wo Anna Klavier lernt), ihrerseits dahinrauschen. Gerade herrschen dort Orchesterproben, die immer spät stattfinden, damit auch Berufstätige mitmachen können. Jetzt am besten in die Kärntnerstraße mit ihrem tosenden Verkehr, keucht Sophie, damit wir uns in der Menge der nächtlichen Menschen (die man dort vorfindet) verbergen können. Wir können uns in keiner einzigen Menge verbergen, weil wir aus der Masse herausragen, wo wir auch sind (Anna). Wir sollen uns nicht verbergen, sondern es offen machen, weil wir uns damit zu unseren Prinzipien der wahllos angewendeten Gewalt gegen jedermann bekennen (Rainer). Du Trottel (Hans).

Am Text erarbeiten, diskutieren:
Jelineks „bewusst provokative" Erzählweise

Anna sagt nichts mehr, sondern leckt nachdenklich Salz vom Opferschweiß und Blut aus den Opferkratzern von ihrer rechten Hand, der Schlaghand, was Rainer mit einem lobenden Blick bedenkt, was Sophie leicht anekelt und was Hans dazu treibt ihr auf die Finger zu hauen. Du Ferkel.

Anna hat so viel Wut in sich, was wahrscheinlich vom Generationskonflikt herrührt, dass sie am liebsten auch noch in die erleuchteten Schaufensterscheiben auf Wiens Pracht-Einkaufsboulevard geschlagen hätte. Was hinter diesen Scheiben ist, hätte sie wahnsinnig gern gehabt, das Taschengeld reicht aber nicht. Deswegen muss man sich auf diese Weise etwas dazuverdienen. Sie windet sich immer vor Neid, wenn sie sieht, eine Schulkollegin hat ein neues Kostüm mit einer weißen Bluse an oder neue Stöckelschuhe. Was sie aber dazu sagt, ist: Ich muss gleich brechen, wenn ich so aufgetakelte Mädis sehe. Die mit ihren blöden Fetzen, sie sind oberflächlich und haben nichts im Gehirn. Sie dagegen trägt nur dreckige Jeans und viel zu große Männerpullover, damit ihre innerliche Haltung einen äußeren Ausdruck hat. Der Psychiater, den sie wegen periodisch auftretender Sprachlosigkeit (die kommt und dann wieder spurlos verschwindet) aufsuchen muss, fragt immer: Sag mal, Kind, warum ziehst du dich nicht schön an und machst dir Locken, weil du im Prinzip ein hübsches Mädel bist und in die Tanzschule gehen solltest. Schau, wie du daherkommst, wobei einem jungen Burschen vor dir graust.

Der Anna graust ihrerseits vor allem. *(1980)*

Gabriele Wohmann

Vor dem Schlafengehen (Auszug)

Sehen wir das hier an oder machen wir Konversation, sagte Connys Vater.

Als die Vertreterin aus der Runde der erfahrungsgeprüften Eltern nun wieder das ostereiförmige grüne Mikrophon vor die Lippen gekippt bekam – mit ihr ging der Moderator sparsam um, sie war ein wenig verschwätzt, was sich wahrscheinlich erst bei der Sendung herausgestellt hatte –, da empfahl sie wieder diese gewisse Härte, bei aller Mutterliebe.

Auch ich wollte zu lange Zeit alles glauben, was der Micky mir aufgebunden hat, ich begriff erst sehr viel später, daß der Micky mich reinlegte …

In seiner Hilflosigkeit REINLEGTE, nicht wahr? Fragte der Moderator und trennte sich schnell wieder vom Mikrophon, schnickte es der Mutter vom Micky hin, nach geschickt lanciertem Zuruf: Und Ihr Ratschlag? Mitten aus der Praxis heraus?

Mein Ratschlag, sagte die Mutter und sah

kühn auf den Moderator, der aber wünschte, daß sie endlich frontal wurde.
Da ist unsere Kamera, sagen Sie es bitte unseren Zuschauern, drohte er.
Die Gründung unserer Evau Evau ... Die Mutter mußte lachen, nicht unterstützt vom Moderator, so daß sie, von seinem Ausdruck erschreckt, sich abfing, das Kichern abbrach und ernst aufsagte: Ich meine, wir gründeten die Elternvereinigung e.V., die Evau Evau eben, nicht wahr, und die ist sehr sehr hilfreich und ich möchte allen allen Eltern raten, sich zusammenzutun, und wir haben herausgefunden, daß wir alle miteinander unser Viertelstündchen pro Tag für die Kinder reservieren müssen, komme was wolle, und zwar am besten vor dem Schlafengehen, da hat jeder Zeit für ein Wort, und wer sich diese Zeit nicht nimmt, der –
Der hilft seinem Kind nicht bei der Suche, die Sucht ja nicht zuletzt ist, sagte der Moderator und schaute wie ein unfreundlicher, keines Vertrauens würdiger Spielverderber auf Conny, der sehr gern ALTER IDIOT gesagt hätte, aber seiner Zunge nicht recht traute.
Wenn das nicht der oberste Blödsinn ist, sagte Connys Vater. Mir reicht's. Er gähnte.
Ich finde es nicht unwichtig, sagte Connys Mutter.
Du mußt dieses ganze Zeug doch auswendig wissen, sagte Connys Vater.
Mir war es trotzdem wichtig, schon einfach nur der Gesichter wegen, sagte Connys Mutter.
Die Viertelstunde vorm Schlafengehen, die haben wir jetzt hier am Bildschirm vertrödelt, großes Künstlerpech, sagte Connys Vater.
Wieso war er so gesprächig? Conny bedauerte seine Mutter beim Abnabeln von der Sendung. Sie tat immer schließlich doch so, als sei sie diejenige gewesen, die es nicht länger ausgehalten hatte.
Viel zu spät in die Nacht gelegt, so ein brisantes Thema wie dieses, sagte sie, und die Bildecken rasten ineinander und verlöschten.
Nun ja, wen's betrifft, der kann sowieso nicht gut schlafen, sagte Connys Vater.
Es war sonst nicht üblich, daß sie sich alle drei gleichzeitig für die Nacht rüsteten. Conny verzog sich sonst meist schon nach dem Abendessen und tat seinen Eltern zuliebe so, als verbringe er die folgenden Stunden nicht alleine in seinem Keller, sondern irgendwo draußen. Sie hatten es wirklich aufgegeben, über ihn als einen Einzelgänger zu beratschlagen. Conny fiel genug Erzählstoff ein von der Clique Erdheim und den SEVEN SINS und wo sonst er noch erwünscht war. In der von den Evau Evau-Leuten empfohlenen Viertelstunde vor dem Schlafengehen quetschten nun die Eltern sich im Bad aneinander vorbei. Connys Mutter mußte sich abschminken, Connys Vater behandelte seinen Mundraum mit Salvisan, einem der langweiligsten Medikamente aus der Hausapotheke, wirklich kurz vor Jod, Conny konnte es nicht einmal bei Engpässen nutzen. Nur an Vormittagen mit großer Übelkeit, wenn er zu schlecht dran war für den Kiosk, half Salvisan: dann vermittelte es, über Gaumen, Zunge und Zahnfleisch getupft, einen reinigenden gesetzestreuen, wieder gutmachenden Geschmack.
Gibst du mir mal, sagte Conny zu seinem Vater.
Was willst du damit, fragte der, wie Conny fand eigentlich übertrieben erstaunt. Er sah alarmiert aus und gleichzeitig abwehrbereit.
Conny winkte ab und sein Vater stellte die kleine braune Salvisan-Flasche unnötig erleichtert ins Spiegelschränkchen zurück. Er brauchte seinen Schlaf, das sah man. Doch Mami, wie stand's mit der? Sie hätte doch so gern die Diskussion bis zum Open End mitgemacht. Sie bestrich jetzt ihr eifriges Gesicht mit glasig weißlicher Creme. Gut, daß sie ins Schlafzimmer ausgewichen war. Sie sah leberkrank aus, weil sie die Augenhöhlen nicht zuschmierte.
Conny sagte: Ich hätte da auch auftreten können, bei denen, Mami.
Was du brauchst, das sind Interessen, sagte sie. Ein Hobby.
Ich hab ja die Gitarre, sagte Conny.
Ach so, na klar, stimmt ja, dumm von mir, dumm von uns beiden! Oder? Sie lachte. Das kommt vom Keller. Ich kann dich hier oben nicht mehr hören.
Ich hätte trotzdem da auftreten können, sagte Conny.
Was ist mit euch beiden hier passiert, fragte sein Vater, der nach seinem Schlafanzug griff. Ich hab heut einen Haufen Jägermeister getrunken und jetzt –
Soll das unser Viertelstündchen sein, zwitscherte seine Mutter dazwischen. Du, laß uns das vertagen, willst du? Sei ein Schatz, mein Schätzchen. *(1982)*

Wohmanns Text erschien 1982 in dem Sammelband „Klassenlektüre". Die Herausgeber hatten deutsche Schriftsteller aufgefordert, die aus ihrer Sicht bedeutsamsten Passagen aus ihren Werken auszuwählen, mit denen sich Schülerinnen und Schüler beschäftigen sollten.

Diskutieren: Wohmanns Gründe für die Auswahl gerade dieses Textes

Zoë Jenny

Das Blütenstaubzimmer (Auszug)

Zoë Jenny 1998

Die Sonntage verbrachte ich bei meiner Mutter. Abends stand sie mit aufgestecktem Haar vor dem großen Spiegel und fuhrwerkte mit Stiften und Schwämmchen in ihrem Gesicht herum. Ich reichte ihr die Döschen und Fläschchen, die auf dem Fensterbrett standen, und schraubte die wertvoll aussehenden Blumen und tropfenförmigen Verschlüsse von den Parfümflaschen. Sobald der Babysitter kam, löste sie ihr Haar, das sich braun und duftend über ihrem Rücken auffächerte, und verschwand in die Nacht hinaus. Später weckte mich ihr Wimmern aus dem Schlaf, und ich tastete mich im Dunkeln zu ihrem Bett. Sie lag unter der farbigen Blumendecke, geschüttelt von mir unbegreiflichen geheimnisvollen Schmerzen. Von ihrem Gesicht sah ich nur ein Dreieck aus Nasenspitze und Mund, der Rest lag unter ihren weißen Händen begraben. Nach einer Weile schlug sie die Decke zurück, und ich kroch hinein in das salzigwarme Bett.

Einmal in der Woche holte sie mich mittags von der Schule ab. Von weitem sah ich sie neben dem Eisentor stehen, und ich rannte über den Schulhof auf sie zu. Sie nahm mich an der Hand, und wir gingen zusammen in die Stadt. In den Umkleidekabinen, die nach Schweiß und Plastik rochen, packte sie einige Kleider in die große Schultertasche, die anderen legte sie wieder in die Regale zurück. Sobald sie an der Kasse ein paar Socken oder ein T-Shirt bezahlt hatte, streichelte sie meinen Kopf, wie man frisch geborene Kätzchen streichelt, und die Verkäuferinnen, die uns durchs Fenster nachschauten, klatschten entzückt in die Hände. Das waren Tage, an denen es haufenweise Schokoladenkuchen gab und das Gesicht meiner Mutter weich und fröhlich war. Im Restaurant, während ich aus meinem Trinkhalm meinen Sirup schlürfte, griff meine Mutter immer wieder in die Tasche, nach dem Stoff, ihr Mund stand leicht offen, und die Augen waren riesengroß, als sei es kaum zu ertragen, und ich wusste, sie war glücklich. Zu Hause entfernte sie mit der Schere die Preisetiketten von den Kleidern, hängte sie sorgfältig an den Kleiderständer und rollte ihn langsam und mit dem erhobenen Kopf einer Königin, die vor ihr Reich tritt, ins Zimmer.

Immer wieder wartete ich nach Schulschluss stundenlang vor dem Eisentor auf sie. Aber sie kam nicht mehr. Ich fragte Vater, ob mit ihr etwas geschehen sei, aber er schüttelte den Kopf und schwieg.

Doch nach einigen Wochen stand sie wieder da, küsste mich aufs Haar und hieß mich ins Auto steigen. Diesmal fuhren wir nicht in die Stadt, und ich freute mich. Sie parkte an einem Waldweg. Ich übersprang die Lücken zwischen den Zacken, die die Räder eines Traktors in die von der Hitze brüchige Erde gestoßen hatten. Das helle Kleid meiner Mutter bauschte sich wolkig um ihren Körper und ich ahnte, dass sie gleich etwas Wichtiges sagen würde. Aber sie schwieg, den ganzen Weg, bis die Spuren des Traktors immer undeutlicher wurden und wir auf einer Wiese standen. Meine Mutter legte sich hin, ich legte mich neben sie auf die trockene Erde und spürte neben mir ihren glatten, pochenden Hals. Sie sagte, dass sie einen Mann, Alois, getroffen habe, den sie liebe, so wie sie einmal meinen Vater geliebt habe, und dass sie mit ihm fortgehen werde, für immer. Überall, wo ich hinsah, waren diese gelben und roten Blütenköpfe, die einen Duft ausströmten, der mich schwindlig und müde machte. Ich drehte mich zur Seite; das Ohr auf den Boden gepresst, hörte ich ein Summen und Knistern, als bewege sich da etwas tief unter der Erde, während ich ihren weit entfernten Mund weiterreden sah und ihre Augen, die in den Himmel schauten, der wie eine greifbare blaue Scheibe über uns schwebte.

(...)

Es ist immer noch hell draußen, und ich hoffe, dass Lucy noch vor Einbruch der Dunkelheit zurückkommt. Ich lege das Foto wieder unter den Schreibblock. Das Foto wurde im Sommer vor drei Jahren gemacht. Damals wusste ich noch nicht, dass ich hierher kommen würde. Ich wusste es erst, als ich das Abiturzeugnis in den Händen hielt und mir überlegen konnte, ob ich gleich zu

Eine junge Frau begibt sich auf die Reise. Sie verlässt den Vater um die Mutter zu finden. Doch ihr Weg führt zum unausweichlichen Abschied von den Eltern.

studieren beginnen oder erst eine Reise machen sollte. Das Erstere wollte ich auf keinen Fall, und da schien es mir das Nächstliegende meine Mutter zu besuchen, die ich seit zwölf Jahren nicht mehr gesehen hatte. Ich bewohnte ein billiges Zimmer in der Stadt und rief sie von einer Telefonkabine aus an. Ich hatte mir dieses Gespräch in Gedanken immer wieder vorgestellt, doch als ich in der Kabine stand und den Hörer abhob, musste ich eine Zeit lang warten, bis er nicht mehr in der Hand zitterte. Sobald ich ihre Stimme hörte, stürzten die vorbereiteten Sätze wie auf Kommando aus mir heraus, bildeten ein Knäuel von unverständlichen Worten. Das Wort Mutter und die Stimme am anderen Ende der Leitung waren zwei Dinge, die sich sperrig vor mir auftürmten. Ich duckte mich vor dem Schweigen in der Leitung wie vor Schlägen, den toten Hörer in der Hand, schien mir für einen sekundenlangen Augenblick alles lahm gelegt, der Straßenverkehr draußen und Leute, die an der Kabine vorbeigingen wie in Zeitlupe.

„Wer ist denn da?“ fragte meine Mutter ungeduldig.

Ich hörte meine Stimme meinen Namen sagen und dass ich sie besuchen wolle. Ich kam mir unverschämt vor, als hätte ich gerade einen Wildfremden um einen Gefallen gebeten, und fürchtete, gleich den Summton in der Leitung zu vernehmen, als ein Lachen, ein lang anhaltendes, nicht mehr enden wollendes Lachen aus dem Hörer kam. „Ruft mich meine Tochter an um zu fragen, ob sie mich besuchen darf?“

Es klang so, als fände sie mich schwerfällig und kompliziert, und ich sagte, dass ich nach zwölf Jahren nicht einfach so hereinplatzen wolle, aber sie lachte schon wieder, wegen der zwölf Jahre, und fragte mich mehrmals ungläubig, ob es denn wirklich schon so lange her sei. Schließlich beteuerte sie, dass ihr Haus jederzeit für mich offen stünde.

Ich ging in mein Zimmer zurück um meine Sachen zu packen. *(1997)*

Am Text überprüfen:
„Das Blütenstaubzimmer wird schnell mehr als eine Kindheitsgeschichte – es ist eine der ersten und radikalsten Romane der Technogeneration, adressiert in aller Härte an die 68er-Eltern.“
(Aus einer Literaturkritik)

Herta Müller

Heute wär’ ich mir lieber nicht begegnet (Auszug)

Bevor ich zur Welt kam, hatten meine Eltern einen Jungen, der vom Lachen blau anlief. Er wurde kein richtiger Sohn, starb vor der Taufe. Guten Gewissens konnten meine Eltern sein Grab nach zwei Jahren aufgeben. Erst als ich acht Jahre alt war und in der Straßenbahn vor uns ein Junge mit abgeschürften Knien saß, sagte meine Mutter mir ins Ohr: Wenn dein Bruder gelebt hätte, wärst du nicht gekommen.

Der Junge lutschte eine Ente aus gebranntem Zucker, sie schwamm in seinen Mund hinein, heraus und die Häuser fuhren hinter den Scheiben schief hinauf. Ich saß auf einem grün gestrichenen, heißen Holzsitz neben Mama in der Straßenbahn anstelle meines Bruders.

Von mir gab es zwei Fotos aus dem Entbindungsheim, von meinem Bruder kein einziges. Auf dem einen Bild liege ich neben Mamas Ohr auf dem Kissen. Auf dem anderen auf einem Tisch. Beim zweiten Kind wollten meine Eltern ein Bild haben für sich und eines für den Grabstein. *(1997)*

Wie Wahrnehmung sich erfindet

Manchmal glaube ich, jeder trägt im Kopf einen Zeigefinger. Der zeigt auf das, was gewesen ist. Das meiste, was wir uns sagen, erzählen, woran wir denken, wenn wir mit uns allein sind, ist gewesen. (...) Das, was man später mal von früher her erinnert, sucht man sich nicht aus. Es gibt keine Wahl für eine Auswahl, die sich zwischen den Schläfen, hinter der Stirn selber trifft.

Ich merke an ihr, dass nicht das am stärksten im Gedächtnis bleibt, was außen war, was man Fakten nennt. Stärker, weil wieder erlebbar im Gedächtnis, ist das, was auch damals im Kopf stand, das, was von innen kam, angesichts des Äußeren, der Fakten. Denn das, was von innen kam, hat unter den Rippen gedrückt, hat die Kehle geschnürt, hat den Puls gehetzt. Es hat seine Spuren gelassen.

(Herta Müller, 1991)

Judith Hermann

Sonja (Auszug)

© dpa/Frankfurt/M.
Judith Hermann 1999

Sonja war biegsam. Ich meine nicht „biegsam wie eine Gerte", nicht körperlich. Sonja war biegsam – im Kopf. Es ist schwierig zu erklären. Vielleicht – dass sie mir jede Projektion erlaubte. Sie erlaubte mir jede mögliche Wunschvorstellung von ihrer Person, sie konnte eine Unbekannte sein, eine kleine Muse, jene Frau, der man einmal auf der Straße begegnet und an die man sich noch Jahre später mit dem Gefühl eines ungeheuren Versäumnisses erinnert. Sie konnte dumm sein und bieder, zynisch und klug. Sie konnte herrlich sein und schön, und es gab Augenblicke, da war sie ein Mädchen, blass im braunen Mantel und wirklich unwichtig; ich glaube, sie war so biegsam, weil sie eigentlich nichts war.

Ich begegnete Sonja auf einer Zugfahrt von Hamburg nach Berlin. Ich hatte Verena besucht und war auf dem Heimweg; ich hatte acht Tage mit ihr verbracht und ich war sehr in sie verliebt. Verena hatte einen Kirschmund und rabenschwarzes Haar, das ich ihr jeden Morgen zu zwei dicken Zöpfen flocht, wir gingen am Hafen spazieren, ich sprang um sie herum, rief ihren Namen, verscheuchte die Möwen, fand sie wunderbar. Sie fotografierte Docks, Frachtkähne und Imbissbuden, redete viel, lachte ständig über mich, und ich sang „Verena, Verena", küsste ihren Kirschmund und hatte große Lust, nach Hause zu fahren und zu arbeiten, den Geruch von ihrem Haar an den Händen.

Es war Mai, der Zug fuhr durch die Mark Brandenburg und die Wiesen waren sehr grün unter langen, frühabendlichen Schatten. Ich verließ das Abteil um eine Zigarette zu rauchen, und draußen, auf dem Gang stand Sonja. Sie rauchte und stemmte das rechte Bein gegen den Aschenbecher; als ich neben sie trat, zog sie die Schultern unwillkürlich nach vorn und irgendetwas stimmte nicht mit ihr. Die Situation war gewöhnlich – der schmale Gang eines ICE irgendwo zwischen Hamburg und Berlin, zwei Menschen, die zufällig nebeneinander stehen, weil sie beide eine Zigarette rauchen wollen. Sonja aber starrte aus dem Fenster mit einer unglaublichen Sturheit, sie hatte eine Körperhaltung wie bei einem Bombenalarm. Sie war überhaupt nicht schön. Sie war in diesem allerersten Moment alles andere als schön, wie sie dastand, in einer Jeans und einem weißen, zu kurzen Hemd, sie hatte schulterlanges, glattes, blondes Haar und ihr Gesicht war so ungewohnt und altmodisch, wie eines dieser Madonnenbilder aus dem 15. Jahrhundert, ein schmales, fast spitzes Gesicht. Ich schaute sie von der Seite an, ich fühlte mich unwohl und war ärgerlich, weil mir die Erinnerung an Verenas Sinnlichkeit entglitt. Ich zündete mir eine Zigarette an und lief rauchend den Gang hinunter, ich hatte das Bedürfnis, ihr einen zotigen Ausdruck ins Ohr zu flüstern. Als ich mich umdrehte um in mein Abteil zurückzugehen, schaute sie mich an.

Irgendetwas Ironisches ging mir durch den Kopf, etwas darüber, dass sie es nun doch gewagt hatte mich anzusehen, der Zug ratterte und in einem der hinteren Abteile schrie ein Kind. Ihre Augen waren nichts Besonderes, sie waren vielleicht grün, nicht sehr groß und sie standen ziemlich eng beieinander. Ich dachte überhaupt nichts mehr, ich schaute sie an, sie schaute zurück, ohne Erotik, ohne Flirt, ohne Schmelz, aber mit einem Ernst und einer Direktheit, dass ich sie hätte ins Gesicht schlagen können. Ich trat zwei Schritte auf sie zu, sie lächelte ansatzweise. Dann war ich in meinem Abteil und riss die Tür hinter mir zu, fast außer Atem.

Der Zug hielt am Zoologischen Garten, als es schon dunkel war. Ich stieg aus, fühlte mich seltsam erleichtert und bildete mir ein die Stadt riechen zu können. Es war warm, der Bahnsteig voller Menschen, ich nahm die Rolltreppe zur U-Bahn hinunter, und obwohl ich sie nicht gesucht hatte, entdeckte ich sie sofort. Sie war drei, vier Meter vor mir, trug eine kleine, rote Hutschachtel in der rechten Hand; ihr Rücken war eine einzige Aufforderung. Ich ignorierte sie mit zusammengebissenen Zähnen. Ich blieb am Pressecafé stehen um Tabak und die Abendzeitung zu kaufen, und dann war sie neben mir und sagte: „Soll ich warten."

Sie fragte nicht, sie sagte es einfach und schaute dabei auf den Boden, ihre Stimme war aber überhaupt nicht verlegen, sondern fest und ein wenig rau. *(1998)*

Lesetipps:
Christoph Hein: Von allem Anfang an
Katja Behrens: Die dreizehnte Fee
Ingo Schulze: Simple Storys
Stan Nadolny: Selim oder Die Gabe der Rede

CHRISTA WOLF

Eine Schriftstellerin in ihrer Zeit

Christa Wolf wird 1929 in Landsberg an der Warthe (das heutige Gorzów Wielkopolski in Polen) geboren. Unter dem Eindruck des Nationalsozialismus entwickelt sie sich nach dem Krieg zu einer überzeugten Sozialistin und wird mit 20 Jahren Mitglied der SED. Sie studiert Germanistik in Jena und Leipzig und ist danach zunächst als wissenschaftliche Mitarbeiterin im Schriftstellerverband, als Lektorin und Redakteurin, tätig, bis sie 1962 ihre Laufbahn als freiberufliche Schriftstellerin beginnt. In ihrem umfangreichen literarischen und essayistischen Werk setzt sie sich mit politischen und sozialen Problemen auseinander und entwickelt dabei eine betont subjektiv-authentische Schreibweise.

Bald gilt sie nicht nur als wichtigste Repräsentantin der DDR-Literatur, sondern auch als eine bedeutende Vertreterin gesamtdeutscher Gegenwartsliteratur. Sie erhält zahlreiche in- und ausländische Preise und wird bis zur „Wende" 1989 sogar als Nobelpreis-Kandidatin genannt.

Für viele Leser war und ist sie aufgrund ihres in den Texten zum Ausdruck kommenden persönlichen Engagements zu einer Art moralisch-politischer Leitfigur geworden.

Trotz ihrer zunehmend kritischen Haltung zum DDR-Staat verteidigt Christa Wolf bis heute die Idee einer sozialistischen Gesellschaft. Nach der Wiedervereinigung beginnt eine heftige Debatte um Christa Wolf und ihr Werk.

Der geteilte Himmel (1963)
Liebesgeschichte zur Zeit des Mauerbaus in Berlin

Nachdenken über Christa T. (1968)
Frauenleben im Osten Deutschlands

Kindheitsmuster (1976)
Auf den Spuren der Kindheit im Nationalsozialismus

Kein Ort. Nirgends (1979)
Fiktive Begegnung zwischen Karoline von Günderode und Heinrich von Kleist

Kassandra. Voraussetzungen einer Erzählung Frankfurter Poetik-Verlesungen (1983)
Bericht über eine Griechenlandreise. Nachdenken über Kassandra, über weibliches Schreiben

Kassandra (1983)
Deutung der antiken mythologischen Frauengestalt in ihrer Suche nach den Ursachen von Gewalt und deren Überwindung

Stimmen zu Christa Wolf

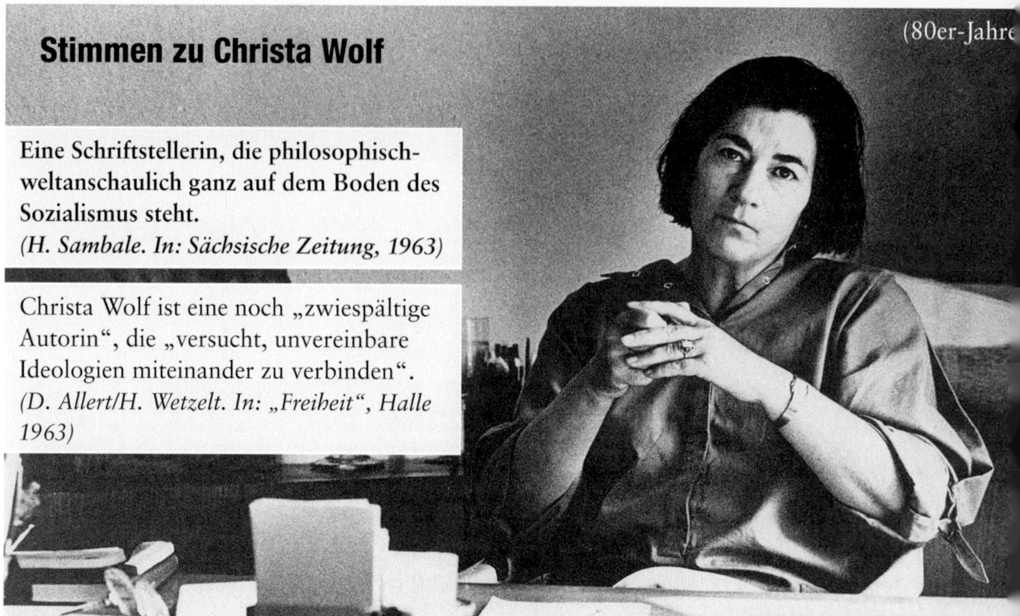
(80er-Jahre)

Eine Schriftstellerin, die philosophisch-weltanschaulich ganz auf dem Boden des Sozialismus steht.
(H. Sambale. In: Sächsische Zeitung, 1963)

Christa Wolf ist eine noch „zwiespältige Autorin“, die „versucht, unvereinbare Ideologien miteinander zu verbinden“.
(D. Allert/H. Wetzelt. In: „Freiheit“, Halle 1963)

(1990)

Die große Lebenslüge der Christa Wolf besteht darin, dass sie sich einem politischen System zur Verfügung stellte, dessen Amoralität ihr bewusst ist.
(Hans Noll, 1984 übergesiedelt in die BRD, 1987)

(1990)

Es wäre endlich an der Zeit, wollte sich die Stockholmer Akademie dieser Schriftstellerin entsinnen. Sie ist des Nobelpreises würdig.
(Fritz J. Raddatz, 1989)

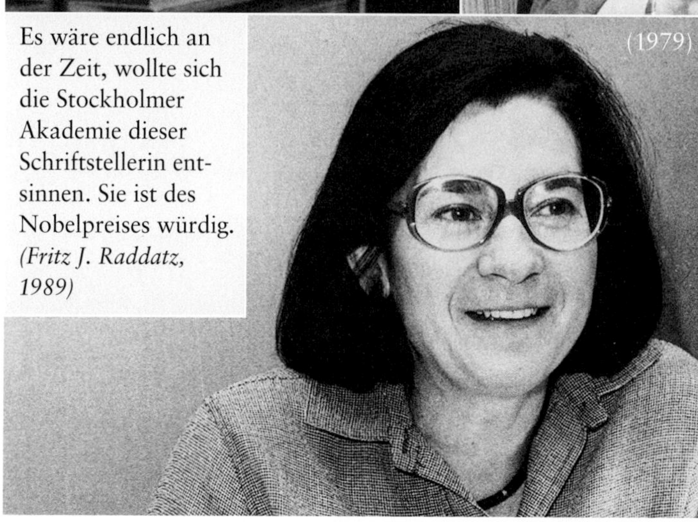
(1979)

(1965)

:hrista Wolf bei
ırer Rede auf
em Berliner
lexanderplatz
m 4.11.1989

(1989) Über Jahrzehnte hinweg las man sie aufmerksam in beiden deutschen Staaten. Sie ist eine von den vielen Autoren, die dazu beigetragen haben, daß bei allem, was geteilt wurde – wirtschaftlich, politisch, ideologisch –, die Teilung im Bereich Kultur nicht so absolut vollzogen werden konnte. Es entstand ein Dialog zwischen den Literaturen. *(G. Grass, 1990)*

(1963)

(1998)

Eine aufgeklärte Gesellschaft kennt keine Priester-Schriftstellerin. Christa Wolf hat auch von der quasireligiösen Mentalität west- und ostdeutscher Besucher von Dichterlesungen gelebt. Das ist hoffentlich vorbei. Auch sie wird sich daran gewöhnen müssen, was Literatur in einer säkularistischen Gesellschaft darstellt: keine Droge für Unterdrückte, kein quietistisches Labsal. Vielmehr verschärfter Anspruch an die imaginative Potenz. *(Karl Heinz Bohrer, 1990)*

Christ Wolf ist „weniger eine Opportunistin, kaum eine engagierte Schriftstellerin, mehr eine ins Innerliche emigrierte Autorin.“ *(Hellmuth Karasek, 1990)*

Die Dimension des Autors (1986)
Essays und Aufsätze. Reden und Gespräche 1959–1985, 2 Bände

Störfall (1987)
Tschernobyl, April 1986. Eine Reaktion auf die unfassbare Nachricht

Was bleibt (1990)
Erzählung um die psychischen Folgen von Bespitzelung

Auf dem Weg nach Tabou (1994)
Reden, offene Briefe, Aufsätze und Gespräche während der Wende

Medea, Stimmen (1996)
Die Geschichte der Kindsmörderin, eine der faszinierendsten und zugleich widersprüchlichsten Gestalten der antiken Mythologie, neu erzählt.

1 Die Auseinandersetzung mit der DDR-Wirklichkeit

Der geteilte Himmel (1963, Auszug)

Ihren ersten großen Erfolg als Schriftstellerin erzielt Christa Wolf mit dem Roman „Der geteilte Himmel". Darin setzt sie sich ganz im Sinne der damaligen Kulturpolitik (Bitterfelder Weg) mit den Problemen der sozialistischen Arbeitswelt auseinander. Zugleich thematisiert sie die deutsche Teilung und die daraus resultierenden Konflikte für die betroffenen Menschen.
Das Buch löst eine Kontroverse aus. Insbesondere in Parteikreisen wird bemängelt, dass die Autorin nicht eindeutig genug die Vorzüge des Sozialismus gegenüber dem kapitalistischen System herausstelle, also ideologische Klarheit und revolutionäre Perspektive vermissen lasse.

Die angehende Lehrerin Rita Seidel, als Praktikantin Mitglied einer Arbeitsbrigade eines Waggonwerks, liegt nach einem Zusammenbruch im Krankenhaus.
Aus ihrer Perspektive schildert der Roman retrospektiv das Scheitern ihrer Liebe zu dem Chemiker Manfred Hertfurth.
Er ist mit seiner Erfindung einer verbesserten Spinnmaschine an den zuständigen Wirtschaftsfunktionären gescheitert und sieht die Chancen für sein Fortkommen allein im Westen.
Manfred begeht „Republikflucht" zu seiner Tante nach West-Berlin. Nach einigen Wochen folgt ihm Rita (kurz vor dem Berliner Mauerbau 1961), kehrt jedoch enttäuscht in die DDR zurück, gestärkt in dem Bewusstsein, nur hier zur Selbstverwirklichung zu gelangen.

Es war der erste Augustsonntag. In aller Herrgottsfrühe saß Rita im Schnellzug nach Berlin. Seit gestern hatte sie einen Brief bei sich, in dem stand „Es ist nun soweit. Ich erwarte dich jetzt jeden Tag. Denk immer daran ..."
(...)
Sie fuhr nicht zum ersten Mal nach Berlin, aber damals begriff sie, daß sie diese Stadt überhaupt nicht kannte. Sie fuhren an Laubengärten vorbei, an Parks, dann an den ersten Fabriken. Keine schöne Stadt, dachte sie. Aber man sieht ihr nichts an.
Ihr Reisebegleiter sah auf. „Ich hoffe", sagte er freundlich, „Ihr Verlobter wohnt in Pankow oder Schöneweide?"
„Warum?" fragte Rita bestürzt.
„Man könnte Sie danach fragen."
„Ja", sagte sie schnell. „Pankow. Er wohnt in Pankow."
„Dann ist's ja gut."
Will er mich aushorchen? Oder warnen? Und was sage ich, wenn sie nach der Straße fragen? Wie wenig eigne ich mich für das, was ich da tue ... Wer soll mir glauben, daß ich es tun muß?
Zum Nachdenken blieb keine Zeit mehr. Der Zug hielt. Polizisten kamen herein und verlangten die Ausweise zu sehen. (Wenn sie mich fragen – lügen werde ich nicht. Dem nächsten besten erzähle ich jetzt alles von Anfang bis Ende.) Sie blätterten in ihrem Ausweis und gaben ihn zurück. Ihre Hände zitterten, als sie ihn in die Tasche zurücksteckte. Nicht sehr wirksam, diese Kontrolle, dachte sie fast enttäuscht.
Der Mann, der ihr gegenübersaß, trocknete sich mit einem blütenweißen, scharf gebügeltem Taschentuch die Stirn.
„Heiß", sagte er.
Danach sprachen sie nicht mehr. Rita sah ihn noch einmal an der Sperre, zusammen mit einer Frau, die aus dem gleichen Zug gestiegen war und mit der er sehr vertraut schien.
Dann vergaß Rita ihn. Sie hatte ihre eigenen Sorgen. In der Nebenhalle des Bahnhofs fand sie einen großen Stadtplan. Sie stand sehr lange davor und lernte fremde Straßen- und Bahnhofsnamen auswendig. Ihr war klar: In der Sache, die sie heute vorhatte, war sie ganz auf sich angewiesen.
Sie trat an den Fahrkartenschalter. Zum ersten Mal mußte sie preisgeben, was sie tun wollte.
„Zoologischer Garten", sagte sie.
Gleichmütig wurde ihr eine kleine gelbe Pappkarte zugeschoben. „Zwanzig", sagte die Frau hinter der Glasscheibe.
„Und wenn man – zurückkommen will?" fragte Rita zaghaft.
„Also vierzig", sagte die Frau, nahm die Karte zurück und schob eine andere durch das Fensterchen.
Darin also unterschied diese Stadt sich von allen anderen Städten der Welt: Für vierzig Pfennig hielt sie zwei verschiedene Leben in der Hand.
(...)
„Jetzt müssen wir Wein trinken, nicht?" sagte Manfred. Rita nickte. Sie sah zu, wie er der abgehetzten Kellnerin die Flasche aus der Hand nahm und selbst eingoß. Der Wein war grünlich gelb, er hatte seinen Duft und seine herbe Leichtigkeit schon in der Farbe. Mondwein, dachte sie. Nachtwein, Erinnerungswein ...
„Worauf trinken wir?" fragte er. Da von ihr keine Antwort kam, hob er sein Glas. „Auf dich. Auf deine kleinen Irrtümer und ihre großen Folgen."

„Ich trink auf gar nichts", sagte sie. Sie trank auf gar nichts mehr.

Als die Flasche leer war, verließen sie das Café (...). Sie gingen die Straße hinunter bis an einen großen runden Platz, der fernab vom Verkehr um diese Zeit fast einsam war. Sie blieben an seinem Rand stehen, als scheuten sie sich, seine Ruhe zu verletzen. Eine merkwürdige, aus vielen Farben gemischte Tönung, die über dem Platz lag, lenkte ihre Blicke nach oben. Genau über ihnen verlief, quer über dem großen Platz, die Grenze zwischen Tag- und Nachthimmel. Wolkenschleier zogen von der schon nachtgrauen Hälfte hinüber zu der noch hellen Tagseite, die in unirdischen Farben verging. Darunter – oder darüber? – war Glasgrün, und an der tiefsten Stelle sogar noch Blau. Das Stückchen Erde, auf dem sie standen – eine Steinplatte des Bürgersteigs, nicht größer als ein Meter im Quadrat – drehte sich der Nachtseite zu.

Früher suchten sich die Liebespaare vor der Trennung einen Stern, an dem sich abends ihre Blicke treffen konnten. Was sollen wir uns suchen?

„Den Himmel wenigstens können sie nicht zerteilen", sagte Manfred spöttisch.

Den Himmel? Dieses ganze Gewölbe von Hoffnung und Sehnsucht, von Liebe und Trauer? „Doch", sagte sie leise. „Der Himmel teilt sich zuallererst."

Der Bahnhof war nahe. Sie gingen durch eine schmale Seitenstraße und hatten ihn vor sich. Manfred blieb stehen. „Dein Koffer!" Er sah, daß sie nicht mehr zurückgehen würde. „Ich schick in dir." Alles, was sie brauchte, hatte sie in der Handtasche.

Sie kamen in den dicksten Abendverkehr. Sie wurden gestoßen, gedrängt, auseinander getrieben. Er mußte sie festhalten, um sie nicht jetzt schon zu verlieren. Er umspannte mit der Hand leicht ihren Oberarm und schob sie vor sich her. Keiner sah das Gesicht des anderen, bis sie in der Bahnhofshalle stehen blieben.

Was jetzt nicht beschlossen war, konnten sie nicht mehr beschließen. Was jetzt nicht gesagt war, konnten sie nicht mehr sagen. Was sie jetzt nicht voneinander wußten, würden sie nicht mehr erfahren.

Ihnen blieb nur dieser schwerelose, blasse, nicht von Hoffnung und noch nicht von Verzweiflung gefärbte Augenblick.

Rita nahm ein Fädchen von seiner Jacke. Ein Blumenverkäufer, der genau studiert hatte, wann man abschiednehmende Liebespaare stören darf, trat an sie heran. „Ein Sträußchen gefällig?" Rita schüttelte hastig den Kopf. Der Mann zog sich zurück. Man lernte nie aus.

Szenenfoto aus dem DEFA-Film „Der geteilte Himmel" (1964, Regie: Konrad Wolf)

Manfred sah auf die Uhr. Ihre Zeit war genau bemessen. „Geh jetzt", sagte er. Er ging mit ihr bis zur Sperre. Da blieben sie wieder stehen. Rechts zog der Strom zum Bahnsteig hoch an ihnen vorbei, links der Strom zurück in die Stadt. Sie konnten sich auf ihrem Inselchen nicht lange halten. „Geh", sagte Manfred.

Sie sah ihn weiter an.

Er lächelte (sie soll ihn lächeln sehen, wenn sie an ihn denkt).

„Leb wohl, braunes Fräulein", sagte er zärtlich. Rita legte ihren Kopf eine Sekunde lang an seine Brust. Noch Wochen später fühlte er den federleichten Druck, wenn er die Augen schloß.

Sie mußte dann wohl durch die Sperre und die Treppe hinaufgegangen sein. Sie muß mit einer Bahn gefahren sein, die sie zum richtigen Bahnhof brachte. Sie wunderte sich nicht, daß nun alles leicht und schnell ineinander griff. Ihr Zug stand schon da, wenig besetzt. Ohne Hast stieg sie ein, nahm Platz, und da fuhren sie schon. So mußte es sein.

Das geringste Hindernis zu überwinden, irgendeinen noch so unwichtigen Entschluß zu fassen, wäre jetzt über ihre Kraft gegangen.

Sie schlief nicht, aber sie war auch nicht voll bei Bewußtsein. Das Erste, was sie nach langer Zeit wahrnahm, war ein heller stiller Teich im dunklen Land. Der hatte das ganze bißchen Licht, das immer noch am Himmel war, auf sich gezogen und spiegelte es verstärkt zurück.

Merkwürdig, dachte Rita. So viel Helligkeit bei so viel Dunkel.

Erkunden, erforschen:
Historisches Bezugsfeld des Romans:
Von 1950–1960 verringert sich die Gesamtzahl der Beschäftigten in der DDR durch Republikflucht um 1,1 Millionen.

Nachschlagen, sich informieren:
Sozialist. Realismus
→ „Spiegelungen – Deutsche Literatur seit 1945", S. 355 ff.

Stimmen zum Werk

Damals hatte auch ich die Zuversicht, daß mit der grundlegenden Veränderung der Eigentumsverhältnisse eine nächste Phase der Menschheitsentwicklung eingeleitet sei, insofern hatte ich auch das Gefühl im Verhältnis zur Bundesrepublik in einer ‚anderswerdenden' Gesellschaftsformation zu leben, und die Hoffnung, daß noch während meiner Lebenszeit die Vorzüge der sozialistischen Gesellschaft sich entwickeln würden.
(Christa Wolf, 1990)

Freilich griff Christa Wolf mit dem Zurückgehen in die Geschichte eines Menschen ein wichtiges Problem auf: die Deformierung des Charakters durch den Kapitalismus, die oft die sozialistische Gesellschaft hemmt. Aber fasste sie es an, dass deutlich wurde, wie sich die Menschen in unserer Gesellschaft ändern, charakterlich gesunden? Nein, von der alles verändernden Kraft unserer Gesellschaft ist in der Erzählung zu wenig spürbar (...)
Christa Wolf spinnt an einigen Stellen und Figuren den Faden dekadenter Lebensauffassung in unsere sozialistische Gesellschaft, und das hinterlässt beim Leser das Gefühl, dass hier eine noch zwiespältige Autorin versucht, unvereinbare Ideologien miteinander zu verbinden.
D. Allert/H. Welzelt, „Freiheit", Halle, vom 31.8.1963

Was die Erzählung Christa Wolfs von manchen Werken, die in den letzten Jahren in der Zone herausgekommen sind, angenehm unterscheidet, ist die Tatsache, dass sie nicht ganz in der üblichen Schwarz-Weiß-Manier geschrieben ist, sondern meist grau-weiße Töne bevorzugt. (...)
Obgleich die Erzählung durch diese Auflockerung des sozialistischen Realismus-Schemas gewinnt, bleibt sie letzten Endes doch zweckgebundene „Mauer-Literatur".
W. Osten, „Stuttgarter Zeitung", Stuttgart, vom 7.11.1963

Christa Wolf ist zu erfahren, zu klug und zu ehrlich, um die Propagandaphrase, der Sozialismus sei in der Sowjetzone schon Wirklichkeit, für bare Münze zu nehmen. Das verbietet ihr in den Chor der Lobsänger einzustimmen, die den Ulbricht-Staat als beste aller Welten rühmen. Christa Wolf ist fähig, auch die Schattenseiten der „neuen Gesellschaft" zu schildern. Sie kritisiert beispielsweise anhand eines verbissenen Thesenreiters die lähmenden Wirkungen des Dogmatismus. Aber Christa Wolf wertet diese Schattenseiten nicht als prinzipielle Mängel des Systems, sondern als dessen historisch bedingte Begleiterscheinungen.
Wolfgang Werth, „Deutsche Zeitung und Wirtschaftszeitung", Stuttgart, vom 5./6. Oktober 1963

Nach wie vor halte ich die Kritik an Christa Wolfs Erzählung in zweierlei Hinsicht prinzipiell für gerechtfertigt: 1. dass die nationale Frage in Deutschland nicht als Frage des Klassenkampfes empfunden und dargestellt wird, 2. dass die führende Rolle der marxistisch-leninistischen Partei beim Aufbau des Sozialismus in der DDR nicht sichtbar wird.
Erik Neutsch, „Freiheit", Halle, vom 28. September 1963

Untersuchen, erkunden:
Ursachen für die unterschiedlichen Lesarten des Werkes

Nachdenken über Christa T. (1968, Auszug)

Seit 1965 versucht die Parteiführung der SED zunehmend kritische Künstler durch Verbote und Bestrafung auf Parteilinie zu bringen. Christa Wolf, damals noch Kandidatin des ZK (= Zentralkomitee der SED), widersetzt sich und fordert eine „offene geistige Auseinandersetzung". 1967 verliert sie ihren Kandidatenstatus.
Ihr neues Werk „Nachdenken über Christa T." weist nicht nur eine Veränderung in der Schreibweise auf, sondern auch ein anderes schriftstellerisches Selbstverständnis, das sich gegen die politische Instrumentalisierung der Literatur wendet und die Rolle des belehrenden sozialistischen Autors ablehnt. Das Werk wird zum literaturpolitischen Streitfall. Es ist scharfer ideologischer Kritik ausgesetzt und bringt die Autorin in Konflikt mit der Zensur. Während das Buch in Westdeutschland schon bald ein viel gelesener Text ist, der sogar auf den Bestsellerlisten landet, wird die Veröffentlichung in der DDR zwei Jahre lang systematisch verzögert.

Nachdenken, ihr nach – denken. Dem *Versuch, man selbst zu sein*. So steht es in ihren Tagebüchern, die uns geblieben sind, auf den losen Blättern der Manuskripte, die man aufgefunden hat, zwischen den Zeilen der Briefe, die ich kenne. Die mich gelehrt haben, daß ich meine Erinnerung an sie, Christa T., vergessen muß. Die Farbe der Erinnerung trügt. (...)
Es war der Tag, an dem ich sie Trompete blasen sah. Da mag sie schon monatelang in unserer Klasse gewesen sein. Da kannte ich ihre langen Glieder und den schlenkrigen Gang und den kunstlosen, kurzen Haarschwanz in der Nackenspange schon auswendig, ebenso wie ihre dunkle, etwas rauhe Stimme und ihr leichtes Lispeln.
Das alles zum erstenmal gesehen und gehört, am ersten Morgen, als sie bei uns erschien, anders möchte ich es nicht nennen. Sie saß in der letzten Bankreihe und zeigte keinen Eifer, mit uns bekannt zu werden. Eifer hat sie nie gezeigt. Sondern sie saß in ihrer Bank und sah genauso unsere Lehrerin an, uneifrig, eiferlos, wenn man sich darunter etwas vorstellen kann. Denn aufsässig war ihr Blick nicht. Doch mag er so gewirkt haben unter all den hingebenden Blicken, an die unsere Lehrerin uns gewöhnt hatte, weil sie, wie ich es heute glaube, von nichts anderem lebte.
Nun, willkommen in unserer Gemeinschaft. Wie hieß denn die Neue? Sie erhob sich nicht. Sie nannte mit angerauhter Stimme, leicht lispelnd, ihren Namen: Christa T. War es möglich, hatte sie mit den Brauen gezuckt, als unsere Lehrerin sie duzte? In weniger als einer Minute würde sie in ihre Schranken gewiesen worden sein.
Wo kam sie denn her, die Neue? Ach, nicht aus dem bombardierten Ruhrgebiet, nicht aus dem zerstörten Berlin? Eichholz – du lieber Himmel! Bei Friedeberg. Zechow, Zantoch, Zanzin, Friedeberg, wir dreißig Einheimischen fuhren in Gedanken die Kleinbahnstrecke ab. Entrüstet, das versteht sich. Kraucht aus einem Dorfschullehrerhaus, keine fünfzig Kilometer von hier, und dann dieser Blick. Ja, wenn einer ein paar Dutzend rauchende Zechenschornsteine hinter sich hat, oder wenigstens den Schlesischen Bahnhof und den Kurfürstendamm ... Aber Kiefern und Ginster und Heidekraut, denselben Sommergeruch, den auch wir bis zum Überdruß und fürs Leben in der Nase hatten, breite Backenknochen und bräunliche Haut, und dieses Benehmen?
Was sollte man davon halten?
Nichts. Nichts und gar nichts hielt ich davon, sondern ich sah gelangweilt aus dem Fenster, das sollte jeder merken, der von mir etwas wissen wollte. Ich sah, wie die Turnlehrerin mit den Fähnchenständern ihr ewiges Völkerballfeld markierte, das war mir immer noch lieber, als zuzusehen, wie diese Neue mit unserer Lehrerin umging. Wie sie die bei der Stange hielt. Wie sie aus dem Verhör, das in der Ordnung gewesen wäre, eine Unterhaltung machte und wie sie auch noch bestimmte, worüber man sprechen wollte. Ich glaubte meinen Ohren nicht zu trauen: über den Wald. Das Spiel da unten wurde angepfiffen, aber ich drehte den Kopf und starrte die Neue an, die kein Schulfach nennen wollte, das sie am liebsten hatte, weil sie am liebsten in den Wald ging. So hörte sich die Stimme der Lehrerin an, wenn sie nachgibt, das hatten wir noch nicht. (...)

Aus eigenen Erinnerungen und authentischen Dokumenten (Zitaten aus Briefen und Tagebüchern) formt die Icherzählerin das Lebensbild ihrer Schulkameradin und Freundin Christa T., die nach dem II. Weltkrieg in der DDR Lehrerin geworden und an Leukämie gestorben ist.
Die vielfältigen Ansätze des „Nachdenkens" sowie Reflexionen über den Gegenstand und den Vorgang des Schreibens haben als gemeinsamen Bezugspunkt die nach und nach deutlich werdende Spannung zwischen dem Aufbau der sozialistischen Gesellschaft der DDR und dem Anspruch der Christa T. auf individuelle Entwicklung der Persönlichkeit.

„Das Bedürfnis, auf eine neue Art zu schreiben, folgt, wenn auch mit Abstand, einer neuen Art, in der Welt zu sein."
(Christa Wolf, 1991)

Christa Wolfs „Nachdenken über Christa T." strotzt vor Widersprüchen und dennoch ist das Buch überraschend einheitlich. Traditionsbewusst und vielen Vorbildern verpflichtet, erweist es sich trotzdem als durchaus eigenwillig und modern zugleich. Es ist ein leicht angreifbares und schwer greifbares Stück Literatur, ein Roman, der Interpretationen geradezu herausfordert und der sich schließlich, nicht ohne Grazie und Koketterie, jeglicher Interpretation entziehen möchte. Kurz: ein höchst erfreulicher Fall.
(Marcel Reich-Ranicki, 1969)

Da fing sie zu blasen an, oder zu rufen, es gibt das richtige Wort dafür nicht. Daran hab' ich sie erinnert oder erinnern wollen in meinem letzten Brief, aber sie las keine Briefe mehr, sie starb. Lang ist sie ja immer gewesen, auch dünn, bis auf die letzten Jahre, nach den Kindern. So ging sie vor uns her, stakste erhobenen Hauptes auf der Rinnsteinkante entlang, hielt sich plötzlich eine zusammengedrehte Zeitung vor den Mund und stieß ihren Ruf aus: Hooohaahooo, so ungefähr. Sie blies ihre Trompete, und die Feldwebel und Unteroffiziere vom Wehrbezirkskommando hatten gerade Pause und sahen sich kopfschüttelnd nach ihr um. Na, die aber auch, hat der Mensch Töne? Da siehst du nun, wie sie sein kann, sagte eine zu mir.

Da sah ich's nun. Grinste dazu wie alle, wußte aber, daß ich nicht grinsen sollte. Denn anders als alle erlebte ich diese Szene nicht zum ersten Mal. Ich suchte, wann sie schon einmal so vor mir hergegangen sein konnte, und fand, daß es kein Vorbild für diesen Vorgang gab. Ich hatte es einfach gewußt. Nicht, daß ich mit der Trompete gerechnet hätte, da müßte ich lügen. Aber was man nicht weiß, kann man nicht sehen, das ist bekannt, und ich sah sie. Sehe sie bis heute, aber heute erst recht. Kann auch besser abschätzen, wie lange es dauert und was es kostet, dieses dümmliche Grinsen endlich aus dem Gesicht zu kriegen, kann lächeln über meine Ungeduld von damals. Nie, ach niemals wieder wollte ich so am Rand eines Stadtparks stehen, vor der eingezäunten Rehwiese, an einem sonnenlosen Tag, und den Ruf stieß ein anderer aus, der alles wegwischte und für einen Sekundenbruchteil den Himmel anhob. Ich fühlte, wie er auf meine Schulter zurückfiel. (…)

Immerhin, sie ließ mich einiges wissen. Sie erteilte Auskünfte, jedermann konnte sehen, wer die Fragen stellte und wer die Antworten gab. Wir weckten schon Neid, wir galten schon als tabu, da hatten wir noch kein vertrauliches Wort gesprochen. Schnell und achtlos hatte ich alle anderen Fäden zerissen, ich fühlte auf einmal mit Schrecken, daß es böse endet, wenn man alle Schreie frühzeitig in sich erstickt, ich hatte keine Zeit mehr zu verlieren. Ich wollte an einem Leben teilhaben, das solche Rufe hervorbrachte, hooohaahooo, und das ihr bekannt sein mußte.

(…)

Christa T. hat, auch wenn sie lässig schien, anstrengend gelebt, das soll bezeugt sein, obwohl es hier nicht darum gehen kann, sie zu verteidigen: Kein Verfahren findet statt, kein Urteil wird gesprochen, nicht über sie noch über irgend jemanden sonst, am wenigsten über

Paula Modersohn-Becker: Blasendes Mädchen im Birkenwald

das, was wir „die Zeit“ nennen, womit nicht viel gesagt ist. Sie hat nicht versucht, sich davonzumachen, womit gerade in jenen Jahren so mancher begonnen hat. Wenn sie ihren Namen aufrufen hörte: „Christa T.!“, dann stand sie auf und ging hin und tat, was von ihr erwartet wurde, aber wem soll sie sagen, daß sie lange dem Namensruf nachlauschen muß: Bin wirklich ich gemeint? Oder sollte es nur mein Name sein, der gebraucht wird? Zu anderen Namen gezählt, emsig addiert vor dem Gleichheitszeichen? Und ich könnte ebensogut abwesend sein, keiner würde es bemerken? Sie sah auch, wie man anfing, zu entschlüpfen, die bloße Hülle, den Namen zurückzulassen. Das hat sie nicht gekonnt.

Aber auch die Fähigkeit, in einem Rausch zu leben, ist ihr abgegangen. Die heftigen, sich überschlagenen Worte, die geschwungenen Fahnen, die überlauten Lieder, die hoch über unseren Köpfen im Takt klatschenden Hände. Sie hat gefühlt, wie die Worte sich zu verwandeln beginnen, wenn nicht mehr guter Glaube und Ungeschick und Übereifer sie hervorschleudern, sondern Berechnung, Schläue, Anpassungstrieb. Unsere Worte, nicht einmal falsch – wie leicht wäre es sonst! –, nur der sie ausspricht, ist ein anderer. Verändert das alles?

Christa T., sehr früh, wenn man es heute bedenkt, fing an, sich zu fragen, was denn das heißt: Veränderung. Die neuen Worte? Das neue Haus? Maschinen, größere Felder? Der neue Mensch, hörte sie sagen und begann, in sich hineinzublicken. Denn die Menschen waren nicht leicht zu sehen hinter den überlebensgroßen Papptafeln, die sie trugen, und an die wir uns, was sehr merkwürdig ist, schließlich sogar gewöhnten. Für die wir dann zu streiten anfingen: Wer würde heute noch an sie erinnern, wenn sie wirklich ganz und gar draußen geblieben und nicht auf vielen Wegen in uns eingedrungen wären? So daß nicht mehr sie uns mißtrauten, sie und die schrecklich strahlenden Helden der Zeitungen, Filme und Bücher, sondern wir uns selber: Wir hatten den Maßstab angenommen und – beklommen, erschrocken – begonnen, uns mit jenen zu vergleichen. Es war dafür gesorgt, daß der Vergleich zu unseren Ungunsten ausfiel. So entstand um uns herum, oder auch in uns, was dasselbe war, ein hermetischer Raum, der seine Gesetze aus sich selber zog, dessen Sterne und Sonnen scheinbar mühelos um eine Mitte kreisten, die keinen Gesetzen und keiner Veränderung und am wenigsten dem Zweifel unterworfen war. Der Mechanismus, nach dem sich das alles bewegte – aber bewegte es sich denn? –, die Zahnräder, Schnüre und Stangen waren ins Dunkel getaucht, man erfreute sich an der absoluten Perfektion und Zweckmäßigkeit des Apparats, den reibungslos in Gang zu halten kein Opfer zu groß schien – selbst nicht das: sich auslöschen. Schräubchen sein. Und erst heute kommt das rechte Erstaunen darüber bei uns an: So weit ist der Weg der Gefühle.

Am Text erarbeiten: Christa Wolfs neue Schreibweise im Vergleich zu „Der geteilte Himmel“ (Erzählerrolle, weibliche Hauptfigur, Sprache, schriftstellerisches Selbstverständnis)

Selbst gestalten: einen Dialog zwischen Christa T. und der Icherzählerin, in dem die Identitätsprobleme und Selbstzweifel von Christa T. zur Sprache kommen

Selbstinterview

Frage: Können Sie etwas über den Stoff dieser Erzählung sagen?
Antwort: Schwerlich. Denn da ist kein „Stoff“ gewesen, der mich zum Abschildern reizte, da ist kein „Gebiet unseres Lebens“, das ich als Milieu nennen könnte, kein „Inhalt“, keine „Fabel“, die sich in wenigen Sätzen angeben ließe. Zu einem ganz subjektiven Antrieb muß ich mich bekennen:
Ein Mensch, der mir nahe war, starb, zu früh. Ich wehre mich gegen diesen Tod. Ich suche nach einem Mittel, mich wirksam wehren zu können. Ich schreibe suchend. Es ergibt sich, daß ich eben dieses Suchen festhalten muß, so ehrlich wie möglich, so genau wie möglich.
Frage: So schreiben Sie also eine Art von postumem Lebenslauf?
Antwort: Das dachte ich zuerst. „Später merkte ich, daß das Objekt meiner Erzählung gar nicht so eindeutig sie, Christa T., war oder blieb. Ich stand auf einmal mir selbst gegenüber, das hatte ich nicht vorgesehen.“
(Christa Wolf, 1966)

Lesetipps:
Sarah Kirsch: Die Pantherfrau (1973)
Maxie Wander: Guten Morgen, du Schöne (1979)
Toril Eide: Östlich der Sonne und westlich des Monds (1994)

Aus einem Gutachten zu Christa Wolfs Roman

Der allgemeine Leserkreis dieses Buches kann nur klein und auch in Schichten, die für sich ein hohes literarisches Niveau-Bedürfnis in Anspruch nehmen, nur gering sein, da sowohl die sprunghaft-geschachtelte Schreibweise als auch der Inhalt so verschwommen-depressiv, so dekadent-abwegig wirken, dass ein gesund empfindender, noch dazu im Sozialismus lebender Leser mit dieser verbrämt Dostojewski-Kafkaistischen, Bennschen „Literatur" nichts anzufangen weiß, dass er das Buch wirr findet, wieder fortlegt, oder sich, nach mühsamem Durchlesen, in keiner Weise bereichert, sondern von der Morbidität abgestoßen fühlt. (…) Insgesamt ein Buch, welches nur in die Bibliothek bei uns lebender Spinner und in die Arsenale des Klassengegners passt – in unserem Staat ist es ein Fremdkörper.

Christa Wolf an die Abteilung Kultur des ZK der SED, 6. Februar 1969

(…) Bei dieser Gelegenheit halte ich es für nötig, einmal zu sagen, daß ich nicht verstehen kann, wie dieses Manuskript und damit ich in letzter Zeit behandelt wurden. Seit mindestens drei Monaten – aber wie ich weiß, schon wesentlich länger – wird durch einzelne Genossen, die sich eine Kenntnis des Manuskripts verschaffen konnten, eine öffentliche und nichtöffentliche Polemik gegen das Buch geführt, immer vor Gremien, die es nicht kennen konnten und bei denen ich weder anwesend noch überhaupt eingeladen war (wie ich übrigens auch zur ersten Sitzung der Parteigruppe des Vorstands nicht eingeladen war): Dann wurden Beschlüsse gefaßt: Stoppen des Fertigungsprozesses, schließlich doch Freigabe einer kleinen Auflage (wie ich unamtlich höre, von etwa 4000 Exemplaren), von der aber auch wieder nur ein Teil ausgeliefert werden soll – das alles, ohne daß ich ein einziges Wort der Begründung für diese Maßnahmen erfahren konnte, geschweige denn die Möglichkeit hatte, mit den für die Beschlüsse Verantwortlichen zu reden. Selbstverständlich kann ich diese Vorgänge, auf die Einfluß zu nehmen ich keine Möglichkeit sehe, nur unter Protest zur Kenntnis nehmen. (…)

Diskussionsbeitrag von Heinz Adameck auf der 10. Tagung des ZK der SED, 1969

(…) Wir haben oft gesagt: Aus dem Erleben und Meistern der wissenschaftlich-technischen Revolution unter sozialistischen Bedingungen erwachsen im Massenumfang neue Bedürfnisse nach sozialistisch-realistischen Kunstwerken. Neue Denk- und Verhaltensweisen, neue Charakterzüge, neue Helden treten hervor, neue Auseinandersetzungen, Entscheidungen und Bewährungen, die nach Gestaltung drängen. (…) Die Einheit von sozialistischer Parteilichkeit und künstlerischer Meisterschaft ist für sie (die Künstler) keine bloße These mehr, sondern eine praktische Maxime, die zu Leistungen führt, die auch dem eigenen Leben und Schaffen neuen Inhalt geben. (…)

Bei einigen Leuten hat das Ringen um eine klare politische Konzeption und eine parteiliche sozialistische Aussage, um eine Gestaltung im Sinne des sozialistischen Realismus zu einem Gerede über den angeblichen Gegensatz von Kunst und Agitation geführt. (…) Solche Leute wollen uns ihre Auffassungen davon aufschwatzen, was Kunst und was Agitation ist. Diese Teilung sieht dann so aus: Klare, standfeste parteiliche Charaktere, große Gestalten, positive Leitbilder – das sei Agitation. Gebrochene, gescheiterte Figuren irgendwo am Rande der Gesellschaft – das sei die Kunst. (Heiterkeit)

(Erich Honecker: Skeptizistische!) (…)

Natürlich, liebe Genossen, leben die Fernsehkollektive nicht auf einer Insel im Kulturleben unserer Gesellschaft. Sie fragen in den letzten Monaten immer mehr – und diese Frage habe ich auch –: Was für eine politische Ästhetik oder was für eine ästhetische Politik steht eigentlich hinter einigen literarischen Neuerscheinungen? Ich meine damit „Nachdenken über Christa T." von Christa Wolf, „Zerreißprobe" von Rudolf Bartsch, „Kramen in Fächern" von Kunert, „Ruhelose Jahre" von Claudius. Aber das sind Bücher, die in jüngster Zeit im Mitteldeutschen Verlag und im Aufbau-Verlag erschienen sind.

Hier ergibt sich doch wirklich die Frage: Welche Leitbilder hat da welche Leitung in Auftrag gegeben? Offensichtlich stimmt doch bei den Autoren dieser Werke – das ist meine Meinung – und auch den verantwortlichen Lektoren und Verlagsdirektoren die Ideologie nicht. (…)

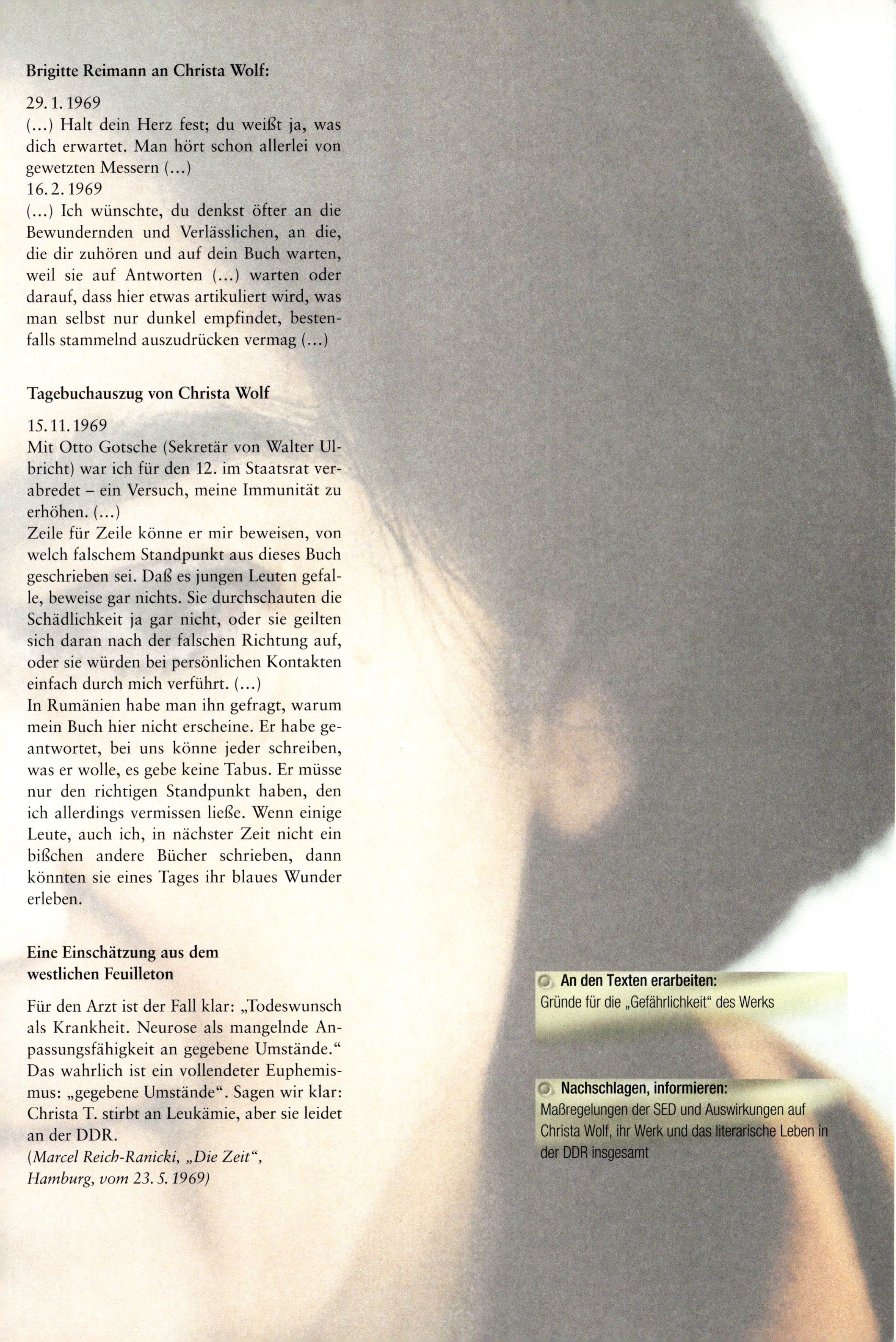

Brigitte Reimann an Christa Wolf:

29. 1. 1969
(...) Halt dein Herz fest; du weißt ja, was dich erwartet. Man hört schon allerlei von gewetzten Messern (...)
16. 2. 1969
(...) Ich wünschte, du denkst öfter an die Bewundernden und Verlässlichen, an die, die dir zuhören und auf dein Buch warten, weil sie auf Antworten (...) warten oder darauf, dass hier etwas artikuliert wird, was man selbst nur dunkel empfindet, bestenfalls stammelnd auszudrücken vermag (...)

Tagebuchauszug von Christa Wolf

15. 11. 1969
Mit Otto Gotsche (Sekretär von Walter Ulbricht) war ich für den 12. im Staatsrat verabredet – ein Versuch, meine Immunität zu erhöhen. (...)
Zeile für Zeile könne er mir beweisen, von welch falschem Standpunkt aus dieses Buch geschrieben sei. Daß es jungen Leuten gefalle, beweise gar nichts. Sie durchschauten die Schädlichkeit ja gar nicht, oder sie geilten sich daran nach der falschen Richtung auf, oder sie würden bei persönlichen Kontakten einfach durch mich verführt. (...)
In Rumänien habe man ihn gefragt, warum mein Buch hier nicht erscheine. Er habe geantwortet, bei uns könne jeder schreiben, was er wolle, es gebe keine Tabus. Er müsse nur den richtigen Standpunkt haben, den ich allerdings vermissen ließe. Wenn einige Leute, auch ich, in nächster Zeit nicht ein bißchen andere Bücher schrieben, dann könnten sie eines Tages ihr blaues Wunder erleben.

Eine Einschätzung aus dem westlichen Feuilleton

Für den Arzt ist der Fall klar: „Todeswunsch als Krankheit. Neurose als mangelnde Anpassungsfähigkeit an gegebene Umstände." Das wahrlich ist ein vollendeter Euphemismus: „gegebene Umstände". Sagen wir klar: Christa T. stirbt an Leukämie, aber sie leidet an der DDR.
(Marcel Reich-Ranicki, „Die Zeit", Hamburg, vom 23. 5. 1969)

An den Texten erarbeiten:
Gründe für die „Gefährlichkeit" des Werks

Nachschlagen, informieren:
Maßregelungen der SED und Auswirkungen auf Christa Wolf, ihr Werk und das literarische Leben in der DDR insgesamt

2 Kindheitsbewältigung und Selbstbefragung

Kindheitsmuster (1976, Auszug)

Christa Wolf geht in diesem Werk den Ursachen und Wirkungen des Nationalsozialismus nach. Die Erforschung der eigenen Kindheit führt zur Aufdeckung von Verhaltens- und Bewusstseinsmustern, die die Menschen zutiefst geprägt haben und die sich bis in die Gegenwart auswirken.
Damit widerspricht Christa Wolf der Selbstdarstellung der DDR als antifaschistischer Musterstaat, dessen Bürger den Nationalsozialismus bewältigt haben, und rückt eine nur verdrängte, aber nicht „erledigte" Vergangenheit in den Blick.

Wo ist das Kind, das ich gewesen,
ist es noch in mir oder fort? (...)
Wann liest der Falter, was auf seinen
Flügeln im Flug geschrieben steht?
(Pablo Neruda, Buch der Fragen, Motto von „Kindheitsmuster")

Der Erzählvorgang umfasst drei eigenständige Handlungs- und Zeitebenen, in denen sich Autobiografisches und Fiktionales mischen: Den Erzählrahmen bildet eine Reise, die die Erzählerin, die in der DDR lebt und schreibt, mit ihrem Mann, ihrem Bruder und ihrer Tochter Lenka 1971 in ihre Heimatstadt unternimmt, die inzwischen zu Polen gehört. Diese Rückkehr weckt Erinnerungen an die Vergangenheit. Die Erzählerin begibt sich auf Spurensuche in ihre Kindheit und Jugend zwischen 1933 und 1947, von der sie jedoch in der dritten Person als Nelly Jordan berichtet.
Auf einer weiteren Ebene wird die Schreibgegenwart der Erzählerin während der Niederschrift des Manuskripts selbst zum Thema. Erlebnisse aus der Gegenwart der DDR und Anmerkungen zu politischen Ereignissen verflechten sich mit den anderen Erzählebenen, bleiben aber stets in ihrem jeweiligen zeitlichen Bezug erkennbar.

Zur formalen Struktur

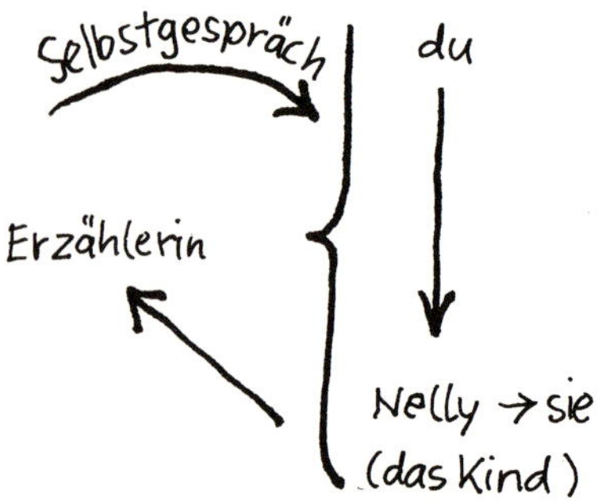

Am Text erarbeiten:
Erzählerische Funktion der formalen Struktur

Vorgestern, in einer Aprilnacht 1973 – du kommst, einer Umleitung wegen, nicht auf der Hauptstraße, sondern über die Dörfer allein im Auto nach Hause, etwas müde, daher angespannt aufmerksam –, hast du beinahe eine Katze überfahren. Es war auf dem Katzenkopfpflaster einer Dorfstraße. Sie kam langsam von links, du fuhrst nicht schnell, doch reagierte sie überhaupt nicht, wie Tiere sonst, auf das näher kommende Auto; zu stark konntest du nicht bremsen, die Straße war feucht. Du sahst, wie sie sich im Schreck duckte. Was du noch tun konntest: sie zwischen die Räder nehmen. Sie kam unter das Auto. Es gab einen gar nicht lauten, aber gräßlichen Schlag. Du mußtest weiterfahren. Hieltest an, sahst dich um. Da lag sie auf der Straße, erhob sich mühsam. Auf beiden Hinterpfoten hinkend, schleppte sie sich zur anderen Straßenseite, verschwand, anscheinend wieder normal laufend, in die Hecke.
Weit und breit auf der spärlich erleuchteten Dorfstraße kein Mensch, kein Tier, auch kein Verkehr um diese Zeit. Fünf Sekunden zu früh hat sich die Katze oder fünf Sekunden zu spät hast du dich auf den Weg gemacht. Du willst es nicht glauben oder wenigstens nicht wahrhaben, daß dir das passiert sein soll, mußt noch einmal halten, um ruhiger zu werden. Im Schleichtempo nach Hause, kein Wort über den Vorfall. Du gehst schlafen. In einem kurzen englischen Text, den du noch zu lesen versuchst, spricht eine der Figuren, betrunken, untröstlich, immer den gleichen Satz: But I was an nice girl.
Mitten in der Nacht erwachen. Das unstillbare Weinen. But I was ...
Alle für immer verlorenen Möglichkeiten versammelten sich in jener Nacht um dich.
Zum „Dienst" in der Hitler-Jugend muß Nelly sich gedrängt haben. In der langen Schlange steht sie vor der Turnhallentür, hinter der die bedeutsame Prozedur der Einschreibung vor sich ging: Bald darauf sitzt sie in einem Klassenzimmer. Der erste Heimatabend findet statt, mit den anderen singt sie: „In dem Walde steht ein Haus", ein Kinderlied, dessen sehr einfacher Text mit Handbewegungen begleitet wird. Der Vorgang war peinlich, und Nelly genierte sich, aber sie unterdrückte ihre Befangenheit und lachte laut – vielleicht überlaut – mit, als die Führerin in fröhliches Gelächter ausbrach. Es war eine Genugtuung, der Führerin zu Gefallen zu lachen und den eigenen unangemessenen Zustand – Verlegenheit – nicht zu beachten. Es war eine Lust, die Leutseligkeit der Führerin zu genießen, die ein lustiges Mädchen war und Marianne hieß, sich aber Micky nennen ließ. Nennt mich Micky wie alle, ich sehe ja doch aus wie eine

Mickymaus. Eine andere Art von Lust, sich am Ende des Heimatabends, die Scheu überwindend, mit den anderen um Micky zu drängen, ihre Hand zu ergreifen, die unerhörte Vertraulichkeit auszukosten. Und auf der Heimfahrt sich durch häufigen inneren Gebrauch des neuen Wortes zu versichern: Kameradschaft. (...)

Im Herbst wurde sie krank. Sie muß sich bei einem längeren Appell unter freiem Himmel erkältet haben, auf der Spielwiese im Zanziner Wäldchen, das ihr am Nachmittag eures ersten Reisetages besuchen werdet. Diesmal verstand es sogar Charlotte nicht. Der Nachmittag war warm gewesen, selbst sie hätte gegen einen längeren Aufenthalt im Freien nichts einzuwenden gehabt. Aber Nelly fieberte schon, als sie nach Hause kam, und zeigte eine seltsame Abneigung, zu sprechen oder sich überhaupt zu bewegen. Eine Bronchitis, fand Doktor Neumann, sei nichts Weltbewegendes, doch sei ihr Verlauf mit Sorgfalt zu beobachten. Diese Schlaffheit wollte ihm an der Göre nicht gefallen. Oder war da vielleicht noch etwas, außer der Krankheit? Nicht daß Charlotte gewußt hätte.

Die Versammlung unter freiem Himmel war ein Strafgericht. Eine Kameradin namens Gerda Link hatte die Ehre der Hitler-Jugend beschmutzt: Sie stahl einer anderen Kameradin aus deren Manteltasche in der Umkleidekabine des Sportplatzes Klosepark fünf Mark neunundreißig und leugnete den Diebstahl vor der Gruppenführerin Christel, als diese sie zur Rede stellte. Man hatte sie überführen können. Jetzt stand sie allein neben der Gruppenführerin an der Schmalseite des Karrees, dessen drei andere Seiten durch die in Reih und Glied aufgestellten drei Scharen der Jungmädchengruppe gebildet wurden.

Am Anfang sangen sie: „Nur der Freiheit gehört unser Leben." („Freiheit ist das Feuer, ist der helle Schein, solang sie noch lodert, ist die Welt nicht klein.") Danach stellte sich die Scharführerin Micky mit ihrem krausen rotblonden Haar, ihrer scharfen Brille, ihrer Himmelfahrtsnase und dem geflochtenen Zopf in die Mitte und rief:

Vom Ich zum Wir. Von Heinrich Annacker.*
Einst schien das Ich der Angelpunkt der Welt,
und alles drehte sich um seine Leiden.
Doch mählich kam erkennendes Bescheiden
und hat den Blick aufs Ganze umgestellt.
Nun fügt das Ich zum großen Wir sich ein
und wird zum kleinen Rad an der Maschine.
Nicht, ob es lebe – ob es willig *diene*,
bestimmt den Wert von seinem eignen Sein!

(Diesen Text schreibst du ab, die Lieder fallen dir ein, wenn auch nicht mühelos, wenn auch manchmal nicht alle Strophen, oder gerade die Anfänge nicht mehr. Auf H. ist kaum Verlaß, in seinem Gedächtnis sind die ungeliebten Texte verwittert bis auf wenige, meist verballhornte Zeilen, die er nie verstanden und ohne Verstand gesungen hatte, stumm sich wundernd. Lenka verträgt diese Lieder nicht, auch nicht als Beweisstücke, vertrug sie nie. Stellte sich taub, als ihr auf der Rückfahrt aus L., das heute G. heißt, die Texte zusammensuchtet, die den Zug, den Ritt, den Marsch der Germanen, der Deutschen nach Osten verherrlichten oder forderten: „Gen Ostland geht unser Ritt." – „Siehst du im Osten das Morgenrot?" – „In den Ostwind hebt die Fahnen." Und so weiter. Lenka sagte: Die müssen ganz schöne Komplexe gehabt haben. – Dankbar vermerktet

Diese Jugend, die lernt ja nichts anderes, als deutsch denken, deutsch handeln, und wenn diese Knaben mit zehn Jahren in unsere Organisation hineinkommen und dort oft zum ersten Mal überhaupt eine frische Luft bekommen und fühlen, dann kommen sie vier Jahre später vom Jungvolk in die Hitlerjugend und dort behalten wir sie wieder 4 Jahre und dann geben wir sie erst recht nicht zurück in die Hände unserer Klassen- und Standeserzeuger, sondern dann nehmen wir sie sofort in die Partei, in die Arbeitsfront, in die SA oder in die SS, in das NSKK und so weiter. (...)
Und sie werden nicht mehr frei ihr ganzes Leben!
(Adolf Hitler, Rede in Reichenberg am 2.12.1933, Stenogramm einer Tonaufnahme des Reichsrundfunks)

* *Heinrich Annacker (1901–1971)*
- *Sohn eines Schweizer Fabrikanten*
- *trat 1922 in die NSDAP ein, später Mitglied der SA und des Reichkultursenats*
- *verfasste Natur- und Liebeslyrik, später vor allem nationalsozialistische Kampflyrik*
- *1936 Kunstpreis der NSDAP*
- *nach 1945 trotz seiner Propagandatätigkeit als politisch minderbelastet eingestuft*

Wie sind wir so geworden, wie wir sind? Das ist eigentlich eine Frage, der ich etwas näher zu kommen suche. Ich denke, daß etwas davon im Laufe des Buches aufdämmern wird. Denn ich glaube, daß so manches, was unsere Generation heute tut oder nicht tut, noch mit der Kindheit zusammenhängt. Wenn die Kindheit wirklich eine wichtige Zeit im Leben eines Menschen ist, dann sollten wir nicht so tun, als ob wir, als wir sechzehn waren, als der Faschismus zu Ende war, nun „neue" Menschen werden konnten. Und daß eine so verbrachte Kindheit ohne Folgen bleiben kann.
(Christa Wolf, 1975)

ihr ihren Takt, nicht „ihr", sondern „die" zu sagen. Und die Polen? Wie viele Lieder hatten sie, die sie aufriefen, ihre Fahnen in den Westwind zu heben?)

Doch es steht noch immer die Jungmädelgruppe Nordwest im Zanziner Wäldchen angetreten, und es wartet Gerda Link auf ihr Urteil, das von Christel, der Gruppenführerin, selbst verkündet werden wird. Als Christel nun einen Schritt vortritt und zu reden beginnt, läuft Nelly der Schweiß in Strömen den Rücken hinunter (das ist es, was Charlotte Jordan nicht einkalkulieren konnte: Schweißausbruch im Stehen, bei leichtem Wind von hinten). Christel hat farbloses Haar, trägt eine Innenrolle, hat leuchtende Augen. Im Zustand der Begeisterung bekommt sie eine hohe, klingende Stimme und zieht die Vokale pathetisch lang, doch ist ihre Redeweise durch einen Zahnregulierungsapparat behindert. Sie lispelt. Neben Christel ist Micky eine untergeordnete Gottheit. Christels Aufmerksamkeit auf sich zu ziehen ist das Höchste oder, falls es im Zorn geschieht, das Schlimmste, was einem widerfahren kann.

Aber Christel weiß ihren Zorn zu bändigen und zeigt Trauer und Enttäuschung, die viel schrecklicher sind. Sie dämpft ihre Stimme, sie erträgt den Schmerz fast nicht, den Gerda Link ihr, ihr ganz persönlich angetan hat; die Schmach, die sie auf jedes einzelne Glied ihrer Gemeinschaft gehäuft, die Schande, die sie über alle, besonders aber über ihre Führerin gebracht. Sie ist weit davon entfernt, ein Jungmädel für immer aus der Gemeinschaft ausstoßen zu wollen, was es auch getan haben mochte. Doch hält sie es für notwendig und angemessen, der Gestrauchelten für ein Vierteljahr das Zeichen ihrer Zugehörigkeit zum Jungmädelbund, das schwarze Dreiecktuch und den Lederknoten, zu entziehen.

Es tritt die Schaftführerin von Gerda Link vor, eine dralle kleine Person mit krummen Beinen, gegen die Gerda Link schön ist: Sie hat ein längliches Gesicht, bräunliche Haut, eine schmale, feine Nase und dunkles langes Haar. Die Schaftführerin nimmt der Gemaßregelten Schlips und Knoten ab, während wiederum Micky mit lauter, angestrengter Stimme über die Spielwiese ruft: Deutsch sein heißt treu sein! Bleibt noch ein Lied zu singen, das Lied der Hitler-Jugend: „Vorwärts, vorwärts, schmettern die hellen Fanfaren, vorwärts, vorwärts, Jugend kennt keine Gefahren, Deutschland, du wirst leuchtend stehn, mögen wir auch untergehn ..." (Ein paar Bemerkungen darüber, wie diese Lieder teilweise doch Recht behielten: Untergegangen sind viele, die sie sangen. „Unsre Fahne führt uns in die Ewigkeit, unsre Fahne ist mehr als der Tod.")

Nellys Empfindungen beschreiben, als sie nach Hause fuhr, mit ihrem alten klapprigen Rad, die Adolf-Hitler-Straße runter, dann die Anckerstraße hoch, eine beachtliche Steigung, die sie nahm, ohne absteigen zu müssen, schwitzend natürlich und die Kletterweste nicht zugeknöpft, tief die gegen Abend rauhere Luft einholend: Ihren Zustand schildern erübrigt sich fast. Schrecken, Verzweiflung zu sagen wäre zu stark, und daß sie Angst hat, darf sie nicht wissen wollen. Nach ihrer eigenen Überzeugung hätte sie Abscheu gegen Gerda Link fühlen müssen, nicht dieses weichliche Mitleid, und Begeisterung über die Gradlinigkeit der Führerin anstatt eben Angst. Wie öfter schon handelte es sich um die Unmöglichkeit, sich Klarheit zu verschaffen. Da kam das Fieber, sie konnte sich ins Bett legen.

Bezüge herstellen:
„Die Walser-Bubis-Kontroverse"
(➔ „Sprache und Beeinflussung", S. 447 ff.)

Lesetipps:
Jurek Becker: Jakob der Lügner (1968)
Louis Begley: Lügen in Zeiten des Krieges (1991)
Ruth Klüger: weiter leben (1992)

3 Gegen-Welten

„Kein Ort. Nirgends" (1979, Auszug)

1976 wird der systemkritische Liedermacher Wolf Biermann aus der DDR ausgebürgert, was zu heftigen Protesten führt. Elf bekannte Autoren, darunter Christa Wolf, erheben Einspruch – ohne Erfolg. Im Gegenteil: Die SED reagiert mit verstärkten Disziplinierungsmaßnahmen und exemplarischen Bestrafungen. Christa Wolf erklärt ihren Austritt aus dem Vorstand des Schriftstellerverbandes, dem sie seit 21 Jahren angehört. In den folgenden Jahren verlassen zahlreiche Schriftsteller die DDR.
„Kein Ort. Nirgends" kann als literarische Reaktion auf diese Ereignisse gelesen werden. Das Werk spiegelt die Krisensituation der Autorin wider, die zu dieser Zeit keine gesellschaftliche Wirkungsmöglichkeit für sich sieht und sich zunehmend geistig und politisch heimatlos fühlt. Ihre existenzielle Krise, das „reine Zurückgeworfensein auf die Literatur", bearbeitet sie jedoch nicht am Gegenwartsmaterial, sondern mit Hilfe der Lebensläufe frühromantischer Dichter (Projektionsraum Romantik).

Das Thema der Erzählung ist das fiktive Treffen der beiden literarischen Außenseiter Heinrich von Kleist und Karoline von Günderode, die unter dem Pseudonym Tian veröffentlicht, da eine Existenz als Schriftsteller zu dieser Zeit noch ein männliches Privileg ist. Die beiden entdecken bei einem Spaziergang, dass sie trotz aller Unterschiede etwas Gemeinsames haben: das Streben nach individueller und künstlerischer Selbstverwirklichung trotz der begrenzenden Regeln der bürgerlichen Welt.

Die Frau leidet, Kleist bezweifelt es nicht, aber die Frauen sind das leidende Geschlecht. Sie wird sich dreinschicken, wenn auch, das gesteht er ihr zu, schwerer als die meisten – darin der Schwester verwandt. Doch sagt er sich: Sie ist versorgt, was immer das heißen mag; sie muß ihre Gedanken nicht an die trivialsten Erfordernisse des Alltags wenden. Daß sie keine Wahl hat, erscheint ihm als Gunst. Sie ist, als Frau, nicht unter das Gesetz gestellt, alles zu erreichen oder alles für nichts zu halten.
Kleist zählt sich die Staaten auf, die er kennt, es ist ihm ein Zwang geworden. Daß ihre Verhältnisse seinen Bedürfnissen strikt entgegenstehn, hat er erfahren. Mit gutem Willen, angstvollem Zutraun hat er sie geprüft, widerstrebend verworfen. Die Erleichterung, als er die Hoffnung auf eine irdische Existenz, die ihm entsprechen würde, aufgab.
Unlebbares Leben. Kein Ort, nirgends.
Manchmal spürt er die vertrackte Drehbewegung der Erdkugel bis in sein innerstes Gehirn. Einmal wird es ihn über den Rand dieser beschränkten Kugel schleudern, er ahnt schon den Zugwind. Während die Frau hier, so unwahrscheinlich es ist, doch immer noch ihren Liebhaber finden kann, ein bescheidnes Haus, in dem sie Kinder um sich versammeln und ihre Jugendgrillen vergessen mag.
Glauben Sie, Günderode, daß jeder Mensch ein unaussprechbares Geheimnis hat?
Ja, sagt die Günderode. In dieser Zeit? Ja.
Die Antwort hat sie bei der Hand gehabt. Sie bleiben stehn, drehn sich einander zu. Jeder sieht den Himmel hinter dem Kopf des andern. Das blasse spätnachmittagliche Blau, kleine Wolkenzüge. Sie mustern sich unverhohlen. Nackte Blicke. Preisgabe, versuchsweise. Das Lächeln, zuerst bei ihr, dann bei ihm, spöttisch. Nehmen wir es als Spiel, auch wenn es Ernst ist. Du weißt es, ich weiß es auch. Komm nicht zu nah. Bleib nicht zu fern. Verbirg dich. Enthülle dich. Vergiß, was du weißt. Behalt es. Maskierungen fallen ab, Verkru-

© Bildarchiv Preußischer Kulturbesitz, Berlin

Heinrich von Kleist (1777–1811)

Erkunden, erforschen:
Lebensläufe und Zeitumstände von Kleist und Günderode erkunden; warum wählt Christa Wolf diese Schriftsteller/diese Zeit für ihre Darstellung?
➔ „Wege in die Autonomie – Epochenumbruch 18./19. Jahrhundert"

Karoline von Günderode (1780–1806)

Schon oft hatte ich den unweiblichen Wunsch, mich in ein wildes Schlachtengetümmel zu stürzen, zu sterben – warum ward ich kein Mann! Ich habe keinen Sinn für weibliche Tugenden, für Weiberglückseligkeit. Nur das Wilde, Große, Glänzende gefällt mir. Es ist ein unseliges, aber unverbesserliches Missverhältnis in meiner Seele; und es wird und muss so bleiben, denn ich bin ein Weib und habe Begierden wie ein Mann, ohne Männerkraft. Darum bin ich wechselnd und uneins mit mir.
(Karoline von Günderode)

Karoline von Günderode tötet sich – erst 26-jährig – 1806 mit einem Dolch. Fünf Jahre später begeht Heinrich von Kleist Selbstmord. In einem Abschiedsbrief an seine Schwester heißt es:
„Du hast an mir getan, ich sage nicht, was in Kräften einer Schwester, sondern in Kräften eines Menschen stand, um mich zu retten: Die Wahrheit ist, dass mir auf Erden nicht zu helfen war".

Am Text erarbeiten:
„Ich bin nicht ich. Du bist nicht du. Wer ist wir?" (Z. 44)
Bedeutung der Identitätsfrage und der Rolle des Ichs in der Gesellschaft in „Der geteilte Himmel" und „Kein Ort. Nirgends"

Lesetipps:
K. von Günderode: Der Schatten eines Traumes
Prosa. Briefe. Zeugnisse von Zeitgenossen
Mit einem Essay von Christa Wolf (1981)
Christa Wolf, Gerhard Wolf: Ins Ungebundene gehet eine Sehnsucht. Gesprächsraum Romantik. Prosa und Essays (1985)

stungen, Schorf, Polituren. Die blanke Haut. Unverstellte Züge. Mein Gesicht, das wäre es. Dies das deine. Bis auf den Grund verschieden. Vom Grund her einander ähnlich. Frau. Mann. Unbrauchbare Wörter. Wir, jeder gefangen in seinem Geschlecht. Die Berührung, nach der es uns so unendlich verlangt, es gibt sie nicht. Sie wurde mit uns entleibt. Wir müßten sie erfinden. In Träumen bietet sie sich uns an, entstellt, schrecklich, fratzenhaft. Die Angst im Morgengrauen, nach dem frühen Erwachen. Unkenntlich bleiben wir uns, unnahbar, nach Verkleidungen süchtig. Fremde Namen, die wir uns zulegen. Die Klage in den Hals zurückgestoßen. Trauer verbietet sich, denn wo sind die Verluste?
Ich bin nicht ich. Du bist nicht du. Wer ist wir?
(...)
Lieber Kleist, sagt sie, (...) man verbietet uns früh, unglücklich zu sein über unsre eingebildeten Leiden. Siebzehnjährig müssen wir einverstanden sein mit unserm Schicksal, das der Mann ist, und müssen für den unwahrscheinlichen Fall von Widersetzlichkeit die Strafe kennen und sie angenommen haben. Wie oft ich ein Mann sein wollte, mich sehnte nach den wirklichen Verletzungen, die ihr euch zuzieht!
(...)
Sie gehn schweigend. Die Gründerode weist den Fremden auf das Farbenspiel am westlichen Himmel hin, ein Rosarot und ein Apfelgrün, die sonst in der Natur nicht vorkommen. Es bleibt noch hell, nur die Luft wird kühler. Die Günderode zieht ihr Tuch über der Brust zusammen. Sie ist ruhig. Um diese Tageszeit wünscht sie oft, allein und für alle tot zu sein, außer für den, den sie noch nicht kennt und den sie sich erschaffen wird. Sie zerreißt sich in drei Personen, darunter einen Mann. Liebe, wenn sie unbedingt ist, kann die drei getrennten Personen zusammenschmelzen. Die Aussicht hat der Mann neben ihr nicht. Sein Werk ist der einzige Punkt, mit sich eins zu werden; er darf es um eines Menschen willen nicht aufgeben. So ist er doppelt einsam, doppelt unfrei. Es kann nicht gut gehen mit diesem Menschen, mag er nun ein Genie sein oder nur ein Unglücklicher unter vielen, wie die Zeit sie ausspeit.
Kleist geht eine Zeile durch den Kopf, die er der Günderode nicht zitieren will: An eigne Kraft glaubt doch kein Weib. – In dieser Frau, denkt er, könnte ihr Geschlecht zum Glauben an sich selber kommen. Der Austausch mit ihr, die ihn als Mann reizt, kommt einem sinnlichen Rausch nahe.
(...)
Was reden sie noch, oder denken sie?
Wir wissen zu viel. Man wird uns für rasend halten. Unser unausrottbarer Glaube, der Mensch sei bestimmt, sich zu vervollkommnen, der dem Geist aller Zeiten strikt zuwiderläuft. Ein Wahn?
Die Welt tut, was ihr am leichtesten fällt: Sie schweigt. Das Licht hat sich verändert. Alle Gegenstände, sogar die Bäume, sind spitz, grell und scharf. Fern hören sie Stimmen, sie rufen nach Kleist. Die Kutsche nach Mainz soll abfahren. Die Günderode bedeutet ihm, sich zu entfernen. Sie verabschieden sich durch eine Handbewegung.
Jetzt wird es dunkel. Auf dem Fluß der letzte Schein. Einfach weitergehn, denken sie.
Wir wissen, was kommt.

„Medea. Stimmen“ (1996, Auszug)

Der Mythos als Auseinandersetzung mit aktueller Geschichte: In „Kassandra“ (1983) stellt Christa Wolf an einem mythologischen Stoff die politische Situation der Achtzigerjahre, die durch die Hochrüstung und atomare Bedrohung gekennzeichnet waren, verschlüsselt dar. Am Modell des Trojanischen Krieges werden die Gründe für die drohende Selbstzerstörung der modernen Zivilisation aufgezeigt. Die Erzählung wird zu einem sensationellen Erfolg.
1996 erscheint „Medea“; ebenfalls ein Versuch, mit Hilfe der mythologischen Bilderwelt aktuelle Geschichte anschaulich zu machen und zu deuten.

Leukon*

Wie könnte ich diesen letzten Blick vergessen, den sie mir zuwarf, als sie, zwischen zwei Wachen, die sie an den Armen packten, beim Südtor aus der Stadt hinausgestoßen wurde, nachdem man sie, wie bei einem Sündenbock üblich, durch die Straßen meiner Stadt Korinth geführt hatte, die von einer haßschäumenden, schreienden, speienden, fäusteschüttelnden Menge gesäumt waren. Und ich, wer würde mir das glauben, ich spürte etwas wie Neid auf diese Frau, die beschmutzt, besudelt, erschöpft mit einem Stoß der Wachen und einem Fluch des Oberpriesters aus der Stadt verbannt wurde. Neid, weil sie, das unschuldige Opfer, frei war von innerem Zwiespalt. Weil der Riß nicht durch sie ging, sondern zwischen ihr und jenen klaffte, die sie verleumdet, verurteilt hatten, die sie durch die Stadt trieben, beschimpften und bespuckten. So daß sie sich aus dem Schmutz, in den man sie gestoßen hatte, aufrichten konnte, ihre Arme gegen Korinth erheben und mit ihrer letzten Stimmkraft verkünden konnte, Korinth werde untergehen. Wir, die wir am Tor standen, hörten die Drohung und gingen schweigend zurück in die totenstille Stadt, die mir leer vorkam ohne die Frau. Doch zugleich mit der Last, die mir Medeas Schicksal auferlegte, spürte ich ein Erbarmen mit den Korinthern, diesen armseligen Mißgeleiteten, die ihre Angst vor der Pest und vor den bedrohlichen Himmelserscheinungen und vor dem Hunger und vor den Übergriffen des Palastes nicht anders loswerden konnten, als sie auf diese Frau abzuwälzen. Alles ist so durchsichtig, alles liegt so klar auf der Hand, es kann einen verrückt machen.

Die Pest ist im Abflauen, aus den reicheren Vierteln hat sie sich schon zurückgezogen, höchstens ein oder zwei Leichenkarren sehe ich von meinem Turm aus vor Einbruch der Dunkelheit noch in Richtung auf die Totenstadt ziehen. Jedermann kann nun sehen, daß wir den Willen der Götter richtig gedeutet haben, als wir die Zauberin aus der Stadt trieben. „Wir“ sage ich, und erschrecke kaum. Wir Korinther. Wir Gerechten. Auch ich habe nichts getan, um sie zu retten. Ich bin ein Korinther. Besser, es zuzugeben, besser, die Trauer auszukosten und die Scham, die mich Nacht für Nacht auf diesen Turm treibt. (…)

Warum kann ich nicht sein wie Oistros*. Oistros arbeitet wie ein Besessener in seiner Arbeitshöhle, in der er sich verbarrikadiert hat, in die er niemanden hineinläßt. Er vernachlässigt sich, wäscht sich nicht, läßt seinen Bart und sein rotes Haar wuchern, ißt kaum, trinkt Wasser aus dem großen Krug, der bei Arethusa* stand, und

** Leukon: Korinther, Zweiter Astronom des Königs Kreon*

Die Geschichte von Medea gehört zur Argonautensage. Medea, die Tochter des Königs von Kolchis, verliebt sich in den Griechen Jason, den Führer der Argonauten. Nachdem sie ihm mit ihren Zauberkünsten geholfen hat, in den Besitz des von ihrem Vater gehüteten Goldenen Vlieses zu gelangen, folgt sie Jason nach Korinth. Nach einigen Jahren verstößt Jason sie, um die Tochter des Königs Kreon zu heiraten. Medea nimmt grausame Rache, indem sie die gemeinsamen Kinder und die Rivalin tötet.
Den Kindermord, der richtungsweisend für alle späteren Interpretationen des Themas wurde, führte allerdings erst Euripides in seiner Verarbeitung des Stoffes (431 v. Chr.) ein.
Christa Wolf erzählt die Geschichte – nur teilweise Quellen von Euripides folgend – neu und entwirft dabei ein anderes Bild von Medea.
Sechs Stimmen – Medea, Jason sowie einige ihrer Gegner und Freunde – berichten in Monologen, wie die unschuldige Medea in Korinth zum Sündenbock gemacht wird, weil sie eine Gefahr für die Herrschenden darstellt.

** Oistros: Medeas Geliebter*

** Arethusa: Medeas Freundin*

Eugène Delacroix, Medea tötet ihre Kinder (1862)

schlägt mit einer Wut, die mir angst macht, auf einen großen ungefügen Steinblock ein. Er spricht nicht, stiert mich aus seinen vom Steinstaub und Schlaflosigkeit entzündeten Augen an, ich weiß nicht, erkennt er mich überhaupt. Er hat sich zur Unkenntlichkeit verändert. Wenn er auf die Straße ginge, würden die Kinder schreiend vor ihm davonlaufen. Ich weiß nicht, was er aus seinem Stein herausholen will, das letzte Mal glaubte ich Andeutungen von Figuren in heftiger Umschlingung zu erkennen, Gließmaßen in einer Art hoffnungslosem Kampf jeder gegen jeden, oder im Todeskampf. Man kann nicht fragen. Er arbeitet sich zu Tode. Das will er.

Oistros hat jedes Maß verloren, wie auch Medea jedes Maß verloren hatte. Maßlos ist sie am Ende gewesen, so, wie die Korinther sie brauchten, eine Furie. Wie sie, die bleichen verängstigten Knaben an der Hand, in den Tempel der Hera eindrang, die Priesterin beiseite schob, die ihr in den Weg trat; wie sie die Kinder zum Altar führte und zur Göttin aufschrie, was einer Drohung mehr ähnelte als einem Gebet: Sie solle diese Kinder schützen, da sie, die Mutter, es nicht mehr könne. Wie sie die Priesterinnen verpflichtete, sich der Kinder anzunehmen, was die aus Furcht und Mitleid versprachen. Wie sie dann mit den Kindern redete, versuchte, ihnen die Angst zu nehmen, sie umarmte und, ohne sich noch einmal umzusehen, den Tempel verließ, um sich sofort den wartenden Wachen auszuliefern. Wie sie die ganze Zeit, als man sie als Sündenbock durch die Stadt führte, einen schrecklichen Gesang ausstieß, der die Menschen am Straßenrand aufstachelte, ihn zu ersticken. Sie muß es darauf angelegt haben, getötet zu werden, aber die Wachen hatten den Befehl, sie lebend aus der Stadt zu bringen.

Später, nachdem das Entsetzliche geschehen war, haben sie Kommandos losgeschickt, Medea aufzufinden, sie haben nach Lyssa* gesucht, die auch verschwunden war, sie haben die wenigen überlebenden Kolcher hochnotpeinlich verhört, um den Aufenthaltsort der beiden aus ihnen herauszuprügeln. Die waren und bleiben wie vom Erdboden verschluckt, obwohl man jenseits der Stadtmauern tagelang gehen muß, ehe man einen Unterschlupf findet. Nun fahndet man nach Helfershelfern der beiden, die sie womöglich zu Pferde weggebracht haben könnten, nur um überhaupt etwas zu tun und um das Eingeständnis herumzukommen, daß man ohnmächtig ist und sich nicht rächen kann für den Tod der Tochter des Königs. Und weil man die Legenden im Keim ersticken will, die im abergläubischen Volk entstehen: daß die Göttin selbst, Artemis, die Flüchtenden in ihrem Schlangenwagen der Erde enthoben und sie in sichere Gefilde entführt habe.

** Lyssa: Freundin Medeas, Amme ihrer Kinder*

Die arme Glauke*. Es war der Tag von Medeas Austreibung. Ich hockte wie betäubt in einem Gang des Palastes. Auf das Geschrei der Frauen, das aus dem Palasthof drang, achtete ich nicht, Verachtung für alles, was mit diesem Königshaus zu tun hatte, war in mir. Aufmerksam wurde ich erst, als ich Merope, die alte Königin, auf ihre Dienerinnen gestützt sich über den Palasthof schleppen sah, auf den Brunnen zu, um den der Pulk der schreienden Weiber sich zusammengezogen hatte. Dann sah ich den Pulk sich zerteilen, sah drei Knechte an Stricken eine seltsame Last aus dem Brunnen ziehen, ganz in Weiß, Glauke.

Man legte die leblose Gestalt der Königin vor die Füße, ich sah sie niederknien und sich den Kopf der Tochter in den Schoß legen. So verharrte sie, lange, und nach und nach breitete sich eine Stille aus, wie ich sie dort noch nie gehört hatte. Mir war, als berge dieses Schweigen etwas wie Trauer und Gerechtigkeit in sich für alle Opfer, die die verblendeten Menschen auf ihrem Irrgang hinter sich lassen. In dieser Stille sah ich Jason über den Hof wanken, als habe man ihm einen Schlag vor den Kopf gegeben. Niemand blickte sich nach ihm um. Jetzt soll er Tag und Nacht unter dem halb verfaulten Rumpf seines Schiffes liegen, das sie dicht am Ufer aufgebockt hatten, und Telamon, sein alter Gefährte, soll ihn recht und schlecht mit Speise und Trank versorgen. Manchmal, in der Tiefe der Nacht, denke ich, daß auch er nicht schlafen kann, daß auch seine Augen den Himmel absuchen und seine und meine Blicke sich zufällig treffen könnten am Sternbild des Orion, der diesen Monat den Zenit beherrscht. Gegen Jason kann ich keinen Groll empfinden. Er ist zu schwach gewesen für einen Gegner wie Akamas*.

Der beherrscht jetzt das Feld. Er war es, der die Verlautbarung über den Tod der Glauke herausgab, an die sich jedermann halten muß, sonst ist er des Todes: Medea habe Glauke ein vergiftetes Kleid geschickt, ein grausiges Abschiedsgeschenk, das ihr, der armen Glauke, als sie es überzog, die Haut verbrannt habe, so daß sie sich, besinnungslos vor Schmerz, Kühlung suchend in den Brunnen gestürzt habe.

Nun ist ja dieser Palast ein Ort mit hundert Ohren und hundert Mündern, und alle flüstern etwas anderes. Der Mund der in ein tiefes Verlies gesperrten und sorgsam bewachten Magd der armen Glauke flüstert: Dieses weiße Kleid, das Medea beim Artemis-Fest getragen habe, habe sie der Glauke kurz vor der Gerichtsverhandlung als Geschenk übergeben und ihr gesagt, dies solle ihr Hochzeitskleid sein, und sie wünsche ihr Glück, und Glauke habe sich unter Tränen für dieses Geschenk bedankt. Dann aber, als Glauke aus dem Gerichtssaal kam, nachdem das Urteil über Medea verkündet war und deren Austreibung immer näher rückte, sei sie zusehends unruhiger geworden. Sie sei durch den Palast geirrt und mußte mehrmals in entlegenen Winkeln, in die sie sich verkrochen hatte, aufgestöbert und zurückgebracht werden. Den Jason habe sie um keinen Preis sehen wollen, und vor Kreon sei sie mit Anzeichen von Entsetzen zurückgewichen. Sie habe nur noch mit sich selbst gesprochen, in einer hastigen unverständlichen Manier. Ganz fahrig sei sie gewesen, man habe nicht wissen können, was sie noch wahrnahm. Das Essen habe sie verweigert, als ekle sie sich davor. Niemand habe ihr von den Vorgängen außerhalb des Palastes erzählt, das war streng verboten, aber sie habe eine Witterung dafür gehabt, und an

** Glauke: Tochter des Königs Kreon*
Anders als in der antiken Version sieht Medea in Christa Wolfs Erzählung Glauke nicht als Feindin oder Konkurrentin. Im Gegenteil: Sie hilft der an epileptischen Anfällen Leidenden die Gründe für ihre Krankheit zu erkennen.

** Akamas = Korinther, Erster Astronom Kreons, Gegner Medeas*

Euripides
Medea (Auszug)

JASON: Du Gräuel, in innerster Seele verhasst
Den Göttern und mir und dem Menschgeschlecht,
Hast die Hand an die eigenen Kinder gelegt,
Nahmst die Knaben und nahmst mir das Leben hinweg
Und schaust nach der Ekel erregenden Tat
Noch die Erde an und das Sonnenlicht.
Sei verflucht! Nun weiß ich, und weiß es zu spät,
Welches Scheusal ich einst vom barbarischen Land
Nach Hellas brachte, Verräterin
Am eigenen Vater und Vaterland.
Solchen Teufel hat mir die Hölle gesandt:
Erst schlugst du am Herd noch den Bruder tot,
Dann stiegst du zu mir in das Griechenschiff.
So begannst du. Dann wurdest du mir vermählt,
Gebarst mir Kinder und brachtest sie um,
Nur aus Bettneid. Das hätte kein griechisches Weib
Je gewagt! Und dich habe ich vor allen gewählt,
Ein Weib des Zanks und des Meuchelmords,
Ja kein Weib: eine Löwin und wilderes Tier
Als Skylla, des Westmeers Verwüsterin.
Doch auch tausend Flüche erschüttern nicht
Deine freche Seele; so fahre dahin,
Kindermörderin, Hure, verrufenes Weib!
Mir bleibt nur die Klage um finsteren Stern,
Um verlorenes Glück meines neuen Betts,
Um die Saat, die ich zeugte und glücklich erzog,
Die mein Mund nicht mehr grüßt, die ich ewig verlor.

MEDEA: Vieles könnt ich erwidern, doch richtet Zeus,
Er weiß, was du nahmst, und weiß, was du gabst.
Ihr durftet, nachdem du mein Bett entehrt,
Nicht lachend ins Land aller Freuden ziehn,
Noch sollte der König, der Stifter des Bunds,
Mich ungestraft stoßen aus seinem Land.
Nenne ruhig mich Löwin und Skylla, ich traf
Dich nach deinem Verdienst in dein innerstes Herz.

Artemis Ephesia, Marmor, Höhe 70 cm

Berlin, 11. November 1991
Ein Triumph – auf dem Gebiet, auf dem mir Triumphe noch etwas bedeuten: In Wolfsburg hat ein Museumsdirektor mich an eine Medea-Spezialistin in Basel vermittelt – durch die habe ich nun erfahren, was ich vermutet habe: Medea hat in den ältesten Überlieferungen ihre Kinder nicht umgebracht, dies hat erst Euripides ihr erfunden; sie hat die Kinder in den Tempel der Hera gebracht, dort wurden sie dann von den Korinthern getötet.
(Christa Wolf)

Selbst gestalten:
Eine andere Stimme (Medea, Jason, ein Korinther) den Vorgang erzählen lassen

dem Tag, als man Medea verstieß, sei sie händeringend und weinend in ihrem Zimmer auf und ab gelaufen, habe sich schließlich das weiße Hochzeitskleid bringen lassen und es gegen den Einspruch der Magd übergezogen. Dann sei sie auf einmal ganz ruhig geworden, als wisse sie nun, was zu tun sei, und habe der Magd in vernünftigen Worten gesagt, sie wolle im Palasthof etwas Luft schöpfen, worüber alle, die zu ihrer Bewachung abgestellt waren, nur froh sein konnten. Sie ging also auf den Hof, hinter ihr die Magd und einige Wachen, die führte sie listig in immer enger werdenden Kreisen bis in die Nähe des Brunnens. Zwei schnelle Schritte, und sie stand auf seinem Rand. Dann einen weiteren Schritt ins Leere hinein, in die Tiefe. Sie soll keinen Laut von sich gegeben haben.

(...)

Mich schützt, daß ich die Menschen (...) bis auf den Grund durchschaue und eben deshalb, so merkwürdig es klingen mag, ungefährlich bin. Da ich nicht glaube, daß ich oder irgend jemand sich ändern kann, werde ich in das mörderischen Getriebe, das sie in Gang halten, nicht eingreifen. Nein, ich sitze hier und trinke den Wein, den ich mit Medea getrunken habe, und verschütte von jedem Glas ein paar Tropfen zum Gedenken an die Toten. Mir genügt es, den Sternen auf ihren berechenbaren Bahnen zuzusehen und zu warten, daß die Umklammerung des Schmerzes sich allmählich lockert. So kommt der Morgen, die Stadt erwacht mit immer den gleichen Regungen, mit immer den gleichen Lauten, so wird es bleiben, mag geschehen, was will. Die Menschen in ihren engen Häusern werden zum Alltag zurückkehren, in der Nacht haben manche ein Kind gezeugt, das soll so sein, dazu sind sie da.

Aber da ist doch etwas anders als sonst. Eine Menschenmenge kommt aus Richtung der Tempelstadt. Ich trete an die Brüstung. Da versammeln sie sich schon auf dem Platz, eine Menge in Siegesstimmung. Was haben die denn zu feiern. Ein Summen geht von ihnen aus, wie ich es von einem angreifenden Bienenschwarm kenne. Meine Hände werden feucht, etwas treibt mich hinunter zu diesen Leuten. Die Unruhe ist noch in ihnen, sie können nicht auseinandergehen, sie bleiben zusammen und rühmen sich dessen, was sie getan haben. Die Menge wogt hin und her, ich laufe von einer Gruppe zur anderen, ich will hören, wovon sie reden, doch ich wage nicht, sie zu verstehen. Es mußte sein, höre ich sie immer wieder beteuern. Seit langem schon sei es ihnen klar gewesen, daß sie dies nicht länger hätten dulden können. Da niemand es tun wollte, hätten eben sie es tun müssen.

Durch den Schleier, der sich über meine Augen legt, sehe ich den neuen Vertrauten des Akamas herankommen, einen verschlagenen rohen Burschen, durch das Dröhnen des Herzschlags in meinen Ohren höre ich ihn fragen, was los sei, doch so, als wisse er die Antwort. Die Menge verstummt, dann rufen mehrere: Wir haben es getan. Sie sind hin. Wer, fragt der Bursche. Die Kinder! ist die Antwort. Ihre verfluchten Kinder. Wir haben Korinth von dieser Seuche befreit. Und wie? fragt der Bursche mit Verschwörermiene. Gesteinigt! brüllen viele. Wie sie es verdienten.

Die Sonne geht auf. Wie die Türme meiner Stadt im Morgenglanz schimmern.

Warum Medea?

(Christa Wolf im Gespräch mit Petra Kamman am 25. 1. 1996)

In ihren Romanen und Erzählungen spielen Frauengestalten die wichtigste Rolle (...). Warum?

(...) Immer dann werden Sie bei mir eine Frau im Zentrum eines Prosatextes finden, wenn die Konflikte, die ich bearbeite, sich an Frauen am schärfsten zeigen.

Wäre es nicht eigentlich einsichtiger, wenn eine zeitgenössische Frau im Zentrum stünde wie in einigen Ihrer Geschichten? „Kassandra" allerdings schrieben Sie schon 1982. Wie kamen Sie damals darauf, die „Schwarzseherin" zur Heldin zu machen? Und warum haben Sie mit Medea wieder eine andere Gestalt gewählt?

Kassandra und Medea sind ja eigentlich keine Figuren aus der Antike, sondern aus der Vorgeschichte, aus der Mythologie. Manchmal kann man an solchen scheinbar weit zurückliegenden Figuren die zeitgenössischen Probleme besonders deutlich herausfiltern. (...) Da wird erkennbar, daß das Grundverhalten der Menschen in ähnlichen Situationen schon dem unseren ähnlich oder gleich war. Insofern kann ich diese frühen Gesellschaften als Modell verwenden. (...)
Ich war selbst überrascht, daß sich mir noch einmal ein mythologischer Stoff aufdrängte, aber so verwunderlich ist es doch nicht. Ich begann 1990/91, mich mit der Medea-Figur auseinanderzusetzen. Es zeigte sich mir in jenen Jahren, daß unsere Kultur, wenn sie in Krisen gerät, immer wieder in die gleichen Verhaltensmuster zurückfällt: Menschen auszugrenzen, sie zu Sündenböcken zu machen, Feindbilder zu züchten, bis hin zu wahnhafter Realitätsverkennung. Dies ist für mich unser gefährlichster Zug. In der DDR hatte ich ja gesehen, wohin ein Staat gerät, der immer größere Gruppen ausgrenzte, der seine Integrationsfähigkeit immer mehr verlor. Jetzt erleben wir in der größer gewordenen Bundesrepublik Deutschland, wie immer größere Gruppen von Menschen überflüssig werden, aus sozialen, aus ethischen und anderen Gründen. Angefangen hatte es mit bestimmten Gruppen aus der DDR-Bevölkerung, gegen die man im Vereinigungsprozeß im Westen eine Abwehrhaltung entwickelte. Diese Ausgrenzung des Fremden zieht sich durch die ganze Geschichte unserer Kultur. Immer schon vorhanden ist die Ausgrenzung des angstmachenden weiblichen Elements. Das zieht sich vom Beginn des Patriarchats durch die Geschichte.

Medea ist bei Ihnen insgesamt eine sehr positive Identifikationsfigur, während sie nach der Vorlage die Kindsmörderin ist.

Die Kindsmörderin wird Medea erst bei Euripides, im 5. Jahrhundert v. Chr., davor gibt es schon eine vielhundertjährige Geschichte von Quellen, in denen Medea nicht die Kindsmörderin, sondern zuallererst die Göttin, dann die Priesterin, Heilerin, die „guten Rat Wissende" ist – das bedeutet nämlich ihr Name. Wir sollten uns fragen, warum wir sie als böse, wilde, mörderische Frau, als „Hexe" brauchten, die man verfolgen und ausgrenzen muß. Das ist es doch, was wir alle von ihr wissen. Sie gehört zu jenen Gestalten, an denen die Überlieferung je nach Bedarf viel gearbeitet, viel verändert und umgedeutet hat.

Sollte man nicht einmal versuchen, was herauskäme, setzte man in die großen Muster der Weltliteratur Frauen an die Stelle der Männer? Archill, Herakles, Odysseus, Ödipus, Agamemnon, Jesus, König Lear, Faust, Julien Sorel, Wilhelm Meister.
Frauen als Handelnde, Gewalttätige, Erkennende? Sie fallen durch den Raster der Literatur. Dies heißt „Realismus". Die ganze bisherige Existenz der Frau war unrealistisch.
(Christa Wolf, 1983)

Untersuchen:
Eignung des Medea-Stoffes für die Gestaltung von Gegenwartsproblemen

Diskutieren, erörtern:
Die weibliche Perspektive beim Lesen und Schreiben
→ Ruth Klüger: Frauen lesen anders, S. 162 f.

Lesetipps:
Christa Wolf: Kassandra
Marie Luise Kaschnitz: Griechische Mythen

Kontroverse Standpunkte

Nach dem Ende der DDR publiziert Christa Wolf im Sommer 1990 die Erzählung „Was bleibt". Darin wird der Tagesablauf einer Schriftstellerin geschildert, die der Bespitzelung durch die Staatssicherheit ausgesetzt ist. Der Text löst eine heftige Debatte aus. Christa Wolf wird vorgeworfen, sich zu einem Opfer der Stasi stilisieren zu wollen, obwohl sie doch in Wirklichkeit als „Staatsdichterin" das SED-Regime unterstützt habe. Nicht nur ihr Werk, sondern auch ihre politische Glaubwürdigkeit werden nun in Zweifel gezogen.
Die Debatte mündet in einen Literaturstreit, der sich immer mehr von der Person Christa Wolf löst und schließlich zu der Frage nach der politischen Rolle des Schriftstellers und des Intellektuellen in der Gesellschaft führt.

DIE ZEIT

Ulrich Greiner

Mangel an Feingefühl

Das ist ja ein Ding: Die Staatsdienerin der DDR soll vom Staatssicherheitsdienst der DDR überwacht worden sein? Christa Wolf, die Nationalpreisträgerin, die prominenteste Autorin ihres Landes, SED-Mitglied bis zum letzten Augenblick, ein Opfer der Stasi? Sie berichtet es uns in ihrer neuen Erzählung. „Ende der siebziger Jahre", so teilt der Verlag uns mit, sei sie „wochenlang" überwacht worden. Aufgeschrieben habe sie den Text 1979, überarbeitet „im Herbst 1989". Wann genau? In diesem Herbst ist viel passiert, da kommt es auf das Datum an. Christa Wolf ist ein bisschen genauer. Am Ende der Erzählung steht: Juni bis Juli 1979/November 1989. Nun gut. Was will die Dichterin uns damit sagen? Will sie sagen: Die Stasi war so blöde, dass sie sogar eine Staatsdichterin bespitzelt hat? Oder will sie sagen: Seht her, ihr armen, von der Stasi um Ansehen und Zukunft gebrachten Mitbürger und ehemaligen Genossen, auch ich wurde überwacht, auch ich war ein Opfer, ich bin keine Staatsdichterin, ich bin eine von euch? (...)

Christa Wolf erzählt uns, wie sie am Bahnhof Friedrichstraße vorbeigeht, „in dem die Umwandlung von Bürgern verschiedener Staaten, auch meines Staates, in Transitäre, Touristen, Aus- und Einreisende vollzogen wurde". Sie sagt uns, sie habe „den Argwohn" gegen diese „Objekte" lernen müssen (und meint offenbar die Amtsgebäude staatlicher Kontrolle), sie habe begriffen (und nun bitte genau hinhören), „daß sie alle dem Herrn gehörten, der unangefochten meine Stadt beherrschte: der rücksichtslose Augenblicksvorteil".

Ist das nicht schön gesagt? Ja, es ist dieser angenehme Christa-Wolf-Sound, diese flaue Unverbindlichkeits-Melodie in der apart formulierten Sprache, es ist diese für Christa Wolf typische Unschärfe-Relation zwischen der wirklichen Welt, die als ferne Ahnung herüberschimmert, und der poetischen Welt ihrer Texte. Aus dieser Unschärfe-Relation hat sie schon immer ästhetischen Mehrwert geschlagen, nur war der Mehrwert noch nie so gering und so schäbig erkauft wie in diesem Text. Erkauft durch vorgebliches Nichtwissen, durch sträflich naives Erstauntsein. Denn hat nicht, so weit müsste Christa Wolf doch ihren Brecht kennen, das Verbrechen Namen und Anschrift? Der „Herr", der ihre Stadt beherrscht, hat einprägsame Namen: Vopo, Stasi, SED. Sie weiß es, und sie schreibt „der rücksichtslose Augenblicksvorteil".

Und was heißt, „Umwandlung von Bürgern“? Sollen wir auch diese Wendung als Mittel ironischer Distanzierung betrachten? Eine miese Ironie, die von „Umwandlung“ spricht, wo es die Wahl gab zwischen Ausbürgerung und Ausreiseverbot. (…)
Es ist die altbekannte machtgeschützte Innerlichkeit, die sich literarische Fluchtburgen baut. Das erklärt zugleich den ungeheuren Erfolg Christa Wolfs: Sie ist die Malerin des Idylls. (…)
Ein trauriger Fall. Ein kleines Kapitel aus der langen Geschichte „Deutsche Dichter und die Macht“. Mut zu haben ist schön, aber niemand darf verurteilt werden, ihn haben zu müssen. Dass Christa Wolf diesen Text in der Schublade behielt, ist ihr gutes Recht. Dass sie ihn jetzt veröffentlicht, verrät einen Mangel nicht an Mut, denn Gefahren drohen keine mehr, sondern an Aufrichtigkeit gegen sich selbst und die eigene Geschichte, einen Mangel an Feingefühl gegenüber jenen, deren Leben der SED-Staat zerstört hat.
(1. Juni 1990)

DIE ZEIT

Volker Hage

Kunstvolle Prosa

Ihr ist nichts vorzuwerfen. Sie hat nie ein Amt bekleidet, sie hat sich nie danach gedrängt, in einem Verband den Vorsitz zu führen, sie hat sich nicht einmal um die Rolle beworben, die Grand Lady der Literatur zu werden. Sie ist berühmt geworden, weltberühmt. Durch öffentliche Auftritte? Durch politische Parolen? Durch üble Nachrede? Nein, nur durch eines: durch ihre Arbeit, durch die Literatur.
Christa Wolf wurde zur wichtigsten Schriftstellerin der DDR und so – nolens volens – zu einer moralischen Instanz. Wo sie las, waren die Säle voll, wenn sie auf Fragen antwortete, lauschte das Publikum begierig, wenn die Menschen nicht weiterwussten, schrieben sie ihr Briefe. Sie hatte keine Antworten zu bieten. Aber sie ließ Fragen offen. Und sie selbst öffnete sich immer mehr dem Fragen, auch und gerade in ihrer Literatur. Die „richtigen Fragen“, heißt es in dem neuen (alten) Prosatext „Was bleibt“, erkenne man daran, „daß sie einem außer Schmerz auch eine gewisse Befriedigung bereiteten“. (…)
Der Verlauf weniger Stunden, eines einzigen Tages wird geschildert – und das sich in diesem Zeitraum bewegende und verändernde Ich mit seinen flüchtigen Gedanken, raschen Gesprächen, Erinnerungen und Assoziationen: ein Ich, das sich nur mühsam seine Identität buchstabiert. (…)
So weit die Prosa. Nun werden manche fragen, war sie, die Autorin, denn hilflos? Und warum erscheint das Buch erst jetzt? Wird es dadurch nicht entwertet, verliert es nicht an Brisanz? (…)
Was also wirft man Christa Wolf vor? Dass sie trotz aller Erfahrung (selbst der Bespitzelung) noch zu den gläubigen Sozialisten zählt, ihre zweiflerische, unentschiedene, widersprüchliche Haltung, das Ängstliche und Tastende? Das eben ist zugleich der Boden, auf dem ihre Literatur entstanden ist.
(1. Juni 1990)

Erkunden:
Inhalt der Erzählung „Was bleibt“

Vergleichen, Stellung beziehen:
Aussagen der beiden Autoren

Die Akte Margarete

Drei Jahre später (1993) erfährt die Öffentlichkeit, dass Christa Wolf von 1959–1962 von der Stasi als inoffizielle Mitarbeiterin (IM) geführt wurde, zu einer Zeit also, als sie noch überzeugte Anhängerin des DDR-Staates war. Obwohl der IM-Vorgang eine relativ kurze Phase umfasste und keine denunziatorischen Aussagen über andere Menschen enthält und obwohl ebenfalls bekannt ist, dass Christa Wolf von 1968 bis zum Ende der DDR überwacht und als „feindliches Element" betrachtet wurde (es existieren 42 so genannte Opferakten über diese Observation), ist die Reaktion der Medien zum großen Teil unsachlich und undifferenziert. Sie gipfelt in der Anklage, die Autorin habe sich zum „Aufbauhelfer eines Verfolgungssystems gemacht" (Fritz J. Raddatz).

Aus einem Interview mit Christa Wolf

WOCHENPOST: *Die IM-Akte, von der Sie, Christa Wolf, vorige Woche berichtet haben, stammt aus einer Zeit, in der Sie den „Geteilten Himmel" noch nicht geschrieben hatten. Es gab die Mauer noch nicht.*

CHRISTA WOLF: Aber es gab ideologischen Dogmatismus und Verbohrtheit, von denen ich keineswegs frei war. Die Akte, auf die Sie sich beziehen, wurde im März 1959 eröffnet und im Oktober 1962 geschlossen. Bis zum Mai vorigen Jahres, als ich meine Stasi-Akten einsehen konnte, wußte ich nichts von ihrer Existenz. Mein Mann und ich fanden bei der Gauck-Behörde* zweiundvierzig Akten vor, die, nur für die Zeit von 1968 bis 1980, für uns als „Operativer Vorgang Doppelzüngler" angelegt waren. Im Vorlauf zu diesem Operativen Vorgang fand ich einen sogenannten Auskunftsbericht, aus dem zu meinem Erschrecken hervorging, daß es einen IM-Vorgang über mich gegeben haben mußte. Diese eigentliche IM-Akte durfte ich aber nach den Regeln der Gauck-Behörde nicht sehen. Teile von ihr habe ich (...) in der Hand gehabt und durchgeblättert. Ich besitze bis heute keine Kopie, aber Zeitungsredaktionen haben sie und zitieren. Ich kenne bisher nur zusammenfassende Berichte über jenen Vorgang, die in die sogenannte Opferakte – ein Wort, das ich nie akzeptieren würde – eingegangen ist.

WOCHENPOST: *Was stört sie an dem Wort?*

CHRISTA WOLF: Ich akzeptiere es jedenfalls nicht für mich, weil ich nicht finde, daß ich ein Opfer bin. Ich habe mich zu aktiv gefühlt. Ich sah mich in der Rolle derer, die schreibt, die etwas tut, die sich auf unterschiedliche Weise mit den Widersprüchen ihrer Gesellschaft auseinandersetzt, sich behauptet. Ich wurde bedrängt, observiert, aber nicht verfolgt. Ich bin kein Opfer.

WOCHENPOST: *Ich versuche mich in ihre Lage zu versetzen. Man erfährt etwas über die eigene Vergangenheit, das einen völlig überrascht.*

CHRISTA WOLF: Ich war mir sicher, daß es über mich keinen Hinweis auf irgendeine Verbindung mit der Stasi geben könnte.

WOCHENPOST: *Wer kann sich da heute so sicher sein.*

CHRISTA WOLF: Für die Zeit nach 1962 konnte ich es. Als das Stasi-Syndrom sich gerade in der Kulturszene immer mehr ausbreitete, als es anfing, viele Gespräche zu beherrschen, übrigens oft in burschikos-scherzhafter Form (eine Art Angstabwehr), haben mein Mann und ich uns auf eine Strategie festgelegt: Niemand von dieser Behörde kommt, unter welchem Vorwand oder welcher Drohung auch immer, über unsere Schwelle. Versuche, aus einem von uns Informationen zu ziehen, wollten wir unterbinden, indem wir uns bei dem höchsten für Kultur zuständigen Stasi-Offizier in der Normannenstraße darüber beschweren würden. Genau diese Taktik haben wir übrigens zweien unserer Kollegen geraten, die unter Druck gesetzt waren, und sie hatten damit Erfolg. Ich will sagen: Aus meinem eindeutigen Abwehr-Verhalten dieser Behörde gegenüber war ich nicht auf den IM-Vorgang gefaßt. Natürlich begann ich nun, in meiner Erinnerung zu forschen und fand trotz aller Bemühung nur das Bild von zwei Herren, die mich aufsuchten, und mit denen ich mich mehrmals traf; ich erinnerte mich an ein Gefühl von Bedrohung, obwohl diese Herren freundlich waren. Nicht erinnere ich

**Joachim Gauck: 1990–2000 Bundesbeauftragter für die Unterlagen des Staatssicherheitsdienstes der ehemaligen DDR*

Erkunden, auswerten:
Zusätzliche Materialien zur Christa Wolf-Debatte

mich daran, daß ich einen Decknamen hatte, nicht daran, daß ich einen handschriftlichen Bericht abgefaßt habe, und ich wußte auch nichts mehr über den Inhalt unserer Gespräche. Ein klassischer Vorgang von Verdrängung, der mir zu denken gibt. (...)

WOCHENPOST: *Ihre Verbindung zur Stasi liegt dreiunddreißig Jahre zurück, zum anderen haben Sie Dinge gesagt, mit denen kein Geheimdienst der Welt etwas hätte anfangen können. Warum ist es eigentlich so schwer, über einen solchen Vorgang freiwillig, von sich aus zu sprechen?*

CHRISTA WOLF: Die Schamschwelle ist sehr hoch, man möchte sich den Schritt über diese Schwelle gern ersparen. Ich mußte, um mir mein Verhalten erklären zu können, mich noch einmal jener Person aussetzen, die ich damals war: ideologiegläubig, eine brave Genossin, von der eigenen Vergangenheit her mit einem tiefen Minderwertigkeitsgefühl behaftet gegenüber denen, die durch *ihre* Vergangenheit legitimiert, im historischen Recht zu sein schienen. Diese Besinnung war anstrengend, da ich zu der jungen Frau von damals kaum noch eine Brücke in mir fand, aber ihre in dieser Akte auf mich gekommene Hinterlassenschaft annehmen mußte. Eben diese Person ist es, auf die mich der „Spiegel" festnageln möchte. Ich habe eine Zeit gebraucht, um mich aus dem Bannkreis dieser Episode in meinem Leben wieder herauszufinden und mir darüber klar zu werden, welchen geringen Stellenwert sie in Wirklichkeit, gemessen an den dreißig folgenden Jahren, hat. (...)

WOCHENPOST: *In der DDR wurden Sie von vielen Leuten als moralische Instanz angesehen. Hat Sie das belastet?*

CHRISTA WOLF: Es hat mich unglaublich belastet. Manchmal habe ich gedacht, wenn eine gute Fee vorbeikäme, und ich hätte drei Wünsche frei – oder nur einen! – dann hätte ich gewünscht, noch einmal unbekannt sein zu dürfen. Die Ansprüche an mich kamen so massiv, daß ich in einem ständigen Schuldgefühl lebte, weil ich nicht allen gerecht werden konnte. Andererseits war mir bewußt, daß die Bedingungen, unter denen viele DDR-Bürger lebten, das Bedürfnis nach Anteilnahme wecken mußten.

WOCHENPOST: *Sind Sie den Anspruch, moralische Autorität zu sein, nun losgeworden?*

CHRISTA WOLF: Sicherlich. Diese IM-Geschichte bedrückt mich sehr, und ich bin mir bewußt, daß meine Auseinandersetzung damit erst begonnen hat. Natürlich ist mir die Enttäuschung, die Menschen jetzt empfinden werden, nicht gleichgültig. Andererseits sage ich mir: Jetzt wissen die Leute auch meine Schwächen, die Punkte, wo ich verführbar war und meine Integrität nicht wahren konnte. Wenn Sie sich damit auseinandersetzen wollen, kann vielleicht eine andere Art von menschlicher Beziehung entstehen, von gleich zu gleich, wo niemand sich unterlegen fühlen muß. Die Lust zur Demontage einer Figur, die man vorher selbst aufgebaut hat, rührt ja oft gerade aus Neid und Mißgunst, die aus einem Unterlegenheitsgefühl entstehen. *(28. 1. 1993)*

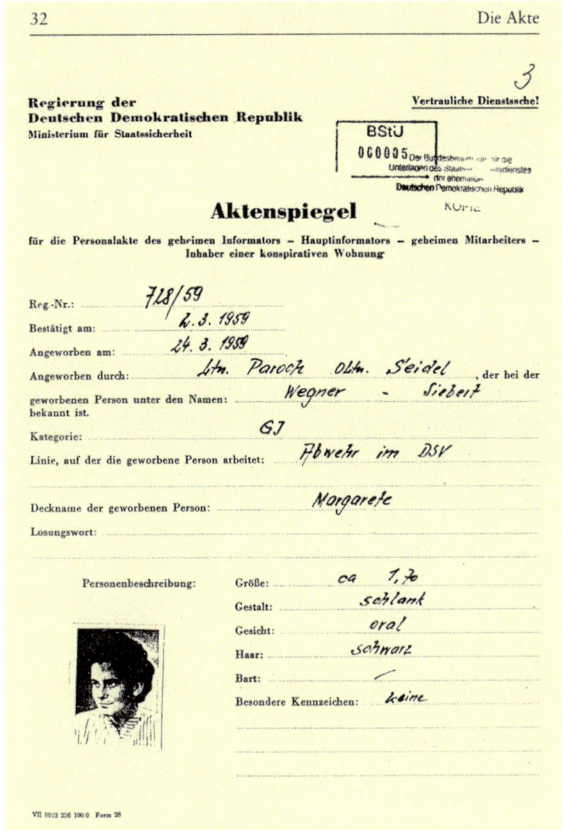
32 Die Akte

3

Regierung der Deutschen Demokratischen Republik
Ministerium für Staatssicherheit

Vertrauliche Dienstsache!

BStU 000005

Aktenspiegel

für die Personalakte des geheimen Informators – Hauptinformators – geheimen Mitarbeiters – Inhaber einer konspirativen Wohnung

Reg.-Nr.: 728/59
Bestätigt am: 2. 3. 1959
Angeworben am: 24. 3. 1959
Angeworben durch: Ltn. Paroch Oltn. Seidel, der bei der geworbenen Person unter den Namen: Wegner - Siebert bekannt ist.
Kategorie: GJ
Linie, auf der die geworbene Person arbeitet: Abwehr im DSV
Deckname der geworbenen Person: Margarete
Losungswort:

Personenbeschreibung:
Größe: ca 1,70
Gestalt: schlank
Gesicht: oval
Haar: schwarz
Bart: –
Besondere Kennzeichen: keine

Verdrängung ist ein wichtiger, vielleicht der wichtigste psychische „Mechanismus"; d.h. sie geht automatisch vor sich, ohne dass man etwas von dem Vorgang bewusst wahrnimmt. Will man während einer Analyse Verdrängungen rückgängig machen, sind „Widerstände" zu überwinden. Darum ist eine so lange „Arbeit" dazu nötig. (...) Gewöhnlich gibt es „Deckerinnerungen", d.h. deutliches „Wissen", die an die Stelle des Verdrängten rücken. In Ihrem Fall dürfte die Erinnerung an den Besuch der „zwei freundlichen Herren" und „das Gefühl der Bedrohung" als Deckerinnerung gedient haben.
(Paul Parin, Erzähler und Psychotherapeut, in einem Brief an Christa Wolf)

„Ich hatte nichts zu bekennen außer der Tatsache, daß ich die Rolle der Stasi vor mehr als 30 Jahren nicht in der Schärfe sah wie später (...). Ich mußte fürchten, auf diese zwei Buchstaben reduziert zu werden. Ich stand noch unter dem Eindruck der Kampagne gegen mich und fühlte mich neuen Angriffen nicht gewachsen. Ich war und bin darüber bedrückt, daß durch die Jagd nach ‚IM' eine Auseinandersetzung mit der komplexen Realität DDR und auch die selbstkritische Aufarbeitung unserer Lebensläufe in diesem Land eher blockiert als gefördert wird (...). Ich weiß, all diese Akten halten nur ein Zerrbild meiner Lebenswirklichkeit fest."
Christa Wolf, 21.1.1993

Ich gebe Christa Wolfs IM-Tätigkeit einen ganz geringen Stellenwert, und ich halte es für unsinnig dieses Faktum so hochzuspielen. Man muss bedenken, dass ihre Arbeit für die Staatssicherheit zu einer Zeit stattfand, als sie noch eine glühende Anhängerin des SED-Regimes war. (...) Dies muss man berücksichtigen und auch, dass sie ihre Tätigkeit nach relativ kurzer Zeit aufgegeben hat. Vor allem aber muss man ihre riesige Opferakte aufwiegen gegen diese Jugendsünde.
Günter de Bruyn

Letzten Endes nur ein kleiner Vorfall, dass sie da zweieinhalb Jahre lang mit den Stasi-Leuten kooperiert hat. Also historisch gesehen, eine kurze Periode. Aber das ist so gravierend, dass sich ein Autor überhaupt mit solchen Leuten auch nur zehn Minuten einlässt, geschweige denn zwei Tage oder zwei Jahre. (...) Dass Autoren wie Christa Wolf so lange ein Ordnungsmodell akzeptiert haben, nicht nur im Kopf, sondern auch in der Seele, in der Überzeugung – das hat auch ihre Kreativität und in der Folge dann wesentliche Teile der Literatur versehrt.
Fritz J. Raddatz

Christa Wolf
Aus einem Brief an Volker Braun

Aber du hast doch niemanden geschadet
Doch
Mir selbst
Sie tasten dich
nach deinen Schwächen ab
und benutzen sie
als Einfallstor
Sie testen dich wie weit sie gehen können
Ich nahm den eignen Namen und verdarb ihn mir
Ich schrieb den Bericht
Ich ging in die fremde Wohnung
Ich war dreißig Wie
langsam wir erwachsen wurden
Entfremdung
ist die Einsetzung des Fremden
in dir selbst
Er soll dich ansehn
wenn du in dich hineinblickst
das ist
was die Christen teuflisch nennen
Nein sagen ist mir schwer gefallen
(...)

(1993)

Stellung nehmen: Zur IM-Tätigkeit von Christa Wolf und den Vorwürfen gegen sie

Diskutieren, erörtern: Das Verhältnis von Literatur zur Gesellschaft und Politik

→ „Reflexionen über Literatur"

REFLEXIONEN ÜBER LITERATUR

Wie kann man literarische Texte verstehen? Gibt es „Literaturgeschichte“ und literarische „Gattungen“? Wie verstehen Schriftsteller ihre Rolle in der Gesellschaft? Solchen Fragen geht dieses Kapitel mit unterschiedlichen literaturtheoretischen Textbeiträgen nach und möchte damit zum Nachdenken über Literatur anregen.
Das Kapitel will nicht ineins durchgearbeitet werden. Vielmehr können die Texte zu unterschiedlichen Aspekten von Literatur bei der Beschäftigung mit anderen Kapiteln in diesem Buch zur Vertiefung herangezogen werden (z.B. die Texte zur Lyrik unter 3.2 im Zusammenhang mit dem Unterrichtsvorhaben „Ich/ Natur – Umgang mit Gedichten“). Wer sich für theoretische Fragen der Literatur interessiert, kann natürlich auch einzelne Texte oder Abschnitte dieses Kapitels erarbeiten, sie zueinander in Beziehung setzen und anschließend Bezüge zu anderen Kapiteln herstellen.

1 Verstehensweisen von Literatur

Carsten Schlingmann

Methoden der Interpretation (Auszug)

(…) Interpreten verfolgen mit ihren unterschiedlichen Methoden nicht ein und dasselbe Ziel – die eine gültige Interpretation; vielmehr steuern sie recht verschiedene Ziele an und kommen so zu einem aus ihrer Sicht überzeugenden Teilergebnis. Die Reihenfolge der vier Aspekte – *Autor*, *Realität*, *Text*, *Leser* – ist allerdings nicht zufällig, sondern geschichtlich begründet:

A. *Autor – „einen Autor durch seinen Text verstehen“:* Aus diesem Wunsch entstand zuerst das Bedürfnis nach einer kunstgerechten Interpretation. Um es an Beispielen zu verdeutlichen: Gottes Willen durch das Wort der Bibel, das Denken Platons durch seine Dialoge, Goethes Weltsicht durch seinen *Faust*, Kafkas Nöte und Ängste durch seinen Roman *Der Prozess* zu verstehen, das sind Ziele methodischer Bemühungen, die von der traditionellen Hermeneutik über das weite Gebiet der Geistesgeschichte bis zur modernen Psychologie (Psychoanalyse) reichen.

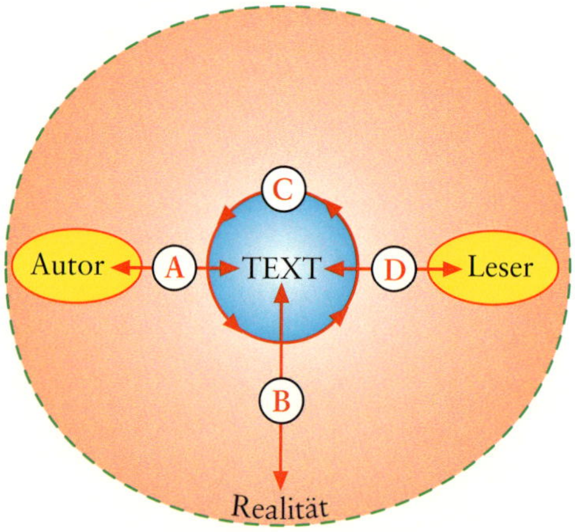

B. *Realität – „einen Text von den Fakten her erklären“:* Diese Aufgabe konnte zu einem Ziel der Interpretation erst erhoben werden, als die exakten Naturwissenschaften im 19. Jahrhundert den Geisteswissenschaften den Rang abliefen und diese den verlorenen Boden wieder gutmachen wollten. Welche biografischen, literarischen, gesellschaftlichen, geografischen, geschichtlichen (usw.) Bedingungen erklären, dass z.B. Lessings *Nathan der Weise* nur so und nicht anders entstehen konnte? Interpretationsziele dieser Art verfolgen Wissenschaftsrichtungen, die vom Positivismus in der Textphilologie und Literaturgeschichtsschreibung bis zur Literatursoziologie reichen.

C. *Text – „einen Text als autonomes Werk begreifen“:* Als Reaktion auf geistesgeschichtliche und politische Irrwege ergab sich für die Literaturwissenschaft vor allem nach dem Zweiten Weltkrieg die Forderung, wieder auf das zurückzukommen, was ja ohnehin Ausgangspunkt der Interpretation sein sollte: auf den Text. Auf der Skala der Richtungen, die sich interpretierend um den Nachweis bemühen, dass auch die kleinsten Gedichte von Mörike oder Heine als autonome, ihren eigenen Gesetzen folgende Werke zu begreifen sind, finden sich Phänomenologie, Stilanalyse, Strukturalismus und Werkinterpretation.

D. *Leser – „als Leser auf einen Text reagieren“:* Eine unablässig sich drehende Interpretationsmühle musste endlich den Leser und seine Verteidiger auf den Plan rufen. Es zeigte sich, dass Leser sehr unterschiedlich z.B. auf eine „Keuner-Geschichte“ von Bertolt Brecht reagierten. Es konnte nicht nur an den Lesern, sondern musste auch an der sprachlichen oder poetischen Eigenart der literarischen Texte liegen, wenn so viele verschiedene Reaktionen möglich waren. Dass dies nicht ohne Einfluss auf Methoden und Ziele der Interpretation ist, hat die Wirkungsgeschichte schon lange festgestellt. Die Kommunikationsforschung und vor allem die noch junge Rezeptionsästhetik ziehen daraus nun die Konsequenz, dass ein literarischer Text eigentlich erst durch den Leser interpretationsfähig wird. *(1985)*

Vergleichen, beziehen:
die vier Aspekte des Interpretierens bzw. Textverstehens mit den Methoden in den drei Unterrichtsvorhaben zum Umgang mit Gedichten, erzählenden und szenischen Texten vergleichen

Anwenden, übertragen:
die vier Aspekte anhand der jeweils genannten literarischen Textbeispiele zu erläutern versuchen

Kommentieren, Stellung nehmen:
eigene Erfahrungen mit dem „Interpretieren“ literarischer Texte formulieren und mit den vier Aspekten vergleichen

Veit-Jakobus Dieterich

Hermeneutik

Das griechische Wort „hermeneuein“ bedeutet: auslegen, erklären, interpretieren. Der Götterbote Hermes hatte in der griechischen Mythologie die Aufgabe, den Menschen den Willen der Götter zu überbringen und verständlich zu machen. In weiterem Sinne bezeichnet Hermeneutik die Lehre und Kunst, wie Menschen sich verstehen können. Der Philosoph Wilhelm Dilthey (1833–1911) schreibt: „Dies Verstehen reicht von dem Auffassen kindlichen Lallens bis zu dem des Hamlet oder der Vernunftkritik. Aus Steinen, Marmor, musikalisch geformten Tönen, aus Gebärden, Worten und Schrift, aus Handlungen, wirtschaftlichen Ordnungen und Verfassungen spricht derselbe menschliche Geist zu uns und bedarf der Auslegung.“ In engerem Sinne meint Hermeneutik die Lehre der Interpretation und des Verstehens von Texten. Das Verstehen zwischen zwei Menschen ist ein komplizierter Prozess. Um einen anderen Menschen verstehen zu können, muss man sich in ihn hineinversetzen. Dies gelingt jedoch nur versuchs- und ansatzweise. Noch schwieriger ist das Verstehen zwischen Menschen, die ganz unterschiedlichen Kulturen oder Zeiten angehören, da der Horizont ihrer Lebensverhältnisse, ihrer Erfahrungen und ihrer Denkweise sehr unterschiedlich ist. Leben wir heute in einer von Industrie, Naturwissenschaft und Kapitalismus geprägten Welt, so gehörten die Menschen der Bibel einer Agrargesellschaft an.

Um Texte einer vergangenen Zeit zu verstehen, muss ich ein Vorverständnis mitbringen, die entsprechende Sprache kennen, den Text in einen Zusammenhang einordnen können, ich muss eine, wenn auch unklare, Vorstellung über die damaligen Verhältnisse haben (Vorstadium 0). Bei der Beschäftigung mit dem Text findet eine Horizontverschmelzung zwischen meinem Verstehenshorizont und dem Bedeutungshorizont des Textes statt (1. Stadium). Damit die Begegnung mit dem Text zu einer wirklichen Erfahrung wird und mein Vorverständnis nicht zum Vorurteil erstarrt, muss ich bereit sein, falsche Vorstellungen durch den Text hinterfragen zu lassen und neue Gedanken aufzunehmen. Das Vorverständnis verändert sich also in zweifacher Weise, es wird korrigiert und erweitert (2. Stadium). Lege ich den Text beiseite, ist mein Vorverständnis gereift. Ich bin einem tieferen Verstehen ein Stück näher gekommen (3. Stadium). Man spricht vom hermeneutischen Zirkel zwischen Vorverständnis, Begegnung und besserem Verständnis.

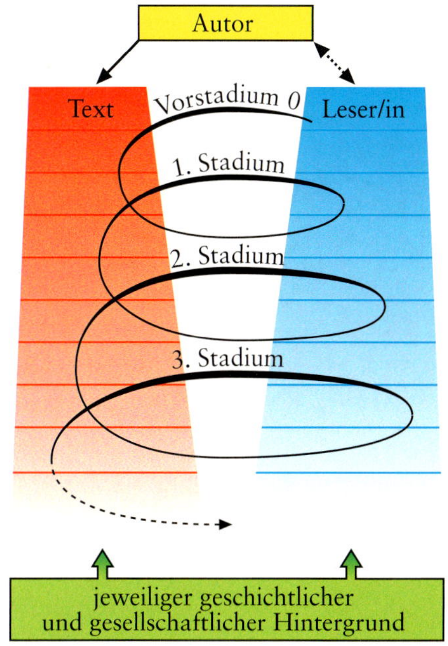

Eine einmalige Begegnung reicht bei weitem nicht aus um eine Person oder Zeugnisse aus einer anderen Zeit letztlich zu begreifen. Die Begegnungen müssen sich wiederholen. Mein verbessertes Verständnis wird zu einem neuen, gegenüber der ursprünglichen Situation allerdings schon gereiften Vorverständnis für die nächste Begegnung, welche im Idealfall ein wiederum verbessertes Verständnis ermöglicht. Der Vorgang kann im Prinzip unendlich oft wiederholt werden, begrenzt nur durch die menschliche Auffassungsfähigkeit und die Endlichkeit des menschlichen Lebens. Das Verstehen ist ein offener, nie endender Prozess.

Ein ähnlicher hermeneutischer Zirkel lässt sich auch beim Verstehen eines Textganzen feststellen. Ein einzelner Satz, ein Teil eines Textes, lässt sich nur aus dem Zusammenhang, aus dem Kontext heraus, richtig begreifen. Umgekehrt kann man den Sinn des Textganzen nur erschließen, wenn die Einzelaussagen verstanden werden. Ähnlich verhält sich das Verständnis eines historischen Textes zum Verstehen der gesamten Epoche, in der er entstand. Jedes tiefere Erfassen eines Textes setzt eine Vorstellung über die Entstehungszeit voraus, wie man umgekehrt eine Epoche durch die überlieferten Texte kennen lernt.

(1996)

Anwenden, übertragen:
sich den „hermeneutischen Zirkel“ beispielhaft an der Untersuchung eines literarischen Textes klar machen, z. B. an der Schülerinterpretation von Ingeborg Bachmanns Gedicht „Die große Fracht“ (S. 82/83)

Umberto Eco

Textintention*

Wer für sich festlegt, um welches Thema ein Diskurs kreist, geht mit dieser Interpretation ein gewisses Risiko ein. Da es Kontexte gibt, ist das Risiko jedoch geringer als etwa beim Roulettespiel. (…)

Die klassische Debatte kreiste darum, ob es in Texten die Absicht des Autors oder eine von dieser unabhängige Textaussage zu finden galt. Erst seitdem die zweite Alternative akzeptiert ist, stellt sich die weitere Frage, ob das Gefundene aus der Textkohärenz und einem vorgegebenen Bedeutungssystem folgt oder ob die Adressaten es aufgrund ihrer eigenen Erwartungssysteme hineinlegten. Ich selbst versuche, eine dialektische Beziehung zwischen *intentio operis* und *intentio lectoris* zu wahren. Dabei stellt sich jedoch das Problem: Auch wenn man wissen mag, was „Leserintention" bedeuten soll, lässt sich kaum abstrakt definieren, was mit „Textintention" gemeint sein könnte. Die Intention eines Textes liegt nicht offen zutage (…). Man muss sie also bewusst „sehen wollen". Von einer Textintention kann man daher nur infolge einer Unterstellung seitens des Lesers sprechen. Die Initiative des Lesers liegt demnach vor allem darin, über die Textintention zu mutmaßen.

Ein Text wird ersonnen um den exemplarischen Leser zu erzeugen. Damit meine ich jedoch wiederum nicht, dass ein solcher Leser die „einzig richtige" Mutmaßung anstellt. Manche Texte zielen sogar auf exemplarische Leser, die mit unbegrenzt vielen Mutmaßungen experimentieren. Demgegenüber mutmaßt der empirische Leser nur, welchen exemplarischen Leser der Text erfordern würde. Da jedoch die Textintention auf einen exemplarischen Leser zielt, der über sie mutmaßt, stellt sich dieser Idealtypus in erster Linie einen exemplarischen Autor vor, der sich nicht mit dem empirischen deckt und letztlich mit der Textintention übereinstimmt. Daher ist der Text nicht bloß ein Parameter für die Bewertung der Interpretation; vielmehr konstituiert ihn erst die Interpretation selbst als ein Objekt und nimmt dieses als ihr Resultat, an dem sie sich in einem zirkulären Prozess messen kann. Ich gestehe, damit den alten, nach wie vor gültigen „hermeneutischen Zirkel" neu definiert zu haben.

Die *intentio operis* ist mit semiotischen Strategien verbunden, was sich manchmal durch konventionelle Stilmittel äußert. Beginnt eine Geschichte mit „Es war einmal", dann haben wir wahrscheinlich ein Märchen vor uns, das ein Kind (oder einen Erwachsenen, der sich in eine kindliche Stimmung versetzen möchte) als exemplarischen Leser anspricht und fordert. Gewiss könnte dieser Anfang ironisch gemeint sein, sodass der weitere Verlauf gewisse Tücken enthielte. So oder so war es unverzichtbar zu erkennen, dass der Text wie ein Märchen begann.

Wie erhärtet man eine Hypothese über die *intentio operis*? Man kann die Vermutung nur am Text als einem kohärenten Ganzen überprüfen. Auch diese Idee ist schon sehr alt und geht auf Augustinus zurück (*De doctrina christiana*): Eine partielle Textinterpretation gilt als haltbar, wenn andere Textpartien sie bestätigen, und sie ist fallen zu lassen, wenn der übrige Text ihr widerspricht. Insofern diszipliniert die interne Textkohärenz die ansonsten chaotischen Impulse des Lesers. (…)

In dieser Dialektik zwischen Leserintention und Textintention habe ich die Absicht des empirischen Autors bisher völlig übergangen. (…) Da ich mit meinem Konzept der Textinterpretation eine Strategie aufdecken möchte, die den exemplarischen Leser erzeugen soll, verstanden als idealtypisches Pendant zu einem exemplarischen Autor (der bloß als Textstrategie erscheint), wird die Absicht eines empirischen Autors ganz und gar überflüssig. Zu respektieren ist nur der Text, nicht der Autor als eine Person Soundso. Gleichwohl mag es ziemlich brutal erscheinen, den armen Autor als für die gesamte Interpretation irrelevant zu beseitigen. In der Kommunikation, besonders der alltäglichen, kann es sehr wichtig sein, die Absichten des Sprechers zu eruieren. Ein anonymer Brief des Inhalts „Ich bin glücklich" kann von unendlich vielen Absendern stammen, die gerade nicht traurig sind; doch wenn ich jetzt und hier sage, „Ich bin glücklich", steht absolut fest, dass ich meine: Ich selbst, und niemand sonst, bin der Glückliche.

(1992)

Vergleichen, beziehen:
Ecos Definition des „hermeneutischen Zirkels" mit der von Dieterich (Seite 403) vergleichen

Anwenden, übertragen:
Ecos Auffassung von Textintention in ihrer Bedeutung für das Verstehen und Interpretieren literarischer Texte einschätzen und sich an Beispielen klar machen

Lesetipp:
zu aktuellen Positionen der Literaturwissenschaft siehe auch die Hinweise auf S. 568

Beispiel für eine Konkretisierung

Thomas Gräff

Lektürehilfen zu Franz Kafkas „Prozess“ (Auszug)

Die Literatur Franz Kafkas kann als das Modell literarischer Offenheit angesehen werden. Mit ihrer Schwierigkeit und ihrer Hermetik lädt sie zu Deutungen der unterschiedlichsten Richtungen ein. Was im Grunde ein Ausweis für hohe literarische Qualität und universalen Bedeutungsanspruch ist, kann so schon zur Qual des Interpreten werden.

(…)

Deutungsvarianten zum „Prozess“

Der Themenkomplex Gericht – Gesetz – Schuld ist natürlich für viele Interpretationen von zentralem Interesse und ein wichtiger Ansatzpunkt. Bei dieser Frage treten erhebliche Deutungsunterschiede zutage.

Hans Joachim Schoeps hat ein theologisches Interesse an Kafkas Texten:

„So notwendig ungewiss und im tiefsten Verstand weiterhin fragwürdig, weiterhin des Fragens würdig, weiterhin auch alle Interpretationen und Deutungen Kafkas bleiben, ist es doch für den, der sehen kann, allem Zweifel enthoben, dass in den Werken Kafkas eine zugespitzte religiöse Problematik herrscht und zumal bei den großen Romanen – wenn auch in säkularisierter Form – die zentralen Themen jüdischer Religiosität durchgetragen werden. (…)“

(…)

Wilhelm Emrich untersucht das Werk Kafkas auf Parallelen zu den Gedanken des deutschen Existenzialphilosophen Martin Heidegger. Demgemäß versteht er Schuld als eine „Existenzschuld“:

„Die Unkenntnis des Gesetzes ist K.s Schuld.“ Das Gericht wird für Emrich zur universalen Kategorie:

„Wenn überhaupt ‚alles‘ zum Gericht gehört, dann ist die gesamte Lebenswirklichkeit des Menschen bereits Gericht.“ (…) „Dieser Gerichtsorganismus ist also keineswegs gut oder gar göttlich. Er ist die ‚böse‘ Welt. Und es ist daher auch sinnlos, seine Beamten als göttliche Wesen zu bezeichnen, ihre Forderungen und sexuellen Triebwünsche gar als höhere religiöse Gebote zu interpretieren, die sich über jede irdische Moral erheben.“

(…)

Thomas Anz interpretiert den Begriff Schuld vom Psychologischen her als Ergebnis der konfliktreichen Auseinandersetzung des Einzelnen mit seiner Umwelt:

„Das moderne, um Autonomie bemühte Subjekt will sich nicht von anderen anklagen, verurteilen und hinrichten lassen, sondern nur von sich selbst. So verschiebt sich die Abhängigkeit von äußeren Autoritäten zur Abhängigkeit von einer inneren Macht: dem schlechten Gewissen, dem Bewusstsein eigener Schuld. (…) Vor allem verselbstständigt sich die ausgeweitete Justiz- und Gerichtsmetaphorik, die Kafka zur Veranschaulichung zwischenmenschlicher und psychischer Konflikte schon vorher gern benutzte, und entfaltet ein die autobiografische Bedeutung transzendierendes und dabei ganz zeitbezogenes Eigenleben.“

(…)

Den gesellschaftskritischen Aspekt des bürokratischen Staatsapparates arbeitet Ernst Fischer noch stärker heraus.

„Das Warten vor dem Gesetz, vor irgendwelchen Kanzleitüren war zum Dauerzustand des österreichischen Untertanen geworden. Die Beschreibung dieses Zustands im ‚Prozess‘ ist nur scheinbar traumhaft-fantastisch, in der Tat jedoch konzentriert realistisch.“ (…) „Irgendwie wird man zum ‚Fall‘. (…) Der zum ‚Fall‘ Gewordene hat es nur mit unteren Instanzen zu tun; die oberen sind ihm entrückt und rätselhaft.“ (…) „Doch im satirischen Zerrbild von einst sind unverzeichnet die Züge späterer bürokratischer Machtapparate erkennbar. Der Angsttraum hat den Alltag überwältigt.“

(…)

Die Auslegungsdebatte zur Türhüterlegende zwischen K. und dem Gefängniskaplan scheint die Situation der Kafka-Deutung vorwegzunehmen:

„Die Schrift ist unveränderlich, und die Meinungen sind oft nur ein Ausdruck der Verzweiflung darüber.“ *(1997)*

Religiös orientierte Interpretationen suchen in den Werken Kafkas nach religiösen Motiven, interpretieren Kafka vor dem Hintergrund seines jüdischen Herkommens und arbeiten fundamentale religiöse Aussagen aus den Werken heraus. In diesem Sinne hat sich z. B. auch Martin Buber mit Kafka beschäftigt.

Philosophisch orientierte Interpretationen basieren meistens auf dem Existenzialismus und erkennen in Kafkas Werken die Ausgestaltung existenzialphilosophischer Überzeugungen. Jean Paul Sartre und Albert Camus haben Kafka in ihrem Sinne bemüht.

Psychologische Deutungsansätze sehen Kafkas Werke als Ausgestaltung innerer Prozesse an.

Soziologische Interpretationen suchen Kafkas Werke nach gesellschaftskritischen Gehalten ab.

2 Probleme der Literaturgeschichtsschreibung

Rainer Rosenberg

Epochen (Auszug)

Literaturgeschichtliche Epochenbegriffe stehen für abgrenzbare Zeiträume, innerhalb deren dem überwiegenden oder einem als repräsentativ ausgezeichneten Teil der Literatur bestimmte Merkmale abgelesen werden können, die charakteristisch für die Unterscheidung von der jenseits der gesetzten Zeitgrenzen dominierenden Literatur angesehen werden und die der Name des Begriffs konnotiert. Die Epochenbegriffe entstanden im Zuge des unausgesetzten Versuchs der Periodisierung der Literaturgeschichte. Die uns heute geläufige Reihe (*Reformation/Renaissance – Barock – Aufklärung – Klassik/Romantik – Realismus*) begann sich im letzten Drittel des 19. Jahrhunderts durchzusetzen, wobei die Übertragung des Barockbegriffs auf die deutsche Literatur des 17. Jahrhunderts erst in den 20er Jahren des 20. Jahrhunderts breitere Akzeptanz gewann und der Vorschlag, die Literatur seit dem Aufkommen des Naturalismus oder des Symbolismus unter den Epochenbegriff der Moderne zu stellen, selbstverständlich auch jüngeren Datums ist. In den Problemkreis, der mit den literaturgeschichtlichen Epochenbegriffen angesprochen wird, gehören auch die Versuche, kürzere Abschnitte der Literaturgeschichte mit dem Namen einer literarischen Strömung, eines Kunst- und/oder Lebensstils zu bezeichnen oder unter Begriffen aus der politischen Geschichte zu subsumieren: *Sturm-und-Drang, Biedermeier* und/oder *Junges Deutschland, Vormärz, Naturalismus, Symbolismus, Expressionismus, Neue Sachlichkeit* usw.

Die Problematik der Epochenbegriffe liegt nur vordergründig in ihrer auf den ersten Blick zu erkennenden Heterogenität. Auch die Frage, ob diese oder jene Bezeichnung „angemessen“ sei, d.h. die angenommenen wesentlichen Züge der Literatur des betreffenden Zeitabschnitts benennt, wird kaum mehr diskutiert, seitdem man zwischen Begriff und Bezeichnung zu unterscheiden gelernt hat und Begriffsbildung (im Sinne durchsetzungsfähiger Begriffe) als einen intersubjektiven Prozess der Herstellung von Konsens versteht. (...)

In der Praxis erweist sich die Periodisierung als ein unverzichtbares Ordnungsprinzip der Fakten. Ihre Problematik fängt damit an, dass keine Geschichtsschreibung alles, was sich ereignet hat, gleichgewichtig verzeichnen kann, sondern dass die Historiker die mitzuteilenden Ereignisse nach Relevanzkriterien, die standortgebunden, d.h. unterschiedlich und veränderlich sind, auswählen und nach Zusammenhangsannahmen, die ebenfalls variieren, ordnen und interpretieren. Dass also jeder Versuch, die Vergangenheit abzubilden, als Konstruktion betrachtet werden kann, jedenfalls nicht zu leugnen ist, dass er konstruktive Elemente enthält. Die Periodisierung stellt zweifellos eines der wesentlichen konstruktiven Elemente der Historiographie dar. (...)

Noch komplizierter stellt sich das Periodisierungsproblem dar, wenn wir den nationalliterarischen Rahmen verlassen und übernationale, etwa gesamteuropäische Literaturzusammenhänge ausgemacht werden sollen. Denn einerseits ist wohl unstrittig, dass – um bei unserem Beispiel zu bleiben – die meisten europäischen Literaturen ihre romantische und ihre realistische Periode hatten. Andererseits verläuft die Entwicklung der Literatur in den einzelnen europäischen Ländern nicht kongruent. In einigen ost- und südosteuropäischen Literaturen z.B. greifen *Aufklärung* und *Romantik* viel stärker ineinander als etwas in Deutschland oder behaupten romantische Literaturmuster noch lange ihre Vorherrschaft, nachdem die großen westeuropäischen Literaturen und die russische Literatur bereits vom realistischen Roman bestimmt werden. Dementsprechend differieren auch die in der Literaturgeschichtsschreibung der einzelnen Länder tradierten Epochensequenzen. Versuche zu einer einheitlichen Periodisierung der europäischen Literaturen haben demzufolge mit großen Phasenverschiebungen zu rechnen und können jeweils nur einen Teil der in der Nationalliteraturgeschichtsschreibung erhaltenen Epochensequenzen (nämlich die gemeinsamen) gebrauchen. *(1992)*

Vergleichen, beziehen:
Literaturgeschichtliche Epochen und deren Beschreibung in Literaturgeschichten (siehe S. 568)

Karl Otto Conrady

Von der Verführung durch vertraute Epochenbegriffe (Auszug)

Es muss zu einem Urbedürfnis des Menschen, zumal des Wissenschaftlers gehören, ungeordnete Vielfalt zu ordnen und lange zeitliche Abläufe zu gliedern. Anders ist die hingebungsvolle Mühe nicht zu begreifen, die Literaturwissenschaftler aufwenden um Epochen aufzubauen. Und obgleich längst jeder noch so sorgfältig ausgeführten Konzeption einer Epoche mit triftigen Argumenten widersprochen werden kann, lassen wir von dem geistvoll-nutzlosen Spiel nicht ab. (...)

Offensichtlich bezeichnen Epochenbegriffe etwas, was es so in der Realität überhaupt nicht gibt. Sie sind nachträglich gestanzte Spielmarken kluger Konstrukteure. Epochenbezeichnungen, die mit qualifizierenden Bedeutungen belastet sind (die wir ihnen auch nicht austreiben können), können der realen Fülle und Vielgestaltigkeit des im betreffenden Zeitraum Hervorgebrachten nicht gerecht werden. Immer herrscht die Gleichzeitigkeit des Verschiedenen, der eine Epochenbezeichnung nicht entspricht. Aufklärung, Sturm und Drang, Klassik, Romantik: Die Namen erwecken die Illusion, als gäbe es tatsächlich diese Epochen, zudem noch im genannten Gänsemarsch. Ein flüchtiger Blick auf die Neunzigerjahre des 18. Jahrhunderts kann uns belehren, dass kein Epochenname das Verschiedene umgreifen kann. Was ist da nicht alles aufeinander geschichtet! Sulzers ästhetische Vorstellungen durchaus noch wirksam; Gottfried August Bürger bis 1794 noch dabei (wo soll er eigentlich untergebracht werden?); was „Spätaufklärung" genannt wird, in schönster, durchaus vielfarbiger Blüte (und gar kein Grund es von anderer Warte aus hochmütig zu verachten); Jakobiner und Liberale schreiben und dichten; Goethe und Schiller mit ihren Bemühungen ums sog. Klassische, sehr begrenzt in ihrer damaligen Wirkung; die Schlegels, Novalis, Tieck, Wackenroder, Bonaventura, August Vulpius (*der* mit seinem „Rinaldo Rinaldini" wurde gelesen), alles gleichzeitig beieinander (...). Und dass wir die „großen Drei" (Jean Paul, Hölderlin, Kleist) unter keinem Epochendach unterbringen können, demonstriert seit langem jede Literaturgeschichte.

Öffnet eigentlich die Bemühung um Epochenbestimmungen besser begehbare Wege zu den einzelnen Werken, die der Leser dann gern beschreitet? Geht von Epochengliederungen und den Diskussionen über sie Motivation für den Leser aus? Die Frage stellen heißt, sie nicht einfach bejahen zu können. Wenn in bildungspolitischen Erklärungen vom Deutschunterricht gefordert wird, er müsse endlich wieder (wie es heißt) den Schülern die Kenntnis etwa der deutschen Klassik und der anderen wichtigen Epochen der Geschichte der deutschen Literatur beibringen, dann müsste zugleich ernsthaft erwogen werden, wozu solche Kenntnis gut ist, welche Einsichten sie fördert oder vielleicht verstellt und ob sie die Freude am Lesen (für uns etwas allzu Selbstverständliches), die Motivation sich auf Fernes und Fremdes einzulassen verstärkt oder vermindert. Der durchs Land hallende Ruf „Es muss mehr gelernt (und gelesen) werden" hat seine Gründe und seine Berechtigung. Aber wir dürfen uns die (immer auch selbstkritischen) Fragen nicht abhandeln lassen: Was ist der Sinn des geforderten Lernens? Welche Interessen und Bedürfnisse werden damit befriedigt? (Dass zwischen Fachstudenten der Germanistik und Schülern, die *alle* am Literaturunterricht teilzunehmen haben, unterschieden werden muss, versteht sich von selbst.)

Um auf unsere Epochen zurückzukommen: Wenn die geläufigen Kennmarken schon nicht durch schlichte Zahlen ersetzt werden können (damit kein Text von vornherein in einem bestimmten Fach abgelegt wird), müsste die Beschäftigung mit ihnen nicht tradierbares Wissen vermitteln wollen, sondern die Implikationen und Konsequenzen aufzuspüren suchen, die mit Herausbildung, Durchsetzung und Gebrauch der Epochennamen verbunden sind.

(1983)

Vergleichen, beziehen:
- Conradys These von der „Gleichzeitigkeit des Verschiedenen" (Z. 23) am Beispiel: Aufklärung – Sturm und Drang – Klassik – Romantik untersuchen; dazu das Kapitel zum „Epochenumbruch 18./19. Jahrhundert" (S. 267 ff.) heranziehen
- Conradys These auch anhand des Kapitels „Das Janusgesicht der Moderne – Epochenumbruch 19./20. Jahrhundert" (S. 305 ff.) überprüfen

Vergleichen, beziehen:
Conradys Auffassung mit derjenigen Rosenbergs vergleichen und diskutieren

Diskutieren, erörtern:
Conradys Frage „Geht von den Epochengliederungen und den Diskussionen über sie Motivation für den Leser aus?" (Z. 55 ff.)

3 Probleme der Gattung

3.1 Allgemeines

Klaus Müller-Dyes
Gattungsfragen (Auszug)

Aufgabe der Gattungstheorie ist es, die Mannigfaltigkeit der Textklassen und ihrer Begriffe in ein halbwegs geordnetes System zu bringen. Dass ihr das angesichts der unabgeschlossenen, mehr als dreitausendjährigen Geschichte abendländischer Literatur nur sehr unvollkommen gelingen kann, ist kein Hinderungsgrund, nicht wenigstens die Prinzipien und logischen Regeln zu benennen und zu reflektieren, nach denen sie dabei verfährt. Dabei sind die Gattungen – aus der Perspektive des logischen Systems – Definitionsangebote, die unabhängig von der Erfahrung formuliert sind; aus der Perspektive der Texte erscheinen sie als durch Abstraktion gewonnene Merkmalkombinationen. Beide Sichtweisen, die deduktive und die induktive, treffen im Begriff der Gattung als logischer Klassenbezeichnung zusammen.

Anwenden, übertragen:
den Unterschied zwischen „klassifikatorischen Gattungsbegriffen" und „Gattungen als historischen ‚Institutionen'" an Beispielen zu verdeutlichen suchen

Vergleichen, beziehen:
Gattungsbegriffe und Ordnungsschemata in anderen Fächern (z. B. Biologie, Chemie) und Wissenschaftsbereichen heranziehen und auf ihre Funktion hin prüfen

Nach diesen allgemeinen Überlegungen lassen sich zwei grundsätzlich verschiedene Gattungskonzeptionen unterscheiden, die beide in der heutigen wissenschaftlichen Diskussion Gültigkeit beanspruchen. Die *erste* betrachtet Gattungen unter der logischen Prämisse ihrer Verwendbarkeit für die Klassifikation von Texten. Bedingungen dafür sind *Trennschärfe* (die Klassifikationsmerkmale müssen klar definiert und in der Lage sein, Texte eindeutig voneinander zu unterscheiden) und *Systematik* (die verwendeten Begriffe müssen in einem erkennbaren, logisch geordneten Verhältnis zueinander stehen). Sie sind insofern ahistorisch, als sie von den historischen Gegebenheiten ihrer Gegenstände absehen, nicht aber, weil sie überzeitliche Geltung im Sinne von Archetypen oder Urformen für sich beanspruchen. Im Gegensatz zu den im Folgenden behandelten (historischen) Gattungen sprechen wir hier von *Gattungsbegriffen* um hervorzuheben, dass es sich bei ihnen um keine wie auch immer geartete überzeitliche Wesenheiten handelt.

Die *zweite* Konzeption betrachtet Gattungen als historische „Institutionen" mit mehr oder weniger langer Geltungsdauer. Ihr Allgemeines sind nicht Klassen, sondern Gruppen oder Familien von Texten, die nicht nach logischen, sondern nach historischen Gesichtspunkten gebildet sind. Gattungen können in diesem Sinne konstituiert werden durch explizite Regelanweisungen, durch die immanente Poetik einzelner Werke, aber auch durch bloße vom Autor oder Verleger vorgenommene Zuschreibungen wie „Novelle" oder „Robinsonade". Im Unterschied zu den Gattungsbegriffen sollen die nach solchen Kriterien gebildeten Textgruppen *Gattungen* hießen, um ihren ‚realen', institutionellen Status zu bezeichnen. *(1996)*

Johann Wolfgang von Goethe
Naturformen der Dichtung

Es gibt nur drei echte Naturformen der Poesie: die klar erzählende, die enthusiastisch aufgeregte und die persönlich handelnde: *Epos*, *Lyrik* und *Drama*. Diese drei Dichtweisen können zusammen oder abgesondert wirken. In dem kleinsten Gedicht findet man sie oft beisammen, und sie bringen eben durch diese Vereinigung im engsten Raume das herrlichste Gebild hervor, wie wir an den schätzenswertesten Balladen aller Völker deutlich gewahr werden. Im älteren griechischen Trauerspiel sehen wir sie gleichfalls alle drei verbunden und erst in einer gewissen Zeitfolge sondern sie sich. Solange der Chor die Hauptperson spielt, zeigt sich Lyrik obenan; wie der Chor mehr Zuschauer wird, treten die andern hervor, und zuletzt, wo die Handlung sich persönlich und häuslich zusammenzieht, findet man den Chor unbequem und lästig. Im französischen Trauerspiel ist die Exposition episch, die Mitte dramatisch und den fünften Akt, der leidenschaftlich und enthusiastisch ausläuft, kann man lyrisch nennen.

Das Homerische Heldengedicht[1] ist rein episch; der Rhapsode[2] waltet immer vor, was sich ereignet, erzählt er; niemand darf den Mund auftun, dem er nicht vorher das Wort verliehen, dessen Rede und Antwort er nicht angekündigt. Abgebrochene Wechselreden[3], die schönste Zierde des Dramas, sind nicht zulässig.

Höre man aber nun den modernen Improvisator[4] auf öffentlichem Markte, der einen geschichtlichen Gegenstand behandelt; er wird, um deutlich zu sein, erst erzählen, dann, um Interesse zu erregen, als handelnde Person sprechen, zuletzt enthusiastisch auflodern und die Gemüter hinreißen. So wunderlich sind diese Elemente zu verschlingen, die Dichtarten bis ins Unendliche mannigfaltig; und deshalb auch so schwer eine Ordnung zu finden, wonach man sie neben- oder nacheinander aufstellen könnte. Man wird sich aber einigermaßen dadurch helfen, dass man die drei Hauptelemente in einem Kreis gegen einander über stellt und sich Musterstücke sucht, wo jedes Element einzeln obwaltet. Alsdann sammle man Beispiele, die sich nach der einen oder nach der andern Seite hinneigen, bis endlich die Vereinigung von allen dreien erscheint und somit der ganze Kreis in sich geschlossen ist. Auf diesem Wege gelangt man zu schönen Ansichten sowohl der Dichtarten als des Charakters der Nationen und ihres Geschmacks in einer Zeitfolge. Und obgleich diese Verfahrensart mehr zu eigener Belehrung, Unterhaltung und Maßregel als zum Unterricht anderer geeignet sein mag, so wäre doch vielleicht ein Schema aufzustellen, welches zugleich die äußeren zufälligen Formen und diese inneren notwendigen Uranfänge in fasslicher Ordnung darbrächte. Der Versuch jedoch wird immer so schwierig sein als in der Naturkunde das Bestreben, den Bezug auszufinden der äußeren Kennzeichen von Mineralien und Pflanzen zu ihren inneren Bestandteilen, um eine naturgemäße Ordnung dem Geiste darzustellen. *(1819)*

1 Homers Hexameter-Epen *Ilias* und *Odyssee*.
2 Sänger, Rezitator
3 schnelle, direkte Folge von Rede und Gegenrede (Stichomythie)
4 Bänkelsänger

Anwenden, übertragen:
Goethes Auffassung von den „drei echte(n) Naturformen der Poesie" am Beispiel einer Ballade erläutern

Selbst gestalten:
Goethes Versuch eines „Schemas", eines Kreismodells grafisch visualisieren; zum Vergleich unten stehenden Versuch Julius Petersens (von 1939) heranziehen

Vergleichen, beziehen:
das Textsortenverzeichnis in diesem Buch (Seite 570ff.) in Beziehung setzen zu Goethes bzw. Petersens Kreismodell; das eigene Modell ggf. erweitern oder verändern

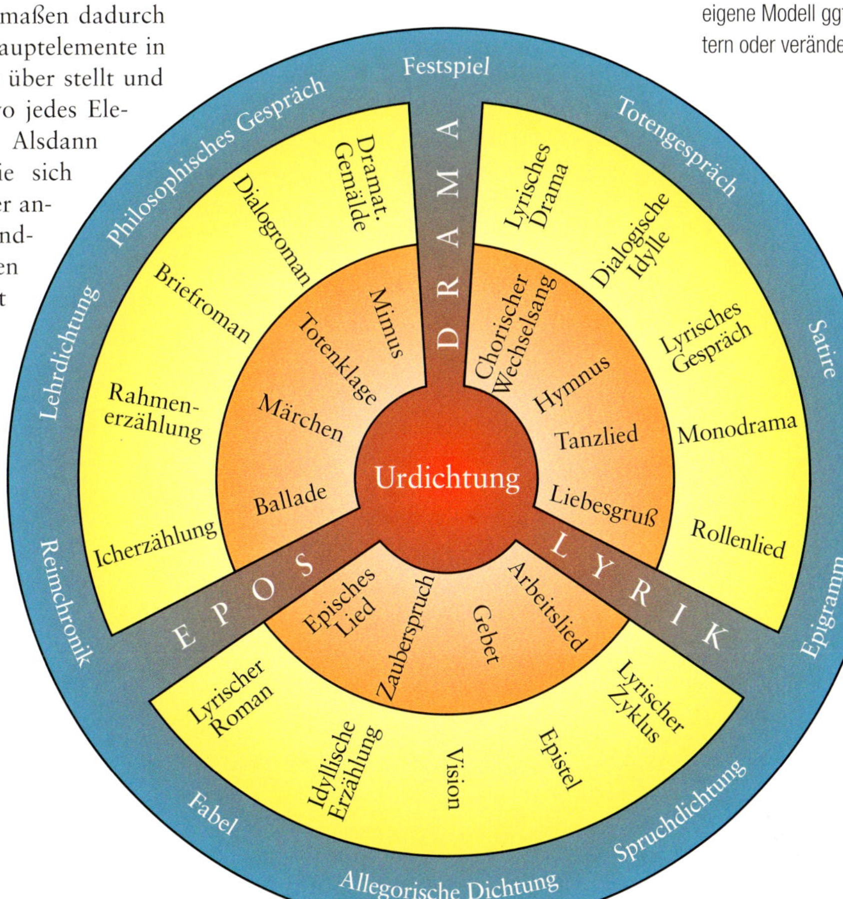

Kreismodell nach Julius Petersen, 1939

3.2 Lyrik

Peter Wapnewski
Gedichte sind genaue Form

Mit seinem Essay, erschienen 1977 in der ZEIT, bezog sich Wapnewski auf eine bestimmte Tendenz in der Lyrik der 70er-Jahre, sich der Alltagssprache anzunähern.

I

„Meint, was ihr wollt. Je mehr
ihr glaubt, über mich
sagen zu können, desto
freier werde ich von euch.
Manchmal
kommt es mir vor, als ob
das, was man von den Leuten
Neues weiß, zugleich auch
schon nicht mehr gilt.
Wenn mir
in Zukunft jemand erklärt, wie ich bin –
auch wenn er
mir schmeicheln oder
mich bestärken will –,
werde ich
mir
diese Frechheit
verbitten.“

Dies ist ein Gedicht. Dies ist kein Gedicht.

„Die Landschaft schwenkt. Die eigenen Geräusche brauchst du auch. Wenn du schreist, ist das eine Selbststimulation. Ruf ein paar dreckige Wörter aus deinem Körper hervor, schau nach, wohin sie gehen ... Alles Flickwörter? Also warum bist du nicht stumm ... Die Tagträume in der Dämmerung verblassen auf dem Papier. Hier bin ich und gehe in dem lieblichen Nachmittagsschatten, der die Straße nicht nur schwarz und weiß wie eine Erinnerung fleckt, die Löcher hat. Ich kann durch sie entwischen und atme auf. Ich bin froh, dass ich kein anderer bin. Wie einfach die Umgebung wird, nachdem das klar ist. Die Sonne scheint lautlos, ich mag sie und das, was sie tut, lautloser, als die Katze blinzelt, die auf dem Autoblech sitzt, faul, ausgestreckt, in ihrem eigenen, unüberschaubaren Tagtraum, lautloser als ein Schatten. Ich bin für sie draußen. Das Gehen ist ein Lied in meinem Kopf, lautlos und ohne Wörter!“

Dies ist kein Gedicht. Dies ist ein Gedicht.

Ein drittes Exempel:

„Stabilisator aus-
gebaut und Zugstrebe
von rechts ersetzt. Vorderachs-
träger rechts ausgerichtet,

Gummilager erneuert und Stabilisator
wieder montiert.
Bremsjoch hinten
links ersetzt und Gelenk-
welle links
ausgewechselt.
Fahrzeug optisch
vermessen.“

Ist dies ein Gedicht? Ist dies kein Gedicht? Jedenfalls ist es eine Rechnung, die Reparatur eines Autos betreffend (und um wenige Zeilen gekürzt, im Übrigen unangetastet, nur eigenwillig in Einheiten zerlegt bei schließlicher Aussparung der, wie das Gesetz der Poetik befiehlt, ans Ende postierten und durch Ziffern statt Buchstaben reizvoll verfremdeten Pointe. Sie lautet „Sa. 962,93 DM“). Machen wir uns also denn auch an die Auflösung der scheinbar änigmatischen Bemerkungen, die ich den ersten beiden Beispielen nachgeschickt habe.

II

Auch die Gedichtzeilen zu Anfang sind von mir gesetzt, also von mir umbrochen. Es handelt sich im Original um sehr prosaische Überlegungen einer Frau vor dem Spiegel. Handkes „linkshändiger Frau“. Alles, was ihr von mir zugemutet wurde, war die Brechung der Prosa in eine Form, die Lyrik zu sein vorgibt. Der Genauigkeit halber sei hinzugefügt, dass man dieses Experiment mit dem Text fast jeder Seite des Handkeschen Buchs durchführen könnte – nur dass der materielle Inhalt solchem Verfahren gelegentlich Widerstände entgegensetzt.

Die an zweiter Stelle folgende Prosapassage hingegen ist ursprünglich ein Gedicht, und zwar eines von Rolf-Dieter Brinkmann aus seinem von der Kritik hoch gelobten letzten Band „Westwärts 1 & 2“. Das originale Druckbild organisiert die Wörter und Sätze in recht beliebig wirkenden, gewissermaßen absichtslosen Zeilenbildern:

„Die Landschaft schwenkt.
Die eigenen Geräusche brauchst du auch.
Wenn du schreist, ist das eine Selbststimulation.
Ruf ein paar dreckige Wörter ...“
(und so fort).

Die Gegenüberstellung nötigt zu einer Frage, die Frage will eine Antwort:

III

Ist die Grenze zwischen Lyrik und Prosa beliebig, die „Aussage“ der Form, elementare Substanz aller dichterischen Gattungs-Lehre, hinfällig geworden? Sind Prosa und Lyrik herstellbar geworden durch den Setzer, das heißt, sind sie lediglich Resultat so oder so umbrochener Zeilen? Ist „das Gedicht“ nur mehr Alibiform für den, der nichts Umfangreiches zu sagen, nicht den Mut hat, das zu Sagende der einfältig scheinenden Prosaform anzuvertrauen? Fühlt andererseits „Prosa“ sich dispensiert von der Forderung nach weltbuntem Erzählen, nach aufbauend-komponierender Handlung, nach Geschichte und Geschehnis und bietet sich als leichthändig zu bewältigende Alibiform an da, wo das Gedicht ein höheres Maß von Strenge zu fordern scheint?

Es ist in der Tat so, dass die Grenzen der Gattungen verwischt, ja weitgehend aufgehoben sind. Das Problem ist so neu nicht, die aus ihm sich ergebenden Fakten stellen keine Sensation dar. Goethes grundgescheites Wort von den „Naturformen“ der Dichtung, mit dem er die gelehrte und aus der Antike überkommene Gattungs-Trias Epik-Lyrik-Dramatik charakterisierte, verweist auf Urgliederungen der gebundenen Aussage, der Dichtung also.

Da ist das *Gedicht*. Formal: knapp, konzentriert, streng stilisiert. Inhaltlich: nach innen gewandt. In der Haltung: ichbefangen, einnehmend, monologisch.

Da ist das *Epos*, der Roman. Formal: ausladend, ja ausschweifend erzählend. Inhaltlich: Welt liefernd und Welt aufschlüsselnd. In der Haltung: „objektiv“, extrovertiert, weitergehend.

Da ist schließlich das *Drama*. Formal: „pluralistisch“, das heißt, der Autor „singt“ nicht noch erzählt er, sondern er lässt andere Personen für sich reden („für sich“ im doppelten Sinne). Inhaltlich: Drama ist Lehrstück, Vorführung, ist Welt der Geschichte. In der Haltung: scheinbar die „objektivste“ Gattung, das Ich ist ausgelöscht, zumindest scheint es zu schweigen, und das Persönliche wird ins Allgemeine gehoben, so wie das Allgemeine exemplarisch „personalisiert“ wird. Auch diese Bestimmungen sind durch die Wirklichkeit, also die jeweiligen Texte in Frage gestellt, nicht hat Poesie sich den Gattungszwängen zu fügen (obwohl sie es oft getan hat, im Mittelalter etwa oder im 17. und 18. Jahrhundert), sondern sie hat kraft ihrer Eigenmächtigkeit Gattungen zu setzen. Immerhin aber ist doch Goethes organischer Begriff „Naturformen“ offenbar den Gegebenheiten gemäß, und mein Versuch, ihn skizzierend auszufüllen, wird als Arbeitshilfe zureichen.

Zurück zu unserer Frage nach der Verbindlichkeit des Gedicht-Begriffs hier und heute.

Meine erste These lautet:
Lyrik ist eine einfache Gattung. Sie bestimmt sich wenn nicht streng so doch klar durch Form und Gegenstand. Wo die ihr eigene Form (stilisierte Knappheit) und der ihr eigene Gegenstand (das arg strapazierte „lyrische Ich“) preisgegeben sind, wird Lyrik preisgegeben. Was bleibt, ist allenfalls noch „das Lyrische“.

Meine zweite These lautet:
Ein gut Teil dessen, was heute als Lyrik angeboten wird und prosperiert, ist stecken gebliebene Prosa, ist Schwundform des Essays, ist Tagebuch im Stammel-Ton. Wem das fehlt, was man wohl den epischen Atem oder den dramatischen Nerv nennt, der macht sich und uns gern glauben, Lyrik sei Säuseln und diffuses Licht. Dabei ist sie eine spröde, strenge und sehr entschiedene Sache. (1977)

Vergleichen, beziehen:
Wapnewskis Lyrikverständnis mit dem von Brinkmann vergleichen

Vergleichen, beziehen:
- Wapnewskis Auffassung von Lyrik mit der Auffassung anderer Schriftsteller (→ „Ich/Natur – Umgang mit Gedichten“) vergleichen
- Gedichtbeispiele und deren Form zur Veranschaulichung und Überprüfung der Auffassung Wapnewskis heranziehen

Bertolt Brecht

Der Lyriker braucht die Vernunft nicht zu fürchten

Vergleichen, beziehen:
- Brecht-Gedichte zur Überprüfung seiner Auffassung heranziehen
- Brechts Lyrik-Auffassung mit seinem Konzept des „epischen Theaters“ (S. 423 f.) auf gemeinsame Tendenzen hin untersuchen

Einige Leute, deren Gedichte ich lese, kenne ich persönlich. Ich wundere mich oft, daß mancher von ihnen in seinen Gedichten weit weniger Vernunft zeigt als in seinen sonstigen Äußerungen. Hält er Gedichte für reine Gefühlssache? Glaubt er, daß es überhaupt reine Gefühlssachen gibt? Wenn er so etwas glaubt, sollte er doch wenigstens wissen, daß Gefühle ebenso falsch sein können wie Gedanken. Das müßte ihn vorsichtig machen.

Einige Lyriker, besonders Anfänger, scheinen, wenn sie sich in Stimmung fühlen, Furcht zu haben, aus dem Verstand Kommendes könne die Stimmung verscheuchen. Dazu ist zu sagen, daß diese Furcht unbedingt eine törichte Furcht ist.

Wie man aus den Werkstättenberichten großer Lyriker weiß, handelt es sich bei ihren Stimmungen keineswegs um so oberflächliche, labile, leicht verfliegende Stimmungen, daß umsichtiges, ja nüchternes Nachdenken stören könnte. Die gewisse Beschwingtheit und Erregtheit ist der Nüchternheit keineswegs direkt entgegengesetzt. Man muß sogar annehmen, daß die Unlust, gedankliche Kriterien heranzulassen, auf eine tiefere Unfruchtbarkeit der betreffenden Stimmung hindeutet. Man sollte dann unterlassen, ein Gedicht zu schreiben.

Ist das lyrische Vorhaben ein glückliches, dann arbeiten Gefühl und Verstand völlig im Einklang. Sie rufen sich fröhlich zu: Entscheide du! *(1954)*

Hans Magnus Enzensberger

Scherenschleifer und Poeten

Vergleichen, beziehen:
- Enzensbergers Lyrikauffassung mit den Positionen von Brecht und Eich vergleichen
- Enzensbergers Position im Spannungsverhältnis von „poesie pure“ und „poesie engagée“ bestimmen und diskutieren

„Mein Gedicht ist mein Messer“ – aber es eignet sich nicht zum Kartoffelschälen. Wozu eignet es sich, wozu ist es zu gebrauchen? Diese Frage kann der Hersteller des Gedichts nur vorläufig beantworten, indem er nämlich dem Benutzer vorgreift, der in jedem Fall das letzte Wort hat. Wenn es nach mir ginge – und soweit es nach mir geht –, ist es die Aufgabe des Gedichts, Sachverhalte vorzuzeigen, die mit andern, bequemeren Mitteln nicht vorgezeigt werden können, zu deren Vorzeigung Bildschirme, Leitartikel, Industriemessen nicht genügen. Indem sie Sachverhalte vorzeigen, können Gedichte Sachverhalte ändern und neue hervorbringen. Gedichte sind also nicht Konsumgüter, sondern Produktionsmittel, mit deren Hilfe es dem Leser gelingen kann, Wahrheit zu produzieren. Da Gedichte endlich, beschränkt, kontingent sind, können mit ihrer Hilfe nur endliche, beschränkte, kontingente Wahrheiten produziert werden. Die Poesie ist daher ein Prozeß der Verständigung des Menschen mit sich und über ihn selbst, der nie zur Ruhe kommen kann.

Es nützt nichts, einen Sachverhalt vorzuzeigen, wenn keiner zusieht. Wahrheit kann nur produziert werden, wo mehr als ein Mensch zugegen ist. Deswegen müssen Gedichte an jemand gerichtet, für jemanden geschrieben sein. Mindestens müssen sie damit rechnen, andern vor Augen oder zu Ohren zu kommen. Es gibt kein Sprechen, das ein absolutes Sprechen wäre. So wie sich Messer von Hüten und Hüte von Körben unterscheiden, indem sie ihren Benutzern einmal das Zustechen, zum andern das Aufsetzen und Forttragen zumuten, so mutet jedes Gedicht seinem Leser ein anderes Lesen zu. Gedichte ohne Gestus gibt es nicht. Gedichte können Vorschläge unterbreiten, sie können aufwiegeln, analysieren, schimpfen, drohen, locken, warnen, schreien, verurteilen, verteidigen, anklagen, schmeicheln, fordern, wimmern, auslachen, verhöhnen, reizen, loben, erörtern, jubeln, fragen, verhören, anordnen, forschen, übertreiben, toben, kichern. Sie können jeden Gestus annehmen außer einem einzigen: dem, nichts und niemanden zu meinen, Sprache an sich und selig in sich selbst zu sein. Damit das, was vorgezeigt werden soll, beachtet wird, müssen Gedichte allerdings schön sein. Es muß ein Vergnügen sein, sie zu lesen. Weil die meisten Sachverhalte, die vorzuzeigen sind, schwieriger Natur sind, muß das Vergnügen, mit dem man

Gedichte liest, in aller Regel ein schwieriges Vergnügen sein.

Gedichteschreiber unterscheiden sich von anderen Leuten nicht in höherem Maß als Messerschmiede oder Hutmacher. Sie müssen wichtige Sachverhalte kennen und imstande sein, sie vorzuzeigen. Besondere Weihen stehen ihnen dafür nicht zu. Es ist nicht einzusehen, warum ihr Ruhm den der Hutmacher übertreffen, ihre Würde die der Scherenschleifer in den Schatten stellen, ihre Sterblichkeit oder Unsterblichkeit sich von der eines Postboten unterscheiden sollte. Auch verdienen ihre Gemütsbewegungen kein besonderes Interesse. Zornige Dichter sind weder günstiger noch ungünstiger zu beurteilen als liebenswürdige Dichter, und es besteht keine Veranlassung, tragische Seelenlagen einer unerschrockenen Lachlust vorzuziehen. Überlassen wir also die Gedichteschreiber getrost ihren Gefühlen. Gedichte sind allzumal fühllos, wie Messer: brauchbar oder unbrauchbar, das ist die Frage, die ich mir vorlege, wenn ich etwas geschrieben habe. Nicht immer ist sie leicht, selten ist sie günstig zu beantworten. Freilich, wer stellt sie schon? Die meisten Gedichteschreiber wollen gar nicht erst wissen, was sie herstellen, für wen und wozu. Kein Wunder, daß ihr, daß unser Beruf so lachhaft gering oder feierlich hoch geschätzt wird. „Er hat etwas Brauchbares gemacht“: dies Lob, das höchste, wird dem Gedichteschreiber selten zuteil. Dafür kann es dem Messerschmied, dem Scherenschleifer geschehen, daß ihm ein enthusiasmierter Kunde sagt: „Dieses Messer ist wirklich ein Gedicht“ – und läßt es in der Sonne funkeln. (Es folgt das Gedicht „Das Herz von Grönland“.)
(1961)

Vergleichen, beziehen:
Enzensbergers Auffassung von der Funktion des Gedichts mit seiner Medientheorie („Das digitale Evangelium“, S. 512/513) vergleichen

Günter Eich
Thesen zur Lyrik

Lyriker liefern zu ihren Gedichten die Poetik umsonst. Wie richtig sagt man sich beim einen, wie richtig beim andern, der das Gegenteil meint. Ratlos vor soviel Richtigkeit, tröstet man sich mit dem alten Fontane. Ja, es muss ein weites Feld sein.

Der zweite Grad der Erkenntnis: Da wird nicht von Gedichten gesprochen, sondern immer nur von den Gedichten des betreffenden Autors. Hier preist einer den richtigen Atem und man mag ihm zustimmen, auch wenn man von Gesundheit in der Lyrik nicht so viel hält.

Aber die Poetologen meinen *allgemeine* Gesetze gefunden zu haben. Ich erlaube mir zu widersprechen. Jedes neue Gedicht verändert die Theorien. Elfenbeinerner Turm und Engagement, Simplizität und Experiment schließen sich nicht aus, – es hat sich schon herumgesprochen.

Hundert Autoren – hundert verschiedene Möglichkeiten des Gedichts. Lange und kurze Gedichte, mittelkurze und mittellange.

So mit Skepsis gerüstet, sage ich einige Punkte meiner Poetik auf, eine private Wunschliste, weiter nichts, – das und so möchte ich schreiben:

Gedichte ohne die Dimension Zeit
Gedichte, die meditiert, nicht interpretiert werden müssen
Gedichte, die schön sind ohne Schönheit zu enthalten
Gedichte, in denen man sich zugleich ausdrückt und verbirgt
Unweise Gedichte
Direkte Gedichte

Die Liste kann fortgesetzt werden.

Lyrik ist überflüssig, unnütz, wirkungslos. Das legitimiert sie in einer utilitaristischen Welt. Lyrik spricht nicht die Sprache der Macht, – das ist ihr verborgener Sprengstoff.
(um 1968)

Anwenden, übertragen:
Eichs Thesen zur Lyrik in Beziehung setzen zu seinen Gedichten „Der große Lübbe-See“ (S. 78) und „Inventur“ (S. 345)

Vergleichen, beziehen:
Eichs letzte These mit der Auffassung Benns (S. 426 f.), Brechts und Enzensbergers vergleichen

3.3 Epik (Roman)

Marcel Reich-Ranicki
Über den Roman*

Der Romancier des neunzehnten Jahrhunderts habe sich, pflegt man zu sagen, göttliche Attribute zuerkannt. Jedenfalls wollte er ein Weltschöpfer sein. Er fühlte sich verpflichtet, die ganze Szene zu überblicken, und er bildete sich ein, sie tatsächlich auch überblicken zu können. Er maßte sich an, frei über seine Figuren verfügen zu dürfen. Er war sicher, alle ihre Taten und Empfindungen zu kennen, alle ihre Gedanken zu durchschauen. Ob er wie ein Gott waltete oder nicht – gewiss ist, dass er das Dasein für erkennbar hielt. Und das Erkennbare für erzählbar. Diese Überzeugung geht dem modernen Romancier ab.
Balzac, Tolstoj und Fontane verwandelten das Leben in deutliche und übersichtliche epische Landschaften. Proust, Kafka und Joyce, André Gide, Virgina Woolf und Faulkner hielten es hingegen für ihre künstlerische Pflicht, epische Landschaften zu entwerfen, die der Undeutlichkeit und der Unverständlichkeit des Lebens gerecht werden sollten. Die einen bewiesen, dass sich alles darstellen und daher auch deuten lässt. Die anderen zeigten, dass sich vieles nicht darstellen und kaum ahnen lässt. Die einen lösten Gleichungen auf, die anderen demonstrierten, dass die Gleichungen nicht aufgehen.
Dem Erzähler unseres Jahrhunderts musste somit die souveräne Manier des allwissenden und allgegenwärtigen, des allumfassenden und allmächtigen Autors fragwürdig und verdächtig, wenn nicht gar lächerlich und verlogen erscheinen. In der Omnipräsenz und der Omnipotenz, die seine klassischen Vorgänger für ihre selbstverständlichen Privilegien und Pflichten erachteten, sah er nicht mehr als eine veraltete, etwas rührende Konvention und eine nicht mehr erträgliche Fiktion. Daher verzichtete er freiwillig auf eine Macht, die, wie er meinte, auf einem leichtsinnigen und naiven Trugschluss beruhte: Er schränkte die Perspektive ein – meist auf die Erfahrungen und Erlebnisse eines einzigen Individuums. Er bezog alles auf diese eine Gestalt und schilderte bloß das, was von ihr wahrgenommen werden könnte. Und er hütete sich, sie das menschliche Dasein begreifen und die Zusammenhänge durchschauen zu lassen. So verbarg sich der Autor hinter dem Rücken seines Helden oder seines Icherzählers, was übrigens in vielen Fällen ein und dasselbe bedeutete.
Eine Erfindung der modernen Literatur ist die Perspektive des vorgeschobenen Berichterstatters natürlich nicht. Schon der Dichter der *Odyssee* hatte sie gekannt. Aber sie erfüllte jetzt eine andere Funktion: Es war das veränderte Verhältnis zum Leben, das die Veränderung des Blickwinkels zur Folge hatte. Er entsprach der Einsicht der Epiker in die Grenzen ihrer Möglichkeiten, er ergab sich aus der Erkenntnis, dass viele Wege der Kunst des neunzehnten Jahrhunderts nicht mehr begehbar waren und dass zu den Zielen nur noch Umwege führen konnten.
Gewiss, immer schon liebte es die Literatur, das Exemplarische mit Hilfe des Extremen sichtbar zu machen und das Zentrale im Exzentrischen zu suchen. Doch nie hatte die Vorliebe für das Indirekte so gute Gründe gehabt, nie war sie so radikal gewesen. Die Schriftstel-

Anwenden, übertragen:
Reich-Ranickis Auffassung an von ihm genannten Autoren und Romanen überprüfen

Diskutieren, erörtern:
Gilt Reich-Ranickis Charakterisierung des modernen Romans auch für den Gegenwartsroman seit 1945?

ler wandten sich dem Surrealen zu. Aber um der Realität willen. Sie verfremdeten das Leben. Um es zu vergegenwärtigen. Sie verschwiegen Gefühle. Um Gefühle zu provozieren. Sie erfanden den Anti-Helden und das Understatement. Um dem Heroischen und dem Pathos gerecht zu werden. Sie zeigten das Absurde. Um die Vernunft herauszufordern. Sie ließen den Wahnsinn ausbrechen. Um den Sinn kenntlich zu machen. So wurde die Negation zum entscheidenden Faktor der Kunst, der Literatur.
Diese Negation bezweckt indes nichts anderes als die Verdeutlichung der Phänomene. Die Denaturierung erfolgt um der Natur willen. Erst die Verunstaltung der Wirklichkeit ermöglicht ihre künstlerische Gestaltung. Erst aus der Deformation ergibt sich die neue Form. Die Fratze soll aufschrecken und dadurch das Antlitz beschwören. Mit anderen Worten: Die Entstellung des Menschen in der modernen Kunst dient seiner Darstellung.
(1986)

Theodor Fontane
Was soll ein Roman?*

Was soll ein Roman? Er soll uns, unter Vermeidung alles Übertriebenen und Hässlichen, eine Geschichte erzählen, an die wir *glauben*. Er soll zu unserer Fantasie und unserem Herzen sprechen, Anregung geben, ohne aufzuregen; er soll uns eine Welt der Fiktion auf Augenblicke als eine Welt der Wirklichkeit erscheinen, soll uns weinen und lachen, hoffen und fürchten, am Schluss aber empfinden lassen, teils unter lieben und angenehmen, teils unter charaktervollen und interessanten Menschen gelebt zu haben, deren Umgang uns schöne Stunden bereitete, uns förderte, klärte und belehrte.
Das etwa soll ein Roman. (...)
(...) „was soll der *moderne* Roman? Welche *Stoffe* hat er zu wählen? Ist sein Stoffgebiet unbegrenzt? Und wenn *nicht*, innerhalb welcher räumlich und zeitlich gezogenen Grenzen hat er am ehesten Aussicht, sich zu bewähren und die Herzen seiner Leser zu befriedigen?"
Für uns persönlich ist diese Fragen-Reihe entschieden. Der Roman soll ein Bild der Zeit sein, der wir selber angehören, mindestens die Widerspiegelung eines Lebens, an dessen Grenze wir selbst noch standen, oder von dem uns unsere Eltern noch erzählten. (...)
Noch einmal also: Der moderne Roman soll ein Zeitbild sein, ein Bild *seiner* Zeit. Alles Epochemachende, namentlich alles Dauernde, was die Erzählungsliteratur der letzten 150 Jahre hervorgebracht hat, entspricht im Wesentlichen dieser Forderung. Die großen englischen Humoristen dieses und des vorigen Jahrhunderts schilderten *ihre* Zeit; der französische Roman trotz des älteren Dumas, ist ein Sitten- und Gesellschafts-Roman; Jean Paul, Goethe, ja Freytag selbst (in „Soll und Haben") haben aus *ihrer* Welt und *ihrer* Zeit heraus geschrieben.
So die Regel. Aber, wie schon angedeutet, die Regel erleidet Ausnahmen. Wir zählen dahin den *dramatischen* Roman, den *romantischen* Roman und unter Umständen (aber freilich mit starken Einschränkungen) auch den *historischen* Roman. Diese haben das Vorrecht, die Frage nach dem Jahrhundert ignorieren und ihre Zelte allerorten und allerzeiten aufschlagen zu dürfen. *(1875)*

Vergleichen, beziehen:
Fontanes Romanverständnis mit der entsprechenden Darstellung bei Reich-Ranicki vergleichen

Anwenden, übertragen:
Fontanes Romanverständnis anhand eines seiner Romane überprüfen

Uwe Johnson

Vorschläge zur Prüfung eines Romans (Auszug)

Neu wäre ein Roman, der zu tun hat mit der Zeit, in der der Leser lebt.

Nicht etwa, dass wir binnen Jahresfrist in einem Roman jenes Ereignis finden müssten, das im vorigen Frühjahr die Gemüter der Nation und der Fernseher beschäftigte (wie überhaupt ein historischer Katalog aus Romanen nicht erwartet werden kann). (...)

Die Geschichte in einem Roman muss also mehr tun, als der Welt des Lesers etwas hinzufügen. Sie muss sie erweitern, zwar auch durch Neuigkeiten, gründlich aber durch Erfahrung, die der Leser aus Mangel an Zeit oder Erlaubnis bisher versäumte, sodass er wählen kann, ob er sie probieren will oder vermeiden. Das wäre was Neues. (...)

Zur „Schwierigkeit" neuartiger Romane:

Das Problem von Form und Inhalt darf nicht mehr sichtbar sein. Die Geschichte muss sich die Form auf den Leib gezogen haben. Die Form hat lediglich die Aufgabe, die Geschichte unbeschädigt zur Welt zu bringen. Sie darf vom Inhalt nicht mehr ablösbar sein. (...)

Zugegeben, die Manieren neuerer Romane können weit weg sein von den Wahrnehmungsfähigkeiten des Publikums. Wie in anderen Künsten auch.

Das mag ein Dilemma sein. Eine Alternative ist es nicht. (...)

Ein Roman ist keine revolutionäre Waffe.

Er bringt nicht unmittelbare politische Wirkung hervor. Die taktischen Aussichten sind ärmlich, strategische kaum nachweisbar.

Gedenken Sie der Millionen jenes Romans zum Weltkrieg I, und gedenken Sie der Millionen, die der Wehrdienstpflicht von 1935 gehorchten.

Gedenkt des Generals Friedrich Engels und seiner Auskunft an die bedauernswerte Miss Emma Harkness: sie habe ihren Roman verdorben, indem sie ihn für ihre politischen Absichten benutzte.

Warnung vor dem Hunde:

Wenn ein Roman als ein Ziel die Abschaffung eines bestimmten Gesetzes oder die Förderung einer politischen Gruppe ankündigt, bekommt Ihr nicht einen Roman, sondern, mit Glück, ein Behältnis mit Agitationsmaterial. Wenn eine politische Gruppe im Besitz der Macht bei den Romanschreibern des Landes eine Version der Vergangenheit in Auftrag gibt, wie sie nicht verlief, oder, ebenso, einer Gegenwart, wie sie sein sollte nach den Wünschen der Regierung, wird die Erinnerung an die tatsächlichen Vorgänge, desgleichen die Kenntnis davon, bei den Lesern die Oberhand behalten, und solche Romane werden schon als Information auf Gegenwehr stoßen.

Wozu also taugt der Roman?

Er ist ein Angebot. Sie bekommen eine Version der Wirklichkeit.

Es ist nicht eine Gesellschaft in der Miniatur und es ist kein maßstäbliches Modell. Es ist auch nicht ein Spiegel der Welt und weiterhin nicht ihre Widerspiegelung; es ist eine Welt, gegen die Welt zu halten.

Sie sind eingeladen diese Version der Wirklichkeit zu vergleichen mit jener, die Sie unterhalten und pflegen. Vielleicht passt der andere, der unterschiedliche Blick in die Ihre hinein.

Verteidigen Sie Ihre Unabhängigkeit bis zur letzten Seite des Buches. Wird Ihnen ausdrücklich gesagt, was der Roman zu sagen versuchte, ist dies der letzte Augenblick zur Entfernung des Buches. Sie haben sich das

Uwe Johnson und Max Frisch in Frankfurt am Main 1981

Vergleichen, beziehen:
Johnsons Auffassung von der Aufgabe des Romans mit anderen Auffassungen zur Funktion von Literatur vergleichen (siehe „Zur Rolle des Schriftstellers in der Gesellschaft", S. 426 ff.)

Anwenden, übertragen:
Johnsons „Prüfkriterien" eines Romans auf Romanbeispiele (→ „Spiegelungen", „Christa Wolf" und „Kontinente") anwenden und einschätzen

Recht erworben auf eine Geschichte. Die Lieferung einer Quintessenz oder einer Moral ist Bruch des Vertrages. Mit dem Roman ist die Geschichte versprochen.
Was dazu gesagt wird, sagen Sie.
Der Roman muss Sie unterhalten.
Unterhalten in allen Bedeutungen des Wortes: Wie man unterhalten werden kann durch ein Schauspiel, durch eine Musik, durch ein spielendes Kind; wie eine Brücke, ein Verkehr, ein Haushalt unterhalten wird.
Als ob Sie solcher Nachrichten von Ihren Nachbarn bedürftig wären.
Dann wäre zumindest Teilung der Arbeit festzustellen. Während Sie anders beschäftigt sind, beschafft der Romanschreiber Ihnen Unterhaltung und Information.
Dann hätte er seine Verantwortung gegenüber der Gesellschaft, sofern sie einseitig bestehen kann, erfüllt.
(1975)

Max Frisch
Beim Lesen

Carlo Levi, ein italienischer Maler, von den Faschisten für viele Jahre verbannt, schreibt das Buch seiner Verbannung, Schilderung einer wüstenhaften Gegend, einer fast heidnischen Hinterwelt, die eigentlich niemand kennt, auch die Italiener nicht; das Buch, anständig geschrieben, nicht außerordentlich, wird zum außerordentlichen Erfolg in Italien und darüber hinaus –
Warum?
Vermutlich aus dem gleichen Grund, warum Europa, das heutige, keine epische Dichtung mehr hat, wie die Amerikaner sie haben, wie die Russen sie haben könnten.

Räume unbekannten Lebens, unerfahrene Räume, Welt, die noch nicht geschildert worden ist, nennenswert als Fakt, das ist der Raum der Epik. Europa hat sich in allen landschaftlichen, in allen historischen, aber auch in fast allen gesellschaftlichen Räumen schon oft genug, meisterhaft genug, mehr als genug geschildert; die epische Eroberung, die die Dichtung junger Völker beherrscht, ist so weit noch möglich, wie es etwa in der Schweiz noch einzelne unbestiegene Nebengipfel geben mag; eine ganze Welt aber, eine entscheidend andere, eine Terra incognita, die unser Weltbild wesentlich verändern könnte, haben unsere Epiker nicht mehr abzugeben.

Episch ist die Schilderung, die Mitteilung, nicht die Auseinandersetzung – die Auseinandersetzung mit einer Welt, die nur insofern geschildert wird, als sie zur Auseinandersetzung unerläßlich ist, erfüllt sich im Drama, dort am lautersten; der Roman, der sich auseinandersetzt, ist schon eine epische Spätlese: – die kostümierte Essayistik bei Thomas Mann.

Schilderung – muß aber nicht die Schilderung einer vorhandenen Welt sein; es kann auch eine entworfene Welt sein. Am Anfang ist es das immer; die Sage. Und am Ende, gleichsam als letzte epische Chance, steht die Phantastik.
(Homer, Balzac, Kafka.)
Hinter der homerischen Lust, zu schildern, steht das schöpferische Bedürfnis, sich eine Welt zu geben. Die Epik, die homerische, als Mutter unsrer Welten: erst dadurch, daß eine Welt erzählt wird, ist sie da. Und erst wenn sie da ist, kann sie erobert werden, wie es heute noch die amerikanische Epik tut. Und erst wenn sie erobert ist, kann die Auseinandersetzung mit ihr beginnen –.
(Was mich an der amerikanischen Epik am meisten erregt: das Hinnehmende, die urteilfreie Neugierde, das aufregende Ausbleiben der Reflexion.)

Terra incognita – wenn es stimmt, daß dies der Raum der echten Epik ist, ließe sich ja denken, daß das Neue an unsrer Gegenwart, das Nie-Gewesene beispielsweise der zerstörten Städte, eine epische Chance darstelle. Warum stimmt das nicht? Weil es wesentlich keine neue Welt ist, die da ans Licht zu heben wäre durch epische Entdeckung; sondern durch das zerstörte Gesicht jener alten, die wir kennen, und nennenswert nur in der Abweichung, will sagen: die Ruine setzt voraus, daß wir ihre frühere Ganzheit kennen oder ahnen, sie ist wenig ohne die Folie ihres Gestern, nennenswert nur durch Vergleich, durch Reflexion –. *(1948)*

Vergleichen, beziehen:
- Frischs Romanverständnis mit dem Johnsons vergleichen
- sein Romanverständnis auf einen seiner Romane beziehen

Klaus Modick

Sechs goldene Regeln für den sicheren Weg zum Erfolgsroman*

Angesichts der Stapelware so genannter Erfolgsromane, die gebirgsgleich in den Buchhandlungen aufragen, fragt sich unsereiner, dessen Werke in der Abseitigkeit von Regalen eine Existenz mit dem Rücken zur Wand fristen, gelegentlich nicht ohne Neid nach den tieferen Geheimnissen der Bestseller-Produktion.

Im Herbst der irrwitzigsten Bestseller-Materialschlacht, die der deutsche Buchmarkt je erlebt hat, wollte ich es endlich genau wissen und schmökerte mich durch die Neuheiten so einschlägig bekannter Erfolgsautoren wie Isabel Allende, Ken Follett, Marianne Fredriksson, Amelie Fried, Noah Gordon und Tom Wolfe. Als Ergebnis dieser aufopferungsvollen Lektüre erschloss sich mir das ultimative, aus sechs goldenen Regeln bestehende Erfolgsrezept.

~

1. „Die Welt ist groß und das Leben lang“ (Allende) oder: Handlung ist alles! Das Liebesleben Jesu und die Evangelien als patriarchalisches Machtinstrument (Fredriksson), die feine Welt des alten Valparaiso und der Goldrausch in Kalifornien (Allende), die spanische Inquisition mit ihren Judenverfolgungen und, weil nur Medicus drin ist, wo Medicus draufsteht, mittendrin der gute Doktor (Gordon), ein künstliches Erdbeben in Kalifornien (Follett), der legendäre amerikanische Süden und die Hochfinanz (Wolfe) – der Bestseller kleckert nicht, sondern klotzt weltgeschichtlich, oder wenn er doch kleckert wie im Fall Amelie Fried, müssen eben Mord und Vergewaltigung das Provinzielle ins Monströse wuchten. Schopenhauers Einsicht, es sei nicht Aufgabe des Romanciers große Ereignisse darzustellen, sondern kleine interessant zu machen, hat ausgedient. Nicht die Darstellung, nicht das literarische Wie bestimmt diese Bücher, sondern ihre gewaltigen oder zumindest gewaltig aufgeblasenen Gegenstände, das Was.

~

2. „Ausgesprochen attraktiv“ (Fried) oder: Stil ist nichts! Bestseller müssen nicht nur schnell umgeschlagen, sie wollen auch schnell konsumiert werden. Solche Bücher werden nicht gelesen, sie werden verschlungen. Daher die Plättung und Konventionalisierung der Sprache, die gedanklich und sprachlich völlige Reibungslosigkeit erzeugt. Nichts darf irritieren, nichts innehalten lassen. Hier soll gelesen, nicht nachgedacht werden.

Ob bei Follett die Haut „makellos“ oder bei Wolfe „wunderschön weiß“ ist, ob bei Allende das Lachen „kristallklar“ ist und „Augen aus Stahl“ sind, ob uns Fried Typen vorsetzt, die „ausgesprochen attraktiv“ aussehen oder, der Einfachheit halber, ein „Durchschnittsgesicht ohne besondere Auffälligkeiten“ haben – in solcher Prosa, die auf der Müllkippe der wohlfeilsten und abgenutztesten Adjektive ihr Material aufsammelt, herrscht überall die schlichte Charakterisierungsmethode des Abziehbilds.

> **TOM WOLFE**
> EIN GANZER KERL
> *Roman. Aus dem Amerikanischen von Benjamin Schwarz*
> *926 S.*
>
> **MARIANNE FREDRIKSSON**
> MARIA MAGDALENA
> *Roman. Aus dem Schwedischen von Senta Kapoun*
> *284 S.*
>
> **KEN FOLLETT**
> DIE KINDER VON EDEN
> *Roman. Aus dem Englischen von Till R. Lobmeyer und Wolfgang Neuhaus*
> *528 S.*

~

3. „Stampf, brännnng, trrrilll.“ (Wolfe) oder: Mut zur Sprechblase! Wo Beine „tschok, tschok, tschok“ (Fried) oder

„stampf stampf stampf“ (Wolfe) und Herzen „tak-tarak-tak“ (Fried) machen, wo Alarmanlagen „brännnng brännng“ und Klospülungen „gluckgluckgluck“, zur Abwechslung aber auch „glug glug glug“ (Wolfe) tönen, und wo Sex – „so intensiv wie lange nicht mehr“ – sich so anhört: „Aaaah, ooohh, ja, oh ja“ (Fried), da finden wir uns in einer infantilen Sprechblasenrhetorik wieder, die keine Mühe mehr darauf verwendet, die Phänomene sprachlich zu gestalten. Die Menschen und Welten dieser Bücher werden deshalb literarisch auch eigentlich nicht mehr geschaffen, werden durch Sprache nicht her- und dargestellt, sondern es sind behauptete Figuren, die sich stets auf sprachlich vertrautem Gelände bewegen, mag es sich noch so exotisch und pittoresk gebärden. Daher die Ikea-Idylle, in die Fredriksson ihren biblischen Votivkitsch tunkt, daher die aseptische Wartezimmer-Atmosphäre im Gemetzel der Inquisition bei Noah Gordon, der Blockflötencharme der „Bedrohlichkeit“ bei Fried und die romantische Gemütlichkeit von Allendes Wildem Westen.

AMELIE FRIED
DER MANN VON NEBENAN
Roman. 320 S.

NOAH GORDON
DER MEDICUS VON SARAGOSSA
Roman. Aus dem Amerikanischen von Klaus Berr
512 S.

ISABEL ALLENDE
FORTUNAS TOCHTER
Roman. Aus dem Spanischen von Lieselotte Kolanoske
486 S.

4. „Ständer wie ein Flaggenmast“ (Follett) oder: *Sex sells*! Die Gemeuchelten und Vergewaltigten sind in diesen Büchern Legion. Gewalt verkauft sich gut und sie verkauft sich noch besser, wenn sie mit Sex verkuppelt wird. Dessen Spielarten reichen von „Pobacken und Brüsten“ aus frischen Brötchen (Fried) bis zu „Titten wie gezückte Pistolen“ (Follett), von der zarten „Knospe der Klitoris“ (Allende) bis zum Medicus-korrekten „knapp erbsengroßen Organ“, dem „Quell weiblicher Erregung“ (Gordon) und kulminieren bei Wolfe zum kosmischen Orgasmus: „Die Planeten kollidieren. Die Erde schwankt. Sex! Wollust! Unaufhaltsam!“

5. „Süße der Nächte“ (Fredriksson) oder: *Kitsch as kitsch can*! Vorm Kitsch ist vor allem den drei Autorinnen nicht bang; wenn bei Fried etwa ein See „zauberhaft und unberührt“ vor sich hin träumt und das Herz der Allende'schen Heroine immer mal wieder „Galopp läuft“. Als Meisterin des Schmiermittels fürs Sentiment entpuppt sich allerdings Fredriksson, deren Roman von A bis Z in Schmalz gehauen ist. Da „flüstert der Wind in hohen Zypressen“ und die Puff erprobte Maria, die Jesus zum Manne macht, lässt „die Lust über Schenkel und Brüste fließen“. In einer sich edel gebenden Einfalt wird ununterbrochen von Unsagbarem, Besinnlichem, Schicksalhaftem und Unergründlichem geraunt. Denken verboten! Schließlich habe schon Jesus nicht zum Verstand, sondern zum Herzen gesprochen. Und das tun diese Bücher mehr oder minder alle.

6. „In Gottes Hand“ (Gordon) oder: Alles wird gut! Erfolgsromane dieses Schlags sind in der Literatur, was in der Musik der Schlager ist. „Sehnsucht nach Zärtlichkeit und Ordnung“ (Allende) findet hier ihre kalkulierte Befriedigung. Wenn Wolfes fulminanter Kotzbrocken Croker am Ende zum Stoizismus predigenden Gutmenschen mutiert, Maria Magdalena dem Puff entsagt, Allendes Heldin im Hafen der glücklichen Ehe festmacht oder der gebeutelte Jude von Saragossa auf Gott vertraut, ist alle Wirrnis der Plots geglättet und die Welt in jener Ordnung, in der sie noch nie war.

P.S.: Und weil ich jetzt endlich weiß, wie's gemacht wird, fang ich gleich morgen an, meinen ersten Bestseller zu schreiben. Unter Pseudonym.
(1999)

Diskutieren, erörtern:
Modicks Kritik am Trivialroman

3.4 Drama

Aristoteles
Poetik (Auszug)

Die Tragödie ist die Nachahmung einer edlen und abgeschlossenen Handlung von einer bestimmten Größe in gewählter Rede, derart, dass jede Form solcher Rede in gesonderten Teilen erscheint und dass gehandelt und nicht berichtet wird und dass mit Hilfe von Mitleid[1] und Furcht[2] eine Reinigung[3] von eben derartigen Affekten bewerkstelligt wird. (...)
Da der Aufbau der Tragödie, wenn sie so schön als möglich sein soll, nicht einfach sein darf, sondern verschlungen, und da sie Nachahmung von Furcht- und Mitleiderregendem sein soll (denn dies ist die Eigenart dieser Nachahmung), so ist es zuerst klar, dass nicht anständige Leute beim Umschlag von Glück in Unglück gezeigt werden sollen (denn dies erzeugt nicht Furcht oder Mitleid, sondern Widerwillen) und auch nicht der Übergang schlechter Menschen von Unglück zu Glück (denn dies läuft der Tragödie völlig zuwider, da keine der geforderten Wirkungen sich einstellt: Es ist weder menschenfreundlich noch Mitleid erregend, noch erschreckend) noch darf der gar zu Schlechte von Glück in Unglück stürzen (eine solche Erfindung ist zwar menschenfreundlich, enthält aber weder Furcht noch Mitleid; Mitleid entsteht nur, wenn der, der es nicht verdient, ins Unglück gerät, Furcht, wenn es jemand ist, der dem Zuschauer ähnlich ist. Also entsteht in diesem Fall weder das eine noch das andere).
Es bleibt also nur der Fall dazwischen übrig. Er tritt ein, wenn einer weder an Tugend und Gerechtigkeit ausgezeichnet ist noch durch Schlechtigkeit und Gemeinheit ins Unglück gerät, sondern dies erleidet durch irgendeinen Fehler. Und zwar muss er zu denjenigen zählen, die großen Ruhm und Glück gehabt haben, wie Oedipus oder Thyestes oder andere berühmte Männer aus einem solchen Geschlechte.
(um 330 v. u. Z.)

[1] griech.: ἔλεος (éleos)
[2] griech.: φόβος (phóbos)
[3] griech.: κάθαρσις (kátharsis)

Untersuchen, erkunden:
- sich über das antike „Mimesis“-Konzept informieren und Aristoteles' Tragödiendefinition (Z. 1–9) erläutern
- die „Katharsis“-Theorie als eine psychologische Wirkungstheorie der Tragödie analysieren; dazu die griechischen Begriffe ἔλεος (= Jammer) und φόβος (= Schauder) mit den lateinischen Übersetzungsbegriffen misericordia (= Mitleid) und metus (= Furcht) vergleichen und die ethisch-christliche Umdeutung der Auffassung des Aristoteles klären
- Aristoteles' Figurenkonzept des „mittleren Helden“ am Text untersuchen

Vergleichen, beziehen:
Aristoteles' Tragödientheorie mit Brechts „anti-aristotelischem“ Konzept des „epischen Theaters“ vergleichen (vgl. S. 423 f.)

Katharsis (griechisch „Reinigung“): Zentralbegriff der Tragödientheorie des Aristoteles („Poetik“). Danach löst die Tragödie, indem sie „Jammer“ und „Schaudern“ (griechisch éleos und phóbos) bewirkt, eine „Reinigung“ des Zuschauers „von eben derartigen Affekten“ aus. „Jammer“ und „Schaudern“ waren bei Aristoteles in erster Linie als seelische Erregungszustände aufgefasst, die sich in heftigen körperlichen Prozessen äußern. Die neuzeitliche Diskussion des Katharsisbegriffs setzte mit dem Humanismus ein. Die übliche Wiedergabe von griechisch éleos („Jammer“) und phóbos („Schaudern“) durch lateinisch misericordia („Mitleid“) und lateinisch metus („Furcht“; neben terror „Schrecken“) bedeutete dabei im Ansatz eine Neuinterpretation des Aristoteles. Der Begriff wurde ethisch gedeutet als Reinigung von den Leidenschaften, die in der Tragödie zur Darstellung kommen. Für G. E. Lessing („Hamburgische Dramaturgie“, 1767 bis 1769, 73.–78. Stück) war der entscheidende Affekt, den die Tragödie beim Zuschauer auslöst, das Mitleid; Furcht wurde diesem untergeordnet; unter Katharsis verstand er die „Verwandlung“ der durch die Tragödie erregten Affekte „in tugendhafte Fertigkeiten“. Nach Goethes Aristotelesinterpretation war die Katharsis die alle Leidenschaften ausgleichende „aussöhnende Abrundung“ der Tragödie.
(aus: Schüler-DUDEN Literatur)

Gotthold Ephraim Lessing

Hamburgische Dramaturgie (Auszug)

(75. Stück, den 19. Januar 1768)

Er, Aristoteles, ist es gewiss nicht, der die mit Recht getadelte Einteilung der tragischen Leidenschaften in Mitleid und Schrecken gemacht hat. Man hat ihn falsch verstanden, falsch übersetzt. Er spricht von Mitleid und Furcht, nicht von Mitleid und Schrecken; und seine Furcht ist durchaus nicht die Furcht, welche uns das bevorstehende Übel eines anderen, für diesen andern, erweckt, sondern es ist die Furcht, welche aus unserer Ähnlichkeit mit der leidenden Person für uns selbst entspringt; es ist die Furcht, dass die Unglücksfälle, die wir über diese verhänget sehen, uns selbst treffen können; es ist die Furcht, dass wir der bemitleidete Gegenstand selbst werden können. Mit einem Worte: Diese Furcht ist das auf uns selbst bezogene Mitleid. (...)

Es beruhet aber alles auf dem Begriffe, den sich Aristoteles von dem Mitleiden gemacht hat. Er glaubte nämlich, dass das Übel, welches der Gegenstand unsers Mitleidens werden solle, notwendig von der Beschaffenheit sein müsse, dass wir es auch für uns selbst, oder für eines von den Unsrigen, zu befürchten hätten. Wo diese Furcht nicht sei, könne auch kein Mitleiden stattfinden. Denn weder der, den das Unglück so tief herabgedrückt habe, dass er weiter nichts für sich zu fürchten sähe, noch der, welcher sich so vollkommen glücklich glaube, dass er gar nicht begreife, woher ihm ein Unglück zustoßen könne, weder der Verzweifelnde noch der Übermütige, pflege mit andern Mitleid zu haben. Er erkläret daher auch das Fürchterliche und das Mitleidswürdige, eines durch das andere. Alles das, sagt er, ist uns fürchterlich, was, wenn es einem andern begegnet wäre oder begegnen sollte, unser Mitleid erwecken würde: Und alles das finden wir mitleidswürdig, was wir fürchten würden, wenn es uns selbst bevorstünde. Nicht genug also, dass der Unglückliche, mit dem wir Mitleiden haben sollen, sein Unglück nicht verdiene, ob er es sich schon durch irgendeine Schwachheit zugezogen: Seine gequälte Unschuld oder vielmehr seine zu hart heimgesuchte Schuld sei für uns verloren, sei nicht vermögend unser Mitleid zu erregen, wenn wir keine Möglichkeit sähen, dass uns sein Leiden auch treffen könne. Diese Möglichkeit aber finde sich alsdenn und könne zu einer großen Wahrscheinlichkeit erwachsen, wenn ihn der Dichter nicht schlimmer mache, als wir gemeiniglich zu sein pflegen, wenn er ihn vollkommen so denken und handeln lasse, als wir in seinen Umständen würden gedacht und gehandelt haben oder wenigstens glauben, dass wir hätten denken und handeln müssen: Kurz, wenn er ihn mit uns von gleichem Schrot und Korne schildere. Aus dieser Gleichheit entstehe die Furcht, dass unser Schicksal gar leicht dem seinigen eben so ähnlich werden könne, als wir ihm zu sein uns selbst fühlen: Und diese Furcht sei es, welche das Mitleid gleichsam zur Reife bringe.

So dachte Aristoteles von dem Mitleiden und nur hieraus wird die wahre Ursache begreiflich, warum er in der Erklärung der Tragödie, nächst dem Mitleiden, nur die einzige Furcht nannte. Nicht als ob diese Furcht hier eine besondere, von dem Mitleiden unabhängige Leidenschaft sei, welche bald mit bald ohne dem Mitleid, so wie das Mitleid bald mit bald ohne ihr, erreget werden könne; welches die Missdeutung des Corneille war: sondern weil, nach seiner Erklärung des Mitleids, dieses die Furcht notwendig einschließt; weil nichts unser Mitleid erregt, als was zugleich unsere Furcht erwecken kann. *(1768)*

Titelblatt der Ausgabe von 1779

Am Text erarbeiten:
Lessings Umdeutung der aristotelischen „psychologischen“ Katharsis-Theorie in eine aufklärerisch-ethische Wirkungstheorie des Theaters

Anwenden, übertragen:
Lessings Tragödienverständnis am Beispiel seines „Bürgerlichen Trauerspiels“ „Emilia Galotti“ veranschaulichen

Friedrich Schiller

Die Schaubühne als moralische Anstalt betrachtet (Auszug)

Die Gerichtsbarkeit der Bühne fängt an, wo das Gebiet der weltlichen Gesetze sich endigt. Wenn die Gerechtigkeit für Gold verblindet und im Solde der Laster schwelgt, wenn die Frevel der Mächtigen ihrer Ohnmacht spotten und Menschenfurcht den Arm der Obrigkeit bindet, übernimmt die Schaubühne Schwert und Waage und reißt die Laster vor einen schrecklichen Richterstuhl. Das ganze Reich der Fantasie und Geschichte, Vergangenheit und Zukunft stehen ihrem Wink zu Gebot. Kühne Verbrecher, die längst schon im Staub vermodern, werden durch den allmächtigen Ruf der Dichtkunst jetzt vorgeladen und wiederholen zum schauervollen Unterricht der Nachwelt ein schändliches Leben. Ohnmächtig, gleich den Schatten in einem Hohlspiegel, wandeln die Schrecken ihres Jahrhunderts vor unsern Augen vorbei und mit wollüstigem Entsetzen verfluchen wir ihr Gedächtnis. Wenn keine Moral mehr gelehrt wird, keine Religion mehr Glauben findet, wenn kein Gesetz mehr vorhanden ist, wird uns Medea noch anschauern, wenn sie die Treppen des Palastes herunterwankt und der Kindermord jetzt geschehen ist. Heilsame Schauer werden die Menschheit ergreifen und in der Stille wird jeder sein gutes Gewissen preisen, wenn Lady Macbeth, eine schreckliche Nachtwandlerin, ihre Hände wäscht und alle Wohlgerüche Arabiens herbeiruft, den hässlichen Mordgeruch zu vertilgen. Wer von uns sah ohne Beben zu, wen durchdrang nicht lebendige Glut zur Tugend, brennender Hass des Lasters, als, aufgeschreckt aus Träumen der Ewigkeit, von den Schrecknissen des *nahen* Gerichts umgeben, Franz von Moor aus dem Schlummer sprang, als er, die Donner des erwachten Gewissens zu übertäuben, Gott aus der Schöpfung leugnete und seine gepresste Brust, zum letzten Gebete vertrocknet, in frechen Flüchen sich Luft machte? – –

(...)

Es ist nicht Übertreibung, wenn man behauptet, dass diese auf der Schaubühne aufgestellten Gemälde mit der Moral des gemeinen Manns endlich in eins zusammenfließen und in einzelnen Fällen seine Empfindung bestimmen. Ich selbst bin mehr als einmal ein Zeuge gewesen, als man seinen ganzen Abscheu vor schlechten Taten in dem Scheltwort zusammenhäufte: Der Mensch ist ein Franz Moor. Diese Eindrücke sind unauslöschlich und bei der leisesten Berührung steht das ganze abgeschreckende Kunstgemälde im Herzen des Menschen wie aus dem Grabe auf. So gewiss sichtbare Darstellung mächtiger wirkt als toter Buchstabe und kalte Erzählung, so gewiss wirkt die Schaubühne tiefer und dauernder als Moral und Gesetze. (...)

Die Schaubühne ist die Stiftung, wo sich Vergnügen mit Unterricht, Ruhe mit Anstrengung, Kurzweil mit Bildung gattet, wo keine Kraft der Seele zum Nachteil des andern gespannt, kein Vergnügen auf Unkosten des Ganzen genossen wird. Wenn Gram an dem Herzen nagt, wenn trübe Laune unsre einsamen Stunden vergiftet, wenn uns Welt und Geschäfte anekeln, wenn tausend Lasten unsre Seelen drücken und unsre Reizbarkeit unter Arbeiten des Berufs zu ersticken droht, so empfängt uns die Bühne – in dieser künstlichen Welt träumen wir die wirkliche hinweg, wir werden uns selbst wiedergegeben, unsre Empfindung erwacht, heilsame Leidenschaften erschüttern unsre schlummernde Natur und treiben das Blut in frischeren Wallungen. Der Unglückliche weint hier mit fremdem Kummer seinen eigenen aus – der Glückliche wird nüchtern und der Sichere besorgt. Der empfindsame Weichling härtet sich zum Manne, der rohe Unmensch fängt hier zum ersten Mal zu empfinden an. Und dann endlich – welch ein Triumph für dich, Natur – so oft zu Boden getretene, so oft wieder auferstehende Natur – wenn Menschen aus allen Kreisen und Zonen und Ständen, abgeworfen jede Fessel der Künstelei und der Mode, herausgerissen aus jedem Drange des Schicksals, durch *eine* allwebende Sympathie verbrüdert, in *ein* Geschlecht wieder aufgelöst, ihrer selbst und der Welt vergessen und ihrem himmlischen Ursprung sich nähern. Jeder Einzelne genießt die Entzückungen aller, die verstärkt und verschönert aus hundert Augen auf ihn zurückfallen und seine Brust gibt jetzt nur *einer* Empfindung Raum – es ist diese: ein *Mensch* zu sein. *(1784)*

Vergleichen, beziehen:
- Schillers Wirkungstheorie mit der „Katharsis"-Theorie bei Aristoteles und Lessing vergleichen.
- Schillers „Schaubühne"-Konzept mit seinem Konzept der „ästhetischen Erziehung des Menschen" (vgl. S. 288 f.) vergleichen

Anwenden, übertragen:
Schillers Theaterverständnis am Beispiel seiner Tragödie „Maria Stuart" erläutern

Bertolt Brecht

Über experimentelles Theater (Auszug)

Diesen Vortrag hielt Brecht am 4. Mai 1939 vor Mitgliedern der Studentenbühne in Stockholm.

→ Gegenüberstellung des dramatischen und epischen Theaters, S. 322 f.

Die Einfühlung ist ein Grundpfeiler der herrschenden Ästhetik. Schon in der großartigen Poetik des Aristoteles wird beschrieben, wie die Katharsis, das heißt die seelische Läuterung des Zuschauers, vermittels der *Mimesis* herbeigeführt wird. Der Schauspieler ahmt den Helden nach (den Oedipus oder Prometheus), und er tut es mit solcher Suggestion und Verwandlungskraft, daß der Zuschauer ihn darin nachahmt und sich so in Besitz der Erlebnisse des Helden setzt. Hegel, der meines Wissens die letzte große Ästhetik verfaßt hat, verweist auf die Fähigkeit des Menschen, angesichts der vorgetäuschten Wirklichkeit die gleichen Emotionen zu erleben wie angesichts der Wirklichkeit selber. Was ich Ihnen nun berichten wollte, ist, daß eine Reihe von Versuchen, vermittels der Mittel des Theaters ein praktikables Weltbild herzustellen, zu der verblüffenden Frage geführt haben, ob es zu diesem Zweck nicht notwendig sein wird, die Einfühlung mehr oder weniger preiszugeben.

Faßt man nämlich die Menschheit mit all ihren Verhältnissen, Verfahren, Verhaltensweisen und Institutionen nicht als etwas Feststehendes, Unveränderliches auf und nimmt man ihr gegenüber die Haltung ein, die man der Natur gegenüber mit solchem Erfolg seit einigen Jahrhunderten einnimmt, jene kritische, auf Veränderungen ausgehende, auf die Meisterung der Natur abzielende Haltung, dann kann man die Einfühlung nicht verwenden. Einfühlung in änderbare Menschen, vermeidbare Handlungen, überflüssigen Schmerz und so weiter ist nicht möglich. (...)

Die Einfühlung ist das große Kunstmittel einer Epoche, in der der Mensch die Variable, seine Umwelt die Konstante ist. Einfühlen kann man sich nur in den Menschen, der seines Schicksals Sterne in der eigenen Brust trägt, ungleich uns.

Es ist nicht schwer, einzusehen, daß das Aufgeben der Einfühlung für das Theater eine riesige Entscheidung, vielleicht das größte aller denkbaren Experimente bedeuten würde.

Die Menschen gehen ins Theater, um mitgerissen, gebannt, beeindruckt, erhoben, entsetzt, ergriffen, gespannt, befreit, zerstreut, erlöst, in Schwung gebracht, aus ihrer eigenen Zeit entführt, mit Illusionen versehen zu werden. All dies ist so selbstverständlich, daß die Kunst geradezu damit definiert wird, daß sie befreit, mitreißt, erhebt und so weiter. Sie ist gar keine Kunst, wenn sie das nicht tut.

Die Frage lautete also: Ist Kunstgenuß überhaupt möglich ohne Einfühlung oder jedenfalls auf einer andern Basis als der Einfühlung?

Was konnte eine solche neue Basis abgeben? Was konnte an die Stelle von *Furcht* und *Mitleid* gesetzt werden, des klassischen Zwiegespanns zur Herbeiführung der aristotelischen Katharsis? Wenn man auf die Hypnose verzichtet, an was konnte man appellieren? Welche Haltung sollte der Zuhörer einnehmen in den neuen Theatern, wenn ihm die traumbefangene, passive, in das Schicksal ergebene Haltung verwehrt wurde? Er sollte nicht mehr aus seiner Welt in die Welt der Kunst entführt, nicht mehr gekidnappt werden; im Gegenteil sollte er in seine reale Welt eingeführt werden, mit wachen Sinnen. War es möglich, etwa anstelle der Furcht vor dem Schicksal die Wissensbegierde zu setzen, anstelle des Mitleids die Hilfsbereitschaft? Konnte man damit einen neuen Kontakt schaffen zwischen Bühne und Zuschauer, konnte das eine neue Basis für den Kunstgenuß abgeben?

Ich kann die neue Technik des Dramenbaus, des Bühnenbaus und der Schauspielweise, mit der wir Versuche anstellten, hier nicht beschreiben. Das Prinzip besteht darin, anstelle der Einfühlung die *Verfremdung* herbeizuführen.

Was ist Verfremdung? (...)

Verfremden heißt Historisieren, heißt Vorgänge und Personen als historisch, also als vergänglich darstellen. Dasselbe kann natürlich auch mit Zeitgenossen geschehen, auch ihre Haltungen können als zeitgebunden, historisch, vergänglich dargestellt werden.

Was ist damit gewonnen? Damit ist gewonnen, daß der Zuschauer die Menschen auf der Bühne nicht mehr als ganz unänderbare, unbeeinflußbare, ihrem Schicksal hilflos ausgelieferte dargestellt sieht. Er sieht: die-

Am Text erarbeiten: Brechts Konzept des „epischen Theaters"

Vergleichen, beziehen: Brechts wirkungsorientiertes Konzept des „epischen Theaters" mit demjenigen von Aristoteles und Lessing vergleichen ser Mensch ist so und so, weil die Verhältnisse so und so sind. Und die Verhältnisse sind so und so, weil der Mensch so und so ist. Er ist aber nicht nur so vorstellbar, wie er ist, sondern auch anders, so wie er sein könnte, und auch die Verhältnisse sind anders vorstellbar, als sie sind. Damit ist gewonnen, daß der Zuschauer im Theater eine neue Haltung bekommt. Er bekommt den Abbildern der Menschenwelt auf der Bühne gegenüber jetzt dieselbe Haltung, die er als Mensch dieses Jahrhunderts der Natur gegenüber hat. Er wird auch im Theater empfangen als der große Änderer, der in die Naturprozesse und die gesellschaftlichen Prozesse einzugreifen vermag, der die Welt nicht mehr nur hinnimmt, sondern sie meistert. Das Theater versucht nicht mehr, ihn besoffen zu machen, ihn mit Illusionen auszustatten, ihn die Welt vergessen zu machen, ihn mit seinem Schicksal auszusöhnen. Das Theater legt ihm nunmehr die Welt vor zum Zugriff.

(1939)

Anwenden, übertragen:
Brechts Konzept des „epischen Theaters“ an einem seiner Dramen abprüfen und erläutern

Friedrich Dürrenmatt

Über Tragödie und Komödie (Auszug)

Die Tragödie setzt Schuld, Not, Maß, Übersicht, Verantwortung voraus. In der Wurstelei unseres Jahrhunderts, in diesem Kehraus der weißen Rasse, gibt es keine Schuldigen und auch keine Verantwortlichen mehr. Alle können nichts dafür und haben es nicht gewollt. Es geht wirklich ohne jeden. Alles wird mitgerissen und bleibt in irgendeinem Rechen hängen. Wir sind zu kollektiv schuldig, zu kollektiv gebettet in die Sünden unserer Väter und Vorväter. Wir sind nur noch Kindeskinder. Das ist unser Pech, nicht unsere Schuld: Schuld gibt es nur noch als persönliche Leistung, als religiöse Tat. Uns kommt nur noch die Komödie bei. Unsere Welt hat ebenso zur Groteske geführt wie zur Atombombe, wie ja die apokalyptischen Bilder des Hieronymus Bosch auch grotesk sind. Doch das Groteske ist nur ein sinnlicher Ausdruck, ein sinnliches Paradox, die Gestalt nämlich einer Ungestalt, das Gesicht einer gesichtslosen Welt und genau so wie unser Denken ohne den Begriff des Paradoxen nicht mehr auszukommen scheint, so auch die Kunst, unsere Welt, die nur noch ist, weil die Atombombe existiert: Aus Furcht vor ihr.

Doch ist das Tragische immer noch möglich, auch wenn die reine Tragödie nicht mehr möglich ist. Wir können das Tragische aus der Komödie heraus erzielen, hervorbringen als einen schrecklichen Moment, als einen sich öffnenden Abgrund, so sind ja schon viele Tragödien Shakespeares Komödien, aus denen heraus das Tragische aufsteigt.

Nun liegt der Schluß nahe, die Komödie sei der Ausdruck der Verzweiflung, doch ist dieser Schluß nicht zwingend. Gewiß, wer das Sinnlose, das Hoffnungslose dieser Welt sieht, kann verzweifeln, doch ist diese Verzweiflung nicht eine Folge dieser Welt, sondern eine Antwort, die er auf diese Welt gibt, und eine andere Antwort wäre sein Nichtverzweifeln, sein Entschluß etwa, die Welt zu bestehen.

(...)

Die Brechtsche These, die er in seiner Straßenszene entwickelt, die Welt als Unfall hinzustellen und nun zu zeigen, wie es zu diesem Unfall gekommen sei, mag großartiges Theater geben, was ja Brecht bewiesen hat, doch muß das meiste bei der Beweisführung unterschlagen werden: Brecht denkt unerbittlich, weil er an vieles unerbittlich nicht denkt.

Endlich: Durch den Einfall, durch die Komödie wird das anonyme Publikum als Publikum erst möglich, eine Wirklichkeit, mit der zu rechnen, aber die auch zu berechnen ist. Der Einfall verwandelt die Menge der Theaterbesucher besonders leicht in eine Masse, die nun angegriffen, verführt, überlistet werden kann, sich Dinge anzuhören, die sie sich sonst nicht so leicht anhören würde. Die Komödie ist eine Mausefalle, in die das Publikum immer wieder gerät und immer noch geraten wird. Die Tragödie dagegen setzt eine Gemeinschaft voraus, die heute nicht immer ohne Peinlichkeit als vorhanden fingiert werden kann: Es gibt nichts Komischeres etwa, als in den Mysterienspielen der Anthroposophen als Unbeteiligter zu sitzen.

(1955)

Vergleichen, beziehen:
Dürrenmatts Positionsbestimmung gegenüber Brecht untersuchen

Augusto Boal

Theater der Unterdrückten (Auszug)

Der brasilianische Theatermacher Augusto Boal beschreibt hier einige von ihm entwickelte Techniken eines agitatorischen Theaters. Nachdem die Aktivitäten von Boals Teatro de Arena in Sao Paulo 1968 durch die Militärregierung stark eingeschränkt wurden, setzte er seine Theaterarbeit im Untergrund fort. Boals „Unsichtbares Theater" findet meistens außerhalb einer Bühne mitten im Leben statt. Durch inszenierte Szenen sollen Zuschauer aus ihrer passiven Haltung herausgelockt und zu Mitwirkenden gemacht werden. Dieses Theatermodell verbindet eine politisch emanzipatorische Ausrichtung mit konkreten pädagogischen Zielen. Boals Methode steht hier repräsentativ für viele in der Dritten Welt entwickelte Theatermodelle, die außerhalb des konventionellen Theaterbetriebs politisch emanzipatorische Zielsetzungen mit praktischer Lebenshilfe verbinden.

Es wurde schon viel unternommen, um die erstarrten Theaterrituale zu zerbrechen, um die Mauern zwischen Publikum und Schauspielern niederzureißen. Ob nun das Publikum aufgefordert wird, auf die Bühne zu kommen und mitzutanzen wie in *Hair*, mit den Requisiten zu spielen wie in den Vorstellungen des „Great magic circus", ob es mit den Akteuren in unmittelbaren, fast orgiastischen Kontakt tritt wie beim Living Theatre (*Paradise now*) – von wirklicher Gleichberechtigung kann in allen diesen Fällen keine Rede sein. Das Wort behält der Schauspieler, der den Zuschauer dann wieder ins Parkett schickt: „Nun ist's genug." Jeder hat seine Rolle, seinen vorbestimmten Platz.

Auch in der „Theatergeografie", mit dem Bühnenbild, wurden zahlreiche Versuche gemacht, die örtliche Trennung zwischen Schauspieler und Publikum aufzuheben. Von der italienischen Bühne, die Spielfläche und Zuschauerraum streng scheidet, der elisabethanischen Bühne, die in den Zuschauerraum hineinragt, der japanischen Kabuki-Bühne, die rund um den Zuschauerraum verläuft, bis zur Rundbühne und sogar zur Verschmelzung von Bühne und Zuschauerraum reichen die Experimente. Dennoch blieb die Trennung zwischen Agierendem und Betrachtendem erhalten.

Anders das „Unsichtbare Theater". Hier wissen die Zuschauer nicht, dass sie Zuschauer sind, und sind daher gleichzeitig, auch Akteure. Sie agieren gleichberechtigt mit den Schauspielern, die ihnen nur eins voraushaben: Sie wissen, was gespielt wird. Zugleich werden die Schauspieler hier zu Zuschauern. Dieses Theater, das sich von seinen traditionellen Ritualen befreit, braucht nicht die Bühne als Schauplatz: Jeder Schauplatz wird zur Bühne für die Dauer der Handlung.

Das Unsichtbare Theater darf nicht mit dem Happening verwechselt werden. Es hat auch nichts mit dem Guerilla-Theater zu tun. Bei beiden ist von vornherein klar, dass es sich um Theater handelt und es tritt sofort der alte Mechanismus in Kraft: die Scheidung in Zuschauer und Schauspieler. Der Zuschauer ist wie immer zur Handlungsunfähigkeit verurteilt.

Das Unsichtbare Theater geht von einer fest umrissenen Konfliktsitutation aus. Es muss bis ins Detail genau vorbereitet werden, nicht nur, was die Szene selbst und das Zusammenspiel der Schauspieler betrifft, sondern auch hinsichtlich der möglichen Mitwirkung der „Zuschauer". Die Schauspieler müssen darauf vorbereitet sein, alle denkbaren Stichworte der Zuschauer in ihr Spiel aufzunehmen. Dieses denkbare Eingreifen muss, soweit möglich, während der Proben vorausgesehen und berücksichtigt werden, sozusagen als wahlfreier Text. Das Unsichtbare Theater ist Kunst, da es eine bestimmte Erkenntnis der Wirklichkeit sinnlich ausdrückt. Es will eine Erfahrung vermitteln, es will etwas anschaulich machen und rekurriert dazu auf sinnliche Mittel. Im Gegensatz zum Happening beharrt es auf einer strukturierten Deutung der Realität. Es verfolgt nicht die Freisetzung von Energie als Selbstzweck, sondern um sie auf bestimmte Ziele zu lenken.

Das Unsichtbare Theater muss sich an einem Ort mit vielen Menschen entladen. *(1979)*

Diskutieren, erörtern:
Übertragbarkeit des „Unsichtbaren Theaters" auf unsere gesellschaftliche Situation

4 Zur Rolle des Schriftstellers in der Gesellschaft

Gottfried Benn

Können Dichter die Welt ändern? (Rundfunk-Dialog, Auszug)

Anwenden, übertragen:
- Gedichte Benns (➔ „Das Janusgesicht der Moderne“, S. 330 f.) zur Veranschaulichung bzw. Überprüfung seiner Position heranziehen
- literarische und theoretische Texte in diesem Buch heraussuchen, die man der Position Benns bzw. der Gegenposition zuordnen könnte

Vergleichen, beziehen:
Benns Auffassung mit derjenigen Brechts („Über experimentelles Theater“, „An die Nachgeborenen"), Enzensbergers („Scherenschleifer und Poeten“) und Handkes („Ich bin ein Bewohner des Elfenbeinturms“) vergleichen und beurteilen

A.: Sie haben in zahlreichen Aufsätzen hinsichtlich der Figur des Dichters einen Standpunkt vertreten, der ungefähr folgendes besagt: Der Dichter hat keine Wirkung auf die Zeit, er greift in den Lauf der Geschichte nicht ein und kann seinem Wesen nach nicht eingreifen, er steht außerhalb der Geschichte. Ist das nicht ein etwas absoluter Standpunkt?

B.: Wünschten Sie, ich hätte geschrieben, der Dichter solle sich für das Parlament interessieren, die Kommunalpolitik, die Grundstückskäufe, die notleidende Industrie oder den Aufstieg des fünften Standes?

A.: Es gibt doch aber eine Reihe namhafter Schriftsteller, die Ihre ablehnende Stellung nicht teilen und aus der Anschauung heraus arbeiten, daß wir an einer Wendung der Zeit stehen, daß ein neuer Menschentyp sich bildet und daß der Weg in eine gänzlich veränderte und bessere Zukunft beschrieben werden kann?

B.: Natürlich können Sie eine bessere Zukunft beschreiben, es gab immer Erzähler der Utopie, zum Beispiel Jules Verne oder Swift. Was die Wendung der Zeit angeht, so habe ich schon wiederholt meine Untersuchungen darauf gerichtet, daß die Zeit sich immer wendet, immer ein neuer Menschentyp sich bildet und daß Formeln wie Menschheitsdämmerung und Morgenröte schon allmählich Begriffe von einer geradezu mythischen Solidität und Regelmäßigkeit darstellen.

A.: Sie halten also jede Beteiligung des Dichters an der Diskussion von Zeitfragen für abwegig?

B.: Für Liebhaberei. Ich sehe, daß eine Gruppe von Schriftstellern für Abschaffung des § 218 eintritt, eine andere für Beseitigung der Todesstrafe. Das ist der Typ von Schriftstellern, der seit der Aufklärung eine sichtbare Stellung in der Öffentlichkeit einnimmt. Sein Gebiet sind lokale Ergreifungen, freigeistige Bestrebungen, in denen der berühmte Kampf Voltaires für Calas und das j'accuse Zolas unverkennbar nachklingt.

A.: Und Sie nehmen diese Richtung der Schriftstellerei in die Grenzen der Dichtung nicht auf?

B.: Erfahrungsgemäß befindet sie sich selten innerhalb dieser Grenzen. Schriftsteller, deren Arbeit auf empirische Einrichtungen der Zivilisation gerichtet ist, treten damit auf die Seite derer über, die die Welt realistisch empfinden, für materiell gestaltet halten und dreidimensional in Wirkung fühlen, sie treten über zu den Technikern und Kriegern, den Armen und Beinen, die die Grenzen verrücken und Drähte über die Erde ziehen, sie begeben sich in das Milieu der flächenhaften und zufälligen Veränderungen, während doch der Dichter prinzipiell eine andere Art von Erfahrung besitzt und andere Zusammenfassungen anstrebt als praktisch wirksame und dem sogenannten Aufstieg dienende.

A.: Sie sagen: der Techniker und der Krieger. Die also allein, meinen Sie, verändern die Welt?

B.: Was sich an ihr verändern läßt. Ja, ich meine allerdings, daß der diesen beiden übergeordnete Begriff, nämlich der des Wissenschaftlers, der eigentliche und prinzipielle Gegenspieler des Dichters ist, der Wissenschaftler, der einer Logik lebt, die angeblich allgemeingültig sein soll, aber doch nur lukrativ ist, der einen Wahrheitsbegriff durchgesetzt hat, der den populären Vorstellungen von Nachprüfbarkeit, allgemeiner Erfahrbarkeit, Verwertbarkeit weitgehend entgegenkommt, und der eine Ethik propagiert, die das Primat des Durchschnitts sichert. Ich begreife, daß ein Volk, das nichts anderes gelernt hat, als Kunst und Wissenschaft immer in einem Atem zu nennen, gierig die Weisheit der Aufklärung in sich aufnehmen mußte, die die beiden Figuren immer nebeneinanderstellt, ganz besonders in einem Jahrhundert, in dem die Wissenschaft wirklich einen Elan hatte, der sich als schöpferisch gab. Aber ich begreife noch mehr: Fahren Sie an einem Sonntag hundert Kilometer nördlich von Berlin in die Gegend des Großen Kurfürsten, Fehrbellin, und die friderizianischen Orte: eine Landschaft kärglich und dürr, gar nicht zu beschreiben, Ortschaften, die Armut und Notdurft in Person, wahre Brutstätten von Kausaltrieb, da wird es sich für Sie erklären, warum der Dichter der „Penthesilea“ [H. v. Kleist] immer eine peinliche und arrogante Figur bleiben mußte in einem Volk, dem aus der Erscheinung des Ackerbürgers und Ortsvorstehers die praktische Nützlichkeit als Grundlage seiner farblosen Empfindungen anerzogen wurde. (…) Man kann es nicht anders ausdrücken: Kunstwerke sind phänomenal, historisch unwirksam, praktisch folgenlos. Das ist ihre Größe.

A.: Das ist doch aber eine vollkommen nihilistische Auffassung von der Dichtung?

B.: Wenn gesellschaftlicher Fortschritt positiv ist, unbedingt. Sehen Sie die Reihe von Kunstwerken, die Ihnen die Geschichte hinterließ, in einem Zug an sich vorüberziehen. Nofretete und den Dorertempel, Anna Karenina oder den Nausikaagesang der Odyssee – nichts an ihnen weist über sich hinaus, nichts bedarf einer Erklärung, nichts will wirken außerhalb seiner selbst, es ist der Zug in sich versunkener Gestalten, schweigsamer und vertiefter Bilder, wenn Sie das nihilistisch nennen wollen, ist es der besondere Nihilismus der Kunst.

(1930)

Diskutieren, erörtern:
Benns Auffassung erörtern

Bertolt Brecht
An die Nachgeborenen

© Ullstein Bilderdienst/Ullstein, Berlin

I
Wirklich, ich lebe in finsteren Zeiten!
Das arglose Wort ist töricht. Eine glatte Stirn
Deutet auf Unempfindlichkeit hin. Der Lachende
Hat die furchtbare Nachricht
Nur noch nicht empfangen.

Was sind das für Zeiten, wo
Ein Gespräch über Bäume fast ein Verbrechen ist
Weil es ein Schweigen über so viele Untaten einschließt!
Der dort ruhig über die Straße geht
Ist wohl nicht mehr erreichbar für seine Freunde
Die in Not sind?

Es ist wahr: ich verdiene noch meinen Unterhalt
Aber glaubt mir: das ist nur ein Zufall. Nichts
Von dem, was ich tue, berechtigt mich dazu, mich sattzuessen.
Zufällig bin ich verschont. (Wenn mein Glück aussetzt, bin ich verloren.)

Man sagt mir: Iß und trink du! Sei froh, daß du hast!
Aber wie kann ich essen und trinken, wenn
Ich dem Hungernden entreiße, was ich esse, und
Mein Glas Wasser einem Verdurstenden fehlt?
Und doch esse und trinke ich.

Ich wäre gern auch weise.
In den alten Büchern steht, was weise ist:
Sich aus dem Streit der Welt halten und die kurze Zeit
Ohne Furcht verbringen
Auch ohne Gewalt auskommen
Böses mit Gutem vergelten
Seine Wünsche nicht erfüllen, sondern vergessen
Gilt für weise.
Alles das kann ich nicht:
Wirklich, ich lebe in finsteren Zeiten.

II
In die Städte kam ich zur Zeit der Unordnung
Als da Hunger herrschte.
Unter die Menschen kam ich zu der Zeit des Aufruhrs
Und ich empörte mich mit ihnen.
So verging meine Zeit
Die auf Erden mir gegeben war.

Mein Essen aß ich zwischen den Schlachten
Schlafen legte ich mich unter die Mörder
Der Liebe pflegte ich achtlos
Und die Natur sah ich ohne Geduld.
So verging meine Zeit
Die auf Erden mir gegeben war.

Die Straßen führten in den Sumpf zu meiner Zeit.
Die Sprache verriet mich dem Schlächter.
Ich vermochte nur wenig. Aber die Herrschenden
Saßen ohne mich sicherer, das hoffte ich.
So verging meine Zeit
Die auf Erden mir gegeben war.

Die Kräfte waren gering. Das Ziel
Lag in großer Ferne
Es war deutlich sichtbar, wenn auch für mich
Kaum zu erreichen.
So verging meine Zeit
Die auf Erden mir gegeben war.

III
Ihr, die ihr auftauchen werdet aus der Flut
In der wir untergegangen sind
Gedenkt
Wenn ihr von unseren Schwächen sprecht
Auch der finsteren Zeit
Der ihr entronnen seid.

Gingen wir doch, öfter als die Schuhe die Länder wechselnd
Durch die Kriege der Klassen, verzweifelt
Wenn da nur Unrecht war und keine Empörung.

Dabei wissen wir doch:
Auch der Haß gegen die Niedrigkeit
Verzerrt die Züge.
Auch der Zorn über das Unrecht
Macht die Stimme heiser. Ach, wir
Die wir den Boden bereiten wollten für Freundlichkeit
Konnten selber nicht freundlich sein.

Ihr aber, wenn es so weit sein wird
Daß der Mensch dem Menschen ein Helfer ist
Gedenkt unsrer
Mit Nachsicht.

(1939)

Anwenden, übertragen:
die Dramenausschnitte aus „Die heilige Johanna der Schlachthöfe“ und „Leben des Galilei“ als Beispiele für Brechts Auffassung lesen und prüfen

Peter Handke

Ich bin ein Bewohner des Elfenbeinturms (Auszug)

© AKG, Binder, Berlin

Eine normative Auffassung von den „Aufgaben“ der Literatur verlangt (...) in recht unbestimmten, unklaren Formeln, daß die Literatur die „Wirklichkeit“ zeigen solle, wobei diese Auffassung jedoch als Wirklichkeit die konkrete gesellschaftliche Wirklichkeit jetzt, an diesem Ort, in diesem Staat meint. Sie verlangt: wahrhaftig: *verlangt*, eine Darstellung dieser politischen Wirklichkeit, sie verlangt, daß „Dinge beim Namen genannt werden“. Sie verlangt dazu eine Geschichte mit handelnden oder nicht handelnden Personen, deren soziale Bedingungen möglichst vollständig aufgezählt werden. Sie verlangt konkrete gesellschaftliche Daten, um dem Autor Bewältigung der Wirklichkeit attestieren zu können. Dieser Auffassung von der Wirklichkeit geht es um eine sehr einfache, aufzählbare, datierbare, pauschale Wirklichkeit. Sie hält es mit der Genauigkeit der Daten, die die Dinge stumpf beim Namen nennen, aber nicht mit der Genauigkeit der subjektiven Reflexe und Reflexionen auf diese Daten. Sie übersieht den Zwiespalt zwischen der subjektiv, willkürlich erfundenen Geschichte, die sie von der Literatur immer noch erwartet, und der dieser erfundenen Geschichte notwendig angepaßten, damit schon verzerrt gezeigten gesellschaftlichen Wirklichkeit. Sie übersieht, daß es in der Literatur nicht darum gehen kann, politisch bedeutungsgeladene Dinge beim Namen zu nennen, sondern vielmehr von ihnen zu abstrahieren. Die Wörter Hitler, Auschwitz, Lübke, Berlin, Johnson, Napalmbomben sind mir schon zu bedeutungsgeladen, zu politisch, als daß ich sie, als Wörter, literarisch noch unbefangen gebrauchen könnte. Wenn ich diese Wörter in einem literarischen Text lese, gleich in welchem Zusammenhang, bleiben sie für mich unwirksam, sind für mich ärgerlich literarisch geworden, lassen mich weder zum Denken kommen noch assoziieren. Jedenfalls erscheinen mir gesellschaftliche oder politische Dinge in der Literatur, naiv beim *Namen* genannt, als Stilbruch, es sei denn, man nimmt die Namen nicht als Bezeichnungen dieser Dinge, sondern als Dinge für sich und zerstört dabei die festgesetzten Bedeutungen dieser Wörter. Es interessiert mich als Autor übrigens gar nicht, die Wirklichkeit zu zeigen oder zu bewältigen, sondern es geht mir darum, *meine* Wirklichkeit zu zeigen (wenn auch nicht zu bewältigen). Das Erforschen und Bewältigen der Wirklichkeit (ich weiß gar nicht, was das ist) überlasse ich den Wissenschaften, die allerdings mir mit ihren Daten und Methoden (soziologischen, medizinischen, psychologischen, juristischen) wieder Material für *meine* Wirklichkeit liefern können. (...)
Eine normative Literaturauffassung freilich bezeichnet mit einem schönen Ausdruck jene, die sich weigern, noch Geschichten zu erzählen, die nach neuen Methoden der Weltdarstellung suchen und diese an der Welt ausprobieren, als „Bewohner des Elfenbeinturms“, als „Formalisten“, als „Ästheten“. So will ich mich gern als Bewohner des Elfenbeinturms bezeichnen lassen, weil ich meine, daß ich nach Methoden, nach Modellen für eine Literatur suche, die schon morgen (oder übermorgen) als realistisch bezeichnet werden wird, und zwar dann, wenn auch diese Methoden schon nicht mehr anwendbar sein werden, weil sie dann eine Manier sind, die nur scheinbar natürlich ist, wie jetzt die Fiktion als Mittel der Wirklichkeitsdarstellung in der Literatur noch immer scheinbar natürlich ist.
(1967)

Vergleichen, beziehen:
Handkes Auffassung von der Rolle und Aufgabe des Schriftstellers in die durch Benn markierte Dialektik von absoluter und engagierter Literatur einordnen und diskutieren

Bodo Kirchhoff

Das Schreiben: ein Sturz (Auszug)

© Suhrkamp Verlag/A. Beck Frankf./M.

Es gab bei uns eine Zeit, in der Schriftsteller Einfluss auf die öffentliche Meinung hatten. Diese Zeit ist vorüber. Der Zusammenbruch des Sozialismus hat die letzten Autoren alten Schlages – Idealisten, Utopisten, Märtyrer, Hofnarren, Renegaten, Zwischen-allen-Stühlen-Sitzer – aus dem Paradies der Freund/Feindverhältnisse vertrieben. Etwas ratlos (wie die Soldaten, die eigentlich nichts mehr zu tun haben) leben sie nun alle, grenzenlos, in Deutschland und hoffen auf Marktanteile.

Wir sind Kollegen in der Ohnmacht. Die Räuber-und-Gendarm-Jahre sind vorbei; wer über das Böse schreibt, muss wieder zur Bibel greifen, wer sich auf den Grund gehen will, muss Physik und Chemie studieren, die alten Griechen lesen und die neuen Feministinnen kennen, eine Psychoanalyse machen und am Ende mit offenen Fragen leben. Unser Einfluss ist winzig geworden.

Ich sage das nicht triumphierend. Es ist eben so. Aber zum Trost gibt es die Medien, zum Trost gibt es die Buchmesse: das Licht, das nicht aus uns kommt, sondern auf uns geworfen wird. Vorübergehend werden wir von vielen bemerkt, das ist unsere Chance – in der Macht von Autorinnen und Autoren liegt es heute, in den Zeiten der Schausucht, nur noch durch Offenheit zu verblüffen. Sie erstatten Selbstanzeige; jede Zeile, die hier steht, soll genau diese Art von Aufmerksamkeit erregen, die der Enthüllung eigener Schwächen stets sicher ist. Nur: Wer auf die Schausucht baut, muss mit seiner Zeigesucht rechnen – und letzten Endes mit einem gewissen Ekel des Publikums. Je öffentlicher sich meine Offenheit vollzieht, desto mehr schwinden Bedeutung und Einfluss des Autors (...).

Das war nicht immer so, wenn man an Brecht und Thomas Mann denkt, an Grass oder Frisch. Was ist geschehen?

Diese Frage führt wieder zur Selbstanzeige. Für mich gilt, dass ich aus dem herkömmlichsten aller Gründe schreibe, nämlich um ein Leiden oder Unbehagen an mir zu mildern, mich also durch Schreiben besser zu fühlen, freilich mit dem Nebeneffekt (im Laufe der Jahre), dass ich dadurch auch besser dastehe; mein Leiden trägt nicht das bleiche Anlitz der Emigration oder die gequälten Züge der Gewissensnot. Mein Leiden äußert sich nicht glaubhaft, leider. Und hätte ich es als Verwalter und Kommentator von Literatur mit mir und meinesgleichen zu tun, würde ich mich vielleicht auch an die lieb gewonnenen Bilder des Jammers klammern und einen Kanon von Namen hochhalten, denen die bewährten Motive anhaften: Verfolgung, Verleumdung, Verbitterung, Einsamkeit, Armut, Wahnsinn. (...)

Meine Zukunft ist jetzt, in der Wüste des Banalen. Dort und sonst nirgends kann ich den Existenzvorsprung erringen, der nötig ist um als Autor glaubhaft zu sein, jenes Lebenssoll, wie es, glorreich, die Alten erfüllten, sofern ich auf Menschen treffe, die wie ich damit zurechtkommen, dass in Mitteleuropa die großen, überpersönlichen Erfahrungen aus erster Hand der Vergangenheit angehören – und dass dieser Mangel Quelle meiner Arbeit ist.

Ich lebe in einem Korridor der Seligen, der immer enger wird: An der Grenze zum früheren Jugoslawien, ja im Osten Berlins hört er schon auf. Von Tag zu Tag werden ich und meinesgleichen weniger repräsentativ für die Lage der Welt, Sterndeuter in einem Schlösschen mit Bibliothek und Wassergraben, umgeben von weiten Gebieten des Elends, nur in Kontakt mit ein paar anderen Schlösschen, verbunden durch eine Sprache, die in den Kontinenten dazwischen keiner versteht. Und wenn ich meinen Ausguck, angsterfüllt, verlasse, wenn ich mir die Fremde aneignen will, werde ich als Dieb betrachtet (was in der Bemerkung einer Kritikerin gipfelte, westdeutsche Autoren nähmen den ostdeutschen die Themen weg, wenn sie über deren Umstände schrieben).

Bleibe ich aber im Lande, was auch heißt: in den Grenzen, die mir gesetzt werden, bei meinen Leisten, und will nicht untergehen, muss ich mich selbst zum Gegenstand meiner Arbeit machen oder, falls mir dies zu gewagt ist, höchst gescheit darüber schreiben, worüber man schreiben sollte, wenn man genügend Wissen besäße, und wie man, bei aller Einsicht in das Unmögliche, gleichwohl hundert Seiten füllt und damit doch zu den Wissenden zählt, also darüber schreiben, dass man eigentlich nicht schreiben kann, es aber dennoch tut und weiß, dass man es dennoch tut, und weiß, dass man weiß, dass man es dennoch tut.

Auf die Väter der Selbsterkenntnis wartete am Ende der Ruhm (und schlimmstenfalls, wie auf Adorno, eine blanke Frauenbrust); auf ihre kritischen Nachkommen – unfähig, die Spirale des Denkens empört oder lachend zu verlassen – wartet das Grauen. Dem renne ich, wissentlich, davon. Wenn es etwas zu sagen gibt, dann über diese Flucht. Nicht Authentizität, nur die Sehnsucht danach bestimmt mein Schaffen. Ich stürze mich in das, wovon ich erzählen will; wenn etwas Interesse wecken kann, dann dieser Sturz. *(1992)*

Vergleichen, beziehen:
- Kirchhoffs Auffassung in die Dichotomie absolute – engagierte Literatur einordnen
- seine Position vor dem Hintergrund der Nach-Wende-Situation (und der „Postmoderne") charakterisieren und erörtern
- seine Auffassung mit derjenigen Handkes vergleichen

Anwenden, übertragen:
literarische Texte der 90er-Jahre unter Kirchhoffs Motto „Das Schreiben: ein Sturz – In der Wüste des Banalen ..." lesen und einschätzen

SPRACHE UND BEEINFLUSSUNG

Sprache und Beeinflussung

Wo Menschen miteinander sprechen, geht es immer auch um sprachliche Einflussnahme und darum, das Denken oder Handeln der oder des anderen mit sprachlichen Mitteln zu steuern. In besonderem Maße gilt dies für Fälle öffentlicher und politischer Rede. Und deshalb muss man sich mit den Zielen und Strategien öffentlicher Rede auseinandersetzen, wenn man seine Rechte als Bürger und Teilnehmer des demokratischen Meinungsbildungsprozesses wahrnehmen will. Diesem Ziel dient die Analyse der semantischen und rhetorischen Mittel, die Redner in verschiedenen politischen und ökonomischen Kontexten eingesetzt haben und einsetzen.

1 Kolonisierung mit Worten – sprachliche Macht und Ohnmacht

Dieter Kühn, geb. 1935, seit 1965 freier Schriftsteller, lebt in Köln

Dieter Kühn

Freitag lernt sprechen. Hörspiel (Auszug)

Starke Brandung. Gelegentlich Möwenschreie, exotische Vogellaute.

ROBINSON: Ja, Wasser, leck mir die Füße! Fahr mir zwischen die gespreizten Zehen, umstrudel meine Fersen, schäum an meine Knöchel! – *Großer Wellenschlag.* – So machst du es gut, Wasser, das ich anspreche, anrufe, und er da, dem du nicht die Füße leckst, weil er fünf oder sieben Meter hinter mir steht, er da versteht kaum ein Wort von den Wörtern, die ich dir zurufe, Wasser, versteht höchstens das Wort ‚Wasser', das ich jetzt lauter rufe, denn das ist eins von den Wörtern, die ich ihm beigebracht habe, und er versteht vielleicht noch ein ‚ist', gelegentlich ein ‚das', Zusammenhänge aber versteht er nicht, wenn ich dich so anrufe, Wasser, während du mir zwischen die gespreizten Zehen fährst, meine Füße massierst mit wirbelnden Sandkörnchen. – *Großer Wellenschlag.* – (...) Mit entsprechend erhöhter Bewunderung kommt er jetzt heran, weil er eben das Wort ‚Freitag' gehört hat, das er jetzt noch einmal hört (...).

FREITAG: Ja, Herr?

ROBINSON: Es heißt: Ja – Herr. Noch einmal, Frei-tag: Ja, Herr.

FREITAG: Ja – Herr. (...)

ROBINSON: Das geht noch besser, Frei-tag: Ja, Herr.

FREITAG: Ja, Herr.

ROBINSON: Das ist schließlich ein wichtiges Wort, meinst du nicht auch, Wasser? Ich habe es extra nachgeschlagen im Wörterbuch, das ich damals glücklicherweise vom Wrack geborgen hatte, du erinnerst dich noch. Sein Dialekt hier klingt zwar etwas anders, aber wir haben uns auf den Wortsinn einigen können. Da wollen wir das Wort auch mit entsprechender Klarheit und Betonung hier aussprechen, nicht wahr, Freitag?

FREITAG: Ja, Herr.

ROBINSON: Er ist anstellig, lernfähig. Ausbaufähig, gestaltungsfähig. Das kann ich offen aussprechen, er versteht es nicht. (...)

Kurz noch die Geräusche dieser Inselwelt. Schnitt. – Feuer knistert. Robinson frisst; scheint angetrunken.

ROBINSON: Schön, wie das klappt: Ich nenne deinen Namen und du stellst deine Frage. Ich hätte dir allerdings auch ganz andere Reaktionen beibringen können. Und ich sage F- und so weiter, du stehst auf, verbeugst dich, räusperst dich, hebst den Mittelfinger der linken Hand, drehst dich einmal um deine Achse? Alles ausgelöst durch das Wort Freitag?

FREITAG: Ja, Herr, Sie wünschen?

ROBINSON: Schon wieder der Reflex. Geschieht ganz fraglos. Wird das so bleiben, wenn ich den Sprachunterricht beliebig fortsetze? Oder wirst du dann vielleicht Rückfragen stellen? Aber es liegt ja an mir, ob du zum Beispiel das Wörtchen ‚warum' kennen lernst. Ich könnte es einfach weglassen. Das würde vieles vereinfachen, nicht wahr, Freitag.

FREITAG: Ja, Herr, Sie wünschen?

ROBINSON: Jetzt muss ich ihm ja wohl endlich einen Auftrag geben. Tu-mehr-Holz-rein.

FREITAG: Ja, Herr, mehr Holz rein.

Arbeitsbewegungen, Robinson schmatzt, lacht. – Bachplätschern. Schabende, klatschende Arbeitsgeräusche. Exotische Vogellaute.

ROBINSON: Dieser Schreck, immer wieder der Schreck, wenn ich mit dem Gewehr hier schieße! Ein Fingerkrümmen, ein Knall, Rauchentwicklung, sonst aber sieht man da vorne nichts herauskommen, und doch fällt das Wild. *(lacht auf)* Da kann man als Eingeborener schon staunen, nicht wahr, Freitag?

FREITAG: Ja, Herr.

ROBINSON: Verstehst zwar nichts von meinen Ausführungen, aber meine Schlussfrage löst prompt deine Zustimmungsformel aus, nicht wahr, Freitag?

FREITAG: Ja, Herr. (…)

ROBINSON: Fast schon ein Dialog! *(lacht auf)* (…)

Er holt tief Luft, atmet langsam wieder aus. Wasserplatschen. Die Arbeitsgeräusche. Vielfältiger Vogellaut. Freitag wird die Arbeit fortsetzen, während er sprechen muss – das hört man ihm an.

ROBINSON: Eigentlich könntest du bei dieser simplen Arbeit wieder ein bisschen dazulernen, nicht wahr, Freitag?

FREITAG: Ja, Herr.

ROBINSON: Freut mich, deine Zustimmung. Gibt mir enormen Mut. *(lacht auf)* Also, die Einleitungsformel, die du schon kennst: Wir-fang-en-an.

FREITAG: Ja, Herr. (…)

ROBINSON: Wenn das so schön klappt, wollen wir gleich einen Schritt weitergehen, aufgepasst: Ich-rei-nige-ein-Fell. Sag das!

FREITAG: Einige ein Fell.

ROBINSON: Nein, nein: Rei-ni-ge-ein Fell.

FREITAG: Eini-ge ein Fell.

ROBINSON: Das ist ungenau, unsauber. Wenn du hier so arbeitest, wie du jetzt sprichst, kriegst du nachher das Fell um die Ohren geklatscht! Hier wird in jeder Beziehung Ordentliches geleistet. Also-noch-mal: Ich rei-ni-ge-ein Fell.

FREITAG: Eini-ge ein Fell.

ROBINSON: Reinige! Rei-rei-reinige! Mach schon!

FREITAG: Ein Fell rei-reinige!

ROBINSON: Du kannst hier nicht einfach so einen Murks machen, du dussliger Kanake, bloß weil ich mal was betone! Das wird Wort für Wort in der Reihenfolge gebracht, in der ich es sage! Wo kommen wir sonst hin! Also: Ich-reini-ge-ein Fell.

FREITAG: Reinige ein Fell.

ROBINSON: Ich! Wo bleibt das ‚ich'? Ich!

FREITAG: Reinige ein Fell, ich.

ROBINSON: Mein lieber Freitag, du kannst unsern Satzbau nicht einfach nach Belieben umkrempeln! Wirst dich schon an die vorgegebene Reihenfolge halten müssen. Soviel dürftest du mittlerweile gelernt haben! Ich-reinige-ein Fell.

FREITAG: Ein Fell. Reinige ein Fell.

ROBINSON: Mist, Bockmist! Ich, reinige ein Fell. Wie oft muss ich dir das noch eintrichtern? Das wirst du wohl schaffen! Ich reinige ein Fell.

FREITAG: Ich reinige ein Fell.

ROBINSON: Ja, und davon wird keinen Millimeter abgewichen. Ich reinige ein Fell. *(1972)*

Hörspiel morgen

(…) Weiterhin ein Experimentierfeld also. Doch kein der Beliebigkeit offener Freiraum, sondern ein Experimentierfeld, das (…) gesellschaftlich notwendig ist. Denn Kommunikation ist einer der Faktoren, die Gesellschaft konstituieren. Hier ist ein Ansatzpunkt für Emanzipation der Gesellschaft.

(Heinrich Vormweg, Literaturkritiker, 1972)

Darstellen, präsentieren:
den Hörspieltext als Audiofassung oder als szenisches Spiel vorführen

Untersuchen, analysieren:
Vorgänge der sprachlichen Beeinflussung

Jorge Zalamea

Der Grosse Burundún-Burundá ist tot (Auszug)

Jorge Zalamea, * 8.3.1905, † 10.5.1969 in Bogotá (Kolumbien), bekleidete unter liberalen Regierungen in den 30er-Jahren diplomatische Ämter; nach Ermordung des liberalen Parteichefs 1948 Mitglied einer Revolutionsgruppe gegen die Konservativen, 1950–52 im Exil in Argentinien

Diese Prosadichtung – im Jahre 1952 im argentinischen Exil geschrieben – stellt mit barocker Bilderfülle die Begräbnisfeierlichkeiten für den verstorbenen Diktator dar, zeigt im Aufmarsch des burundunischen Gefolges den Stumpfsinn von Paraden und rollt im Rückblick sein monströses Wirken in der Vergangenheit auf: Der Textausschnitt weist zurück auf den Anfang seines Aufstiegs, als der „Große Zerstörer" in Burundún alles in Schutt und Asche legte, um auf den Trümmern sein Reich aufzubauen. – Ironischerweise nahm bereits mit dem Erringen der Machtfülle die Stimme des Diktators ab. So ist die Sprache zugleich Thema dieser „Chronik", wie zuletzt der mit Zeitungspapier geknebelte Papagei symbolisiert, der statt des Diktators im Sarg liegt.

Er redete wie ein Blutsturz, wie ein strömendes Gewässer. Er redete, als entleere sich ein Schotterwagen. Als platze ein Hagelschauer nieder. Als stürze ein gewaltiger Katarakt herab. Es redete der Große Burundún-Burundá, wie sein bombastischer Name es kündet. Während langer Jahre schien er keine andere Ambition zu haben als zu sprechen, er wollte keine anderen Ämter annehmen als solche, die ihm erlaubten zu reden, er gab kein anderes Lebenszeichen von sich als das Wort, und wenn das Auditorium schlafen ging, musste Burundún noch weiterschwatzen, auf dem Papier ... denn ein gewaltiger Schreiber war der Beredte auch.

Wie es so manche gibt, die mit einer Eisenfeile, Spitzhacke, Kienfackel oder einem Messer vernichten, so vernichtete Burundún durch das Wort. Er zerstörte mit Vorliebe – das ist einleuchtend –, was aus Worten sich formt und von ihnen sich nährt: Ehre, Ruhm, guten Ruf, Ansehen. All jene Dinge, die um so kostbarer, je verletzlicher, all jene Dinge, von denen die Menschen sich nähren und kleiden und ohne die sie armseligen, geschundenen Tieren gleich wären, all jene Dinge, auf die sich die Liebe gründet, der Friede baut, auf denen die Gerechtigkeit sich errichtet und das Leben sich ausbreitet, all jene Dinge, die es auf Grund ihrer eigenen Schönheit nicht nötig haben, bewiesen, gemessen, verglichen oder verteidigt zu werden. Jene Dinge all... Unbestreitbar jedoch war der Triumph seines Wortes: An irgendeinem Tag unter den unzähligen seines Lebens wurde rings um Burundún alles zu Schutt. (...)

Einige Zeit vor seiner glorreichen Thronbesteigung der Ruinen begann irgendetwas im Sprechapparat Burundúns nicht zu stimmen. Wir haben bisher nicht exakt feststellen können, ob es die teilweise Unempfindlichkeit eines verdorbenen Gaumens war oder eine gewisse Störung der Stimmbänder oder eine Art Erlahmen der Lippen oder ein Anschwellen vielleicht, eine Hypertrophie der Zunge, oder möglicherweise eine komplexe Störung von Zunge, Lippen, Stimmbändern und Gaumen, was mit der Zeit verhinderte, dass die Worte – war es Niedertracht oder göttliche Vorsehung, wer wird es jemals wissen? – aus dem nun schiefen Munde des Großen Maulhelden weiterhin flossen.

Damals begann er das Wort zu verabscheuen.

Während er den Weg abgrundtiefer Meditationen ging, fiel der Funke der Erleuchtung auf seine krebsbefallene Stirn: Wenn die Tiere gelehriger und glücklicher als die Menschen sind, so daher, weil sie nicht teilhaben am Fluch des gesprochenen Wortes. Will man also die Menschen glücklich machen und gefügig, muss man die eitelste und gefährlichste ihrer Gewohnheiten auslöschen, nämlich die, miteinander zu reden, ihre feigen Ängste, ihre albernen Einbildungen, ihre armseligen Ideen, ihre krankhaften Gefühle, ihre trügerischen Träume, ihr ungewisses Trachten, ihre unverzeihlichen Klagen und Proteste, ihren schändlichen Durst nach Liebe einander mitzuteilen. (...)

In einem unerwarteten Anfall von Zärtlichkeit sprach, seine Reform wiederkäuend, der Große Burundún-Burundá also: „Mögen sie wieder sein wie die Tiere auf dem Felde, und ich werde sie von ihrer Angst befreien!"

Nach der Offenbarung das Nachsinnen.

Wie nun die Menschen abbringen vom Wort? Wie sie von ihrer Verderbtheit überzeugen? Wie sie zum Schweigen bringen, um sie zu zähmen und sie das Glück des Stummseins zu lehren?
Der Große Vernichter hatte Ideen, um die jeder Mann der Tat ihn beneidet hätte. (...)
Allein, der Große Burundún-Burundá mäßigte den Schwung seines Geistes, um sich an einer subtileren Idee zu ergötzen, die in gewissem Grade die Ehrfurcht, die er zuvor gehegt, mit dem Groll, den er jetzt für das Wort fühlte, in Einklang bringen konnte. Und er übertrug dem Worte selber die Aufgabe, sich der Verachtung anheim zu geben und sich zu vernichten. (...)
Die großen Maschinen – mit Quecksilbergetriebe und schwarzen, gutgeölten Walzen – des Propagandaministeriums begannen alsbald, Millionen und aber Millionen prachtvoll ausgestatteter Blätter in Umlauf zu setzen, die zwischen breiten, Unglück verheißenden Rändern in schwarzer unheilvoller Farbe von violettem Glanz nur wenige gedruckte Worte enthielten. Und dann wiederholte jene geisterhafte Stimme, die hinter dem Netz aus Stoff, Zellophan oder Kunststoff der Radioverstärker quarrt und durch die Trichter der Lautsprecher blökt, dieselben Worte, schnarrend wie eine ausgediente Grammophonplatte. Und sie schwangen sich über die Felder, auf den Gipfel der Hügel, auf das oxydierte Gerippe der großen Kordilleren, über die Lichtungen der von Fichten adlerhaft beflügelten Berge, auf das Ufer der langsam fließenden schlammigen Flüsse und den Saum der Wege: Schranken, die in grellsten Farben und versehrendsten Lichtern diese gleichen Worte wiederholten. Und in den Straßen stolperten die Füße über die Lettern derselben Worte. Es nisteten die Vögel in Bäumen, die die gleichen Worte sprachen. Und hob man die Augen zum Himmel auf, wiederholten ein paar Wolken in Kursivschrift diese selben Worte auf einem beängstigenden Blau. (...)
Jenen, die Missachtung hatten für die Intelligenz, wiederholte man: „Worte! Worte! Worte!"
Jenen, die wegen ihrer Unbescholtenheit Skrupel hatten, wiederholte man: „In einen geschlossenen Mund gelangt keine Fliege."
Den Feigen und den Scheuen wiederholte man: „Schweigen ist Gold."
Jenen, die in ihrem Stumpfsinn Pedanten sind, wiederholte man: „Den Worten von Dummköpfen taube Ohren."
Jenen, die heimliche Absichten hegten, wiederholte man: „Der viel spricht, irrt viel."
Jenen, die Eifernde sein wollten, wiederholte man: „Verglüht, zerfallen alle Worte."
Jenen, die Treu und Glaube ersehnten, wiederholte man: „Mehr gilt das Schweigen eines Narren als des Weisen Wort."
Den Geizigen wiederholte man: „Spare deine Worte."
Den Misstrauischen wiederholte man: „Das beste Wort ist das, das ungesagt bleibt."
Den Vertrauensvollen wiederholte man: „Wort aus dem Mund, Stein aus der Schleuder."
Den Halsstarrigen wiederholte man: „Für zwei Worte drei Knüppelschläge." (...)
Und das Wort begann für die Menschen ein Fremdkörper zu sein.
(1957)

Am Text erarbeiten:
- das Verhältnis von Sprache und Herrschaft
- die literarische Darstellung des sprachlichen Themas

Ideen entwickeln:
für eine szenische Umsetzung des Textes

Selbst gestalten:
Bildillustrationen für eine Buchausgabe des Textes, die das Problem vermitteln

Erkunden, erforschen:
aktuelle Diktaturen mit ihren Propagandamaschinerien

2 Propaganda im Nationalsozialismus – argumentative Rhetorik in der Gegenwart

2.1 Kämpfen und gleichschalten – Heldenbilder und Feindbilder aufrichten

Adolf Hitler bei einer Rede auf einem Reichsparteitag der NSDAP

Adolf Hitler

Wahlrede zum 14. 09. 1930 (Auszug)

Die nationalsozialistische Bewegung wird mit ihrem Siege den alten Klassen- und Kastengeist überwinden. Sie wird aus Standeswahn und Klassenirrsinn wieder ein Volk entstehen lassen.

Sie wird dieses Volk zu eiserner Entschlossenheit erziehen.

Sie wird die Demokratie überwinden und die Autorität der Persönlichkeit in ihre Rechte setzen.

Sie wird das verletzte Recht wieder dem deutschen Volke zurückgeben durch die brutale Verfechtung des Grundsatzes, dass man so lange kein Recht zum Hängen des Kleinen besitzt, solange die größten Verbrecher ungestraft und ungeschoren bleiben.

Die anderen Parteien mögen sich mit der Inflationsdieberei abgefunden haben, mögen den Revolutionsbetrug anerkennen: Der Nationalsozialismus wird die Diebe und Landesverräter zur Verantwortung ziehen. Der Nationalsozialismus kämpft für den deutschen Arbeiter, indem er ihn aus den Händen seiner Betrüger nimmt, die Schutztruppe des internationalen Bank- und Börsenkapitals aber vernichtet.

Die nationalsozialistische Bewegung wird bei ihrem Siege die deutsche Verwaltung säubern von Parasiten, die, ohne Recht und ohne alle Kenntnisse, nur auf Grund ihres Parteibuchs die Nation belasten. Wer von neuen Steuern redet, soll erst die Verwaltung von den in 12 Jahren hineingeströmten Revolutionsparasiten befreien. Man schützt den ehrlichen Beamten nur, indem man seiner Leistung und seiner redlichen Arbeit den Weg frei macht, den parlamentarischen Schieber aber aus der Beamten-Bahn entfernt.

Die nationalsozialistische Bewegung wird bei ihrem Siege den Schutz des Menschen auch wirtschaftlich bis zum Äußersten zu garantieren suchen. Solange die Börse und Warenhäuser nicht genügend besteuert sind, ist jede weitere Steuererhöhung im Kleinen ein Verbrechen.

Die nationalsozialistische Bewegung wird bei ihrem Siege den Bauern schützen durch rücksichtslose Erziehung unseres Volkes zur Verwendung unserer eigenen Produkte.

Auch unsere oberen Zehntausend werden lernen müssen, schwarzes Brot zu essen, anderenfalls unser Roggen verkommt und Weizen eingeführt werden muss!

Wir werden die nationale Ehre und den nationalen Stolz darein setzen, alles Fremde, wenn irgendmöglich, zu meiden und den Ergebnissen des eigenen Fleißes den Vorzug geben.

Wir werden dafür sorgen, dass an die Spitze aller Reformen die Reform unseres Wehrwillens gestellt wird und die Änderung unserer ausländischen Politik.

Die nationalsozialistische Bewegung wird nach ihrem Siege nicht mehr die Politik des ewigen Buhlens um Frankreichs Gunst fortsetzen. Jede Hand, die sich uns in Europa aus gleicher Not und gleicher Gesinnung heraus bietet, wird einst von uns dankbar ergriffen werden.

Reichstagswahlen 14. September 1930:

Die NSDAP gewinnt 18,2 % der Stimmen und 107 der 577 Reichstagssitze. Am 11. Oktober 1931 schließen sich NSDAP, DNVP und andere rechtsgerichtete Gruppen zur Harzburger Front zusammen, die mit Unterstützung der Industrie die Macht ergreifen will.

Wir wollen dafür sorgen, dass die Bedeutung unseres Volkes in der Zukunft wieder seinem natürlichen Wert entspricht, und nicht der jammervollen Vertretung unserer letzten 15 Jahre.
Wenn unsere Gegner heute zu den wahnwitzigsten Mitteln der Verfolgung greifen, wenn die so genannte freie Republik ihre Bürger bei jeder Gelegenheit mit dem Gummiknüppel schlagen lässt, so wie man früher vielleicht Hunde prügelte, dann mag unser Volk nicht vergessen, dass heute die Unterdrückung uns Nationalsozialisten nur trifft, weil wir uns des unterdrückten Volkes annehmen.

Deutsches Volk, gib Acht: Heute zieht man uns, den Feinden der Korruption, die Braunhemden aus.
Unterliegen wir, dann wird man dir, deutscher Bauer, Arbeiter, Beamter, Angestellter, als dem Opfer der Korruption, einst auch noch das letzte Hemd ausziehen!
Sie üben sich an uns in dieser Kunst.
Der 14. September 1930 kann, wenn unser Volk die letzten Konsequenzen zieht, zum Beginn einer gewaltigen deutschen Umwandlung werden, aus der heraus eine neue deutsche Kraft erwächst.
Millionen ahnen heute das Schicksal, das uns bevorsteht, mögen sie auch die Kraft finden, es abzuwenden!
Die Parole für den 14. September kann nur lauten: Schlagt die politischen Bankrotteure unserer alten Parteien!
Lasst euch nicht bluffen von den Phrasen einer „Hindenburg"- oder „Staatspartei" oder „Lettow-Vorbeck-Front"!
Lasst euch nicht bluffen vom Schwindel einer Wahlreform, an die kein Mensch ernstlich glaubt, einer Reichsreform und weiß Gott was sonst noch! Kämpft dafür, dass eine Reform des deutschen Volkes eintritt!
Die erste Forderung dieser Reformation kann aber nur lauten:
Weg mit den Verantwortlichen für unseren Verfall!
Volksgenosse, schließe dich an der marschierenden braunen Front des erwachenden Deutschlands! Dein Nein dem heutigen System gegenüber heißt: Liste 9!
Schlagt sie am 14. September zusammen, die Interessenten am Volksbetrug.
(abgedruckt im Westdeutschen Beobachter, 11. 9. 1930)

© Bundesarchiv Koblenz (Sig. Plak 3/23/38)

Am Text erarbeiten:
Argumentationsstruktur der Hitler-Rede

Untersuchen, analysieren:
das *semantische Feld* „Kampf" erstellen, d.h. alle Wörter sichten, die mit „Kampf" zusammenhängen

Westdeutscher Beobachter
Einzige Kölner Mittagszeitung – Herausgeber: Dr. Robert Ley
Für unverlangt eingesandte Manuskripte übernehmen Verlag und Redaktion keine Verantwortung. Rückzahlung von Bezugsgebühren bei Streik, Verbot und sonstigen Fällen höherer Gewalt erfolgt nicht
Nr. 48, Jahrgang 6 — Köln, Montag, den 15. September 1930. — Einzelpreis 15 Pf.
Das Volk steht auf – Der Sturm bricht los!
6275000 wählen nationalsozialistisch / Wir fordern angesichts dieser überwältigenden Vertrauenskundgebung des deutschen Volkes das Reichsinnen- und Wehrministerium, ferner sofortige Auflösung des preußischen Landtags

© Universität Köln

„Westdeutscher Beobachter"
als eine Kölner Zeitung vom Nazi-Funktionär Robert Ley seit ca. 1924 herausgegeben; sie wurde zu einer Regionalausgabe der Nazi-Hauszeitung „Völkischer Beobachter" und erreichte 1934 eine Auflage von 205 000 Exemplaren. Als Heimatzeitung und „Amtliches Kreisblatt" wurde er regional und lokal „amtliches Organ" der Nazis. „Der WB hat den Weg zum Volksgenossen gefunden, weil er die Sprache derer spricht, die in der Front des Nationalsozialismus kämpfen." *(WB 24.1.34)*

„Mein Kampf"

1923 Hitler-Putsch: ein Versuch, in Bayern die Macht zu ergreifen und durch Marsch auf Berlin die Reichsregierung zu stürzen, vor der Münchner Feldherrnhalle niedergeschlagen; 1924 Festungshaft für Hitler in Landsberg am Lech, vorzeitig wieder entlassen; Niederschrift des ersten Buchteils von „Mein Kampf" in der Haft (veröff. 1925), 1926 zweiter Band mit seinem Programm: Schaffung von Lebensraum im Osten, radikaler Antisemitismus und Antibolschewismus; sehr hohe Auflagen vor 1933

Adolf Hitler

Mein Kampf (Auszug)

Fast immer war es so, dass ich in diesen Jahren vor eine Versammlung von Menschen trat, die an das Gegenteil von dem glaubte, was ich sagen wollte, und das Gegenteil von dem wollte, was ich glaubte. Dann war es die Aufgabe von zwei Stunden, zwei- bis dreitausend Menschen aus ihrer bisherigen Überzeugung herauszuheben, Schlag um Schlag das Fundament ihrer bisherigen Einsichten zu zertrümmern und sie schließlich hinüberzuleiten auf den Boden unserer Überzeugung und unserer Weltanschauung.

Ich habe damals in kurzer Zeit etwas Wichtiges gelernt, nämlich dem Feinde die Waffe seiner Entgegnung gleich selber aus der Hand zu schlagen. Man merkte bald, dass unsere Gegner, besonders in Gestalt ihrer Diskussionsredner, mit einem bestimmten „Repertoire" auftraten, in welchem immer wiederkehrende Einwände gegen unsere Behauptungen erhoben wurden, sodass die Gleichartigkeit dieses Vorgangs auf eine zielbewusste einheitliche Schulung hinwies. Und so war es ja auch. Wir konnten hier die unglaubliche Diszipliniertheit der Propaganda unserer Gegner kennen lernen, und es ist heute mein Stolz das Mittel gefunden zu haben, diese Propaganda nicht nur unwirksam zu machen, sondern ihre Macher endlich selbst damit zu schlagen. Zwei Jahre später war ich Herr in dieser Kunst.

Es war wichtig, sich in jeder einzelnen Rede vorher schon klar zu werden über den vermutlichen Inhalt und die Form der in der Diskussion zu erwartenden Gegeneinwände und diese dann in der eigenen Rede bereits restlos zu zerpflücken. Es war dabei zweckmäßig, die möglichen Einwände selbst immer sofort anzuführen und ihre Haltlosigkeit zu beweisen; so wurde der Zuhörer, der, wenn auch voll gepfropft mit den ihm angelernten Einwänden, aber sonst ehrlichen Herzens gekommen war, durch die vorweggenommene Erledigung der in seinem Gedächtnis eingeprägten Bedenken leichter gewonnen. (...)

Diese Versammlungen hatten für mich selbst noch das Gute, dass ich mich langsam zum Massenversammlungsredner umstellte, dass mir das Pathos geläufig wurde und die Geste, die der große, tausend Menschen fassende Raum erforderte. (...)

Ich habe schon im ersten Bande ausgeführt, dass alle gewaltigen, weltumwälzenden Ereignisse nicht durch Geschriebenes, sondern durch das gesprochene Wort herbeigeführt worden sind. Daran knüpft sich in einem Teil der Presse eine längere Diskussion, in der natürlich, besonders von unseren bürgerlichen Schlauköpfen, sehr scharf gegen eine solche Behauptung Stellung genommen wurde. Allein schon der Grund, weshalb dies geschah, widerlegt die Zweifler. Denn die bürgerliche Intelligenz protestiert gegen eine solche Auffassung ja nur, weil ihr selbst die Kraft und Fähigkeit der Massenbeeinflussung durch das gesprochene Wort ersichtlich fehlt, da man sich immer mehr auf die rein schriftstellerische Tätigkeit geworfen hatte und auf die wirklich agitatorische der Rede verzichtete. Eine solche Gepflogenheit führt aber mit der Zeit zwangsläufig zu dem, was unser Bürgertum heute auszeichnet, nämlich zum Verlust des psychologischen Instinktes für Massenwirkung und Massenbeeinflussung.

Während der Redner aus der Menge heraus, vor welcher er spricht, eine dauernde Korrektur seines Vortrags erhält, insofern er unausge-

Die nationalsozialistische Massenveranstaltung

„Auf das Äußere der Kundgebung ist größte Sorgfalt zu legen." Plakate und Handzettel zeigten schon meist den Rahmen an:

„Fahneneinmarsch! SA-Aufmarsch! Großes Orchester!" Das alles bildete gleichsam den lebendigen Dekor, der für Stimmung sorgte: Aug' und Ohr wurde etwas geboten. Eine Kapelle spielte, die Versammlung sang Kampflieder, eine uniformierte Fahnenabteilung marschierte ein und bildete eine Gasse für den kommenden Redner, das Publikum rief „Heil", ohne dass der Führer zu sehen gewesen wäre. Marschmusik, gemeinsamer Gesang, Aufstehen und Heilrufe wie Fahneneinmärsche förderten die gemeinschaftsbildende Stimmung und (...) befreiten aus der Passivität des ausschließlichen Zuhörens und Zuschauens und luden die Versammlung emotional auf, disponierten das Publikum für das Hitlersche Pathos.

(Grieswelle, 1980)

setzt an den Gesichtern der Zuhörer ermessen kann, inwieweit sie seinen Ausführungen mit Verständnis zu folgen vermögen und ob der Eindruck und die Wirkung seiner Worte zum gewünschten Ziele führen, kennt der Schriftsteller seine Leser überhaupt nicht. (...) Dazu kommt, dass die Masse der Menschen an sich faul ist, träge im Gleise alter Gewohnheiten bleibt und von sich selbst aus nur ungern zu etwas Geschriebenem greift, wenn es nicht dem entspricht, was man selber glaubt, und nicht das bringt, was man sich erhofft. Daher wird eine Schrift mit einer bestimmten Tendenz meistens nur von den Menschen gelesen werden, die selbst dieser Richtung schon zuzurechnen sind. Höchstens ein Flugblatt oder ein Plakat können durch ihre Kürze damit rechnen, auch bei einem Andersdenkenden einen Augenblick lang Beachtung zu finden. Größere Aussicht besitzt schon das Bild in allen seinen Formen, bis hinauf zum Film. Hier braucht der Mensch noch weniger verstandesmäßig zu arbeiten; es genügt zu schauen. (...)

Der Redner kann meinetwegen das gleiche Thema behandeln wie das Buch, er wird doch, wenn er ein großer und genialer Volksredner ist, denselben Vorwurf und denselben Stoff kaum zweimal in gleicher Form wiederholen. Er wird sich von der breiten Masse immer so tragen lassen, dass ihm daraus gefühlsmäßig gerade die Worte flüssig werden, die er braucht, um seinen jeweiligen Zuhörern zu Herzen zu sprechen. (...) Sieht er – erstens –, dass sie ihn nicht verstehen, so wird er in seiner Erklärung so primitiv und deutlich werden, dass selbst der Letzte ihn begreifen muss; fühlt er – zweitens –, dass sie ihm nicht zu folgen vermögen, so wird er so vorsichtig und langsam seine Gedanken aufbauen, bis selbst der Schwächste unter allen nicht mehr zurückbleibt, und er wird – drittens –, sowie er ahnt, dass sie von der Richtigkeit des Vorgebrachten nicht überzeugt zu sein scheinen, dieses so oft und in immer wieder neuen Beispielen wiederholen, ihre Einwände, die er unausgesprochen spürt, selbst vorbringen und so lange widerlegen und zersplittern, bis endlich selbst die letzte Gruppe einer Opposition schon durch ihre Haltung und ihr Mienenspiel ihn die Kapitulation vor seiner Beweisführung erkennen lässt. *(1926)*

Am Text erarbeiten:
Rolle von Redner und Zuhörern, Hitlers Techniken der Einflussnahme, Argumentation etc.

Kommentieren, Stellung nehmen:
zur Schlüssigkeit der Argumentation, zur Wirkung dieses Redekonzepts auf Zeitgenossen sowie auf heutige Bürger

Ideen entwickeln:
ein eigenes Konzept zur „Bedeutung der Rede in der Demokratie" formulieren

Inszenierung einer Rede: Reichsparteitag der NSDAP, Nürnberg 1936

Goebbels, Joseph (1897–1945) aus Rheydt; Studium der Germanistik und Philosophie, 1921 Dr. phil.; 1924 Redakteur einer völkisch-nationalistischen Zeitung; 1925 Mitglied der NSDAP; 1926 Gauleiter der NSDAP von Berlin; 1927 Herausgeber des nationalistischen Propagandablatts *Der Angriff* in Berlin; 1929 Reichspropagandachef der NSDAP: Nutzung der neuen Medien Film und Rundfunk; seit der Machtergreifung der Nationalsozialisten 1933 Reichsminister für Volksaufklärung und Propaganda und Leiter der Reichskulturkammer mit völliger Kontrolle von Presse, Medien, Literatur, bildender Kunst und Musik …

Goebbels 1934 auf dem „Parteitag der Treue“: „Wir müssen die Sprache sprechen, die das Volk versteht. Wer zum Volk reden will, muss, wie Martin Luther sagt, dem Volke aufs Maul sehen.“

Joseph Goebbels

Rede in den Berliner Tennishallen (31. 3. 1933)

in der Wiedergabe der nationalsozialistischen Zeitung „Westdeutscher Beobachter“ (Auszug)

Berlin, 1. April. In den Berliner Tennishallen sprach am Freitagabend Reichsminister Dr. Goebbels vor etwa 7000 Amtswaltern der Berliner Parteiorganisation der NSDAP über die politische Lage (…): Es wäre irrtümlich, wenn man glauben wollte, die nationale Revolution, deren Träger wir sind, erschöpfe sich nur in formellen und organisatorischen Umstellungen des Volks- und Staatskörpers. Das ist nicht der Sinn der Revolution. Der Sinn der Revolution liegt im Geistigen. Wir wollen die Weltanschauung des Liberalismus, d.h. die Anbetung der Einzelperson, beseitigen und wollen sie ersetzen durch einen *Gemeinschaftssinn*, der wieder das ganze Volk umfasst und das Interesse der Einzelperson wieder dem Gesamtinteresse der Nation ein- und unterordnet. Damit wird das Jahr 1789 aus der Geschichte gestrichen. Die Umstellung vom *Individualismus auf den Gemeinschaftsgedanken* erstreckt sich natürlich nicht nur auf das politische, sondern auch auf das weltanschauliche, kulturelle und wirtschaftliche Leben. (…) Damit bewegen wir uns im *Zentrum dieser völkischen Revolution*. In ihrem Mittelpunkt steht wieder das Volk, und dem Wohl und der Gesundheit des Volkes haben sich alle Dinge der Politik, der Wirtschaft, der Kultur und der Weltanschauung unterzuordnen.

(…)

Es würde uns keineswegs zufrieden stellen, mit einer Mehrheit von 52 Prozent zu arbeiten. Wir wollen das ganze Volk umspannen und es hineinschmelzen in die neue Form unseres Staates. Wir wollen aus Volk und Staat eins machen, weil uns das die Gewissheit gibt, dass sich dann auch die gewaltigen Kräfte dieses Volkes nach innen und außen voll und ungehindert entfalten können. Mir, so fuhr der Minister fort, brauchen bürgerliche Zeitungen nicht zu sagen, dass man mit Propaganda allein ein ganzes Volk nicht erobern kann. Das habe ich schon gewusst, bevor solche bürgerlichen Skribenten daran denken mochten. Wir wollen ja nicht gute Propaganda machen, um schlecht regieren zu können, und auch nicht gut regieren und schlechte Propaganda machen. Wir wollen für eine gute Regierungskunst eine gute Propaganda machen. (Stürmischer Beifall.)

(…)

Hinter dem mechanischen Akt der Machtübernahme am 30. Januar stand eine große *geistig sittliche Revolution*, stand das Emporsteigen ganz neuer weltanschaulicher Kräfte, und nur mit diesen vermählt, konnten die Männer der neuen Regierung ihre Verantwortung vor Volk und Geschichte auf sich nehmen. Sie werden ihren Platz niemals zu verlassen brauchen, sofern und solange sie die Vollstrecker des Volkswillens sind. Sie sehen sich als Diener des Volkes an und werden im Volk bleiben. (Stürmischer Beifall.) (…) Fürwahr, ebenbürtige Gegner hat uns das Schicksal nicht entgegengestellt.

(…)

Und nun konzentrieren sie sich alle auf die letzte Macht, die, weil sie in der ganzen Welt verzweigt ist, eine Gefahr darstellen kann, auf die Macht des *internationalen Judentums*. Allerdings, die jüdische

Presse in Berlin hat ja umgelernt. (Große Heiterkeit.) Wenn diese Herren allerdings glauben, sie könnten sich auf eine internationale Weltmacht berufen und erhielten im Lande selbst ein moralisches Alibi, indem sie uns nach den Augen und nach dem Munde schreiben, dann irren sie sich! (Starker Beifall.)

Wenn sie heute erklären, sie könnten nichts dafür, wenn ihre Rassegenossen in England und Amerika das nationale Regiment in Deutschland in den Kot zerren, dann können wir auch nichts dafür, wenn das deutsche Volks sich an ihnen schadlos hält. (Beifall.) Wir hatten dem internationalen Judentum eine Gnade widerfahren lassen, die es gar nicht verdiente. Und was war der Dank der Juden? Im Lande krochen sie zu Kreuze und draußen in der Welt entfachten sie eine Lügen- und Gräuelkampagne, die noch die des Weltkrieges übertrifft. Alle *alten Gräuelmärchen* werden wieder aufgewärmt. Die Juden in Deutschland können sich bei den Landesflüchtigen wie Einstein* dafür bedanken, dass sie heute selbst dafür – durchaus gesetzmäßig und legal – zur Rechenschaft gezogen werden. Sie sollen nicht glauben, dass wir mit verschränkten Armen zusehen, wenn man dem deutschen Volk in der Welt seinen guten Namen, seine Arbeit und sein Brot stiehlt. Die Juden genießen in Deutschland Gastfreundschaft, die sie eigentlich gar nicht verdienen. Wenn sie glauben, diese Gastfreundschaft auf Kosten des deutschen Volkes missbrauchen zu können, dann irren sie sich sehr. Einmal reißt der Geduldsfaden! (Stürmischer Beifall.) Wenn sie heute mit gedämpftem Trommelklang hinter uns marschieren – sie sollen doch nicht glauben, dass wir ihre vergangenen Sünden vergessen haben. Auf den Gräbern von Flandern und Polen stehen zwei Millionen deutsche Soldaten auf und klagen an, dass der Jude Toller* in Deutschland schreiben durfte, dass das Heldenideal das Dümmste aller Ideale sei. Zwei Millionen stehen auf und klagen an, dass die jüdische Zeitschrift „Weltbühne" schreiben durfte: „Soldaten sind immer Mörder", dass der jüdische Professor Lessing* schreiben durfte: „Die deutschen Soldaten sind für einen Dreck gefallen", und dass derselbe den Generalfeldmarschall mit Haarmann* verglich. Wir haben ihnen kein Haar gekrümmt und nichts zu Leide getan. Der Dank dafür ist, dass sie in London und New York eine Boykotthetze gegen Deutschland entfachen und die Weltpresse gegen Deutschland aufwiegeln. Wir waren viel zu milde, viel zu weichherzig. Jetzt fordern sie uns zum Kampf heraus. Nun denn, wir werden diesen Fehdehandschuh aufnehmen! (Stürmischer langanhaltender Beifall.)

(...)

Ich erkläre hier feierlichst vor ganz Deutschland und vor der ganzen Welt: „Wir wollen mit der Welt in Frieden leben. Das deutsche Volk will keinen Krieg. Wir wollen wieder anständig werden. Wir wollen wieder unserer täglichen Arbeit nachgehen. Wir haben nicht die Absicht, uns unnötige Feinde anzuschaffen. Wir wollen allen Völkern wohl, die uns unsere Ehre und unser tägliches Brot lassen. Wir bedauern nur die Völker, die der jüdischen Gräuelkampagne gegen Deutschland zum Opfer fallen. Wir bedauern nur, dass große Teile der Welt über Deutschland sich heute ein falsches Bild machen. Dann muss man eben andere Mittel anwenden, um die Welt aufzuklären. Wir wollen keine Gesetzlosigkeit. Das, was sich jetzt in Deutschland abspielt, wird sich in Ruhe und Ordnung und in Disziplin vollziehen." *(1933)*

** Albert Einstein: 1922 Nobelpreis für Physik, Pazifist und Gegner der deutschen Kriegspolitik; kehrte nach Hitlers Machtübernahme 1933 von Lehrveranstaltungen in den USA nicht mehr zurück.*

** Ernst Toller (1883–1939): expressionistischer Schriftsteller mit radikalsozialistischer Tendenz, schrieb aufrüttelnde Antikriegs- und Zeitstücke gegen alle Formen der Unterdrückung.*

** Theodor Lessing: (1872–1933), deutscher Publizist und Kulturphilosoph, vertrat einen pragmatischen Sozialismus; wurde 1933 ermordet.*

** Haarmann: ein Serienmörder*

Am Text erarbeiten:
- die Redesituation
- die Redeintention
- die semantischen und rhetorischen Mittel
- die Darstellung der eigenen und der gegnerischen Seite
- die Wirkung

Diskutieren, erörtern:
die mediale Vermittlung der Goebbels-Rede in einem zeitgenössischen Printmedium als Beispiel für die neuzeitliche „multimediale" Beeinflussung der Gesellschaft

2.2 Durchschauen – Redeanalyse

Klemperer mit Frau Hadwig (1954)

LTI: Lingua Tertii Imperii, Sprache des Dritten Reiches

Philologe: einer, der das Wort liebt

Victor Klemperer, jüdischer Professor für Romanistik in Dresden und nach 1945 in Greifswald, Halle und Berlin, verfasste während der Zeit des Nationalsozialismus ein Tagebuch mit Notizen zur Sprache und zur Verfolgung, der er und seine erste Frau Eva ausgesetzt waren. Er überstand die NS-Zeit, weil seine nichtjüdische Frau zu ihm hielt und beide gegen Kriegsende untertauchen konnten.
„LTI" erschien erstmal 1947 und basiert auf den sprachkritischen Beobachtungen und Überlegungen Klemperers in seinen Tagebüchern, die erst in den 90er-Jahren unter dem Titel „Ich will Zeugnis ablegen bis zum Letzten" nahezu vollständig veröffentlicht wurden.

Friedrich Schiller

Dilettant

Weil ein Vers dir gelingt
in einer gebildeten Sprache,
die für dich dichtet und denkt,
glaubst du schon Dichter zu sein.

Victor Klemperer

LTI. Notizbuch eines Philologen (Auszug)

Ich beobachtete immer genauer, wie die Arbeiter in der Fabrik redeten und wie die Gestapobestien sprachen und wie man sich bei uns im Zoologischen Garten der Judenkäfige ausdrückte. Es waren keine großen Unterschiede zu merken; nein, eigentlich überhaupt keine. Fraglos waren alle, Anhänger und Gegner, Nutznießer und Opfer, von denselben Vorbildern geleitet.
Ich suchte dieser Vorbilder habhaft zu werden, und das war in gewisser Hinsicht über alle Maßen einfach, denn alles, was in Deutschland gedruckt und geredet wurde, war ja durchaus parteiamtlich genormt; was irgendwie von der einen zugelassenen Form abwich, drang nicht an die Öffentlichkeit; Buch und Zeitung und Behördenzuschrift und Formulare einer Dienststelle – alles schwamm in derselben braunen Soße, und aus dieser absoluten Einheitlichkeit der Schriftsprache erklärte sich denn auch die Gleichheit aller Redeform. (...)
Was war das stärkste Propagandamittel der Hitlerei? Waren es Hitlers und Goebbels' Einzelreden, ihre Ausführungen zu dem und jenem Gegenstand, ihre Hetze gegen das Judentum, gegen den Bolschewismus?
Fraglos nicht, denn vieles blieb von der Masse unverstanden oder langweilte sie in seinen ewigen Wiederholungen. Wie oft in Gasthäusern, als ich noch sternlos ein Gasthaus betreten durfte, wie oft später in der Fabrik während der Luftwache, wo die Arier ihr Zimmer für sich hatten und die Juden ihr Zimmer für sich, und im arischen Raum befand sich das Radio (und die Heizung und das Essen) – wie oft habe ich die Spielkarten auf den Tisch klatschen und laute Gespräche über Fleisch- und Tabakrationen und über das Kino führen hören, während der Führer oder einer seiner Paladine langatmig sprachen, und nachher hieß es in den Zeitungen, das ganze Volk habe ihnen gelauscht.
Nein, die stärkste Wirkung wurde nicht durch Einzelreden ausgeübt, auch nicht durch Artikel oder Flugblätter, durch Plakate oder Fahnen, sie wurde durch nichts erzielt, was man mit bewusstem Denken oder bewusstem Fühlen in sich aufnehmen musste.
Sondern der Nazismus glitt in Fleisch und Blut der Menge über durch die Einzelworte, die Redewendungen, die Satzformen, die er ihr in millionenfachen Wiederholungen aufzwang, und die mechanisch und unbewusst übernommen wurden. Man pflegt das Schiller-Distichon von der „gebildeten Sprache, die für dich dichtet und denkt", rein ästhetisch und sozusagen harmlos aufzufassen. Ein gelungener Vers in einer „gebildeten Sprache" beweist noch nichts für die dichterische Kraft seines Finders; es ist nicht allzu schwer, sich in einer hochkultivierten Sprache das Air eines Dichters und Denkers zu geben.
Aber Sprache dichtet und denkt nicht nur für mich, sie lenkt auch mein Gefühl, sie steuert mein ganzes seelisches Wesen, je selbstverständlicher, je unbewusster ich mich ihr überlasse. Und wenn nun die gebildete Sprache aus giftigen Elementen gebildet oder zur Trägerin von Giftstoffen gemacht worden ist? Worte können sein wie winzige

Arsendosen: Sie werden unbemerkt verschluckt, sie scheinen keine Wirkung zu tun, und nach einiger Zeit ist die Giftwirkung doch da. Wenn einer lange für heldisch und tugendhaft: fanatisch sagt, glaubt er schließlich wirklich, ein Fanatiker sei ein tugendhafter Held, und ohne Fanatismus könne man kein Held sein. Die Worte „fanatisch“ und „Fanatismus“ sind nicht vom „Dritten Reich“ erfunden, es hat sie nur in ihrem Wert verändert und hat sie an einem Tage häufiger gebraucht als andere Zeiten in Jahren.

Das „Dritte Reich“ hat die wenigsten Worte seiner Sprache selbstschöpferisch geprägt, vielleicht, wahrscheinlich sogar, überhaupt keines. Die nazistische Sprache weist in vielem auf das Ausland zurück, übernimmt das meiste andere von vorhitlerischen Deutschen. Aber sie ändert Wortwerte und Worthäufigkeiten, sie macht zum Allgemeingut, was früher einem Einzelnen oder einer winzigen Gruppe gehörte, sie beschlagnahmt für die Partei, was früher Allgemeingut war, und in alledem durchtränkt sie Worte und Wortgruppen und Satzformen mit ihrem Gift, macht sie die Sprache ihrem fürchterlichen System dienstbar, gewinnt sie an der Sprache ihr stärkstes, ihr öffentlichstes und geheimstes Werbemittel. *(1946)*

Victor Klemperer

In lingua veritas – Die Wahrheit in der Sprache*

(Auszüge aus dem Tagebuch für das Jahr 1933)

27. März. Neue Worte tauchen auf, oder alte Worte gewinnen neuen Spezialsinn, oder es bilden sich neue Zusammenstellungen, die rasch stereotyp erstarren. Die SA heißt jetzt in gehobener Sprache – und gehobene Sprache ist ständig *de rigueur*, denn es schickt sich, begeistert zu sein – „das braune Heer“. Die Auslandsjuden, besonders die französischen, englischen und amerikanischen, heißen heute immer wieder die „Weltjuden“. Ebenso häufig wird der Ausdruck „Internationales Judentum“ angewandt, und davon sollen wohl Weltjude und Weltjudentum die Verdeutschung bilden. Es ist eine ominöse Verdeutschung: In oder auf der Welt befinden sich die Juden also nur noch außerhalb Deutschlands? Und wo befinden sie sich innerhalb Deutschlands? – Die Weltjuden treiben „Gräuelpropaganda“ und verbreiten „Gräuelmärchen“ und wenn wir hier im Geringsten etwas von dem erzählen, was Tag für Tag geschieht, dann treiben eben wir Gräuelpropaganda und werden dafür bestraft. Inzwischen bereitet sich der Boykott jüdischer Geschäfte und Ärzte vor. Die Unterscheidung zwischen „arisch“ und „nichtarisch“ beherrscht alles. Man könnte ein Lexikon der neuen Sprache anlegen.

10. April. Man ist „artfremd“ bei fünfundzwanzig Prozent nichtarischen Blutes. „Im Zweifelsfalle entscheidet der Sachverständige für Rassenforschung.“ *Limpieza de la sangre* wie im Spanien des sechzehnten Jahrhunderts. Aber damals ging es um den Glauben, und heute ist es Zoologie + Geschäft. Übrigens Spanien. Es kommt mir vor wie ein Witz der Weltgeschichte, dass „der Jude Einstein“ ostentativ von einer spanischen Universität berufen wird und den Ruf auch annimmt.

20. April. Wieder eine neue Festgelegenheit, ein neuer Volksfeiertag: Hitlers Geburtstag. „Volk“ wird jetzt beim Reden und Schreiben so

Reichstagswahlen

31. Juli 1932: NSDAP mit 37,4 Prozent der Stimmen stärkste Fraktion; Regierungsbeteiligung von Hitler abgelehnt.
6. November 1932: NSDAP verliert zwar über 4% bleibt aber stärkste Kraft.
30. Januar 1933: Hitler wird, mit Unterstützung des ehemaligen Reichskanzlers Franz von Papen, vom Reichspräsidenten zum Reichskanzler ernannt; er bildet aus NSDAP und DNVP ein „Kabinett der nationalen Konzentration“.
28. Februar 1933: Gesetz zum Schutz von Volk und Reich – die in der Weimarer Verfassung garantierten Grundrechte werden außer Kraft gesetzt.
5. März 1933: Bei den Reichtagswahlen erhält die NSDAP mit 43,9% eine deutliche Mehrheit, ohne jedoch die absolute Mehrheit zu erreichen.
24. März 1933: Das Gesetz zur Behebung der Not von Volk und Reich (Ermächtigungsgesetz): Aufhebung der Gewaltenteilung, die Legislative wird der Exekutive überlassen, die von der NSDAP eingenommen wird.

Bezüge herstellen:
zwischen Klemperers Beobachtungen und den Texten von Hitler und Goebbels

oft verwandt wie Salz beim Essen, an alles gibt man eine Prise Volk: Volksfest, Volksgenosse, Volksgemeinschaft, volksnah, volksfremd, volksentstammt …

28. Juli. Es hat eine Feier stattgefunden am Grabe der „Rathenaubeseitiger"*. Wie viel Missachtung, wie viel Amoral oder betonte Herrenmoral steckt in dieser Substantivbildung, diesem Zum-Beruf-Erheben des Mordes. Und wie sicher muss man sich fühlen, wenn man solche Sprache führt!
Aber fühlt man sich sicher? Es ist doch auch viel Hysterie in den Taten und Worten der Regierung. Die Hysterie der Sprache müsste einmal besonders studiert werden. Dies ewige Androhen der Todesstrafe! Und neulich die Unterbrechung allen Reiseverkehrs von 12 bis 12.40 Uhr zur „Fahndung auf staatsfeindliche Kuriere und Druckschriften in ganz Deutschland". Das ist doch halb unmittelbare Angst und halb mittelbare. Ich will damit sagen, dass dieser Spannungstrick, dem Film und Sensationsroman amerikanischer Art nachgeahmt, natürlich ebenso sehr erwogenes Propagandamittel ist wie unmittelbares Angsterzeugnis, dass aber andrerseits zu solcher Propaganda nur greift, wer es nötig, wer eben Angst hat.

** Walter Rathenau: 1922 Außenminister; fiel am 24. Juni 1922 einem Attentat rechtsextremer Offiziere zum Opfer.*

10. November, abends. Den Höhepunkt der Werbung habe ich heute Mittag an Dembers Radio miterlebt. (Unser jüdischer Physiker, schon entlassen, aber auch schon in Verhandlung um eine türkische Professur). Diesmal war die Anordnung durch Goebbels, der dann den Ansager der eigenen Regie machte, wirklich ein Meisterstück. Alles auf Arbeit und Frieden für friedliche Arbeit gestellt. Erst das allgemeine Sirenengeheul in ganz Deutschland und die Minute des Stillschweigens in ganz Deutschland – das haben sie natürlich von Amerika gelernt und von den Friedensfeiern am Ende des Weltkriegs. Hierauf aber, vielleicht nicht sehr viel origineller (cf. Italien), doch in absoluter Vollendung durchgeführt, die Rahmung um Hitlers Rede. Maschinenhalle in Siemensstadt. Minutenlang der volle Betriebslärm, das Hämmern, Rasseln, Dröhnen, Pfeifen, Knirschen. Dann die Sirene und das Singen und allmähliche Verstummen der abgestoppten Räder. Dann aus der Stille heraus, ruhig mit Goebbels' tiefer Stimme der Botenbericht. Und nun erst Hitler, drei viertel Stunden ER. Zum ersten Mal hörte ich eine ganze Rede von ihm, und mein Eindruck war im Wesentlichen der gleiche wie vorher. Meist eine übermäßig erregte, überschriene, oft heisere Stimme. Nur dass diesmal viele Passagen im weinerlichen Ton eines predigenden Sektierers gehalten waren. ER predigt Frieden, ER wirbt für Frieden, ER will das Ja Deutschlands nicht aus persönlichem Ehrgeiz, sondern nur um den Frieden schützen zu können gegen den Anschlag einer wurzellos internationalen Clique von Geschäftemachern, die um ihres Profites willen skrupellos Millionenvölker aneinander hetzen. (…)
Das alles, und die gut einstudierten Zwischenrufe („Die Juden!") dazu, war mir natürlich längst bekannt. Aber in all seiner Abgedroschenheit, in all seiner dem Taubsten vernehmbar zum Himmel schreienden Verlogenheit bekam es doch eine besondere und neue Wirkungskraft durch einen Zug der vorbereitenden Propaganda, den ich unter ihren gelungenen Einzelheiten für den hervorragendsten und den eigentlich entscheidenden halte. Es hieß in der Voranzeige und Voransage: „Feierstunde von 13.00 bis 14.00 Uhr. In der dreizehnten Stunde kommt Adolf Hitler zu den Arbeitern." Das ist,

(Berliner Lokal Anzeiger, 6. Juli 1933)

jedem verständlich, die Sprache des Evangeliums. Der Herr, der Erlöser kommt zu den Armen und Verlorenen. Raffiniert bis in die Zeitangabe hinein. Dreizehn Uhr – nein, „dreizehnte Stunde" – das klingt nach Zuspät, aber ER wird ein Wunder vollbringen, für ihn gibt es kein Zuspät. Die Blutfahne auf dem Parteitag, das war schon dieselbe Sparte. Aber diesmal ist die Enge der kirchlichen Zeremonie durchbrochen, ist das zeitferne Kostüm abgestreift, ist die Christuslegende in unmittelbare Gegenwart transponiert: Adolf Hitler, der Heiland, kommt zu den Arbeitern nach Siemensstadt.

An den Texten erarbeiten:
Klemperers Methode, der LTI auf die Spur zu kommen

Lesetipp:
Victor Klemperer: Das Tagebuch 1933–1945. Eine Auswahl für junge Leser. Berlin 1997.

Hans Dieter Zimmermann

Analyse politischer Rede* (Auszug)

Die politischen Reden müssen in einem dreifachen Kontext gesehen werden:

1. Der Text der Rede selbst muss befragt werden: Die Bedeutung von Wörtern und Sätzen ergibt sich im Zusammenhang des Textes.

2. Die Rede-Situation muss berücksichtigt werden: Wer spricht wo unter welchen Umständen und zu welchem Zweck?

3. Dazu muss die politisch-gesellschaftliche Situation herangezogen werden; sie macht deutlich, warum manche Begriffe so wichtig, manche so vieldeutig sind. Die Hauptschwierigkeit, die sich der Untersuchung politischen Sprachgebrauchs entgegenstellt, ist aus der Semasiologie* bekannt: Das Schillern der Wortinhalte und deren geringe Abgrenzbarkeit machen exaktes Arbeiten und Beweisführen oft genug unmöglich. Diese allgemeine Schwierigkeit, die Bedeutung eines Wortes exakt zu bestimmen, vergrößert sich noch bei der Eingrenzung politischer Begriffe, weil die Bedeutung dieser Begriffe selten frei ist von ideologischen Standpunkten, propagandistischen Eingriffen und polemischen Neudefinitionen. Die Bedeutungsgeschichte politischer Schlagwörter wie Freiheit, Demokratie, Sozialismus zeigt, dass es nahezu unmöglich ist, einen festen Wortinhalt anzugeben. Die Bedeutung der Schlagwörter ändert sich je nach dem Zusammenhang, in dem sie gebraucht werden. Es ist im politischen Bereich nützlich, lediglich die Gebrauchsweisen eines Wortes zu untersuchen, ohne von einem allgemeinen Wortinhalt auszugehen, aber auch ohne einen allgemeinen Wortinhalt aus der Gebrauchsweise zu destillieren. So reduziert sich die Frage nach der Bedeutung eines Wortes zur Frage nach seiner Funktion im Rede-Zusammenhang: Was bezweckt die Nennung des Wortes? Was bewirkt seine Nennung im aktuellen Sprechakt?

Hier muss also nach dem Sprecher und nach dem Hörer gefragt werden. Das Kommunikationsmodell der Rede ist einfach: Einer spricht, viele hören zu. Aber es ist schon ein Unterschied, ob die Rede im Bundestag oder während des Wahlkampfes gehalten wird, ob Zwischenrufe die Einseitigkeit des Kommunikationsablaufs unterbrechen oder nicht. (...)

Auch wer den politischen Sprachgebrauch nur beschreiben und nicht bewerten will, kann in politische Auseinandersetzungen verwickelt werden. Bereits die Beschreibung kann eine Wertung einschließen, ohne dass der Interpret das will, weil sie auf allgemein gültige Einverständnisse aufmerksam macht und diese damit nicht für sich gelten lässt. Solange politische Haltung auch darin besteht,

** Semasiologie: Lehre von der Wortbedeutung*

Begriffe klären:
Ideologie, Ideologiekritik

Wie man ideologiekritisch lesen kann

Folgende Fragen an den Text stellen:

1. In welcher konkreten historischen Situation ist der Text verfasst?
2. Wo und in welcher Darbietungsform ist der Text platziert?
3. Um welches Problem geht es im Text, im Satz, im Wort?
4. Welche Intention verfolgt der Text: Wogegen wendet er sich? – Wofür plädiert er offen oder verdeckt?
5. Wer oder was soll diffamiert werden?
6. Zu wessen Vorteil oder Nachteil gerät die Äußerung oder Forderung?
7. Wessen Interessen sollen gerechtfertigt werden?
8. Welches (einseitige) Lösungsmodell liefert der Text?
9. An welche Gruppe, Schicht, Kreise oder Klasse appelliert er mit seiner Ideologie?

gewisse Tatbestände aus dem Bewusstsein zu verdrängen, z. B. mit sprachlichen Mitteln der Umschreibung, solange wird jeder Rationalisierungsprozess, der diese Tatbestände ins Bewusstsein hebt, als Kritik aufgefasst werden können.

Es ist unmöglich, eine politische Rede zu interpretieren, ohne auf ihre ideologischen Implikationen einzugehen. Und es dürfte ebenso unmöglich sein, sich mit einer Rede auseinander zu setzen, ohne selbst Stellung zu nehmen. Wer über Ideologie spricht, ist in Ideologie verstrickt. Gerade die Untersuchung politischen Sprachgebrauchs kann das lehren, weil hier offen verhandelt wird, was in anderen, auch in literarischen Texten, nur verdeckt mitspielt: Die Texte sind Bestandteil ideologischer Apparate.

Der Interpret einer politischen Rede muss sich der ideologischen Auseinandersetzung stellen, will er überhaupt verstehen, was der Redner meint. Es genügt nicht, einige stilistische Charakteristika aufzuzählen, die Frage muss sich anschließen, warum sie benützt werden und wem sie nützen. (...)

Nicht nur der Sprachgebrauch, auch Aussehen und Auftreten des Redners, Sprechweise und Intonation gehören zum Zeichensystem der Rede. Auch sie müssen – wenn möglich – zu Rate gezogen werden, sei es durch Film-, sei es durch Tonband-Aufzeichnungen. Wie ist der Redner gekleidet: nachlässig oder gepflegt? Wie ist seine Gestik: gelassen oder temperamentvoll? Wie ist seine Aussprache: Was hebt er durch Betonung hervor, was nicht, gibt es Versprecher (Vergleich von Tonband und gedrucktem Text)? Entstehen durch Aussehen, Gestik, Aussprache zusätzliche Bedeutungen zum Text der Rede, die den Text ergänzen, unterstreichen, ironisieren oder infrage stellen?

Bei der Interpretation eines politischen Textes muss auf die gleichen Einzelheiten geachtet werden wie bei der Interpretation eines literarischen Textes. Aus welchen Bereichen kommen die Bilder: Natur, Krankheit, Militär etc.? Welchen Einfluss haben sie? Sei es, dass sie den Gegner durch eine Krankheits-Metapher diffamieren (Gift im Volkskörper), sei es, dass sie eine friedliche Äußerung durch ein kriegerisches Bild unterlaufen (Lager, Front, Offensive, Schlacht), sei es, dass sie einen wirtschaftlichen Vorgang als natürlichen Prozess kaschieren (Arbeitslosigkeit als Naturkatastrophe) etc. Weiterhin: Welche Adjektive werden benützt; sind sie häufig, sind sie beschreibend oder bewertend? Welche Verben sind beliebt: solche, die eher beschreiben, solche, die eher einen rationalen Vorgang meinen? Sind Funktionsverben häufig?

Wie sieht der Satzbau aus: Grundformen der Sätze, parataktischer Satzbau, Arten von Nebensätzen, also Nebensätze, die der Begründung (Kausal-, Konsekutiv-Sätze), Nebensätze, die der Beschreibung dienen (Temporal-, Relativ-Sätze)? Sind Imperative vorhanden als Ausdruck des Appells an die Hörer? Imperativische Forderungen werden auch mit modalen Hilfsverben (müssen, sollen) eingeleitet.

Das braucht nicht weiter ausgeführt zu werden, weil es der üblichen Interpretation eines literarischen Textes entspricht. Bei der politischen Rede wird jedoch von Anfang an darauf zu achten sein, die stilistischen Charakteristika unter dem Zweck der Rede zu sehen: Was will und was kann der Redner damit erreichen? Deshalb ist es nützlich, von Anfang an mit einem Schema zu arbeiten, das bereits eine Einteilung unter diesem Gesichtspunkt ermöglicht: Abwertung,

Aufwertung, Beschwichtigung. Das ist eine simple, aber brauchbare Einteilung, die immer wieder nach dem rhetorischen Ziel der Rede fragt.
Aufwertung meint den Aufbau der Position des Redners bzw. seiner Gruppe. Der Redner versucht seine Position so günstig darzustellen, dass ihm die Zustimmung seiner Hörer gewiss ist. Abwertung meint dagegen die Zerstörung der gegnerischen Position. Der Gegner wird derart negativ hingestellt, dass die Hörer ihn ablehnen sollen. Beschwichtigung ist ein Interessenausgleich mit verbalen Mitteln. Verschiedene Gruppen mit verschiedenen Interessen, werden vom Redner mit so vagen Formulierungen hingehalten, dass sie dem Redner zustimmen und in ihm den Vertreter ihrer widersprechenden Interessen sehen. *(1971)*

Anwenden:
die folgenden Begriffe auf ihren ideologischen Gehalt hin überprüfen: Friedenstruppen, Steuerreform, Freisetzung, Wohnpark, Seniorenresidenz, Sonderdeponie, Grüner Punkt, ...

2.3 Gedenken und erinnern – Konflikte in Sprache fassen

Martin Walser

Erfahrungen beim Verfassen einer Sonntagsrede

Rede zum Friedenspreis des Deutschen Buchhandels 1998
(Auszug)

1998 erhielt der Schriftsteller Martin Walser den Friedenspreis des Deutschen Buchhandels. Die Rede, die er anlässlich der Verleihung dieses Preises in der Frankfurter Paulskirche hielt, wurde wegen einiger Passagen, in denen sich Walser über den Umgang mit der deutschen Vergangenheit äußert, heftig kritisiert. Besonders heftige Kritik übte der damalige Vorsitzende des Zentralrats der Juden in Deutschland, Ignatz Bubis, der Walser einen „geistigen Brandstifter" nannte.

Als die Medien gemeldet hatten, wer in diesem Jahr den Friedenspreis des deutschen Buchhandels bekommen werde, trudelten Glückwünsche herein. Zwei Eigenschaftswörter kamen auffällig oft vor im Glückwunschtext. Die Freude der Gratulierenden wurde öfter „unbändig" genannt. Auf die Rede, die der Ausgesuchte halten werde, hieß es auch öfter, sei man gespannt, sie werde sicher kritisch. Dass mehrere sich unbändig freuen, weil einem anderen etwas Angenehmes geschieht, zeigt, dass unter uns die Freundlichkeitsfähigkeit noch lebt. Darüber, dass von ihm natürlich eine kritische Rede erwartet werde, konnte der Ausgesuchte sich nicht gleichermaßen freuen.
Klar, von ihm wurde die Sonntagsrede erwartet. Die kritische Predigt. (...) Aber gleich stellt sich eine Bedingung ein, ohne die nichts mehr geht. Nämlich: etwas, was man einem anderen sagt, mindestens genauso zu sich selber sagen. Den Anschein vermeiden, man wisse etwas besser. Oder gar, man sei besser. Stilistisch nicht ganz einfach: kritisch werden und doch glaubwürdig ausdrücken, dass du nicht glaubst, etwas besser zu wissen. Noch schwieriger dürfte es sein, dich in Gewissensfragen einzumischen und doch den Anschein zu vermeiden, du seist oder hieltest dich für besser als die, die du kritisierst.
In jeder Epoche gibt es Themen, Probleme, die unbestreitbar die Gewissensthemen der Epoche sind. Oder dazu gemacht werden. Zwei

Martin Walser, 1998

Belege für die Gewissensproblematik dieser Epoche: Ein wirklich bedeutender Denker formulierte im Jahr 92: „Erst die Reaktionen auf den rechten Terror – die aus der politischen Mitte der Bevölkerung und die von oben: aus der Regierung, dem Staatsapparat und der Führung der Parteien – machen das ganze Ausmaß der moralisch-politischen Verwahrlosung sichtbar.“ Ein ebenso bedeutender Dichter ein paar Jahre davor: „Gehen Sie in irgendein Restaurant in Salzburg. Auf den ersten Blick haben Sie den Eindruck: lauter brave Leute. Hören Sie Ihren Tischnachbarn aber zu, entdecken Sie, dass sie nur von Ausrottung und Gaskammern träumen.“ Addiert man, was der Denker und Dichter – beide wirklich gleich seriös – aussagen, dann sind Regierung, Staatsapparat, Parteienführung und die braven Leute am Nebentisch „moralisch-politisch“ verwahrlost. Meine erste Reaktion, wenn ich Jahr für Jahr solche in beliebiger Zahl zitierbaren Aussagen von ganz und gar seriösen Geistes- und Sprachgrößen lese, ist: Warum bietet sich mir das nicht so dar? Was fehlt meiner Wahrnehmungsfähigkeit? Oder liegt es an meinem zu leicht einzuschläfernden Gewissen? Das ist klar, diese beiden Geistes- und Sprachgrößen sind auch Gewissensgrößen. Anders wäre die Schärfe der Verdächtigung oder schon Beschuldigung nicht zu erklären. Und wenn eine Beschuldigung weit genug geht, ist sie an sich schon schlagend, ein Beweis erübrigt sich da. Endlich tut sich eine Möglichkeit auf, die Rede kritisch werden zu lassen. Ich hoffe, dass auch selbstkritisch als kritisch gelten darf. Warum werde ich von der Empörung, die dem Denker den folgenden Satzanfang gebietet, nicht mobilisiert: „Wenn die sympathisierende Bevölkerung vor brennenden Asylantenheimen Würstchenbuden aufstellt ...“ Das muss man sich vorstellen: die Bevölkerung sympathisiert mit denen, die Asylantenheime angezündet haben und stellt deshalb Würstchenbuden vor die brennenden Asylantenheime, um auch noch Geschäfte zu machen. Und ich muss zugeben, dass ich mir das, wenn ich es nicht in der intellektuell maßgeblichen Wochenzeitung und unter einem verehrungswürdigen Namen läse, nicht vorstellen könnte.

(...)

Manchmal, wenn ich nirgends mehr hinschauen kann, ohne von einer Beschuldigung attackiert zu werden, muss ich mir zu meiner Entlastung einreden, in den Medien sei auch eine Routine des Beschuldigens entstanden. Von den schlimmsten Filmsequenzen aus Konzentrationslagern habe ich bestimmt schon zwanzigmal weggeschaut. Kein ernst zu nehmender Mensch leugnet Auschwitz; kein noch zurechnungsfähiger Mensch deutelt an der Grauenhaftigkeit von Auschwitz herum; wenn mir aber jeden Tag in den Medien diese Vergangenheit vorgehalten wird, merke ich, dass sich in mir etwas gegen diese Dauerpräsentation unserer Schande wehrt. Anstatt dankbar zu sein für die unaufhörliche Präsentation unserer Schande, fange ich an wegzuschauen. Wenn ich merke, dass sich in mir etwas dagegen wehrt, versuche ich, die Vorhaltung unserer Schande auf Motive hin abzuhören und bin fast froh, wenn ich glaube, entdecken zu können, dass öfter nicht mehr das Gedenken, das Nichtvergessendürfen das Motiv ist, sondern die Instrumentalisierung unserer Schande zu gegenwärtigen Zwecken. Immer guten Zwecken, ehrenwerten. Aber doch Instrumentalisierung. Jemand findet die Art, wie wir die Folgen der deutschen Teilung überwinden wollen, nicht gut und sagt, so ermöglichten wir ein neues Auschwitz. Schon

Walser-Rede wird „Rede des Jahres“

Tübingen (dpa) – Die kontrovers diskutierte Friedenspreisrede von Martin Walser ist vom Institut für Allgemeine Rhetorik der Uni Tübingen zur „Rede des Jahres 1998“ gewählt worden. (...)

(taz, vom 2.12.1998)

Grundsätze der Aktion „Unwort des Jahres“

Die Aktion „Unwort des Jahres“ will für mehr sachliche Angemessenheit und Humanität im öffentlichen Sprachgebrauch werben. Die Rügen verstehen sich in erster Linie als Anregung zu mehr sprachkritischer Reflexion. Eine Zensurabsicht liegt der Aktion fern. Jeder Bürger und jede Bürgerin kann Vorschläge machen. Die Jury besteht aus vier ständigen Mitgliedern (Sprachwissenschaftler/innen) und jährlich zwei neuen Mitgliedern aus der öffentlichen Sprachpraxis (Medien, Politik, Kultur).

„Unwort des Jahres“ 1998

Die Jury hat auch die Wortbildung **„Moralkeule“** in der Paulskirchen-Rede von Martin Walser gerügt. Mit dieser Rüge ist keine Stellungnahme im Streit um diese Rede verbunden, wohl aber die Verwunderung, dass ein so sprachsensibler Autor wie Walser den positiv besetzten und schützenswerten Begriff „Moral“ mit einem Totschlaginstrument, einer „Keule“, in sprachlich engste Verbindung bringen konnte.

die Teilung selbst, solange sie dauerte, wurde von maßgeblichen Intellektuellen gerechtfertigt mit dem Hinweis auf Auschwitz.

(...)

Das fällt mir ein, weil ich jetzt wieder vor Kühnheit zittere, wenn ich sage: Auschwitz eignet sich nicht dafür Drohroutine zu werden, jederzeit einsetzbares Einschüchterungsmittel oder Moralkeule oder auch nur Pflichtübung. Was durch Ritualisierung zu Stande kommt, ist von der Qualität des Lippengebets. Aber in welchen Verdacht gerät man, wenn man sagt, die Deutschen seien jetzt ein ganz normales Volk, eine ganz gewöhnliche Gesellschaft? (...) Ein gutes Gewissen ist keins. Mit seinem Gewissen ist jeder allein. Öffentliche Gewissensakte sind deshalb in der Gefahr symbolisch zu werden. Und nichts ist dem Gewissen fremder als Symbolik, wie gut sie auch gemeint sei. Diese „durchgängige Zurückgezogenheit in sich selbst" ist nicht repräsentierbar. Sie muss „innerliche Einsamkeit" bleiben. Es kann keiner vom anderen verlangen, was er gern hätte, der aber nicht geben will. Oder kann. (...) Das ist Gewissensfreiheit, die ich meine. Öffentlich gefordert, regiert nur der Schein. Birgt und verbirgt nicht jeder ein innerstes, auf Selbstachtungsproduktion angelegtes Spiegelkabinett? Ist nicht jeder eine Anstalt zur Lizenzierung der unvereinbarsten Widersprüche? Ist nicht jeder ein Fließband der unendlichen Lüge-Wahrheit-Dialektik? Nicht jeder ein von Eitelkeiten dirigierter Gewissenskämpfer? Oder verallgemeinere ich mich jetzt schon zu sehr, um eigener Schwäche Gesellschaft zu verschaffen? Die Frage kann ich doch nicht weglassen: Wäre die Öffentlichkeit ärmer oder gewissensverrohter, wenn Dichter und Denker nicht als Gewissenswarte der Nation aufträten?

(...)

Das möchte man den Meinungssoldaten entgegenhalten, wenn sie, mit vorgehaltener Moralpistole, den Schriftsteller in den Meinungsdienst nötigen. Sie haben es immerhin so weit gebracht, dass Schriftsteller nicht mehr gelesen werden müssen, sondern nur noch interviewt. Dass die so zustande kommenden Platzanweisungen in den Büchern dieser Schriftsteller entweder nicht verifizierbar oder krass widerlegt werden, ist dem Meinungs- und Gewissenswart eher egal, weil das Sprachwerk für ihn nicht verwertbar ist.

Gibt es außer der literarischen Sprache noch eine, die mir nichts verkaufen will? Ich kenne keine. Deshalb: Nichts macht so frei wie die Sprache der Literatur.

(...)

Der Ehrgeiz des der Sprache vertrauenden Redners darf es sein, dass der Zuhörer oder die Zuhörerin den Redner am Ende der Rede nicht mehr so gut zu kennen glaubt wie davor. Aber eine ganz abenteuerliche Hoffnung kann der Redner dann doch nicht unterdrücken: dass nämlich der Redner dadurch, dass man ihn nicht mehr so klipp und klar kennt wie vor der Rede, eben dadurch dem Zuhörer oder der Zuhörerin vertrauter geworden ist. Es soll einfach gehofft werden dürfen, man könne einem anderen nicht nur dadurch entsprechen, dass man sein Wissen vermehrt, seinen Standpunkt stärkt, sondern, von Sprachmensch zu Sprachmensch, auch dadurch, dass man sein Dasein streift auf eine nicht kalkulierbare, aber vielleicht erlebbare Art. Das ist eine reine Hoffnung.

(1998)

Leserbrief

Als nicht in Deutschland Geborener wage ich mich in dieses Streitgespräch hineinzumischen. Als Student begegne ich täglich jungen Deutschen, von denen ich erfahre, dass sie sich mit der Schuldnerrolle weder identifizieren können noch wollen. Es geht nicht darum, dass man die Erinnerung auslöschen und die Gräueltaten leugnen möchte, sondern weil es mit dieser jungen Generation nichts mehr zu tun hat. Für die meisten von unserer Generation ist das NS-Verbrechen nur Wissen aus dem Geschichtsbuch, doch Bezüge zu unserem eigenen Leben können wir daraus nicht herstellen. (...) Die Vergangenheit der zukünftigen Generationen hat 1949 begonnen, nicht 1933.

Don Wu, Aachen

(Die Woche, 11.12.1998)

Am Text erarbeiten:

Walsers Position zum Umgang mit der deutschen Vergangenheit.

© dpa / Klaus Franke, (1999) Frankf./M.

Ignatz Bubis (1927–1999), einziger Überlebender seiner vor dem Nazi-Terror nach Polen geflüchteten Familie; 1992–1999 Präsident des Zentralrats der Juden in Deutschland

Ignatz Bubis

Rede am 9.11.1998 auf der Gedenkfeier zu den Novemberpogromen von 1938 (Auszug)

Wir gedenken heute des 9. November 1938. Des Tages, an dem Synagogen und Gebetshäuser im gesamten damaligen Deutschen Reich angezündet und geschändet wurden. In dieser Nacht des schrecklichen Pogroms, die nach damaligem Sprachgebrauch, „Reichskristallnacht“ genannt wurde, sind darüber hinaus jüdische Geschäfte und Wohnungen geplündert worden, und es gab zahlreiche Verhaftungen sowie fast einhundert Menschenopfer. Diese Nacht bildete einen Zwischenhöhepunkt in der Barbarei des nationalsozialistischen Regimes. (…)

Es sind viele Bücher über diese Schreckenszeit geschrieben worden, und sie wurden sogar gelesen, aber manchmal frage ich mich: Wurden sie auch begriffen? Ich weiß, dass vieles gar nicht zu begreifen ist! Wie wollen wir, die Überlebenden oder die Zeitzeugen, unseren Nachkommen erzählen, dass die Menschen, die gestern noch Nachbarn waren, plötzlich zu reißenden Bestien wurden und unschuldige Männer, Frauen und Kinder grundlos, nur weil sie Juden waren oder weil sie von Juden abstammten, einfach massakrierten? Oder wie wollen wir unseren Kindern und Enkelkindern begreiflich machen, dass ein Staatswesen eine Bürokratie aufbaute, deren einziges Ziel die Vernichtung eines Volkes war, und ihm dabei Hunderttausende ohne Skrupel folgten? Ist es überhaupt zu begreifen? Und haben wir alle auch wirklich die Lehren daraus gezogen? Gehen wir heute toleranter miteinander um? Haben wir wirklich die Trauer der Hinterbliebenen und die Gefühle der Opfer verstanden? Verstehen wir die Ängste der Überlebenden zu respektieren? Wir, die jüdische Gemeinschaft, können nicht die Einzigen sein, die die Verbrechen der Zeit des Nationalsozialismus beklagen. Es gab einen Völkermord am Judentum mit etwa sechs Millionen Ermordeten. Es gab weitere fünfzig Millionen Kriegsopfer und alle diese Opfer sind auf die Schuld des NS-Systems zurückzuführen, weil es dieses System war, das seit 1933 auf den Krieg und auf die Vernichtung des Judentums hingearbeitet hat. Die Gesellschaft ist gefordert: Es kann nicht sein, dass die Bekämpfung des Rassismus und Antisemitismus sowie der Fremdenfeindlichkeit den Juden überlassen wird, während ein Teil der Gesellschaft sich dadurch eher belästigt fühlt.

(…)

Den neuesten Versuch Geschichte zu verdrängen, beziehungsweise die Erinnerung auszulöschen, hat Martin Walser in seiner Dankesrede anlässlich des ihm verliehenen Friedenspreises des Deutschen Buchhandels am 11. Oktober dieses Jahres unternommen. Nachfolgend einige Zitate aus seiner Rede: (…)

Bubis zitiert aus der Walser-Rede u. a. die Stellen: s. S. 448, Z. 57–74; 79–85

„Ich habe lernen müssen wegzuschauen.“

„Unerträgliches muss ich nicht ertragen können. Auch im Wegdenken bin ich geübt. An der Disqualifizierung des Verdrängens kann ich mich nicht beteiligen.“ (…)

„Ich falle ihr in die Zügel (gemeint ist, wenn Walser sich der Sprache ausliefert), wenn ich fürchten muss, sie gehe zu weit, sie verrate zuviel von mir, sie enthülle meine Unvorzeigbarkeit zu sehr. Da mobilisiere ich furcht- und bedachtsam sprachliche Verbeugungsroutinen jeder Art. Als Ziel einer solchen Sonntagsrede schwebt mir allenfalls

vor, dass die Zuhörer, wenn ich den letzten Satz gesagt habe, weniger von mir wissen als bei meinem ersten Satz."
Ich meine, das ist ein bemerkenswerter Satz. Und noch etwas ist bemerkenswert. Viermal spricht Walser von der Schande, aber nicht ein einziges Mal von den Verbrechen. Und nicht uninteressant ist es, einen Ausschnitt aus einem Aufsatz von Martin Walser aus dem Jahr 1978 zu hören: „Auschwitz. Und damit hat sich's. Verwirkt. Wenn wir Auschwitz bewältigen könnten, könnten wir uns wieder nationalen Aufgaben zuwenden. Aber ich muss zugeben, eine rein weltliche, eine liberale, eine vom Religiösen, eine überhaupt vor allem Ich-Überschreitenden fliehende Gesellschaft kann Auschwitz nur verdrängen. Wo das Ich das Höchste ist, kann man Schuld nur verdrängen." Auch das ist deutlich.
Nun meine Antwort an Walser: Sehr verehrter Herr Bundespräsident, Herr Bundestagspräsident, Herr Bundeskanzler, für das, was ich jetzt sagen werde, bin ich allein verantwortlich und nicht „alle Juden". Genauso, wie für die Rede von Herrn Walser nur dieser verantwortlich ist und nicht „alle Deutschen". (...)
Ich bin vielfach dafür kritisiert worden, dass ich mit meiner Kritik an Walser überzogen hätte und dass ich ihn missverstanden hätte.
Martin Walser gehört zu den führenden Schriftstellern der Nachkriegsrepublik und ist ein Mann des Wortes. Er muss es sich deshalb gefallen lassen, dass man seiner Sprache und seinem Duktus mehr Aufmerksamkeit schenkt als der Sprache und dem Duktus eines gewöhnlichen Sterblichen wie mir. Ich wüsste nicht, was es an dem Satz, dass er habe lernen müssen wegzuschauen, dass er im Wegdenken geübt sei und dass er sich an der Disqualifizierung des Verdrängens nicht beteiligen könne, zu deuteln gäbe. Hier spricht Walser eindeutig für eine Kultur des Wegschauens und des Wegdenkens, die im Nationalsozialismus mehr als üblich war und die wir uns heute nicht wieder angewöhnen dürfen.
Wir müssen uns alle der Geschichte stellen, und dazu gehört, nicht nur Filme über Goethe oder Bismarck zu sehen, sondern auch über die Zeit des Nationalsozialismus. (...)
Diese Schande war nun einmal da und wird durch das Vergessenwollen nicht verschwinden; es ist „geistige Brandstiftung", wenn jemand darin eine Instrumentalisierung von Auschwitz für gegenwärtige Zwecke sieht. Das sind Behauptungen, wie sie üblicherweise von rechtsextremen „Parteiführern" kommen. Die Gesellschaft hat sich daran gewöhnt, dass solche Sätze und Behauptungen von rechtsextremer Seite kommen. Wenn allerdings jemand, der sich zur geistigen Elite der Republik zählt, so etwas behauptet, hat das ein ganz anderes Gewicht. (...)
Da ich davon ausgehe, dass Walser, genau wie ich, nicht einer „Kollektivschuld" das Wort redet, verstehe ich nicht, warum sich Walser beim Anschauen dieser Filme als Beschuldigter fühlt.
Der Begriff „Auschwitz" ist keine Drohroutine oder ein Einschüchterungsmittel oder auch nur Pflichtübung. Wenn Walser darin eine „Moralkeule" sieht, so hat er vielleicht sogar recht, denn man kann, soll und muss aus „Auschwitz" Moral lernen, sollte es allerdings nicht als Keule betrachten. Ich muss unterstellen, dass es laut Walser möglicherweise nötig ist, die Moral als Keule zu benutzen, weil manche sie sonst vielleicht nicht lernen wollen. (...)
Diese Teile seiner Rede sind eines Friedenspreisträgers unwürdig.

Ich werde meine Rede nicht ändern, wenn ich sehe, dass sie missbraucht werden kann. Das habe ich noch nie getan. (...) Und das sage ich Ihnen ganz im Ernst: Wir müssen eine neue Sprachstufe entwickeln.
Als Bundespräsident Herzog in Berlin auftrat und sagte, die Art und Weise, wie wir uns gemeinsam erinnern, sei noch nicht gefunden, fand ich das ganz wunderbar. Sie haben das auch gesagt. Es gibt opferzentrierte und täterzentrierte Feiern, und miteinander hat man den kleinsten gemeinsamen Nenner. Herr Bubis, das ist unser Thema. Wir haben die Weise des Erinnerns noch nicht gefunden.
Ich darf das jetzt einmal ein wenig pauschal sagen: Die Mehrheit der Deutschen – natürlich würde man kritisch sagen, das sei die schweigende Mehrheit – hat die gemeinsame Sprache noch nicht gefunden. (...)
(Martin Walser – im Gespräch mit Ignatz Bubis – in einem FAZ-Interview, Dez. 1998)

Vergleichen:
- Walsers Umgang mit dem Thema „Erinnerung" mit dem Anliegen, das in der jüdischen Perspektive bei Bubis deutlich wird
- Bezüge zwischen den Vorstellungen der Kontrahenten und Reaktionen in der Öffentlichkeit

Kommentieren, Stellung nehmen:
einen eigenen Leserbrief verfassen,
a) zur Kontroverse,
b) zum Thema „Gedenken"

Lesetipp:
Frank Schirrmacher: Die Walser-Bubis-Debatte. Eine Dokumentation. 1999

In Walsers Roman „Ohne einander" soll Ellen, Redakteurin einer Zeitschrift, einen Artikel über den Film „Hitlerjunge Salomon" verfassen, den sie mit ihrem Freund Ernest gesehen hat.

Hitlerjunge Salomon
Polen/Deutschland, Frankreich 1990
Regie: Agnieszka Holland
Golden Globe 1992 – Bester ausländischer Film.

Die dramatische Lebensgeschichte des jüdischen Jungen SALLY PEREL aus Lódsź (Polen), der es schafft, in der „Haut" des Feindes zu überleben. Auf der Flucht vor dem Nazi-Terror in das russisch besetzte Polen gerät der 14-Jährige in die Hände der angreifenden deutschen Wehrmacht. Um sein Leben zu retten, gibt er sich als Deutscher aus und spielt konsequent die Rolle eines Hitler-Jungen, der seine Eltern verloren hat: Unter dem Namen Josef Perel tritt er in den Dienst der Wehrmacht, wird wider Willen zum Günstling der Vorgesetzten und zum Musterschüler in der HJ-Akademie in Braunschweig, der „Napola", in der der Führungsnachwuchs des Dritten Reiches indoktriniert und ausgebildet wird. Salomon übernimmt die Rolle so perfekt, dass er zeitweise an der eigenen Identität zweifelt. Aber mit Hilfe der wenigen Freunde, die sein Geheimnis kennen, steht der Junge das Versteckspiel bis Kriegsende durch. – Der von Agnieszka Holland inszenierte und von Artur Brauner produzierte Film geriet 1990 in Deutschland zum Politikum, während er in den USA sehr erfolgreich war.

Bezüge herstellen:
zur Friedenspreisrede von 1998

Lesetipp:
Sally Perel: Ich war Hitlerjunge Salomon

Martin Walser

Ohne einander (Auszug)

Schreiben sollte sie. Sie konnte sich genau an ihre Stimmung nach dem Film erinnern. Aber diese volle, überdeutliche, wie ein Akkord aus vielen Tönen zusammengesetzte Stimmung jetzt in einem Nacheinander von Sätzen zu beschreiben, das hieß diese Stimmung zerstören. Da würde sie anfangen, einen Ton gegen den anderen auszuspielen, es käme im besten Fall eine Folge von Stimmungstönen, aber nie mehr die Stimmung selbst heraus. Dieses durchdringende Gefühl von Scham und Abwehr, dieses Gemenge aus Trotz und Hilflosigkeit, diese Mischung aus Entsetzen und Wut. In ihrer Stimmung war das alles ungetrennt, war eins. Und das eben ergab diese Stimmung. Und jetzt müsste sie das auffasern, die Zusammengesetztheit der Stimmung schildern, jedes Ingrediens als eine Reaktion auf ein bestimmtes Filmfaktum kenntlich machen. Unmöglich. Alles in ihr sträubte sich dagegen, die Stimmung nachträglich in Argumente zu zerlegen. Oder überhaupt nur die Auseinandersetzung mit Ernest nacherzählen? Dabei den Film immer wichtiger, die Einwände immer trivialer werden lassen. Koltzsch hatte gewarnt, als wisse er alles. Koltzsch hatte Recht. Wenn sie die Auseinandersetzung nicht ganz wiedergeben konnte, käme nur gequälter Quatsch heraus. Ernest hatte gefunden, dieser Film sei entsetzlich. Sie waren zu Fuß zum Hotel gegangen. Dass das immer noch läuft, sagte Ernest. Immer noch sind ALLE Deutschen von damals dummbrutale Naziphrasendrescher und alle Nichtdeutschen sind rührend-prächtig-herrliche Menschen. Das ist immer noch die Art des Propagandafilms, die jeder Staat im Krieg produziert, um zu zeigen, wie dumm und schädlich der Gegner ist. Wie vernichtenswert. Die Deutschen in diesem Film sind doch allesamt nichts als vernichtenswert, ausrottenswert. Auf Gemeinheit und Mord getrimmte Marionetten, gespielt vom scheußlichsten Programm, das je erdacht wurde. Ernest geriet in Atemnot, weil er nicht sagen konnte, wie schlimm dieser Film für ihn war. Ellen nannte die Stellen des Films, die ihr Tränen in die Augen getrieben hatten. Tränen bewiesen nur, dass die Filmemacher ihr Handwerk verstünden. Je besser ein solcher Film sei, umso schlimmer sei er, sagte Ernest. In diesem Film seien die Deutschen doch mit nichts als Handhochstrecken, Zackigkeitsposen, Führerzitieren, Rassenquatschreden und Judenquälen beschäftigt. Schrecklich, rief Ernest, un-er-träg-lich! Ellen fragte, ob das Leiden der Juden in diesem Film erfunden sei. Nein, natürlich nicht, sagte Ernest, aber diese Deutschmarionetten seien erfunden. Schuldunfähige Bestien statt schuldige Menschen. Diese Auseinandersetzung durfte in ihrem Artikel nicht auftauchen. Die war verheimlichenswert. Die war auch dann unvorzeigbar, wenn Ellen Ernests Namen durch einen fingierten ersetzte. Nächste Woche bei der so genannten Blattkritik würde Chefredakteur Steck zum Prinzen hinüberrufen: Hawe Sie das gewusst, dass unse Ellen mit alte Nazis verkehrt? Was Ernest herausgeschimpft hatte, gab es nur in Wirklichkeit, die öffentliche Meinung war davon frei zu halten. Diesen Text zu verhindern, bedurfte es keiner Zensur, das hatte man von sich selbst zu verlangen. Sie hatte Ernest zu wenig widersprochen. Wenn sie berichten würde, müsste sie das berichten. Das würde sie nicht über sich bringen. Über Auschwitz kann man doch nicht diskutieren. Diesen Satz hatte sie andauernd auf der Zunge gehabt. Und nicht gesagt. *(1993)*

3 „Begriffe besetzen"? – semantische Analyse

Roman Herzog

Aufbruch ins 21. Jahrhundert

Rede des damaligen Bundespräsidenten am 26. April 1997 in Berlin (Auszug)

Ich freue mich, heute Abend im Hotel Adlon zu Ihnen zu sprechen. (...) Ich komme gerade aus Asien zurück. In vielen Ländern dort herrscht eine unglaubliche Dynamik. Staaten, die noch vor kurzem als Entwicklungsländer galten, werden sich innerhalb einer einzigen Generation in den Kreis der führenden Industriestaaten des 21. Jahrhunderts katapultieren. Kühne Zukunftsvisionen werden dort entworfen und umgesetzt, und sie beflügeln die Menschen zu immer neuen Leistungen.

Was sehe ich dagegen in Deutschland? Hier herrscht ganz überwiegend Mutlosigkeit, Krisenszenarien werden gepflegt. Ein Gefühl der Lähmung liegt über unserer Gesellschaft.

Dabei stehen wir wirtschaftlich und gesellschaftlich vor den größten Herausforderungen seit 50 Jahren: 4,3 Millionen Arbeitslose, die Erosion der Sozialversicherung durch eine auf dem Kopf stehende Alterspyramide, die wirtschaftliche, technische und politische Herausforderung der Globalisierung. Lassen wir uns nicht täuschen: Wer immer noch glaubt, das alles gehe ihn nichts an, weil es ihm selbst noch relativ gut geht, der steckt den Kopf in den Sand.

Ich will heute Abend kein Blatt vor den Mund nehmen, sondern die Probleme beim Namen nennen.

Was ist los mit unserem Land? Im Klartext: Der Verlust wirtschaftlicher Dynamik, die Erstarrung der Gesellschaft, eine unglaubliche mentale Depression – das sind die Stichworte der Krise. Sie bilden einen allgegenwärtigen Dreiklang, aber einen Dreiklang in Moll. (...)

Angst lähmt den Erfindergeist, den Mut zur Selbstständigkeit, die Hoffnung mit den Problemen fertig zu werden. Unser deutsches Wort „Angst" ist bereits als Symbol unserer Befindlichkeit in den Sprachschatz der Amerikaner und Franzosen eingeflossen. „Mut" oder „Selbstvertrauen" scheinen dagegen aus der Mode gekommen zu sein.

Unser eigentliches Problem ist also ein mentales: Es ist ja nicht so, als ob wir nicht wüssten, dass wir Wirtschaft und Gesellschaft dringend modernisieren müssen. Trotzdem geht es nur mit quälender Langsamkeit voran. Uns fehlt der Schwung zur Erneuerung, die Bereitschaft Risiken einzugehen, eingefahrene Wege zu verlassen, Neues zu wagen. Ich behaupte: Wir haben kein Erkenntnisproblem, sondern ein Umsetzungsproblem. (...)

Zuerst müssen wir uns darüber klar werden, in welcher Gesellschaft wir im 21. Jahrhundert leben wollen. Wir brauchen wieder eine Vision. Visionen sind nichts anderes als Strategien des Handelns. Das ist es, was sie von Utopien unterscheidet. (...)

Niemand darf von mir Patentrezepte erwarten. Aber wenn ich versuche mir Deutschland im Jahre 2020 vorzustellen, dann denke ich an ein Land, das sich von dem heutigen doch wesentlich unterscheidet.

Erstens: Wäre es nicht ein Ziel, eine Gesellschaft der Selbstständig-

Roman Herzog, geb. 1934 in Landshut, Dr. jur., seit 1965 Professor für Staatsrecht und Politik, 1973–1980 Mitglied der Synode der Evangelischen Kirche Deutschlands, 1970 Eintritt in die CDU, 1978–1980 Minister für Kultus und Sport in Baden-Württemberg, 1980–1983 Innenminister in Baden-Württemberg, 1987–1994 Präsident des Bundesverfassungsgerichts, 1994–1999 Bundespräsident.

Politische Leitwörter erklären:

und dazu ...

- Vorwissen aktivieren
- Internationalismen erkennen
- Begriffe assoziativ füllen
- die lexikalische Bedeutung nachschlagen
- die kontextuelle Bedeutung aus dem Text erarbeiten
- Konnotationen (das Mit-Gedachte, Mit-Gefühlte) nennen
- Wortmetaphern „übersetzen"
- Begriffe paraphrasieren
- Begriffe kommentieren

  z. B. für: „Globalisierung", „Dynamik", „Erstarrung", „Erneuerung", „Utopie", „Vision", „Innovation"

„Reformstau" als Wort des Jahres gekürt

Der Begriff, der das politische Leben in Deutschland im abgelaufenen Jahr besonders prägnant widerspiegelt, ist nach Ansicht der Wiesbadener Gesellschaft für deutsche Sprache das Wort „Reformstau". Es beziehe sich auf die unterschiedlichen „Reformen", die nicht vom Fleck kamen, aber auch auf den Zustand der Gesellschaft ganz allgemein. (...) Auf den zweiten Platz für 1997 wählte die Jury den „Ruck durch Deutschland", den Bundespräsident Herzog in seiner Berliner Rede gefordert hatte, gefolgt von „Bildungsmisere".
(Kölner Stadtanzeiger vom 19.12.1997)

Unter den Unworten des Jahres 1996:
Outsourcing, Imponierwort, das der Auslagerung/Vernichtung von Arbeitsplätzen einen seriösen Anstrich zu geben versucht; u.a. bedeutet es die Auslagerung von Betriebsleistungen und -aktivitäten in Billiglohnländer ... *(Sprachkritische Aktion „Unwort des Jahres", Frankfurt a. M. 1996)*

Leserbrief

Das Ritual einer Wende-Rede, dessen sich Bundespräsident Roman Herzog im Hotel „Adlon" bedient hat, ist aus vielen (allerdings eher mittelmäßigen) Kirchenpredigten bekannt: 1. Man packe alles auf einmal an! „Ein Ruck" muss durch das Land gehen. (In Predigten spricht man von „Bekehrung" oder „allgemeiner Erweckung".) 2. Man sage immer „wir"! Niemand entziehe sich der Anrede, so wie auch der Redner selbst sich dem „Wir" unterwirft – wenigstens verbal. (In Predigten heißt das: „Wir sind Sünder. Wir sollten alle Buße tun und neu anfangen.") 3. Das große Hauptwort Müssen ist der dritte Teil des Rituals! Es muss sich etwas, es muss sich viel, es muss sich fast alles ändern. Eigentlich wissen wir ja schon lange, dass dies alles einmal so gesagt werden muss. Aber nun ist die Stunde da (...)
Johannes Thomas, Hamburg
(Die Woche vom 23.5.1997)

keit anzustreben, in der der Einzelne mehr Verantwortung für sich und andere trägt und in der er das nicht als Last, sondern als Chance begreift? Eine Gesellschaft, in der nicht alles vorgegeben ist, die Spielräume öffnet, in der auch dem, der Fehler macht, eine zweite Chance eingeräumt wird. Eine Gesellschaft, in der Freiheit der zentrale Wert ist und in der Freiheit sich nicht nur durch die Chance auf materielle Zuwächse begründet.

Zweitens: Wäre es nicht ein Ziel, eine Gesellschaft anzustreben, die nicht mehr wie heute strikt in Arbeitsplatz-Besitzer und Menschen ohne Arbeit geteilt ist? Arbeit wird in Zukunft anders sein als heute: Neue, wissensgestützte Berufe werden unqualifizierte Jobs verdrängen und es wird mehr Dienstleistungen als industrielle Arbeit geben. Statt Lebens-Arbeitsplätze wird es mehr Mobilität und mehr Flexibilität geben, auch zur besseren Vereinbarkeit von Beruf und Familie. (...)

Drittens: Wäre es nicht ein Ziel, eine Gesellschaft der Solidarität anzustreben – nicht im Sinne der Maximierung von Sozialtransfers, sondern im Vertrauen auf das verantwortliche Handeln jedes Einzelnen für sich selbst und die Gemeinschaft? Solidarität ist Hilfe für den, dem die Kraft fehlt, für sich selbst einzustehen. Solidarität heißt aber auch Rücksicht auf die kommenden Generationen.

Viertens: Ich erwarte eine Informations- und Wissensgesellschaft. Das ist die Vision einer Gesellschaft, die jedem die Chance einräumt, an der Wissensrevolution unserer Zeit teilzuhaben. Das heißt: bereit zum lebenslangen Lernen zu sein, den Willen zu haben, im weltweiten Wettbewerb um Wissen in der ersten Liga mitzuspielen. Dazu gehört vor allem ein aufgeklärter Umgang mit Technik.

Fünftens: Ich wünsche mir eine Gesellschaft, die die europäische Einigung nicht als Technik des Zusammenlebens versteht, sondern die Europa als Teil ihrer politischen und kulturellen Identität empfindet und bereit ist, diese in der bunter werdenden Welt zu bewahren und zu bewähren.

Sechstens: Ich wünsche mir deshalb eine Gesellschaft, die die internationale Verantwortung Deutschlands annimmt und sich für eine Weltordnung einsetzt, in der die Unterschiedlichkeit der Kulturen nicht neue Konflikt- und Kampflinien schafft. Auch im Inneren muss eine offene Gesellschaft entstehen, eine Gesellschaft der Toleranz, die das Zusammenleben von Menschen unterschiedlicher Kulturen möglich macht.

Wir brauchen aber nicht nur den Mut zu solchen Visionen, wir brauchen auch die Kraft und die Bereitschaft sie zu verwirklichen. Ich rufe auf zur inneren Erneuerung! (...)

Wir müssen unserer Jugend zu mehr Selbstständigkeit, zu mehr Bindungsfähigkeit, zu mehr Unternehmensgeist und mehr Verantwortungsbereitschaft Mut machen. Wir sollten ihr sagen: Ihr müsst etwas leisten, sonst fallt ihr zurück. Aber: Ihr könnt auch etwas leisten. Es gibt genug Aufgaben in unserer Gesellschaft, an denen junge Menschen ihre Verantwortung für sich und das Ganze beweisen können.

Wir Älteren aber müssen uns die Frage stellen: Was leben wir den jungen Menschen vor? Welche Leitbilder geben wir ihnen? Das Leitbild des ewig irritierten, ewig verzweifelten Versorgungsbürgers kann es doch wahrhaftig nicht sein! Die Jungen beobachten uns Alte sehr genau. Wirklich überzeugen werden wir sie nur, wenn wir ihnen unsere eigene Verantwortung glaubhaft vorleben. (...)

Es wird Kraft und Anstrengung kosten, die Erneuerung voranzutreiben, und es ist bereits viel Zeit verloren gegangen. Niemand darf aber vergessen: In hoch technisierten Gesellschaften ist permanente Innovation eine Daueraufgabe! Die Welt ist im Aufbruch, sie wartet nicht auf Deutschland. Aber es ist auch noch nicht zu spät. Durch Deutschland muss ein Ruck gehen. (...)

Am Text erarbeiten:
konkrete und weiträumig-„schwammige" Ziele und Forderungen für den großen Aufbruch unterscheiden

Hans-Olaf Henkel

Globalisierung als Herausforderung für eine neue Innovationspolitik

Rede zur Eröffnung der IAA in Frankfurt am 19. September 1997 (Auszug)

Wer sich auf der Internationalen Automobilausstellung auch nur ein wenig umschaut, dem kann nicht entgehen, wie sehr gerade die Automobilindustrie, eine der wichtigsten und traditionsreichen Industriebranchen in Deutschland, auf Innovationen setzt. Das Auto wurde zwar schon vor über 100 Jahren erfunden, aber mit jeder neuen Fahrzeug-Generation wächst der Fahrkomfort, gibt es mehr Fahrsicherheit, sinkt der Benzinverbrauch pro gefahrenen Kilometer, wird der Abgasaustoß verringert und vieles mehr. Innovationen prägen die Automobilindustrie seit ihrem Bestehen und daher spreche ich gerne hier auf der diesjährigen IAA mit Ihnen über die Herausforderungen einer neuen Innovationspolitik, Herausforderungen, die vor allem aus der rasanten Globalisierung resultieren. (...)

Wozu brauchen wir überhaupt Innovationen? Schauen wir uns dazu die deutsche Automobilindustrie an: Deutsche Autos werden heutzutage überall in der Welt produziert. Viele Modelle werden an einem bestimmten Ort aus Teilen zusammengesetzt, die jeweils zu einem bemerkenswerten Prozentsatz wieder irgend woanders auf dem Globus produziert worden sind. „Made in Germany" ist so durch „Made by Mercedes, made by BMW oder made by Volkswagen" ersetzt worden. Direktinvestitionen, strategische Allianzen und „global sourcing" haben in allen großen Industriebranchen Deutschlands zu einer starken internationalen Produktionsverflechtung geführt. Multinationale Unternehmen optimieren die Wertschöpfungskette über den gesamten Globus. Auch kleine und mittlere Unternehmen wagen zunehmend den Schritt ins Ausland.

Wenn Deutschland in diesem globalen Standortwettbewerb als Hochlohnland bestehen will, ist es auf innovative Vorsprünge in ausreichender Zahl angewiesen. Wir können als rohstoffarmes Land gutes Geld nur mit innovativen Produkten und Dienstleistungen verdienen. Sie sind die einzige und daher unverzichtbare Quelle unseres Wohlstandes. Innovationen sind Kernelement unserer Konkurrenzfähigkeit – vor allem als Exportnation – und damit Voraussetzung für die Schaffung zukunftssicherer Arbeitsplätze. Wir brauchen Innovationen vor allem in Bereichen, in denen mit den am schnellsten wachsenden Märkten von morgen zu rechnen ist. Der Erfolg der innovativen deutschen Automobilindustrie macht es uns vor. Wir brauchen aber auch Innovationen in so zukunftsträchtigen Bereichen wie der Informationstechnologie und der Biotechnologie. Dabei muss klar sein: Innovationen sind keine Alternative zu Rationali-

Hans-Olaf Henkel, seit 1995 Präsident des Bundesverbandes der Deutschen Industrie (BDI); Mitglied des Aufsichtsrates IBM Deutschland, der AUDI AG, Continental AG, Daimler-Benz Aerospace AG (DASA) und VIAG AG, stellvertretender Aufsichtsratsvorsitzender der Deutschen Industriebank AG (IKB); persönliches Mitglied des Vorstandes des Stifterverbandes für die deutsche Wissenschaft, Senator der Max-Planck-Gesellschaft.

© dpa/Zucchi, Frankf./M.

Jonathan Borofsky: Man walking to the sky, vor dem Museum Fridericianum, Documenta 9, Kassel

sierung, Kosteneffizienz oder gar einer rationalen Lohn- und Abgabenpolitik. Auch innovative Produkte werden an den günstigsten Standorten gefertigt werden. (...)

Was muss sich ändern? Lassen Sie mich vorneweg sagen: Wir müssen an vielen Stellschrauben gleichzeitig drehen. Es hat gar keinen Zweck, dass wir die Diskussion nur auf die Steuern lenken oder nur auf die Löhne oder nur auf die Lohnzusatzkosten. Oder nur auf die Bürokratie, sondern wir müssen jedem klarmachen, dass wir überall gleichzeitig schalten und drehen müssen. (...)

Was muss eigentlich in unserer Gesellschaft insgesamt geschehen? Glücklicherweise haben wir einen neuen, wichtigen Mitstreiter. Das ist der Bundespräsident. Die Berliner Rede des Bundespräsidenten halte ich persönlich für eine der wichtigsten in den letzten Dekaden. Ich glaube, sie ist wichtig, erstens, weil hier an oberster Stelle der Reformstau sozusagen noch einmal amtlich bestätigt wurde, denn der wurde ja von der Regierung negiert. Zweitens, weil er das Verteidigen von Besitzständen gegeißelt hat. (...)

Mein letzter Punkt: die Visionen.

Um die Bereitschaft für Reformen in Deutschland zu fördern, müssen wir den Menschen sagen, wohin es gehen soll. Wir haben deshalb im Präsidium des BDI beschlossen, uns an der Formulierung einer solchen Vision zu beteiligen. Wir wollen beschreiben, wie im Idealfall die deutsche Gesellschaft im Jahre 2010 aussehen kann. Wir haben das Projekt in neun Felder eingeteilt, darunter Themen wie die mobile Gesellschaft, die vitale Gesellschaft oder die Informationsgesellschaft. Wie müssen die Sozialversicherungssysteme aussehen? Oder die Wissensgesellschaft, das wichtige Thema Bildung? Oder die umweltfreundliche Gesellschaft? (...)

Meine Damen und Herren, lassen Sie mich mit einem Zitat schließen. You never solve the problem by putting it on ice. – Darum geht's. – Ich danke Ihnen.

Untersuchen, analysieren:
- die „Modernität" der Rede
- den entsprechenden Einsatz von Begriffen
- den Standpunkt, das Ziel und den Wortgebrauch des Redners im Zusammenhang

Ulrich Nitschke

Der Mythos der Globalisierung (Auszug)

Ulrich Nitschke, 34 Jahre, Theologe und Sozialwissenschaftler, 1996 Promotor bei „Lokale Agenda 21" und „Eine Welt", Agenda-Transfer Bonn

Das Unwort des Jahres 1997 sollte „Globalisierung" werden. Denn hinter diesem Wort stehen keine volkswirtschaftlich sinnvollen und nachvollziehbaren Entwicklungen, sondern klar benennbare Interessen. Weder der Weltmarkt noch unsere internationalen politischen Beziehungen sind global – sprich weltumfassend. Im Volksmund, aber auch in wirtschafts- und sozialwissenschaftlichen Fachzeitschriften finden wir deshalb nur Annäherungen an den Begriff der Globalisierung.

Einerseits wird damit in der Literatur meistens eine weltumspannende, nicht an Zollvereinbarungen oder handelspolitische Beschränkungen gebundene Wirtschaftsweise assoziiert. Handels- und Finanzströme heben nationalstaatliche Grenzen auf und entziehen sich demokratischer Kontrolle. Andererseits steht Globalisierung auch für eine weltweit vernetzte High-Tech-Kommunikation, für Internet und Telearbeit. Billigere Transportkosten, immer schnellere Flugzeuge und ICEs sind Symbole für das „globale Dorf", das standortgerecht wirtschaftet. (...)

Definitionen als Versuche der Vereindeutigung von politischen Leitwörtern, z. B.
„Globalisierung": die zunehmende grenzüberschreitende Mobilität von Kapital und Produktion in der Weltwirtschaft: Globale Finanzmärkte, Auslandsinvestitionen und internationale Arbeitsteilung lassen die Weltwirtschaft immer stärker zusammenwachsen. Privatwirtschaftliche Akteure und transnationale Unternehmen (global players) können ihre Ressourcen dort einsetzen, wo sie die besten Gewinnmöglichkeiten und die

Die Länder des Südens, die nicht in so genannten „new emerging markets“ liegen, haben keinerlei Standortvorteile und kaum Anteil am Welthandel. Subsahara, Afrika, Teile Asiens, Lateinamerikas und des ehemaligen Ostblocks zählen dazu.
Auch Menschen in den Ländern des Nordens, die aus dem System des „Immer schneller und besser“ herausfallen, sind Verlierer der Globalisierung: Frauen, Kinder, Alleinerziehende, Alte, Kranke, Behinderte, Sozialhilfeempfänger und Langzeitarbeitslose.
Forderungen: Was muss geschehen?
Die fortschreitende Globalisierung unterliegt, auch wenn deren Profiteure das Gegenteil behaupten, politischen Rahmenbedingungen, die wir beeinflussen und mitbestimmen. Gefragt ist anderes Handeln:

1. Spekulative Gewinne, weltweite Spekulationen und Kapitaltransfers müssen besteuert werden (Tobin*-Steuer).
2. Regionales Wirtschaften ist zukunftsträchtig.
3. Neben Armutsberichten, die es immer noch zu wenig gibt, brauchen wir unbedingt auch Reichtumsberichte. Sie könnten ein neues Bewusstsein für Einkommensober- und -untergrenzen und für mehr soziale Gerechtigkeit entwickeln. *(1997)*

geringste Abgabenbelastung sehen. Die Weltwirtschaft wird zu größerer Effizienz stimuliert. Die Nationalstaaten geraten in Wettbewerb und können z. T. ihre Unterentwicklung aufholen, z. T. ihre bisherige Infrastruktur nicht mehr halten.

** James Tobin: Nobelpreiskandidat für Wirtschaft 1983, schlug vor, weltweite Finanztransaktionen, die sich der nationalen Besteuerung entziehen, mit 0,5% zu besteuern; das Geld sollte in einen Weltfond fließen, der eine globale „soziale Marktwirtschaft“ ermöglichen könnte.*

Vergleichen, diskutieren:
Positionen von Henkel und Nitschke

Josef Klein

Kann man „Begriffe besetzen“? (Auszug)

Seit Dieckmanns Arbeit „Sprache in der Politik“ (1969) ist für den Sachverhalt, dass ein Ausdruck von unterschiedlichen politischen Gruppierungen in unterschiedlichen Bedeutungen verwendet wird, der Terminus „ideologische Polysemie*“ üblich geworden. In politischen Systemen, in denen konkurrierende politische Kräfte und Ideologien in öffentlichen Auseinandersetzungen um Zustimmung ringen, ist ideologische Polysemie durchweg identisch mit offenem oder latentem semantischem (Konkurrenz-)Kampf. Das gilt zumindest für politische Zentralvokabeln. Sobald sie in unterschiedlicher Bedeutung benutzt werden, wird auch versucht, die jeweils eigene Bedeutung im Sprachgebrauch – und damit, wie man meint, in den Köpfen – der Bürger(innen) durchzusetzen und die Bedeutungen, in denen der jeweilige Ausdruck vom politischen Gegner verwendet wird, als „falsch“, „gefährlich“ o. Ä. zu brandmarken. Das geschieht häufig mit dem objektivistischen Anspruch, die eigene Verwendungsweise sei die einzig richtige, nämlich die einzig wahre (weil an der Realität orientiert) und/oder die einzig ethisch vertretbare (weil an der gültigen Wertordnung orientiert). Naiv vernachlässigt, halbbewusst verdrängt oder bewusst unterschlagen wird dabei die Tatsache, dass genau dies, nämlich was Realität und was gültige Wertordnung ist, gerade im politisch-gesellschaftlichen Bereich nicht objektiv (im Sinne des traditionellen wissenschaftlichen Objektivitätsbegriffs) vorfindbar oder nachweisbar ist. Selten (noch) lassen sich Politiker(innen) im semantischen Kampf darauf ein, die Relativität der Standpunkte wenigstens anzudeuten. Eines der wenigen mir bekannten Beispiele dafür lieferte CDU-Generalsekretär Geißler, als er es, zeitlich in unmittelbarem Anschluss an die Verabschiedung des Grundsatzprogramms der CDU (1978), in einem Aufsatz unternahm, zen-

** Polysemie: Mehrdeutigkeit*

Dialektisch sehen:
Formeln der politischen Sprache sind zumeist von zwei Seiten zu sehen, aus den Perspektiven der Reichen und Armen, der Gewinner und Verlierer, der Mächtigen und Ohnmächtigen etc.: Sie sind „von oben und von unten“, nach Vorteil und Nachteil zu betrachten. Entsprechende Konnotationen sind vom Denotat zu unterscheiden:
Ein Kampfbegriff aus der Diskussion um den „wirtschaftlichen Standort Deutschland“, die Lohnkosten und die Arbeitslosigkeit bezeichnete Deutschland 1993 als „**kollektiven Freizeitpark**“.

trale politische Begriffe aus CDU-Sicht zu definieren. Dort (...) heißt es u.a.:

> Familie ist für uns kein Hindernis bei der Emanzipation der Frau, sondern der wichtigste Ort individueller Geborgenheit, Sinnvermittlung und freier Entfaltung in der Gemeinschaft.
> Gerechtigkeit ist für uns nicht die Gleichbehandlung der Menschen ungeachtet ihrer verschiedenen Anlagen und unterschiedlichen Bedürfnisse, sondern die Chance für alle Menschen, sich ihrer Unterschiedlichkeit entsprechend zu entfalten. (...)
>
> Solidarität ist für uns nicht der Kampfaufruf, mit Gleichgesinnten die eigenen Interessen durchzusetzen, sondern die Aufforderung, füreinander einzustehen.

Die stete Wiederholung des „für uns“ zeigt, dass die perspektivische Gebundenheit der favorisierten Begriffsfassung zumindest nicht ignoriert wird. Die semantische Auseinandersetzung wird hier geführt, indem Kontraste auf der Ebene der deskriptiven Bedeutung gebildet werden. (...)

Typisch für offen ausgetragene semantische Kämpfe sind unvollständige oder verzerrte Wiedergaben der angegriffenen Begriffsfassungen des politischen Gegners. Das ist für Geißler primär die SPD. Wenn man z.B. die von ihm abgelehnte, aus der Arbeiterbewegung stammende Fassung des Begriffs *Solidarität* (mit den Merkmalen „Klassenbezogenheit“ und „Kampfbezogenheit“) vergleicht mit der Fassung, die die SPD dem Begriff im 1975 beschlossenen „Ökonomisch-politischen Orientierungsrahmen für die Jahre 1975–1985“ – dem für Geißler zeitlich nächstliegenden theoretisch-programmatischen Dokument der SPD – gibt, dann liegt die Selektivität des Bezugs auf der Hand:

> „Solidarität kommt besonders im Zusammenhalt von Gruppen zum Ausdruck, deren Angehörige gemeinsam gegen Abhängigkeiten und Benachteiligungen zu kämpfen haben. Solidarität ist jedoch mehr als die Summe von Einzelinteressen und auch nicht nur eine Waffe im sozialen Kampf. Solidarität drückt die Erfahrung und die Einsicht aus, dass wir als Freie und Gleiche nur dann menschlich miteinander leben können, wenn wir uns füreinander verantwortlich fühlen und einander helfen.“ (SPD 1975).

Die von Geißler abgelehnte Bedeutung von *Solidarität* findet sich hier in der Tat im ersten Satz. Was dann kommt, bildet keinen Kontrast zum Solidaritätsbegriff, den Geißler für die CDU reklamiert – im Gegenteil. Aber das deutet Geißler natürlich nicht einmal an.

Die Erläuterung zu *Solidarität* im „Orientierungsrahmen“ der SPD liefert Anschauungsmaterial für eine weitere wortstrategische Operation. Hier wird versucht – um in der Metaphorik zu bleiben – einen attraktiven Platz gleich zweimal zu besetzen. Die mit der Tradition der „Klassenpartei“ behaftete heutige „Volkspartei“ SPD unternimmt es, bei einem zentralen „Grundwert“ parteiinterne Polysemie zu kreieren, indem sie – mit Blick auf die unterschiedlichen Orientierungen ihrer Mitglieder und Anhänger – sich nicht für eine der beiden traditionell widerstreitenden Bedeutungen von *Solidarität* entscheidet, sondern versucht, beide Begriffsfassungen durch additive Verknüpfung für sich zu vereinnahmen.

(1991)

Dialektische Sicht auf den Begriff „Kollektiver Freizeitpark“

von oben:

Den Arbeitnehmern geht es zu gut:

zu kurze Wochenarbeitszeit
zu kurze Lebensarbeitszeit
zu viele Pausen
zu viel Freizeit
zu viel Urlaub
zu viel Krankfeiern
zu früh in die Rente
zu kurze Maschinenlaufzeiten
zu hohe Lohnnebenkosten

⇕

von unten:

Das Wort diffamiert unsere Leistungen als Arbeitnehmer:

Arbeitszeiten sind tariflich geregelt und somit eine Form der Entlohnung.
Pausenzeiten und Urlaub sind notwendig, damit die Konzentration, Leistung und Qualität der Arbeit gesichert sind.
Wer will schon krank sein?
Wer will schon in den Vorruhestand und damit in die versteckte Arbeitslosigkeit?

Aufklären, kommentieren:
die Polysemie der Begriffe „Globalisierung“, „Innovation“, „Standortsicherung“ zeigen, indem man zu dem Wort aus verschiedenen Perspektiven Texte verfasst, die das parteiliche Verständnis offen legen: „Es bedeutet für uns als ... Folgendes: ...“

Anwenden:
z.B. die Begriffe „Freisetzung“, „soziales Netz“, „soziale Hängematte“, „Dritte/Eine Welt“, „Asylant – Asylbewerber“ dialektisch erklären

Anwenden:
Worte und Unworte des Jahres 200X zusammenstellen.

4 Sich mit Worten wehren – Rhetorik von Opfern-Tätern-Opfern

Robert Schneider

Dreck (Auszug)

1.

Einer verkauft Rosen im Foyer. Das Stück zu vier Mark.

2.

Dunkel. Einer fängt an zu reden.

Ich heiße Sad. Ich bin dreißig Jahre alt. In der englischen Sprache heißt sad traurig. Ich bin nicht traurig. Sad, und weiter? Aber dann renne ich schon. Ein Familienname ist ein Wort zu viel. Mein Freund, der lange Ägypter – Ägypter sind auch dreckig – hat vor lauter Angst seinen Familiennamen angegeben. Man weiß jetzt, dass er aus Port Said kommt. Natürlich habe ich einen Familiennamen, obwohl ich ihn wirklich nicht verdiene. Einen klangvollen Familiennamen. Für meine Ohren zumindest. Wenn ich einmal meinen Familiennamen hinausschreie, unten, wo die U-Bahn vorbeischießt – ich lege mein Gesicht ans Absperrgitter – so –, wenn ich sie weit draußen rumpeln höre, und wenn die Windsäule kommt, die sie vor sich herschiebt, und mein Haar verwirbelt, und wenn sie mich anstrahlt und blendet, und wenn der Lärm am lautesten ist, schreie ich ihn. Obwohl ich kein Recht habe zu schreien. Das weiß ich. Aber manchmal freut man sich, und man möchte das Gefühl nicht unterdrücken. Dann gehe ich zur U-Bahn hinunter. Und wenn sie mich anstrahlt, muss ich schreien.

Er schreit. Er zündet einige Kerzen an. Der Raum wird allmählich heller. Ein zerfetzter Plüschstuhl. Ein Plastikeimer mit fünfzig Rosen.

Ich bin dreißig Jahre alt. Ich träume oft. Ich träume meinen Familiennamen. Laut, sagt Nabil. Die Nacht auf dem Dach, das Klappern der Palmenblätter, der Vater, Backgammon und der Tee. Viel Tee. Viel. Träumen heißt, kein gutes Gewissen haben. Basra. Die Sümpfe. Teheran. Ankara. Warschau. Stockholm. Und jetzt hier. Ich träume, weil ich ein schlechtes Gewissen habe. Der Januar, der Winter, die achtundfünfzig Lokale, die vierzigjährigen Männer und jede Nacht zwölf Kilometer. (...)

Er geht weg. Er kommt mit einer Zwiebel zurück.

Ich bin kein zynischer Mensch. Zynisch ist man, wenn man vor dem Leben Angst hat. Wenn man das so ausdrücken darf.

Ich könnte einen Asylantrag stellen, obwohl ich nicht das Recht dazu habe. Ich bin Araber. Kein Kurde. Araber. Semite. Ich könnte einen Antrag stellen. Aber der geht nicht durch. Ich würde ja nicht erschossen, wenn ich zurückkehren würde. Und es stimmt, dass nur die ein Recht auf Asyl haben, die man erschießt. Das liegt auf der Hand. Von wegen politischer Verfolgung! Ein Gummibegriff ist das. Ich würde nie damit durchkommen. Man muss nachweisen, dass man erschossen wird, wenigstens gefoltert. Alles hat seine Ordnung. Ich könnte einen Antrag stellen. Aber dann sagen sie Sad, und weiter? Du hast doch einen Familiennamen. Jeder zivilisierte Mensch hat einen Familiennamen. Dann sehe ich schon Nacht, und ich renne davon.

Er beißt in die Zwiebel.

Was ich übrigens noch über die hübschen Parkbänke mit den gusseisernen Füßen sagen wollte: Ich habe mich in dieser Stadt noch nie auf eine Parkbank gesetzt. Nabil kann das bezeugen. Mein bester Freund. Bei Allah! Wirklich noch nie. So weit würde ich nicht gehen.

Gut, ich benutze manchmal eine öffentliche Toilette und muss sogar zugeben, dass ich, was die Sauberkeit der Toiletten betrifft, sehr wählerisch bin. Ich weiß, dass ich eure Kanalisationen mit meinem Urin langsam zum Überlaufen bringe. (...)

Er verbeugt sich. Etc.

Vor zwei Tagen. Im Ma Pitom. Das achtunddreißigste Lokal. Hat mir einer direkt in die Augen gesehen. Plötzlich. Mitten in die Augen. Gelber Sweater und Linksscheitel. Ja, Linksscheitel. Direkt in die Augen. Und Nein gelächelt. Nicht Nein gesagt. Mit den Händen oder mit einem Kopfschütteln. Direkt in die Augen. Nein gelächelt. Gelächelt. Direkt in die Augen. Mir. Nicht Nein gesagt oder sich weggedreht, höflich. Er hat Nein gelächelt. Mir mitten in die Augen hinein. Da hinein. In die Augen. Er hat mich angesehen. Er hat mir in die Augen gesehen. Er hat Nein gelächelt. Nein. Er hätte nicht lächeln müssen. Wie kommt er dazu? Der

Sad verkauft an den Abenden Rosen, um sein Studium zu finanzieren. Voller Poesie und doch immer wieder provozierend direkt beschreibt er sein Leben in einer deutschen Großstadt, seine Erfahrungen mit Fremdheit und Verachtung. So sehr ist der Hass der Inländer in ihm Fleisch geworden, dass er ihn gegen sich selbst kehrt. Doch lässt er immer wieder unmissverständlich spüren, wer die wahren Schuldigen sind.

Robert Schneider
* 16.6.1961 Bregenz, Schriftsteller, studierte Komposition, Theaterwissenschaft und Kunstgeschichte, 1992 erscheint sein Erfolgsroman „Schlafes Bruder". 1993 „Dreck", ein dramatischer Monolog, der zum meistgespielten Theaterstück der Saison wird.

Sweatermann. Mich anlächeln. In die Augen hinein. In meine schwarzen Augen hinein. Im Ma Pitom. Im achtunddreißigsten Lokal. Plötzlich. Einfach lächeln. Mich anlächeln. Sad. Den Rosenverkäufer. Anlächeln. (...)

Er schreit auf.

Ich bin Ausländer! Illegal! Kein Kurde! Nicht gefoltert! Ausländer! Kein ausländischer Freund. Sagt nicht ausländischer Freund! Von wegen Freundschaft! So einer wie ich hat nicht das Zeug zu Freundschaften. Verrat ist eine Mentalitätssache. Davon versteht ihr nichts. Ich bin anders als ihr. Denkt es nicht! Sagt es! Sagt es endlich! Mensch und Mensch ist nicht dasselbe! Das Boot ist voll! Es reicht! Wir werden niemals miteinander in Frieden leben können. Und warum werden wir niemals miteinander in Frieden leben können?

WEIL ICH ZU LAUT RADIO HÖRE!

Habt ihr je einen Ausländer leise Radio hören gehört? Tut nicht so! Es geht nicht! In Frieden! Weil ich mit meinen Fingern eure Schaufenster dreckig mache! Weil ich in den öffentlichen Scheißhäusern danebenscheiße! Habt ihr jemals eine öffentliche Toilette gesehen, die nicht verschissen war? Dann habt ihr nicht genau hingesehen! Fragt die Putzfrauen, wenn ihr mir nicht glaubt!

Frieden? Niemals! Weil eure weißen Straßen immer dunkler werden! Weil ich zu viel spazieren gehe! Geht spazieren! Überall seht ihr mich! Das schmutzige Grinsen und dieser freche Stolz! Woher überhaupt? Und wehe, einer von euch bemerkt traurig, dass die Straßen immer dunkler werden!

Er geht an die Rampe. Mit fünfzig Rosen in den Händen.

Man kann ja nicht mehr auf die Straße hinaus, ohne traurig zu werden oder Angst zu bekommen. Fragt eure Frauen. Fragt sie! Und wenn es keine zugibt, lügt sie. Weil sie Angst hat.

Angst!

So ist das!

Frieden! Dass ich nicht lache! Wo jeder Tag neue Sorgen bringt! Hört mal euren Kindern zu! Hört euch mal ihr Deutsch an! Die lernen ihre eigene Muttersprache nicht mehr. Schiller und Goethe. Und warum? Fragt sie! Fragt mal, wie viel Ausländer in ihrer Klasse sitzen! Fragt mal! Das muss man zur Sprache bringen.

Und ist euch noch nicht aufgefallen, wie verroht eure Kinder geworden sind? Dann seid ihr aber keine guten Eltern, das sage ich euch! Hört mal, wie jetzt schon die Siebenjährigen reden! Da wimmelt's nur noch von Arschloch, Scheiße, Schwanz und Möse! So reden jetzt schon die Siebenjährigen! Das ist leider die Wahrheit! Aber man darf ja nichts sagen!

Er wird heftiger.

Man darf in diesem Staat überhaupt nichts mehr sagen. So weit sind wir schon. Dass unsere Kinder von diesen frühpubertierenden so genannten ausländischen Freunden verdorben werden. So weit sind wir jetzt. Ich bin kein Ausländerhasser. Bei Gott nicht. Das lasse ich mir von keinem zweimal sagen. Aber ich liebe mein Land! Ich bin besorgt um mein Land! Und wenn euch euer Land nichts mehr bedeutet, dann seid ihr arm dran! Den Ausländern bedeutet unser Land auch nichts. Glaubt ihr etwa, die sind hier, weil die Äpfel so billig sind? Die sind scharf auf unsere Arbeitsplätze und noch schärfer auf unser Sozialsystem! Das muss man in aller Plattheit aussprechen! Die können sich niemals ordentlich benehmen! Stillheimlich verachten sie uns! Die lachen uns aus! Weil wir so gutmütig sind! Das sind andere Menschen!

Ich sage nicht, dass sie weniger wert sind als wir! Das habe ich nicht gesagt! Habe ich gesagt, die sind weniger wert als wir?

Aber sie sind anders!

Die werden nie mit uns kooperieren! Jeder von denen hat ein Messer im Sack! Das ist eine Mentalitätssache!

Und was glaubt ihr denn! Die schälen Äpfel mit ihren Messern?

So!

Und jetzt sage ich noch was: Wenn es uns dreckig ginge, würden die uns in der Türkei, in Polen, in Rumänien, in Ägypten, im Irak oder sonst wo aufnehmen? Zu Hunderttausenden? Würden sie das? Uns geht's nicht dreckig, aber ich frage;

WÜRDEN SIE DAS??!!

Er fängt an zu schreien.

Das Boot ist voll!! Zum Teufel mit der Gastfreundschaft!! Ein paar Hundert, ein paar Tausend – meinetwegen!! Aber nicht eine Völkerwanderung!! Mir ist mein Kind wichtiger als die Gastfreundschaft!! Es ist ein fröhliches Kind!! (...) *(1991)*

Selbst gestalten:
- Teile des Textausschnitts mit verschiedenen Stimmen sprechen;
- eine wichtige Formulierung in unterschiedlicher Betonung sprechen;
- neue Akteure einbeziehen und sprechen lassen;
- eine Rezension zum Stück oder zur eigenen Gestaltung schreiben

Am Text erarbeiten:
- das Verhältnis von Macht und Ohnmacht;
- die sprachliche Verarbeitung des zugrunde liegenden Problems

SPRACHE UND IHRE FUNKTIONEN

Lebewesen können sich in vielerlei Weise mit Zeichen und Zeichensystemen verständigen. Aber kann man z.B. die Kommunikation zwischen Bienen mit der menschlichen Sprache vergleichen?

In der Erschließung von Sprache als Instrument und Medium für Denken, Handeln, Spiel und Unterhaltung stellen sich immer wieder Fragen, die man nur im Zusammenspiel unterschiedlicher Fächer und wissenschaftlicher Disziplinen beantworten kann.

1 Sprache: Was den Menschen zum Menschen macht

Dieter E. Zimmer

So kommt der Mensch zur Sprache (Auszug)

Bis zum Ende der sechziger Jahre war es die allgemeine, felsenfeste Überzeugung, dass kein Tier über irgendeine Sprachfähigkeit verfüge. Zwischen Tier und Mensch klaffte ein unüberbrückbarer Graben. Bei dem beliebten Gesellschaftsspiel „Was unterscheidet den Menschen vom Tier?“ wäre sicher kein anderes Attribut auch nur annähernd so häufig genannt worden wie die Sprache. Es bedeutete darum eine große Umwälzung für die Sprachforschung, aber nicht nur für sie, als es verschiedenen amerikanischen Psychologen in den siebziger Jahren gelang, berühmt gewordenen Schimpansenmädchen Ansätze von Sprache beizubringen – keine Lautsprache, für die die Atmungsorgane der Menschenaffen nicht eingerichtet sind und der sie sich auch durch noch so viel Training nicht anbequemen lassen, sondern verschiedene Zeichensprachen.

In Nevada brachten die Psychologen Beatrice und Allen Gardner dem Schimpansenmädchen Washoe in vier Jahren 132 Zeichen der Gebärdensprache ASL bei, die in Amerika die meisten Taubstummen benutzen. Das Zeichenrepertoire reichte für knappe Dialoge zwischen Affe und Mensch, etwa für diesen Austausch zwischen Washoe und ihrer Wärterin Susan, der allein schon es schwer macht zu glauben, dass Washoe nur bewusstlos memorierte Zeichenfolgen wiederholt haben soll: Susan: *Wer ist klug?* Washoe: *Doktor Gardner.* Susan: *Ja, Doktor Gardner. Wer ist dumm?* Washoe: *Susan dumm.* Susan (stirnrunzelnd): *Wer?* Washoe: *Washoe.* Washoe machte also sogar schon sehr menschenkindhafte Scherze mit ihrem wenigen an Sprache.

In Atlanta, am Yerkes-Primatenforschungszentrum, brachte der Psychologe Duane Rumbaugh dem Schimpansenkind Lana eine andere Sprache bei: Bildsymbole, die auf einer großen Tastatur angebracht waren, welche mit einem Computer in Verbindung stand. Die Symbole bildeten nicht ab, was sie bedeuteten, sondern waren willkürliche Zeichen. Der Computer zeichnete Lanas sämtliche Sprachversuche auf. Er war so programmiert, dass die junge Äffin nur dann für eine Äußerung belohnt wurde, und zwar mit einem Bonbon, der unter der Tastatur automatisch ausgeworfen wurde, wenn sie eine bestimmte „Wortfolge“, also eine bestimmte Reihenfolge der gedrückten Tasten einhielt und vollständige „Sätze“ aus den Zeichen bildete. So sollte geklärt werden, wie weit die syntaktischen Fähigkeiten der Schimpansen reichen.

In Kalifornien unterrichtete der Psychologe David Premack das Schimpansenmädchen Sarah wiederum in einer dritten Sprache. Sarah lernte willkürliche Plastiksymbole auf einer Magnettafel anzuordnen. Zum Beispiel bedeutete ein violettes Dreieck „Apfel“, ein rotes Quadrat „Banane“, ein kleines blaues Dreieck „Aprikose“, ein auf der Seite liegendes schwarzes T „gelb“, eine Art gelber Dudelsack „ist“ – jede Ähnlichkeit mit den bezeichneten Dingen war wiederum vermieden; wenn Sarah „Sätze“ bildete wie „Rotes Quadrat/gelber Dudelsack/schwarzes T“ (*Banane ist gelb*), kann sie sich nicht am Aussehen der Plastikchips orientiert haben.

(...) Vielleicht ist die Sprachfähigkeit der Affen begrenzter, als es in der ersten Euphorie dieser Experimente erschien. Aber dass man sich mit den Affenkindern in wohlgeformten langen Satzperioden über ihre Lebensphilosophie unterhalten könne, hatte auch niemand ernstlich erwartet. Sie „sprechen“ nur über ihre schlichte Erfahrungswelt; meistens handeln ihre Sätze von Futter. Ihre „mittlere

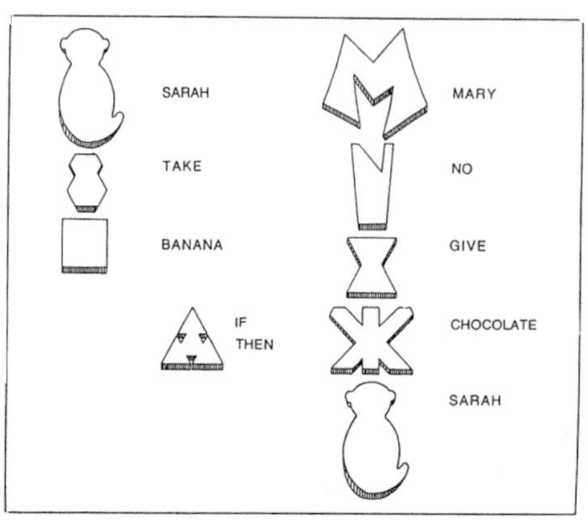

Wortschatz des Schimpansenmädchens Washoe:

Eigennamen:
Don, Dr G, Roger, Linn, Mrs G, Susan, Washoe
Personalpronomina:
ich, wir, du
Possessivpronomina:
mein, dein
Substantive:
Baby, Bad, Bett, Beere, Vogel, Decke, Buch, Bürste, Ungeziefer, Auto, Stuhl, Käse, Kleider, Kamm, Kuh, Blume ...
Eigenschaften:
lustig, gut, hungrig, dumm
Farben:
Schwarz, Weiß, Grün, Rot
Negation:
kann nicht, genug, nein
Imperativ:
gib mir! hilfe!
Quantität:
schnell, mehr
Ortsbezeichnung:
drin, draußen, oben, da
Verben:
beißen, fangen, weinen, gehen, umarmen, öffnen, lächeln, kitzeln

Äußerungslänge“ bleibt schon bald hinter der von menschlichen Kindern zurück. Mit zwei Jahren sind sie sprachlich so entwickelt wie Menschenkinder gleichen Alters, teilweise ihnen sogar etwas voraus. Mit drei Jahren aber haben die Menschenkinder sie überholt und lassen sie von nun an weit hinter sich zurück, im Stadium der Ein- und Zweiwort-Äußerungen. (…)
In bescheidenem Maß war ihnen sogar Kreativität eigen: Die Affen kombinierten ihnen bekannte Zeichen, um Konzepte auszudrücken, für die sie noch kein Zeichen besaßen. So erfanden sie *Wasser-Vogel* (also die Kombination der Zeichen für Wasser und für Vogel) für den Schwan, *Weinen-Wehtun-Furcht* für ein Radieschen, *Metall-heiß* für das Feuerzeug, *Hör-Getränk* für ein Glas mit Sprudelwasser. (…)
Auch waren ihre Äußerungen nicht immer nur situationsunmittelbar. Zuweilen bezogen sie sich durchaus auf zeitlich oder räumlich Fernes. So Washoes unwirsche Aufforderung an einen ihrer Wärter, der ihr gesagt hatte, er könne ihr keine Apfelsine geben, weil er keine habe: *Du gehen Auto geben-mir Apfelsine schnell.* Sie sah kein Auto, als sie das sagte, war selber seit über zwei Jahren nicht mehr Auto gefahren, wusste aber offenbar, dass man in Amerika mit Autos einkaufen fährt, dass es im Supermarkt Apfelsinen gibt – und zwar wusste sie es durchaus in Abwesenheit von Autos, Apfelsinen, Supermärkten.
Damit aber ist, in schönstem Einklang mit den Erwartungen der Evolutionstheorie, die früher für die Sprache angenommene kategorische Diskontinuität zwischen Mensch und Tier hinfällig. Sprache, so schien es einmal, kann ein Lebewesen nur haben oder nicht haben; und das einzige Lebewesen, das sie habe, und zwar in vollem Umfang, sei der Mensch. Jetzt dagegen, nach den Sprachexperimenten mit den Menschenaffen, sieht es eher so aus, wie es auch aussehen müsste: dass die Sprache eine lange evolutionäre Geschichte hat und dass man Vorformen, Vorstufen der menschlichen Sprache durchaus bei den ihm verwandtesten Tieren studieren kann. *(1986)*

Die konditionale Beziehung im Englischen *„if … then“* wurde Sarah als ein Wort beigebracht. Die entsprechende Plastikmarke wurde zwischen zwei Wörter gelegt. Sarah musste sich auf beide Sätze konzentrieren, um zu der Lösung zu gelangen, für die es eine Belohnung gab. Nachdem die konditionale Beziehung einmal gelernt war, konnte Sarah diese – nach Aussagen ihrer Trainer – auf andere Situationen anwenden.

Steven Pinker
Der Sprachinstinkt (Auszug)

Menschen, die viel Zeit mit Tieren verbringen, neigen dazu, deren kommunikative Talente in allzu rosigem Licht zu sehen. Meine Großtante Bella bestand allen Ernstes darauf, dass ihre Siamkatze Rusty Englisch verstünde. Viele Behauptungen der Affentrainer waren wissenschaftlich nicht viel besser abgesichert. Die meisten Trainer wurden in der behavioristischen Tradition B. F. Skinners ausgebildet und verstehen nicht viel vom Studium der Sprache. Sie stürzten sich auf die äußerst dürftige Ähnlichkeit zwischen Kind und Schimpanse und verkündeten, deren Fähigkeiten seien im Grunde dieselben. Die besonders enthusiastischen Trainer übergingen die Wissenschaft ganz und gar und wandten sich mit ihrer faszinierenden Botschaft über die *Tonight Show* und *National Geographic* direkt an die Öffentlichkeit. (…)
Je schwerwiegender die Behauptungen über die Fähigkeiten der Tiere sind, desto dürftiger sind im Allgemeinen die Daten, die der Wissenschaft zur Prüfung zugänglich gemacht werden. Die meisten Trainer haben die Einsicht in ihre Rohdaten rundweg verweigert und Washoes Trainer, Beatrice und Alan Gardner, drohten mit der gerichtlichen Verfolgung eines anderen Forschers, weil er in einem kritischen wissenschaftlichen Artikel Sequenzen aus einem ihrer Filme verwendet hatte, da ihm keine anderen Rohdaten zur Verfügung standen. (…)

Rundtanz

Der Bienen-Tanz gehört zu den am intensivst erforschten Kommunikationssystemen in der Tierwelt.
Der Tanz der Honigbiene bei der Rückkehr zum Bienenstock gibt genaue Auskunft über die Quelle und die Art der Nahrung, die die Biene entdeckt hat. Mit dem Rund-Tanz wird signalisiert, dass sich die Nahrungsquelle ganz in der Näher des Bienenstocks befindet. Mit dem Schwänzel-Tanz wird gezeigt, dass die Nahrung weiter entfernt ist. Gleichzeitig wird die Richtung der Nahrungsquelle angegeben.

Zunächst einmal traf es *nicht* zu, dass die Affen „die Amerikanische Gebärdensprache lernten". Diese widersinnige Behauptung beruht auf dem Mythos, dass ASL statt einer vollwertigen Sprache mit komplexer Phonologie, Morphologie und Syntax nur ein unbeholfenes System aus Gesten und Mimik ist. In Wirklichkeit hatten die Affen *keine einzige* echte Gebärde des ASL gelernt. (...)
Angeblich verfügten die Schimpansen über einen Wortschatz von mehreren hundert Wörtern; dazu „übersetzten" die Forscher beispielsweise das Zeigen mit dem Finger als Zeichen für *du*, Umarmungen als Zeichen für *umarmen* und das Picken, Kitzeln und Küssen der Affen als Zeichen für *picken*, *kitzeln* und *küssen*. Häufig wurden dieselben Bewegungen der Schimpansen abhängig davon, was den Beobachtern für den jeweiligen Kontext passend erschien, als verschiedene „Wörter" ausgelegt. Bei den Experimenten, in denen die Schimpansen an einer Computerkonsole arbeiteten, wurde die Taste, die die Schimpansen drücken mussten, um den Computer zu starten, mit dem Wort *bitte* übersetzt. Nach Petittos Schätzungen würde der Schimpansenwortschatz bei der Anwendung von stärker standardisierten Kriterien eher fünfundzwanzig als 125 Wörter umfassen. (...)
Nahezu erfolglos waren die Schimpansen in allen Bereichen, die nur im entferntesten mit Grammatik zu tun hatten. Sie kombinierten die Gebärden nicht zu den wohldefinierten Bewegungskonturen des ASL und flektierten sie nicht nach Aspekt und Kongruenz; diese Unterlassung fällt schwer ins Gewicht, denn im ASL wird vor allem durch die Flexion ausgedrückt, wer wem was tut, und noch vieles andere mehr. (...)
Selbst wenn man von Wortschatz, Phonologie, Morphologie und Syntax absieht, ist das Beeindruckendste an der Gebärdensprache von Schimpansen, dass sie im tiefsten Inneren einfach nicht „kapieren", wozu die Gebärden eigentlich gut sein sollen. Sie wissen, dass die Trainer es gerne sehen, wenn sie die Gebärden machen, und dass sie selbst mit Hilfe bestimmter Gebärden oft bekommen, was sie wollen, aber sie scheinen nie aus dem Bauch heraus zu spüren, was Sprache eigentlich ist und wie man sie nutzen kann. Bei Gesprächen warten sie nicht ab, bis sie an der Reihe sind, sondern „reden" munter zur gleichen Zeit wie ihre Gesprächspartner, wobei sie die Gebärden häufig zur Seite hin oder unter dem Tisch machen, statt in dem üblichen Raum vor dem Körper. (...)
Ist es nicht ein Hohn, dass wir Menschen in dem angeblichen Bemühen, dem Homo sapiens in der natürlichen Ordnung einen etwas bescheideneren Platz zuzuweisen, eine andere Spezies drangsalieren, um ihr unsere instinktive oder eine von uns erfundene künstliche Kommunikationsform einzuimpfen, als sei dies der biologische Wertemaßstab? Dass sich die Schimpansen dem widersetzen, ist nur natürlich. Ein Mensch würde sich zweifellos nicht geschickter anstellen, wenn man ihn darauf trainierte, wie ein Schimpanse zu schreien und zu kreischen; ein entsprechendes Projekt wäre aus wissenschaftlicher Sicht genauso sinnvoll. (...)
Das Getue um die Einzigartigkeit der Sprache hat viele ironische Aspekte. Dazu gehört der von Menschen unternommene verkrampfte Versuch, Tiere zu adeln, indem man sie zwingt, menschliche Kommunikationsformen zu imitieren. Dazu gehört auch das angestrengte Bemühen, Sprache als angeboren, komplex und nützlich darzustellen, aber gleichzeitig ihr Entstehen aus der einzigen Kraft der Natur, die angeborene, komplexe und nützliche Dinge erschafft, zu leugnen. Warum wird um Sprache soviel Aufhebens gemacht? Sie hat es dem Menschen ermöglicht, sich auf dem Planeten Erde auszubreiten und große Veränderungen zu bewirken, aber ist das außergewöhnlicher als Korallen, die Inseln bauen, Regenwürmer, die die Landschaft durch Bildung von Humus gestalten, oder die Fotosynthese betreibenden Bakterien, die als erste den korrosionsfördernden Sauerstoff in die Atmosphäre abgaben?
Warum sollten redende Menschen auch nur um einen Deut Aufsehen erregender sein als Elefanten, Pinguine, Biber, Kamele, Klapperschlangen, Kolibris, Zitteraale, als Insekten, die wie Blätter aussehen, riesige Mammutbäume, Venusfliegenfallen, Fledermäuse, die sich nach Echos orientieren, oder Tiefseefische, denen Laternen aus dem Kopf wachsen? Einige dieser Lebewesen besitzen Merkmale, die nur ihre Spezies aufweist, und andere nicht – abhängig davon, welche ihrer Verwandten zufällig ausgestorben sind. *(1996)*

Begriffe klären:
Phonetik, Phonologie, Lexis, Morphologie, Grammatik, Syntax, ...

Am Text erarbeiten:
Analyse der Argumentationsstrukturen in den Texten von Zimmer und Pinker

Erkunden, erforschen, nachschlagen:
Gebärdensprachen: Aus welchen Elementen bestehen und wie funktionieren sie? Welche Bedeutung haben sie für welche Zielgruppen?

Diskutieren, erörtern:
Sinn und Nutzen von Tierversuchen für das Studium der menschlichen Sprache

2 Was Sprache ist und was sie kann

Dieter E. Zimmer

So kommt der Mensch zur Sprache (Auszug)

1. Sprache ist akustisch. Möglich wären auch ganz andere Sprachen, die nicht weniger reichhaltig sein müssten. Taubstumme müssen auf Gebärdensprachen ausweichen; es gibt Schriftsprachen, deren Zeichen Begriffe symbolisieren und nicht Laute. Aber die normale menschliche Sprache ordnet Bedeutungen eben Laute zu und nicht Gesten oder Bildzeichen oder Gerüche und schon das neugeborene Kind unterscheidet Sprachlaute von Musik und anderen Geräuschen und Klängen, hat also ein „Ohr" für die gesprochene Sprache, „weiß" vor allem Wissen, dass es mit den Sprachlauten etwas Besonderes auf sich hat.

2. Tier-„Sprachen" handeln meist vom Jetzt und Hier. (...) Das morgendliche Krähen des Hahns besagt: Hier bin ich mit meinem Harem, mach, dass du wegkommst, Fremdling, der du dich in meine Nähe verirrt hast. Das Ducken der Henne vor dem Hahn sagt: Gut, so tritt mich denn. Ihr seitliches Weggehen: Jetzt bin ich dazu nicht aufgelegt. Die menschliche Sprache aber kann ebenso gut auch von dem handeln, was in Raum und Zeit fern ist, von Milchstraßen, vom Urknall, vom Wärmetod. Sie ist nicht situationsunmittelbar. Sie handelt bereitwillig von dem, was es gar nicht gibt, jedem erdachten Xanadu* – ihre Fähigkeit zur Lüge ist übrigens ein weiteres ihrer Grundmerkmale.

3. Die menschliche Sprache ist doppelt durchstrukturiert. Dank dieser Eigenschaft kann sie aus einer geringen Zahl von Lauten eine unendlich große Zahl von Aussagen herstellen. Die untere der beiden Strukturebenen ist die der Laute: Eine sehr kleine Zahl von Lauten, die selber gar nichts bedeuten – insgesamt sind es nicht mehr als sechzig, in der deutschen Sprache etwa dreißig –, bringt durch verschiedene Kombinationen die kleinsten Bedeutungseinheiten hervor, die Morpheme, sozusagen die Kerne der Wörter. Die zweite Strukturebene ist die der Syntax: Sie regelt, wie die Morpheme zu Bedeutungen höherer Ordnung zusammengestellt werden. Man könnte sich eine gar nicht durchstrukturierte Lautsprache denken: Für jede Bedeutung braucht sie einen anderen Laut – und könnte dann natürlich nur so viele Bedeutungen ausdrücken, wie der Stimmapparat Laute hervorbringen kann, wäre also zu äußerster Armut verurteilt. (...)

4. Sprache besteht aus scharf gegeneinander abgegrenzten, „diskreten" Einheiten. Denkbar wären auch kontinuierliche Sprachen, zum Beispiel solche, in denen sich die Bedeutungen mit den gleitenden Übergängen der Aussprache ändern. Irgendeine Lautgruppe, sagen wir „mauz", könnte zum Beispiel „Maus" bedeuten, wenn sie leise ausgesprochen wird, jedoch immer größere Tiere, je lauter die Aussprache wird, bis ein geschrieenes „mauz" schließlich „Mammut" heißt. So ist keine menschliche Sprache beschaffen. Ihre Einheiten behalten ihre Bedeutungen unabhängig davon, ob sie laut oder leise, langsam oder schnell, fröhlich oder finster, hoch oder tief, genau oder undeutlich ausgesprochen werden.
Über alle möglichen Aussprachen hinweg bedeutet „Maus" nicht mehr, nicht weniger, nichts anderes als „Maus". (...) Insofern mutet das Sprachsystem „digital" an und nicht „analog", um einen Vergleich aus dem Computerwesen zu bemühen. Die so genannten Tonsprachen, wie das Chinesische eine ist, sind keine Ausnahme: Bei ihnen ändert sich zwar die Bedeutung mit der Tonhöhe, aber nicht gleitend, sondern schrittweise; die Tonhöhe schafft diskrete Bedeutungsunterschiede, so wie im Deutschen zuweilen die Betonung sie schafft („unterstellen" geht nicht durch die Verschiebung des Akzents gleitend in „unterstellen" über; das Wort hat entweder die eine oder die andere Bedeutung).

5. Die Zeichen der Sprache sind willkürlich. Zwischen der Lautgestalt eines Wortes und der körperlichen Gestalt dessen, was es bezeichnet, gibt es keine Beziehung, ein paar lautmalerische Wörter wie Kuckuck oder Bimbam ausgenommen. (...) Wörter sind Symbole, und es sind Symbole, die normalerweise keine Ähnlichkeit mit dem besitzen, was sie bezeichnen.

HERMOGENES: Kratylos hier, o Sokrates, behauptet, jegliches Ding habe seine von Natur ihm zukommende richtige Benennung, und nicht das sei ein Name, wie einige unter sich ausgemacht haben, etwas zu nennen, indem sie es mit einem Teil ihrer besonderen Sprache anrufen; sondern es gebe eine natürliche Richtigkeit der Wörter, für Hellenen und Barbaren insgesamt die nämliche ... Ich meines Teils, Sokrates, habe schon oft mit diesem und vielen anderen gesprochen und kann mich nicht überzeugen, dass es eine andere Richtigkeit der Wörter gibt, als die sich auf Vertrag und Übereinkunft gründet ... Denn kein Name irgendeines Dings gehört ihm von Natur, sondern durch Anordnung und Gewohnheit derer, welche die Wörter zur Gewohnheit machen und gebrauchen.
(Platon, Kratylos-Dialog)

* *Xanadu: Legendäre Sommerhauptstadt des mongolischen Kaiserreichs (gegründet 1256); bekannt aus dem Gedicht „Kubla Khan" von Samuel Coleridge*

Klärung der Begriffe:
Arbitrarität – Konventionalität des sprachlichen Zeichens

6. Die Sprache ist offen. Ihr Zeichenrepertoire (ihr Lautsystem und ihr Wortschatz, das „Lexikon") ist endlich; endlich ist auch der Kodex von Regeln, wie diese Zeichen zu Sätzen zu kombinieren sind (die „Syntax"). Aber mit diesem endlichen Fundus lassen sich beliebig viele verschiedene Äußerungen erzeugen. Es gibt unendlich viele verschiedene mögliche Sätze. Wirklich „unendlich" viele? Der Beweis ist leicht. Man nehme nur den Satz *Es gibt zwei verschiedene Sätze* und beginne ein Zahlwort darin zu ändern: *Es gibt drei verschiedene Sätze*, *Es gibt vier verschiedene Sätze* ... Nie gelangt man an ein Ende.

Diese und einige weitere Eigenschaften definieren die menschliche Sprache. Ihre unbewusste Kenntnis muss jedem Spracherwerb vorausgehen. Müsste das Kind etwa erst herausfinden, ob die Laute oder die Beinbewegungen oder die Gerüche der Erwachsenen Bedeutungen tragen, müsste es erst so unsinnige Hypothesen wie die erproben, ob mit der Reihenfolge der Laute etwa auch die Bedeutung umgekehrt wird, ob also ein Wort oder ein Satz rückwärts gesprochen, die gegenteilige Bedeutung erhielte – und es käme niemals dazu, eine Sprache zu lernen. Es lernt aber in wenigen Jahren ein Regelsystem, welches dermaßen kompliziert ist, dass seine bloße Inventur ganze Gelehrtengenerationen verschleißen würde: die Grammatik seiner Muttersprache. Es lernt sie ohne erkennbare Anstrengung und es wendet sie völlig automatisch an. Ein paar dieser Regeln wird es später, in der Schule, vielleicht mühsam aufsagen lernen. Müsste es sie vor jeder Anwendung bewusst konsultieren, es brächte keinen einzigen flüssigen Satz hervor. Darum finden die allermeisten Menschen Grammatik als Unterrichtsstoff später nicht nur schwierig, sondern todlangweilig. Sie macht nur explizit, was sie ohnehin können. Und können sie es nicht, dann lernen sie es nicht, indem sie die Regel memorieren, sondern indem sie ihre Anwendung üben.

(1986)

Erkunden, erforschen:
die „universellen" Merkmale von D. Zimmer an Sprachen, über die man selbst verfügt, überprüfen

Karl Bühler

Die dreifache Leistung der Sprache*

Der Sohn Preyers schnappte am ersten Jahrestag seiner Geburt das Wort „Geburtstag" auf, sprach es eifrig als *burta* nach und von nun an kam dieses Wort immer dann zum Vorschein, wenn irgendetwas dem Kind Freude machte, es war also eine Art Freuderuf, Jubelruf. Das ist typisch, die ersten sinnvollen Wörter sind solche Affektausdrücke oder die Zeichen irgendeines Wunsches. Wenn das Kind *mama* sagt, verschafft es sich dadurch einen Affekt, der mit der Mutter in Zusammenhang steht, oder es will etwas von der Mutter haben. (...) Bis hierher ist in der Kindersprache nichts zu finden, was im Prinzip nicht ebenso gut bei irgendeinem Tiere vorkommen könnte. Die einzelnen Laute sind nichts spezifisch Menschliches, höchstens ihre Komplexe und auch diese bringt jeder ordentlich dressierte Papagei mindestens ebenso gut heraus wie das einjährige Kind. Und auch der Sinn dieser Laute ist nichts spezifisch Menschliches, denn Affekte und Begehrungen verschaffen sich genauso z.B. beim Hund einen differenzierten lautlichen Ausdruck, d.h. sie sind anders bei Freude, Wut, Angst oder wenn er „bettelt". Wir wollen das nun auf Begriffe bringen und setzen fest: Wenn ein Laut (oder ein anderes Zeichen, z.B. eine Gebärde) dazu da (geeignet) ist, einen seelischen Zustand des Zeichengebers zu verraten, anzuzeigen, so soll diese Funktion *Kundgabe* heißen. Wenn ein Laut dazu da (geeignet) ist, im Hörer ein bestimmtes Verhalten auszulösen, so wollen wir diese Funktion *Auslösung* nennen. Das Locken der Henne z.B. erfüllt sichtlich den Naturzweck, die Küchlein zur Mutter eilen zu lassen oder sie wenigstens beim Haufen zu halten; auch der so genannte Warnruf mancher Rudeltiere, die wie die Gämsen „Wachen" aufstellen, gehört hierher. Wenn das abgesonderte besonders aufmerksame Tier etwas Verdächtiges bemerkt, stößt es einen Ruf aus und das ganze Rudel ergreift die Flucht. Das ist Auslösung. Ob das Tier selbst etwas von dem objektiv zweckvollen Zusammenhang weiß oder nicht, ist für diese Begriffsbildung zunächst gleichgültig.

Nun gilt folgender Satz: Die Funktion der Kundgabe und Auslösung hat die menschliche Sprache mit den Schreien und Rufen der Tiere gemeinsam. Kundgabe und Auslösung, die biologisch ältesten Naturzwecke der sprachähnlichen Laute, treten auch als Erstes auf, wenn die Lallworte des Kindes sinnvoll werden. Die menschliche Sprache hat aber noch eine dritte Grundfunktion, die bis heute noch bei keinem Tier nachgewiesen worden ist, ich nenne sie ihre *Darstellungsfunktion.*

Irgendein Satz aus einem wissenschaftlichen Buch kann zur Erläuterung des neuen Begriffes dienen, z.B. der Satz „London liegt an der Themse“. Was soll dieser Satz in dem Geografiebuch? Was leistet er? Doch offenbar dies, dass man aus ihm einen bestimmten Sachverhalt entnehmen kann, d.h. etwas Ähnliches, was unter Umständen eine geografische Karte auch zu leisten vermag. Dass der Kölner Dom zwei Türme hat, könnte ich statt aus dem Satz auch aus einer Fotografie, dass das Fieber am Abend auf 40,5 Grad anstieg, könnte ich auch aus einer Fieberkurve „ablesen“. Zusammengefasst: Geografische Karten, Fotografien, Kurven sind Darstellungsmittel für Gegenstände und Sachverhalte, ein jedes in seiner Art. Das allgemeinste und wichtigste Darstellungsmittel aber, welches der Mensch erschaffen hat, ist die Sprache. (...) *(1919/1967)*

In den frühen 20er-Jahren entwickelte der Sprachpsychologe Karl Bühler das „Organonmodell der Sprache“:

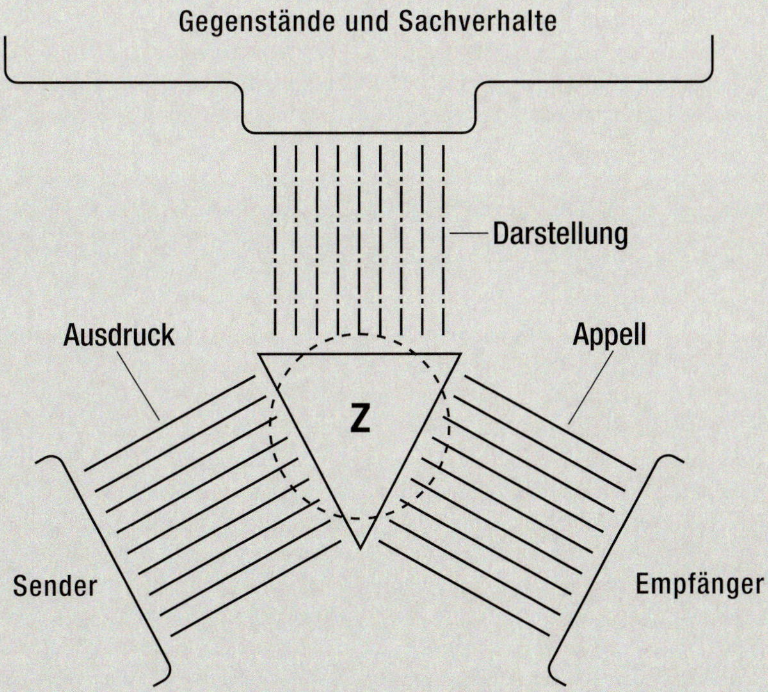

*Die Linienscharen symbolisieren die semantischen Funktionen des (komplexen) Sprachzeichens. Es ist **Symbol** kraft seiner Zuordnung zu Gegenständen und Sachverhalten, **Symptom** (Anzeichen, Indicium) kraft seiner Abhängigkeit vom Sender, dessen Innerlichkeit es ausdrückt, und **Signal** kraft seines Appells an den Hörer, dessen äußeres oder inneres Verhalten es steuert wie andere Verkehrszeichen. (Karl Bühler: Sprachtheorie. Die Darstellungsfunktion der Sprache, 1934)*

Wolf Schneider

Wörter machen Leute (Auszug)

Mit Wörtern ordnen wir die Welt: Wir kleben Namensschilder auf die Fülle der Erscheinungen und den Strom der Gefühle, wir machen uns die Umwelt durch Benennung handhabbar. (...) Das Warenlager der Konfektionshäuser, das Straßenbild, einen Lebensstil, Milliardenumsätze, Party-Plausch, literarische Moden, Modeärzte und Modekrankheiten – das war eine Denkleistung von bedeutendem Rang; dieses quirlige Kunterbunt will ja als benennbare Einheit erkannt, aus dem Trubel des Lebens durch Benennung herausgeschnitten sein. (...)

Worte verführen und attackieren uns: laut und erkennbar durch Befehl, Drohung, Hohn und Fluch, heimlich durch Sprachlenkung und: Manipulation. So viele Wörter, so viele Vorurteile.

Ob der Finanzminister bei einer Inflationsrate von sechs Prozent die Wahrung der Stabilität verspricht oder ob wir ein Kind, das sich am Löwenzahn freut, mit der Wortkeule Unkraut auf Vertilgung programmieren. Ungeziefer? Die Natur kennt nichts dergleichen; eine willkürlich umgrenzte Gruppe von Tieren nennen wir so, damit es uns leichter fällt sie zu zertreten. Wörter können Vorboten der Hinrichtung sein: Menschen sagten zu anderen Menschen Barbaren, Heiden, Nigger, Juden, Kulaken – und schlugen sie tot. Die Sprache hat, nach Humboldt, ein „gegen den Menschen selbst Gewalt ausübendes Dasein". (...)

Sich über *die magische Gewalt* der Wörter klar zu werden, fällt dem Stadtmenschen von heute besonders schwer. An den Sprachhandlungen unserer Vorfahren muss der Wortzauber einen überwältigenden Anteil gehabt haben: Das Wort war ein flammender Bote der Götter und ein stammelnder Bote der Gläubigen. Geister, Menschen, Dinge glauben wir durch Wortmagie zu gängeln – ja, auch wir, wenn wir einander „Hals- und Beinbruch" wünschen und „Unberufen!" murmeln. Und welch beschwörende Kraft vibriert in der Frage: „Gibst du mir dein Wort?" Gib es mir, ich nehme es; das Wort und nur das Wort macht dich zu einem, dem man vertrauen kann.

So sehen wir die Wortmagie dem *Trost* verwandt. Die Sprache ist eine soziale Veranstaltung, die uns das Leben erleichtert und verschönt – durch Beichte und Galgenhumor, Reim und Witz, Poesie und Utopie, Gespräch und Geschwätz. Und hier liegt ihre eigentliche humane Leistung; in deren Dienst steht wahrscheinlich mehr als die Hälfte aller Wörter, die ein Mensch im Leben spricht. Der Trost kann darin liegen, *das, was ist, auch noch zu sagen* („Ich bin ja so unglücklich"). Oder darin liegen, *das, was nicht ist, wenigstens zu sagen*: Nächstenliebe ist rar und „Selbstlosigkeit" im Wortsinn unmöglich, und eben deshalb brauchen wir die Wörter dafür. (...) *Gleichheit* ist nicht herstellbar, die *Vereinten* Nationen sind meist die entzweiten, aber die Sprache zaubert uns eine Welt, in der wir das Nichtvorhandene und Nichterreichbare wenigstens aussprechen können. (...)

Zum *Verständigungsmittel* eignet sich die Sprache nur bedingt. Entgegen einem offenkundig unzerstörbaren Vorurteil, das viele Linguisten mit vielen Laien teilen, ist Information weder die älteste, noch die typischste, geschweige die häufigste Verwendungsart der Sprache. Von den Billionen Wörtern, die Tag für Tag um den Erdball schallen, entfallen die meisten auf magisches Murmeln, heimtückisches Beeinflussen, tröstendes Plaudern und entlastendes Geschwätz. *Gell?* und *Na so was!* und *Das habe ich ja schon immer gesagt!* sind in der Sprache genauso heimisch wie der Satz: „Ich komme morgen um fünf."

Eine untergeordnete Rolle in der Statistik, wie die Information sie spielt, kann, bei dem imposanten Wortfleiß der Menschheit, immer noch eine große Rolle in unserem Zusammenleben sein und in dessen organisierten, technisierten Formen ist es die entscheidende. Gemessen an diesem Rang muss es verwundern, wie die einschlägigen Institutionen mit ihrem Informationsauftrag umspringen – das Fernsehen, schlimmer noch Zeitungen und Gebrauchsanweisungen, am schlimmsten amtliche Bekanntmachungen und Konversationslexika: Dem Quantum Unklarheit, das in der Sprache unvermeidlich ist, fügen sie vermeidbaren Wirrwarr hinzu; *das Handwerk des Informierens beherrschen sie nicht. (1976)*

Selbst gestalten:
weitere Beispiele für die magische Gewalt der Wörter

Untersuchen, vergleichen:
die von W. Schneider aufgeführten Sprachleistungen mit den Bühlerschen Funktionen „Ausdruck", „Darstellung" und „Appell"

Diskutieren, erörtern:
„Zum Verständigungsmittel eignet sich die Sprache nur bedingt."

3 Wie man mit Sprache denkt

Helmut Gipper

Denken ohne Sprache?* (Auszug)

Wenn man sich darüber einig wäre, was „Sprache“ und was „Denken“ ist, dann brauchte die Frage, ob es ein Denken ohne Sprache gibt, nicht mehr gestellt zu werden. Aber obwohl Philosophen, Anthropologen, Psychologen und Sprachwissenschaftler das Problem oft und eingehend erörtert haben, obwohl man mit den Arbeiten, die über dieses Thema geschrieben worden sind, eine kleine Bibliothek füllen könnte, ist man immer noch nicht zu einer Einigung gelangt. Nach wie vor stehen sich zwei extrem entgegengesetzte Auffassungen gegenüber:
Die erste, vor allem von Philosophen und einer Reihe von Psychologen vertreten, geht dahin, dass Sprechen und Denken nur zwei Seiten desselben geistigen Vorgangs sind: Sprechen ist verlautbartes Denken, Denken ist stilles Sprechen. Man kann diese Einstellung mit Geza Revesz die monistische* Auffassung nennen. Demgegenüber vertreten andere Forscher, vor allem mehr mathematisch-technisch und naturwissenschaftlich eingestellte Gelehrte, immer wieder die Ansicht, dass Sprechen und Denken zwei getrennte Vorgänge sind. Das Denken wird dabei als primär angesehen, es richtet sich unmittelbar auf die Gegenstände des Geistes und der Sachwelt. Nur wenn das Denken und seine Resultate benannt und mitgeteilt werden sollen, bedarf es der Sprache. Die Sprache ist demnach nur ein Mittel der Verständigung und der Mitteilung. Diese zweite Auffassung hat Revesz die dualistische genannt.
Zwischen diesen beiden Auffassungen, der monistischen und der dualistischen, liegt eine ganze Skala von Ansichten, in denen gemäßigtere Standpunkte zum Ausdruck kommen. *(1971)*

* *monistisch: philosophische Lehre von einem einheitlichen Grundprinzip des Seins und der Wirklichkeit*

Lew S. Wygotski

Denken und Sprechen (Auszug)

Die vorintellektuellen Wurzeln der Sprache in der Entwicklung des Kindes sind sehr früh festgestellt worden. Das Schreien, das Lallen und sogar die ersten Wörter des Kindes sind evidente vorintellektuelle Stadien in der Sprachentwicklung. Sie haben mit der Entwicklung des Denkens nichts gemein.
Nach landläufiger Ansicht wurde die Kindersprache dieser Stufe als emotionale Verhaltensform betrachtet. Untersuchungen Charlotte Bühlers u.a. über die ersten sozialen Verhaltensweisen des Kindes und das Verhaltensinventar im ersten Lebensjahr und ihrer Mitarbeiterinnen Hetzer und Tudor-Hart über die frühesten Reaktionen des Kindes auf die menschliche Stimme haben gezeigt, dass wir im ersten Lebensjahr des Kindes, d.h. auf der vorintellektuellen Entwicklungsstufe seiner Sprache, eine reiche Entwicklung sozialer Funktionen der Sprache antreffen.
Der relativ komplizierte soziale Kontakt des Kindes führte zu einer sehr frühen Entwicklung der „Kontaktmittel“. Es ist gelungen, eindeutig spezifische Reaktionen auf die menschliche Stimme bereits bei einem drei Wochen alten Kind mit Sicherheit festzustellen (vorsoziale Reaktionen), und die erste soziale Reaktion auf die menschliche Stimme erfolgt im zweiten Lebensmonat. In gleicher Weise treten Lachen, Lallen, Zeigen und Gebärden in den ersten Lebensmonaten des Kindes als soziale Kontaktmittel in Erscheinung.
Wir finden also im ersten Lebensjahr jene beiden Funktionen der Sprache bereits deutlich ausgeprägt, die uns von der Phylogenese* her bekannt sind.
Das Wichtigste, was wir über die Entwicklung von Denken und Sprechen beim Kind wissen, ist die Tatsache, dass etwa um das zweite Jahr die Entwicklungslinien des Denkens und des Sprechens zusammenfallen und eine neue, für den Menschen charakteristische Verhaltensform einleiten.
William Stern hat dieses bedeutsame Ereignis besser und früher als andere beschrieben

Man hat gesagt, am Anfang der Menschwerdung stehe die Sprache; mag sein, aber vor ihr ist noch das Werkzeugdenken, d.h. das Erfassen mechanischer Zusammenhänge und das Ausdenken mechanischer Mittel zu mechanischen Endzwecken, wie man kurz sagen könnte; vor dem Sprechen wird das Handeln subjektiv sinnvoll, d.h. so viel wie bewusstzweckvoll.
(Karl Bühler)

* *Phylogenese: biologische Lehre von der Abstammung, von der Entstehung der Arten*

und gezeigt, wie beim Kinde „ein erstes Bewusstsein von der Bedeutung der Sprache und der Wille, sie zu erobern", geweckt werden. In dieser Zeit macht das Kind, wie Stern sagt, *die größte Entdeckung seines Lebens*. Es entdeckt, *dass jedes Ding einen Namen habe*.

Dieser Zeitpunkt, von dem an *die Sprache intellektuell und das Denken sprachlich wird*, ist durch zwei gesicherte Kriterien charakterisiert, durch die wir zuverlässig beurteilen können, ob dieser Umschwung eingetreten ist oder nicht und – in Fällen anomaler und retardierter* Entwicklung – wie stark er zeitlich mit dem in der Entwicklung eines normalen Kindes differiert.

** retardiert: verspätet, verlangsamt*

Das erste Kriterium besteht darin, dass ein Kind bei jedem neuen Ding nach dessen Bezeichnung fragt. Das zweite Kriterium besteht in einer raschen, sprunghaften *Erweiterung des Wortschatzes* durch diese Aktivitäten des Kindes.

Ein Tier ist imstande, sich einzelne Wörter der menschlichen Sprache anzueignen und in entsprechenden Situationen anzuwenden. Das Kind eignet sich vor dieser Periode ebenfalls einzelne Wörter an, die für es bedingte Reize darstellen oder stellvertretend für einzelne Gegenstände, Menschen, Handlungen, Zustände und Wünsche stehen. Doch kennt es in diesem Stadium nur so viel Wörter, wie ihm von seiner Umgebung gegeben worden sind.

** ontogenetisch: biol. Lehre von der Entwicklung des Individuums*

Am Text erarbeiten: die Phasen der kindlichen Sprachentwicklung

Nun wird die Lage prinzipiell anders. Das Kind fragt, wenn es einen neuen Gegenstand sieht, wie er bezeichnet wird. Das Kind braucht jetzt das Wort selbst und ist aktiv bemüht, sich das zu einem Gegenstand gehörende Zeichen anzueignen, das der Benennung und der Mitteilung dient. (...) Das Kind entdeckt gewissermaßen die symbolische Funktion der Sprache.

„Der eben geschilderte Vorgang", sagt Stern, „ist nun zweifellos als eine Denkleistung des Kindes im eigentlichen Sinne anzusprechen. Die Einsicht in das Verhältnis von Zeichen und Bedeutung, die hier dem Kinde aufgeht, ist eben etwas prinzipiell anderes als das bloße Umgehen mit Lautgestalten, Gegenstandsvorstellungen und deren Assoziationen. Und die Forderung, dass zu jedem Gegenstand, welcher Art er auch immer sei, ein Name gehören müsse, darf man wohl als einen wirklichen – vielleicht den ersten – allgemeinen Gedanken des Kindes ansehen." (...)

Wir können unsere Ergebnisse kurz folgendermaßen zusammenfassen:

1. In der ontogenetischen* Entwicklung des Denkens und des Sprechens finden wir (...) verschiedene Wurzeln.
2. In der Entwicklung des kindlichen Sprechens können wir zweifellos ebenso ein „vorintellektuelles Stadium" konstatieren wie ein „vorsprachliches Stadium" in der Denkentwicklung.
3. Bis zu einem bestimmten Zeitpunkt verlaufen beide Entwicklungen unabhängig voneinander auf verschiedenen Wegen.
4. In einem gewissen Punkt schneiden sich beide Linien, das Denken *wird* dann sprachlich und die Sprache wird intellektuell. *(1934)*

Heinrich von Kleist

Über die allmähliche Verfertigung der Gedanken beim Reden (Auszug)

Wenn du etwas wissen willst und es durch Meditation nicht finden kannst, so rate ich dir, mein lieber, sinnreicher Freund, mit dem nächsten Bekannten, der dir aufstößt, darüber zu sprechen. Es braucht nicht eben ein scharf denkender Kopf zu sein, auch meine ich es nicht so, als ob du ihn darum befragen solltest: nein! Vielmehr solltest du es ihm selber allererst erzählen. Ich sehe dich zwar große Augen machen und mir antworten, man habe dir in frühern Jahren den Rat gegeben, von nichts zu sprechen, als nur von Dingen, die du bereits verstehst. Damals aber sprachst du wahrscheinlich mit dem Vorwitz, *andere*, ich will, dass du aus der verständigen Absicht sprechest, *dich* zu belehren, und so könnten, für verschiedene Fälle verschieden, beide Klugheitsregeln vielleicht gut nebeneinander bestehen. Der Franzose sagt, l' appétit vient en mangeant, und dieser Erfahrungssatz bleibt wahr, wenn man ihn parodiert, und sagt, l'idée vient en parlant. Oft sitze ich an meinem Geschäftstisch über den Akten, und erforsche, in einer verwickelten Streitsache, den Gesichtspunkt, aus welchem sie wohl zu be-

urteilen sein möchte. Ich pflege dann gewöhnlich ins Licht zu sehen, als in den hellsten Punkt, bei dem Bestreben, in welchem mein innerstes Wesen begriffen ist, sich aufzuklären. (...) Und siehe da, wenn ich mit meiner Schwester davon rede, welche hinter mir sitzt, und arbeitet, so erfahre ich, was ich durch ein stundenlanges Brüten nicht herausgebracht haben würde. Nicht, als ob sie es mir, im eigentlichen Sinne *sagte* (...). Auch nicht, als ob sie mich durch geschickte Fragen auf den Punkt hinführte, auf welchen es ankommt, wenn schon dies letzte häufig der Fall sein mag. Aber weil ich doch irgendeine dunkle Vorstellung habe, die mit dem, was ich suche, von fern in einiger Verbindung steht, so prägt, wenn ich nur dreist damit den Anfang mache, das Gemüt, während die Rede fortschreitet, in der Notwendigkeit, dem Anfang nun auch ein Ende zu finden, jene verworrene Vorstellung zur völligen Deutlichkeit aus, dergestalt, dass die Erkenntnis, zu meinem Erstaunen, mit der Periode* fertig ist. Ich mische unartikulierte Töne ein, ziehe die Verbindungswörter in die Länge, gebrauche wohl eine Apposition, wo sie nicht nötig wäre, und bediene mich anderer, die Rede ausdehnender, Kunstgriffe, zur Fabrikation meiner Idee auf der Werkstätte der Vernunft, die gehörige Zeit zu gewinnen. Dabei ist mir nichts heilsamer, als eine Bewegung meiner Schwester, als ob sie mich unterbrechen wollte; denn mein ohnehin schon angestrengtes Gemüt wird durch diesen Versuch von außen, ihm die Rede, in deren Besitz es sich befindet, zu entreißen, nur noch mehr erregt, und in seiner Fähigkeit, wie ein großer General, wenn die Umstände drängen, noch um einen Grad höher gespannt. (...) Es liegt ein sonderbarer Quell der Begeisterung für denjenigen, der spricht, in einem menschlichen Antlitz, das ihm gegenübersteht; und ein Blick, der uns einen halbausgedrückten Gedanken schon als begriffen ankündigt, schenkt uns oft den Ausdruck für die ganze andere Hälfte desselben. Ich glaube, dass mancher große Redner, in dem Augenblick, da er den Mund aufmachte, noch nicht wusste, was er sagen würde. Aber die Überzeugung, dass er die ihm nötige Gedankenfülle schon aus den Umständen, und der daraus resultierenden Erregung seines Gemüts schöpfen würde, machte ihn dreist genug, den Anfang, auf gutes Glück hin, zu setzen. (...) Ein solches Reden ist ein wahrhaftes lautes Denken. Die Reihen der Vorstellungen und ihrer Bezeichnungen gehen nebeneinander fort, und die Gemütsakten für eins und das andere, kongruieren. Die Sprache ist alsdann keine Fessel, etwa wie ein Hemmschuh an dem Rade des Geistes, sondern wie ein zweites, mit ihm parallel fortlaufendes, Rad an seiner Achse. Etwas ganz anderes ist es, wenn der Geist schon, vor aller Rede, mit dem Gedanken fertig ist. Denn dann muss er bei seiner bloßen Ausdrückung zurückbleiben, und dies Geschäft, weit entfernt ihn zu erregen, hat vielmehr keine andere Wirkung, als ihn von seiner Erregung abzuspannen. Wenn daher eine Vorstellung verworren ausgedrückt wird, so folgt der Schluss noch gar nicht, dass sie auch verworren gedacht worden sei; vielmehr könnte es leicht sein, dass die verworrenst ausgedrückten grade am deutlichsten gedacht werden. Man sieht oft in einer Gesellschaft, wo durch ein lebhaftes Gespräch, eine kontinuierliche Befruchtung der Gemüter mit Ideen im Werk ist, Leute, die sich, weil sie sich der Sprache nicht mächtig fühlen, sonst in der Regel zurückgezogen halten, plötzlich mit einer zuckenden Bewegung, aufflammen, die Sprache an sich reißen und etwas Unverständliches zur Welt bringen. Ja, sie scheinen, wenn sie nun die Aufmerksamkeit aller auf sich gezogen haben, durch ein verlegnes Gebärdenspiel anzudeuten, dass sie selbst nicht mehr recht wissen, was sie haben sagen wollen. Es ist wahrscheinlich, dass diese Leute etwas recht Treffendes, und sehr deutlich, gedacht haben. Aber der plötzliche Geschäftswechsel, der Übergang ihres Geistes vom Denken zum Ausdrücken, schlug die ganze Erregung desselben, die zur Festhaltung des Gedankens notwendig, wie zum Hervorbringen erforderlich war, wieder nieder. In solchen Fällen ist es um so unerlässlicher, dass uns die Sprache mit Leichtigkeit zur Hand sei, um dasjenige, was wir gleichzeitig gedacht haben, und doch nicht gleichzeitig von uns geben können, wenigstens so schnell, als möglich, aufeinander folgen zu lassen. Und überhaupt wird jeder, der, bei gleicher Deutlichkeit, geschwinder als sein Gegner spricht, einen Vorteil über ihn haben, weil er gleichsam mehr Truppen als er ins Feld führt. (...)
(1805/06)

* *Periode: komplexes, meist kunstvoll gegliedertes Satzgefüge*

Am Text erarbeiten:
Parallelen zwischen der sprachlichen Form des Textes und dem Textthema

Nachschlagen, sich vergewissern:
Heinrich von Kleist – zeitliche Einordnung, Werke, Leseerfahrungen

Wilhelm von Humboldt

Über die Verschiedenheit des menschlichen Sprachbaues und ihren Einfluss auf die geistige Entwicklung des Menschengeschlechts (Auszug)

Wilhelm von Humboldt, Stahlstich von J. L. Raab nach Franz Krüger, um 1840

Die Sprache, in ihrem wirklichen Wesen aufgefasst, ist etwas beständig und in jedem Augenblicke Vorübergehendes. (...) Sie selbst ist kein Werk *(Ergon)*, sondern eine Tätigkeit *(Energeia)*. Sie ist nämlich die sich ewig wiederholende Arbeit des Geistes, den artikulierten Laut zum Ausdruck des Gedanken fähig zu machen. Unmittelbar und streng genommen, ist dies die Definition des jedesmaligen Sprechens; aber im wahren und wesentlichen Sinne kann man auch nur gleichsam die Totalität dieses Sprechens als die Sprache ansehen. Denn in dem zerstreuten Chaos von Wörtern und Regeln, welches wir wohl eine Sprache zu nennen pflegen, ist nur das durch jenes Sprechen hervorgebrachte Einzelne vorhanden, und dies niemals vollständig, auch erst einer neuen Arbeit bedürftig, um daraus die Art des lebendigen Sprechens zu erkennen und ein wahres Bild der lebendigen Sprache zu geben. Gerade das Höchste und Feinste lässt sich an jenen getrennten Elementen nicht erkennen, und kann nur (...) in der verbundenen Rede wahrgenommen oder geahndet werden. (...)
Die Sprache ist das bildende Organ des Gedanken. Die intellektuelle Tätigkeit, durchaus geistig, durchaus innerlich, und gewissermaßen spurlos vorübergehend, wird durch den Laut in der Rede äußerlich und wahrnehmbar für die Sinne. Sie und die Sprache sind daher Eins und unzertrennlich von einander. Sie ist aber auch in sich an die Notwendigkeit geknüpft, eine Verbindung mit dem Sprachlaute einzugehen; das Denken kann sonst nicht zur Deutlichkeit gelangen, die Vorstellung nicht zum Begriff werden. Die unzertrennliche Verbindung des Gedanken, der Stimmwerkzeuge und des Gehörs zur Sprache liegt unabänderlich in der ursprünglichen, nicht weiter zu erklärenden Einrichtung der menschlichen Natur. (...)
Auch bei der Betrachtung des durch die Sprache Erzeugten wird die Vorstellungsart, als bezeichne sie bloß die schon an sich wahrgenommenen Gegenstände, nicht bestätigt. (...) Wie, ohne diese, kein Begriff möglich ist, so kann es für die Seele auch kein Gegenstand sein, da ja selbst jeder äußere nur vermittelst des Begriffes für sie vollendete Wesenheit erhält. In die Bildung und in den Gebrauch der Sprache geht aber notwendig die ganze Art der subjektiven Wahrnehmung der Gegenstände über. Denn das Wort entsteht eben aus dieser Wahrnehmung, ist nicht ein Abdruck des Gegenstandes an sich, sondern des von diesem in der Seele erzeugten Bildes. Da aller objektiven Wahrnehmung unvermeidlich Subjektivität beigemischt ist, so kann man, schon unabhängig von der Sprache, jede menschliche Individualität als einen eignen Standpunkt der Weltansicht betrachten. Sie wird aber noch viel mehr dazu durch die Sprache, da das Wort sich der Seele gegenüber auch wieder mit einem Zusatz von Selbstbedeutung zum Objekt macht und eine neue Eigentümlichkeit hinzubringt. In dieser, als der eines Sprachlauts, herrscht notwendig in derselben Sprache eine durchgehende Analogie; und da auch auf die Sprache in derselben Nation eine gleichartige Subjektivität einwirkt, so liegt in jeder Sprache eine eigentümliche Weltansicht. Wie der einzelne Laut zwischen den Gegenstand und den Menschen, so tritt die ganze Sprache zwischen ihn und die innerlich und äußerlich auf ihn einwirkende Natur. Er umgibt sich mit einer Welt von Lauten, um die Welt von Gegenständen in sich aufzunehmen und zu bearbeiten. Der Mensch lebt mit den Gegenständen hauptsächlich, ja, da Empfinden und Handeln in ihm von seinen Vorstellungen abhängen, sogar ausschließlich so, wie die Sprache sie ihm zuführt. Durch denselben Akt, vermöge dessen er die Sprache aus sich herausspinnt, spinnt er sich in dieselbe ein, und jede zieht um das Volk, welchem sie angehört, einen Kreis, aus dem es nur insofern hinauszugehen möglich ist, als man zugleich in den Kreis einer andren hinübertritt. Die Erlernung einer fremden Sprache sollte daher die Gewinnung eines neuen Standpunktes in der bisherigen Weltansicht sein, und ist es in der Tat bis auf einen gewissen Grad, da jede Sprache das ganze Gewebe der Begriffe und die Vorstellungsweise eines Teils der Menschheit enthält. *(1836)*

Am Text erarbeiten: Paraphrase bzw. Zusammenfassung der Textinhalte

Am Text erarbeiten: Argumente, die Humboldts Theorie stützen – Argumente, die dagegen sprechen

4 Wie man mit Sprache handelt

Paul Watzlawick, Janet H. Beavin, Don D. Jackson

Menschliche Kommunikation (Auszüge)

Die Unmöglichkeit, nicht zu kommunizieren

Verhalten hat vor allem eine Eigenschaft, die so grundlegend ist, dass sie oft übersehen wird: Verhalten hat kein Gegenteil, oder um dieselbe Tatsache noch simpler auszudrücken: Man kann sich nicht *nicht* verhalten. Wenn man also akzeptiert, dass alles Verhalten in einer zwischenpersönlichen Situation Mitteilungscharakter hat, d.h. Kommunikation ist, so folgt daraus, dass man, wie immer man es auch versuchen mag, nicht *nicht* kommunizieren kann. Handeln oder Nichthandeln, Worte oder Schweigen haben alle Mitteilungscharakter: Sie beeinflussen andere und diese anderen können ihrerseits nicht *nicht* auf diese Kommunikation reagieren und kommunizieren damit selbst. Es muss betont werden, dass Nichtbeachtung oder Schweigen seitens des anderen dem eben Gesagten nicht widerspricht. Der Mann im überfüllten Wartesaal, der vor sich auf den Boden starrt oder mit geschlossenen Augen dasitzt, teilt den anderen mit, dass er weder sprechen noch angesprochen werden will, und gewöhnlich reagieren seine Nachbarn richtig darauf, indem sie ihn in Ruhe lassen. (...) Dies ist nicht weniger ein Kommunikationsaustausch als ein angeregtes Gespräch.

Inhalts- und Beziehungsaspekt der Kommunikation

Wenn man untersucht, was jede Mitteilung enthält, so erweist sich ihr Inhalt vor allem als Information. Dabei ist es gleichgültig, ob diese Information wahr oder falsch, gültig oder ungültig oder unentscheidbar ist. Gleichzeitig aber enthält jede Mitteilung einen weiteren Aspekt, der viel weniger augenfällig, doch ebenso wichtig ist – nämlich einen Hinweis darauf, wie ihr Sender sie vom Empfänger verstanden haben möchte. Sie definiert also, wie der Sender die Beziehung zwischen sich und dem Empfänger sieht, und ist in diesem Sinn seine persönliche Stellungnahme zum anderen. Wir finden somit in jeder Kommunikation einen *Inhalts- und einen Beziehungsaspekt*. (...)

Wenn Frau A auf Frau B's Halskette deutet und fragt: „Sind das echte Perlen?", so ist der Inhalt ihrer Frage ein Ersuchen um Information über ein Objekt. Gleichzeitig definiert sie damit auch – und kann es nicht *nicht* tun – ihre Beziehung zu Frau B. Die Art, wie sie fragt (der Ton ihrer Stimme, ihr Gesichtsausdruck, der Kontext usw.), wird entweder wohlwollende Freundlichkeit, Neid, Bewunderung oder irgendeine Einstellung zu Frau B ausdrücken. B. kann ihrerseits nun diese Beziehungsdefinition akzeptieren, ablehnen oder eine andere Definition geben, aber sie kann unter keinen Umständen – nicht einmal durch Schweigen – nicht auf A's Kommunikation antworten. Für unsere Überlegung wichtig ist die Tatsache, dass dieser Aspekt der Interaktion zwischen den beiden nichts mit der Echtheit der Perlen zu tun hat (oder überhaupt mit Perlen), sondern mit den gegenseitigen Definitionen ihrer Beziehung, mögen sie sich auch weiter über Perlen unterhalten. (...)

Symmetrische und komplementäre Interaktionen

Sie stehen für Beziehungen, die entweder auf Gleichheit oder auf Unterschiedlichkeit beruhen. Im ersten Fall ist das Verhalten der beiden Partner sozusagen spiegelbildlich und ihre Interaktion daher *symmetrisch*. Dabei ist es gleichgültig, worin dieses Verhalten im Einzelfall besteht, da sich die Partner sowohl in Stärke wie Schwäche, Härte wie Güte und jedem anderen Verhalten ebenbürtig sein können. Im zweiten Fall dagegen ergänzt das Verhalten des einen Partners das des anderen, wodurch sich eine grundsätzlich andere Art von verhaltensmäßiger Gestalt ergibt, die *komplementär* ist. Symmetrische Beziehungen zeichnen sich also durch Streben nach Gleichheit und Verminderung von Unterschieden zwischen den Partnern aus, während komplementäre Interaktionen auf sich gegenseitig ergänzenden Unterschiedlichkeiten basieren.

(1969)

Selbst gestalten:
Rollen-/Stegreifspiele zur Demonstration der Watzlawickschen Axiome

Erkunden, erforschen:
Analyse wichtiger Situationen sprachlichen Handelns im Ablauf eines Tages. Gegenüberstellung von symmetrischen und komplementären Interaktionen

Dieter D. Wunderlich

„Hier zieht's" – „Du kannst ja die Fensterklappe schließen"*

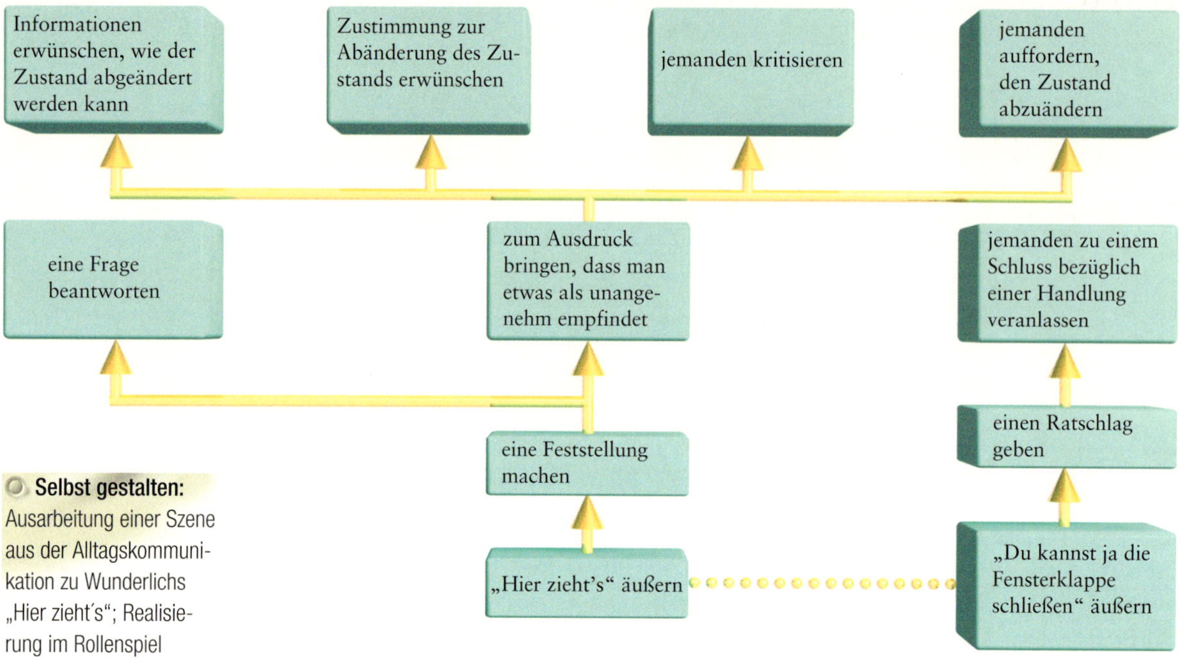

Selbst gestalten: Ausarbeitung einer Szene aus der Alltagskommunikation zu Wunderlichs „Hier zieht's"; Realisierung im Rollenspiel

Werner Kallmeyer, Wolfgang Klein u. a.

Der Hund ist bissig*

Sprachhandlungen können u. a.:
- materielle Handlungen ersetzen, vorbereiten oder vorwegnehmen, (z. B. Versprechen, Planen)
- zu materiellen Handlungen befähigen (z. B. Wissensweitergabe)
- soziale Fakten herstellen (z. B. Sprechen von Urteilen).

Die Analyse des konkreten Sprechakts schließt den Gesamtzusammenhang von Sprachbewusstsein und gesellschaftlichen Prozessen mit ein.

Nehmen wir also an, Paul sagt: „Der Hund ist bissig." Was tut er damit, dass er das sagt?

Zuerst tut er sehr trivial etwas, was jeder tut, der etwas sagt: Er sagt etwas. Er macht bestimmte Geräusche, die man phonetisch beschreiben kann; damit äußert er einen Satz der deutschen Sprache; und er sagt damit, Nachbars Hund sei bissig. Das ist noch nicht sehr viel und bloß um das zu tun, strengt Paul sich nicht an. Er tut noch mehr damit. Zum Beispiel warnt er seine Gäste: „Vorsicht! Der Hund ist bissig." Oder er erklärt seinen Gästen, warum der Hund an der Kette liegt. Oder er empfiehlt den Hund als Wachhund. Oder es geht um die Frage, ob der Hund den Wanderer gebissen haben könnte – keiner hat es gesehen –, und Paul sagt als Zeuge aus, dass der Hund bissig ist. Selbst wenn wir wissen, dass er mit seiner Äußerung *der Hund ist bissig* meint, Nachbars Hund sei bissig, wissen wir noch nicht, ob er damit warnt, etwas erklärt, empfiehlt oder eine Zeugenaussage macht. Wir kennen zwar die Bedeutung (*meaning*) der Äußerung, aber nicht ihre Rolle (*force*). Wenn Paul Glück hat, erreicht er mit seiner Äußerung *der Hund ist bissig* noch mehr. Er warnt seine Gäste nicht bloß, sondern sie passen dann wirklich auch auf: Er hält sie zurück. Er erklärt nicht bloß, warum der Hund an der Kette liegt, sondern die Gäste sehen den Zusammenhang auch ein: Er hilft verstehen. Er empfiehlt den Hund nicht nur, sondern man kauft ihn auch wirklich: Er beeinflusst den Interessenten. Er sagt nicht bloß als Zeuge aus, sondern das Gericht glaubt ihm auch: Er überzeugt das Gericht. Solche Erfolge sind nicht selbstverständlich. Warnungen werden in den Wind geschlagen, Erklärungen bringen kein Licht, Empfehlungen werden missachtet, Zeugenaussagen werden verworfen. (...)
(1974)

Johannes Bobrowski
Interieur

Es ist eine hohe bernsteingelbe Standuhr, Manufakturware aus Liverpool oder Birmingham, an die sich Freimut gelehnt hat. Er sagt einen Satz, der geht langsam, das letzte Wort, die zwei Silben, folgt erst nach einer Pause und ist angehoben im Ton und lässt den Satz ganz offen, wie in einem atemerfüllten Raum, der sich ein wenig dreht: Denn Armut ist ein großer Glanz aus Innen ...
... heraus, ergänzt die Zahnärztin, seine Mutter. Wer bereitet nicht gern einer so offenen Aussage ein Ende? Die Messingzeiger im schrägen Licht legen fast unmerkliche, dünne Schatten auf das Zifferblatt aus Zinn, bis über die schwarzgemalten römischen Ziffern.
Ja, wir sind alle arm, sagt die Mutter, mit einem schönen, tragenden Alt.
Im Kanapee, ihre Mutter, die Großmutter, erschrickt darüber nicht, sie sagt: Aber wir glänzen nicht, und hebt ein wenig die Hände dabei und versinkt in den Anblick der drei Ringe an ihrer linken Hand. Zwei stehende Personen und eine sitzende. Und die Uhr aus Liverpool.
Oder aus Birmingham. *(1965)*

Am Text erarbeiten:
Untersuchung des sprachlichen Handelns: Verknüpfung, Bedingungen, Absichten der Äußerungen – Beiträge des Erzählers zur Sprechaktanalyse

Gotthold Ephraim Lessing
Emilia Galotti (Auszug)

Fünfter Aufzug, siebenter Auftritt
Emilia. Odoardo

EMILIA: Wie? Sie hier, mein Vater? – Und nur Sie? – Und meine Mutter? nicht hier? – Und der Graf? nicht hier? – Und Sie so unruhig, mein Vater?

ODOARDO: Und du so ruhig, meine Tochter? –

EMILIA: Warum nicht, mein Vater? – Entweder ist nichts verloren: oder alles. Ruhig sein können und ruhig sein müssen: kömmt es nicht auf eines?

ODOARDO: Aber, was meinest du, dass der Fall ist?

EMILIA: Dass alles verloren ist – und dass wir wohl ruhig sein müssen, mein Vater.

ODOARDO: Und du wärest ruhig, weil du ruhig sein musst? – Wer bist du? Ein Mädchen? und meine Tochter? So sollte der Mann und der Vater sich wohl vor dir schämen? – Aber lass doch hören: was nennest du, alles verloren? – dass der Graf tot ist?

EMILIA: Und warum er tot ist! Warum! – Ha, so ist es wahr, mein Vater? So ist sie wahr, die ganze schreckliche Geschichte, die ich in dem nassen und wilden Auge meiner Mutter las? – Wo ist meine Mutter? Wo ist sie hin, mein Vater?

ODOARDO: Voraus; – wenn wir anders ihr nachkommen.

EMILIA: Je eher, je besser. Denn wenn der Graf tot ist, wenn er darum tot ist – darum! was verweilen wir noch hier? Lassen Sie uns fliehen, mein Vater!

ODOARDO: Fliehen? – Was hätt' es dann für Not? – Du bist, du bleibst in den Händen deines Räubers.

EMILIA: Ich bleibe in seinen Händen?

ODOARDO: Und allein; ohne deine Mutter, ohne mich.

EMILIA: Ich allein in seinen Händen? – Nimmermehr, mein Vater. – Oder Sie sind nicht mein Vater. – Ich allein in seinen Händen? Gut, lassen Sie mich nur. – Ich will doch sehn, wer mich hält – wer mich zwingt – wer der Mensch ist, der einen Menschen zwingen kann.

ODOARDO: Ich meine, du bist ruhig, mein Kind.

EMILIA: Das bin ich. Aber was nennen Sie ruhig sein? Die Hände in den Schoß legen? Leiden, was man nicht sollte? Dulden, was man nicht dürfte?

ODOARDO: Ha! wenn du so denkst! – Lass dich umarmen, meine Tochter!

→ „Reden und Schweigen – Umgang mit szenischen Texten", S. 108 ff.

Am Text erarbeiten:
Texterschließung mit Hilfe der folgenden Fragen von Bertolt Brecht:
Wem nützt der Satz?
Wem zu nützen gibt er vor?
Zu was fordert er auf?
Welche Praxis entspricht ihm?
Was für Sätze hat er zur Folge? Was für Sätze stützen ihn?
In welcher Lage wird er gesprochen? Von wem?

5 Wie man mit Sprache spielt

David Crystal

Language Play (Auszug)

Die spielerische Funktion von Sprache*

Jeder spielt mit Sprache oder reagiert auf das Spiel mit Sprache. Einigen erwächst daraus ein mäßiges Vergnügen; andere sind davon vollkommen besessen; aber niemand kann dem sprachlichen Spiel ganz aus dem Wege gehen. Kurz vor Beginn des 21. Jahrhunderts gibt es in der Tat mehr davon als zu irgendeiner früheren Periode der Sprachgeschichte.

(...)

Wir spielen mit Sprache, wenn wir sie aus Spaß manipulieren – entweder für uns selbst oder zum Nutzen anderer. Ich meine „manipulieren" wörtlich: Wir nehmen irgendein sprachliches Merkmal – z.B. ein Wort, einen Satz, einen Teil eines Wortes, eine Gruppe von Lauten, eine Folge von Buchstaben – und veranlassen es, Dinge zu tun, die es normalerweise nicht tut. Tatsächlich biegen und brechen wir die Regeln von Sprache. Und wenn uns jemand fragen würde, warum wir das tun, so ist die Antwort einfach: aus Spaß.

Unterhaltung und Spaß sind jedoch keine Wörter, die uns in den Sinn kämen, wenn wir darüber nachdenken, was Sprache ist und warum sie verwendet wird. Wir tendieren dazu, eine nüchternere Perspektive einzunehmen. Welchem Zweck dient Sprache? Die übliche Antwort handelt von Menschen, die miteinander „kommunizieren" – also eine Person sendet eine Botschaft, eine Bedeutung, einen Gedanken, eine Idee und eine andere Person empfängt sie. Das Wesentliche von Sprache, so wird angenommen, liegt darin, dass sie die Vermittlung von Wissen unterstützt, wie immer Wissen auch definiert sein mag – als Konzepte, Fakten, Gefühle oder jegliche andere Form der „Information". Warum benutzen wir Sprache? – um unseren Gedanken Ausdruck zu verleihen, sagt das *Oxford English Dictionary*; um Gedanken und Gefühlen Ausdruck zu verleihen, sagt *Chambers*; um Vorstellungen und Gefühle zu vermitteln, sagt *Longman Dictionary of the English Language.*

(...)

Es ist keinesfalls so, dass Sprachspiele Regeln vermissen lassen – Regeln gibt es immer. Jedoch sind die Regeln für den spielerischen Gebrauch der Sprache anders als für den sonstigen Sprachgebrauch. Man zeigt z.B. durch eine besondere Art des Sprechens und oft durch den Gesichtsausdruck an, dass eine Äußerung in einem Gespräch als Wortspiel oder Wortwitz zu verstehen sei. Der Teil des Wortes, der sich auf das witzige Wortspiel (= „Katz" im folgenden Beispiel) wird normalerweise besonders sorgfältig zur Hervorhebung gesprochen und der Sprecher macht dabei oft eine fragende, manchmal selbstgefällige Miene. Den Hörern steht ein begrenztes Repertoire von Reaktionen zur Verfügung, von dem sie energisch Gebrauch machen (z.B. das spontane oder erzwungene Stöhnen). Und – sehr wichtig – die Teilnehmer dürfen denselben Wortwitz in einer Gesprächsfolge nicht zweimal machen.

Untersuchen, erkunden:
Dokumentation von Sprachspielen in der aktuellen Werbung – Erläuterung ihrer Funktionsweise und „Regeln"

Untersuchen, erkunden:
Das Spiel mit Sprache in der konkreten Poesie

Das Katzengespräch*

Situation in einem bürgerlichen Esszimmer. Zwei Paare unterhalten sich beim Essen über die plötzliche Begegnung ihrer beiden Hauskatzen und was dabei passierte …

Hanna: …Was für eine Konfrontation – hier unser schwarzer Alexander und aus eurer Tür kommt erhobenen Schwanzes eure Pinky.

Beate: Also eine echte Katzfrontation. *(Gelächter)*

Hanna: Klar, wenn du meinst, also Katzfrontation. Und dann geht Pinky …

Peter: Wenn du mich fragst, das ist der Anfang einer Katzastrophe. *(Stöhnen am Tisch)*

Hanna: Aber ich wollte doch die Geschichte weitererzählen. Immer mischst du dich ein!

Peter: Bitte, bitte, sei doch nicht so katzegorisch. *(Erneutes Stöhnen amTisch)*

Beate: Hanna und Peter – eine neue Seite im Katzalog ehelicher Harmonie!

Peter: Tschuldigung. Also, erzähl' weiter.

Hanna: Da stehen die beiden – mit aufgeplustertem Schwanz, knurrend und fauchend.

Albert: Stunde um Stunde in der Kälte.

Peter: Und was haben sie davon? Eine Katzarrh! *(Gelächter, nur Hanna sieht etwas unglücklich aus)*

Albert: Hanna, komm' zur Sache. Was ist die Moral der Geschichte?

Beate: Ja, um welche Regel aus dem Katzechismus geht es eigentlich?

(1998)

Am Text erarbeiten: Untersuchung der gruppendynamischen Prozesse in diesem Spiel der Erwachsenen: Ablauf, Intentionen, Sieger und Verlierer

Selbst gestalten: eigene Sprachspiele bei Feten, Flirts, Anmache, …?

Friedhelm Kändler

Paraneuerdings

(Untertitel: Bernd)
Für eine Frau im mittleren Alternativ zum vollendeten Satz

Ich weiß, dass Bernd etwas ungewöhnlich isst man ja zu Nudeln Rindfleisch habe ich noch nie besonders gerne gegessen, aber Bernd.

Wollte unbedingt in dieses neue Lokalreporter von Beruf verdient er nicht soviel erst einmal vorweg waren wir – Mutter hat noch gesagt einmal, wo wollt ihr denn hinten beim Zoo war das sollte so ein richtig schöner Abend werden, wo wir also los, hab ich gesagt, sonst kommen wir noch zu später können wir noch ins Kinobel geht die Welt zugrunde genommen muss man sehen, wo man bleibt das Auto stehen – mitten in der Stadt!

Kein Benzin mehr!

Glücklicherweise war da gleich eine Tankstelle ich natürlich fest, Bernd hat kein Geld dabei habe ich noch gesagt, ich nehme kein Geld mit mir kann er es ja machen sie mal dagegen!
Und natürlich bin ich es, die zurück soll mal eben schnell Geld holen wir alles nach, sagt Bernd hat neue Schuhe an – die drücken ihn krieg ich ja noch nicht einmal dazu, dass er sich Zigaretten holt, ohne dass er dazu gleich in das Auto steigt.

Nun war es schon dunkel, kalt …

An sich bin ich nicht ängstlich ist in so einer Stadt ja auch überall die Geschichten, die man so mitkriegt man eins über den Kopf und wundert sicher werden sie jetzt glauben sie gar nicht, was ich für eine Angst hatte ich auch noch dieses Kleid an den Seiten aufgeschnitten und natürlich, wenn wir mit dem Auto fahren, nehme ich keinen Mantel mitten im Vergnügungsviertel!

Da bleibt Bernd das Auto stehen überall diese … an den Ecken und ich soll da durch den wirklich unsichersten Ort der Stadt dass er geht, schickt er mich fror.

Mir war das alles unangenämlich meine Fantasie können sich das wahrscheinlich nicht so vorstellenweise sehe ich das Sachen, die es gar nicht gibt sich alles, sagt Bernd auch noch:

Geh durch den Wald, dann musst du dich nicht an den Leuten vorbei ihm ist das alles immer ganz einfach die Abkürzung, das sind zehn Minuten.

Sie können sich bestimmt schon denken, was jetzt kommt da so ein dunkler Typisch ich!

Geh auch noch durch den Wald!

Obwohl ich lauf also, was ich kann nicht so schnell – ich guck mich auch nicht um zu sehen, ob er mir hinterherrgottnochmal ich mir das Schlimmste aus was-weiß-ich-für-welchen Gründen habe ich eine Angst gekriegt man ja auf die unmöglichsten Ideen kommen da natürlich von der *änderen Seite* gleich auch noch so zweimai ist an der gleichen Stelle schon was passiert mir nicht nochmal, dass ich gehe und Bernd bleibt im Auto zurück konnte ich ja auch nicht, da war ja dieser andere gehen essen, danach ins Kino, dann trinkt man noch ein schönes Glas Wein.

Das waren vielleicht nur Spaziergänger.

Bernd sagt, das ist eine ganz gewöhnliche Paraneuerdings zieht er mich schon damit auf dem Hinweg im Auto – ich habe gesagt:

Aber du lieferst mich auch wieder zu Hause ab jetzt mach ich das nicht mehr mit Hängen und Würgen komm ich zu Hause an der Ecke steht das Auto mit Bernd sagt:

Ich habe einfach alles erklärt er den Leuten, dass er kein Geld hat er gesagt, dass er den Personalausweis dalässt er mich durch den Wald laufen bei mir im Kopf Geschichten ab jetzt habe ich endgültig von sowas genug Geld muss man dabeihaben sie sowas schon mal mitgemacht er mit mir nicht nochmal zu mir kommen von wegen Essen gehen und dann steht das Auto hat kein Benzin und er hat kein Geld dabei hätte das so ein schöner Abend werden können sie mir glauben:

Nicht nochmal!
(1995)

Am Text erarbeiten: „Regeln" dieses literarischen Spiels herausfinden

Selbst gestalten: eigene Prosaversuche und Versuche von Parodien literarischer Vorbilder

Henry Jelinek
Nachtgesang

badedas placentubex
tai-ginseng panteen
thermofax wipp dentofix
anti-svet palmin

mondamin elastofix
fewa fa feh vlot
seiblank presto caro lux
maggi pez blett pott

alka-seltzer seborin
mem pitrell grill-fix
tempo mampe aspirin
tampax atrix drix

hormocenta kukident
knorr ...
(1984)

Fred Ensikat
Sprichwörter

Man darf dem Tag nicht vor dem Abend dankbar sein
Und soll das Schicksal nicht für alles loben.
Ein Gutes kommt niemals allein,
und alles Unglück kommt von oben.

Die Peitsche liegt im Weine.
Die Wahrheit liegt beim Hund.
Morgenstund hat kurze Beine.
Lügen haben Gold im Mund.

Ein Meister nie alleine bellt.
Vom Himmel fallen keine Hunde.
Dem Glücklichen gehört die Welt.
Dem Mutigen schlägt keine Stunde.
(1992)

Selbst gestalten: Jelineks Gedicht fortsetzen, abschließen – eigene Gestaltungsversuche nach demselben Prinzip

Selbst gestalten: eigene Versuche mit Sprichwörtern und Redewendungen

VIELFALT DER SPRACHE(N)

Sprache ist für Menschen zunächst das Natürlichste der Welt.
Sie wachsen in ihrer Muttersprache auf, erwerben diese in ihren Familien auf natürlichem Wege gleichsam mühelos.
Jedoch wird die Vielfalt der Sprachen innerhalb und außerhalb der eigenen Lebenswirklichkeit oft

- *zum Rätsel:*
  (Wie kommt es zu dieser Vielfalt?)
- *zur Irritation:*
  (Wie können wir uns in dieser Vielfalt verständigen? Warum fühlen sich Menschen wegen ihrer Sprache ausgeschlossen?)
- *zur Mühe:*
  (Wie lernt man mehrere Sprachen, wenn man nicht schon damit aufgewachsen ist?)

  und
- *zur Bereicherung:*
  (Wie kann man mit mehreren Sprachen unterschiedliche Wirklichkeiten erschließen?)

1 Anfänge

> **Denn als Gott der Herr gemacht hatte von der Erde allerlei Tiere auf dem Felde und allerlei Vögel unter dem Himmel, brachte er sie zu dem Menschen, dass er sähe, wie er sie nennte; denn wie der Mensch allerlei lebendige Tiere nennen würde, so sollten sie heißen. (1. Mose 1.2)**

David Crystal

Cambridge Encyclopedia of Language (Auszug)

Seit Jahrhunderten spekulieren Menschen über den Ursprung der menschlichen Sprache. Welches ist die älteste Sprache? Stammen alle Sprachen von einer „Ursprache“ ab? Welche Sprache wurde im Paradies gesprochen? Wer hat die Wörter erfunden? Fragen dieser Art sind so faszinierend, dass sie Experimente und Diskussionen provoziert haben, die mehr als 3000 Jahre zurückreichen. Aber ironischer Weise ist all diese Mühe umsonst. Jede Generation stellt dieselben Fragen und fädelt sich in dieselbe Sackgasse ein, denn es gibt keine Beweisstücke, die über einen so langen Zeitraum zurückreichen. Weder haben wir unmittelbare und konkrete Kenntnis von den Ursprüngen und der frühen Entwicklung der menschlichen Sprache, noch kann man sich überhaupt vorstellen, dass und wie man solche Kenntnisse überhaupt erlangen kann. Wir können nur spekulieren und unsere eigenen Schlüsse ziehen. Das ist sicherlich unbefriedigend.

In der Tat, es ist so unbefriedigend, dass sich eine Gruppe von Experten im 19. Jahrhundert für eine drastische Maßnahme entschied: 1866 veröffentlichte die Linguistische Gesellschaft in Paris einen Erlass, der die Diskussion über den Ursprung der Sprachen während ihrer Sitzungen verbot.

Der dänische Linguist Otto Jespersen (1860–1943) hat die vielen Theorien über den Ursprung der Sprache(n) nach vier Typen gegliedert und einen eigenen fünften Typus hinzugefügt. Inzwischen haben sie auch Spitznamen erhalten:

Die „Wau-Wau“ Theorie: Sprache ist dadurch entstanden, dass die Menschen die Laute der Tiere ihrer Umgebung imitiert haben, insbesondere Tierlaute. Als „Beweis“ werden die onomatopoetischen* Wörter gewertet. Da aber nur wenige solcher Wörter in den Sprachen existieren und die Sprachen sich erheblich darin unterscheiden, wie die natürlichen Laute nachgebildet werden, ist diese Theorie nicht sehr überzeugend.

** onomatopoetisch: lautnachahmend, lautmalend*

Die „Pu-Pu“ („Aua“) Theorie: Sprache entstand dadurch, dass die Menschen instinktiv bestimmte Laute äußerten, die durch Schmerz, Wut oder andere Gefühle ausgelöst wurden. Als Beweis führt man die Interjektionen an. Aber keine Sprache enthält sehr viel davon, und Geräusche wie Zungenschnalzen, lautes Luftholen oder -ausstoßen haben wenig Ähnlichkeit mit den Vokalen und Konsonanten unserer gesprochenen Sprache.

Die „Ding-Dong“ Theorie: Sprache entstand dadurch, dass die Menschen auf Reize ihrer Umgebung mit eigenen Lauten reagierten (= orale Gesten). Als Beispiel wird oft das Wort „Mama“ genannt, das die Bewegung der Lippen symbolisiert, die sich der Mutterbrust nähern. Genannt wurden auch Wörter wie „bye-bye“ oder „ta-ta“ (= englische Kindersprache) als Reaktion auf das Winken beim Verabschieden. Auch für diese Theorie spricht nicht sehr viel.

Die „yo-he-ho“ Theorie: Sprache entstand, weil die Menschen zusammen arbeiten mussten und ihre gemeinsame physische Anstrengung gemeinsame rhythmische Laute auslöste.

Diese entwickelten sich zu rhythmischem Sing-Sang und dann zur Sprache. Als Beweis sieht man den Rhythmus und die Prosodie der gesprochenen Sprache an. Aber zwischen den prosodischen* Merk-

** Prosodie, prosodisch: gr. „dazugesungen“, Sprachmerkmale, die sich über mehrere einzelne Laute hinweg erstrecken bzw. diese auch prägen, z. B. Betonung, Tonhöhe und Stimmführung, Pausen*

malen und den artikulierten Lauten und Wörtern klafft noch eine große Lücke, für die es keine Erklärung gibt.
Die „La-La“ Theorie: Jespersen selbst vermutete, dass – wenn es nur einen auslösenden Faktor für die Sprachentstehung geben sollte – die romantische Seite des Lebens dafür verantwortlich sei. Er meinte, entscheidend für die Entstehung der Sprache seien Laute, die sich mit Liebe, Spiel, Poesie und Gesang verbinden. Auch in dieser Theorie klafft noch eine große Lücke im Zug der Gedanken, der plausibel die Entstehung von Sprache(n) erklären soll.
Und so geht das Theoretisieren und Spekulieren weiter. Gerade in unserer Zeit stellt sich in dem Maße neues Interesse an diesen Fragen ein, wie die Archäologie und moderne Techniken der Forschung neue Beweisstücke liefern, wie alles einmal angefangen hat.
(1987)

Erkunden, nachschlagen:
Beispiele aus dem Deutschen und aus anderen Sprachen für onomatopoetische Wörter zusammenstellen (z. B. Kikeriki, coucou, cock-a-doodle-doo, cocorico)

Valentin Braitenberg

Calula. Das Nichtverstandenwerdenwollen und die Sprache

(Auszug)

Was ist das, Sprache? Wir müssen uns das Phänomen am Ursprung vorstellen. Eine Horde von (schon etwas besseren) Affen trifft in Afrika auf eine andere, weit entfernt verwandte, aber verfeindete. Die Rauferei geht los, es geht um Jagdgründe. Alle fauchen, grunzen und piepsen ganz fürchterlich in den Tönen des ihnen angeborenen Repertoires emotionaler Lautgebung. Aber die von der einen Horde mischen unter die Elemente dieses martialischen Gesangs einige kleine, unauffällige Silben, die bedeuten: jetzt sollen der Sepp, der Franz und der Hias hinter dem großen Stein ungesehen seitlich an den Feind heran, während der Toni und das Joggele auf die schiefe Palme steigen und durch eine Kokosnussbombardierung die ganze Aufmerksamkeit auf sich ziehen. Die Affen von der anderen Horde verstehen gar nichts, gehen prompt in die Falle und ziehen blutend, hinkend und gedemütigt ab. Es wird gefeiert. Das müßige Spiel mit den Silben, denen man aus reiner Tollerei Bedeutungen zugemessen hat, die man aus ihrem Klang nicht erraten kann, hat sich gelohnt und soll weiter verfeinert werden. Das Gehirn setzt zum großen Wachstum an. Die Nachkommen der geschlagenen Vettern sind für die nächsten Jahrmillionen zu äffischem Dasein verdammt, oder sie sterben aus. Die das Spiel mit den Silben verstehen, werden langsam zu dem, was sie selbst humorvoll als die Herren der Schöpfung bezeichnen.
Während gefeiert wird, machen wir unsere Überlegungen. Es sieht fast so aus, als wäre von Anfang an bei der Entwicklung der Sprache das Nichtverstandenwerden gleich wichtig gewesen wie das Verstandenwerden: von Anfang an Sprache als Barriere zwischen den unsrigen und den anderen. Weltsprache war nicht das angestrebte Ziel, sondern eine Geheimsprache zur Verständigung innerhalb der Gruppen zum Schaden der anderen. Wo sich ein Volk in mehrere Völker teilt, die getrennt ihre Wege gehen, bilden sich in kürzester Zeit (= einige Jahrtausende) ganz verschiedene Sprachen heraus, innerhalb von Jahrhunderten schon gegenseitig unverständlich. *(1986)*

Am Text erarbeiten:
Vergleich von Braitenbergs Vermutungen über die Entstehung der menschlichen Sprache mit den Theorieansätzen Jespersens

Je mehr die Völker sich miteinander vermischen, um so mehr Vermischungen und Neuerungen gab es in den Sprachen, und je mehr sie sich vervielfachten, desto weniger leicht wurde es, das Land zu wechseln. Diese Verwirrung stärkte den Typus von Bindung, auf dem die Vaterlandsliebe beruht; sie machte die Menschen sesshafter.

(Abbé Noël-Antoine Pluch, 1751)

Babylon: Mythos zur Erklärung der Sprachenvielfalt

1. Mose 11, 1–9

1 Es hatte aber alle Welt einerlei Zunge und Sprache.
2 Als sie nun nach Osten zogen, fanden sie eine Ebene im Lande Schinar und wohnten daselbst.
3 Und sie sprachen untereinander: Wohlauf, lasst uns Ziegel streichen und brennen! – und nahmen Ziegel als Stein und Erdharz als Mörtel
4 und sprachen: Wohlauf, lasst uns eine Stadt und einen Turm bauen, dessen Spitze bis an den Himmel reiche, damit wir uns einen Namen machen; denn wir werden sonst zerstreut in alle Länder.
5 Da fuhr der HERR hernieder, dass er sähe die Stadt und den Turm, die die Menschenkinder bauten.
6 Und der HERR sprach: Siehe, es ist einerlei Volk und einerlei Sprache unter ihnen allen, und dies ist der Anfang ihres Tuns; nun wird ihnen nichts mehr verwehrt werden können von allem, was sie sich vorgenommen haben zu tun.
7 Wohlauf, lasst uns herniederfahren und dort ihre Sprache verwirren, dass keiner des anderen Sprache verstehe!
8 So zerstreute sie der HERR von dort in alle Länder, dass sie aufhören mussten, die Stadt zu bauen.
9 Daher heißt ihr Name Babel, weil der HERR daselbst verwirrt hat aller Länder Sprache und sie von dort zerstreut hat in alle Länder.

(Die Bibel. Nach der Übersetzung Martin Luthers, in der revidierten Fassung von 1984.)

Der Turmbau zu Babel,
Böhmische Buchmalerei 14. Jhd.

Untersuchen, erkunden:
Vergleich des Bibelenglisch mit dem modernen Englisch

„Babylon" in Englisch

1 And the whole earth was of one language, and of one speech.
2 And it came to pass, as they journeyed from the east, that they found a plain in the land of Shinar; and they dwelt there.
3 And they said one to another, Go to, let us make brick and burn them thoroughly. And they had brick for stone, and slime had they for morter.
4 And they said: Go to, let us build us a city and a tower, whose top may reach unto heaven; and let us make us a name, lest we be scattered abroad upon the face of the whole earth.
5 And the LORD came down to see the city and the tower, which the children of men builded.
6 And the LORD said: Behold, the people is one, and they have all one language; and this they begin to do: and now nothing will be restrained from them, which hey have imagined to do.
7 Go to, let us go down, and there confound their language, that they may not understand one another's speech.
8 So the LORD scattered them abroad from thence upon the face of all the earth; and they left off to build the city.
9 Therefore is the name of it called Babel; because the LORD did there confound the language of all the earth: and from thence did the LORD scatter them abroad upon the face of all the earth.

„Babylon" in Portugiesisch

Toda a terra tinha uma só língua e as mesmas palavras. Ora, aconteceu que, emigrando do Oriente, encontraram uma planície na região de Senaar e ali se estabeleceram. E disseram uns aos outros: „Vamos! Façamos tijolos e cozamo-los ao fogo." E serviram-se dos tijolos como de pedra, e o betume lhes serviu de cimento. E disseram ainda: „Mãos à obra! Construamos uma cidade e uma torre cujo cimo chegue até ao céu, e nos faremos um monumento, para não nos dispersarmos sobre a face de toda a terra." Desceu o Senhor para ver a cidade e a torre que os filhos dos homens haviam construído; e disse: „Eis! São todos um só povo e uma só lingua e esta é a primeira empresa que realizam; doravante não lhes será dificil fazer tudo o que lhes vier à mente. Vamos! Desçamos e confundamos ali sua língua; de sorte que não se entendam um ao outro." E o Senhor os dispersou dali por toda a terra, e cessaram a edifição da cidade. Por isso foi-lhe dado o nome de Babel, porque ali o Senhor confundiu a língua de toda a terra, e sdali os dispersou por toda a terra.

Der Turmbau zu Babel, Schule des Hans Bol, Kortrijk

Der Babelmythos der Choctaw

Vor vielen, vielen Generationen schuf Aba, der gute Geist dort droben, die Menschen, allesamt Choctaw*. Sie sprachen die Sprache der Choctaw und verstanden sich gegenseitig. Sie kamen aus dem Herzen der Erde und waren aus gelbem Lehm gemacht. Niemand hatte je vor ihnen auf der Erde gelebt. Eines Tages kamen sie alle zusammen. Sie schauten nach oben und wunderten sich, was es mit den Wolken und der blauen Unendlichkeit auf sich habe. Sie besprachen sich und des Wunderns war kein Ende. Schließlich beschlossen sie den Himmel zu erreichen. So brachten sie viele Steine zusammen und begannen einen Berg aufzutürmen, der den Himmel berühren sollte.

Jedoch in dieser Nacht blies der Wind so stark von oben, dass alle Sterne herabfielen. Kein Mensch wurde getötet. Und als es hell wurde, bahnten sie ihren Weg aus den Steinen und begannen miteinander zu sprechen. Da waren sie erstaunt und beunruhigt – sie sprachen unterschiedliche Sprachen und konnten sich nicht verstehen.

Einige fuhren fort die ursprüngliche Sprache zu sprechen, nämlich die Sprache der Choctaw, und auf diese Menschen lässt sich der Stamm der Choctaw zurückführen. Die anderen, die diese Sprache nicht verstehen konnten, begannen sich untereinander zu bekämpfen und zu beklagen. Schließlich trennten sie sich. Aber die Choctaw blieben das ursprüngliche Volk.

** Choctaw: Indianischer Stamm aus der Sprachfamilie der Muskogee; heute leben noch einige 10 000 Choctaw im Südosten der USA.*

Erkunden:
Schöpfungsmythen aus unterschiedlichen Religionen/Kulturen: Funktion der Sprache bei der Erschaffung der Welt

Diskutieren, erörtern:
Bedeutung der Sprachenvielfalt für den europäischen Einigungsprozess

2 Viele Sprachen, eine Welt

Sprachgemeinschaften in Europa (Zahlen für 1991–1995)	
Russisch	135 769 000
Deutsch	91 473 000
Französisch	58 120 000
Englisch	56 390 000
Italienisch	55 437 000
Ukrainisch	43 235 000
Polnisch	38 231 000
Spanisch	28 616 000
Rumänisch	23 741 000
Niederländisch	20 230 000
Serbokroatisch	14 604 000
Ungarisch	12 425 000
Portugiesisch	10 100 000
Griechisch	10 075 000
Tschechisch	9 839 000
Weißrussisch	9 699 000
Bulgarisch	8 831 000
Schwedisch	7 306 000
Katalanisch	7 306 000
Türkisch	6 923 000
Aserbaidschanisch	6 571 000
Tatarisch	5 673 000
Slowakisch	5 115 000
Albanisch	5 054 000
Dänisch	4 990 000
Finnisch	4 896 000
Armenisch	4 615 000
Norwegisch (Bokmäl und Nynorsk)	4 150 000
Georgisch	3 955 000
Romani	3 246 000
Litauisch	3 040 000
Occitanisch	2 700 000
Galicisch	2 350 000
Slowenisch	1 859 000
Tschuwaschisch	1 796 000
Makedonisch	1 472 000
Lettisch	1 446 000
Sardisch	1 400 000
Irisch	1 050 000
Estnisch	1 046 000
Baschkirisch	920 000
Bretonisch	850 000
Wotjakisch	680 000
Baskisch	680 000
Tscheremissisch	651 400
Alpenromanisch	601 100
Ossetisch	572 300
Kamrisch	503 000
Friesisch	460 300
Mordwinisch	418 600

Thomas Finkenstaedt/Konrad Schröder

Sprachenvielfalt: Vergangenheit – Gegenwart – Zukunft*

Die Zahl der Sprachen in der Welt lässt sich nicht exakt angeben, ist doch der Übergang von „Dialekt“ zu „selbständiger“ Sprache gleitend. Sicher aber ist, dass von fast 3 000 Sprachen nur 155 von mehr als einer Million Menschen als Muttersprache gesprochen werden und nur 55 von mehr als 10 Millionen. Sicher ist auch, dass die Zahl der Sprachen zurückgegangen ist und weiter zurückgeht. Es ist auch nicht zu übersehen, dass in vielen Ländern Mehrsprachigkeit in der Vergangenheit die Regel war und heute oft noch ist. Die Kunstsprachen, die man in der Neuzeit entwickelt hat, sind eher ein Symptom als eine Lösung für die Probleme der Vielsprachigkeit.

Mehrsprachigkeit ist die Regel beim Individuum, das innerhalb seiner Muttersprache mehrere „Sprachen“ beherrscht und nach genauen Regeln einzusetzen weiß, z. B. einen Dialekt neben einer standardisierten Hochsprache, die Fachsprache seines Berufs oder die Sprache seiner sozialen Gruppe. In vielen Ländern der Erde ist darüber hinaus das Nebeneinander mehrerer Sprachen üblich, erinnert sei – für Europa – nur an die Schweiz, Luxemburg oder Belgien. Dass in unserem Land die Mehrsprachigkeit als etwas Besonderes angesehen wird, ist ein Erbe der Bildungsgeschichte des 19. Jahrhunderts. (…)

Ein Blick in die Geschichte zeigt die vielfältigen Formen der Überwindung der Schwierigkeiten, die sich aus der Vielsprachigkeit der Welt ergeben: Da gibt es die lingua franca (das mittelalterliche Latein ist ein Hauptbeispiel), das Pidgin als Handelssprache (das Wort kommt vom englischen business in chinesischem Mund); es gibt auch den Ausweg, sich mit einer „klassischen“ Sprache über Verständigungsschwierigkeiten zu helfen, wie mit dem Arabischen als der Sprache des Koran. Und es gibt natürlich den mehrsprachigen Kaufmann, den Diplomaten und den berufsmäßigen Dolmetscher.

Alle diese Lösungen für Probleme, die sich durch die Jahrtausende aus der Vielzahl der Sprachen ergeben, weisen darauf hin, dass das Sprachvermögen der Menschen etwas Einheitliches ist, zu dem auch die Fähigkeit gehört mehrere Sprachen zu lernen, so wie es zur Natur der einzelnen Sprachen gehört übersetzbar zu sein.

Allgemeine Aussagen über die Sprachen der Welt sind schwierig, weil die einzelnen Sprachen in ganz verschiedenen Kulturzuständen verwendet werden. Nur eine geringe Zahl von Sprachen kennt Schrift und eine überregionale Hochsprache, nur ganz wenige haben eine längere schriftliche Tradition. Dass alle Angehörigen einer Sprachgemeinschaft lesen und schreiben können müssen, ist alles andere als selbstverständlich: Es gibt nur wenige so einschneidende Kulturwandlungen wie die Alphabetisierung Europas seit dem 18. Jahrhundert. Sie ist die Voraussetzung ebenso für die moderne Demokratie und die Ablösung einer internationalen Oberschicht, die das Französische als Herrschaftssprache verwendete, wie auch für die Entwicklung der modernen Industriekultur, die den analphabetischen Arbeiter kaum mehr brauchen kann.

Mit der allgemeinen Schulpflicht und der Standardisierung der Schriftsprachen ist auch das Problem der Nationalsprachen aufgetaucht; aus ihrem Ausschließlichkeitsanspruch folgten Konflikte. Für Europa heißt es heute: Jeder muss seine Hochsprache, den Standard seines Landes, in Wort und Schrift beherrschen. Ohne Standardisierung sind weder der moderne Sozialstaat noch die Industrie und Technik denkbar.

Daraus ergibt sich eine doppelte Dialektik: Die Staaten stehen im Wettbewerb miteinander und sind zugleich auf internationale Zusammenarbeit angewiesen. Sie müssen ihre Nationalsprachen verteidigen und sie müssen zugleich fremde Sprachen pflegen.

Die Hoffnung auf eine „natürliche" Lösung durch die allmähliche und konfliktlose Entstehung einer neuen Einheitssprache ist eitel. Eine solche Lösung setzt entweder eine Diktatur voraus oder sie dauert Jahrhunderte. Der Fluch oder der Segen der Sprachenvielfalt nach Babel sind nicht aufhebbar, eben weil Nationalidee und Konkurrenz mächtig wirken. Umfassende Einheitssprachen hatten in der Vergangenheit keinen Bestand: Aus dem Lateinischen wurde das Vulgärlatein und aus diesem entstanden die romanischen Sprachen. Auch in der Gegenwart sind beim sich scheinbar so siegreich ausbreitenden Englischen schon zentrifugale neben zentripetalen Tendenzen spürbar, und dass der Anspruch, das Russische sei die übergreifende Sprache des Sozialismus, zum Zerfall der Großmacht Sowjetunion beigetragen hat, ist rückblickend sehr deutlich.

Einsprachigkeit der Welt ist eine Utopie. Eine einzige Sprache in Europa als Sprache einer irgendwie gearteten Herrschaft darf auch als bloße Idee nicht diskutiert werden, wäre eine solche Idee doch der Anfang vom Ende einer möglichen Einheit Europas. *(1992)*

Maltesisch	340 000
Syrjänisch	340 000
Letzeburgisch	290 000
Krimtatarisch	276 700
Jiddisch	265 000
Korsisch	240 000
Gagausisch	223 000
Aromunisch	222 000
Kalmükisch	173 000
Permiakisch	117 100
Schottisch-Gälisch	79 300
Karelisch	72 000
Sorbisch	60 000
Grönländisch	55 000
Färingisch	48 000
Lappisch	44 700
Jurakisch	28 000
Rusinisch	23 300
Wepsisch	12 140
Judenspanisch	9 000
Kaschubisch	4 500
Istro-Rumänisch	900
Karaimisch	530
Ingrisch	300
Liwisch	200

(Harald Hartmann. Die Sprachenwelt Europas. Geschichte und Zukunft der Sprachnationen zwischen Atlantik und Ural, 1993)

Claude Hagège

Latein*

Die Verbreitung des Lateinischen in den Kolonialgebieten des Römischen Reiches ist eine beinahe einzigartige Erscheinung in der Geschichte der Sprachen. In den Jahrhunderten um die christliche Zeitenwende ging die Romanisierung der unterworfenen Völker sehr schnell voran. Das Lateinische ersetzte die Volkssprachen nicht nur in den öffentlichen Angelegenheiten, sondern auch im heimischen Gebrauch. Auf diese Weise gerieten in wenigen Jahrhunderten – in einigen Fällen sogar in weniger als einem Jahrhundert – Sprachen wie das Umbrische, das Ligurische, das Etruskische, das Gallische, das Iberische und das Illyrische in Vergessenheit. Dabei gab es allerdings eine bemerkenswerte Ausnahme: Es gelang dem Lateinischen nicht, das Griechische aus Griechenland, Kleinasien und Ägypten zu verdrängen, vielmehr teilte es mit diesem den Status einer Verwaltungssprache, nicht jedoch denjenigen der Umgangs- und Kultursprache, der weiterhin allein vom Griechischen behauptet wurde. Darüber hinaus wurde sogar in Rom selbst das Griechische zur Kultursprache der Gebildeten.

Als sich später, um die Mitte des 5. Jahrhunderts, die Regionalsprachen in den Ländern der Romania individualisierten und immer mehr von ihrer Ähnlichkeit verloren, hörte man darum keineswegs auf, Latein als Schriftsprache zu gebrauchen – im Gegenteil: Nach einem kurzen Niedergang im merowingischen Gallien profitierte es von der Neubelebung der humanistischen Studien unter den Karolingern und sicherte sich als Folge davon das ganze Mittelalter hin-

Erkunden, erforschen:

Die sprachliche Situation europäischer Länder:
- Beispiele für weitgehende Einsprachigkeit
- Mehrsprachigkeit auf dem gesamten Staatsgebiet
- Territoriale Mehrsprachigkeit
- Mehrsprachigkeit durch Zuwanderung

Dekret des Praefectus praetorio Ulpianus*:
Fideicommissa quounque sermone relinqui possunt, non solum latina vel graeca lingua, sed etiam punica vel gallicana vel alterius cuisque gentis.
(Letztwillige Verordnungen können in jeder Sprache hinterlassen werden, nicht nur auf Latein oder Griechisch, sondern auch auf Phönizisch, Gallisch oder der Sprache jedes weiteren Volkes.)
(3. Jh. n. Chr.)

* *Ulpianus war ein einflussreicher Jurist seiner Zeit und kaiserlicher Berater*

durch den Rang der Kirchen- und Wissenschaftssprache. Im 12. Jahrhundert war es die allgemeine Unterrichtssprache an den Universitäten, und zwar nicht nur im romanischen Sprachraum, sondern auch in England, Irland, Deutschland, Polen und Schweden. Fast im gesamten mittelalterlichen Europa korrespondierten die Professoren und Gelehrten über die Ländergrenzen hinweg in lateinischer Sprache. Vom 16. Jahrhundert an trugen jedoch die religiösen Streitigkeiten dazu bei, dass die Landessprachen zum Nachteil des Lateinischen bevorzugt wurden, da man in ihnen die Massen besser erreichen konnte, die des Lateinischen in der Regel nicht mächtig waren. In dem Maße, in dem die nationalen Sprachen ihren Geltungsbereich ausdehnten, wurde derjenige des Lateinischen zurückgedrängt. Aber mit der Reduktion auf den wissenschaftlichen Gebrauch entwickelte es sich gleichzeitig gewissermaßen zu einer gemeinschaftlichen Sprache des Denkens: Die Kenntnis des Lateinischen eröffnete den Zugang zu philosophischen Werken und ermöglichte die Teilnahme an wissenschaftlichen Auseinandersetzungen, ganz gleich, in welchem Lande diese ihren Ursprung hatten; auch diente das Lateinische der Formulierung und Überlieferung von Lehrmeinungen und Lehrsätzen. So war es denn ihre Bedeutung für die Geisteswelt – und nicht wie bei den heutigen Gemeinschaftssprachen ihre Rolle im Wirtschaftsleben –, die die lang dauernde Vorherrschaft der lateinischen Sprache begründete.

Privatunterricht im Hause eines reichen Römers, um 200 n. Chr., Trier, Landesmuseum

Allerdings war die Sprachform, welche die Humanisten festgelegt hatten, diejenige des klassischen Latein. Möglicherweise hat diese Wahl zum Niedergang des Lateinischen beigetragen. Denn sobald es in antiker Reinheit erstarrte, erwies es sich als weniger geeignet, die modernen Ideen und die Lebendigkeit eines naturwissenschaftlichen Denkens wiederzugeben, das sich in ständigem Kontakt mit der Wirklichkeit entwickelte. Die ständige Untersuchung der Naturerscheinung führte beim Physiker, beim Chemiker und bei den übrigen Naturwissenschaftlern zu einem Bedürfnis nach neuen, biegsamen Sprachformen, die für eine offene Forschungsarbeit geeigneter sind als überlieferte Formeln. Die betont korrekte Form, in der das Latein damals gelehrt wurde, machte die Sprache unproduktiv und verlegte ihren Schwerpunkt in die philosophische Lehre, die geoffenbarten Wahrheiten der Religion, die Darstellung der traditionellen wissenschaftlichen Erkenntnisse und in den Bereich der Mathematik, wo man mit abstrakten Begriffen arbeitet und wo sich Latein bis ins 19. Jahrhundert gehalten hat. (...) Es wäre besser gewesen, man hätte der Entwicklung des Lateinischen freien Lauf gelassen, anstatt die Unzuträglichkeiten zu verstärken, die ohnehin mit dem Gebrauch einer toten Sprache im Bereich der Naturwissenschaften verbunden sind. Der Rückgriff auf die modernen Sprachen im Bereich der Wissenschaften entwickelte sich in Europa immer stärker zu einer Art Symbol: zum Symbol der Ablehnung des überlieferten Weltbildes und der Abkehr von der lateinischen Sprache als der Trägerin dieser Weltsicht. Das Jahr 1637 ist ein wichtiges Datum für die Entwicklung des Französischen als Literatursprache: In diesem Jahr veröffentlichte Descartes in französischer, nicht in lateinischer Sprache seinen *Discours de la méthode*.

Von der Mitte des 18. Jahrhunderts an verliert Latein zunehmend seine Funktion als Gelehrtensprache. Selbst im Rahmen des philosophischen Promotionsverfahrens ist die lateinische Doktorarbeit nunmehr nur noch eine Formsache. Im 20. Jahrhundert hat Latein seine Stellung als europäische Bildungssprache verloren: Als der Präsident der Republik Estland, Konstantin Päts, im August 1939 die Weltgemeinschaft in einem feierlichen Rundfunkappell beschwor, den schwer gefährdeten Frieden um jeden Preis zu wahren, tat er dies in lateinischer Sprache, da er des Englischen, des Französischen, des Deutschen und auch des Russischen nicht ausreichend mächtig war. Gewiss, die Würfel waren bereits gefallen, und der Zweite Weltkrieg sollte wenige Tage später ausbrechen. Aber die erwähnte Rede hatte nicht einmal eine aufschiebende Wirkung. Sie blieb – leider – eine tragikomische Episode, denn der Aufruf wurde gar nicht erst verstanden. *(1996)*

Nachschlagen, erkunden:
frühe Werke der deutschen Literatur in lateinischer Sprache: z. B. von Hildegard von Bingen (1098–1179)

Suchen, dokumentieren:
Fremdwörter aus dem Lateinischen = Häufigkeit in bestimmten Wirklichkeitsbereichen

Suchen, dokumentieren:
lateinische Sprichwörter = Themen, Inhalte, Intention beim Gebrauch heute

Peter Nonnenmacher

Englisch*

Das britische Empire mag tot sein – aber das Empire des Englischen ist lebendiger als je. Wenn Briten, die ihrem verflossenen Weltreich nachtrauern, sich ein wenig aufmuntern wollen, brauchen sie nur die Entwicklung im globalen Sprachenmarkt zu studieren, um Hoffnung für die Zukunft zu schöpfen. Die englische Sprache ist auf dem Weg nach oben: Keine andere Sprache der Welt kann ihr, auf absehbare Zeit, das Wasser reichen.

Englisch dominiert die Kommunikation der Welt auf konkurrenzlose Weise. Für 400 Millionen Menschen ist das Englische Muttersprache. Für eine ebenso große Zahl, vor allem in früheren britischen Kolonien, ist es Amtssprache, gleichberechtigte Sprache neben der jeweiligen nationalen Sprache. Für annähernd eine Milliarde Menschen aber, berichtet Professor David Crystal in seinem just erschienenen Werk „Englisch als globale Sprache“, ist Englisch heute schon erste Fremdsprache: Beinahe ein Drittel der Weltbevölkerung kann sich, ob recht oder schlecht, auf Englisch verständigen. Eine ganze Reihe interessanter Statistiken wirft Licht auf diese Vormachtstellung des Englischen. Vier von fünf Jugendlichen in der Europäischen Union lernen heute Englisch als Fremdsprache. Weltweit sind von allen Berlitz-Sprachkursen über 70 Prozent Englisch-Kurse. Vor

lingua franca:
Historisch war lingua franca das von arabischen Elementen durchsetzte korrupte Italienisch, das vom 13. bis 16. Jh. in den Hafenstädten des östlichen Mittelmeerraums als Verkehrssprache diente.
Es war also nicht Latein, sondern Italienisch, und bedeutete nicht „freie Sprache“, sondern „Fränkisch“, da „Franken“ der Spitzname aller Westeuropäer war. Alternative: weil die meisten Bootsleute damals Franken waren. Auch Französisch war lingua franca, heute ist es Englisch.

allem in Zukunftsländern wie China oder Indonesien ist Englisch auf dem Vormarsch. Zwei Drittel aller Wissenschaftler der Welt lehren auf Englisch. Drei Viertel aller Briefe, rund um den Erdball, sind in englischer Sprache verfasst. Und 80 Prozent aller computer-gespeicherten Information der Welt ist englischsprachige Information: Das Englische, triumphierte jüngst die Zeitung Sunday Telegraph, sei „die Währung des Internet". Dass die Sprachrivalen bei diesem Siegeszug das Nachsehen haben, erfüllt britische Patrioten begreiflicherweise mit Freude. Die jüngste Entscheidung der algerischen Regierung, Französisch als erste Fremdsprache an den Schulen des Landes durch Englisch zu ersetzen, wurde in London mit großer Aufmerksamkeit registriert. Insgesamt, resümiert der Sunday Telegraph, zeichne sich ein klarer Zug zum Englischen ab. Im südlichen Afrika verdränge Englisch das Portugiesische. Und in Osteuropa entscheide man sich in zunehmenden Maße dafür, Englisch statt Deutsch zu lernen, aus kommerziellen Gründen: „In Prag und Kiew wollen die Leute ihre Geschäfte in der einzigen wahrhaft globalen Sprache betreiben." Sprachwissenschaftler Crystal setzt den Akzent seiner Schlussfolgerungen etwas anders: „Ich bin ein Verehrer aller Sprachen, kein Triumphalist der englischen Sprache." Historische Zufälle, die mit den USA, mit den Unabhängigkeits-Bewegungen der Dritten Welt und mit moderner Technologie zu tun hätten, seien für den erstaunlichen derzeitigen Aufschwung des Englischen verantwortlich. Allerdings sieht auch Crystal fürs Vereinigte Königreich, dank dieser Entwicklung, eine rosige linguistische Zukunft. Nicht die USA nämlich, sondern die britischen Englisch-Sprecher würden die Wächter des „Standard English" für die Welt bleiben. An Großbritannien werde sich, sprachlich gesehen, die Welt orientieren: Was jede Menge Jobs bedeute für britische Lehrer, Übersetzer und Rundfunkleute, aber auch „besondere Verantwortung" für die Gralshüter der erfolgreichsten Sprache der Welt. *(1997)*

Suchen, dokumentieren:
„Überprägungen" der deutschen Sprache durch das Englische

Erkunden, nachschlagen:
- Verbreitung der französischen Sprache in der Welt
- Lebensbereiche, für die das Französische international eine große Bedeutung hat
- die historische Bedeutung des Französisch an den Fürstenhöfen und in den Salons in Deutschland

Hans Müller
Arabisch*

Die *arabische Schrift* wird von rechts nach links und die einzelnen Wörter werden getrennt voneinander geschrieben. Eine Aufteilung in Groß- und Kleinbuchstaben kennt die arabische Schrift nicht. Sie lässt sich auf die aramäische Schrift und weiter zurück auf das kanaanäisch-phönizische Alphabet zurückführen, von dem auch die griechische und die lateinische Schrift abgeleitet sind. Vom Aramäischen sind auch die Verschriftungskonventionen übernommen worden: Geschrieben werden nur die Konsonanten.
Die langen Vokale werden durch besondere Zeichen angedeutet, die kurzen Vokale werden überhaupt nicht notiert.

Das zur semitischen Sprachfamilie gehörende Arabisch begegnet uns bereits im 5. Jahrhundert n. Chr. auf der Arabischen Halbinsel als voll ausgebildete Literatursprache, die man das „Klassische Arabisch" nennt. Sie war die gemeinsame Hochsprache der Dichter, Wahrsager und Redner der einzelnen Stämme bei feierlichen Anlässen, sie war aber nicht die Sprache des täglichen Gebrauchs. Gesprochen wurden vielmehr nur eine Vielzahl von mit ihr verwandten Dialekten. Als im 7. Jahrhundert der Islam von Mekka und Medina aus in unglaublich kurzer Zeit Land um Land eroberte, wurde auch die arabische Hochsprache, die durch den Propheten Mohammed zur Sprache des Korans geworden war, als verbindliche Kultsprache über das weite eroberte Gebiet verbreitet. Sie musste konsequenterweise auch die Sprache der mittelalterlichen Wissenschaften werden, war aber, ihres göttlichen Offenbarungscharakters wegen, im Prinzip unantastbar und folglich nicht reformierungs- und entwicklungsfähig. Trotz des Tributs, den die Konfrontation und die Berührung mit der europäischen Zivilisation im 19. und 20. Jahrhundert forderte, stimmt die heutige arabische Schriftsprache, die man „Neuhocharabisch" nennt, in weitem Maße mit dem klassischen Arabisch überein. (...) Die Dialekte hingegen konnte sich die Jahrhunderte hindurch weiterentwickeln und haben sich dabei erheblich von der Schriftsprache entfernt. (...)

So konnte es kommen, dass die arabische Welt seit langem vor einem Problem steht, das ihr besonders heute schwer zu schaffen macht: die Frage der „Zweisprachigkeit", das so genannte „Diglossie-Problem". Jeder Araber wächst in einem Dialekt auf, der seine eigentliche Muttersprache ist (Marokkanisch-, Ägyptisch-, Syrisch-, Irakisch-Arabisch usw.) und den er im täglichen Leben spricht, sei er Analphabet oder Universitätsprofessor, den er aber nicht schreibt. Die Schriftsprache, das Neuhocharabisch, muss der Araber hingegen wie eine Fremdsprache auf der Schule lernen. Diese Schriftsprache ist in der arabischen Welt ziemlich einheitlich und wird eben für alles Geschriebene verwendet. Sie muss aber auch in einer modernen Zeit immer mehr als mündliches Kommunikationsmittel dienen, etwa beim Gespräch zwischen Arabern aus verschiedenen Ländern, bei feierlichen Anlässen, bei Rundfunksendungen, die sich an alle Araber wenden, und dergleichen mehr. (...) *(1979)*

Friedrich Schleiermacher

Die Offenheit der Deutschen für andere Sprachen*

Der Verkehr der Einzelnen aus verschiedenen Völkern ist beschränkt durch die Differenz der Sprache. Die Verschiedenheit der Sprachen zu vertilgen, davon kann keine Rede sein, sondern nur von einer Aufhebung der Trennung und das kann nur geschehen durch eine Kommunikation der Sprachen. So wie man nun einen aktiven und einen passiven Handel unterscheidet, so gibt es auch eine aktive und passive Kommunikation der Sprachen. Wenn in einem Volk ausschließlich die passive Kommunikation ist, dann kann es auch nur eine untergeordnete Stellung im Völkerverbande einnehmen. Aktiv ist nämlich die Kommunikation, wenn ein Volk die verschiedenen Sprachen bei sich selbst einführt und die Bekanntschaft mit diesen unter sich begründet; passiv dagegen, wenn ein Volk zwar Menschen anderer Länder bei sich aufnimmt, ihnen aber überlässt, die Landessprache sich anzueignen. Auf dem letzteren Wege ist keine entwickelte Bekanntschaft mit den Lebensumständen anderer Völker, keine Aneignung der verschiedenen Sprachen möglich. Wir Deutsche haben immer auf die aktive Kommunikation gehalten, und sind die Vermittler des Verkehrs zwischen den verschiedenen Völkern geworden. Die Leichtigkeit, andere Sprachen zu lernen, ist unser Eigentum. *(1826)*

Diskutieren, erörtern:
Haltungen und Einstellungen zur sprachlichen Vielfalt in der Bundesrepublik heute

Jean Paul

Übrigens wird die deutsche Sprache sogar durch die größte Gastfreiheit gegen Fremdlinge niemals verarmen und einkriechen. Denn stets zeugt sie (wie alle Wörterbücher beweisen) aus ihren immer frischen Stammbäumen hundertmal mehr Kinder und Enkel und Urenkel, als sie fremde Geburten an Kindes statt annimmt. *(1797)*

3 Sprachenbiografien, Schicksale

© AKG photo Berlin

Albert Schweitzer

Albert Schweitzer, geb. 1875 in Kaysersberg, gest. 1965 in Lambarene; ev. Theologe, Musiker, Arzt und Philosoph; gründete 1913 das Tropenkrankenhaus in Lambarene und wurde dort Missionsarzt. Schweitzer war dreisprachig aufgewachsen (elsässisch, deutsch, französisch) und wurde sich über die Art seiner Mehrsprachigkeit endgültig klar, als er mit 28 Jahren ein französisches Buch über J. S. Bach schreiben sollte.

Albert Schweitzer

Muttersprache – Zweitsprache – Fremdsprache?*

(...) Dass ich das Werk auf Französisch schrieb, während ich gleichzeitig deutsche Vorlesungen und deutsche Predigten hielt, bedeutete eine Anstrengung für mich. Wohl spreche ich von Kindheit an auf Französisch gleicherweise wie Deutsch. Französisch aber empfinde ich nicht als Muttersprache, obwohl ich mich von jeher für meine an meine Eltern gerichteten Briefe ausschließlich des Französischen bediente, weil dies so Brauch in der Familie war. Deutsch ist mir Muttersprache, weil der elsässische Dialekt, in dem ich sprachlich wurzle, deutsch ist.

Nach meiner Erfahrung scheint es mir eine Selbsttäuschung, wenn jemand zwei Muttersprachen zu besitzen glaubt. Mag er sie beide in gleicher Weise zu beherrschen vermeinen, so ist es doch immer so, dass er eigentlich nur in einer denkt und nur in dieser wirklich frei und schöpferisch verfährt. Wenn mir jemand behauptet, dass ihm zwei Sprachen absolut in derselben Weise vertraut seien, komme ich ihm alsbald mit der Frage, in welcher Sprache er zähle und rechne, in welcher er mir das Küchengeschirr und das Handwerkszeug des Schreiners und des Schmiedes am besten hersagen könne und in welcher er träume. Ich habe noch keinen gefunden, der bei dieser Probe nicht das Überwiegen der einen Sprache zugeben musste (...)

Den Unterschied zwischen den beiden Sprachen empfinde ich in der Art, als ob ich mich in der französischen auf den wohlgepflegten Wegen eines schönen Parks erginge, in der deutschen aber mich in einem herrlichen Wald herumtriebe. Aus den Dialekten, mit denen sie Frühling behalten hat, fließt der deutschen Schriftsprache ständig neues Leben zu. Die französische hat die Bodenständigkeit verloren. Sie wurzelt in ihrer Literatur. Dadurch ist sie im günstigen wie im ungünstigen Sinne des Wortes etwas Fertiges geworden, während die deutsche in demselben Sinne etwas Unfertiges bleibt. Die Vollkommenheit des Französischen besteht darin, einen Gedanken auf die klarste und kürzeste Weise ausdrücken zu können, die des Deutschen darin, ihn in seiner Vielgestaltigkeit hinzustellen. Als die großartigste sprachliche Schöpfung in Französisch gilt mir Rousseaus „Contrat social". Als der Vollendetste in Deutsch sehe ich Luthers Bibelübersetzung und Nietzsches „Jenseits von Gut und Böse" an.

Vom Französischen her gewohnt, auf die rhythmische Gestaltung des Satzes bedacht zu sein und Einfachheit des Ausdrucks zu erstreben, ist mir dies auch im Deutschen zum Bedürfnis geworden. Über die Arbeit an dem französischen Bach kam ich zur Klarheit über die meiner Natur entsprechende Schreibweise. (...) *(1957)*

Heinrich Schliemann

Eine Methode, Sprachen zu lernen*

(...) So warf ich mich denn mit besonderem Fleiße auf das Studium des Englischen und hierbei ließ mich die Not eine Methode ausfindig machen, welche die Erlernung jeder Sprache bedeutend erleichtert. Diese einfache Methode besteht zunächst darin, dass man sehr viel

laut liest, keine Übersetzungen macht, täglich eine Stunde nimmt, immer Ausarbeitungen über uns interessierende Gegenstände niederschreibt, diese unter der Aufsicht des Lehrers verbessert, auswendig lernt und in der nächsten Stunde aufsagt, was man am Tage vorher korrigiert hat. Mein Gedächtniss war, da ich es seit der Kindheit gar nicht geübt hatte, schwach, doch benutzte ich jeden Augenblick und stahl sogar Zeit zum Lernen. Um mir sobald als möglich eine gute Aussprache anzueignen, besuchte ich sonntags regelmäßig zweimal den Gottesdienst in der englischen Kirche und sprach bei dem Anhören der Predigt jedes Wort derselben leise für mich nach. Bei allen meinen Botengängen trug ich, selbst wenn es regnete, ein Buch in der Hand, aus dem ich etwas auswendig lernte; auf dem Postamte wartete ich nie, ohne zu lesen. So stärkte ich allmählich mein Gedächtnis und konnte schon nach drei Monaten meinen Lehrern (...) mit Leichtigkeit alle Tage in jeder Unterrichtsstunde zwanzig gedruckte Seiten englischer Prosa wörtlich hersagen, wenn ich dieselben vorher dreimal aufmerksam durchgelesen hatte. (...) Vor übergroßer Aufregung schlief ich nur wenig und brachte alle meine wachen Stunden der Nacht damit zu, das am Abend Gelesene noch einmal in Gedanken zu wiederholen. Da das Gedächtnis bei Nacht viel konzentrierter ist als bei Tage, fand ich auch diese nächtlichen Wiederholungen von größtem Nutzen; ich empfehle dies Verfahren jedermann. So gelang es mir in der Zeit von einem halben Jahre mir eine gründliche Kenntnis der englischen Sprache anzueignen.
Dieselbe Methode wendete ich danach bei dem Studium der französischen Sprache an, die ich in den folgenden sechs Monaten bemeisterte. (...) Durch diese anhaltenden übermäßigen Studien stärkte sich mein Gedächtnis im Laufe eines Jahres dermaßen, dass mir die Erlernung des Holländischen, Spanischen, Italienischen und Portugiesischen außerordentlich leicht wurde, und ich nicht mehr als sechs Wochen gebrauchte, um jede dieser Sprachen fließend sprechen und schreiben zu können. (...)
Nun beschäftigte ich mich zwei Jahre lang ausschließlich mit der altgriechischen Literatur, und zwar las ich während dieser Zeit beinahe alle alten Klassiker kursorisch durch, die Ilias und Odyssee aber mehrmals. Von griechischer Grammatik lernte ich nur die Deklinationen und die regelmäßigen und unregelmäßigen Verba; mit dem Studium der grammatischen Regeln aber verlor ich auch keinen Augenblick meiner kostbaren Zeit. Denn da ich sah, dass kein einziger von all den Knaben, die in den Gymnasien acht Jahre hindurch, ja oft noch länger, mit langweiligen grammatischen Regeln gequält und geplagt werden, später im Stande ist, einen griechischen Brief zu schreiben, ohne darin Hunderte der gröbsten Fehler zu machen, musste ich wohl annehmen, dass die in den Schulen befolgte Methode eine durchaus falsche war; meiner Meinung nach kann man sich eine gründliche Kenntnis der griechischen Grammatik nur durch Praxis aneignen, d.h. durch aufmerksames Lesen klassischer Prosa und durch Auswendiglernen von Musterstücken aus derselben. Indem ich diese höchst einfache Methode befolgte, lernte ich das Altgriechische wie eine lebende Sprache, schreibe ich es denn auch vollständig fließend und drücke mich ohne Schwierigkeit darin über jeden beliebigen Gegenstand aus, ohne die Sprache je zu vergessen. Mit allen Regeln der Grammatik bin ich vollkommen vertraut, wenn ich auch nicht weiß, ob sie in den Grammatiken verzeichnet stehen oder nicht. (...) *(1892)*

Heinrich Schliemann

Heinrich Schliemann, geb. 1822 in Neubukow (Mecklenburg-Vorpommern), gest. 1890 in Neapel.
Eine der populärsten und zugleich schillerndsten Persönlichkeiten seiner Zeit. Bekannt als Archäologe, der Troja, Mycene und andere klassische Stätten ausgegraben hat, zugleich äußerst erfolgreich als Geschäftsmann, der sich – aus bescheidenen Verhältnissen stammend – im Alter von 36 (!) Jahren wohlhabend aus dem Geschäftsleben zurückziehen und seinem archäologischen Hobby nachgehen konnte. Bekannt auch als Sprachlerngenie.

Diskutieren, erörtern:
eigene Erfahrungen mit den Methoden des schulischen Fremdsprachenunterrichts

Erkunden, erforschen:
Unterschiede zwischen dem „natürlichen" Erwerb von Sprachen und dem „künstlichen" im schulischen Fremdsprachenunterricht

Elias Canetti

Kindheit und Sprache*

Elias Canetti

Elias Canetti, geb. 1905 in Rustschuk/Bulgarien als Kind spaniolischer Eltern, übersiedelte 1911 mit den Eltern nach Manchester, 1913 nach dem Tod des Vaters nach Wien. Er besuchte die Schule in Zürich und Frankfurt/M. und studierte danach Chemie in Wien. 1938 Emigration über Paris nach London. Georg-Büchner-Preis, Nelly-Sachs-Preis, Gottfried-Keller-Preis, Nobelpreis für Literatur.

(...) Fünf, sechs von [den bulgarischen Dienstmädchen] lebten immer bei uns im Hause. Sie waren ganz jung, vielleicht zehn oder zwölf, und waren von ihren Familien aus den Dörfern in die Stadt gebracht worden, wo man sie als Dienstmädchen in die Häuser der Bürger verdingte. (...) Abends, wenn die Eltern ausgegangen waren, blieb ich mit ihnen zu Hause. (...) Wenn es dunkel wurde, bekamen die Mädchen Angst. Auf einem der Sofas gleich beim Fenster kauerten wir uns alle dicht zusammen, mich nahmen sie in die Mitte, und nun begannen ihre Geschichten von Werwölfen und Vampiren. (...) Wir hatten solche Angst, dass niemand aufzustehen wagte, und wenn die Eltern nach Hause kamen, fanden sie uns alle schlotternd auf einem Haufen.

Von den Märchen, die ich hörte, sind mir nur die über Werwölfe und Vampire in Erinnerung geblieben. Vielleicht wurden keine anderen erzählt. (...)

Ich kann kein Buch mit Balkanmärchen in die Hand nehmen, ohne manche von ihnen auf der Stelle zu erkennen. Sie sind mir in allen Einzelheiten gegenwärtig, aber nicht in der Sprache, in der ich sie gehört habe. Ich habe sie auf Bulgarisch gehört, aber ich kenne sie deutsch, diese geheimnisvolle Übertragung ist vielleicht das Merkwürdigste, was ich aus meiner Jugend zu berichten habe, und da das sprachliche Schicksal der meisten Kinder anders verläuft, sollte ich vielleicht etwas darüber sagen. Meine Eltern untereinander sprachen deutsch, wovon ich nichts verstehen durfte. Zu uns Kindern und zu allen Verwandten und Freunden sprachen sie spanisch. Das war die eigentliche Umgangssprache, allerdings ein altertümliches Spanisch, ich hörte es auch später oft und habe es nie verlernt. Die Bauernmädchen zu Hause konnten nur Bulgarisch, und hauptsächlich mit ihnen wohl habe ich es auch gelernt. Aber da ich nie in eine bulgarische Schule ging und Rustschuk mit sechs Jahren verließ, habe ich es sehr bald vollkommen vergessen. Alle Ereignisse jener ersten Jahre spielten sich auf Spanisch oder Bulgarisch ab. Sie haben sich mir später zum größten Teil ins Deutsche übersetzt. Nur besonders dramatische Vorgänge, Mord und Totschlag sozusagen und die ärgsten Schrecken, sind mir in ihrem spanischen Wortlaut geblieben, aber diese sehr genau und unzerstörbar. Alles übrige, also das meiste, und ganz besonders alles Bulgarische wie die Märchen trage ich deutsch im Kopf. Wie das genau vor sich ging, kann ich nicht sagen. Ich weiß nicht, zu welchem Zeitpunkt, bei welcher Gelegenheit dies oder jenes sich übersetzt hat. Ich bin der Sache nie nachgegangen, vielleicht hatte ich eine Scheu davor, das Kostbarste, was ich an Erinnerung in mir trage, durch eine methodisch und nach strengen Prinzipien geführte Untersuchung zu zerstören. Ich kann nur eines mit Sicherheit sagen: Die Ereignisse jener Jahre sind mir in aller Kraft und Frische gegenwärtig, mehr als sechzig Jahre habe ich mich von ihnen genährt, aber sie sind zum allergrößten Teil an Worte gebunden, die ich damals nicht kannte. Es scheint mir natürlich, sie jetzt niederzuschreiben, ich habe nicht das Gefühl, dass ich dabei etwas verändere oder entstelle. Es ist nicht die literarische Übersetzung eines Buches von einer Sprache in die andere, es ist eine Übersetzung, die sich von selbst im Unbewussten vollzogen hat. (...) *(1977)*

Erkunden, nachschlagen:
Geschichte der Spaniolen

Hannah Arendt

Was bleibt? Es bleibt die Muttersprache

(...)

GAUS: Sie sind im Zweiten Weltkrieg dann in die Vereinigten Staaten von Amerika gelangt, wo Sie heute als Professorin für politische Theorie in Chicago arbeiten. Sie wohnen in New York. Ihr Mann, den Sie 1940 geheiratet haben, ist ebenfalls als Philosophieprofessor in Amerika tätig. Nun ist die akademische Provinz, der Sie inzwischen wieder angehören – nach der Enttäuschung aus dem Jahre 1933 – international. Dennoch möchte ich Sie fragen, ob Ihnen das Europa der Vorhitlerzeit, das es nie wieder geben wird, fehlt? Wenn Sie nach Europa kommen: Was ist nach Ihrem Eindruck geblieben, und was ist unrettbar verloren?

ARENDT: Das Europa der Vorhitlerzeit? Ich habe keine Sehnsucht, das kann ich nicht sagen. Was ist geblieben? Geblieben ist die Sprache.

GAUS: Und das bedeutet viel für Sie?

ARENDT: Sehr viel. Ich habe immer bewusst abgelehnt, die Muttersprache zu verlieren. Ich habe immer eine gewisse Distanz behalten sowohl zum Französischen, das ich damals sehr gut sprach, als auch zum Englischen, das ich ja heute schreibe.

GAUS: Das wollte ich Sie fragen: Sie schreiben heute in Englisch?

ARENDT: Ich schreibe in Englisch, aber ich habe die Distanz nie verloren. Es ist ein ungeheurer Unterschied zwischen Muttersprache und einer andern Sprache. Bei mir kann ich das furchtbar einfach sagen: Im Deutschen kenne ich einen ziemlich großen Teil deutscher Gedichte auswendig. Die bewegen sich da immer irgendwie im Hinterkopf – in the back of my mind –; das ist natürlich nie wieder zu erreichen. Im Deutschen erlaube ich mir Dinge, die ich mir im Englischen nicht erlauben würde. Das heißt, manchmal erlaube ich sie mir jetzt auch schon im Englischen, weil ich halt frech geworden bin, aber im Allgemeinen habe ich diese Distanz behalten. Die deutsche Sprache jedenfalls ist das Wesentliche, was geblieben ist, und was ich auch bewusst immer gehalten habe.

GAUS: Auch in der bittersten Zeit?

ARENDT: Immer. Ich habe mir gedacht, was soll man da machen? Es ist ja nicht die deutsche Sprache gewesen, die verrückt geworden ist. Und zweitens: Es gibt keinen Ersatz für die Muttersprache. Man kann die Muttersprache vergessen. Das ist wahr. Ich habe es gesehen. Diese Leute sprechen die fremde Sprache besser als ich. Ich spreche immer noch mit einem sehr starken Akzent und ich spreche oft nicht idiomatisch. Das können die alle. Aber es wird eine Sprache, in der ein Klischee das andere jagt, weil nämlich die Produktivität, die man in der eigenen Sprache hat, abgeschnitten wurde, als man diese Sprache vergaß. (...)
(1964)

Hannah Arendt

Hannah Arendt, geb. 1906 in Hannover, gest. 1975 in New York; jüdische Philosophin und politische Theoretikerin; Schülerin von Martin Heidegger und Karl Jaspers; floh 1933 aus Deutschland nach Frankreich, emigrierte 1941 in die USA; lehrte u.a. in Princeton, Harvard, an der New Yorker „New School für Social Research“ sowie in Berkeley und Chicago; veröffentlichte 1951 ihr berühmtes Buch „Elemente und Ursprünge totaler Herrschaft“; 1961 berichtete sie für den „New Yorker“ vom Eichmann-Prozess, das daraus entstandene Buch „Eichmann in Jerusalem“ löste weltweite Kontroversen aus.

Erkunden, dokumentieren, auswerten:
bei sich selbst, in der eigenen Familie, in der näheren Umgebung, in der Literatur nach Erfahrungen mit Mehrsprachigkeit suchen – das Verhältnis der Sprachen zueinander im mehrsprachigen Individuum klären

4 Wanderungen und ihre sprachlichen Folgen

Hans Magnus Enzensberger

Die große Wanderung (Auszug)

Eine Weltkarte. Schwärme von blauen und roten Pfeilen, die sich zu Wirbeln verdichten und gegenläufig wieder zerstreuen. Unterlegt ist dieses Bild mit Kurven, die farbig getönte Zonen verschiedenen Luftdrucks voneinander abgrenzen: Isobaren* und Winde. Hübsch sieht eine solche Klimakarte aus; aber wer keine Vorkenntnisse hat, wird sie kaum deuten können. Sie ist abstrakt. Einen dynamischen Prozeß muß sie mit statischen Mitteln abbilden. Nur ein Film könnte zeigen, worum es geht. Der normale Zustand der Atmosphähre ist die Turbulenz. Das gleiche gilt für die Besiedelung der Erde durch Menschen.

** Isobare: Verbindungslinie zwischen Orten gleichen Luftdrucks*

II

Auch nach einem guten Jahrhundert paläontologischer* Forschung ist die Herkunft des *homo sapiens* noch immer nicht zweifelsfrei geklärt. Man scheint sich aber darauf geeinigt zu haben, daß diese Spezies zum ersten Mal auf dem afrikanischen Kontinent aufgetreten ist, und daß sie sich durch eine lange, in komplizierten und riskanten Schüben verlaufende Kette von Migrationen über den ganzen Planeten ausgebreitet hat. Seßhaftigkeit gehört nicht zu den genetisch fixierten Eigenschaften unserer Art; sie hat sich erst relativ spät ausgebildet, vermutlich im Zusammenhang mit der Erfindung des Ackerbaus. Unsere primäre Existenz ist die von Jägern, Sammlern und Hirten.

Aus dieser nomadischen Vergangenheit mögen sich gewisse atavistische* Züge unseres Verhaltens erklären, die ansonsten rätselhaft anmuten, wie der Massentourismus oder die leidenschaftliche Liebe zum Automobil.

** Paläontologie: Lehre von den Lebewesen vergangener Zeitalter*

** Atavismus: Wiederauftreten von Merkmalen, Eigenschaften, die stammesgeschichtlich weit zurückliegen*

III

Im Mythos von Kain und Abel wird der Konflikt zwischen wandernden und seßhaften Stämmen faßbar. „Und Abel wurde ein Schäfer, Kain aber wurde ein Ackermann." Der territoriale Konflikt endet mit einem Mord. Die Pointe der Geschichte besteht darin, daß der Seßhafte, nachdem er den Nomaden getötet hat, seinerseits vertrieben wird: „Unstet und flüchtig sollst du sein auf Erden."

Die Geschichte der Menschheit läßt sich als Entfaltung dieser Parabel lesen. Über Jahrtausende hinweg bilden sich immer wieder stationäre Populationen. Aufs Ganze und auf die Dauer gesehen, bleiben sie jedoch die Ausnahme. Die Regel sind: Raub- und Eroberungszüge, Vertreibung und Exil, Sklavenhandel und Verschleppung, Kolonisation und Gefangenschaft. Immer war ein erheblicher Teil der Menscheit in Bewegung, auf der Wanderung oder auf der Flucht, aus den verschiedensten Gründen, auf gewaltförmige oder friedliche Weise – eine Zirkulation, die zu fortwährenden Turbulenzen führen muß. Es handelt sich um einen chaotischen Prozeß, der jede planende Absicht, jede langfristige Prognose zunichte macht.

(1994)

Am Text erarbeiten:
Argumentationsstruktur des Textes

Diskutieren, erörtern:
Enzensberger Position im Kontext der politischen Auseinandersetzung in Deutschland

Sjaak Kroon/Ton Vallen

Die Niederlande zum Beispiel*

Wenn man zur Bestimmung des Umfangs des nicht-einheimischen niederländischen Bevölkerungsteils davon ausgeht, dass einer der beiden Elternteile in einem anderen Land geboren sein soll, so kommt man zu der Feststellung, dass heutzutage mindestens 1,5 Millionen Einwohner der Niederlande allochthoner* Herkunft sind. Das sind etwa 10 Prozent der Gesamteinwohnerzahl von 15 Millionen. Innerhalb dieser großen und vielfältigen Gruppe von Allochthonen, können – wie in den meisten europäischen Staaten – in sozial-kultureller Hinsicht zwei größere Untergruppen unterschieden werden:

1. Immigranten und ihre Kinder, die aus den westlichen Industrieländern oder aus vergleichbaren anderen Staaten stammen und deren sozial-kulturelle Hintergründe sich nicht oder nur in relativ geringem Maße von denen der autochthon-niederländischen Bevölkerung unterscheiden. Diese Gruppe (zu der beispielsweise Deutsche, Franzosen, Belgier, Engländer und Amerikaner gehören) begegnet im Allgemeinen kaum Problemen in Bezug auf ihre gesellschaftliche Partizipation.
2. Immigranten und ihre Kinder, deren sozial-kulturelle Hintergründe sich in erheblichem Maße von denen der autochthon-niederländischen Bevölkerungsgruppen unterscheiden (z.B. Türken, Marokkaner, Surinamer, Chinesen und Molukker). Die meisten Personen, die zu diesem Bevölkerungsteil gerechnet werden können – und das ist die Mehrheit der gesamten niederländischen Immigrationspopulation – sind im Allgemeinen mit erheblichen Problemen in vielen und unterschiedlichen gesellschaftlichen Bereichen konfrontiert.

(...) Im Gegensatz zu Staaten wie zum Beispiel Deutschland und Österreich sind die Niederlande, wie England und Frankreich, lange Zeit Kolonialmacht gewesen. Das hat u.a. dazu geführt, dass heutzutage mehr als die Hälfte der Personen, die in den Niederlanden zu den ethnischen Minderheiten gerechnet werden, aus den ehemaligen Kolonien Surinam, den Niederländischen Antillen und dem früheren Niederländisch-Ostindien (der heutigen Republik Indonesien) stammt. Zur letzten Gruppe gehört auch die bekannte Untergruppe der 40 000 Molukker. (...)

Die zweitgrößte Gruppe (...) stammt aus dem Mittelmeergebiet. Etwa die Hälfte dieser Gruppe kommt aus der Türkei (mehr als 200 000 Personen). Die Marokkaner bilden mit 170 000 Personen die zweitgrößte Einwandergruppe aus diesem Gebiet. (...)

Trotz der Tatsache, dass die niederländischen Behörden keine aktive Immigrationspolitik wie zum Beispiel Kanada und Australien betreiben, muss festgestellt werden, dass die Zahl der Einwanderer seit dreißig Jahren bedeutend größer ist als die Zahl der Auswanderer – 1991 betrug die Differenz sogar mehr als 61 000 Personen – und dass die Mehrheit der Einwanderer sich bleibend niedergelassen hat bzw. niederlassen wird. Damit sind die Niederlande, wie die meisten anderen westeuropäischen Staaten, de facto zu einem permanenten Immigrationsland geworden. Diese Tatsache wird auch von den Behörden und von den meisten politischen Parteien anerkannt, wobei zugleich oft zugeben wird, dass passende, wohl durchdachte und zusammenhängende politische Maßnahmen in diesem Bereich bis jetzt fehlen. *(1995)*

* *allochthon: an anderer Stelle entstanden*

Begriff klären:
autochthon

Erkunden, erforschen:
migrationsbedingte Gemeinsamkeiten und Unterschiede zwischen der Bundesrepublik Deutschland und anderen europäischen Ländern

In einem Wohnhaus in Berlin-Kreuzberg

Mojca Posavec

Mit fremdem Namen (Auszug)

Ich bin in Deutschland groß geworden, ich war noch klein, als ich hierher kam. Meine Heimat ist weit weg, doch ich habe sie nicht vergessen können. Aber auch hier fühle ich mich fast wie zu Hause. Ich gehe hier aufs Gymnasium, habe Freunde und Freundinnen, ein Fremder würde nie merken, dass ich keine Deutsche bin. Doch da ist mein Name! „Mojca". Er ist nicht deutsch, nein, das kann keine Deutsche sein. Die Eltern meiner Freunde, die Verkäufer im Laden, der Arzt, der meine Karteikarte liest, der neue Lehrer, sie gehen auf Distanz, ich habe mich als das zu erkennen gegeben, was ich bin. Darf ich das denn nicht?

Ich spreche eine schöne Sprache und die Urlauber, die in mein Land kommen, sind angetan von den Menschen und der Sprache. Doch hier ist Anpassung die Devise; meine eigene Sprache, die so weich und melodisch über meine Lippen klingt, die mir so warm und vertraut ist, die ist hier nicht erwünscht.

Deutsch spreche ich in der Schule, auf der Straße, im Geschäft. Selbst bei Tisch, zu Hause kommen deutsche Wörter über meine Lippen, unbewusst, aber sie sind da, stehen im Raum, ich werde verlegen. Meine Eltern tun so, als hätten sie nichts gehört, zu Hause wird nicht Deutsch gesprochen!

Wenn ich zu Hause Deutsch spreche, tun sie so, als ob sie nichts verstünden. Beide können gut Deutsch, doch unsere Wohnung ist ein Stück Heimat, hier ist nicht Deutschland, Deutschland muss vor der Tür bleiben. *(1983)*

Ertunç Barin

Der Aufsatz oder Geständnisse eines „Gastarbeiter"-Kindes (Auszug)

Am Anfang habe ich große Erwartungen gehabt. Ich wollte unbedingt Deutsch lernen und versuchte mit Mühe und Sorgfalt mich an die deutschen Umfangsformen anzupassen. Meine deutschen Freunde in der Nachbarschaft haben mir gesagt:

„Erst Deutsch lernen, dann gehen wir zusammen aus. Aber zuerst Deutsch lernen!"

Damals habe ich fest daran geglaubt. Ich habe Bücher gekauft um Deutsch lernen zu können. Bücher in meiner Muttersprache. Plötzlich habe ich entdeckt, dass ich auch in meiner eigenen Sprache nicht gut genug bin. Stundenlang habe ich am Tisch gesessen. Vieles habe ich nicht verstanden. Ich war sehr enttäuscht, enttäuscht von mit selbst. Das war entsetzlich, bitter. Die Bücher allein konnten mir nicht mehr helfen. Schwierigkeiten mit Büchern habe ich sowieso immer gehabt. Das ist nicht neu. Hinter diesem Versuch war jedoch meine letzte Hoffnung versteckt. Ich fragte und frage mich noch, wo und wie ich Deutsch lernen kann, wenn die Deutschen mit mir nichts zu tun haben wollen.

Nach dieser großen Enttäuschung habe ich angefangen, die Wörter, die ich in meiner Umgebung hörte, ständig im Kopf zu behalten. Jetzt weiß ich viele Wörter, auch solche, deren Bedeutungen ich in meiner eigenen Sprache nicht kenne. Das sind hauptsächlich die

Szenisch gestalten, im Spiel simulieren:
Umsiedelung in eine japanische Kleinstadt mit einer ganzen Familie; mögliche Gefühle, Einstellungen, Strategien

Wörter, die man vor allem im Werkstattunterricht braucht. Ich war nämlich in meiner Heimat nie in einer Fabrik oder Werkstatt gewesen. Dort waren wir Bauern. Bauern ohne Boden.

Bis jetzt habe ich immer gedacht: Nur durch die Beherrschung der Sprache kann man sich als Individuum in einer Gesellschaft aktiv und informiert bewegen. Das Gegenteil ist nur ein Versteckspiel, was ich öfter, aber nicht gern spiele. Neulich habe ich gehört, auch diejenigen, die sprachlich gut sind, hätten Probleme. Mein Dolmetscher hat mir gesagt:

„Sei froh, dass du die Sprache nicht verstehst. Ich war in meinen ersten Monaten in Deutschland, wo ich kein Wort Deutsch konnte, viel glücklicher als heute. Damals konnte ich zumindest lachen, weil ich vieles nicht verstanden habe. Wozu habe ich eigentlich Deutsch gelernt? Um tagtäglich ‚Ausländer raus', ‚Türken raus' an den Wänden zu lesen?"

© Matthias Rose, Berlin

Oppelner Straße, Berlin-Kreuzberg

Meinen Dolmetscher habe ich nicht richtig verstanden, wie er es gemeint hat. Eins ist aber klar: In letzter Zeit hört man keine gute Nachrichten über uns Ausländer. Es ist irgendwie anders geworden. In den Straßenbahnen und Bussen beobachte ich meine Landsleute: Als hätten sie etwas angestellt. Nur die Schuldigen sitzen so ruhig, ruhig und nachdenklich. Ich selbst spreche ganz leise flüsternd mit meinen Landsleuten, wenn wir unter den Deutschen sind. Ich möchte niemanden stören. Das ist klar. Dahinter steckt aber etwas. Denn es ist etwas mehr als Rücksichtnahme. Ich merke nur, dass es nicht immer leicht ist, anders zu sein, anders in der Sprache, anders im Verhalten, im Aussehen und nicht zuletzt in der Religion. Besonders in letzter Zeit. Man braucht ja nicht immer die Sprache, um zu spüren.

Dann fuhr mein Dolmetscher fort: „Es ist manchmal ganz gut, sich in zwei Sprachen verständigen zu können. Ich freue mich sehr, wenn ich jemandem helfe. Da sehe ich, dass ich etwas machen kann, dass ich fähig und nützlich für die anderen bin. Ich genieße das Erfolgserlebnis. Ich fühle mich mächtig, mächtig durch das Nichtkönnen des anderen."

Solche Gefühle habe ich nie gehabt. Es muss einfach gut sein, für den einen oder den anderen da zu sein. Ich wünsche mir, dass es auch unter den Deutschen einen solchen Menschen gibt, der auch für mich da sein kann, damit ich mich sprachlich weiterentwickele – nur sprachlich? –, damit ich wieder ich werde, wie ich es immer sein wollte. Der Rückstand meiner Sprache und Persönlichkeit muss ja irgendwann ein Ende haben.

Noch eins: Während ich mit meinen türkischen Freunden spreche, mische ich oft deutsche Wörter und sogar Sätze, die ich leicht bilden kann, in die Sprache hinein. Absichtlich? Nein. Das machen wir alle. Könnte dies aber nicht der Ausdruck sein, der unsere Wünsche reflektiert, dass wir alle bereit wären, Deutsch zu lernen und zu sprechen? *(1983)*

Am Text erarbeiten:
Textsorte, Verfasserintention klären

Szenisch gestalten, im Spiel simulieren:
Reaktionen auf „fremde" Sprachen in der eigenen vertrauten Umgebung (= Straßenbahn, Zug etc.)

Kim Lan Thai

Zum deutschen Freund

doucement, doucement!
mein Lieber
sprich bitte
in der Sprache der Liebe
nicht zu laut
nimm bitte nicht allzuviel
vom deutschen
Wortschatz
absolute Begriffe
denn
noch bin ich
ein Kind
in Deiner Sprache
und nehme Dich
so gerne beim Worte

(1982)

Abdolreza Madjderey

Brief

Immer
wenn ich
nach Hause schreibe
habe ich
Angstblumen am Herzen:
Vielleicht
werden sie diesmal
noch nicht merken
an meinen Sätzen
wie viele
Muttersprachjuwelen
ich
schon
verloren habe.

(1983)

Chantal Estran-Goecke

Aphasie

Du lebst in zwei Sprachen,
Doch du beherrschst keine.
Die eine verlernst du,
Du missbrauchst die andere.

Tu habites deux langues
Mai tu n'en possèdes aucune.
Pour ce qui est de l'une
Tu l'oublies,
L'autre tu l'écorches.

(1983)

Elisabeth Gonçalves

Dafür

Du hast mir das Wort
An den Lippen versiegelt.
Dafür schenkte ich dir
Perlen mit meinen Augen.
Du hast sie nicht gesehen.

Du hast mir das Wort
An den Lippen versiegelt.
Dafür schenkte ich dir
Ein Lied mit meinem Herzen.
Du hast es nicht gesungen.

(1985)

Hans Magnus Enzensberger

Altes Medium

Was Sie vor Augen haben,
meine Damen und Herren,
dieses Gewimmel,
das sind Buchstaben.
Entschuldigen Sie.
Entschuldigen Sie.
Schwer zu entziffern,
ich weiß, ich weiß.
Eine Zumutung.
Sie hätten es lieber audiovisuell,
digital und in Farbe.

Aber wem es wirklich ernst ist
mit *virtual reality*,
sagen wir mal:
Füllest wieder Busch und Tal,
oder: Einsamer nie
als im August, oder auch:
Die Nacht schwingt ihre Fahn,
der kommt mit wenig aus.

Sechsundzwanzig
dieser schwarz-weißen Tänzer,
ganz ohne Graphik-Display
und CD-ROM,
als Hardware ein Bleistiftstummel –
das ist alles.

Entschuldigen Sie.
Entschuldigen Sie bitte.
Ich wollte Ihnen nicht zu nahetreten.
Aber Sie wissen ja, wie das ist:
Manche verlernen es nie.
(1997)

1 Mediengeschichten – audiovisuelle Erinnerungen

Delius' Roman „Amerikahaus und der Tanz um die Frauen" erzählt vom Beginn der Studentenbewegung mit Demonstrationen 1966 gegen den Vietnamkrieg (1964–1973).

Friedrich Christian Delius

Der Film im Kopf *

An der Kreuzung bogen sie im spitzen Winkel nach rechts in die Uhlandstraße ein, und während Ernst über Dien Bien Phu* dozierte, landeten Martins Gedanken weit weg von Vietnam in einer Szene unter Bäumen in dem Film, den er im Cinema Paris zwei Wochen zuvor mit Franziska gesehen hatte, *Julia und die Geister**.

Er fragte Ellen, nein, sie hatte *Julia* verpasst. Martin wollte von dem Film erzählen und mit Julia beginnen, Julia mit ihrem langweiligen Leben in der Villa und dem Mann, der sie betrügt. Aber er wusste nicht, wie er das ausdrücken sollte zwischen den farblosen Neubauten der Uhlandstraße gegenüber einer Frau, die ihn ganz ehrlich abwies wegen ihres Liebhabers Ricardo und von deren Treue er sich ebenso betrogen wie angezogen fühlte.

Das Bild der Giulietta Masina im blühenden Garten vor sattgrünen Bäumen, das Bild war stärker als die Story, und er dachte, von dieser Szene her den Film nacherzählen zu können. Aber er fand für das schlichte Bild die passenden Worte nicht. Vielleicht war der Film gar nicht erzählbar. Vielleicht hatte er den Film mit den vielen grotesken Szenen nicht verstanden. Unzufrieden hatte er das Kino verlassen, die Darstellung der bürgerlichen Langeweile war ihm langweilig erschienen, bis Franziska ihn aufklärte, dass Fellini kritisch-ironisch die Fassaden zeigte, hinter denen nichts so war, wie es auf den ersten Blick schien. Die Welt der Geister und Séancen war ihm fremder als alles andere, aber da er nicht nur von Franziska, die für alle Verrücktheiten empfänglich war, Begeisterung über den Film hörte, hatte sich Martin der allgemeinen Zustimmung angeschlossen, hatte eine Meinung, aber unter dem Gewicht dieser Meinung waren ihm die Eindrücke, die Erinnerungen an einzelne Szenen abhanden gekommen. Im Übrigen war es völlig unwichtig, was er, der stumme Student, der linkische Demonstrant, der hilflos Verliebte über Fellini sagte oder dachte.

Nur das Grün des Films sah er vor sich wie einen Hoffnungsstreifen, er liebte dieses Grün, das Kindheitsgrün, doch das vieldeutige Farbbild brachte ihn auch nicht zum Reden, er konnte den Satz nicht sagen: Das Grün, die Bäume, das war das Beste an dem Film. Selbst wenn er das schneidig pointiert über die Lippen gebracht hätte, Ellen, der es auf Handlung und Groteskes ankam, hätte er damit nicht beeindrucken können, und vor Ernst, der jetzt neben ihm lief, einem Meister im Nacherzählen von Büchern und Filmen, hätte er sich mit einer solchen Bemerkung blamiert. (...)

Die Unfähigkeit zu sprechen und zu erzählen, dachte er, ist vielleicht der wahre Grund, weshalb du bei Ellen scheiterst, du erreichst sie nicht einmal mit deinen Worten, du schmückst zu wenig, du fantasierst zu wenig, du redest zu ängstlich. Deine Sprache ist ärmlich, dünn, du hast keine Sprache, wirst immer der Stumme bleiben. Schaffst es nicht einmal, ihr drei interessante Sätze zu einem Film zu sagen, zu einem Fellini!

(1997)

* *Dien Bien Phu: 1954 Ort einer Schlacht aus der französischen Phase des Vietnamkriegs*

* *Fellinis Film „Julia und die Geister" entstand 1965*

Selbst gestalten:
„Meine audiovisuellen Erinnerungen"

vorstellen:
- mein letzter Film
- mein wichtigstes Buch
- meine Abschlaffsendung
- mein Kommunikationskanal

erzählen:
- TV-Gewohnheiten
- Situationen am Radio
- Erfahrungen, die man nur in den Medien macht
- meine Medienbiografie

schildern:
- Bilder in meinem Kopf
- die Familie vorm Gerät
- mit Freundinnen und Freunden am Apparat
- im Netz gefangen

Bewusstseinsströme:
- eine Sendung nacherlebt
- Nachklang eines Telefonats

Georg Heinzen

Im Autobahngrill*

Sonntagabend in einem Autobahngrill. „Los, ihr Hänger!", sagte der Flipper. „Spielt mit mir! Zeigt den anderen, wie gut ihr seid!" Die blonde Frau im Fernsehen über der Theke zog ihre Strümpfe wieder an und der Mann am Hotelzimmerfenster knurrte: „Vielleicht begreift man das Glück immer erst, wenn es vorbei ist."

„Leger im Grand Palais", murmelte Paolo und ließ seine Zeitung sinken. „Aber dafür extra nach Paris?" Er bestellte noch einen Kaffee.

Ein junger Mann, Anfang Zwanzig, stieß die Tür auf. Er fuhr mit dem Zeigefinger an der Wand entlang, ließ die Eistafel pendeln, setzte die vier Lampen über der Theke in Schwung, bestellte ein halbes Hähnchen mit Pommes frites und begann, in dem Korb mit den Reiseandenken zu wühlen. Auf seinem weißen T-Shirt stand NO PROBLEM.

„Wir müssen uns trennen, Baby!", knurrte der Mann im Fernsehen und streifte seine Hosenträger über. „Die Bullen wissen, dass ich in der Stadt bin."

„Ich liebe dich!", stöhnte die Frau und versuchte ihn auf das Bett herabzuziehen.

Der Mann lachte bitter. „Man kann keinen Toten lieben!"

„Die hat ihn in die Falle gelockt!", sagte der Büfettier.

Der Junge gab keine Antwort. Er hatte einen Kugelschreiber mit einer Blondine im schwarzen Badeanzug entdeckt. Als er den Stift aufrichtete, zog sie sich aus. „Gefällt sie Ihnen?", fragte er den Büfettier.

„Zweifünfzig!", kam es zurück.

„Setzen Sie es auf die Rechnung!", antwortete der Junge und stellte sich zu Paolo, obwohl genügend andere Stehtische frei waren.

Im Fernsehen schob der Kommissar mit dem kantigen Kinn seinen Hut in den Nacken.

„Hab' ich's doch gewusst!", sagte der Büfettier, als er den Kaffee brachte. „Die hat ihn in die Falle gelockt!"

Paolo schüttelte den Kopf. „Die Struktur solcher Filme ist doch immer gleich, am Ende sind die Guten die Bösen und umgekehrt."

Während auf dem Dach eines Chinarestaurants Scharfschützen der Polizei in Stellung gingen, hatte der Junge begonnen, Paolo von oben bis unten abzuschätzen, die randlose Brille, den hellbraunen Anzug, die eleganten Wildlederschuhe und die goldene Armbanduhr.

Paolo ließ die Zeitung sinken. „Stimmt was nicht?"

Der Junge lächelte.

Hinter der Gardine hatte der Mann mit den Hosenträgern das gegenüberliegende Dach beobachtet. Jetzt warf er seine Zigarettenkippe ins Bidet und knurrte: „Ein letzter Kuss, Baby, und der Henker kann kommen!"

„Nein!", schrie die Frau und sprang auf. Ihre Hände umklammerten den Hals des Mannes. „Ich liebe dich! Ich liebe dich!", stöhnte sie. Ihre Finger krallten sich in seine behaarten Schultern, zerrten an dem Unterhemd, tasteten sich immer weiter vor bis zum Schulterhalfter.

„Geben Sie auf!", tönte es in diesem Augenblick von der Straße herauf.

Der Kommissar stand vor dem Chinarestaurant und richtete sein Megafon gegen ein Fenster im dritten Stock des gegenüberliegenden

Am Text erarbeiten:

Formen fernsehbegleitenden Sprechens

- Kommunikation mit sich
- Kommunikation mit dem Bildschirm
- Gesprächsinsel der Zuschauer zum Fernsehgeschehen
- Gesprächsinsel der Zuschauer zu fernseh-fremdem Thema

Funktionen fernsehbegleitenden Sprechens

- Verstehenshilfen
- Ausdruck von Gefühlen
- Ausdruck des Gemeinschaftserlebens
- Brücken zur eigenen Erfahrung
- Bewertungen und Lästern
- freie Assozitationen

„Fernsehen ist nichts Schlechtes. Man muss auch als Erwachsener lernen, damit umzugehen. Als Informationsmedium nutzen wir es weniger, da greifen wir lieber auf die seriöse Tageszeitung zurück."

Hotels. „Seien Sie vernünftig, Griffith! Das Spiel ist aus, Sie haben verloren! Nehmen Sie die Hände hoch und kommen Sie langsam raus!"

Eine schwarze Katze balancierte über das Hoteldach. Der Kommissar schaute auf seine Uhr und der Flipper sagte: „Los, ihr Hänger, spielt mit mir! Zeigt den anderen, wie gut ihr seid!"

„Ihr werdet ihn nicht bekommen, ihr Scheißbullen!", schrie eine Frau. Dann knallten ein paar Schüsse.

Ein Körper klatschte direkt vor den glänzenden Schuhen des Kommissars auf das Pflaster.

„McCormick, mein bester Mann!", knurrte er und drückte dem Toten die Augen zu. Dann hob er die Hand.

Auf dem Dach des Chinarestaurants blitzte Mündungsfeuer auf.

Im Hotelzimmer versuchte der Mann mit den Hosenträgern die Frau vom Fenster zu drängen. „Ich werde uns den Weg zum Glück freischießen!", rief sie. Aber das Magazin war schon leer.

„Sei vernünftig!", schrie der Mann. „Wir kommen hier nicht mehr lebend ..." Er erstarrte.

Der Junge tippte auf Paolos Uhr. „Das ist eine Fälschung!"

„Ich weiß, ich habe sie mir gerade deshalb gekauft." Paolo wartete, bis der Mann in den Armen der Frau gestorben war und fuhr dann lächelnd fort: „Nicht dass ich mir das Original nicht leisten könnte, aber heutzutage erlauben einem ja nur noch Imitationen Individualist zu sein."

Der Junge grinste. „Sie sind wohl ein Intellektueller, was?"

„Ich zerbreche mir gern den Kopf", antwortete Paolo und wandte sich zum Fernseher.

Neunzehn-Uhr-Nachrichten. Weltwirtschaftsgipfel in London, kein Fortschritt in Wien, blutige Wahlen auf Haiti und der Schnelle Brüter im Rhônetal leckte weiter.

Der Büfettier brachte das Hähnchen.

„Die hat ihn so richtig in die Falle gelockt, was?", sagte der Junge.

Der Büfettier zuckte mit den Schultern. ... *(1988)*

Selbst gestalten:
- Zeichnungen zu den Situationen in diesem Text
- Kameraeinstellungen für die Verfilmung dieser Szene

Charles Lewinsky

Lauter verhinderte Darsteller*

Die Aufzeichnung hatte noch gar nicht begonnen und die Zuschauer jubelten schon.

Sie jubelten immer an dieser Stelle. „Wir haben draußen noch ein zweites Publikum", sagte der Warm-up-Mann. „Wenn Sie nicht gut sind, tauschen wir Sie aus." Da lachten sie laut um zu zeigen, dass sie den Witz verstanden hatten. Und applaudierten von da an besonders herzlich. Für den Fall, dass es gar kein Witz war.

Pokorny war nicht wegen der Aufzeichnung gekommen. Er wollte nur sehen, wie es Schuster ging. Sonst zeigte er sich selten im Studio. Eigentlich nur bei Sendungen, die er selber komponiert hatte. Komponiert, jawohl. Für Pokorny war die Zusammenstellung einer Talkrunde ein schöpferischer Akt. Obwohl er dieses Wort nur in der Privatheit seiner Gedanken verwendete. Man will von den Kollegen nicht ausgelacht werden.

„Ein Glücksfall", hatten sie damals alle gesagt, als der ehemalige Fürsorge-Zögling auf den Sprecher der Diözese losging. Nur weil der erklärt hatte, in kirchlichen Heimen habe es nie Prügel gegeben. Das Bild war durch die ganze Presse gegangen. Das wutverzerrte Gesicht und die Hände am Hals. Direkt über diesem komischen weißen Katholiken-Kragen.

Es war kein Glücksfall gewesen. Pokorny hatte die Explosion geplant und die Ingredienzen sorgsam gemischt. Wie ein Terrorist, der einen Sprengsatz baut. Nein, wie ein Pyrotechniker, der ein Feuerwerk zusammenstellt. Ein glitzerndes, knallendes Gefühlsfeuerwerk. Im alten Rom, dachte Pokorny, muss es Spezialisten wie mich gegeben haben. In einem anonymen Büro, irgendwo im Kolosseum versteckt. Leute, die sich mit Tieren auskannten. Die genau wussten, welche Viecher man aufeinander hetzen musste, damit das Gemetzel spannend ablief. Die alle Tricks kannten um sie im richtigen Moment scharf zu machen. Und die dann, wenn sich die Bestien effektvoll an die Kehle gingen, keinen Applaus bekamen.

Die Zuschauer jubelten schon wieder. Pokorny hatte den Ton auf seinem Monitor weggedreht, aber er wusste: Gerade hatte der Warm-up-Mann die Geschichte vom stotternden Lexikonverkäufer erzählt. Jeder im Team konnte sie auswendig mitsprechen.

Zu viel alte Leute im Publikum. Gar nicht das Image, das „Schuster!" eigentlich projizieren wollte. Im Sommer war es nicht leicht, jeden Tag genügend Leute ins Studio zu schaufeln. Da hatten sie wohl wieder ein Altersheim geplündert.

Zuschauer sind Talkgäste ohne Schicksal, dachte Pokorny. Möchten ihre Lebensgeschichte erzählen und haben nichts erlebt. Lauter verhinderte Darsteller. Sonst würden sie zu Hause bei ihrer Fernbedienung bleiben und sich nicht in ein Studio karren lassen. Hocken da auf unbequemen Stufen. Lassen sich von Scheinwerfern blenden. Schwitzen. Alles in der Hoffnung, dass sich irgendwann eine Kamera auf sie richtet. Dass der Showmaster sie anspricht. Dass sie eine Frage stellen dürfen. Und, oh, was für eine brillante, treffende, alles ins rechte Licht rückende Frage wird das sein! Da wird jeder merken, dass sie nicht einfach Applausvieh sind, sondern etwas ganz Besonderes.

Dafür machen sie alles mit. Für diesen erträumten Moment. Klatschen auf Signal. Wie beim bunten Abend der Pfadfinder. Lassen sich kommandieren. Lachen über jeden Zweizeiler des Warm-up-Mannes. „Hältst du dich nicht ans Rauchverbot, schlägt die Feuerwehr dich tot." So lustig waren die Marx-Brothers nie.

Pokorny zündete sich ein Zigarillo an. Es gab mal wieder keinen Aschenbecher im Visionierungsraum. Nur eine Filmdose voller Kippen. Kahle Wände und Klappstühle von Ikea. Eine echte Luxusproduktion.

Auf dem Bildschirm übten sie jetzt den spontanen Beifall beim Auftritt der Talkgäste. Pokorny hatte den Sinn dieser Begrüßungsbegeisterung nie verstanden. Dramaturgisch völliger Schwachsinn. Tosender Applaus nicht für eine Leistung, nicht für die erworbene Beliebtheit eines Stars, sondern für ein Schicksal. „Und jetzt kommt das Kind, dem aus Versehen das falsche Bein amputiert wurde." Bravo! „Die Frau, die zehn Jahre unschuldig im Gefängnis saß." Hurra! „Der Mann, der letzte Woche gestorben ist." Da capo!
(1997)

Besonders bei der werberelevanten Zielgruppe der 14–49-Jährigen zeigt sich die Dominanz von RTL auf dem deutschen Markt. Hier verzeichnet der Sender einen Marktanteil von 20,3 Prozent (April 1997) und erreicht damit einen Vorsprung von 5,9 Prozentpunkten auf die übrigen Programme. (...)
Lange Zeit wurde die Überlegenheit von RTL vor allem dem beliebten Tagesprogramm des Senders (Talkshows am Nachmittag, Gameshows am Vormittag) zugeschrieben. Doch seit 1995 liegt RTL auch in der Primetime vor der Konkurrenz – mit besonders großem Abstand beim jüngeren Publikum (hier seit 1992).
Im Abschnitt zwischen 20.15 und 23.15 Uhr hat RTL 1996 einen Marktanteil von 15,9 Prozent erzielt. Bei den 14–49-jährigen Zuschauern sogar 19,4 Prozent – ein klarer Abstand vor Pro 7 (15,2), SAT 1 (13,7), ARD (11,2) und ZDF (10,7).
(RTL, Televison. Köln 1997)

Bezüge herstellen:
- zu eigenen Erfahrungen als Zuschauer
- zwischen dem oben stehenden statistischen Material und den Sehgewohnheiten im Kurs
- zu den eigenen Tätigkeiten am Nachmittag

Lesetipps:
Nicolas Born: Die Fälschung (1979)
Douglas Coupland: Microsclaven (1996)

Umberto Eco

Vom Nutzen des Mobiltelefons*

Multimedia-Geschichte

1876 Graham Bell erhält ein Patent für die Sprachübertragung (Telefon)
1895 Erfindung des Films
1906 Erste Hörfunkübertragung in New York
1928 Erste Fernsehübertragung von der Funkausstellung in Berlin
1971 Satelliten-TV
1978 Videotext
1981 Zunehmende Verbreitung des Personalcomputers
1984 Start des Privatfernsehens in Deutschland
1989 Erfindung des World Wide Web
1990 Digitaler Mobilfunk: Handy
1992 Multimediale Anwendung auf CD-ROM
seit 1995 Zunehmende Nutzung von E-Mail und Internet
seit 1998 Zunehmend DVD-Video-ROMs, Internet über Kabel-TV und Handy etc.

Kommentieren, Stellung nehmen:
zu Ecos Kategorien von Handy-Benutzern

Es ist leicht sich über die Besitzer von Mobiltelefonen lustig zu machen. Man muss nur sehen, zu welcher der folgenden Kategorien sie gehören. Zuerst kommen die Behinderten, auch die mit einem nicht sichtbaren Handicap, die gezwungen sind, ständig in Kontakt mit dem Arzt oder dem Notdienst zu sein. Gelobt sei die Technik, die ihnen ein so nützliches Gerät zur Verfügung gestellt hat. Dann kommen jene, die aus schwerwiegenden beruflichen Gründen gehalten sind, immer erreichbar zu sein (Feuerwehrhauptmänner, Gemeindeärzte, Organverpflanzer, die auf frische Leichen warten). (...) Für diese ist das Mobiltelefon eine bittere Notwendigkeit, die sie mit wenig Freude ertragen.
Drittens die Ehebrecher. Erst jetzt haben sie, zum ersten Mal in der Geschichte, die Möglichkeit zum Empfang von Botschaften ihrer geheimen Partner, ohne dass Familienmitglieder, Sekretärinnen oder boshafte Kollegen den Anruf abfangen können. Es genügt, dass nur sie und er die Nummer kennen (oder er und er, sie und sie – andere mögliche Kombinationen entgehen mir). Alle drei aufgelisteten Kategorien haben ein Recht auf unseren Respekt. Für die ersten beiden sind wir bereit uns im Restaurant oder während einer Beerdigungsfeier stören zu lassen und die Ehebrecher sind gewöhnlich sehr diskret.
Zwei weitere Kategorien benutzen das Mobiltelefon jedoch auf eigene Gefahr (und nicht nur auf unsere). Zum einen die Leute, die nirgendwo hingehen können, ohne weiter mit Freunden und Angehörigen, die sie eben verlassen haben, über dies und das zu schwatzen. Es ist schwierig ihnen zu sagen, warum sie das nicht tun sollten: Wenn sie nicht imstande sind sich dem Drang zur Interaktion zu entziehen und ihre Momente der Einsamkeit zu genießen, sich für das zu interessieren, was sie gerade tun, das Fernsein auszukosten, nachdem sie die Nähe gekostet haben, wenn sie nicht vermeiden können ihre Leere zu zeigen, sondern sie sich sogar noch auf ihre Fahnen schreiben, so ist das ein Fall für den Psychologen. Sie sind uns lästig, aber wir müssen Verständnis für ihre schreckliche innere Ödnis haben, müssen dankbar sein, dass wir besser dran sind, und ihnen verzeihen (doch hüten wir uns, der luziferischen Freude anheim zu fallen, nicht so zu sein wie jene da, das wäre Hochmut und Mangel an Nächstenliebe). Anerkennen wir sie als unsere leidenden Nächsten und leihen wir ihnen auch das andere Ohr.
Die letzte Kategorie (zu der, auf der untersten Stufe der sozialen Leiter, auch die Käufer von falschen Mobiltelefonen gehören) besteht aus Leuten, die öffentlich zeigen wollen, wie begehrt sie sind, besonders für komplexe Beratungen in geschäftlichen Dingen: Die Gespräche, die wir in Flughäfen, Restaurants oder Zügen mit anhören müssen, betreffen stets Geldtransaktionen, nicht eingetroffene Lieferungen von Metallprofilen, Zahlungsmahnungen über eine Partie Krawatten und andere Dinge, die in den Vorstellungen des Sprechers sehr nach Rockefeller klingen.
Nun ist die Trennung der Klassen ein grausamer Mechanismus, der bewirkt, dass der Neureiche, selbst wenn er enorme Summen verdient, einem atavistischen proletarischen Stigma zufolge nicht mit dem Fischbesteck umgehen kann, das Äffchen ins Rückfenster des Ferrari hängt, das Christophorus-Bildchen ans Armaturenbrett des Privatjets klebt oder „Manádschment" sagt. (...)
Diese Leute wissen nicht, dass Rockefeller kein Mobiltelefon braucht, da er ein so großes und effizientes Sekretariat hat, dass äußerstenfalls, wenn wirklich der Großvater im Sterben liegt, der Chauffeur kommt und ihm etwas ins Ohr flüstert. Der wahrhaft Mächtige ist der, der nicht gezwungen ist, jeden Anruf zu beantworten, im Gegenteil, er lässt sich – wie man so sagt – verleugnen. Auch auf der unteren Ebene des Managements sind die beiden Erfolgssymbole der Schlüssel zur Privattoilette und eine Sekretärin, die sagt: „Der Herr Direktor ist nicht im Hause."
Wer also das Mobiltelefon als Machtsymbol vorzeigt, erklärt damit in Wirklichkeit allen seine verzweifelte Lage als Subalterner (...).
(1991)

2 Fallstudie: Talkshows

ARD-Sendung „Sabine Christiansen“ vom 11.10.1999 (v.l.n.r.: Egon Bahr, Heiner Geißler, Sabine Christiansen, Oskar Lafontaine)

TV Moderatorin Birte Karalus präsentiert ihre gleichnamige RTL-Talkshow am 24.09.1998 in Köln

Selbst erarbeiten:
Eine Fallstudie am Material dieses Kapitels und/oder an selbst mitgeschnittenen Sendungen

Die Fallstudie

In einer Fallstudie wird ein begrenzter problematischer Wirklichkeitsausschnitt erforscht. Der Fall sollte überschaubar und für die Untersuchung zugänglich sein. Situationen, Umstände, Handlungen, Personen, Motive, Ursachen und Folgen etc. sind in ihrem Zusammenspiel zu sehen.
Die Fallstudie schließt mit einer Dokumentation, einer Bewertung, ggf. einem Urteil und einem Lösungsvorschlag.

Erkennen eines Problems und Begrenzung des „Falls“
↓
eigene Arbeitsperspektive und konkrete Erkundung
↓
fallgerechte Beurteilung
↓
verständliche Dokumentation

Sabine Bode

Outen bis zum Umfallen. Hörfeature zu Talkshows (Auszug)

Themen:
Montag, 05.01.1998, 16.00 Uhr – „Mein Körper ist mein Kapital!"
Dienstag, 06.01.1998, 16.00 Uhr: „Und morgen höre ich endgültig auf!" – Rauchen nein Danke!
Mittwoch, 07.01.98: „Meine Rettung kam aus dem Meer!"
Donnerstag, 08.01.98: „Ich bin ein Steinbock!" – Das Geheimnis Sternzeichen

Erkennungsmelodie

FLIEGE: Worüber werden wir reden? Nun, wir werden unsere Erfahrungen austauschen müssen, wie immer. Und zwar darüber: Stimmt es eigentlich, dass Männer in den größten Krisen ihre Frauen im Stich lassen? Sitzen lassen! Einfach mit ihren Kindern, ihren ganzen Problemen sitzen lassen! Und wenn das so ist, dann will ich endlich einmal wissen, warum das so ist? Und wann und wie und wo tun sie das? Zum Beispiel Ursula. Ursula – da kann man sich überhaupt keinen dunkleren Zeitpunkt vorstellen, wo man sie hätte verlassen können, als den, wo ihr Mann in der Tat gesagt hat: Ich bin weg! – Ursula, herzlich willkommen. (*Musik. Applaus*)

Untersuchen, analysieren:
Themen der Talkshows

Und dies ist die Einstiegsgeschichte: Ursulas erstes Kind leidet an Epilepsie, das zweite hatte in den ersten Lebensjahren eine gefährliche Allergie. Solche Kinder wollte der Vater nicht. Er verdrückte sich. Er ging zu seiner Mutter zurück. Ursula erzählt dies alles mit verblüffender Gelassenheit. Dann wendet sich Fliege ihrem Sohn zu, der auf der Publikumsseite in der ersten Reihe sitzt.

Ideen entwickeln:
- mögliche Themen für eine bestimmte aktuellc Talkshow
- ein Exposé zu einer Talkshow, d.h. eine kurze Gedankenskizze zum Thema, den Fragen, den Gästen, der Inszenierung etc.

FLIEGE: Martin, wie alt jetzt bist du?
MARTIN: 13.
FLIEGE: Was empfindest du, wenn wir jetzt so reden. Es ist ja dein Vater …
MARTIN (*zögernd*): Ja, es ist mir eigentlich so egal. Mein Vater hat halt Scheiße gebaut.
FLIEGE: Aber es ist dein Vater, nicht?
MARTIN: Ja.
FLIEGE: Siehst du den, ab und zu?
MARTIN: Ja.
FLIEGE: Kannst du das verstehen oder versuchst du das zu verstehen?
MARTIN: Ich versuch's zu verstehen. Aber ich verstehe es nicht ganz richtig.
FLIEGE: Hat er dich im Stich gelassen?
MARTIN: Aham.
FLIEGE: Fühlst du, dass er dich im Stich gelassen hat?
MARTIN: Ja, schon.
FLIEGE: Weiß er das?
MARTIN: Ob er das weiß, das weiß ich nicht.
FLIEGE: Hast du das Gefühl, wenn du ihm begegnest, dass er etwas fühlt?
MARTIN: Ob er was für mich empfindet?
FLIEGE: Ja.
MARTIN: Das weiß ich nicht. Ich denke, schon.
FLIEGE: Frag ihn einfach. Jetzt bist du alt genug. Du bist 13 Jahre alt. Du kannst ihn einfach, wenn du ihn das nächste Mal siehst, wirklich fragen. Vielleicht, wenn deine Mutter es nicht geschafft hat mit ihm zu reden, weil er immer einen Ausweg hatte – deine Großmutter. Du kannst ihn konfrontieren.
MARTIN: OK.
FLIEGE: Frag ihn: Hast du mich lieb, ja oder nein? Ich will es wissen. Aus deinem Mund.
MARTIN: OK. (*Applaus*) *(1997)*

Literarisches Quartett am 6. 7. 1995

Marcel Reich-Ranicki, Sigrid Löffler, Hellmuth Karasek und Joachim Kaiser (als Gast)

zu: *Helga Schütz:* Vom Glanz der Elbe

REICH-RANICKI: Was taugt'n das Buch?
KARASEK: Das ist so einfach nicht zu sagen.
REICH-RANICKI: Doch. Das ist sehr einfach.
KARASEK: Ich will's mit einer Hilfskonstruktion versuchen und sagen: Warum sind in deutschen Büchern Putzfrauen so wie diese Putzfrau, die einen Schriftsteller noch ernährt, von ihm zum Essen ausgeführt wird, die die erotischste Verführung für diesen amerikanischen Professor ist. Das ganze Buch hat etwas, was mir zwei Vokabeln sagen: Es kommen nie „Äste" vor, sondern „Geäst".

Mitschnitte von Talkshows untersuchen:
- Informationsgehalt
- Unterhaltungswert
- Gesprächsstil
- Aktualität

LÖFFLER: „Gezweig".
KARASEK: „Gezweig". Und ich denke immer, dann wird's lyrisch, sobald „Gezweig" vorkommt und „Geäst". Ein bisschen ist das Buch so. Aber man tut ihm unrecht, denn die Helga Schütz hat eine ungeheure Fülle an epischem Material. Sie schildert sehr schön …
REICH-RANICKI: Sie schildert wirklich sehr schön oder ist das nur so sehr schön nachgetröpfelt?
KAISER *(zu Reich-Ranicki):* Sie haben so was Bedrohliches.

Reich-Ranicki: Ja, weil mich dieses Buch ziemlich, ein bisschen, nicht sehr, geärgert hat. Helga Schütz ist eine angesehene Autorin, die mehrere Bücher publiziert hat. Als sie in der DDR lebte, wurden ihre Bücher auch im Westen verbreitet. Dieses Buch ist für mich unerträglich, vor allem aus einem Grund: Es ist nicht nur schlecht, es ist nicht gut, es enthält nicht einen überraschenden Satz, es ist so wacker, so brav, so mittelmäßig, wie man schreiben konnte, solange die DDR existierte. Da haben im Westen manche Kritiker gesagt, na ja, aber diese dunkle Atmosphäre ist in gewissem Sinne gegen die SED gerichtet, sie kann das ja nicht offen sagen, aber zwischen den Zeilen finden wir dieses und jenes. Jetzt geht das nicht mehr.

Löffler: Ach, Herr Reich-Ranicki, ich habe den Verdacht, Sie rupfen hier schon wieder andere Hühnchen.

Karasek: Ich möchte nur einen Gedanken zu Ende bringen, falls es einer ist. Das Buch kam mir sehr allegorisch vor. Die deutschen Zwillingsgeschwister, die getrennt werden und sich wieder suchen ...

Löffler: Den Verdacht hatte ich auch. Ich dachte, das ist ja so kalkuliert, natürlich müssen das Geschwister sein, die wieder zusammenkommen. Aber sie verfehlen sich. Gott sei Dank!

Karasek: Na, das tun wir ja jetzt wohl auch.

Löffler: Gott sei Dank, dass die Autorin an der aufdringlichen Metaphorik hart vorbeischrammt. Das ist ja fast schon eine Qualität.

Reich-Ranicki: Könnt ihr mich infomieren: Ist das nun ganz sicher, dass das Bruder und Schwester sind?

Löffler: Nie werden wir es erfahren.

Reich-Ranicki: Eben, das ist das Schlimme. Nicht, dass ich es nie erfahren werde. Ich will es gar nicht erfahren. Die Figuren sind doch so langweilig!

Kaiser: Sie wollen ja auch über Bauern nichts wissen. Da ist zum Beispiel ein ganz rührendes Bauernehepaar. Er sagt immer, ach Gott, ja wir können keine Tiere mehr halten, meine Frau will das nicht, muss wohl alles so sein, das wird dann immer kümmerlicher ... das hat ein gewisses ... tut mir leid, das hat ein bisschen Herz.

Reich-Ranicki: Mein lieber Joachim Kaiser, jetzt kommen Sie persönlich auf die Kitschebene. Jetzt kommen Sie schon mit dem Herz.

Kaiser: Herzlos ist kein Kompliment, Verehrter. Wenn ich sagen würde, Sie wären herzlos, hätte ich Ihnen kein Kompliment gemacht.

Reich-Ranicki: Aber es wäre sehr schlimm, wenn Sie mir nur Herz und nichts anderes nachsagen würden.

Kaiser: Nein, ich habe nicht gesagt, nur. Auf die Idee käme ich nicht.

Löffler: Zwischen Herz und Kitsch gibt es auch noch einen Unterschied.

Karasek: Es ist schon bieder.

Löffler: Bieder, aber nicht kitschig.

Reich-Ranicki: Bieder. Wacker. Brav.

Kaiser: Es ist auch manchmal bittersüßer Kitsch drin, ja.

Reich-Ranicki: Na ja, da haben wir's ja. Allmählich locke ich euch die Worte heraus, die die Wahrheit wiedergeben. Ich habe eine Frage ...

Karasek: Darf ich eine Antwort ohne Frage geben? Das Buch liest sich sehr angenehm.

Reich-Ranicki: Ich habe gekämpft. Angenehm liest sich das Buch von Rick Moody*, hier stirbt man vor Langeweile, es ist eine Qual, dieses Buch. Kann mir jemand die Frage beantworten: Gibt es stilistisch, sprachlich, formal irgendetwas, was darauf verweist, dass dieses Buch nicht vor 50 Jahren geschrieben wurde? Das ist doch ganz altmodische Prosa, so wacker und brav. Kinder, das wollt ihr verteidigen? Warum eigentlich?

Karasek: Weil Sie es angreifen.

Reich-Ranicki: Ja, eben. Mir sollte die Helga Schütz dankbar sein: nur, weil ich es angreife, versucht ihr zu sagen, es sei sehr gut.

Kaiser: Sie müssen mogeln um ihre Position zu halten. Denn niemand hat gesagt „sehr gut", nur Sie haben gesagt „sehr schlecht", da haben wir mit Recht gesagt, das ist falsch.

© ZDF, Mainz

Literarisches Quartett (v.l.n.r.: Sigrid Löffler, Marcel Reich-Ranicki, Hellmuth Karasek)

Fragetechniken
- Entscheidungsfrage
- W-Frage
- Alternativfrage
- rhetorische Frage
- Suggestivfrage
- Rückfrage
- Gegenfrage
- Vertiefungsfrage
- problematisierende Frage
- unterstellende Frage

Nonverbales Verhalten
Gestik, Mimik, Körperbewegung, Raumnutzung, Kamerabezug, Bezug zum Moderator

Kriterien für gelingende Kommunikation
Die Beiträge sind ...
1. informativ und relevant
2. aufrichtig und offen
3. sachlich und verständlich
4. tolerant und freundlich
5. anregend und lebhaft
6. kritisch und selbstständig

Untersuchen, analysieren und bewerten: das Kommunikationsverhalten in Talkshows

Selbst gestalten: eine Gesprächsrunde über literarische Werke aus dem Unterricht

* *In der selben Sendung wurde der Roman „Der Eissturm" besprochen*

Sabine Boden

Outen bis zum Umfallen. Hörfeature zu Talkshows (Auszug)

Seit 11 Uhr morgens plaudert Johannes B. Kerner auf SAT 1 mit seinen Gästen über dieses Thema. Wie bei Kerner üblich sind die Vertreter von Pro und Kontra eingeladen. Ein gewisser Rainer – Mitte Fünfzig mit Doktortitel – sitzt neben Christel, einer 40-jährigen Hausfrau. Sie trägt ein Dirndl mit weißem Kragen und schaut voller Vertrauen in die Kamera.

KERNER: Christel, du also liebst Talkshows. Was gefällt dir denn so gut an Talkshows?

CHRISTEL: Das Menschliche daran. Zum Beispiel die Menschen in der Stadt, die isolieren sich immer mehr, und keiner will mit dem anderen sich näher unterhalten um ja nicht in die Intimsphäre, in die Privatsphäre zu dringen. Und in Talkshows wird gezeigt, wie die Menschen sind und dass sie alle Sorgen und Probleme haben. Und sie reden frei und offen darüber, und das fördert auch das Miteinander.

KERNER: Du guckst auch ziemlich viele Talkshows?

CHRISTEL: Soweit wie ich kann, alle! Ich sehe zu, dass ich morgens um elf meinen Haushalt in Ordnung hab'. Dann geht es mit dir los. Dann kommt „Vera am Mittag", dann kommt Sonja, dann geht's weiter Bärbel Schäfer …

KERNER: Ich verstehe. Welche Themen interessieren dich denn am meisten?

CHRISTEL: Ich gucke im Grunde alles gerne, habe aber auch spezielle Themen: gesundheitliche Sachen, Sex, Politik (*Juchzen, Applaus*). Vor ein paar Tagen war zum Beispiel eine Sendung über fürchterliche Schwiegermütter, das hat mich so mitgenommen. Ich bin danach die Treppen hoch, ich hab' meine Schwiegermutter in den Arm genommen und habe gesagt: Hör mal, du bist Spitze. Ich weiß gar nicht, wie gut ich das hier hab'.

RAINER: Ich kann direkt auf das, was Christel gesagt hat, antworten. Sie bestätigt eigentlich das, was ich sage. Sie kommuniziert nicht mit Menschen, sondern, wenn sie ihr Frühstücksgeschirr weg hat, mit dem Fernseher, mit den Leuten hinter der Mattscheibe. Sie kann ihre Schwiegermutter nicht in den Arm nehmen, weil sie eine gute Beziehung zu ihr seit eh und je hat, sie braucht eine Talkshow dafür um das zu entdecken und die Treppe hoch zu laufen und sie in den Arm zu nehmen. (*Applaus*) Das zeigt die Armut, die diese Talkshows vermitteln.

KERNER: Nein. Aber Rainer, ganz ehrlich …

RAINER: Nichtigkeiten statt Wichtigkeiten.

KERNER: Es ist ja in Ordnung. Du sollst deine Meinung vertreten. Und vielleicht hast du ja ganz toll Recht. Guck ihr doch mal in die Augen. Findest du, sie sieht unglücklich aus, sie sieht arm aus. Sie sieht sozial verlassen aus. Sie sieht vereinsamt aus? …

(1997)

Dokumentieren: die aktuelle deutsche Talk-show-Bestenliste?

In einer Podiumsdiskussion erörtern: Machen Talkshows süchtig?

Gary Bente/Bettina Fromm

Affektfernsehen (Auszug)

Personalisierung:
Die Darstellung ist auf das Einzelschicksal, auf die unmittelbar betroffene Einzelperson zentriert; Allgemeines tritt hinter dem Individuellen zurück; die Person des Moderators schafft ein Klima der Vertrautheit und Verlässlichkeit.

Authentizität:
Die „wahren" Geschichten der unprominenten Personen werden je nach Sendekonzept entweder erzählt oder zum Zwecke der medialen Verbreitung vor der Kamera inszeniert. Der Live-Charakter unterstreicht die Authentizität des Gezeigten.

Intimisierung:
Vormals eindeutig im privaten Bereich liegende persönliche Belange und Aspekte zwischenmenschlicher Beziehungen werden zum öffentlichen Thema.

Emotionalisierung:
Die Sendungen betonen den emotionalen Aspekt der Geschichten, das persönliche Erleben und Empfinden, weniger die Sachaspekte. Die Kamera unterstützt diese Tendenz, indem sie die Akteure in stark bewegten Momenten – und hier teilweise in der Großaufnahme zeigt.

(1997)

Untersuchen, analysieren: kritische Analyse und Wertung einer aktuellen Talk-Sendung mit Hilfe dieser Kategorien

„Fliege“ – Die Redaktion über das Konzept der Sendung*

Jürgen Fliege

Entwicklung und Konzept: Seit dem 28.02.1994 wird die Talkshow „Fliege“ von montags bis donnerstags im Nachmittagsprogramm der ARD ausgestrahlt. Mit Rücksicht auf das ARD-Sendeschema wurde auf eine Freitagssendung verzichtet. Der anfängliche Sendetermin (15:30 bis 16:30 Uhr) wurde auf 16:03 Uhr verlegt um ein Zuschalten der Zuschauer zu „Fliege“ erst in der Werbepause der Konkurrenzsendung „Ilona Christen“ (RTL) zu unterbinden. (...)

Die Themen: Als Themen für die Sendung bieten sich Schicksale und Geschichten an, die in personalisierter Form dargestellt werden können. In den Anfängen von „Fliege“ wurden ähnliche Themen wie bei „Hans Meiser“ behandelt, so z.B. sexuelle Randbereiche wie „Transsexualität“ oder „Exhibitionismus“. Insgesamt schienen diese allerdings nicht mit dem Image des Moderators vereinbar, sodass man sich zunehmend Service und Lebensberatungsthemen oder Beiträgen über alternative Medizin zuwandte. (...) Für die Aufbereitung von „Fliege“ gilt: „Je dramatischer, desto mehr Leute bleiben dran.“ Man will nicht unbedingt Pro und Kontra bieten, sondern die Gäste sollen ihre persönlichen Standpunkte mitteilen, wobei diese nicht ausgewogen sein müssen. Auch ein Wechsel zwischen tragischen und amüsanten Geschichten zum Thema hält die Zuschauer vor dem Bildschirm.

Die Studiogäste: Diese melden sich selbst oder werden per Videotext und durch Recherchen ermittelt. Sie stammen aus allen Bevölkerungsschichten und Altersstufen. Kriterium für die Auswahl eines Gastes ist, dass dieser seine Geschichte vor der Kamera erzählen kann, daher wird u.U. ein Casting gemacht. Je schwieriger die Geschichte ist, desto größer ist der Kontakt zwischen dem Gast und den Machern. Der Inhalt des Gespräches wird vor der Sendung genau abgesprochen. Der Moderator nimmt sich Zeit und lernt die Gäste vor der Sendung kennen. Eine Aufwandsentschädigung von ca. 100–200 DM sowie die Anreise und Hotel werden von „Fliege“ übernommen. „Die Leute wollen heutzutage über alles reden vor der Kamera. Bis zum Jahr 2000 soll jeder zweite Deutsche einmal in einer Talkshow gewesen sein, ob als Gast oder im Publikum.“ (...)

Der Moderator: Der Pfarrer Jürgen Fliege wurde unter mehreren Moderatoren für die Sendung ausgewählt. Das pastorale Image, für das die Produzenten zunächst wenig Akzeptanz vom Zuschauer erwarteten, wurde von jenen überaus positiv aufgenommen. Viele Zuschauerbriefe sind an den „Pfarrer Fliege“ adressiert. Er verkörpert dieses Image nicht im Sinne einer salbungsvollen Art mit erhobenem Zeigefinger, sondern kann aufgrund seiner Arbeit in diesem Bereich den Gästen und Zuschauern das Gefühl geben, dass er ihnen beisteht und sie unterstützt. (...)

Der Experte: Die Experten werden zu Sachthemen eingeladen, sind aber selbst „nicht drin“ und nehmen dementsprechend keinen emotionalen Anteil an den Geschichten. Da Emotionalität das Konzept „Fliege“ ausmacht, tragen daher die Passagen, in denen der Experte sich äußert, aus Sicht der Redakteurin weniger zu einer gelungenen Sendung bei als die Aussagen der Betroffenen selbst.

Das Studiopublikum: Die Sendung „Fliege“ wird aus Kostengründen immer aufgezeichnet. Auf den Auftritt des Moderators hat das keine Auswirkung. Eventuell wird die Aufzeichnung nachträglich bearbeitet und uninteressante Passagen herausgeschnitten. Für das Studiopublikum ist die Teilnahme an der Produktion eine Freizeitbeschäftigung, ein Betriebsausflug, der es den Teilnehmern ermöglicht, einmal „live dabei gewesen“ zu sein. (...)

Die Kamera: Heikle Situationen wie beispielsweise weinende Studiogäste fängt die Kamera mit Großaufnahmen ein. Wenn der Moderator zum Beispiel neben dem Gast sitzt und beide gemeinsam abgebildet werden, imitiert die Kamera den Gesprächsverlauf und gibt damit die Intimität des Gespräches wieder. *(1997)*

Erkunden, erforschen:
Entwicklung der Talkshows seit Anfang der 90er-Jahre.

Untersuchen:
Sende-Konzepte *aktueller* Talkshows
z. B.
- Promi-Talk
- Themen-Talk
- Konfro-Talk
- Portrait-Talk
- ausgeflippter Talk
- Telefon-Talk
- Polit-Talk

Ideen entwickeln:
ein neues Konzept für eine aktuelle Talkshow

3 Medien nutzen – Medien reflektieren

Millionen Deutsche im Internet – Die private Nutzung boomt

Hamburg – Rund 11 Millionen Bundesbürger zwischen 14 und 64 Jahren sind inzwischen im Internet unterwegs. Nach der Studie „MarkenProfile" des Magazins „Stern" hat sich damit die Anzahl der Internet-Nutzer im Laufe der letzten zwei Jahre fast verdoppelt. Über die Hälfte der Anwender verfügt über einen privaten Online-Anschluss. Das Verhältnis zwischen geschäftlicher und privater Internet-Nutzung hat sich praktisch umgedreht: Während 1998 von allen deutschen Internet-Surfern rund 47 Prozent über einen geschäftlichen Anschluss und 37,8 Prozent über einen privaten Zugang verfügten, nutzen heute 33,7 Prozent ihren Anschluss geschäftlich und rund 57 Prozent privat. Immer mehr Menschen nutzen ihren Online-Zugang inzwischen zudem regelmäßig. Rund 58 Prozent surfen einmal wöchentlich, etwa 17 Prozent sogar täglich. *(online today 13.4.00)*

Total digital? – Multimediale Wünsche

Pay-TV	23
Diskussion mit Politikern	24
Elektronische Briefe (E-Mail)	28
Tele-Banking	30
Gesundheitsberatung	31
Einkaufsmöglichkeiten	35
Fortbildungsmöglichkeiten	36
Reise-Infos/Buchungen	37
Arbeitsplatz-Angebote	37
Behörden-Kontakte	46

Interesse an multimedialen Dienstleistungen in Prozent von 3000 Befragten ab 14 Jahre, 1998 (BAT/Praxis Schulfernsehen 267/1998)

Verschuldung Jugendlicher

Auch wenn das Geld fehlt, sind Jugendliche nur ungern bereit ihre Konsumwünsche einzuschränken. Stattdessen bevorzugen sie Konsum auf Kredit. Ansparen oder gar Verzicht ist nicht sehr gefragt. Zwar wollen die meisten Jugendlichen geliehenes Geld zurückzahlen, aber wann und in welchen Beträgen – das sehen sie nicht so streng. Dies sind die Hauptergebnisse einer Pilotstudie (...) der Universität Oldenburg. *(idw 98)*

„Onlineaholics" – Mehr als eine Million Internet-Nutzer sind onlinesüchtig

Wir kriegen bis zu 150 Anrufe am Tag.

(BZ 6.4.00)

Marktwissen – „Über das informationstechnologische Basiswissen hinaus braucht der Tele-Interakteur der Zukunft Marktwissen. Was nützen ihm die schönsten Möglichkeiten, wenn ihm nicht bekannt ist, dass es sie gibt? (...) Doch zu wissen, was es gibt, ist noch nicht einmal das größte Problem des Marktteilnehmers. Die am einfachsten scheinende Frage ist die schwerste: Was will ich?" *(Gerhard Schulze, 1994) (FR 23.7.94)*

Geräte-Generationswechsel – „Gewiss haben Sie schon von Computerzeitschriften wie Cyberflitzer (oder so ähnlich) gehört und sicher haben sie sich manchmal gefragt, was das wohl für abgehobene Spinner sind, die so etwas kaufen und auch noch lesen. Ich bin einer von ihnen! Ich sehe mir Bilder der neuesten Computermodelle an und lasse mich zu Bemerkungen hinreißen wie: „Mann! Stell dir nur dieses 12x-Speed/SCSI-2-CD-ROM-Laufwerk mit dieser Anlage vor!" Ich bin nämlich ein Computerfreak. Gut 20 PC's sind bereits durch meine Hände gegangen. Ständig halte ich nach einem neuen Ausschau, damit ich den alten ersetzen kann, sobald dieser technisch überholt ist – was in der Regel schon eintritt, bevor ich ihn ganz ausgepackt habe." *(Dave Barry, 1998)*

Umgang mit Schulden	Schüler 7.–10. Klasse
1. Kredite für Konsum?	65 %
2. Verzicht bei nicht direkt bezahlbaren Konsumwünschen?	24 %
3. Warten und Ansparen bei nicht sofort finanzierbaren Konsumwünschen?	55 %
4. Geldleihe bei Bedarf?	88 %
5. Kreditaufnahme/Geldleihe trotz Wissens um Nichterfüllbarkeit der Rückzahlungspflicht?	43 %

Hans Magnus Enzensberger

Das digitale Evangelium (Auszug)

Die Beschleunigung der Medien hat inzwischen auch ihre Theoretiker erreicht. Der Eifer, den sie an den Tag legen, verleitet sie oft genug zu Übersprungshandlungen, ganz so, als hätten sie eine peinliche Scharte auszuwetzen. Es genügt ihnen nicht, die Praxis einzuholen; sie möchten ihr am liebsten zuvorkommen. Deshalb tendiert ihre Reflexion zur Prognose. Daß das Leben meist auch den bestraft, der zu früh kommt, davon könnten allerdings die meisten Futurologen ein Lied singen, wenn sie es nicht vorzögen, von ihren Blamagen zu schweigen.

Daß die Medienpropheten in doppelter Formation auftreten, ist nicht überraschend. Die beiden Fraktionen folgen einem vertrauten religionsgeschichtlichen Muster: Auf der einen Seite finden wir die Apokalyptiker, auf der andern die Evangelisten. In mehr als einer Hinsicht hat ja der technische Fortschritt die Nachfolge der Offenbarungsreligionen angetreten. Heil und Unheil, Segen und Fluch lesen die Auguren seit der Aufklärung nicht mehr in den Heiligen Schriften, sondern aus den Eingeweiden der technischen Zivilisation. Beiden Verkündigungen ist ein sonderbar befriedigter, um nicht zu sagen triumphierender Unterton gemeinsam.

Die digitalen Evangelisten begnügen sich nicht mehr mit der alten Frohbotschaft von der Perfektibilität der Menschen. Nur die Naivsten unter ihnen sehen in der globalen Dorfgemeinschaft die Lösung unserer Probleme. Weltweite Kommunikation und Vernetzung, direkte elektronische Demokratie, gleichberechtigter Zugang zu jeder Art von Information, Abbau von Hierarchien, nachhaltige Nutzung von Ressourcen, kurzum, Homöostase und Harmonie – das sind einige ihrer Verheißungen. Sie erinnern in ihrer Erinnerungslosigkeit an die nukleare Euphorie der Nachkriegszeit, die in der sogenannten friedlichen Nutzung der Kernspaltung die Lösung aller Energieprobleme sah. Wie damals, so genießen derartige Experten auch heute das Wohlwollen finanzstarker Konzerne, und ihre Forschungsergebnisse sind von den Botschaften einer Public-Relations-Agentur kaum zu unterscheiden.

Aber bei diesen menschenfreundlichen Visionen lassen es die neuesten Evangelisten nicht bewenden. Ihr Weitblick reicht über den Horizont der Spezies hinaus. Angesichts der Mangelhaftigkeit des Menschen reißt ihnen die Geduld. Schließlich übertrifft schon die Lebenserwartung eines ganz gewöhnlichen Schraubenziehers die unsrige, und ein hinreichend großer Rechner speichert unvorstellbar viele Daten rascher und zuverlässiger als unser hinfälliges Gedächtnis.

Sehnsüchtig erwarten daher die Freaks unter den Evangelisten die nächsten Schritte der Evolution. Zunächst geht es um die Emanzipation des Menschen von seiner unmittelbaren, organisch bedingten Erfahrung. An die Stelle der schmuddligen Lebenswelt soll der hygienisch einwandfreie Cyberspace treten, eine erste Stufe der Befreiung vom eigenen Körper. Oswald Wiener hat bereits 1969 zur „verbesserung von mitteleuropa“ aufgerufen – ein Werk, dem spätere Propheten wenig hinzuzufügen hatten. Der Cyborg, eine Chimäre aus Mensch und Maschine, ist der nächste logische Schritt zur Selbstabschaffung der Gattung. (...) Die in den Sand gesetzten Forschungsgelder, die Hartnäckigkeit des Mind-Body-Problems, die vielen Pleiten, die ihren Verheißungen beschieden waren – das alles kann die Projektemacher in ihrem Behagen nicht stören. Propheten sind gegen Tatsachen immun. Das macht ihren Reiz aus. Die apokalyptische Fraktion hingegen ist jeder Sympathie mit der großen Industrie unverdächtig. Sie ist von Drittmitteln unabhängig, verzichtet auf Subventionen und verkündet ihre Schreckensmeldungen auf eigene Rechnung und Gefahr. Sie versichert uns, daß das Ende, ohne daß wir es bemerkt hätten, bereits eingetreten ist. Der Medienphilosoph Paul Virilio teilt uns mit, daß wir längst zu Mutanten geworden sind und im Zustand des „rasenden Stillstands“ leben. Raum und Zeit sind uns abhanden gekommen. Übertroffen werden seine Thesen von Baudrillard, dem zufolge alles, was wir für wirklich halten, in Wirklichkeit längst verschwunden ist. Unsere Medien haben jede Möglichkeit, zwischen Schein und Sein zu unterscheiden, bereits abgeschafft. Die Welt ist nur noch eine Simulation. Damit hat sich die Frage nach dem Sinn erledigt.

Untersuchen, analysieren:
- das Thema im Text
- Prämissen
- die Positionen des Autors zum Thema
- die strittigen Punkte
- fremde Positionen

Kommentieren, Stellung nehmen:
- die eigene Position,
- die eigenen Argumente,
- eine Lösung?

Begriffe klären:
Medienkompetenz, Evangelisten, Apokalyptiker, Bewusstseinsindustrie, Informationsquarantäne, Mind-Body-Problem

Auch die Behauptungen der Apokalyptiker zeichnen sich durch einen triumphierenden Tonfall aus. Sie haben den Charme des Endgültigen. Ihrer Radikalität haftet die Selbstzufriedenheit dessen an, der über alle Illusionen erhaben ist und die allgemeine Verblendung durchschaut hat. Auch in diesen Fällen erweist es sich als Vorteil, daß die Medienphilosophie, wenn sie sich zu solchen Höhen erhebt, auf Tatsachen keine Rücksicht mehr zu nehmen braucht. (...)

Auch über die gesellschaftlichen Auswirkungen der neuen Medien ist viel geschrieben worden. In einem Text von 1970, der damals viel zitiert wurde, heute aber vor allem durch seinen schneidigen Ton auffällt, heißt es: „In ihrer heutigen Gestalt dienen Apparate wie das Fernsehen oder der Film (...) nicht der Kommunikation, sondern ihrer Verhinderung. Sie lassen keine Wechselwirkung zwischen Sender und Empfänger zu (...). Dieser Sachverhalt läßt sich aber nicht technisch begründen. Im Gegenteil: Die elektronische Technik kennt keinen prinzipiellen Gegensatz von Sender und Empfänger (...). George Orwells Schreckbild einer monolithischen Bewußtseins-Industrie zeugt von einem Verständnis der Medien, das undialektisch und obsolet ist. Die Möglichkeit einer totalen Kontrolle solcher Systeme durch eine zentrale Instanz gehört nicht der Zukunft, sondern der Vergangenheit an (...). Informations-Quarantänen, wie sie der Faschismus und der Stalinismus verhängt haben, sind heute nur noch um den Preis bewußter industrieller Regression möglich.“ Und schließlich: „Die neuen Medien sind ihrer Struktur nach egalitär. Durch einen einfachen Schaltvorgang kann jeder an ihnen teilnehmen; die Programme selbst sind immateriell und beliebig reproduzierbar.“

Wohl gesprochen zu einer Zeit, da vom Internet noch keine Rede war. Doch führte der Versuch des Verfassers, die Medienpraxis zu überholen, zu allerhand Erwartungen, die heute naiv anmuten. Dem imaginären Netz der Zukunft wurden – ganz im Gegensatz zu den alten Medien – utopische Möglichkeiten zugeschrieben; seine emanzipatorische Potenz stand für den Dichter außer Frage. Ganz im Sinn der marxistischen Theorie hegte er ein unbegrenztes Zutrauen in die berühmte „Entfaltung der Produktivkräfte“, eine materialistische Variante der christlichen Trias von Glaube, Liebe und Hoffnung. Heute würden auf derartige Verheißungen nur die Evangelisten des digitalen Kapitalismus schwören. Vielleicht empfiehlt sich 30 Jahre später eine gewisse Nüchternheit.

Richtig an solchen Prognosen war allerdings die Unterscheidung zwischen zentral gesteuerten und dezentral verfaßten Medien. Man braucht nur die Extremfälle zu betrachten, um die politische Bedeutung dieses Unterschieds zu begreifen. Auf der einen Seite das Edikt, die kaiserliche Botschaft, die das Gefälle zwischen Befehl und Gehorsam voraussetzt; auf der andern Seite der „herrschaftsfreie Diskurs“ gleichberechtigter Teilnehmer. In diesem Sinn ist das Netz tatsächlich eine utopische Erfindung: es hat den Unterschied zwischen Sender und Empfänger abgeschafft. Eine zentrale Instanz, die imstande wäre, es zu kontrollieren, existiert nicht mehr. (...)

Jeder denkbare Lauscher wird an einer prinzipiellen Eigenschaft der Datenströme ersticken, nämlich an ihrer überwältigenden Banalität. 99,999 Prozent aller Botschaften sind allenfalls für ihre Empfänger von Interesse, und selbst das ist noch übertrieben. Auch insofern trügt die Prophezeiung von der emanzipatorischen Kraft der neuen Medien. Nicht jedem fällt etwas ein, nicht jeder hat etwas zu sagen, was seine Mitmenschen interessieren könnte. Die viel beschrieene Interaktivität findet hier ihre Grenze. (...)

Auch auf Seiten der Nutzer zeigt die Globalisierung manche ihrer Kehrseiten. Zwar triumphieren auf Tausenden von Homepages Eigenbrötlerei und Dissidenz. Keine Nische, kein Mikromilieu, keine Minorität, die im Netz nicht ihre Heimstatt fänden. Die Veröffentlichung, im Gutenberg-Zeitalter ein Privileg Weniger, wird zum elektronischen Menschenrecht, nach dem Motto: Samisdat* für alle. Das erklärt die Angst der Macher vor dem Netz in diktatorisch verfaßten Gesellschaften wie Iran oder China. (...)

Da kein Zentrum vorhanden ist, kann sich jeder einbilden, er befinde sich, wie die Spinne in ihrem Netz, im Mittelpunkt der Welt. Kurzum, das interaktive Medium ist weder Fluch noch Segen; es bildet schlicht und einfach die Geistesverfassung seiner Teilnehmer ab.

(2000)

** Samisdat: im Selbstverlag veröffentlichte, offiziell aber verbotene Literatur in der Sowjetunion bis 1990*

Darstellen, präsentieren:
die vorgestellten medienkritischen Thesen in Form eines
- Mind-Map → 172 oder eines
- Konspekts → 141 f. auf Folie fixieren und in einem
- Kurzvortrag → 56 ff. erläutern

Selbst gestalten:
einen Essay schreiben zu einem der folgenden Themen:
- Ein Plädoyer für das Hören
- Abschied von der Schreibmaschine
- Ein Leben ohne Fernsehen
- Medien und neues Lernen
- Sprache im Internet
- Chatten, E-mails und Video-Konferenzen, soziale Kontakte durch die neuen Medien

Marie-Anne Berr

Bild-Folgen. Der geschulte Blick und die Fata Morgana der Sinnlichkeit

(Auszug)

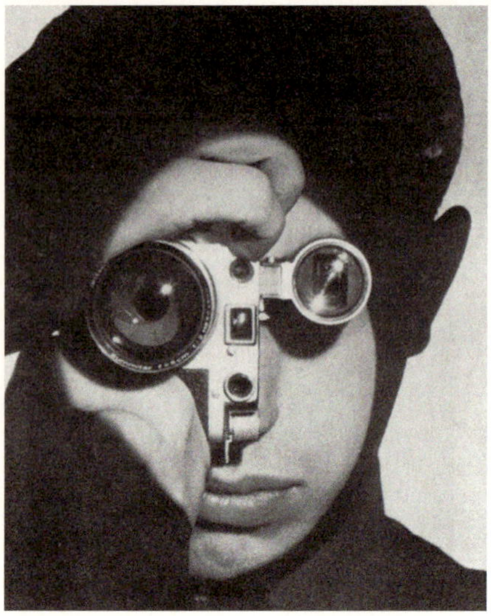

© Friedrich Verlag, Seelze 1985

Unser Auge, das Auge des zivilisierten Menschen ist ein Zuschauerauge geworden. Mit distanziertem Blick wird eine Welt erfasst, „abgetastet" und durchlebt, zu der es einen komplex-sinnlichen Erfahrungszusammenhang kaum (mehr) gibt. Riechen, schmecken, tasten, hören, die ganzheitlich körperliche Wahrnehmung wird immer mehr zu einem Fantasiegebilde, das in den gedanklichen Assoziationen, die durch das Sehen ausgelöst sind, seinen Ursprung hat. Das distanzierte Auge meidet das Körperliche, es ist körperlos. Es ist ein „kaltes" Auge. *„Das kalte Auge will keine leibliche Gemeinschaft – im Gegenteil, es verabscheut sie, als fürchte es Ansteckung, Trübung seiner kalten Klarheit." (Mattenklott 1982.)*

Der Unterdrückung des Zusammenspiels aller Sinne liegt ein doppelter Prozess zugrunde. Die Loslösung der menschlichen Existenz aus ihrer unmittelbaren Verbundenheit mit der äußeren Natur und die Modellierung der inneren Natur. Beides wird ermöglicht durch die Fähigkeit zur Selbstdistanz, die im Laufe des Zivilisationsprozesses erworben wird. Wie sehr sich unsere Erfahrung von der ganzkörperlichen Wahrnehmung entfernt und auf das Sehen verengt hat, zeigt uns Schivelbusch (1979) am Beispiel der Mechanisierung des Reisens. Die Geschwindigkeit der Postkutschenreise war noch ein gesamtsinnliches Erlebnis, das gleichzeitig zu sehen, zu hören und als körperlicher Erschöpfungs- und Erregungszustand an sich selber, an den Mitreisenden und an den Zugtieren abzulesen war. Die Eisenbahnreise vermittelte dagegen bald nur noch das Gefühl von Langeweile und Dauer, während die Anstrengung des nun panoramatisch eingestellten Auges wächst. Die Wahrnehmung von Landschaft und Geschwindigkeit wird zu einem Stummfilmerlebnis. Emotionale Verbundenheit zu den einzelnen Stationen der Bilderreise kann sich nicht einstellen, wird vielleicht nur als unnötig belastend empfunden. Das kalte Auge sucht keinen sinnlichen Bezug. Es hat seine Funktion gerade im Gegenteil davon. Denn in der Eingrenzung der Wahrnehmung auf den Gesichtssinn verschärft sich die Distanz zwischen dem menschlichen Innen und seiner „Außenwelt", zwischen den Motiven der Begierde und ihren Objekten. Damit entsteht jene Affektzurückhaltung und Selbstdistanzierung, auf der beispielsweise das Vertrauen des Patienten in die Rolle der Ärzte beruht, aber auch das Ideal wissenschaftlicher Neutralität und Unbestechlichkeit gründet. (…)

Der Bildschirm, der Computer spitzen eine Art des Sehens zu, wie sie sich seit langem in der Fotografie und im Film herausgebildet hat. Sehen, was mit bloßem Auge nicht zu sehen ist, das Objekt zerlegen, es analysieren, unter Kontrolle bringen, zu einer neuen synthetischen Einheit zusammensetzen. – Sehen ist somit nicht nur Rezeption, sondern überwiegend Produktion von Abbildern und Ausschnitten einer neuen, mit technischen Mitteln erzeugten Realität. (…)

Die Reduzierung der Wahrnehmung ausschließlich auf das Sehen hat zur Folge, dass das Auge zur ausschließlichen sinnlichen Lustquelle wird. So ist dieses Sinnesorgan nicht nur ein kaltes Auge, wie ich es oben beschrieben habe, sondern kann zugleich auch ein „heißes" Auge sein, das sich in Schaulust ergeht und Gehirnsinnlichkeiten auslebt. Über die zivilisationsgeschichtliche Trennung in innere und äußere Natur fand eine tief greifende Transformation des Affekthaushalts statt. Die Verwandlung von ursprünglich aktivem, leiblichem Lustempfinden in die passive, gesittete Lust am Zusehen (…). Denn der Wunsch nach Fernsehen, Videofilmen und Videospielen wird in einem Körper wach, der über einen langen Arbeitstag (oder Schultag) hin das Gesehene auf Distanz halten musste. Seien es die verschiedenen Abstraktionsleistungen, die zu erbringen sind, oder der kontrollierend einzusetzende Blick. Hinsehen, das heißt hier

Selbst gestalten: zu Videosequenzen oder einzelnen Bildern in einer Drehbuchskizze neben Hören und Sehen die anderen Sinne einbeziehen: Geruch, Geschmack, Hautsinn.

Unterwerfung der Wahrnehmung unter Zweck-Mittel-Raster, die bestimmen, was gesehen werden kann, muss und darf. Demgegenüber steht nun die maßlose und wahllose Gier des gefräßig-schaulustigen Auges. Sie ist der hilflose, immer unbefriedigend verlaufende Versuch des Körpers, sich für den Verlust des sonst durch die Restsinne verschafften Wohlbehagens zu entschädigen. Er aber muss misslingen. Da keine tatsächliche Berührung stattfindet, sich keine menschliche Wärme austauscht, reicht es nie zu einer wirklichen Befriedigung. Ohne Verschmelzung des Auges mit den anderen Sinnen kann das Subjekt nie satt werden. Der Augenlust bleibt immer nur die Illusion der Befriedigung.
(1985)

Diskutieren, erörtern:
„Wir bleiben Schnüffeltiere"
(Barbara Sichtermann, 1995)

Bernd Scheffer
Surfen als Lebensform*

(...) Dieses „Surfen" – auch ich hätte gerne eine weniger modische Bezeichnung, bin aber noch nicht fündig geworden – dieses Surfen ist in jedem Fall ernster zu nehmen als nur im Sinne eines modischen Schlagworts; auch „zapping", „browsing", „switching", „navigation" und „channel-hopping" sind mehr als nur solche Formen der Mediennutzung, über die man noch Witze machen könnte. Was sich ändert oder schon geändert hat, ist, dass mittlerweile fast alles als Fortsetzung, als Serie oder „merchandising" (als intermediale Fortsetzung) erscheint, nicht nur mit einer Stornierung von Anfang und Ende und entsprechend mit einer weiteren Auflösung jeden Werkbegriffs, sondern zu ändern wäre auch unsere autoritätsgläubige Kommunikations-Metaphorik von oben und unten, von hoher und niedriger Mediennutzung, von Oberfläche und Tiefe, von Innen und Außen, von Zentrum und Peripherie, von fiktiv und real, von organisch und mechanisch, von heiß und von kalt usw. Dieses Surfen tendiert, über die Art und Weise der Mediennutzung weit hinausgehend, dazu, Lebenspraxis zu charakterisieren: Die Autorität bestimmter Lebensprinzipien schwindet; alles ist im Fluss, kein Ziel ist per se wichtiger als ein anderes; so wird Arbeit (...) nicht mehr als ‚Beruf(ung)', sondern als Gelegenheitsjob verstanden, einigermaßen unabhängig von der Art und von der Dauer der Tätigkeit; Freizeit und Arbeit werden verwechselbar, selbst bei Reisen ist das Ziel einigermaßen nebensächlich: „last-minute-travelling". (...)
Das alte Problem der einst angeblich ziemlich klaren Unterscheidung zwischen Fiktion und Wirklichkeit hat sich verschoben: Viel eher müssen wir von der Indifferenz zwi-

© David Ausserhofer, Berlin

schen Fiktion und Wirklichkeit ausgehen und dann fragen, unter welchen Bedingungen eine behelfsmäßige, aber durchaus auch oft unentbehrliche Unterscheidung zwischen Fiktion und Wirklichkeit dann doch noch möglich ist. Der Surfer kann und darf beides austauschen. Selbstverständlich rührt ihn das Schicksal der „Lindenstraßen"-Mitbewohner mehr als das seiner Nachbarn im eigenen Haus. Aber das geht uns ja auch so.
Ein sicher nicht unerheblicher Teil der Unterscheidung zwischen Fiktion und Wirklichkeit hat ja ohnehin keine absolute Garantie, d.h., wir können dann nie vollkommen sicher sein, auf welcher der beiden Seiten wir uns jeweils tatsächlich befinden. Und eigentlich wollen wir es ja auch nicht. Nicht die Differenz von Fiktion und Wirklichkeit ist also das Kriterium für den Reiz der jeweiligen Mediennutzung, sondern die

Erkunden, erforschen:
Mehrere Schülerinnen und Schüler surfen im Netz – anschließend wird das „Verlaufsprotokoll" in Gruppen ausgewertet (s. Button „Verlauf" im Browser-Menü): Wohin ging die Reise?

Verwechselbarkeit. Auch Erwachsene brauchen geradezu diese grundlegende Indifferenz: Die Angebote von Literatur und Film und Fernsehen, die Angebote der Medien, der Kunst überhaupt, sind – auf jedem Bildungsniveau, auf jedem sozialen Stand – gerade deshalb äußerst reizvoll, weil wir eben genau damit ein Stück Wirklichkeit und Fiktion verwechseln können und verwechseln dürfen, weil wir real träumen können, weil wir träumerisch durch die Realität wandern können, weil wir fantasieren können, usw. (...)

Man kann gegen den Surfer sagen, was man will (auch mir fällt eine Menge ein gegen ihn), aber er ist der erste wahrhaft friedfertige Typus. Er hat nichts, wofür er kämpfen und sterben will: weder militant noch militär; ohne Flower-Power-Blödigkeit und die Rundum-Anmache für jeden vom Typ „Echt schön, dass es dich gibt!" Der Surfer ist nicht authentisch, zweifellos; dazu spielt er viel zu sehr herum, aber er ist im Allgemeinen auch nicht zynisch, allenfalls dauer-ironisch. Nur bei den Eltern der Surfer findet man überall noch veraltete Reste eines Echtheitskults, eines Authentizitäts-Wahns, eine Ehrlichkeits-Doktrin, verbunden mit der strikten Weigerung, die Welt auch nur ansatzweise als Theater zu sehen, wo es um Spielen und Mitspielen geht, wo man sich selbst eingestehen muss, dass man u.U. mit künstlicher, gut inszenierter Aufregung – mit Werbestrategien also – mehr bewirkt als mit Echtheit. (...)

Zu den zentralen Bedingungen des Surfens gehören die vielfältig benannten Raum-Zeit-Verschiebungen im gesamten Leben; davon nur so viel: Sicher scheint, dass sich die Surfer extrem gegenwärtig orientieren. Sie sind nicht nur so geschichtsdesinteressiert wie keine Generation zuvor (was übrigens auch Vorteile hat), sondern auch so wenig zukunftsorgend, so wenig über den Tag hinaus planend wie wohl keine andere Generation zuvor. Verstärkt hedonistisch orientiert leben sie voll im Hier und Jetzt. Gestern und Morgen sind medial gegenwärtig und sie sind medial ins Gegenwärtige bis zur Ununterscheidbarkeit der Räume und Phasen integriert. Surfer entdecken sicher eher die Schnelligkeit als die Langsamkeit, immerhin haben sie gewisse begrenzte Möglichkeiten zur Tempokontrolle, nur Stillstand darf es, wie beim Zweiradfahrer, nicht geben.

(1998)

Diskutieren, erörtern:
- Worin bestehen die sinnlichen Erfahrungen all der Internetsurfer, Fernsehzuschauer und multimedialen Menschen?
- Ist virtuelle Wahrnehmung eine neue Form der Sinnlichkeit?

Pro und Kontra: Soll Internet Schulfach werden?

Heinz Mandel/Gabi Reinmann-Rothmeier

PRO: Computer fördern soziales Lernen über regionale und kulturelle Grenzen hinweg (Auszug)

Die Integration des Internets in das schulische Lernen eröffnet eine ganze Reihe interessanter Perspektiven für den Unterricht. Doch die Schule muss die Voraussetzungen erst schaffen, damit das neue Medium mit Gewinn im Klassenzimmer einzusetzen ist. Nur wenn es der Schule gelingt, über die verantwortungsbewusste Nutzung des Internets als Informationsressource hinaus so etwas wie virtuelle Learning Communities zu fördern, sind die Vorteile der modernen Netztechnologie nutzbar: soziales Lernen über regionale und kulturelle Grenzen hinweg; der Austausch von Wissen und Erfahrung und die kooperative Bearbeitung relevanter Problemstellungen.

Wer sich als Gegner des Internets Gehör verschaffen möchte, warnt vor Erfahrungsverlust, Gleichschaltung des Denkens und sozialen Defiziten. Wer die Segnungen des Internets für das schulische Lernen auf den Punkt bringen will, schwärmt von vernetzten Schulen und virtuellen Klassenzimmern und stilisiert die Medienkompetenz zum modernen Bildungsideal. Die Wirklichkeit hat mit der schönen digitalen Bildungswelt ebenso wenig zu tun wie mit der elektronischen Höhle des fantasietötenden Löwen. Das wissen Schüler und Lehrer am besten, die den Umgang mit dem Internet bereits praktizieren – und deren Zahl wächst.

Für viele Schülerinnen und Schüler ist der Zugriff auf die Informationen des Internets viel zu unstrukturiert; zweifelhafte Glaubwürdigkeit der Informationsquellen und die Werbung im Netz potenzieren dieses Pro-

Prognosen:
„7 Stunden und 10 Minuten pro Tag werden die Bundesbürger im Jahr 2015 für Mediennutzung aufbringen. Das Frauenhofer-Institut befragte 300 Experten."
(Die Woche, 13.11.1998)

blem. Die Vorteile, die der weltweite Zugriff auf Informationen bringt, besonders die Befreiung des Lernens von Orts- und Zeitbeschränkungen, treten so leicht in den Hintergrund. Oft sind Schülerinnen und Schüler auch von den verwirrend vielen Hyperlinks überfordert; ein Lernvorteil allein aufgrund multimedialer Darstellungen lässt sich empirisch nicht nachweisen. Die größere Anschaulichkeit durch die hypermediale Informationspräsentation kann so beeinträchtigt werden. Und erst bei einer adäquaten Gestaltung der Internet-basierten Lernumgebungen kann das Internet als Kommunikationsplattform den sozialen Austausch und das Lernen in der Gruppe fördern. Der Grund für die genannten Einschränkungen in der schulischen Nutzung der Potenziale des Internets liegt auf der Hand: Das Internet ist primär kein Instruktions-, sondern ein Distributionsmedium und stellt lediglich ein Werkzeug für neue Formen der Zusammenarbeit dar – ein Werkzeug, das wie die Bohrmaschine sachkundige Nutzer, aber auch adäquate Zielsetzungen braucht.

Ein sinnvoller Umgang mit dem Internet verlangt durchdachte Konzepte, geeignete Rahmenbedingungen und Kompetenzen seitens der Schule. Doch wie gut sind unsere Lehrer darin ausgebildet, netzbasierte Tools in den Unterricht zu integrieren? Wie werden sie an den Schulen unterstützt, wenn es darum geht, die Vorzüge des Internets für das schulische Lernen zu erschließen? Und wie steht es vor Ort mit der Reflexion über die Ziele, die mit der Nutzung des Internets verfolgt werden?

Es gibt inzwischen eine Reihe erfolgreicher Ansätze und Programme zum Lernen mit dem Internet. Sie zeigen recht genau, worauf es ankommt. Der Internet-Nutzung in der Schule muss erstens ein pädagogisch-psychologisches Rahmenkonzept zugrunde liegen – ein Konzept, das der eigenverantwortlichen und sozialen Wissenskonstruktion der Lernenden Priorität einräumt, ohne damit die systematische Wissensvermittlung aus dem Kanon schulischer Lehrmethoden gänzlich zu verbannen.

Zweitens müssen parallel zum Einsatz des Internets in der Schule Lehr- und Lernformen, aber auch Curricula und Beurteilungsverfahren so verändert werden, dass sie dem Rahmenkonzept entgegenkommen: Es hat keinen Sinn, Internet-Projekte zu fordern, wenn der Lehrplan entsprechende Bemühungen torpediert; ebenso sinnlos ist es Schülerinnen und Schüler zur Kooperation zu motivieren, wenn der Lohn ausschließlich an Einzelleistungen festgemacht wird.

Der Internet-Einsatz in der Schule setzt drittens leistungsfähige Geräte und Software-Tools voraus, die den Lernenden die notwendige Unterstützung bei der Nutzung des Internets gewähren. Veraltete Hard- und Software sind nicht selten Motivationskiller, gerade wenn es um das Internet geht.

Last, but not least kommt es darauf an, dass sich alle Angehörigen der Schule Gedanken darüber machen, welchen Nutzen das Internet für die Schülerinnen und Schüler haben kann. Dass das Internet das Lernen automatisch besser, schneller und spaßiger macht, dürfte inzwischen als Mythos identifiziert sein. Weder ist die Qualität des Lernens vom Lernenden abzukoppeln, noch lassen sich Lernprozesse beliebig beschleunigen. Und anstrengend bleibt das Lernen allemal – ob mit oder ohne Internet.

(2000)

Studie – Internet isoliert sozial – WDR 16.2.2000

In den USA hat das Internet einer umfassenden wissenschaftlichen Studie zufolge eine breite Welle sozialer Isolation hervorgerufen.
Zu diesem Schluss kommt die Stanford Universität in San Francisco. Viele Amerikaner verbringen nach diesen Erkenntnissen immer mehr Zeit im Internet und immer weniger mit Familie und Freunden. Auch andere kontaktreiche Aktivitäten wie Einkaufen oder gemeinsame Arbeit mit Kollegen, gingen zurück. 49 Prozent der Web-Nutzer seien täglich zwischen einer und fünf Stunden online, 22 Prozent zwischen fünf und zehn Stunden.
(www.wdr.de, 16.2.2000)

Joseph Weizenbaum

KONTRA: Mit Computern erziehen wir die Kinder zu fantasielosen Befehlsempfängern (Auszug)

Dies ist die richtige Zeit darüber zu spekulieren, was uns das neue Jahrhundert bringen wird. Projiziere ich in die Zukunft, was bereits jetzt zu beobachten ist, so sehe ich, dass der größere Teil der Massen in den so genannten fortschrittlichen Ländern in zunehmendem Maße seinen Arbeitstag damit verbringen wird, den Befehlen der Maschine Folge zu leisten, während er für den Rest der Zeit am Busen der großen Bestie Unterhaltung saugt.

Das ist eine fürchterliche Vision und sie lässt die drängende Frage aufkommen, ob Eltern ihre Kinder wirklich dazu erziehen wollen als Erwachsene so zu leben. Denn genau das wird geschehen, wenn Eltern ihre Kinder zu

Die Netzmuffel aufklären

Dass die Deutschen im internationalen Vergleich immer noch Technik-Muffel sind, lässt sich auch heute nicht leugnen. Noch im gerade abgelaufenen Jahr surften nur sechs Prozent von ihnen hin und wieder vom heimischen PC aus im Internet. Dazu kommt die Angst vieler Menschen vor der Informationsgesellschaft. Befragt nach Risiken, teilen sich in den Umfragen „die Angst vor der Computerabhängigkeit", „vor dem gläsernen Menschen" sowie „vor möglichem Arbeitsplatzverlust" die oberen Plätze. (...) Heißt das nun, dass die Deutschen grundsätzlich technologiefeindlich sind? Die Antwort lautet trotz allem: nein. Jedenfalls sind sie das, so europäische Umfragen, weit weniger als Briten und Franzosen. Das Problem liegt tiefer: Die meisten Menschen verstehen die Informationstechnik nicht – oder sie interessiert sie nicht. (...) Kurzum: Die Deutschen liegen privat lieber vor dem Fernseher. Ursache sind nicht nur Bequemlichkeit, sondern vor allem Kompetenzdefizite – die Cyberwelt ist vielen unheimlich.
(Ina Hönicke, Computerwoche, 18.02.2000)

früh dem Computerunterricht an der Schule aussetzen. Es steht außer Frage, dass der Computer kreativ genutzt werden kann. Er ist ein Instrument mit größerem Potenzial, als es die Bühne je für den Dramatiker war. Der menschlichen Vorstellungskraft eröffnet sich eine nie da gewesene Freiheit.

Doch die oberflächliche Kenntnis, wie ein Computer zu bedienen ist, verlangt vom Benutzer, dass er oder sie lernt, blind und sogar geistlos den Befehlen zu folgen, welche die Maschine diktiert. Genau wie die Mathematik, die Mutter aller Wissenschaften, eine wachsende intellektuelle und emotionale Reife verlangt, wenn sie nicht nur auf der trivialsten Ebene gemeistert werden soll, so erfordert dieses wunderbare Instrument, der Computer, nicht allein eine lebhafte Intelligenz, sondern eine ebensolche Vorstellungskraft, wenn es auf eine Art und Weise genutzt werden soll, die sich nicht darin erschöpft, seine Befehle zu befolgen. Der Geist gesunder Kinder ist voll von herrlicher, kreativer Fantasie. Die muss gefördert werden. Das noch unreife Kind dazu zu erziehen, bedingungslos abstrakten Regeln zu gehorchen, deren Autorität nur darin begründet ist, dass sie in zumeist unverständlichen Handbüchern niedergeschrieben sind, bedeutet diese Vorstellungskraft zu zerstören und die Kreativität in einen Käfig zu sperren. Ein so gedrilltes Kind wird nur zu einem Übersetzer der Gedanken anderer Leute heranwachsen, aber selbst nichts zu sagen haben. Es ist ein Angriff auf den Geist des Kindes zur denkbar ungünstigsten Zeit in seinem Leben, ein Angriff, der seinen fantasievollen Geist zur Rigidität verdammt.

Noch wichtiger: Die Entscheidung, heute etwas Neues in den Schultag zu integrieren, seien es Computer oder was auch immer, erfordert eine Neubewertung der von der Schule gesetzten Prioritäten. Soll der Sprach- oder Geschichtsunterricht gekürzt werden um Zeit für Computerstunden herauszuholen? Werden deutsche Schulen heute ihrer erzieherischen Verantwortung vollständig gerecht? Unterrichten sie Kinder darin sich selbst in Sprache und Schrift klar auszudrücken? Und: Sind die primitiven Trivialitäten, die dann in den unteren Klassen als Computerunterricht eingeführt werden, mehr wert als die Lehrer, die entlassen werden müssen um die Anschaffung und Wartung der Computer zu finanzieren?

Natürlich sind Eltern besorgt, ihre Kinder könnten das Rennen um gute Jobs oder um Arbeit überhaupt verlieren, wenn sie sich ohne Erfahrung mit Computern auf den Arbeitsmarkt begeben. In Wahrheit können alle Computerkenntnisse, die in Berufen außerhalb der Wissenschaft und des Ingenieurwesens gebraucht werden, innerhalb weniger Monate, beispielsweise in den Schulferien, von jedem erworben werden, der, sagen wir, älter als 16 ist. Außerdem sind für die meisten Jobs, in denen Computer benutzt werden, überhaupt keine Computerkenntnisse in engeren Sinne nötig. Die Person, die am Computerarbeitsplatz oder an der Registrierkasse sitzt, muss lediglich imstande sein, deutlich markierte Felder auf dem Bildschirm auszufüllen. Nicht einmal der Pilot eines sehr großen Flugzeugs muss etwas von Computern verstehen um den Auto-Piloten dieses Flugzeugs zu „programmieren". *(2000)*

Dieter E. Zimmer

Web-Literatur: Realität? Gerücht? Verheißung? (Auszug)

Die Verwechslungsgefahr ist groß. „Literatur im Web" ist nicht dasselbe wie „Web-Literatur" (früher „Internet-Literatur" genannt). Literatur im Web, das ist normaler Text, wie er seit jeher etwa in Büchern stand, aber jetzt nicht auf Papier, sondern elektronisch: E-Text online. Es gibt ihn hier und da und es wird immer mehr davon geben, denn er hat seinen begrenzten, aber unübersehbaren Nutzen: Er ist überall sofort verfügbar, wo ein vernetzter Computer steht, und er lässt sich sehr viel leichter erschließen. „Web-Literatur" dagegen will gerade das nicht sein: Text wie eh und je, aber ins World Wide Web verpflanzt. Wo sie auftritt, tut sie es meist mit dem missionarischen Anspruch eine neuartige Kunstform zu sein, inhaltlich und formal eigenständig und geeignet, aller bisherigen Literatur den Todesstoß zu versetzen. (...)

Tatsächlich eröffnet der Computerbildschirm, eröffnet besonders das Web eine Rei-

Web-Literatur, Hypertexte und Schreibprojekte:

- www.update.ch/beluga/hf.htm
- www.netlit.de
- www.fortunecity.de/explore/area/lindenpark.html
- http://literatur.lake.de/index.html
- http://klondike.icf.de/softmoderne/
- www.s.shuttle.de/buecherei/hyperfiction/literaturprojekte.htm
- www.wissdorf.com/index.htm
- www.hyperfiction.de
- www.netzliteratur.de
- www.carpe.com
- www.ampool.de
- www.txt.de/webguide/litsurf.de/cyber/prosa.htm

he von gestalterischen Möglichkeiten, mit denen Gutenbergs altmodische Galaxis nicht aufwarten konnte. Sie lassen sich vier Stichwörtern zuordnen: Multimedia, Kooperativität, Interaktivität, Hypertext. Für den überzeugten E-Literaten scheinen es Zauberwörter, die die Tür zu kühnen, lichteren Räumen des Geistes aufstoßen. Aber wenn nun dort auch nur die alten Lesefunzeln brennen?

Multimedia. Im Computer lassen sich mehrere Sinneskanäle integrieren. Nicht alle: der Riech-, der Tast- und der Temperatursinn bleiben auf unabsehbare Zeit ausgeschlossen. Aber Text und Ton und stehende wie bewegte Bilder lassen sich prinzipiell zusammenführen, wenn auch im Falle von Ton und Video vorerst nur in frustrierender Ungelenkigkeit. Illustrierte Schriftwerke aber sind nichts ästhetisch Neues, auch wenn sie elektronisch daherkommen; und an die Stelle oder Seite von Abbildungen lassen sich ohne weiteres Tonbeispiele oder Filmausschnitte denken. Dass die Medien integrierbar werden, heißt im Übrigen nicht, dass sie durcheinander ersetzbar werden. Literatur entstammt per definitionem dem Bedürfnis nach Versprachlichung der Erfahrungen; was sich diesem Bedürfnis entzieht, mag sein, was es will, aber eben keine Literatur.

Kooperativität. Einer schreibt etwas Text in seinen Computer, hundert andere irgendwo auf der Welt können ihn gleichzeitig lesen, in Frage stellen, ausbauen, weiterspinnen. In den Naturwissenschaften, die ein kollektiver Prozess sind, wird es zum Teil mit Erfolg so gemacht und E-Mail wie elektronische Diskussionsforen haben dieser Gemeinschaftsanstrengung starken Auftrieb gegeben. Im Bereich des Ästhetischen jedoch, wo es auf die Form ankommt, geht es anders zu; Kunstwerke dürften sich auch in Zukunft nicht „erdiskutieren“ lassen. Wo „Millionen gleichzeitig auf einer gemeinsamen elektronischen Schreiboberfläche arbeiten“ (Ted Nelson), werden sie kaum über Chat-Gruppen-Niveau hinauskommen, bei dem sich Nichtteilnehmer die Ohren zuhalten.

Interaktivität. Der Computer erlaubt den Anwendern einzugreifen in das, was er aus den Tiefen seiner Speicher auf die Bildschirme holt, vor allem in die Reihenfolge und das Tempo. Der Kinofilm wäre das genaue Gegenteil eines interaktiven Mediums; er ist unveränderlich und lässt dem Zuschauer nur die Freiheit sich vor dem Ende davonzustehlen. Aber das Buch, das war ja immer das Schöne an ihm, ist ebenfalls ein ziemlich interaktives Medium: Man kann es an jedem Ort lesen, kann darin blättern und

Begriffe klären, erklären: den Unterschied zwischen „Literatur im Web“ und „Web-Literatur“

Literatur online

Literatur im Web:

- www.gutenberg.aol.de/
- www.literaturcafe.de/
- www.rz.uni-duesseldorf.de/WWW/ulb/etexte.html
- www.berlinerzimmer.de/eliteratur/
- www.textgalerie.de/

Literatur-Links:

- www.bvoe.at/i-lilinks.html
- www.lib.virginia.edu/wess/germtext.html
- http://dbs.schule.de/Unterrichtsmaterialien/zum_schulfach/Deutsch

springen, zustimmende oder empörte Randglossen anbringen, jede Stelle beliebig oft wiederholen – und vor allem kann man die Lesegeschwindigkeit ständig aufs Subtilste dem jeweiligen Aufmerksamkeitsgrad anpassen. E-Literatur wird es schwer haben, es an Interaktivität zu übertreffen.

Hypertext. Er ist die bei weitem interessanteste Novität. (...) Hypertext – das ist zunächst die Option, in „normalen" Texten die vielfältigsten Links zu setzen. In dieser Form hatte sie das Medium Buch nicht zu bieten, und so hat Hypertext schnell seinen Platz erobert, etwa bei historisch-kritischen Textausgaben, neuartigen Dokumentationen, Enzyklopädien, Museums- oder Reiseführern, kommentierter Musik.

Dass Hypertext plus Multimedia eine revolutionäre E-Belletristik möglich machten, die alle frühere Schöne Literatur eines baldigen Tages vom Platz verwiesen haben wird, ist bisher jedoch nur eine Verheißung. Sie muss sich einen ganz anderen Verdacht entgegenhalten lassen: dass „Web" und „Literatur" ein Widerspruch in sich sind. (...)

So wie Bildschirme heute beschaffen sind und noch eine Weile bleiben werden, tritt alle elektronische Literatur, nicht nur der avantgardistische Hypertext, gegen zwei Zwänge an, zwischen denen sie von vornherein zerrieben werden könnte. Der eine ist der Zwang zur Kürze, der andere der Zwang – ja, zur Textqualität. (...)

Jede Art von Web-Literatur würgt an diesem Dilemma. Sie müsste sozusagen Instant-Qualität schaffen: einen Inhalt von Belang, der einen anspringt wie ein Werbespot.

Der radikalisierte Hypertext verstrickt sich in ein noch aussichtsloseres Dilemma, wenn er die Linearität des Textes abschaffen und den Autor einsparen will. „Linear" nämlich ist und bleibt Lesen immer – kreisförmig oder um die Ecke oder mehreres simultan kann keiner lesen. Die menschliche Informationsverarbeitung geschieht überwiegend parallel: die Analyse der Sinneswahrnehmungen, die Abgleichung mit den Gedächtnisinhalten, die Umsetzung der Ergebnisse in Gedanken, Gefühle, Handlungen. Aber das sprachliche Denken ist von Natur aus seriell, eine starke Bastion des Sequentiellen in einem Meer des Simultanen. Sprache gibt es nur, wenn Wort auf Wort, Satz auf Satz gesetzt wird. Gegen die Linearität des Textes ist kein Kraut gewachsen. Es geht der E-Literatur aber auch gar nicht darum, die Linearität der Sprache abzuschaffen. Es geht ihr nur um die Struktur von längeren belletristischen Textgebilden: E-Fiktion kann man an jeder Stelle betreten und verlassen und auf vielen Routen durchqueren.

Die Linearität der Erzählung ist nun aber kein Fluch, den die lesende Menschheit nicht bald genug abschütteln kann. Sie entspricht aufs Humanste unserer Erfahrungsweise: „Wir leben und denken und nehmen wahr und handeln in der Zeit, und Zeit bedeutet Sequenz und Sequenz begründet die Erzählung. (...) Geschichten sind linear, selbst wenn ihr Gegenstand es oft nicht ist, und sie bleiben auch dann linear, wenn sie unchronologisch erzählt werden ..." (der amerikanische Romancier John Barth). Im Übrigen hat die Kunst des Erzählens längst Mittel und Wege gefunden, die chronologische Linie der Erzählung zu verlassen: Rückblenden, Vorblenden, Simultanitäten – ganz abgesehen davon, dass jeder Leser sowieso nach Belieben in einem Buch hin und her springen kann und mancher auch ohne dorthin gesetztes Link gerne die letzte Seite zuerst liest. Es kann durchaus seinen Reiz haben, die Linearität der Erzählung einmal durch das Story-Puzzle zu ersetzen, das sich der Leser am Bildschirm selber zusammenbauen muss. Das epochale Wunder, das manche erwarten, sobald sich das Narrative von der leidigen Linearität befreit, dürfte jedoch auf sich warten lassen. *(1998)*

© Spiegel-Spezial 10/1999

Diskutieren, erörtern:
Ursachen und Folgen der genannten Zwänge für das Schreiben literarischer Texte im Internet:
- der Zwang zur Kürze
- der Zwang zur Textqualität

Ideen entwickeln:
Skizze zu einem Schreib-Projekt, das den neuen Bedingungen für Web-Literatur folgt

Literaturverfilmung

DER NAME DER ROSE

Ein Blick ins Mittelalter

Das Buch:
Allein in Deutschland wurden mehr als eine Million Exemplare von Umberto Ecos Roman „Der Name der Rose“ verkauft und er wurde in 25 Sprachen übersetzt. Bei den anderen Übersetzungen wiederholte sich der Erfolg.

Der Film:
Am 16. Oktober 1986 kam der Film „Der Name der Rose“ in die deutschen Kinos und lockte in den ersten vier Wochen knapp drei Millionen und bis März 1999 5,8 Millionen Besucher an.

Der Name der Rose

BRD/Italien/Frankreich, 1985/86

Regie: Jean-Jacques Annaud; Drehbuch: Andrew Birkin, Gerard Brach, Howard Franklin und Alain Godard nach dem gleichnamigen Roman von Umberto Eco; Kamera: Tonino Delli Colli; Darsteller: Sean Connery, Christian Slater, Feodor Chaliapin jr., F. Murray Abraham, Michael Lonsdale, Volker Prechtel, Valentina Vargas, Helmut Qualtinger, Ron Periman

Als alter Mann erinnert sich der Mönch Adson von Melk: Im Jahr 1327 kommt er (C. S.) als Adlatus des Franziskaners William von Baskerville (S. C.) in ein einsam gelegenes Benediktiner-Kloster. Hier soll in Kürze eine Disputation zwischen Franziskanern und päpstlichen Legaten über den Streit um Armutsgelübde und weltliche Machtansprüche der Kirche stattfinden. Doch vorläufig beunruhigen einige mysteriöse Todesfälle, Morde offenbar, das Kloster und der Abt (M. L.) bittet William den Täter zu suchen. Unterdessen aber taucht die päpstliche Delegation, zu der auch der Inquisitor Bernardo Gui (F. M. A.) gehört, im Kloster auf. Die Disputationen bleiben fruchtlos, aber Bernardo Gui gelingt es drei „Ketzer" zu „überführen": die Mönche Remigio (H. Q.) und Salvatore (R. P.) und ein Mädchen, mit dem Adson stumm, wie getrieben eine Liebesnacht verbracht hat. Während schon die Scheiterhaufen angezündet werden, findet William im geheimnisvollen Labyrinth der Klosterbibliothek die Lösung des Kriminalfalles: den verschollen geglaubten zweiten Band der „Poetik" des Aristoteles, der von der befreienden Kraft des Lachens handelt. Der greise Bibliothekar Jorge de Burgos (F. C.), für den Lachen die Überwindung der Furcht ermöglicht und damit eine Gefahr für den Glauben bedeutet, hat dieses gefährliche Buch so präpariert, dass unbefugte Leser sich bei der Lektüre vergiften. Als Jorge und William sich gegenüberstehen, kommt es zu einem Handgemenge, bei dem die Bibliothek in Flammen aufgeht und der Bibliothekar den Tod findet. In dem entstehenden Tumult kann das Mädchen entfliehen, während Bernardo Gui von der aufgebrachten Menge in den Abgrund gestoßen wird. Noch einmal begegnen sich Adson und das Mädchen in einer öden Winterlandschaft. Doch Adson bleibt seinem Gelübde treu. (...)

Annaud hat aus dem dickleibigen Roman einen unterhaltsam-spannenden Film gemacht. Natürlich mussten viele der kunstvollen Abschweifungen und doppelbödigen Reflexionen Ecos und sogar ganze Motive der Vorlage bei der Umwandlung in einen gut zweistündigen Film auf der Strecke bleiben. Auch steht im Film die mittelalterliche Kriminalaffäre im Vordergrund, die dem Roman eher nur als „roter Faden" diente. Aber Annaud hat den Roman nicht verraten. Was er nicht zeigen konnte, das wird in vielen Fällen wenigstens angedeutet; und durchgängig lässt der Film der Fantasie des Betrachters Zeit und Gelegenheit in Gedanken weiter einzudringen in die Welt des Mittelalters, die hier mit unaufdringlicher Sorgfalt rekonstruiert worden ist. Nur der Schluss, der die Vielschichtigkeit der Vorlage zugunsten einer „Erfüllungs-Dramaturgie" aufgibt, die auf (fast) alle Fragen der Zuschauer vorsorglich Antworten gibt, ist da ein wenig enttäuschend. *(1991)*

© pwe Kinoarchiv Hamburg

Ideen entwickeln:
aus der Information im Filmführer und dem Video-Cover eine Erwartungshaltung für die Rezeption des Films aufbauen und ausformulieren

Umberto Eco

Der Name der Rose (Auszug)

Vierter Tag – NONA – *Worin der Kardinal del Poggetto, der Inquisitor Bernard Gui und die übrigen Herren aus Avignon eintreffen (...)*

[Adson erinnert sich: ...] Auch mein Interesse wandte sich freilich gleich einem anderen zu, von dem ich in jenen Tagen schon viel gehört hatte und dessen Name stets aufhorchen ließ: Bernard Gui, wie ihn die Franzosen nannten, oder Bernhardus Guidonis oder Bernardo Guido, wie er von anderen genannt wurde.

Er war ein ungefähr siebzigjähriger Dominikaner von hagerer, aber straffer und hoher Gestalt. Am meisten fesselten mich seine grauen und kalten Augen, die ihr Gegenüber ausdruckslos anstarren konnten, aber auch häufig viel sagend aufblitzten und seine Gedanken sowohl zu verbergen als auch im rechten Moment gezielt auszudrücken vermochten.

Im allgemeinen Begrüßungsaustausch war er als Einziger weder huldvoll noch herzlich, sondern stets – und auch das nur mit größter Zurückhaltung – höflich. Als er Ubertin erblickte, den er wohl bereits kannte, trat er ihm mit gemessener Achtung entgegen, fixierte ihn aber auf eine Weise, die mich beunruhigte. Als er Michael von Cesena begrüßte, spielte ein schwer definierbares Lächeln um seine Lippen und ich hörte ihn tonlos murmeln: „Drüben bei uns erwartet man euch schon lange." Ein Satz, aus dem ich weder eine Spur von Besorgnis noch einen Schatten von Ironie noch eine Mahnung oder gar einen Befehl herauszuhören vermochte, auch übrigens keinen Schimmer von persönlichem Interesse. Dann stand er vor William, und als er erfuhr, wer sein Gegenüber war, betrachtete er meinen Meister mit erlesener Feindseligkeit; aber nicht etwa, weil sein Blick unwillkürlich seine geheimen Gefühle verraten hätte, dessen war ich mir ganz sicher (wenngleich ich mir durchaus nicht ganz sicher war, ob dieser Mann überhaupt irgendwelche Gefühle hegte), sondern weil er ohne Zweifel *wollte*, dass William seine Feindseligkeit verspürte. Dieser gab sie ihm denn auch prompt zurück, indem er mit übertrieben herzlichem Lächeln sagte: „Schon lange wollte ich einen Mann kennen lernen, dessen Ruf mir in zahlreichen wichtigen Lebensentscheidungen Lehre und Mahnung gewesen ist." Eine Begrüßung, die gewiss schmeichlerisch und fast ehrerbietig klingen mochte, wenn man nicht wusste (und Bernard wusste es sehr genau), dass eine der wichtigsten Lebensentscheidungen Williams gerade die Absage an den Beruf des Inquisitors gewesen war. Aus der Art, wie die beiden Männer einander musterten, schloss ich nichts Gutes: Wenn William sein Gegenüber am liebsten in einem kaiserlichen Verlies gesehen hätte, so wäre es Bernard gewiss eine Freude gewesen, sein Gegenüber von einem plötzlichen Schicksal ereilt auf der Stelle tot umfallen zu sehen Und da Bernard in diesen Tagen über eine Schar Bewaffneter gebot, begann ich um das Leben meines verehrten Meisters zu fürchten.

Bernard musste vom Abt bereits über die Verbrechen in der Abtei informiert worden sein, denn während er so tat, als hätte er das Gift in Williams Worten nicht wahrgenommen, sagte er gemessen: „Es scheint, dass ich mich in diesen Tagen, auf Wunsch des Abtes und um die mir anvertraute Aufgabe im Interesse und zum Wohl unseres

Untersuchen, analysieren:
die literarische Gestaltung der Szene

Selbst gestalten:
szenische Darstellung der Begrüßungsszene

Tageseinteilung im Kloster:
Mette = ca. 2.30 Uhr
Laudes = 5 – 6
Prima = 7.30
Tertia = 9
Sexta = 12
Nona = 14 - 15
Vesper = ca. 16.30
Komplet = 18
(ab 19 Uhr mussten die Mönche schlafen)

Vatikan – Studie bekennt historische Schuld
Wenige Tage vor der mit Spannung erwarteten Papst-Bitte um Vergebung hat der Vatikan Schuld und Versagen der Kirche bekannt. (…)
Als Beispiele für historisches Versagen werden die Spaltung der Christenheit, gewaltsame Formen bei Evangelisierung und **Inquisition** sowie antijüdische Vorurteile genannt. (…)
(dpa, 1. 3. 2000)

Paraphernalien: Instrumente/Gerätschaften

Erkunden, erforschen:
die Rolle der Inquisition in der Geschichte, im Film und im Buch – (siehe auch S. 200 ff.)

Treffens zu erfüllen, mit überaus traurigen Vorfällen in diesen Mauern beschäftigen muss, Vorfällen, die den pestilenzialischen Schwefelgeruch des Satans ausströmen. Ich erwähne das, weil ich weiß, dass Ihr euch einst, als Ihr mir näher standet, an meiner und meinesgleichen Seite auf jenem Felde geschlagen habt, auf welchem die Heerscharen des Guten mit denen des Bösen ringen."

„In der Tat", versetzte William, „aber dann bin ich zur anderen Seite übergegangen."

Bernard steckte auch diesen Hieb ein, ohne mit der Wimper zu zucken. „Könnt Ihr mir etwas Nützliches sagen über diese schlimmen Delikte?"

„Leider nein", erwiderte William höflich. „Mir fehlt Eure Erfahrung in schlimmen Delikten." (…)

*[Es folgen die Kapitel **Vesper**, darin ein Gespräch Williams mit einem Mönch über das Finden der Wahrheit – **Komplet**, in dem Salvatore einen Zauber ankündigt – **Nach Komplet**, in dem William und Adson die Bibliothek erkunden – **Nacht**, in dem William und Adson sehen, wie Bewaffnete eine Frau gefasst halten, in der Adson seine „Geliebte" erkennt.]*

Jedenfalls hatten die Bogenschützen bei ihrer Patrouille durch Nacht und Nebel den unseligen Salvatore mitsamt dem Mädchen erwischt, als er sich gerade an der Küchentüre zu schaffen machte.

„Ein Weib an diesem heiligen Ort! Noch dazu mit einem Mönch!", sagte Bernard tadelnd zum Abt. „Hochwürdiger Herr, wenn es sich lediglich um eine Verletzung des Keuschheitsgebotes handeln würde, fiele dieses Sünders Bestrafung gewiss in Eure Jurisdiktion. Doch da wir nicht wissen, ob die nächtlichen Umtriebe dieser beiden nicht etwas mit dem Heil der hier weilenden Gäste zu tun haben, müssen wir diesen dunklen Punkt zuerst klären. Auf, Elender!", fuhr er den zitternden Salvatore an und zog ihm mit raschem Griff aus der Brust das Bündel, das dieser dort zu verbergen suchte. „Was hast du da?"

Ich wusste es schon: ein Messer, eine schwarze Katze, die unter wildem Miauen entfloh, als das Bündel geöffnet wurde, und zwei Eier, die nun zerbrochen waren, sodass es aussah wie Blut oder gelber Schleim oder sonst eine schmierig-unreine Masse. Salvatore war offensichtlich gerade dabei gewesen in die Küche zu schleichen, die Katze zu töten und ihr die Augen auszustechen, nachdem er das Mädchen mit irgendwelchen Versprechungen dazu gebracht hatte ihm zu folgen. Mir wurde gleich klar, mit welchen Versprechungen: Die Bogenschützen durchsuchten das Mädchen unter allerlei anzüglichem Gelächter und zotigen Worten und förderten aus ihrem Kleid ein totes, noch ungerupftes Hähnchen hervor. Und wie es das Unglück wollte, erschien in der Nacht, in der alle Katzen grau sind, auch das Hähnchen schwarz wie die Katze. Ich aber dachte nur, dass es mehr nicht bedurft hatte um die hungrige Schöne herbeizulocken, hatte sie doch schon vorige Nacht (aus Liebe zu mir!) ihr kostbares Rinderherz liegen gelassen.

„Oh, oh, aha!", rief Bernard Gui sehr besorgt. „Schwarzer Kater und schwarzer Hahn! Ich kenne diese Paraphernalien* … ." Er bemerkte William in der Runde. „Ihr kennt sie doch auch, Bruder William? Wart Ihr nicht Inquisitor in Kilkenny, vor drei Jahren, wo jenes Weib Verkehr hatte mit einem Dämon, der ihr in Gestalt eines schwarzen Katers erschienen war?"

Mir kam es so vor, als ob mein Meister aus Feigheit schwieg. Ich griff ihn am Ärmel, schüttelte ihn und flüsterte voller Verzweiflung: „Nun sagt ihm doch, dass es nur aus Hunger war!"

William befreite sich aus meinem Griff und wandte sich artig an Bernard Gui: „Ich glaube nicht, dass Ihr meiner vergangenen Erfahrungen bedürft um Eure Schlussfolgerungen zu ziehen."

„Oh nein, da gibt es viel maßgeblichere Zeugnisse", sagte der Inquisitor mit feinem Lächeln. „Stephan von Bourbon berichtet in seinem Traktat über die sieben Gaben des Heiligen Geistes, wie Sankt Domenikus in Fanjeaux nach einer Predigt wider die Ketzer gewissen Weibern verkündete, sie würden gleich sehen, wem sie bisher gedient hätten, woraufhin plötzlich ein Furcht erregender schwarzer Kater in ihrer Mitte erschien, groß wie ein Hund, die Augen riesig und glühend, die Zunge blutig und lang bis zum Nabel, der Schwanz gestutzt und hochaufgerichtet, sodass man, wie immer die Bestie sich auch drehte, stets ihr schamloses Hinterteil sah, das unerhört stank, wie es sich gehört für jenen Anus, den vielerlei Satansanbeter, nicht zuletzt die Tempelritter, seit jeher zu küssen pflegten in ihren Versammlungen. Als der Kater fast eine Stunde lang die Weiber umkreist hatte, sprang er mit einem Satz auf das Glockenseil und kletterte unter Zurücklassung seiner stinkenden Exkremente hinauf! (...)"

Ein entsetztes Murmeln ging durch die Gruppe der Mönche und viele schlugen das Zeichen des heiligen Kreuzes.

„Herr Abt, Herr Abt!", fuhr Bernard Gui in gestrengem Ton fort. „Euer Hochwürden weiß vielleicht nicht, was die Sünder mit diesen widerwärtigen Dingen zu tun pflegen. Ich aber weiß es sehr wohl, das walte Gott! Ich habe gesehen, wie ruchlose Weiber zusammen mit anderen ihrer Zunft in den dunkelsten Stunden der Nacht schwarze Katzen benutzten um Hexenwerk zu verrichten, das sie nimmermehr abstreiten konnten: zum Beispiel rittlings auf dem Rücken gewisser Tiere im Schutze der Nacht gewaltige Strecken zurückzulegen, gefolgt von der Schar ihrer Sklaven, die sie in lüsterne Trolle verwandelt hatten ... Und der Teufel persönlich zeigte sich ihnen – oder jedenfalls glaubten sie fest daran – in Gestalt eines schwarzen Hahns und sie trieben's mit ihm, fragt mich nicht, wie! (...) Aber was halte ich mich hier auf mit diesen widerwärtigen Praktiken! Der Papst selber hat sie erst voriges Jahr genau beschrieben und verurteilt, in seiner Konstitution *Super illius specula*. Ich hoffe, Ihr habt davon eine Abschrift in Eurer reichhaltigen Bibliothek, sodass Ihr gebührend darüber meditieren könnt ..."

„Gewiss, gewiss, wir haben eine", beeilte der Abt sich entsetzt zu versichern.

„Gut", schloss Bernard zufrieden. „Nach alledem scheint mir der Fall hier klar. Ein verführter Mönch, eine Hexe und ein dämonischer Ritus, der glücklicherweise nicht zur Ausführung kam. In welcher Absicht? Das werden wir sehr bald wissen, ich opfere gern ein paar Stunden der Nachtruhe um es herauszubekommen. Hochwürden möge mir einen Ort zur Verfügung stellen, wo diese Gefangenen sicher verwahrt werden können."

„Wir haben unterirdische Zellen im Fundament des Werkstattgebäudes", sagte der Abt. „Zum Glück werden sie selten benutzt und stehen seit Jahren leer ..."

„Zum Glück oder auch zum Unglück", ergänzte Bernard und befahl den Bogenschützen sich den Weg zeigen zu lassen (...). *(1983)*

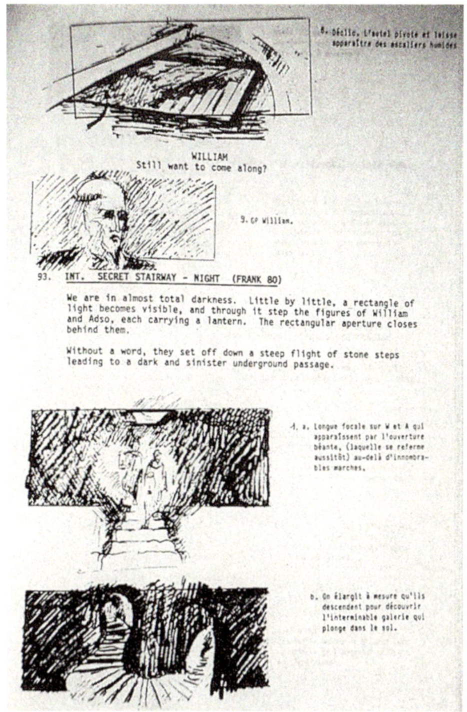

Ausschnitt aus dem Storyboard zur Verfilmung von „Der Name der Rose"

Selbst gestalten:
zur Begegnungsszene ein Storyboard erstellen, d.h. Bilder zu verschiedenen Situationen im Handlungsablauf in den verschiedenen Kameraeinstellungen comicartig skizzieren

Untersuchen, erörtern:
das folgende Sequenzprotokoll (S. 526–528) mit dem Buchausschnitt (S. 523–525) vergleichen und den Einsatz der filmischen Mittel klären, vor allem: Kameraeinstellungen und Schnitte, Blenden, Bildkomposition, Licht, Ton und Sprache – Wirkungen der eingesetzten filmischen Mittel erörtern

Vergleichen:
die Dialogstellen im Buch mit dem Dialog im Filmausschnitt

Die erste Begegnung von Bernardo Gui und William von Baskerville im Film „Der Name der Rose" – Protokoll der Filmsequenz:

© pwe Kinoarchiv Hamburg

William von Baskerville und Bernardo Gui (Filmszene)

Bernardo Gui, Dominikanermönch und Inquisitor (F. Murray Abraham) – als Abgesandter des Papstes zu Besuch im Kloster;
William von Baskerville, Franziskanermönch und ehemaliger Inquisitor, der sich aber von diesem Amt zurückgezogen hat (Sean Connery) – zu Besuch im Kloster um mit den päpstlichen Vertretern einen Disput über die „Armut" zu führen;
Adson von Melk, Williams junger Novize (Christian Slater)
Salvatore, ein irrer Mönch im Kloster (Ron Perlman) – Mitglied einer geheimen ketzerischen Bewegung;
Mädchen, aus dem Dorf unterhalb des Klosters (Valentina Vargas);
Abbo, Abt des norditalienischen Benediktinerklosters (Michael Lonsdale) – 1327

Vor dieser Szene hatte der junge Adson eine überraschende Liebesnacht mit dem Mädchen aus dem Dorf. Während dieser Nacht trifft ein Pferdegespann mit dem Inquisitor Bernardo Gui in Begleitung hoch gerüsteter Soldaten ein. Während gleichzeitig William und Adson einen Weg zu dem gesuchten Buch durch das Labyrinth der Klosterbibliothek suchen, vollzieht Salvatore auf dem Heuboden im Pferdestall ein magisches Ritual mit einem toten schwarzen Hahn, einer schwarzen Katze, Kerzen etc. in Anwesenheit des Mädchens aus dem Dorf. Als Salvatore einen Liebeszauber an ihr ausprobiert und sich mit den Rufen „servicio pour l'amour de la femina" auf das Mädchen stürzt, das den Hahn unter seiner Jacke verstecken will, entsteht ein Brand.

Einstellungen	Kamera/Ausschnitt/Personen/Handlung	Text/Ton
1	*Halbtotale/Innenraum des Stalls* – aufgeregte Mönche löschen das Feuer, Bernardos Soldaten packen das kreischende und sich wehrende Mädchen und halten es von hinten; Bernardo läuft aus dem Off mit einem Begleiter auf die Kampfszene zu – *Kamera folgt ihm von hinten/Nah – zeigt seinen kahlen Schädel mit der Tonsur* – Soldat hält den Käfig mit der Katze hoch	*Rufe:* Feuer! Da drüben! Bei den Ställen! *Geräusch:* Kreischen *Soldat:* Herr Bernardo, seht, was wir gefunden haben!
2	*Halbtotale/Wischblende* – Adson und William kommen durch eine Seitentür in die Szene	*Bernardo:* Durchsucht die Kreatur!
3	*Halbtotale/von vorne* – das festgehaltene Mädchen; der Dominikanermönch, der Bernardo begleitet, geht aus dem Off auf das Mädchen zu	*Mädchen:* Nein! Nein! *Geräusche:* Handgemenge *Bernardos Begleiter:* Abite! Veite!
4	*Nah* – Abt Abbo tritt hinzu, William und Adson im Hintergrund	
5	*Nah* – Adsons Gesicht in der Menge, besorgt vorkommend und zurückgehend	

6	*Halbnah/Schrägaufsicht* – Bernardos Begleiter reißt dem Mädchen die Jacke auf, sie wehrt sich heftig	
7	*Groß* – Adsons Gesicht, erschreckt	
8	*Halbnah* – Bernardos Begleiter entblößt im Kampf die Brust des Mädchens	
9	*Groß/Zwischenschnitt* – ein Mönch verdeckt vor Schreck sein Gesicht mit der Kutte	
10	*Groß* – Abbos Gesicht, ernst; William dahinter, ruhig beobachtend	
11	*Groß* – 2 Mönchsgesichter, ein Mönch bekreuzigt sich	
12	*Halbnah* – Bernardos Begleiter entreißt dem halb nackten Mädchen den Hahn	
13	*Groß* – Gesichter zweier Mönche, einer hält ein Auge zu, blinzelt aber mit dem andern auf das Mädchen	
14	*Groß/Bernardos Kopf von hinten* – Bernardo wendet sich um und spricht; er erkennt William und unterbricht sich kurz;	*Bernardo:* Ehrwürdiger Abt! Ihr habt mich gebeten, eine Untersuchung durchzuführen über das Wirken des Bösen in Eurer Abt(ei) …
15	*Groß* – Williams Gesicht, schaut Bernardo an	
16	*Groß/Gegenschuss* – Bernardos Gesicht, sieht William an, zorniger Blick; er spricht weiter	*Bernardo:* Und hier ist schon der Beweis! –
17	*Nah/aus Bernardos Perspektive, sein Hinterkopf links im Bild* – auf William und Adson, der ängstlich blickt	
18	*Amerikanisch* – Bernardos Begleiter hebt den Hahn hoch	
19	*Halbtotale* – Salvatore, jammernd, Soldat neben ihm	*Bernardo:* Wie oft sind sie mir nun schon begegnet, diese grässlichen Requisiten der schwarzen Magie: der schwarze Hahn, die schwarze Katze …
20	*Amerikanisch* – Bernardo, William, Abbo; Bernardo erhält Hahn und wedelt mit ihm vor dem Abt; er packt mit der anderen Hand die schwarze Katze, hält beides vor Abbo und spricht weiter	
21	*Nah/Adson von der Seite* – Adson betrachtet die Szene; spricht leise zu William; *Schwenk zu William*	*Adson (überblendet):* Sie tat es nur, weil sie Hunger hatte. Sagt ihm das, Meister! *Bernardo (fade in):* … wird sich sicher noch an den Prozess erinnern, bei dem er (*Blick zu William*) den Vorsitz führte. In dem eine Frau gestand, Verkehr gehabt zu haben mit einem Dämon in Gestalt einer schwarzen Katze.
22	*Halbnah/William in Schrägaufsicht mit im Bild/Blick aus seiner Perspektive:* Bernardo mit Hahn und Katze in der Hand, spricht vorwurfsvoll zu William	
23	*Nah/Gegenschuss/Bernardos Perspektive auf William und Adson* – William spricht; Adson blickt sich nach ihm um	*William:* Ich bin überzeugt, dass Ihr nicht erst auf meine Erfahrungen in der Vergangenheit zurückgreifen müsst, um Eure Schlussfolgerungen zu ziehen, ehrwürdiger Bernardo.
24	*Groß* – Bernardos Gesicht, er spricht mit bösem Blick;	*Bernardo:* Nein, gewiss nicht. Nicht, wenn derart unwiderlegbare Beweise vorliegen: für diese Hexe, ein verführter Mönch, satanische Rituale!

➜ Zu den Fachtermini siehe Anhang, S. 564 f.

	er schaut erbost in die Menge; er wendet sich um – *Rücken zu William und der Kamera* – blickt zu William zurück und spricht weiter	*Geräusch:* Katze schreit
25	*Nah* – Adsons Gesicht, er starrt Bernardo an, William wendet sich ab	*Bernardo:* Morgen, morgen werden wir versuchen herauszufinden, ob diese Ereignisse in Zusammenhang stehen mit dem weitaus bedeutenderen Geheimnis, das euch so viele Sorgen bereitet. –
26	*Amerikanisch* – Bernardo, Abt, Adson; William geht aus der Szene, Adson ein Stück hinterher; Bernardo dreht sich zum Abt und spricht	*Bernardo:* Sperrt die beiden ein, auf dass wir ruhig schlafen können, heute Nacht!
27	*Groß* – Adsons entgeistertes Gesicht, zurückgewandt	
28	*Amerikanisch* – vorne Bernardo und der Abt, hinten geht Adson, der noch im Weggehen zurückschaut	
29	*Groß – Adsons ängstliches Gesicht – Schwenk, Kamera folgt ihm* – Adsons Abgang; in der Tür an der Seite wendet sich Adson um und blickt noch einmal Richtung Mädchen	
30	*Amerikanisch* – das halb entblößte, von den Soldaten festgehaltene Mädchen, Bernardos Begleiter vor ihm	
31	*Amerikanisch* – Adson blickt auf das Mädchen zurück und geht nach draußen in die Dunkelheit	*Geräusch:* Gewitter

(Sequenzdauer 1'38" – Sequenzprotokoll: Günther Einecke)

Festnahme des Mädchens (Filmszene)

Knut Hickethier

Die filmischen Mittel *

Das Filmische liegt vor allem in der Montage, so ist eine in der filmtheoretischen Diskussion vielfach geäußerte Auffassung, und in der Tat wird erst durch die Möglichkeit der Verknüpfung von Einstellungen der Film zu einem erzählenden Medium. Dabei ist entscheidend, dass es sich bei der Verbindung von Einstellungen nicht nur um eine einfache Bedeutungsakkumulation handelt, sondern dass aus der Kombination mehrerer Einstellungen etwas Neues entsteht, was in den einzelnen Einstellungen selbst nicht vorhanden ist. In „Moritz, lieber Moritz" zeigt eine Einstellung den Jungen Moritz, wie er durch Blätter lugt. Schnitt. Ein Fenster ist zu sehen, hinter dem eine Witwe mit einem Leichenbestatter verhandelt. Schnitt. Moritz, wieder durch Blätter schauend. Als Zuschauer wissen wir, Moritz beobachtet das Gespräch aus seinem Versteck heraus – aber gesehen haben wir den Zusammenhang nicht, die Verbindung zwischen den Einstellungen haben wir in unserem Kopf so vollzogen.

Auf dieses produktive Moment der Montage sind Filmemacher und Theoretiker bereits früh gestoßen. Eisenstein hat darauf das Prinzip der *Kontrastmontage* aufgebaut, bei der aus dem Zusammenprall zweier, voneinander unabhängiger Einstellungen ein neuer Gedanke, eine neue Bedeutung im Kopf des Zuschauers entsteht. Die Konfrontation, das harte Aufeinandertreffen soll dem Zuschauer die Montage als Bedeutung erzeugenden Vorgang bewusst machen. Dagegen hat vor allem das Hollywood-Kino dann den *„unsichtbaren Schnitt"* gesetzt, bei dem die Montage durch Übergangseinstellungen abgemildert, verschleiert wird. Der Zuschauer soll gleitend, fast unmerklich ins Geschehen gezogen werden, die Illusion darf ihre Materialität nicht sichtbar machen, muss auch widerspruchsfrei bleiben. Und auch die heutigen Film- und Fernsehproduktionen werden noch ganz wesentlich von solchen moderaten Schnittformen geprägt.

Einstellungen verbinden sich im Film zu größeren Einheiten, die in der Filmanalyse *Sequenzen* genannt werden. Eine solche Einheit definiert sich durch einen konsistenten Handlungsbogen, durch das „Zusammengehören" der Einstellungen. Das ist vage und in Unterhaltungsfilmen ist der Sequenzwechsel häufig mit einem Ortswechsel oder auch mit Figurenwechsel verbunden, Bedingung ist dies jedoch nicht. Einziges Kriterium ist die *Zusammengehörigkeit der Einstellungen.* (...)

Für die filmanalytische Praxis ist vor allem die Unterscheidung zwischen der *chronologischen* und der *achronologischen* Verknüpfung von Bedeutung. Bei der chronologischen wird das zeitliche Nacheinander der Handlungsabfolge eingehalten, wobei die im Film „erzählte" Zeit durch Auslassungen unterschiedlich komprimiert werden kann. Von der *Szene*, bei der die Erzählzeit mit der erzählten Zeit identisch ist, über die *gewöhnliche Sequenz,* bei der Auslassungen des nicht Bedeutsamen die Darstellung bereits komprimieren, bis zur *Sequenz in Episoden,* in der große Zeitsprünge enthalten sind, vergrößert sich die Auslassung. Umgekehrt kann der Film Zeit dehnen. In der Parallelmontage, bei der an verschiedenen Orten stattfindende Handlungsstränge durch abwechselndes Zeigen als gleichzeitig stattfindend vorgeführt werden, kann auf diese Weise ein kurzer Zeitablauf verdoppelt werden. Nicht zufällig wird vor allem die *Parallelmontage* zur Spannungserzeugung eingesetzt. Der Film kann aber auch *achronologisch* erzählen, wenngleich dies meist nur in Ausnahmen erfolgt. Am häufigsten ist die Verwendung von *Rückblenden*, aber auch *assoziative Montagen* von Einstellungen, die verschiedene Zeitebenen im Film darstellen, sind möglich.

Die Montagekategorien weisen bereits deutliche Analogien zu Begriffen der Textanalyse auf: zum einen zur Erzählanalyse, zum anderen zur Dramenanalyse bzw. ihrem theaterwissenschaftlichen Pendant, der Aufführungs- bzw. Inszenierungsanalyse. Mit dem neuerlich verstärkten Bemühen der Erzählforschung wird auch der narrativen Struktur des Films verstärkte Aufmerksamkeit geschenkt, werden doch im Film wie in der Erzählprosa Geschichten erzählt und lassen sich auch im Film „Bauformen des Erzählens" finden.

(1983)

Verfahren der Filmanalyse

Inhaltsanalyse:
Situationen, Probleme, Personen, Handlungen, Konflikte, Emotionen, ...

Strukturanalyse:
Figurenkonstellation, Formen der Typisierung der Figuren; Plot, Szenarien; Erzählperspektive; Raum-/Zeitstruktur; Spannungsbogen, Wendepunkte, Höhepunkte, ...

semiotische Analyse:
(Bedeutung der Bild- und Tongestaltung): Bild-Erzähltechnik, chronologische und kausale Bildsequenzen, assoziative Bildketten; Bildkomposition; Farben, Montage, Blenden, Musik, Beleuchtung, Bildtopoi, ...

Aussagen- und Wirkungsanalyse:
Informations- und Unterhaltungswert; Grade des Realismus, der Stilisierung und Ästhetisierung; Konfliktlösungsmodelle in der Story: ausgeklammerte, verdeckte, bagatellisierte, dramatisierte oder mystifizierte Probleme; gesellschaftliche, historische und ideologische Kontexte; intendierte Reaktionen der Zuschauer, Identifikationsangebote, ...

Rainer Werner Fassbinder
Literatur und Leben

Rainer Werner Fassbinder (1945–1982), bedeutender deutscher Filmemacher der Nachkriegszeit, drehte von 1969 bis 1982 42 Filme, u. a. Katzelmacher (1969), Angst essen Seele auf (1973), Die Ehe der Maria Braun (1978), die Fernsehserie Berlin Alexanderplatz (1980) und Lola (1981).

Die Verfilmung von Literatur legitimiert sich, im Gegensatz zur landläufigen Meinung, keinesfalls durch eine möglichst kongeniale Übersetzung eines Mediums (Literatur) in ein anderes (Film). Die filmische Beschäftigung mit einem literarischen Werk darf also nicht ihren Sinn darin sehen, etwa die Bilder, die Literatur beim Leser entstehen läßt, maximal zu erfüllen. Dieser Anspruch wäre ohnehin in sich absurd, da jeder Leser jedes Buch mit seiner eigenen Wirklichkeit liest und somit jedes Buch so viele verschiedene Phantasien und Bilder provoziert, wie es Leser hat. Es gibt also keine endgültige objektive Realität eines literarischen Werkes, darum darf auch die Absicht eines Films, der sich mit Literatur auseinandersetzt, nicht darin liegen, die Bilderwelt eines Dichters als endgültig erfüllte Übereinstimmung verschiedener Phantasien zu sein. Der Versuch, Film als Ersatz eines Stückes Literatur zu machen, ergäbe den kleinsten gemeinsamen Nenner von Phantasie, wäre also zwangsläufig im Ergebnis medioker und stumpf. Ein Film, der sich mit Literatur und mit Sprache auseinandersetzt, muß diese Auseinandersetzung ganz deutlich, klar und transparent machen, darf in keinem Moment seine Phantasie zur allgemeinen werden lassen, muß sich immer in jeder Phase als eine Möglichkeit der Beschäftigung mit bereits formulierter Kunst zu erkennen geben. Nur so, mit der eindeutigen Haltung des Fragens an Literatur und Sprache, des Überprüfens von Inhalten und Haltungen eines Dichters, mit seiner als persönlich erkennbaren Phantasie zu einem literarischen Werk legitimiert sich deren Verfilmung. *(1982)*

Jean-Jacques Annaud
Umsetzungsprobleme*

Jean-Jacques Annaud, Frankreich *1943, Regisseur, drehte u. a. Am Anfang war das Feuer (1981), Der Name der Rose (1986), Der Bär (1988), Der Liebhaber (1991), Wings of Courage (1995), Sieben Jahre in Tibet (1997), Enemy at the gates (2000)

[zu Ecos Roman: ...] Ich war fasziniert von der seltenen Kombination einer einfachen Erzählstruktur, in der es eigentlich ganz linear vorgeht und in der es auch schlicht um die Frage geht, wer der Mörder ist, und der Tiefe des Ganzen, die Art, wie historische Hintergründe miteinbezogen und genutzt werden, und die Weise, mit der eine politische Situation gezeichnet wird, die unserer heutigen sehr ähnelt. *Der Name der Rose* ist eine wundervolle Parabel auf die Rolle der Information und der Kommunikation und den Stellenwert der Massenmedien. Ein Mord-Rätsel mit so viel Geist, ich war fasziniert. Es geht nicht nur um den Detektiv, nicht nur um den Fall und die Lösung, es geht auch um Adson, den Erzähler, um seine Zeit, um den Geist seiner Zeit.
Kino ist etwas sehr Emotionales. Es ist sehr schwierig, intellektuelle Fakten mithilfe des Kinos zu vermitteln. Bücher haben Konzepte und Ideengeflechte zum Inhalt, im Film aber hat man es mit Gesichtern und psychologischen Konzepten zu tun. Mich hat es gereizt, die Konzepte und das Ideengeflecht in *Der Name der Rose* auf Gesichter und psychologische Konzepte zu übertragen. Und die kleine, aber tragende Liebesgeschichte, die noch mitverankert ist in der Geschichte der sieben wichtigsten Tage in Adsons Leben, hat mich davon überzeugt, dass ich den Film drehen muss. (...)

Umsetzungsprobleme der Literaturverfilmung! Wo soll ich anfangen, es sind so viele. Wie setzt man seitenlang beschriebene Gefühlsaufwallungen in Bilder um? Sind die proportionalen Verschiebungen, die sich durch notwendige Auslassungen ergeben, noch nachvollziehbar und stimmig? Stimmt der Erzählrhythmus des Films mit dem des Buches überein? Wie kann ich alles bestmöglich checken und filmen und mein Budget dabei nicht überziehen? Man muss einfach einsehen: Buch und Film sind unterschiedliche Medien mit unterschiedlichem Publikum, deshalb können Buch und Film nur von einer gemeinsamen Grundidee ausgehen und diese je auf ihre Weise umsetzen. Basta! *(1986)*

Hans D. Baumann/Arman Sahihi

Buch und Film – Die zwei Codes*

Umsetzungsprobleme der Literaturverfilmung

Die Umsetzungsproblematik Buch/Film ist schon im Großen und Groben so komplex und wechselwirkend, dass man den Anfang in den Unterschiedlichkeiten der Medien suchen sollte. Das Buch wie auch der Film sind Medien der Kommunikation, genauer: der Massenkommunikation. (...)

Ab hier beginnen dann aber auch die Unterschiede zwischen Buch und Film. Das Medium Buch hat in aller Regel die reine Sprache (und gegebenenfalls Illustrationen) als Code, das Medium Film aber hat das Bild als Code. Auch wenn Sprache im Film eine noch so große Rolle spielt, der Code bleibt vorrangig die bildliche Darstellung, die Gestaltung. Man spricht in diesem Zusammenhang von der „verbalen Codierung" des Buchs und der „visuellen Codierung" des Films.

Das Wort-Bild-Problem ...

Diese Unterschiedlichkeit der Codes unserer Medien mag banal anmuten. Ihre Tragweite ist umso größer!

Ein Beispiel: Eingebettet in den Gesamtzusammenhang eines erzählenden Textes ist ein Satz wie „Er ging in die Hotel-Bar." völlig ausreichend, um dem Leser mitzuteilen, welche Änderung der Räumlichkeiten sich ergeben hat. Will man nun selbigen Sachverhalt filmisch darstellen, tauchen sofort verschiedene Fragen auf. Denn wo der Leser im Text Freiräume hat, die er mittels Fantasie, Identifikation, Intuition, Lese- und Lebenserfahrung ausfüllt, ist der Film vom Wesen seines Mediums und seines Codes her darauf ausgerichtet, eben diese Freiräume auszumalen und damit einzuschränken. Während der Leser den inneren Kosmos des Buches ziemlich aktiv mitausstattet, muss der Zuschauer versuchen, möglichst viel von der Ausstattung des inneren Kosmos des Films aufzunehmen und zu verarbeiten. Wenn „er" im Film in die Hotel-Bar geht, kann er den Lift nehmen oder die Treppe hinabsteigen, genauso gut kann gleich in die Bar übergeblendet werden. Die Bar wiederum kann groß oder klein, hell oder dunkel, voll oder leer, altmodisch oder modern eingerichtet sein. Das entscheiden im Film der Regisseur und der Produzent für den Zuschauer.

Ein anderes Beispiel? Ja, ein ganz anderes, das die Unterschiedlichkeit der Kanäle der Medien von Buch und Film verdeutlichen soll: Die reine Sprache lebt oft von Unregelmäßigkeiten, Abweichungen,

Wird ein weiterer Ihrer Romane verfilmt?

U. Eco: Bisher habe ich alle Angebote abgelehnt. „Der Name der Rose" wurde zu früh verfilmt. Alle sahen erst den Film und lasen dann das Buch. Das ist für einen Autor nicht besonders gut. Am besten lief das bei Homer. Mit der Verfilmung wurde 2000 Jahre gewartet.
(Berliner Zeitung, 17.1.1998)

Wie jeder Text nur vor dem Hintergrund des gesamten bisherigen Geschriebenen zu denken ist, steht auch jeder Film im Kontext anderer Filme und enthält ungleich mehr Anspielungen und Verweise, unbewusst entlehnte Motive, Metaphern und assoziiert visuelle Erinnerungen, als sich in der Textvorlage erkennen lässt. Genrezusammenhänge, Verweise der Darsteller auf andere Rollen, die sie in anderen Filmen verkörpert haben, Kamera-, Regie- und Lichtstile, Architekturbedeutungen, Kleidungsstile etc. eröffnen eine Fülle anderer Bezugsebenen.
(Knut Hickethier, 1989)

möglichen Missverständnissen. Diese würzen die Sprache des Alltags, geben ihr oft komische bis groteske Seiten, die einer gewissen Wahrheit nicht entbehren. In der Sprache der Literatur und auch der Werbung sind sie unerlässliche Mittel. Das ist beispielsweise der Fall, wenn Kafka mit „etwas umgehen", „mit etwas umgehen", mit „sich verhuren" und „jemanden verhuren" sein tiefgründiges Verwirrspiel treibt, aber auch, wenn ein Hersteller von Papiertaschentüchern mit „gut betucht" und „Tuchfühlung aufnehmen" für seine Ware wirbt.

Wortspiele, Doppel- bzw. Mehrdeutigkeiten und rhetorische Figuren lassen sich filmisch so gut wie nicht übertragen; anders ausgedrückt: Zu bestimmten verbalen Codierungen gibt es keine visuellen Umsetzungsmöglichkeiten. Unter einem „Kopfarbeiterkind" oder einem „Unvermögensverwalter" kann sich der Leser etwas vorstellen, verbildlichen kann man die Wortkombinationen nicht. Und dass Aspekte wie Satzmelodie und Rhythmus, Intonationskurve und Reim, Wortwahl und grammatische Verschachtelung in der filmischen Umsetzung völlig anders gearteten Elementen und Faktoren wie Farbe, Raum, Ausschnitt, Schnitt, Sequenzfolge und Gesamtrhythmus Platz machen (müssen), gehört auch zu den oft diskutierten und oft disputierten Problemen der „Literaturverfilmung". (...)

Die Codierung

Kino, so Jean-Jacques Annaud, ist etwas vorrangig Emotionales; Intellektuelles kann nur schwer vermittelt werden. Die Ausgangsproblematik bei der Verfilmung von *Der Name der Rose* war, die Reichhaltigkeit, Informativität und Gedankentiefe des Romans auf das Medium Film zu übertragen. Denn „beim Film hat man es mit Gesichtern, mit psychologischen Konzepten" (Annaud) und deren Verbildlichung zu tun. Einige Gedanken und Nebeninhalte musste Regisseur Annaud von vornherein kürzen oder auch auslassen um den Roman verfilmbar zu machen. Dass insgesamt 15 verschiedene Fassungen des Drehbuches geschrieben werden mussten, bis schließlich eine Version zum Stehen kam, die den Kinobesucher unterhält, ohne die Essenz des Romans aus den Augen zu verlieren, mag als Beispiel hierfür gelten.

Umberto Eco und Sean Connery in der Rolle des William von Baskerville während der Dreharbeiten

Vom reinen zum bebilderten Wort

Die Dialoge mussten für den Film mehrfach neugestaltet werden. Denn primär durch sie erhalten die handelnden Figuren eine eigenständige Psychologie. Was im Buch seitenlange Beschreibungen von Gefühlsaufwallungen und Gedankenführung sind, muss hier gewissermaßen nebenbei ausgedrückt werden. Formulierungen wie „er dachte“ und „sie fühlte“ müssen im gesprochenen Wort und im schauspielerischen Ausdruck vermittelt werden. Und das ist nicht immer machbar. Die Gedankenarbeit des Protagonisten William spielt im Buch eine wesentlichere, tiefergehende Rolle als in dem Film. Dafür sind – typisch Bild – seine menschlichen Züge durch Connerys schauspielerischen, also auch menschlichen Ausdruck stärker unterstrichen. Das hat freilich auch damit zu tun, dass Buch und Film nicht das gleiche (Ziel-) Publikum haben. Dem Kinobesucher kann man, weiß Gott, nicht zumuten, eine Stunde lang ein nachdenkliches Gesicht zu sehen und die dazugehörigen Gedanken als Stimme aus dem Off zu hören.
In diesem unserem Film war die Gestaltung der Dialoge noch von dem zusätzlichen Problem geprägt, die sehr vielen, für das Gesamtverständnis notwendigen Informationen, die Eco seinem Leser wortreich vorsetzt, auch auf diesem Weg zu vermitteln. Was sich in den Dialogen und dadurch auch in dem ganzen Film kaum unterbringen ließ, ist das Zitatensystem, das Eco in seinen Roman verankert hat. Das Spiel mit den Zitaten und Zitateszitaten, beim Lesen des Romans ein zusätzlicher Reiz und Vermittler zahlreicher Anspielungen, Mitbedeutungen und Sinnzusammenhänge, musste in dem Film auf ein absolutes Minimum hinabreduziert werden. (...)

Adson im Labyrinth der Bibliothek (Filmausschnitt)

Das Bild zum Wort

Dass der Bau des Sets bei Rom sechs Monate Zeit in Anspruch nahm oder auch die baubehördlichen Probleme, die es im Kloster Eberbach zu meistern galt, wollen wir ebenfalls nicht zu den künstlerisch-ästhetischen Umsetzungsproblemen zählen, wohl aber das Folgende:
Das Labyrinth in dem Roman ist eben, zweidimensional, das im Film aber ist in die Höhe gebaut, dreidimensional. Nicht nur ist der Turm imposanter, psychologisch eindringlicher, wenn man visualisiert, dass er gänzlich von einem Labyrinth ausgefüllt ist. Ausschlaggebend für die Entscheidung, mit drei Dimensionen zu arbeiten, war, dass in einem flachen Labyrinth, der Enge und der vielen Wände wegen, das Filmen schwieriger ist. Ein zweidimensionales Labyrinth hätte unweigerlich eine starke Einschränkung der perspektivischen Möglichkeiten ergeben. (Der Leser wählt seine Perspektive selber. Zumindest im Labyrinth!)
Die historische Authentizität der Bauten, der Kleider und der Requisiten wurde von sieben Historikern mit verschiedenen Spezialgebieten gewährleistet. Denn welcher Regisseur oder Produzent, überhaupt: welcher Nicht-Historiker weiß schon zu bestimmen, wie es im Mittelalter ausgesehen hat? Wie gesagt: Im Buch liest man und malt sich alles aus, geführt vom Autor, ansonsten aber frei nach Kenntnis und Geschmack; im Film aber bekommt man das Gemeinte ausgestattet, in diesem besonderen Fall sogar ausgesprochen originalgetreu.
(1986)

Diskutieren, erörtern:
Ist es besser, den Film zuerst zu sehen und dann das Buch zu lesen, oder umgekehrt?

Diskutieren, erörtern:
Klären Sie an einzelnen Passagen aus Film und Buch den unterschiedlichen Umgang mit der Zeit.

Vergleichen:
die Darstellung des Labyrinths im Buch und im Film

Erkunden, erforschen:
das Motiv des Labyrinths

•FAKTEN• •DATEN• •INFORMATIONEN•

Fakten – Daten – Informationen

FAKTEN, DATEN, INFORMATIONEN

GLOSSAR ZUR ARBEIT MIT LITERARISCHEN TEXTEN

Absurdes Theater
In den 50er Jahren des 20. Jahrhunderts entstandene Theaterform, in der es keine psychologisch motivierte Handlung mehr gibt, die Figuren keine Entwicklung mehr durchlaufen und wie Automaten oder Marionetten erscheinen. Thema ist zumeist die Verkümmerung des Menschen in der modernen Welt, herausragende Beispiele sind die abstrakten Parabeln Samuel Becketts („Warten auf Godot", „Endspiel") sowie die Stücke Eugéne Ionescos („Die kahle Sängerin").

Akt [lat. *actus* = Vorgang, Handlung]
Größerer, in sich geschlossener Handlungsabschnitt eines Dramas.

Allegorie → Rhetorische Figuren, S. 550

Alexandriner
In der Versdichtung des Barock vorherrschendes zwölf- bzw. dreizehnsilbiges Versmaß (sechssilbiger Jambus mit Zäsur nach der dritten Hebung bzw. sechsten Silbe.

Alliteration → Rhetorische Figuren, S. 550

Anagramm [griech. *anagraphein* = umschreiben]
Wort oder Wortfolge, die durch Umstellung der Buchstaben eines oder mehrerer Wörter zustande kommt („Ave" → „Eva").

Anapher → Rhetorische Figuren, S. 550

Antagonist [griech. *antagonistes* = Gegenspieler]
Im Drama, aber auch in erzählenden Texten der zweite Held, der durch sein Verhalten die Handlungsweise des Hauptthelden mitbedingt und beeinflusst; bringt auf diese Weise ein dialektisches Moment in die Handlung.

Anthologie [griech. *anthos* = Blume, Blüte und *légein* = lesen)
Unter einem bestimmten Gesichtspunkt zusammengestellte Sammlung von ausgewählten Texten oder Text-Auszügen.

Antithese → Rhetorische Figuren, S. 550

Aphorismus [griech. *aphorizein* = abgrenzen, definieren]
Knappe und prägnante Formulierung eines Gedankens, Urteils oder einer Lebensweisheit; nach Inhalt und Stil anspruchsvoller als das Sprichwort und meist gekennzeichnet durch effektvolle Anwendung rhetorischer Mittel.

Aristotelisches Drama
Bezeichung für das Theater, das in der Tradition der von Aristoteles formulierten Regeln steht und durch Geschlossenheit von Form und Handlung, logische Kausalität der Handlungen der Figuren sowie die Berücksichtigung der → Katharsis-Lehre gekennzeichnet ist.

Assonanz [frz. *assonance* = Anklang aus lat. *assonare* = anklingen, übereinstimmen]
Form des Binnenreimes, bei der die Vokale, nicht aber die Konsonanten übereinstimmen (z.B. Reigen – leiden).

Aufklärung
Epoche vor allem des 18. Jahrhunderts (etwa 1720–1785). Grundlegend für die Ideen der Aufklärung war der Glaube an die Macht der menschlichen Vernunft, d.h. man ging davon aus, dass Menschen in der Lage sind, rationale (logische) Schlüsse zu ziehen und sich mit Hilfe ihrer Sinne (empirischen) Zugang zu den Dingen der Welt zu verschaffen und auf diese Weise durch vernünftig-richtiges Handeln alle wirtschaftlichen und naturwissenschaftlichen, aber auch alle gesellschaftlichen, geistigen und religiösen Probleme zu lösen. Die Vernunft wurde zum alleingültigen Maßstab menschlichen Handelns; der Jenseitsbezug älterer Zeit wurde zunehmend abgelöst durch einen starken Bezug zum Diesseits, in dem der Mensch seine Fähigkeiten und Kenntnisse ungehindert entfalten können soll, nicht mehr unterworfen den traditionellen Mächten der Kirche und der ständischen Gesellschaft, deren Autoriät bislang fraglos hingenommen worden war.
Das optimistische Denken der Aufklärung bewirkte u.a. einen ungeheuren Aufschwung der Wissenschaften. Daneben wurde der Erziehung besondere Aufmerksamkeit geschenkt, denn man versprach sich von ihr die Heranbildung aufgeklärter, vernunftgeleiteter Menschen. Besonderen Einfluss hatte die Idee der Aufklärung auf das politische Denken der 18. Jahrhunderts, ihr Fortschrittsglaube gipfelte schließlich in der amerikanischen Unabhängigkeitserklärung (1776) und der Französischen Revolution von 1789, deren Parole „Freiheit! Gleichheit! Brüderlichkeit!" eine Zusammenfassung der Ziele der Aufklärung ist (→ Immanuel Kant: „Was ist Aufklärung?" S. 277).
Auch die Entstehung einer literarischen Öffentlichkeit ist eine der Erscheinungen aus der Zeit der Aufklärung. Waren für die Autoren der Frühaufklärung noch höfische Formen maßgeblicher Orientierungspunkt, so entwickelte sich im Anschluss an neue ästhetische Positionen (Gottsched, Baumgarten) u.a. eine neue Form der Literatur als Naturnachahmung. Von großer Bedeutung für die Verbreitung der Aufklärungsliteratur waren die zahlreichen neu gegründeten Wochen- und Monatszeitschriften, deren Existenz die Entstehung zahlreicher Essays und publizistischer Arbeiten nach sich zog. Daneben herrschten innerhalb der Aufklärung sehr stark Lehrdichtungen vor (Brockes). Die Romane der Aufklärung standen sehr stark unter dem Einfluss englischer Vorbilder (etwa L. Sternes „Tristram Shandy", 1759–1769). Als Höhepunkt des aufklärerischen Romans gilt Christoph Martin Wielands „Agathon" (1766/67, 1773, 1794)

Autobiografie [griech. *autos* = selbst, *bios* = Leben, *graphein* = schreiben]
Gegen Ende des 18. Jahrhunderts in Deutschland erstmals erscheinende literarische Form, die in einer zusammenhängenden Darstellung des eigenen Lebens (oder größerer Teile daraus) im Rückblick besteht; ältere Bezeichnungen sind „Bekenntnisse", „Konfessionen" oder „Aus meinem Leben"; es existieren vielfältige Formen der Autobiografie, die von der Mitteilung der bloßen Fakten bis hin zur romanhaften Ausgestaltung der Ereignisse reichen; dabei bleibt die Wahrheit über das eigene Leben stets subjektiv gefärbt.

Autor
Verfasser eines Werkes der Literatur, Kunst, Musik, Fotografie oder auch des Films. Traditionell wird der Autor, der nicht identisch ist mit dem Erzähler eines Textes, gedacht als jemand, der seinen Text mit einer bestimmten → Intention schreibt, die dann vom Leser/Interpreten wieder aus dem Text ‚herausgelesen' werden soll.

Barock [port. *barocco* = unregelmäßige, schiefe Perle, dann franz. *baroque* = metaphorisch für exzentrisch, bizzar]
Zeitraum zwischen dem Ende der Renaissance und dem Beginn der Aufklärung (etwa 1600–1720), der zunächst entscheidend geprägt war vom Dreißigjährigen Krieg (1618–1648) und seinen Folgen, darüber hinaus aber auch von den anhaltenden Auseinandersetzungen zwischen katholischer und protestantischer Kirche.
In die Zeit des Barock fällt in Deutschland die Ablösung des Lateinischen als Litera-

tursprache durch die deutsche Sprache. Damit einher geht (insbesondere im protestantischen Milieu) die Gründung von Sprachgesellschaften und Akademien sowie die Entstehung zahlreicher Poetiken, unter denen Martin Opitz' „Buch von der Deutschen Poeterey“ (1624) die bedeutendste und für ein Jahrhundert maßgebliche war.
Die Barockzeit war geprägt von der Entwicklung der Fürstenhöfe zu wichtigen Machtzentren, wobei die Gestaltung ihrer Repräsentations- und Festkultur eine der Hauptaufgaben barocker Kunst, vor allem aber auch der Barockarchitektur darstellte. In diese höfische Kultur waren schließlich auch zahlreiche Barockdichter fest integriert. Ihre Texte (zumeist Gedichte) beschreiben sehr oft das höfische Leben und die Abenteuer der Herrscher.
Religiöse Aspekte spielten auch für die Barockliteratur eine wichtige Rolle. So fand eine große Zahl religiös geprägter Texte weite Verbreitung, daneben aber entstanden sehr viele frivol-vergnügte Texte, die weltliche Genüsse feiern.
Zu den wenigen Prosatexten des Barock, die heute noch eine breite Leserschaft finden, gehört der Roman „Der Abentheurliche Simplicissiumus Teutsch“ von Hans Jakob Christoffel von Grimmelshausen (1669).

Belletristik [frz. *belles lettres* = schöne Wissenschaften]
Sammelbezeichnung für nicht-wissenschaftliche, so genannte ‚schöne‘ oder ‚schöngeistige‘ Literatur.

Bewusstseinsstrom → Innerer Monolog

Bibliografie [griech. *biblos* = Buch, *graphein* = (be)schreiben]
Früher die Lehre vom Buch (Buchgewerbe, Bibliothekswesen, Bibliophilie), heute Bezeichnung für 1. die literarische Quellenkunde, d.h. jene Hilfswissenschaft, die für die Ermittlung, Beschreibung (Verfasser, Titel, Ort, Jahr, Band- und Seitenangaben) und Ordnung (alphabetisch, chronologisch, systematisch) des Schrifttums verantwortlich ist; 2. das Produkt dieser Tätigkeit, d.h. das selbstständig veröffentlichte oder einer Abhandlung beigegebene Verzeichnis bibliografischer Angaben.

Biedermeier
Bezeichnung für die literarische Epoche ca. zwischen 1815 und 1850; die Bezeichnung entstand Mitte des 19. Jahrhunderts und geht zurück auf anonym erschienene Parodien auf den deutschen Kleinbürger; in den 20er und 30er Jahren sah man im Biedermeier eine durch unpolitische Resignation und Anpassung gekennzeichnete geistesgeschichtliche Epoche, deren Literatur in formaler Hinsicht durch ein besonderes Interesse an den Gegenständen der Alltagswelt gekennzeichnet ist. Heute ist ‚Biedermeier‘ als Epochenbezeichnung umstritten, alternativ spricht man im Zusammenhang mit dem betreffenden Zeitraum eher von → Vormärz oder → Jungem Deutschland.

Bildungsroman
Romanform, die im letzten Drittel des 18. Jahrhunderts entstanden ist und die Bildungs- und Entwicklungsgeschichte eines Menschen (fast immer: eines Mannes) in der Auseinandersetzung mit der Welt darstellt. Der Entwicklungsprozess wird dabei meist als Prozess der Orientierung und Selbstfindung verstanden, wobei am Ende in der Regel ein Ausgleich zwischen Individuum und Welt gefunden wird. Als Gattungsmodell gilt bis heute Goethes „Wilhelm Meisters Lehrjahre“ (1795/96). Die Entstehung des Bildungsromans setzte die Ideen der Aufklärung voraus, da die Vorstellung einer unverwechselbaren Identität und eines Entwicklungsprozesses, der nicht von ständischen und religiösen Bindungen dominiert wird, erst mit der Aufklärung Verbreitung fand.

Bitterfelder Weg → Sozialistischer Realismus

Blankvers
Aus England stammender fünfhebiger Jambus ohne Reim; auch als Dramenvers verbreitet (Shakespeare, in Deutschland seit Lessing).

Botenbericht
Dramentechnisches Mittel, bei dem Ereignisse, die für die Dramenhandlung von Bedeutung sind, sich aber außerhalb der Bühne abspielen und/oder auf der Bühne schwer darzustellen wären, durch Bericht des von außen kommenden Boten vergegenwärtigt werden. → Teichoskopie

Briefroman
Form des Romans, bestehend aus einer Folge von Briefen eines/einer oder mehrerer Verfasser oder Verfasserinnen, die ohne Verbindungstexte stehen oder allenfalls ergänzt werden durch ähnliche fiktive Dokumente (z.B. Tagebuchaufzeichnungen). Seine Blüte erlebte er zwischen 1740 und 1820; als Höhepunkt kann Goethes „Die Leiden des jungen Werthers“ (1774) gelten, wobei bereits dort die strenge Form durch Hinzutreten eines „Herausgebers“ aufgelöst ist.

Charakter → Figur

Chor [griech. *choros* = abgegrenzte Fläche für kultische Tänze]
Wurzel des antiken griechischen Dramas; entscheidend für den Übergang vom Chor zum Drama war die Einführung von Schauspielern. Bei den ältesten Autoren (Aischylos) befand sich der Chor zunächst noch auf der Bühne und war wichtiger Bestandteil der Tragödie, später wurde er zunehmend auf die Funktionen des Gliederns, Kommentierens und Deutens der dramatischen Handlung beschränkt (Sophokles, Euripides).

Collage [franz. *collage* = Kleben]
Ursprünglich ein Begriff der bildenden Kunst; als literarisches Verfahren Kombination verschiedener sprachlicher Fremdmaterialien; oft synonym mit → Montage verwendet.

Commedia dell'Arte
Im 16. Jahrhundert in Italien entstandene, durch feste Aufführungskonventionen und kurze Fabel- und Handlungsmuster gekennzeichnete Stegreifkomödie, in der die Schauspieler zunächst Masken trugen und immer die gleichen typisierten Figuren verkörperten: Pantalone (Kaufmann), Dottore (Arzt), Arlecchino und Brighella (Diener), später auch Capitano (Liebhaber), Florindo und Isabella (nicht maskiertes Liebespaar), Colombina, Corallina (Dienerinnen); im 17. und 18. Jahrhundert von Molière und Goldoni zur Typen- und Charakterkomödie weiterentwickelt, in der deutschen Tradition vom frühen Lessing und Gottsched aufgenommen.

Dadaismus
1915/16 in Zürich entstandene internationale Kunst- und Literaturrichtung, die alle bis dahin geltenden ästhetischen Wertmaßstäbe und Spielregeln für ungültig erklärte und die absolute Freiheit der künstlerischen Produktion verkündete; allen dadaistischen Gruppierungen gemeinsam war die Ablehung sowohl des → Expressionismus als auch des → Futurismus; entscheidende Wirkung ging von den verwendeten künstlerischen Verfahren aus: → Collage, → Montage, Behandlung der Sprache als Material (Lautgedicht). Zur Züricher „Urgruppe“ gehörten u.a. Richard Huelsenbeck, Hugo Ball, Hans Arp und Tristan Tzara, später gab es einige Zentren des Dadaismus, u.a. Berlin (Huelsenbeck, George Grosz, Jean Heartfield), Köln (Arp, Max Ernst) und Hannover (Kurt Schwitters).

Dekadenz [franz. *décadence* = Verfall]
Bezeichnung für ein im späten 19. Jahrhundert entstandenes Literaturkonzept der Moderne mit antibürgerlicher und antiklassizistischer Prägung. Kennzeichnend für die Dekadenzliteratur war von Beginn an das Bewusstsein, einer überfeinerten und untergehenden Kultur zuzugehören. Typisch für diese Literatur sind neben einem ausgeprägten Pessimismus v. a. die letzte Verfeinerung der psychologischen Darstellung und eine Vorliebe für schwierige Seelenzustände, was häufig in die Darstellung morbider und überreizter Gestalten mündet. Dabei werden Niedergang und Verfall durchaus bejaht, was auch Ausdruck einer Ablehnung alltäglichen bürgerlichen Lebens ausdrückt. Häufig anzutreffen in der Dekadenzliteratur ist die Figur des Dandy (Oscar Wilde „Das Bildnis des Dorian Gray", 1890); ein häufig wiederkehrendes Motiv ist das des Niedergangs einer Familie (Thomas Mann: „Buddenbrooks. Verfall einer Familie", 1901).

Dekonstruktion
Von Jacques Derrida Ende der 60er Jahre eingeführter Begriff; bezeichnet eine Form der Text-Lektüre, die die Annahme eindeutiger Sinnhaftigkeit und Stabilität von Texten ablehnt und von der prinzipiellen Uneindeutigkeit von Texten ausgeht; dabei tritt der Zusammenhang zwischen Text und Autor weitgehend in den Hintergrund; es geht darum, die scheinbare Einheit eines Textes als brüchig auszuweisen und zu zeigen, dass in einem Text Dimensionen nachweisbar sind, die vom Autor zwar bewusst oder unbewusst ausgeklammert worden sind, ihre Wirkung aber gleichwohl entfalten und unterschiedliche Lesarten desselben Textes provozieren.
→ Interpretation, → Umberto Eco: Textintention, S. 404

Denotation [von lat. *denotare* = bezeichnen]
1. Situations- und kontextunabhängige Grundbedeutung eines sprachlichen Zeichens (vgl. → Konnotation).
2. Bezeichnung für die Bezugnahme des Zeichens auf Gegenstände und Sachverhalte der Wirklichkeit.

Dialog [griech. *dialogos* = Wechselrede, Gespräch]
Zwiegespräch, Gedankenaustausch zwischen zwei oder mehreren Personen in Rede und Gegenrede.
Die Entwicklung des Dialogs als Kunstform geht zurück auf die Platonischen Dialoge (Lehrgespräch), großen Einfluss hatten daneben die Dialoge Ciceros. Als volkssprachliche Form des Dialogs entwickelte sich später das sogenannte Streitgedicht. In der Aufklärung diente der Dialog als Instrument der geistigen Auseinandersetzung (Diderot, Lessing, Wieland). Ab dem 19. Jahrhundert fand er als eigenständige literarische Form nur noch vereinzelt Verwendung. Im Drama bestimmt der literarisch geformte Dialog Aufbau und Fortgang der Handlung und dient der Charakterisierung der Personen sowie der Entwicklung der Konflikte. Daneben gehört er zu den Grundformen epischen Erzählens.

Diskurs
In der Tradition der europäischen Aufklärung Bezeichnung für ein wahrheitssuchendes philosophisches Gespräch; in der Gegenwart wird der Ausdruck in diesem Sinn auch von Jürgen Habermas verwendet; innerhalb neuerer literaturwissenschaftlicher Diskussionen wird von ‚Diskurs' zumeist mit Bezug auf Michel Foucault gesprochen, der die Gesamtheit einer Menge von Aussagen zu einem bestimmten Gegenstand, die eine bestimmte Regelhaftigkeit aufweist, einen Diskurs nennt. Für Foucault sind Diskurse an Medien und Institutionen gebunden, wobei innerhalb eines Diskurses darüber entschieden wird, was gesagt werden darf und was nicht: Insofern wird es in Diskursen stets um Machtfragen gehen.

Diskursanalyse
Literaturwissenschaftliche Analysemethode, die im Anschluss an Foucaults Diskursbegriff nach den Machteffekten bestimmter Aussagen fragt; dabei spielt wie bei der → Dekonstruktion die Frage nach dem Autor und seinen Intentionen keine Rolle, vielmehr werden das Funktionieren eines Diskurses und seine Folgen beschrieben; innerhalb der Diskursanalyse werden zentrale Begriffe der Literatur(wissenschaft) wie → Autor, Werk, → Interpretation und Sinn eines literarischen Werkes radikal in Frage gestellt.

Dokumentarliteratur/dokumentarische Literatur
Sammelbezeichnung für gesellschaftskritische Theaterstücke, Hör- und Fernsehspiele, Filme, Prosatexte und Gedichte. Sie entstand Anfang der 60er Jahre in Opposition gegen die üblichen fiktiven Schreibweisen, deren politische Wirkungslosigkeit von den Autoren der Dokumentarliteratur beklagt wurde. Bevorzugte Formen der Dokumentarliteratur sind Reportage, Bericht und Drama, häufige Techniken Montage und Collage. Im Drama (Dokumentarspiel) lassen sich zwei eng zusammen gehörende Formen unterscheiden: Die Prozess-Form (Peter Weiss: „Die Ermittlung", Heinar Kipphardt: „In der Sache J. Robert Oppenheimer") und die Berichtsform, in der Dokumente und Fiktion gemischt werden (Rolf Hochhuth: „Der Stellvertreter").

Drama [griech. *drama* = Handlung]
Im weiteren Sinne Sammelbezeichnung für szenische Texte aller Art. Neben Lyrik und Epik eine der von Goethe als Naturformen bezeichneten drei Hauptgattungen der Dichtung. Im traditionellen Drama (→ aristotelisches Drama) wird eine in sich abgeschlossene Handlung durch die daran unmittelbar beteiligten Personen in Rede und Gegenrede (→ Dialog) als unmittelbar gegenwärtig auf der Bühne dargestellt. Dramen sind meist in Akte oder Aufzüge gegliedert, die ihrerseits wiederum in Szenen oder Auftritte unterteilt werden können (geschlossene Form des Dramas). Im Fall von Dramen, die nicht den Gesetzen des aristotelischen Theaters unterworfen sind, spricht man von der → offenen Form des Dramas.
In Deutschland bleibt – im Gegensatz zu England und Frankreich – das Schauspiel bis ins 17. Jahrhundert weitgehend Laientheater. Als Begründer des deutschen Nationaltheaters im 18. Jahrhundert gilt G. E. Lessing, der mit „Minna von Barnhelm" (1767) und „Emilia Galotti" (1772) je ein Musterbeispiel für Lust- und Trauerspiel geschaffen hat.

Dramaturgie
Seit Lessing („Hamburgische Dramaturgie", 1767–1769) bezeichnet der Begriff 1. die Kompositionsprinzipien des Dramatischen, 2. die Theorie der Wirkungsgesetze und Techniken des Dramas und 3. die Einrichtung eines szenischen Textes zur Aufführung.

Drehbuch
Schriftlich festgehaltener, detaillierter Plan für die Herstellung eines Films, dem das Exposé (kurze Skizze der Filmidee) und das Treatment (bereits szenisch gegliederter Handlungsablauf) vorausgehen.

Ellipse [griech., *lat. ellipsis* = Auslassung]
Bezeichnung für einen unvollständigen Text oder Textteil (Satz); in der Erzählforschung Bezeichnung für das Auslassen von Ereignissen innerhalb der Handlung.
→ siehe auch: Rhetorische Figuren, S. 550

Empfindsamkeit
Gefühlsbetonte geistige Strömung (etwa 1730/1740–1800) innerhalb der europäischen Aufklärung, in der man versuchte, mit Hilfe der Vernunft auch die Empfindungen aufzuklären; wichtige Voraussetzung für die Entwicklung einer „privaten Autonomie" des bürgerlichen Individuums. Kennzeichnend für die empfindsame Dichtung ist die Abkehr von den Regelpoetiken und die Entwicklung einer eigenen Form- und Ausdruckssprache; als Höhepunkt und zugleich Überwindung gilt Goethes „Werther", in dem das individuelle Gefühlserleben zeittypisch gestaltet, zugleich aber die Gefahr unbedingter Gefühlshingabe aufgezeigt wird.

Enjambement
Zeilensprung, d.h. Fortführung einer syntaktischen Einheit über eine metrische Einheit (Satz, Vers, Strophe) hinweg.

Entwicklungsroman → Bildungsroman

Epigramm [griech. *epigramma* = Inschrift, Aufschrift]
Poetische Form, in der auf zugespitzte Weise eine geistreiche und/oder überraschende Sinndeutung zu einem Gegenstand oder Sachverhalt gegeben wird; deshalb mitunter auch als „Sinngedicht" bezeichnet.

Epik [griech. *epikos* = episch, zum Epos gehörend]
Nach Goethe eine der drei Naturformen der Dichtung. Konstitutiv für sie ist die Darstellungsfunktion der Sprache, mit der ein zumeist fiktives Geschehen erzählerisch in Versen (Epos) oder Prosa (Roman, Erzählung, Novelle) dargestellt wird. Meist wird dabei eine äußere oder innere Handlung als vergangene vergegenwärtigt; Erzähltempus ist das epische Präteritum. Wesentlich ist dabei die Zeitgestaltung, die sich aus dem Verhältnis von → Erzählzeit zu erzählter Zeit ergibt.

Epilog [griech. *epilogos* = Nachrede]
(1) In der Rhetorik der Schlussteil einer Rede (peroratio, conclusio).
(2) In literarischen Texten (v.a. im Drama) das an das Publikum gerichtete Schlusswort; stellt gemeinsam mit dem → Prolog häufig einen Rahmen dar.

Epische Kleinformen → Kurzepik

Episches Theater
Von Bertolt Brecht und Erwin Piscator entwickelte Theorie und Praxis des Theaters, die sich als „nicht-aristotelisch" definiert, auf Illusion und Einfühlung verzichtet und Distanz und Reflexion durch den Zuschauer ermöglichen will mit dem Ziel, Bekanntes als veränderbar darzustellen.
→ Bertolt Brecht: Über experimentelles Theater, S. 423 f.
→ Bertolt Brecht: Anmerkungen zur Oper „Aufstieg und Fall der Stadt Mahagonny", S. 322f.

Epoche [griech. *epoche* = Haltepunkt]
1. allgemein: Bezeichnung für eine Periode oder einen Zeitraum innerhalb der historischen oder gesellschaftlichen Entwicklung;
2. in der Literaturgeschichte:Bezeichnung einzelner, aufeinander folgender Zeiträume der literarischen Entwicklung, die durch Gemeinsamkeiten gleichzeitiger Dichtungen gekennzeichnet sind und innerhalb größerer Kulturgemeinschaften Verwandtschaften aufweisen.
→ Rainer Rosenberg: Epochen, S. 406
→ Karl Otto Conrady: Von der Verführung durch vertraute Epochenbegriffe. S. 407

Epochenstil
Bezeichnung für diejenigen Stilelemente, die über die Elemente des → Individualstils hinaus das Stilbild einer → Epoche prägen (z.B. bestimmte → Topoi des Minnesangs oder die Sprachverkürzung der Literatur des → Expressionismus).

Epochenumbruch
→ Epochen und Epochenumbrüche, S. 552 f.

Epos [griech. *epos* = Wort, Erzählung, Lied, Gedicht]
Seit dem 18. Jahrhundert in der Dichtungslehre gebräuchliche Bezeichnung für die Großform erzählender Dichtung in gleichartig gebauten Versen oder Strophen, meist in mehreren Teilen. Inhalt der meisten Epen sind die Kämpfe und Heldentaten mythischer oder historischer Personen, wobei die Darstellung des Geschehens zumeist Allgemeingültigkeit beansprucht.

Epos, höfisches → höfische Dichtung

Erlebte Rede
Form der indirekten Wiedergabe innerer Zustände oder Überlegungen der Figur einer Erzählung; sie kann grammatische Kennzeichen indirekter und direkter Rede aufweisen und deshalb sowohl dem Erzähler als auch der Figur zugeschrieben werden.

Erzähler
Vermittelnde Instanz zwischen dem Autor als realem Urheber des Textes und der erzählten Geschichte sowie zwischen Geschichte und Leser; darf nicht mit dem Autor eines Textes verwechselt werden.

Erzählhaltung
Bezeichnung für die Haltung, die der Erzähler gegenüber den Figuren und Handlungen einnimmt. Die Erzählhaltung ist unabhängig von der → Erzählperspektive, d.h. der Erzähler kann eine Figur sympathisch oder unsympathisch darstellen oder sie gar durch ironische Darstellung lächerlich erscheinen lassen.

Erzählperspektive
→ Umgang mit erzählenden Texten, S. 558

Erzählung
Sammelbezeichnung für narrative Texte von kürzerem bis mittlerem Umfang. Der Begriff ist im Vergleich zu relativ genau bestimmten Formen wie → Kurzgeschichte, Märchen oder → Novelle eher vage.

Erzählzeit/erzählte Zeit
→ Umgang mit erzählenden Texten, S. 559

Essay [engl., *franz. essai* = Versuch]
Kürzere Abhandlung über einen wissenschaftlichen Gegenstand oder eine aktuelle Frage des gesellschaftlichen Lebens in leicht zugänglicher, aber inhaltlich und ästhetisch anspruchsvoller Form; gekennzeichnet durch die bewusste Darstellung der subjektiven Auffassung seines Autors.

Euphemismus → Rhetorische Figuren, S. 550

Exilliteratur
Im engeren Sinne Bezeichnung für die zwischen 1933 und 1945 entstandene Literatur, die von Autoren stammt, die nach der Machtergreifung der Nationalsozialisten 1933 Deutschland verlassen mussten. Im weiteren Sinne bezeichnet man als Exilliteratur alle Werke, die von Autoren stammen, die ihre Heimat aus politischen Gründen verlassen und im Exil schreiben mussten (z.B. Literatur der nach 1789 aus Frankreich geflohenen Emigranten oder der im Vormärz aus Deutschland geflohenen Autoren).

Exposé [lat. *exponere* = auseinandersetzen, darstellen]
Darlegung eines Sachverhalts in seinen Grundzügen, Entwurf für eine wissenschaftliche Arbeit.

Exposition: [lat. *exposito* = Darlegung]
Erster Teil einer dramatischen Handlung;

dient dazu, die Zuschauer a) über Ort und Zeit der Handlung; die Personen, ihre Beziehungen und Konflikte zu orientieren; b) über die Vorgeschichte zu informieren und c) Ausgangspunkte für den Fortgang der Handlung zu vermitteln.

Expressionismus
Phase der Literatur- und Kunstgeschichte (etwa 1910–1925) mit deutlichem Einschnitt durch den Ersten Weltkrieg; 1911 als Bezeichnung für eine Berliner Sammelausstellung französischer Maler verwendet, danach auf die Literatur übertragen; enge Beziehung zur Malerei (Brücke, Blauer Reiter), zur Musik (Schönberg), aber auch zur Psychoanalyse (Freud) und Philosophie (Bergson, Husserl); verstand sich als Gegenbewegung zum → Naturalismus und → Impressionismus und war zugleich Ausdruck eines Protestes gegen das wilhelminische Bürgertum und das kapitalistische Wirtschaftssystem (Ablehnung eines scheinbar gesicherten Lebens, Vision vom ‚neuen Menschen').

Fabel
1. Kurze, lehrhafte Erzählung in Vers oder Prosa, zumeist von Tieren als Verkörperungen menschlicher Typen oder Eigenschaften, oft mit einer am Ende ausdrücklich formulierten moralischen Botschaft. Während der Aufklärung anerkannte Gattung der Zeitkritik.
2. In der Erzähltheorie Bezeichnung für die narrative Ebene eines Textes, d.h. für das, was im jeweiligen Text erzählt wird; dabei werden die einzelnen Geschehenselemente in ihrer zeitlichen, logischen und psychologischen Reihenfolge geordnet, unabhängig davon, in welcher Reihenfolge sie im Text erzählt werden. Oft synonym verwendet mit „Plot".

Fallhöhe
Begriff der Dramentheorie zur Bezeichnung des Falles des Helden in der Tragödie, der besagt, je höher der soziale Rang eines Helden ist, desto tiefer werde sein tragischer Fall empfunden; diente im Theater des 16.–18. Jahrhunderts zur Rechtfertigung der Forderung, als Held einer Tragödie dürften nur Könige, Fürsten oder andere Personen mit hohem gesellschaftlichen Rang auftreten, während bürgerliche Figuren lediglich in Komödien als Held auftreten dürften (sog. „Ständeklausel").

Figur [lat. *figura* = Gestalt]
1. allgemeine Bezeichnung für jede in einem literarischen Text auftretende fiktive Person, mitunter auch „Charakter" genannt.
2. In der Rhetorik Bezeichnung für vom normalen Sprachgebrauch abweichende Formulierungen, die der besonders kunstvollen und überzeugenden Gestaltung einer Rede dienen und die Wirkung der Rede verbessern sollen. → Rhetorische Figuren, S. 550 f.

Fiktion/fiktional [lat. *fictio* = Erfindung, Erfindung, Annahme]
Als fiktional bezeichnet man Texte, die erzählen, „was möglich" ist, d.h. erfundene Sachverhalte werden so dargestellt als seien sie real. Fiktion ist ein wesentliches Grundelement epischer und dramatischer Dichtung; die in solchen Texten auftretenden Figuren sind fiktiv, d.h. Teil einer Welt, die nicht wirklich ist, jedoch als wirklich erscheint. Fiktionale Texte sind in der Regel an bestimmten Merkmalen (Kennzeichnung eines Texts als Märchen, Roman, Drama usw. sowie am Kontext) erkennbar.

Frauenliteratur
Bezeichnung für Literatur von Frauen, die sich speziell mit frauenspezifischer Realität und Fragen der Emanzipation beschäftigt; entstanden im Kontext des Feminismus und der Frauenbewegung seit den 60er Jahren.
→ Ruth Klüger: Frauen lesen anders, S. 162 f.

Gattung
Sehr unterschiedlich verwendeter Terminus. Zum einen bezeichnet er mit Bezug auf Goethe die „drei Naturformen der Poesie": Epik, Lyrik, Dramatik. Zum anderen wird er mitunter synonym mit dem Terminus „Genre" verwendet und bezeichnet dann verschiedene Arten künstlerischer Dichtung (→ Ode, Hymne, Elegie, Ballade, → Roman, → Novelle usw.).

Genie [franz. von lat. *genius* = Geist, Schutzgeist, Erzeuger]
In der Literatur-Diskussion des 18. Jahrhunderts Begriff zur Bezeichnung eines mit überragenden schöpferischen Fähigkeiten ausgestatteten Künstlers, spielte v.a. in der Zeit des → Sturm und Drang eine wichtige Rolle, wo er gegen die klassizistische Regelpoetik mit ihren strengen Regeln der Naturnachahmung verwendet wurde und für die neuen poetischen Grundbegriffe ‚Erfindung', ‚Originalität' und ‚Natur' steht; für Vertreter des Sturm und Drang (Goethe, Herder, Schiller, Lenz) erschien das Genie als exemplarische Verwirklichung des allein aus sich selbst heraus schaffenden Individuums.

Gesellschaftsroman
Bezeichnung für die Romane des → Realismus vor allem im 19. Jahrhundert; gekennzeichnet durch den Versuch, im Ausschnitt einer fiktiven Romanhandlung die zeitgeschichtliche und soziale Situation eines bestimmten historischen Abschnitts umfassend darzustellen; entstanden vor allem in Frankreich, England und Russland.
→ Theodor Fontane: Was soll ein Roman?, S. 447

Glossar [griech. *glossa* = Zunge, Sprache)
Verzeichnis von Wörtern mit Erklärungen und – bei Fremdwörtern – Übersetzungen.

Groteske [ital. *grottesco zu grotta* = Grotte]
Kürzerer Text, der auf ungewöhnliche und verzerrende Weise verschiedene heterogene Elemente v.a. des Komischen und Grausigen miteinander verbindet; in verschiedenen Epochen, in denen der Glaube an eine heile Welt besonders verloren schien, zur Darstellung der Wahrnehmung der Verzerrung, Verfremdung und Entstellung der Welt verwendet.

Gruppe 47
1947 gegründete Gruppierung von Schriftstellerinnen und Schriftstellern um Hans Werner Richter; bei ihren Treffen lasen Autoren aus unveröffentlichten Texten, die anschließend diskutiert wurden, wobei Meinungsäußerungen des betreffenden Autors nicht zugelassen waren. Politisch stand ein Großteil der Mitglieder linken, teilweise auch sozialistischen Idealen nahe; ihr gehörten u.a. I. Aichinger, A. Andersch, P. Celan, G. Eich, G. Grass, U. Johnson, W. Koeppen, P. Rühmkorf, M. Walser und P. Weiss an; die Gruppe löste sich 1968 auf.

Held
Bezeichnung für die Hauptfigur in dramatischen (→ Protagonist) und epischen Dichtungen (Romanheld); mitunter auch als Bezeichnung für kollektive oder abstrakte Handlungsträger verwendet. In der Literatur der Moderne löst sich der Heldenbegriff zunehmend auf.

Hermeneutik [griech. *hermeneuein* = übersetzen, auslegen, interpretieren]
Lehre von den Voraussetzungen und methodischen Verfahrensweisen des Verstehens und Auslegens (→ Interpretation) von Texten, aber auch nichtsprachlichen Äußerungen (Gesten, Handlungen, bildende Kunst etc.).
Der Ursprung der Hermeneutik liegt in der (Spät-)Antike, als man sich bei der Auslegung kanonischer Schriften (Homer,

Aristoteles, später v.a. der Bibel) nicht mehr ausschließlich am Wortsinn orientierte, sondern nach der hinter diesem liegenden Bedeutung zu fragen begann. Als Begründer der modernen Hermeneutik gilt Friedrich Schleiermacher („Hermeneutik und Kritik", postum 1838), der die H. als „die Kunst, die Rede eines andern, vornehmlich die schriftliche, richtig zu verstehen" bezeichnete. Wilhelm Dilthey führte diese Konzeption zu Beginn des 20. Jahrhunderts weiter und erklärte das hermeneutische Verstehen zur grundlegenden Methode der Geisteswissenschaften, die er damit zugleich von den „erklärenden" Naturwissenschaften abgrenzte. Entscheidende Anregungen für die Weiterentwicklung der Hermeneutik gingen danach von Martin Heidegger („Sein und Zeit", 1927) und dessen Schüler Hans Georg Gadamer („Wahrheit und Methode", 1960) sowie in den 70er- und 80er-Jahren von Jürgen Habermas aus.
→ Reflexionen über Literatur, S. 402 f.

Hermeneutischer Zirkel
Bezeichnung für die dynamische Beziehung zwischen dem Vorverständnis und den Erwartungen des Lesers und der Veränderung dieses Verständnisses durch die Textlektüre, die immer wieder ein neues, am Text zu überprüfendes und stets veränderbares Textverständnis hervorbringt; angemessener als das von Fichte und Schleiermacher herrührende Bild des Zirkels erscheint das einer Spiralbewegung.
→ Reflexionen über Literatur, S. 403

Hexameter [griech. *hexametros* = aus sechs metrischen Einheiten]
Antikes griechisches Versmaß aus sechs Metren („Hurtig mit Donnergepolter entrollte der tückische Marmor", Homer I: 50); im 18. Jahrhundert wieder häufiger verwendet (Klopstock, Goethe, Schiller); zumeist aber für deutsche Dichtung als ungeeignet abgelehnt.

Höfische Dichtung
Sammelbezeichnung für Dichtung, die sich thematisch und formal an einer höfischen Adelsgesellschaft ausrichtet und diese wiederum mitprägt; sie verdankt sich vor allem der politischen und kulturellen Emanzipation des Feudaladels im 12./13. Jahrhundert; bezogen auf Deutschland meist verwendet als Bezeichnung für die volkssprachliche Literatur, die in dieser Zeit an den Höfen entstand. Thematisch kreist die höfische Literatur um ritterliche Ideale wie êre (Ansehen), triuwe (Treue), mâze (sittliche Mäßigung), zuht (höfische Lebensart) und minne (Frauendienst). Zu den wichtigsten literarischen Formen gehört das höfische Epos, das in der Regel von Adligen verfasst wurde und meist die Kämpfe eines Ritters, der oft im Dienst einer Hofdame steht, gegen andere, feindliche Ritter oder auch Fabelwesen beschreibt (Hartmann von der Aue: „Erec", um 1185, und „Iwein", um 1200, Wolfram von Eschenbach: Parzival, um 1200/1210). Von großer Bedeutung ist daneben der Minnesang, der der Verehrung einer Dame der höfischen Gesellschaft dient (Heinrich von Morungen, Walter von der Vogelweide).

Hörspiel
Bezeichnung für eine neue, mit der Erfindung des Rundfunks verbundenen szenischen Gattung (erstes Hörspiel: am 6.10.1923 in Glasgow); gekennzeichnet durch Wegfall aller optischen Aspekte, die oft durch eine so genannte Geräuschkulisse ersetzt werden; im Vordergrund stehen akustische Momente, vor allem das gesprochene Wort; bedient sich ähnlicher Mittel wie der Film (Schnitt, → Montage, Überblendung usw.); für die Entwicklung des bundesdeutschen Hörspiels von besonderer Bedeutung war der „Hörspielpreis der Kriegsblinden".

Humanismus [lat. *humanus* = menschlich]
Gesamteuropäische, ursprünglich von Italien ausgehende Bildungsbewegung der frühen Neuzeit im 14. bis zur Wende vom 16. zum 17. Jahrhundert. Er ist gekennzeichnet durch die Aneignung und Pflege der antiken Sprachen sowie der mit ihnen verbundenen Inhalte. Der Humanismus steht in scharfem Kontrast zum heilsgeschichtlichen und von der abstrakten Scholastik geprägten Denken des Mittelalters und formulierte im Widerspruch zum Ausbildungsmonopol der Kirche ein Bildungsideal, das sich eng an die Antike anlehnte. In die Zeit des Humanismus fällt die Wiederentdeckung vieler antiker Quellen, u.a. die Erschließung der griechischen Literatur. Ebenfalls in diese Zeit fällt die Erfindung des Buchdrucks durch Gutenberg, die Gründung zahlreicher Universitäten. Ebenfalls in die Zeit des Humanismus fällt die Reformation, wobei insbesondere Luthers Übersetzung der Bibel ins Deutsche enorme Auswirkungen auf die Entwicklung der deutschen Sprache als Literatursprache hatte.

Hyperbel → Rhetorische Figuren, S. 550

Hypertext
Multimediales Netzwerk von Textteilen, Klängen und Bildern, die untereinander elektronisch verbunden und direkt anwählbar sind, sodass bei der Lektüre von Hypertexten der Rezipient wesentlichen Einfluss auf die Gestalt des von ihm rezipierten Textes hat.

Hypotaxe [griech. *hypotaxis* = Unterordnung]
Bezeichnung für die Aufgliederung eines Gedankens in einen Haupt- und von diesem abhängige Nebensätze; Gegensatz zur → Parataxe.

Idealismus
Strömung der deutschen Philosophie im 18. und frühen 19. Jahrhundert mit den Hauptvertretern Fichte, Hegel, Schopenhauer und Schelling; wichtiger geistiger Hintergrund der Goethezeit.
Der Idealismus betrachtet das Geistige als jene Kraft, die das als organische Einheit gedachte Weltsystem als eine harmonische Einheit zusammenhält, verzichtet auf rationale Erfassung der Welt zugunsten von Fantasie und Erfahrung und betrachtet Humanität und Kunst als die höchsten Erscheinungsformen menschlichen Handelns; übernimmt z.T. Positionen der Aufklärung (u.a. ihr hohes Menschenbild und die damit verbundene Toleranzidee).

Ideologie
Bezeichnung für ein (teilweise unbewusstes) System von Ideen, Überzeugungen und Werten, das die Weltsicht einer sozialen Gruppe bestimmt, von dieser aus ihren Interessen heraus vertreten und von ihr als allgemein gültig angesehen wird.
Den Versuch, die in literarischen oder anderen Kunstwerken zum Ausdruck kommende ideologische Einstellung aufzudecken, bezeichnet man als Ideologiekritik.

Impressionismus
[lat. *impressio* = Eindruck]
Stilrichtung ursprünglich der franz. Malerei etwa ab 1875; später auf die Literatur der Zeit etwa 1890–1915 übertragen; steht für den Versuch, der objektiven Wirklichkeitsdarstellung des Naturalismus die genaue Wiedergabe subjektiver (und flüchtiger) Sinneseindrücke gegenüberzustellen; dabei tritt die Darstellung äußerer Handlung zurück; der literarische Impressionismus entwickelt dabei einen hohen Grad der Verfeinerung der sprachlichen Mittel (→ Lautmalerei, → Synästhesie, → erlebte Rede).

Individualstil [lat. *individuus* = unteilbar]
Von einem Autor ausgeprägter, an seine Person gebundener → Stil, der durch seine

von der Persönlichkeit des Autors geprägten Eigenarten vom → Epochenstil unterschieden werden kann.

Innere Emigration
Bezeichnung für das Verhalten deutscher Schriftsteller, die während der NS-Zeit in Deutschland blieben und geistig „in die Emigration gingen"; die in dieser Zeit von ihnen veröffentlichte Literatur steht zwischen der offiziellen NS-Literatur auf der einen und der Exilliteratur auf der anderen Seite. Sie ist gekennzeichnet durch ein „Zwischen-den-Zeilen-Schreiben", häufig in Form historischer Romane.

Innerer Monolog
Erzähltechnik, mit der real unausgesprochene Gedanken, Gefühle, Assoziationen usw. von Personen in Präsens und Ich-Form mitgeteilt werden; meist die Wiedergabe der Augenblicksregungen, wie sie im Bewusstseinsstrom (stream of consciousness) erscheinen, wobei der Erzähler als vermittelnde Instanz weitgehend zurücktritt. Berühmtestes Beispiel ist der große Monolog der Molly Bloom am Ende des Romans „Ulysses" von James Joyce (1922).

Inszenierung
Einstudierung und Interpretation eines Schauspiels oder einer Oper zur Aufführung auf dem Theater, in der Regel unter Leitung des Regisseurs; zur Inszenierung gehören die Bearbeitung/Einrichtung des Textes, die Rollenbesetzung, das Erstellen von Bühnenbild, Kostümen usw., die musikalische Einstudierung (bei Opern) sowie die Regie.

Intention
Die einer Äußerung zu Grunde liegende Absicht des Sprechers; in der Literaturwissenschaft Bezeichnung für die Mitteilungs- und Gestaltungsabsicht des → Autors eines literarischen Textes. In der älteren Tradition war die Intention wesentlicher Gegenstand der → Interpretation von Literatur, in jüngerer Zeit ist die Bedeutung der Autor-Intention umstritten (→ Dekonstruktion, → Umberto Eco: Textintention, S. 404).

Interpretation [lat. *interpretatio* = Erklärung, Auslegung]
Auslegung und Deutung literarischer Texte unter vorab bestimmten Gesichtspunkten (Aufbau, → Stil, → Metrik usw.) und mit Hilfe bestimmter Methoden; auch Bezeichnung des mündlich oder schriftlich vorliegenden Ergebnisses des Interpretationsprozesses; Begriff und Methodik der Interpretation sind eng verknüpft mit der → Hermeneutik.

Intertextualität
In den 60er Jahren geprägter Begriff zur Bezeichnung der Wechselbeziehungen eines literarischen Textes und vorhergehender Texte; das Verfahren gehört in allgemeiner Form seit jeher zur Natur literarischer Texte, wurde aber in der Moderne mit der verbreiteten Verwendung von Zitat- und Montagetechniken radikalisiert. In der Folge wurde die Beziehung eines Textes zu anderen Texten zunehmend Untersuchungsgegenstand der Literaturwissenschaft. Dabei wird der Text-Begriff sehr weit gefasst, sodass auch Beziehungen eines Textes zu Werken der bildenden Kunst gemeint sein können.

Inversion → Rhetorische Figuren, S. 550

Jugendstil
Richtung der bildenden Kunst, etwa 1890–1910, charakterisiert durch stilisierte Darstellung schwungvoller, ornamentenreicher Pflanzen- und Naturformen; von besonderer Bedeutung für Architektur, Kunst und Kunstgewerbe, Schmuck, Raumgestaltung sowie Buchgestaltung und -illustration. Die Übertragung des Begriffs auf die Literatur (z.B. auf Texte von Schnitzler, Hofmannsthal, Wedekind u.a.) ist umstritten, auch wenn manche Texte dieser Zeit ähnliche Stilmerkmale aufweisen und sich, analog zur Jugendstil-Kultur, als Gegenbewegung zum → Naturalismus auffassen lassen.

Junges Deutschland
Literarische Bewegung, etwa 1815–1850, mit politischer und zeitkritischer Tendenz; die Bezeichnung stammt aus L. Wienbargs „Ästhetischen Feldzügen" (1834); zu ihren Vertretern gehörten Autoren wie H. Heine, K. Gutzkow, J. Herwegh, die allerdings nur in sehr loser Beziehung zueinander standen und unter der Bezeichnung „Junges Deutschland" erst seit dem Verbot ihrer Schriften im Jahr 1835 zusammengefasst wurden. Gemeinsam war ihnen die Ablehnung des absolutistischen Staates und der Kirche sowie dogmatischer moralischer und gesellschaftlicher Konventionen, der Einsatz für Individualismus, Gedanken- und Meinungsfreiheit, Demokratie, Republik und Emanzipation der Frau; vorherrschend sind u.a. satirische und zeitkritische Reisebilder (Heine) sowie Fragmente und Aphorismen voller Anspielungen; in der Lyrik werden die genannten Themen im Rahmen traditioneller Formen behandelt (Herwegh, Freiligrath u.a.); für den Roman ist die Form des umfangreichen → Zeit- und → Gesellschaftsromans typisch.

Kadenz [lat. *cadere* = fallen]
Metrische Form des Versausgangs, wobei man zwischen betonter (stumpfer, männlicher) und unbetonter (klingender, weiblicher) Kadenz unterscheidet.

Kahlschlag
Von Wolfgang Weyrauch 1949 geprägtes Schlagwort. Das Wort spielt an auf die Situation eines Nullpunkts der deutschen Literatur nach 1945 und bezieht sich auf den Versuch eines vollständigen literarischen Neubeginns, dem eine Reinigung der deutschen Sprache von sämtlichen Nazi-Relikten vorausgehen soll. Häufig genanntes literarisches Beispiel für eine solche Literatur ist Günter Eichs Gedicht „Inventur", S. 345

Karikatur [ital. *caricare* = überladen, übertreiben]
Meist gezeichnetes Zerrbild, dessen komische Wirkung durch die übertriebene Darstellung einzelner Charakterzüge zu Stande kommt; dient oft auch der Kritik an politischen und sozialen Zuständen. Die literarische Karikatur ist gekennzeichnet durch die Verwendung parodistischer, satirischer und komödiantischer Mittel; karikiert werden entweder bestimmte Typen (Cervantes' „Don Quichote", Heinrich Manns „Untertan") oder ganze Nationen („Uncle Sam").

Katharsis [griech. *katharsis* = Reinigung]
→ siehe Aristoteles: Poetik, S. 420
→ siehe Lexikoneintrag, S. 420

Kitsch [entstellte dt. Form von engl. *sketch* = Skizze]
Meist abwertend gebrauchte Bezeichnung von Kunstprodukten, die leicht konsumierbar sind und sich durch Sentimentalität und die Darstellung einer Schein-Idylle auszeichnen; Kitsch macht oft von trivialisierten Motiven und Versatzstücken der sogenannten „Hochkultur" Gebrauch.

Klassik [abgeleitet von ‚klassisch', lat. *classicus* = geistig und materiell hervorragend]
Bezeichnung für geistesgeschichtliche Zeitabschnitte, die in nachfolgenden Zeiten als vorbildhaft und normbildend angesehen werden. Bereits die römische Antike respektierte die griechische Literatur und Kunst im normativen Sinne als klassisch. Seit der Neuzeit bezeichnet der Terminus ‚Klassik' dann allgemein eine Reife- und

Blütezeit, wenn diese sich in der Folgezeit als richtungsweisend für nachfolgende Epochen erwiesen hat (z.B. Weimarer Klassik als Bezeichnung einerseits der gesamten „Goethezeit" zwischen Sturm und Drang und Romantik, andererseits als im engeren Sinne auf Goethe und Schiller bezogene Bezeichnung für ihre bewusst an antiken Vorbildern orientierten Werke). Der Ausdruck ‚Klassik' wird heute sehr uneinheitlich gebraucht, häufig bleibt unklar, inwieweit er stilistisch, normativ wertend oder in doppelter Bedeutung gebraucht wird.

Klimax → Rhetorische Figuren, S 550

Komödie [lat. *comoedia*; griech. *komos* = Umzug beim Zechgelage, *ode* = Gesang]
Komisches Bühnenstück, bei dem ein oft nur scheinbarer Konflikt dramatisch gestaltet und nach Bloßstellung menschlicher Unzulänglichkeiten meist vollständig aufgelöst wird. Die Wirkung resultiert aus komischen Situationen (Situationskomödie), der Darstellung von übertrieben typisierten Charakteren (Typen- oder Charakterkomödie), der plötzlichen Auflösung scheinbar unauflöslicher Verwirrungen und Intrigen (Intrigenkomödie) sowie allgemein dem für die Komödie typischen Sprachwitz.

Konflikt [lat. *conflictus* = Zusammenstoß]
Die Handlung vorantreibender und → Spannung erzeugender Kernaspekt eines (meist szenischen) Textes: oft innerer Widerstreit zwischen unterschiedlichen Werthaltungen und Überzeugungen oder auch verschiedenen Pflichten und Neigungen, mitunter auch im Kampf oder Streit ausgetragen. Im Fall des tragischen Konflikts endet die Handlung zumeist mit dem Scheitern des → Helden; in Komödie und Schauspiel werden die aus dem Konflikt resultierenden Spannungen in der Regel aufgelöst.

Konkrete Poesie [lat. *concretus* = gegenständlich]
Strömung innerhalb der modernen Lyrik, deren Vertreter die sprachlichen Elemente (Buchstaben, Silben, Wörter) als konkretes Material betrachten und sie aus dem Zusammenhang der Syntax lösen. Ziel konkreter Poesie ist es, mit Hilfe des Materials unter Verzicht auf konkrete Aussagen oder Mitteilungen optisch und/ oder akustisch wirkende ornamentale Anordnungen zu schaffen. Zu den frühen Vertretern zählen neben Christian Morgenstern v.a. Vertreter des → Dada (Kurt Schwitters: „Ursonate").

Konnotation
Meist im Sinne von „Nebenbedeutung" oder auch „assoziativer Bedeutung" verwendeter Ausdruck; bezeichnet den Umstand, dass die Bedeutung sprachlicher Ausdrücke bei zwischenmenschlicher Kommunikation je nach Kontext, Verwendungszusammenhang und den Vorerfahrungen der Beteiligten von der „Hauptbedeutung" (→ Denotation) abweichen kann.

Kontext [lat. *contextus* = Zusammenhang]
Zusammenhang, in dem eine konkrete mündliche oder schriftliche Äußerung steht. Seine Kenntnis ist für das Erfassen der Bedeutung dieser Äußerung notwendig.

Kurzepik
Sammelbezeichnung für epische Kleinformen wie Märchen, Sage, Legende, Schwank, Anekdote, → Novelle, Erzählung, → Kurzgeschichte usw. in Vers- oder Prosaform.

Kurzgeschichte
Ursprünglich Übersetzung des amerikanischen Terminus „short story". In Abgrenzung zur in Europa vorherrschenden Gattungsbezeichnung „Novelle" wird damit eine Sondergattung bezeichnet, nämlich eine Erzählung in Prosa von geringerem Umfang, mit gedrängter Komposition, offenem Schluss und einer Typisierung der Personen. Thematisch beschränkt sich die Kurzgeschichte auf einen Augenblick inmitten des Alltags, der allerdings auf etwas Bedeutendes im Lebenszusammenhang verweist.

Lautmalerei [auch Klangmalerei, Onomatopoetik]
Meist akustische Wiedergabe sinnlicher Eindrücke (z.B. Tierstimmen-Imitation, „Kuckuck", „Kikeriki"). Wo eine solche lautmalerische Wiedergabe zugleich als Name fungiert, spricht man von Onomatopoetika.

Lehrdichtung
Dichtung, die subjektive oder objektive Wahrheiten u.a. zu philosophischen, religiösen oder moralischen Fragen in sprachkünstlerischer Form vermitteln möchte, wobei sich die Lehrdichtung gegenüber anderen dramatischen (Tendenzdrama, Lehrstück) oder epischen (Fabel, Parabel, Legende) Formen dadurch unterscheidet, dass in ihrem Fall die belehrende Tendenz eindeutig überwiegt.

Lehrstück
Form des Dramas; verfolgt das Ziel, die Zuschauer mit Hilfe einer abstrakt-parabelhaften Verdeutlichung für ein konkretes politisches oder soziales Ideal zu gewinnen. Als Mittel dienen u.a. Projektionen, Spruchbänder, Songs usw., die richtige und falsche Zustände und/oder Überzeugungen für die Zuschauer demonstrieren (B. Brecht: „Der Ozeanflug", „Die Maßnahme").

Leitmotiv
Aus R. Wagners Musikdramaturgie stammende Bezeichnung für charakteristische, an zentralen Stellen wiederkehrende Melodie-Teile; in der Literatur Bezeichnung für ein innerhalb eines Textes wörtlich oder ähnlich wiederkehrendes sprachliches Bild mit gliedernder oder verbindender Funktion: In Romanen des 19. Jahrhunderts bereits nachweisbar, später v.a. von Thomas Mann aufgegriffen, der sich ausdrücklich auf Wagner bezog.

Lyrik [griech. *lyra* = Leier]
Ursprünglich eng gebunden an Gesangsvortrag (zur Lyra-Begleitung) und Tanz. Bis heute prägende musikalische Gestaltungsmerkmale: Versmaß (→ Metrum), → Rhythmus, Klangfiguren, → Reim, → Strophe. Lyrik ist in der Regel Versdichtung; von Goethe neben Epik und Dramatik zu den drei Naturformen der Dichtung gezählt.

Lyrisches Ich
Bezeichnung für einen Sprecher im Gedicht, der sich in der Ich-Form äußert, keinesfalls aber mit dem Autor gleichgesetzt werden darf. Allgemeiner wird der Begriff heute oft analog zum Begriff des → Erzählers in epischen Texten verwendet.

Mauerschau → Teichoskopie

Metapher → Rhetorische Figuren, S. 550

Metonymie → Rhetorische Figuren, S. 550

Metrik
Verslehre; Gesamtheit der Regeln für die Bildung von Verstexten. Grundeinheit der Metrik ist der → Vers, Grundbaustein des Verses die Silbe.

Metrum [lat., *griech. metron* = Maß]
Versmaß, festes Schema in der Folge von betonten und unbetonten Silben. Die kleinste metrische Einheit ist der → Versfuß.

Minnesang → Höfische Dichtung

Mittelalter
Historischer Zeitraum zwischen dem späten 5. (476: Untergang des Römischen Reiches) und dem 15. Jahrhundert (1492: Entdeckung Amerikas).
In der Literaturgeschichte wird das MA anders datiert: Hier endet es mit dem Einsetzen der → Renaissance (15. Jahrhundert), wobei drei Phasen unterschieden werden: Früh-MA (750–1170), Hoch-MA (1170–1300), Spät-MA (1300–1500). Neben der vorherrschenden Literatur in lateinischer Sprache entstanden in dieser Zeit die ersten Ansätze eines Schrifttums in den Volkssprachen Europas (im germanischen Raum in Althochdeutsch). Typisch für diese Zeit sind neben der geistlichen und der Heldendichtung v.a. die → höfische Dichtung und der → Minnesang.

Moderne [mlat. *modernus* = neu]
Häufig verwendeter, in seiner Bedeutung aber sehr schillernder Begriff; wurde von einer Vielzahl von jeweils neuen, progressiven und avantgardistischen Künstlern und Künstlergruppen zur Selbstbeschreibung verwendet, meist mit der Absicht, sich damit gegen das bis dahin Etablierte abzugrenzen; heute häufig verwendet als Sammelbezeichnung für alle Richtungen in Literatur, Kunst und Musik seit dem Ersten Weltkrieg, die sich von den jeweils etablierten Traditionen und/oder Konventionen absetzen (wollen); gegen Ende des 20. Jahrhunderts auch als Gegenbegriff zur → Postmoderne verwendet mit dem Ziel, das Festhalten an bestimmten literarischen Maßstäben und Standards zu betonen.

Monolog [griech. *monos* = allein, *logos* = Rede]
Rede einer einzelnen Person; im engeren Sinne Selbstgespräch, das auch als Kunstform, z.B. fiktive Tagebuchaufzeichnungen, vorkommt. Der dramatische Monolog hat innerhalb eines Dramas je nach Position unterschiedliche Aufgaben, z.B. werden auf der Bühne schwer darstellbare Vorgänge oder die seelische Verfassung einer Person auf diese Weise mitteilbar.

Montage [franz. *montage* = Zusammenfügen, Zusammenbauen]
In der Filmkunst Terminus zur Bezeichnung für das Schneiden und anschließende Zusammenstellen von filmischem Material unabhängig von der ursprünglichen Reihenfolge der Bilder und Szenen; auf die Literatur übertragen Bezeichnung für das Zusammenfügen von Texten und Textteilen unterschiedlicher Herkunft und Form; im 20. Jahrhundert in verschiedensten Gattungen und Formen zu finden, u.a. im Roman (Dos Passos, Döblin), in der Lyrik (Benn, Enzensberger), im Drama (Weiss) sowie im Hörspiel.

Motiv [mlat. *motivus* = bewegend]
Allgemein der Grund für eine menschliche Haltung oder Handlung; in der Literatur entweder der ideelle Beweggrund des Dichters, einen bestimmten Stoff aufzugreifen und in einer bestimmten Art zu gestalten, oder eine strukturelle inhaltliche Einheit (eine typische, bedeutungsvolle Situation), die allgemeine Aspekte umfasst und widerspiegelt. Es lassen sich verschiedene Formen von Motiven unterscheiden, u.a. Situations-Motive (Heimkehrer-Motiv, Dreiecks-Motiv), Typus-Motive (Geizhals, Hochstapler) oder auch Raum- und Zeitmotive.

Mythos [griech. *mythos* = Wort, Erzählung]
Ursprünglich mündlich überliefertes Modell zur Erklärung von Erscheinungen und Zusammenhängen der Welt, in dem die Funktion der Götter bei der Schöpfung und Erhaltung der Welt oft eine wesentliche Rolle spielt. Mythen beinhalten Vorstellungen, für die keine rationalen Beweise nötig sind und die auch nicht logisch erklärt werden müssen.
Als Mythos wird auch eine zur Legende gewordene Begebenheit oder Person von weltgeschichtlicher Bedeutung bezeichnet.

Naturalismus
Allgemein der Versuch in Kunst und Literatur, die Wirklichkeit möglichst präzise und ohne subjektive Beimischung und Gestaltung abzubilden; findet sich schon in der Antike (u.a. in Homers „Odyssee") und im Mittelalter (z.B. bei Boccaccio).
Daneben Bezeichnung für eine im Realismus wurzelnde Richtung der europäischen Literatur des Zeitraums um 1880–1900, die die genaue Beschreibung der ‚Natur' (im Sinne der sinnlichen Erfahrungen) zu ihrem ästhetischen Leitprinzip erklärt hat. Der Naturalismus verengt das Programm des Realismus auf die Beschreibung und Darstellung von kleinbürgerlichem und proletarischem Elend, die er mit heftiger Kritik an bürgerlicher Doppelmoral und der Gleichgültigkeit des Bürgertums gegenüber den ungelösten Problemen der sich entwickelnden Industriegesellschaft verbindet; seine Vertreter bezeichneten sich selbst zunächst als ‚konsequente' oder ‚Neue Realisten'; die Bezeichnung ‚Naturalismus' ist erst seit Gerhart Hauptmann üblich.

Neologismus → Rhetorische Figuren, S. 550

Neue Sachlichkeit
Bezeichnung einer literarischen Richtung ab 1920 bis 1933, die als Reaktion auf den oft pathetischen und irrationalen (Spät-)Expressionismus entstand. Das Interesse ihrer Vertreter galt weniger der Form als dem Inhalt ihrer Arbeiten, weswegen einige ihrer Vertreter durchaus noch expressionistischen Formen verhaftet blieben. Ziel der Arbeiten war die Darstellung einer ‚objektiven' Wirklichkeit sowie der zeitgenössischen Gegenwart einschließlich der herrschenden politischen und sozialen Zustände; gemeinsam ist ihnen eine Orientierung in Richtung einer tatsachenorientierten, im weiteren Sinne dokumentarischen Literatur (Beispiele: die Romane Döblins, Falladas, Feuchtwangers, die Zeit- und Lehrstücke Brechts, Horváths oder Zuckmayers sowie die neusachliche Gebrauchslyrik von Brecht, Kästner, Tucholsky, Ringelnatz u.a).

Novelle [ital. *novelle* = kleine Neuigkeit, von lat. *novus, novellus* = neu]
In der Regel als Prosatext (seltener in Versen) verfasste, straff komponierte Erzählung, die sich auf einen zentralen Konflikt bzw. ein bestimmtes Ereignis konzentriert (nach Goethe auf ein „unerhörtes Ereignis"); gekennzeichnet zumeist durch ihre geschlossene Form und den auf objektive Darstellung zielenden Berichtsstil ohne Einmischung des Erzählers; im Fall eines Novellenzyklus häufig durch eine Rahmenhandlung zusammengehalten (z.B. Boccaccios „Il Decamerone").

Ode [griech. *ode* = Gesang]
Feierlich-pathetisches Gedicht in festgelegten Vermaßen und Strophenformen.

Offene Form (des Dramas)
Bezeichnung für eine Bauform literarischer Werke, insbesondere szenischer Texte, die sich nicht streng an traditionelle oder in → Poetiken festgehaltene Regeln des Aufbaus eines (szenischen) Textes halten; als offenes Drama werden Stücke angesehen, deren Aufbau nicht dem eines → aritotelischen Dramas entspricht.
→ Umgang mit szenischen Texten, S. 560

Onomatopoetika → Lautmalerei

Parabel [griech. *parabole* = Gleichnis]
Bezeichnung für einen zu einer selbstständigen Erzählung erweiterten Vergleich, wobei der dargestellte Sachverhalt nicht wie beim Gleichnis direkt auf den gemein-

ten verweist, sondern durch einen Analogieschluss anhand eines Vergleichspunktes zwischen beiden Sachverhalten zustande kommt (Lessings „Ringparabel"); in der modernen Literatur häufig verwendete Form zur Darstellung menschlicher Befindlichkeiten (Kafka, Brecht, Frisch, Dürrenmatt); im → Absurden Theater Mittel der Verrätselung (Beckett).

Paradoxon → Rhetorische Figuren, S. 550

Parallelismus → Rhetorische Figuren, S. 550

Parataxe [griech. *parataxe* = Nebeneinanderstellung, Beiordnung]
Nebeneinanderstellung gleichberechtigter Hauptsätze; typisch für mündliche Kommunikation sowie einfache und volkstümliche Sprache und Dichtung (Märchen, Lied) sowie dem mündlichen Erzählen angenäherte literarische Formen (Uwe Johnson: „Sie war schon so schwach, sie konnte sich nicht mehr wehren."); Gegensatz → Hypotaxe.

Parodie [griech. *parodia* = Gegengesang]
Scherzhafte Nachahmung von einem oder mehreren literarischen Werken, die beim Adressaten der Parodie als bekannt vorausgesetzt werden, meist in kritischer oder polemischer Absicht. Komische Effekte entstehen dabei durch das Auseinanderfallen von Form und Aussage (z.B.: Cervantes' „Don Quichote", 1605/06, als Parodie des Ritterromans).

Peripetie [griech. *peripeteia* = Wendung, plötzlicher Umschwung]
Plötzliche Wendung im Schicksal eines Helden in epischer, besonders aber dramatischer Dichtung. Dabei wendet sich die Handlung im Fall der Komödie zum Guten, im Fall der Tragödie dagegen zum Schlechten; seit der Aristotelischen Poetik zugleich Bezeichnung des Höhepunktes im Aufbau eines Dramas, der meist im Mittelakt liegt.

Periphrase → Rhetorische Figuren, S. 550

Personifikation → Rhetorische Figuren, S. 550

Pleonasmus → Rhetorische Figuren, S. 550

Poesie [griech. *poiesis*, von *poiein* = machen]
Im Allgemeinen Bezeichnung für jede Art von Dichtung; im engeren Sinne Bezeichnung für Versdichtung(en) im Unterschied zu Prosa; in letzterem Sinne sowohl im engl. wie franz. Sprachraum verwendet.

Poetik [griech. *poietike techne* = Dichtkunst]
Wissenschaft und Lehre von der Dichtung, ihren Gattungen und Formen sowie ihren Techniken, Strukturen und Darstellungsmitteln; zugleich Kernstück der Literaturwissenschaft.
In Deutschland war eine ‚Poetik' im 17. Jahrhundert ein Regeln setzendes Lehrbuch. Rolle, Anspruch und Funktion wandelten sich seit dem späten 18. Jahrhundert bis zur heute vorherrschenden Form der induktiv-beschreibenden Poetik, die ihre Einsichten und Erkenntnisse aus der vergleichenden Betrachtung verschiedener Einzelwerke bezieht.
Die erste, allerdings nur in Teilen erhaltene Poetik ist die Schrift »Von der Dichtkunst« (→ Aristotelisches Theater) des Aristoteles (um 330 v. Ch.), die lange Zeit verschollen war und erst im 14. Jahrhundert wiederentdeckt und dann über Jahrhunderte hinweg zur verbindlichen Regelpoetik wurde. Die erste wichtige deutsche Poetik stammt von Martin Opitz („Buch von der Deutschen Poeterey", 1624), mit der die klassisch-humanistische Dichtungstheorie auf die deutsche Sprache übertragen wurde. Einen radikalen Bruch mit den Regelpoetiken, insbesondere mit der aristotelischen Dramentheorie, ist kennzeichnend für die Ästhetik des → Sturm und Drang (→ Genie). Als Vorbild wurde hier William Shakespeare verehrt. In der Zeit der Klassik wiederum griff man nicht auf die Regelpoetiken der Antike zurück, sondern folgte einer idealisierten Auffassung von der Antike (J.J. Winckelmann) und befasste sich mit poetologischen Fragen (→ Goethe: Naturformen der Dichtung, S. 408f.). Für die moderne Literatur lassen sich keine verbindlichen Regeln und Poetiken mehr festmachen, vielmehr ist – falls überhaupt noch von Poetik(en) gesprochen werden kann – ein Nebeneinander vieler, einander widersprechender Poetiken festzustellen. Mitunter wird der Begriff „Poetik" auch synonym mit „Poetologie" verwendet.

Pointe [franz. *pointe* = Stachel, Spitze]
Beim auf komische Wirkung abzielenden Sprechen jener Akt, der durch eine unerwartete Wendung den Lacheffekt beim Hörer oder Leser auslöst.

Postmoderne
Unterschiedlich interpretierter Epochen- und Stilbegriff, seit den 50er und 60er Jahren zunächst in den USA diskutiert. Präzise Bedeutung erhielt der Begriff innerhalb der Architekturtheorie, wo er für die Abkehr vom vorherrschenden Funktionalismus und die Hinwendung zum Formen- und Stilpluralismus steht. Werke, die zur literarischen Postmoderne gezählt werden, zeichnen sich in der Regel durch intertextuelle Verwirrspiele sowie das Zitieren unterschiedlichster Formen und Stile aus. Ein Beispiel ist U. Ecos „Der Name der Rose": Eco hat in den Text eine Vielzahl von Zitaten antiker, mittelalterlicher sowie moderner Erzähler und Wissenschaftler eingebaut, zugleich imitiert er über längere Passagen verschiedene Erzählstile oder übernimmt Motive aus anderen Werken – am Ende steht ein Roman, der auf ungewöhnlich viele Arten gelesen und verstanden werden kann: als (fiktive) Autobiografie, als historischer Roman, als Detektivroman, als Wissenschaftsroman, ...

Prolog [griech. *prologos* = Vorrede]
Dem Drama vorangestellte, nicht mit der Handlung des Stückes verbunden Szene, die Informationen über das Stück und seine Personen sowie über die Vorgeschichte des Geschehens oder auch die Absichten des Autors mitteilt; später als Bezeichnung für einleitende Abschnitte auch auf andere Gattungen übertragen.

Prosa [von lat. *prorsa oratio* = die geradeausgerichtete Rede]
Ungebundene, im Gegensatz zu der an metrische Regeln gebundenen Verssprache stehende Rede; einerseits Bezeichnung für die keinem künstlerisch-literarischen Anspruch unterliegende Alltagssprache, andererseits Terminus zur Kennzeichnung der literarischen Bereiche der Sach- und Kunstprosa.

Protagonist [griech. *protagonistes* = erster Kämpfer]
Im altgriechischen Drama der Hauptdarsteller, dem weitere Darsteller zur Seite gestellt wurden; heute Bezeichnung für die wichtigsten Darsteller eines Stückes (→ Held)

Rahmenerzählung
Umschließung eines oder mehrerer Texte durch einen umgreifenden, meist ebenfalls erzählenden Text; sehr alte literarische Technik, in Indien bereits in vorchristlicher Zeit üblich. Für die Literatur der Neuzeit lassen sich zwei Arten von Rahmenhandlungen unterscheiden:
1. Gerahmte Einzelerzählung: Eine einzelne Erzählung wird in eine fiktive Rahmenhandlung eingebettet, um die (scheinbare) Authentizität des erzählten Geschehens zu bekräftigen; oft wird zu diesem Zweck eine Quelle angegeben oder der gerahmte

Text als authentische Erinnerung ausgegeben (Th. Storm, „Der Schimmelreiter“, U. Eco: „Der Name der Rose“).
2. Einen Zyklus verbindende Rahmenerzählung: Es wird von einem äußeren Anlass berichtet, bei dem die wiedergegebenen Erzählungen vorgetragen werden (G. Boccaccio: „Dekamerone“, „Geschichten aus 1001 Nacht“).

Realismus [v. lat. *res* = Sache]
Allgemein: Bezeichnung für wirklichkeitsnahes Denken und Handeln. Im Hinblick auf Literatur 1. als Stilmerkmal und 2. als Perioden- bzw. Epochenbegriff gebraucht:
1. literarische Vermittlung des als faktisch Angesehenen; im Gegensatz zur idealisierenden Kunst (z. B. Schwänke im Mittelalter, Erzählliteratur des 17. Jahrhunderts); im 18. Jahrhundert Entwicklung einer als »empirischer Realismus der Aufklärung« bezeichneten Kunst, die mit psychologischer Beobachtung das Problem von Individualität und Gesellschaft zum Thema macht; tritt als Stilbegriff erst wieder im 20. Jahrhundert auf.
2. Bezeichnung für die europäische Literaturepoche im 19. Jahrhundert zwischen → Romantik und → Naturalismus (ca. 1830–1880); in Deutschland erst nach 1848 diskutiert (→ Biedermeier, → Junges Deutschland, etwa 1850–1900); gekennzeichnet durch Konzentration auf Beobachtung und Schilderung der Wirklichkeit, wobei weder die Einstellungen und Emotionen des Autors noch die bewusste Bewertung der Wirklichkeit eine wichtige Rolle spielen (sollen).
Als Vertreter realistischer Lyrik in Deutschland können Th. Storm und C. F. Meyer angesehen werden, auf dem Gebiet des Dramas hat F. Hebbels wichtige Beiträge geleistet. Die wichtigsten Werke des deutschen Realismus stammen aber aus dem Gebiet der Prosa, vor allem der Novelle (G. Keller, Th. Storm, C. F. Meyer) und des Romans. Zu den Hauptvertretern des realistischen Romans gehören in Deutschland neben Th. Fontane u. a. W. Raabe, A. Stifter und G. Freytag. Oft haben ihre Werke die Form eines → Entwicklungsromans.

Refrain [franz. *refrain* = Echo]
Laut- bzw. Wortgruppe, die in strophenförmiger Dichtung regelmäßig – meist am Ende einer Strophe – wiederkehrt; kann aus einem Wort oder aus einer Wortgruppe bzw. ganzen Sätzen bestehen (H. Heine: Die schlesischen Weber – „Wir weben, wir weben!“).

Regie → Inszenierung

Reim [Etymologie unklar; evtl. von ahd. *rîm* = Reihe, Zahl oder von lat. *rhythmus*]
Gleichklang von Wörtern, meist vom letzten betonten Vokal an (z. B. singen/klingen). Eine Darstellung der Reimfolge einer Strophe oder eines Gedichtes zeigt das Reimschema.
→ Umgang mit Gedichten, S. 556

Renaissance (franz. von ital. *rinascimento, rinascita* = Wiedergeburt]
Allgemeine Epochenbezeichnung für die Zeit zwischen etwa 1350 und 1600, zunächst auf Italien bezogen, später auf das gesamte Europa ausgeweitet. Gekennzeichnet ist diese Epoche durch die Idee einer Wiedergeburt im Geist der Antike, wobei sich insbesondere die Künste an den Formen und Maßstäben der Antike orientierten. Innerhalb der Literaturwissenschaft spricht man allerdings in Bezug auf die Literatur der Renaissance-Zeit eher von ‚Humanismus‘.

Rezeption [lat. *receptio* = Aufnahme]
Aufnahme und Aneignung eines literarischen Werkes durch den/die Leser, Hörer, Zuschauer. Die Forschungsrichtung der Rezeptionsästhetik untersucht den Prozess der Rezeption, wobei sie davon ausgeht, dass sich die Bedeutung eines literarischen Textes erst im Prozess der Rezeption konkretisiert. Die Richtung der Rezeptionsgeschichte untersucht dagegen die Entwicklung und Veränderung der Rezeptionsbedingungen und deren Folgen.
→ Carsten Schlingmann: Methoden der Interpretation, S. 402

Rhetorik: [griech. *rhetorike techne* = Redekunst]
1. Fähigkeit, durch öffentliche, auf ihre Wirkung hin konzipierte Rede einen Standpunkt überzeugend zu vertreten und dadurch andere zu beeinflussen;
2. Theorie und Wissen zur Art und Vermittlung dieser Fähigkeit.
Rhetorische Figuren, S. 550

Rhetorische Frage → Rhetorische Figuren, S. 550

Rhythmus: [griech. *rhythmos*, von *rhein* = fließen, Gleichmaß]
Strukturiert und gliedert das Sprechen; im Unterschied zum Metrum entsteht die rhythmische Umsetzung erst im Vortrag, besonders bei der Wiederkehr der Akzente, in der Bestimmung des Tempos und der Tonabstufung. Die rhythmische Gliederung eines Gedichtes oder Textes ergibt sich aus den Zäsuren (Einschnitte, die beim Sprechen kurze Pausen fordern) und aus der Beziehung von Vers und Satz.

Rokoko [von franz. *rocaille* = Muschel als häufiger Zierat der Kunst im Stil Louis XV.]
Ursprünglich aus der Kunstgeschichte stammender Begriff zur Bezeichnung einer literarischen Strömung innerhalb der Aufklärungsliteratur etwa in der Zeit 1720–1780/1800. Grundlage der Rokoko-Literatur sind die ästhetischen Anschauungen der Aufklärung und die Orientierung am Vorbild der griechischen Antike. Zu den typischen Formen gehörte neben dem Gedicht, das als vollkommene sinnliche Rede aufgefasst wurde, Lieder (Goethe) und Singspiele (Georg Christoph Wieland).

Roman
Großform der Erzählkunst in Prosa; der Terminus geht zurück auf die seit dem 12. Jahrhundert in Frankreich geläufige Bezeichnung „romanz“ für volkssprachliche Schriften, die in der romanischen Volkssprache und nicht in Latein verfasst waren; in der 2. Hälfte des 17. Jahrhunderts ins Deutsche übernommen. Seit Beginn der Moderne gilt der Roman als die produktivste literarische Form.
Romanformen werden nach unterschiedlichen Gesichtspunkten unterschieden, u. a. nach vorherrschendem Stil (realistischer, satirischer, idealistischer R.), Form (Brief-, Tagebuch- oder Dialogroman), Thema und Milieu (Abenteuer-, Bildungs-, Künstlerroman) oder auch künstlerischen Rangunterschieden (Bestseller-, Trivial- oder Unterhaltungsroman).

Romantik
Von Friedrich Schlegel und Novalis geprägte Bezeichnung für eine neue Kunst-, Welt- und Lebensanschauung, die die Autonomie der Kunst betont und eine Poetisierung der Welt anstrebt. Die Romantik kann einerseits als Gegenbewegung gegen die Klassik aufgefasst werden, verstand sich andererseits aber als Fortsetzung von Ideen der Aufklärung, die die Romantik um das Interesse an den „Nachtseiten“ der Natur sowie dem Unterbewussten, dem Traum usw. erweiterte. In der Literatur umfasst die Romantik Werke der Zeit zwischen ca. 1795 und 1835. Sie sind gekennzeichnet durch offene Form (Fragmente, Improvisation) und häufig durch Ironie. Typisch für die Romantik war die zentrale Rolle einiger Gruppierungen, in denen Frauen (Rahel Varnhagen, Karoline von Günderrode, Bettina von Arnim u. a.) eine wesentliche Rolle spielten.

Satire [von lat. *satur* = satt, voll oder etrusk. *satir* = reden]
→ siehe Lexikoneinträge, S. 179 f.

Semiotik [von griech. *semeion* = Zeichen]
Ursprünglich die systematische Lehre von den medizinischen Krankheitssymptomen, seit Beginn des 20. Jahrhunderts Bezeichnung für die allgemeine Zeichentheorie, die sich mit Aufbau und Wirkungsweise sprachlicher und nichtsprachlicher Zeichensysteme beschäftigt; für die Literaturwissenschaft in Form der Literatursemiotik insofern von Bedeutung, als sie Literatur als ein spezifisches Zeichensystem neben anderen auffasst und analysiert, womit die Grenzen herkömmlicher, allein auf literarische Texte konzentrierter Literaturwissenschaft überschritten werden.

Simultantechnik [von lat. *simul* = zugleich]
Literarische Technik zur Darstellung des Nebeneinanders gleichzeitig ablaufender Ereignisse; als Problem bereits von Lessing in seiner Unterscheidung zwischen bildender Kunst und Dichtung thematisiert. Im Theater werden Lösungen v.a. durch eine entsprechende Aufteilung der Bühne erreicht; die erzählende Literatur bedient sich v.a. filmischer Techniken wie Schnitt und → Montage.

Sonett [ital. *sonetto* = Tönchen, kleiner Tonsatz]
Gedichtform, 14-zeilig, die durch die Reimstellung in je zwei Quartette (Vierzeiler) und Terzette (Dreizeiler) unterteilt wird.

Sozialistischer Realismus
In den 30er Jahren in der Sowjetunion und nach 1945 im gesamten Einflussbereich der SU durchgesetzte Literaturdoktrin. Realismus wird dabei im Sinne Lenins als Widerspiegelung der (revolutionären) Wirklichkeit verstanden, gefordert wird u.a. „Parteilichkeit", „Verbundenheit mit den Massen" sowie „Volkstümlichkeit". Typisch ist die geschlossene Form des Romans mit einem auktorialen Erzähler. Als Dogma bestimmte der Sozialistische Realismus in weiten Teilen die Entwicklung der DDR-Literatur nach 1945. Schriftsteller, so eine der Vorgaben durch die herrschende Partei, sollten auf der Basis ihrer eigenen Erfahrungen in der sozialistischen Produktion („Bitterfelder Weg") diese so darstellen, dass ihre Literatur motivierend wirkt und einen Beitrag zum Aufbau des Sozialismus leistet.

Spannung
Literarisches Kunstmittel, mit dessen Hilfe die Neugier des Lesers bzw. Zuschauers und Zuhörers geweckt und seine Aufmerksamkeit aufrecht erhalten werden soll. Dort, wo sie nicht vom Stoff her gegeben ist, wird sie zumeist mit Hilfe literarischer Techniken wie Vorausdeutungen oder bewusste Irreführung des Rezipienten erzeugt oder verstärkt. Dem gleichen Zweck dient häufig auch die Anlage von Kapitel- oder Aktschlüssen, wo ungelöste Fragen gestellt werden, die erst später im Text oder in der weiteren Dramenhandlung beantwortet werden.

Stil [lat. *stilus* = Schreibgriffel, Schreibweise]
Ausgehend von der lateinischen Rhetorik bis ins 18. Jahrhundert die Lehre von der sprachlichen Ausführung eines konkreten Regeln folgenden Konzepts mit dem Ziel, effektvoll zu formulieren und im Fall des Vortrags die Hörer entsprechend der eigenen Absichten zu beeinflussen.
Auf Literatur bezogen bezeichnet Stil die sprachliche Gestalt eines Werkes, die sich in der Wiederholung bestimmter sprachlicher Muster und Gewohnheiten ausdrückt. Die Untersuchung des Stils spielt eine entscheidende Rolle bei der → werkimmanenten Interpretation. Seit dem 18. Jahrhundert spricht man auch von einem → Individualstil im Gegensatz zum → Epochenstil.

Stoff
Bezeichnung für die ‚Sache' (Erlebnis, Bericht, geschichtliches Ereignis usw.), die vom Autor zum Ausgangspunkt einer literarischen Gestaltung gemacht wird; setzt sich in der Regel aus verschiedenen → Motiven zusammen.

Stream of consciousness → Innerer Monolog

Strophe [griech. *strophe* = Wendung]
Zusammenstellung von Versen zu einer Versgruppe, die in der Regel durch einen Reim hergestellt wird.

Strukturalismus
Richtung der Geistes- und Sozialwissenschaften, die auf der linguistischen Zeichentheorie Ferdinand de Saussures aufbaut; Ausgangspunkt ist die Betrachtung der Sprache als ein System von Zeichen, das aus sich selbst heraus erklärt werden kann, wobei die Bedeutung einzelner Teile abhängig ist von ihrer Stellung innerhalb des Gesamtsystems. In der Literaturwissenschaft bildet die strukturalistische Theorie die Grundlage für eine Betrachtung von Literatur, die nicht mehr vom → Autor und seiner → Intention ausgeht, sondern die Struktur des literarischen Textes sowie seine Beziehung zu anderen Texten untersucht.

Sturm und Drang
Literarisch-künstlerische Bewegung in Deutschland ca. 1765 bis 1785; Bezeichnung nach dem Titel eines Schauspiels von F. M. Klinger (1776). Die Autoren des Sturm und Drang (Goethe, Herder, Lenz, Schiller) richteten sich u.a. in der Tradition der Aufklärung gegen Fürstenwillkür, lehnten aber die Idee eines rein rationalen und „vernünftigen" Denkens und Dichtens ab und betonten sehr stark Aspekte der subjektiven Individualität und des Schöpferischen (→ Genie). Eine sehr wichtige Rolle spielt in den Texten des Sturm und Drang das Erleben der Natur, die mit Herder als unbewusst wirkende Kraft aufgefasst wurde.

Surrealismus [franz. *surréalisme* = Überwirklichkeit]
Nach dem Ersten Weltkrieg in Paris parallel zum → Dadaismus entstandene avantgardistische Literatur- und Kunstbewegung, die starken Einfluss auf die Entwicklung von Kunst, Film und Fotografie hatte; endete mit dem Zweiten Weltkrieg. Typisch ist die Absage an Logik und rationales Denken, die Auflösung konventioneller Sprachmuster sowie der Versuch, Unterbewusstes, Trauminhalte und psychische Automatismen „direkt", d.h. ohne eine Kontrolle durch das Bewusstsein darzustellen („écriture automatique"). Surrealistische Momente findet man in der deutschen Literatur besonders bei Franz Kafka; andere deutschsprachige Autoren (Hans Arp, Carl Einstein) gehörten zu den Pariser Surrealisten.

Symbol [griech. *symbolon* = Erkennungszeichen]
In der Literatur, besonders in der Lyrik, Bezeichnung für ein sinnlich gegebenes, bildhaftes Zeichen, das auf allgemeine Zusammenhänge (Ideen, Begriffe) verweist. Seine Bedeutung hat im jeweiligen kulturellen, geistigen und literarischen Kontext etwas Evidentes (Friedenszweig, Hammer und Sichel); zwischen verschiedenen Epochen oder Kulturen kann die Bedeutung eines Symbols allerdings differieren (Taube im Alten Testament als Symbol des Friedens, im Neuen Testament Symbol des Heiligen Geistes).

Symbolismus
Literarische Richtung, die in der 2. Hälfte des 19. Jahrhunderts in Frankreich entstand und großen Einfluss auf die Literatur in Europa und Amerika ausübte. Die

Vertreter des Symbolismus verzichten in ihren Werken weitgehend auf die Wiedergabe der äußeren Wirklichkeit. Vielmehr laden sie die Sprache symbolisch auf, um mit Hilfe ungewöhnlicher Bilder und Zeichen eine von der Wirklichkeit losgelöste Sphäre zu schaffen, in der Worte und Klänge eine eigene, ideale Wirkung bilden. Wesentlich für die Entstehung des Symbolismus war Charles Baudelaire, der in Frankreich in Arthur Rimbaud, Paul Verlaine und Stèphane Mallarmé Nachfolger fand. Zu den deutschsprachigen Symbolisten gehören neben Stefan George Hugo von Hofmannsthal und Rainer Maria Rilke.

Synästhesie → Rhetorische Figuren, S. 550

Synekdoche → Rhetorische Figuren, S. 550

Szene [lat. *scaena, scena* = Zelt, Bühne, Theater]
Auftritt, kleinste Einheit eines Aktes im Drama.

Tautologie → Rhetorische Figuren, S. 550

Teichoskopie [griech. *teichoskopia* = Mauerschau]
Mittel der Dramentechnik, mit dessen Hilfe Ereignisse, die nicht auf der Bühne dargestellt werden (können), in das dramatische Geschehen einbezogen werden; geschieht in der Regel dadurch, dass eine der handelnden Figuren von erhöhter Warte herab den zuhörenden Mitspielern (und damit zugleich dem Publikum) von sich scheinbar im Hintergrund abspielenden Ereignissen berichtet. Der Unterschied zum → Botenbericht besteht darin, dass mittels Teichoskopie scheinbar in diesem Moment stattfindende Ereignisse einbezogen werden, während sich der Botenbericht stets auf bereits Zurückliegendes bezieht.

Textkohärenz
Zusammenhang der einzelnen Teile eines Textes, der über grammatische Strukturen (Sätze) hinausgeht und und semantische Beziehungen (kausale oder temporale Beziehungen zwischen einzelnen Textteilen) mitumfasst.

Theater [griech. *theatron* = Schauplatz, von *theasthai* = schauen]
1. Gesamtheit der künstlerischen Darstellung innerer und äußerer Vorgänge mit Hilfe von Figuren (Puppen- oder Schattentheater) oder Menschen als freies Stegreifspiel (auch Pantomime, Tanztheater) oder als Umsetzung eines literarischen Dramas oder eines Stückes des Musiktheaters (Oper u.a.).
2. Gesamtheit der Einrichtungen, die im Zusammenhang mit der Aufführung eines Stückes stehen, einschließlich der menschlichen Leistungen (Schauspielkunst, Mimik, Gestik, Tanz, Gesang, Regie) und technischen Hilfsmittel (Bühnenbild, Maske, Beleuchtung etc.), im weiteren Sinne auch Publikum, Kritik usw.
3. Im engsten Sinne der Theaterbau, d.h. der Ort der Aufführung.

Topos [griech. *topos* = Ort]
1. In der Rhetorik Fundort für Gedanken, Argumente und Beweise.
2. In der Literaturwissenschaft Bezeichnung für einen allgemein verwendbaren Gemeinplatz, vorgeprägte Formeln oder Stereotypien, in bestimmten Situationen (Abschied, Trost, Lob usw.) immer wiederkehrende Darbietungsweisen; die Art des Einsatzes von Topoi ist entscheidend für den → Stil eines Autors.

Tragik [griech. *tragike techne* = Kunst der Tragödie]
Untergang oder Zusammenbruch von etwas Wertvollem im Widerstreit mit anderen Werten oder Gewalten, wobei die betroffenen Personen in Leid und Vernichtung gestürzt, ihre Werte aber bestehen bleiben. Der tragische Kampf erweckt bei Außenstehenden nicht nur Mitleid und Trauer, sondern auch Bewunderung und Ehrfurcht vor dem vergeblichen Kampf gegen den Untergang und für Werte und Ideale. Voraussetzung für diese tragische Wirkung ist die Charaktergröße des tragischen Helden, dessen Untergang nicht als „verdiente“ Strafe für seinen schlechten Charakter oder schlechte Taten erscheinen darf.

Tragikomödie
Theaterstück, in dem tragische und komische Elemente (mitunter bis hin zum Grotesken) so miteinander verbunden sind, dass die Komik zur Steigerung des Tragischen beiträgt.

Tragödie [griech. *tragodia* = Bocksgesang, entweder Gesang mit tragischen Chören in Bocksmasken oder ‚Gesang um den Bock‘ als Preis oder Opfer]
Weitgehend identisch mit dem „Trauerspiel“; neben der Komödie eine der Hauptgattungen des Dramas; bezeichnet die literarische Gestaltung eines ungelöst bleibenden tragischen Konflikts, der in einen inneren oder äußeren Zusammenbruch und das Unterliegen des Helden vor dem Ausweglosen führt. Die europäische Tradition ist geprägt von der griechischen (Aischylos, Sophokles, Euripides) und römischen Tragödie (Seneca). Die zugehörigen Theorien haben ihren Ausgangspunkt in der → Poetik des Aristoteles.
→ Friedrich Dürrenmatt: Über Tragödie und Komödie, S. 424

Trauerspiel, bürgerliches
Nach englischen und französischen Vorbildern Mitte des 18. Jahrhunderts auch in Deutschland eingeführte Form des Dramas, das zunächst das Ständeproblem, später dann auch Probleme der bürgerlichen Welt thematisierte. Es unterscheidet sich von den klassizistischen Normen des Trauerspiels dadurch, dass in ihm private und vor allem familiäre Konflikte von Personen aus dem bürgerlichen Stand in Prosasprache – und nicht in den Alexandrinern der barocken Tragödie – behandelt werden, wobei das Publikum durch Rührung und Identifizierung mit den leidenden Charakteren moralisch belehrt und gebessert werden soll (Lessing: „Miss Sara Sampson“, 1755, „Emilia Galotti“, 1772, Schiller: „Kabale und Liebe“, 1784).

Trivialliteratur [franz. *trivial* zu lat. *trivium* = Dreiweg]
Nicht genau bestimmbare Bezeichnung für diejenigen Arten von Literatur, die wegen ihrer ästhetisch weniger anspruchsvollen Zielsetzungen und ihrer oft massenhaften Verbreitung nicht zur ‚hohen‘ Literatur gezählt werden; wie verwandte Bezeichnungen (Unterhaltungsliteratur, Kitsch) oft wertend oder gar abwertend verwendet. Was zur Trivialliteratur gehört, wird dabei in der Regel auf der Basis durchaus individueller und zeittypischer Vorurteile entschieden.

Utopie [griech. *u* = nicht und *topos* = Ort: ‚Nirgendheim‘]
In der Literatur der Entwurf von etwas, „was noch keinen Ort hat“: einer anderen, besseren Gesellschaft oder eines anderen, besseren Staates, meist konzipiert als Gegenbild zur gesellschaftlichen Situation der Entstehungszeit und -umstände. Die Bezeichnung geht zurück auf Thomas Morus' Roman „Utopia“ (1516).

Vergleich → Rhetorische Figuren, S.550

Vers
In Form einer Druckzeile hervorgehobene Sprecheinheit, die rhythmisch geprägt ist; im Unterschied zur Prosa sind Verse in Länge und Abfolge von betonten und unbetonten Silben stärker festgelegt.

Versende → Kadenz

Versfuß → Metrum

Verslehre → Metrik

Vormärz → Junges Deutschland

Weltliteratur
Von Goethe geprägter Begriff, der seither verschiedene Bedeutungen angenommen hat und heute in quantitativer Hinsicht die Gesamtheit aller Literaturen der Welt bezeichnet, ohne auf ihre Einheitlichkeit oder Zusammengehörigkeit zu achten. In qualitativer Hinsicht bezeichnet der Begriff einen ständig wachsenden Kanon der bedeutendsten literarischen Leistungen unterschiedlicher Nationalliteraturen, die weit über ihre Länder und Zeiten hinaus Teil des Gemeingutes geworden sind. Die Entscheidung, ob ein Werk zur Weltliteratur gehört oder nicht, bleibt im konkreten Fall schwierig, weil Kriterien zur Beurteilung literarischer Werke sowohl zwischen den einzelnen Epochen als auch zwischen unterschiedlichen Kulturkreisen differieren.

Werkimmanente Interpretation
In Deutschland vor allem in den 50er und 60er Jahren vorherrschende Form der → Interpretation, die ein literarisches Werk ausschließlich aus sich selbst heraus verstehen und deuten will, wobei Perspektiven, die über das einzelne Werk als Objekt der Interpretation hinausgehen und z.B. historische, soziologische, politische sowie stoff- und motivgeschichtliche Aspekte einbeziehen, in den Hintergrund treten bzw. ganz beiseite gelassen werden.

Witz [engl. *wit* = Witz]
Ursprünglich verwendet im Sinne von ‚Verstand', ‚Klugheit', ‚Geist'; bezeichnet zum einen im 18. und frühen 19. Jahrhundert eine poetologische Kategorie, zum anderen als Textsorte eine einfache Form. Im heutigen Verständnis besteht das Wirkungsziel des Witzes in Überraschung und Gelächter; typische Merkmale sind seine Kürze und sein zweigliedriger Aufbau: Die kurze Erzählung baut eine Erwartung auf, die durch die am Schluss stehende überraschende Wendung (→ Pointe) durchbrochen wird.

Wortspiel
Spiel mit verschiedenen Bedeutungen eines Wortes oder den Bedeutungen klangähnlicher Worte; viele literarische Kleinformen (→ Anekdote, → Aphorismus, → Witz) greifen auf Wortspiele zurück.

Zeichen [engl. *sign* = Zeichen]
Grundelement einer allgemeinen Zeichentheorie (→ Semiotik); Bezeichnung für ein sinnlich wahrnehmbares Etwas, das für einen Interpreten für etwas anderes steht als sich selbst (‚aliquid stat pro aliquo'); zugleich Oberbegriff für verschiedene, je nach zugrunde gelegter Theorie variierende Zeichenarten (J. S. Peirce: Ikon, Index und Symbol; K. Bühler: Signal, Symptom, Symbol).

Zeilensprung → Enjambement

Zeitroman
Wie → Gesellschaftsroman Bezeichnung für Romane vornehmlich des 19. Jahrhunderts, die sich um eine Darstellung der zeitgenössischen sozialen Wirklichkeit bemühen. Enge Beziehungen bestehen zum → Realismus.

Zensur
[lat. *censura* = strenge Prüfung, Beurteilung]
Bezeichnung für die Überwachung und Kontrolle von Veröffentlichungen aller Art. Ihre Entwicklung ist eng an die Entwicklung der Medien als Voraussetzung für die massenhafte Verbreitung von zunächst Texten und Bildern und (seit dem 20. Jahrhundert) auch Ton- und Filmaufnahmen gebunden. Strenge und Reichweite der Zensur ist wesentlich von den jeweiligen politischen Verhältnissen bestimmt und in autoritären Systemen besonders häufig und intensiv.

Zitat [lat. *citare* = nennen, namentlich anführen]
Wörtlich oder sinngemäß aus einem Schriftwerk übernommene, gekennzeichnete und nach bestimmten bibliografischen Regeln nachgewiesene Passage in einem (meist wissenschaftlichen) Text; mitunter auch Wiedergabe einer mündlichen Äußerung; dient meist dem Beweis oder der Bestätigung einer eigenen Auffassung. In der Literatur ist es die Übernahme einer Textstelle aus einem Text oder einer Äußerung eines fremden Autors, die mitunter als bekannt vorausgesetzt und in Form einer → Parodie oder → Satire bearbeitet und verfremdet werden kann. Wesentliche Bedeutung kommt dem Zitat daneben bei literarischen Techniken wie → Montage und → Collage zu.

RHETORISCHE FIGUREN

Der Ausdruck **Rhetorik** bezeichnet zweierlei:
1. die Fähigkeit, durch öffentliche, auf ihre Wirkung hin konzipierte Rede einen Standpunkt überzeugend zu vertreten, andere wirksam im Sinne dieses Standpunktes zu beeinflussen und ihn gegebenenfalls gegen Widerstände argumentativ durchzusetzen;
2. die Theorie, die rhetorische Figuren, Strategien und Handlungen beschreibt und erklärt.

Die *Geschichte* der Rhetorik hat ihre Ursprünge im antiken Griechenland; auch das Wort ‚Rhetorik' selbst stammt von dort: *rhetorike techne* = Redekunst. Bereits damals bezogen sich die Lehren der Rhetorik ausdrücklich nicht nur auf die Kunst der Rede selbst, sondern auch auf die wirksame Ausgestaltung geschriebener Texte auf der Basis rhetorischer Regeln. Allerdings war in der Antike nicht nur das Halten einer Rede relativ strengen Regeln unterworfen, sondern auch die Schritte bei der Erarbeitung einer Rede waren sinnvoll festgelegt: Ideensammlung (inventio) – Gliederung (disposito) – sprachliche Ausgestaltung (elocutio) – Merkphase (memoria) – Probesprechen (pronunciato).
Die aus der Rhetorik stammenden Einsichten in die Beeinflussung von Menschen mithilfe von Sprache sind keineswegs bedeutungslos geworden. Vielmehr spielen sie noch heute bei der Analyse so unterschiedlicher Textsorten wie den Reden von Politikern, Gewerkschafts- oder Wirtschaftsvertretern und Personen des öffentlichen Lebens ebenso eine wichtige Rolle wie bei der Erstellung und Analyse von Werbetexten.
In stilistischer Hinsicht eine besondere Rolle spielen dabei die rhetorischen Figuren.

Rhetorische Figuren sind sprachliche Ausdrucksweisen, die sich von den gewöhnlich verwendeten Formulierungen der Alltagssprache unterscheiden und eingesetzt werden, um die Überzeugungs- und Wirkungskraft einer Rede, aber auch eines geschriebenen Textes zu erhöhen, d.h. ihre Anwendung und Ausformung geschieht stets im Hinblick auf das Wirkungsziel des jeweiligen Textes.

Allegorie
Darstellung eines abstrakten Begriffes durch anschauliche sprachliche oder bildliche Zeichen (Justitia als Frauengestalt mit Augenbinde, Waage und Schwert).

Alliteration
Gleicher Anlaut aufeinander folgender Wörter (Aus der Edda: „Eines weiß ich, das ewig lebet: der Toten Tatenruhm.").

Anapher [griech. *anaphora* = Rückbeziehung, Wiederaufnahme]
Wiederholung eines Wortes oder einer Wortgruppe am Anfang aufeinander folgender Sätze (Goethe: „Wer nie sein Brot mit Tränen aß,/ Wer nie die kummervollen Nächte/Auf seinem Bette weinend saß ...").

Antithese [griech. *antithesis* = Gegensatz]
Gegenüberstellung gegensätzlicher Begriffe und Gedanken in einer Aussage (Gryphius: „Was dieser heute baut / reißt jener morgen ein!").

Captatio benevolentiae [lat. = Gewinn des Wohlwollens]
Sprachliche Formel, die in einer Rede oder einem Text dazu dienen soll, das Wohlwollen des Hörers oder Lesers zu erwerben („Meine Damen und Herren, ich freue mich sehr, heute abend hier zu Ihnen sprechen zu dürfen ...").

Ellipse [griech., lat. *ellipsis* = Auslassung]
Bezeichnung für eine Verkürzung der Rede durch Weglassen eines vom Hörer ergänzbaren Redeteils („Je eher [du etwas tust], desto besser").

Euphemismus [griech. *euphemia* = Sprechen guter Worte]
Beschönigende Umschreibung von Unangenehmem, Unheildrohendem, Anstößigem oder auch von Tabus; insbesondere in Texten politischer Propaganda zu finden (z.B. „Freisetzung von Arbeitnehmern" für „Entlassung").

Hyperbel [lat. *hyperbole* = Darüberhinauswerfen, Übermaß]
Rhetorische Figur der Übersteigerung in verkleinernder oder vergrößerender Weise; mitunter in den alltäglichen Sprachgebrauch eingegangen (z.B. „blitzschnell").

Inversion [lat. *inversio* = Umkehrung]
Bezeichnung für eine von der üblichen und gebräuchlichen Wortfolge abweichende Umstellung von Wörtern.

Klimax [griech. *klimax* = Steigleiter]
Rhetorische Figur der steigernden Aufzählung, wobei die Reihenfolge festgelegt ist (vom weniger Bedeutenden zum Wichtigen oder vom ‚schwachen' zum ‚starken' Wort). Bei der Klimax nimmt jedes Folgeglied an Gewicht zu, sodass das letzte Element der Reihung den Höhepunkt der Äußerung bezeichnet. (Brecht: „Das große Karthago führte drei Kriege. Es war noch mächtig nach dem ersten, noch bewohnbar nach dem zweiten. Es war nicht mehr auffindbar nach dem dritten."). Eine stufenweise Steigerung nach dem Muster a...b/b...c/c...d wird als Gradation bezeichnet (Röm. 5: „dieweil

wir wissen, dass Trübsal Geduld bringt; Geduld aber bringt Erfahrung; Erfahrung aber bringt Hoffnung.“).

Metapher [griech. *metaphora* = Übertragung]
Uneigentlicher sprachlicher Ausdruck, bei dem das eigentlich gemeinte Wort durch ein anderes ersetzt wird, das eine sachliche oder gedankliche Ähnlichkeit aufweist; seit der Antike zu den rhetorischen Figuren gezählt; überschneidet sich mit einer Vielzahl anderer rhetorischer Figuren (→ Allegorie, → Symbol, → Metonymie). Man unterscheidet zwischen verschiedenen Formen der Metapher, u.a. zwischen unbewussten Metaphern, die in großer Zahl in der Alltagssprache vorkommen und dort semantische Lücken füllen (z.B. „Stuhlbein“, „Fuß des Berges“, „Flussarm“), und bewussten Metaphern, die mit der Absicht poetischer und stilistischer Wirkung (besonders in Gedichten) eingesetzt werden und in dieser Form besonderer Ausdruck schöpferischer Fantasie sind.

Metonymie [griech. *metonymie* = Umbenennung]
Ersetzung des eigentlich gemeinten Wortes durch ein in einer realen Beziehung zu ihm stehendes zweites Wort (z.B. kann der Erzeuger für sein Erzeugnis stehen, die Ursache für ihre Wirkung usw.); von der Metapher dadurch unterschieden, dass diese in eine andere Bildsphäre springt und der Zusammenhang zwischen Ersetztem und Ersetzendem nicht so eng sein muss.

Neologismus [griech. *neos* = neu; *logos* = Wort]
Neu gebildeter sprachlicher Ausdruck (z.B. „Waschbrettbauch“).

Paradoxon [griech. *paradoxon* = Unerwartetes]
Behauptung, die der allgemeinen Meinung und Erfahrung widerspricht und deshalb zunächst als unlogisch und widersinnig erscheint, sich bei näherer Betrachtung aber als zutreffend erweist; oft in Form einer → Sentenz oder eines → Aphorismus vorgebracht.

Parallelismus [griech. *parallelos* = gleichlaufend]
Figur, die durch die parallele Anordnung gleichrangiger Satzglieder entsteht; dient der Verstärkung des Ausdrucks (Heine: „Das Schiffchen fliegt, der Webstuhl kracht ...“).

Periphrase [griech. *periphrasis*, lat. *circumlocutio* = Umschreibung]
Umschreibung einer Sache oder Person: Statt sie zu benennen wird sie umschrieben, z.B. mit Hilfe von Eigenschaften, Wirkungen oder typischen Tätigkeiten.

Personifikation [lat. *persona* + *facere* = machen]
Form der Metapher, bei der abstrakte Begriffe, Eigenschaften sowie leblose Dinge in vermenschlichter Form als sprechende und handelnde Personen auftreten; seit der Antike (u.a. bei Platon) verwendetes rhetorisches Stilelement; daneben häufig in Fabeln anzutreffen.

Pleonasmus [griech./lat. *pleonasmus* = Überfluss, Übermaß]
Hinzufügung eines synonymen Zusatzes zu einem Wort bzw. einer Redewendung; Stilmittel nachdrücklicher Betonung; mitunter aber auch Stilfehler („neu renoviert“).

Rhetorische Frage
Vom Redner gestellte Frage, auf die keine Antwort erwartet wird, sondern die dazu dient, die Zuhörer nachdenklich zu machen oder der vom Redner selbst gegebenen Antwort eine größere Aufmerksamkeit zu sichern.

Synästhesie [griech. *synaisthesis* = Zugleichempfinden]
Bezeichnung für das Verschmelzen verschiedener sinnlicher Eindrücke und Empfindungen (optische Wahrnehmung, Gehör-, Geruchs- und Tastempfindungen), hervorgerufen durch das gleichzeitige Reagieren verschiedener Sinne auf einen Reiz; in der Literatur spricht man von Synästhesie, wenn das Außergewöhnliche einer Empfindung durch die willkürliche Verknüpfung unterschiedlicher Vorstellungsgebiete ausgedrückt wird, z.B. „Es duftet still die Frühlingsnacht“ (Eichendorff).

Synekdoche [griech. *synekdoche* = Mitverstehen, Mitaufnehmen]
Form des uneigentlichen Sprechens, bei der ein Ausdruck durch einen anderen aus dem gleichen Bedeutungsfeld ersetzt wird, etwa ein Teil für das Ganze, Singular für Plural usw. (z.B.: „Brot“ für „Nahrung“; „der Deutsche“ für „das deutsche Volk“).

Tautologie [griech. *tauto* = dasselbe, *logos* = Rede]
Bezeichnung desselben Gegenstands oder Sachverhalts durch verschiedene, gleichbedeutende Worte; in der Literatur oft mit dem Ziel, größere Eindringlichkeit zu erzielen („nackt und bloß“, „einzig und allein“).

Vergleich
Stilistisches Mittel zur Erhöhung der Anschaulichkeit einer Darstellung oder eines Gedankens. Er kann sich beziehen auf Zustände, Eigenschaften, Vorgänge und Handlungen; charakteristisch ist dabei die knappe Darstellung der verglichenen Aspekte im Gegensatz zu den längeren Formen der Parabel oder des Gleichnisses.

EPOCHEN UND EPOCHENUMBRÜCHE

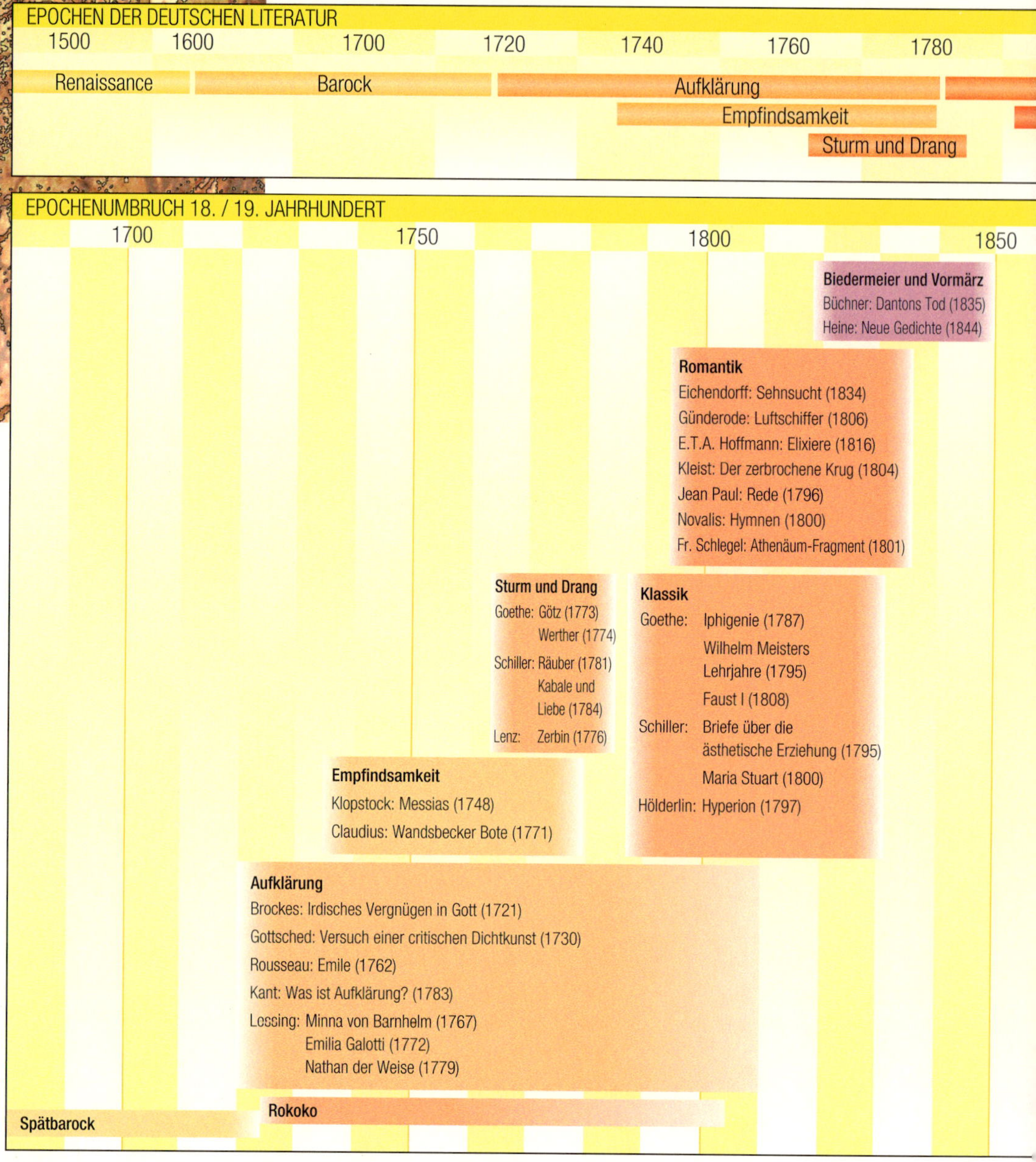

Die **Geschichte der Literatur** kann man mit einem breiten, mächtigen Fluss vergleichen, voller Strömungen, Stauungen, Strudel, Untiefen, Katarakte. Sie durch **„Epochen“** gliedern zu wollen ist ein verständlicher, aber problematischer und im Grunde vergeblicher Versuch. „Offensichtlich bezeichnen Epochenbegriffe etwas, was es in der Realität überhaupt nicht gibt. Sie sind nachträglich gestanzte Spielmarken kluger Konstrukteure … Immer herrscht die Gleichzeitigkeit des Verschiedenen.“ (Conrady, S. 407; vgl. Rosenberg, S. 406) Dennoch haben sich **Epochengliederungen und Epochenbegriffe** als Strukturierungsversuche eingebürgert (z. B. Barock, Aufklärung, Sturm und Drang, Klassik, Romantik, … vgl. Glossar, S. 534 ff.). Dabei entstammen die Epochenbezeichnungen ganz unterschiedlichen kulturellen Kontexten (z. B. Politikgeschichte: „Vormärz“, Kunstgeschichte: „Barock“, Wohnkultur: „Biedermeier“, Malerei: „Impressionismus“) und werden angesichts der jüngsten Entwicklung im 20. Jahrhundert immer „kurzatmiger“ und fragwürdiger (z. B. „Literatur der DDR“, „Neue Subjektivität“).

Anstatt „Epochen“ mit ihren „Merkmalen“ sollte man besser **„Epochenumbrüche“** ins Auge fassen, verhältnismäßig kurze Phasen gesellschaftlich-kulturellen Wandels, in denen sich wesentliche Funktionen, Inhalte und Ausdrucksformen der Literatur ändern („umbrechen“) und die im Sinne der „Gleichzeitigkeit des Verschiedenen“ durch konkurrierende oder parallele, oft einander „überlappende“ Strömungen gekennzeichnet sind.

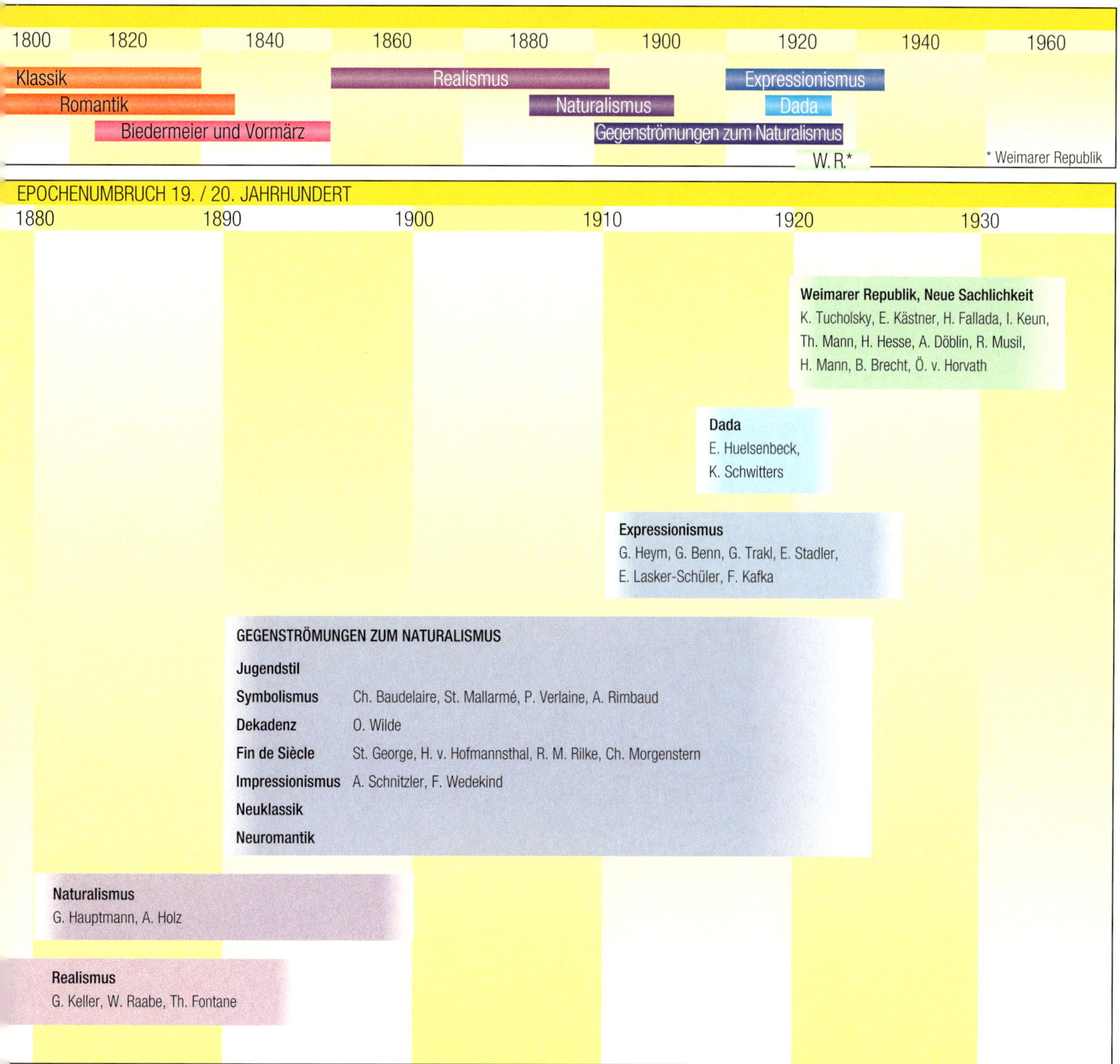

So lässt sich der **Epochenumbruch vom 18. zum 19. Jahrhundert** verstehen als ein Konzept, bei dem sich die Literatur aus den Fesseln ihrer Bindung an höfisch-absolutistische Funktionen (im Barock) zunehmend befreit und zum Träger im weitesten Sinne „aufklärerischer“ Ideen (z. B. **Autonomie** des Individiuums und der Kunst) wird. Die Gemeinsamkeiten und Widersprüche zwischen den einzelnen Strömungen (Rokoko, Aufklärung, Empfindsamkeit, Sturm und Drang, Klassik, Romantik, Biedermeier und Vormärz) wirken produktiv bis in die Moderne.

Der **Epochenumbruch vom 19. zum 20. Jahrhundert** ist gekennzeichnet durch den Beginn der **„Moderne“**, die die Literatur und deren Rezeption im 20. Jahrhundert geprägt hat und bis heute bestimmt. Die unterschiedlichen literarischen Strömungen und Konzepte (Realismus, Naturalismus, Symbolismus und Jugendstil, Dekadenz und Fin de Siècle, Impressionismus, Neuklassik und Neuromantik, Expressionismus, Dada und Neue Sachlichkeit) konkurrieren oder ergänzen einander und zeigen zum Teil mehr rückwärtsgewandte, an der Tradition orientierte, „konservative“ Tendenzen (z. B. Neuromantik, Dekadenz und Fin de Siècle), zum Teil eher „fortschrittliche“ literarische Perspektiven (z. B. Naturalismus, Expressionismus, Neue Sachlichkeit) und vermitteln dem Leser insgesamt ein Bild der **Ambivalenz** und Vielgestaltigkeit der Moderne.

LITERARISCHE LANDKARTE

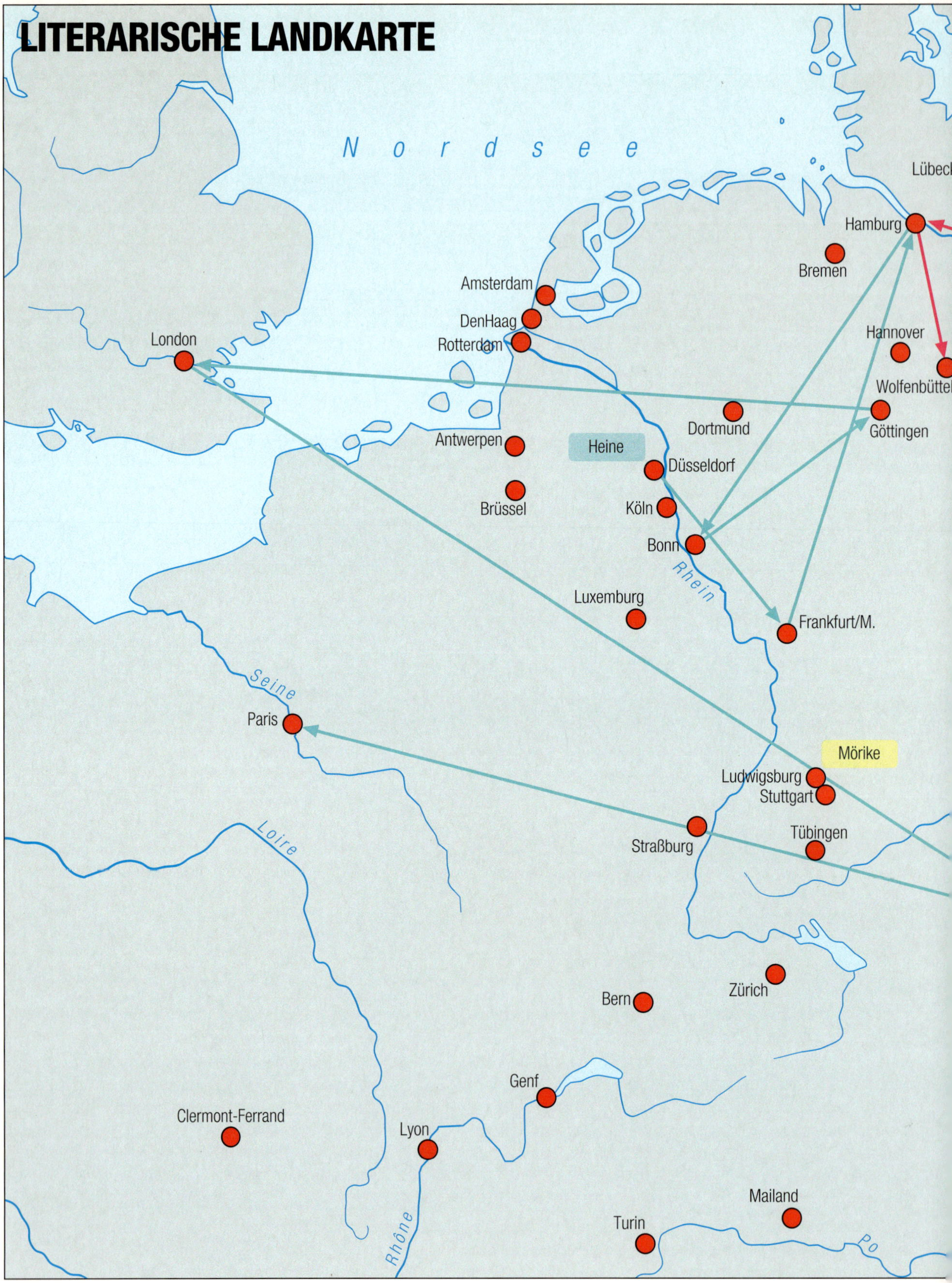

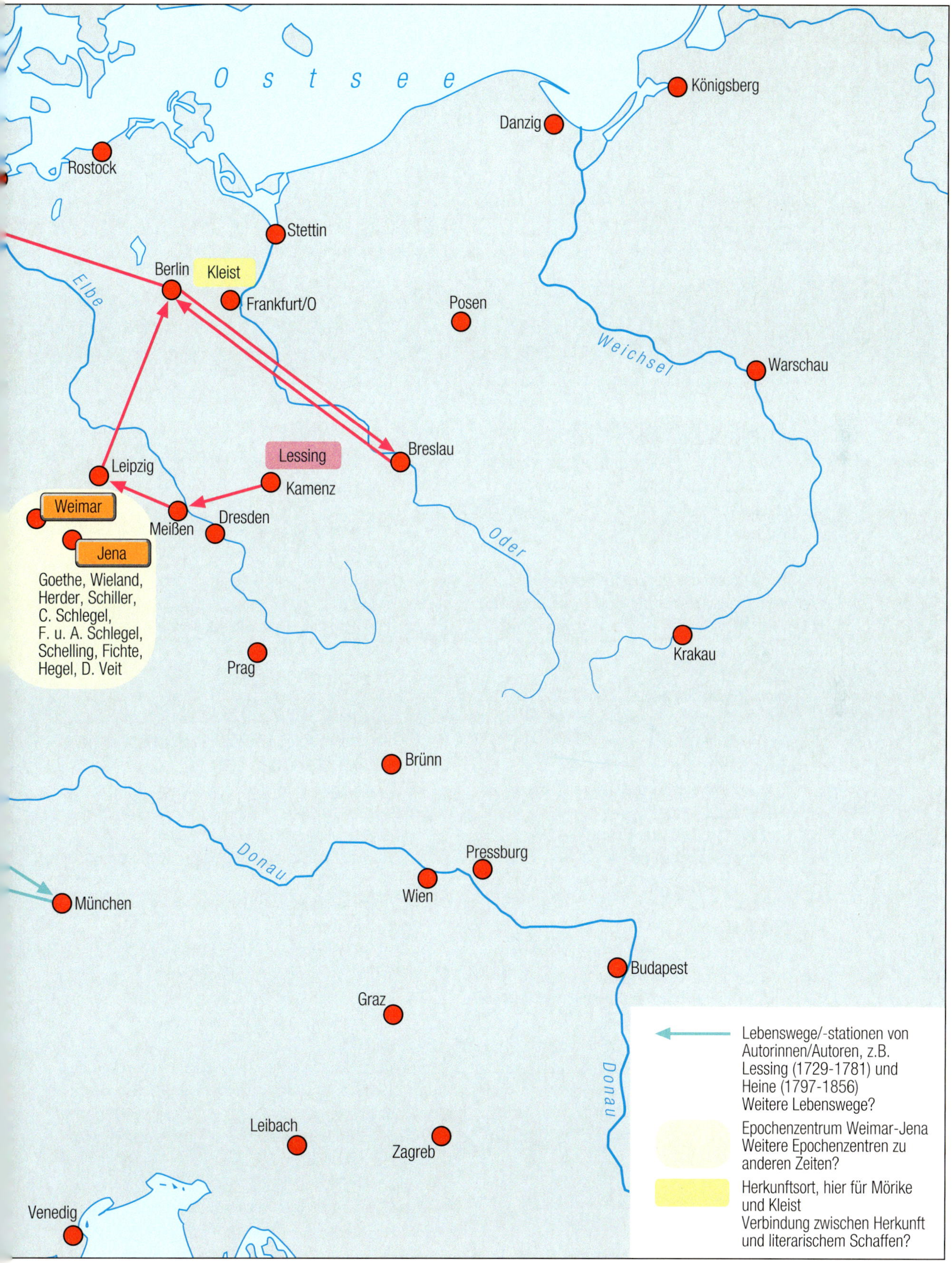
Ostsee
Königsberg
Danzig
Rostock
Stettin
Berlin
Kleist
Frankfurt/O
Posen
Elbe
Weichsel
Warschau
Breslau
Lessing
Leipzig
Kamenz
Weimar
Meißen
Dresden
Jena
Goethe, Wieland, Herder, Schiller, C. Schlegel, F. u. A. Schlegel, Schelling, Fichte, Hegel, D. Veit
Oder
Krakau
Prag
Brünn
Donau
Pressburg
Wien
München
Budapest
Graz
Leibach
Zagreb
Venedig
Donau
Lebenswege/-stationen von Autorinnen/Autoren, z.B. Lessing (1729-1781) und Heine (1797-1856)
Weitere Lebenswege?
Epochenzentrum Weimar-Jena
Weitere Epochenzentren zu anderen Zeiten?
Herkunftsort, hier für Mörike und Kleist
Verbindung zwischen Herkunft und literarischem Schaffen?

UMGANG MIT GEDICHTEN

1. Der Sprecher im Gedicht

- vom Autor erschaffene Perspektivefigur, aus deren Sicht die Dinge dem Leser vermittelt werden
- der Sprecher kann sich äußern als „Ich" (**„lyrisches Ich"**) oder als **Rollenfigur**; er kann auch ganz zurücktreten
- die **„Haltung"** des Sprechers bestimmt die Sprechweise im Gedicht (z. B. beschreibend, reflektierend, jubelnd, klagend, …)

2. Die Form des Gedichts

- **Vers:** Gedichtzeile; kleinste „Einheit" eines Gedichts; meist durch eine bestimmte – z. B. metrisch-rhythmische – Struktur gekennzeichnet
  - → *Zeilenstil:* Satz- und Versende stimmen überein
  - → *Enjambement:* auch *Zeilensprung*; Satz überspringt das Versende
- **Strophe:** nächstgrößere „Einheit" des Gedichts; bestehend aus einer bestimmten Anzahl von Versen; kann sich im Gedicht mehrfach wiederholen (vgl. Lied, Choral)
- **Gedichtformen:**
  - → *Ballade:* längeres „Erzählgedicht" mit mehreren Strophen und meist regelmäßigem Reim und Metrum
  - → *Lied:* einfaches Gedicht aus mehreren, oft vierzeiligen Strophen; oft mit Refrain (wiederkehrender Vers);
  - → *Sonett:* kunstvolle Gedichtform („Klinggedicht") aus zwei Vierzeilern (Quartette) und zwei Dreizeilern (Terzette); meist mit fester Reimfolge, z. B. abba abba ccd eed (cdc dcd)
- **Reim:**
  - → *Endreim:* Gleichklang der Wörter am Versende vom letzten betonten Vokal an
    - Paarreim: aa – bb – cc – …
    - Kreuzreim: abab …
    - umarmender Reim: abba …
    - Schweifreim: aab ccb …
  - → *Binnenreim:* innerhalb eines Verses („… dass keine Hand die andre fand": Hofmannsthal, Die Beiden)
  - → *Stabreim:* auch *Alliteration*; mehrere Wörter beginnen mit dem selben Buchstaben („… da war das Wunder wach")
- **Metrum:** auch: *Versmaß*; Taktschema eines Verses; regelmäßige Abfolge betonter/unbetonter Silben (Hebungen/Senkungen)
- **Versfuß:** kleinste metrische Einheit; wiederholt sich mehrfach im Vers
  - → *Jambus* (steigend): x x́
  - → *Trochäus* (fallend): x́ x
  - → *Anapäst* (steigend): x x x́
  - → *Daktylus* (fallend): x́ x x
- **Kadenz:** Versende;
  - → männlich-stumpf (voll): letzte Silbe betont
  - → weiblich-klingend: letzte Silbe unbetont
- **Versformen:**
  - → *Blankvers:* fünfhebig-jambischer Vers ohne Reimbindung
  - → *Alexandriner:* sechshebig-jambischer Vers mit 12 oder 13 Silben und Zäsur nach der dritten Hebung
- **Rhythmus:** natürliche Sinnbetonung; entweder dem Metrum folgend (metrischer Rhythmus) oder – häufiger – im Kontrast zum Taktschema des Metrums mit Akzentuierung einzelner Wörter oder Wendungen; Möglichkeiten der rhythmischen Bewegung insgesamt: z. B. regelmäßig – unregelmäßig; steigend – fallend; ruhig – unruhig; fließend, drängend, gestaut, …

3. Sprache im Gedicht

- **Satzbau** (Syntax):
  - → *Parataxe:* Beiordnung; Anreihung einfacher (Haupt-)Sätze
  - → *Hypotaxe:* Unterordnung von Glied- und Hauptsätzen, Satzgefüge
  - → *Inversion:* Veränderung der üblichen Wortstellung
  - → *Ellipse:* unvollständiger Satz
  - → *Parallelismus:* parallele Anordnung von Wendungen und Sätzen
  - → *Wiederholung:* Wiederkehr von Wörtern und Wendungen
  - → *Anapher:* Wiederholung eines Wortes oder einer Wendung am Satzanfang („Das Wasser rauscht, das Wasser schwoll …": Goethe, Der Fischer)
  - → *Klimax:* dreigliedrige Steigerung („veni, vidi, vici" = ich kam, sah und siegte: Caesar)
- **Wortwahl:**
  - → „poetische", auffällige Wörter
  - → Wörter aus einem bestimmten Bedeutungsbereich (z. B. Natur, Liebe, Technik, …)
  - → Wörter einer bestimmten Sprachebene (z. B. Alltagssprache, … vgl. poetische Wörter)
  - → Vorherrschen bestimmter Wortarten (z. B. Substantive, Verben, Adjektive)
- **klangliche Mittel:**
  - → klangstarke Wörter
  - → *Lautmalerei (Onomatopoesie):* Häufung von charakteristischen Vokalen oder Konsonanten)
  - → *Laut- und Klangsymbolik:* subjektive Verknüpfung von Bedeutungsinhalten und Klangfarben (z. B. u/o: Dumpfheit, Trauer, Tod)
  - → *Assonanz:* Wiederholung auffälliger Vokale
  - → *Alliteration:* Wiederholung auffälliger Konsonanten
- **stilistisch-rhetorische Mittel:**
  - → *Kontrast:* semantisch-syntaktische Entgegensetzung
  - → *Hyperbel:* Übertreibung („Flut der Tränen")
  - → *Ironie:* das Gegenteil meinende Wendung („Du bist mir ein schöner Freund!")
  - → *Euphemismus:* Beschönigung („Freund Hein" für „Tod")
  - → *Synästhesie:* Verbindung unterschiedlicher Sinneseindrücke („… blickt zu mir der Töne Licht": Brentano, Abendständchen)

4. Bildlichkeit im Gedicht

- **Bild:** allgemeine Bezeichnung für unterschiedliche Formen bildhafter sprachlicher Zeichen zur Steigerung der Anschaulichkeit (vgl. Vergleich, Metapher, Symbol, Chiffre)
- **Vergleich:** ausdrückliche Verknüpfung zweier Bedeutungsbereiche durch „wie" mit Hervorhebung des Gemeinsamen („tertium comparationis"; „… rauscht die Erde wie in Träumen": Eichendorff, Der Abend)
- **Metapher** (griech. „Übertragung"): sprachliches Bild, bildhafter Ausdruck; Wörter werden nicht in der eigentlichen, sondern in „übertragener", uneigentlicher, bildhafter Bedeutung verwendet; gelegentlich auch als verkürzter Vergleich ohne „wie" bezeichnet („der Flug der Gedanken", „Arm des Flusses", „Wüstenschiff" für Kamel)
- **Personifikation:** Vermenschlichung von Naturerscheinungen, Gegenständen oder abstrakten Begriffen (vgl. *Allegorie*) („Gelassen stieg die Nacht ans Land,/Lehnt träumend an der Berge Wand …": Mörike, Um Mitternacht; „Mutter Natur")
- **Symbol:** (griech. „Zeichen", eigentlich „Zusammengefügtes"); ein anschauliches, konkretes bildhaftes Zeichen, das über sich hinausweist auf etwas Allgemeines, Abstraktes (In Goethes Sonett „Mächtiges Überraschen" z. B. verweist der Naturvorgang als lyrisches Bild auf einen allgemeinen Lebens- und Erfahrungszusammenhang: der Strom als Strom des Lebens. Der „römische Brunnen" in C. F. Meyers Gedicht steht als „Dingsymbol" für das Leben mit seinem Zugleich von Steigen und Fallen, Nehmen und Geben, Strömen und Ruhen)
- **Chiffre:** (frz. „Ziffer", „Zahl"); ursprünglich Zeichen einer Geheimschrift, die nach einem bestimmten „Schlüssel" geschrieben und nur mit diesem Schlüssel „entziffert", „dechiffriert" werden konnte; ein besonders in moderner Lyrik verwendetes sprachliches Bild bzw. Zeichen, in dem die Wirklichkeit verschlüsselt, verrätselt, verfremdet wird; die Chiffre reduziert das Symbol, verweist nicht auf die „Totalität" des Allgemeinen, sondern deutet nur an; die Bedeutung der Chiffre kann oft nur aus dem Kontext bzw. aus der Kenntnis der individuellen Chiffrensprache eines Autors erschlossen werden (z. B. Hölderlin, Hälfte des Lebens: „Rose": Bild des Sommers; darüber hinaus „Liebeszeichen" für die „Himmlischen"; Zeichen der „schönern Zeit, an die wir glauben", Zeichen für die geschichtliche Utopie; „Schwäne": Zeichen für die Liebe; „Nordwind": ebenso wie „sprachlose Mauern" Zeichen der Kälte, der Trennung, der Entfremdung; Verlust der Hoffnung auf die geschichtliche Utopie)

Zur Interpretation eines Gedichts vgl. S. 79–85; zum kreativen Umgang mit Gedichten die „Gedicht-Werkstatt", S. 86f.

UMGANG MIT ERZÄHLENDEN TEXTEN

Fiktionalität

Als fiktional bezeichnet man Texte, die erzählen, „was möglich" ist, jedoch keinen Anspruch auf Fundierung ihres Geschehens in der alltäglich-empirischen Welt erheben. Vielmehr wird in diesen Texten eine fiktive Welt „gesetzt", wobei die in dieser Welt wirkenden Gesetze durchaus von denen der realen Alltagswelt abweichen können. Jedoch dürfen die Gesetze der fiktionalen Welt einander ebensowenig widersprechen oder ausschließen wie im Fall der Gesetze der Alltagswelt. Der Unterschied zwischen dem Autor nichtfiktionaler Literatur (z. B. dem Geschichtsschreiber) und dem Verfasser fiktionaler Texte besteht darin, „dass der eine erzählt, was geschehen ist, der andere, was geschehen könnte" (Aristoteles, 9. Kap. der *Poetik*).

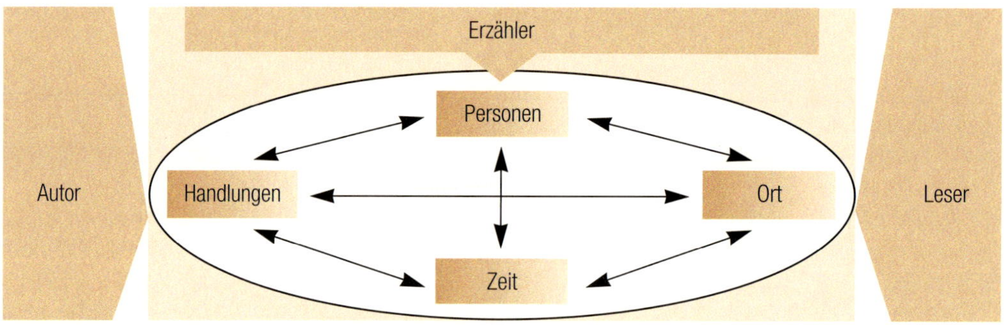

Der Erzähler

ist im Unterschied zum Autor eine fiktive Gestalt. Er fungiert als Vermittlungsinstanz zwischen der fiktionalen Welt und dem Leser.

Der Standort des Erzählers

ist – vergleichbar mit der Kameraeinstellung beim Film – die Position des Erzählers gegenüber den von ihm erzählten Geschehnissen, zum Beispiel Abstand (Distanz) oder Nähe.

Die Erzählhaltung

ist die Einstellung, mit der der Erzähler dem Leser die fiktionale Welt vermittelt. Die Erzählhaltung wirkt sich auf die Art der Darstellung und die Sprachgebung aus, z. B.

- sachlich,
- unbeteiligt,
- ironisch,
- humorvoll,
- engagiert,
- wertend,
- …

Erzählperspektiven

Er/Sie-Form

auktorial: der Erzähler hat einen Überblick über das Geschehen; er weiß auch, was im Inneren der Figuren vor sich geht; er macht sich durch Kommentare und Einmischungen bemerkbar. Sein Standort liegt außerhalb des Geschehens.

personal: Der Erzähler übernimmt die Perspektive einer Figur (Perspektivefigur) und sieht die erzählte Welt mit deren Augen. Sein Standort liegt innerhalb des Geschehens; Unmittelbarkeit.

neutral: Der Erzähler scheint ganz zu verschwinden; das Geschehen wird dem Leser scheinbar unvermittelt vor Augen gestellt.

Ich-Form

auktorial: Der Ich-Erzähler erinnert sich an das Geschehen, nimmt also einen Standort außerhalb des Geschehens ein und vermittelt zwischen erlebendem Ich und Leser.

personal: Der Ich-Erzähler ist gleichzeitig erlebendes und erzählendes Ich; Unmittelbarkeit.

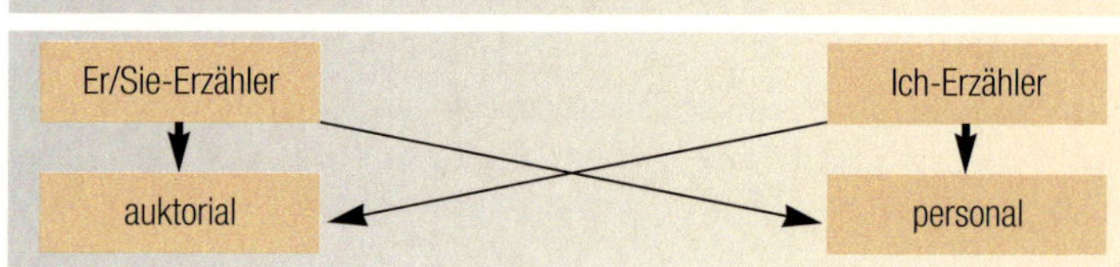

Handlung

äußere Handlung: von außen wahrnehmbare Ereignisse	**kontinuierliche Handlung:** die Erzählung folgt chronologisch der zeitlichen Reihenfolge der Ereignisse	**einsträngige Handlung:** die Handlung folgt einem Erzählfaden bzw. -strang
↕	↕	↕
innere Handlung: im Inneren der Figuren sich abspielende Ereignisse	**diskontinuierliche Handlung:** die Erzählung springt in der Zeit hin und her	**mehrsträngige Handlung:** die Handlung folgt mehreren, meist verflochtenen Erzählfäden bzw. -strängen

Darstellungsformen

Erzähler	Figuren (Personen)
Bericht: straffe, geraffte Handlungsdarstellung **szenische Darstellung:** breite Erzählweise, meist mit erzählter Figurenrede und Entfaltung der Situation (vgl. Szene im Drama) **Beschreibung:** Darstellung z. B. von Schauplätzen, Figuren, Gegenständen **Kommentar/Reflexion:** Eingreifen des Erzählers mit Bemerkungen, Urteilen oder Überlegungen in den Handlungsablauf	**direkte Rede** **indirekte Rede** *erlebte Rede:* Wiedergabe von Gedanken und Gefühlen einer Figur in der 3. Person *innerer Monolog:* Wiedergabe von Gedanken und Gefühlen einer Figur in der 1. Person **Bewusstseinsstrom:** (stream of consciousness); assoziative, sprunghafte Gedankenentwicklung von Figuren

Darstellungsform		Zeitgestaltung		Verhältnis von Erzählzeit und erzählter Zeit		
Bericht	↔	zeitraffendes Erzählen	↔	Erzählzeit	<	erzählte Zeit
szenische Darstellung	↔	zeitdeckendes Erzählen	↔	Erzählzeit	=	erzählte Zeit
Beschreibung	↔	zeitneutrales Erzählen		Erzählzeit		(…)
Kommentar/Reflexion	↗ (zu zeitneutrales Erzählen)			Erzählzeit		(…)
innerer Monolog/ Bewusstseinsstrom	↔	zeitdehnendes Erzählen	↔	Erzählzeit	>	erzählte Zeit

UMGANG MIT SZENISCHEN TEXTEN

1. Dramatische Formen

- Tragödie, Bürgerliches Trauerspiel, Komödie, Lustspiel, Posse, Schwank, Tragikomödie, Groteske, Schauspiel, Volksstück, Höfisches Theater, Soziales Drama, Pantomime, Puppenspiel, Singspiel, Oper, Musik-Drama, Hörspiel, Fernsehspiel, Film, Performance ...

2. Strukturelemente

- die **Akte** und ihre Funktion für das Verständnis des gesamten dramatischen Werkes
- die **Szenen**, Auftritte (und Bilder) als Gliederung der Akte, ihre Abfolge sowie ihre Funktion für den jeweiligen Akt und das gesamte Drama
- die **Regieanweisungen** bzw. szenische Bemerkungen in ihrer Knappheit oder Ausführlichkeit zur Ausstattung und zur Realisierung der fiktionalen Welt auf der Bühne
- **Prolog** (Vorspiel) und **Epilog** (Nachspiel) als An- und Abkündigung des dramatischen Geschehens in unterschiedlicher Funktion

3. Ausstattung der fiktionalen Welt

- **Personengestaltung:** Figur, Held, Protagonist/Antagonist bzw. Spieler/Gegenspieler, Hauptfiguren/Nebenfiguren, Charaktere, Typen – ausgestattet mit mehr oder weniger Macht bzw. echter oder geborgter Autorität (Fallhöhe, Ständeklausel) – arrangiert und geführt in symmetrischen, komplementären oder kontrastierenden Beziehungen zueinander – als einzelne Personen oder in der Gruppe
- **Gestaltung von Ort/Raum:** Einheit bzw. Wechsel von Ort und Raum, Überbrückung der Räumlichkeit und ihrer Grenzen (z. B. durch Botenbericht und Mauerschau); innerer und äußerer Raum; realer Raum, symbolischer Raum (z. B. der Hain als Ort göttlicher Verkündigung bzw. Erleuchtung)
- **Gestaltung von Zeit und Zeitablauf:** Bestimmter bzw. unbestimmter Zeitpunkt, -raum; Kontinuität des zeitlichen Ablaufs bzw. Zeitsprünge und Diskontinuität; Symbolik der Zeitpunkte und Zeiträume; Überbrückung von Zeiträumen durch Bericht und andere Formen (z. B. Spiel im Spiel)

4. Handlung, Handlungsführung

- Ausgangssituation, Vorgeschichte und ihre Enthüllung, Handlungsziele, Handlungsalternativen, Entscheidungssituation(en)
- Zentrale Handlung, Nebenhandlungen, Handlungsstränge
- Zentraler Konflikt, Konfliktentwicklung, Partei- und Koalitionsbildung, Intrige, Konfrontation (im Duell, vor Gericht, im Gespräch, ...)
- Spannungserzeugung, Spannungsführung, Spannungssteigerung (erregende Momente), Höhepunkt/Klimax, Spannungsverzögerung (retardierende Momente), Spannungsabfall, Spannungslösung
- Exposition, Peripetie, Katastrophe

5. Darstellungs- und Wirkungsmittel

5.1 Sprachliche Mittel

- Chor, epischer Bericht, Dialog, Monolog
- Stilebene, Register; rhetorische Figuren; Vers/Metrum, Prosa
- Bühnen-/Standardsprache, Sprache des Alltags; regionale bzw. soziale Dialektfärbung
- Redestrategien; Rede-/Gegenrede, beiseite reden, aneinander vorbeireden; Redepause
- Tempo und Rhythmisierung: betonen/hervorheben, verlangsamen, beschleunigen, herauf- bzw. herunterspielen

5.2 Nicht-/außersprachliche Mittel

- Personen: Kostüm, Maske; Pantomime, Gestik, Mimik; Choreografie
- Raum, Schauplatz, Szenerie: Bühnenbild, Requisiten
- Atmosphäre: Licht, Beleuchtung, Klänge, Musik, Geräusch

6. Vom Text zur Aufführung

Text/Dramentext	Autor/Autorenteam
▼	
Textbearbeitung – Strichfassung, Aktualisierung – Transformation eines Textes in einen Aufführungstext	+ Regisseur, Dramaturg
▼	
Festlegung der Spiel-, Gestaltungselemente, Spielmittel, Erprobung	+ Schauspieler, Ensemble, Bühnenbildner, Lichttechniker, Mechaniker, …
▼	
Aufführung, Präsentation	+ Publikum
▼	
Wirkungsweisen Identifikation, Reflexion, Distanz, Bestätigung, Belustigung, Belehrung, Provokation, Überraschung …	+ Rezensenten, Multiplikatoren, …

7. Vergleich geschlossener und offener Form eines Dramas

	Geschlossene Formen	**Offene Formen**
Figuren	→ gleicher (erhöhter) sozialer Stand - Charaktere	→ Verschiedene soziale Stände/ Schichten mit unterschiedlicher Sprache
Handlung	→ einheitlich und zielgerichtet, kausale und überzeugende Schrittigkeit	→ verschiedene Stränge und Elemente
Schauplatz/Raum	→ konstant	→ vielfältig und wechselnd
Zeit	→ Kontinuität	→ Sprünge, Diskontinuität
Sprache	→ zentrales Ausdrucksmittel; Standard-/Bühnensprache; rationaler Diskurs; strenge Formen des Monologs bzw. Dialogs	→ nur eines von mehreren Ausdruckssystemen, also auch Gebärde und Verstummen; soziale/regionale Färbungen der Sprache; Grenzen der kommunikativen Verständigung werden erreicht; Auflösung der Kunstformen von Monolog und Dialog
Weltsicht	→ idealistisch	→ realistisch

UMGANG MIT SACHTEXTEN

Ein THEMA erschließen

- Vorwissen aktivieren → Fragen entwickeln → nach Texten suchen
  - Vorwissen aktivieren
    - Brainstorming
    - Cluster
  - Fragen entwickeln
    - W-Fragen
    - Mind-Map
  - nach Texten suchen
    - Internet
      - Surfen
      - Navigieren
    - Bibliothek

Einen TEXT erschließen

- Zweck des Lesens bestimmen *(Wozu soll mir der Text dienen?)*
- Textsorte bestimmen *(Was bietet mir der Text zur Bearbeitung meiner Fragestellung?)*
- gezielt lesen
  - diagonal *(Was sind die Kernaussagen?/Was steht an den zentralen Stellen?)*
  - prüfend *(Wie wird an Schlüsselstellen im Detail argumentiert?)*

Zum Lesen im Detail folgende Techniken anwenden:

Texte resümieren: Das Ergebnis des Lesens in einem kurzen informierenden Text aufschreiben.

Texte segmentieren: Text in Abschnitte gliedern, sich dabei nach den erkennbaren Teilthemen richten, evtl. Zwischentitel einfügen.

Texte paraphrasieren: Einen schwierigen Text oder Textabschnitt so mit eigenen Worten umformulieren, dass der Sachverhalt für andere leicht verständlich wird, dabei evtl. an wichtigen Stellen die Begrifflichkeit der Textvorlage übernehmen.

Texte exzerpieren: Bei einem längeren Text die zentralen Informationen, Fakten und Aussagen, den Standpunkt und die Hauptargumente in übersichtlicher Form notieren; dabei wichtige Passagen wortwörtlich übernehmen, sodass diese später als Zitate genutzt werden können (auf präzise bibliografische Angaben achten!).

Textstellen erweitern: Sehr komprimierte und schwierige Textstellen evtl. durch Erklärungen, Definitionen und Hinweise aus anderen Informationsquellen (Glossar, Lexika, Wörterbücher, …) verständlich machen; diese Zusatzinformationen als Randnotiz, Fußnote oder auf angeklebten „Haftis“ anfügen.

Einen Konspekt erstellen: Den gedanklichen Aufbau, die logische Struktur eines Textes in einer grafischen Darstellung veranschaulichen (Strukturdiagramm, Flussdiagramm, Spiegelstrichgruppen o. Ä.). Zentrale Begriffe, Gedanken/Aussagen, Argumente etc. des Textes so auf einem Blatt notieren, dass Über-/Unterordnung, Gegensätze/Analogien, Zusammenhänge, Ursachen/Folgen, Tatsachen/Meinungen, Thesen/-Beispiele schon durch die Position auf dem Blatt deutlich werden; dabei mit Bezugspfeilen und weiteren Symbolen die gedanklichen Beziehungen zwischen den Schlüsselbegriffen herstellen.

Argumentative Texte und (politische) Reden analysieren

A

Sich einen Überblick verschaffen über

- den Autor/das Thema/die Textsorte
- die Fragestellung des Textes
- die Position des Autors (seine Intention, seine „Botschaft“)
- den Inhalt des Textes

B

Einen Text im Detail analysieren in Hinsicht auf

- Arten der Darlegung (Bericht, Spekulation, Behauptung, …)
- assoziative Kerne (Stellen mit suggestiver Wirkung, z. B. „Kalter Krieg“)
- semantische Mittel (Schlüsselwörter, politische Leitbegriffe, Reizwörter, Polyseme, Phrasen)
- Argumentation
  - Arten von Argumenten (Berufung auf Fakten, Autoritäten, Beispiele, …)
  - Verbindung von Argumenten (linear, dialektisch, sprunghaft, verzweigt, …)
- Sprachhandlungen (Erklärung, Unterstellung, Folgerung, …)
- grammatische Signale
  - logische Verknüpfung
  - appellative Sprache

Einen Text kritisch kommentieren

- die Intention des Autors/die Kernaussage des Textes erklären/würdigen
- sich mit dem logischen Aufbau und dem Stil des Textes auseinander setzen (Schlüssigkeit, Anschaulichkeit, Verständlichkeit)
- die Wirkung des Textes diskutieren (Adressatenbezug)
- die „historische Differenz“ thematisieren (historischer Entstehungszusammenhang vs. aktuelle Situation)

ELEMENTE DER FILMANALYSE

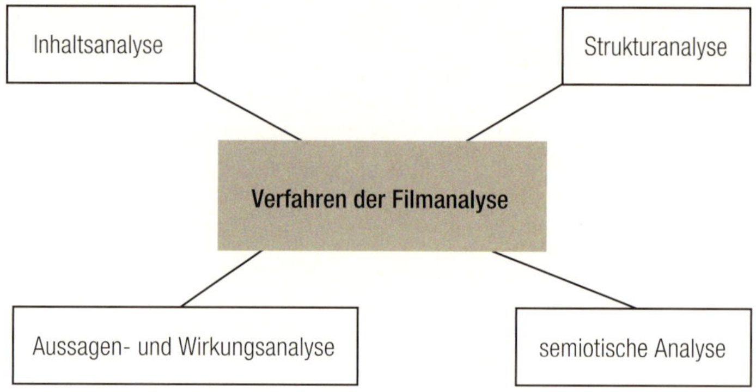

■ *Zu den Verfahren im Einzelnen vgl. Randspalte auf Seite 529*

Story-Erzählstruktur

Plot: die Elemente der erzählten Geschichte, wie sie im Film tatsächlich vorkommen
Story: die Geschichte des Films, die sich der Zuschauer aus den Informationen der Handlung erschließt, indem er diese vervollständigt
Szene: Handlungssegment eines Spielfilms, das durch die Einheit von Zeit und Ort gekennzeichnet ist
Erzählerposition: View-point-Techniken: subjektiv-personal, auktorial-allwissend, neutral, Erzähler in Tonmontage (z. B. im Off, in Ich-Form oder Er/Sie-Form), subjektive Kamera (s. u.)
Figurenkonstellation: Hauptfiguren (Protagonist und Antagonist), Nebenfiguren
Reflektorfigur: Figur in der Filmhandlung, mit der die Zuschauer die Ereignisse erleben; beide Seiten sind in gleicher Informationslage
Erzählphasen: Handlungsverlauf – Konfliktaufbau; Exposition, Auslöser – Konfliktpunkt (hook), Wendepunkte (plot points), Retardierungen, Scheinlösungen, Schluss, Rückwendungen und Vorausdeutungen
Back Story: Vorgeschichte
Bildtopoi und Filmzitate: Einbau von Bildmustern und Bildsequenzen, die den Zuschauern von anderen Filmen aus der Filmgeschichte bekannt sind und damit verbundene Assoziationen auf die aktuelle Handlung und ihre Figuren übertragen
Cliff Hanger: Erzählmuster einer Filmserie, bei dem die Handlung auf einem dramatischen Höhepunkt abbricht und erst in der nächsten Episode aufgelöst wird
Ellipse: Auslassung von Handlungselementen, die für das Verständnis nicht wesentlich sind
Exposé: kürzeste erzählerische Fassung der Filmidee
Treatment: knapp erzählter Filmablauf
Drehbuch: Filmverlauf mit allen Teilen der akustischen und optischen Inszenierung
Storyboard: Bildskizzen zu den Einstellungen des Films
Einstellung: (Take), kleinste filmische Einheit, ein kontinuierlich belichtetes Stück Film, begrenzt durch einen Schnitt und bestimmt durch die Einstellungsgröße der Kamera

Einstellungsgrößen der Kamera

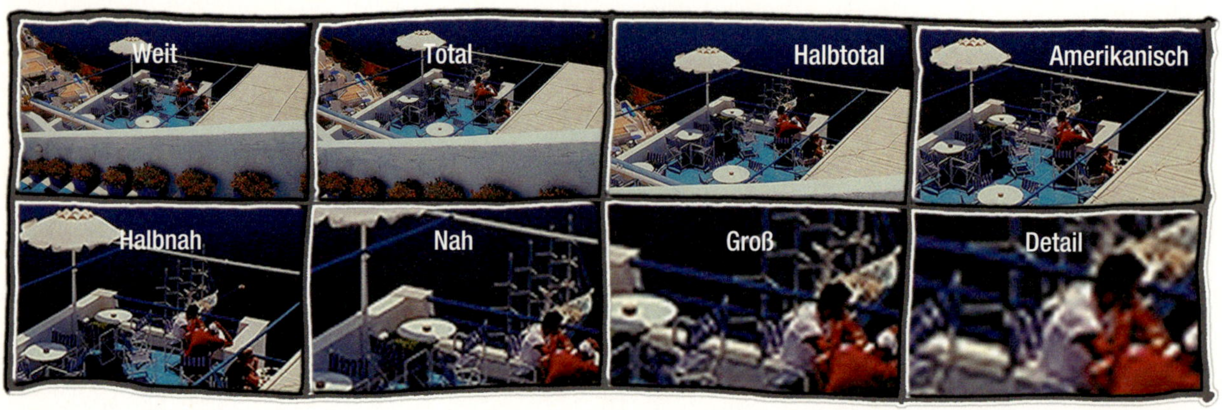

Kameraperspektiven

- Normalsicht: Kameraperspektive in der Augenhöhe des Protagonisten
- Ober-/Aufsicht: Kameraperspektive aus einer höheren Position als der Normalsicht
- Untersicht: Kameraperspektive aus einer niedrigeren Position als der Normalsicht
- Vogelperspektive: extreme Ober-/Aufsicht
- Froschperspektive: extreme Untersicht
- Schuss-Gegenschuss: konventionelle Form der filmischen Auflösung z. B. eines Gesprächs zweier Personen: die Beteiligten werden abwechselnd im Bild gezeigt

Kamerabewegungen

- Schwenk: horizontale oder vertikale Winkelbewegung, vergleichbar dem Drehen oder Neigen des Kopfes; heftig: Riss, sanft: Neigung
- Kameraachse: Blickrichtung, Blickachse der Kamera
- Handlungsachse: Richtung, in der sich die Handlung bewegt (z. B. Sprecherwechsel im Gespräch)
- Fahrt: echte Fahrbewegung der Kamera; mit Dolly, mit Kamerawagen; mit Seadicam (gefedertes Kameragerüst, das verwacklungsfreie Bewegungen durch den Raum ermöglicht)
- subjektive Kamera: frei von Hand, ohne Stativ geführte Handkamera, in verschiedene Richtungen auf dem Set, wic aus der Perspektive einer beteiligten Figur
- Zoom: Veränderung der Brennweite am Kameraobjektiv, imitiert eine Hin- oder Rückfahrt; dabei werden die tatsächlichen Größenverhältnisse verzeichnet
- Tiefenschärfe: flaches oder räumliches Bild
- Objektbewegung: Lauf der Figuren in die Kamera, in die Tiefe, aus dem Bild – mit begleitender oder statischer Kamera
- Zeitlupe: lähmt, dramatisiert
- Zeitraffer: beschleunigt
- Einstellungslänge: wirkt beruhigend oder hektisch

Bildmontage, Bildschnitt und Sequenz

■ **Schnitt:** übergangsloses Aneinanderfügen zweier Einstellungen
harter Schnitt: mit krassem Bildwechsel
weicher Schnitt: kaum wahrnehmbar

■ **Blende:** weicher Übergang zwischen zwei Einstellungen, symbolisiert Zeitvergehen
Abblenden – Aufblenden: allmähliches Auftauchen oder Verschwinden einer Szene
Überblendung: verbindet zwei Einstellungen durch Doppelbelichtung von Bildern mit zwei verschiedenen Einstellungen
Trickblende: Verlaufen des Bildes u. Ä.

■ **Sequenzen:** größere Einheiten an Einstellungen, die zusammengeschnitten und verknüpft sind
chronologische Verknüpfung: das zeitliche Nacheinander der Handlungsabfolge wird eingehalten
achronologische Verknüpfung: Verwendung von Rückblenden, assoziativen Montagen von Einstellungen, die verschiedene Zeitebenen im Film darstellen, etc.

■ **Montage:** Verbindungen zwischen Einstellungen, Szenen und Sequenzen zu einem geschlossenen Film, schafft die inhaltliche und/oder zeitliche Kontinuität des Films
Parallelmontage: zwei oder mehrere Handlungen werden so aneinandergeschnitten, dass sie Gleichzeitigkeit suggerieren.
Assoziationsmontage: Bezeichnung für einen dialektischen Schnitt: zwei disparate Bilder erzeugen eine bestimmte Aussage
Cliptechnik: schneller, krasser Zusammenschnitt von Bildsequenzen und Einzelbildern, z. T. willkürlich, z. T. rhythmisiert zu Musik, zum Bewusstseinsstrom o. Ä.
Split Screen: geteilte Leinwand, zwei oder mehrere Handlungen werden gleichzeitig auf der Leinwand gezeigt (im Unterschied zur Parallelmontage)
Continuity System (auch: Hollywood-Stil): unsichtbare Schnitte und konventionalisierte Einstellungsfolge, die dem Zuschauer ein ungestörtes kontinuierliches Filmerlebnis verschaffen sollen
Jump cut: sprunghafter Schnitteffekt, der entsteht, wenn aus einer kontinuierlich aufgenommenen Einstellung Teile herausgeschnitten werden
Match cut: Einstellungsfolge, die zwei Bilder miteinander verbindet, in denen gleiche oder ähnliche Elemente vorhanden sind (Bewegungen, Formen)
Mindscreen: durch die Kombination von Bildaufbau und Erzählinhalt wird deutlich, dass die Bilder auf der Leinwand die Visualisierung des Bewusstseins einer Figur wiedergeben

VORSCHLÄGE FÜR FACHARBEITEN UND PROJEKTE

Europäische Liebesszenen – Von der Antike bis zur Moderne

Entwicklung eines Inszenierungskonzeptes für eine Schultheateraufführung von „Lysistrata" unter besonderer Berücksichtigung der Chöre

Die Rolle der Frau im Mittelalter im Spiegel mittelalterlicher Lyrik

Analyse der Rezeption von Shakespeares „Romeo und Julia" in den 90er Jahren am Beispiel der Verfilmung von Baz Luhrmann

„Alles nur geklaut?" – Ein Vergleich von William Shakespeares „Sommernachtstraum" und Andreas Gryphius' „Absurda Comica oder Herr Peter Squentz"

Der Tausch der Geschlechterrollen als zentrales Motiv in Marivaux' „Das Spiel von Liebe und Zufall" und Lessings „Minna von Barnhelm"

Der Amphitryon-Mythos bei Plautus, Moliere und Kleist

Aspekte der Literaturverfilmung im Nationalsozialismus am Beispiel von Reinhold Schünzel: „Amphitryon – Aus den Wolken kommt das Glück" (1935)

Eine Analyse der Rolle des Valerio in Georg Büchners „Leonce und Lena": Valerio als eine Figur der Commedia dell' Arte?

Entwurf eines Programmheftes für eine Schultheateraufführung von Georg Büchners „Leonce und Lena"

Eine Analyse der Sprach-, Situations- und Charakterkomik in Čechovs „Der Bär", „Die Hochzeit" oder „Der Heiratsantrag"

„Räuber und Bürger": Eine Analyse der Personalstruktur in Brechts „Dreigroschenoper" und der Oper „Aufstieg und Fall der Stadt Mahagonny"

Eine Untersuchung zu Kurt Weills Songs in Brechts „Aufstieg und Fall der Stadt Mahagonny": ihre Struktur und Funktion

Vorbereitung und Aufführung einer Szene oder Szenenfolge mit Exposé, Regiebuch, Videoaufzeichnung und anschließender Auswertung

Die Spielpläne bedeutender in- und ausländischer Theater: Recherche, Dokumentation und Interpretation

Wege in die Autonomic – Epochenumbruch 18./19. Jahrhundert

„Visionen" in Gedichten von der Aufklärung bis zum Vormärz

„Angriffswitz" in literarischen Kleinformen der Aufklärung (Fabel, Parabel, Aphorismus): Zusammenstellung einer Sammlung zum Thema und Begründung der getroffenen Auswahl

Ein Vergleich von Gotthold Ephraim Lessings „Nathan der Weise" mit der dritten Geschichte aus Giovanni Boccaccios „Il Decamerone"

Konfrontation einer modernen Leitfigur mit Leitfiguren des Sturm und Drang („Werther", Franz Moor", „Prometheus")

Literaturgeschichte konkret: Dokumentation zu ausgewählten Stationen im Leben J. W. v. Goethes

J. W. v. Goethes „Iphigenie auf Tauris": Ein beispielhafter Weg zur Humanität?

Frauen in Goethes Leben: Charlotte von Stein und Christiane Vulpius

Erarbeitung eines Sprechszenariums zum Thema „Der literarische Salon" mit Briefauszügen, Gedichten, philosophischen Texten und einem Nachwort

Die Verknüpfung von sozialem und literarischem Engagement bei Bettina von Arnim

Reisen als Motiv: Ein Vergleich von Joseph von Eichendorffs Roman „Aus dem Leben eines Taugenichts" und Stan Nadolnys Roman „Netzkarte"

„Mündig werden heißt missraten"? – Biografische Interpretation ausgewählter Texte von Annette von Droste-Hülshoff

Deutschlandbilder im Vergleich: A. H. Hoffmann von Fallerslebens „Das Lied der Deutschen" (1841) und H. Heines „Deutschland. Ein Wintermärchen" (1844)

Unter Zensur: Recherche, Dokumentation und Interpretation regionaler Flugschriften und politischer Lyrik des Vormärz

Literarisches Nachtcafe: Vorbereitung eines literarischen Projektes am eigenen Gymnasium

Das Janusgesicht der Moderne – Epochenumbruch 19./20. Jahrhundert

„Ambivalenz"- und „Umbruch"-Erfahrungen in der Literatur der Jahrhundertwende: Untersuchung an einem Textbeispiel

Dekadenz – „Fin de siècle" – Avantgarde – Moderne: Erfahrungen, Begriffe, Beispiele

„Kult der Zerstreuung": Kracauers Untersuchung und Irmgard Keuns Roman „Das kunstseidene Mädchen"

Montage als zentrales Gestaltungsmittel der Moderne in Film, Kunst und Literatur an ausgewählten Beispielen

Vergleich von Gedichten zum Motiv „Großstadt", „Krieg" oder „Apokalypse" in naturalistischer (z. B. A. Holz), impressionistischer (z. B. D. v. Liliencron), expressionistischer (z. B. G. Heym, G. Trakl) oder neusachlicher (z. B. K. Tucholsky, E. Kästner) Gestaltung

Erfahrungen von „Nihilismus", „Entfremdung" und „Sprachverlust" an ausgewählten Textausschnitten (z. B. bei F. Nietzsche, H. v. Hofmannsthal, F. Kafka, G. Benn, B. Brecht)

Die Widerspiegelung von Sigmund Freuds Theorie des Unbewussten in einem Werk der literarischen Moderne (z. B. A. Schnitzler, F. Kafka, F. Wedekind)

Der „Mythos Amerika" in Werken der literarischen Moderne (U. Sinclair, B. Brecht; F. Kafka)

Jugend im Umbruch – eine vergleichende Untersuchung an Texten der Moderne (z. B. T. Mann: Buddenbrooks; H. Mann: Professor Unrat; A. Schnitzler: Fräulein Else, Lieutnant Gustl; F. Wedekind: Frühlings Erwachen)

Eine Untersuchung zu Frauenbildern in Literatur und Malerei: Kindfrau – Vamp – „femme fatale" – Mutter

Eine Untersuchung des deutschen Films in den 20er Jahren (W. Ruttmann: Berlin. Die Sinfonie der Großstadt; R. Wiene: Das Cabinet des Dr. Caligari; F. Lang: Metropolis)

Theaterleben in Praxis und Theorie (z. B. Skandal um Gerhart Hauptmanns „Weber", um Arthur Schnitzlers „Reigen"; F. Mehrings „Freie Volksbühne")

Untersuchung von Erscheinungsweisen und Funktionen des Kabaretts in den 20er Jahren

Untersuchung einer satirischen Zeitschrift in den 20er Jahren (z. B. „Simplizissimus")

Frauen und Frauenbewegung (z. B. Gertrud Bäumer, Helene Lange, Alma Mahler-Werfel, Claire Goll, Marianne Weber, ...) in der Literatur

Widerspiegelung von Technikbegeisterung und Technikschock (z. B. Londoner Glaspalast, Pariser Eiffelturm, Untergang der Titanic) in der Literatur

Spiegelungen – Deutsche Literatur seit 1945

Ein Vergleich der Romane „Das siebte Kreuz" von Anna Seghers und „Exil" von Lion Feuchtwanger

Untersuchung der Erzählung „Der Ausflug der toten Mädchen" von Anna Seghers

Klaus Manns Roman „Mephisto" und seine Verfilmung

Ein Vergleich der Dramen „Die Illegalen" (Günther Weisenborn), „Draußen vor der Tür" (Wolfgang Borchert), „Des Teufels General" (Carl Zuckmayer) und „Mutter Courage und ihre Kinder" (Bertolt Brecht)

Garbe – ein „Held der Arbeit" und seine Darstellung im Roman von Eduard Claudius und in Heiner Müllers Drama „Der Lohndrücker"

Montagetechnik als Medium der Kritik in Wolfgang Koeppens Roman „Tauben im Gras"

Ein Vergleich der Frauenfiguren in Heinrich Bölls Romanen „Haus ohne Hüter", „Ansichten eines Clowns" und „Gruppenbild mit Dame"

Texte und Lieder Wolf Biermanns als Provokation und Skandal in Ost- und Westdeutschland

Christoph Heins Perspektive auf die DDR in den Romanen „Horns Ende" und „Von allem Anfang an"

Martin Walsers literarisches Projekt „Vergangenheit als Gegenwart“ und seine Realisierung in „Die Verteidigung der Kindheit“ und/oder „Ein springender Brunnen“
Verfassen von Buchkritiken zu Romanen oder Erzählungen von Zoë Jenny, Herta Müller, Judith Hermann oder anderen jüngeren Autorinnen und Autoren
Hans Magnus Enzensbergers Wandlungen: Ausgewählte Gedichte zwischen 1955 und 1995 im Vergleich

Christa Wolf – Eine Schriftstellerin in ihrer Zeit

„Mutmassungen über Jakob“ und „Der geteilte Himmel“: Ein Vergleich zwischen den Romanen von Uwe Johnson und Christa Wolf
Karoline von Günderode und Heinrich von Kleist: ihre Biografie und ihre Darstellung bei Christa Wolf im Vergleich
Christa Wolfs „Kassandra“ und Stefan Heyms „Der König David Bericht“: Die Darstellung und Kommentierung politischer Verhältnisse in der DDR-Literatur
Das Motiv der Erinnerung in dem Roman „Kindheitsmuster“ von Christa Wolf
Die Darstellung von männlichem und weiblichem Prinzip in „Kassandra“ und „Medea“
Der Reaktor-Unfall von Tschernobyl und seine Darstellung in Christa Wolfs Erzählung „Störfall“
Der Roman „Medea“: Die Umdeutung einer mythologischen Figur an zentralen Motiven
Der „Medea“-Stoff: ein Vergleich zwischen der Gestaltung bei Christa Wolf und einem anderen Autor (Euripides, Grillparzer, Anouilh, ...)

Sprache und Beeinflussung

Analyse der Wahlkampagne von CDU oder SPD aus dem letzten Bundestagswahlkampf
Analyse und Diskussion der Werbekampagne für einen aktuellen Bestseller-Roman
Untersuchung von Formen der Beeinflussung in zwei aktuellen Lifeststyle-Magazinen für Männer und Frauen
Vergleich der Antrittsreden der Bundespräsidenten Gustav Heinemann und Johannes Rau
Vergleich der Reden von Bundespräsident Richard von Weizäcker am 8. Mai 1985 und Bundestagspräsident Philipp Jenninger am 9. November 1988
Vorbereitung einer Rede zur Jugendpolitik auf der Grundlage einer aktuellen Shell-Studie oder des aktuellen Bundestagsberichtes zur Lage der Jugend
Werbung im Internet und das Phänomen der Globalisierung

Sprache und ihre Funktionen

Die Zeichenmodelle von Karl Bühler und Ferdinand de Saussure – ein Vergleich
Das Organonmodell der Sprache – ein Zeichen- oder ein Kommunikationsmodell?
Die Sprache des Menschen und die Sprachen der Tiere – eine Untersuchung von Gemeinsamkeiten und Unterschieden
Kleists These von der allmählichen Verfertigung der Gedanken beim Reden an einem Bespiel überprüfen
Vergleich verschiedener Theorien über Spracherwerb beim Kind (Karl Bühler, Sigmund Freud, ...)
Sprache ohne Laute: die Zeichensprache(n) der Taubstummen
Kommunikationskonflikte: Dokumentation und Analyse eines Einzelfalles
Mit Sprache spielen: Analyse der Möglichkeiten, Ironie auszudrücken und zu verstehen
Mit Sprache verletzen – Beschreibung und Analyse eines Einzelfalles
Mit Sprache täuschen – eine Analyse von Beispielen aus der Werbesprache und der Sprache der Politiker

Vielfalt der Sprache(n)

Vergleich der Sprachursprungstheorie Johann Gottfried Herders und Valentin Braitenbergs
Der Mythos vom Turmbau zu Babel und seine Widerspiegelung in literarischen Werken der Neuzeit
Deutsch als europäische Wissenschaftssprache im 19. und 20. Jahrhundert – ein Vergleich
Recherche und Analyse der Ursachen für das Verschwinden von Sprachen
Untersuchung einer vom Aussterben bedrohten Sprache: ihre Geschichte, ihre heutigen Sprecher
Recherche und Diskussion der aktuellen Verbreitung der englischen Sprache in der Welt
Englisch, die Sprache des Internet – Kritische Analyse der Pro und Kontra-Argumente
Denglisch: Analyse und Diskussion von Anglizismen in der deutschen Sprache
Fremdsprachenkenntnisse in Deutschland und den Niederlanden – ein Vergleich
Sprachenbiografien individuell: Dokumentation der Erfahrungen von Mitschülern, Bekannten, Freunden, deren Muttersprache nicht Deutsch ist

Medien: Erfahrungen und Reflexionen

Untersuchung der Lese- und Medienkonsumgewohnheiten der eigenen Mitschülerinnen und Mitschüler
Recherche, Dokumentation und Interpretation aktueller Statistiken zum Thema „Medienkonsum“
Produktion einer eigenen Talkshow (mit Expose, Casting, Videoaufnahme und redaktioneller Auswertung)
Analyse einer Daily Soap und Exposé für eine zukünftige Folge
Vergleich privater und öffentlich-rechtlicher Nachrichtensendungen
Der aktuelle Stand der Debatte um die Aufgabenteilung zwischen öffentlich-rechtlichem und privatem Fernsehen
Entwicklung eines Drehbuchs zu einer eigenen Filmidee: Exposé, Treatment, Storyboard, Drehbuchtext (-ausschnitt)

„Der Name der Rose“ – Literaturverfilmung

Umberto Ecos „Der Name der Rose“: Vergleich zwischen Buchtext und Verfilmung auf der Basis einer Sequenzanalyse
Robert Schneiders „Schlafes Bruder“: Sequenzanalyse und Vergleich mit dem Buchtext
Untersuchung verschiedener Rezensionen zu einem aktuellen Film und Konfrontation mit einer eigenen Filmdeutung
Der Film „Casablanca“ als Hintergrund für Peter Härtlings Roman „Hubert oder die Rückkehr nach Casablanca“
Die Interpretation des Romans „Der Untertan“ von Heinrich Mann durch Wolfgang Staudtes Verfilmung von 1951
Entwurf eines „Drehbuchs“ zu einem Ausschnitt aus Bernhard Schlinks Roman „Der Vorleser“
Vergleich zwischen einem Ausschnitt aus dem Roman „Jahrestage“ von Uwe Johnson und der Verfilmung aus dem Jahr 2000 (Regie: Margarethe von Trotta)

HINWEISE ZUM INFORMIEREN UND RECHERCHIEREN in der Bibliothek und im Internet

Sachwörterbücher zur Literaturwissenschaft

- Kwiatkowski, Gerhard: Schüler-Duden. Die Literatur. Mannheim/Wien/Zürich: Bibliografisches Institut, 1980.
- Literaturlexikon. Daten, Fakten und Zusammenhänge. Hrsg. v. Wieland Zirbs. Berlin: Cornelsen; Scriptor, 1998.
- Meid, Volker: Sachwörterbuch zur deutschen Literatur. Stuttgart: Reclam, 1999.
- Wilpert, Gero von: Sachwörterbuch der Literatur. Stuttgart: Kröner, 1989.

Autoren- und Werklexika

- Brinker-Gabler, Gisela; Ludwig, Carola; Wöffen, Angela: Lexikon deutschsprachiger Schriftstellerinnen von 1800 bis 1945. München: dtv, 1986.
- Killy, Walther: Literaturlexikon. Autoren und Werke in deutscher Sprache. Gütersloh: Bertelsmann. (auch auf CD-ROM von Directmedia)
- Kindlers Neues Literaturlexikon. Hrsg. v. Walter Jens. München: Kindler, 1999. (auch auf CD-ROM)
- Kritisches Lexikon zur deutschsprachigen Gegenwartsliteratur (KLG). Hrsg. v. Heinz Ludwig Arnold. München: edition text + kritik. (auch auf CD-ROM)
- Reclams Romanlexikon: Deutschsprachige erzählende Literatur vom Mittelalter bis zur Gegenwart. Hrsg. v. Frank R. Max u. Christine Ruhrberg. Durchges. u. erw. Ausgabe. Stuttgart: Reclam, 2000.
- Wetzel, Christoph: Lexikon der Autoren und Werke. Stuttgart: Klett 1986.

Lexika und Wörterbücher zur Sprachwissenschaft

- Crystal, David: Die Cambridge-Enzyklopädie der Sprache. Aus dem Engl. v. S. Röhrich u. a., Frankfurt/New York: Campus, 1995.
- Homberger, Dietrich: Sachwörterbuch zur Sprachwissenschaft. Stuttgart: Reclam, 2000.
- Kluge, Friedrich: Etymologisches Wörterbuch der deutschen Sprache. Bearb. v. Elmar Seebold. Berlin: de Gruyter, 1999.
- Küpper, Heinz: Wörterbuch der deutschen Umgangssprache. Stuttgart: Klett, 1993.
- Metzler Lexikon Sprache. Hrsg. v. Helmut Glück. Stuttgart u. a.: Metzler, 2000.

Literaturgeschichten

- Die deutsche Literatur in Text und Darstellung. 17 Bände. Hrsg. v. Otto F. Best u. Hans-Jürgen Schmitt. Ditzingen: Reclam 2000. (Insbesondere Bde. 16/17: Gegenwart I/II, hrsg. von G. R. Kaiser)
- Emmerich, Wolfgang: Kleine Literaturgeschichte der DDR. Erweiterte Neuausgabe. Leipzig: Gustav Kiepenheuer 1996.
- Frauen Literatur Geschichte. Schreibende Frauen vom Mittelalter bis zur Gegenwart. Hrsg. v. H. Gnüg u. R. Möhrmann. Stuttgart: Metzler, 1999.
- Geschichte der deutschen Literatur. Hrsg. v. Joachim Bark, Dietrich Steinbach, Hildegard Wittenberg. 6 Bände. Stuttgart: Klett, 1985.
- Geschichte der deutschen Literatur von 1945 bis zur Gegenwart. Hrsg. von Wilfried Barner. München: Beck 1994.
- Geschichte der deutschen Lyrik in Beispielen. Vom Mittelalter bis zum Zweiten Weltkrieg. Hrsg. v. Dietmar Jaegle. Stuttgart: Reclam, 1996. (CD-ROM)
- Schnell, Ralf: Geschichte der deutschsprachigen Literatur seit 1945. Stuttgart: Metzler 1995.
- Baasner, Rainer und Reichard, Georg: Epochen der deutschen Literatur. Sturm und Drang. Klassik. Ein Hypertext-Informationssystem. Stuttgart: Reclam, 1999. (nur auf CD-ROM)

Einführungen in die Literaturwissenschaft

- Arbeitsbuch: Literaturwissenschaft. Hrsg. von Thomas Eicher und Volker Wiemann. Paderborn u. a.: Schöningh, 1996.
- Grundzüge der Literaturwissenschaft. Hrsg. von Heinz Ludwig Arnold und Heinrich Detering. München: dtv, 1996.
- Literaturwissenschaft: Ein Grundkurs. Hrsg. v. Helmut Brackert u. Jörn Stückrath. 5. Auflage. Reinbek: Rowohlt, 1997.
- Vogt, Jochen: Einladung zur Literaturwissenschaft. München: Fink, 1999.
  (mit Internet-Begleitung: http://www.uni-essen.de/literaturwissenschaft-aktiv/einladung.htm)

Einführungen in die Literaturtheorie

- Eagelton, Terry: Einführung in die Literaturtheorie. 5. Auflage. Stuttgart/Weimar: Metzler 1996.
- Schlüsseltexte zur neuen Lesepraxis. Hrsg. von J. Bark u. J. Förster. Stuttgart: Klett, 2000.
- Texte zur Literaturtheorie der Gegenwart: Hrsg. u. kommentiert v. Dorothee Kimmich, Rolf G. Renner u. Bernd Stiegler. Stuttgart: Reclam, 1996.

Interpretationshilfen

- edition text + kritik. Zeitschrift für Literatur. Hrsg. v. Heinz Ludwig Arnold.
  (auch im Internet: http://www.etk-muenchen.de)

- Fundbuch der Gedichtinterpretationen. Hrsg. v. Wulf Segebrecht. Paderborn: Schöningh, 1997.
- Reihe Erläuterungen und Dokumente. Stuttgart: Reclam.
- Reihe Klett Lektürehilfen. Stuttgart.
- Reihe Oldenbourg Interpretationen. München.
- Schlepper, Reinhard: Was ist wo interpretiert? Paderborn: Schöningh, 1992.

Zeitung und Film

- Geschichte des deutschen Films. Hrsg. v. W. Jacobsen u. a., in Zusammenarbeit mit der Stiftung Deutsche Kinemathek. Stuttgart: Metzler, 1993.
- Hickethier, Knut: Geschichte des deutschen Fernsehens. Stuttgart: Metzler, 1998.
- Medienkundliches Handbuch. Die Zeitung. Hrsg. v. Eva und Peter Brand, Volker Schulze. Aachen: Hahner, 1997.
- Monaco, James: Film verstehen. Kunst, Technik, Sprache, Geschichte und Theorie des Films und der Neuen Medien. Reinbek: Rowohlt, 2000.
- Reclams Filmführer: Von Dieter Krusche u.a. 11., neubearb. Auflage. Stuttgart: Reclam 2000.

Arbeitstechniken und -methoden

- Gora, Stephan: Schule der Rhetorik. Leipzig: Klett 2001.
- Klösel, Horst; Lüthen, Reinhold: Planen. Schreiben. Präsentieren Facharbeit. Leipzig: Klett 2000.
- Theisen, M. R.: ABC des wissenschaftlichen Arbeitens. München: Beck/dtv 1993.

Orientierungshilfen in der Germanistik

Inzwischen bieten sehr viele Einrichtungen Informationen aus Bereichen der Germanistik, der Sprach- und Literaturwissenschaft sowie angrenzenden Bereichen an. Eine gute erste Orientierung bieten:

- Germanistische Webressourcen: http://www.cwru.edu/artsci/modlang/Lab/german.html
- Universität Essen LINSE (Linguistik-Server): http://www.linse.uni-essen.de
- Institut für Deutsche Sprache, Mannheim: http://www.ids-mannheim.de

Texte im Internet

Es gibt mittlerweile eine große Zahl von Sachtexten und literarischen Texten im Internet, die man sich kostenlos auf den eigenen Computer laden kann. Hier eine Auswahl:

- Projekt Gutenberg-DE. Texte in deutscher Sprache von mehr als 200 Klassikern: http://www.gutenberg.aol.de
- Umfangreiche Textsammlungen im Internet, aber auch auf CD-ROM bietet die Reihe „Digitale Bibliothek" von Directmedia Publishing an:
  → Deutsche Literatur von Lessing bis Kafka. Berlin, CD-ROM, 1997.
  → Klassische Werke der deutschen Literatur. Berlin, CD-ROM, 1998.
  http://www.digitale-bibliothek.de
- Besonders ältere Texte findet man unter: Deutsches Wörterbuch von Jacob und Wilhelm Grimm – Arbeitsstelle Göttingen. Auszüge aus dem Thesaurus für die Erstellung des Wörterbuchs: http://www.webdoc.sub.gwdg.de/ebook/adw/-dw/inhalt.html
- Weitere Texte findet man u.a. unter: http://www.rz.uni-duesseldorf.de/WWW/ulb/etexte.html
  http://www.lib.virginia.edu/wess/germtext.html
- Eine regelmäßig im Internet erscheinende Fachzeitschrift für Sprach-, Literatur- und Kulturwissenschaft finden sie unter: http://www.fu-berlin.de/phin

Bibliografien im Internet

Der Katalog der Universitätsbibliothek Karlsruhe bietet Zugriff auf andere deutsch- und fremdsprachige Bibliothekskataloge und Buchhandelsverzeichnisse: http://www.ubka.uni-karlsruhe.de/kvk.html

Die Kataloge der deutschen Nationalbibliothek sowie weiterer Bibliotheksverbände erreichen Sie über: http://z3950gw.dbf.ddb.de

Schulbezogene Internetangebote:

- Zentrale für Unterrichtsmedien im Internet e.V.: http://www.zum.de
- Deutscher Bildungsserver: http://www.dbs.schule.de
- Schulen ans Netz: http://www.san-ev.de

Literaturkritik im Internet

Einen täglich erneuerten Überblick über Rezensionen aktueller Neuerscheinungen finden Sie unter: http://www.perlentaucher.de

Ausführliche Rezensionen bieten u.a.:
http://www.literaturen-online.de
http://www.literaturkritik.de

Eine regelmäßige erneuerte Link-Liste finden Sie unter
http://klett-verlag.de/facetten

TEXTSORTENVERZEICHNIS

Erzählende Texte

Romanauszüge

Auszüge aus Erzählungen, Novellen usw.

Kurze erzählende Texte, Parabeln

Interviews/Diskussionen

Lexikoneinträge

Philosophische Texte

Poetologische Texte

AUTOREN- UND QUELLENVERZEICHNIS

Adameck, Heinz (*21.12.1921)
Diskussionsbeitrag auf der 10. Tagung des ZK 1969 ***384***
Aus: Angela Drescher: Dokumentation zu Christa T. Frankf./M.: Luchterhand 1992, S. 89 f.

Aist, Dietmar von
Släfest du, vriedel ziere? ***242***
Schläfst du noch, mein schöner Geliebter?
Aus: Deutsche Gedichte des Mittelalters. Ausgew., übers. und erl. von Ulrich Müller in Zusammenarbeit mit Gerlinde Weiss. Stuttgart: Reclam 1993, S. 78 f.

Alighieri, Dante (Mai 1265–14.9.1321)
Die göttliche Komödie ***11***
Aus: D. Alighieri: Die göttliche Komödie. Stuttgart 1972.

Allende, Isabel (*2.8.1942)
Das Geisterhaus ***208***
Aus: I. Allende: Das Geisterhaus. Aus dem Spanischen von Anneliese Botond. Frankf./M.: Suhrkamp 1984, S. 15–21.

Annaud, Jean-Jacques (*1.10.1943)
*Umsetzungsprobleme** ***530***
Aus: Hans D. Baumann/Arman Sahihi: Der Film: Der Name der Rose. Weinheim: Beltz 1986, S. 10 u. 18.

Arendt, Hannah (14.10.1906–4.12.1975)
Was bleibt? Es bleibt die Muttersprache ***493***
Aus: H. Arendt: Was bleibt? Es bleibt die Muttersprache. In: Günter Gaus: Zur Person. Porträts in Frage und Antwort. München: Feder 1964, S. 24.

Aristophanes (445–385 v. Chr.)
Lysistrata ***238***
Aus: Aristophanes: Übersetzt von Ludwig Seeger. Stuttgart: Reclam 1982.

Aristoteles (384–322 v. Chr.)
Desgleichen ist das Verhältnis ... ***240***
Aus: Aristoteles: Politik. Übers. und bearb. von Olof Gigon. München: dtv 1973.
Poetik (Auszug) ***420***
Aus: Aristoteles: Poetik. Deutsch von Olof Gigon. Stuttgart: Reclam 1969, S. 33, 43 f.

Artmann, Hans C. (12.6.1921–5.12.2000)
??? [Abenteuer eines Weichenstellers] ***100***
Aus: H. C. Artmann: Der handkolorierte Menschenfresser. Ausgewählte Prosa. Hrsg. von Rainer Fischer. Berlin: Volk und Welt 1984, S. 244–245. © Suhrkamp Verlag Frankfurt/M.

Ausländer, Rose (11.5.1907–3.1.1988)
Alles kann Motiv sein ***68***
Aus: Richard Salis: Motive. Deutsche Autoren zur Frage: Warum schreiben Sie? Tübingen: Erdmann 1971, S. 28 f.
Wann ziehn wir ein ***68***
Aus: R. Ausländer: Hügel aus Äther unwiderruflich. Gedichte und Prosa 1966–1975. Frankf./M.: S. Fischer 1984, S. 59. © Hoffmann & Campe Verlag Hamburg 1967.
Nachtzauber ***85***
Aus: R. Ausländer: Regenwörter. Gedichte. Hrsg. von Helmut Braun. Stuttgart: Reclam 1994, S. 58.

Bachmann, Ingeborg (25.6.1926–17.10.1973)
Die große Fracht ***79***
Aus: I. Bachmann: Werke. Gedichte, Hörspiele, Libretti, Übersetzungen. Bd. 1. Hrsg. von Christine Koschel. München: Piper 1982, S. 34.
Undine geht ***361***
Aus: I. Bachmann: Werke. Bd. 2. 4. Aufl. München: Reclam 1993, S. 253 ff.

Barin, Ertunç (*6.1.1951)
Der Aufsatz oder Geständnisse eines „Gastarbeiter"-Kindes ***496***
Aus: Irmgard Ackermann: In zwei Sprachen leben. München: dtv 1983, S. 127.

Barner, Wilfried
Mit Koeppens Tauben im Gras ... ***358***
Aus: Geschichte der deutschen Literatur von 1945 bis zur Gegenwart. München: Beck 1994.

Baumann, Hans D./Sahihi, Arman
Buch und Film – die zwei Codes ***531***
Aus: Hans D. Baumann/Arman Sahihi: Der Film: Der Name der Rose.Weinheim: Beltz 1986, S. 38 ff.

Bechtolf, Sven-Eric/Wiens, Wolfgang (*3.4.1941)
Romeo und Julia (Übersetzung) ***246***
→ Shakespeare

Becker, Jürgen (*10.7.1932)
Naturgedicht ***71***
Aus: J. Becker: Das Ende der Landschaftsmalerei. Gedichte. Frankf./M.: Suhrkamp 1981, S. 62.

Ben Jelloun, Tahar (*1944)
Die Nacht der Unschuld ***211***
Aus: T. Ben Jelloun: Die Nacht der Unschuld. Aus dem Französischen von Eva Moldenhauer. Reinbek: Rowohlt 1991.

Benn, Gottfried (2.5.1886–7.7.1956)
Verlorenes Ich ***330***
Ein Wort ***337***
Aus: G. Benn: Statische Gedichte. © 1948, 2000 by Arche Verlag AG, Zürich-Hamburg.
Können Dichter die Welt ändern? ***426***
Aus: G. Benn: Gesammelte Werke in vier Bänden. Hrsg. von Dieter Wellershoff. Bd. 4: Autobiographische und vermischte Schriften. Stuttgart: Klett-Cotta 1961. 7. Aufl. 1992, S. 213–216.

Bente, Gary (*27.10.1951)**/Fromm, Bettina** (*19.8.1964)
Affektfernsehen ***508***
Aus: G. Bente/B. Fromm: Affektfernsehen. Opladen: Leske 1997, S. 20.

Bernhard, Thomas (9./10.2.1931–12.2.1989)
Die Auslöschung ***365***
Aus: T. Bernhard: Auslöschung. Ein Zerfall. Frankf./M.: Suhrkamp 1986, S. 92 ff.

Berr, Marie-Anne
Bild-Folgen. Der geschulte Blick und die Fata Morgana der Sinnlichkeit ***514***
Aus: Bild-Folgen. Der geschulte Blick und die Fata Morgana der Sinnlichkeit. In: Bildschirm. Faszination und Information. Hrsg. von Gunter Otto. Jahresheft III. 1985, Seelze: Friedrich, S. 24 ff.

Biagioli, Mario (*1955)
Galilei der Höfling ***202***
Aus: M. Biagioli: Galilei der Höfling. Entdeckungen und Etikette. Vom Aufstieg der neuen Wissenschaft. Aus dem Amerikanischen von Michael Bischoff. Frankf./M.: Fischer 1999, S. 48 f.

Biermann, Wolf (*15.11.1936)
Kleinstadtsonntag ***129***
Aus: W. Biermann: Nachlass 1. Köln: Kiepenheuer & Witsch 1977, S. 36.

Blüm, Norbert (*21.7.1935)
Mobilzeit – Vorteile für Betriebe und Arbeitnehmer ***147***
Aus: mobilzeit. Hrsg. vom Bundesministerium für Arbeit. Bonn: 1998, S. 2 f.

Boal, Augusto (*1931)
Theater der Unterdrückten ***425***
Aus: A. Boal: Theater der Unterdrückten. Deutsch von Marina Spinu und Henry Thorau. Frankf./M.: Suhrkamp 1979.

Bobrowski, Johannes (9.4.1917–2.9.1965)
Der Wanderer ***74***
Aus: J. Bobrowski: Gedichte. Leipzig: Reclam 1990, S. 70.
Interieur ***475***
Aus: J. Bobrowski: Gesammelte Werke. Bd. 4. Die Erzählungen. Vermischte Prosa und Selbstzeugnisse. Stuttgart: DVA 1987, S. 140.

Bode, Sabine (*12.5.1947)
Outen bis zum Umfallen. Hörfeature zu Talkshows ***506, 508***
Aus: S. Bode: Outen bis zum Umfallen. Hörfeature zu Talkshows, Mskr. WDR 3, 8.6.1997.

Böll, Heinrich (21.12.1917–16.7.1985)
Die Politiker sollten sich nicht grämen, ... ***359***
Aus: H. Böll: Frankfurter Vorlesungen. Köln: Kiepenheuer & Witsch 1966, S. 57.
Ansichten eines Clowns (Auszug) ***366***
Aus: H. Böll: Ansichten eines Clowns. Köln: Kiepenheuer & Witsch 1963, S. 69 ff.

Borchert, Wolfgang (20.5.1921–20.11.1947)
Draußen vor der Tür ***345***

DeLillo, Don (*1936)
Unterwelt ***213***
Aus: D. DeLillo: Unterwelt. Aus dem Amerikanischen von Frank Heibert. Köln: Kiepenheuer & Witsch 1998, S. 11–15.

Delius, Friedrich Christian (*13.2.1943)
An euch wird gedacht ***42***
Aus: F. C. Delius: Selbstporträt mit Luftbrücke. Ausgewählte Gedichte 1962–1992. Reinbek: Rowohlt 1993, S. 87.
*Der Film im Kopf** ***500***
Aus: F. C. Delius: Amerikahaus und der Tanz um die Frauen. Reinbek: Rowohlt 1997, S. 79 ff.

deMoor, Margriet (*1941)
Bevorzugte Landschaft ***226***
Aus: M. de Moor: Doppelporträt. Drei Novellen. München: dtv 1994, S. 141 ff.

Dieterich, Veit-Jakobus
Hermeneutik ***403***
Aus: V.-J. Dieterich: Glaube und Naturwissenschaft. Stuttgart: Calwer 1996, S. 55.

Diosdado, Ana (*1938)
Die Achtzigerjahre gehören uns ***264***

Döblin, Alfred (10.8.1878–28.6.1957)
Berlin Alexanderplatz ***309***
Aus: A. Döblin: Berlin Alexanderplatz. Die Geschichte vom Franz Biberkopf. München: dtv 1970, S. 105 f.

Droste-Hülshoff, Annette von (10.1.1797–24.5.1848)
Am Turme ***275***
Aus: A. Droste-Hülshoff: Sämtliche Werke. Hrsg. von Clemens Heselhaus. München: Hanser 1955.

Duras, Marguerite (1914–1996)
Der Liebhaber ***216***
Aus: M. Duras: Der Liebhaber. Aus dem Französischen von Ilma Rakusa. Frankf./M.: Suhrkamp 1985, S. 59–63.

Dürrenmatt, Friedrich (5.1.1921–14.12.1990)
Über Tragödie und Komödie ***424***
Aus: F. Dürrenmatt: Theaterprobleme. In: Theater, Essays und Reden. Zürich: Arche 1955. © Diogenes Verlag AG Zürich

Eco, Umberto (*5.1.1932)
Der Name der Rose ***22***
Aus U. Eco: Der Name der Rose. Aus dem Italienischen von Burkhart Kroeber. München: Hanser 1982, S. 602, 604, 609 f.
Es war ein klarer … ***89***
Aus: Ebenda, S. 27.
Wer erzählen will … ***90***
Aus: U. Eco: Nachschrift zum Namen der Rose. München: Hanser 1984, S. 11 f., 31–34.
*Textintention** ***404***
Aus: U. Eco: Zwischen Autor und Leser. Aus dem Englischen von Hans Günter Holl. München: dtv 1996, S. 71–74.
*Vom Nutzen des Mobiltelefons** ***504***
Aus: U. Eco: Wie man mit einem Lachs verreist … Aus dem Italienischen von Günter Memmert. München: Hanser 1993, S. 169.
Der Name der Rose ***523***
Aus: Der Name der Rose. München: Hanser 1982, S. 384–386, 419–422.

Eich, Günter (1.2.1907–20.12.1972)
Der große Lübbe-See ***78***
Trigonometrische Punkte ***78***
Vorsicht ***87***
Inventur ***345***
Aus: G. Eich: Gesammelte Werke in vier Bänden. Bd.1. Die Gedichte. Hrsg. von Axel Vieregg. Frankf./M.: Suhrkamp 1973, S. 35, 84, 166, 173.
Thesen zur Lyrik ***413***
Aus: Ludwig Völker: Lyriktheorie. Stuttgart: Reclam 1990, S. 416 f.

Eichendorff, Joseph von (10.3.1788–26.11.1857)
Der Abend ***74***
Wünschelrute ***336***
Aus: J. v. Eichendorff: Werke und Schriften. Bd.1. Gedichte, Epen, Dramen. Hrsg. von Gerhard Baumann. Stuttgart: Cotta 1953.
Sehnsucht ***271***
Aus: J. v. Eichendorff: Werke in einem Band. Hrsg. von Wolfdietrich Rasch. München: Hanser 1955.

Elias, Norbert (1897–1.8.1990)
Über die Zeit ***137***
*Zeittheorien** ***142***
*Galileis Experiment** ***146***
Aus: N. Elias: Über die Zeit. Aus dem Englischen von Holger Fliessbach. Frankf./M.: Suhrkamp 1988, VII–X, X–XII, S. 83 ff.

Ensikat, Fred
Sprichwörter ***478***

Enzensberger, Hans Magnus (*11.11.1929)
Die Behauptung … ***67***
Aus: H. M. Enzensberger: Meldungen vom lyrischen Betrieb. In: Frankfurter Allgemeine Zeitung vom 23.3.1989.
Freizeit ***359***
Aus: H. M. Enzensberger: Gedichte 1950–1995. Frankf./M.: Suhrkamp 1996, S. 43.
Weitere Gründe dafür, daß die Dichter lügen ***362***
Aus: H. M. Enzensberger: Gedichte 1950–1985. Frankf./M.: Suhrkamp 1986, S. 120.
Scherenschleifer und Poeten ***412***
Aus: Ludwig Völker: Lyriktheorie. Stuttgart: Reclam 1990, S. 393–395.
Die Große Wanderung ***494***
Aus: H. M. Enzensberger: Die Große Wanderung. Dreiunddreißig Markierungen. Frankf./M.: Suhrkamp 1994, S. 9–11.
Altes Medium ***499***
Aus: H. M. Enzensberger: Kiosk. Frankf./M.: Suhrkamp 1997, S. 96 f.
Das digitale Evangelium ***512***
Aus: Der Spiegel 2/2000 vom 10.1.2000. Hamburg: Verlag der Spiegel, S. 92 ff.

Estran-Goecke, Chantal (*1956)
Aphasie ***498***
Aus: Irmgard Ackermann: In zwei Sprachen leben. Berichte, Erzählungen, Gedichte von Ausländern. München: dtv 1983, S. 80.

Euripides (485/484 o. 480– 407/406 v. Chr.)
Medea ***393***
Aus: Euripides: Medea. Übers. von Ernst Buschor: München: Beck 1952.

Fassbinder, Rainer Werner (31.5.1945–10.6.1982)
Literatur und Leben ***530***
In: Die Zeit Nr. 26/1982. Hamburg: Zeitverlag Bucerius.

Fallada, Hans (21.7.1893–5.2.1947)
Kleiner Mann, was nun? ***47***
Aus: H. Fallada: Kleiner Mann, was nun? Berlin: Rowohlt 1932, S. 143–146.

Farah, Nuruddin (*1945)
Geheimnisse ***217***
Aus: N. Farah: Geheimnisse. Aus dem Englischen von Eike Schönfeld. Frankf./M.: Suhrkamp 2000, S. 126–131.

Finkenstaedt, Thomas/Schröder, Konrad
*Sprachenvielfalt: Vergangenheit – Gegenwart – Zukunft** ***484***
Aus: T. Finkensteadt/K. Schröder: Sprachen im Europa von morgen. München: Langenscheidt 1992, S. 13–17.

Fontane, Theodor (30.12.1819–20.9.1898)
Kritik zu „Die Weber“ ***319***
Aus: „Litterarisches Echo“ vom 15.10.1898. In: Peter-Paul Schneider: Literatur im Industriezeitalter. Bd. 1. Marbach a. Neckar: Deutsche Schillergesellschaft 1987, S. 140.
Was soll ein Roman? ***415***
Aus: Fritz Warenburg und Hartmut Steinicke (Hrsg.): Romantheorie. Texte vom Barock bis zur Gegenwart. Stuttgart: Reclam 1999, S. 375 f.

Fraser, Julius T.
Die Zeit (Covertext) ***133***
Die Zeit ***139***
Aus: J. T. Fraser: Die Zeit. Deutsch von Anita Ehlers. München: dtv 1993, S. 236 ff.

Freud, Sigmund (6.5.1856–23.9.1939)
*Die Entdeckung des Unbewussten** ***335***
Aus: S. Freud: Vorlesungen zur Einführung in die Psychoanalyse 1915–1917. Frankf./M.: Fischer 1977, S. 226.
Trieblehre ***335***
Aus: S. Freud: Abriss der Psychoanalyse. Frankfurt a.M.: S. Fischer 1972, S. 12.

Fried, Erich (6.5.1921–22.11.1988)
Die Furt ***42***
Aus: E. Fried: Warngedichte. Frankfurt a.M.: Fischer 1992, S. 30.
Romeo und Julia (Übersetzung) ***245***
→ Shakespeare

Frisch, Max (15.5.1911–4.4.1991)
Beim Lesen ***417***

Aus: M. Frisch: Tagebuch 1946–1949. Berlin: Volk und Welt 1987, S. 212–213. © Suhrkamp Verlag Frankf./M. 1950.

Galilei, Galileo (15.2.1564–8.1.1642)
Ich Galileo ***188***
Aus: Ludwig Bieberbach: Galilei und die Inquisition. München: Arbeitsgemeinschaft für Zeitgeschichte 1938, S. 108.

García Márquez, Gabriel (*1928)
Ein sehr alter Herr mit riesengroßen Flügeln ***94***
Aus: G. García Márquez: Die unglaubliche und traurige Geschichte von der einfältigen Eréndira und ihrer herzlosen Großmutter. Deutsch von Curt Meyer Clason. München: dtv 1988, S. 7–8.
Chronik eines angekündigten Todes ***219***
Aus: G. García Márquez: Chronik eines angekündigten Todes. Deutsch von Curt Meyer-Clason. München: dtv 1995, S. 7–10.

Gendolla, Peter
Die Einrichtung der Zeit ***150***
Aus: Christian W. Thomsen/Hans Holländer: Augenblick und Zeitpunkt. Studien zur Zeitstruktur und Zeitmetaphorik in Kunst und Wissenschaft. Darmstadt: Wissenschaftliche Buchgesellschaft 1984, S. 47 ff.

Gipper, Helmut (19.8.1919)
*Denken ohne Sprache?** ***469***
Aus: H. Gipper: Denken ohne Sprache? Düsseldorf: Schwann 1971, S. 18 f.

Goebbels, Joseph (29.10.1897–1.5.1945)
Rede in den Berliner Tennishallen am 31.3.1933 ***440***
Aus: Westdeutscher Beobachter vom 1.4.1933.

Goethe, Johann Wolfgang von (28.8.1749–22.3.1832)
Nähe des Geliebten ***70***
Meeresstille ***71***
Glückliche Fahrt ***71***
Mächtiges Überraschen ***75***
Ein Gleiches ***86***
Aus: J. W. v. Goethe: Werke. Bd.1. Gedichte und Epen. Hrsg. v. Erich Trunz. Hamburger Ausgabe: Wegner 1960.
Ich sehe immer mehr, … ***207***
Aus: J. W. v. Goethe: Gedenkausgabe der Werke, Briefe und Lyrik. Bd. 24. Hrsg. von Ernst Beutler. Zürich: Artemis 1948, S. 228 f.
Faust. Der Tragödie Erster Teil ***252***
Aus: J. W. v. Goethe: Werke. Faust I und II. Hrsg. von Albrecht Schöne und Waltraud Wiethölter. Darmstadt: Wissenschafliche Buchgesellschaft 1998, S. 122–127.
Maifest ***269***
Es schlug mein Herz ***269***
Prometheus ***280***
Aus: J. W. v. Goethe: Werke. Bd.1. Hrsg. v. Erich Trunz. Hamburger Ausgabe: Wegner 1948, S. 44–46.
Früh, wenn Tal, Gebirg und Garten ***270***
Dornburger Tagebücher ***270***
Aus: Walther Killy: Wandlungen des lyrischen Bildes. Göttingen: Vandenhoeck & Ruprecht 1958, S. 11 ff.
Die Leiden des jungen Werther ***272***
Aus: J. W. v. Goethe: Werke. Bd. 6. Hrsg. von Erich Trunz. Hamburger Ausgabe.
Venetianische Epigramme ***287***
Aus: J. W. v. Goethe: Werke. Bd. 1 Hamburger Ausgabe.
Wilhelm Meisters Lehrjahre ***295***
Aus: J. W. v. Goethe: Wilhelm Meisters Lehrjahre. Hrsg. von Erich Schmidt. Frankfurt a.M.: Insel, 1982.
Italienische Reise ***298***
Aus: J. W. v. Goethe: Werke. Bd. 11. Hrsg. von Erich Trunz. Hamburger Ausgabe.
Naturformen der Dichtung ***408***
Aus: Ludwig Völker: Lyriktheorie. Stuttgart: Reclam 1990, S. 165 f.

Gold, Helmut
Die große Bedeutung … ***316***
Aus: Peter-Paul Schneider, Hildegard Dieke, Helmut Gold, Irina Renz, Norbert J. Schürgers, unter Mitarb. von Klaus Beyrer: Literatur im Industriezeitalter. Bd. 1. Ausstellung und Katalog. Marbach a. Neckar: Deutsche Schillergesellschaft 1987, (Marbacher Kataloge 42), S. 124 f.

Gonçalves, Elisabeth (*1952)
Dafür ***498***
Aus: Hülya Özkan/Andrea Wörle: Eine Fremde wie ich. München: dtv 1985, S. 133.

Gräff, Thomas
Lektürehilfen zu Franz Kafkas „Prozess" ***407***
Aus: T. Gräff: Lektürehilfen zu Franz Kafkas „Der Prozess". Stuttgart: Klett 1990, S. 51 ff.

Grass, Günter (*16.10.1927)
An den Rand gedrängt … ***10***
Fortsetzung folgt … ***15***
Aus: G. Grass: Fortsetzung folgt … Göttingen: Steidl 1999, S. 18–21, 61 f.
In Ohnmacht gefallen ***362***
Aus: Heinz Ludwig Arnold: Die deutsche Literatur seit 1945. Deutschstunden 1967–1971. München: dtv 1997, S. 29 f.

Greiner, Ulrich (*19.9.1945)
Bücher für das ganze Leben ***158***
Aus: Die Zeit vom 16.5.1997. Hamburg: Zeitverlag G. Bucerius.
Mangel an Feingefühl ***396***
Aus: Die Zeit vom 1.6.1990. Ebenda.

Grieswelle, Detlef
Die nationalsozialistische Massenveranstaltung ***438***
Aus: D. Grieswelle: Propaganda der Friedlosigkeit. Eine Studie zu Hitlers Rhetorik 1920–1930. Stuttgart: Enke 1972, S. 35 f.

Gryphius, Andreas (2.10.1616–16.7.1664)
Einsamkeit ***72***
Aus: Albrecht Schöne: Die deutsche Literatur. Texte und Zeugnisse. Bd. 3. Das Zeitalter des Barocks. München: C. H. Beck'sche Verlagsbuchhandlung 1963.
Absurda Comica oder Herr Peter Squentz ***247***
Aus: A. Gryphius: Absurda Comica oder Herr Peter Squentz. Schimpfspiel in 3 Aufzügen. Hrsg. von Herbert Cysarz. Stuttgart: Reclam 1996.

Guben, Günther
So ***128***
Aus: Neue deutsche Kurzprosa. Für die Schule ges. und hrsg. von Fritz Pratz. Frankf./M.: Diesterweg 1970.

Günderode, Karoline von (11.2.1780–26.7.1806)
Der Luftschiffer ***271***
Ein apokalyptisches Fragment ***274***
Reise ins Mittelalter ***298***
Aus: K. v. Günderode: Sämtliche Werke und ausgewählte Studien. Bd. 1. Hrsg. von Walter Morgenthaler. Basel/Frankf./M.: Stroemfeld/Roter Stern 1990, S. 52, 281, 390.
Schon oft hatte ich den unweiblichen Wunsch … ***390***
Aus: K. v. Günderode: Der Schatten eines Traumes. Frankf./M.: Luchterhand 1981, S. 168.

Günther, Frank
Romeo und Julia (Übersetzung) ***246***
→ Shakespeare

Hage, Volker (*9.9.1949)
Kunstvolle Prosa ***397***
Aus: Die Zeit vom 16.9.1990. Hamburg: Zeitverlag G. Bucerius.

Hagège, Claude (*1.1.1936)
*Latein** ***485***
Aus: C. Hagège: Welche Sprache für Europa? Verständigung in der Vielfalt. Frankf./M.: Campus 1996, S. 14–16.

Hahn, Ulla (*1945)
Angeschaut ***129***
Aus: U. Hahn: Liebesgedichte. Stuttgart: DVA 1993.

Handke, Peter (*6.12.1942)
Die verkehrte Welt ***129***
Aus: P. Handke: Prosa, Gedichte, Theaterstücke, Hörspiel, Aufsätze. Frankf./M.: Suhrkamp 1969, S. 121.
Ich bin ein Bewohner des Elfenbeinturms ***429***
Aus: P. Handke: Ich bin ein Bewohner des Elfenbeinturms. Frankf./M.: Suhrkamp 1967, S. 24 f.

Hart, Julius (1859–1930)
Auf der Fahrt nach Berlin ***306***
Aus: Walther Killy: 20. Jahrhundert. Texte und Zeugnisse 1880–1933. München: Beck 1967, S. 91 f.

Hauptmann, Gerhart (15.11.1862–6.6.1946)
Die Weber ***316***
Aus: G. Hauptmann: Die Weber. Dichtung und Wirklichkeit. Hrsg. von Hans Schwab-Felisch. Frankf./M.: Ullstein 1967, S. 17 f., 43 f.

Heine, Heinrich (13.12.1797–17.2.1856)
Aus alten Märchen … 75
Aus: H. Heine: Sämtliche Werke. Bd. 1. Hrsg. von Hans Kaufmann. München: Kindler 1964.
Fragen 276
Auf diesem Felsen bauen wir 276
Das Fräulein stand am Meere 276
Aus: H. Heine: Werke und Briefe in 10 Bänden. Bd. 1. Gedichte. Berlin/Weimar: Aufbau 1988, S. 198, 22, 231.
Titel 292
Deutschland. Ein Wintermärchen (Auszug) 293
Aus: H. Heine: Sämtliche Schriften in 6 Bänden. Bd. 4. Hrsg. von Klaus Briegleb. München: Hanser 1968.
Die schlesischen Weber 317
Aus: H. Heine: Nachlese III. Abschnitt. Zeitgedichte. Sämtliche Schriften. Bd. 7. Hrsg. von Klaus Briegleb. München: Hanser 1976, S. 455.

Heinzen, Georg (*1953)
Im Autobahngrill 501*
Aus: G. Heinzen: Ich bin ein Krokodil und du hast Angst. Reinbek: Rowohlt 1988, S. 7–11.

Heißenbüttel, Helmut (21.6.1921–19.9.1996)
Kalkulation über was alle gewusst haben 349
Aus: Klaus Wagenbach (Hg.): Lesebuch. Ebenda, S. 26 f.
Die literarischen Methoden … 349
Aus: H. Heißenbüttel: Über Literatur. Aufsätze und Frankfurter Vorlesungen. Stuttgart: Klett-Cotta 1995, S. 225.

Helferich, Christoph
Scholastik – Wissenschaft im Umbruch zwischen Mittelalter und Renaissance 198
Aus: C. Helferich: Geschichte der Philosophie. 2. erw. Aufl. Stuttgart: Metzler 1992, S. 89 f.

Henkel, Hans-Olaf (*14.3.1940)
Globalisierung als Herausforderung für eine neue Innovationspolitik 455
Rede zur Eröffnung der IAA in Frankf./M. am 19.9.1997. In: http://www.deutschland-innovativ.de/seiten/news/iaa.htm

Herder, Johann Gottfried (25.8.1744–18.12.1803)
Briefe zur Beförderung der Humanität 297
Aus: J. G. Herder: Schriften. Hrsg. von Karl O. Conrady. Reinbek: Rowohlt 1968, S. 211.

Hermann, Judith (*1970)
Sonja 374
Aus: J. Hermann: Sommerhaus, später. Erzählungen. Hrsg. von Uwe Wittstock. Frankf./M.: Fischer 1998, S. 55–58.

Herzog, Roman (*5.4.1934)
Aufbruch ins 21. Jahrhundert 453
Aus: Presse- und Informationsamt der Bundesregierung (Hrsg.): Bulletin 33/1997, S. 358 ff.

Heym, Georg (30.10.1887–16.1.1912)
Der Gott der Stadt 312
Aus: G. Heym: Dichtungen und Schriften. Gesamtausgabe. Bd. 1. Lyrik. Hrsg. von Karl Ludwig Schneider. Hamburg/München: Ellermann 1964, S. 192.
Mein Gott – ich ersticke noch … 312
Aus: G. Heym: Der ewige Tag. Leipzig: Rowohlt 1911.

Heym, Stefan (10.4.1913–*16.12.2001*)
Die Schmähschrift 19
Aus: S. Heym: Die Schmähschrift oder Königin gegen Defoe. Erzählt nach den Aufzeichnungen eines gewissen Josiah Creech. Vom Autor besorgte Übersetzung. Aus dem Engl. Leipzig: Reclam 1992, S. 47–51.
Filz 19
Aus: S. Heym: Filz. Gedanken über das neueste Deutschland. München: Bertelsmann 1992, S. 18–21. © Stefan Heym 1992

Hickethier, Knut (*1945)
Die filmischen Mittel 529*
Aus: K. Hickethier: Begriffe der Film- und Fernsehanalyse. In: Praxis Deutsch 57/1983. Velber: Friedrich, S. 23.
Wie jeder Text … 531
Aus: Franz-Josef Albersmeier u. Volker Roloff (Hrsg.): Literaturverfilmungen. Frankf./M.: Suhrkamp 1989.

Hitler, Adolf (20.4.1889–30.4.1945)
Wahlrede zum 14.9.1930 436
Aus: Westdeutscher Beobachter vom 11.9.1930.
Mein Kampf 438
Aus: A. Hitler: Mein Kampf. München: Eher 1933, S. 522–528.

Hobbes, Thomas (15.4.1588–4.12.1679)
Wer hierüber noch niemals … 278
Aus: T. Hobbes: Leviathan. Deutsch von Jacob Peter Mayer. Stuttgart: Reclam 1998, S. 116 f.

Hoffmann, Ernst Theodor Amadeus (24.1.1776–25.6.1822)
Der Sandmann 95
Aus: E.T.A: Hoffmann: Fantasie- und Nachtstücke. Werkausgabe. In 5 Einzelbänden. Hrsg. von Walter Müller-Seidel u.a. München: Winkler 1976, S. 334–337.
Die Elixiere des Teufels 301
Aus: E.T.A. Hoffmann: Dichtungen und Schriften sowie Briefe und Tagebücher. Bd. 4. Die Elixiere des Teufels. Hrsg. von Walther Harig. Weimar: Lichtenstein 1924.

Hofmannsthal, Hugo von (1.2.1874–15.7.1929)
Ein Brief 336
Aus: H. v. Hofmannsthal: Gesammelte Werke in Einzelausgaben. Prosa II. Hrsg. von Herbert Steiner. Frankf./M.: S. Fischer 1951, S. 11–14 ff.
Der Schwierige 336
Aus: H. v. Hofmannsthal: Der Schwierige. Lustspiel in 3 Akten. Berlin: Fischer 1921.

Hölderlin, Friedrich (20.3.1770–7.6.1843)
Hälfte des Lebens 76
Aus: F. Hölderlin: Sämtliche Werke. Bd.2. Stuttgarter Ausgabe. Hrsg. von Friedrich Beißner. Stuttgart: Kohlhammer 1953.
Die Weisheit des Traurers 286
Hymne an die Freiheit 286
Briefe von Hölderlin an seinen Bruder 286
Aus: F. Hölderlin: Sämtliche Werke und Briefe. Drei Bände. Hrsg. von Jochen Schmidt. Bd. 1. Gedichte. Frankf./M.: Deutscher Klassiker Verlag 1992, S. 85, 550.

Hönicke, Ina
Die Netzmuffel aufklären 518
Aus: Computerwoche vom 18.2.2000. München: Computerworld-Verlagsgesellschaft.

Hoppe, Felicitas (*1960)
Gesammeltes Unglück 18
Aus: Thomas Tebbe: Wenn Kopf und Buch zusammenstoßen. Ein Lesebuch übers Lesen. München/Zürich: Piper 1998, S. 11–14.

Horváth, Ödön von (9.12.1901–1.6.1938)
Flucht aus der Stille 314
Aus: Ö. v. Horváth: Gesammelte Werke. Bd. 8. Prosa, Fragmente und Varianten, Exposés, Theorethisches, Briefe, Verse. Hrsg. von Traugott Krischke und Dieter Hildebrandt. Frankf./M.: Suhrkamp 1972, S. 657 f.

Huchel, Peter (3.4.1903–30.4.1981)
Das Zeichen 77
Aus: P. Huchel: Chausseen, Chausseen. Gedichte. Frankf./M.: S. Fischer 1963, S. 9.
Löwenzahn 84
Aus: P. Huchel: Gesammelte Werke in zwei Bänden. Bd. 1. Die Gedichte. Hrsg. von Axel Vieregg. Frankf./M.: Suhrkamp 1984, S. 80 f.
Traum im Tellereisen 363
Aus: Volker Bohn: Die deutsche Literatur seit 1945. Frankf./M.: Suhrkamp 1993, S. 206.
Das Gericht 363
Aus: Christoph Buchwald/Klaus Wagenbach: Deutsche Literatur der siebziger Jahre. Berlin: Wagenbach 1995, S. 89 f.

Huelsenbeck, Richard (23.4.1892–20.4.1974)
Erklärung 338
Aus: Peter Schifferli: Das war Dada. Dichtungen und Dokumente. München: dtv 1963, S. 62.

Huizing, Klaas (*1958)
Der Buchtrinker (Auszug) 13, 21
Aus: K. Huizing: Der Buchtrinker. 2. Aufl. München: Goldmann 1996, S. 110–115, 123, 132 f.

Humboldt, Wilhelm von (20.6.1767–8.4.1835)
Über die Verschiedenheit des menschlichen Sprachbaues und ihren Einfluss auf die geistige Entwicklung des Menschengeschlechts 472
Aus: W. v. Humboldt: Über die Verschiedenheit des menschlichen Sprachbaues und ihren Einfluss auf die geistige Entwicklung des Menschengeschlechts. Hrsg. von Donatella Cesare. Paderborn/München/Wien/Zürich: Schöningh 1998, S. 174 ff.

Hurst, Harald (*1945)
Flirt 129
Aus: H. Hurst: 's Freitagnachmiddagfeierobendschtrassebahnparfüm. Neue Prosa und Lyrik in Mundart und Schriftdeutsch. Karlsruhe: Fächer-Verlag Dürr 1981.

Jandl, Ernst (1.8.1925–9.6.2000)
lauter 129
Aus: E. Jandl: Gesammelte Werke. Erster Bd. Gedichte 1. Hrsg. von Klaus Siblewski. Darmstadt/Neuwied: Luchterhand 1985, S. 306.

Jelinek, Elfriede (*20.10.1946)
Die Ausgesperrten 369
Aus: E. Jelinek: Die Ausgesperrten. Reinbek: Rowohlt 1980, S. 7–13.

Jelinek, Henry
Nachtgesang 478

Jenny, Zoë (*1974)
Das Blütenstaubzimmer 372
Aus: Z. Jenny: Das Blütenstaubzimmer. Frankf./M.: Frankfurter Verlagsanstalt 1997, S. 15–17, 34 f.

Johnson, Uwe (20.7.1934–23.2.1984)
Vorschläge zur Prüfung eines Romans 416
Aus: U. Johnson: Hrsg. von Rainer Gerlach und Matthias Richter. Frankf./M.: Suhrkamp 1984, S. 30–36

Kafka, Franz (3.7.1883–3.6.1924)
Die Verwandlung 92
Aus: F. Kafka: Die Erzählungen. Frankf./M.: S. Fischer, 1961, S. 39–41.
Vor dem Gesetz 331
Aus: F. Kafka: Der Prozess. Hrsg. von Max Brod. Frankf./M.: Fischer Taschenbuch 1983, S. 182 ff.

Kallmeyer, Werner/Klein, Wolfgang u.a.
Der Hund ist bissig 474*
Aus: W. Kallmeyer (Hrsg.): Lektürekolleg zur Textlinguistik, Bd. 1: Einführung. Frankf./M.: Athenäum. Fischer TB 1974, S. 18 f.

Kändler, Friedhelm (7.11.1950)
Paraneuerdings 477
Aus: F. Kändler: WoWo. Hannover: Revonnah 1995, S. 22–23.

Kant, Immanuel (22.4.1724–12.2.1804)
Beantwortung der Frage: Was ist Aufklärung? 277
Aus: I. Kant: Werke in 6 Bänden. Hrsg. von Wilhelm Weischedel. Band 6: Schriften zur Anthropologie, Geschichtsphilosophie, Politik und Pädagogik. Darmstadt: Wissenschaftliche Buchgesellschaft 1998, S. 53–55.

Kästner, Erich (23.2.1899–29.7.1974)
Besuch vom Lande 313
Aus: Michael Speier: Berlin mit deinen frechen Feuern. 100 Berlin-Gedichte. Stuttgart: Reclam 1997, S. 35.

Kentrup, Norbert
Shakespeare-lectures 110
Aus: Korrespondenzen. Lehrstück, Theater, Pädagogik. Hrsg. von der Gesellschaft für Theaterpädagogik e.V. Hannover. Heft 10 1997, S. 21.

Kerr, Alfred (25.12.1867–12.10.1948)
Das Jahrhundert geht zu Ende 305
Aus: A. Kerr: Wo liegt Berlin? Briefe aus der Reichshauptstadt 1895–1900. Hrsg. von Günther Rühle. Berlin: Aufbau 1997, S. 524–529.

Kertész, Imre (*9.12.1929)
Roman eines Schicksallosen 220
Aus: I. Kertész: Roman eines Schicksallosen. Aus dem Ungarischen von Christina Viragh. Reinbek: Rowohlt 1998, S. 97–99, 108–113.

Keun, Irmgard (6.2.1910–5.5.1982)
Das kunstseidene Mädchen 311
Aus: I. Keun: Das kunstseidene Mädchen. München: dtv 1995, S. 43 f.
© by Claasen Verlag Düsseldorf 1979

Kim Lan Thai
Zum deutschen Freund 498
Aus: Irmgard Ackermann: Als Fremder in Deutschland. Berichte, Erzählungen, Gedichte von Ausländern. München: dtv 1982, S. 21.

Kirchhoff, Bodo (*6.7.1948)
Das Schreiben: ein Sturz 429
Aus: Uwe Wittstock: Roman oder Leben. Leipzig: Reclam 1992, S. 211 f., 217 ff.

Kirsch, Sarah (*16.4.1935)
Schlehen 70
Aus: S. Kirsch: Landaufenthalt. Gedichte. Ebenhausen bei München: Verlag Langewiesche-Brandt, 1969.
Im Sommer 84
Aus: S. Kirsch: Rückenwind. Ebenhausen bei München: Verlag Langewiesche-Brandt, 1977, S. 51.

Klein, Josef (*5.9.1940)
Kann man „Begriffe besetzen"? 457
Aus: Frank Liedtke/Martin Wengeler/Karin Böke: Begriffe besetzen. Strategien des Sprachgebrauchs in der Politik. Opladen: Westdeutscher Verlag 1991, S. 44–69.

Kleist, Heinrich von (18.10.1777–21.11.1811)
Das Bettelweib von Locarno 98
Aus: H. v. Kleist: Werke in einem Band. 6. Aufl. München: Hanser 1996, S. 725–727.
Amphitryon 254
Aus: Ebenda, S. 204 f.
Über die allmähliche Verfertigung der Gedanken beim Reden 470
Aus: Ebenda, S. 810–814.

Klemperer, Victor (9.10.1881–11.2.1960)
LTI. Notizbuch eines Philologen 442
Aus: V. Klemperer: LTI. Notizbuch eines Philologen. Berlin: Aufbau-Verlag 1947, S. 17 f., 20–22.
In lingua veritas – Die Wahrheit in der Sprache 443*
Aus: V. Klemperer: LTI. Notizbuch eines Philologen. Ebenda, S. 35 ff.

Klingemann, Ernst August Friedrich (31.8.1777–25.1.1831)
Nachtwachen des Bonaventura 300
Aus: E. A. F. Klingemann: Nachtwachen des Bonaventura. Hrsg. von Jost Schillemeit. Frankf./M.: Insel 1974, S. 9–12.

Klotz, Volker (*20.12.1930)
Für einen zweijährigen Aufenthalt … 308
Aus: V. Klotz: Die erzählte Stadt. Reinbek: Rowohlt Taschenbuch 1987, S. 167.

Kluge, Alexander (*14.2.1932)
Lebensläufe 352
Aus: A. Kluge: Lebensläufe. Frankf./M.: Fischer 1964, S. 106–108.

Klüger, Ruth (*10.10.1931)
Frauen lesen anders 162
Aus: R. Klüger: Frauen lesen anders. Essays. München: dtv 1996, S. 83, 85–88, 92–94, 96.

Knigge, Adolph (16.10.1752–6.5.1796)
Gestern, meine liebe Philippine … 287
Aus: A. Knigge: Aus einer alten Kiste. Originalbriefe, Handschriften und Dokumente aus dem Nachlass eines bekannten Mannes. Kronberg: Scriptor 1979, S. 220 f.

Koen, Lothar
Der Held im Roman heißt … 355
Aus: Geschichte der deutschen Literatur von 1945 bis zur Gegenwart. München: Beck 1994.

Koeppen, Wolfgang (23.6.1906–15.3.1996)
Das Treibhaus 358
Aus: W. Koeppen: Das Treibhaus. Frankf./M.: Suhrkamp 1953, S. 118 ff.

Kracauer, Siegfried (8.2.1889–26.11.1966)
Kult der Zerstreuung 315
Aus: S. Kracauer: Das Ornament der Masse. Essays. Frankf./M.: Suhrkamp 1977. S. 313–315.

Krausser, Helmut (*11.7.1964)
In libris 16
Aus: Thomas Tebbe: Wenn Kopf und Buch zusammenstoßen. Ein Lesebuch übers Lesen. München/Zürich: Piper, S. 72–77.

Krolow, Karl (11.3.1915–21.6.1999)
Ein Ähnliches 86
Aus: Joachim Fritzsche (Hg.): Schreibwerkstatt. Geschichten und Gedichte. Stuttgart: Klett 1989, S. 113.

Kroon, Sjaak/Vallen, Ton
Die Niederlande zum Beispiel 495*
Aus: S. Kroon/T. Vallen: Mehrsprachigkeit, Bildungspolitik und interkultureller Unterricht in den Niederlanden. In: Mehrsprachigkeit in Europa. Modelle für den Umgang mit Sprachen und Kulturen. Hrsg. von Andreas Paula. Klagenfurt: Drava 1995, S. 43 ff.

Müller, Hans (*20.3.1928)
Arabisch 488*
Aus: H. Müller: Die modernen Schriftsprachen der westlichen islamischen Welt: Arabisch, Persisch, Türkisch. In: Die neueren Sprachen, Nr. 78, Heft 2 1979. Frankf./M.: Diesterweg, S. 181–193.

Müller, Heiner (9.1.1929–30.12.1995)
Herzstück 266
Aus: Heiner Müller: Herzstück. München: Rotbuch Verlag 1983, S. 7.

Müller, Herta (*1953)
Heute wär ich mir lieber nicht begegnet 373
Aus: H. Müller: Heute wär ich mir lieber nicht begegnet. Reinbek: Rowohlt 1997, S. 83.

Müller-Dyes, Klaus (*20.1.1937)
Gattungsfragen 408
Aus: K. Müller-Dyes: Grundzüge der Literaturwissenschaft. Hrsg. von Heinz Ludwig Arnold und Heinrich Detering. München: dtv, 1. Aufl., S. 324 f.

Mumford, Lewis (19.10.1895–26.1.1990)
Mythos der Maschine. Kultur, Technik und Macht 205
Aus: L. Mumford: Mythos der Maschine. Kultur, Technik und Macht. Ins Deutsche übersetzt von Liesl Nürenberger und Arpad Hälbig. Wien: Europa 1974, S. 419 f.

Murakami, Haruki (*12.1.1949)
Mister Aufziehvogel 230
Aus: H. Murakami: Mister Aufziehvogel. Aus dem Englischen von Giovanni und Ditte Bandini. Köln: DuMont 1998, S. 7 f.

Musil, Robert (6.11.1880–15.4.1942)
Geistiger Umsturz 340*
Aus: R. Musil: Der Mann ohne Eigenschaften. Hrsg. von Adolf Frisé. Hamburg: Rowohlt 1952, S. 54–56.

Nabokov, Vladimir (23.4.1899–2.7.1977)
Dem guten Leser ist klar… 10
Aus: V. Nabokov: Die Kunst des Lesens. Frankf./M.: Fischer 1982, S. 34.

Nietzsche, Friedrich (15.10.1844–25.8.1900)
Die fröhliche Wissenschaft 334
Aus: F. Nietzsche: Werke in drei Bänden. Bd. 2. München: Hanser 1955, S. 205 f., 522 f.
Also sprach Zarathustra 334
Aus: F. Nietzsche: Also sprach Zarathustra. Ein Buch für alle und keinen. Leipzig: Reclam 1930.

Nitschke, Ulrich
Der Mythos der Globalisierung 456
Aus: Forum Eine Welt. Hrsg. vom Ministerpräsident des Landes NRW. Düsseldorf II. Quartal 1997, S. 10.

Nonnenmacher, Peter
Englisch 487*
Aus: P. Nonnenmacher: Das britische Empire mag tot sein. In: Frankfurter Rundschau vom 25.07.1997.

Novalis (2.5.1772–25.3.1801)
Wenn nicht mehr Zahlen und Figuren 299
Aus: Karl Otto Conrady: Das große deutsche Gedichtbuch. 4. Aufl. Düsseldorf/Zürich: Artemis und Winkler 1995, S. 227.

O'Brien, Flann (5.10.1911–1.1.1966)
Sorry 131
Aus: Minidramen. Hrsg. von Karlheinz Braun. Frankf./M.: Verlag der Autoren 1987, S. 203.

Papst Johannes Paul II. (*18.5.1920)
Der Fall Galilei, ein schmerzliches Missverständnis 203
Aus: Ansprache von Papst Johannes Paul II. an die Päpstliche Akademie der Wissenschaften am 31.10.1992. In: http://www.stjosef.at/dokumente/papst_galilei.htm

Parin, Paul
Verdrängung ist … 399
Aus: Akteneinsicht C. Wolf. Frankf./M.: Luchterhand 1993, S. 298.

Paul, Jean (21.3.1763–14.11.1825)
Rede des toten Christus vom Weltgebäude herab, dass kein Gott sei 303
Aus: J. Paul: Werke in zwölf Bänden. Bd. 3. Siebenkäs. Hrsg. von Norbert Miller. München: Hanser 1975, S. 271–275.

Pinker, Steven (*18.9.1954)
Der Sprachinstinkt 463
Aus: S. Pinker: Der Sprachinstinkt. Wie der Geist die Sprache bildet. Deutsch von Martina Wiese. München: Kindler 1996, S. 399, 430.

Poe, Edgar Allan (19.1.1809–7.10.1849)
Der Untergang des Hauses Usher 93
Aus: E. A. Poe: Erzählungen. Hrsg. von Rolf Toman. Aus dem Englischen von Andreas Heering und Dorle Merkel. Köln: Könemann 1995. S. 28–51.

Pöppel, Ernst (*29.4.1940)
Unterlagen zum Kurs „Zeitliche Kognition“ 140
Aus: E. Pöppel: Unterlagen zum Kurs „Zeitliche Kognition“ In: www.tzi.informatik.uni-bremen.de/ik98/prog/kursunterlagen/d2/poeppel/ik98.html (7.9.99)

Posavec, Mojca
Mit fremdem Namen 496
Aus: Irmgard Ackermann: In zwei Sprachen leben. München: dtv 1983, S. 121.

Pynchon, Thomas (*8.5.1937)
V. 233
Aus: T. Pynchon: V. Roman. Aus dem Amerikanischen von Dietrich Stössel und Wulf Teichmann. Reinbek: Rowohlt 1992, S. 19–21.

Raabe, Wilhelm (8.9.1831–15.11.1910)
Die Chronik der Sperlingsgasse 308
Aus: W. Raabe: Werke in vier Bänden. Bd. 1 Hrsg. von Karl Hoppe. Freiburg i.Br.: Klemm 1954, S. 13–15.

Raddatz, Fritz J. (*3.9.1931)
Letzten Endes nur ein kleiner Vorfall 400
Aus: Text und Kritik. Heft 46 1994. S. 13.

Reich-Ranicki, Marcel (*2.6.1920)
Einschätzung zu „Christa T.“ 385
Aus: Die Zeit, vom 23.5.1969. Hamburg: Bucerius.
Über den Roman 414*
Aus: M. Reich-Ranicki: Anbruch der Gegenwart. Deutsche Geschichten. München: dtv 1986, S. 504 f.

Reimann, Brigitte (27.7.1933–20.2.1973)
Ankunft im Alltag 356
Aus: B. Reimann: Ankunft im Alltag. München: dtv 1968, S. 47–50.
Brief an Christa Wolf vom 29.1.1969 und vom 16.2.1969 385
Aus: Angela Drescher: Sei gegrüßt und lebe. Eine Freundschaft in Briefen 1964–1973. Berlin: Aufbau 1993, S. 19.

Rilke, Rainer-Maria (4.12.1875–29.12.1926)
Herbsttag 71
Blaue Hortensie 73
Aus: R.-M. Rilke: Sämtliche Werke. Bd. 1. Hrsg. von Ernst Zinn. Frankf./M.: Insel 1956, S. 398.

Ringelnatz, Joachim (7.8.1883–16.11.1934)
Ich habe dich so lieb 339
Aus: J. Ringelnatz: Das Gesamtwerk in sieben Bänden. Diogenes Verlag, Zürich 1994.

Rosenberg, Rainer
Epochen (Auszug) 406
Aus: H. Brackeit/J. Stickrath (Hrsg.): Literaturwissenschaft. Ein Grundkurs. Reinbek: Rowohlt 1992, S. 269 ff.

Rousseau, Jean-Jacques (1712–1778)
Emile oder über die Erziehung 278
Aus: J. Rousseau: Emile oder über die Erziehung. In neuer deutscher Fassung besorgt von Josef Esterhues. Paderborn: Schöningh 1962.

Rushdie, Salman (*15.6.1947)
Mitternachtskinder 235
Aus: S. Rushdie: Mitternachtskinder. Aus dem Englischen von Karin Graf. München/Zürich: Piper 1987, S. 27–30.

Sachs, Nelly (10.12.1891–12.5.1970)
Chor der Geretteten 344
Aus: N. Sachs: Fahrt ins Staublose. Die Gedichte der Nelly Sachs. Frankf./M.: Suhrkamp 1961, S. 50 f.

Sartre, Jean Paul (21.6.1905–15.4.1980)
Lesen ist gelenktes Schaffen 101
Aus: J. P. Sartre: Was ist Literatur? Hamburg: Rowohlt 1958, S. 28 f.

Scheffer, Bernd
Surfen als Lebensform 515*
Aus: B. Scheffer: Surfen als Form der Mediennutzung und als Lebensform. In: Ralph Köhnen (Hrsg.): Wege zur Kultur.

Frankf./M.: Peter Lang 1998, S. 401 ff.

Schiller, Friedrich (10.11.1759–9.5.1805)
Brief an Theodor Körner ***67***
Aus: F. Schiller: Briefwechsel zwischen Schiller und Körner. Bd. I. Stuttgart: Cotta 1892, S. 282.
Maria Stuart ***116***
Aus: F. Schiller: Werke in drei Bänden. Bd. 3. Hrsg. von Herbert G. Göpfert. München: Hanser 1966, S. 306 ff.
Brief an Wilhelm von Humboldt ***125***
Brief an J. W. von Goethe ***125***
Ästhetische Briefe ***125***
Aus: F. Schiller: Gesammelte Werke in 5 Bänden. Bd. 5. Hrsg. von Gerhard Fricke und Herbert G. Göpfert. München: Hanser 1959.
Die Räuber ***281***
Aus: F. Schiller: Sämtliche Werke. Bd. 1. Hrsg. von Gerhard Fricke und Herbert G. Göpfert. München: Hanser 1965, S. 493 ff.
Brief an Herzog Friedrich Christian von Augustenburg ***288***
Aus: Walter Hoyer: Schillers Leben dokumentarisch in Briefen, zeitgenössischen Berichten und Bildern. Köln: Kiepenheuer & Witsch 1967, S. 430 ff.
Ankündigung der Monatszeitschrift „Die Horen" ***294***
Aus: Aus: F. Schiller: Werke in drei Bänden. Bd. 2. Hrsg. von Herbert G. Göpfert. München: Hauser 1966, S. 667 f.
Die Schaubühne als moralische Anstalt betrachtet ***422***
Aus: F. Schiller: Werke und Briefe. Theoretische Schriften. Hrsg. von Otto Damm. Frankf./M.: Deutscher Klassiker Verlag 1992.
Dilettant ***442***
Aus: F. Schiller/J. W. v. Goethe: Xenien 1796. Nach Handschriften des Goethe- und Schiller-Archivs. Hrsg. von Erich Schmidt. Weimar: Böhlau 1893.

Schlegel, August Wilhelm (5.9.1767–12.5.1845)
Romeo und Julia (Übersetzung) **246**
→ Shakespeare

Schlegel, Friedrich (10.3.1772–12.1.1829)
116. Athenäums-Fragment ***299***
Aus: F. Schlegel: Werke. Kritische Ausgabe. Bd. 2. Hrsg. von Ernst Behler und Hans Eichner. Paderborn: Schöningh 1967, S. 182 f.

Schleiermacher, Friedrich
(21.11.1768–12.2.1834)
*Die Offenheit der Deutschen für andere Sprachen** ***489***
Aus: Ingrid Gogolin: Der monolinguale Habitus der multilingualen Schule. Münster/New York: Waxmann 1994, S. 50.

Schliemann, Heinrich (6.1.1822–26.12.1890)
*Eine Methode, Sprachen zu lernen** ***490***
Aus: H. Schliemann: „So warf ich mich denn mit besonderem Fleisse auf das Studium des Englischen ..." In: Heinrich Schliemanns Selbstbiografie – bis zu seinem Tode vervollständigt. Unveränderter Nachdruck der ersten Ausgabe des F.A. Brockhaus Verlages Leipzig von 1892. Ankershagen: Heinrich Schliemann Museum 1996, S. 14 f., 22.

Schlingmann, Carsten
Methoden der Interpretation ***402***
Aus: C. Schlingmann: Methoden der Interpretation. Stuttgart: Reclam 1985, S. 6 f.

Schlink, Bernhard (*1944)
Der Vorleser ***354***
Aus: B. Schlink: Der Vorleser. Zürich: Diogenes 1995, S. 140–143.

Schneider, Robert (*16.6.1961)
Dreck ***459***
Aus: R. Schneider: Dreck. Leipzig: Reclam 1993, S. 8 f., 16 f., 34–39.

Schneider, Wolf (*1925)
Wörter machen Leute ***468***
Aus: W. Schneider: Wörter machen Leute. Magie und Macht der Sprache. 4. Aufl. München/Zürich: Piper 1987, S. 9–14.

Schulz von Thun, Friedemann (*1944)
Miteinander reden ***57***
Aus: F. Schulz von Thun: Miteinander reden. Reinbek: Rowohlt 1981, S. 26 ff.

Schweitzer, Albert (14.1.1875–4.9.1965)
*Muttersprache – Zweitsprache – Fremdsprache?** ***490***
Aus: Albert Schweitzer Lesebuch. Hrsg. von Harald Steffahn. München: C. H. Beck 1995, S. 81 f.

Schwitters, Kurt (20.6.1887–8.1.1948)
An Anna Blume ***339***
Aus: „Der Sturm". Wochenschrift für Kultur und die Künste. Hrsg. von Herwarth Walden. 10. Jg., Heft 5, 1919, S. 72.

Seghers, Anna (19.11.1900–1.6.1983)
Zwei Denkmäler ***342***
Aus: Atlas, zusammengestellt von deutschen Autoren. Berlin: Verlag Klaus Wagenbach 1965, S. 221 f.

Shakespeare, William (26.4.1564–23.4.1616)
Ein Sommernachtstraum ***109***
Aus: Klaus Thiele: Ein Sommernachtstraum auf der Bühne. In: Korrespondenzen. Hrsg. von der Gesellschaft für Theaterpädagogik e.V. Hannover. Heft 29/30 1997, S. 9.
Romeo und Julia (Übersetzung von Erich Fried) ***245***
Aus: Shakespeare-Übersetzungen von Erich Fried. Band 4: Maß für Maß. Romeo und Julia. Berlin: Wagenbach 1974.
Romeo und Julia (Original) ***246***
Aus: William Shakespeare: Romeo und Julia. Zweisprachige Ausgabe. München: dtv 1995, S. 160.
Romeo und Julia (Übersetzung von Frank Günther) ***246***
Aus: William Shakespeare: Romeo und Julia. Ebenda, S. 161.
Romeo und Julia (Übersetzung von Bechtolf/Wiens) ***246***
Aus: William Shakespeare: Romeo und Julia. Übers. von Sven-Eric Bechtolf und Wolfgang Wiens. Frankf./M.: Verlag der Autoren 1999, S. 72.
Romeo und Julia (Übersetzung von Thomas Brasch) ***246***
Aus: T. Brasch: Romeo und Julia von William Shakespeare. Aus dem Englischen übers. Frankf./M./Leipzig: Insel 1992.
Romeo und Julia (Übersetzung von Schlegel) ***246***
Aus: William Shakespeare: Romeo und Julia. Aus dem Englischen übertr. von August Wilhelm Schlegel und Ludwig Tieck. Hrsg. von Gerd Eversberg. Hollfeld: Bange 1999, S. 64.

Sinclair, Upton (20.9.1878–25.11.1968)
Der Sumpf ***320***
Aus: U. Sinclair: Der Dschungel. Aus dem Amerikanischen von Otto Wilck. Reinbek: Rowohlt 1985, S. 65.

Sparschuh, Jens (*14.5.1955)
Der Zimmerspringbrunnen ***45***
Aus: J. Sparschuh: Der Zimmerspringbrunnen. Köln: Kiepenheuer & Witsch 1995, S. 38 ff.

Spittler, Horst
Außersprachliche Darstellungselemente ***110***
Aus: H. Spittler: Struktur dramatischer Texte. Bamberg: C. C. Buchner 1991, S. 55.

Stadler, Ernst (11.8.1883–20.10.1914)
Fahrt über die Kölner Rheinbrücke bei Nacht ***307***
Aus: E. Stadler: Dichtungen. Bd. 1. Hrsg. Karl Ludwig Schneider. Hamburg: Ellermann 1954, S. 161 f.

Stengers, Isabelle (*1949)
Die Galilei-Affären (Auszug) ***202***
Aus: Michel Authier: Elemente einer Geschichte der Wissenschaften. Hrsg. von Michel Serres. Frankf./M.: Suhrkamp 1994, S. 404–406.

Strauss, Botho (* 2.12.1944)
*„Pssst!"** ***128***
Aus: Paare Passanten. München: Hanser Verlag 1981, S. 9.

Tabori, George (*24.5.1914)
Samspeak ***131***

Tardieu, Jean (1.11.1903–1995)
Die Liebenden in der U-Bahn ***262***
Aus: J. Tardieu: Kammertheater. Aus dem Französischen von Marlis und Paul Pörtner. Darmstadt: Luchterhand 1960, S. 142 ff.

Trakl, Georg (3.2.1887–3./4.11.1914)
Verfall ***73***
Aus: G. Trakl: Dichtungen und Briefe. Historisch-kritische Ausgabe. Bd. 1. Hrsg. von Walter Killy und Hans Szklenar. Salzburg: Otto Müller 1969.

Tucholsky, Kurt (9.1.1890–21.12.1935)
Moment beim Lesen ***10***
Aus: K. Tucholsky: Gesammelte Werke.

Band 10. Hrsg. von Mary-Gerold Tucholsky, Fritz J. Raddatz. Reinbek: Rowohlt 1975, S. 64.
Mir fehlt ein Wort ***33***
Aus: K. Tucholsky: Gesammelte Werke. Bd. 7. Hrsg. von Mary-Gerold Tucholsky, Fritz J. Raddatz. Reinbek: Rowohlt 1995, S. 189, 190 f.

Tzara, Tristan (16.4.1896–25.12.1963)
Um ein dadaistisches Gedicht zu machen ***87***
Aus: T. Tzara: Sieben Dada-Manifeste. Hamburg: Edition Nautilus 1984, S. 47.

Vesper, Guntram (*28.5.1941)
Erbschaft ***327***
Aus: G. Vesper: Ich hörte den Namen Jessenin. Frühe Gedichte. Frankf./M.: Verlagsanstalt 1990, S. 79.

Vormweg, Heinrich (*20.03.1928)
Weiterhin ein Experimentierfeld also … ***433***
Aus: Hörspiele im WDR, II/1972, 3

Walser, Martin (*24.3.1927)
Ehen in Philippsburg ***359***
Aus: M. Walser: Ehen in Philippsburg. Reinbek: Rowohlt 1963, S. 37 ff.
Erfahrungen beim Verfassen einer Sonntagsrede ***447***
Aus: Rede des Preisträgers Martin Walser zur Verleihung des Friedenspreises des Deutschen Buchhandels am 11.10.1998. Frankf./M.: Börsenverein des Deutschen Buchhandels, 1998.
Im Gespräch mit Ignatz Bubis ***451***
Aus: Frankfurter Rundschau vom 15.12.1998.
Ohne einander ***452***
Aus: M. Walser: Ohne einander. Frankf./M.: Suhrkamp TB 1996, S. 64–67.

Wapnewski, Peter (*7.9.1922)
Lyrik ist eine einfache Gattung … ***67***
Aus: Ludwig Völker: Lyriktheorie. Texte vom Barock bis zur Gegenwart. Stuttgart: Reclam 1990, S. 428.
Gedichte sind genaue Form ***410***
Aus: Ludwig Völker: Lyriktheorie. Stuttgart: Reclam 1990, S. 424–429.

Watzlawick, Paul/Beavin, Janet H./Jackson, Don D.
Menschliche Kommunikation ***473***
Aus: P. Watzlawick u. a.: Menschliche Kommunikation. Formen, Störungen, Paradoxien. Bern, Stuttgart, Toronto, Seattle: Huber 1996. S. 50–51, 53–54, 69.

Wedekind, Frank (24.7.1864–9.3.1918)
Frühlings Erwachen ***332***
Aus: F. Wedekind: Frühlings Erwachen. Stuttgart: Reclam 1980, S. 7 f.
Infolge von Unglücksfällen … ***333***
Aus: F. Wedekind: Werke in drei Bänden. Prosa. Hrsg. von Manfred Hahn. Berlin/Weimar: Aufbau 1969, S. 233.

Weiss, Peter (8.11.1916–10.5.1982)
Abschied von den Eltern ***15***
Aus: P. Weiss: Abschied von den Eltern. Frankf./M.: Suhrkamp 1980, S. 67–68, 70–71.
Die Ermittlung ***350***
Aus: P. Weiss: Stücke. Bd. 1. Frankf./M.: Suhrkamp 1976, S. 367–370.

Weizenbaum, Joseph (*1923)
Mit Computern erziehen wir die Kinder zu fanatasielosen Befehlsempfängern ***517***
Aus: Die Zeit – Zeitpunkte „Lernen mit dem Computer“, 1/2000. Hamburg: Bucerius, S. 14 f.

Wohmann, Gabriele (*21.5.1932)
Vor dem Schlafengehen ***370***
Aus: G. Wohmann: Vor dem Schlafengehen. In: Klassenlektüre. 106 Autoren stellen sich vor mit ihren selbstausgewählten Texten. Hrsg. von Bernt Engelmann und Walter Jens. Hamburg: Knaus 1982, S. 508 ff.

Wolf, Christa (*18.3.1929)
Der geteilte Himmel ***378***
Aus: C. Wolf: Der geteilte Himmel. Erzählung. München: dtv 1973, S. 161–167, 186–188.
Damals hatte auch ich die Zuversicht, … ***380***
Aus: Im Dialog. Frankf./M.: Luchterhand 1990.
Nachdenken über Christa T. ***381***
Aus: C. Wolf: Nachdenken über Christa T. Frankf./M.: Luchterhand 1969, S. 7, 10–15, 56–57.
Selbstinterview ***383***
Aus: C. Wolf: Die Dimension des Autors. Aufsätze, Essays, Gespräche, Reden. Bd. I. Berlin/Weimar: Aufbau 1986, S. 31–32.
Brief an die Abteilung Kultur des ZK der SED ***384***
Tagebuchauszug ***385***
Aus: Angela Drescher: Dokumentation zu Christa T. Hamburg/Zürich: Luchterhand 1992, S. 64 f. u. 208 f.
Kindheitsmuster ***386***
Aus: C. Wolf: Kindheitsmuster. Berlin: Aufbau 1976, S. 248–254.
Kein Ort. Nirgends ***389***
Aus: C. Wolf: Kein Ort. Nirgends. Berlin/Weimar: Aufbau 1985, S. 177 ff.
Medea. Stimmen (Auszug) ***391***
Aus: C. Wolf: Medea. Stimmen. Frankf./M.: Luchterhand 1996, S. 223–232.
Berlin, 11. November 1991 ***394***
Aus: Christa Wolfs Medea. Voraussetzungen zu einem Text, Mythos und Bild. Hrsg. von Marianne Hochgeschurz. Berlin: Gerhard Wolf Janus press 1998, S. 19.
Sollte man nicht einmal versuchen, … ***395***
Aus: C. Wolf: Voraussetzungen einer Erzählung: Kassandra. Frankf./M.: Luchterhand 1983, S. 115.
Warum Medea? ***395***
Aus: Christa Wolfs Medea. Voraussetzungen zu einem Text, Mythos und Bild. Hrsg. von Marianne Hochgeschurz. Berlin: Ebenda 1998, S. 49–51.
Die Akte Margarete ***398***
Aus: Wochenpost vom 28.1.1993. Berlin: Berliner Verlag.
Ich hatte nichts zu bekennen … ***400***
Aus: Karl Deiritz: Zur Klärung eines Sachverhalts. Literatur und Staatssicherheit. In: Verrat an der Kunst? Rückblicke auf die DDR-Literatur. Hrsg. von Karl Deiritz und Hannes Krauss. Berlin: Aufbau 1993, S. 14.
Aus einem Brief an Volker Braun ***400***
Aus: C. Wolf: Auf dem Weg nach Tabou. Texte 1990–1994. Köln: Kiepenheuer & Witsch 1994, S. 274.

Wolff, Anja
Guten Morgen ***87***
Aus: Hessenkolleg. Kurs Experimentelles Schreiben, Frankf./M. 1994. In: Kulturelle Praxis. Schreibexperimente. Hrsg. vom Hessischen Institut für Bildungsplanung und Schulentwicklung Wiesbaden 1994, S. 77.

Wolfenstein, Alfred (28.12.1888–22.1.1945)
Städter ***313***
Aus: A. Wolfenstein: Die gottlosen Jahre. Berlin: S. Fischer 1914, S. 25.

Wolkenstein, Oswald von (um 1377–2.8.1445)
Treib her, treib überher ***242, 243***
Aus: Deutsche Dichtung des Mittelalters. Band III. Hrsg. von Michael Curschmann u.a. München/Wien: Hanser 1981, S. 170 ff.

Wondratschek, Wolf (*14.8.1943)
Der Hundertmarkschein **128**
Aus: Kulturelle Praxis. Schreibexperimente. Hrsg. vom Hessischen Institut für Bildungsplanung und Schulentwicklung Wiesbaden 1994, S. 75.

Wunderlich, Dieter D. (*14.6.1937)
*„Hier zieht's“ – „Du kannst ja die Fensterklappe schließen“** ***474***
Aus: D. D. Wunderlich: Studien zur Sprechakttheorie. Frankf./M.: Suhrkamp 1976, S. 49.

Wygotski, Lew Semjonowitsch (5.11.1896–11.6.1934)
Denken und Sprechen ***469***
Aus: L. S. Wygotski: Denken und Sprechen. Ins Deutsche übersetzt und hrsg. von Johannes Helm. 2. Aufl. Stuttgart: Fischer 1964, S. 87 ff.

Zalamea, Jorge (8.3.1905–10.5.1969)
Der Grosse Burundún-Burundá ist tot ***434***
Aus: J. Zalamea: Der Grosse Burundún-Burundá ist tot. Ins Deutsche übersetzt von Erich Arendt. Berlin: Verlag der Nation 1957.

Zimmer, Dieter E. (*24.11.1934)
So kommt der Mensch zur Sprache ***462, 465***
Aus: D. E. Zimmer: So kommt der Mensch zur Sprache. 3. Aufl. München: Heyne 1996, S. 17–20, 110 ff.
Web-Literatur: Realität? Gerücht? Verheißung? ***518***
Aus: D. E. Zimmer: Web-Literatur: Realität? Gerücht? Verheißung? In: Die Zeit, November 1997. Hamburg: Bucerius.

Zimmermann, Hans Dieter (*29.7.1940)
*Analyse politischer Rede** ***445***

Aus: H. D. Zimmermann: Elemente zeitgenössischer Rhetorik. In: Diskussion Deutsch 4/1971. Zeitschrift für Deutschlehrer aller Schulformen in Ausbildung und Praxis. Hrsg. von Heinz Ide. Frankf./M./Berlin/München.

Schülerbeiträge

Schülerbeiträge 69
Juhnke, Christoph: Herbstlich
Kremer, Kristina: Kastanien
Willmann, Anke: Herbst

Schülerarbeit 82
Hinney, Bernd: Interpretation „Die große Fracht“ von Ingeborg Bachmann

Ungenannte Verfasser

„Was da abläuft, ist extrem“ – Mobbing in der Schule ***53***
Aus: Der Spiegel Nr. 34/1997, Hamburg: Verlag Der Spiegel, S. 170–172.

Microsoft: Encarta 1998 ***134***
Enzyklopädie. Multimediales Nachschlagen. Redmond, Washington: Microsoft

Statistik: Durchschnittliche Mediennutzungsdauer ***145***
Aus: Stiftung Lesen (Hrsg.): Leseverhalten in Deutschland 1992/93. Repräsentativstudie zum Lese- und Medienverhalten im vereinigten Deutschland. Red.: Bodo Franzmann. Mainz 1993.

Statistik: Leseverhalten“ ***145***
Statistik: Mediennutzung und Freizeitbeschäftigung ***144***
Aus: Media Perspektiven 1998. In: Informationen zur politischen Bildung 260/1998, Bonn.

*Ça ira** ***285***
Aus: Walter Grab: Freyheit oder Mordt und Todt. Revolutionsaufrufe deutscher Jakobiner. Berlin: Wagenbach 1979, S. 80.

Kritiker über die „Weber“ ***318***
Aus: „Berliner Börsen-Courier“ vom 26.9.1894.

Kritik über die „Weber“ ***319***
Aus: „Die Post“ vom 27.9.1894.

*„Fliege“ – Die Redaktion über das Konzept der Sendung** ***509***

Literarisches Quartett am 6.7.1995 ***506***
Aus: Marcel Reich-Ranicki/Sigrid Löffler/Hellmuth Karasek: ... und alle Fragen offen. Das Beste aus dem Literarischen Quartett. München: Heyne 2000, S. 416–419.
Marktwissen ***511***
Aus: Frankfurter Rundschau vom 23.7.1994.

Millionen Deutsche im Internet – Die private Nutzung boomt ***510***
Aus: online today vom 13.4.2000. Hamburg: Verlagsgruppe Fleet.

Total digital? – Multimediale Wünsche ***511***
Aus: Statistik: BAT. In: Praxis Schulfernsehen 267/1998. Information und Beiträge zum Medieneinsatz im Unterrricht. Köln.

Verschuldung Jugendlicher ***511***
Aus: „Schulden sind keine Frage der Ehre“. Studie der Universität Oldenburg über Jugendliche und Schulden. In: Informationsdienst Wissenschaft (idw) 98.

SACHREGISTER

Hinweise auf Stellen im Teil „Fakten, Daten, Informationen" wurden zur besseren Auffindbarkeit **fett gesetzt.**

A

B

C

D

E

F

G

H

I

J

K

L

M

N

O

P

R

Z

ABBILDUNGSVERZEICHNIS

S. 10 Foto: © Jens Kapitzky, Leipzig; S. 44 © Foto: Günther Einecke; Karikatur © Robert Gernhardt, Frankf./M.; S. 66 Ernst Ludwig Kirchner: Alle Landschaften haben sich mit Blau erfüllt © by Ingeborg & Dr. Wolfgang Henze-Ketterer, Wichtrach/Bern © BPK, Dietmar Katz, Berlin; S. 88 Max Ernst: Une semaine de bontè © Kunstmuseum Bonn © VG Bild-Kunst, Bonn 2000; S. 93 © The Marsden Archive, UK/Bridgeman Art Library, London; S. 96 © Illustrationen von Yann Wehrling, aus: E.T.A. Hoffmann. Der Sandmann, Elatus Verlag, Kaltenkirchen 1997, S. 12/13/17; S. 108 Ein Sommernachtstraum: Inszenierung der Landesbühnen Sachsen 1996 © Hagen König, Radebeul; S. 119 Maria Stuart: Landesbühne Sachsen 1998 © Hagen König, Radebeul; re. o. Schauspielhaus Düsseldorfer 1998 © Sonja Rothweiler, Düsseldorf; li. u. Deutsches Theater Berlin 1983 © Aus: 100 Jahre Deutsches Theater Berlin. Henschel Verlag, Bln. 1983. Foto: Adelheid Beyer; S. 130 li. o. Paul Klee: Zwei Männer, einander in höherer Stellung vermutend, 1903, 5; 12x23 cm; Radierung © Paul Klee Stiftung, Kunstmuseum Bern, Inv. Nr. 64, Ref. Nr. 165 © VG Bild-Kunst, Bonn 2000; re. o. Joseph Beuys: Mensch, 1972, Foto: Friedrich Rosenstiel, Köln © VG Bild-Kunst, Bonn 2000; li. u. Pablo Picasso: Harlekin und seine Gefährtin (Zwei Gaukler), 1901 © Succession Picasso/VG Bild-Kunst, Bonn 2000; re. u. Auguste Renoir: Die Hochzeit zu Kana © Musèe du Louvre, Paris; S. 152 Cartoon: © Bernd Pfarr, Frankfurt/M.; Die Leseliste, Kommentierte Empfehlungen © Reclam Verlag, Ditzingen; ZEIT-Bibliothek der 100 Sachbücher. Hrsg. Fritz J. Raddatz © Suhrkamp Verlag, Frankf./M.; Der europäische Bildungskanon des bürgerlichen Zeitalters. Hrsg. Manfred Fuhrmann © Insel Verlag Frankfurt 1999; Fernsehgeschichte der Literatur. Hrsg. von Helmut Schanze © Wilhelm Fink Verlag, München 1996; ZEIT-Bibliothek der 100 Bücher. Hrsg. Fritz J. Raddatz © Suhrkamp Verlag, Frankf./M.; S. 170 Fritz J. Raddatz: Kurt Tucholsky. Ein Pseudonym, © Rowohlt Reinbek; S. 188 Kopie des zweiten Galileibildnisses von J. Sustermans, 1640 Florenz, Palazzo Pitti, Foto: Ph. Fineider © AKG, Berlin; S. 238 © Dietmar Buchelt, Wiesbaden; 244 Oswald von Wolkenstein. Aus: Baasch/Nürnberger: Oswald von Wolkenstein rororo 1986; S. 239 © Margarete Bieber. History of the Greek and Roman Theatre, 2. Aufl., Princeton University Press 1961, Abb. 123; S. 266 Paul Klee: Pädagogischer Nachlass (Vermittlungsformen) Die Herzform als Vermittlungsform, roter und violetter Farbstift auf Papier, 33x21 cm (Ausschnitt) Paul-Klee-Stiftung, Bern © VG Bild-Kunst, Bonn 2000; S. 267 Montage unter Verwendung einer Zeichnung von Victor Heideloff: Friedrich Schiller liest seinen Freunden aus den „Räubern" vor © AKG, Berlin; S. 304 Zeitschrift „Jugend" 5. Jahrg. Nr. 1/ 1900 © In: Jahrhundertwende, Studienbegleitbrief des Deutschen Instituts für Fernstudien an der Universität Tübingen; S. 321 John Hartfield: Der Sumpf S. 321 © Stiftung Archiv der Akademie der Künste, Berlin/John-Heartfield-Archiv/ The Heartfield Community of Heirs/VG Bild-Kunst, Bonn 2000; S. 330 © Hebräische Balladen. Faksimile der Handschrift. Hrsg. v. Norbert Oellers, Marbach am Neckar , 1986. Lizenzausgabe des Kösel-Verlages München; S. 341 Anna Seghers, undatiert © AKG Berlin; Paul Celan, 1947/48 © Suhrkamp Bildarchiv, Frankf./M.; Peter Weiss, undatiert © dpa/ Frankf./M.; Brigitte Reimann, undatiert © dpa/Frankf./M.; Martin Walser, 1980 © AKG, Berlin; Ingeborg Bachmann, um 1965 © AKG, Berlin; Günter Grass, 1976 © dpa/Norbert Försterling, Frankf./M.; Peter Huchel, undatiert © Suhrkamp Bildarchiv, Frankf./M. Foto: Roger Melis, Bln; Heinrich Böll, um 1972 © AKG, Berlin; Hans Magnus Enzensberger, undatiert © Ullstein Bilderdienst/Jens Schicke, Berlin; Volker Braun, 1986 © dpa/Rehder, Frankf./M.; Thomas Bernhard, undatiert © Suhrkamp Bildarchiv, Frankf./M. Foto: Andrej Reiser; Elfriede Jelinek, 1989 © dpa/Frankf./M.; Christa Wolf © Ullstein Bilderdienst, Berlin; Zoë Jenny © Ullstein Bilderdienst, Horst Tappe, Berlin; Judith Herrmann, 1999 © dpa/ Frankf./M.; S. 375 Christa Wolf: Buchmesse in Leipzig 18.03.1994 © Ullstein Bilderdienst, Berlin; S. 376/77 80er-Jahre © Ullstein Bilderdienst, Berlin; 1989 in Ost-Berlin © dpa, Frankf/M.; 1963 bei einer Lesung anlässlich der Verleihung des Heinrich-Mann-Preises © Ullstein Bilderdienst, Berlin; bei einer Diskussionsveranstaltung an der Akademie der Künste der DDR am 18.10.1990 © Ullstein Bilderdienst, Berlin; Ch. Wolf signiert ihre Bücher, 1990 © Ullstein Bilderdienst, Berlin; Porträt, 26.02.1998 © Ullstein Bilderdienst, Berlin; einer Lesung in der Berliner Stadtbibliothek am 6.12.1979 © AKG, Berlin; im Gespräch mit Konrad Wolf (l.) und Hermann Kant (r.) 25.11.1965 © Ullstein Bilderdienst, Berlin; S. 521 Montage unter Verwendung zweier Fotos aus dem Film „Der Name der Rose" © pwe Kinoarchiv, Hamburg;